元至正本春秋胡氏傳纂疏

元 汪克寬撰

中國國家圖書館藏元至正八年建安劉叔簡日新堂刻本

第一册

山東人民出版社·濟南

圖書在版編目（CIP）數據

元至正本春秋胡氏傳纂疏 /（元）汪克寬撰 .— 濟南：山東人民出版社，2024.3
（儒典）
ISBN 978-7-209-14311-0

Ⅰ.①元… Ⅱ.①汪… Ⅲ.①《春秋》- 注釋 Ⅳ.① K225.04

中國國家版本館 CIP 數據核字（2024）第 036009 號

項目統籌：胡長青
責任編輯：張艷艷
裝幀設計：武　斌
項目完成：文化藝術編輯室

元至正本春秋胡氏傳纂疏
〔元〕汪克寬撰

主管單位　山東出版傳媒股份有限公司
出版發行　山東人民出版社
出 版 人　胡長青
社　　址　濟南市市中區舜耕路517號
郵　　編　250003
電　　話　總編室（0531）82098914
　　　　　市場部（0531）82098027
網　　址　http://www.sd-book.com.cn
印　　裝　山東華立印務有限公司
經　　銷　新華書店

規　　格　16開（160mm×240mm）
印　　張　131
字　　數　1048千字
版　　次　2024年3月第1版
印　　次　2024年3月第1次
ISBN 978-7-209-14311-0
定　　價　380.00圓（全七册）

《儒典》選刊工作團隊

學術顧問　杜澤遜　李振聚　徐　泳

項目統籌　胡長青

責任編輯　劉　晨　劉嬌嬌　張艷艷

　　　　　吕士遠　趙　菲　劉一星

前言

中國是一個文明古國、文化大國，中華文化源遠流長，博大精深。在中國歷史上影響較大的是孔子創立的儒家思想，因此整理儒家經典、注解儒家經典，爲儒家經典的現代化闡釋提供权威、典范、精粹的典籍文本，是推進中華優秀傳統文化創造性轉化、創新性發展的奠基性工作和重要任務。

中國經學史是中國學術史的核心，歷史上創造的文本方面和經解方面的輝煌成果，大量失傳了。西漢是經學的第一個興盛期，除了當時非主流的《詩經》毛傳以外，其他經師的注釋後來全部失傳了。東漢的經解祇有鄭玄、何休等少數人的著作留存下來，其餘也大都失傳了。南北朝至隋朝興盛的義疏之學，其成果僅有皇侃《論語疏》幸存於日本。五代時期精心校刻的《九經》、北宋時期國子監重刻的《九經》以及校刻的單疏本，也全部失傳。南宋國子監刻的單疏本，我國僅存《周易正義》、《爾雅疏》、《春秋公羊疏》（三十卷殘存七卷）、《春秋穀梁疏》（十二卷殘存七卷），日本保存了《尚書正義》、《毛詩正義》、《禮記正義》（七十卷殘存八卷）、《周禮疏》（日本傳抄本）、《春秋公羊疏》（日本傳抄本）、《春秋正義》（日本傳抄本）。南宋兩浙東路茶鹽司刻八行本，我國保存下來的有《周禮疏》、《禮記正義》、《春秋左傳正義》（紹興府刻）、《論語注疏解經》（二十卷殘存十卷）、《孟子注疏解經》（存臺北「故宫」），日本保存有《周易注疏》《尚書正義》（凡兩部，其中一部被清楊守敬購歸）。南宋福建刻十行本，我國僅存《春秋穀梁注疏》、《春秋左傳注疏》（六十卷，一半在大陸，一半在臺灣），日本保存有《毛詩注疏》《春秋左傳注疏》。從這些情況可以看出，經書代表性的早期注釋和早期版本國内失傳嚴重，有的僅保存在東鄰日本。

鑒於這樣的現實，一百多年來我國學術界、出版界努力搜集影印了多種珍貴版本，但是在系統性、全面性和準確性方面都還存在一定的差距。例如唐代開成石經共十二部經典，石碑在明代嘉靖年間地震中受到損害，明代萬曆初年西安府學等學校師生曾把損失的文字補刻在另外的小石上，立於唐碑之旁。近年影印出版唐石經拓本多次，都是以唐代石刻與明代補刻割裂配補的裱本爲底本。由於明代補刻采用的是唐碑的字形，這種配補本難以區分唐刻與明代補刻，不便使用，亟需單獨影印唐碑拓本。

爲把幸存於世的、具有代表性的早期經解成果以及早期經典文本收集起來，系統地影印出版，我們規劃了《儒典》編纂出版項目。

《儒典》出版後受到文化學術界廣泛關注和好評，爲了滿足廣大讀者的需求，現陸續出版平裝單行本。共收録一百十一種元典，共計三百九十七册，收録底本大體可分爲八個系列：經注本（以開成石經、宋刊本爲主。開成石經僅有經文，無注，但它是用經注本删去注文形成的）、經注附釋文本、纂圖互注本、單疏本、八行本、十行本、宋元人經注系列、明清人經注系列。

《儒典》是王志民、杜澤遜先生主編的。本次出版單行本，特請杜澤遜、李振聚、徐泳先生幫助酌定選目。特此説明。

二〇二四年二月二十八日

目録

第一册

春秋胡氏傳纂疏卷第一　一
春秋胡氏傳纂疏卷第二　八三
春秋胡氏傳纂疏卷第三　一四九
春秋胡氏傳纂疏卷第四　一九九
春秋胡氏傳纂疏卷第五　二五九

第二册

春秋胡氏傳纂疏卷第六　三一五
春秋胡氏傳纂疏卷第七　三八一
春秋胡氏傳纂疏卷第八　四四七
春秋胡氏傳纂疏卷第九　五一九

第三册

春秋胡氏傳纂疏卷第十　六〇九
春秋胡氏傳纂疏卷第十一　六四三
春秋胡氏傳纂疏卷第十二　七五三
春秋胡氏傳纂疏卷第十三　八四九

第四册

春秋胡氏傳纂疏卷第十四　九三九
春秋胡氏傳纂疏卷第十五　一〇二一
春秋胡氏傳纂疏卷第十六　一一〇一
春秋胡氏傳纂疏卷第十七　一一五九

第五册

春秋胡氏傳纂疏卷第十八　一二一九
春秋胡氏傳纂疏卷第十九　一二七九

春秋胡氏傳纂疏卷第二十 一三四七
春秋胡氏傳纂疏卷第二十一 一四三五

第六册

春秋胡氏傳纂疏卷第二十二 一五〇五
春秋胡氏傳纂疏卷第二十三 一五九一
春秋胡氏傳纂疏卷第二十四 一六三九
春秋胡氏傳纂疏卷第二十五 一七二三

第七册

春秋胡氏傳纂疏卷第二十六 一七八九
春秋胡氏傳纂疏卷第二十七 一八七九
春秋胡氏傳纂疏卷第二十八 一九三五
春秋胡氏傳纂疏卷第二十九 一九八三
春秋胡氏傳纂疏卷第三十 二〇二五

春秋胡氏傳纂疏卷第一

新安　汪克寬　學

隱公上

公名息姑在位十一年左傳惠公元妃孟子孟子卒繼室以聲子生隱公宋武公生仲子仲子生而有文在其手曰為魯夫人故仲子歸于我生桓公惠公薨隱公立而奉之程子傳夫子之道既不行於天下於是因魯春秋立百王之大法平王東遷在位五十一年卒不能興復先王之業王道絶矣孟子曰王者之迹熄而詩亡詩亡然後春秋作適當隱隱公之初故始於隱公

孟子曰王者之迹熄朱子注謂平王東遷而政教號令不及於天下也而詩亡詩亡然後春秋作今按邶鄘而下多春秋時詩也

愚按詩小序邶風擊鼓怨州吁雄雉匏有苦葉新臺二子乘舟鶉之奔奔衛風氓皆宣公時詩鄘定之方中蝃蝀相鼠干旄載馳衛木瓜皆文公時詩鄭風將仲子以下皆莊公以後詩齊風南山以下皆襄公時

詩唐無衣有杕之杜晉武公詩葛生采苓獻公詩秦黃鳥以下皆穆公以後詩陳風墓門防有鵲巢乃陳陀及宣公詩株林澤陂靈公詩曹風蜉蝣昭公詩候人下泉共公詩而謂詩亡然後春秋作何也自黍離降爲國風天下無復扶又反有雅而王者之詩亡矣春秋作於隱公適當雅亡之後又按小雅正月刺幽王詩也而曰赫赫宗周褒姒威胡悅反滅也之【史】幽王娶于申生大子宜臼後嬖褒姒生伯服褒姒不好笑幽王爲舉烽火諸侯悉至而無寇褒姒大笑又黜申后廢宜臼申侯怒與犬戎攻王王舉烽火徵兵不至遂殺王驪山下虜褒姒而去諸侯乃即申侯立大子宜臼是爲平王逮魯孝公之末幽王已爲犬戎所斃惠公初年周既東矣春秋不作於孝公惠公者東遷之始流風遺俗猶有存者鄭武公入爲司徒善於其職則猶用賢也據詩鄭緇衣小序晉侯捍王于艱錫之秬

鬯則猶有誥命也王曰其歸視爾師則諸侯猶來朝直遥反後凡朝廷朝聘並同也書文侯之命汝多修扞我于艱又曰父義和其歸視爾師寧爾邦用賚爾秬鬯一卣覲禮諸侯辭于天子王曰伯父無事歸寧乃邦義和之甍謚爲文侯則列國猶有請也愚按春秋五等諸侯死而加謚臣子皆稱公惟請謚于王則從其本爵如蔡桓侯之類及平王在位日久不能自強於政治去声棄其九族葛藟力軌反有終遠去声兄弟之刺詩小序葛藟王族刺平王也周室道衰棄其九族焉三章皆言終遠兄弟不撫其民周人有東薪蒲楚之譏小序揚之水刺平王也不撫其民而遠屯戍於母家周人怨思焉一章曰揚之水不流束薪彼其之子不與我戍申二章曰揚之水不流束楚彼其之子不與我戍甫三章曰揚之水不流束蒲彼其之子不與我戍許朱子傳申侯與犬戎弒幽王王法必誅不赦之賊而平王與臣庶不共戴天之讎也今平王知有母而不知有父知其立己爲有德而不知其弒父爲可怨至使復讎討賊之師反爲報施酬恩之

舉則其忘親逆理而得罪於天已甚矣况先王之制諸侯有故則方伯連率以諸侯之師討之王室有故則方伯連率以諸侯之師救之天子鄉遂之民供貢賦衛王室而已今平王不能行威令於天下無以保其母家乃勞天子之民遠爲諸侯戍守故周人之屯戍者以非其職而怨思焉則其衰懦微弱而得罪於民又可見矣嗚呼詩亡而後春秋作其不以此也哉**至其晚年失道滋甚乃以天王之尊下賵諸侯之妾於是三綱淪**愚按天子之尊下賵列國寵妾則君不能爲臣綱妃妾既黍則夫不能爲婦綱嫡庶無辨則父不能爲子綱**九法斁**音妬**人望**愚按惠公以妾爲妻而平王反加恩寵是不知彝倫攸敘而九疇洽天下之大法皆敗壞矣**絕矣**永嘉呂氏曰使平王有興衰撥亂之志則澗洛之周尚可望其返而爲豐鎬之周今至於四十九年而不克自立則亦無可望矣**夫婦人倫之本**何氏曰夫婦人道之始夫婦正則婦子親父子親則君臣和**朝廷風化之原**董子曰正朝廷以正百官正百官以正萬民正萬民以正四方**平王子母適冢正后親遭褒姒之難**乃旦反**廢**

黜播遷而宗國顛覆亦可省（息井反後放此）矣又不是懲而賵人寵妾是拔本塞原自滅之也春秋於此蓋有不得已焉耳矣託始乎隱不亦深切著明也哉

范氏曰平王東遷周室微弱天下蕩蕩王道盡矣孔子列黍離於國風所以明其不能復雅於時則接乎隱公故因茲託始而修春秋明黜陟著勸戒成天下之事業定天下之邪正信不易之宏軌百王之通典也

陸氏曰始於隱公者以爲幽厲雖衰雅未爲風平王之初人習餘化苟有過惡當以王法正之及代變風移陵遲久矣若格以太平之政則比屋可誅無復善惡故斷自平王之末而以隱公爲始所以拯薄俗勉善行革禮之失爲後王法也

孫氏曰春秋之始於隱公者非他以平王之所終也平既不王東遷之後周室微弱諸侯強大朝覲不修貢賦不奉號令無所束賞罰無所加壞法易紀變禮亂樂弒君戕父攘国竊號在在有之征伐四出蕩然不禁天下之正中国之事皆諸侯分裂之平王庸暗歷孝踰惠莫能中興播蕩陵夷逮隱而死雅誥不復作天下無復有王矣故詩至黍離而降書至文侯之命而絕春秋乃作自隱公始也○

愚

按文定言春秋始於平王遠宗孟氏近本程子其説爲有據依而諸儒正大之論悉與之合或者乃以春秋不始於平王而始於桓王且謂繻葛之敗春秋所以始若是則春秋當始於桓公而不始於隱公矣

紀周平王四十九年

元年公羊傳元年者君之始年也程子傳元年隱公之始年。齊僖公禄父九年晉鄂侯郄二年曲沃莊伯鮮十一年衛桓公完十二年蔡宣公考父二十八年鄭莊公寤生二十二年曹桓公終生三十五年陳桓公鮑二十三年杞武公二十九年宋穆公和七年秦文公四十四年楚武王熊通十九年

即位之一年必稱元年者明人君之用也。大哉乾元萬物資始易乾彖傳朱子本義元大也始也乾元天德之大始故萬物之生皆資之以爲始也天之用也。至哉坤元萬物資生易坤彖傳朱子曰始者氣之始生者形之始萬物資乾以始而有氣資坤以生而有形地之用也。成位乎其中則與天地參。故體元者人主之職易釋元字謂体仁足以長人董子云体元居正而調元者宰相息亮反后放此之事後班固傳調元氣文集人君先正其心知行仁

政然後能体元矣人臣知格君心之非則一正君而国定此調元之效也元即仁也本易文言仁人心也本孟子春秋深明其用當自貴者始故治平声後放此國先正其心以正朝廷與百官而遠近莫不壹於正矣董子曰春秋謂一爲元之意一者萬物之所從始也元者辭之所謂大也謂一爲元者視大始而欲正本也春秋深探其本而反自貴者始故爲人君者正心以正朝廷正朝廷以正百官正百官以正萬民正萬民以正四方四方正遠近莫不壹於正而亡有邪氣奸其間者是以陰陽調而風雨時群生和而萬民殖五穀熟而草木茂諸福之物莫不畢至而王道終矣

按舜典紀元日月正元日舜格于文祖商訓稱元祀伊訓惟元祀十有二月春秋立文兼述作此經書元年所謂祖二帝中庸祖述堯舜明三王董子曰春秋上明三王之道啖氏曰春秋參用二帝三王之道述而不作者也正次王王次春董子語乃立法創制裁自聖心無所述於人者非史

策之舊文矣前此虞夏商周之書書時不繫月書月不冠時惟春秋書春王正月

春王正月**公羊傳**春者歲之始也先言王而後言正月王正月也何言乎王正月大一統也**穀梁傳**雖無事必舉正月謹始也**程子傳**春天時正月王正書春王正月示人君當上奉天時下承王正云爾董仲舒所謂道之大原出於天求端於天是也堯之大政所先者欽若昊天茲可見矣王者所行必本於天以正天下而下之奉王政者乃所以事天也明此義則知王與天同大而人道立矣周正月非春也假天時以立義耳平王之時王道絕矣春秋假周以正王法故書曰春王正月然後是非褒貶二百四十二年之事皆天理也隱不書即位明大法於始也諸侯之立必由王命隱公自立故不書即位不與其為君也法既立矣諸公或書或不書義各不同既不受命於天子以先君之命而繼世者則正其始文成襄昭哀是也繼世者既非王命又非先君之命不書即位不正其始也莊閔僖是也桓宣定之書即位桓弒君而立宣受弒賊之立定為逐君者所立皆無王無君何命之受故書其自即位也定之比宣則又有間矣**杜氏曰**不言一年一月欲人君体元以居正也**何氏曰**元者氣之始春者四時之始王者受命之始正月者正教之始即位者一国之始春秋以元之氣正

天之端，以天之端正王之政，以王之政正諸侯之即位，以諸侯之即位正竟内之治。諸侯不上奉王之政，則不得即位，故先言正月而後言即位；政不由王出，則不得爲政，故先言王而後言正月；王者不承天以制號令，則無法，故先言春而後言王；夫不深正其元，則不能成其化，故先言元而後言春。五者，天人之大本也。

按左氏曰王周正月，杜氏曰：言周以別夏殷。周人以建子爲歲首，詩豳風一之日、二之日皆以子月起數，十月蟋蟀下繼以曰爲改歲。唐風蟋蟀在堂乃九月之候，而曰歲聿云莫，是以子月爲歲首。周禮凡言正月指子月，歲終指丑月，正歲指寅月。州長正月屬民讀法，正歲讀法如初，言初則正月居先可知矣。若以寅爲正月，不當又有正歲也。左傳僖五年正月日南至，禮記正月日至，皆以子月爲正。則冬十有一月是也。前乎周者以丑爲正，其書始即位曰惟元祀十有二月，則知月不易也。通旨：按商書惟元祀十有二月，伊尹奉嗣王祗見厥祖，此即位而朝廟也；惟三祀十有二月朔，伊尹奉嗣王歸于亳，此自桐而復辟也。其在歲首明矣，而曰十二月，是商人雖以建丑爲正，而不改夏之月也。後乎周者以亥爲正其書始建國曰元年冬十月則知時不易也通旨按史記秦始皇三十一年十二月改臘曰嘉平漢初承秦未改正朔每歲之首必書某年冬十月是秦漢雖以建亥爲正而不改夏之月也建子非春亦明矣乃以夏時冠去声周月何哉聖人語去声顏回以爲邦則曰行夏之時作春秋以經世則曰春王正月此見[illegible]諸行事之驗也通旨春秋記事用周月建子冠月書夏時時可易乎曰四時之運於天而爲春夏秋冬與四方之列於地而爲東西南北一也指冬爲春是播糠眯目而四方易位矣然則何以冠月書夏時顏回問爲邦此聖人見諸行事踐言之效也或曰非天子不議禮據中庸仲尼有聖德無其位而改正朔可乎曰有是言也不曰春秋天子之事乎以夏時冠月垂法後世以周正紀事朱子語春秋紀春無冰爲異則固以周正紀事亦無其位不敢自專也其

旨微矣【通旨】或曰以匹夫而改正朔即賤而好自專矣其可乎曰有是言也不曰春秋天子之事乎知我罪我者其惟春秋乎

加王於正者公羊言大一統是也【何氏曰】統者總繫之辭王者受命改制布政施教於天下自公侯至於庶人自山川至於草木昆蟲莫不一繫於正月【宋氏曰】周室雖衰天命未改普天率土一草一木皆周也春秋之作率天下以尊周室正月係王示周家天命未改【孫氏曰】欲治其末者必端其本嚴其終者必正其始元年書王所以端本也正月所以正始也其本既端其始既正然後以大中之法從而誅賞之【先師曰】春秋之時天下不知有周故聖人因魯史修春秋書王於正月之上以明君臣之義君臣之義既明然後亂臣賊子始可得而討內夏外夷貴王賤覇之法始可得而用【劉氏曰】公羊言王者孰謂謂文王也非也春秋者王政之本故假王以正萬事置之春正之間明天子受命於天諸侯受命於君也

國君逾年改元必行告廟之禮【公羊】始終之義一年不二君人臣之義不可曠年無君

國史主記時政必書即位之事而隱公闕焉是仲尼削之也【通旨】即位大事也国

史必書之隱莊閔僖四公不書即位此聖人削而不書正父子君臣之大倫也或曰隱公攝政莊公母出閔公以亂僖公出而復入皆不行即位之禮故史不書之於策恐其說之誤也非已所有而權之者攝也隱公果攝而不即位經以諸侯目之則是名不正矣春秋以道名分豈肯首亂哉

古者諸侯繼世襲封則內必有所承爵位土田受之天子則上必有所禀內不承國於先君惠公之存也未立爲世子將沒又無遺命上不禀命於天子惠公之薨未嘗遣使告於京師隱公喪畢又未嘗朝於天子諸大夫扳普顏反引也已以立而遂立焉公羊傳隱長又賢諸大夫扳隱而立之是與爭亂造端與猶爲也而篡弒所由起也春秋首絀與黜同王制君絀以爵隱公以明大法父子君臣之倫正矣通旨誓於天子然後爲世子命於天王然後爲諸侯不受命而立者大司馬之所治也文成襄昭哀五公之書即位特別於隱莊閔僖之內外並無所承者爾非春秋與其不禀命於王而得即位也顧氏曰魯十二公国史

盡書即位，仲尼修之，乃有所不書，其説是也。明王在上，天下諸侯無不敬君父之命而立者，假若有之，大司馬必施九伐之法矣。唐自中葉以後，藩鎮有不請命自立者，遇憲宗、裴度則皆討平之，况先王之世耶？

或問：王者一統，春秋之時，諸侯各稱元年而不用王之年，則何以爲一統也？曰：古者諸侯之国各有史官，以數紀年而不立號，則史官各紀其君之始年爲元年，於義無嫌。然不謂之一年，特稱元年者，乃昔帝王之法，春秋因此法以明人君之用，所謂述而不作者也。正朔則王之所建，居周之世必以建子爲正，居商之世必以建丑爲正，而列国不可以自建，故加王於正。公羊以爲大一統，董子謂天地之常經、古今之通誼是也，不必指諸侯各稱元年非一統也。諸侯繼立君必用王之年月紀其即位，則隱公當書曰四十九年正月，聖人經世之意漫不見矣。春秋始隱不書元年，則不見体元之意；去王字，又不見改正大一統之意；書即位，則隱公法不當書；不書即位，又無以見隱公之初立也。

張氏曰：諸侯之有国，必受天子與先君之命，則其有是国而治民也，其身正而可以正国人矣。苟或不然，守天子之土而無天王之命，守宗廟之典籍而不出於先君之傳付，是二者一或闕焉，君子有所不居。今隱公兩皆無之，春秋假魯史以立法而

先君之罪有難顯言者故不書即位謹嚴以示貶○
先師曰春王正月說者不同諸儒疑子月非春故不
勝異論夏承唐虞皆以寅月為歲首而謂之正月然
春終冬四時具為一年商革夏命以丑月為歲首但
謂之十二月而未嘗改月周革殷命以子月為歲首
不特改月而又改時以齊其年泰誓云惟十有三年
春大會孟津武成云惟一月壬辰旁死魄戊午師逾
孟津春即一月一月即子月也春秋所書之春即夏
之仲冬正月即夏之十一月也或曰以冬為春可乎
曰此孔子所以欲行夏時也春秋書春於王上者尊
天時也若曰天時非時王之所得改也書正月於王
下者著周曆也天下一於周則聖人經世之大法可
以行於筆削之間矣記事者以事繫日以日繫月以
月繫時以時繫年年有四時故錯舉以為名則春秋
二字乃史舊文時王之曆国史據以記事孔子安得
而改之哉孔子作春秋以繩天下而筆削之始擅改
周曆豈特無王又失事实何足以為聖人之經哉**愚**
按文定以謂魯史本書十一月孔子改作春正月朱
子云某不敢信竊疑魯史名以春秋則以元書曰春
正月是周曆已改子丑月為春也礼記称季夏六月
以禘礼祀周公又引孟獻子言七月日至可以有事
於祖而曰七月之禘獻子為之據此則是以建巳之

月爲季夏矣前漢書律曆志武王伐紂之歲周正月辛卯朔合辰在斗前一度戊午度孟津明日己未冬至是歲大寒中在周二月己丑晦外傳伶州鳩言武王伐殷之日歲在鶉火月在天駟日在析木之津辰在斗柄星在天黿以唐曆遡而上之日月星宿無一不合則泰誓之春即武成之一月明矣後漢陳寵傳謂周以子月爲春商以丑月爲春盖因周曆以建子爲春而遂言商亦改時也朱子嘗云周禮有正月有正歲則周實是元改作春正月夫子行夏之時只是爲他不順欲改從建寅又曰劉質夫以春字爲夫子所加但曾史本謂之春秋則以元有此字今考春秋於文九年書春毛伯來求金二月叔孫如京師二月夫人至僖十八年書夏師救齊五月戰甗宣九年書秋取根牟八月滕子卒九月會扈成十七年書冬公會伐鄭十一月公至十二月日食而又書冬大雨雹春無冰以紀異則經所書之春夏秋冬皆周正四時之首月也文定引商秦爲證謂周不改月然新莽以十二月朔爲歲始不改月魏明帝以丑月爲正改三月爲四月唐武后改十一月爲正月十二月爲臘月夏正月爲一月肅宗以子月爲歲首又以十二辰紀月則歷代時月或改或不改豈可引彼以喻此乎孔氏正義以爲月改春自移春非王所改似亦臆度之辭

近世之論有主建寅而未改月者考之春秋所書災
異及日食交限則不合又有謂周雖改月數而不改
夏時春秋四時之序皆魯曆所更然夫子之時猶存
告朔之餼羊則魯實承周之正朔未嘗改曆後世所
稱魯曆又謂之春秋曆特因春秋而逆推之耳或又
謂周以子月爲歲首而春秋以寅月爲正月每年截
子丑月事移在前一年如此則真事與月差兩月矣
先儒以此爲千百年不決之論姑記此以俟來哲

三月公及邾儀父盟于蔑 父音甫凡人名地名放此蔑莫結反凡書邾公並作邾婁

蔑 公穀作昧 此凡盟之始 左傳 公攝位而欲求好於邾
故爲蔑之盟儀父邾子克也未王命故不書爵 公羊傳
及者何與也會及暨皆與也會猶最也及猶汲汲也暨
猶暨暨也及我欲之暨不得已也儀父邾婁之君也何
以名字也 穀梁傳 及者內爲志焉爾儀字也父猶傅也
男子之美稱也其不言邾子邾之上古微未爵命於周
也 程子傳 盟誓以結信出於人情先王所不禁也後世
屢盟而不信則罪也諸侯交相盟誓亂世之事也凡盟
內爲主稱及外爲主稱會在魯地雖外爲主亦稱及彼
來而及之也兩国以上則稱會彼盟而往會之也邾附
庸国邾子克字儀父附庸之君稱字同王臣也夷狄則
稱名降中国也 杜氏曰 邾今魯国鄒縣蔑姑蔑魯国卞

縣南有姑城【夾漈鄭氏曰】今兖州瑕丘縣有姑蔑城【愚按】鄒縣屬今滕州瑕丘在今大名路開州濮陽縣

魯侯爵而其君稱公此臣子之詞【何氏曰】魯稱公者臣子心所欲尊號其君父公者五等之爵最尊【陸氏曰】臣子之敬詞【張氏曰】夫子魯人也書他国諸侯侵伐盟會則從其本爵而魯獨書公蓋父母之邦先祖之所逮事從臣子所称之爵所以崇敬也

春秋從周之文而不革者也【愚按】五等諸侯皆称公而公聘礼大射儀燕礼食大夫礼又以名篇則謂君為公周之制也【通旨】凡称公者有定名有虚位天子三公称公王者之後称公此定名也魯侯称公其子称公子其孫称公孫諸伯子男亦皆称公此虚位也定名辨等列之实虚位達臣下之情定名礼之質虚位礼之文憲問宋本公爵自餘僭称公者皆貶從本爵而魯獨不降称何也貶其僭称當也其死則又降而称卒從大夫之礼惟魯仍称薨至於其間有書葬者則又称公何也曰春秋魯史也仲尼於魯事有君臣之義故内外異辭邦君之薨雖齊晋大国皆書卒以其不命於天王而私自立正其名也及其既葬雖鄒薛小邦皆称公以其不請於天王而私自謚著其僭也魯侯皆称公卒事

而繫謚亦称公者乃臣子之敬辞春秋從周之文而不革者也然卒事而繫謚特称葬我君以别之其書法亦謹矣據此内辞則周公追王之礼雖古無有而春秋蓋取之也據此外辞則仲尼不使門人為臣是謂以身為度而曾子易簀必以正終者乃傳春秋之法矣

我所欲曰及邾者曾之附庸 范氏曰邾附庸之国儀父其君之字也 孫氏曰附庸之君未得列於諸侯故書字以别之 董子曰附庸字者方三十里名者方二十里 愚按黎氏以儀父為名且謂字必取於名儀父無取於克然周有王子克楚有鬬克皆以子儀為字則儀父為字可知

何以稱字中國之附庸也 邾儀父蕭叔皆称字 王朝大夫例稱字 南季仍叔家父榮叔之類 列國之命大夫例稱字 單伯陳女叔鄭祭仲 諸侯之兄弟例稱字 公弟叔肸許叔蔡叔蔡季紀季之類 中國之附庸例稱字其常也 聖人按是非定褒貶則有例當稱字或黜而書名 秦鍼宋辰之類 例當稱人或進而書字 王人子突之類 其變也常者道

之正變者道之中【通旨】春秋王朝公卿與外諸侯則稱爵王朝大夫與諸侯大夫之命于天子者及中国之附庸諸侯之兄弟則稱字上士中士與諸侯自命之大夫及夷狄之附庸諸侯兄弟以屬通者則稱名下士與小国之大夫則稱人【集】春秋大夫非三命為正卿者姓氏不登於史冊

【文】春秋大義公天下以講信修睦為事【礼運】大道之行天下為公選賢與能講信修睦而刑牲歃色洽反歠也血要於遥反質與劑同券也鬼神【孔氏曰】盟者殺牲歃血告誓於神若有背違令神加殃如此牲也先鑿地為方坎殺牲於坎上割牲左耳盛以珠盤又取血盛以玉敦用血為盟書成乃歃血讀書【鄭氏曰】盟辝書于策讀其書以告神坎其牲加書於上而埋之則非所貴也故盟有弗獲已者諸侯相仇怨不得已而為盟以繹之而汲汲欲焉書及則非不得已而盟矣隱公欲之有汲汲之意惡烏故反隱公之私也【朱子語】如蔑之書而私盟之罪自見【高氏曰】隱自謂為桓而立內慮国人之不已悅外懼屬国之不已從而邾以附庸未通和好故與邾首結私盟夫盟者嘉礼也非在喪者所可行也

或言傳公羊褒其首與公盟而書字失之矣劉氏曰凡記盟會於
王法所不得爲皆貶也若以初入春秋結信於魯故
得貴之則桓十七年盟趡又何爲乎永嘉呂氏曰穀
梁云不日其盟渝也謂七年伐邾也然則所書日盟
者皆不渝乎家氏曰春秋之盟有二有公天下而爲
之盟者有私一国而爲之盟者齊桓晋文合諸侯奬
王室是雖衰出之事聖人猶或與之爲其近於公也
昔春秋初年諸侯自相爲盟各爲其私計則春秋之
所惡于蔑以後于戚以前皆盟之私者甚而黨纂朋
兇怙惡濟慝復要鬼神以爲之盟誓是謂天地神明
而可以邪辟干也此盟之尤無忌憚者也公及邾儀
父盟于蔑譏也不惟譏盟譏其始即位而爲此盟也
国君繼世之初上而尊天子下而交四鄰撫百姓豈
無他事而隱公即位未幾惟此爲先務春秋之書之
示非所宜先也凡諸侯自相爲盟各去其国者兩相
下之義也迨桓文之興其權力足以號召諸侯亦不
敢盟於国都而必以其地若懼其擬於王耳愚按書
盟一百九于蔑爲春秋之始句繹爲春秋之終隱公
丞礼而求好三桓取地而要言皆魯人設汲非邾之
意也後七年隱公與伐邾之師哀公有入邾之役盟
豈足信哉始則盟出於魯君終則盟出於三家世變

又可見矣

夏五月。鄭伯克段于鄢【注】鄢音偃【左傳】段不弟故不言弟如二君故曰克稱鄭伯譏失教也謂之鄭志不言出奔難之也【公羊傳】克者殺之也曷為謂之克大鄭伯之惡也母欲立之已殺之如勿與而已矣【穀梁傳】殺世子母弟目君段弟也而弗謂弟公子也而弗謂公子貶也段失子弟之道矣賤段而甚鄭伯也何甚乎鄭伯甚鄭伯之處心積慮成於殺也于鄢遠也猶曰取之其母之懷中而殺之云爾甚之也為鄭伯者宜柰何緩追逸賊親親之道也【程子傳】鄭武公娶于申曰武姜生莊公及共叔段愛段欲立之亟請於武公公弗許及莊公即位請京使居之謂之京城太叔段失道而公弗制祭仲諫而公弗聽故詩人譏其小不忍以致大亂也段完聚繕甲兵具卒乘將襲鄭夫人將啓之公聞其期命子封伐京京叛段段入于鄢公伐諸鄢大叔出奔共書曰鄭伯克段于鄢鄭伯失為君之道無兄弟之義故称鄭伯而不言弟克勝也言勝見段之強使之強所以致其惡也不書奔義不繫於奔也【杜氏曰】鄭在滎陽宛陵縣南鄢今潁川鄢陵縣【張氏曰】鄭今鄭州新鄭縣鄢今開封府鄢陵縣【愚按】新鄭縣今屬汴梁路鈞州鄢陵縣今亦屬汴梁路【高氏】以為鄢妘姓之国為鄭

（武所滅未知是否）

用兵大事也必君臣合謀而後動則當稱國命、公子呂爲主帥（去声）則當稱將（去声）出車二百乘（去声）則當稱師（據成六年晉欒書帥師伐鄭襄十九年衛孫林父帥師伐齊皆稱国稱大夫稱師今莊公命子封出車二百乘以伐京當書曰鄭公子子呂帥師）三者咸無稱焉而專目鄭伯（目猶稱也）是罪之在伯也（陸氏曰凡君討其臣但稱国鄭伯養成其惡故特稱鄭伯陳氏曰譏不在其臣子也張氏曰春秋於諸侯之国事則稱国言君與大臣共圖之也於其君之父子兄弟出入誅殺之事則稱君著其君之志也）猶以爲未足又書曰克段于鄢克者力勝之詞（本孫氏趙氏曰克者能勝之名陳氏曰克之爲言勝也以千乘之国勝其弟云爾）不稱弟路人也（陸氏曰並無骨肉之心通旨段惡不待書而著陳氏曰先君之子稱公子有謂稱弟若篡若爭国也而后但名之如衛州吁陳佗之類）于鄢操（倉刀反）之爲已蹙矣操迫也【公羊】莊三十蓋以操之爲已蹙矣夫音扶後凡語端語巳之辭並同君親無將【公羊】莊三十二君親無將將而誅焉段將以弟篡兄以臣伐君必誅之罪也據將襲鄭而莊公特不勝音升其母焉爾據詩小序不勝其母以害其弟曷爲縱釋叔段移於莊公舉法若是失輕重哉曰姜氏當武公存之時常欲立段矣及公既沒姜以國君嫡母主乎內段以寵弟多才居乎外國人又悅而歸之據【詩小序】叔多才而好勇不義而得衆也又曰叔處于京繕甲治兵以出于田国人悅而歸之【愚按】詩序先儒多所不取而文定引之者蓋斷章取義借其辭以明已意耳後放此恐其終將軋乙黠反勢相傾也【荀子】秦恐天下之一合而軋巳已爲後患也故授之大邑而不爲之所縱使失道以至於亂【左傳】祭仲曰都城過百雉国之害也先王之制大都不過參国之一中五之一小九之一今京不度非制也君將不堪公曰姜

氏欲之焉辟害對曰姜氏何厭之有不如早爲之所無使滋蔓蔓難圖也蔓草猶不可除況君之寵弟乎公曰多行不義必自斃子姑待之既而大叔命西鄙北鄙貳於己公子呂曰國不堪貳君將若之何欲與大叔臣請事之若弗與則請除之無生民心公曰無庸將自及大叔又收貳以爲己邑至于廩延子封曰可矣厚將得衆公曰不義不暱厚將崩然後以叛逆討之則國人不敢從姜氏不敢主而大叔屬籍當絶不可復扶又反居父母之邦此鄭伯之志也本左傳鄭志王政以善養人本孟子推其所爲使百姓興於仁而不偷也本論語況以惡養天倫使陷於罪因以翦之乎張氏仁人之於弟不藏怒宿怨其或不中不才亦必正之以義使不格奸厚之以恩使不離富貴今莊公之於叔段無念鞠子哀之心而懷其母偏愛欲奪己位之恨授之大都而不爲之所縱使失道以至於亂方其居京收邑之時可制而不制如鷙鳥將擊而匿形於未發之先慭其惡以待其成及其逆跡已露然後以寇讎之法討之以力勝爲事必誅爲期

至於伐京伐鄢之日，雖段之死於兵有所不恤矣。經不言弟，段固罪其不弟，然莊公非特以段之不才棄之，乃其心實欲養其惡，待其惡賊無復天倫之念，故書曰克段于鄢。然後莊公忮忍之心施於同氣者辛形於筆削之闇矣。

春秋推見至隱【史】司馬相如傳 **首誅其意，以正人心，示天下爲公不可以私亂也。垂訓之義大矣。**【愚按】晉人克欒盈不書克而稱人以殺者，盈有罪當殺故也。苟非鄭伯之罪，則當如宋辰之例，書段入于鄢以叛，而又書段出奔矣。○【啖氏曰】不言段奔，乃夫子譏其志在於殺。若言奔，則鄭伯但有逐弟之惡，無殺弟之罪也。【趙氏曰】公殺以克爲殺，春秋前後未有以克爲殺者。【番易萬氏曰】殺則不言克，克則未嘗殺。【愚按】莊公曰寡人有弟不能和協，使餬其口於四方，則未殺明矣。

秋七月，天王平**使宰咺來歸惠公仲子之賵。**咺呼阮反，賵撫鳳反。【比王室下交諸侯之始】【公羊傳】宰者何？官也。咺者何？名也。惠公者何？隱之考也。仲子者何？桓之母也。賵者何？喪事有賵。賵者蓋以馬，以乘馬束帛。車馬曰賵，貨財曰賻，衣被曰襚。【穀梁傳】禮賵人之母則可，賵人之妾則不可。【程

子傳 王者奉若天道故称天王其命曰天命其討曰天討盡此道者王道也後世以智力把持天下者霸道也春秋因王命以正王法称天王以奉天命夫婦人倫之本最當先正春秋之時嫡妾僭亂聖人猶謹其名分男女之配終身不变者也故無再娶之礼大夫而下内無主則家道不立故不得已有再娶之礼天子諸侯内職具備后夫人已可以攝治無再娶之礼春秋之始尚有疑焉故仲子羽数特異僖公而後無復辨矣春秋用其切號而書之以志僭亂仲子繫惠公而言故正其名不曰夫人曰惠公仲子謂惠公之仲子妾称也以夫人礼賵人之妾不天亂倫之甚也然春秋之始天王之義未見故不可去天而名咺以見其不王王臣雖微不名况於宰乎

上古應（去声）時稱號故其名三變（皇帝王）春秋以天自處創制立名（称天王獨見於周官然国史未嘗称天王）繫王於天為萬世法其義備矣（**吳氏曰**称天王表無二尊**臨川吳氏曰**礼云臣之所天者君也周王為衆侯国之君侯国以王為天也**愚按**春秋之時徐楚吳越皆僭王號故称天王以表至尊之義而春秋之末越人號吳六

夫差爲天王晉世五胡多號天王謬妄滋甚亦猶春秋之初徐楚之僭王也

冢宰稱宰

愚按說公羊者以宰爲士或引小宰夫爲證然周官三百六十他官未嘗見經何獨於小宰而書之乎或以宰爲氏引宰予爲證然宰周公宰渠伯糾豈可亦以爲氏乎唯劉氏意林謂春秋於大夫莫書其官至冢宰則書之此見任之最重宰者專稱非中士所當冒最得經意且左傳僖九年称宰孔使經不書宰周公而書其名則論者亦疑爲士與氏矣

咺者名也。王朝公卿書官

愚按王朝公卿唯宰咺止書宰自餘有封邑者皆以爵係封邑蓋天子公卿書官有封邑繫爵故桓四年傳曰王朝公卿書爵

大夫書字

如南季仍叔

上士中士書名

劉夏石尚

下士書人

如會洮称王人是也子突救衛褒称字王子虎盟翟泉貶称人

咺位六卿之長

長兩反

而名之何也。仲子惠公之妾爾。以天王之尊下賵諸侯之妾

周禮職喪掌諸侯之喪凡国有司以王命有事焉則詔贊主人注有事謂含襚贈賵之属

是加冠於屨人道之大經拂矣

趙氏曰天子而賵妾母是啓僭也朱子語

來賵仲子便自見得以天王之尊下賵諸侯之妾愚按在礼君不撫僕妾以其賤也外臣之妾而天王賵之何以示法則於天下乎天王紀法之宗也六卿紀法之守也議紀法而修諸朝廷之上則與音預聞其謀頒紀法而行諸邦國之間則專掌其事太宰建邦六典以佐王治邦国而承命以賵諸侯之妾是壞音怪法亂紀本礼運自王朝始也春秋重嫡妾之分扶問反故特貶而書名以見音現宰之非宰矣通旨冢宰同体之臣建典礼操賞刑至公不黨以共天位代天工治天職也宰咺黜而書名者來賵仲子悖典礼也宰糾黜而書名者來聘桓公忝賞刑也施於公卿者如此訓後世人臣不可失天職也

或曰僖公之母成風亦莊公妾也其卒也王使榮叔歸含户暗反且賵其葬也王使召音邵伯來會葬下賵諸侯之妾而名其宰榮召何以書字而不名也於前賵

仲子則名冢宰於後葬成風王不稱天其法嚴矣前後互貶君臣同罪 陳氏曰 有賵妾母者矣以宰自爲使而後貶貶其甚者也 家氏曰 春秋之義君有過先責其宰名咺所以責也責宰所以責王也使而非宰則其責在王矣 張氏曰 惠公以去年薨仲子卒之年月不可知或亦去年也天子於諸侯有賵禮所以褒有功德而厚其終也諸侯無再娶之禮惠公牽於私愛寵庶妾而立爲夫人正犯以妾爲妻之戒瀆亂夫婦之綱乃天討之所當加九伐之法所謂犯令陵政盖此類也平王不能正惠公之罪反厚其送終之禮遣冢宰而來賵冢宰不能以紀法諂王乃奉命以賵上僭之妾仲尼以春秋之初方書天王以立法於是貶冢宰於上士中士之例深罪其以百揆之尊瀆官失職一至於此貶其臣則君可知矣凡春秋之書以尊略而貶從卑者之例必有大罪極惡而後加焉不可以常事觀也 高氏曰 隱自以爲桓立故以桓母之喪告于天王天王又受天王之賵陷天王于非禮罪可知矣〇 吳氏曰 左氏云豫凶事夫仲子而在天子寧有歸其賵乎不辨救麥者猶不當爾 文集 仲子猶存生而來賵周德雖衰不應至此極 劉氏曰 公羊云言來不及事也榮叔含賵亦不及事何以不言來乎 愚按 穀

氏以仲子爲惠公之母蓋泥於文九年書僖公成風故爾【朱子語】惠公仲子恐是惠公之妾僖公成風却是僖公之母不可一例看

九月及宋人盟于宿【此參盟之端】【公羊傳】孰及之內之微者也【穀梁傳】及者何內卑者也宋人外卑者也【程子傳】惠公之季年敗宋師于黄公立而求成焉盟于宿魯志也稱及稱人皆非卿也【杜氏曰】宋今梁国睢陽縣宿国東平無盐縣【張氏曰】宋今應天府宋城縣【愚按】宋国在今歸德府無盐故城今東平路須城縣【高氏曰】桓宋出也隱公懼宋故與宋合

內稱及【孫氏曰】不可言魯人外稱人皆微者其地以國宿亦與音預焉【杜氏曰】客主無名皆微者也凡盟以国地者国主亦與焉微者盟會不志于春秋據公子豫及邾人鄭人盟于翼經不書此其志者有宿國之君也【陳氏曰】憂參盟故錄其所從始凡書盟者惡烏故反之本何氏注【通旨】盟非春秋所善然高子知權以定魯貫澤服江黄以制楚召陵修礼義以服楚首止尊世子以定大倫葵丘發五命以備

天子之禁皆美其事也非善其盟也或曰周官有司盟掌盟載之法【司盟】凡邦国有疑會同則掌其盟約之載及其礼儀北面詔明神【注】載盟辭也爲辭而載之於策詛側慮
反祝之又反作其詞【詛祝】作盟詛之載辭以叙国之信用以質邦国之劑信玉府
共音恭其器【玉府】若合諸侯則共珠槃玉敦【注】合諸侯以割牛耳取其血歃之以盟珠槃以盛牛
耳尸盟者執之玉敦歃血玉器戎右役其事【戎右】會同充革車則盟以玉敦辟盟遂役之贊
牛耳桃茢大音泰史藏其約於妙反【大史】凡邦国都鄙及萬民之有約劑者藏焉蘇公
亦曰出此三物以詛爾斯【詩】何人斯蘇公刺暴公也【注】三物犬豕雞刺其血以
詛盟之夫盟以結信出於人情先王猶不禁也而謂凡
書盟者惡之可乎曰盟以結信非先王所欲而不禁
逮德下衰欲禁之而不克也【趙氏曰】記礼所言亦據二代之衰時耳【張氏曰】
司盟之設聖人蓋爲諸侯之侻怨不釋者設爾殆衰世之意聖人立法常関盛衰故不得已而建此官以

待之也屢盟之長亂自幽厲以來惡之矣春秋之時會而歃血其載果掌
於司盟猶不以爲善也定四年子魚曰踐土之盟其載書云王若曰晉重魯申衛
武蔡甲午鄭捷齊潘宋王臣莒期藏在周府可覆視也又況私相要誓載書不掌於司
盟慢鬼神既盟復背犯刑政以成傾危之習哉今曾既及
儀父宋人盟矣尋儀也自叛之七年伐邾十年伐宋信安在乎故
知凡書盟者惡之也**趙氏曰**盟者刑牲而徵嚴於神明者也王綱壞則諸侯恣而仇
黨行故干戈以敵仇盟誓以固黨天下行之遂爲常爲若王政行則諸侯莫敢相害盟何爲焉賢君立則
信著而義達盟可息焉觀春秋之盟有以見王政不行而天下無賢侯也**朱子語**問胡氏傳春秋盟誓處
以爲皆惡之楊龜山亦嘗議之矣今民泯泯棼棼罔中于信以覆盟詛之時而遽責以未施信而民信之
事恐非他俗以斷之意也曰不然盟詛必竟非君子之所爲故曰君子屢盟亂是用長將欲變之非去盟
崇信俗不可得而變也。**愚按**內及盟而不書君大夫者有九文定於此盟以爲內之微者及蘇子盟女栗無傳齊高傒晉處父及晉荀庚等之來聘而盟皆以爲公與之盟而諱之據穀梁卑者之盟不日則女栗不日亦內之卑者據趙氏云凡盟不日內皆指公以示耻則于宿亦是公及盟切疑宿之盟外称人而內比書及則內亦微者也荀謂諱公則浮來及莒人何以不諱乎女栗之盟盟天子之大夫不書內卿則是公同歃安敢以微者莅之乎荀謂微者盟不日則僖十九年盟齊二十九年盟翟泉皆称人皆不書日未必皆微者也況鄟陵皐鼬皆所見之世公與諸侯盟何以皆不日乎

冬十有二月祭伯來 **傳** 祭側界反 **此王臣外交之始** **公羊** 祭伯天子之大夫也 **穀梁傳** 來者來朝也弗謂朝何也寰內諸侯非有天子之命不得出會諸侯不正其外交故弗與朝也聘弓鍭矢不出竟埸東脩之肉不行竟中有至尊者不貳之也 **程子傳** 祭伯畿內諸侯爲王卿士來朝魯不言朝不與其朝也當時諸侯不脩朝覲之礼失人臣之義王所當治也祭伯爲王臣不能輔王正典刑而反與之交又來朝之故不與其朝以明其罪 先儒有王臣無外交之說甚非也若天下有道諸侯順軌豈有內外之限其相交好乃常礼也然委官守而遠相朝無是道也周礼所謂世相朝謂鄰国耳 **愚按** 祭伯采邑在今汴梁路鄭州管城縣故祭城

按左氏曰非王命也據不言天王使祭伯畿内諸侯爲王卿士祭畿内邑伯爵天子之卿称邑爵來朝于魯而直書曰來不與其朝也劉氏曰有不可朝而不與朝祭伯來是也有不能朝而不與朝介葛盧是也愚按王臣出使侯国必有其事但書來不言爲何事比之夷狄與亡国之君所以深貶之人臣義無私交大夫非君命不越竟音境郊特牲爲人臣者無外交不敢貳君也檀弓古之大夫束脩之問不出竟所以然者杜朋黨之原爲後世事君而有貳心者之明戒也惟此義不行然後有藉外權如繆音穆留之語去声韓宣惠者史韓世家宣惠王兩用公仲公叔繆留曰多力者内樹黨寡力者藉外權交私議論如莊助之結淮南者前嚴助傳武帝令助諭南越助還又諭淮南王與之相結而還後淮南王來朝厚賂遺助交私論議及淮南反事與助相連張湯曰腹心之臣而外與諸侯交私助竟棄市倚強藩爲援于眷反以脅制朝廷如

唐盧攜之於高駢【唐書】（盧攜傳攜初爲相嘗薦高駢駢將屢破黃巢復以攜爲相攜奏）
以駢爲諸道行營都統攜病風不能行外倚駢寵遇
甚厚巢將度淮表求天平節度攜素厚高駢屬以立
（功乃固不可巢請及巢入潼關攜仰藥死）崔胤之於宣武【同上】（崔胤傳朱全忠爲宣武節）
度使時王室不競南北司各植黨結藩鎮內相陵脅
胤嬖爲相素厚全忠委心結之有急則密求援全忠
表言胤有功不宜處外故復相而貶陸扆胤恃全忠
專權自恣天子動靜皆稟之刑賞係其愛憎中外畏
（之全忠謀脅帝遷洛懼胤異議密表胤專國亂權胤罷死）昭緯之於邠岐者矣【通鑑】
王行瑜斬朱玫授邠寧節度李茂貞平李昌符以爲
鳳翔節度楊復恭楊守亮反行瑜等請發兵討之既
破賊恃功驕橫上表不遜朝廷以杜讓能爲太尉出
兵討行瑜茂貞時崔昭緯爲相陰結邠岐爲之耳目
讓能朝發一言二鎮夕必知之行瑜等合兵拒官軍
乃貶讓能與二鎮約和李克用討行瑜昭緯貶死
經於內臣朝聘告赴皆貶而不與（三年尹氏卒莊二十三祭叔來聘文）
（三王子虎卒定四劉卷卒）正其本也豈有誣上行私（本樂記）自植其

黨之患哉【通旨】問王之卿士固不應朝諸侯矣然當時諸侯朝魯聖人盡書其朝者與其朝耶又於蕭叔特書朝公杞伯姬來朝其子何也曰聖人作春秋其筆端隨事造化變動不居難以一例言也畿内諸侯與畿外諸侯自有等差聖人既於祭伯來朝直書曰來不與其朝以明王臣無外交之義矣外諸侯本有朝聘之禮聖人盡書其朝隨事觀之其義不一蕭叔獨書朝公者以穀梁其所也杞伯姬來朝其子婦人而以其子來聖人大意戒婦人不可與國事也。【啖氏曰】公羊曰不稱使奔也按例周大夫無不言奔之義

公子益師卒【程子傳】諸侯之卿必受命於天子當時不復請命故諸侯之卿皆不書官不與其為卿也称公子以公子故使為卿也惟宋王者後得命官故獨宋卿書官卿者佐君以治国其卒国之大事故書於此見君臣之義矣或日或不日因舊史也古之史記事簡略日月或不備春秋因舊史有可損而不能益也凡公子公孫登名於史冊貴戚之卿也不書官者故

侍講程頤【本注】此傳經進君前臣名後皆称氏【愚按】以謂不與其以公子

故而自爲卿也。古者諸侯大夫皆命於天子。通旨 大國三卿命於天子，次國三卿二卿命於天子，小國三卿一卿命於天子，此禮之常也。東周以來，列國之卿多不請而自命，故皆削其官，所以正王法也。張氏曰 東遷以來，王命不行，諸侯不以天子之命爲重，故三命再命之制不復請於王，而其強大者亦不守列國三卿之制，如晉至於命六卿，魯至鞌之戰亦有四卿。閒雖有請於王，如士會以黻冕命將中軍，亦非復先王之制矣。此春秋所以於列國之大夫，自宋統承先王得自命官者，或有司馬司城之書，而此外一切削之也。

卿卒必書，此春秋貴大臣之意。昭九 屠蒯曰：君之卿佐，是謂股肱。股肱或虧，何痛如之。安定胡氏曰 故問其疾，弔其喪，賵其葬，必厚其送終之恩，此春秋書大夫卒之旨也。趙氏曰 不書葬，降於君也。朱子語 內大夫卒而略外大夫，是別內外之辭。

其不日，公羊以爲遠，然公子彄苦侯反遠矣，而書日，則非遠也；叔孫得臣卒近而不書日。穀梁以爲惡，然公子牙、季孫意如惡矣，牙弑子般，意如逐昭公。而書日，則非惡也；公孫敖仲遂亦惡而書日左氏以爲公不與音預小斂力驗反下同然公孫敖卒于外而公在内叔孫舍卒于内而公在外不與小斂明矣而書日左氏之説亦非也公孫嬰齊卒于貍脤叔詣卒而公在乾侯皆不與小斂亦書日其見音現恩數之有厚薄歟齊氏曰日卒之例但繫恩之厚薄通旨閔杜注春秋不以日月爲例惟卿佐之喪獨託日以見義書日不書日示薄厚也春秋書大夫卒三十惟益師無駭挾得臣不書日若謂三人在隱公之世恩礼踈薄故不書日則得臣嘗與仲遂同如齊歸而子赤見弒何氏謂得臣知遂逆謀蔽賊而不言則得臣乃仲遂之黨也仲遂有寵於宣公則得臣卒於宣五年不應見薄矣婼叔倪皆欲納昭公不克昭公在外意如在内又安得厚之乎且自公子彄公子牙以後無有不日者獨四人不日伊川先生謂春秋因舊史有可損而不能益恐此義爲正曰魯史記本国卿佐之卒宜詳而有不日者以公子彄事尤久遠而書日疑其見恩礼之有厚薄也得臣不能爲有無故略而不書若意如之加厚於二卿一則喜其卒二則欲掩其逐君之罪尔愚按或日或不日文定

謂恩數厚薄似據左傳公子彄葬之加一等故云爾然文公而上一百一十四年書日百有七十宣公而下一百二十八年書日二百二十年數略同而日數近倍則程子謂因舊史理或然也內大夫見經者四十有七卒者三十一不書卒十有六慶父歸父僑如臧紇公子慭出奔公子買公子偃刺何忌州仇叔還卒於獲麟之後餘六人文定以翬弑隱公彭生不發襄仲之謀貶不書卒宗溺結之不卒非正大夫故正其分啖氏以單伯淫叔姬黜其鄉位且引孫濟百歲更娶爲證今考無駭挾與宗溺書法無異結書族未必非大夫單伯書字無貶辭似未嘗黜況莊元年逆王姬至文十五年至自齊八十餘年必非一人或父子同稱如晉欒書欒黶同稱欒伯也竊疑大夫或卒或不卒亦因史舊文耳

庚申 平王五十年

二年

齊僖二十晉鄂三衛桓十四蔡宣二十九鄭莊二十三曹桓三十六陳桓二十四杞武三十宋穆八秦文四十五楚武二十

春

穀梁傳隱十年無正隱不自正也元年有正所以正隱也

陸氏曰十年無正譏隱合居其位而不正以貽其禍也

高氏曰不自正者非隱當特不自有之乃聖人罪其當正而不正也王之正月而公不自正何也天子頒曆于諸侯諸侯告朔于廟而後布政公欲讓桓若政不自己出者

也【王氏曰】隱十年無正書春而無月者六非皆事不必月而月所不能該也所以正隱也隱元年有正月二年以後無正月定元年無正月二年以後有正月隱不有其位欲授国于桓以召亂定得国於季孫意如故或正其始而不正其終或不正其始而終正之各因其事以見法焉

公會戎于潜【此書會之始亦會夷狄之始】【左傳】修惠公之好也戎請盟公辭【穀梁傳】會者外爲主焉爾知者慮義者行仁者守有此三者然後可以出會會戎危公也【程子傳】周室既衰蛮夷猾夏有散居中国者方伯大国明大義而攘斥之義也其餘列国愼固封守可也若與之和好以免侵暴非所謂夷狄是膺所以容其亂華也故春秋華夷之辨尤謹居其地而親中国與盟會者則與之公之會戎非義也【杜氏曰】陳留濟陽縣東南有戎城潜魯地【愚按】濟陽屬今濟南路鄭氏以盧州府治元名潜山然盧州非魯地也

戎狄舉號外之也【啖氏曰】凡戎狄不書爵號君臣同詞【劉氏曰】戎者戎之君也不以君稱之外之也王者內京師而外諸夏內諸夏而外夷狄正朔不加禮樂不及朝聘不與四夷雖大皆曰子有故也然後著其名爵外之也【宣十一年傳】春秋正法不與夷狄會同分類也書會戎會狄會吳皆外詞

也天無所不覆敷救反後放此地無所不載天子與天地參者也經解三王之德參於天地天無私覆地無私載春秋天子之事何獨外戎狄乎曰中國之有戎狄猶君子之有小人內君子外小人爲泰泰卦內乾純陽外坤純陰陽爲君子陰爲小人杜欽策夷狄者中国之陰內小人外君子爲否音痞否卦內坤外乾春秋聖人傾否之書內中國而外四夷使之各安其所也無不覆載者王德之體內中國而外四夷者王道之用愚按聖人之道理一而分殊若孟子言仁者無不愛又曰於物也愛之而弗仁於民也仁之而弗親與此意同是故以諸夏而親戎狄致金繒之奉首顛也反居下其策不可施也前賈誼傳天子天下之首蛮夷天下之足匈奴侮嫚侵掠至不敬也而漢歲致金絮采繒以奉之夷狄徵令是主上之操也天子供貢是臣下之礼也足反居上首顛居下以戎狄而朝諸夏

位侯王之上亂常失序其禮不可行也【前】宣帝紀匈奴呼韓邪單于來朝詔有司議其儀蕭望之以爲單于非正朔所加故称敵国宜待以不臣之礼位在諸侯王上【荀悦】曰春秋之義王者無外欲一于天下也戎狄道里遼遠故正朔不及礼教不加非敵国之謂也望之之議僭度失序以亂天常非礼也以羌胡而居塞內無出入之防非我族類其心必異成四史佚云云萌猾亂也夏之階其禍不可長上声也【晉】江統傳徙戎論曰漢馬援討叛羌徙其餘種於關中武帝徙武都氏於秦川夫關中帝王所居未聞夷狄宜居此土非我族類其心必異而居封域之中故能爲禍滋蔓宜徙還塞外使戎晉不雜並得其所縱有猾夏之心所害不廣矣爲此說者其知內外之旨而明於馭戎之道【通旨】賈誼謂首領居下荀悦謂亂常失序江統謂非我族類皆明於馭戎狄者後世如漢以南单于欵五原塞賜姓爲藩臣其後刘渊劉聰大爲中国患如石勒慕容氏符堅姚萇乃是鮮卑羯氏羌之居塞內者浸淫不制遂迭起亂華至如唐以安禄山守范陽以范陽叛至於明皇幸蜀肅宗即

位史思明繼起用兵不休唐室之禍不觧**正朔所不**
直至於亡聖人謹華夷之辨其旨遠矣
加也奚會同之有書會戎譏之也[何氏曰]書會者惡
也[孫氏曰]諸侯非有天子之事不得出會諸侯况會
戎哉[張氏曰]惠公與之有好旣失之矣隱公復不能
明内外之辨登戎夷於堂陛書會戎所以譏其降諸
侯之尊失中国之重不修政事以攘夷狄以啓猾夏
之階觀夾谷之會所謂裔不謀夏夷不亂華之言則
知書會戎之旨矣[家氏曰]国君即位之次年不聞朝
京請命受服兄弟甥舅之国亦未得交相見而以會
戎爲首務尤春秋所譏也[陳氏曰]會戎于潛春秋之
始會吳黄池春秋之終
此春秋之所以始終也

夏五月莒人入向向舒亮反[此入国之始公羊傳]入者
得而不居也[程子傳]莒子娶于向向
姜不安莒而歸莒人入向以姜氏還天下有道禮樂征
伐自天子出春秋之時諸侯擅相侵伐興兵以侵伐人
其罪著矣春秋直書其事而責常在被侵伐者蓋彼加
兵於已則當引咎或自辨諭之以禮義不得免焉則固
其封疆告于天子方伯若忿而與之戰則以與戰者爲
主責已絶亂之道也書莒人微者也凡將尊師衆曰某

師師將尊師少曰某伐某將卑師衆曰某師將卑師少曰某人不知衆寡將帥名氏亦曰某人書入入其国也
侵人之境且爲悬况入人之国乎**杜氏曰**莒国今城陽莒縣向小国譙国龍亢縣東南有向城**張氏曰**莒巳姓
今密州莒縣向姜姓炎帝之後漢志向屬沛郡寰宇記屬應天府穀熟縣**愚按**莒縣今屬益都路莒州向城在
今益都路沂州**無駭帥師入極**駭**穀**作俟後同帥朔律反後放此**此大夫專兵之始左傳**司空
無駭入極費庈父勝之**穀梁傳**極国也**程子傳**古者卿皆受命于天子春秋之時諸侯自命巳賜族者則書族
不書族者未賜也賜族者皆命之世爲卿也**杜氏曰**極附庸小国**賈逵云**戎邑
左氏曰莒子娶于向向姜不安莒而歸莒人入向以
姜氏還此所謂披也春秋書曰莒人入向此所謂斷
音鍛**也**程子曰傳爲按經爲斷**以事言之入者造**七到反**其國都**以兵
破其城郭蹂踐朝市謂之入**以義言之入者逆而不順**穀梁入者逆詞**莒**
稱人小國也孫氏曰春秋小国卿大夫皆略稱人**無駭不氏未賜族也**

左傳無駭卒羽父請謚與族張氏曰無駭挾皆内大夫之未賜族者左氏称司空無駭不書官夫子削之也

其書師師用大衆也臨川吴氏曰師者兵衆之称周礼萬二千五百人爲軍二千五百人爲師五百人爲旅軍師旅三名師在其中故舉中以該上下而總名其軍旅之衆曰師

非王命而入人國邑逞其私意見諸侯之不臣也孫氏曰隱桓之際国無大小用師皆專行擅興而征討不加焉見天王之不君也張氏曰當時征伐不自天子出陵弱暴寡紛然無制音魯擅興師徒入人国邑皆王法所當誅

據事直書義自見音現矣杜氏曰直書其事具文見意公羊昭元不待貶絶而罪惡見

愚按直書而義自見乃聖人作經之大旨故曰其文則史義則竊取之蓋聖人筆削魯史之舊文取其義以爲後世法直書其事而褒貶瞭然矣春秋之初大夫猶称名而不氏僖公以後大率書氏見世卿之盛也經書帥師者百有三十僖公以前書帥師者僅九皆内大夫文宣以後外大夫多書帥師定哀之間尤數數書之大夫之強又可見矣又按穀梁以向爲我邑然不書伐我則非我邑也據後書公伐莒取向則向爲

小国而莒滅之耳二傳以爲滅極然滅鄆滅邿書取而極不書取則非滅也 趙氏曰 公穀皆云無駭不氏貶滅同姓之国若実滅同姓則當直書滅極以示譏且無駭卒亦不氏何関滅同姓哉 劉氏曰 穀梁云入者内弗受也有入人之国而可以受之者乎所言者歸入之例也

秋八月庚辰公及戎盟于唐 此盟戎狄之始 左傳 戎請盟復脩戎好也 程子傳 戎猾夏而與之盟非義也 杜氏曰 唐魯地高平方與縣北有武唐亭 張氏曰 今单州魚臺縣 愚按 今屬済寧路済州

按費音秘誓稱淮夷徐戎此蓋徐州之戎久居中國在魯之東郊者也 費誓篇首言徂茲淮夷徐戎並興篇終獨言征徐戎則夷戎並爲患而戎尤甚也 漢孔氏曰 此戎蓋帝王所羈縻居九州之内 韓愈氏言春秋謹嚴 進斈解 君子以爲深得其旨 程叔子 所謂謹嚴者何謹乎莫謹於華夷之辨矣中國而夷狄則狄之 文十年秋狄秦 成三年秋鄭 昭十二年秋晋 夷狄猾夏則膺之 詩 閟宮戎狄是膺 膺撃也 此春秋之旨也

而與戎歃血以約盟非義矣事合宜之謂義先君征戎而已乃與之歃盟可謂宜乎是故成於日者必以事繫音繼日蘇氏曰事成於日者日成於月者月成於時者時故崩薨卒葬日食山崩地震火災郊雩烝嘗盟戰滅入弑殺之類皆以日成朝聘會同侵伐圍救之類皆以月成城築蒐狩之類皆以時成而前此盟于蔑則不日盟于宿則不日後此盟于密則不日盟于石門則不日獨盟于唐而書日者謹之也隱公昉與戎盟故謹而日之後此桓公二年及戎盟不書日後世乃有結戎狄以許婚而配偶非其類如西漢之於匈奴前高帝八年取家人子名公王妻单于惠帝三年文帝六年景帝五年皆以公主嫁單于約戎狄以求援而華夏被去声其毒如肅宗之於回紇通鑑至德元載安祿山陷長安上欲借兵於外夷以張軍勢遣使回紇以請兵乾元初上以寧國公主下嫁是後回紇數背約率兵向塞殺掠甚衆信戎狄以與盟

而臣主蒙其恥如德宗之於尚結贊【同上】貞元三年吐蕃尚結贊嬰遣使求和且請修盟而歸侵地馬燧信其言爲之請於朝渾瑊爲會盟使侯使將二萬餘人赴盟所將盟吐蕃伏精騎數萬於壇西瑊等皆不知虜伐鼓三声大譟而至唐將卒皆東走虜縱兵追擊或殺或擒之韓遊瓌表言虜劫盟上大驚雖悔於終亦將奚及春秋謹唐之盟垂戒遠矣【張氏曰】中国諸侯與戎相詛尤不可之大者盖盟者刑牲以相示謂神之殛背約者當如此牲同類爲之尚以長亂戎狄豺狼而與之詛一有間隙惟利是視則求小疵而責大信以肆其豺狼之暴爲中国之大禍故春秋於唐之盟不特謹其日又特書及戎盟深罪隠公之失道而容其亂華也【薛氏曰】盟逮戎狄変夷之甚也【高氏曰】書及者聖人深責中国而不罪夷狄也不罪夷狄者乃所以外之也【家氏曰】魯望国之君諸夏所視儀而聽倡者也春而會戎秋而盟戎既爲特會又爲特盟春秋一歲再書所以貶也書公及戎盟是之謂非所當及而及此春秋書魯事之凡也及戎之及又與及儀父莒人之及異矣此一及字要當隨事而觀以求春秋之意

九月紀履緰來逆女冬十月伯姬歸于紀緰音須履緰左作裂繻左傳卿為君逆也公羊傳履緰紀大夫也何以不称使婚礼不称主人外逆女不書此何以書譏始不親迎也始不親迎昉於此乎前此矣前此則曷為始乎此春秋之始也曷為或称女或称婦或称夫人女在其国称女在塗称婦入国称夫人穀梁傳礼婦人謂嫁曰歸反曰來歸程子傳非命卿皆書名以君命來逆夫人也在魯故称女内女嫁為諸侯夫人則書逆書婦明重事也來逆非卿則書歸而已見其礼之薄也先儒皆謂諸侯當親迎親迎者迎於其所館故有親御授綏之礼豈有委宗廟社稷遠逆適他国以逆婦者乎非惟諸侯卿大夫而下皆然詩称文王親迎于渭未嘗出疆也送之者雖公子公孫非卿則不書杜氏曰紀国在東莞劇縣張氏曰漢屬北海郡今青州壽光縣愚按今属益都路

按穀梁子逆女親者也使大夫非正也何氏曰紀無大夫書履緰者重婚礼也魯哀公問冕而親迎去声不已重乎孔子對曰合二姓之好呼報反以為宗廟社稷主君何謂已重乎

見哀公問禮記文定厥祥親迎于渭造舟爲梁不顯其光詩大
雅大明篇文王娶于莘国在渭水濱則世子而親迎也詩書言文王初載無逸文王享
国五十年注四十七即位大戴礼文王十三歲生伯邑考十五歲生武王則其娶太姒乃爲世子時也
韓侯娶妻蹶音蹶父之子韓侯迎止于蹶之里詩韓奕篇則
諸侯而親迎也有夫婦然後有父子有父子然後有
君臣本易序卦夫婦人倫之本也逆女必親使大夫非正
也入春秋之始名宰咺歸賵以譏亂法咺賵諸侯之妾是亂天子
之法書履緰逆女以志變常諸侯親迎乃常礼爾使大夫逆則變常矣故特志其
始王氏曰伯姬之歸紀始也見逆於裂繻終也見葬於齊侯實事之非常故志之以見婚姻之道闕衆
妾之分扶問反定矣譏賵寵妾則嫡妾之分自見大昏之禮嚴矣桓三
年傳爵有尊卑国有大小或迎之於其国或迎之於境上或迎之於所館礼之節也紀侯於魯以大小言

則親之者也而使履緰來是不重大昏之礼矣**張氏**曰劉夏逆王后公及凡諸逆女者皆不書使蓋雖天子諸侯亦不自主昏所以養廉遠恥也**通旨**内女出嫁多不書常事故也書者皆記礼之失伯姬歸于紀爲不親迎而使履緰逆又爲叔姬待年而書也不書則必歸以叔姬爲夫人伯姬歸于杞爲莊公過魯其女後二年即會于洮故書耳伯姬歸于宋爲致女三国來媵之過又見其賢而書之也**愚按**春秋一經魯女嫁爲諸侯夫人者七爲大夫内子者四唯紀伯姬使履緰逆莒慶齊高固自逆宋蕩伯姬爲子逆他皆不書逆者或逆之者微或親迎得礼而不書也○**戴氏曰**歸於諸侯則尊同尊同則志穀梁云履緰以国氏爲其來接於我故進之且履緰国氏何異鄭詹而曰進之乎

紀子伯莒子盟于密 伯**左**作帛**此外相盟之始**○**公羊傳**紀子伯者何無聞焉爾**程子傳**闕文也當云紀侯某伯莒子盟于密左氏附會作帛杜預以爲裂繻之字春秋無大夫在諸侯上者公羊穀梁皆作伯**杜氏曰**密莒邑城陽淳于縣東北有密鄉**愚按**今益都路密州

凡闕文有斷音鍛下同以大義削之而非闕者有本據舊

史因之而不能益者亦有先儒傳授承誤而不敢增者如隱不書即位桓不書王賵葬成風王不書天呉楚之君卒不書葬之類皆斷以大義削之而非闕也愚按桓公四年七年無秋冬隱公閔公薨不地君弑賊不討不書葬之類皆斷以大義而削之也甲戊巳丑桓五夏五桓十四紀子伯莒子盟于密之類或曰本據舊史因之而不能益者也或曰先儒傳授承誤而不敢增者也莊二十二年夏五月不係事二十四年郭公不書事僖二十八年壬申不係月文十四年叔彭生昭十年十有二月不書冬三十一年黑肱不係邾定六年仲孫忌十四年無冬皆闕文也闕疑而愼言其餘可矣必曲爲之說則鑿矣孫氏曰紀本侯爵此稱子伯闕文也臨川呉氏曰子伯二字或是侯字之誤○啖氏曰穀梁云紀子伯莒子而與之盟此闕文耳云伯之穿鑿甚矣左氏云魯故也以子帛爲裂繻字故附會耳劉氏曰子帛不當稱字

若比之內大夫當曰紀子帛及莒子盟不當去及也

十有二月乙卯夫人子氏薨穀梁傳曰夫人薨不地范氏曰夫人無出竟之事薨有常處程子傳隱公夫人也薨上墜之声諸侯国內称之小君同婦人從夫者也公在故不書葬於此見夫婦之義矣曲礼注薨顛壞之声

按穀梁子曰夫人子氏者隱之妻也卒而不書葬夫人之義從君者也張氏曰書內之夫人卒葬異於外尊尊也子氏不書葬婦人從君故君存則葬礼未備待君薨而合祔也宋朝皇后先崩必俟合葬於山陵盖古之遺制歟邦君之妻國人稱之曰小君卒則書薨以明齊也說文妻与己齊者也先卒則不書葬以明順也昏義明婦順也有夫婦然後有父子有父子然後有君臣夫婦人倫之本也入春秋之始於子氏書薨不書葬明示大倫苟知其義則夫夫

婦婦而家道正矣陳氏曰隱桓之母俱不得爲夫人則嫡庶之義明隱妻得爲夫人則君臣之分定。愚按左傳以子氏爲仲子謂元年歸賵豫凶事安有其人未死而歸賵雖五尺童子固知其不可也杜預謂隱讓桓爲太子成其母喪以赴于諸侯審如此則考宮當加謚號矣公羊又以爲隱之母然孟子既爲夫人則声子仲子均非正嫡声子安可僭小君之號成風敬嬴所以称夫人以僖宣二公越礼以尊其妾母隱公若果尊其母爲夫人則當葬以小君之礼而書於經矣今考魯夫人見經者八文姜哀姜声姜穆姜齐姜書薨書葬子氏以隱公在不書葬出姜歸齐亦不書薨孟子以同姓諱而畧之妾母見經者六仲子之卒在春秋之前成風敬嬴定姒齐歸皆書薨書葬称夫人称小君与正嫡無異仲子不称夫人不称小君猶未至如中葉以後失礼之甚也唯定十五年姒氏卒以哀公未即位故不成小君之礼爾

經鄭人伐衛桓此諸侯專征之始程子傳声其罪曰伐衛服故不戰衛服可免矣鄭之擅興戎王法所不容也杜氏曰衛国在汲郡朝歌縣張氏曰今濬州黎陽縣愚按今屬衛衛輝路汲縣

按左氏鄭共音恭叔之亂公孫滑出奔衛滑共叔子衛人爲于偽反之伐鄭取廩延至是鄭人伐衛討滑之亂也**愚按**鄭莊志於殺段又欲絶其後嗣而夷之去年鄭人以王師虢師伐衛南鄙又請師於邾邾爲之請於魯用師不已今再伐衛窮兵黷武迁怒復怨不貶絶而罪自見矣**朱子語**書伐国惡諸侯之擅興**陸氏曰**成公以前侵伐書人者遠事難詳不必皆微者也**陳氏曰**大夫將則書大夫自晋陽處父始凡兵聲罪致討曰伐此言討滑之亂則声其納滑之罪如齊桓伐楚則声其不貢包茅之罪潛師掠境曰侵掠者刼奪財物**左傳**鄭伯侵陳大獲宋向戌侵鄭大獲**趙氏曰**凡書侵伐不書勝敗殺掠而還也詳見莊十五年兩兵相接曰戰戰鬭也**左傳**皆陳曰戰繯其城邑曰圍繯于善反環也**孟子**環而攻之造其國都曰入造七到反至也凡書入或入其国都而不居如宋衛入鄭齊鄭入郕之類或入其国都而遂滅其宗廟社稷如秦入滑宋入曹之類從其朝市曰遷毀其宗廟社稷曰滅詭道而勝之

曰敗兩兵未陳以詐取勝悉虜而俘之曰取趙氏曰凡悉俘之曰取某師輕行而掩之曰襲左傳曰輕曰襲趙氏曰掩其不備曰襲已去而躡之曰追啖氏曰追者冦已去而躡之也聚兵而守之曰戍啖氏曰戍者以兵守之也以弱假強而能左右之並如字曰以皆誌其事實以明輕重內兵書敗曰戰僖公二十二年戰于升陘我師敗績獲公胄縣諸魚門諱不書敗唯莊九年戰于乾時書我師敗績以与讎戰雖敗不諱也書滅曰取成公滅鄟襄公滅邿昭公滅鄫皆諱滅而書取唯僖公滅項乃公在會而季孫滅之故直書不諱特婉其辭爲于僞反君隱也征伐天子之大權孟子征者上伐下也敵国不相征也今鄭無王命雖有言可執亦王法所禁況於修怨乎不書戰者程氏以爲衛已服也衛服則可免矣此義施於伐而不書戰皆可通矣凡伐而不言戰皆受伐之国自服而不待戰也故受伐者可免

於罪

辛酉 平王五十一年崩

三年

齊僖十一晉鄂四衛桓十五蔡宣三十鄭莊二十四曹桓三十七陳桓二十五杞武三十一宋穆九卒秦文四十六楚武二十一

春王二月

程子傳 月王月也事在二月則書王二月在三月則書王三月無事則書時書首月蓋有事則道在事無事則存天時王朔天時備則歲功成王道存則人理立春秋之大義也 愚按 春秋書王正月者九十三書王二月者二十三書王三月者十九皆於歲首係王者周王之正朔以明大一統之義或歲首所書事舊史止書時或例當書時則二月三月皆不書王如隱八年書遇垂三月歸祊襄十五年書春向戌聘二月盟文九年書春毛伯求金二月得臣如京三月夫人至之類是也何休乃謂二月殷之正月三月夏之正月王者存二王之後使統其正朔其說謬甚當周之世而存夏殷之正朔豈所謂大一統耶天無二日民無二王之義安在邪

己巳日有食之

公羊傳 記異也曰某月某日朔食正朔也其或日或不日或失之前或失之後失之前者朔在前也失之後者朔在後也 穀梁傳 言日不言朔食晦日也不言食之者知其不可知知也 程子傳 日有食之有食之者也更不推求何者

也太陽君也而被侵食君道所忌然有常度災而非異也星辰陵歷亦然**何氏曰**不言月食之者其形不可得而覩也

經書日食三十六去之千有餘歲而精曆筭者所能考也其行有常度矣然每食必書示後世治曆明時之法也

朱子詩傳曆法周天三百六十五度四分度之一左旋於地一晝一夜則其行一周而又過一度日月皆右行於天一晝一夜則日行一度月行十三度十九分度之七故日一歲而一周天月二十七日有奇而一周天又二日半逐及於日而与之會一歲凡十二會方會則月光都盡而為晦已會則月光復蘇而為朔朔晦朔而日月之合東西同度南北同道則月揜日而日為之食是皆有常度矣然王者修德行政用賢去奸能使陽盛足以勝陰陰衰不能侵陽則日月之行雖或當食而月常避日故其遲速高下必有參差而不正相合者所以當食而不食也若国無政則當食必食雖曰行有常度而實為非常之变矣故春秋日食必書**杜氏曰**日月動物雖行度有大量不能不小有盈縮故有雖交會而不食者或

有頻交而食者家氏曰日月行天各自有道雖云朔相遇而道有表裏若月光在裏依限而食者多若月光在表雖依限而食者少自漢以來曆家每以百七十有三日爲一交會未有頻月交會者而襄二十一年九月十月二十四年七月八月頻月頻食漢高祖即位之三年十月十一月頻食以後至今千有餘年未有頻月食者故知天度有時而變其常茲所以爲異也張氏曰於曆應食而春秋不書者尚多則日食必在交限其入限者不必盡食若過至未入分月或變行以避之或五星潛在日下禦侮以救之或涉交數淺或在陽曆陽盛陰微則不食或德之休明而有小眚焉則天爲之隱雖交而不食此四者德之所生也則災之所生乃德之不修也明矣有常度則災而非異矣然每食必書示後世遇災而懼之意也日者衆陽之宗人君之表而有食之前孔光日食對災咎象也克謹天戒則雖有其象而無其應去声弗克畏天災咎之來必矣凡經所書者或妾婦乘陵也其夫何氏曰桓十七年日食有夫人譖公使齊侯誘而殺之之應莊

十八年日食有夫人如莒淫佚不制之應三十年日食有夫人淫亂通于二叔殺二嗣子之應**或臣子背**音佩**君父**是年日食有衛州吁弑君公子翬專兵權之應桓三年日食既有鄭拒王師之應莊二十五年二十六年日食有慶父叔牙專權淫恣將謀篡弑之應僖五年日食有晉里克弑二君之應文元年日食有楚世子商臣弑君之應十五年日食有宋弑杵臼齊弑商人宣公弑赤莒弑庶其之應成十七年日食有晉弑州蒲之應襄十四年日食有衛孫甯逐君之應二十四年日食既有齊崔杼衛甯喜弑君之應二十七年日食有闔弑吴子蔡般弑父莒人弑君之應昭七年日食有楚弑君虔之應十五年十七年日食有意如專恣許弑君買之應二十一年二十二年日食有子朝篡奪周分爲二天下兩主之應二十四年日食有意如逐君吴弑僚之應定十二年日食有薛弑君比晉荀寅士吉射叛之應十五年日食有盜殺蔡侯齊陳乞弑君之應**或政權在臣下**宣十七年日食有四国大夫敗齊于鞌君道微臣道強之應襄十五年日食有溴梁之盟信在大夫之應二十一年二十二年再日食自溴梁來臣恣日甚凡大盟會征伐皆大夫爲之二慶專陳晉欒盈叛逆之應昭二十年日食有昭公客死

晋大夫專執人于京師之應定五年日食有陪臣強橫魯失国宝宋大夫叛之應**或夷狄侵中國**桓三年日食既有楚滅穀鄧上僣称王之應莊十八年日食有戎犯中国之應三十年日食有狄滅邢衛之應僖五年日食有狄伐晋滅温之應十二年日食有楚滅黄狄侵衛之應十五年日食有秦獲晋侯楚執宋公中国微弱之應文元年日食有楚滅江六狄比侵中国之應宣八年十年日食有楚莊圍宋析骸易子伐鄭勝晋鄭伯肉袒晋大敗于邲之應成十六年日食有楚滅舒庸之應襄二十三年日食有楚滅舒鳩之應昭七年日食有楚滅陳之應二十四年日食有吳滅巢滅徐之應**皆陽微陰盛之證也。**以上並本杜欽策**是故十月之交詩人以刺。**【詩】小序大夫刺幽王也**日有食之春秋必書以戒人君不可忽天象也**【通旨】春秋正人主心術之大法也故不書祥瑞而災異則書譬諸疾疢天時之灾氣也知其可畏而加慎焉則免夫掊擊之患矣肆行陵犯無所忌憚適足以速殺其身矣君子見物之有失常者必恐懼修省而不敢忽況日者衆陽之宗至尊之象乎日有食之春秋所以存而弗削也然災与異不同日有

食之常度也故程氏以爲災而先儒以爲異春秋日
食三十六精曆筭者得之哉盡其有常度審矣謂之
異非也雖有常度則數不可免然或食於朔或食於
夜或食於前或食於後或當食而有陰雲之祥此則
人爲所感之不同者也故春秋或書日或書朔或書
日不書朔或書朔不書日或日朔皆不書或書日有
食之既若於以見雖常度不可免而人爲所感之不
同如此則其應亦隨之不可專歸之數而無恐懼修
省以荅天災矣又况地震山崩水旱虫螟物怪之變
本非有常度者乎隱公九年大震電繼以大雨雪而
有鐘巫之難晋惠公時河上沙鹿崩而有韓之獲宋
襄公時五石隕六鷁退飛而有盂之執成公十六年
雨木氷是秋君拘而季孫有苕丘之舍昭公二十五
年鸜鵒來巢未幾昭孫于齊公子宋得国其應如影
響不可
誣也

三月庚戌天王崩 平王也在位五十一年世子洩父早卒洩父之子林嗣位是爲桓王【穀梁】

【傳】高曰崩厚曰崩尊曰崩天子之崩以尊也其不名何也大上故不名也【程子傳】崩者上墜之形四海之内皆當奔赴魯君不往惡極罪大不可勝誅不書而自見也

崩者上墜之形曲礼注自上顛壞曰崩春秋歷十有二王愚按春秋歷十有四王悼王立未踰年敬王崩在春秋後故止曰十二王桓襄匡簡景志崩志葬者赴告及魯往會之也叔孫得臣葬襄王叔鞅葬景王桓匡簡之葬非卿會不書其人亦見礼意之厚薄平惠定靈志崩不志葬者赴告雖及魯不會也趙氏曰不會則不書志不臣也記是以著非也莊僖頃崩葬皆不志者王室不告魯亦不往也趙氏曰王室不告魯不赴也哀王室之無人者諸侯之不臣也諸侯爲于僞反天王服斬衰音崔儀礼諸侯爲天子斬衰傳曰天子至尊也檀弓天子崩三月天下服禮當以所聞先後而奔喪今平王崩周人來訃而隱公不往是無君也其罪應於陵反後放此誅不書而自見音現矣張氏曰天子崩不書名至尊異於諸侯也喪服斬衰裳苴絰杖絞帶冠繩纓菅屨三年諸侯爲天子之礼也天王之喪同軌畢至爲臣子者以所聞先後奔喪礼也隱公

聞喪而不奔春秋以來送終之礼薄矣聖經詳志以見罪惡之淺深今此平王之崩但書來訃而魯人不往且志武氏子之求賻則隱公之蔑視五十一年天下之共主闕其弔葬無復臣子哀戚之情靦然不以動其心而自同於禽獸夷狄惡極罪大不可勝誅不待貶絶而自見矣愚按秦昭襄王薨韓桓惠王衰經入弔祠春秋諸侯之事天子不若戰国之君事大国之礼也

或曰萬國至衆也封疆至重也天王之喪不得越境以奔而修服於國卿共弔送之禮訖葬卒哭而除喪禮乎按周書康王之誥太保率西方諸侯入應應當也禮記疏謂南嚮當朝正門門左畢公率東方諸侯入應門右再拜遂出王反喪服此奔成王之喪者安得以爲修服於國而可乎愚按或謂康王之誥所称諸侯指畿内諸侯而言今考書文曰敢執壤奠則各執壤地所出之物以爲奠贄而非常礼執贄之謂也曰庶邦侯甸男衛則爲五服諸侯而非王臣食采於畿内者也是時成王始崩同軌諸侯雖不能盡

至盖召公畢公但率諸侯之已至者以受顧命耳故周人有喪魯人有喪周人往弔謂使人可也魯人不往謂當親之者而不可使人代也。

穀梁定元諸侯歲時或朝覲於京師。成十三年三月公如京師七月公至莊二十二年公如齊二十三年春公至文三年公如晉四年春公至十三年公如晉十四年正月公至成十年七月公如晉葬景公十一年三月公至襄四年公如晉五年春公至十二年公如晉十三年春公至二十八年十一月公如楚二十九年葬楚康王五月公至昭十五年冬公如晉十六年夏公至 愚按此傳當有或交好於大国一句恐誤漏也或會同於方嶽。僖十六年會淮十七年九月公至宣七年會黑壤八年春公至成五年同盟蟲牢六年正月公至襄二十一年會商任二十二年正月公至或從兵革征討之事。莊五年冬會伐衛六年秋公至二十八年會圍許二十九年春公至襄十八年十月會圍齊十九年正月公至越境踰時不以爲難何獨難於奔喪而薄君臣始終存殁之義哉大非先王之禮失春秋之義矣【通旨】崩薨卒大變也不可以爲常或崩或不崩或地或不地或卒或不卒或葬或不葬或赴而往或赴而不往或往而書或往而不書於以見誅亂臣賊子撥亂世反之正之意其義大矣如隱三年書天王崩即見公不奔喪不會葬之罪王臣求賻之事他皆放此而觀之可也【王氏曰】天王崩不名不地非略之天下皆王土故不地以示無外四海皆王臣故不名以示獨尊○【劉氏曰】左氏曰壬戌平王崩赴以庚戌故書之王崩實赴以庚戌則聖人雖欲迁正亦不可得且於春秋何以見平王非庚戌崩乎公羊云記崩不記葬必其時也非也凡書者皆爲我有往者耳其名氏著者命卿也不著者微者也

夏四月辛卯尹氏卒尹【左】作君【公羊傳】尹氏天子之大夫也其稱氏譏世卿世卿非礼也【穀梁傳】尹氏天子之大夫也外大夫不卒於天子崩爲魯主故隱而卒之【程子傳】尹氏王之世卿古者使以德爵以功世祿而不世官是以俊傑在位庶績咸熙及周之衰士皆世官政由是敗尹氏世爲王官故於其卒書（一）尹氏見其世繼也

尹氏天子大夫世執朝權為周階亂家父所刺秉國之均不平謂何者是也【詩】節南山【朱子傳】尹氏蓋吉甫之後春秋書尹氏卒公羊以爲譏世卿者即此也【愚按】詩常武王謂尹氏指吉甫也家父云尹氏大師又云赫赫師尹則尹氏當幽王時爲三公矣此書尹氏卒則來訃于魯也五年傳稱王使尹氏助曲沃伐晉僖二十八年王命尹氏策命晉侯爲侯伯文十四年王使尹氏訟周公于晉成十六年十七年尹武公會諸侯伐鄭昭二十三年尹氏立王子朝二十六年以子朝奔楚乃尹文公固而傳稱尹辛尹固皆其族也詩刺尹氏不弔昊天亂靡有定傳紀尹言多等殺天王之弟佞夫春秋譏尹氏輔子朝篡逆則尹氏始終秉權爲亂因其告喪與立子朝以朝奔楚皆以氏書者志世卿非禮爲後鑒也宣王時吉甫已稱氏春秋惟尹武公兩伐鄭書子其餘經傳所紀悉曰尹氏疑若漢大將軍霍氏專權秉政特寵異之而不名也春秋因其稱氏而筆之於經使後人考之見其累世稱氏擅權爲害則爲鑒可知矣或曰世卿非禮裳裳者華何以作乎【裳裳者華】

小序古之仕者世祿小人在位則讒諂並進棄賢者之類絕功臣之世焉曰功臣之世世其祿孟子文王治岐仕者世祿世卿之官嗣其位書泰誓商王受敢行暴虐官人以世祿以報功也故其世可延書大禹謨賞延于世位以尊賢也故其官當擇官不擇人世授之柄黨與既衆威福下移大姦根據而莫除人主孤立而無助國不亡幸爾春秋於周書尹氏武氏仍叔之子於魯書季友仲遂皆志其非禮也公羊子此說必有所受矣薛氏曰先王之制內諸侯祿也外諸侯嗣也有世祿而無世官尹氏則世官矣前王賜之不名所以尊其德也世卿之不名也隳先王之祀而非尊賢之道也王臣不卒尹氏之卒因其交魯之赴而志周之過且紀王官之世也張氏曰平王繼幽厲之後不能擇畀忠賢以修其政而因用致亂之族使之深根固柢而不可拔故春秋即其告終變例書氏以見平王不能中興周室之由而尹氏數百年相繼禍敗所以著世卿不擇賢之弊爲後

世之深戒也。啖氏曰左氏云君氏卒声子也不書姓爲公故曰君氏按例無有改字以爲義者豈有改其本姓乎如此時隱公之母实卒不行夫人礼亦當如定十五年姒氏卒書姓也劉氏曰昭公娶吳故諱其姓謂之孟子今声子非魯同姓諱姓非義也特書君氏又不足效其爲君母若曰君母氏乃可矣龜山揚氏曰声子而曰君氏是何理須當以尹氏爲正莘老二十三年傳尹氏王子虎劉卷來訃而不書其爵秩所以正人臣之義趙氏曰王臣赴告非礼也臨川吳氏曰天子之公卿大夫士其生也不外交於諸侯故其死也亦不赴告二百四十二年間惟劉卷王子虎以嘗同會盟而來赴尹氏以王朝爲諸侯之主而來赴皆非礼也

秋武氏子來求賻賻音附此來求之始左傳王未葬也公羊傳天子之大夫其稱武氏子譏父卒子未命也不稱使當喪未君也求賻何以書譏喪事無求求賻非礼也穀梁傳天子之大夫其稱武氏子未畢喪孤未爵未爵使之非正也其不言使無君也歸死者曰賵歸生者曰賻曰歸之者正也求之非正也周雖不求魯不可以不歸魯雖不歸周不可以求之求之爲言得不得未可知也交譏之程子傳武氏王之卿士

称武氏見其世官天王崩諸侯不供其喪故武氏遣其子徵求於四国書之以見天子之失道諸侯不臣之甚也

武氏天子之大夫【桓五年傳】武氏仍叔之子云者卿大夫子弟以父兄故而見使也【家氏曰】武氏子仍叔子待命而出必皆有位於朝今乃以某氏子書公穀於仍叔之子曰父老子代從政世其祿位者也於武氏子乃曰父卒子未命蓋以仍叔爲尚存之人武氏爲已卒之大夫諦觀經旨皆父在而子世其官者也不然王朝公卿大夫莫非世官世祿之家何獨於此二子而書法異乎曰某氏子云者有父在焉故也【臨川吳氏曰】稱氏義與尹氏同子者父老而以子攝行卿之事【愚按】隱五年王使尹氏武氏助曲沃伐晋則武氏之子亦命爲卿而尹武皆爲世卿可見矣春秋書武氏之子則嫌武氏之子自來求賻仍叔子不加之字又不見其父在

何以不稱使據桓十五年家父求車稱天王使

當喪未君非王命也文九年毛伯求金以王居喪亦不稱使【王氏箋義】王在喪而使大夫求賻罪在冢宰

嗣子定位於初喪其曰未君何也古者君薨諒陰百官總已以聽於冢宰三年本刘氏傳【漢孔氏曰】諒信也陰

默也信默而不言也夫百官總已以聽則是攝行軍國之事也。以共王命而不稱使春秋之旨微矣於以謹天下之通喪**愚按**位有貴賤而生於父母無以異者故三年之喪自天子達於庶人當喪不稱王使以見天子君喪不發命令則三年之喪無貴賤之殊矣而嚴君臣之名分扶問反也稱王使則同於至尊稱冢宰使則疑於無王故特不稱使夫賻以貨財則生者所須索也君取於臣不言求而曰求賻求車求金皆著天王之失道也上失其道則下不臣矣**杜氏曰**魯不共王喪致令有求經直文以示不敬**張氏曰**惠公之薨宰咺歸賵而平王之喪隱公不奔罪不勝誅爲政於王室者不能輔王以宰政刑而遣使下求於列國春秋直書以見其隳体失政取輕天下文武之澤斬然矣入隱公三年間經書周室止四事耳而人亡政息王道之不能復興蓋已具見此春秋所以爲簡明也**高郵孫氏曰**春秋之法爲上者無求求之失上也失上者卑之卑之者正其上不与有求也爲下者無見求見求失下也先下者誅之誅之者正其下不与見求也曰賻曰金因喪而有求者也車無事而有求者也喪事有贈無求而天子有求於下以是爲亟也車服上所以賜下而天子有求於下以是爲失制矣

八月庚辰宋公和卒穆公也在位九年初宣公舍其子与夷而立其弟穆公至是穆公使其子馮出居於鄭而立与夷是爲殤公【程子傳】吉凶慶弔講信修睦鄰国之常礼人情所當然諸侯之卒与国之大故來告則書

外諸侯卒國史承告而後書聖人皆存而弗削曷爲弗削春秋天子之事也古者諸侯之邦交閒去声問殷聘而世相朝【周礼】大行人凡諸侯之邦交歲相問也殷相聘也世相朝也蓋王事相從則有和好呼報反之情及告終易代則有弔恤之禮是諸侯所以睦鄰國也周制王哭諸侯則大宗伯爲上相息亮反【周礼】大宗伯朝覲會同則爲上相王哭諸侯亦如之司服爲王制

緦麻【司服】王爲諸侯緦衰【檀弓】天子之哭諸侯也爵弁絰紂衣宰夫掌邦之弔事
戒令與其幣器財用【宰夫】凡邦之弔事掌其戒令与幣器財用凡所共者凡諸侯大
夫之喪使其旅帥有司而治之是王者所以懷諸侯也凡諸侯卒皆
存弗削而交鄰國待諸侯之義見音現矣卒而或日或
不日者何謹則書日慢則書時其大致然也【宣十七年傳】日
卒書名赴而得礼記之詳也【劉氏曰】君薨赴以日月礼之常也臣子少慢則赴不具日月大慢則都不赴
【愚按】赴告以日史書其日則經弗削以見列国臣子之謹終赴告略史不書日則經無自而書日以見臣
子之慢先君而忽其死生之大變也卒而或名或不名者何會盟則名
於載書聘問則名於簡牘【趙氏曰】凡諸侯同盟名於載書朝會名於要約聘告
名於簡牘故於卒赴可知而紀也左氏云同盟則赴以名豈有臣子當創巨痛深之日乃忍稱君之名礼
篇所錄云寡君不祿而已蓋曾同盟知其名故於死時書之以紀易代【陸氏曰】載書者載盟誓之辭於策

具標同盟諸侯之名以告神而每国執一也簡牘者使使來聘及有言命之事皆有簡書也未嘗會盟聘問而無所證者雖使去声至告喪其名亦不可得而知矣。凡此類因舊史而不革者也劉氏曰左氏云凡同盟赴以名兆也王巡狩四岳則四方諸侯各隨其方伯州牧朝于天子死則相哀患則相恤朝聘通焉赴告及焉苟異方殊州生不共事患不共憂則朝聘不相通赴告不相及言同盟則赴以名兆也同盟則相赴是也通旨天子崩而不名諸侯薨而名所以別於天子也諸侯不生名大夫生而名所以別於諸侯也大夫書名氏微者名氏不登於史冊所以別於大夫也此春秋正名分之法也家氏曰臣子赴君父以名夏殷以前或然周人諱名其赴必不以名春秋卒諸侯以名示諸侯之卒不得與天子等耳王一而已可不名諸侯衆也烏得不名其不名者史失之或夷狄之君不以名通兆例也愚按晋獻公惠公未嘗同會盟通聘問而卒書名宿男同盟滕子杞子來朝而卒不書名是皆據史舊文也諸侯曰薨大夫曰卒。五等邦君何以書卒。夫子作春秋則有革而不因者周室東遷諸侯放恣專享其國而上不請命。聖人奉天討以正王法則有貶黜之刑矣。因其告喪特書曰卒不與其爲諸侯也。故曰知我者其惟春秋罪我者其惟春秋乎。【通旨】禮天子曰崩諸侯曰薨大夫曰卒士曰不祿宋公諸侯也何以書卒或曰聖人畧外以別内夫葬皆稱公曾不畧外以別内何也奚獨至於卒而別之乎或曰史官在国承赴爲時君惡其薨名書曰卒夫惡其薨名而改書卒猶非良史也春秋以道名分經世之書天子之事聖人之筆削也天時王正猶刊舊史而正之君名直書而不諱豈有避時君嫌惡之名而變亂名實以書之乎然則云何不受命不與其爲諸侯也其在生者或在喪而出會或墨縗而即戎或以吉禮從征伐之役皆因此以著諸侯失禮不臣之狀撥乱之意廣矣【蜀杜氏曰】春秋諸侯專恣不可不黜而降之於魯獨稱薨者非私魯也若於魯一槩而書之則後世無以見正礼之稱也。【劉氏曰】穀梁云日卒正也今正者日蔡者亦日曹伯使其世子射姑來朝則曹伯之嫡也射姑卒有月無日何耶冬十有二月齊侯鄭伯盟于石門此外諸侯特相盟之始左傳尋盧之盟也程子傳天下無王諸侯不守信義數相盟誓所以長乱也故外諸侯盟來告者則書之張氏曰齊国今青州臨淄縣石門齊地在濟南府臨邑縣愚按府南今濟南路臨淄縣今屬益都路

外盟會常事也何以書據外諸侯朝聘交好之類皆不書在春秋之亂世常事也於聖人之王法則非常也有虞氏未施信於民而民信夏后氏未施敬於民而民敬殷人作誓而民始畔周人作會而民始疑見檀弓注會謂盟也盟誓所以結衆以信其後外恃衆而信不由中則民畔疑之愚按周書紀禹征苗誓師之辭哀七年称禹會諸侯于塗山則誓非始於殷會非始於周矣申盟之對哀公蓋以誓之而畔會之而疑始於殷周耳

子曰大道之行與三代之英丘未之逮也而有志焉見禮運注大道謂五帝時也英謂英異謂夏殷周英異之主愚按夫子謂五帝三代盛時雖未及見而猶有志於行五帝三王

道之諸侯會盟來告則書而弗削者其諸以是爲非常典而有志於天下爲公之世乎故凡書盟者惡烏故反之也本何氏注詳見元年陳氏曰外特相盟不書必閔於天下之故而後書莒紀無足道也齊鄭合天下始多故矣天下之無王鄭爲之也天下之無伯齊爲之也是故書齊鄭盟石門以志諸侯之合書齊鄭盟于鹹以志諸侯之散是春秋之終始也春秋於隱桓莊之際唯鄭多特筆於襄昭定哀之際唯齊多特筆焉張氏曰隱公十一年之間盟而不食言者唯此石門之盟二君終身未嘗相伐蓋齊方盛強而鄭莊奸猾鄭仇專在於宋故鄭莊特齊以敵之雖齊間與宋盟好而左右離間必使惟已之從是以石門之盟雖不寒而宋與許紀諸国交受入伐春秋詳書于策使人考其本末而知鄭莊多詐齊僖不義而強二国相與之固列国並被其禍也臨川吳氏曰盟非盛世事也不得已而有盖爲衰世之乱邦罷民設春秋時王政不行諸侯放恣欲以戰伐而敵仇則不得不以盟會而固黨會不足恃而重之以盟人不自信而要之於神故凡書盟者春秋所惡也齊鄭盟石門継以宋齊衛瓦屋之盟諸侯之黨合而無王近已胚胎

齐覇之糾合矣齐鄭與盟鹹繼以齐衛鄭與沙曲濮之盟諸侯之黨散而無伯遠已醞釀秦雄之并吞矣閔世変者傷之【愚按】左傳尋盧之盟則春秋之前齐鄭已有盟陳氏以石門之盟爲諸侯之合特據春秋所書以立義耳元年盟蔑已特相盟然僅與附庸同歃非関於天下之故惟石門乃肇伯之端故特言之

癸未葬宋穆公穆【公穀】作繆後同【程子傳】諸侯告喪魯往會葬則書春秋之時皆不請而私謚称私謚所以罪其臣子

外諸侯葬其事則因魯會而書【啖氏曰】凡諸侯葬魯往會則書之【徐邈曰】凡書葬皆據我而言葬彼所以不称宋葬穆公而言葬宋穆公其義則聖人或存或削曷爲或存或削春秋天子之事也傳去声稱諸侯五月而葬同盟至【左傳】天子七月而葬同軌畢至諸侯五月同盟至大夫三月同位至士踰月外姻至同盟謂同方嶽之盟者其生講會同之好去声其没有葬送之禮是諸侯所以睦鄰國也按周制有職

喪掌諸侯之喪禮涖其禁令序其事周官職喪掌諸侯之喪及卿大夫士凡有爵者之喪以国之喪礼涖其禁令序其事凡諸侯及諸臣葬於墓者則冢人授之兆域也爲之蹕禁人不令入而均其禁禁所爲塋限見周礼冢人是王者所以懷諸侯也外諸侯葬或存或削而交鄰國待諸侯之義見音現矣葬而或日或不日者何備則書日略則書時其大致然也宣十七年傳葬而不月其畧在内劉氏曰公羊云不及時而日渴葬也渴急也不及時而不日慢葬也過時而日隱之也過時不日謂之不能葬也當時而不日正也當時而日危而不得葬也非也愚考此葬宋穆公合五月之節而書日穆公非弑其国無亂雖使公子馮出居于鄭馮巳去則無謀亂者矣不可謂危不得葬蔡桓侯三月而葬書日蔡季賢而請謚不可謂渴葬齊惠公三月而葬魯君奔喪卿往送葬齊国無難晉悼公三月而葬晉伯方盛平公嗣業諸卿和睦不可謂慢葬而皆不日衛穆公六月而葬宋文公七月而葬並書日二国皆無亂而傳謂宋

文公始厚葬不可謂痛之衛桓公十五月而葬陳靈公二十有一月而葬皆不日非不能葬蓋二君被弒故待討賊而後葬也今考或日或時蓋由魯會葬之礼備国史詳而書日經亦書之魯會葬之礼畧国史止書時經亦畧之若夫葬之遲速則據文考事而義自見若国無亂而葬速葬緩皆以著臣子之失礼国有亂而葬不以其時則以著人君不能防微杜漸於其始俾身没弗藏而繼世者不得循送終之節且責臣子及天子諸侯方伯連率之緩於討賊也

卒而或葬或不葬者何有怠於禮而不葬者有弱其君而不葬者有討其賊而不葬者有諱其辱而不葬者有治其罪而不葬者有避其號而不葬者宋殤齊昭告亂書弒矣宋殤公與夷為督所弒齊昭公子舍為商人所弒而經不書葬是討其賊而不葬者也如衛桓公齊襄公賊既討則書葬按舊史必皆書葬如魯翬弒隱公立桓公而討寫氏有死者羽父既自匿其弒君之迹安得不葬隱公晉欒書中行偃弒厲公葬之于翼東門之外齊崔杼弒莊公葬諸士

孫之里魯与齊姻親而晉則盟主也必往會葬舊史本皆書葬而春秋削之所以責其臣子之不能討賊也或謂君弑国亂礼不備故不書葬然邵八年楚滅陳陳嬖人袁克葬哀公豈能備礼而春秋書之邪

晉士夏盟在景公時告喪書日矣而經不書葬是諱其辱而不葬者也成十年公如晉晉人止公使送葬諸侯莫在魯人辱之故不書諱之也曾宋盟會未嘗不同而三世不葬是治其罪而不葬者也滙旨曰宋桓公襄公成公三世不書葬者治其罪也吴楚之君書卒者十亦有親送於西門之外者矣襄二十八年公如楚及漢楚康王卒二十九年正月公在楚楚人使公親襚四月葬楚康王公及陳侯鄭伯許男送葬至于西門之外而經不書葬是避其號而不葬者也坊記春秋不称楚越之王喪公羊吴楚之君不書葬辟其號也杜氏曰吴楚之葬僭而不典故絶而不書同之夷狄以懲求名之偽怠於禮而不往弱其君而不會愚按滕邾婁朝魯而滕七君書卒三世不書葬邾亦七君

書卒五世不葬莒宿書卒皆不葬是皆怠於弔送歟
其微弱非惟不使卿往亦不使微者往會【通旨】葬非
爲死者而葬之也亦所以
卹生者而助其所不及也無其事闕其文魯史之舊
也本徐邈討其賊而不葬諱其辱而不
葬避其號而不葬聖人所削春秋之法也故曰知我
者其惟春秋乎罪我者其惟春秋乎經書諸侯卒者一百二十有四
而書葬者八十有六其間弒而書葬者七卒而書葬
七十有九耳【張氏曰】宋公爵也其稱公与齊衛異
矣繆謚也諸侯合請謚於王然春秋自蔡桓侯之外
皆不請於王而私自謚者也【家氏曰】賤不誄貴少不
誄長天子崩誄於郊諸侯薨誄於王春秋諸侯臣子
之謚其君者不請於王而私爲之謚春秋不削著臣
子之罪【愚按】暴秦以謚法爲子議父臣議君而除之
春秋譏私謚者非謂其臣子議君父也特以不請於
王而罪之耳後世諸侯王宰相百官死
而加謚必請於太常其得春秋之旨歟

春秋卷第一

春秋胡氏傳纂疏卷第二

新安　汪克寬　學

隱公中

（壬戌）桓王元年**四年**（齊）僖十二（晉）鄂五（衛）桓十六弑（蔡）宣三十一（鄭）莊二十五（曹）桓三十八（陳）桓二十六（杞）武三十二（宋）殤公與夷元年（秦）文四十七（楚）武二十二**春王二月莒人伐杞**武**取牟婁**【此伐國取邑之始】（公羊傳）外取邑不書此何以書疾始取邑也（穀梁傳）言伐言取所惡也諸侯相伐取地於是始故謹而志之也（程子傳）諸侯土地有所受之伐其罪而奪取其土惡又甚焉王法所當誅也（杜氏）（曰）杞國本都陳留雍丘縣桓六年淳于公亡國杞似并之遷都淳于僖十四年遷緣陵襄二十九年晉人城淳于杞又遷淳于牟婁杞邑城陽諸縣東北有婁鄉（張氏）（曰）杞夏后氏之後周之三恪國在開封府雍丘縣（愚按）在今汴梁路杞縣（鄭）（氏曰）杞縣有婁鄉

取者收奪之名本趙氏纂例謂不當取也**牟婁杞邑也**（啖氏曰）凡先言伐國

下言取邑者明其國之邑也如取郜取防上言敗宋師則宋邑可知聲罪伐人而強奪其土故特書曰取以著其惡或曰諸侯土地上受之天王下傳之先祖所以守宗廟之典籍也聖王不作諸侯放恣強者多兼數圻（音祈）弱者日以侵削（左傳襄二十五年）天子之地一圻列國一同自是而衰今大國多數圻矣若無侵小何以至焉當是時有取其故地者夫豈不可然僖公嘗取濟（上聲）西田矣（三十一年）成公嘗取汶（音問）陽田矣（二年）亦書曰取何也苟不請於天王以正疆理而擅兵爭奪雖取本邑與奪人之有者無以異（陸氏曰不能申明直辭請於王以正疆理但專以兵爭奪不得正道故悉同辭言之）春秋之義不以亂易亂（穀梁昭四春秋之義用貴治賤用賢治不肖不以亂治亂）（左傳）以亂平亂何治之有故亦書曰取正其本之意也上二年莒

人擅興入向而天討不加焉至是伐國取邑其暴益肆矣之本孫氏（張氏曰）征伐天子之權土地諸侯所受罪志在貪利故兩書伐取見王法所當誅也（薛氏曰）諸侯曰天子之守臣地非其有也或取之或失之皆罪也（陳氏曰）春秋之初猶以取邑爲重故外取邑自隱以前則書之桓十四年宋以諸侯伐鄭取牛首而後皆不書（家氏曰）伐而取者其罪加於伐一等然文三年秦人伐晉傳稱取王官及郊襄二十三年齊侯伐晉傳稱取朝歌皆書伐不書取蓋杞二王之後至是與周俱衰不得自同於宋莒以蕞尒小國介居東夷伐而取其地有罪甚矣故書伐國取地以莒爲首戮聖人於二王後書法尤拳拳也（高氏曰）牟婁切鄰於魯魯無恤鄰救急之義至昭五年莒牟夷以牟婁叛而來奔魯遂受之其惡可知矣（愚按）春秋書外伐國者一百二十有八惟此書伐書取餘書圍邑者二三書伐戰者一書伐救者一蓋中葉以後爭地爭城殺人盈野諸侯城邑今日奪之於此明日并之於彼得失無常不足悉書故傳言取地而經不書取者甚多蓋以擅興殘民爲重而土地之攘奪不暇論矣是知此年伐杞取牟婁乃一經特筆聖人實深致意焉

戊申衛州吁弑其君完完音丸州(穀)作祝後同(此書弑之始)桓公在位十六年是冬弟晉立是爲宣公(公羊傳)曷爲以國氏當國也(程子傳)衛莊公娶于齊曰莊姜無子陳女戴嬀生桓公莊姜以爲已子公子州吁嬖人之子也有寵而好兵公弗禁石碏諫弗聽其子厚與州吁游禁之不可桓公立乃老州吁弑桓公而立自古篡弑多公族蓋自謂先君子孫可以爲君國人亦以爲然而奉之春秋於此明大義以示万世故春秋之初弑君者多不称公子公孫蓋身爲大惡自絶於先君矣豈復得爲先君子孫也古者公族刑死則無服况弑君乎大義既明於初矣其後弑立者則皆以屬称或見其以親而寵之太過任之太重以至於亂或見其天屬之親而反爲寇讎立義各不同也春秋大率所書事同則辞同後人因謂之例然有事同而辞異者蓋各有義非可以例拘也(說文)臣殺君曰弑(何氏曰)君父言弑積漸之名也

此衛公子州吁也而削其屬籍特以國氏者罪莊公不待之以公子之道使預聞政事主兵權而當國也(通旨)春秋絶州吁屬籍著宗室公族之有寵者不可與政當國主兵之意督萬無知亦公族大夫而

絶其屬籍義與此同或曰必若此此言春秋之法兆通法矣周公東叔兆懿親與政乎曰尊賢然後能親親急親賢爲堯舜之道則親之賢者必先得於疎之賢者不偏於寵愛其親屬而無尊賢之等也經書季子來歸不稱公子兼親賢之道其法可謂通矣以公子之道待州吁教以義方弗納於邪不以賤妨貴少陵長上声則桓公之位定矣亂何由作州吁有寵好兵而公弗禁石碏盡子忍反言極諫而公弗從石碏諫曰臣聞愛子敎之以義方弗納於邪驕奢淫泆所自邪也四者之來寵祿過也將立州吁乃定之矣若猶未也階之爲禍夫寵而不驕驕而能降降而不憾憾而能眕者鮮矣且夫賤妨貴少陵長遠間親新間舊小加大淫破義所謂六逆也君義臣行父慈子孝兄愛弟敬所謂六順也去順效逆所以速禍也君人者將禍是務去而速之無乃不可乎是不待以公子之道使預聞政事主兵權而當國也春秋之旨在於端本清源本正則末不偏源清則流不濁以衛詩綠衣諸篇考之

所謂前有讒而不見後有賊而不知者董子語莊公是也詩朱子傳綠衣乃莊姜賢而失位刺莊公惑於嬖妾燕燕乃莊公妾桓公母戴媯大歸于陳莊姜送之而作日月乃莊姜不見荅於莊公故呼日月而訴之終風乃莊公暴慢無常莊姜正靜自守故忤其意而傷已之詩**張氏曰**衛国之禍始於莊公之寵州吁縱其好兵而不之禁公存之時妾上僭夫人失位見於衛詩則亂根之萌久矣殖之滋長終不能圖以致篡弒成於桓公既立之後春秋據事直書亦將使讀者原禍敗之所從起而嚴履霜之戒也夫君臣父子夫婦之分一失其正則亂之所從生衛莊溺愛而使內寵僭嫡嬖子害正石碏之諫足以悟矣愎而弗圖辨之弗早貽禍後嗣可謂慘矣其不稱公子而以國氏著後世為人君父者之戒爾故傳有之曰為人君父而不通春秋之義者必蒙首惡之名董子語見太史公自序**陳氏曰**隱桓莊之春秋凡弒君之賊皆名之愚按州吁不稱公子程子謂州吁身為大惡自絕於先君故不得為先君子孫文定謂莊公不待以公子之道使致大惡故以国氏今按二義蓋互

相發州吁弑桓公而自立罪兼篡弑與闇戕邳歟之徒懷忿挾怨而輕動於大惡者又霄壤不侔春秋首絕其族屬書名以弑及其誅戮亦止書名舊史必皆称公子聖人削之以示天討之刑也通諸一經弑君者二十有五称世子弑者三楚商臣蔡般許止公族而削其屬與氏者四衛州吁齊無知宋督萬称公子者三齊商人鄭歸生楚比大夫而称氏称名者六晋里克趙盾陳夏徵舒齊崔杼陳乞衛甯喜称人者三称国者四称閽称盜者各一夫世子有父之親有君之尊位其所固有国其所宜君而至推刃於君父窮凶極惡不待貶絕而自見然考其所由致之故則為之君父者必失其道以及於此則首惡之名寧不為天下萬世之大戒乎公族而不書其屬與氏者兩致其貶或有以公子書者程子所謂見其以天屬之親而反為寇讐而其君寵之太過任之太重以至於乱其罪亦不可揜矣其称人以弑者謂多行無道肆於民上為国人之所欲弑故称国称人以明君雖無道通国之人皆欲弑之而三綱人道之大倫君臣之義不可廢也特敵罪於国人則擬刃為大惡者可末減亦称国以弑不書其人則著當国執政大臣之罪而其所以為當国大臣之所弑則必有由矣称閽以弑而不称君則見閽寺之賤不得君其君而狎近刑人弑

至於不克保身者君之過也稱盜則匹夫之微視如
路人又非闇人之比故并不書弒夫弒逆之賊固無
所容於天地之間歷千萬世而其罪不赦然其君之
不早辨以陷於大惡豈非古今之龜鑑哉〇劉氏曰穀
梁謂以国氏者嫌也弒而代之也督萬豈可
云弒而代之公子商人豈非弒而代之乎

夏公及宋公遇于清衛地此書遇之始左傳公與宋公為會
將尋宿之盟未及期衛人來告亂
夏遇于清公羊傳遇者何不期也穀梁八年傳不期而
會曰遇程子傳諸侯相見而不行朝會之礼如道路之
相遇故書曰遇非周礼冬見曰遇之遇也杜氏曰清衛
邑濟北東阿縣有清亭愚按今東昌路濮州臨清縣

遇者草次之期杜氏曰遇者草次之期二国各簡其
礼若道路相逢遇也朱子語言草草
不成
礼也古有遇禮不期而會以明造七到反次亦有恭肅
之心春秋書遇私為之約自比於不期而遇者直欲
簡其禮爾趙氏曰簡礼而會曰遇啖氏曰遇礼忽有
邂逅相遇簡略而行故與會礼不同時雖
非相遇而從簡易以遇礼相見通旨古者諸侯或因
朝覲或從王命無期約而適值於途必有兩君相見

之儀近者為主遠者為賓稱先君以相接所以崇礼讓絕慢易也故謂之遇周衰諸侯放恣出入無期度私為邂逅之約有如適值於塗者亦謂之遇非矣愚按通旨本何氏註簡略慢易去声無國君之禮則莫適丁歷反下同主矣故志內之遇者四而皆書及此年遇清莊二十三年遇穀三十年遇魯濟僖十四年遇防若曰以此及彼然也志外之遇者三而皆以爵八年宋衛遇垂莊四年齊陳鄭遇垂三十二年宋齊遇梁丘若曰以尊及卑然也其意以為莫適主者異於古之不期而會矣故凡書遇者皆惡去声其無人君相見之禮也高氏曰国君之出必有卿大夫車徒之從旌旗之識使人儼然望而畏之豈苟然哉各逞私欲奔走道塗之間若匹夫然非先王之法也張氏曰春秋因事而書以譏其非王事而出竟無国君之礼襄陵許氏曰隱莊之間凡六書遇自閔以後有會無遇愚按遇者偶也偶然相會素無期約如伊尹遇汝鳩汝方孟子遇宋牼于石丘是也公穀釋名義皆謂不期為遇左氏此年傳與戴

記之說則以未及期爲遇左氏遇垂梁丘之傳則皆云先爲之約大抵不期而會者古礼也未及期或私爲之約而以簡礼相會者春秋諸侯之礼也觀昭公孫齊而公羊記其以遇礼相見則知非不期之遇矣然桓十年公會衛侯于桃丘弗遇則又期而不至者也古者諸侯因王事不期而遇倉卒之間且有礼儀春秋之時非王事而出預有期約以相會聚乃行古者不期之礼是自欺耳怠惰慢易馴致於期而不至則欺詐尤甚矣出変愈下風俗之偷良可嘆夫。【炎氏曰】穀梁云遇者志相得也爲桓十年傳云不遇者志不相得遂云尔公羊又云一君出一君要之假如實然亦以會礼相見豈得書遇哉【刘氏曰】穀梁云及者内爲志焉尔遇者志相得也若内爲志又志相得非不期也

宋【殤】公陳【桓】侯蔡【宣】人。衛【州吁】人。伐鄭【莊】【此諸侯會伐之始】【亦東諸侯分黨之始】【左傳】宋殤公之即位也公子馮出奔鄭鄭人欲納之及衛州吁立將脩先君之怨於鄭而求寵於諸侯以和其民使告於宋曰君若伐鄭以除君害君爲主敝邑以賦與陳蔡從則衛国之願也宋人許之於是陳蔡方睦於衛故宋公陳侯蔡人衛人伐鄭圍其東門五日而還【程子傳】宋以公子馮在鄭故與諸侯伐之也摟諸侯以伐鄭固爲罪矣而衛

弒其君天下所當誅也乃與脩好而同伐人其惡甚矣

張氏曰陳在陳州宛丘縣蔡在蔡州上蔡縣愚按宛丘屬今汴梁路上蔡屬汴梁路汝寧州

春秋之法誅首惡據僖二十七年諸侯圍宋楚人主兵序四国上與是役者首謀在衛而以宋主兵何也據宋序四国上前書州吁弒君其罪已極至是阻兵脩怨去声勿論可也左傳衆仲曰州吁阻兵而安忍阻兵無衆安忍無親衆叛親離難以濟矣而鄰境諸侯聞衛之有大變也可但已乎陳恒弒簡公孔子沐浴而朝告於哀公請討之公曰告夫三子者孔子曰以吾從大夫之後不敢不告也之三子告不可孔子曰以吾從大夫之後不敢不告也事見左傳哀十四年朱子曰臣弒其君人倫之大變天理所不容人人得而誅之況鄰国乎故夫子雖已告老而猶請哀公討之先師曰孔子作春秋以討亂賊是年春秋已絕筆而猶請討

陳恒作春秋者莫如孔子然則鄰有弒逆聲罪赴討用春秋者亦莫如孔子雖先發而後聞可矣【漢書】先行後聞【通旨】晉益州刺史皇甫晏為牙將張宏所殺廣漢主簿李毅言於太守王濬宜即赴討濬欲先請毅止之曰賊為惡尤大當不拘常制何請之有即發兵追宏而晉朝不以擅興罪濬是得春秋之旨矣宋殤不恤衛有弒君之難乃旦反欲定州吁而從其邪說是肆人欲滅天理非人之所為也故以宋公為首諸國為從才用反【通旨】問春秋所以誅亂臣賊子之方曰春秋有誅亂臣賊子之法凡數十條如伐鄭以宋公為首惡書衛人殺州吁之類學者知此義則能守死節當弒父與君之際而不從亂臣賊子見其義則懼及其身而不敢肆示誅亂臣討賊子必先治其黨與之法也此義行為惡者孤矣孤立無助故曰春秋成而亂臣賊子懼【張氏曰】宋自殤公立公子馮出居鄭之後馮以穆公不立已為恨謀反取其国鄭莊又從而佐之於是宋鄭與為仇及是衛州吁欲定其位告宋

求伐鄭以除子馮之害故宋率陳蔡以同伐鄭夫宋殤受国於穆公而馮有争位之心正當修德和民外好鄰国則其位自定而馮無所伺其隙矣况州吁逆賊内懷見討之懼而欲納交殤公苟名其爲賊告于王而討之則一夲而君臣父子之倫定今乃怵而邪説合陳蔡以助逆賊使宋国之人不復知君臣順逆之正理自是日從事于兵而弑逆之事卒及其身皆殤公不能早辨於此役也**蜀杜氏曰**隱桓之世諸侯用師多称人此宋陳変文称爵者蓋爲加貶於蔡衛而著爵若四国同称人則不見蔡衛伐同姓之罪矣

愚按邶風擊鼓詩序云衛州吁用兵暴亂使公孫文仲將而平陳與宋經書衛人於蔡人之下所以誅文仲黨惡而忘不共戴天之讐也朱子謂小序譏州吁勇而無礼極爲淺陋今考曽衆仲不目其元兇大憝而但云阻兵安忍蓋君臣之義不明於天下久矣春秋其得不作乎

秋翬帥師翬許歸反**此大夫會伐之始** **左傳**書曰翬帥師疾之也**公羊傳**翬不称公子貶曷爲貶與弑公也**穀梁傳**翬不称公子貶之也何爲貶之與于弑公故貶也**程子傳**翬不称公子弑逆之人積其強惡非一朝一夕辨之宜早故去其公子隱公不能辨是以及禍

按左氏諸侯謀伐鄭宋公使來乞師公辭之羽父請
以師會之公弗許固請而行**薛氏曰**師興而後羣會之**愚按**元年鄭伐衛請
師於邾邾子私於公子豫豫請往弗許遂行然豫之事行不見貶者伐衛之事不見於經故爾易曰
履霜堅冰至履霜陰始凝也馴致其道至堅冰也臣
弒其君子弒其父非一朝一夕之故其所由來者漸
矣由辨之不早辨也文言**程子傳**天下之事未有不由積而成其大至於弒逆之禍
皆因積累而至非朝夕所能成也明者則知漸不可長小積成大辨之於早故天下之惡無由而成**愚按**
聖人作易常以陽爲君子陰爲小人大易言陰陽昉見於乾坤初爻故坤之初六其象爲履霜蓋霜者陰
氣之始凝陰盛則水凍而爲冰極盛而爲堅冰陽主生陰主殺故弒君者不善之積自微至著亦猶微陰
漸積而至於極盛也宋人來乞師而公辭之羽父請以師會而
公弗許其辭而弗許義也宋眈州吁故弗許爲合義翬以不義強

上声其君固請而行杜氏曰不称公子疾其固請強君以不義無君之心兆
矣兆者幾之先見夫公子公孫升為貴戚之卿者其植根膠
固難御於異姓之卿況翬已使主兵而方命乎蔡氏曰方
命者逆命而不行也氏曰圓則行方則止王隱公不能辨之於早罷其兵
權猶使之帥師也是以及鍾巫之禍十一年春秋於此
去上声其公子以謹履霜之戒陳氏曰會伐未有言帥師者文三年叔孫得臣
成八年叔孫僑如皆不言帥師此特言帥師翬弒隱者也諸侯專征而後千乘之国有弒其君者矣大夫
事將而後百乘之家有弒其君者矣永嘉呂氏曰書帥師則翬專兵可知故單伯會伐宋不言帥師家氏
曰不称公子去族之誅也桓之弒翬為首惡故當隱世去其族以正其弒君之罪及桓世而仍其公子之
號明其與桓同惡也此春秋誅討亂賊始見於曾事者也杜氏曰外大夫貶皆称人內大夫貶皆去族○
愚按翬不称公子劉氏謂左傳以翬溺為貶无駭未賜族如傳无說則翬溺可以无駭言之无駭可以翬

溺言之或謂翬本再命大夫其後桓公立進爲三命始書氏今考公子非氏若臧孫仲孫乃氏也若曰未賜族則公子不當賜族諸侯之子稱公子公子之子稱公孫公孫之子乃以王父字爲氏桓三年稱公子翬則翬未賜族明矣傳稱去氏蓋以不稱公子同於去族耳若曰翬非命卿據經則兩師師會伐據傳无駭卒而請謚與族滕薛爭長而公使請於薛侯苟非命卿未必至若是親暱用事也曰未賜族非命卿義不可通况无駭爲司空則亦爲命卿矣特未賜族故止書名惟先公之子而不書公子乃爲貶爾

會宋公(殤)陳侯(桓)蔡(宣)人衛人伐鄭(莊)左傳凡師出與謀曰及不與謀曰會程子傳宋虐用其民衛當誅之賊而与之同伐人其罪大矣二国搆怨而他国与之同伐其罪均也再序四国重言其罪左氏以爲再伐妄也

春秋立義至精詞極簡嚴而不贅也若曰翬帥師會伐鄭豈不白乎據莊十四年春三国伐宋夏單伯會伐不再序三国再序四國何其詞費方味反不憚煩也曲禮不辭費孟子何許子不憚煩言之重

平声詞之複其中必有大美惡焉四國合黨黨復扶又反會師同伐無罪之邦欲定弒君之賊惡之極也言之不足而再言聖人之情見音現矣天地造物化工運其神春秋討賊聖筆寫其意再序四國而誅討亂臣之法嚴矣

陳氏曰春秋之達例三有同號者焉有同辭者焉有同文者焉號不足以盡意而後見於辭辭不足以盡意而後見於文以同文爲猶未也而至於變文則特書也於是公子初弒君衛人爲之變不踰年能討之衛猶有臣子也而五国之君大夫伐鄭以定州吁弒君天下之大惡也五国之君大夫有人心焉不若是甚矣書曰宋公陳侯蔡人衛人伐鄭秋翬帥師會宋公陳侯蔡人衛人伐鄭書之復書之春秋總一一再見焉特書之法嚴矣

張氏曰再書四国者乃重言以見其罪惡之不可勝誅既叙之又重叙之所以反覆痛宋殤失討陳蔡无人黨亂賊以虐无辜視臣弒其君之大變夷狄禽獸所不爲者而以爲可親曾翬又從而翼之遂使中国之人視爲常事未哉曾宋論胥繼亂孛者於此當知聖人傷世變扶天

理之深旨【愚按】春秋一經書辭重複者有五：僖五年會盟首止，九年會盟葵丘，美也；此年伐鄭，襄二十七年會盟于宋，昭十三年會盟平丘，惡也。

九月，衛人殺州吁于濮。濮音卜【穀梁傳】稱人以殺，殺有罪也。于濮者，譏失賊也。【程子傳】州吁未能和其民，厚問定君于石子。石子曰：王覲爲可。曰：何以得覲？曰：陳侯方有寵於王，若朝陳使請，必可得也。厚從州吁如陳。石碏使告于陳曰：此二人者，實弒寡君，敢即圖之。陳人執之而請涖於衛。衛人使右宰醜涖殺州吁于濮，石碏使其宰獳羊肩涖殺石厚于陳。稱衛人，衆辭也，舉国殺之也。【杜氏曰】濮，陳地水名。【張氏曰】在曹衛之間，受河汴二水，東北至鄉泒分爲二，俱東北至鉅野入濟。

伐鄭稱人，責詞也。殺州吁稱人，衆詞也。【通旨】陸淳曰：經中一字徧施於諸例而義不同者，惟人字。亦此訣是也。或衆而稱人，或美而稱人，或諱而稱人，或貶而稱人，或賤而稱人。知然者，伐鄭之役，公孫文仲爲主將去声，而變文稱人，則是指國人聽州吁號令，從文仲而南行者也。

【詩】擊鼓篇踊躍用兵我獨南行從孫子仲平陳与宋故曰責詞其殺州吁則石碏七略反謀之而使右宰醜涖也變文稱人則是人皆有欲討賊之心亦夫人之所得討也夫人猶言凡人【檀弓】臣弒君凡在官者殺无赦子弒父凡在宫者殺无赦【注】言諸臣子孫无尊卑皆得殺之其罪无赦【朱子曰】春秋之法亂臣賊子人人得而誅之不必士師也故曰衆詞公羊子曰稱人者何討賊之詞也【何氏曰】明国中人人得討之所以廣忠孝之路書者善之也【范氏曰】有弒君之罪者則舉国之人皆欲殺之【趙氏曰】凡作亂自立為君而国人殺之者皆称人以殺言衆所共棄不君之也其義是矣于濮者憫衛國之人著諸侯之罪也【范氏曰】譏其不即討乃令至濮【薛氏曰】于濮何危失罪人也衛人失賊而曰著諸侯之罪何也夫州吁二月弒君而不能即討者緣四國連兵欲定其位故久然後能殺之于濮耳非諸侯

之罪而何夫以討賊許衆人而以失賊罪鄭國與賊者寡矣故曰春秋成而亂臣賊子懼【桓六年傳】不以名當討之賊也【通旨】竇建德攻黎陽滑州刺史王軌奴殺軌以降建德曰奴殺主大逆吾何為受之立命斬奴歸軌首于滑滑民即日請降州吁弑君与石厚如陳石碏告于陳曰此二人者實弑寡君敢即圖之宋萬弑君其黨奔衛衛人欲匿之石祈子曰不可天下之惡一也惡於宋而保於我保之何補正是此意【高氏曰】称国称人称地所以廣忠臣孝子之義使人人皆得殺之而无間於尊卑又使亂臣賊子雖竄發於一時而天地之大四海之廣欲逃无所也【陳氏曰】討賊天下之大義也苟能討雖微者得書異邦人得書夷狄得書苟不能討雖以文十七年四国之大夫伐宋不書其大夫疑於討也而非討則雖以襄二十五年十二国之君伐齊不書伐矣【家氏曰】不書衛石碏殺州吁者討賊者公法也衆望之所同也書石碏則是一人之私討而不見其從衆望討有罪矣故惟書衛人言衛国猶有人能以討賊為事也【愚按】宋萬之弑宋人求賊于陳慶父之弑魯人求賊于莒皆責賂而後与今此陳人能執州吁而不匿賊取賂亦賢

於後此陳莒之爲矣然陳乃衛桓之母家而陳侯亦親率兵會伐鄭欲定其位則今日之善不足以贖之前日之過故經不書陳人於執州吁而止著衛人之殺也杜預且謂州吁未列於會故不称君據成十六年傳寡君若有罪則君列諸會而云然也夫篡弒之賊歷千萬世而其罪不赦石碏謂王覲爲可實以元惡大憝王法所必誅而不可見王耳孰謂列於諸侯之會而可以貸其罪乎君臣之義不明已久春秋之時習爲邪說貪賂黨惡肆無忌憚是以桓弒隱則棄許田而与鄭盟越宣弒亦則獻濟西而結齊會平州傳紀其事而不知經意誅貶之所在越千百年杜預又引之以釋經天理泯滅壹至此極噫可嘆哉【又見莊公九年注】

冬，十有二月，衛人立晉。【宣】

【左傳】書曰衛人立晉衆也【公羊傳】立者不宜立也其称人衆立之之辭也孰立之石碏立之其称人衆之所欲立也衆雖欲立之其立之非也【穀梁傳】人者衆辭立者不宜立也其称人得衆也【程子傳】衛人逆公子晉于邢而立之書曰衛人立晉衛人立之也諸侯之立必受命于天子當時雖不請命於天子猶受命於先君衛人以晉公子也可以立故立之春秋所不與也雖先君子孫不由天子

子先君之命不可立也故去其公子
人衆辭殺州吁衆詞乃王法所當討而衛人皆欲討之故書人以著之立晉衆辭乃無天王之命
而衛人以私意欲立而擅立之故書人以罪之美惡不嫌同詞立者不宜立也何氏曰諸
侯立不言立此獨言立明不宜立之辭范氏曰嗣子有常位故不言立立納入皆非正也晉雖諸
侯之子內不承國於先君桓公被弑故無先君之命上不稟命於
天子衆謂宜立而遂自立焉可乎故春秋於衛人特
書曰立昭二十二年尹氏立王子朝以庶孽奪正亦書曰立沙隨程氏曰衛人立晉一国之公也
尹氏立朝一族之私也臨川吳氏曰立者非前傳後承之正所立雖是亦非正礼也所以著擅
置其君之罪於晉絕其公子所以明專有其國之非
以此垂法而父子君臣之義明矣未有爲子而不受
之父也未有爲諸侯而不受之王也穀梁隱元爲子受之父爲諸侯

受之君【孫氏曰】諸侯受国乎天子非国人可得立也
【高氏曰】晋乃桓公之弟莊公之子於次當立又国人
之所同欲而謂之不宜立何也彼曰我君之子也国
我之国我宜立国人亦曰彼吾君之子也国乃其国
彼當立是諸侯之子不必命於天子特以公子之親
衆人宜之而自立也如此則千乘之国皆可擅置其
君而邦君之子皆可專有其国矣【□孫氏曰】晋以
国人衆立宜有得立之礼聖人特於疑似之間而明
不當立之義【陳氏曰】争国不称公子晋冒為以争国
之辟書之衛之臣子可以討賊不可以置君州吁為
繆而晋受之上無天子下無君父是亦争国而已矣
継故未有書立者賊不討君不葬譏不在立也是故
宋殤之弑也馮立閔之弑也御説立晋靈之弑也黒
臀立厲之弑也周立皆不書必若衛人賊討君葬而
後書立【家氏曰】衛人以晋為賢而立之而晋也志得
而驕晩焉獸行新臺之刺作焉是以春秋於其始立
而去其公子以見衛亂之所從始。【陸氏曰】
穀梁曰晋之名悪也按晋是其名有何悪乎

【癸亥】桓王二年

五年

【齊】僖十三【晋】鄂六奔【衛】宣公晋元年【蔡】宣
三十二【鄭】莊二十六【曹】桓二十九【陳】桓二
十七【杞】武三十三宋殤二
【秦】文四十八【楚】武二十三

春公觀魚于棠 觀【左】作矢【左】 【傳】公將如棠

觀魚者臧僖伯諫曰凡物不足以講大事其材不足以備器用則君不舉焉君將納民於軌物者也故講事以度軌量謂之軌取材以章物采謂之物不軌不物謂之亂政亂政亟行所以敗也故春蒐夏苗秋獮冬狩皆於農隙以講事也鳥獸之肉不登於俎皮革齒牙骨角毛羽不登於器則公不射古之制也若夫山林川澤之實器用之資皁隸之事官司之守非君所及也公曰吾將略地焉遂往陳魚而觀之書曰公矢魚于棠非禮也且言遠地也 **公羊傳** 何以書譏遠也公曷為遠而觀魚登來之也百金之魚公張之棠者何濟上之邑也 **穀梁傳** 常事曰視非常曰觀禮尊不親小事卑不尸大功魚卑者之事公觀之非正也 **程子傳** 諸侯非王事民事不遠出遠出觀魚非道也 **杜氏曰** 高平方與縣北有武唐亭魯侯觀魚臺 **張氏曰** 在單州魚臺縣 **愚按** 魚臺縣屬今濟寧路濟州

齊景公問於晏子吾欲觀於轉附朝舞（音潮皆山名）遵海而南放（上声）於琅琊（齊東南境上邑名）吾何修而可以比於先王觀也對曰天子適諸侯曰巡狩巡狩巡所守也諸侯朝

於天子曰述職述所職也無非事者春省耕而補不足秋省斂而助不給【書】周官六年五服一朝又六年王乃時巡諸侯各朝于方岳【朱子注】巡所守巡行諸侯所守之土也述所職陳其所受之職也皆無有無事而空行者而又春秋循行郊野察民之所不足而補助之不敢無事慢遊以病其民也是故諸侯非王事則不出非民事則不出朝于京師于方岳王事也春省耕秋省斂民事也【孫氏曰】天子諸侯無非事者動必有為也隱公怠棄国政觀魚于棠可謂非事者矣今隱公慢棄國政遠事逸遊僖伯之忠言不見納亦已矣又從而為之辭【杜氏曰】孫辭以略地是縱欲而不能自克之以禮也昭十鄭子皮云云能無鍾巫之及乎及謂及於弒逆之禍特書觀魚譏之也不言如棠觀魚以棠在魯境【張氏曰】昔益戒舜曰儆戒無虞罔失法度罔遊于佚罔淫于樂周公告成王曰毋淫于觀于逸于游于田又曰無湟曰今日耽樂乃非民攸訓非天攸若蓋兢兢業業非礼勿動然後足以

正国而治人一或惟眈樂之從則將以逸豫而滅厥德隱公怨信伯之匡諫而遠從事於遊觀非所以為君国子民之道春秋特書所以示人君當循礼遵法以隱公為戒也臨川吳氏曰古者天子季冬之月命漁師始漁先薦寢廟隱公盖非為宗廟嘗魚而往棠乃遂地漁師取魚而公往觀之特為遊觀之樂尓愚按月令季冬乃周之二月經書春觀魚則是周正月未當嘗魚之時況信伯之言曰鳥獸之肉不登於俎則君不射又曰山林川澤之實非君所及則隱公决非為嘗魚而往明矣苟隱公果為嘗魚薦廟則為常事得礼而不書矣且天王之喪未畢而驅馳於遠境肆意逸遊其罪何所逃哉

夏四月葬衛桓公 程子傳衛亂是以緩称桓公見国人私謚也魯往會故書送終大事也必就正寢不殁於婦人之手曾子易簀而殁豈苟然乎死而加之不正之謚知忠孝者肯為乎

衛亂是以緩 桓公被弑八月而後討賊十五月而後克葬 **魯往會故書** 非魯人往會則魯史無由紀其葬 **聖人存而弗削者弑逆之賊討矣** 弑逆人道之大变送終臣子之大事君弑而臣子能討其賊則送終之責始盡 **謚者行之迹** 范氏

【曰】諡者行之迹，所以表德。周公制諡法，大行受大名，小行受小名，所以勸善而懲惡。所以紀實德、垂勸戒也。名之曰幽厲，雖孝子慈孫，百世不能改。失位而見弑，何以爲桓？【諡法】辟土服遠曰桓。列爵惟五，皆王命也。衛本侯爵，何以稱公？據桓十七年蔡桓称侯。見音現臣子不請於王而私自諡爾。【愚按】先王之制，諸侯初立，喪畢則以士服見天子而賜之命，及其歿，則臣子請於王而賜之諡。今備桓公諡不當其行，號不同其爵，春秋據事直書，而罪自見矣。程氏曰：正終，大事也，必於正寢，而不歿於婦人之手。【喪大記】君夫人卒於路寢，男子不死於婦人之手，婦人不死於男子之手。豈苟然乎？死而加之不正之諡，知忠孝者不忍爲也。春秋於邦君薨，正以王法而書卒，【宋公卒】見二年。至於葬，則從其私諡而稱公。或革或因前以貶不臣，順之諸侯後以罪不忠孝之臣子詞顯而義微，皆所以遏人欲、存天理、大居正也。張氏曰春秋之時爲臣子者皆無以正君父之終程子之言深足以發明一經書葬之旨桓公名完而謚桓蓋古不諱嫌名也。愚按穀梁云月葬故也非也後此蔡宣曹桓鄭莊皆非弒何以月葬乎

秋，衛宣師入郕。郕音成公作盛左傳衛之亂也郕人侵衛故衛師入郕公羊傳將尊師衆稱某率師將尊師少稱將將卑師衆稱師將卑師少稱人君將不言率師書其重者也穀梁傳將卑師衆稱師程子傳衛晉乘亂得立不思安国保民之道以尊王爲先居喪爲重乃興戎脩怨入人之国書其失道也杜氏曰東平亢父縣西南有郕鄉張氏曰今單州任城縣愚按單州任城縣屬今濟寧路

稱師者，絕其用衆易本義師兵衆也而立義不同。有矜其盛而稱師者，如齊師、宋師、曹師城邢之類是也。僖元年諸侯救邢邢迁夷儀諸侯城之經皆書師者美桓公救患之功故録其兵衆之盛也有著其暴而稱師者，楚滅陳蔡，公子棄疾主兵，而曰楚師之類是

也昭八年楚公子棄疾帥師奉孫吳圍陳十一月壬午滅陳十一年楚公子棄疾帥師圍蔡十一月楚子滅蔡經皆書楚師所以著荆楚擅與大衆以滅中夏諸侯之国誅其暴横馮陵之甚也有惡其無名不義而稱師者次于郎以俟陳蔡及齊圍郕之類是也莊八年師及齊師圍郕郕降于齊師仲慶父請伐齊師公曰不可則同圍郕者公也經書師次而不言公次書師及而不言公及書師還而不言公至者所以責莊公無名黷武非義勤名諱不書公以貶之也衛宣繼州吁暴亂之後不施德政固本恤民而毒衆臨戎入人之國失君道矣書衛師入郕著其暴也家氏曰衛宣繼亂而立不能懲艾革弊以息民保国爲事而輕動大衆以入人国書以貶之耳此入郕入而弗有也十年齊鄭又入郕故知此入之弗有非其力之可以取而不取盖懼強国來討故雖入之而不敢遂有之耳臨川吳氏曰衛與郕皆文王之子所封郕秉亂侵衛已非礼衛又報復而入其国莒入向魯入極且不可况以師而入兄弟之国乎師者兵師之称周制萬二千五百人爲軍二千五百人

爲師五百人爲旅軍師旅三名師在其中故牽中以該上下而總名其軍旅之衆曰師非以二千五百人而言也

通旨曰 凡用兵將尊師衆稱某師師者言將与師輕重敵也將尊師少稱將將者其重在將也將卑師衆稱師者其重在師也君將不言師師者則以君爲重此屬辭爲例之体也然立例爲法其義深矣主將三軍之命不可不謹擇也大衆有邦之本不可輕用也民之戴君其尊之如父母君之視民其親之如子弟子弟之不先父母審矣此立例爲法之意也

九月考仲子之宮 **公羊傳** 考猶入室也始祭仲子也 **穀梁傳** 禮庶子爲君爲其母築宮使公子主其祭於子祭於孫止 **程子傳** 諸侯无再娶仲子不得爲夫人春秋之初尚以爲疑故别宮以祀之考始成而祀也書以見非禮

考者始成而祀也 **杜氏曰** 成宮安其主而祭之 **服虔曰** 宮廟初成祭之名爲考 其稱仲子者 仲字子氏 惠公欲以愛妾爲夫人隱公欲以庶弟爲嫡子 詳桓元 聖人以爲諸侯不再娶 據公羊 於禮無

二適（音嫡）孟子入惠公之廟，仲子無祭享之所（孔氏疏）爲（去声）別立宮以祀之，非禮也。【杜氏曰】諸侯無二嫡，惠公欲以仲子爲夫人，隱公成父之志，爲別立宮也。【家氏曰】隱欲讓国於桓，故爲其母立廟。仲子之卒已久，至是始立廟者，隱欲以是見其其讓国之志耳。夫礼，必庶子爲君，而後其母築宮，其祭也，又以公子主之，君不親祭，尊宗廟也。今桓未爲君，而隱爲之築宮以祭其母，此召亂之道也。宮廟有定制，循其制之常不書，非制之礼於是乎書。君曰公子，允之母非魯君所宜爲之立廟也。故因其來賵而正名之曰仲子之賵，因其考宮而正名之曰仲子之宮，而夫人衆妾之分（扶問反）定矣。不称謚，不称夫人，不称小君，則其爲妾明矣。隱公攝讓之實辨矣。左氏以隱爲攝位，穀梁以隱爲讓国。然桓母非夫人，則隱桓皆庶子，隱長當立，非攝也。隱欲与桓，乃讓之也。桓公篡弑之罪昭矣。隱將讓桓，而桓聽翬之譖以弑隱公，非篡而何？存則以氏繫（音繼，下同）姓，以姓繫號；沒則以謚繫號。

以姓繫謚者夫人也據文姜至自齊如齊及薨皆称夫人姜氏葬称小君文姜存

不稱號沒不稱謚單舉姓字者妾也諸侯妾母稱當以氏繫字魯自成風而後妾母皆称夫人称小君称謚惟定姒以哀未成君不称夫人及小君然亦襲成風敬嬴齊歸之例而称謚矣夫人且不當別有謚而况妾乎

凡宮廟非志災失禮則不書啖氏曰凡祭祀常事不書失礼及非常乃書愚按穀梁云庶母築宮而君終則廢礼曰妾母不世祭乃廢子為君之礼也戴記称妾祔於妾祖姑乃公子之為大夫士者之礼也若庶子未為君而祭其妾母則固無其礼也礼称女君死則妾為女君之黨服攝女君則不為先女君之黨服所以防嫡妾之亂也孟子卒則声子攝小君矣仲子先君之妾耳安可為之立宮乎隱公立宮以祭庶弟之母遂啓後世追尊妾母皆援春秋考宮之義聖人特書以著失礼之始厥後成風敬嬴定姒齊歸皆以妾母祔廟而不書矣凡經書宮廟若西宮新宮桓宮僖宮則以災而書作新宮合礼則不書世室屋壞則書新作世室合礼亦不書冊桓宮楹刻桓宮桷過侈非礼則書武宮煬宮親盡不當立則書取郜鼎納于太廟禘于太廟用致夫人大

事于太廟躋僖公有事于大廟仲遂卒猶繹非礼皆書凡易世立先君之廟得礼皆不書○劉氏曰穀梁曰考者成之也成之爲夫人非也若成之爲夫人經當曰考夫人子氏之宫今但曰仲子非夫人明矣

初獻六羽左傳公問羽數於衆仲對曰天子用八諸侯用六大夫四士二夫舞所以節八音而行八風故自八以下公從之於是初獻六羽始用六佾也公羊穀梁傳初始也程子傳成王賜魯用天子礼樂祀周公後世遂羣廟皆用仲子别宫故不敢同羣廟而用六羽也書初獻見前此用八之僭也仲尼以魯之郊禘爲周公之道衰用天子之礼樂祀周公成王之過也

初獻六羽者始用六佾也不謂之佾而曰羽者佾干羽之總稱也羽以象文德干以象武功婦人無武事則獨奏文樂故謂之羽而不曰佾也范氏曰佾之言列八人爲列羽翟雉之羽舞者所執人執一羽不言六佾言佾則干在其中婦人無武事獨奏文樂杜氏曰每佾人數如其佾數愚按武舞執干干楯也所以扞難文舞執羽翟羽有文也書言舞干羽于兩階蓋二者並用孔氏

曰羽翳也山海經五采之鳥名翳翳蓋或翟或翳惟取其文耳佾者舞列之名則干羽皆在其中但言羽則舞干不與矣春官樂師有羽舞有干舞籥師祭祀則鼓羽籥之舞司干祭祀舞者旣陳則授舞器旣然則祭祀或文舞武舞並用或止用文舞而不用武舞也

初者事之始 **邵子曰**初者褒之也以其舊僭八佾也**愚按**洪範初一曰五行易卦第一爻曰初善者復其初惡者變其初作事者必愼其初故初者肇事之端不可不審也

魯僭天子之禮樂舊矣是成王過賜而伯禽受之非也用於大音泰廟以祀周公已爲非禮其後群公皆僭用焉 **杜氏曰**魯唯周公廟得用八佾而他公遂因仍僭而用之**祭統**成王追念周公所以勳勞者而欲尊魯故賜以重祭八佾以舞大夏此天子之樂也**明堂位**成王以周公爲有勳勞於天下命魯公世世祀周公以天子之禮樂**史**成王命魯有天子禮樂者以褒周公之德也**愚按**劉氏意林謂魯惠公之世礼壞樂崩請于周天子命史角往自是魯始用天子礼樂夫齊桓晉文輔翼襄王其功甚大不過召伯賜命尹氏授策而已耳晉文請隧則曰王章也未有代德而有二王亦叔父之所惡也

豈以魯惠無功於王而遽以天子之礼樂賜之耶以為惠公自僭則當時諸侯强盛惟吳楚無知僭稱王號桓文威行天下幾於改物然終身不敢用天子之礼孰謂惠公而敢僭之耶若曰惠公請于周平王亦未必從之也程子朱子皆信戴記遷史之說其必有所見矣

仲子以別宮故不敢同群廟而降用六羽書初獻者明前此用八之僭也王氏

箋義言初獻六羽善其復正趙氏曰魯八佾用六佾猶謂之僭故曰獻張氏曰獻者不宜獻也書初以見八佾用於群公之廟書獻以見六羽不當用於仲子之宮一言而盡魯僭礼之本末非聖人莫能修謂此類也沙隨程氏曰獻六羽是以妾僭夫人也

諸侯僭於上大夫僭去声於下故其末流季氏八佾舞於庭而三家者以雍徹上下無復去声辨矣諸侯之大夫而僭天子之礼豈復有上下之辨朱子語使魯不曾用天子之礼樂則三家雖欲僭無此樣子亦無緣見此等礼樂而用之

聖人因事而書所以正天下之大典愚按魯僭天子礼樂春秋因事書之以著其罪諸侯六佾而魯僭八佾隱公以仲子

別立宮當下於群公之廟疑於羽數乃從衆仲而改用六羽蓋隱公之心若曰先公之廟可循舊用天子所賜之禮仲子別宮祇當用諸侯之禮而不知先君之妾不可與君同安可用諸侯之禮乎聖人書曰初獻一以嘉隱公復王制之舊一以著其崇寵妾之過也孔子之時季氏舞八佾則知隱公惟用六羽於仲子之宮而群公乃僭八佾歟後成風敬嬴定姒齊姜皆以妾母用小君之禮則隱公爲仲子立宮而苟六羽有以啓之也聖人書此固爲隱公喜而亦深有遺憾云公穀皆云天子八佾諸公六佾諸侯四佾然衆舞之數自上而下降殺以兩諸侯既降於諸公則諸伯當降於諸侯而用二佾矣子男復何所用乎況禮經所記廟制堂制衮旒席數五等諸侯皆同豈以舞佾而獨異其制乎尸子又謂天子諸侯皆用八佾初獻六羽始厲樂矣夫春秋諸侯僭侈循習爲常舊於郊禘門觀皆不貶損何獨羽數而貶損乎且妾廟降於諸侯乃其常也春秋亦不書矣

郳人鄭人伐宋

程子傳　宋人取郳田郳人告于鄭曰請君釋憾於宋敝邑爲道先郳人爲主也

按左氏宋人取郳田郳人告于鄭曰請君釋憾於宋

敝邑為道則主兵者邾也故雖附庸小國而序乎鄭之上【胡氏曰】邾主兵故序鄭上【家氏曰】邾序鄭上者其為兵首所以貶也或曰宋實啓釁而邾應之邾其無罪乎曰邾見侵於宋當告之天王請之方伯声其罪而治之不當間鄭宋之隙而借鄭以伐宋因彼之憾復已之私春秋所不与也是故邾為首鄭次之鄭以伯爵之国而序乎邾之下亦所以貶也凡班序上下以國之小大從禮之常也【通旨】諸侯序列以爵之尊卑則名正而盟會征伐以主者先因事之變也會盟則先主會征伐則先主兵然則衛州吁告於宋以伐鄭事與此同而聖人以宋為主者何此春秋撥亂之大法也凡誅亂臣討賊子必深絶其黨【通旨】兵者国之大事也春秋之所重故雖將卑師少亦書于策而曲直之辭具文可見○【愚按】左傳云鄭人以王師會之伐宋入其郛而經序邾為首不書王臣蓋鄭莊是時為王卿士故擅與天子鄉遂之兵非王室遣將故不書也

螟音冥【蟲災始此】【公羊傳】記災也【穀梁傳】蟲災也【程子傳】書螟書螽皆爲災也国之大事故書

蟲食苗心曰螟食葉曰螣音特食節曰賊食根曰蟊莫侯反本爾雅國以民爲本【書】民爲邦本民以食爲天【管子】王者以民爲天民以食爲天詩去声上螟螣害稼也【小雅大田篇】去其螟螣及其蟊賊无害我田穉。

春秋書螟記災也【杜氏曰】爲災故書【薛氏曰】異天之変也災人之害也賢君睹災変而恐懼修省消災変之道也【朱子語】書山崩地震螽螟之類知災異有所自致也。

聖人以是爲國之大事也故書【家氏曰】宇宙之内一事之違其常一物不得其所日星示異水旱螽螟告災皆人君責也故春秋変見於上必書災及於民亦必書示人君職分之當謹耳哀十二年冬螽註者歸過於司曆之失閏此諛臣所以蔽災而託於聖人之言豈春秋書水旱螽螟之旨哉【愚按】春秋書蟲災者十四書螟者三而在隱公之世者二在莊公之世者一書螽者十而桓僖文襄四公之世各一宣公之世者三哀公之世者三書蝝生者一亦在宣公之世盖宣公以弑兄得国而又改法稅畝重困農民故螽蝝

水旱飢饉之災比歲相仍猶不知恐懼 而近世王安
修省以消天變聖人備書爲後鑒也
石乃稱爲人牧者不必論 奏災傷之事亦獨何哉
甚矣其不講於聖人之經以欺當年而誤天下與來
世也 【宋鑑】神宗熙寧五年御史張商英言刑部立法
應蝗蝻爲害須俟其撲除盡靜方許以聞則陛
下欲於此時恐懼修省以上荅天戒而下恤民隱亦
曉矣王安石曰條貫已令轉運司申奏安撫司有何
限合經制事却須要管
勾奏災傷狀作甚上笑

冬十有二月辛巳公子彄卒 彄苦侯反

按左氏臧僖伯卒 僖謚伯字【愚按】僖伯以先公子必
未賜族盖左氏追稱氏如陳桓未
卒而稱陳桓公有寵於王【高氏曰】其子臧孫達
嗣是爲哀伯自是終春秋臧氏世顓魯国之政

叔父有憾 胡暗反
恨也 於寡人寡人不敢忘葬之加一等

【杜氏曰】葬者臣子之事
非公家所及故不書葬 以公羊三世考之則所傳聞

之世也【公羊】所見異辭所聞異辭所傳聞異辭【何氏】所見之世謂昭定哀己与父時事也所聞之世謂文宣成襄王父時事也所傳聞之世謂隱桓莊閔僖高祖曾祖時事也而書曰見恩

禮之厚明矣公將如棠觀魚者僖伯諫而不聽則稱疾不從可謂忠臣矣葬之加一等夫是之謂稱去声宜也

謂得賞贊旌直之權衡然隱公不敢忘其忠而不能聽其言與

鄭公善去声善而不能用至於亡國莊二十四一也其及宜矣

【永嘉呂氏曰】穀梁云隱不爵命大夫蓋謂隱攝而非君也然其生也称公其殁也称薨魯之臣子皆以君待之矣非攝也豈有不爵命大夫乎彼見无駭之不称公子求其說而不得故云尔

【夏】宋人伐鄭【[illegible]】圍長葛【此書圍之始】【左傳】以報入郛之役也【公羊傳】邑不言圍此其言圍何彊也【穀梁傳】伐国不言圍邑此其言圍何久之也伐不踰時戰不逐奔誅不填服【程子傳】伐国而圍邑肆其暴也【杜氏曰】穎川長社縣北有長葛城【張氏曰】鄭邑今穎昌府長葛縣【愚按】長葛縣属今汴梁路許州

圍者繯于善反其城邑絶其往來之使去声禁其樵采之途。城守不下至於經年而不解明年冬書取長葛既不称侵伐又不繫鄭故知圍經年也誅亂臣討賊子可也。長葛鄭邑何罪乎。書圍於此而書取於後宋人之惡彰矣葛氏曰圍人城邑者其兵必衆而称人者貶之也張氏曰宋殤以鄭伐已之故報怨於鄭声其罪而圍其邑踰年乃取著其暴虐阻兵之甚也臨川吳氏曰前書莒人伐杞取牟婁一加兵即取其邑取之易也宋雖加兵於鄭之邑而取之難故圍之經年乃能取陳氏曰伐国不言圍邑自僖以前則書之僖十八年邢狄伐衛圍菟圃不書至二十三年書齐侯伐宋圍緡二十六年書楚人伐宋圍緡之後皆不書矣春秋之初猶以圍邑爲重也蜀杜氏曰春秋書圍四十四伐国而言圍者九此爲之首書伐書圍書取惡之也

甲子 桓王三年

六年齊僖十四晉哀侯光元年衛宣二蔡宣三十三鄭莊二十七曹桓四十陳桓二十八杞武三十四宋殤三秦文四十九楚武二十四

春鄭莊人來輸平輸左作渝左傳更成也程子傳

魯與鄭舊修好既而遇於宋衞遂與之同伐鄭故鄭來絕交渝平變其平也匹夫且不肯失信於人爲國君而負約可羞之甚也

輸者納也平者成也朱子語言輸則渝之義自在其中如秦詛楚文云變輸盟刺隨程氏曰輸如呂刑輸而孚之輸我無欲平之意而鄭輸其平於我臨川吳氏曰來者彼來求我非我往求彼也輸謂輸寫其情平謂兩国昔有忿怨如地之不平今悉剷削而使之平也輸平猶曰納款也杜氏曰和而不盟曰平鄭人曷爲納成於魯以利相結解怨釋仇離宋魯之黨也公之未立與鄭人戰于狐壤止焉內諱獲故言止見左傳十一年元年及宋盟于宿四年遇于清其秋會師伐鄭即宋魯爲黨與鄭有舊怨明矣孫氏曰鄭來渝誠於我平四年翬會諸侯伐鄭之怨也五年鄭人伐宋入其郛宋來告命魯欲救之使去声者失詞公怒而止其冬宋人伐鄭圍長

爲鄭伯知其適有用間（去声）可乘之隙也。是以來納成耳。然則善之乎。曰平者解怨釋仇，固所善也。輸平者以利相結則貶矣。（高氏曰：輸平者何來以賂于我也。薛氏曰：來輸必有挾也。愚按：經書平者凡六，惟此言輸平。輸之爲言，必有貨賂行乎其閒，而非虛言求平矣。平乃鄭志而非魯志，苟不以利啗魯，則魯必不從也。）曷爲知其相結之以利也。後此鄭伯使宛來歸祊（方）而魯入其地。會鄭人伐宋，得郜（古報反）及防，而魯又取其二邑。是知輸平者以利相結，乃貶之也。諸侯脩睦以蕃王室，所主者義爾。苟爲以利，使爲人臣者懷利以事其君，爲人子者懷利以事其父，爲人弟者懷利以事其兄，諸侯必曰何以利吾國，大夫必曰何以利吾家，士庶人必曰何以利吾身，上下交征利不至於簒弑奪攘則不厭平声矣本【孟子】故特稱輸平以明有國者必正其義不謀其利杜絶塞也杜乃獲【書】亡國敗家之本也【太史公曰】利誠亂之始也夫子罕言利常防其源也【張氏曰】鄭莊之納平為合黨敵宋計是以不憚屈已請和於魯繼以納賂而未即求許所以為敗宋入許之權輿魯隱亦入其術中而不悟也【永嘉呂氏曰】言來輸則有自屈損之意鄭豈誠敬魯哉亦豈誠畏魯哉亦豈誠欲与魯釋其舊憾而為玉帛之好哉特以宋魯方合而幸其有可離之隙於是屈損以求成耳【陳氏曰】春秋之初魯宋衛陳蔡為一黨齊鄭為一黨今鄭先來与魯平就合齊魯之交自此以後魯合於齊鄭而離宋魯之交矣平不書必關於天下之故而後書明年宋陳及鄭平宣七年鄭及晉平文十六年及齊平襄二十年及莒平哀八年及齊平皆不書書鄭輸平以志諸侯之合書及鄭平以志諸侯之散是春秋之所終始也○【劉氏曰】公羊謂敗吾成穀梁謂不果成皆非也平者兩国約不相背云尔四年伐鄭平絶可知安有鄭人又來請絶前平乎左氏作渝平蓋字誤

夏五月辛酉公會齊侯盟于艾（僖）艾五蓋反此齊魯交好之始程子傳始平于齊也杜氏曰春秋前魯與齊不平今棄惡結好泰山牟縣東南有艾山張氏曰在襲慶府奉符縣今益都路寧海州牟平縣臨川吳氏曰前此魯未嘗與齊交因鄭輸平之後而公始與齊盟蓋皆鄭莊之謀也愚按宋殤既合五国之師伐鄭又出師圍邑經年而取之鄭之怨宋深矣去年與郕伐宋未足以釋其怨故特平齊魯以為他日伐宋之謀魯與齊盟而曰鄭莊合齊魯者以三年齊鄭盟石門知齊鄭合黨故也盟不書及而書會則非魯志而齊欲為盟也書盟于艾著齊僖小伯之始書盟于黃著齊景爭伯之終前乎于艾雖盟石門然未與魯平則黨與未盛也後乎于黃雖次垂葭會牽會洮次蘧蒢伐晉伐宋而無盟矣凡書盟皆春秋所惡比事以觀而世變可知也

○秋七月公羊傳此無事何以書春秋雖無事首時過則書春秋編年四時具然後為年程子傳無事書首月天時王月備而後成歲也

四德備而後為乾故易曰乾元亨利貞一德不備則乾道熄矣四時具而後成歲故春秋雖無事首時過

則書一時不具則歲功虧矣【何氏曰】歷一時無事則書其始月春以正月為始夏以四月為始秋以七月為始冬以十月為始明王者當奉順四時之正也有事不月者人道正則天道正矣【杜氏曰】雖無事而書首月具四時以成歲也【孔氏正義】年有四時交錯互舉以為史記之名言春足以兼夏言秋足以見冬【愚按】經無事書正月者二十二書夏四月者十一書秋七月者十七書冬十月者亦十有一既書時又書月者時天時也月王月也書時又書月見音現天人之理合也易不云乎君子行此四德者故曰乾元亨利貞文言傳【愚按】乾健也天之德也天以至健故能運四德於四時君子以至健故能体四德於一身聖人以至健故能行四德於兩儀之間以參天地而贊化育元者物之始於時為春其在人則為仁其發則惻隱之情而得天地生物之心以為心者也月令天子賞公卿大夫於朝命相布德和令行慶施惠下及兆民是体乾之元亨者物之通於時為夏其在人則為礼其發則辭讓之情而所以品節乎親親仁民愛物之等差者也月令天子賞封諸侯慶賜遂行無不欣悅命太

尉贊桀後遂賢良行爵出禄必當其位是体乾之亨利者物之遂於時爲秋其在人則爲義其發則羞惡之情而所以斷制事物各得其宜者也月令天子命將帥選士厲兵以征不義詰誅暴慢以明好惡命有司脩法制戮有罪嚴斷刑是体乾之利貞者物之成於時爲冬其在人則爲智其發則是非之情而所以分別事理以宰萬物者也月令天子祭阿黨使罪無有掩蔽功有不當必行其罪以察其情固封疆備邊境命將講武飭死事是体乾之貞春秋於每年備四時明人君當奉若天道体乾之四德首時必書月明人君當謹守王度奉天子之正朔与其法制禁令王者承天而礼樂征伐行於天下諸侯奉王而德刑賞罰施於国中其理一也

若夫上下異致天人殊觀聖學不傳而春秋之義隱矣【愚按】聖人致中和而天地位萬物育自聖人以下不能体乾之四德毫釐有差則天壤易位一物不得其所而天變應之宋神宗時王安石言水旱常數堯湯所不免王珪言天象既如此必至於用兵亦天數也此皆人臣不能諫人君徹省以合天戒盖不通春秋之義而以爲天人異致故也

冬宋人取長葛【公羊穀梁傳】外取邑不書此何以書久也【程子傳】宋人之圍長葛歲且周矣其

虐民無道之甚而天子弗治方伯弗征鄭視其民之危国而弗能保有赴訴卒喪其邑皆罪也宋之強取不可勝誅矣【何氏曰】不繫鄭争伐者因上伐圍取也

宋人恃強圍邑久役大衆取非所有其罪著矣彼此皆列国而伐之以圍其邑是恃強也圍之期年是久役也環而攻之是用大衆也鄭邑而已取之是取非所有也直書而罪自見在王朝不能施九伐之威【周禮】大司馬以九伐之法正邦国馮弱犯寡則眚之賊賢害民則伐之暴内陵外則壇之野荒民散則削之負固不服則侵之賊殺其親則正之放弑其君則殘之犯令陵政則杜之外内亂鳥獸行則滅之在列國不能修連帥所類反之職【王制】千里之外設方伯五国以為屬屬有長十国以為連連有帥三十国以為卒卒有正二百一十国以為州州有伯鄭人土地天子所命先祖所受不能保有而失之也是上無天王下無方伯而鄭亦無君也宋人強取以王法言不可勝平声誅以天理言

不善之積著矣。初穆公屬（章欲反付也託也）國於與夷使其子馮（皮冰反）出居於鄭。（三年）殤公既立忌馮而伐鄭（四年）不亦逆天理乎。春秋序宋主兵。以殤公之罪重也。明年鄭人伐宋序邾爲首以鄭伯之罪輕也。至是宋又舉兵伐鄭而圍其邑肆行暴虐不善之積已著而不可解矣其見弑於亂臣豈一朝一夕之故哉凡此類皆直書于策按其行事而善惡之應（去声）可考而知天理之不誣者也【張氏曰】宋自去年圍長葛經年不解志在以取鄭莊不求保其土地人民反交結於魯爲後日報復之計而委長葛於宋宋殤雖若得志而後日終受鄭莊報復蹙国喪師以及其身【愚按】或云文定言善惡之應与佛氏所謂果報者相似非也易文言於坤之初六曰積善之家必有餘慶積不善之家必有餘殃於噬嗑之上九曰善不積不足以成名惡不積不足以滅身小人以小善爲無益而弗爲也以小惡爲無傷而不去也故惡積而不可掩罪大而不可解曾子曰出乎尔反乎尔天道好還無毫髮爽此乃福善禍淫必然之理也若果報之說謂今世爲人後世爲異物負怨於陽明之界而取償於幽陰之府豈有是理也哉○劉氏曰左氏作秋取長曆杜氏云冬告非也史之記事雖據赴告至其月日猶依先後次序假令以二月出師逾時來告猶言二月也豈據告時紀之於夏乎左氏雜采當時諸國史策有用夏正者有用周正者故經云冬傳云秋也

乙丑桓王四年 **七年** 齊僖十五晉哀二曲沃武公稱元年衛宣三蔡宣三十四鄭莊二十八曹桓四十一陳桓二十九杞武三十五宋殤四秦文五十楚武二十五

春王三月叔姬歸于紀

傳伯姬爲紀侯夫人叔姬其娣也待年於家今始歸娣歸不書㦤其無終也

程子 **叔姬伯姬之娣非夫人也** 伯姬二年歸紀 **則何以書古者諸侯一娶九女** 公羊莊十九諸侯娶一国則二国往媵之各以娣姪從故一聘九女 **必格之同時者所以定名分** 扶問反 **窒亂源也** 同時而行則妃妾之名不

絫其生子也嫡庶之分已定亂何由作今叔姬待年於宗國不與嫡俱行本杜氏注【詩】江有汜【朱子傳】媵有待年於父母之国而嫡不与之偕行者則非禮之常所以書也春秋常事不書非礼之常而書之者必有美惡存焉【孫氏曰】媵書者爲莊十二年歸于酅起眉山蘇轍以謂書叔姬賢之也蘇氏字子由有集傳十二卷若賢不得書必貴而後書則是以位而蔑德也小國無大夫【通旨】小国大夫稱人至於接我則書二年書紀履緰來逆女莊二十七年書莒慶來逆叔姬是位不可以廢事也位不可以廢事而獨可以廢賢乎如叔姬不歸宗國而歸于酅音攜以全婦道賢可知矣賢而得書亦春秋之法也【何氏曰】婦人八歲備數十五從嫡二十承事君子媵賤書者終有賢行能勵隱約全竟婦道故重錄之【高氏曰】娣亦書歸猶堯之二女降于潙汭皆曰嬪【張氏曰】媵不書此特書者以其終不忘紀之五廟雖紀侯卒而歸于酅以奉宗祀終

其身而後已聖人以其賢可以厲婦行將有其末必録其本是以變例而特書之**愚按**賈逵謂隱公厚於先君之女故盛礼而歸之如歸嫡之礼又云紀貴叔姬故書以刺之聖人豈逆計其他日之賢而書之哉今考春秋諸侯寵嬖妾媵蓋多不足煩聖筆之録苟隱公厚先公之女必不以爲媵矣夫子作經以垂勸戒則以爲褒嘉其賢者義或近之安可以史官一時之例而議春秋萬世之法乎子朱子作通鑑綱目書唐太宗以武氏爲才人所以起僞周之亂書玄宗冊壽王妃楊氏所以起馬嵬之奔納才人冊諸王妃法不當書而朱子書之亦春秋之意也

滕侯卒　**程子傳**不名史闕文也**杜氏曰**滕国在沛国公丘縣東南**張氏曰**今徐州滕縣**愚按**今益都路滕州

滕侯書卒何以不葬怠於禮弱其君而不葬者見隱二年滕侯宿男之類是也古者邦交有常制不以國之強弱而有謹慢也国小而慢之是弱其君不以情之踈密而有厚

薄也。情踈而薄之是怠於礼春秋之時則異於是。晉北國也楚
南邦也。地非同盟而親往侯其葬成十年公如晉葬景公襄二十八年
公如楚葬康王同盟謂非同方岳之盟愚按地非滕鄰境也滕国在魯西南宿同盟
也。元年盟宿訃告雖及而魯不之恤豈非以其壤地褊小
乎。怠於禮而不往弱其君而不會無其事而闕其文。
此魯史之舊也。聖人無加損焉。存其卒闕其葬義自
見音現矣通旨曰人之所以爲人中国所以異於夷狄以其有人道也無人道何以爲人如滕於魯以
近則鄰国也以親則同姓也又覲東后則同至於方岳之下卒而不葬强陵弱尔卒自外録。
不卒非外也非責也責不赴告葬自内録不葬非内也責魯不會
○趙氏曰左氏云同盟薨則赴以名於理未安豈有
臣子當創巨痛深之日乃忍称君之名礼篇所録亦
云寡君不禄而已諸侯卒不同盟者凡五十二人惟
九人不名啖氏曰其不名公羊謂微国也穀梁謂狄

道也按附庸及負夷狄皆有名況滕
国文王之子孫雖至微弱豈無名乎

夏城中丘【此書土功之始】【左傳】書不時也【公羊傳】中丘内之邑也城何以書以重書也【穀梁傳】凡城之志皆譏【程子傳】爲民立君所以養之也養民之道在愛其力民力足則生養遂生養遂則教化行而風俗美故爲政以民力爲重也春秋凡用民必書其所興作不時害義固爲罪也雖時且義必書見勞民爲重事也後之人君知此義則知慎重於用民力矣然有用民力之大而不書者爲教之意深矣僖公脩泮宫復閟宫非不用民力也然而不書二者復古興廢之大事爲国之先務如是而用民乃所當用也人君知此義則知爲政之先後輕重矣凡書城者完舊也書築者創始也城中丘使民不以時非人君之用心也【杜氏曰】中丘在琅琊臨沂縣東北【張氏曰】今沂州臨沂縣【愚按】在今益都路密州安丘縣

程氏曰爲去声民立君所以養之也。養民之道在愛其力。民力足。則生養遂。教化行。風俗美。故爲政以民力爲重也。春秋凡用民必書。經書魯力役三十八城二十三築八浚一新一新作二毀一墮二書外城者六八其所興作不時害義固為罪矣莊二十九年新延廐三十一年築臺于郎三十二年城小穀僖二十年新作南門文七年城郚哀五年城毗六年城邾瑕皆以春此城中丘九年城郎桓五年城祝丘莊二十一年築臺于薛襄七年城費十五年城成郭定十二年墮郈墮費十二年築蛇淵囿哀三年城啓陽四年城西郭皆以夏莊元年築王姬館三十一年築臺于秦文十六年毀泉臺成十八年築鹿囿皆以秋是不時也夫不能内修德政以為保民之本而勞民於守圉之末如桓公懼齊鄭襄紀而城祝丘莊公懼齊桓討納糾之罪而後誅文公既取須句備邾而城郚患莒人之外偪而城諸鄆宣公欲叛晉而城鄆襄公聽南遺之奸謀假事難而城費因齊靈之叛晉婁來侵伐而比年城成郭城西郭城武城定公從伯令侵鄭懼而城中城復叛晉黨范氏而城莒父及宵哀公亦黨范氏而比年城啓陽城西郭城毗城邾瑕皆非義也況於築臺囿以為游觀之樂新延廐以亓牧養之奢作門觀以僭天子之制毀泉臺以彰先祖之惡築館以主讎人之婚而忘通喪之礼其罪又可勝誅乎至於會晉悼城虎牢以偪鄭會晉平城杞而私其母家亦非義也雖時且義亦書桓十

六年城向二十九年城諸防文十二年城諸鄆宣八年城平陽成四年城鄆九年城中城襄十三年城防十九年城西郛城武城定六年城中城十四年城莒父及宵十五年城漆皆以冬修城得農隙之時定公墮郈費以弱私家僖公會齊桓存三亡国以與滅繼絕仲孫蔑會晋定城成周以蕃王室皆合於義而亦書之見音現勞民爲重事也啖氏曰凡興作必書重民力也觀其時而是非昭矣人君而知此義則知愼重於用民力矣凡書城者完音丸舊也書築者創始也城中丘使民不以時非人君之心也張氏曰隱公無敵国外患之警盛夏興役事無故之工築妨農害民春秋深譏之臨川吳氏曰君之資於民者資其力也民之報其君者報以力也故無事則資其力而用之於農以足食生財有事則資其力而用之於兵以敵愾禦侮非農非兵而勞民之力必以其時以其礼而不敢妄興不得已而役之亦必節其力而不盡也春秋凡力役必書重民力也通旨問穀梁凡城之志皆譏啖子曰凡城国之急務但問時与不時不應一切是譏易曰設險以守其国礼曰城池以爲固則春秋書城果何意也曰穀梁子

之意謂春秋時言之也城不可無而未爲国之急易所謂設險非止於築城礼所謂城池亦固国之一事亦春秋凡城必書或志其非時或志其非制或志其非所得其時制又當其所而亦書重民力也文王以民力爲臺爲沼或与民同其利或与民同其樂則不可以已矣**王氏曰**詩采薇曰天子命我城彼朔方烝民曰王命仲山甫城彼東方夫玁狁之難甚亟而城築之役乃須天子之命齊迁臨菑而仲山甫以上卿臨之是知諸侯国邑高庳廣狹皆有王度春秋之城築俱不禀王命故悉書以譏之不止爲不時重民力而已也**愚按**內城二十三春城四夏城七冬城十二左傳於此年并城郎視近及新延廄新作南門築鹿囿皆曰不時凡城於冬者皆曰書時或曰周之冬十月十一月乃夏之秋周之春正月二月乃夏之冬而左氏於城向諸防諸鄆平陽中城城防郎囿皆曰書時延廄南門亦曰不時何哉今考左傳言龍見而戒事則夏之九月而周之十一月也水昏正而栽則周之十二月正當役民之時也日至而畢則夏之十一月而周之正月也謂日至而畢則周之春不宜興土功矣經於他事書春夏秋冬而繼書次月則凡書時皆指四時之首月如成十七年書冬會伐鄭十一月公至十二月日食是也若城築蒐狩之事乃以時成

通歷二三月事畢而言之非獨指首月也詳玫經文則可見矣

傳 **齊侯使其弟年來聘** 此列国來聘之始 左傳 結文之盟也 公羊傳 母弟称弟母兄称兄 穀梁傳 諸侯之尊弟兄不得以屬通 程子傳 凡不称公子而称弟者或責其失兄弟之義或罪其以弟之愛而寵任之過左氏公羊傳皆曰年齐僖公之母弟先儒母弟之說盖緣礼文有立嫡子同母弟之說其曰同母弟盖謂嫡耳非以同母為加親也若以同母為加親是不知人理近於禽道也天下不明斯義也久矣僖公愛年其子尚礼秩如嫡卒致篡弑之禍書弟見其以弟之愛而寵任之過也 杜氏曰 凡聘皆使卿執玉帛以相存問

兄弟先公之子不稱公子貶也 范氏曰 礼非始封之君則臣諸父昆弟匹敵之称人臣不可以敵君故不得以屬通所以遠別也

書盟書師師而稱兄弟者罪其有寵愛之私書出奔書歸而稱兄弟者責其薄友恭之義玫於事而春秋之情可見矣年者齊僖公母弟也程氏謂先儒說母弟者 左 宣十七凡称弟皆母弟也 **盖**

緣禮有立嫡子同母弟之文（襄三十一 穆叔曰太子死有母弟則立之）其曰同母蓋爲嫡耳非以爲加親也此義不明久矣僖公私於同母寵愛異於他弟施（以豉反）及其子猶與適（音嫡）等而襄公絀之遂成篡弑之禍（左傳 莊八年僖公之母弟曰夷仲年生公孫無知有寵於僖公衣服礼秩如嫡襄公絀之連稱管至父因之以作亂遂弑襄公而立無知 劉氏曰齊侯非不愛其弟也迷於其義故以愛爲害矣）故聖人於年來聘特變文言弟以示貶焉鄭語來盟（桓十四）黑背帥師（成十）皆罪其私也書云于弟弗念天顯乃弗克恭厥兄兄亦不念鞠子哀大不友于弟天惟與我民彝大泯亂（康誥 蔡傳 天顯猶天明尊卑顯然之序也弟不念尊卑之序而不能敬其兄兄亦不念父母鞠養之勞而大不友其弟是兄弟相賊也則天之与我民彝必大泯滅而紊亂矣）陳光奔楚而稱弟（襄二十）不

念鞠子哀矣盜殺衛縶而稱兄昭二十其亦不念天顯矣秦鍼宋辰昭元秦鍼奔晋定十宋辰奔陳皆責其薄也襄三十天王殺其弟佞夫襄二十七衛侯弟鱄奔晋昭八陳侯弟招殺世子偃師仁人於兄弟絶偏繫之私篤友恭之義人倫正而天理存其春秋以訓天下與來世之意也張氏曰親親之道尊其位重其祿非賢則不及以政齊侯愛其弟聘魯致女交政鄰国一一使之愛之之過遂致亂嫡庶之辨以啓無知篡弒之禍聖人以其過於溺愛之私而失親親之義故特書其弟以貶之而著後日之禍始於僖公之不早辨也愚按夫子作經雖不逆計其後日之事然於其寵愛之過特書弟以貶焉使後世之讀是經者考無知篡弒之所由始則亦知戒矣春秋書弟者十一惟公弟叔肸書字蓋賢之也諸侯之弟貶則書名不貶則書字故許叔蔡叔蔡季紀季皆賢而称字且不言弟傳例在莊三年。啖氏曰使使致問曰聘主人受之於廟以重礼也孫氏曰大国聘而不朝小国朝而不聘凡書皆惡之張氏曰聘者諸侯遣大夫通好与国見於儀礼之篇詳矣然古者諸侯聞於天子之事則有邦交殷聘之礼自隱公即位以來未嘗朝聘於天子以魯推之則諸侯盖可知矣齊僖因艾之盟遽遣使于魯以結好忘君臣之大義植同列之私黨故觀年之聘則凡春秋書聘可以例推矣愚按經書諸侯聘三十一齊聘者五始於弟年而終於慶封書晋聘者十有一宋衛聘者各四陳鄭秦吳聘者各一楚聘者三魯以秉礼之国受同列之朝聘而尊王之礼寥寥罕見故悉書以示譏焉

秋公伐邾此伐邾之始程子傳擅興甲兵爲人而伐人非義之甚也左氏傳爲宋討也奉詞致討曰伐傳例曰声罪致討曰伐此云奉辞若執言以声其罪其義一也不称帥師者君行師從故君將不言帥師按左氏公伐邾爲于偽反宋討也宋乃鄭平盟于宿杜氏曰公拒宋而与鄭平会鄭復与宋盟故懼而伐邾欲以求宋宋人先取邾田故邾人入其郛魯與儀父則元年盟于眛音蔑矣邾人何罪可聲特託爲辭說以伐之爾經之書伐非主兵者皆有言可執見伐者皆有罪可討也傳曰欲加之

罪何患無詞僖十晉侯將殺里克克對曰欲加之罪其無辭乎魯為宋討非義甚矣而稱伐邾所謂欲加之罪者也而不知逾昧之盟不待貶而自見矣【張氏曰】夫和大所以恤小能平宋鄭則邾宋之恥雖亦可和矣親此而麾彼苟欲悅宋而忘蔑之盟子曰小人比而不周此足以見書為宋討邾之旨矣【愚按】春秋一經魯君大夫與邾特盟者五與諸侯及大夫同會者十九與諸侯及大夫會盟者十邾子來朝者六來會者一大夫如邾者一公伐邾者六大夫伐邾者七微者伐邾者一及他国伐邾者一大夫圍邾者一及邾戰者一公敗邾師者一邾人伐我者三元年盟蔑乃與邾交好之始哀二年盟句繹乃與邾交好之終此年伐邾乃與邾交兵之始哀七年入邾以邾子來乃與邾交兵之終邾之事魯不為不敬而魯之待邾愈甚比事以觀而罪自著矣

冬天王使凡伯來聘【此王聘之始】【程子傳】周禮時聘以結諸侯之好諸侯不脩臣職而聘之非王体也【杜氏曰】凡伯周卿士凡国伯爵汲郡共縣東南有凡城【張氏曰】今濬州黎陽縣之竟【愚按】凡伯周

公之纘詩板与瞻卬皆其所賦盖冊爲王臣**戎伐凡伯于楚丘以歸**此戎患之始【公羊傳】凡伯天子之大夫也其言伐執之也【穀梁傳】国而曰伐此一人而曰伐大天子之命也【程子傳】初戎朝于周發幣于公卿凡伯弗賓王使凡伯來聘還戎伐之于楚丘以歸楚丘衞地伐見其以衆天子之使道由於衞而戎得以衆伐之衞不能衞其罪可知言以歸則非執凡伯有失節之罪【杜氏曰】楚丘衞地在濟陰城武縣西南【愚按】今東昌路曹州楚丘縣

國而曰伐此一人而曰伐見（音現）其以徒衆也【薛氏曰】言伐以兵劫之也【董子曰】執天子之使与伐国同罪

楚丘衞也

以歸易（去声）詞也于楚丘者罪衞不救王臣之患【孫氏曰】于楚丘者責衞不能救難凡伯過衞衞不當使及於難況又不救乎【蜀杜氏曰】以歸者罪凡伯失節不能死於位也【孫氏曰】錄以歸者愍凡伯不死其位耳【張

氏曰以者言能左右之而爲之以者亦聽其左右故凡言以歸者多責其降服而事讐也周之秩官敵國賓至国語以下並關尹以告周礼司關凡四方之賓客敂關則爲之告注賓客謂朝聘者候人爲導候人若有方治則帥而致于朝及歸送之于竟司徒具徒小司徒小賓客令野脩道委積注小賓客諸侯之使臣司寇詰姦小司寇大賓客前王而辟注辟除姦人佃人積薪甸師帥其徒以薪蒸役內外饔之事火師監燎襄三十一子産曰諸侯賓至甸設庭燎其貴國之賓至則以班加一等益虔至於王吏則皆官正涖事天子之使過諸侯當候在疆埸膳宰致饔司里授館猶灌不敬令凡伯承王命以爲過賓於衛而戎得伐之以歸是蔑先王之官而無君父也故旄丘録於國風見衛不能脩方伯之職也詩小序旄丘責衛伯也狄人迫逐黎侯黎侯寓於衛衛不能脩方伯連帥之職戎伐凡伯于楚丘以歸見衛不救王臣

之患也。爲狄所滅則有由矣閔二年狄滅衛【家氏曰】天子之使戎得以邀而伐之天子不命之討方伯連帥復不能爲王敵愾春秋書之以見周室微弱夷狄慢上諸侯無王也【愚按】裔戎朝于天子王臣雖不以礼貌加之不過失象胥之職特小過耳今王臣銜天子之命聘於望国過衛而戎報私怨以兵衆刼之彼獨不念天子之命乎苟不念天子之命如勿朝而已矣戎不足責衛人出淵王臣之停於戎而不能救患尊君之義安在哉此書戎伐非以其執詞而与之著其率兵徒之衆凌虐王人是橫行中国不特無天子而亦無諸夏矣經之書伐本非與其討罪何況戎乎後此定王之世單襄公聘楚而假道于陳則微弱益甚與滕莒小国無以異矣。【啖氏曰】公羊曰其曰伐大之也不與夷狄之執中国也其書戎狄侵伐滅入豈皆是之乎穀梁曰戎者衛也若實衛伐改曰戎是爲衛掩惡何以懲勸乎

春秋卷第二

春秋胡氏傳纂疏卷第三

新安汪克寬學

隱公下

丙寅桓王五年 **八年** 齊僖十六晉哀三蔡宣三十五衛宣四鄭莊二十九曹桓四十二陳桓三十杞武三十六宋殤五秦寧公元年楚武二十六

春，宋公殤**衛侯**宣**遇于垂。**左傳齊侯將平宋衛有會期宋公以幣請於衛請先相見衛侯許之故遇于犬丘 程子傳齊侯將平宋衛於鄭宋公請於衛請先相見故遇于垂宋忌鄭之深故與鄭卒不成好無諸侯相見之禮故書曰遇 杜氏曰垂衛地犬丘也濟陰句陽縣東北有垂亭 愚按今東昌路曹州濟陰縣 張氏曰垂近曹地私交以植黨無諸侯相見之禮春秋之所惡也 高氏曰是時齊將平宋衛於鄭故宋衛遇垂以謀鄭十年入鄭蓋垂之謀也謀人之國不以禮見而陽若相遇春秋因實書之而貶寓焉 陳氏曰宋衛之遇將以為參盟也 遇例見三年

○三月，鄭伯莊**使宛來歸祊。**宛於阮反祊必彭反 公穀作邴 左傳鄭伯請釋泰山之祀而祀周公以泰山之祊易

許田使宛來歸祊不祀泰山也【公羊傳】宛鄭之微者也邴鄭湯沐之邑也天子有事於泰山諸侯皆從泰山之下諸侯皆有湯沐之邑焉許田魯朝宿之邑諸侯時朝乎天子天子之郊諸侯皆有朝宿之邑焉【穀梁傳】名宛所以貶鄭伯惡與地也邴鄭伯所受命於天子而祭泰山之邑也【程子傳】魯有朝宿之邑在王畿之內曰許鄭有朝宿之邑近於魯曰祊時王政不脩天子不巡守魯亦不朝故欲以祊易許田各取其近者故使宛來歸祊始以祊歸魯未言易也朝宿之邑先祖受之於先王豈可相易也鄭來歸而魯受之其罪均也【杜氏曰】宛鄭大夫未賜族祊鄭祀泰山之邑在琅琊費縣東南【張氏曰】今沂州屬縣【愚按】沂州屬今益都路

庚寅我入祊【穀梁傳】入者內弗受也日入惡入者也【程子傳】入者內弗受也義不可而遽入之也

鄭伯欲以泰山之祊易許田前此來輸平者以言請之矣六年輸平傳不言請歸祊然經書平例六他皆不言輸故知輸平請歸祊也【葛氏曰】前年來輸平然曰輸而實不至【薛氏曰】與我則曷謂之歸前年賂我矣未入地也至是來歸祊者其地既輸矣未易許也據桓元年鄭伯始以璧假許田周制六

一五〇

年五服一朝據書周官故於天子之郊有朝宿之地又六年王乃時巡諸侯各朝于方嶽同上故於泰山之旁有湯沐之邑何氏曰巡守祭天當沐浴絜齊以致其敬故曰湯沐邑所以尊待諸侯而共其費取足舍止供稾穀而已諸侯於王畿之內方嶽山下皆有是乎成王以周公有大勳勞故特賜之許田為朝宿之地如皆有焉蓋天子之郊不足為其地矣宣王以鄭伯母弟懿親故特賜之祊田為湯沐之邑如皆有焉盡泰山之旁不足為其邑矣杜氏曰成王營王城有迁都之志故賜周公許田以為魯國朝宿之邑後世因而立周公別廟焉鄭桓公宣王之母弟封鄭有助祭泰山湯沐之邑在祊范氏曰諸侯有大功盛德於王室者京師有朝宿之邑泰山有沐浴之邑魯周公之後鄭宣王母弟若此有賜邑其餘則否許慎曰若令諸侯京師皆有朝宿之邑周有千八百諸侯盡京師之地不足以容愚按王制謂方

伯爲朝天子皆有湯沐之邑於天子之縣內視元士則方伯之外他諸侯無可知然定四年祝鮀言衛取有閻之土以共王職取相土之東都以會王之東蒐則衛亦有朝宿湯沐之邑矣祊近於魯許鄭於鄭各以其近者相易何以不可乎用是見鄭有無君之心而謂天王不復扶又反能巡狩矣杜氏曰鄭以天子不能復巡狩故欲以祊易許田各從本國所近之宜欲爲魯祀周公遜辭以有求也何氏曰書者甚惡鄭伯無尊事天子之心專以湯沐邑歸魯范氏曰王室微弱無復方岳之會諸侯驕慢亦廢朝覲之事用是見鄭有無親之心而敢與人以先祖所受之邑矣其言我入祊者祊非我有也入者不順之詞義不可而強上声入之也趙氏曰入祊之義與歸入之入同言不當入入與用兵之入不同邑者先祖所命於天子而以與人其罪著矣陸氏曰鄭不當歸魯不當入宛當諫止參譏之陳氏曰入未有言我者言我交譏之辭也張氏曰此因鄭之歸我使宛治其地政而主有之也既不以力得則當如齊人歸

我濟西田不必書入祊可也書入者逆詞義不當受而據有之也東遷以來諸侯不朝王天子無復廵狩遂各以其所近之邑相易此謀始於鄭伯輸平之時先以祊歸魯以固魯之好而未敢及許其辭則以爲釋泰山之祀而祀周公所以兌魯人不共先祖之罪而猶未易許田也鄭莊不憚委先祖所受王邑於人所謂將欲取之必固與之卒使魯隱間齊於宋以成敗宋入許之計又終得許田於魯見鄭莊爲小人之雄罪之不可勝誅也**東萊呂氏曰**鄆讙龜陰不言入蓋鄆讙龜陰我故物也此言入則非我故物也左氏言以祊易許經文未見以祊易許之事是時鄭與結魯非魯結鄭前年來輸平則約之以許今年來歸祊則啗之以利雖然其歸祊也固已覬覦許田矣特以方求結於魯故姑緩之旣而桓公篡立於是要其許田始取償於魯左氏以其事比言而謂之易也**高氏曰**鄭始結魯以拒敵故歸祊以市魯魯桓篡君以求援故賂田以償鄭其地雖若相易而事不相涉也鄆讙龜陰本我之邑歸則有之矣此特書入者以其非我之有不當入也孟子謂子噲不得與人燕子之不得受燕於子噲鄭之歸魯之入其罪均也**愚按**鄆讙龜陰書來歸此亦書來歸蓋鄭莊貪魯人之易許而歸祊齊景服聖人之德化而歸鄆讙龜陰雖其義利不

侔而皆出於中心之誠非勉強使之歸也故皆書曰來歸美惡不嫌同辭然此年書入以示其不順則非鄆讙龜陰之比矣。啖氏曰公羊云齊亦欲之按書我者言魯入爾何關齊事乎

夏六月己亥蔡侯考父卒宣公也在位三十五年子封人立是爲桓侯辛亥

宿男卒穀梁傳宿微國也

天王崩告于諸侯則不名。諸侯薨以名赴而自別筆列反於大如字上禮也穀梁傳大上故不名范氏曰名所以相別居人之大在民之上故無所名家氏曰王一而已可不名諸侯衆也烏得不名趙氏曰諸侯卒名之著易代月降於天子也

古者死而不諡不以名爲諱。周人以諡易名檀弓公叔文子卒其子戍請諡於君曰請所以易其名者於是乎有諱禮。桓六申繻曰周人以諱事神名終將諱之愚按書稱堯舜禹皆不諱名至商湯始不稱名大戊武丁稱中宗高宗則不特周始諱名但至周而文始備耳故君薨赴於他國則曰寡君不祿敢告執事。本維

記春秋之時遵用此禮凡赴者皆不以名矣。經書其終，雖五霸強國齊桓晉文之盛，莫不以名者，是仲尼筆之也。諸侯卒書名，不惟別尊卑之等，亦所以紀遠近、辨同異。赴不以名而書其名者，與嘗通也；已通而不名者，舊史失之爾。宿男元年同盟，杞與鄫結昏，而成公卒不書名；杞滕同伐秦，而成十六年滕子卒不名，皆史失之。未通而名者，有所證矣。如此年蔡宣公及晉獻公、惠公之類。故傳此義者記於禮篇曰：「諸侯不生名。」曲礼。夫生則不名，死則名之，別於大上，示君臣尊卑之等，蓋禮之中也。諸侯薨赴不以名，而仲尼革之，必以名書，變周制矣。春秋，舊史，聖人修之也，而孟子謂之作。**張子曰**：春秋之書在古無有，乃仲尼所自作。以此類也。不會。**張氏曰**：宿男不書葬，鄫**詳見三年、七年**。

秋七月庚午宋公齊侯衛侯盟于瓦屋【傳】此參盟之始【左】齊人卒平宋衛于鄭會于溫盟于瓦屋以釋東門之役礼也【穀梁傳】外盟不日此其日何也諸侯之參盟於是始故謹而日之也誥誓不及五帝盟詛不及三王交質子不及二伯【程子傳】宋為主也盟與鄭絕也【杜氏曰】瓦屋周地【愚按】今東昌路博平縣

程氏曰宋為主盟與鄭絕也【杜氏曰】齊侯尊宋使主會【愚按】此後齊鄭伐宋入郕入許則宋雖欲絕鄭而齊終不肯與鄭絕也【張氏曰】宋衛欲成於齊齊侯從其請而與之盟也春秋之初皆離會之盟至此而三君合以要言宜可因此以講信修睦而明年齊魯會防又明年齊魯鄭伐宋視今日盟誓之言不復顧忌世变之甚可勝言哉

大道隱而家天下【禮運】今大道既隱天下為家然後有誥誓忠信薄而人心疑然後有詛盟盟詛煩而約於妁反劑子隨反亂然後有交質音置下同子至是傾危之俗成民不立矣春秋革薄從忠於參盟書

日謹其始也【陳氏曰】諸侯初參盟也有參盟然後有主盟矣春秋之初宋魯衛陳蔡一黨也齊鄭一黨也鄭有志於叛王而合諸侯於是輸平於魯齊亦為艾之盟以平魯為瓦屋之盟以平宋衛東諸侯之交盛矣周官設司盟掌盟載之法凡邦國有疑則請盟於會同聽命於天子【周禮】司盟凡邦国有疑會同則掌盟約之載【注】載盟辭也亦聖人待衰世之意爾德又下衰諸侯放恣其屢盟也不待會同其私約也不繇音由天子口血未乾音干而渝盟者有矣此盟齊背宋元年盟蔑盟宿魯皆渝盟其末至於交質子猶有不信者焉【隱】三年王子狐為質於鄭鄭公子忽為質於周四月鄭祭足取溫之麥秋又取成周之禾周鄭交惡【昭】二十年宋華向取大子欒與母弟辰公子地以為質公亦取華向之子以為質冬公殺華向之質而攻之春秋謹參盟善胥命美蕭魚之會以信待人而不疑也參盟者齊盟之端胥命于蒲會于蕭魚春秋之不盟者也蓋有志

於天下爲公之世凡此類亦變周制矣家氏曰春秋初年有兩国相盟者曾盟邾盟宋紀莒之密齊鄭之石門惟兩国爲盟也今而參盟宋爲首責在宋也春秋初年有兩国自相攻伐者莒入向無駭入極鄭伐衛莒伐杞惟兩国自相伐也四年宋陳蔡衛合兵以伐鄭於是始有四国之伐宋爲首亦責在宋也春秋於參盟會伐皆以宋爲首正無王之戮也永嘉呂氏曰瓦屋周地也三国會于此既不入覲于王而刑牲歃血私相要結於畿甸之近竟其蔑視王室之罪可勝誅哉是盟也關於世道升降之機尤不細也高氏曰諸侯自相盟也王法所不容况京師近地而三国敢盟于此故詳日以謹之王氏曰自入春秋書盟者七前此皆兩国交盟猶之可也今宋齊衛參盟則合黨之心熾矣故阜鼬之盟會者凡十八国而王朝之元老如劉文公亦與焉此參盟之積也前此會盟各於其境今之瓦屋乃在周地無王之迹彰矣故狄泉之盟七国入王城而王卿如王子虎者亦與焉此瓦屋之積也

八月葬蔡宣公莊氏曰三月而葬速程子傳速也諸侯五月而葬不及期簡也○趙氏曰以公羊云卒名葬不名卒從正葬從主人按葬時卒謚不須重言名史体當然不要立義

九月辛卯公

及莒人盟于浮來　浮，公穀作包。此好莒之始，亦魯君特會外大夫之始。左傳：以成紀好也。程子傳：鄰国之交，講信修睦可也，安用盟爲？公既已與莒盟，義非安也。杜氏曰：浮來，紀邑，東莞縣北有邳鄉，邳鄉西有公來山。張氏曰：浮來，莒地，今沂州沂水縣有浮來山。愚按：沂州屬今益都路。

莒小國，人微者。通旨：小国大夫称人。而公與之盟，故特言及。及者，我欲之。以譏失禮，且明非大夫之罪也。趙氏曰：莒小国，若不書公，則嫌乎非公也。凡經書公及大夫，皆譏公屈礼而與之盟；其書外大夫名，則是罪外大夫，及與公盟是也。陸氏曰：非大夫敢盟公，公自欲與之盟尔，特書公，所以譏公之失礼，且明非大夫之罪也。易曰：謙尊而光，卑而不可踰。朱子本義：人能謙，則居尊者其德愈光，居卑者人亦不能過。隱公可謂謙矣，何以譏之？爲失禮。本劉氏意林。曰：謙亨，君子以裒蒲侯反多益寡，稱尺證反，下同物平施。始豉反，下同。程子傳：謙有亨之道，損過益不及，以施於事，稱物之宜，以均其施與，使得其平也。屈千乘之尊，下與小國之大夫盟豈稱物平施之謂乎太甲而可踰非謙德矣高氏曰莒雖小国入向伐杞其力猶能及他人故公結此盟以求援張氏曰傳称以成紀好隱公於小国不憚屈己而不明大義故猶汲汲於盟詛以国君之貴下比小国之大夫降班失列而不自知特書公及以著非莒人之敢敵諸侯公蓋自失人君之体也家氏曰凡公與強国之大夫為盟不書公及諱強国之以無道加於公也與小国之大夫為盟則不諱公以公有欲與之為盟非彼小国之大夫要公必欲為此盟也齊高傒晉處父強国之大夫也莒人小国之大夫也嘗莒自春秋以來有未平之怨前此紀人為之平之今隱公欲降心以消二国之患而及其臣為盟以望国之君而盟小国之臣謙而不中於礼者也○劉氏曰公羊謂實莒子称人則從不疑也夫公及小国君盟何不可而反隨微者卑称乎穀梁曰可言公及人不可言公及大夫莒人即莒大夫微故称人耳若可言人及晉處父盟何不曰及晉人乎

螟程子傳為災也民以食為命故有災必書高氏曰書螟者三隱一莊一螽十有一桓一餘皆僖公之後螟食苗心螽無所不食其為災也螟輕而螽重春秋之初災之輕者亦書之及其久也輕者不勝書書其重者耳

不然豈莊公之後二百年皆無蝡耶（詳見五年）○冬十有二月無駭卒（左傳）無駭卒羽父請謚與族公問族於衆仲衆仲對曰天子建德因生以賜姓胙之土而命之氏諸侯以字爲謚因以爲族官有世功則有官族邑亦如之公命以字爲展氏（程子傳）未賜族書名而已（杜氏曰）公孫之子以王父字爲氏公子展之孫故爲展氏卒而後賜氏故不書氏

無駭書名未賜族也諸侯之子爲大夫則稱公子其孫也而爲大夫則稱公孫公孫之子與異姓之臣未賜族而身爲大夫則稱名無駭俠（音協）之類是也已賜族而使之世爲大夫則稱族如仲孫叔孫季孫之類是也（據叔孫得臣乃公子牙之孫季孫行父乃公子友之孫皆未死而稱族）古者置卿必求賢德不以世官春秋之初猶爲近古翬無駭與俠皆書名耳其後官人以世（泰誓語）無不賜之族或以字

曾三桓鄭七穆之類或以謚宋戴氏衛齊氏之類或以官如晉士氏中行氏之類或以邑如晉韓氏魏氏之類而先王之禮亡矣至於三家專晉六卿分晉諸侯失國出奔者相繼職主也此由也按禮天子寰音縣内諸侯世其祿而不嗣王制天子之縣内諸侯祿也外諸侯嗣也又曰諸侯之大夫不世爵祿然則諸侯所置大夫嗣其位而不易豈禮也哉觀春秋所書而是非之迹著矣治亂之效明矣張氏曰春秋无駭俠之卒与季友仲遂之卒实因卿大夫之告終以謹世變所以著无駭俠之未賜族不為薄而季友仲遂之恩实過於厚過厚若隆於恩而先王之礼毫釐之過則生亂啓釁常以由之孛者不可以不攷也。愚按穀梁謂隱不爵命大夫然傳称司空無駭而又帥師出境則為大夫明矣特未賜族耳

丁卯 桓王六年 九年 年 齊僖十七 鄭莊三十 晉哀四 曹桓四十三 衛宣五 陳桓三十一 蔡桓侯封人元 杞

武三十七【宋】殤六【秦】寧二【楚】武二十七

春。【經】天王使南季來聘【穀梁傳】南氏姓也季字也聘問也聘諸侯非正也【程子傳】周礼大行人時聘以結諸侯之好王法之行時加聘問以懷撫諸侯乃常礼也春秋之時諸侯不脩臣職朝覲之礼廢絶王法所當治也不能正典刑而反聘之又不見荅失道甚矣【杜氏曰】南季天子大夫南氏季字也

按周禮行人王者待諸侯有時聘以結好問並去聲以諭志【秋官】大行人時聘以結諸侯之好殷覜以除邦国之慝間問以諭諸侯之志歸脤以交諸侯之福賀慶以贊諸侯之喜致禬以補諸侯之裁【注】時聘者亦無常期間問者間歲一問諸侯謂存省之屬而穀梁子何以獨言聘諸侯非正也古者諸侯於天子比毗志反年一小聘三年一大聘五年一朝據【王制】【注】比年每歲也小聘使大夫大聘使卿【周礼】邦畿外五百里侯服歲一見又五百里甸服二歲一見又五百里男服三歲一見又五百里采服四歲一見又五百里衛服五歲一見又五百里要服六歲一見天

子於諸侯不可以若是恝（苦八反）故亦有聘問之禮焉隱公即位九年于此而史策不書遣使（去声，下同）如周則是未嘗聘也亦不書公如京師則是未嘗朝也一不朝則貶之（降黜也）其爵再不朝則削其地（據孟子）如隱公者貶爵削地可也刑則不舉遣使聘焉其斯以為不正乎（**孫氏曰** 桓王不能興衰振治統制四海以復文武之業反同列国之君使使來聘桓王之為天子可知也 **朱子語** 諸侯不朝于周而周反下聘于列国是甚道理）經書公如京師者一（成公十三）朝于王所者二（僖二十八）卿大夫如京師者五（僖三十年公子遂文元年叔孫得臣八年公孫敖宣九年仲孫蔑襄二十四年叔孫豹又文九年叔孫得臣昭二十二年叔鞅會葬故不數然敖亦弔喪不至蓋據經文如京師無弔喪之文故併及之）舉曾一國則天下諸侯怠慢不臣可知矣書天王來聘者七。（七年凡伯此年南季桓四年宰渠伯糾五年仍叔之子八年家父僖三十年宰周公宣十年王季子）錫命者三。（莊元年榮叔文元年毛伯成八年召伯）歸脤者一。（定十四年石尚本誤脫此四字）賵葬者四。（元年宰咺文元年叔服五年榮叔召伯）則問於他邦及齊晉秦楚之大國又可知矣。王之不王如此，征伐安得不自諸侯出乎。諸侯之不臣如此，政事安得不自大夫出乎。君臣上下之分（扶問反）易矣。陪臣執國命，夷狄制諸夏矣。其原皆自天王失威福之柄也。春秋於此蓋有不得已焉爾矣。（高氏曰：前年凡伯來聘而戎輒伐之，諸侯莫有救王臣之難者，天王不問，復使南季來聘，又不見荅，失道甚矣。張氏曰：隱公十年之間，宰咺、凡伯、南季三至魯廷，以魯為周公之冑而欲覲之也。公不明尊王之義，而朝聘之禮不行於王室。春秋詳王使之來魯，讀者自知隱公之罪矣。愚按：隱公之立既不稟命於周，宰咺、祭伯接踵魯庭而不類見於平王，武氏子來求賻又不）

奔喪會葬及桓王即位又不入覲而奄然受王臣之㒺聘接滕薛之旅朝終其世不遣一介行李造于京師荀曰攝而不君則若何比歲出會諸侯耶春秋錄王臣之聘惟隱桓之世最數隱不克終桓負大惡不善之積蓋有由矣

三月癸酉，大雨震電。庚辰，大雨雪。雨雪于付反傳同【左傳】書時失也【公羊傳】記異也何異爾不時也【穀梁傳】震雷電霆也八日之間再有大變陰陽錯行故謹而日之也【程子傳】陰陽運動有常而無忒凡失其度皆人爲感之也故春秋災異必書漢儒傳其說而不達其理故所言多妄三月大雨震電不時災也大雨雪非常爲大亦災也

震電者陽精之發雨雪者陰氣之凝周三月夏之正月也雷未可以出電未可以見而大震電此陽失節也【高氏曰】震電者大雨而又震電也大雨雷已出電已見則雪不當復降而大雨雪此陰氣縱也【杜氏曰】夏正月微陽始出未可震電

既震電又不當大雨雪【何氏曰】雷電陽氣也有声曰雷無声曰電周之三月兩當冰雪雜下雷當闔於地中電未可見而大雨震電此陽氣大失其節日者一日之中也凡災異一日者日歷日者月歷月者時歷時者変文爲異下地七尺雪者盛陰之氣大怒也【范氏曰】劉向云雷未可以出電未可以見雷電既已出見則雪不當復降皆失節也雷電陽也雨雪陰也雷出非其時者是陽不能閉陰氣縱逸而將爲害也

夫陰陽運動有常而無忒凡失其度人爲感之也今陽失節而陰氣縱公子翬之讒兆矣鍾巫之難去声萌矣春秋災異必書雖不言其事應去声下同而事應具存惟明於天人相感之際響應之理則見聖人所書之意矣【高氏曰】凡称大者皆非常之詞夫天反時爲災人反德爲亂隱公以讓国爲名乃從事兵争此反德也利將反爲害親將反爲賊天之見戒深矣而弗儆弗戒以及於難○【劉氏曰】左傳云大雨霖以震經無霖字傳無電字傳誤耳又云雨三日以往爲霖平地尺爲大雪是二百四十二年之中三日雨平地

尺雪各一而已且非可怪者也【愚按】或謂春秋用夏正故建辰之月雨雪爲異苟實建辰之月則震電不必書矣

挾卒 挾【公】【穀】作俠【杜氏曰】挾魯大夫未賜族【傳】見無駭卒【王氏曰】凡爵未至大夫謂之微者不列於春秋苟列則大夫矣

夏城郎 【左傳】書不時也【程子傳】不時也【杜氏曰】郎魯邑高平方與縣東南有郁郎亭【愚按】在今濟寧路鉅野縣

城者禦暴保民之所而城有制役有時大都不過三國之一邑無百雉之城制也 【左傳】祭仲曰都城過百雉国之害也先王之制大都不過參国之一中五之一小九之一【坊記】制国不過千乘都城不過百雉家富不過百乘 曾嘗

城費 音秘 城郈其後復 扶又反 墮 許規反 焉 襄七年城費定十二年墮郈墮費【愚按】城郈不見於經然經書墮郈則郈城不廢可知 則越禮而非制矣凡土

功龍見 音現下同 而戒事 【左】莊二十九【注】謂今九月周十一月龍星角亢晨見東方三務

始畢戒民以土功事火見而致用。同上大火心星次角亢見者致築作之物水昏正而栽。才代反又音再【同上】謂今十月定星昏而中於是樹板幹而興作日至而畢【同上】日南至微陽始動故土功息時也。隱公城中丘城郎而皆以夏則妨農務而非時矣城不踰制役不違時。又當分財用平板幹稱畚盛土器築程土物議遠邇略基址揣厚薄任溝洫具糇糧度有司量功命日不愆于素。不過素所慮之期【宣十一】楚蔿艾獵城沂使封人慮事以授司徒量功命日分財用平板幹稱畚築程土物議遠迩略基址具糇糧度有司事三旬而成不愆于素【昭三十二】士弥牟營成周計丈數揣高卑度厚薄仞溝洫物土方議遠迩量事期計徒庸慮財用書糇糧以令役於諸侯然後為之可也。況失其時制妄興大作無愛養斯民之意者其罪之輕重見音峴矣【穀陵許氏曰】七年城中丘而後伐邾今城郎而後伐宋于時動衆恃城保国亦已末矣【高氏曰】

魯自受防之後將爲鄭伐宋又恐他国之議後者故城郎以備之（愚按）城者所以禦暴而保民今既城郎宜可以禦暴矣後此桓十年齐衛鄭來戰于郎莊十年齐師宋師次于郎不能禦暴反以召亂是知禦暴禁亂不在乎城郭之固苟能力於爲善自強於政能治其国家則誰敢侮之哉公之元年費伯已帥師而城郎九年之間再興土功他日莊公築臺於郎文公毀郎臺昭公築郎囿魯之諸君其勞民於郎亦已甚矣

秋七月。傳見六年。○**冬，公會齊**僖**侯于防。**防（公）作邴（穀梁傳）會者外爲主焉爾（程子傳）謀伐宋也（杜氏曰）防魯地在瑯琊華縣東南（張氏曰）今密州諸城縣有防城（愚按）今沂州費縣防田也（高氏曰）防宋地明年魯遂取之

周官行人曰：時會以發四方之禁。（秋官）大行人（注）時會即時見也無常期諸侯有不順服者王將有征討之事則既朝王命爲壇於国外合諸侯而發禁命事焉禁謂九伐之法

此謂非時而合諸侯以禁止天下之不義也。列國何爲有此名。凡書會皆譏也，謂非王事相會聚爾。（趙氏曰）凡

相見于外曰會**臨川吳氏曰**諸侯相見於野曰會或各国君相見或君臣相見或各国臣自相見或講好或謀事皆謂之會**永嘉呂氏曰**凡書會皆非正也彼善於此惡有重輕則各存乎其事焉**愚按**曲礼諸侯相見於隙地曰會乃預謀閒地尅期而往朝于天子耳春秋書會九十二皆非以王事而相會也公會者四十九夫人會者一四大夫會者二十三外會者十三外會公者三通諸一經言之則會戎于潛爲春秋之始會吳黃池爲春秋之終自中国諸侯相會而言則此會防爲春秋之始哀十二年會衛侯宋皇瑗于鄖爲春秋之終始則從齊而合黨以基中国之伯終則畏吳而私謀以兆戰国之爭曾何有於講信脩睦之心哉故曰凡書會皆譏也惟襄十一年會于蕭魚晋悼公以不戰而屈楚推至誠以待鄭礼囚禁暴偃兵息民故書會伐而又書會爲一經之特筆可謂彼善於此者矣

左氏稱宋公不王鄭伯以王命討之使　來告命會于防謀伐宋也于中丘爲師期也亦謂之非王事可乎曰以王命討宋而聽征討之禁於王都雖召音邵陵之舉不是及矣齊桓召陵

之師雖非王命然仗義討楚責以王祭不供乃春秋用兵之最善者始則私相會爲謀於防中則私相盟爲師期於鄧終則乘敗必邁反人而深爲利以取二邑本穀梁歸諸己奉王命討不庭者果如是乎經之書會書伐而不異其文以此 趙氏曰是時王室已微弱豈有諸侯禀命爲之討罪乎若實奉王命而討不庭明年伐宋必異其文不應依常例書伐 張氏曰魯隱自六年受輸平八年入祊志於昵鄭而仇宋故外爲平宋之形鄭復以不王之罪加於宋則興兵有名而其義可以招齊此會防之謀所以爲明年伐宋之地也左氏見其名而不察其實故録之如此殊不知鄭莊特假此以誑齊魯耳觀繻葛之役則宋殤之不王豈至如鄭莊之甚乎 家氏曰魯與宋未嘗有怨齊於宋又爲同盟今魯陷於歸祊之利齊背瓦屋之盟將連兵以伐宋内揣有愧故相與假王命以興師春秋書會于防誅始謀也霸者挾天子以令諸侯寔昉於此

戊辰 桓王十年 齊僖十八 晉哀五 衛宣六 蔡桓二 鄭莊三

七年十一 曹桓四十四 陳桓三十二 杞武二十

八宋殤七秦寧
三楚武二十八春。王二月。公會齊侯。鄭伯。于中丘。左傳盟于鄧為師期程子傳為師期也陳氏曰東迁之後諸侯專征小者脩怨大者定篡弑猶未敢行於天下也鄭伯為王左卿士無王命而私會齊魯齊魯亦無王命而私會於鄭而後諸侯之師始衡行天下愚按防之會魯始與齊謀伐宋之牽至中丘之會復偕鄭合謀而決出師之期經備録之者伐宋之兵所由合也此乃直書而義自見

夏。翬帥師會齊人鄭人伐宋。左傳羽父先會齊侯鄭伯伐宋公羊傳翬不稱公子貶隱之罪人也故終隱之篇貶也程子傳三国先遣將致伐齊鄭称人非卿也翬不称公子與四年同

翬不氏。先悉薦反下同期也。杜氏曰非公本期而先會故去族齊氏曰公子非族去其公子與去族同始而會宋以伐鄭。固請而行。令而會鄭以伐宋。先期而往。不待鍾巫之變。知其有無君之心矣。夫亂臣賊子。積其強悪非一朝一夕之故。及權勢已成威行中外。雖欲制之。其將能乎。故去上声其公子以戒

兵柄下移制之於未亂也家氏曰翬去族不称公子誅也終隱之篇皆去其族隱之賊也至桓而書族以明其与桓同惡也書法明甚或者乃以為與無駭挾同例其可得而例觀乎陳氏曰會称君伐称人略之也高氏曰齊侯鄭伯皆称人者齊渝厇屋之盟鄭乃造兵之首春秋深惡之王氏曰人齊鄭則公之惡亦可見矣

六月壬戌公敗宋師于菅敗必邁反傳同菅古顏反左傳六月公會齊侯鄭伯于老桃壬戌敗宋師于菅穀梁傳內不言戰舉其大者也程子傳不言戰而言敗敗者為主彼与戰而此敗之也孫氏曰公與翬傾衆悉力共疾于宋又浹辰而取二邑故君臣並録以惡之莊氏曰菅宋地愚按在今歸德府睢陽縣

辛未取郜辛巳取防郜古報反公羊傳取邑不日此何以日一月而再取甚之也內大惡諱此其言甚之何春秋録內而畧外於外大惡書小惡不書於內大惡諱小惡書穀梁傳取邑不日不正其乘敗人而深為利取二邑故謹而日之也程子傳取二邑而有之盜也莊氏曰濟陰城武縣東南有郜城高平昌邑縣西南有西防城愚按城武縣屬今東昌路曹州昌邑縣屬今益都路濰州

內大惡其辭婉小惡直書而不隱夫諸侯分扶問反邑非其有而取之盜也本子孟曷不隱乎於取之中猶有重焉者若成公取鄟切六年襄公取邿申之反十三年昭公取鄫四年皆覆芳六反人之邦而絕其嗣亦書曰取諱不書滅所謂猶有重焉者此故取郜取防直書而不隱也何氏曰內取邑常書

其不言戰而言敗敗之者爲主彼與戰而此敗之也

皆陳音陣曰戰詐戰曰敗左傳皆陳曰戰未陳曰敗某師注設權譎變詐以勝敵彼不得成列成列而不得用故以獨敗爲文家氏曰魯於宋本無纖芥之隙徒以歸祊之故爲鄭所役翬旣帥師會二国公復自出奇兵以襲人之虛而取其二邑十日再取春秋書日所以著其暴辭婉而義見者也薛氏曰乘菅之勝十日而攘二邑書取我奪之宋也○劉氏曰左氏云鄭師入郜入防以歸于我經但言公敗宋師取郜防不言鄭伯春秋豈縱漏鄭伯取邑之罪反移之其君耶又云鄭莊公可謂正矣不貪

其土以勞王爵亦非也鄭苟以王命討宋得其土地當歸之王何得專而裂之耶

秋宋(殤)人衛(宣)人入鄭(莊)左傳鄭師入郊猶在郊宋人衛人入鄭程子傳鄭勞民以務外而不知守其国故二国入之高氏曰宋又連衛以報鄭鄭幸菅之敗而不備故師還及郊宋衛已乘其虛而入之矣春秋無義戰未有奇譎輕疾如宋衛之入鄭者

宋(殤)人蔡(桓)人衛(宣)人伐戴鄭(莊)伯伐取之戴音再公穀作載公羊傳其言伐取之易也程子傳宋人衛人入鄭蔡人從之伐戴鄭伯圍戴克之取三師焉戴鄭所與也故三国伐之鄭戴合攻盡取三国之衆其殘民也甚矣杜氏曰戴国陳留外黃縣東南有戴城張氏曰戴城在開封府考城縣愚按今屬汴梁路封丘縣

稱伐稱取兼之也薛氏曰伐取者何言擊而虜之也高氏曰宋既連兵入鄭又乘勝召蔡人伐戴戴鄭所與之微国伐之所以報鄭也鄭又伺三国之便伐而取之尽得三師之輜重焉是宋衛雖能入鄭不能為鄭之弱也臨川吳氏曰取猶哀九年宋皇瑗取鄭師于雍丘哀十二年鄭罕達取宋師于嵒之類謂敗其兵而悉俘其衆也

或疑鄭人兵力不能取戴兼三國

之師非矣什圍伍攻正也以寡覆芳伏反衆奇也莊公
蓋嘗克叔段敗王師困州吁而入許能以奇勝可知
矣【史】田單傳太史公曰兵者以正合以奇勝故駐師於郊多方以誤之也
【昭三十】伍員曰多方以誤之四國已鬭起乘其弊一舉而兼取之
卞莊子之術也莊子嘗卞邑大夫【史】陳軫傳莊子欲刺虎館豎子止之曰兩虎方且食牛
食甘必鬭鬭則大者傷小者死從傷而刺之一舉必有雙虎之名莊子然之有頃二虎果鬭莊子從傷者
刺之果有雙虎之功然則可乎孟子曰善戰者服上刑稱伐取
者其以鄭莊公殘民之甚當此刑矣【家氏曰】鄭自克段以來汰於用
武伐衛伐宋入許敗王師皆極其兵力所至今也用商一舉而取三国之師其不曰善戰可乎書鄭伯者
目其人也善戰者服上刑矣爵之宥哉○【愚按】公穀皆謂鄭因三国之力而取戴然鄭方与宋鬬未可資
其力以取戴宋衛方入鄭而連蔡以伐鄭之與国必不肯資鄭之力而使之取戴也

冬十月壬午齊人鄭人入郕郕公作盛穀梁傳入者内弗受也日入惡入者也郕国也程子傳討不會伐宋也宋以公子馮在鄭故二国交惡左氏云宋公不王鄭伯以王命討之於春秋不見其為王討也王臣不行王師不出矯假以逞私忿耳

左氏傳云宋公不王鄭伯以王命致討而郕人不會齊鄭入郕討違王命也程氏謂宋本以公子馮在鄭故二國交惡春秋不見其為王討也王臣不行王師不出矯假以逞私忿耳後世矯天子之詔假人君之命而興兵以報私讎快私忿者代代有之甚至如唐之宦寺藩鎮劫帝遠出肆無忌憚夫亦春秋之法不行故耳此說據經為合若討違王命則不書入矣入者不順之詞也苟以為難詞則齊鄭大國於討郕何難哉高氏曰戴鄭所與也而三国伐之郕衛所與也而齊鄭入之是効尤也故謹而日而又人之薛氏曰於此郕再入矣諸侯專兵而小

国無以措手足【臨川吳氏曰】蓋自五年衛入郕之後郕遂服屬於衛故爲衛之與【愚按】入春秋之始兵爭侵擾未有若是年之尤甚者也夏而三国伐宋秋而宋衛入鄭又偕蔡伐戴鄭莊又圍戴取三国之師猶以爲未足且偕齊入郕一伐一入迭勝迭負彼此交侵其黨与戰国之殺人盈城暴骨如莽兆於此矣此春秋之所以作也此春秋之所以始於隱公也

【紀】桓王八年

十有一年

干寶曰十盈則更始以奇從盈數故曰有。【齊】僖十九【晉】哀六【衛】宣七【蔡】桓三【鄭】莊三十二【曹】桓四十五【陳】桓三十三【杞】武三十九【宋】殤八【秦】寧四【楚】武王二十九

春。滕侯薛侯來朝

【此諸侯朝魯之始亦滕見之始】【公羊傳】諸侯來曰朝大夫來曰聘其兼言之何微国也【穀梁傳】猶言同時也眾數皆至也【程子傳】諸侯雖有相朝之礼而當時諸侯於天子未嘗朝覲獨相率以朝魯得爲礼乎【杜氏曰】薛奚仲之後夏所封国在魯国薛縣【張氏曰】薛国都在徐州滕縣【愚按】今屬滕州之西沛縣之東

諸侯朝於諸侯禮乎。孔子曰邦君爲兩君之好去声有反坫

坫丁念反【格庵趙氏曰】諸侯与鄰国君相見主君獻賓賓飲畢反虛爵於坫上賓於坫取爵洗爵

酌以酬主人主人飲畢亦反爵於坫上【周禮】司儀凡諸公相爲賓三辭三揖諸侯諸伯諸子諸男之相爲賓也如諸公之儀【注】謂相朝也【陳氏】曰人君相見曰朝朝朝也以朝時相見也

周禮行人凡諸侯之邦交殷相聘世相朝也【趙氏】曰朝諸侯必有婚姻之好疆埸之理故王者不絕其交焉【愚按】大戴記朝事篇亦載諸侯相朝之禮然亦間於天子之事而講之且謂之相則有往復之禮非若春秋諸侯以小弱朝強大也然謂之殷則得中而不過謂之世則終諸侯之世而一相朝其爲禮亦節矣周衰典禮大壞諸侯放恣無禮義之交惟強弱之視以嘗事覲焉或來朝而不報其禮滕朝者四杞邾朝者各七曹小邾朝者各五郯朝者二薛紀穀鄧鄫郜蕭叔之朝各一魯皆未嘗報聘或屢往而不納以歸昭公七如晉見止者一至河乃復者五定公亦嘗如晉至河而復無合於中聘世朝之制矣且列國於天子述所職者蓋闕如也【永嘉呂氏】曰魯之所

如者齊也晉也其甚者則朝遠夷之君而齊晉未嘗朝魯也魯之所受朝者滕也邾也薛也杞也曹也否則夷狄之附庸而滕邾薛杞曹未嘗一受魯之朝也蓋齊晉盛也楚則所畏也滕邾薛杞則土地狹隘而不能与魯伉也僖公立三十三年朝王所者再而如齊者三成公立十有八年如京師者一而如晉者四他无有朝王所如京師者矣而自相朝聘可乎。凡大國來聘小國來朝。一切書而不削皆所以示譏經書齊聘者五晉聘十一宋衛聘者各四楚聘者三陳鄭吳秦各一滕薛二君不特與猶同獨也言者又譏旅見音現也曾子問諸侯旅見天子注旅衆也范氏曰總言之者同時俱至非天子不旅見諸侯偃然受之而不辭亦以見隱公之志荒矣本樂記劉氏曰兼言之譏旅見也非天子不旅見諸侯諸侯相旅見非禮也晉侯使荀庚來聘衛侯使孫良夫來聘魯尚不敢同日而參盟豈有南面之君來朝而令同日並見乎隱公之志已驕一旦朝兩國之君不能識其非禮也而受之非獨驕也志荒矣死不亦宜乎張氏曰凡諸侯朝各書之若穀鄧偕至而朝禮不同日也累數之若邾牟葛及今滕薛同日行禮同日行禮惟天子可受之諸侯不當然也今隱公於天子未嘗朝覲而滕薛相率以朝又不特見而同日旅見非禮甚矣。**高氏曰**同受天子土地是同列也乃班見于魯豈有同列來朝而班見者乎異姓爲後謂朝天子時耳。**薛氏曰**滕薛旅見賓主皆有罪。**愚按**齊侯鄭伯如紀亦兼言之豈旅見于紀乎蓋書二君來朝則是並行朝禮書二君如紀不過同往紀國非並行朝禮也然僖二十八年兩朝王所皆諸侯並朝襄二十八年公如楚亦諸侯同往經皆不書他諸侯者春秋主魯書魯以見其餘耳。**通旨**聞諸侯來朝王臣及大夫來聘皆志之何也曰諸侯之邦交歲問中聘世朝此常事也春秋書或聘或不聘或朝或不朝或過厚而數或過薄而疏無有合於中聘世朝之禮則不可以爲常事矣故悉書于策以見天王方伯諸侯治亂强弱安危是非邪正之迹爲後世鑒○**永嘉呂氏曰**王制天子無事與諸侯相見曰朝考禮正刑一德以尊天子穀梁謂天子無事諸侯相朝誤矣

夏公會鄭伯(莊)于時來

公穀夏字下有五月字時來**公**作祁黎**左傳**文作郲**程子傳**謀伐許也**杜氏曰**時來鄭地滎陽縣東有釐城**張氏曰**屬鄭州**愚按**今鄭州滎陽縣**臨川吳氏曰**鄭莊以小利餌魯隱

既與之伐宋為鄭報怨矣又將與之同伐許為鄭益地
許與鄭接壤鄭之所利齊魯無與焉者也鄭伯以計鉤
致齊魯之君而借其兵力吞併小国以利益於已甚哉
鄭之不仁而齊魯之不智也高郵孫氏曰隱之出十一
皆不致隱志讓乎桓不欲當正
君之礼聖人本其意而略之也

秋七月壬午公及齊侯

鄭伯入許

左傳七月公會齊侯鄭伯伐許庚辰傅于許
壬午遂入許許莊公奔衛鄭伯使許大夫百
里奉許叔居許東偏使公孫獲處許西偏程子傳書及
內為主也非內為主則先書會伐後書入也莊氏曰許
潁川許昌縣張氏曰今潁昌府
長社縣愚按今汴梁路許州

書會則伐許者本鄭志也

左傳凡師出与謀曰及不
与謀曰會臨川吳氏曰欲
得許地者鄭之本謀遂破許国者鄭之專功特以借
齊魯兵力以同伐齊以国大爵尊為主兵既入許鄭
莊陽不有其功而讓於齊齊侯以克許非已功而不
敢受乃以讓魯魯又以克許非已功而不敢受乃以
與鄭鄭即受之而不辭竟得遂其貪土地之志書入
不書滅者許君既奔他国鄭雖專有其地而使許君
之弟奉其宗廟
不絕其祀也

書及則入許者公所欲也

高氏曰魯
既為鄭敗

宋師今又爲鄭入許蓋由歸祊之故也王氏曰前之伐宋鄭助魯以取二邑今之入許魯助鄭以奄鄰壤稱及志公之所欲也蜀杜氏曰書公及者目公主之也書公而齊鄭稱人則後出必以公及微者故目其爵所以釣其譏之之義譏在書入而不在稱爵也

隱公即位十有一年天王遣使去声來聘者再凡伯南季而未嘗朝于京師罪一也平王崩不奔喪會葬至使武氏子來求賻音附罪二也禮樂征伐自天子出而擅興兵甲爲去声下同宋而伐邾七年爲鄭而伐宋前年罪三也山川土田各有封守上受之天王下傳之先祖而取郜及防前年入祊八年易許罪四也今又入人之國而逐其君罪五也凡此五不韙音偉者人臣之大惡而隱公兼有之然則不善之殃易文言積不善必有餘殃豈特始於惠成於桓而隱之積亦不可得而

擯矣。使隱公者爲國以禮而自強於善，豈有鍾巫之
難去声乎。是故春秋所載，以人事言則是非善惡之迹
設施於前，而成敗吉凶之效見音現於後；以天道言則
感應去声之理明矣，不可不察也。**劉氏曰**公之不得其終，以德薄而多大功，
慮淺而數得意也。備其四境，禍反在內，可不哀歟。孔子曰人无遠慮以有近憂，不在顓臾而在蕭墻之內
也。**陳氏曰**許莊公奔不書，非其罪也。凡奔非其罪不書，故許男奔衛不書，須句子來奔不書。**趙氏曰**諸侯
無王命入人之国，罪已大矣，又使大夫守之，不容誅矣，而左氏以爲有礼，是長亂階也。

冬十有一月壬辰，公薨。**左傳**羽父請殺桓公，將以求大宰。公曰：爲其少故也，吾將授之
矣。使營菟裘，吾將老焉。羽父懼，反譖公于桓公而請弒之。**公羊傳**公子翬謟乎隱公，謂隱公曰：百姓安子，諸侯
說子，盍終爲君矣。隱曰：吾否，吾使脩塗裘，吾將老焉。公子翬恐若其言聞乎桓，於是謂桓曰：吾爲子口隱矣，隱
曰吾不反也。桓曰：柰何？曰：請作難，弒之。鍾巫之祭，弒隱公。不地，不忍言也。不書葬，隱之也。春秋君弒，賊不討，不書

葬以爲無臣子也君弑臣不討賊非臣也子不復讎非子也葬生者之事也不書葬以爲不繫乎臣子也**穀梁傳**不地故也隱之不忍地也不言葬君弑賊不討不書葬以罪下也**程子傳**翬譖公于桓公而請弑之公祭鍾巫館于寪氏翬使賊弑公于寪氏立桓公而討寪氏有死者以君終于路寢見卿大夫而終乃正終也薨于燕寢不正其終也薨不書地弑也賊不討則不書葬无臣子也**朱子曰**凡魯君被弑則書薨而以不地著之蓋臣子隱諱之義聖人之微意也

致隱讓國立不以正惠公之罪也

通旨立嗣必適適無適則長其所從來遠矣所以定名分窒亂原也隱桓之母皆妾耳桓幼而隱長何得徇愛憎之私亂長幼之序屬意於非所當立者而使長嗣不敢安其位乎故曰致隱讓國爲惠公之罪也晉平公寵少姜爲制夫人之服及諸侯往弔則固辭曰非伉儷也由此知春秋時邦君之元妃卒寵妾終不敢正以爲夫人而指其子爲嫡也審矣

致桓弑君幾不早斷都玩反，下同**隱公之失也既有讒人交亂其間**昭十六子羽云云**憂虞之象著矣而曰使營菟**

裘魯邑吾將老焉是猶豫留時辨之弗早辨也。東萊呂氏曰當授即授何謂將授當營即營何謂將營進退可否決之在我又安有所謂將耶通旨決者智之君需者事之賊故曰致桓弒君隱公之失也愚聞之先君子曰羽父進讒之際乃吉凶禍福之幾投幾之頃間不容髮隱而果諒桓則宜亟召桓而授之位若不諒桓則宜急殺翬以杜讒佞不容斯須少緩今乃當危疑躊躇之時而有趑趄狐疑之意使翬得以覘其跡而動於惡彼翬之兇逆見利而不顧其君殺桓之言不納則弒隱之謀進矣其及及於難也宜隱公見弒魯史舊文必以實書通旨書羽父使賊弒公十寫氏魯史本文也其曰公薨者仲尼親筆也

古者史官以直為職而不諱國惡。通旨晉董狐齊太史皆直書弒君君子樂道人善惡稱其惡況君父乎仲尼作春秋然後於魯公書薨不書弒示臣子於君父當隱諱其惡而不忍道者仲尼筆削舊史斷自聖心。於魯君見弒削而不書者蓋國史一官之守春秋萬世之法其用固不同

矣。陸氏曰魯史一官之守而春秋天下之法聖人之志此其所以不同也不書弒示臣子於君父有隱避其惡之禮通旨春秋皆事多諱如公薨不地出奔稱孫滅國曰取易地言假之類皆没其實使後世无所證也但微婉其辭不直書爾是故內失地則不書師敗績則不書親送葬則不書朝而不見納則不書不書地示臣子於君父有不没其實之忠。啖氏曰公薨必書其所詳內事重凶變也遇弒則不地張氏曰書君薨必詳其地以示正終不地者不暇辨其正不正而有不忍言者蓋弒也何氏本旨若書曰公薨于寪氏桓翬之罪非徒不討後世无由識之矣愚按或以不地為缺文而謂隱公非弒是惑於明堂位魯君臣未嘗相弒之言尔記礼者不通春秋不地之義遂謂魯未嘗弒君也不書葬示臣子於君父有討賊復讎之義。啖氏曰及公薨皆書唯隱閔不書言賊不討如不葬然也張氏曰不書葬者君弒臣子當戮力討賊以復君父之讎故賊未討則不敢葬其不知討賊而遂葬者春秋紲其辭以見臣子之不忠孝而忘君父之讎也非聖人莫能修謂此類也。夫賊不討讎不復而不書葬則服不除寢苫始占反，草也枕之鴆反戈本刘氏權衡【程氏曰】子夏問曰居父母之讎如之何子曰寢苫枕干弗與共天下也無時而終事也以此法討賊至嚴矣故曰春秋成而亂臣賊子懼【陳氏曰】春秋之法內外恒異辭遇弒君父之大哀也則吾何忍言之故書薨而不與外同也不地不葬隱閔所獨也然則雖諱而亂臣賊子之弒具矣【高氏曰】君終不於正寢而於他處則著其不正終所以危之也至於不書地則知其為弒矣君見弒而忍言焉是無臣子之心故書薨而不地所以深罪當時在朝之臣而顯誅一時預弒之賊也賊未討不書葬見為人臣子者縱賊不問又使之得立為君皆甘心北面事之是與乎弒也一時臣子皆與乎弒則葬之者誰欲雖葬猶不葬也夫諸侯無二嫡桓不得為嫡子立庶以長隱之立為得正使隱公以長自覲請命天子正位君魯以奉周公之祀誰曰不然乃探先君之邪志自請為桓而立竊讓国之名冀桓之信己桓曰冀其歸政而隱偃然欲終其身遂致見弒蓋由隱公不知大義以至此耳然則有国者不可以不知春秋○【劉氏曰】左氏云不書葬不成喪也案

也桓潛謀弑君欲人不知故歸罪於寫氏豈使令其喪礼不成以自發露耶

右隱公十有一年書于經者其事七十有六以為經世之典撥亂反正之書百王不易之大法丹陽洪氏曰三代各立一王之法其末皆有弊春秋經世之大法通萬世而無弊其詳可得聞乎謂一為元則知祖述憲章以體元為人主之職謂周正為春則知立制度改正朔以夏正為可行之時謂正月為王正則知天下之定于一也隱公不書即位則知父子君臣之大倫不可廢也與邾儀父音甫宋人盟而皆書曰及則知以忠信誠慤為先而盟誓不足貴也大音泰叔出奔共音恭而書曰鄭伯克段則知以親愛為主而恩義之輕重不可偏

也來賵仲子而冢宰書名則知夫婦人倫之本而嫡妾之名分（扶問反）不可亂也祭（側界反）伯朝魯直書曰來則知人臣義無私交而朋黨之原不可長（展兩反）也公子益師書卒則知春秋貴大臣而恩禮之哀榮不可恝（苦八反，無愁皃）也元者何仁是也仁者何心是也建立萬法酬酢萬事帥馭萬夫統理萬國皆此心之用也堯舜禹以天下相授堯所以命舜舜亦以命禹首曰人心惟危道心惟微周公稱乃考文王惟克厥宅心乃克立茲常事故一心定而萬物服矣春之爲夏正何也夫斗指寅然後謂之春建巳然後謂之夏故易曰兊正秋也（説卦）以兊爲正秋則坎爲正冬必矣今以冬爲春則四時易其位春秋正名之書豈其若是哉故程氏謂周正月非春也假天時以立義耳商人以建丑革夏正而不能行之於周周人以建子革商正而不能行之於秦秦人以建亥爲正固不可行矣商与秦未嘗改丑亥爲正月但以丑亥爲歲首論者不以詞害意可也自漢氏改用夏時經歷千載以至于今卒不能易謂爲百王不易之大法指此一事可知矣仲尼豈以欺後世哉王正月之定于一何也天無二日土無二王家無二主尊無二上坊記子云云云示民有君臣之別也春秋不称楚越之王喪道無二致政無二門故議常經者黜百家尊孔氏諸不在六藝之

科者勿使並進此道術之歸于一也【前】董仲舒傳春秋大一統者天地之常經古今之通誼也今師異道人異論百家殊言指意不同是以上亡以持一統法制數變下不知所守臣以爲諸不在六藝之科孔子之術者皆絕其道勿使並進邪僻之說滅息然後統紀可一法度可明民知所從矣

言致理者欲令政事皆出中書【唐】李德裕傳致理之要在於辨群臣之邪正慎擇賢才以爲宰相有奸罔者立黜去之常令政事皆出中書則天下何憂不理哉

而變禮樂革制度則流放竄殛之刑隨其後【王制】變禮易樂者爲不從不從者君流革制度衣服者爲畔畔者君討

此國政之歸于一也【通旨】典礼賞刑四者春秋之綱領其命自天其斷在人主其法出於朝廷百司遵守於內而不敢違牧守將帥奉承於外而不敢變此王正月之定于一也

若乃闕私門廢公道各以便宜行事是人自爲政繆於春秋大一統之義矣【前】王吉傳春秋所以大一統者六合同風九州共貫也今

俗更一切權譎自任是以百里不同風千里不同俗戶異政人殊服詐偽萌生刑罰無極盟于眛而書及公所欲也盟于宿而書及公立而求成焉非若小國之於大國不得已而要盟者如紀侯盟黃鄭邵子會盟于邾之類後七年爲去声宋而伐邾眛芒結反之盟其刑牲歃血果何爲也後十年爲鄭而伐宋宿之盟或漏此三字要質鬼神又安在乎比毗志反事以觀而盟不足貴亦審矣世衰道隱民彝泯亂若宋殤之於馮也衛侯鄭之於叔武瑕也皆爲去声利爭不勝音升計也隱三年初宋宣公舍其子殤公而立其弟穆公公將卒使其子馮出居于鄭而立殤公殤公立忌馮而伐鄭桓二年華督弑殤公立馮是爲莊公僖二十八年衛侯鄭懼晉奔楚使元咺奉其弟叔武受盟于踐土或訴元咺於衛侯曰立叔武矣晉復衛侯衛侯殺叔武元咺訴諸晉晉執衛侯

歸之于京師元咺歸衛立公子瑕三十年晉釋衛侯衛侯歸殺元咺及公子瑕而莊公獨以順母爲辭養成段惡夫中也養不中才也養不才故人樂音洛有賢父兄也仁人之於兄弟不藏怒焉不宿怨焉親愛之而已矣象憂亦憂象喜亦喜恩掩義也使吏治其國而衆不得有爲義勝恩也並本孟子昏義恩掩義義斷恩愚按齊僖公於夷仲年不能以義斷恩卒有無知之禍宋景公於母弟辰公子地不能以恩掩義卒致入蕭之叛恩義並立而中持衡焉段雖凶逆焉於虔反何也攸亂此春秋責莊公之意也大宰建邦六典以佐王治邦國者也而承命以賵撫鳳反諸侯之妾不知其不可是爲不智知其不可而不言是爲不忠不忠不智之人而可以居百僚之

長（展兩反）乎。故貶而書名賤之也。或曰安知咺（況阮反）之不言。如其不用。何言而不用。則辭其位而不君禮也。今奉命而來。則知其阿諛順旨。無體國愛君之義矣。其貶而書名。非宰也。夫危而不持。顛而不扶。則將焉用彼相。（去声下同。見論語）若以其嘗爲冢宰。不論功罪而曲以禮貌加之。非春秋責相之意矣。君子有更相汲引交好（去声）以爲公。（【唐】李德裕傳孔子与顏回子貢更相稱譽不爲朋黨禹稷与皋陶轉相汲引不爲比周）小人有互相朋黨比周以爲私。（【文十八】頑嚚比周相与爲黨【家語】辨政篇內比周以愚其君）其迹雖同而情異。不可不察也。祭伯朝魯。安知其爲私而不與乎。隱公之立。未嘗請命。王法所當治也。祭伯爲王卿士不能詔王以正典刑而遠來朝之其爲問私審矣故尹氏來訃（隱三）不稱爵祭叔來聘（莊二十三）不言使皆以明人臣之義杜朋黨之原耳大夫書卒見君臣之義也不書葬明尊卑之等也或日或不日著禮貌之差（楚宜反）也名而不書氏者（據公子季友仲遂書氏）身自爲卿而非世也其稱公子以貴戚故使爲卿也不書官者不請於王而自命也其有將（去声）兵而會戰奉使（去声）而出疆名姓已登於史冊如公子翬者而不書卒何也迷國誤朝躬行弑逆則有天討之刑矣公子遂之罪亦同而書卒何也因事之變以明卿卒不繹之禮而義不繫於遂也季孫意

如無事之變，而書卒，獨何歟？春秋有變例，定哀多微辭。（【公羊】定哀多微辭。【太史公曰】孔子著春秋，隱桓之間則彰，定哀之際則微。）季氏逐昭公，殺務人（公為昭公太子），而立宋。君有漢高帝之公，（【前】季布傳：丁公為項羽將，窘帝彭城西，帝急顧曰：兩賢豈相戹哉？丁公乃還。及項王滅，丁公謁見，帝斬之以徇曰：使後為人臣無效丁公。）不賞私勞，（【昭五】周任有言曰：為政者不賞私勞。）則三家退聽，公室張矣。定公幸於禍而忘其讎，誘於利而忘其辱，以意如為大夫，而不討先君之賊也，天理滅矣。是故比事以觀，（【經解】屬辭比事，春秋教也。）其異同可見；觸類而長，（展兩及杜預集解序）其指意無窮。以一年之事，致之則二百四十二年之行事，皆可見矣。以為經世之典、撥亂反正之書、百王不易之大法，豈不信夫。

二三卷終

春秋胡氏傳纂疏卷第四

新安汪克寬學

桓公上公名軌，史記名允，惠公之子，隱公之弟，母仲子，夫人文姜，在位十有八年

庚午桓王九年 元年齊僖二十年晉哀七年衛宣八年蔡桓四年鄭莊三十三年曹桓四十六年陳桓三十四年杞武四十年宋殤九年秦寧五年楚武三十年

元年即位之始年也。自是累數，雖久而不易。此前古人君記事之例，春秋祖述為編年法。及漢文帝感方士之言，改後元年，始亂古制。夫在位十有六載矣，後扶又反稱元年可乎？前郊祀志：文帝十六年，趙人新垣平言闕下有寶玉氣來者，許令人持玉盃獻之，刻曰「人主延壽」。又言候日再中，居頃之，日卻復中。詔更以十七年為元年。愚按：史記秦紀惠文君十四年更為元年，索隱云魏惠王三十六年改稱一年，則改元不自漢文始矣。孝武又因

事別建年號孝武即位改元建元元年號昉見於此【劉】【氏攷曰】封禪書称後三年有司言元宜以天瑞命不宜以一二數推所謂後三年蓋元狩六年至元鼎三年也元鼎四年方得寶鼎無緣先三年而称之以此言之自元鼎以前之元皆有司追命故元封改元始有詔書【愚按】元光因長星見元狩因獲白麟元封因封禪太初因改曆天漢因祈雨各因事而改也歷代因之或五六年或四三年或一歲再更〔平声〕使記注繁蕪莫之勝〔平声〕載夫歷世無窮而美名有盡豈記以明遠可行之法也必欲傳以當以春秋編年為正

春王正月公即位【公羊傳】繼弑君不言即位此其言即位何如其意也【穀梁傳】桓無王其曰王何也謹始也桓弟弑兄臣弑君天子不能定諸侯不能救百姓不能去以為無王之道遂可以至焉爾元年有王所以治桓也繼故不言即位正也繼故而言即位則是與聞乎弑也【程子傳】桓公弑君而立不天無王之極也而書春王正月公即位以天道王法正其罪也桓宜與聞乎弑然

聖人如其意而書即位與傳文等同
辭則其惡自見乃所以深責之也

桓公與音豫聞乎故而書即位著其弑立之罪深絕之也**高氏曰**隱公被弑經但書薨而賊不見主名嗣君實與其故而無以為別則後之觀者安知賊之為誰乎故著其簒立之罪特書其自即位者以不弑自居也**高郵孫氏曰**繼弑書即位是例之變也

美惡不嫌同辭或問桓非惠公之嫡子乎適音嫡后同子當立而未能自立是故隱公攝焉以俟其長展兩反后同而授之位久攝而不歸疑其遂有之也是以至於見弑而惡亦有所分矣春秋曷為深絕桓也**劉氏曰**傳謂隱公攝是非其位而攝之則桓之弑隱春秋不宜深絕之今以其深絕之知隱乃讓也非攝也

曰古者諸侯不再娶公羊於禮無二適杜氏注惠公元妃既卒繼室以聲子則是攝行內主之事矣**雜記**妾攝女君**啖氏曰**諸侯一娶九女元

妃卒則次妃攝行內事無再娶之文夫人亡則次妃攝治內事重男女之配也【通旨】仲子安得爲夫人母非夫人則桓乃隱之庶弟安得爲適子謂當立乎桓不當立則國乃隱公之國其欲授桓據左傳公曰吾將授之矣乃實讓之非攝也【歐陽氏曰】隱公之稱號無異於正君會盟征伐賞刑祭祀皆出於己舉魯之人皆聽命於己其不爲正君者幾何攝讓異乎曰非其有而居之者攝也本刘氏故周公命政而謂之攝【詩】狼跋小序周公攝政雖己所有以與人者讓也本刘氏故堯舜禪授之謂讓【書】堯典小序讓于虞舜惠無適嗣隱公繼室之子於次爲長禮當嗣世子當嗣世【杜氏曰】繼室其欲授桓所謂推己所有以與人者也豈曰攝之云乎以其實讓而桓乃弑之春秋所以惡去聲桓深絕之也然則公羊所謂桓幼而貴

隱長而卑子以母貴者其說非歟【趙氏曰】妾母不得為夫人桓何以得貴若然是礼可得而越分可得而踰也若母得以子貴即成風之賵葬不應有譏而公羊經外妄生此文遂令漢朝引以為證首乱大法良可惜哉曰此徇惠公失禮而為之詞非春秋法也仲子有寵惠公欲以為夫人母愛子者抱【前】張良傳四皓云云惠公欲以桓為適嗣禮之所不得為也【家氏】曰或問桓公非受命於惠公乎曰否惠公暮年溺於私愛或有立桓之意而未見於事故惠卒而隱遂立左氏謂生桓公而惠公薨是以隱公立而奉之奉之者隱也非惠公嘗有治命也穀梁謂既勝其邪心以与隱者事之实也隱欲讓桓所謂成父之惡也使惠公確有立桓之志則隱將有蒲丕之難国可得乎禮不得為而惠公縱其邪心而為之隱公又探吐南反其邪心而成之公羊又肆其邪說而傳桂恋反之漢朝又引為邪議而用之【前】哀帝紀詔曰春秋之義母以子貴尊宗陶傳太后及丁姬並

爲帝太后【後】光武紀廢皇后郭氏立貴人陰氏爲皇后越二年立東海王陽爲皇太子廢太子彊爲東海王詔曰春秋之義立子以貴

夫婦之大倫亂矣春秋明著桓罪深加貶絕備書終始討賊之義以示王法正人倫存天理訓後世不可以邪汩工忽反之也【張氏曰】桓公弒君而立在九伐之法當以賊殺其親之罪今書公見周王之无政刑書即位見魯之臣子忘不共戴天之讎而推戴弒君之賊弁冕南面立乎其位故桓公之編其書法大率異於群公此聖人修理三綱敘正民彝之大指也【家氏曰】桓以臣弒君以弟篡兄罪大惡極而魯之先君也夫子修春秋雖以誅討乱賊爲事而於魯之先君不容直正其罪故特立法以垂示万世書王書正書即位皆所以討也三年以後不書王著桓无王与王不能以王法正天下也誅魯也亦責王也或者以不書王爲簡編之脫誤春秋无深意不亦鹵乎

三月公會鄭莊伯于垂【穀梁傳】會者外爲主焉尔【杜氏曰】垂犬丘衛地【高氏曰】鄭伯知公之篡逆不自安特爲好會將以求賂焉度魯患於會諸侯必從所欲故也夫鄭莊与隱公同盟和好今見其賊不

能討反有所邀求欲以定其位是誠何心哉

鄭莊伯以璧假許田 左傳 公即位脩好於鄭鄭人請復祀周公卒易祊田公許之鄭伯以璧假許田爲周公祊故也 公羊傳 以璧假之何易之也易之則其言假之何爲恭也有天子存則諸侯不得專地也 穀梁傳 假不言以言以非假也非假而曰假諱易地也禮天子在上諸侯不得以地相与也許田魯朝宿之邑邴者鄭伯所受命而祭泰山之邑也用見魯之不朝於周而鄭之不祭泰山也 程子傳 隱公八年鄭伯使宛來歸祊盖欲易許田魯受祊而未与許及桓弑立故爲會以求之復加以璧朝宿之邑先祖受之於先王豈可相易也故諱之曰假諱国惡礼也 愚按 許田在王畿内今汴梁路通許縣

許田所以易祊必彭反也鄭既歸祊矣又加璧者祊薄於許故也 蘇氏曰 許田所以易祊以祊爲未足而益之以璧耳 魯山東之國與祊爲鄰鄭畿内之邦許田近地也以此易彼各利以國而聖人乃以爲惡而隱之獨何歟曰利者人欲之

私放上声於利必至奪攘而後厭去声義者天理之公正其義則推之天下國家而可行春秋惡去声易許田孟子極陳利國之害皆拔本塞源杜篡弑之漸也湯沐之邑朝宿之地先王所錫先祖所受私相貿音戊易而莫之顧是有無君之心而廢朝覲之禮矣是有無親之心而棄先祖之地矣故聖人以是為國惡而隱之也其不曰以璧易田而謂之假者夫易則已矣言假則有歸道焉何氏曰使若暫假借之辭杜氏曰隱其實不言易祊稱璧假若進璧以假田非久易也又以見音現許人改過遷善自新之意非止隱國惡而已也其垂訓之義大矣[illegible]氏曰歸祊後復書我入祊重取地假許後不書以許歸鄭重失礼爲內諱也

張氏曰公篡立而懼諸侯之討已欲外結好以自固因鄭伯嘗歸祊以易許田而未遂乃求好於鄭鄭亦

欲乘此機遂求許田故与桓公會于垂簒弑之人人
人所同惡而鄭莊首与爲會故書公會鄭伯言出於
鄭志所以深罪鄭伯也桓公受璧以棄朝宿之邑故
諱易言假内以諱爲賂蓋大惡然後諱也**家氏曰**書
鄭伯以璧假田著鄭莊乘魯有惡要許田然後与之
盟也**劉氏曰**公羊謂繫之許也非也詩云居常与許
復周公之宇然則周公受封本有許邑非春秋故繫
之許也且地邑各自有名据實而書豈敢擅易哉

夏四月丁未公及鄭伯盟于越〔**左傳**〕結祊成也〔**穀梁傳**〕
及者内爲志焉尓〔**程子**
傳〕桓公欲結鄭好以自安故旣与許田又爲盟也弑君
之人凡民罔弗懟而鄭与之盟以定之其罪大矣〔**杜氏**
曰〕越近垂地名〔**愚按**〕今屬
東昌路曹州濟陰縣

垂之會鄭爲主也故稱會越之盟魯志也故稱及鄭
人欲得許田以自廣是以爲垂之會桓公欲結鄭好去声
以自安是以爲越之盟〔**王氏箋義**〕上書會所以惡
鄭此書及所以惡魯〔**張氏**
曰〕交賂之以見其惡〔**高氏曰**〕會垂之時固欲結鄭援
以垂會未可保其必信也故又盟越而位乃定焉鄭

既得許田始与公爲此盟也夫弒逆之人凡民罔弗憝徒對反【書】康誥凡民自得罪殺越人于貨罔不憝【愚按】書本謂殺人而取貨財者凡民无不怨惡況弒逆之賊覆載所不容安得不人人惡之哉即孟子所謂不待教命人得而誅之者也【孟子】无命字【愚按】孟子本謂不待教戒而誅戮之此借引之謂不必待上之人教命而可即誅之也而鄭與之盟以定其位【左傳】宣元會于平州以定公位【注】簒立者諸侯既与之會則不得復討是肆人欲滅天理變中國爲夷狄化人類爲禽獸聖人所爲去声懼春秋所以作無俟於貶絕而惡自見音現矣【王氏曰】垂越皆衛地其地於鄭爲近於魯爲遠譏桓公簒立遠會鄭莊以求王朝卿士之援也【家氏曰】衛州吁之弒其君魯隱宋殤爲之出師會伐鄭以定其位今魯隱見弒於其弟鄭莊逼弒賊取其田而与之盟宋殤見弒於其臣魯桓率三國受弒賊之賂而成其乱出尔反尔後先一轍又其後魯桓斃於齊襄其子事讎終身不敢報鄭莊雖僅克自全而嗣子忽終殞於賊臣之手國大乱幾亡黨賊爲

利者亦知所懲矣

秋大水【書水災之始】【左傳】凡平原出水爲大水【公羊傳】記災也【穀梁傳】高下有水災曰大水【程子傳】君德脩則和氣應而雨暘若桓行逆德而致陰沴乃其宜也

大水者陰逆而與怨氣并之所致也本何氏注【高郵孫氏曰】大者非常之辭水非常而爲災或害民禾稼敗民廬舍爲災則書也桓行逆德而致陰沴音矣妖氣也宜矣或問堯之時豈有致之者而曰洚水警予何也【書】大禹謨作儆予【愚按】警言戒也非堯舜致水而曰儆予者見聖人憂民之切不敢以爲非己之責而自寬也曰堯之水非有以致之開闢已來水之行未得其所歸故堯有憂焉使禹治之然後人得平土而居爾【孟子】當堯之時天下猶未平洪水橫流氾濫於天下【集注】洪荒之世生民之害多矣聖人迭興漸次除治至堯時尚未盡平也若曰洪水者積雨之所成時暘而

熄矣奚待乎九年十有三載之治也【堯典】命鯀治水九載績用弗成【禹貢】作十有三載【史】禹治水居外十三年過家門不敢入山谷之所洩歟自禹功既施疏鑿決排以至于今而其流不減何也是知天非為去声堯有洪水之災至禹而後水由地中行爾後世有人為不善感動天變召水溢之災者必引堯為解誤矣【宋鑑】神宗熙寧六年上以久旱憂見容色王安石曰水旱常事堯湯所不免【愚按】書時不書月則水之汎溢為害蓋歷時而未平也經書內大水者八後此十三年書夏此年莊七年二十五年宣十年成五年皆書秋莊十一年宋大水亦書秋惟莊二十四年紀於八月姜氏入之後襄二十四年紀於七月日食之後書月者未至歷時之久然非非常為災則不志也【孫氏曰】水不潤下也聖王在上五事修而彝倫敘則休徵應之聖王不作五事廢而彝倫攸斁則咎徵應之春秋之世多災異聖王不作故也然自隱迄哀悉書之不可勝書惟內災則詳而錄之外災或志或不志則天下之災異從可見矣

冬十月【穀梁傳】无事焉何以書不遺時也春秋編年四時具而後爲年【詳見隱六】

【辛未】桓王十年 二年【齊】僖二十一【晉】哀八【衛】宣九【蔡】桓五【鄭】莊三十四【曹】桓四十七【陳】桓三十五【杞】武四十一【宋】殤十弑【秦】寧六【楚】武三十一

春王正月戊申宋督弑其君[殤]與夷【左】宋督攻孔氏殺孔父而取其妻公怒督懼遂弑殤公君子以督爲有无君之心而後動於惡故先書弑其君【程子傳】桓公无王而書王正月正宋督之罪也弑逆之罪不以王法正之天理滅矣督雖无王而天理未嘗亡也

桓無王而元年書春王正月以天道王法正桓公之罪也桓無王而二年書春王正月以天道王法正宋督之罪也督不称氏義見衛州吁注程氏曰弑逆者不以王法正之天理滅矣督雖無王而天理未嘗亡也其說是矣穀梁子以二年書王正與夷之卒其義一爾以爲諸侯之卒天子所隱痛故書王以正之范氏注誤矣【[illegible]旨】桓无

王而元年書王所以治桓弑隱公而自立也桓无王而二年書王所以治桓會于稷以成宋乱也自是而後不書王者見天王之不王故桓亦不之王也十年復書王者天道人事十年一變而簒殺之惡則不可滌故復書王者所以治桓罪垂世法也十八年桓死矣復書王者明所弑君之罪雖其身已沒而王法不已得赦也【家氏曰】春秋初年聖人猶望天王以討賊之事故元年書王所以正魯桓之罪二年書王以魯賊未討而宋乱又作于稷之會特書成宋乱簒弑之賊与預會之諸侯咸在所討或曰周自東遷已不能號召方國今春秋以討賊責之其如諸侯之不稟命者何曰五年桓王伐鄭以師從者猶有蔡衛陳不使是時桓王能以誅討一簒號召天下名正言順諸侯大國必皆來會允馮督翬可坐而翦也惟其无志於此王綱日壞兇彙日繁曲沃以支宗簒晉陳佗以庶孼于嫡鄭突挾強臣之援而逼逐其君兄衛朔挾五國之助而拒違王命无知弑襄渠弥弑昭傳瑕弑子儀宋萬弑捷文姜弑桓慶父弑般及閔綱常掃地君父兄岌岌乎不能以自保春秋所爲作爲是故尔。【孫氏曰】穀梁以二年書王爲正与夷之卒則莊閔僖文宣襄定哀之二年書王正何人之卒也【愚按】許止楚比陳夏徵舒齊崔杼陳乞之弑皆不書王以正其罪豈

以督之弑在正月不可書曰春正月宋督弑其君而其他弑逆不在春正月者不拘書王之例歟

及其大夫孔父【公羊傳】及者何累也弑君多矣舍此无累者乎曰有仇牧荀息皆累也何以書賢也孔父可謂義形於色矣其義形於色柰何督將弑殤公孔父生而存則殤公不可得而弑也故於是先攻孔父之家殤公知孔父死已必死趨而救之皆死焉孔父正色而立於朝則人莫敢過而致難於其君孔父可謂義形於色矣【穀梁傳】孔父先死其曰及何也書尊及卑春秋之義也孔父之先死何也督欲弑君而恐不立於是乎先殺孔父孔父閑也【程子傳】人臣死君難書及以著其節父名也称大夫不失其官也

按左氏宋殤舒羊反公立十年十一戰民不堪命孔父爲司馬無能改於其德非所謂格君心之非者然君弑死於其難乃旦反勵命不渝亦可以無愧矣父者名也著其節而書及【胡氏曰】忠義見殺与君而死故言及以連之美其能死節也【陳氏折衷】牧息書及以尊及卑也督先殺孔父而後弑君斯及則并也左氏得之不失其官而書

大夫【李氏正義】与夷是督之君言弑其君可也孔父非督之大夫而曰其大夫者与君俱死據君爲文也是春秋之所賢也賢而名之何也故侍讀劉敞字原父號公是先生清江人宋治平中爲侍讀著春秋傳一十五卷權衡十七卷意林二卷以謂既名其君於上則不得字其臣於下此君前臣名禮曲礼之大節也【劉氏權衡】云云杜氏謂孔父賢稱名如杜意乃當名君字大夫顛倒人倫乎【孫氏曰】孔父字者天子命大夫也如祭仲單伯女叔之類【高氏曰】祭仲亦書字於鄭伯寤生卒之下【齊氏曰】人名不當獨称曰父若考父林父行父是也公穀以父爲字近之督將弑殤公孔父生而存則不可得而弑於是乎先攻孔父而後及其君【張氏曰】穆公舍馮而立与夷使馮出居鄭与夷既立宋鄭釁相侵伐華督盖馮之黨也將弑与夷而憚孔父故先攻孔父殤公怒則弑之遂召馮而立書与夷之弑而後及孔父明孔父之死爲君故能爲有無亦庶幾焉凡亂臣賊子畜敕六反無君之心者

必先翦其所忌而後動於惡。不能翦其所忌則有終其身而不敢動也。華（户化反）督欲弑君而憚孔父，劉安欲叛漢而憚汲直，曹操（去声）欲禪位而憚孔融。（前汉黯傳：淮南王謀反，憚黯曰：黯好直諫，守節死義，至說弘等如發蒙耳。後孔融傳：融見操雄詐漸著，數書爭之，多侮慢之辭。操以融名重天下，外相容忍而潛忌之。又嘗奏宜準古王畿之制，千里寰內不以封建諸侯。操疑其所論建漸廣，益憚之。郗慮承操風旨，令路粹枉奏融不軌，書奏棄市。范曄論曰：山有猛獸，藜藋為之不採。是以孔父正色，不容弑君之謀；文舉之高志直情，足以動義槩而忤雄心。）此數君子者，義形於色，皆足以衛宗社而忤邪心，姦臣之所以憚也。不有君子，其能國乎？春秋賢孔父，示後世人主崇獎節義之臣，乃天下之大閑。（本穀梁）有國之急務也。（通旨：聖人取三大夫，蓋君已弑，力不能討，至此止有死爾。常人之情於此轉易者多，故聖人取其死節也。如宋萬弑閔公殺太宰督督嘗弑君矣雖有大節不可贖也襄仲弑子赤惠伯被殺亦不書者非君命可以无死故也晏子曰人有君而弑之吾焉得死之而焉得亡之者齊莊不爲社稷死晏子非其私暱之臣也陳氏曰死節人臣之極致也春秋貴死節雖衛甯喜殺太子角楚比殺太子祿皆不書必大臣也然後書大臣誼与其君存亡者也雖大臣也苟不能与其君存亡則亦不書是故晉欒書中行偃先殺胥童而後弑君不言及死節人臣之極致春秋重以与人也永嘉呂氏曰孔父乃穆公所屬殤公者也荀息乃獻公之屬其子者也孔父荀息存則殤公卓子与之俱存孔父荀息亡則殤公卓子与之俱亡殤公卓子已弑而孔父荀息尚存則督克不得而全矣仇牧雖非屬受於先君然聞君弑趍而至遇于門手劒而叱之是仇牧生而存則萬不可以生仇牧死然後萬得以奔陳耳非能与君存亡何以如此愚按或謂孔父大夫不當蒙弑文夫苟書曰宋督弑其君与夷遂殺其大夫孔父則不見孔父爲君而死死而大臣扞君之節不著矣故特書及以褒其死君難此聖筆之精意也朱子綱目書宋太子劭弑其君義隆及其左衛率袁淑等蓋切取春秋之義也不然袁淑乃宋劭東宮小臣又何以不言殺乎○吳氏曰左氏云華督見孔父之妻于路

二一六

遂弑殤公按古者大夫皆乘車其妻固當乘車不可在路而見其貌蓋以舊言孔父義形於色而作傳者以爲女色之色遂妄爲此說耳（趙氏曰）穀梁云臣既死君不忍稱其名按孔父之事自是史册載之非殤公自書也何関君不忍乎又曰盖爲祖諱按春秋魯史非孔子家傳安得諱乎

滕子來朝（程子傳）滕本侯爵後服屬于楚故降称子夷狄之也首朝桓公之罪自見矣

隱公末年滕稱侯爵距此三歲爾乃降而稱子者先儒（杜預 范甯）謂爲時王所黜也（薛氏曰）嘗黜爵于周使時王能黜諸侯春秋豈復（扶又反）作乎（朱子語）是時時王已不能行黜陟之典就使能黜陟諸侯當時亦不止一滕之可黜（家氏曰）王綱已頽陟者有之未聞其能黜也（愚按）蜀之盟齊在鄭下范氏亦謂時王所黜然齊鄭之爵未有所改烏見其時王黜之乎又有言其在喪者（趙氏曰）滕侯爵自齊桓霸後与杞薛皆降號以從會位此時未有霸者故知在喪也（朱子語）前不見滕侯卒乃不通之論終春秋之世不復（扶又反）稱侯無說矣然則云何春

秋爲（于僞反）誅亂臣討賊子而作，其法尤嚴於亂賊之黨，使人人知亂臣賊子之爲大惡而莫之與，則無以立於世。無以立於世，則莫敢勸於爲惡，而篡弑之禍止矣。今桓公弟弑兄，臣弑君，天下之大惡，凡民罔弗憝也。已不能討，又先鄰國而朝之，是反天理，肆人欲，與夷狄無異，而春秋之所深惡（去声）也，故降而稱子以正其罪。四夷雖大皆曰子，其降而稱子，狄之也。（曲礼東夷北狄西戎南蠻雖大曰子。（高氏曰）滕侯始与隱公同好，今隱爲桓所弑，反率先朝之，此不仁不義之甚，故春秋以夷狄待之。）或曰：非天子不制度，不議禮，不考文。（中庸）仲尼豈以匹夫專進退諸侯，亂名實哉？（（劉氏曰）仲尼作春秋，雖以文褒貶，猶不擅進退諸侯，蓋不以匹夫侵天子之事，豈若是專之以亂名實哉。）則將應之曰：仲尼固不以匹夫專進退諸侯亂名實矣不曰春秋天子之事乎。知我罪我者其惟春秋乎【通旨】滕本侯爵降而称子者首朝桓公黜之也然則居周之世食周之祿擅易其爵豈所謂非天子不議禮者乎曰春秋固天子之事也

世衰道微暴行去声交作仲尼有聖德無其位不得如黃帝舜禹周公之伐蚩充之反尤誅四凶戮防風殺管蔡【史】本紀蚩尤為暴黃帝徵師諸侯與蚩尤戰于涿鹿之野遂擒殺蚩尤【左傳】文十八年舜臣堯流四凶族投諸四裔以禦魑魅【家語】王言解禹致群臣於會稽防風氏後至禹戮之【書】蔡仲之命周公位冢宰正百工群叔流言乃致辟管叔于商囚蔡叔于郭鄰行天子之法於當年也故假魯史用五刑奉天討誅亂賊垂天子之法於後世其事雖殊其理一耳何疑於不敢專進退諸侯以為亂名實哉夫奉天討舉王法以黜諸侯之滅天理廢

人倫者此名實所由定也故曰春秋成而亂臣賊子懼【張氏曰】春秋於諸侯之爵不輕貶絶惟有用夷變夏崇奬逆賊瀆乱三綱之罪者則黜之故呉楚僭王杞莒用夷則黜號降爵而尤於乱臣賊子嚴其黨惡之法此滕之始朝桓公所以特黜而從後日之称子也。【沙隨程氏曰】春秋時小國事大國其朝聘貢賦之多寡隨其爵之崇卑滕子之事魯以侯礼見則所供者多以子礼見則所供者少滕國土小不足以附諸侯之大國故甘心自降爲子子孫一向微弱故終春秋之世常称子聖人因其實而書之耳故鄭子産嘗争承貢賦之次曰昔天子班貢輕重以列鄭伯男也而使從公侯之貢懼弗給也敢以爲請則其事也【孫氏曰】杞公爵也滕薛皆侯也入春秋杞或称侯或称伯或称子皆降也滕或称侯或称子称侯正也称子降也薛或称侯或称伯称侯正也称伯降也此盖聖王不作朝會不常彼三國者力既不足禮多不備或以侯礼而朝或以伯子而會孔子從而録之以見其乱也滕子朝弑逆之人其罪可知【朱子語】杞國最小春秋所書初称侯已而称伯已而称子盖其朝覲貢賦之屬率以子男之礼從事聖人因其實而書之非貶之也滕國亦小初書侯已而書子觧者以爲桓公弑君之賊不合朝之故貶稱子然自此以後一向書子使聖人實惡其黨惡則當止貶其一身其子孫何罪一例貶之豈所謂惡惡止其身耶春秋之世朝覲往來其礼極繁大國務吞并猶可以辦小國侵削之餘何從而辦之其自降爲子而一切從省亦何足怪若謂聖人貶之則當時大國滅典礼叛君父務吞并者常書公書侯不貶而此獨責備於不能自存之小國何聖人畏強凌弱尊大抑小不公之甚程沙隨説春秋最得此意却頗有理（臨川吳氏曰）朱子之意与孫氏意同諸家或以爲貶或以爲文誤俱未安（愚按）滕杞薛之君或卒而不赴或赴而不名不葬則其国之削弱而自貶損或有是理戰國之時衛初貶號曰侯又貶號曰君即降爵之例

三月公會齊侯（僖）陳侯（桓）鄭伯（莊）于稷以成宋亂（公羊傳）内大惡諱此其目言之何遠也（穀梁傳）以者内爲志焉尔公爲志乎成是乱也此成矣取不成事之辭而加之焉於内之惡君子无遺焉尔（程子傳）宋弑其君而四國共成定之天下之大惡也（杜氏曰）稷宋地

按左氏爲去声賂故以郜大鼎賂公齊陳鄭皆有賂立華户化反氏也（杜氏）

二三一

曰督戴公孫未死而賜族邾定公時有弒父者公瞿（紀具反）然失席曰是寡人之罪也嘗學斷（丁乱反）斯獄矣臣弒君凡在官者殺無赦子弒父凡在宫者殺無赦殺其人壞（音怪）其室洿（音烏）其宫而豬焉蓋君踰月而後舉爵（見檀弓疏臣之弒君凡在官之人无閒貴賤皆得殺此弒君之人无得繼赦之子之弒父凡在宮者无閒尊卑皆得殺此弒父之人不得繼赦之）華督弒君之賊凡民罔不憝（徒對反）也而桓與諸侯會而受賂以立華氏使相（去声）宋公甚矣故特書其所爲而曰成宋亂（孫邈曰宋雖已乱若諸侯討之則有撥乱之功不討則受成乱之責趙氏曰言宋之惡逆自此成以病內也安定胡氏曰成就也讀如三年有成之成）夫臣爲（于僞反下同）君隱子爲父隱禮也（攸論語）此其目言之何桓惡極矣臣子欲盡隱之而不可以欺後世其曰

成宋亂而不書立華氏猶爲有隱乎爾

孫氏曰弑君之賊諸侯皆得討之桓弑隱亦懼諸侯討已故斷然與督比周同惡相濟以成其乱

陳氏曰會未有言其所爲者其曰成宋乱弑君之禍援迹於天下於是焉始也向也合五國之君大夫以定州吁而州吁訖於討今也合四國之君以立華督督遂相宋莊弑君之禍援迹於天下四君爲之也春秋之褒貶至於變文嚴矣向也五國之君大夫書之復書之終春秋僅一再見焉以變文爲猶未也而直言其所爲舍此无復見者矣雖然有孔父焉則東遷之初國猶有臣子也

張氏曰會未有言其所爲者蓋事關世變特書以著之也宋先代之後統承先王修其禮物今有華督弑君之亂若四國之君有奉天討誅亂臣之辠則宋亂不得成矣魯桓弑隱方以類合三国黨惡謀以賄行相与定馮立督然後其亂始成遂使反易天常者得以肆其志於天下此聖人所深懼而春秋所爲作也

家氏曰魯桓負弑君之大惡王誅不加乃復因宋之有亂同惡相濟以爲此會故魯桓之罪視三國爲重夫宋之亂已成而春秋書會于稷以成宋亂者蓋督雖弑君而馮之位未定也今三國爲此會將以謀宋而徼利而馮之位始定督之罪始得無討故成宋亂者三國也所

以使三國之成此亂者魯也春秋列會未有言其所爲者獨此與襄公末年會于澶（市然反，下同）淵各書其事者桓弒隱督弒殤般弒景皆天下大惡聖人所爲（去聲）懼春秋所以作也。一則受宋賂而立華氏。一則謀宋災而不能討。故特書其事以示貶焉

永嘉呂氏曰不書以成宋亂則稷之會疑於謀討督不書宋災故則澶淵之會疑於謀討蔡直書其所爲而後是非善惡之實著矣然澶淵之會旣不書魯卿又貶諸國之大夫而稱人此則書公又序諸侯之爵何也澶淵之會欲謀宋災而不討弒君之賊雖書曰宋災故而未能表其誅責之意也必深諱魯卿而重貶諸國之大夫然後足以啓問者見（音現，下同）是非也稷之會前有宋督弒君後有取宋鼎之事

書曰成宋亂，則其責已明。不必諱公與貶諸侯爵次然後見其罪矣。朱子語：大義數十，如成宋亂、宋災故之類，乃是聖人直著誅貶，自是分明。

通旨：問盟會或言其事者，其義云何？曰：會未有指言其所事，會而指言其事，特書之也，成宋亂、宋災故是也。盟未有指言其所事，盟而指言其事，特書之也，釋宋公是也。皆春秋大義，宜深思之。侵伐則多不言其所事者。愚按：于稷、澶淵之會，縱臣子之弑君父；薄之盟，縱荊蠻之凌中国，皆關於君臣夷夏之大變，故詳言其事以貶在會之諸侯及大夫也。杜氏云：成，平也。然齊桓會于北杏以平宋乱，而經不書，則此非平乱明矣。○趙氏曰：公羊云內大惡諱，其自言之何？遠也。按逆祀、僖公昭公出遜皆書之，若以年遠不諱，則桓公為齊所殺，何不明書乎？可諱則諱，可譏則譏，不以遠近為異也。

夏四月。取郜大鼎于宋。註 戊申。納于大廟。郜，古報反。大廟，音泰。左傳：取郜大鼎于宋，納于大廟，非礼也。臧哀伯諫曰：君人者將昭德塞違，以臨照百官，猶懼或失之，故昭令德以示子孫。百官於是乎戒懼，而不敢易紀律。今滅德立違，而置其賂器於大廟，以明示百官，百官象之，其又何誅焉？國家之敗由官邪也官之失德寵賂章也郜鼎在廟章孰甚焉**公羊傳**器從名故謂之郜鼎何以書譏遂亂受賂納于大廟非禮也**穀梁傳**桓內弑其君外成人之亂受賂而退以事其祖非禮也其道以周公爲弗受也郜鼎者郜之所爲也曰宋取之宋也以是爲討之鼎也**程子傳**四國之既成宋亂而宋以鼎賂魯齊陳鄭皆有賂魯以爲功而受之故書取以成亂之賂器置于周公之廟周公其享之乎故書納納者弗受而強致之也**杜氏曰**郜鼎郜国所造器濟陰城武縣東南有北郜城大廟魯周公廟**愚按**城武縣今屬東昌路曹州

取者得非其有之稱**孟子曰**非其有而取之者盗也**陳氏曰**宋以郜鼎賂公其書取何嚴罪於魯也春秋嚴義利之辨苟以爲利一以取書之故郜鼎賂魯濟西田賂齊書取而已矣**高氏曰**不曰宋人來歸而曰取于宋專罪公也納者不受而強上声致之謂不謂之獻而曰納謂不當納若先祖之弗受也弑逆之賊不得致討而受其賂器寘於大廟以明示百官是教之習爲夷狄禽獸之行也公子牙慶父仲遂意如之惡又何誅焉牙謀弑子般慶父弑般弑

閔公仲遂殺赤意如逐昭公聖人爲于僞反此懼而作春秋故直載其事謹書其日垂訓後世使知寵賂之行保邪廢正能敗人之國家也亦或知戒矣蜀杜氏曰桓以弒逆而受弒逆之賂不可也況受而納之廟乎桓公以爲無周公則可若以爲有周公而納之則庸暗之不若尓家氏曰前書成宋亂兼責四國也此書取郜鼎納于大廟專責魯也魯取鼎于宋而春秋目之曰郜鼎言宋始以不義取之故正其名而係其器於郜今魯復以不義取之故原其器之所從來而係之於宋魯桓身弒其君大惡未討乃成人之亂取賂而退復陳其賂於大廟大廟者祖宗神靈之所宅周公典章法制於是乎在郜之鼎宋之賂胡爲乎至哉聖人秉筆誅姦曰成宋亂曰取郜鼎曰納于大廟所以明刑書示後世皆特筆也愚按胤之舞衣兊之戈和之弓垂之竹矢先王以之傳世夏后氏之璜封父之繁弱密須之鼓闕鞏之甲諸侯所受於先王此之謂重器所以昭先祖之德而藏之大廟者也宋之郜鼎蓋若甲父之鼎莒之方鼎呉壽夢之鼎之類耳況乃亂賊之賂而何以納于大廟爲哉蓋不待再貶而惡已見矣又按公穀皆云周公

稱大廟而左傳既稱周公之廟又稱周廟謂之宗廟杜預以爲文王廟夫王制諸侯之廟二昭二穆与太祖之廟而五鄭氏云太祖始封之君如齊之太公衛之康叔是也成王封伯禽於魯以奉周公故周公爲魯之始祖而祀之於大廟伯禽爲始封之君而祀之於出室也太者大而無上之名豈以太廟之上又有文王廟乎春秋四書大廟未嘗書宗廟也郊特牲云諸侯不得祖天子豈以文王之廟而立之於魯乎礼祢以禘礼祀周公於太廟蓋由魯有禘礼祭文王爲所自出之帝故遂謂魯有文王廟若魯頌稱姜嫄而說礼者亦云魯有姜嫄廟耳

秋七月杞侯來朝杞公穀作紀程子傳凡杞称侯者皆當爲紀杞爵非侯文誤也及紀侯大去其國之後杞不復称侯矣

公穀程氏皆以杞爲紀桓弟弑兄臣弑君天下之大惡王與諸侯不奉天討反行朝聘之禮則皆有貶焉所以存天理正人倫也紀侯來朝何獨無貶乎當是

時齊欲滅紀。紀侯求魯爲之主。非爲于僞反桓立而朝之也。臨川吳氏曰齊謀并紀而鄭助之紀国小弱爲齊鄭所謀度不能自存以魯与齊鄭睦故來潮魯將求芘焉。劉氏曰左氏云杞侯不敬歸乃謀伐之九月入杞竊謂春秋雖亂世兵革之事亦慎用之來朝有少不敬未宜便入其国也左氏誤紀爲杞遂生不敬之說穀梁謂桓內弑其君外成人之亂而朝之惡之故謹而月之非也六年冬紀侯來朝桓惡不差臧而紀侯過而不改其責宜深深則宜日反書時何哉愚按成七年曹伯朝六年十八年定十五年邾子朝皆書月不可以書月爲貶或以紀侯不貶從滕子之同同然穀鄧郲牟葛不從同同之例盖聖人閔紀之小弱傷其無所赴愬而求援於姻国故原情以怨其罪也何休范甯以紀爲進爵則未知隱二年紀子之爲闕文耳

蔡侯[illegible]。鄭伯[illegible]。會于鄧。此懼楚之始程子傳始懼楚也杜氏曰潁川召陵縣西南有鄧地愚按今河南府路鄧州

按左氏曰始懼楚也其地以國鄧亦與音預焉楚自西

周已爲中國之患宣王蓋嘗命將去声南征矣【詩】采芑宣王南征也蠢尔蛮荆大邦爲讎顯允方叔蛮荆來威【愚按】商頌称撻彼殷武奮伐荆楚罙入其阻易称高宗伐鬼方三年克之則楚在殷武丁時已負險以叛而致中国之討矣然史記謂楚自熊繹事周文王始受子男之封豈武丁用兵深入其国盡平其地至周而復封之歟及周東遷僭號稱王【史】周夷王時王室微熊渠甚得江漢間民和遂立爲王立其長子康爲句亶王中子紅爲鄂王少子執疵爲越章王厲王暴虐畏其伐復去王號至熊達伐隨令請王室尊爲王王室不聽乃怒自立爲武王【愚按】此言東迁始僭號指武王而言也憑陵江漢此三國者地與之鄰是以懼也其後卒滅鄧【左傳】莊六年楚子伐鄧十六年楚復伐鄧滅之虜蔡侯莊十年荆敗蔡師于莘以蔡侯獻舞歸而鄭以王室懿親爲之服役終春秋之世聖人蓋傷之也夫天下莫大於理莫強於信義循天理惇信義以自守其國家荆楚雖大何

懼焉汪氏曰小国間於大國而自立之道孟子告滕文公之三章詳矣徒懼而不能自強於為善所以不振也不知本此事醜類也德齊莫能相尚則以地之大小力之強弱分勝負矣觀春秋會盟離合之迹而夷夏盛衰之由可攷也觀春秋進退與奪抑揚之旨則知安中夏待四夷之道矣家氏曰鄧侯者熊貲之甥而首殲之不謂之夷可乎是會也春秋著夷狄亂華之始故書愚按于鄧乃外諸侯相會之始而實楚患之萌蘖北杏乃外諸侯列會之始而實霸者之濫觴其關於天下之故不小矣三國同會以懼楚鄧首被殲蔡則逼於侵凌桓文而後服屬於楚同於鄙邑熊虔殲之熊君封之僅存一綫之緒至春秋之終遂不得已而迁州來以求苟延于吳鄭則數遭侵伐疲於奔命曾無寧日滎陽成臯之地殆為爭戰之墟綫不能国肉袒請命願為囚俘觀諸後日之变則會鄧之舉豈非中国陵夷之端乎○

劉氏曰公羊云離不言會而言會者蓋鄧與會也非也二国相會不可言蔡侯鄭伯及于鄧且實行會礼非會而何据齊侯鄭伯如紀為比例彼自妄說尔

九月入杞穀梁傳我入之也杜氏曰不称主帥微者也程子傳將卑師少外則称人内則止云入某伐某陳氏曰内恒言大夫帥師但曰入杞何唯桓師非君將皆不言大夫桓師非君將則曷為皆不言大夫桓以大夫弑隱而後立故桓師非君將則其大夫專也高氏曰桓弑君莫入莫伐乃反入杞伐邾是使天下共蒙其耻也。愚按或以為蔡鄭入杞然滅偪陽滅頓皆称遂比不称遂則入者魯也左氏謂討其來朝之不敬蓋因僖二十七年春杞子來朝秋公子遂帥師入杞而傳會其說耳○**公及戎盟于唐**左傳脩舊好也杜氏曰惠隱之好臨川吴氏曰隱公因戎之請盟至再而後与盟今戎不請盟而桓及之盟蓋与及鄭盟越之意同以己之負大惡而結好以自固無間於夷夏也**冬公至自唐**此書至之始左傳告于廟也凡公行告于宗廟反行飲至舍爵策勳焉礼也特相會往來称地讓事也自參以上則往称地來称會成事也穀梁傳桓無會而其致何也遠之也程子傳君出而書至者有三告廟也過時也危之也桓公弑立嘗与鄭齊陳會矣皆同為不義及遠与戎盟故危之而書至戎君不如三国之黨惡則討之矣居夷浮海之意也中国既不知義夷狄或能知也凡爲人子者出必告。古毒反反必面。曲礼事亡如事存。

故君行必告廟反必奠而後入禮也。【曾子問】諸侯相見必告于祢命祝史告于五廟反必親告于祖祢乃命祝史告至于前所告者出必告行反而告至。

常事爾何以書。【通旨】公如不書至者常事也書至者或危或久或爲不義或策勳而書

或誌其去國踰時之久也。莊五年冬會伐衛六年秋公至僖四年正月會侵蔡八月公至六年夏會伐鄭冬公至十五年三月會牡丘九月公至十六年十二月會淮十七年九月公至二十八年五月會踐土二十九年春公至成十年七月如晉十一年三月公至十三年三月如京師七月公至襄二十八年十一月如楚二十九年五月公至昭五年春如晉七月公至七年三月如楚九月公至十五年冬如晉十六年夏公至定四年三月會召陵七月公至

或録其會盟侵伐之危也。宣公會黑壤成公會沙隨昭公會平丘皆見責於晉僖公會伐鄭遂圍許會侵蔡遂伐楚成襄之會伐鄭伐秦伐齊定之會侵楚哀之會吳伐齊皆大戰伐之事無不可危定之圍成雖曰以君伐臣而

強邑未可遷賑觀之昭公伐季氏其危可知若宣之朝齊以簒弑求援惟恐獲戾襄之朝楚幾不得反眞非可危者矣或著其黨惡附姦之罪也桓公納鄭突莊公納衛朔皆書至伐襄公釋崔杼不討而盟重丘書至會桓公弒君而立嘗列於中國諸侯之會而不書至同惡也今遠與戎盟而書至者危之也范氏曰危其遠會戎狄喜其得反何氏曰凡致者臣子喜其君父脫危而至桓与戎盟雖信猶可危也程氏所謂居夷浮海之意蓋奚語不云乎夷狄之有君不如諸夏之亡与無同也張氏曰春秋王魯何乃欲戎之討魯君乎蓋聖人初未嘗以主魯而廢援救三綱之心也程子之傳精矣家氏曰陳夏徵舒蔡般之弒其君中国無能討之者夷狄則討之今魯桓弒君天王微弱中国諸侯皆預於乱無有能討賊者矣桓會戎于唐戎若有人猶將討之今而得歸倖也故特為之致啖氏曰凡公行總一百七十有六書至者八十有二不書至者九十有四左傳謂告廟則書于策夫子隨其所至以示功過且志其去國遠迩遲速也其有一出而涉兩事者或

致前事或致後事擇其重者志之也又有不致本事者本事非功也孫氏曰春秋亂世諸侯出入無度至而已莊之適齊皆致之桓文有諸侯之事苟不得意者危之也陳氏曰凡至危之也隱行不至桓至盟戎則書至如牡丘于淮圍許迄于斷道而後不至者鮮矣成之瑣澤襄之鄬之戚之役僅不至焉亦昭定之世無不至者哀或不至至會吳伐齊至黃池之會皆危之也是故夫人不至至出姜大夫不至至季孫意如叔孫婼臨川吳氏曰歸而告廟常事亦春秋何爲書之穀梁傳曰書至危之也似得經意糾合諸侯自齊桓始幽檉首止甯母洮葵丘鹹八大會魯君皆與並不書至穀梁謂桓會不致安之也得經意矣末年牡丘淮二會書至范甯注曰桓會不至齊桓德衰故危而致之得傳意矣淮之會僖公爲齊所止聲姜出會始得釋則知書至危之也伐楚伐鄭二役書至者兵凶戰危不比衣裳之會故至也齊桓既歿僖公朝齊非所宜朝故致也由是推之桓莊文宣成襄昭定哀之行其書至大率危之也危之若何或事之難或動之非或地之遠或時之久皆是危道幸其禮成事畢而得至故書也穀梁於襄公朝楚之傳曰至自楚喜之也殆其往而喜其反也僖夫人姜文九年出姜如齊歸寧爲得禮故特書其至其餘夫人之行皆非

美事故不書至。然則出姜之至亦危之乎？婦人無外事，禮合歸寧，不得已而出，亦以得還至國爲喜也，未至以前，詎敢以爲安乎？彼非禮而行者，固不足道，又奚恤其危哉！魯大夫之書至者二，皆爲齊、晉所執，幸得解脫，故書其至，以此見經之書至非美事也。**愚按**：《湯誥》稱王歸自克夏，至于亳；《武成》稱王來自商，至于豐。則君行書至舊矣。然告廟而書至者，常禮也；不告廟而書至者，春秋之變也。昭公失國，居于鄆，書至者五，豈以播越在外，復能遣其臣告于祖禰乎？此聖人之微意，雖曰危之，亦以著臣子不忘君之義也。或曰：春秋美蕭魚之會，而定公會夾谷，孔子相，齊人章章來歸侵疆，其書至，豈亦危之乎？竊謂晉悼九合諸侯，三駕伐鄭，非惟諸侯罷於奔命，而悼公之勤勞亦甚矣，其書至者，蓋危中國之戰爭，而幸其休息爾。若夫夾谷，則齊人懷詐諼之謀，將有萊兵之劫，使不得吾聖人秉禮義以却之，魯其危哉！

壬申 桓王十一年 **齊**僖二十二 **晉**哀九 **衛**宣十 **蔡**桓六 **鄭**莊三十五 **曹**桓四十八 **陳**桓三十六 **杞**武四十二 **宋**莊公馮元年 **秦**寧七 **楚**武三十二

三年春正月

程子傳：桓公弒君而立，元年書王，以王法正其罪也；二年宋督弒其君，以王法正其罪也；三年不書王，見桓之無王也。**何氏曰**：無王者，見桓公無王而行也。二

年有王者見始也十年有王者數之終也十八年有王者桓公之終也明終始有王桓公無之亦不就元年見始者未無王也

桓公三年而後經不書王。有以爲周不班曆者。劉氏曰杜注不書王者時王不頒曆非也十七年十月朔日食傳云不書日官失之也謂日官推曆不得其正非謂不班曆也何爲其年亦不書王乎若謂官失之即不班曆矣莊十八年春王三月日食亦不書朔亦當不書王而反書王是知不書王者不爲曆也資中黃氏曰班曆則告朔今無王之年有朔日又有正月則非王不班曆也昭公末年王室有子朝如字之亂豈暇班曆而經皆書王。非不班曆明矣。本劉氏規過又有以爲此闕文也。安得一公之內凡十四年皆不書王其非闕文亦明矣。本李氏指掌永嘉呂氏曰春秋授諸弟子其傳之也豈無脫文故桓公之春秋多闕愚按缺文則不成文義如紀子伯甲戌己丑夏五郭公之類若桓不書王四年七年無秋冬皆聖人削之也通諸二百四十二年惟桓公之簡十四年不書王又豈紀錄者他無脫漏而獨脫王字乎皆當從程子為正然則云何桓公弒君而立至于今三年而諸侯之喪事畢矣是入見音現受命於天子之時也【高氏曰】桓無王者桓篡其兄外訖於繼世而立是以免諸侯之討至其喪終宜以士礼見天子而受命又不能尔尚當因使者而請命以臨其民今桓公一不受命遂終其身則享国雖久徒屬雖衆盜賊之未誅耳【王氏曰】諸侯除喪以士服見天子天子賜之爵命而歸治其国桓公服除猶不朝王請命則無王之迹彰矣而王朝之司馬不施殘執之刑【周礼】大司馬九伐之法賊殺其親則正之放弒其君則殘之【注】正之者執而治其罪殘殺也鄰國之大夫不聞有沐浴之請見論語魯之臣子義不戴天反面事讎曾莫之耻使亂臣賊子肆其凶逆無所忌憚人之大倫滅矣故自是而後不書王者見音現桓公無王【趙氏曰】王者人倫之所繫桓無王惡桓之滅人倫也故去

其王字以見其罪

與天王之失政而不王也家氏曰或云周衰天王失政不王不自桓王始矣以是責王無乃非所可責乎曰王室微弱不能誅討亂賊春秋望之而未責也元年二年猶書王望之也今喪事既終逆桓未能入見天子而明年宰糾銜命下聘自是再三聘當誅而赦王綱盡壞衰天下不復知有王矣桓公無王而行歸罪於天子可乎齊景公問政孔子曰君君臣臣父父子子見論語君不君則臣不臣父不父則子不子源清則流清表正則景正張氏曰春秋書王所以統諸侯正天下也桓公弒君自立故三年以後不書王若正朔不自王出也愚按或云宣亦簒公立而不誅其無王何哉竊攷經之所書於桓世再削秋冬二王之冢宰來聘則書名諸侯來朝必加貶而宣世書法全異豈以春秋初年猶以討賊之事望之天子方伯諸侯及中葉而弒逆者相踵討賊者無復可望故變例而從同攷程子曰春秋時前已立例到後來書得全別謂此類尔

公會齊侯傳于嬴嬴音盈程子傳成昏于齊也杜氏曰公不由媒介自与齊侯會而成昏非礼也

家氏曰 桓以篡弑得国懼方伯之有討而乞昏於齊以爲此會夫婚姻之有媒妁所以别嫌明微重大昏之始今魯桓親爲此會以締好於強齊匪媒而昏合不以正也越竟而會會不以正也使其私人往逆逆不以正也爲齊侯而親迎迎不以正也是以春秋於嬴之會謹而書之以見禍敗之所從始求逭弑君之討而終殞於齊天也非人所能爲也其後莊公躬納幣於齊以盛飾而尸女終爲淫行無復羞惡造端實始此父之行子之效以致敗倫亂国歷數傳而未已可不謹哉 杜氏曰 嬴齊邑今泰山嬴縣 張氏曰 所謂嬴博之間蓋齊之東南邑 愚按 今河間路滄州故城

○夏齊侯衛侯胥命于蒲 左傳 不盟也 穀梁傳 胥之爲言相也相命而信諭謹言而退以是爲近古也 程子傳 二国爲會約言相命而不爲盟詛近於理也故善之 杜氏曰 蒲衛地在陳留長垣縣西南 愚按 陳留今屬汴梁路

公羊曰胥命者何相命也相命近正也古者不盟結言而退 何氏曰 盟不歃血但以命相誓善其不盟近正以於古而不相背故書以撥乱 范氏曰 申約言以相達不歃血而誓盟 杜氏曰 申約言以相命而不歃血也人愛其情私相疑貳

以成傾危之俗其所由來漸矣有虞之時已有征苗之誓至周而有司盟之官幽王時大夫作詩云君子屢盟亂是用長則盟詛之瀆不待春秋而後見矣有能相命而信諭豈不獨為近正乎故特起胥命之文於此有取焉當時已有是名但夫子作經特筆書之書之所以取之也聖人以信易食答子貢之問〔論語〕子曰去食自古皆有死民無信不立〔集註〕民無食必死然死者人之所必不免無信則雖生而無以自立君子以信易生重桓王之失〔詩〕兔爰小序桓王失信諸侯背叛君子不樂其生焉信去則民不立矣故荀卿言春秋善胥命也〔荀子〕大略篇春秋善胥命而詩非屢盟其心一〔通旨〕信者国家之大宝胥命不盟一節可取〔劉氏曰〕古者方伯州牧命於天子諸侯自相命非正也齊太公之後東州之侯衛康叔之後北州之侯以事相命也〔高氏曰〕胥命者相推為牧伯也春秋之変始於齊衛胥命而終於吳晉爭盟自爭盟觀胥命所謂彼善於此也故荀卿言善胥命〔朱子語〕洽問胥命齊衛勢敵故齊僖自以為小伯而黎人亦責衛以方

伯之事當時王不能命伯而欲自爲伯故彼此相命以成其僭及其久也則力之能爲者專之矣戰国諸侯齐魏會于灟澤以相王其後秦人致帝于齐約共称帝此其明證也曰說亦有理【愚按】朱子意与程子傳稍異然两存之竊攷莊二十一年鄭虢胥命于弭同謀納王不可云相命以伯况齐衞胥命之後不聞有會盟侵伐之事僅能一戰于郎一盟惡曹皆以鄭忽之故則非相推爲伯矣盖胥命者相結以言而不盟而相結之善悪則存乎其事耳

六月公會杞侯于郕【杞公作紀郕公作盛】【程子傳】自桓公篡立無歲不与諸侯盟會結外援以自固也【高氏曰】紀侯懼齐欲親魯郕亦然【張氏曰】紀与魯親而求援於魯以抗齐鄭故桓公因其來朝与之會也○【愚按】程子云杞称侯皆當爲紀左傳云杞求成岂因入杞而傳會其説欤○秋七月壬辰朔日有食之既【公羊傳】既者何盡也【程子傳】既盡也食盡爲異大也

穀梁曰既盡也【杜氏曰】曆家云日月交會月掩日故日食食既者正相當而相掩也【范氏曰】日盡而復生謂之既

言日言朔【凡二十六此年莊二十五二十六三十僖五文十五成十六十】

七襄十四二十二十一冊二十三二十四冊二十七昭七十五十七二十一二十二二十四三十一定五
十二十五食正朔也言朔不言日桓十七食既朔也朔之明日言
日不言朔凡七隱三僖十二文元宣八十十七襄十五食晦日也並本八公羊不
言日不言朔凡二莊十八僖十五夜食也何以知其夜食曰王
者朝直遥反下同日穀梁莊十八年傳前賈誼傳三代之礼春朝朝日王者朝日
則何以知其夜食乎日始出而有虧傷之處昌慮反未
之復也則知其食於夜矣范氏曰王制天子玄冕朝日於東門之外故日始出
而有虧傷之處是以知其夜食日者衆陽之宗人君之象而有食之
既則其爲變大矣家氏曰陰盛下陽太陽爲之失光晝晦爲異大矣先儒董仲
舒刘向以爲荆楚僭號鄭拒王師之應日食二十六食既者三此
年而後荆楚僭王鄭敗王師射王中肩宣八年而後楚莊圍宋析骸易子伐鄭鄭伯肉袒晉大敗于邲屈

服荆楚襄二十四年而後齐崔杼衛甯喜弑君吴楚横行中国皆臣子僭逆夷狄暴横之應変既大則其應亦僭矣

公子翬如齊逆女隱**穀梁傳**逆女親者也使大夫非正也**程子傳**翬於隱世不称公子隱之賊也於桓世称公子桓之黨也

娶妻必親迎去声下同禮之正也若夫邦君以爵則有尊卑以國則有小大以道途則有遠邇或迎之於其國或迎之於境上或迎之於所館禮之節也紀侯於魯以小大言則親之者也而使履緰音須來魯侯於齊以遠邇言則親之者也而使公子翬往**啖氏曰**以公子尤不可也**薛氏曰**逆女而使同姓之卿非所以厚别也是不重大昏之禮失其節矣故書**王氏曰**書公子翬逆女而公不親迎与寵任賊臣之罪皆著矣**陳氏曰**翬何以得称公子如他大夫

翬弑隱而相桓臣子無討焉則固書翬加他大夫也桓立而相翬是德翬也德翬則是桓弑隱桓罪著矣**家氏曰**翬者桓所与共為簒弑之人為桓謀所以定其位者乞婚於齊今而逆女豈無他人而使翬逆焉使之重自結也春秋於隱出去翬族以正其弑君之罪於桓世復称公子明其与桓共為逆也若曰翬者国之大賊而桓之私人也所謂不誅之誅也**愚按**翬為桓弑隱復為桓逆女以結齊好遂為宣弑亦復為宣納賂逆婦以結齊援皆不待貶絕而罪惡見者也

○**劉氏曰**左氏云脩先君之好故曰公子非也春秋非脩先君之好而称公子者多矣

九月齊侯送姜氏于讙讙音歡**左傳**非礼也凡公女嫁于敵国姊妹則上卿送之公子則下卿送之於大国雖公子亦上卿送之於天子則諸卿皆行公不自送於小国則上大夫送之**公羊傳**何以書譏諸侯越竟送女非礼也此入国矣何以不称夫人自我言齊父母之於子雖為鄰国夫人猶曰吾姜氏**穀梁傳**礼送女父不下堂母不出祭門諸母兄弟不出闕門父戒之曰謹慎從尔舅之言母戒之曰謹慎從尔姑之言諸母般申戒之曰謹慎從尔父母之言送女踰竟非礼也**杜氏曰**讙魯地濟北蛇丘縣有下讙亭**愚按**今

東昌路泣縣 公會齊侯于讙 程子傳 齊侯出疆送女公遠會之皆非義矣 夫人姜氏至自齊 公羊傳 翬何以不致得見乎公矣 穀梁傳 其不言翬之以來何也公親受之于齊侯也 程子傳 告于廟也

古者昏禮必親迎去声則授受明 昏義 昏礼親迎主人筵几於廟而拜迎于門外壻執鴈入揖讓升堂再拜奠鴈盖親受之於父母也降出御婦車而壻授綏 後世親迎之禮廢於是有父母兄弟越境而送其女者 列女傳 斉孝公夫人孟姬華氏長女也斉国称其貞孝公聞之修礼親迎于華氏之室父母送之不下堂母醮之房中父誡之東階之上諸母誡之两階之間姑姊妹戒之門内可謂能行礼矣 以公子翬往逆則旣輕矣 蜀杜氏曰 曾逆失之輕而斉送之失之過其賤固鈞者也翬不尊公子斉侯称爵斥言其人以見不正 爲去声齊侯來乃逆而會之于讙是公之行其重在齊侯而不在姜氏豈禮也哉 薛氏曰 齊侯送女于外公以會

礼接之非親迎且两失之也夫婦大倫也不正之於其始桓之夫婦是不爲夫婦矣【張氏曰】齐僖愛其女之過至於越竟而送之遂使魯桓之出不爲親迎而爲齐侯在讙特往會之僖之送桓之會皆非也春秋謹而書之所以重大昏而正人倫之始也【家氏曰】或謂公會齐侯于讙不曰古親迎之遺意乎曰翚之往逆公固無親迎之意及聞齐侯親送姜氏乃遽往會于讙則公之出爲齐侯而出非爲親迎而出於礼則似是而用礼之意則非也【蜀杜氏曰】再言讙者所以甚之也

不言以至者據遂及僑如以夫人至

夫人既得見乎公也【孫氏曰】此齐侯送姜氏公受之于讙也受之于讙不以讙至者不与公受于讙也故書至自齐以正其義【薛氏曰】書至不与公俱至也桓公夫婦之道終始乎不正也

不能防閑於是乎在敝笱之刺七賜反**兆矣**【詩】齊風敝笱小序刺文姜也齐人惡魯桓公微弱不能防閑文姜使至淫乱

禮者所以別筆列反**嫌明微制治于未亂不可不謹也娶夫人國之大事故詳**【臨川吳氏曰】昏礼之大節有三納幣一也親迎二也夫人至三也得礼則皆不書魯桓會嬴書譏不由媒

介而自求昏于齊也逆女書譏不親迎而使公子翬
也送姜氏書譏齊侯親送也會讙書譏不親迎而親
會齊侯也夫人至不書翬以譏魯桓初使翬逆而中
自受姜氏于讙也**愚按**文定此年傳謂娶夫人國之
大事並二十四年傳謂婚姻常事不書蓋婚姻合禮
而不志者書法之常也故僖公之娶夫人納幣逆女
夫人至皆不書也桓公之娶文姜不合於禮故以爲
大事而悉志之者所以垂戒而書法之変也昭公之
娶同姓則又以国悪而隱之也聖人作經如化工
生物洪纖高下因物賦形安可執一而論之哉

冬。齊侯僖**使其弟年來聘****程子傳**致夫人也稱弟義見隱七年**杜氏曰**女出嫁又使大夫
隨加聘問在魯而出則曰致女在他国而來則揔曰聘
臨川吳氏曰齊僖親送女至魯竟歸未幾又使貴介弟
致之見其愛女之至情之私非礼之正也**高氏曰**隱七
年弟年嘗聘今桓篡隱而結昏復使來聘齊侯於魯迎送
篡弑易君恬不爲意
如市道之交讎耳○**有年****公羊傳**僅有年也**穀梁傳**五穀皆熟爲有年**程子傳**
書有年紀異也人事順於下則天氣和於上桓弑君而
立逆天理亂人倫天地之氣爲之謬戾水旱凶災乃其
宜也今乃有年故書其異宣公爲弑君者所立其悪有
間故大有年則書之**楊士勛疏**凡書有年於冬下五穀

畢入計用豊足然後書之

舊史災異與慶祥並記故有年大有年得見現音于經若舊史不記聖人亦不能附益之也然十二公多歷年所有務農重穀閔雨而書雨者【詩】魯頌駉小序僖公儉以足用寬以愛民務農重穀【穀梁傳】僖三年閔雨者有志乎民也豈無豐年而不見於經是仲尼於他公皆削之矣【番易萬氏曰】諸公之不書有年不勝其書也【高郵孫氏曰】春秋二百四十二年而書有年大有年各一而已桓宣大惡何道而有年乎獨桓有年宣大有年則存而不削者緣此二公獲罪於天宜得水旱凶災之譴今乃有年則是反常也故以為異特存耳【高氏曰】凡人力之所不能及者必推之天以天理之有常不若人事之錯乱也今反常理故書其異【左傳】秦鍼曰國無道而年穀和熟天贊之也然則天道亦僭乎桓宣享國

十有八年獨此二年書有年他年之歉可知也而天
理不差信矣【張氏曰】桓公行惡其所感召如元年大水五年旱雩螽八年十月雨雪十二年
大水十四年無冰御廩災等事十八年間獨今年五穀僅熟故以爲異特書于策著桓公之罪閔魯国之
民也此一事也在不修春秋則爲慶祥君子修之【公羊】莊七
不修春秋云云君子修之云云則爲變異是聖人因魯史舊文能立
興王之新法也故史文如畫筆經文如化工甞以是
觀非聖人莫能修之審矣【左傳】成十四非聖人誰能修之有年大有
年自先儒說經者多列於慶瑞之門啖趙氏亦与獲麟並列至
程氏發明奧旨然後以爲記異此得於言意之表者
也【賈逵曰】桓惡而有年豐異之也言有非其所宜有【薛氏曰】災異之書正也有年之書幸也政之足以
得災而天与之年亦変也【通旨】孫明復曰桓十八年惟此一年有收以著桓世之多凶殣也伊川曰記異

也異反同者也大常爲同小變爲異每歲凶殫此有年則爲異矣○愚按公羊云以喜書故説者以爲慶祥若以爲慶祥則不獨書于桓宣矣

癸酉 桓王十二年

四年齊僖二十二晉小子侯元衛宣十一蔡桓七鄭莊三十六曹桓四十九陳桓三十七杞武四十二宋莊二秦寧八楚武三十三

春正月公狩于郎此蒐狩之始左傳書時礼也公羊傳常事不書此何以書譏何譏爾遠也穀梁傳四時之田皆爲宗廟之事也春曰田夏曰苗秋曰蒐冬曰狩四時之田用三焉唯其所先得一爲乾豆二爲賓客三爲充君之庖程子傳公出動衆皆當書于郎遠也杜氏曰周之春夏之冬也田狩從夏時郎非國内之狩也故書地

何以書譏遠也何氏曰諸侯田狩不過郊張氏曰狩因夏時仲冬周正月乃其時也然國之蒐狩自有處今不於常所而遠涉郎地所以譏也永嘉呂氏曰此狩于郎与觀魚于棠之類皆譏遠地也

戎祀國之大事左傳成十三国之大事在祀与戎**狩所以講大事**也隱五四時之田皆於農隙以講大事**用民以訓軍旅所以示之武而**

威天下取物以祭宗廟所以示之孝而順天下【高郵孫氏】曰天子諸侯無事則歲田爲田者用民以訓軍旅者也取物以祭宗廟者也然而用民不以制則民傷乎農取物不以礼則物害乎性四時之田不傷農不害物以示天下之孝与武也故中音仲下同春

教振旅遂以蒐中夏教茇蒲末反舍遂以苗中秋教治

兵遂以獮息淺反中冬教大閱遂以狩見【周礼】大司馬【注】凡師出曰治兵入曰振旅皆習戰也茇舍草止之也軍有草止之法大閱簡軍实蒐索擇取不孕者苗爲苗除害祢殺也狩言守取之無所擇也然不時則傷農不地則害物【啖氏曰】蒐狩常事不書非時及越礼則書田狩之地如鄭有原圃秦有具囿僖三十三年鄭皇武子曰鄭之有原圃猶秦之有具囿也皆常所也違其常所犯害民物

而百姓苦之則將聞車馬之音見羽旄之美舉疾首

蹙頞而相告【孟子】云云吾王之好田獵夫何使我至於此極也可不謹乎以

非其地而必書是春秋謹於微之意也每謹於微然後王德全矣本刘氏意林高氏曰桓始昏于齐而有年奉之凡後心生於中則逆德見于外郎魯疆場也遠衍于疆場危之也公有簒弑之惡人得而討之魯不是念而遠衍於是知其安於弑逆恬不懷懼也先王之田安不忘危治不忘亂春秋之時習於田獵謂之賢閑於馳逐謂之好非因田衍以講兵又或非其地或非其時此聖人不得不詳若以主戒焉**愚按**人君恤民宜無所不至故田衍雖不違時而不於常所亦春秋所譏蓋田衍固有常制而淫於遊田乃聖人之所戒也賈山諫文帝謂秦始皇以千八国之民自養馳騁弋獵之娛天下弗能供也以人与之為怨家与之為讎雖且東巡衍刻石著功自以為過堯舜身居滅絶之中而不自知也流弊之禍可勝言哉此書公衍于郎後此昭九年築郎囿蓋即其地垣而囿之矣然曾有郎囿又有鹿囿蛇淵囿而蒐于紅大蒐于比蒲昌間又不即囿以蒐田而馳騖於豫繕場圃之中豈非妃害民物不恤国本而若是乎○**刘氏曰**公羊謂春曰苗秋曰蒐冬曰衍非也周礼春蒐夏苗秋獮冬衍得其正矣何休以謂春秋制王制承謬亦復闕夏鄭康成乃云夏時制度避其號不亦

妄乎說穀梁者曰春而曰狩蓋用冬狩之礼夫周之正月夏之十一月云狩是也穀梁自顛倒之耳

夏天王使宰渠伯糾來聘 程子傳 桓公弑其君而立天子不能治天下莫能討而王使其宰聘之示加尊寵天理滅矣人道亡矣書天王言當奉天也而其爲如此名紀尊卑貴賤之義亡也人理既滅天運乖矣陰陽失序歲功不能成矣故不具四時

宰冢宰也渠氏伯爵糾其名也 本刘氏 曰渠采地 張氏 王朝公卿書爵 三公稱公如周公祭公之類六卿書爵如祭伯凡伯毛伯召伯單子刘子 大夫書字上士中士書名下士書人例也糾位六卿之長降從中士之例而書名貶也 陸氏曰天子六卿爲冢宰者皆加宰字兼爲三公則曰公渠伯書名貶之也 陳氏曰周大夫不名名宰渠伯聘桓也王臣未有書官者於是特書宰有聘桓者矣必宰自爲使而後貶貶其甚者也 高郵孫氏曰春秋之志王臣者二十其勵可責可善之地者有一焉宰渠伯糾之志名王人子突之志字其義也

於糾何貶乎在周制大司馬

九伐之法諸侯而有賊殺其親則正之放弑其君則殘之【周禮注】正之者執而治其罪王霸記曰正殺之也殘殺也殘滅其為惡桓公之行去声當此二者舍上声曰不討而又聘焉失天職矣操刑賞之柄以馭下者王也論刑賞之法以詔王者宰也以經邦國則有治典以安邦國則有教典以平邦國則有政典以詰邦國則有刑典治教政刑而謂之典明此天下之大常也大音泰下同宰所掌而獨謂之建【周禮】大宰之職掌建邦之六典【愚按】此不言礼典事典舉其重者也以此典大宰之所定也乃為亂首承命以聘弑君之賊乎故特貶而書名以見音現下同宰之非宰也有冢宰之貴而不足以居其位失其所以貴矣王制大夫廢其事終身不仕死以士礼葬之春秋天子之事名宰以正王法【刘氏曰】春秋於大夫莫書其官至冢宰

獨書之以此見任之最重也宰天下者莫名至糾獨名之以此見責之最備也周公作周礼冢宰之職固賞善誅惡進賢退不肖今銜命下聘弑逆之人故書名貶之**聘于弑君之賊而名其宰則桓公没王使榮叔來錫命矣榮叔何以書字而不名也始而來聘冢宰書名以見貶終而追錫王不稱天以示譏其義備矣**【愚按】桓以不義得国始則天王以冢宰聘之終則天王使大夫追命之終始施非常之恩故春秋於終始致非常之貶冢宰称名王不称天貶莫重於此矣前後各貶互文見義**夫咺賵仲子糾聘桓公其事皆三綱之所繫也**明仲子之爲妾所以正夫婦之綱明桓公之爲簒所以正君臣之綱苟不知仲子之爲妾則不知桓公之爲簒矣【家氏曰】或謂隱元年之責咺春秋欲起天王之義故於王無責今復責糾而不及王何也曰春秋之義君有過先責其宰咺与糾君大臣之位既不能正諫又將命以出重有責也乃若錫命王不称天以榮叔非宰故不与咺糾同責**然咺獨書官糾兼稱爵何也如**

咺者豈初得政猶未受封而糾則或以諸侯入相去声下同如衛武公或既相而已封者乎如周公召公漢初命相必擇列侯爲之惠帝以平陽侯曹參代酇侯蕭何爲相国継又以安国侯王陵曲逆侯陳平爲左右丞相文帝以絳侯周勃与陳平爲左右丞相後用公孫因相而得封武帝元朔五年以公孫弘爲丞相封平津侯丞相封侯自弘始厥後石慶爲丞相封牧丘侯公孫賀爲丞相封葛繹侯蓋欲倣古重其任也任之重則責益深矣嫡妾之分扶問反君臣之義天下之大倫無所輕重糾以既封故兼稱爵見春秋責相之意也張氏曰天子之冢宰不能詔王以八柄馭羣臣乃親奉命來聘魯桓是寵簒弒以瀆三綱故貶而名之也春秋奉天道以正王法故君天下者必敕典庸禮命德討罪以當天心然後輔相裁成之職盡而天地以位萬物以育二百四十二年必具天時王月以見天之所以成一歲之運由人之賞罰政刑成位乎其中則天地之功全也今魯桓有弒君之罪王不能

討而反使冢宰聘之王者之賊虐亂人類將變爲禽獸故闕秋冬於冢宰聘桓之後以見天地之失其收藏萬物之失其生遂由王誅之不加於魯桓而寵秩之也 **何氏曰** 去二時者桓公無王而行天子不能誅反下聘之故爲貶見其罪 **高氏曰** 桓弑君以立天王不討反以冢宰聘之天理亡矣桓自是益無顧忌在洪範爲狂爲豫莫之酋貞此有春夏而無秋冬之時蓋天理既滅而歲功不成也故不具秋冬 **趙氏曰** 若其代父攝行卿事當依仍叔之子爲文何得加名故知爲貶 **通旨** 好生者舜而誅四凶克寬者湯而誅葛伯懷保小民者文王而侵阮共奸惡之不可縱尚矣大司馬九伐之法云云正者正者罪惡殘者殘其形体桓公當此二法而刑不加焉則是不奉天討而縱有罪可乎特去秋冬二時明天王之無刑政也天子者受天命以正亭国必承天意以正行事以彰有德象春夏以正賞以討有罪法秋冬以正刑是謂能若天道合春秋大居正之法○ **劉氏曰** 左氏曰父在故名非也武氏子求賻言世武氏也仍叔之子來聘言幼弱也褒貶不既明矣乎若糾擅攝父位自取冢宰者其貶猶應甚彼不得但以父在名之而已捨大責小非春秋也公羊謂下大夫也繫官氏名且字亦非也理不可書名而又書字仲尼之筆一何繁且迂哉

春秋胡氏傳纂疏卷第五

新安 汪克寬 學

桓公中

甲戌 桓王十三年 五年 齊僖二十四 晉小子二 衛宣十二 蔡桓八 鄭莊三十七 曹桓五十 陳桓三十八卒 杞武四十四 宋莊三 秦寧九 楚武三十四

春正月甲戌 穀梁傳春秋之義信以傳信疑以傳疑 程子傳下文缺 傳見隱二年

己丑陳侯鮑卒 桓公也在位三十八年庶弟佗立明年蔡人殺佗立厲公 左傳於是陳亂文公子佗殺大子免而代之故再赴 趙氏曰豈有正當禍乱之時而暇競使人赴告哉假令实再赴夫子亦當詳定其實日何乃總載之乎且傳云公疾而難作此文亦據陳国史而記之驗此則經文甲戌下當記陳佗作乱之事全簡脫之耳 啖氏曰公穀皆云甲戌之日出而亡己丑之日死而得按人君雖狂而去亦當有臣子從之豈有人君走出至下不追逐昧其死日乎 ○

夏齊侯 僖 鄭伯 莊 如紀 程子傳齊侯鄭伯朝于紀欲以襲之紀人知之齊爲諸侯而欲爲賊於鄰国不道之甚鄭伯助

之其罪均矣
按左氏齊鄭朝紀欲以襲之紀人知之夫如者朝詞
也【趙氏曰】如者朝聘之名外相如皆譏【薛氏曰】無相朝之志也假相朝之礼也【家氏曰】書爵目其人而
貶之也尊不朝乎卑大不朝乎小紀之爲紀微乎微者
也齊在東州尊則方伯【僖四】召康公命大公曰五侯九伯汝实征之鄭亦
大國也春秋初年鄭最強並驅而朝紀乃懷詐諼況元反之謀
欲以襲之而不虞紀人之覺也其志憯音慘【說文】痛也矣【臨川
吳氏曰】諸侯相朝雖有其礼然春秋之時小役大弱役強強大之国必不往朝小弱之国雖敵体之国亦
不相朝惟小弱必須往朝于強大盖畏之也齊鄭以強大而朝於紀之弱小盖借朝之名以往紀而實欲
以兵襲取其国紀素知齊鄭之圖已故竟其謀而齊鄭之詐不得以行也此外相如爾何
以書紀人主曾故來告其事曾史承告故備書于策

杜氏曰齊欲滅紀紀人懼而來告故書　夫子修經存而不削者以小國恃大國之安靖已而乃包藏禍心以圖之**左傳**昭元亦異於興滅國繼絶世之義矣故存而弗削以著齊人滅紀之罪明紀侯去國之由劉敞意林所謂聖人誅意之効是也**胡氏曰**春秋惡其懷不義之心雖卒不能害而疾之与襲侵人之国無異云云故兵莫憯於志鏌鋣為下**通旨**兵莫憯於志鄭伯克段齊侯如紀其憯甚於鏌鋣人君明此義可以正其志人臣明此義可以格君心之非使之不遠而復也**張氏曰**春秋惡其懷盜賊之心而行朝事之礼書之若實朝于紀然所以抑強暴惡譎詐也春秋之初齊僖鄭莊皆小人之雄合謀同心以吞噬小国為事自隱三年石門之盟至桓十一年惡曹之盟二十年之間二国為一伐宋取郜防入郕許会又相与謀紀自二君姬紀之後紀侯多為計以謀自免於難而卒不能止齊鄭貪噬之心至莊五年使紀季以鄰入于齊紀侯去国然後快于心小国困於強暴者二君之罪居多**臨川吳氏曰**許近於鄭紀近於齊鄭欲得許与齊同謀之而卒

得許斉欲得紀与鄭同謀之而卒得紀【愚按】外相如惟斉鄭如紀与州公如曹春秋悪斉鄭之不能恤小国而假朝以済凌人之謀悪州公不能保其国而假朝礼以為依人之具皆非貞能行朝礼者也夫不能保小寡而思啓疆以利己不能自強於為善而依人以求托其身皆春秋之所不予也比事以觀考斉人滅紀之本末及州寔之來魯而聖人之意見矣。

【刘氏曰】公羊以謂離不言會故言如也非也春秋之記盟會者所以刺譏諸侯非善群聚而悪離會也離會何為不可書而改會為如以乱名實哉

天王【桓】使仍叔之子來聘仍【穀】作任【左傳】仍叔之子弱也【公羊傳】仍叔之子天子之大夫也其稱仍叔之子譏父老子代從政也【穀梁傳】録父以使子也故微其君臣而著其父子不正父在子代仕之辭也【程子傳】古之授任稱其寸德故士無世官周衰官人以世故卿大夫之子代其父任事仍叔受命來聘而使其子代行也

仍叔之子云者【何氏曰】言氏起父在加之者起子【愚按】詩雲漢序云仍叔美宣王則仍叔世大夫可知

譏世官非公選也帝王不以私愛害公選故

仕者世祿而不世官【孟子】文王治岐仕者世祿【王制】大夫不世爵使以德爵以功任之不以其賢也使之不以其能也卿大夫子弟以父兄故而見使公穀皆云父老子代從政程子則云父受命而使子代行【愚按】非有天子之命則亦不敢使子代聘也則非公選而政由是敗矣上世有自耕野釣渭擢居輔相去声【孟子】伊尹耕於有莘之野相湯以王於天下【史記】呂尚以漁釣奸周西伯西伯將出獵果遇太公於渭之陽載与俱歸立爲師而人莫不以爲宜伊陟象賢復扶又反相太戊【書小序】伊陟相大戊【注】伊陟伊尹子【微子之命】象賢【蔡傳】謂其後嗣子孫有象先聖王之賢者丁公世美入掌兵權【顧命】齊侯呂伋以二干戈虎賁百人逆子釗【注】伋太公子丁公也【左傳】世濟其美不以世故疑之也崇伯殛死禹作司空【國語】鯀爲崇伯【史記】鯀治水九年而功用不成舜巡狩視鯀之治水無狀乃殛之於羽山以死於是舜禹使續鯀之業【舜典】伯禹作司空蔡叔既囚仲爲卿

士【蔡仲之命】周公位冢宰羣叔流言因蔡叔于郭鄰蔡仲克庸祗德周公以爲卿士亦不以其父故廢之也惟其公而已矣及周之衰小人得政視朝廷官爵爲已私援引親黨分據要途施以豉反及童稚賢者退匿於蓽門【左傳】襄十瑕禽曰吾能無蓽門圭竇乎老身而不用公道不行然後夷狄侵陵國家傾覆雖有智者不能善其後矣春秋書武氏仍叔之子云者武氏子隱三年戒後世人主徇大臣私意而用其子弟之弱者【杜氏曰】本於父字幼弱之辭也居公選之地以敗亂其國家欲其深省之也【范氏曰】君闇劣於上臣苟進於下蓋參譏之大臣耽寵固位惟恐失之欲及其尚存而見子【家氏】孫之貴書仍叔之子譏其以父及子也去年宰糾聘名之所以貶也今仍叔子聘不名亦所以貶也貴者以名爲貶少且賤者以不名爲貶桓貪大惡王不能討以一聘爲未足復再聘焉故春秋於貴者則名之

於賊者則微之以深致其意【高氏曰】桓王失信諸侯背叛欲謀婚而諸侯莫從桓以篡立懼諸侯討已欲自結於王故因紀之故而爲王謀焉故桓王二遣使來聘也春秋書之見桓公以紀之婚姻結好于王以掩大惡其曰使仍叔之子者見王綱不舉以大夫之子參預國事不稱氏者世權不重於尹武也【愚按】漢以曹操子丕爲五官中郎將丞相副魏以司馬昭子炎爲中撫軍副相國而遂移國祚宋用王安石蔡京父子而遂致國亡是皆徇大臣私意而用其子弟之禍也可不懼哉【八年傳】下聘弒逆之人而不加貶者既名冢宰於前其餘無責焉乃同則書重之義

葬陳桓公【臨川吳氏曰】不書月史失之葢陳佗篡立而葬之也○城祝丘【杜氏曰】齊鄭將襲紀故【陸氏曰】譏不時【高氏曰】據文姜享齊侯于祝丘則祝丘齊魯兩境上邑齊將襲紀公欲助紀而畏齊故非時城此以備之【王氏曰】祝丘魯地漢之卽丘縣今沂州臨沂東南與紀相鄰【愚按】沂州今屬益都路○

秋蔡人衛人陳人從王伐鄭【從如字】【公羊傳】其言從王伐鄭何從王正也【穀梁傳】鄭同姓之国在乎冀州於是不服爲天子病矣【程子傳】王奪鄭伯政鄭伯不朝王以諸侯伐鄭鄭伯禦之戰于

繻葛王卒大敗王師於諸侯不書敗諸侯不可敵王也於夷狄不書戰夷狄不能抗王也此理也其敵其抗王道之失也

按左氏王奪鄭伯政鄭伯不朝王以諸侯伐鄭鄭伯禦之戰于繻葛王卒大敗（祝聃射王中肩）春秋書王必稱天者所章則天命也所用則天討也王奪鄭伯政而怒其不朝以諸侯伐焉非天討也【通旨】（天子討而不伐桓王伐鄭非天子事故不言討）故不稱天【同上】（錫桓伐鄭賵葬成風皆三綱所由滅也故書王而已此亦不王矣不書則无自而見故去天以示貶其書王則存名號耳）【番易萬氏曰】（桓王伐鄭非天討莊王錫桓公命襄王賵葬成風非天命故皆不書天）或曰鄭伯不朝惡（平声）得為無罪曰桓公弒君而自立宋督弒君而得政天下大惡人理所不容也則遣使（去声）來聘而莫之討（前年宰糾聘今年仍叔之子聘）鄭

伯不朝貶其爵可也【孟子】一不朝則貶其爵何爲憤怒自將去声以攻之也【薛氏曰】九伐之法無親征諸侯之制王親戎事危道也其不書王師何王爲重也移此師以加宋魯誰曰非天討乎【張氏曰】自入春秋以來王室未嘗興兵伐諸侯令一旦天子帥元戎啓行而諸侯從之若天討加於宋督魯桓則所謂仁不以勇義不以力而眞足以大服天下之心矣今桓王以小忿奪鄭伯之政又帥諸侯伐之而臣姦大惡反易天常之亂臣賊子乃還聘焉其失天下共主之義非小過也遂致鄭伯敢於抗拒祝聃逆節加於王身而王靈至此竭矣

春秋天子之事述天理而時措之也既譏天王以端本矣三國以兵會伐則言從王者又以明君臣之義也君行而臣從正也【啖氏曰】不言會及臣從君之辭也【孫氏曰】不言以蔡人衛人陳人伐鄭者不使天子首兵也桓王親伐下国惡之大者曷爲不使首兵天子無敵非鄭可得抗也故曰蔡人衛人陳人從王伐鄭以尊之【陸氏曰】陳佗殺太子而立王不能討又許其以師從王之失政亦可知也

戰于繻（音須）葛而不書戰王卒大敗而不書敗者又以存天下之防也陳氏曰嘗戰矣而不言戰嘗敗績矣而不言敗績諱之也其曰蔡人衛人陳人從王伐鄭尊王也春秋之法有天子在則其諸侯称人王自將討鄭討鄭而克是仲康之師也春秋可以無作而戰焉王卒大敗是故伐鄭不服而後王命不行於天下安定胡氏曰不書王師敗績于鄭王者無敵於天下書戰則王者可敵書敗則諸侯得禦故言伐而不言敗茅戎書敗者夷狄非有礼義王者不畜也王師非王親兵致討故敗而書之三綱軍政之本。聖人寓軍政於春秋而書法若此皆裁自聖心非國史所能與（音預）也蜀杜氏曰苗民弗服舜命禹徂征之盖用兵之事天子不親爲之以其至尊不可屈也鄭雖不朝桓王以三国之兵伐鄭失正也永嘉呂氏曰王伐鄭而從之者僅三国何哉蔡衛陳之仇鄭久矣隱二年鄭伐衛四年宋陳蔡衛伐鄭十年宋衛入鄭又与蔡人伐戴而鄭復伐取三国之師桓二年陳与鄭雖會于稷蔡与鄭雖會于鄧未有成也衛之隙未解也王討有加於鄭而三国從之托公義以濟私忿耳愚按傳称王以諸侯伐鄭而經書三國從王實變文以著君臣之大分然成十三年傳云公及諸侯遂從劉康公成肅公會伐秦而經不書諸侯從劉子成子者王臣非至尊之比猶尹子單子之伐鄭止以列會爲文也襄十四年傳云諸侯之大夫從晉侯伐秦而經不書大夫從晉侯者諸侯非王命不當擅興列國之師蓋齊桓晉文之侵伐止以列會爲文也文定謂桓王伐鄭非天討乃端本澄源之意董子所謂正心以正朝廷正朝廷以正四方而遠近莫不壹於正非謂鄭莊爲無罪也特以諸侯之罪有甚於鄭莊者桓王舍其大而問其細徇其私意而不出於公理是以不得爲天討而鄭亦不服耳或者乃謂祭足帥師取畿甸之麥禾是稱兵以犯王略王之伐之有不容已者抑不知王貳於虢祭足取麥與禾乃隱之三年越三年而鄭伯朝王桓王不礼焉是取麥禾之罪固當問然不當待其朝而不礼也又二年桓王遂以虢公忌父爲卿士是時鄭公子忽在王所鄭伯以齊人朝王又三年而鄭伯以虢師伐宋非惟鄭未叛王亦未怨虢之深也及王取鄔劉蔿邘之田于鄭而与鄭人蘇忿生之田於是鄭始怨王至是王復絕之而鄭莊遂不朝跡其所由鄭莊雖小人之雄苟桓王處之有其道則不至此其取麥与禾之罪當其時則不之討今之不朝毋

乃已德猶有所歛而不忍一朝之忿屈萬乘之尊以犯積怨之強臣寧不自取辱耶春秋深明其用自貴者始王不称天以正其本三国書從以明人臣從君之義戰敗不書以存大君無敵之体書三国從王伐鄭以人臣而致天子之親伐則鄭之罪亦不可揜矣從王伐鄭爲一經之特筆輕重之權衡君臣之名分莫不畢見豈不深切著明矣哉○**劉氏曰**穀梁謂奉從者之辭也其奉從者之辭何也爲天王諱伐鄭也非也直言從王伐鄭文順事明又妄云奉從者之辭何哉且安見諱伐鄭之義哉

大雩〔此書雩之始〕**左傳**凡祀啓蟄而郊龍見而雩始殺而嘗閉蟄而烝**公羊傳**大雩旱祭也何以不言旱言雩則旱見言旱則雩不見何以書記災也**穀梁定元年傳**雩得雨曰雩不得雨曰旱雩月雩之正也秋大雩非正也冬大雩非正也秋大雩之爲非正何也毛澤未盡人力未竭未可以雩也月之爲雩之正何也其時窮人力盡然後雩雩之正也何以謂其時窮人力盡是月不雨則無及矣是年不艾則無食矣是謂其時窮人力盡也雩之必待其時窮人力盡何也雩者爲旱求者也求者請也古之人重請焉請哉請乎應上公古之神人有應上公者通乎陰陽君親帥諸大夫道之而以請焉夫請者非可詒託而往也必親之者也是以重之**程子**

【傳】成王尊周公故賜魯重祭得郊禘大雩大雩雩于上帝用盛樂也諸侯雩于境內之山川耳成王之賜魯公之受皆失道也故夫子曰魯之郊禘非禮也周公其衰矣大雩歲之常祀不能皆書也故因其非時則書之遇旱災則非時而雩書之所以見其非禮且志旱也郊禘亦因事而書

大雩者雩于上帝用盛樂也【月令】仲夏之月命有司為民祈祀山川百源大雩帝用盛樂【注】雩吁嗟求雨之祭也雩帝為壇於南郊之旁雩五方上帝配以先帝自鞀鞞至柷敔皆作曰盛樂他雩用歌舞而已正雩在四月為五月不雨脩雩故記之於五月也【程子曰】古者一年之間祭天甚多春則因播種而祈穀夏則恐旱暵而大雩【張氏】曰建巳之月常祀不書至非常祀之月或遇旱暵則因旱而卒春秋書之以見災異【臨川吳氏曰】魯之雩祀僭王禮特書曰大雩以表其為天子祀上帝之雩而非諸侯祭山川之雩也左氏謂龍見而雩過則書龍見者孟夏建巳之月經无書六月雩者蓋得禮則不書七月八月九月則皆過時故書書冬則建酉之月穀已成熟尤為非時也魯有舞雩壇蓋祀帝于壇如郊焉而用盛樂歌舞於壇上故名其壇為舞雩而日亦如郊之用辛也

諸侯雩于境內

之山川爾（山川百源能與雲雨者也【月令注】諸侯雩上公）魯諸侯而郊禘大雩欲悉書於策則有不勝（平声）書故雩祭則因旱以書而特謂之大（【孫氏曰】謂之大者惡其僭用天子之雩也不謂之大則魯僭天子之惡无以見矣【家氏曰】郊禘亦僭而不書大郊禘一而已矣若郊雩則天子与諸侯爲礼各異故書大以斥其僭）郊禘亦因事以書而義自見（音現書郊則或以瀆卜或以牛災或以過時書禘則或以紊喪制或以尊妾母皆失礼之中又失礼者也）此皆國史所不能與（音預）君子以謂性命之文是也（【邵子曰】人言春秋非性命之書非也云云豈非由性命而發言也故曰聖人盡性之書也）諸侯不得祭天地大夫不得祭山川士庶人不敢以他人祖禰祭於已之寢禮也（【曲禮】天子祭天地祭四方祭山川祭五祀歲徧諸侯方祀祭山川祭五祀歲徧大夫祭五祀歲徧士祭其先【王制】諸侯祭名山大川之在其地者）故季氏旅於泰山子曰嗚呼曾謂泰山

不、如林放乎。朱子語天子祭天地諸侯祭国内山川只緣是他屬我故祭得他若不屬我氣便不与之交感如何祭得程允夫問孔子謂八佾雍於庭至季氏旅泰山五章皆聖人救天理於將滅故其哀痛与春秋同意曰是愚按魯諸侯而祭天地及境外山川猶季氏以大夫而祭泰山也明乎春秋所書郊禘大雩之義則知聖人治國如指諸掌之說矣朱子語天地陰陽晝夜鬼神只是一理若明祭祀鬼神之理則治天下之理豈有外乎此愚按礼也者天理之節文也故郊禘大雩惟天子得用之而諸侯不得用之者盖天理之當然也天下国家万物万事莫不各有當然之則幽明一理顯微无間苟知聖人所書郊禘大雩之義則其他事物之理又何所難知哉。劉氏曰左傳書不時也非也龙見而雩常事尔遇旱而雩非常也非常當書書爲旱發非爲過時發也愚按經書雩二十一左氏於此年云書不時襄五年八年二十八年昭三年六年十六年二十四年皆曰旱也昭二十五年再雩則曰旱甚餘年无傳首言不時而後皆言旱其意以互文見義皆以旱而皆不時也然春秋書雩实以旱書而併著其借耳。劉氏曰說者皆謂成王賜魯天子礼樂非也魯惠公使宰讓請郊廟之禮於天子天子使史角往其後在魯實始爲墨翟之學臨川吴氏曰劉氏此說蓋欲爲成王解脱過辛之非實則不然當從程子之說所引惠公使宰讓事今載外紀其言尨誕无稽偏使天子之禮諸侯可以請則春秋時強僭之国挾勢援例請之者多矣何魯惠能請而他国不敢請乎陵陽李氏曰外紀所據乃姓氏雜書其出又在戴記之後不足爲證

螽公作螺後同公羊傳記災也穀梁傳蟲災也杜氏曰蚣蝑之屬爲災故書劉氏曰上書雩冬螽之爲物常因旱而生程子傳螽蝗也既旱又蝗饑不在書也朱子曰螽蝗屬長而青長角長股一生九十九子愚按春秋書螽者十桓僖文襄之世各一見惟宣哀之世各二見何氏曰煩擾之應劉歆曰貪虐取民則螽○冬州公如曹公羊穀梁傳外相如不書過我也程子傳州公嘗爲王三公故稱公不能保其国去如曹遂不復杜氏曰曹国今濟陰定陶縣張氏曰唐爲曹州今興仁府濟陰縣愚按今屬東昌路曹州定陶縣

按左氏淳于公如曹度待洛反其國危遂不復張氏曰州称公与祭公同則州必畿内之地河内州縣也左氏乃云淳于公杜注城陽淳于縣州国所都昭元年傳云城

淳于或云因州公不反国為杞所并遂以淳于為都未詳孰是天子三公稱公如周公召公之類王者之後稱公如宋公之類州公諸侯而稱公者昔

畢高以父師而保釐也理東土畢命命畢公保釐東郊王若曰嗚呼父師注畢公名高衛武以列國而入相于周詩淇奧小序美武公之德也云云故能入相于周蓋與後世出入均勞之意同唐玄宗開元二年定內外官使出入常均永為恒式此其所以稱公也外相如不書此何以書將有其末故先録其本本范氏注臨川吳氏曰此人君之失国者与紀侯大去其国同但州公之去国有所如紀侯之去国无所如尔凡国君如他国皆朝也蓋其国危亡將寄託於曹假朝礼以行實則奔也

乙亥 桓王十四年

六年 齊僖二十五 晉小子三 衛宣十二 蔡桓九 鄭莊三十八 曹桓五十一 陳厲公躍元年 杞武四十五 宋莊四 秦寧十 楚武三十五

春正月寔來 寔時力反 公羊傳猶曰是人來也謂

州公也穀梁傳是來也何謂是來謂州公也經子傳五年冬，如曹尚爲君也故以諸侯書之今不能反国則匹夫也故名之來來魯也忽稱鄭忽明其正也寔不稱州亡其国也

按左氏自曹來朝書曰寔來不復其國也杜氏曰不上五年冬經如曹間无異事省文從可知言奔則來行朝礼言朝則遂留不去故言寔來陳氏曰但曰州公來則疑於祭伯故書曰州公如曹寔者州公名也永嘉呂氏曰春正月寔來是不復其国之辭也寔即州公名春秋之法諸侯不生名失地滅同姓則名正名經世之本名正而天下定矣或曰諸侯失國而後託於諸侯孟子以爲禮也陳氏曰古者諸侯去其国大宰取羣廟之主以從而託於諸侯曰寓公郊特牲諸侯不臣寓公今州公來朝將以諸侯之禮接之乎則春秋乃書其名將以匹夫之賤畜許六反之乎孟子乃以託國爲禮將何處而可曰世衰道微

諸侯放恣強凌弱衆暴寡天子不能正方伯不能治其有壤地褊小迫乎大國之間而失國是不幸焉非其罪也則以諸侯之禮接之可也若譚子在莒弦子在黄温子在衛雖失國出奔而春秋不名義可見矣見莊十年溫譚傳若夫不能修道以正其國或棄賢保佞如曹陽用公孫彊潞嬰兒用酆舒之類或驕奢淫縱如郳益无道蔡獻舞止息嬀而不礼之類或用兵暴亂如胡豹盡俘楚邑之類自厎音指致也滅亡如蔡獻舞郳益曹陽州寔之徒許斯胡豹頓牂沈嘉潞嬰兒皆書名皆其自取焉耳則待之以初公羊貴者无後待之以初乃禮之過也觀春秋名與不名則知所以處寓公之禮與強上声為善自暴棄者之勸戒矣家氏曰夫以外諸侯入備王室之大臣外侮侵陵不能自存當請于王思所以

爲圖存之計，勢窮理極，死之可也。今奔曹適魯，去其封守，託身於諸侯之国。春秋書責，公書如曹，書寔來，皆所以責州公也。【劉氏曰】公羊云謂之寔來，慢之也。非也。君子躬自厚而薄責於人。人雖无礼，我可不爲礼乎。【張氏曰】記礼者曰：天子曰非他，伯父寔來。成二年傳曰：鞏伯寔來。書州公曰寔來，略之也。

夏四月，公會紀侯于郕。郕，【公】【左】作成。【程子傳】謀齊難也。【杜氏曰】齊欲滅紀，故來謀之。成，魯地，在泰山鉅平縣東南。【愚按】今屬濟寧路鉅野縣。【孫氏曰】此与二年書來朝，三年會郕同旨。【家氏曰】前年齊鄭以盜竊之兵襲紀，而弗遂。因是啓釁，且將大加兵於其国。紀睦於魯，越境而謀。公往會之，義之不容已者。春秋无譏也。至冬而復來，則不能无譏矣。【高氏曰】以紀之微而捍齊之強者十有七年，亦紀侯憂畏諮謀之功也欤。

○秋八月壬午，大閱。【公羊傳】簡車徒也。【穀梁傳】閱兵車也。平而修戎事，非正也。其日，以爲崇武，故謹而日之。【左傳】北戎伐齊，鄭太子忽帥師救齊，大敗戎師。於是諸侯之大夫戍齊，齊人饋之餼，使魯爲其班，後鄭。鄭忽以其有功也，怒，秋，大閱，簡車馬也。【程子傳】爲国之道，武備不可廢，必於農隙講肄，保民守国之道也。无事而爲之，妄動也；有警而爲之，則教之不素。豈所以保其国乎？盛夏大閱，妨民害人，失政之甚。其

二七八

不言公盖損鄭畏齊爲国講武非公之私欲也

大閲簡車馬也范氏曰閲爲簡練杜氏曰簡選練周制大司馬中音仲

冬大閲教衆庶修戰法獨詳於三時者周禮大司馬中春教振旅司馬以旗致民平列陳如戰之陳辨鼓鐸鐲鐃之用以教坐作進退疾徐疏数之節中夏教茇舍中秋教治兵皆如振旅之陳中冬教大閲前期羣吏戒衆庶修戰法虞人萊所田之野爲表百歩則一爲三表又五十歩爲一表田之日司馬建旗于後表之中群吏以旗物鼓鐸鐲鐃各帥其民而致質明弊旗誅後至者乃陳車徒如戰之陳皆坐群吏听誓于陳前斬牲以左右徇陳曰不用命者斬之中軍以鼙令鼓鼓人皆三鼓司馬振鐸羣吏作旗車旗皆作鼓行鳴鐲車徒皆行及表乃止三鼓摝鐸群吏弊旗車徒皆坐又三鼓振鐸作旗車徒皆作鼓進鳴鐲車驟徒趨及表乃止坐作如初乃鼓車馳徒走及表乃止鼓戒三闋車三發徒三刺乃鼓退鳴鐃且卻及表乃止坐作如初爲去声農隙故也。書八月不

時矣本孫氏愚按夏之仲冬乃建子之月周之八月乃建未之月盛夏煩暑二農耘耔之時而驅南

馭之民以簡車蒐徒爲事有人心者豈爲是哉以鼓則王執路鼓諸侯執賁
扶云反鼓以旗則王載太常諸侯載旂見大司馬以殺則王
下大綏諸侯下小綏見王制注綏當爲緌旌旗也其禮固亦不同
也書大閱非禮矣孫氏曰大雩大閱大蒐之類皆譏其僭天子夫子修春秋不斥言故
因事而見意先王寓軍政於四時之田訓民禦暴其備豫
也懼鄭忽畏齊人不因田狩而閱兵車范氏曰礼因四時田獵以
習用戎事存不忘亡安不忘危之道今不因田獵无事而修之杜氏曰鄭忽訴齊嘗人懼之故以非時簡
車馬厲農失政甚矣何以保其國乎春秋非特以不時
非禮書也乃天未陰雨徹彼桑土音杜綢繆牖戶之意
何氏曰孔子曰以不教民戰是謂棄之故比年簡徒謂之蒐三年簡車謂之大閱五年大簡車徒謂之大
蒐存不忘亡安不忘危臨川吳氏曰先王之時兵弭不用然不忘武備四時之田皆於農隙以習武事三

時所教其法皆略惟仲冬教大閱其坐作進退擊刺真如戰陣乃天子之礼非諸侯之所得行爲其僭礼故因失時而書之以著其僭**王氏曰**僭制妨民故聖人謹而日之古者外事用剛日内事用柔日兵戎外事故大閱以壬午治兵以甲午猶吉日美宣王田而曰吉日維戊吉日庚午也。**陸氏曰**公羊蓋以罕書也按以其非常故書亦非爲少也穀梁蓋以觀婦人也按經無異文傳自穿鑿**劉氏曰**所謂罕者謂自入春秋今始一閱耶抑謂桓公今始一閱也文之不通難以強合

道蔡人殺陳佗

佗大阿反**公羊穀梁傳**陳佗者何陳君也其不地於蔡也**左傳莊二十二年**陳厉公蔡出也故蔡人殺五父而立之**程子傳**佗弒太子免而竊位不能有其国故書曰陳佗佗天下之大惡人皆得而誅之蔡侯杀之实以私也而書蔡人同於討賊之例見討賊者衆人之公也

佗弒大音泰子而代其位**朱子語**佗之弒君不見於經亦是魯史无之耳至是踰年不成之爲君者以賊討也。**啖氏曰**佗踰年之君不曰陳侯以賊誅也。書蔡人以善蔡書陳佗以善陳善蔡者以蔡人知佗

之爲賊襄氏曰春秋之初先王之澤未泯人心之正理猶存故蔡人因人心之不君佗而殺之善陳者以陳國不以佗爲君詩墓門刺陳佗也其詩曰夫也不良国人知之則陳人不以佗爲君可知知其爲賊故稱人稱人討賊之詞也陸氏曰臣弑君凡在官者殺无赦蔡雖他国以義殺之亦變之正也故書曰蔡人不以爲君故稱名稱名當討之賊也臨川吳氏曰陳不能討而蔡能討之故以討賊之義歸之蔡篡弑之賊人人得而殺之也陳佗篡立既葬桓公君陳亦已逾年矣然篡賊非可称君故名而不爵凡篡賊而称君者見本国之臣子与鄰国之君臣皆不能討而成之爲君也苟有一人能明討賊之義而殺之則春秋以討賊之義歸之矣衛人殺州吁齐人殺无知蔡人殺陳佗是也家氏曰前此陳人爲衛討州吁令蔡人爲陳殺佗此鄰国之二討春秋所深与也治鄰賊者有褒則黨鄰賊也在所誅矣魯桓弑君而鄭伯與之盟宋督弑君而四國納其賂則不知其爲賊矣齊商人弑君者及其見殺則稱位蔡般

音班弑父者及其見殺則稱爵是齊蔡國人皆以為君矣聖人於此抑揚與奪遏人欲於横去声流存天理於既滅見諸行事可謂深切著明矣篡弑之賊外則異國皆欲致討而不赦内則國人不以為君而莫之與誰敢勸於為惡故曰孔子成春秋而亂臣賊子懼【師說】【曰】王政不綱天子不能討賊而聖人明春秋之義以討之謂非天子之事而何耶其討之也柰何曰如殺賊書人人是也憲討賊天子事也聖人不唯自任而又寄之人人僭耶不得已耶故曰知我罪我其惟春秋乎【愚按】弑君而見殺者十有二惟四人以討賊書州吁死知衛人齊人能自討賊陳佗夏徵舒待蔡人楚人而討之臣子之不能討其罪著矣晉惠因里克弑君而得国衛献因窜喜弑君而復国利其所為使復為大夫既又忌而殺之非討賊也故以国殺大夫為文楚弃疾誘比以為君之利而俾當大辟之名既而殺之意在代其位非討賊也故以公子相殺為文陳人雖殺宋萬然与賊為黨待宋人之賂而後殺之斉要

封諸崔杼而致之死皆非天討故不以討賊書也宋督死於南宮万書之則為扞君雖故不見於經齊商人蔡般既為国人所君臏歲歷年假手於盜賊蛮夷而討之春秋雖欲奪其爵位同之於賊有不可得矣○胡氏曰佗殺太子之賊公穀不達此意妄云淫于蔡淫獵于蔡不近人情

九月丁卯子同生左傳以大子生之礼举之接以大牢卜士負之士妻食之公与文姜宗婦命之問名於申繻命之曰同公羊傳喜有正也程子傳書子同生聖人所以正大本而防僭乱也子同者桓之嫡長子也於其始生即書之其位固已定矣嫡冢之生国之大事故書

適○音嫡冢始生即書于策與子之法也○啖氏曰君嫡子生以太子生之礼接之則史書之趙氏曰礼備於嫡是重宗廟記其是以著其非也蜀杜氏曰書同生正嫡国之傳嗣而遏篡逆也張氏曰盖嫡夫人之長子備用太子之礼故史書於策春秋於此明与子之法在於正始明分則私愛之所不能行嬖孽之所不能干所以定国本息乱源也

唐虞禪○夏后殷周繼○

春秋兼帝王之道○賢可禪則以天下為公而不拘於

世及之禮。子可繼。則以天下爲家而不必於讓國之義。禮運大道之行天下爲公選賢与能道既隱天下爲家大人世及以爲礼萬世之通道也。與賢者貴於得人。與子者定於立嫡。傳子以嫡天下之達禮也。故有君薨而世子未生之禮曾子問君薨而世子生如之何孔子曰卿大夫從攝主北面於西階南大祝裨冕執束帛升自西階尽等不升堂命毋哭祝声三告曰某之子生敢告大宰命祝史以名徧告于五祀山川植音值置也遺腹朝委裘而天下不亂者。前賈誼傳孟康注委裘若容衣天子幼未坐朝事先帝裘衣也以名分素明。而民志定也。易君子以辨上下定民志經書子同生。所以明與子之法。正國家之本。防後世配嫡奪正之事。垂訓之義大矣。通旨適冢生大事也春秋書此以正国本晉獻公殺申生立奚齊而国乱數世後高祖宠惠帝黜趙王而延祚四百傳世二十一其效可見矣　問出姜之子不書其生何也曰記子同生明与子之法也春秋兼帝王之道或以天下為公而与賢或以世及為礼而与子与賢貴於得人故季札乱國仲尼不取与子定於立嫡故文姜於入春秋書之按左氏云云即太子之礼也載于史策名分一定則自始生至于受誓為世子其物采等衰固殊絶矣配適奪正之事無所從起此春秋与子之法也文公不知此義故子赤見殺出奔帰斉其生不見于經蓋仲尼削之耳鄭忽衛蒯聵出奔宋瘞晋申生見殺王猛兄弟之以于刘単皆其君父不知此義是以冢首惡之名不亦悲乎

此世子也。其不曰世子何也

胡氏曰不稱太子者書始生也

天下無生而貴者。

見儀礼士冠礼篇

誓於天子然後為世子

周礼典命諸侯之世子誓於天子。刘氏曰公羊以謂感隱桓之禍故以直書不亦淺近乎穀梁曰疑故志之若聖人疑之誰復不疑之乎齊詩云展我甥兮展者信也詩人信魯莊公為齊侯之甥何有仲尼反疑其先君為齊侯之子乎朱子曰桓公三年夫人姜氏至自齊六年子同生十八年桓公乃与夫人如齊則莊公誠非齊侯之子矣永嘉呂氏曰二百四十二年推此書子同生説者求其説而不得或謂惠无嫡子遂啓簒弑故以直書或謂莊文成襄皆嫡嗣此獨書以正周公之後决後世之疑或謂為莊公如齊納幣張本要之皆不然国之主器莫重於嫡嗣嫡嗣不正則禍乱生焉故古者嫡子生必以礼至之所以正国本係人望而絶庶孽覬覦之心也若其受制於文姜必齊女而後娶以至於失時越礼則亦可以因是而考之矣

冬紀侯來朝　**程子傳** 紀畏齊而來朝以求助也不能上訴於天子近赴於賢侯和輯其民人效死以守而欲求援於魯桓是豈為国之道哉其不能保有終至於大去其国宜也

按左氏會于郕咨謀齊難去声也冬來朝請王命以求成于齊也卒不能　**杜氏曰** 紀微弱不能自通於天子欲因公以請王命公無寵於王故告不能

孟子曰觀近臣以其所為主觀遠臣以其所主　**朱子注** 君子小人各從其類故觀其所為主与其所主者而其人可知

主者成敗之機榮辱之本也昭公棄晉主齊至於客死　昭公二十五年孫齊齊不能納二十八年如晉晉人曰天禍魯国君淹恤在外亦不使一个辱在寡人而即安於甥舅三十二年甍

於乾侯。鄭伯逃齊主楚，終以乞盟。僖五年會于首止，會王太子鄭，謀寧周也。鄭伯逃帰不盟，孔叔曰：「国君不可以軽，軽則失親，失親患必至，病而乞盟，所喪多矣。」八年盟于洮，鄭伯乞盟，請服也。觀其所主而榮辱成敗見音現矣。魯桓者，弑君之賊，人人之所同惡，人得而討之也，而主之以求援于眷反，其能國乎？然則何以免於貶？志不在於朝桓也。

蜀杜氏曰：桓之篡，王法所不容，諸侯不能討而朝之聘之，春秋不与，是義不可以朝桓矣。今紀之來，復存其正爵，以其懼於斉難，与其所親謀之，故恕之也。沙隨程氏曰：溺人近死，何暇論援者之賢否乎？愚按：桓公篡立，得罪於君父，兄惴惴焉不能自保，而結大国以自安。即位之始年，求盟於鄭；三年，求婚於斉；未幾，次班後鄭，而取怒於斉，則非時大閱以備不虞，是其憂渝信縮，固係於斉人頻笑之頃，又安足与謀紀難哉？易曰：「比之非人，不亦傷乎？」紀侯之謂矣。然春秋所以恕紀侯而不之貶者，如人遇強禦於国門之外，苟有過者，亟執其咎而懟之，不暇問其人之善惡也。夫紀以蕞尔之国，介居大国之間，欲上告於天子則不能欲下告於方伯連率則無非齊之与国其所以僕僕朝魯會魯亦曰紀之与魯暨魯之与齊皆比鄰婚姻之国或可資其助耳聖人其以是而恕之乎比事以觀紀不能自強於政治苟焉依人以圖存魯桓不能憂人之憂恙人之恙坐受朝礼而莫之或恤齊以強大肆意於吞噬小弱其罪皆不待貶而自見矣

丙子 桓王十五年

七年 齊僖二十六 晉小子四 衛宣十四 蔡桓十 鄭莊三十九 曹桓五十二 陳厉二 杞武四十六 宋莊五 秦寧十一 楚武三十六

春二月己亥焚咸丘 程子傳 古者昆蟲蟄而後火田去莽翳以逐禽獸非竭山林而焚之也咸丘地名焚咸丘如盡焚其地見其廣之甚也 紐氏曰 焚火田也咸丘魯地高平鉅野縣南有咸亭 高氏曰 咸丘乃魯地近齊者故孟子以咸丘蒙為齊東野人 愚按 鉅野今屬濟寧路

咸丘地名也易稱王用三驅 比九五爻辭 程子傳 如天子不合圍合其三面前開一路使之可去不忍盡物好生之仁也 **在禮天子不合圍諸侯不掩群** 王制 田不以礼曰暴天物一云一云昆蟲未蟄不以火田 注 合圍掩群為盡物也 **夫子釣而**

不綱弋不射食亦反宿【朱子注】盡物取之出其不意聖人不為也皆愛物之意也推此心以及物至於鳥獸若草木裕【舜典】疇若予上下草木鳥獸【湯誥】賁若草木【伊訓】鳥獸魚鼈咸若無淫獵之過矣【劉氏曰】焚咸丘淫獵之過也古者誅不逐奔追不越防

書焚咸丘所謂焚林而田也【定元】魏獻子田於大陸焚焉【李氏廉曰】火田直焚一叢一聚豈容焚一澤也譏盡物故書之【臨川吳氏曰】周之二月夏之十二月昆蟲未出固可用火此不當田狩之月而火田又咸丘非狩也故譏○【劉氏曰】公羊以謂咸丘者邾婁之邑其君在焉故不繫國焚之者樵之也以火攻也按公羊凡內取邑不繫國悉歸之邾婁君誠火攻人君應書曰伐咸丘焚之今但曰焚咸丘而無兵戈之意安知不以火田乎【穀梁曰】不言邾咸丘疾其以火攻與公羊說相近

夏穀伯綏來朝鄧侯吾離來朝【程子傳】臣而弒君天理滅矣宜天下之所不容也而天子累聘之諸侯相繼而朝之逆亂天道歲功不能成故不書秋冬與四年同或曰然則十五年邾人牟

人葛人來朝何以書秋冬曰四年與此明其義矣二国之朝別立義也杜氏曰穀国在南鄉筑陽縣北張氏曰今襄陽府穀城縣鄧今鄧州皆去魯絶遠愚按襄陽即今襄陽路汪氏曰別言朝同時來不俱至

春秋之法諸侯不生名。見曲礼穀伯鄧侯何以名桓天下之大惡也執之者無禁殺之者無罪穀伯鄧侯越國踰境相繼而來朝即大惡之黨也故特貶而書名與失地滅同姓者比焉經於朝桓者或貶其爵二年滕子或書名此年穀鄧或稱人十五年郑牟葛以深絶其黨撥亂之法嚴矣誅止其身而黨之者無罪則人之類不相賊殺為禽獸也幾希服虔曰穀鄧密迩於楚不親仁善鄰以自固遠朝弑君之賊故賤而名之孫氏曰桓大惡之人諸侯皆得殺之二君反交臂而來朝故生名之陳氏曰古者鄰国世相朝魯在泰山之下穀鄧在方城之外兩君之好不相及也而亟朝桓有朝桓者矣必若穀鄧而後名名其甚者也張氏曰桓

弑逆之人而殺鄧遠來朝之故特名二国之君與反
面事讎滅同姓以孤本根之罪無以異是年不書秋
冬〻以諸侯相繼朝桓逆乱天道歲功不能成故不具四時四時具然後成歲故雖
無事必書首時。今此獨於秋冬闕焉何也。立天之
道曰陰陽。陽居春夏以養育爲事所以生物也。王者
繼天而爲之子則有賞【月令】孟春之月天子賞公卿大夫於朝命相布德和令行
慶施惠下及兆民慶賜遂行毋有不當孟夏之月天子行賞封諸侯慶賜遂行無不欣說陰居秋
冬以肅殺爲事所以成物也。王者繼天而爲之子則
有刑【月令】孟秋之月天子命將帥選士厲兵詰誅暴慢以明好惡命有司脩法制繕囹圄禁止姦邪務搏執戮有罪嚴斷刑孟冬之月是察阿黨則罪無有掩蔽功有不當必行其罪以窮其情賞
以勸善非私與也。故五服五章謂之天命。刑以懲惡
非私怒也。故五刑五用謂之天討。古者賞以春夏。刑

以秋冬。（襄二十六蔡聲子云云）象天道也。（周子曰天以陽生万物以陰成万物生仁也成義也故聖人在上以仁育万物以義正万民）桓弟弑兄臣弑君而天討不加焉。是陽而無陰歲功不能成矣。故特去（上声下同）秋冬二時以志當世之失刑也。獨於四年七年闕焉何也。按周制大司馬諸侯而有賊殺其親則正之放弑其君則殘之。桓弑隱公而立。大司馬九伐之法雖未之舉。猶有望也。及使冢宰下聘恩禮加焉。則天下之望絕矣。故四年宰糾書名而去秋冬二時以見（音現下同）天王之不復（扶又反下同）能用刑也。陳恒弑其君孔子請討之。以從大夫之後不敢不告也。桓弑隱公而立雖方伯連帥（去声）環視而未之恤（方伯連帥見王制）猶有望也。及穀鄧二國自遠來朝則天下諸侯莫有可望者矣故七年穀伯鄧侯各書其名而去秋冬二時以見諸侯之不復能脩其職也然則見之行事不亦深切著明矣乎故曰春秋成而亂臣賊子懼【通旨】問桓四年七年因天王使宰渠伯糾來聘穀伯鄧侯來朝故不書秋冬然則二年滕子來朝紀侯來朝五年天王使仍叔之子來聘以至六年九年十五年皆有諸侯來朝何以書秋冬曰桓弒君而立滕侯首朝貶爵爲子比諸夷狄矣天王刑罰所自出也既不能討又以其立而聘之故不書秋冬弒君之賊人人所得討豈天下之大諸侯之衆莫有能辛義者乎及穀鄧無故相率自遠來朝然後知天下諸侯莫有可望人欲横流莫有禁之者矣故不書秋冬君紀侯來朝自爲謀其国事尒非爲桓立也天王使仍叔之子來聘失刑之義已立於前矣此又别有義也大抵聖人筆端造化神明莫測豈拘定一義而已○【趙氏曰】左傳云穀伯鄧侯名賤之也此說不明故不取公穀並云失国之君假令實奔魯而公特以朝礼即當書云穀伯鄧侯來奔某日朝公不應

越例書名而沒其來奔也【陳氏析衷】失地之君不曰來朝苟有出者如衛侯朔奔齊譚子奔莒是也苟有來者如郯伯來奔州公寔來是也【陳氏曰】按左傳不見失国事迹莊十六年楚始滅鄧。【愚按】或以無秋冬為史闕文然昭公十年無冬有月而闕時定公十四年無冬有事而闕時月此可以言闕文也豈有二十年秋冬無事而两時並不書首月乎況公羊傳桓十七年闕夏然猶書五月莊二十六年闕春然猶書事於年下惟成十年闕冬不書事而左氏穀梁皆書冬十月苟曰桓公四年七年非聖人所削不容三傳皆闕蓋三傳傳授各異而經文皆削秋冬必有深意程子之說疑得聖人之旨

【丁丑】桓王十六年

八年【齊】僖二十七【晉】侯緡元年【衛】宣十五【蔡】桓十一【鄭】莊四十【曹】桓五十三【陳】厲三【杞】武四十七【宋】莊六【秦】寧十二【楚】武三十七

春正月己卯烝【公羊傳】烝冬祭也春曰祠夏曰礿秋曰嘗冬曰烝常事不書此何以書譏亟也亟則黷黷則不敬君子之祭也敬而不黷【程子傳】冬烝非過也書之以見五月又烝為非礼之甚也

按周官大司馬烝以中【音仲】冬【何氏曰】烝衆也氣盛貌冬万事畢成所薦衆多

芬芳備具故曰烝今魯烝以春正月其不同何也周書逸周書

有周月以紀政而其言曰夏數得天百王所同其在

商周革命改正亦不相沿至于敬授民時巡狩烝享

猶自夏焉【愚按】文定據逸周書維十一月既南至日短極謂周以子月爲歲首不改月數竊考

逸周書文体全似呂令其言八枳之類与古書殊異或後人假託之書況六經惟詩以寅月起數乃民俗

歌謡之詞故隨舊俗称之書云王在新邑烝祭歲在十二月則用亥月孟冬烝祭亦未爲非礼若汲冢紀

年用夏正而言舜放堯文王殺王季則不可信盖刘炫僞魯史之類也然則司馬中冬

教大閱獻禽以享烝【周礼注】獻所獲禽以祭宗廟所謂自夏而魯

之烝祭在春正月見春秋用周正紀魯事也【趙氏】曰四

時之祭皆用夏時從物宜也周雖以建子爲正至於祭祀則用夏時本月以行四時之祭此正月烝則夏

之仲冬也而穀梁子乃曰烝冬事也春興之志不時也是

以閉蟄而烝爲是【杜氏曰】建亥之月昆蟲閉戶烝祭宗廟與周制異矣○

春秋非以不時志也爲于僞反再烝見音現瀆書也【杜氏曰】此夏之仲冬非爲過而書者爲下五月復烝見瀆也【啖氏曰】此書以彰下文耳非譏也【趙氏曰】周禮記四時祭名云春祠夏礿秋嘗冬烝詩云礿祠烝嘗于公先王而春秋無礿祠者蓋春秋中再書烝一書嘗兩書禘皆爲失禮及有變故乃書耳於祠礿二祭無他故所以不書也【愚按】四時常祀惟桓公之經書烝書嘗蓋再烝之瀆與未易災之餘而嘗之慢皆失禮之大者況冬烝而以夏五月行之酉月嘗而以未月行之或太過或不及皆失時之甚者故筆之於經以示貶焉或者謂桓有大惡不可以祀先君故聖人因其失禮而特書以重其惡其言失之鑿矣閔僖之禘文公之大祫亦可謂有大惡不可以祀先君乎○【趙氏曰】穀梁曰烝冬事也春興之志不時也按正月之烝不失時也公羊曰譏亟也經爲五月又烝故書此以明一歲再烝若不書即似春有故不烝夏乃烝耳【劉氏曰】猶將書壬午猶繹不得不先書有事于大廟也

天王桓使家父來聘【程子傳】桓公弒立未嘗朝覲天王不討而屢使聘之失道之甚也【杜

氏曰家父天子大夫家氏父字下聘弑逆之人而不加貶何也旣名家宰於前其餘無責焉乃同則書重之義穀梁宣二年志同則書重公羊莊四年擇其重者而譏焉其餘從同同以此見春秋任宰相去声下同之專而責之備也虞史以人主大臣爲一體春秋以天王宰相爲一心以爲一體故帝庸作歌則曰股肱喜哉元首起哉百工熙哉皋陶音謡賡歌則曰元首明哉股肱良哉庶事康哉舜先言臣而後言君皋陶先言君而後言臣可見其君臣交相尊榮而互相責勉之意而垂益九官之徒不與音預下同也以爲一心故歸賵仲子隱元會葬成風文五則宰咺書名於前而王不稱天於後來聘桓公桓四錫桓公命莊元則宰糾書名以正其

始王不稱天以正其終。而榮叔家父之徒不與也故人主之職在論相而已矣【荀子】王霸篇若夫論一相以兼率之使臣下百吏莫不宿道鄉方而務是人主之職也【愚按】家父乃周之世臣詩紀家父刺幽王之昏乱与尹氏之不平而不憚激怒於君相盖竭忠於王室者也桓公之經兩書家父亦家氏之子若孫耳一則聘所不當聘一則求所不當求皆徇於王命而依阿苟且以從於非義其視節南山之誦能无愧乎比事以觀不待貶絕而惡自見矣

夏五月丁丑烝【公羊傳】譏亟也【穀梁傳】黷祀也志不敬也【程子傳】正月既烝矣而非時復烝者必以前烝爲不備也其黷乱甚矣

春秋之文有一句而包數義者有再書而一貶者戎伐凡伯于楚丘以歸之類隱七年一句而包數義春正月己卯烝夏五月丁丑烝再書而一貶【臨川吳氏曰】建子之月已

烝矣建辰之月又再烝焉於春季而行冬烝非其時非其礼也【宋氏曰】武氏子來求賻一責天王求賻二責魯之不共一賻而起二事此兩書烝二事而一賻【愚按】僖二年三年書冬不雨春不雨夏不雨屢書而一褒義与此同

秋伐邾儀父大夫【陳氏曰】但曰伐邾何桓師非君將皆不言【孫氏曰】桓大惡諸侯宜討之而獲安其位反以兵伐人之国故直称伐邾【高氏曰】紀也滕也鄧也穀也郕也杞也或朝或會邾不修舊好故伐之其曰伐必有辭焉邾不能奉辭以討桓宜乎其反見伐也

○**冬十月雨雪**雨于付反【公羊傳】記異也何異尒不時也【杜氏曰】今八月書時失【程子傳】建酉之月未霜而雪書異也【王氏曰】陰陽方中而寒氣先至此積陰侵陽之象

○**祭公來遂逆王后于紀**祭側界反【書遂始此】【公羊傳】祭公者何天子之三公也大夫無遂事此其言遂何成使乎我也其成使乎我何使我爲媒可則因用是往逆矣女在其国称女此称王后何王者無外其辭成矣【穀梁傳】遂繼事之辭也其曰遂逆王后略之也【程子傳】祭公受命逆后而至魯先行私礼故書來以逆后爲遂事責其不虔王命而輕天下之母也

劉敞曰祭公王之三公也曷爲不稱使不與王之使祭公也師傅之官坐而論道其任重矣今其來魯乃命魯侯以婚姻之事者也若是則大夫可矣何必三公任之重使之輕故祭公緣此義得專命不報遂行如紀而王以輕使爲失祭公以遂行爲罪矣此說是也爲之節者宜使卿往逆公監之則於禮得矣劉氏曰爲之節者王當使大夫命魯侯曰予一人不能獨任天地宗廟之事未有內主予一人將卜于紀姜氏委諸伯父伯父其以予敬若先王之禮魯侯稽首對曰天子有命敢有弗恭使者以是言也復于王魯使大夫請於紀曰天子使某來命我寡君曰予一人不能獨任天地宗廟之事未有內主予一人將卜于紀姜氏使某也以告主人宜固辭固辭不獲命主人曰某也固辭不獲命敢不敬從先守某公之遺女若而人夫婦所生若而人然後天子命以其吉使上大夫用王后之礼逆以歸也此豈人臣之所當遂於竟外哉

使祭公命魯主婚姻之事則曰不可卿往而公監之何以可乎命魯輕矣卿往公監之重矣官師從單音善靖公逆王后于齊襄十五年杜氏曰官師劉夏非卿礼記官師中士下士劉夏非卿而書靖公合禮則不書故先儒以爲使卿逆公監之禮也杜氏曰天子不親昏使上卿逆而公監之通旨或曰天子必親迎信乎大上無敵於天下雖諸父昆弟莫不臣適四方諸侯莫敢有其室若屈万乘之尊而遠行親迎之礼即何無敵於天下之有或曰王后所与共事天地宗廟継万世之重者其礼當如之何使同姓諸侯主其辞命卿往逆公監之父母之国諸卿皆送至於京師舍而止然後天子親迎以入其納王后之礼乎趙氏曰遂逆者譏不躬白於王孫氏曰桓王娶后于紀命魯主之故祭公來謀逆后之期既謀之則當復命天子天子命之逆則逆之不可專也祭公不復命于王專逆后于紀故曰遂張氏曰天子雖無親迎之礼然祭公謀於魯則當復命於王然後遣逆於宗廟以明逆后之重今使魯爲媒而用是往逆輕褻王配如此何以示正始之

義哉故書若祭公之私行而以逆后爲遂事以深譏之【陳氏曰】書遂始於此凡遂譏也莫甚於逆后后妃母儀天下而以遂專之罪祭公且罪魯也【宋氏曰】万乘之君使微逆之人主婚行礼可乎【愚按】僖三十年傳云大夫出疆有以二事出者有以一事出而專繼事者其書皆曰遂祭公自魯逆王后所謂以二事出者也由是論之祭公盖受王命謀昏於魯并逆后於紀尔逆后大事也安有無王命而敢專之哉但天子婚礼當使大夫謀昏於同姓之諸侯待其復命然後使上卿往逆而公監之故王遣三公謀昏則以輕使爲失祭公不復命於王而即如紀逆后則以遂行爲罪而交責之也按遂有二義穀梁所謂繼事是以二事出者也公羊所謂生事是以一事出而專繼事者也春秋書遂一十九若公子遂如京師遂如晉亦以二事出者也公子結媵陳人遂及齊宋盟季孫宿救台遂入鄆皆專繼事者也若成公以伐秦出而因如京師乃書自京師遂會伐秦則聖人尊君抑臣之意使若繼事以會伐介考其事而是非得失瞭然矣

○【趙氏曰】左傳曰礼也若合礼則常事不書言來遂足明譏矣穀梁曰其不言使不正其以宗廟之大事即謀於我若實譏天王言使不更昭著乎今不言使即罪全歸祭公

戊寅 桓王十七年 **九年** 齊僖二十八 晉緡二 衛宣十六 蔡桓十 鄭莊四十一 曹桓五十四 陳厲四 杞靖公元年 宋莊七 秦出子元 楚武三十八

春紀季姜歸于京師 公羊傳 其稱紀季姜何自我言紀父母之於子雖為天王后猶曰吾季姜京師者何天子之居也京者何大也師者何眾也天子之居必以眾大言之 穀梁傳 為之中者歸之也 程子傳 書王國之事不可用無王之月故書時而已或曰借如正月日食則如何書之曰書春日食則其義尤明也王后之歸天下當有其禮諸侯莫至是不能母天下也故書紀女歸而已 杜氏曰 季姜桓王后季字姜紀姓

往逆則稱王后既歸何以書季姜自逆者而言則當尊崇其匹內主六宮之政 晉義 天子后立六宮 **使妃妾不得以上僭故從天王所命而稱王后示天下之母儀也** 唐來濟傳王者立后以承宗廟母天下 張氏曰 季姜在國稱王后者王命之則成所以別於列國用見王命之重而存母儀天下之体於始也 **自歸者而言則當樛屈逮下** 詩 小序樛木后

妃逮下也言能逮下而無疾妬之心焉木下曲曰樛言后妃之心如木之下曲也【注】使夫人嬪
婦皆得進御於君【周礼】九嬪【注】凡群妃御見之法九嬪以下九九而御於王所卑者宜先尊者宜後女御八十一人當九夕世婦二十七人當三夕九嬪九人當一夕三夫人當一夕后當一夕十五日而徧
而無嫉妬之心故從父母所子【陸氏曰】書字伸父母之尊
而稱季姜化天下以婦道也【詩】葛覃小序 其詞之抑揚上上声
下去声進退先後並去声各有所當去声而不相悖【劉氏曰】逆也称王后帰也称季姜此言礼之上下取于進退先後各有所宜而不相悖也公卿謀之諸侯主之亀筮諏之天子命之是王后矣然而未見宗廟也未覲君子也未覿羣臣也則不敢居其位其詞順以聽此正始之道王化之本也【臨川吳氏曰】逆称王后主王朝而言也歸称季姜主紀而言也【陳氏曰】諸侯逆称女至称夫人尊夫人也天子逆称后帰称季姜尊王也
皆正始之道王化之基【詩】關睢小序
春秋之所謹也京師者衆大之稱【詩】公刘京師之野【董氏曰】

所謂京師者起於此後世因以所都爲京師也【高氏曰】古者后夫人必娶嫡女故天子求后於諸侯諸侯對曰夫婦所生若而人若姑姊妹則曰先君之遺女若而人於諸侯則曰不腆先君之嫡是以伯姬婦紀則叔姬爲媵今曰季姜則非嫡矣不可以母天下故春秋嚴其名【陳氏曰】后歸不書此何以書詳紀事也后妃母儀天下以爲天地社稷宗廟之主紀而宗國亡焉是不可以不詳也【通旨】王后歸京師過我則書來告則書【永嘉呂氏曰】經書逆王后者二惟紀季姜書歸于京師而劉夏之逆不書歸蓋祭公之逆以魯爲之主故書歸劉夏之逆以其過魯而魯不爲之主則不書歸矣○【孫氏曰】左傳云諸侯之女行唯王后書則劉夏逆王后而不書齊姜歸于京師何哉

夏四月○秋七月○冬曹桓伯使其世子射姑來朝射音亦

【左傳】曹大子來朝賓之以上卿禮也【公羊傳】諸侯來曰朝此世子也其言朝何春秋有譏父老子代從政者則未知其在齊與曹與【穀梁傳】朝不言使言使非正也使世子伉諸侯之禮而來朝曹伯失正矣諸侯相見曰朝以待人父之道待人之子以内爲失正矣内失正曹伯失正世子可以已矣則是故命也尸子曰夫已多乎

道【程子傳】曹伯有疾不能親行故使其世子來朝春秋之時君疾而使世子出取危亂之道也

按周官典命凡諸侯之嫡子誓於天子而攝其君則下其君之禮一等未誓則以皮帛繼子男【周禮注】誓猶命也言誓者明天子既命以爲之嗣樹子不易也春秋曹伯使其世子來朝行國君之禮是也公之子如侯伯而執圭侯伯之子如子男而執璧子男之子與未誓者皆次小國之君執皮帛而朝會焉【蜀杜氏曰】此諸侯朝會于天子之時所行之禮鄭康成以此爲注蓋未明春秋之義世子因有出會朝聘之儀矣然攝其君繼子男者謂諸侯朝於天子有時而不敢後故老疾者使世子攝己事以見音現天子急述職也【楊士勛曰】世子攝其君謂會同急趨王命今曹伯有疾雖闕朝會未是急事【薛氏曰】攝事而朝京師禮也朝于諸侯非禮也諸侯閒音閑於王事則相朝其禮本無時【左傳】成十二世之治也諸侯閒於天子之事則相朝也【杜氏曰】王事閒缺則修私好曹

伯既有疾何急於朝桓而使世子攝哉已上並據劉氏權衡臨川吳氏曰大朝覲大會同諸侯皆往而已獨有疾則不得已而命世子攝行今曹之朝魯非甚急之務不可缺之礼也大位姦之窺也危病邪之伺音笥也本趙氏世子君之貳也君疾而儲副出啓窺伺之心危道也當享而射姑歎左傳享曹太子初獻樂奏而歎施父曰曹太子其有憂乎非歎所也踰月而終生卒明年正月其有疾明矣而使世子來終生之過也世子將欲已乎則方命矣曰孝子盡道以事其親者也不盡道而苟焉以從命為孝又焉音煙得為孝荀子從義不從父故尸子名佼晉人曰夫已多乎道范氏曰已止也止曹伯使朝之命則曹伯不陷不義之愆世子無苟從之咎魯無失正之譏二者正則合道多矣張氏曰春秋於桓方以誅乱賊之事望諸侯今曹伯之使世子世子從父之命揆之於義無一可者春秋所以直書而深貶之蓋經有從同

同之例射姑之朝當以滕子穀綏鄧吾離之例推之而知其父子之悖人倫且忘国家之大計也【愚按】滕穀鄧邾牟葛之朝桓皆貶而射姑不貶者蓋世子不當攝君朝諸侯没其名則罪不著此程子所謂別立義也經書世子朝會者十有二曹射姑來朝鄫巫如晋宋戍同盟戚齊光盟雞澤會戚會柤救陳四伐鄭宋佐會申是也夫世子奉家祀社稷之粢盛以朝夕視君膳君行則守有守則從而代君行朝礼於諸侯及与諸侯會盟救伐皆非世子之所宜也宋成序侯伯之下大夫之上宋佐序子男之下淮夷之上庶幾不失位矣齊光衛進而序於薛伯杞伯之上則其僭已極鄫巫亞於魯大夫則屈辱尤甚焉比事致之而義自見

【己卯】桓王十八年

十年

【齊】僖二十九【晋】緡五【衛】宣十七【蔡】桓十三【鄭】荘四十二【曹】桓五十五【陳】厲五【杞】靖二【宋】荘八【秦】出子二【楚】武三十九

春王正月

桓無王。據三年以後不書王今復扶又反書王。何也十者盈數也

【左傳】荘十六使以十月入就盈数焉【注】数滿於十

天道十年則亦周矣【通旨】甲乙

紀曆而數窮於十【周語】十年數之紀也【注】數起一終十十則更人事十年則亦變矣【通旨】禮稱其生至於老耄十年而一易語載其文自而立至於從心十年而一進【左傳】僖十二三王怨未怠其十年乎不十年王弗召也襄二十八楚不幾十年未能恤諸侯也故易稱守貞者十年而必反。屯六二女子貞不字十年乃字象曰十年乃字反常也傳論遠如字惡者十年而必棄。【左傳】昭四不十年侈其惡不遠遠惡而後棄桓公至是其數已盈宜見誅於天人矣。十年書王紀常理也【何氏曰】十年有王者數之終也【劉氏曰】桓公篡立天子莫討諸侯莫非也故於其甚極譏而書王若謂桓公曰君之不能事天子若是其甚矣如又不改將不可救矣君如改諸則此其時矣有習於穀梁子而不得其傳者穀梁傳有穀梁子曰則非穀梁自爲矣見二年書王以爲正與夷之卒。此年書王而曹伯適甍遂附益之以爲正終生之卒。誤矣【啖氏曰】三傳本皆不謬後人不曉而以濫說附益其

中果正諸侯之卒。不緣簒弑者。范氏曰與夷見弑恐正卒不明故復明之
陳侯鮑在五年之正月。曷不書王以正其卒乎本孫氏摠
論趙氏曰十一年鄭伯卒十三年衛侯晉卒何不正之乎
庚申。曹伯終生卒桓公也在位五十五年世子射姑嗣是爲莊公夏五月。葬曹
桓公○秋。公會衛侯宣于桃丘弗遇杜氏曰桃丘衛地濟北東阿縣東南
有桃城愚按東阿今屬東平路
弗者遷詞爵書弗者違也惡烏故反下同失信也。衛初約魯會于
桃丘。會者外爲主至是中變而從齊鄭。杜氏曰衛侯與公爲會期中背公更
與齊鄭故公獨往而不相遇也於是乎有郎之師。其戰于郎直書曰
來盟于惡。曹俱奪其爵。則桃丘之弗遇也。蓋惡衛侯
之失信矣。桃丘衛地趙氏曰書弗遇者見諸侯之無信張氏曰下書二国來戰衛亦

与焉則背信在衛直不告魯誤桓公至挑丘耳【愚按】此年會挑丘弗遇成十六年會沙隨不見公昭十三年同盟平丘公不与盟皆非魯之罪故聖人皆直書不諱惟文十六年季孫行父會斉侯于陽穀斉侯弗及盟魯不當以大夫會諸侯然斉侯責賂卒与仲遂盟郪丘則罪之在斉又可見矣。【趙氏曰】穀梁曰不遇者志不相得按經意直譏其无信尔豈論其相得不相得乎【刘氏曰】公羊以謂公不見要也非也公羊本解遇為一君出一君要之故謂此為公要衛侯推其文而不可為説要曰遇者相遇云尔何用紛紛乎

冬十有二月丙午，齊侯僖**衛侯**宣**鄭伯**莊**來戰于郎。**【左傳】我有辭也初北戎病斉諸侯救之鄭公子忽有功焉斉人餼諸侯使魯次之魯以周班後鄭鄭人怒請師於斉斉人以衛師助之故不称侵伐【公羊傳】郎者何吾近邑也何以不言師敗績內不言戰言戰乃敗矣【穀梁傳】內不言戰言戰則敗也不言其人以吾敗也不言及者為內諱也【程子傳】左氏載其事曰我有辭也我則有礼彼悖道縱慾而以与戎故特曰來戰以三国為主甚其悪也

春秋加兵于魯眾矣未有書來戰者。此獨不稱侵伐。

而以來戰爲文何也。【常山劉氏曰】春秋之中諸侯加兵于魯者不爲少矣，而未有書來戰者。此不言侵伐而以來戰爲文，則彼曲我直，其義坦然。兵凶器，戰危事。【補】鼂錯傳云云。聖人之所重也。誅暴禁亂，敵加於已，蓋有不得已而應去聲之者矣；未有悖道縱欲，得已不已而先之者也。【劉氏曰】戰者仁人之所惡也，有不得已而應者矣，未嘗有得已而先之者也。魯桓弑立，天下大惡，人人之所得討也。鄭伯則首盟于越以定其位，齊侯則繼會于稷以濟其姦，曾不能修方伯之職，駐師境上，聲罪致討，伸天下之大義也。今特以私忿小怨，親帥其師，三国称爵，所謂曰其人而責之也。戰于魯境，尚爲知類也哉。知類本孟子言，不知輕重之等。此春秋之所必誅而不以聽也。本【王制】謂其爲害大，决然殺之，不復審録也。故以三国爲主而書來戰于郎【趙氏曰】不書及罪專於外也【劉氏曰】來魯不使三国伐之若三国自来戰也【李氏華曰】春秋善則魯与戰可知【張氏曰】春秋以主客之辞辨用兵之曲直殘民之重輕其罪魯而書公及諸侯戰者多矣若今年郎之戰直以三国来戰言之盖魯桓有大罪極悪三国既不能奉天討而与之會盟今反徇私欲争小故以无辞而伐有辞則罪在三国不容不反常例以明之故今年之書其文異其辞嚴専罪三国特書其來戰以示外有罪則為主之例此聖經之特筆也

鄭人主兵而首齊猶衛州吁主兵而先宋州吁非宋殤則不能牽伐鄭之師鄭人非齊僖則不能牽戰魯之師故雖主兵在衛鄭而春秋必序宋齊為首也。【趙氏曰】穀梁云来戰者前定之戰也非也言来者責三国不當来尔【劉氏曰】公羊以謂称来戰者近乎圍也非也近乎圍豈实圍哉春秋悪戰耳不分別遠近也

春秋卷之五

元至正本春秋胡氏傳纂疏

第二册

元　汪克寬撰

中國國家圖書館藏元至正八年建安劉叔簡日新堂刻本

山東人民出版社·濟南

春秋胡氏傳纂疏卷第六

新安汪克寬學

桓公下

庚辰桓王十九年十有一年齊僖三十晉緡四衛宣十八蔡桓十四鄭莊四十三卒曹莊公射姑元年陳厲六杞靖三宋莊九秦出子三楚武四十春正月齊人僖衛人宣鄭人莊盟于惡曹

盟會皆君臣之禮故微者之盟會不志於春秋凡春秋所志必有君與貴大夫居其間者也鹿上之盟三國皆書人齊之盟清丘同盟四國皆書人翟泉之盟七國皆書人蜀之盟十有一國皆書人澶淵之會十有二國皆書人未必皆微者苟皆微者則不書于經矣惡曹之盟即三國之君矣既不以道興師爲郎之戰又結怨固黨爲惡曹之盟故前

書其爵而以來戰著罪後書此盟而以奪爵示貶[陳氏]曰此郎之諸侯也曷爲戰称君盟称人乃一役而再見者但人之略之也鄭敗王師齊滅后之母家衛亦抗子突以自立其無王甚矣自有参盟莫甚於惡曹故略之也[愚按]前書齊人伐山戎後書齊侯來献戎捷則知伐戎者齊侯也上書會楚公子嬰齊于蜀下書及楚人盟于蜀則知盟蜀者楚公子嬰齊也十二月書齊侯衛侯鄭伯戰郎正月書齊人衛人鄭人盟惡曹以比事之法求之則三國之貶称人可知也

夏五月癸未鄭伯寤生卒莊公也在位四十三年[左傳]初祭封人仲足有寵於莊公莊公使爲卿爲公娶鄧曼生昭公故祭仲立之

鄭莊公志殺其弟使餬音胡[說文]寄食其口於四方自以爲保國之計得也然身没未幾而世嫡出奔庶孽奪正公子五爭兵革不息見[詩]出其東門小序[孔疏]是年忽奔衛突歸于鄭一爭也十五年突出奔蔡忽復歸二爭也十七年忽弑子亹立三爭也十八年齊人殺亹立子儀四爭也莊十四

年傳瑕殺子儀納厲公五爭也忽儀疊突之際其禍憯憯七感反矣亂之初生也起於一念之不善後世則而象之至於兄弟相殘國内大亂民人思保其室家而不得不亦酷乎有國者所以必循天理而不可以私欲滅之也莊公之事可以為永鑒矣高氏曰昭公不終于位五世兵革不息自入春秋考莊公之心慝知其積非必有餘殃矣陳氏曰春秋之初罪莫其於鄭莊宋魯齊衛次之而父子兄弟之禍亦莫甚於此五國者是可為不臣者之戒矣

秋七月。葬鄭莊公高氏曰鄭忽既立不待五月而葬其父是生乱階九月。宋人執鄭祭仲祭側界反此書執之始左傳宋雍氏女於鄭莊公曰雍姞生厲公雍氏宗有寵於宋莊公故誘祭仲而執之曰不立突將死亦執厲公而求賂焉祭仲與宋人盟以厲公歸而立之公羊傳祭仲者何鄭相也穀梁傳宋人者宋公也其曰人何也貶之也祭仲死君難臣道也今立惡而黜正惡祭仲也祭仲鄭相去声也見執於宋使出其君而立不正罪較然矣何以不名命大夫也【陸氏曰】諸國大夫王賜之畿内邑爲號令歸國者皆書族書字同於王大夫鄭祭仲魯單伯陳女叔是也命大夫而稱字非賢之也乃尊王命貴正卿大祭仲之罪以深責之也【通旨】祭仲以命大夫而稱字深責之也或以仲爲名者誤矣按鄭詩刺莊公不聽祭仲之諫而其詞曰將仲子兮又曰仲可懷也爲此詩者豈斥其國相之名乎是知仲之爲字無疑矣【陳氏曰】祭仲以命大夫專廢置君曷爲從其恒称而不名春秋之褒貶名號不足以盡意則見於辭書曰宋人執鄭祭仲突歸于鄭鄭忽出奔衛其爲辭也詳矣其意若曰以天子命大夫爲諸侯相而執其政柄事權重矣固將下庇其身而上使其君保安富尊榮之位也今乃至於見執廢絀與黜同其君而立其非所立者不亦甚乎任之重者責之深祭仲無所逃

其罪矣。春秋美惡不嫌同辭。突之書名，則本非有國
由祭仲立之也。若忽則以世嫡之正，至於見逐，不能
立乎其位，貴賤之分（扶問反）亡矣。凡此類抑揚其詞，皆
仲尼親筆，非國史所能與（音預），而先儒或以從赴告
而書者，殊誤矣。**杜氏曰**：突不稱公子，從告。昭公不稱爵，鄭人賤之，以名赴。或曰：孔
父賢而書名，則曰禮之大節也。今此則名其君於下
而字其臣於上，何以異乎？曰：春秋者，輕重之權衡也。
變而不失其正之謂權，常而不過於中之謂正。宋殤
孔父，道其常（**荀子**：君子道其常）；祭仲、昭公，語其變。惟可與權
者其知之矣。（僖十九年傳：執之是非，決於稱人與稱爵。**孫氏曰**：宋人，宋公也。訛人，權臣廢嫡
立庶以亂于鄭，故奪其爵。○**啖氏曰**：公羊以廢君為
賢，不可為訓。**劉氏曰**：公羊謂祭仲知權，若果知權，宜

效死勿聽使宋人知雖殺祭仲猶不得鄭宋誠能以力殺鄭忽則不待執仲而刼之如力不能而奪爲大言何故聽之又不能是則若強許焉還至其國而背之執突而殺之可也黜君以行權乱臣賊子孰不能爲此若乎**高氏曰**仲就執而突歸忽出則是仲納突而逐忽矣詩刺祭仲謂之權臣而公羊因以爲可與權豈不異哉

突歸于鄭（厲）**穀梁傳**曰突賤之也曰歸易辭也**程子傳**突不稱公子不可以有國也

突不稱公子絶之也小白入于齊則曰齊小白突歸于鄭何以不稱鄭突乎以小白繫之齊者明桓公之宜有齊也不以突繫之鄭者正厲公不當立也突不當立何以書歸于鄭乎春秋書歸有二義一易詞也此年突歸莊二十四年赤歸曹僖二十八年三十年衛鄭歸成十六年曹伯歸昭十三年楚比一順詞也僖二十八年曹伯歸襄二十六年衛侯歸昭十三年蔡侯廬陳侯吳歸哀

八年邾子益歸其書入亦有二義一難詞也桓十五年許叔莊九年齊小白一逆詞也襄二十五年衛侯昭元年莒去疾二十二年王猛入王城二十六年天王入成周突以庶奪正固爲不順矣桓十五年鄭伯突莊六年衛侯朔哀六年齊陽生然內則權臣許之立外則大國爲之援于眷反而世子忽之才不能以自固也則其歸無難故穀梁子曰歸易詞也高郵孫氏曰歸易辭也以歸爲善則鄭突楚比果善乎以入爲惡則許叔稱字果惡乎劉氏曰突內因強臣之力亦外援戎狄之衆以奪其嫡而禍其宗皆有不仁之心姦桀之材春秋所惡也專治突則祭仲不明專治赤則戎不見故挈其上而易其下其罪一施之所以絕禍本禁首惡也陳氏曰小白陽生稱齊去疾展輿稱莒皆爭國也突弗係之鄭赤弗係之曹則篡辭也通旨或問祭足立厲公尹氏立子朝經書各不同何也曰祭仲書字見任事之重尹氏書世見得政之久王與侯其子各不同矣○劉氏曰公羊曰其言歸何順祭仲也非也若仲之爲者春秋之亂臣也如何順之乎愚按公羊謂歸者出入

無惡入者出入惡復歸者出惡歸無無惡復入者出無惡入有惡惡然突歸鄭赤歸曹不可謂無惡許叔入許天王入成周不可謂出入惡鄭忽曹襄出無惡魚石欒盈出入有惡則其說不可通矣難易逆順之說爲是

鄭(昭)忽出奔衛此書奔之始穀梁傳世子忽也其名失國也程子傳忽國氏正也不能有其位故不爵

忽以國氏正也。出奔而名不能君也張氏曰忽不能有其位而制於權臣其立其奔皆不由己是以不爵也趙氏曰鄭忽曹羈未踰年出奔但書名不書爵不能嗣先君也莒展雖踰年不書爵其罪大也故於詩有女同車刺無大國之助也山有扶蘇所美非美然也。擇兮君弱臣強不唱而和(去声)也。狡(古卯反)童不能與賢臣圖事權臣擅命也(並見小序)夫以狡童目其君聖人猶錄其詩所以見(音現)忽之失國亦其自取非獨仲之罪矣。或曰詩人刺忽之不昏于齊至於見逐欲固其位者必待大國之援(去声)乎曰此獨爲去声鄭忽言也。如忽之爲人，苟無大援則不能立爾（劉氏曰：使忽近君子，遠小人，與賢者圖事，則固良子矣。宋雖無道奚憚，祭仲雖強奚恤。陳氏曰：鄭忽身爲冢嗣而廢立自權臣，不可以言子矣，故書奔昉於此。州公如曹，紀侯大去其國，未可以言奔，必若忽而後可以言奔爾）。若夫志士仁人，卓然有以自立者，進退之權在我矣。鄭自五霸之後，益以侵削，他日子産相去声焉，馳詞執禮，以當晉楚，至於壞音怪諸侯之館垣（襄三十一年，子産相鄭伯如晉，晉侯以我喪故，未之見也。子産使盡壞其館之垣而納車馬焉），却逆女之公子于野（昭元年，楚公子圍聘于鄭，且娶於公孫段氏，將入館，鄭人惡之，使行人子羽與之言，乃館于外。既聘，將以衆逆。子産患之，使子羽辭曰：以敝邑褊小，不足以容從者，請墠聽命），皆變其常度。以晉楚之強，卒莫能屈，亦待大國之助乎？然則仲見脅，忽出奔，咸其自取焉爾。春秋書法如此，欲人自強上声於爲善也〔愚按〕春秋之初惟鄭最強與齊爲黨假王命以伐宋詐戰而取三師入鄭入許戰勝攻取雖以天子之尊率諸侯之兵造于城下亦棄甲曳兵不敢與敵而桓王且親集矢於其肩柰何其沒未久而世嫡之重爲鄭国之所逐矣亦猶齊桓之覇號令天下幾於毀物而樞方在殯四鄰謀動其国家也忽之昏庸任愎勢孤援寡才不足以君国權不足以馭臣威不足以懾鄰曾何足深責哉〔陸氏曰〕公羊謂忽何以名春秋伯子男一也辭無所貶按前後例伯子男皆殊称非一也又鄭伯爵也若称子何関爵乎〔劉氏曰〕杜氏云鄭人賤之以名赴夫春秋之褒貶仲尼盡自謂丘有罪焉豈專從赴而已乎

柔會宋公〔莊〕陳侯〔房〕蔡叔〔通〕盟于折折之設反又音舌〔大夫會諸侯盟始於此〕〔杜氏曰〕柔魯大夫未賜族〔通〕〔闕〕蔡叔諸侯之兄弟称字〔陳氏曰〕柔者何以大夫會諸侯盟於是始也故貶之至公子結不貶矣〔永嘉呂氏曰〕以大夫與諸侯盟此不待貶絕而自見者也故内大夫帥師自無駭始内大夫與諸侯盟自柔始自無駭率師而後有翬有公子慶父公子友公孫茲公孫敖公子遂公孫歸父之帥師甚則季孫行父臧

孫許叔孫僑如公孫嬰齊四卿並帥師矣自朿會盟而後有公子結公孫敖季孫行父公子遂臧孫許仲孫蔑仲孫貜仲孫何忌之及諸侯盟甚則叔孫州仇仲孫何忌二卿及邾子盟句繹矣（家氏曰）以大夫盟諸侯強國行之則爲伉弱国行之則爲僭末流之弊大夫因是而外交強国以脅制其君此其權輿也（愚按）翬始帥師會伐鄭不称公子令朿始會諸侯盟以穀梁溺會伐衛例之亦安知非貶也礼樂征伐自大夫出宣非世変之大者乎

公會宋公于夫鍾夫音扶鍾（公）作童（杜氏曰）夫鍾郕地冬十有二月公會宋公于闞闞口暫反（杜氏曰）闞魯地在東平須昌縣東南（愚按）今東平路壽張縣有古闞城

臣與宋公盟于折君與宋公會于夫鍾于闞于虛去魚反于龜皆存而不削何其詞費也曰盟者春秋所惡烏故反而屢盟以長展兩反亂（詩）小雅巧言君子屢盟乱是用長會者諸侯所不得而數色角反下同會以厚疑聖人皆存而不削於以見音現屢盟而卒叛數會而卒離其事可謂

著明矣是故春秋之志在於天下爲公講信修睦不以會盟爲可恃也〔家氏曰〕二年之間兩盟四會惟宋之故春秋一經書盟會未有若是頻數者也〔高氏曰〕公委宗社人民而六出與宋會蓋憾鄭忽而欲定突是以不憚亟辱力爲鄭請宋亦數與公會皆非爲国爲民其罪均耳

〔辛巳〕桓王二十年

十有二年〔齊〕僖三十一〔晉〕緡五〔衛〕宣十九卒〔蔡〕桓十五〔鄭〕厲公突元年〔曹〕莊二〔陳〕厲七卒〔杞〕靖四〔宋〕莊十〔秦〕出子四〔楚〕武四十一

春正月○夏六月壬寅公會杞侯莒子盟于曲池 杞〔公〕〔穀〕作紀曲池〔公〕作毆蛇〔左傳〕平杞莒也〔杜氏曰〕曲池魯地魯国汶陽縣北有曲水亭〔愚按〕今屬東平路汶上縣程子謂杞侯皆當作紀隱二年紀莒盟于密是時紀謀齊難故魯桓與之盟莒以援之耳

○秋七月丁亥公會宋公燕人盟于穀丘 燕音煙後同〔杜氏曰〕燕人南燕大夫穀丘宋地〔張氏曰〕南燕姞姓国漢屬東郡今滑州胙城縣穀丘在今應天府穀熟縣〔愚按〕今屬河南府路歸德府〔臨川吴氏曰〕左氏以爲魯欲平宋鄭然此盟必是魯宋燕三国別有他事相

三二六

要約兆爲鄭賂之事盟也因是盟○八月壬辰陳侯躍卒與宋公相見而爲鄭致請焉耳○公會宋公于虛虛去魚反公作鄰厲公也在位七年子完不嗣弟林是爲莊公杜氏曰不書葬魯不會

冬十有一月公會宋公于龜左傳秋公及宋公盟于句瀆之丘宋成未可知也故又會于虛冬又會于龜杜氏曰虛龜皆宋地張氏曰宋納突于鄭求賂而後使之入及突入國之後不能償其責言遂成釁隙桓公欲平宋之急蚤已往來宋地與之爲會不知人之心不親兆要盟數會之所能回也故春秋詳書以譏之高氏曰用見宋益疎公而公強從之不已祗自辱也愚按桓公要至宋地強宋公之從而不已固爲蚤辱然二盟四會皆以會宋爲詞則是宋公有志於會盟矣蓋宋之所以會魯者將以求賂於鄭而魯之所以會宋者將以爲鄭兇其賂是以卒不能降心以相從也魯桓憾休于郎之戰幸鄭莊之卒欲求好於厲公而以恩結之厲公篡忽特欲反忽之所爲而求善於魯以爲之援耳

丙戌公會鄭伯盟于武父左傳宋公辭平故與鄭伯盟于武父杜氏曰武父鄭地陳留濟陽縣東北有武父城愚按今屬濟南路張氏曰公自龜還遽會鄭伯而謀伐之與人交之道忠信誠愨本乎中則有不期

合而合者兆有是心則其相與也不過以利合而一旦爭小利則相視忽如仇敵然桓公之見弃於宋而盟鄭其離合正如是春秋詳書之以見王政不行諸侯放恣曾桓宋莊鄭厲皆以篡國而立交政盟會紛紛離合惟利是視煩盟瀆信秪以長乱王法之所必誅也襄陵許氏曰王迹既熄霸統未興諸侯自擅無所禀命覲隱十年見兵革之乱也桓十一年十二年見盟會之乱也霸統與而諸侯有所一無復此乱矣是以君子不得已而與桓文永嘉呂氏曰突篡而書爵者其大臣君之其國以君之諸侯亦與之會盟春秋從而君之從其實也

○丙戌衛侯晉卒宣公也在位十九年子朔嗣是爲惠公穀梁傳再稱日決日義也陳氏曰再書日日衛晉之卒也

○十有二月及鄭厉師伐宋莊丁未戰于宋左傳遂帥師而伐宋戰焉宋無信也君子曰苟信不繼盟無益也詩云君子屢盟乱是用長無信也公羊傳戰不言伐此其言伐何嫌與鄭人戰也何以不言師敗績内不言戰言戰乃敗矣

既書伐宋又書戰于宋者責賂於鄭而無厭杜氏曰宋以立厲公多責賂於鄭鄭人不堪屢盟於曾而無信者宋也二國聲其

罪以致討。故書曰伐。夫宋人之罪則固可伐矣。然取其賂以立督者魯桓也。資其力以簒國者鄭突也。王氏發義桓弑隱，馮弑殤，突簒忽，桓受賂於宋，宋責賂於鄭，斯惡同而罪均者也。無諸已然後可以非諸人。春秋之義用賢治不肖，不以亂易亂也。穀梁昭四春秋之義，用貴治賤，用賢治不肖，不以乱治乱。故又書曰戰于宋。來戰者罪在彼，戰于郎是也。往戰者罪在内。戰于宋是也。孫氏曰此公及鄭伯伐宋也。不言公，諱之也。地以宋，則宋與戰可知。不與公及鄭伯伐宋，故以魯鄭自戰爲文。高氏曰内没公而称及，鄭不爵而称師，鈎其罪也。陳氏曰前称公，後称及；前称鄭伯，後称師，畧之也。於是欲平宋鄭，朞歲之閒，會于折，于夫鍾，于闞，于穀丘，于虚，于龜，而宋辞平，遂舍宋而會鄭師以伐宋，戰焉。戰不言伐，有不與戰則言伐，如僖十八年宋曹衛邾伐齊而宋及齊戰是也。未始有不與戰者而亦言伐，則甚伐者也。曰戰于宋，薄宋之罪也。張氏曰兵法曰争恨小故不忍憤怒謂之憤兵兵憤者敗魯桓鄭突此役是也臨川吳氏曰宋莊貪得鄭賂之多而不許魯桓之請鄭突遂忘宋立己之恩與魯結黨爲伐戰之舉魯桓棄婁會婁盟之好乃與舊怨之鄭共兵以仇舊好之宋交道之翻覆不常在匹夫猶不可況國君乎愚按桓平宋鄭不從而至於伐戰宣平郯莒不肯而至於伐取皆不能反己而求其本也。汪氏曰穀梁曰不言與鄭戰恥不和也不知省文之義故云耳按此後魯常與鄭和公羊傳義是也劉氏曰公羊云內不言戰言戰乃敗矣非也若曰內不言敗言戰則敗矣可也

壬午 桓王二十一年 **十有三年** 齊僖三十二 晉緡六 衛惠公朔元年 蔡桓十六 鄭厲二 曹莊三 陳莊公林元年 杞靖五 宋莊十一 秦出子五 楚武四十二 **春二月公會紀侯鄭伯己巳及齊侯宋公衛侯燕人戰齊師宋師衛師燕師敗績**穀梁傳其言及者由內及之也其曰戰者由外言之也戰稱人敗稱師重衆也其不地於已也左傳大崩曰敗績杜氏曰師徒撓敗若沮岸崩山喪其功績

左氏以爲鄭與宋戰左傳宋多責賂於鄭鄭不堪命故以紀魯及齊與宋衛燕戰

公羊以爲宋與魯戰。（公羊傳）不地近也近乎圍也（何氏曰）曾親戰龍門兵攻城池

穀梁以爲紀與齊戰。趙匡攷據經文内兵則以紀爲主而先於鄭。外兵則以齊爲主而先於宋。獨取穀梁之説（趙氏曰）據經文内兵以紀爲主外兵以齊爲主若實爲宋鄭戰何得主齊紀乎盖齊以三國之師伐紀紀欲滅之公与鄭救之而勝也不然紀懼滅之不暇豈敢主兵而助鄭乎

盖齊紀者世讎也（公羊）莊四齊哀亨乎周紀侯譖之於襄公九世矣

齊人合三國以攻紀魯鄭援（去声）紀而與戰（臨川吳氏曰）皆鄭莊助齊謀紀者也魯桓數數爲鄭會宋繼又同鄭伐宋鄭厉德魯故助魯救紀而反其父之所爲戰而不地於紀也。不然紀懼滅亡不暇何敢將（去声）兵越國助魯鄭以增怨乎齊爲無道恃強陵弱。此以紀爲主何也。彼爲無道加兵於己必有引咎責躬之事禮義辯喻之文猶不得免

焉則亦固其封疆效死以守（孟子本） 上訴諸天子下告諸方伯連率與鄰國之諸侯其必有伸之者矣不如是而憤然與戰豈已亂之道乎力同度（待洛反）德動則相（去聲）時（左傳隱十一度德而處之量力而行之相時而動） 小國雖大國而幸勝焉禍之始也息伐鄭而亡（同上息侯伐鄭鄭伯与戰于竟息師大敗而还君子是以知息之將亡也不度德不量力不親親不徵辭不察有罪犯五不韙而以伐人其喪師也不亦宜乎） 鄭勝蔡而懼（襄八鄭子國子耳侵蔡獲蔡公子燮鄭人皆喜唯子産不順曰小國無文德而有武功禍莫大焉） 蔡大敗（必邁反）楚而滅（定四蔡侯吳子唐侯伐楚戰于柏舉楚師敗績哀元楚子圍蔡蔡人男女以辨使疆于江汝之間） 今紀人不度德不量力不徵詞輕與齊戰而爲之援者弒君之賊篡國之人也不能保其國自此戰始矣春秋以紀爲主省德相時自

治之意也〔永嘉呂氏曰〕紀以垂亡之國而獲戰勝之功此可喜也齊以大國之威而畜必報之憾甚可懼也桓公之所以為紀謀者既無以為保紀之道而徒挾鄭以戰幸而勝齊彼將謂可固紀矣而不知所以促紀之亡者在此役也迨夫紀懼亡之不給然後為黃之盟求以安紀紀亦晚矣○〔趙氏曰〕左氏云宋責賂於鄭且責賂小事止當二國自不和無容諸侯為戰也公羊云曷為後日恃外也得紀侯鄭伯然後能為日也按先會而後日成會而後戰也恃外有何義乎又曰何以不地近也蓋不地者有紀都也無他義〔劉氏曰〕左傳云云不書所戰後也若宋鄭相怨為此戰鄭當序紀上宋當序齊上何故反顛倒乎公雖不及其會期而及其戰期自當牽戰地何故反没戰地乎公羊云近故不地則郎之戰兆為近也而曰郎猶可以地不亦誣乎

三月葬衛宣公

葬自內録也既與衛人戰曷為葬宣公怨不棄義怒不廢禮〔左傳〕僖二十七有齊怨不廢喪紀礼也〔臨川吳氏曰〕二月己巳之戰齊紀為敵怨衛助齊

滅紀魯爲紀禦齊魯衛非敵怨也故不廢會葬之禮是知古人以葬爲重也。禮喪在殯孤無外事（穀梁僖九）衛宣未葬朔乃即戎已爲失禮又不稱子是以吉服從金華之事其爲惡大矣（本徐邈）（杜氏曰）宣公未葬惠公稱侯以接鄰國非禮也（陳氏曰）凡君在喪恒稱子衛宣未葬而稱衛侯不以居喪之礼出也（張氏曰）朔與兄伋壽爭國者志於立乎其位忘哀戚之心故未葬稱爵凡此類據事直書年月具存而惡自見（音現）也（趙氏曰）凡諸侯在喪而有境外之事以喪行者称子以吉行者称爵志惡之淺深也（愚按）春秋在喪而出預會盟征伐及遣使鄰國者有十此年衛惠會戰紀僖九年宋襄會葵丘二十五年衛成會洮二十八年陳共會溫三十三年晉襄敗秦于殽宣十年齊頃使國佐聘成三年宋共衛定伐鄭四年鄭悼伐許定四年陳懷會召陵侵楚是也然宋襄衛成陳共懷皆称子則見其未易吉服其罪猶可未滅此年衛惠称爵會戰則以吉服從戎其罪益甚矣然戰紀非朔主兵故直書而惡自見晉襄敗秦則忘親背惠墨縗絰而以詐取勝視朔尤甚故不称爵而以

微者紀之宋共衛定未葬而已越葬期齊頃鄭悼雖已葬而未踰年但直書而罪惡著矣

夏大水。（張氏曰）陰盛之災（王氏曰）經書水災者九而桓居其二莊居其三是大水之災二公居三之二矣豈桓公積惡不悛莊公釋讎不復怨氣蘊結有以致之歟○秋七月○冬十月

（癸未）桓王二十二年十有四年（齊）僖三十三卒（晉）緡七（衛）惠二（蔡）桓十七（鄭）厲三（曹）莊四（陳）莊二（杞）靖六（宋）莊十二（秦）出子六（楚）武四十二

春正月公會鄭伯于曹（左傳）會于曹曹人致餼禮也（杜氏曰）以曹地曹與會（臨川吳氏曰）前年魯鄭同救紀而敗齊衛之師蓋虞齊衛之報怨也故爲會以謀之曹素與魯協故魯會鄭於其地（王氏曰）公於鄭突比之至矣十二年婁會以平宋鄭而不克則爲武父之盟爲宋之伐十三年偕紀侯之戰今又會于曹同惡相濟明矣○無冰（公羊傳）記異也（穀梁傳）時燠也

按豳風七月周公陳王業之詩也其詞曰二之日鑿冰冲冲三之日納于凌（力證反）陰四之日其蚤獻羔祭韭（朱子傳）鑿冰取冰於山也冲冲鑿冰之意納藏也藏冰所以備暑也凌陰冰室也蚤蚤朝也獻羔祭

非而後啓之月令仲春獻羔開氷先薦寢廟是也周官凌人之職頒氷於夏（凌人）掌氷正歲十有二月令斬氷夏頒氷掌事其藏之也固陰沍寒於是乎取其出之也賓食喪祭於是乎用藏之周用之徧（左傳）昭四申豐曰云云則冬無愆陽夏無伏陰春無淒風秋無苦雨雷出不震無菑霜雹癘疾不降民不夭札七月之卒章藏氷之道也亦理陰陽天地之一事也。今在仲冬之月燠而無氷（何氏曰）周之正月夏之十一月法當堅氷無氷者温也（張氏曰）陰不能成物之災（高氏曰）凡不宜無曰無則政治縱弛不明之所致也（劉向洪範傳）隊回燠若此政事舒緩紀綱縱弛善惡不明賞罰不行之象周失之舒秦失之急故周衰無寒歲秦滅無燠年故書于策。夫春秋所載皆經邦大訓而書法若此其察。於四時寒暑之變詳矣（通旨）春秋極謹天變如無氷李梅實六鷁退飛無麥苗鸜鵒來巢之類以今觀之其事若甚小然春秋一書之則不可謂小事矣（永嘉呂氏曰）古者藏氷發冰所以節陽氣之盛也夫陽氣在天地間譬猶火之着於物也故常有以辯之十二月陽氣蘊伏錮而未發其盛在下則納冰於地中至二月四陽作蟄蟲起陽始用事則亦始啓冰而廟薦之及四月陽氣畢達陰氣將絶則冰於是大發食肉之祿老病喪浴冰無不及是以四時無愆陽伏陰凄風苦雨故夫藏冰發冰者變調之一事也春秋之書無冰不獨志常燠之異而亦以見備暑之無其備也或謂開冰而書無冰豈有建寅之月遽開冰乎春秋所書螽螟李梅實隕霜之類皆據目前之災異而志之豈以待開冰而後書無乎或者又援大無麥禾之例謂歲終會計而後書大無無麥禾猶開冰而後書無冰也不知大無麥禾與書大有年爲一類謂歲終會計而後知也開冰之事亦可與會於歲終者比乎愚按此年正月書無冰成元年二月書無冰襄二十八年書春無冰則知因陽盛氣燠而隨時以紀之苟以發冰而知無冰則當常以二月而不在正月矣若曰或藏冰無冰而書無或發冰無冰而書無抑何紀事之錯亂乎

夏五（公羊傳）夏五者何無聞焉爾（穀梁傳）孔子曰聽遠音者聞其疾而不聞其舒望遠者察其貌而不察其形立乎定哀以指隱桓隱桓之日遠矣夏五傳疑也（杜氏曰）不書月闕文

夏五傳疑也。疑而不益見聖人之愼也。故其自言曰吾猶及史之闕文也〔括蒼趙氏曰〕史闕文傳記不備不敢參以己意如夏五郭公之類也其語人曰多聞闕疑愼言其餘則寡尤〔朱子曰〕疑而不闕則流於繆妄而世或以私意改易古書者有矣〔東坡蘇氏曰〕宋咸以私意改周易五經數十去取多見其不知量也盡亦視此爲鑒可也然則春秋何以謂之作曰其義則斷丁乱反自聖心或筆或削明聖人之大用其事則因舊史有可損而不能益也〔隱二年傳〕或本據舊史因之而不能益或先儒傳受承誤而不敢增也〔孫氏曰〕舊史有闕孔子必刊正之夏五無月此後人傳之脫漏耳

鄭伯使其弟語來盟語〔穀〕作禦〔左傳〕鄭子人來尋盟且修曹之會〔穀梁傳〕諸侯之尊弟兄不得以屬通其弟云者以其來我舉其貴者也來盟前定也前定之盟不日〔程子傳〕使來盟盟前定矣與高子

不同

來盟稱使則前定之盟也（臨川吳氏曰：正月魯鄭二君會曹而未盟，故鄭伯使弟語來魯與公盟也）其不稱使如楚屈完齊高子則權在二子。盟不盟特未定也。諸侯之弟兄例以字通，而書名者罪其有寵愛之私，非友于之義也（高氏曰：將命者大夫之事，不可使弟。語爲子人氏，實違君命，其寵任之蓋有自來矣。來盟于我，彼欲之之辭也；從盟于彼，我欲之之辭也。鄭魯同惡而婁盟，可惡之甚也。蘇氏曰：凡外大夫來盟於魯，內大夫莅盟於他國，皆盟其君也。愚按：春秋書來盟者六，鄭弟語、衛孫良夫皆前定之盟也；高子、屈完、宋華孫皆未定之盟也；杞子則君自來，其盟亦非前定者也。大夫因聘而盟，則先書聘而後書及盟；非聘而特來結盟，則但書來盟，然皆所以著大夫之敵君也）

秋八月壬申，御廩災（公羊傳：御廩者，粢盛委之所藏也。御廩災何以書？記災也）

門觀災而新作則書，御廩粢盛（音成）之所藏（杜氏曰：御廩，公所親耕以奉粢盛之倉臨川吳氏曰君之在車與御者最相親近故君所親近之人謂之御御史御妻之類是也君所親用之物亦謂之御後世所謂御食御書御藥之類及此御廩是也御廩者以貯人君躬耕籍田之米專供宗廟之粢盛而不敢他用者高氏曰御廩災此將不得奉其宗廟之祥也君躬耕夫人獻種稑以供粢盛而災焉咎在君夫人矣宗廟鬼神之怒兆見於此其新必矣。何以不書。營宮室以宗廟爲先曲礼君子將營宮室宗廟爲先廐庫爲次居室爲後重本也。御廩災而新則不書常事也據世室新宮亳社皆不書新作以爲常事而不書垂教之意深矣知其說者然後知有國之急務爲政之後先雖勤於工築而民不怨勞如文王以民力築靈臺而民歡樂之之類與妄興土木困民力以自奉者異矣妄與土木如秦皇漢武之類愚按宮廟志災者六御廩西宮新宮亳社譏不能戒謹而致災也雉門兩觀桓宮僖宮譏其非礼而宜災也。趙氏曰穀梁云御廩之災不志此乃大故何得不志乙亥嘗【公羊傳】常事不書譏嘗也【穀梁傳】其志何也以為唯未易災之餘而嘗也志不敬也天子親耕以共粢盛王后親蠶以共祭服國非無良農工女也以為人之所盡事其祖禰不若以已所自親者也

嘗祭時事之常則何以書志不時與不敬也春秋紀事用周月而以八月嘗則不時也【胡氏曰】先其時亦過也御廩災于壬申而嘗以乙亥是不改卜而供未易災之餘則不敬也【范氏曰】用火災之餘以祭宗廟乃不敬之大者也禮以時為大施於事則不時禮以敬為本發於心則不敬故書【孫氏曰】嘗秋祭也周八月夏六月也不時而嘗與以災之餘而嘗不恭甚矣【張氏曰】有御廩災之變以先格王正厥事之誠心必遇災而懼未可遽有事于祖考況周之八月未當時祭何為汲汲以四日之間遽舉嘗祭乎持書以責其苟簡蔑裂褻奉宗廟之不誠且不敬也【王氏曰】秋嘗以物成而薦新為義夏之六月物未西成未可嘗也周官時享前期十日帥執事而卜日誓戒今壬申乙亥相距四日不卜不戒非獨不警天變而

褻慢其祖亦甚矣聖人明書一日豈無意乎。【趙氏】曰左氏曰書不害也按八月嘗非時也又以災之餘而祭譏不敬也非爲不害而書公羊曰不如勿嘗而已按有災當警懼修飭而改卜何得便闕先君之祀乎又曰祭統云成王追念周公賜之重祭郊社禘嘗是也按郊禘天子之禮社與嘗諸侯所自有撰禮者見春秋書嘗社以爲郊禘同遂妄言耳又曰王制云礿則不禘禘則不嘗嘗則不烝烝則不礿此爲見春秋經前後祭祀唯有烝嘗禘三種所以云尒【愚按】郊禘諸侯之所不當祭故孔子云魯之郊禘非禮也嘗社諸侯之常祭故春秋一書嘗譏以災餘之米供粢盛四書社皆以日食大水鼓用牲之非禮而志之不書祭社以爲常事也漢儒因中庸以郊社禘嘗並言又見春秋書郊社禘嘗故傳會以爲皆僭禮然春秋書烝書嘗豈以嘗獨爲重祭而烝非重祭乎嘗而謂之大春秋何以不書大乎纂例辨之當矣

冬十有二月丁巳齊侯祿父卒僖公也在位三十三年子諸兒嗣是爲襄公

○宋人【莊】以齊人【襄】蔡人【桓】衛人【惠】陳人【莊】伐鄭【公】蔡人在衛人下【以一國用諸侯之師於是始】【左傳】宋人以諸侯伐鄭報宋之戰也焚渠門入及大逵伐東郊取牛首以大宮之椽歸爲盧門之椽

公羊傳以者何行其意也穀梁傳以者不以者也民者君之本也使人以其死非正也程子傳凡諸侯之國甲兵有制皆統乎天子乃敢私用之與私爲之用以伐人国大乱之道也他書以某師皆放此

師而曰以者能左右並如字之以行已意也。左傳凡師能左右之曰以杜氏曰謂進退在已何氏曰以已從人曰行言四国行宋意也四國本不起兵當分別之故加以也通旨齊桓晋文戰勝天下威服諸侯固能左右諸国之師非以弱假強故不言以宋怨鄭突之背蒲昧反已故以四國伐鄭魯怨齊人之侵已故以楚師伐齊僖二十六蔡怨囊瓦之拘已故以吳子伐楚定四蔡弱於吳魯弱於楚宋與蔡衛陳敵而弱於齊永嘉呂氏曰以者非其本意而爲人所以之秋四国本無意於伐鄭者宋以之也楚本無意於伐齊者魯以之也吳子本無意於戰楚而戰楚者蔡侯以之也春秋書擅征伐皆惡之而况以人之兵伐人之國哉乃用其師以行已意故持書曰以列國之兵有制皆統乎天子而敢私用之與私爲之用以伐人國大亂之道也薛氏曰四國不守王法而并爲宋用其罪同也故穀梁子曰以者不以者也范氏曰本非所得制令得以之也陳氏曰伐未有言以者其言以何用諸侯之師於是始也東迁之後諸侯雖會伐非一国之志也則會者序爵而已矣雖王兵也而小國序大国之上亦非一國之志也以一國而用諸侯之師於是始上無天子下無方伯有以一國而用諸侯之師此伯之所由與也伯者之令行於天下自是無書以者矣書以者必中国用夷狄者也張氏曰鄭突賴宋之力得入篡国歸而背其賂宋人因此與爲伉雠魯桓平之宋人不從鄭遂與魯伐宋爲丁未之戰宋以突入用其寵而背之且至見伐積其憤怒乞師於齊蔡陳衛盖師雖四國之賦而左右死生推宋人之爲聽比於平日諸侯各帥其師以伐人者不同故書以夫宋不反其黨庶孽徇貨賂之失而擅用列国之兵以逞其私忿四國輕以兵假人而使之逞志其罪皆不可勝誅也劉氏曰書宋人以齊人則足以知宋人者宋公也書晉人及姜戎則足以知晉人者晉侯也宋公殘人之國而毁其宗廟晉侯背父之殯而覆人之師其罪一也王氏曰宋公以

私忿而用四國之兵四國合黨而惟宋公之用諸侯之兵聽命於一國昉於此故五國之君皆貶人之【王氏箋義】入人之國毀人之祖廟不道之甚故皆惡而貶之入而書伐鄭亦有罪致其伐耳【永嘉呂氏曰】齊方有喪而會伐惡之甚者矣。【愚按】或謂言以者用彼師伐戰而已不交鋒盖泥於左傳紀柏舉事皆吳楚自戰故云尒盖蔡師微弱故不詳錄也夫苟不自交鋒則非能左右之之謂矣况傳稱宋以太宫椽歸爲盧門之椽經書曾取穀則非不交鋒之驗也

【甲申】桓王二十三年崩 十有五年【齊】襄公諸兒元年【晉】緡八【衛】惠二【蔡】桓十八【鄭】厲四【曹】莊五【陳】莊三【杞】靖七【宋】莊十三【秦】武公元年【楚】武四十四 春二月天王使家父來求車【左傳】非禮也諸侯不貢車服天子不私求財【公羊傳】何以書譏何譏爾王者無求求車非禮也【穀梁傳】古者諸侯時獻于天子以其国之所有故有辭讓而無徵求求車非禮也求金甚矣

遣使需索之謂求【說文】求索也 王畿千里租稅所入足以充費 不至於有求四方諸侯各有職貢不至於

來求【何氏曰】王者畿內千里租稅足以共費四方各以其職來貢足以尊榮當以至廉無為率先天下不當求求則諸侯貪大夫鄙士庶盜竊以喪事而求貨財已為不可況車服乎。經於求賻隱三求車求金文九皆書曰求垂後戒也【愚按】賻因喪事而求且諸侯所當歸也車則非諸侯之所當歸矣然猶服御之物也金則直為貪利爾世愈降而失愈甚頃王之周又非桓王之周矣夫上有好去声者下必有甚焉者矣王者有求下觀而化諸侯必將有求以利其國大夫必將有求以利其家士庶人必將有求以利其身皇皇焉唯恐不足。未至於篡弒奪攘則不厭矣本孟子古之君人者必昭儉德以臨照百官尊卑登降各有度數【左傳】桓二臧哀伯曰云云示等威明貴賤。民志既定之後【禮記】辨上下定民志皆安其分扶問反而無求兵刑寢矣及修心一動莫爲防制必至於亢（苦浪反）不衷（昭二十二無亢不衷）官失德廉恥道喪（去声）寵賂日章淪於危亡而後止也觀春秋所書則見王室衰亂之由而知興衰撥亂之說矣

張氏曰古者諸侯有功則車服以庸蓋王之五路自同姓以下其用之皆有等差非諸侯所得而私爲況可以天子之尊而下求於列国乎天子歲內租稅所入足以待諸侯諸侯九貢亦無有以車供王室之用者上越礼以求之下違法以供之則示貪風於天下開賄道於邦国其失自上非小故也故時書示譏家父爲大夫而無所正救奉使侯国自取辱命之罪見矣

臨川吳氏曰車重器也天子可以之錫下諸侯不可以之貢上也使當貢之物諸侯不供而天子乏用猶不當遣使以私求況諸侯不當貢之物而可求乎哉

家氏曰求之爲言下之人有求於上也不足者求之有餘者也上之於下不以求言也今以萬乘之尊而徵需猥及於不稟命之諸侯始之求賻猶曰諸侯不賻天子求之以愧之也繼而求車繼而求金非所當求而求見成周號令不行於當時而遂辭以有求非特責王深責諸侯之無王也

高氏曰桓

無王豈獨桓受其賍天王之惡亦大矣弑逆不誅又数聘之又命大夫有求不王甚矣

三月乙未天王崩桓王也在位二十三年世子佗嗣位是爲莊王莊三年始書葬**趙氏曰**此後莊王僖王不書崩見王室不告魯之不赴著諸侯之不臣也○**夏四月己巳葬齊僖公****王氏曰**桓貟大惡王兆唯不討而八年之間三遣使來聘恩礼厚矣今王崩來赴魯無奔喪會葬之事齊僖之存干戈歲尋卒則會葬如礼比事以觀不賍而惡自見○**五月鄭伯突出奔蔡**

公羊穀梁傳突何以名奪正也**程子傳**避祭仲而出兆国人出之也

按左氏祭側界反仲專鄭伯患之使其壻雍糾殺之雍姬知之以告仲仲殺雍糾公出奔蔡是祭仲逐之也没而不書其義何也陸淳曰微旨逐君之臣其罪易去声知也君而見逐其惡甚矣聖人之教在乎端本清源故凡諸侯之奔皆不書所逐之臣而以自奔爲名名微

旨作文所以警乎人君其說是也胡氏曰諸侯奔亡皆迫逐而苟免非自出也經以自奔爲文責其不能自固也啖氏曰或曰臣出其君而其罪不彰無乃掩姦乎曰出君之罪史氏知之也春秋牽王綱正君則而治道興矣陳氏曰春秋之法苟其道足以失國雖有權臣亦以自致之文書之是故鄭祭仲殺雍糾而突出衛孫林父殺子蟜子伯子皮而衎出燕大夫殺外嬖而款出書奔而已矣夫君實有國而出於臣乃其自取焉耳。本正而天下之事理矣張氏曰聖人之大宝曰位蓋天子至尊而諸侯次之聖賢貴於得位以其足以恢弘斯道潤澤斯民是以謂之寶其次中才之主苟能制節謹變用賢愛民自足以守其社稷何至位南面之尊秉一国之權而爲臣民之所逐哉故凡爲国君而失位出奔皆以自出書之所以罪其自失也書爵不名者皆輕惡淺其位爲未絕突以庶孽奪嫡初与權臣比而篡位又与其親戚謀殺之爲反覆盜賊之計以自取亡書名絕之也高氏曰前年蔡從宋伐鄭突曷爲奔蔡曰宋人以蔡伐鄭而蔡所命焉蔡之於突實無憾。愚按春秋書君出奔者十有二鄭突衛朔燕款蔡朱莒庚輿邾益皆書名啖氏所謂君奔例書名言其失地非復諸侯也鄭忽曹羈莒展輿不稱爵者忽羈未成君展輿雖踰年而以弑立不可稱爵也衛鄭不名則以叔武抗而位未絶也衛衎位已絶而不名者著衎之立以正非突朔之比而剽之簒實逆非如忽黜年可以兩君言之也郕朱儒不名小国紀録簡略耳

鄭世子忽復歸于鄭 公羊傳 其稱世子復正也 穀梁傳 反正也 程子傳 稱世子本當立者不能保其位故不爵鄭人謂之狡童又曰狂童恣行其不肖可知

忽甞嗣位君其國歸而獨稱世子 杜氏曰 忽甞居君位故今還以復其位之例為文稱世子者父卒而不能自君鄭人亦不君之 劉氏曰 忽之出無鄭者也而又不得稱子則忽之可以君國者無幾矣春秋別嫌疑明是非以謂忽雖不能君國甞為君之世子矣世子者必命於天子者也若偏庶因乱得逐而奪之則天下之奸臣縱矣故正其名予之継世深惡乱臣賊子之意也 薛氏曰 突書鄭伯已成君也忽書世子明突之不當得立也 頃氏曰 突雖不正而國人君之忽雖正嫡而國人不以為君也 陳氏折衷 稱世子以正忽之反正以反突之不正 則亡其君位明矣其

三五〇

稱復歸者，謂旣絶而復歸也。陸氏曰：復歸之正者莫過於鄭忽。高氏曰：不曰復歸則無以知其嘗有國，復歸者又異於常之歸，復入者又難於嘗之入也。然諸侯失國出奔，歸而稱復則可，愚按：復者，還反其舊之謂。國本其所有，不幸失國而去，今得復其國而歸也，故鄭忽、曹襄、衛鄭、衛衎皆称復歸。衛鄭之再歸与曹負芻之歸不称復者，衛鄭戕本枝而不悛，負芻篡冢嫡而幸免，其復皆非義也。大夫失位出奔，歸而稱復則不可。古者諸侯世國，大夫不世官。劉氏曰：復歸有君臣之異，以其世也，故可言復，可言復而不言復者，奪其國之意也。以其不世也，故不可言復，大夫可言復而言復者，効其竊取位之意也。或曰：復，厭詞也。張氏曰：忽自十一年五月莊公卒而立，至九月奔衛，十五年于外乃得復歸。不從衛侯朔、衎之例称爵，乃称世子者，忽之所以得歸者，以其嘗爲世子也；所以不称鄭伯者，以其不能君也。愚按：前先書突歸而繼書忽奔者，以忽之出由突之入也；此先書突奔而繼書忽歸者，明忽之歸由突之出也。忽与突之強弱見矣。突之歸不係國，而忽称世子，嫡庶之名分辨矣。○劉氏曰：公羊謂復歸者

出惡歸無惡如忽之奔蓋有不得已亦何惡乎又
曰歸者出入無惡突之篡國何故出入無惡乎
許叔入于許 穀梁傳 許叔許之貴者也莫宜乎許叔其曰入何也其歸之道非所以歸也
許大音泰岳之裔 程氏曰 太岳神農之後堯四岳也 先王建國迫於齊
鄭不得奉其社稷 隱十一年魯及齊鄭入許許莊公奔衛鄭悉有許之土地而使許莊
公之弟許叔居許東偏以奉其祭祀是年鄭乱許叔度鄭之力不能与已爭故自入其國而君之也 未
聞可滅之罪也則當伸大義以直詞上告諸天王下
赴諸方伯求復其國糞除宗廟 昭二十一公曰將使歸糞除宗祧 愚按 糞
掃也亦作拚聘礼既拚以俟 孰能與之爭今乃因亂竊入則非復
國之義故書入于許 范氏曰 許國之貴莫過許叔叔之宜立又無与二而進無王命
退非父授故不書歸 入云者難詞也 劉氏曰 稱入何難也何難焉鄭乱而後入也 陸氏曰
本無位則稱入 陳氏曰 許叔稱字以是爲宜入也是故未有書字者雖公子也弗謂公子此其曰許叔所

以別有罪也【高氏曰】叔無罪書名則入篡者無辨【家氏曰】許叔之入入之善者也衛朔之入入鄭突之入入之惡者也【襄】

公會齊侯于艾【曰】艾【公】作鄗【穀】作蒿【左傳】謀定許也【張氏曰】入許之役鄭莊以壤地相接欲兼并之故糾合齊魯之力而同伐既入之後齊魯讓而不受乃与鄭人今鄭不能有齊魯又爲之謀以定許叔之位此許之所以復存也【高氏曰】魯嘗爲齊絶襄新立復通好自是与文姜爲鳥獸之行而彭生之禍兆於此矣故以齊侯爲主

○郳【穀】人牟人葛人來朝【杜氏曰】牟國在泰山牟縣葛國在梁國寧陵縣東北【張氏曰】牟國今登州牟平縣葛古葛伯國今拱州寧陵縣【愚按】牟平縣今屬益都路寧海州寧陵縣今屬河南府路歸德府

公羊曰皆何以稱人夷狄之也【何氏曰】桓行惡而三人俱朝事之三人爲衆衆足責故夷狄之【孫氏曰】皆微國之君賤其相与朝弑逆之人賊之也【朱子語】朝非微者之礼其狄之何天王崩不奔喪而相率朝弑君之賊也【董子曰】爲

天王崩而相朝故貶【劉氏曰】滕薛之旅見也与邾牟葛爲異滕薛之貶輕而邾牟葛之貶重何也天王崩魯与三國未嘗奔問弔贈修臣子之職而方沛然以朝礼自處其義上僭是所以責之重也【陳氏曰】朝未有書人者旅見兆邦交之舊自参以上甚矣凡朝不勝譏莫甚於自参以上故貶人之【張氏曰】朝桓多矣春秋獨於滕貶子穀鄧名之邾牟葛人之蓋滕子先諸國而朝穀鄧自遠而至邾牟葛以諸侯之貴旅見於惡人之朝以事天子之礼事乱臣賊子故特貶三者以示法其餘從同同【蜀杜氏曰】聖人不与諸侯之朝桓獨來則損其爵二國則貶而名三國則人而賤之蓋二三國班見所以人之也杜元凱以爲附庸世子安有三國同時遣世子耶【劉氏曰】世子不當摂君朝凡書世子朝皆貶也不應沒其名

秋九月鄭伯突入于櫟【左傳】鄭伯因櫟人殺檀伯而遂居櫟【公羊傳】櫟者何鄭之邑曷爲不言入于鄭末言尔曷爲不言忽之出奔言忽爲君之微也【程子傳】突非正也忽既恣行故國人君之諸侯助之書爵所以戒居正者已不能保則人取之矣書入以見義不容也【杜氏曰】櫟鄭別都在河南陽翟縣【張氏曰】今屬頴昌府【愚按】今汴梁路鈞州陽翟縣

經於厲公復國削而不書，獨書入于櫟，何也？【高氏曰】前曰歸恃宋与仲，仲令曰入，宋怒而仲不納，亦見其義不容也。夫制邑之死虢君，【左】隱元：制，巖邑也，虢叔死焉。共城之叛大叔，【同上】太叔將襲鄭，子封伐京，京叛太叔段，段入于鄢，公伐諸鄢，大叔出奔共。皆莊公所親戒也。今又城櫟而寘子元焉，使昭公不立，【国語】櫟人實使鄭子不得其位。何謀國之誤也！衛有蒲戚而出獻公，【杜氏曰】蒲，甯殖邑；戚，孫林父邑。【左】襄十四：衛獻公戒孫文子、甯惠子食，日旰不召，二子怒。公使子蟜、子伯、子皮与孫子盟，孫子殺之，公出奔齊。楚有陳蔡不羹而音郎叛棄疾，末大必折，有國之害也。【左】昭十一：楚子城陳、蔡、不羹，使棄疾爲蔡公。王問於申無宇，對曰：鄭莊公城櫟而寘子元焉，使昭公不立。臣聞五大不在邊。鄭京、櫟實殺曼伯，宋蕭、亳實殺子游，齊渠丘實殺無知，衛蒲、戚實出獻公。由是觀之，則害於国。末大必折，尾大不掉，吾所知也。十三年，楚公子棄疾帥陳、蔡、不羹、許、葉之師以入楚，蔡公使殺大子祿。五月癸亥，王縊。丙辰，棄疾即位。

故夫子行乎季孫曰古者家不藏甲邑無百雉之城遂墮三都以張公室見史記孔子世家於厲公復國削而不書者君曰既入于櫟則其國已復矣薛氏曰櫟者鄭之大都也入于櫟言將逼鄭也鄭忽反矣突因櫟以有鄭忽浸微而不見矣春秋因忽浸微而不見以著大都之害閔忽之無臣子而不足以有立也張氏曰書櫟所以見大都耦國既入于此則鄭國之命已制於突与入其國都無以異特書入于櫟而略其入國者所以謹乱之所由生也按傳十七年高渠弥弒昭公立子亹十八年齐人殺亹祭仲逆鄭子于陳而立之莊十四年傳瑕殺鄭子及其二子而納厉公春秋止書鄭伯突入于櫟而忽亹儀之事皆不書者以見忽亹儀之為君未矣而不足紀也於以明居重馭輕強幹弱枝以身使臂之義爲天下與來世之鑒也爲國者可不謹於禮乎春秋此義皆小康之事衰世之意也木訥趙氏曰諸侯再入不至於國惟鄭突入櫟衛侯入夷儀而已鄭突名而衛衎不名衎

書復歸于衛而突不書歸于鄭此正与不正之辨也衛衎之出國固其國也林父逐之而立剽不正也突之出位固非其位乃篡也突入櫟以將迫兄而出之謀再篡也衎自夷儀入春秋書之以明衎之當有衛也突入鄭不書明突不當有鄭也【家氏曰】鄭有君而突自外竊入亦書鄭伯此因舊史之已書而存之以示戒魯桓与突同惡相濟出師輔篡至於再三故魯史崇突而卑忽以鄭伯書春秋因之以示戒程子所謂以戒居正之不能保也【莊二十一年傳】突歸于鄭之後其出奔蔡入于櫟皆以名書猶繫而爵雖篡而實君雖君而實篡不没其實也

冬十有一月公會宋(莊)公衛(宣)侯陳(莊)侯于袲伐(昭)鄭宋公上【公】有齊侯袲昌氏反【公】作侈【杜氏曰】袲宋地在沛國相縣西南【鄭氏曰】亳州【愚按】今屬河南府路

左氏曰將納厲公也弗克而還【永嘉呂氏曰】或疑宋既責賂於突而伐鄭不當又納突遂謂伐突救忽然魯桓方与突伐宋亦不當會宋伐突忽奔于衛而袲之會則衛与焉突奔蔡而曹之會蔡与焉謂衛不應伐忽以納突則蔡亦不應伐突以救忽春秋諸侯之离合不常可勝辨哉

但據經伐鄭二字則突在櫟忽在鄭爲伐忽明矣穀梁曰地而後伐疑辭非責也其疑也昭公與突之是非邪正亦明矣**胡氏曰**春秋乱世以不正討正以不義伐義者衆故非所當納者奪之名所以別白黑然昭公雖正其才不足以君一國之人復歸于鄭日以微弱厲公雖簒其智足以結四鄰之援既入于櫟日以盛強諸侯不顧是非而計其強弱始疑於輔正終變而與邪穀梁所謂非其疑者非其疑於爲義而果於爲不義相與連兵動衆納簒國之公子也**張氏曰**魯桓宋莊衛朔皆以不正得國其爲突謀乃水流濕火就燥獨陳侯疑之尒然寡不勝衆所以疑而遂合也**王氏曰**突之未出也宋欲有所責故嘗伐之突而既出也宋懼無所得故求納之始宋不和而公以鄭伐宋及突已奔而公与宋伐鄭向者相突之深仇也相用之固豈無自而然哉蓋以正繼正礼之常諸侯無所求以乱易乱國之釁諸侯有所責

故利其乱幸其危貪其賄黨其邪自突入櫟
公与宋公三會諸侯而再伐鄭無他賄故也
故詳書其會地而後言伐以譏之也 孫氏曰先行會礼而後伐 王氏曰四国會于宋之
亥則宋主兵矣宋莊与突始因中雛今又主兵納之
是得為以常德立武者乎 陳氏曰會伐會盟會救會
侵皆前定之辭也未前定則書會于某而後伐會于
某而後盟會于某而後救會于某而後侵若梁林重
立牡立召陵是也前定同欲也未前定繼事也 愚按
此于衮伐鄭穀梁以為非其疑梁林伐鄭谷梁以為
著其美蓋于衮所以納以孽奪正之人而梁林所以
討從楚侵宋之罪故不同尓此書公會三國之君脩
會礼于衮然後伐鄭見其先疑而後決也宣元年書
四国之君會晉師于梁林伐鄭見諸侯皆從晉師以
討有罪也文相似而實不同也召陵侵楚雖非疑辭
然傳稱劉文公合諸侯于召陵謀伐楚則是不協而
謀之矣經書會于召陵侵楚譏之也若夫襄五年會
城棣救陳不書會城棣十八年會曾濟同伐齐不書
會曾濟二十五年會夷儀伐齐不書伐齐蓋救陳圍
齐美其有恤患討罪之實故皆不書會夷儀受賂而
縱大惡是以
不書伐也

【乙酉】莊王元年　十有六年　齊襄二　晉緡九　衛惠四　蔡桓十九　鄭厲五　昭公忽元年　曹莊六　陳莊四　杞靖八　宋莊十四　秦武二　楚武四十五

春正月，公會宋公(莊)、蔡侯(桓)、衛侯(惠)于曹(莊)。【左傳】謀伐鄭也。【孫氏曰】未能納突，故復會。【張氏曰】於此又邀蔡，黨益張矣。

夏四月，公會宋公(莊)、衛侯(惠)、陳侯(莊)、蔡侯(桓)伐鄭(昭)。【程子傳】突善結諸侯，故皆爲之致力，冞伐鄭也。

春正月會于曹，蔡先於衛；夏四月伐鄭，衛先於蔡。王制諸侯之爵次，其後先固有序矣。【王制】王者之制祿爵，公侯伯子男，凡五等。在周官大司馬設儀辨位以等邦國。【周禮注】等猶等差也。辨，別也。別尊卑之位。【大宗伯】以九儀之命正邦國之位。猶天建地設，不可亂也。及春秋時禮制既亡，伯者以意之向背爲升降。【公羊】昭十二：春秋之信史也，其序則齊桓晉文。諸國以勢之強弱相上下。【左傳】成三：衛在晉不得爲次国。【注】春秋時以強弱爲大小，故衛雖侯爵，猶爲小國。【通旨】諸侯朝會序列以爵之尊卑則名正以國之大小則實乱蔡嘗先衛。今序陳下者，先儒以爲後至也。

杜氏曰蔡常在衛上今序陳下蓋後至以至之先後易其序，是以利率人而不要於遙反諸禮也。豈所以定民志乎。後世有以醲厚也賞前馬援傳明主醲於用賞誘人之趨事赴功。如商鞅立三丈之木於國都南門募民能徙置北門者予五十金之類以重罰沮人之奉公守正。如趙高持鹿獻二世曰馬也二世笑曰丞相誤耶問左右或默或言高陰中諸言鹿者以法之類意亦如此。大亂之所由生也。則儀位以爲階。繫辭易大傳春秋防微杜漸，尤嚴於名分。扶問反考其所書意自見音現矣。

家氏曰自去冬迄今夏二三書公會再書伐鄭不間以他事誅宋魯之輔篡而干正也。高氏曰春与曹謀而曹人不從今又与陳同伐蓋突善結諸侯故也宋初伐突期於服突而已不期忽之歸也突奔而忽歸則不利於宋故宋又連年伐忽而納突鄭之乱宋實爲之故以宋首惡也。張氏曰自鄭突入国之後即比魯而伐宋及其出奔乃能使曾与宋自冬及夏悉力伐鄭所謂善結也衛朔与毋構兄奸惡之雄因同惡之合陵蔡而居其上王政不行霸者未作小人恃強衆陵寡弱如此及桓文之興而後少抑焉 呂氏曰 會曹蔡先衛伐鄭衛先蔡蓋當時諸侯皆以一切強弱目前利害爲先後不復用周班也 愚按 蔡衛皆姬姓侯爵而或先或後者率以私意爲進退也故此年會曹先衛伐鄭先蔡而盟踐土會宋會召陵侵楚蔡又先衛會虢衛又先蔡紛更不一故會鄄盟幽侵蔡會首止圍新城會鹹盟牡丘會淮盟新城會棐林盟蜀襄五年會戚會鄬則陳先於衛從王伐鄭宋以四国伐鄭會于袲此年伐鄭會宋會虢會召陵則衛先於陳此年伐鄭伐衛納朔次郎會北杏盟齊會盂圍宋盟翟泉會虢則以陳先蔡從王伐鄭宋以四国伐鄭會溫襄二十四年伐鄭會宋會申再伐吳會召陵敗雞父則又以蔡先陳是皆先後之無常無非霸者以意之向背爲升降也又其甚者許以男而先曹伯淮之會則又先邢侯莒邾以子而先薛伯杞伯矣齊桓以侯而先宋公則曰主盟也晉霸而後會盟亦以侯而先宋公則亦曰主盟也然自晉伯之後齊亦以侯而先宋公矣齊世子光盟雞澤至會柤皆序小邾子之下曲子未誓以皮帛繼子男似也然伐鄭戍虎牢之役則

序滕子薛伯杞伯之上亳城北蕭魚之役則序莒邾之上夫以世子誓於天子而攝其君則下其君之禮一等亦宜序薛伯杞伯之下況齊光未誓於天子乎據傳於戍虎牢之役謂齊太子光先至於師故長於滕亳北之役謂齊太子光先至於鄭門于東門則亦以至之先後易其序耳嗟夫春秋之時王政不綱典禮廢壞諸侯放恣惟力是視不復以爵之貴賤計崇卑而專以國之強弱相上下矣是故隱公之時滕薛朝魯而爭長此猶皆侯爵也桓公之時曹以周班後鄭而鄭有郎之戰則已不計爵次矣馴致春秋季世宋虢之會楚以蠻夷而爭晉先歃春秋之終吳且爭長於黃池而主會矣雖然春秋於諸侯爵次之紊亂從主會者之所為而不革者所以彰其失也宋虢先晉黃池以兩伯言之所以抑其強也宋虢黃池待吳絶以見罪惡其餘從主會者之所為不貶絶以見罪惡

秋七月公至自伐鄭此致伐之始左傳以飲至之禮也穀梁傳其致何也危之也程子傳不惟告廟又以見勤勞於鄭突也

伐鄭則致罪之也曷為罪之以納突也諸侯失國諸

侯納之正也伐鄭以納突非正也故書至以罪桓之上無王法恣爲不義而莫之禁也范氏曰桓公再助篡伐正危殆之甚喜得全歸故志之高郵孫氏曰重其兩伐正而納篡故危之也臨川吳氏曰公至常事書者皆譏也家氏曰自去年十一月會伐師未及息今年正月又會四月又伐歷三時之久乃歸暴師一年爲是逆理悖常之事桓之惡亦愈矣

冬城向向先亮反左傳書時也啖氏曰下有十一月則此乃十月也纖是同月亦今之九月農功未畢不可興役愚按凡書城未有繫月者蓋城築之事非可月成也然周之十月十一月皆農收之時蓋戒事於此而以春正月畢工則無妨農之病矣杜預以謂閏六月水星可在十一月而正蓋爲左傳文飾之耳

○十有一月衛侯朔出奔齊左傳初衛宣公烝於夷姜生急子屬諸右公子爲之娶於齊而美公取之生壽及朔屬壽於左公子夷姜縊宣姜與公子朔構急子公使諸齊使盜待諸莘將殺之壽子告之使行不可曰棄父之命惡用子矣有無父之国則可也乃行飲以酒壽子載其旌以先盜殺之急子至曰我之

求也此何罪又殺之二公子怨惠公立公子黔牟惠公奔齊【公羊傳】朔何以名得罪于天子也【穀梁傳】朔之名惡也天子召而不往也【陳氏曰】衛人立黔牟而後奔則其但書奔何以爲自失国也春秋之法苟其道足以失国雖有篡公子亦以自致之文書之也故蔡人立東国而朱出郲人立君而朱儒出皆書奔而已矣【張氏曰】朔立已五年二公子逐之必因其衆蔑天子周室欲討而後得以行其志所以莊六年王人子突救衛公羊之説必有所傳矣【愚按】公谷皆云衛朔獲罪於天子今考左傳衛朔之復入放黔牟于周則黔牟之立天子与有力焉不然二公子怨朔奚待五年而逐之哉

【丙戌】莊王二年

十有七年

【齊】襄三【晉】緡十【衛】惠五黔牟元年【蔡】桓二十卒【鄭】厲六昭二【曹】莊七【陳】莊五【杞】靖九【宋】莊十五【秦】武三【楚】武四十六

春正月丙辰公會齊侯紀侯盟于黄

【左傳】平齊紀且謀衛故也【杜氏曰】黄齊地【張氏曰】公十三年會紀敗齊以益其怨今乃盟之豈足以釋憾又欲納朔一動而二失也【王氏曰】黄紀地後屬齊【愚按】今㮊陽路登州黄縣紀魯之姻国而衛朔在齊故齊欲納朔而魯欲平紀也然二年之後齊遷迁紀三邑六年之後魯卒會齊納朔則非紀之削弱盟不足恃而齊魯

之強弱亦具見矣○**二月丙午，公會邾儀父盟于趡。**會公穀作及趡翠軌反左傳尋蔑之盟也杜氏曰趡魯地臨川吳氏曰隱元年及邾盟蔑七年而隱公渝盟伐邾桓公八年又伐邾魯邾不通好十有餘年至桓十五年邾同牟葛朝魯既朝之後二国欲尋蔑盟而平其再伐之怨故邾來魯地受盟而公与之盟也高氏曰趡我地彼來而我及之也与蔑之盟同愚按下書伐邾則趡盟不待貶而惡自見矣隱桓皆盟邾而背盟皆以宋故以国君之重而其心無所適主尚足貴乎○**夏五月丙午，及齊師戰于奚。**公闕夏字奚穀作郎此齊魯交兵之始左傳齊人侵魯疆疆吏來告公曰疆埸之事慎守其一而備其不虞事至而戰又何謁焉穀梁傳內諱敗舉其可道者不言及之者為內諱也杜氏曰奚魯地臨川吳氏曰此齊師來侵魯境而魯与之戰也盟黄未幾而齊來侵境平紀之信豈可恃乎王氏讞義不言及者主名疆吏得公命与戰微者故不書高氏曰不書敗蓋魯敗也愚按或謂此公戰諱不言公竊考明年公會齊侯于濼則齊魯之怨未深其非公与戰明矣故知戰奚乃內之微者而戰宋戰乾時戰升陘則公及而諱之也亦猶盟宿乃內之微者而盟幽盟齊盟翟泉盟處父則諱公也筆削之旨當連上下文并前後事跡

觀之執一例則拘矣○六月丁丑蔡侯封人卒桓侯也在位二十年弟獻舞立是爲哀公

秋八月蔡季自陳歸于蔡左傳蔡人召蔡季于陳蔡季自陳歸于蔡蔡人嘉之也穀梁傳蔡季蔡之貴者也自陳陳有奉焉爾

季字也啖氏曰蔡侯之弟歸而合義故字之愚按諸侯之兄弟例稱字蔡叔許叔蔡季紀季是也許叔懼於鄭紀季迫於齊故以難而書入此則蔡人召之順且易故曰歸然皆無罪是以稱字蔡叔以國君之弟出會盟無譏貶故亦稱字衛叔武則以攝君故不稱字而曰衛子歸順詞高郵孫氏曰是可歸而歸也則歸者善也蔡季之去以道而去者也其歸以禮而歸者也公子不去國季何以去權也既歸何以不有國獻舞立矣何氏曰蔡侯封人無子季次當立封人欲立獻舞而疾季季辟之陳封人卒反歸奔喪無怨心故賢而字之若季者劉敞所謂智足以與權而不亂力足以得國而不居遠而不攜邇而不迫者也是

以見貴於春秋劉氏曰蔡季之去其國与秦伯之弟鍼無異鍼以冨懼誅季以賢見疑俱不得安其身而季爲顯矣永嘉呂氏曰突歸于鄭則名之赤歸于曹則名之以其爭國也蔡季歸于蔡則不名以其非爭國也言其終不爲君也張氏曰返國於危疑之際考之書法惟蔡季爲善以其絜身而去一無爭心念念宗国聞召即歸能遠禍於未然不悻悻以爲高其去就合宜故春秋貴之家氏曰蔡季之歸与閔元年季子來歸義同皆字而書歸褒也獻舞失國之君蔡季讓國之賢春秋於二人之賢否具見書法而說左氏者乃謂季獻舞爲一人愚竊惑焉

癸巳。葬蔡桓侯

啖助曰蔡桓何以称侯蓋蔡季之賢知請謚也周礼職喪掌諸侯之喪凡其喪祭詔其號注號謂謚號啖氏曰五等諸侯本國臣子皆称之曰公葬既不請王命因而私謚爲公從而書之以見非礼唯蔡桓称侯蓋蔡季告王請謚王之策書則云謚曰某侯故特書之明得礼也陸氏曰按左傳史記世本蔡之諸君皆謚爲侯經皆称公者以其私謚与僭同也惟桓侯請謚王

之策書則云謚曰某侯諸史國史因而紀之故春秋特書之【高氏曰】春秋因褒見貶率一是則衆非可知人亦多寡其君者莫能愛君以禮而季能行之此賢者所以異於衆人也【劉氏曰】諸侯莫有能正死生之礼者桓侯之賢又未有聞於春秋則桓侯非賢而蔡季請之可知矣云云或曰葬未有不稱公者其稱侯傳失之耳【杜氏曰】称侯蓋謬誤臣子之於君極其尊而稱之禮也【徐邈曰】葬者臣子之事皆以公配謚此称侯蓋蔡臣子失礼其說誤矣孔子疾子路使門人爲臣子曰無臣而爲有臣吾誰欺欺天乎【朱子註】子路之意實尊聖人而不知所以尊也曾子疾革而易簀曰吾得正而斃音幣焉斯已矣【檀弓】曾子寢疾病樂正子春坐於牀下曾元曾申坐於足童子隅坐而執燭童子曰華而睆大夫之簀與子春曰止曾子聞之瞿然曰呼曰華而睆大夫之簀與曾子曰然斯季孫之賜也我未之能易也元起易簀曾元曰夫子之病革矣不可以變幸而至於旦請敬易之曾子

曰爾之愛我也不如彼君子之愛人也以德細人之愛人也以姑息吾何求哉吾得正而斃焉斯已矣舉扶而易之反席未安而沒故終而必安於正人子不以非所得而加之於父是爲孝人臣不以非所得而加之於君是爲忠極其尊而稱之不正之大者而可以爲禮哉

論語

生事之以礼死葬之以礼祭之以礼朱子註人之欲孝其親心雖無窮而分則有限得爲而不爲与不得爲而爲之均爲不孝所謂以礼者爲其所得爲者而已矣

或曰魯君生而稱公亦非禮乎曰生而稱公爲虛位禮之文也沒而繫謚爲定名禮之實也春秋諸侯雖伯子男葬皆稱公志其失禮之實爲後世戒欲其以正終也其垂訓之義大矣

陸氏曰侯伯子男之國称其君曰公臣子之辞也謚不得云公者謚王所賜也劉氏曰称其本爵者諱之於天子者也愚按近世仕於時者其親友僕隷皆以其未得官爵爲称謂暨其死也銘旌墓誌

以祿所得官爵此所謂生而称若為虛位沒而称者為定名也

及宋人莊衛人懿伐邾左傳宋志也杜氏曰邾宋爭疆魯從宋志背趡之盟襄陵許氏曰正月与齊為黃之盟而五月戰焉二月与邾為趡之盟而八月伐之張氏曰桓公春与齊邾盟既而戰奚伐邾並見于一年之中反顏前日刑牲詔神棄好溉綖讀信而不仁甚矣王氏曰隱元年盟蔑七年伐邾春秋已罪其失信今春与邾盟秋又及宋衛称兵無信尤甚矣況桓非隱之比乎○冬十月朔日有食之穀梁傳不言日食既朔也高氏曰無王十有五年而日再食蓋若始而終也。趙氏曰左氏云不書日官失之非也史官豈不知朔及每日甲子乎何待日官日御哉

丁亥莊王三年十有八年齊襄四晉緡十一衛惠六黔牟二蔡哀侯獻舞元年鄭厲七子亹元年曹莊八陳莊六杞靖十宋莊十六秦武四楚武四十七春王正月

是年桓公已終。復扶又反下同書王者春秋之時諸侯放恣弑君簒國者已列於會則不復致討故魯宣殺惡

又視以取國賂齊請會而傳去声曰會于平州以定公位宣元曹伯負芻殺太子自立成十三見執於晉成十五而曹人請之曰若爲有罪則君列諸會矣成十六孔子爲于僞反此懼作春秋於十八年復書王者明弒君之賊雖身已沒而王法不得赦也范氏曰此年書王以王法終治桓之事又據桓十五年天王崩至是新君嗣立三年之喪畢矣明弒君之賊雖在前朝而古今之惡一也然則簒弒者不容於天地之間身無存沒時無古今皆得討而不赦聖人之法嚴矣已列於會則不致討可乎故曰春秋成而亂臣賊子懼高郵孫氏曰正月有王桓公之終也弒君之賊無可赦之理不見誅於一時當見誅於歲月不見誅於其生當見誅於其死不見誅於終身當見誅於萬世王氏曰

桓公立十八年而傳嗣易世兆不久也王朝之討不加三遣使下聘而追錫之命豈唯桓無王而周亦不能自王矣故聖人始終以王法治之【愚按】此年正月書王誅桓公之終身無王也明年錫命王不稱天譏天王之卒於不王也弒君之賊身無存没時無古今皆得討而不赦故漢之王莽弒平帝魏之司馬昭弒高貴鄉公唐之韋后弒中宗之類前史皆隱其迹而朱子於通鑑綱目必正其大惡之名使其罪暴白於萬世豈非竊取春秋之義故

公會齊侯于濼【襄】濼盧篤反又音洛【杜氏曰】濼水在濟南歷城縣西北入濟【愚按】今屬濟南路

公與夫人姜氏遂如齊【公】無与字【左傳】公將有行遂与姜氏如齊申繻曰女有家男有室無相瀆也謂之有礼易此必敗公會齊侯于濼遂及文姜如齊【谷梁傳】濼之會不言及夫人何也以夫人之伉弗称數也【程子傳】人雖不能無欲然當有以制之無以制之而惟欲之從則人道廢而入於禽獸矣

與者許可之詞【楊氏辨要】与之爲言許也曰與者罪在公也【范氏曰】実驕伉而不制故不言及【陸氏曰】婦人從夫者也何夫人之伉公失爲夫之道也【劉氏曰】不言及而言与猶

匹夫匹婦之相与云尒　按齊詩惡（去声）魯桓微弱不能防閑文姜使至淫亂為二國患（敝笱小序）而其詞曰敝笱（古口反）在梁其魚唯唯齊子歸止其從（才用反）如水言公於齊姜委曲順從若水從地無所不可（笱取魚器齊人以敝笱不能制大魚比桓公不能防閑文姜也）故為亂者文姜而春秋罪桓公治其本也易曰夫夫婦婦而家道正（【家人】彖傳）夫不夫則婦不婦矣【求嘉】

【呂氏曰】古人制礼尺寸不敢踰毫釐不敢越者夫豈強拂人之情性而以繁文末節為尚哉經國家定禍乱而杜未然也泉水載衛女思歸而不可得載馳許穆夫人欲歸唁其兄而義不可夫人之適其國父母在則有歸寧既終則大夫行聘問而已古人之制礼也嚴矣違此者未有不敗公之与夫人如齊是夫而不能夫也夫者以知帥人者也知不足以帥人而可謂之夫乎

乾者夫道也以乘御為才（○小畜下卦乾九三夫象）【彖傳】【乾】特乘六龍以御天　坤者婦道也以順承為

事（坤文言曰妻道也坤彖傳以順承天）易著於乾坤述其理春秋施
於桓公見（音現）其用（孫氏曰濼之會夫人在是也不言公及夫人會夫人之行甚矣不可
言及也不可言及公弗能制也（王氏曰）言遂如齊見
夫人由濼而往也（薛氏曰）不言及而言与何公不能
制乎內而遂与之如齊曰与抗也齊侯虎狼也實有
鳥獸之行齊魯之間非一日也以礼相見猶不保其
無變況親与爲非礼而又私狎之也（張氏曰）濼之會
不言夫人者夫人不与行會礼也如齊不言及而言与
者夫人伉也以見夫不夫婦不婦進退制於夫人也
乃事之異於常者禍之所從起觀公与夫人如齊之
書則見其違男女之常經而禍乱之所從生聖人謹
礼於微慮患於早之意不可不察也（臨川吳氏曰）此
行公往會齊侯尔夫人欲同往公不能制濼會礼畢
夫人又欲從齊侯至齊夫婦既同出公不可獨反國
故遂与之同如齊也（愚按）与之爲言乃黨与匹敵之
義而不相屬之辞也故以尊及卑曰及以此及彼曰
及皆及者爲主僖公及夫人姜氏會齊侯于陽穀以
公及夫人夫人不敢專行也傳称王奪子禽祝跪与
詹父田又曰陳公子完与顓孫奔齊曰与則匹敵而
無彼此尊卑之別也桓公与夫人姜氏如齊若曰夫

人專行而公從之也易曰夫子制義從婦凶也桓公不能制義而從文姜以往其咎可知矣春秋以一字爲褒貶豈不信哉。（趙氏曰）公羊曰何以不言及夫人夫人外也夫人外者何内辭也其實夫人外公也按聖人設教不應如此煩碎（愚）

（按）公羊經脱与字故辭費耳

夏四月丙子公薨于齊丁酉公之喪至自齊（左傳）公及文姜如齐齐侯通焉公謫之以告齐侯享公使公子彭生乘公公薨于車魯人告于齐曰寡君畏君之威不敢寧居來修舊好礼成而不反無所歸咎惡於諸侯請以彭生除之齐人殺彭生（公羊傳）夫人譖公齐侯怒与之飲酒於其出使公子彭生送之於其乘焉擠幹而殺之（穀梁傳）其地於外也薨称公举上也

魯公弑而薨者則以不地見（音現）其弑（隱公閔公）今書桓公薨于齊豈不沒其實乎前書公與夫人姜氏如齊後書夫人孫（音遜）于齊去（上声）其姓氏而莊公不書即位則其實亦明矣（趙氏曰）在外薨不亦有故無故皆當書其地（朱子語）孔子直書義在其中云公

會齊侯于其公与夫人姜氏如齊齊公薨于齊公之喪至自齊夫人孫于齊此等顯然在目雖無傳亦可曉(張氏曰)春秋書魯君見弒之例有二在内則不書地以存其實在外則不容不書其地而以上下文之特異者見之此先書公与夫人姜氏如齊而明年書夫人孫于齊則桓公之不得其死昭然矣(石氏曰)其以喪致痛之也(蜀杜氏曰)仁者爲國之本三綱五常所由出也礼者人倫之本君臣上下所由正也隱將授桓而弒之非仁也適鄰國而以夫人行非礼也始以不仁而立終以非礼而亡春秋以爲甚惡也(通旨)問桓公弒逆凡魯國之人皆宜与之絶齊人惡之宜矣春秋何以諱之曰公薨于齊又曰葬我君桓公哉此与名之曰幽厲雖孝子慈孫百世不能改孟子斷桀紂爲匹夫之意異矣曰春秋於隱不書葬於桓不書王諸侯來朝而黜其爵冢宰來聘而書其名若此類治桓之罪嚴矣豈特与名爲幽厲指爲匹夫比乎齊人以私殺桓非以賊討之也其曰葬我君桓公又以見天王方伯魯臣子之罪矣非聖人誰能修之(高氏曰)桓弒立不免見殺於人天理亦不僭矣春秋不以討賊書者齊襄殺之非討弒隱之罪不以賊討所以絶无已之乱也濼之會不書夫人出以遂如齊見之喪至不書夫人入以孫于齊見之不与其出不与其

入聖人之意微矣

秋七月○冬十有二月己丑葬我君桓公趙氏曰葬称我君而後舉謚臣子之敬辭也不然則恐涉他國之君而近於不敬矣

公羊曰賊未討何以書葬讎在外也穀梁子曰讎在外者不責踰國而討于是也范氏曰時齐強大非臣子所能討陸氏曰賊在異國故可葬陳氏曰見殺於他邦雖讎不復書葬　夫桓公之讎在齊則外也隱公之讎在魯則内也在外者不責其踰國固有任之者矣上有天子下有方伯連帥在内者討于是此春秋之法也故十八年書王而桓公書葬惟可與權者其知之矣通旨桓公薨于齐賊未討而書葬何也桓公弑君之賊其討宜也然齐人自以其私憤殺之非討其弑君之罪又聖人於魯事有君臣之義難以明著其罪也但書其葬而桓之罪顯矣

如蔡般弑君父之賊也楚虔誘討兩皆書名亦此意也【家氏曰】桓纂國之賊魯臣子不能爲隱僂讎令死於隣國受斃醯妻自其身而言固爲不幸自天討而言与州吁之死于陳陳佗之死于蔡殆无以異春秋誅姜氏葬桓公明桓之死与隱異也【愚按】春秋君弑而書葬者有九衛桓齊襄陳靈則賊已討者也鄭僖齊悼則經不書弑者也蔡景之葬偏刺天下之諸侯也許悼之葬不使止爲弑父也蔡靈讎在外而亦弑逆之賊与魯桓同楚虔之殞於此亦猶齊諸兒之殞於无知也蔡昭讎在内賊已討而賊微不書且以蔡昭背楚誑吳應受斃於盗賊也聖人之書法如化工之生物其筆削无不適於天理之當然也或者乃謂桓公之葬魯人但以殺彭生爲賊已討夫賊不討而不葬孔子削之也非謂魯人不葬也苟謂臣子不葬之即書于經則晉欒書葬厲公于翼東門之外齊崔杼葬莊公于士孫之里何以不書葬耶

春秋胡氏傳纂疏卷之六

春秋胡氏傳纂疏卷第七

新安　汪克寬　學

莊公上公名同桓公之子母文姜夫人哀姜年十四歲即位在位三十二年

戊子莊王四年元年齊襄五年晉緡十二年衛惠七年黔牟三年蔡哀二年鄭厲八年子儀元年曹莊九年陳莊七年卒杞靖十一年宋莊十七年秦武五年楚武四十八年春王正月

不書即位内無所承上不請命也或曰莊公嫡長展兩反下同其為儲副明矣雖内無所承上不請命獨不可以享國而書即位乎曰諸侯之嫡子必誓於王典命注誓猶命也莊雖嫡長而未誓安得為國儲君副稱世子也夫為世子必誓於王為諸侯可以内無所承上不請命擅有其國即諸侯之位耶春秋絀而不書父子君

臣之大倫正矣〔通旨〕問以太子生之礼奉之是内有所承矣不書即位何也曰同雖家嫡然未嘗命于天子桓公又斃于他国不及有付託之命也其内无所承明矣〔高氏曰〕公上不受於天子而父以弑逆得位又不以其道終无所受之故不書即位不正其始也〔張氏曰〕不書即位桓公見戕於齊固不及有立子之命況繼承之初創鉅痛深異於他公不但當請於王即位而父之仇未討亦當告于天王以国事委冢宰而專以討賊爲事今泰然居之曾不以父之无辜見殺於鄰国爲念故削其即位盖以人子之心如莊公之時當知莊之无志又涉隱閔僖之比也。〔啖氏曰〕左氏謂不稱即位文姜出故也且三月文姜方孫何妨正月即位乎〔劉氏曰〕原傳此意當爲文姜未有至文故云耳不知夫人行不以正者至皆不書也且莊公不忍即位文姜感之而還則莊公已忘文姜之弑其父矣何以文姜又孫于齊乎〔王氏曰〕莊閔僖不書即位公穀以爲繼故不忍行即位之礼然莊公主王姬閔公盟落姑僖公會檉皆在即位之年非不忍也

三月夫人孫于齊。孫音遜下同〔左傳〕不稱姜氏絶不爲親礼也〔公羊傳〕内諱奔謂之孫夫人

不称姜氏貶与弑公也【穀梁傳】孫之爲言猶孫也諱奔也不言氏姓貶之也

夫人。文姜也。桓公之弑。姜氏與音預下同焉。爲曾臣子者義不共戴天矣。嗣君夫人所出也。恩如之何。徇私情則害天下之大義。舉王法則傷母子之至恩。此國論去声之難斷丁乱反者也。經書夫人孫于齊。而恩義之輕重審矣【啖氏曰】母子至親而不得不絶者義也春秋爲人之不明於義而私其親有不忍也故示之以絶之之文

梁人有繼母殺其父者。而其子殺之。有司欲當以大逆。孔季彦孔子十九世孫曰。文姜與弑。嘗桓春秋去上声其姜氏。傳去声謂絶不爲親禮也。夫絶不爲親。即凡人耳。方諸古義。宜以非司寇而擅殺當之。不得以逆論也。人以爲允【連叢子】梁人娶後妻後妻殺夫其子又殺之季彦過梁梁相曰此子

當以大逆論礼繼母如母是殺母也季彦曰言如母
則与親母不等欲以義督之也昔文姜与弑魯桓春
秋去其姜氏傳曰不称姜氏絶不爲親礼也絶不爲
親則凡人尓且夫手殺重於知情知情猶不得爲親
則此下手之時母名絶矣方之古義是子宜以非司
寇而擅殺當之不得爲殺母而論以大逆也梁相從
之故通於春秋然後能權天下之事矣孫者順讓之
辭使若不爲人子所逐以全恩也杜氏曰夫人莊公母魯人責之故出
奔内諱奔謂之孫猶孫讓而去臨川吳氏曰魯人以
桓公之弑実由夫人衆怒羣詬夫人内慙不安故出
奔齐哀姜去而弗返文姜即歸于魯例以孫書何也與
聞弑桓之罪已極有如去而弗返深絶之也黄氏曰文姜有
殺夫之罪重故去姜氏哀姜有殺子之
罪輕故貶曰夫人氏之喪此輕重之差然則恩輕而
義重矣河廣之詩其詞何取而聖人録于國風者明
宋襄公之重本亦此義也詩朱子傳衛宣姜女爲宋
桓公夫人生襄公而出歸

于衛襄公即位夫人思之而義不可往蓋嗣君承父之重与祖爲体母出与廟絶不可以私反故作此詩言誰謂宋国遠乎但一跂足而望則可以見矣明非宋遠而不可至乃義不可往耳爲襄公者將若之何生則致其孝没則尽其礼而已**其垂訓遠矣**

通旨 問文姜与弑不書曰姜氏孫于齐乎曰絶于外則去姓絶于内則去氏内外俱絶則姓氏皆去曰夫人孫于齐則知其爲文姜矣若曰姜氏安知其非娣姪乎

張氏曰 文姜之罪上通乎天爲魯臣子者原先君見弑之由固難以嗣君之夫人所出而以恩掩義故断以大義而去姜氏以絶夫之所以尊社稷而重本也古之聖人爲礼有等衰制服有輕重三綱之設以夫爲妻綱五服之條父在爲母期皆所以明天倫之正而使人知本以自別於禽獸也

永嘉呂氏曰 書夫人孫于齐則夫婦母子之義絶矣夫婦母子之義絶則凡人亦文姜之會齐侯其薨其葬皆書夫人聖人之書此也母乃瀆於名實乎曰桓公雖見弑而莊公之於母也一以夫人之礼事之彼且以爲夫人也我可以不謂之夫人乎聖人書法亦紀实而已矣

李氏集義 下如齐復書姜氏若於一貶黜惡自見矣

愚按 文姜与弑桓公哀姜与弑二君皆罪大惡極不可復居魯国故皆書孫雖不曰奔

使若自知愧耻而去，然亦可見其无所容，則其絶之也至矣。哀姜去而不返，齐人討而殺之，得討賊之義矣。文姜復歸于魯，而或會或享，如齐如莒，一書再書而又再書，春秋非与其歸魯也，所以深惡魯之臣子无憤疾之心，而不能伏大義以誅之也。先儒謂唐武后廢中宗而移其宗廟，張柬之等當廢爲庶人而賜之死，引春秋絶文姜之義以爲斷，可謂得聖人之意矣。春秋於文姜不曰姜氏而書夫人，綱目於武后不曰太后而称武氏，盖称姜氏則疑於妾媵而其罪不彰，称太后則猶爲天下之母而非庶人矣。况聖人筆削父母國之史，而朱子筆削前代之史，師其意而不襲其文，豈非得傳心之要典也乎。○**汪氏曰**：公羊云夫人固在齐矣，其言遜于齐，念母也。豈有先在齐而今書遜乎？盖見无夫人至文，故云尔，不知夫人隨喪而歸矣。穀梁曰接練時録母之变，始人之也，亦言夫人先在齐，至練時始録之，亦非也。

夏，單伯逆王姬。單音善，後同。逆，**左**作送。**公羊傳**：單伯者何？吾大夫之命乎天子者也。天子嫁女乎諸侯，必使諸侯同姓者主之；諸侯嫁女于大夫，必使大夫同姓者主之。**穀梁傳**：單伯命大夫，故不名也。**杜氏曰**：王姬不称字，以王爲尊，且别於内女也。

單伯者吾之命大夫也范氏曰單姓伯字礼諸侯歲貢士於天子天子命之使还
其国爲大夫者不名陸氏曰諸国大夫王賜之圻内邑爲號令歸国如單伯祭仲是也逆王姬
使我爲之主也杜氏曰天子嫁女於諸侯使同姓諸侯主之不親婚尊卑不敵何氏曰不
自爲主者行婚姻之礼則傷君臣之義行君臣之礼則廢婚姻之好故必使同姓敵躰者主之臨川吳氏
曰王將嫁女于斉命魯主之故魯遣单伯往逆王姬于周俾先至于魯而後往歸于斉也其不言
如者穀梁子以爲義不可受於京師也躬君弑於齊
使之主婚姻與齊爲禮其義固不可受也范氏曰魯桓見殺於
斉若天子命爲主則非礼大矣春秋爲尊者諱故不可受之于京師此明忘親釋怨則
無以立人道矣張氏曰左傳作送王姬考之春秋之例非也况築館在秋如单伯果以天
子大夫送王姬必俟館成之後方至魯豈得預書之當從公穀作逆常事不書而此特書之斬衰而主昏
固已非礼况斉乃不可同天之雠柰何与之主婚於此見魯之君臣无復雠之心而国之三綱絶矣孫氏

曰天子命莊公主婚而公不辭故交譏之高氏曰王姬下嫁礼雖不傳而以義推之諸侯固當躬至京師天子置館命同姓之尊者行賓主之礼然後逆歸本国此亦男下女之義也今齊既不朝王又不親迎而魯之单伯反往逆之莊王不以魯之先君戕於齊命之主昏魯有大喪不因而辭之陷王於不義故不書如京師而直書逆王姬猶曰魯自逆耳。張氏曰公羊云何以不稱使天子召而使之也按魯自使逆天子何事召之不言使省文亦劉氏曰左傳以单伯爲周大夫按十四年經單伯會齊侯宋公衛侯鄭伯于鄄孫單伯會諸侯則爲魯人明也猶曰叔孫豹會晋趙武楚屈建矣若单伯爲周大夫應書单伯齊侯會于鄄不得屬魯于单伯也愚按感於成襄昭之經書单子故云尔然周有祭伯祭叔豈可以鄭祭仲亦周大夫乎

秋築王姬之館于外

穀梁傳築礼也于外非礼也主王姬者必自公門出於廟則已尊於寢則已卑爲之築節矣築之外變之正也仇讎之人非所以接婚姻也衰麻非所以接弁冕也其不言齊侯之來逆不使齊侯得与吾爲礼也

魯於王室為懿親，其主王姬亦舊矣。館於國中必有常處。（去声）（孫氏曰）魯主王姬不一，今特築之于外者，穀梁子以為仇讎之人非所以接昏姻也，衰（音崔）麻非所以接弁冕也。知其不可，故特築之于外也。（臨川吳氏曰）時公在梁闇，慮齊侯親迎，若以嘉服見則於心不安，又不敢辭主昏之事，故特築館于外以為王姬之舍，而俟齊侯之逆，因其變常而書之以譏也。築之于外，得變之正乎。曰：不正。有三年之喪，天王於義不當使之主；有不戴天之讎，（曲礼）父之讎弗与共戴天。莊公於義不可為之主。築之于外之為宜，不若辭而弗主之為正也。是以君子貴端本焉。[illegible]氏微旨　或曰：（陳氏折衷）天王有命，固不可辭，使單伯逆于京師，上得尊周之義；為（去声）之築館于外，下未失居喪之禮奚爲不可曰以常禮言之可也今莊公有父之讎方居苫詩廉反塊此禮之大變也公羊謂築之礼也于外非礼也是常礼也杜預云喪制未闋故異其礼是常礼之變也然不知父讎未復而与之主婚贊礼之大变不可以常礼言之也而爲之主婚是廢人倫滅天理矣春秋於此事一書逆王姬再書築館又再書者歸齊其義以復讎爲重示天下後世臣子不可忘君親之意故雖築館于外不以爲得禮而特書之也高郵孫氏曰桓公見殺於齊仇讎未復天王遽使魯主王姬之婚莊公當辞期於得請而後已是時非无同姓之諸侯蓋莊公未之辞尓辞之不固与不辞同知主婚之非而築館於外孰与辞之不築也陳氏曰齊襄弑魯桓天子不能正而使魯主王姬以嫁齊則魯豈无辞乎高氏曰夏逆而秋築館又見前逆之爲太早計矣愚按莊公是時畏齊之強不以殺父爲讎方欲結齊好以爲安故自主王姬之後今年會伐衛明年同狩又明年復會伐衛其讎齊之意略无幾微見於舉動則非

畏王命而不敢辞主婚之事實乃畏齐而不肯辞也比事以觀而莊公忘雠之罪不可揜矣○(趙氏曰)左氏云于外礼也与雠主婚縱在城外豈爲礼乎

冬十月乙亥陳侯林卒莊公也在位八年弟杵臼立是爲宣公(高氏曰)莊公与桓王同時王名林而亦名林君臣同名也○王使榮叔來錫桓公命(此錫命之始)(公羊傳)錫者何賜也命者何加我服也其言桓公追命也(穀梁傳)礼有受命无來錫命錫命非正也生服之死行之礼也生不服死追錫之不正甚矣(杜氏曰)榮氏叔字

啖助曰不稱天王寵篡弑以瀆三綱也(何氏曰)礼有九錫一車馬二衣服三樂則四朱户五納陛六虎賁七弓矢八鈇鉞九秬鬯皆所以勸善死當加善謚不當加錫桓行實惡而追錫之尤悖天道故不称天王(陳氏曰)桓篡立周人不以爲罪宰渠伯糾來仍叔家父又來終桓之身不能正而追錫命貶必於其重者莫重於追錫命故於是焉貶也(通旨)王使聘桓者三死又追命大惡不討而恩礼加焉誰不勸於爲惡春秋弑君三十六豈九自而然哉

春秋書王必稱

天所復者天位也所行者天道也所賞者天命也所
刑者天討也今桓公弑君簒國而王不能誅反追命
之（孫氏曰桓弑逆之人莊王生不能討死又追錫之莊王之爲天子可知也）無天甚矣（陸氏
曰言不能法天也）桓無王王無天其失非小惡也與葬成風
引爲夫人使妾並嫡無以異故其文一施之（劉氏曰王者之
義必純法天天道予善奪惡而无私者也今桓公簒君取國終不受命而王不能誅反追命之此无天法
甚矣其失非小過小惡也与葬成風引之爲夫人使妾並后无以異故其文一施之春秋所譏於王多矣
獨至於錫桓公命賵葬成風以无天責之者王者之位至貴也至重也至大也今臣弑君妾僭嫡而王尊
礼之則王義廢人倫滅矣不可以不深貶）范甯乃以出居于鄭來聘求車
三事爲證而謂非義之所存誤矣（范氏曰天王出居于鄭不可最大矣使仍
叔之子來聘使家父來求車皆不可也三者皆言天王明非義之所存舊史有詳略（高氏曰）礼諸侯嗣位

三九二

三年喪畢以士服朝天子天子錫之黼冕圭璧然後
歸以臨其民謂之受命桓纂弑未嘗入朝受命王命
魯主昏故追錫桓公以寵之魯桓已葬矣因其私謚
而錫之尤爲非礼【張氏曰】莊公主王姬之昏故王寵
嘉其父桓公已終而遣使賜之策命若昭七年王使
成簡公追命衛侯之比也桓弑隱在王法有賊殺其
親之罪乃司馬九伐之所宜加王不能討又以惡爲
善示之以褒嘉故特去天而止書王也【通旨】春秋以理
制名而權之以義由理制名道其体此正例也以義
權名致其用此変例也王而必称天者爲天子受天
命若天道也能敦五典庸五礼則可称天王能命有
德討有罪則可称天王典礼賞罰春秋之綱領四者
備天子之能事畢矣崇諸侯妾母賵含成風而會其
葬則典礼悖矣故貶不称天寵纂弑以瀆三綱而錫
桓公命則非命有德矣故貶不称天釋魯桓宋督之
惡而不問怒鄭不朝身臨行陣則非討有罪矣故貶
不称天施於天子者深切著明如此訓後由人君不
可逆天道也【愚按】襄十四年靈王將昏於齊使刘定
公賜齊侯命則此年錫桓公命亦因命魯主王姬之
昏而追錫其先君尓經傳言錫命者八考之周制王
命諸侯則大宗伯儐司几筵設王位黼扆而後內史
作策命之未聞遣使就其國而錫命也蔡仲之命命

之踐諸侯之位也旅巢命因巢伯來朝而命之也文侯之命以其有功而錫之命也春秋之時天子不能以正礼制諸侯故皆遣使就其国而賜之命如唐十一年賜晉侯命文元年毛伯錫命則因始即位而錫之二十七年使召伯賜齊侯命成八年召伯賜命乃即位之久而後命之此年錫桓公命昭七年追命衛侯又皆既卒而追錫之惟僖二十八年晉文獻俘朝王而又王命尹氏王子虎内史叔與父策命晉侯則爲晉侯受命而王之下勞其失尊又甚於遣使矣然文成雖不朝王毛伯召伯无貶直書而義見此年追命篡弑之人其惡尤大故王不不称天以示非常之貶也

王姬歸于齊（襄）【公羊傳】何以書我主之也

魯主王姬之嫁舊矣在他公時常事不書此獨書者以歸于齊故也逆于京師築館于外而不書歸于齊則無以見音現其罪之在也書歸于齊而後忘親釋怨之罪著矣春秋復讎之義明矣【趙氏曰】凡外女歸皆以非常乃書兩書王

姬歸皆非常議与雛爲昏主也【陳氏曰】王姬不書唯莊公之篇再書之曷爲再書以莊公之於齐不可与祖爲礼也魯有主王姬者矣莫悖於与齐昏是故特譏之春秋之書外女未有詳於此者也書逆女書築王姬之館書歸書卒皆以病莊公也【高氏曰】姬不書伯季尊王姬也【張氏曰】王姬來而不書至別於魯夫人也【臨川吳氏曰】書歸于齐魯既主昏則同於内女也

【宋】齊師遷紀郱鄑郚郱蒲丁反鄑子斯反郚音吾【此書迁之始】【公羊傳】迁者取之也外取邑不書此何以書大之也何大尔自是始滅也【杜氏曰】郱在東莞臨朐縣東南鄑在北海都昌縣西有訾城郚在朱虛縣東南齐欲滅紀故徙其三邑之民而取其地【愚按】臨朐縣今屬益都路都昌縣即今益都路濰州昌邑縣朱虛今益都路密州

郱鄑郚者紀三邑也邑不言迁迁不言師其以師遷之者見紀民猶足與守而齊人強暴用大衆以迫之爲已屬也凡書遷者自是而滅矣【愚按】經書迁人國邑者三十年宋人

迁宿閔二年齐人迁陽皆迫爲已屬而滅之也春秋興滅國繼絕世則遷國邑者不再貶而罪已見矣不再貶謂直書其事不必更加貶黜即公羊所謂不貶絕以見罪惡者也薛氏曰黄之盟財二年也今又迁紀三邑強暴之无忌憚甚矣沙隨程氏曰土地人民尽有之曰取逐其人有其地曰迁張氏曰迫迁三邑之民民不服者取其地實以齐之民永嘉呂氏曰諸侯之國皆受之於天子其封域有定分人民有定居強者不可以力并許者不可以詐取紀之土地人民受之於天子而齐鳥得而迁之哉紀之滅始於此聖人所以書於師而深疾之也○啖氏曰公羊云曷爲不言取爲襄公諱也按取人邑非善事君爲之諱是掩惡也穀梁云紀國也郱鄑郚國也或曰迁紀于郱鄑郚按下有紀侯大去其國明此時未迁故知是紀之三邑劉氏曰齐一師必不能並迁兩国取郚取防猶分別言之况兩國乎

己丑莊王五年二年齊襄六晉緡十三衛惠八黔牟四蔡哀二鄭厉九子儀二曹莊十陳宣公杵臼元年杞靖十二宋莊十八辛秦武六楚武四什九春王二月葬陳莊公○夏公子

慶父帥師伐於餘丘公羊穀梁傳於餘丘邾之邑也杜氏曰莊公時年十五則慶父莊公庶兄於餘丘國名愚按今濟南路有章丘縣地接於魯疑即於餘丘故地

按二傳。於餘丘。邾邑也臨川吳氏曰於發語辞猶曰於越國而曰伐。此邑爾其曰伐何也。誌慶父之得兵權也高氏曰大其事若一國然莊公幼年即位首以慶父主兵卒致子般之禍於餘丘法不當書聖人特書以誌亂之所由為後戒也魯在春秋中見弑者三君其賊未有不得魯國之兵權者。公子翬再為主將去聲專會諸侯不出隱公之命隱四年會伐鄭固請而行十年先會齊鄭伐宋仲遂擅兵兩世。入杞伐邾會師救鄭僖二十七年帥師入杞三十三年帥師伐邾文九年會救鄭三軍服其威令之日久矣故翬弒隱公而寪音委氏不能明其罪羽父使賊弒公于窩氏立桓公而討窩氏有死者慶父弒子般而成季不能遏其惡公疾問後季友曰臣以死奉般子般即位次于黨氏共仲使圉人犖賊般于黨氏公子遂殺惡及視而叔仲惠伯不能免其死襄仲欲立宣公叔仲不可仲殺惡及視以君命召惠伯殺而埋之馬矢之中夫豈一朝一夕之故哉春秋所書爲戒遠矣【張氏曰】莊公之立寢苫枕戈莫先於率一國以同仇於不義之齊稽是而命將帥師先有事於无罪之小國兵與无名而慶父以尊屬主兵使之得政以制一國之權軍政之本既失而權移於下以成異日子般閔公之禍故詳書以譏之【蜀杜氏曰】此大夫之專而出公子之文者蓋聖人病其不能復齊之讎目之以示義猶曰爲公之子而不知君父之讎也○【沙隨程氏曰】書伐國也公穀以爲邾邑蓋邾附庸【王氏曰】於餘丘小國蓋其後屬邾【陳氏曰】前後未有邑言伐者【愚按】无駭入極杜註附庸小國而賈逵以爲戎邑宣九年取根牟社注東夷國而公羊言邾婁邑然經書邑必係國如取鄟取邿取鄟即小國也切以爲極於餘丘根牟皆小國尒慶父帥師不害其爲得兵權伐國伐邑不必詳辨

秋七月齊王姬卒【襄】【公羊穀梁傳】爲之主者卒之也

内女嫁爲諸侯妻則書卒王姬何以書比内女爲去声下同之服也故檀弓曰齊告礼記作穀王姬之喪魯莊公爲之大功或曰由魯嫁故爲之服姊妹之服【孔氏曰】周女命魯爲主比之魯女故爲之服出嫁姊妹之服【范氏曰】主其嫁則有兄弟之思死則服之【臨川吴氏曰】礼經本无爲王姬服之礼莊公因齊之告喪特爲之服以媚齊也

夫服稱情而爲之節者也莊公於齊王姬厚矣如不共戴天之念何此所謂不能三年之喪而緦小功之察也本孟子

特卒王姬以著其罪【薛氏曰】主昏之爲服自莊公始也其以説齊乎【沙隨程氏曰】礼於舅之妻无服外祖父母緦小功耳今以世讎而厚其喪非礼也不然外夫人卒不書【張氏曰】莊公舍不共戴天之讎而主齊夫人之喪知有齊而不知有父其罪可謂大矣故自逆王姬至此特書屢書辞繁而不殺以正其瀆汨大

倫誣瀆天理之罪所謂婉而成章也【愚按】周礼爲王后齊衰鮮之者曰諸侯爲之不杖期周末聞主昏主女而爲之服也春秋二百四十二年王后崩不見於經則當時諸侯於王后之喪礼略矣而顧爲王姬之服其重在齊而不在周也或者以爲尊王命過矣

冬十有二月夫人姜氏會齊侯于禚【大義】禚諸若反【公】作郜【左傳】書姦也【穀梁傳】婦人不言會言會非正也饗甚矣【杜氏曰】禚齊地會非夫人之事顯然書之比年出會其義皆同夫人行不以礼故還皆不書

婦人無外事。本何氏注【永嘉呂氏曰】父母在則歸寧葛覃稱歸寧父母是也歿則使卿寧楚子庚聘于秦爲夫人寧是也送迎不出門。見兄弟不踰閾左僖二十二【喪大記】婦人迎客送客不下堂在家從父既嫁從夫。夫死從子見【大戴礼】本命篇今會齊侯于禚是莊公不能防閑其母失子道也【詩猗嗟小序】莊公有威儀技藝然不能以礼防閑其母失子之道故趙匡曰。微旨姜氏齊侯之惡著矣。亦所以病公也。曰：子可以制母乎？夫死從子，通乎其下，况於國君。君者，人神之主，風教之本也。不能正家，如正國何！若莊公者，哀痛以思父，誠敬以事母，威刑以督下，車馬僕從，才用反莫不俟命。夫人徒往乎？夫人之往也，則公威命之不行，哀戚之不至爾。**資中黄氏曰**天下後世爲人子而使母至於是罪之大者也。**高氏曰**夫人稱姓氏者，貶不再也。**張氏曰**春秋，孔子之刑書也。觀春秋書法如此，則以孔子而當周公之任，正文姜之罪，必不免於管蔡之誅矣。**家氏曰**姜氏身爲弑君未討之誅，甫除喪而往會其兄，齊襄方有王姬伉儷之戚，未踰時而出淫其妹，此天下之大惡，覆載之所不容。聖人爲是，故於春秋聯書之，比而誅之也。**愚按**春秋之末，公父文伯之母，闔門而與康子言，皆不踰閾。祭悼子，康子與焉，胙不受，徹俎不宴。仲尼聞之，以爲別於男女之禮。夫以季世俗薄，而敬姜獨能守禮而不違，春秋備書文姜之行，雖固惡不容諱，其善善惡惡之心，亦猶美敬姜

之意乎。【趙氏曰】穀梁云婦人既嫁不踰竟若然則父母存豈得絕其歸寧乎又未嫁之女孀居之婦豈得踰竟乎

乙酉宋公馮卒 馮皮冰反莊公也在位十八年子捷嗣是爲閔公【高氏曰】觀宋莊恃求賂類則穆公之不以國与子有以知之矣

【庚寅】莊王六年 **三年** 【齊】襄七【晉】緡十四【衛】惠九黔牟五【蔡】哀四【鄭】厲十子儀三【曹】莊十一【陳】宣二【杞】靖十三【宋】閔公捷元年【秦】武七【楚】武五十

春王正月溺會齊師伐衛 【左傳】疾之也

穀梁子曰此公子溺也其不稱公子何也惡去声**其會仇讎伐同姓故貶而名之也。** 【范氏曰】齊受天子罪人爲之興師而魯与同故貶

有父之讎而釋怨其罪大矣。況與合黨興師伐人國乎 【高氏曰】衛朔奔齊齊欲納之然天王已絕朔而立公子黔牟爲衛侯魯輙興兵會仇讎之人抗天子之命納不義之君其罪大矣【薛氏曰】大讎不報而又與之出師捨其田而芸人之田莊公之謂矣溺

不書帥師所將之兵少也家氏曰或謂衛朔在齊此會齊納朔非成父志乎夫納朔者父惡也不能復父之讎而成父之惡謚不孝也資中黃氏曰溺貶而去族非未賜氏之比蜀杜氏曰慶父專兵不待貶而惡自見溺去族明其惡甚於慶父

夏四月葬宋莊公○五月葬桓王

左氏曰緩也胡氏曰以桓十五年崩七年乃葬天子七月而葬同軌畢至諸侯五月同盟至大夫三月同位至士踰月外姻至左傳隱元王崩至是蓋七年矣先儒或言天子不志葬穀梁天子志崩不志葬必其時也舉天下而葬一人其義不疑也又以為不言葬者常也劉氏意林公親會之不書葬葬常事也不親會之則書葬非常也夫事孰有大於葬天子者而可以不志乎死生終始之際人道之大變豈以是為常事而不書也高氏曰平王崩求賻於諸侯然後克葬桓

崩七年乃克葬者蓋承諸侯背叛王師傷敗之後力益不足矣夫以天下而葬一人安可緩也聖人書之以著天下臣子之罪若曰改葬則聖人明書之矣並王以後王室益弱无有以緩葬書者而有速葬者抑以礼滋略欤**薛氏曰**七年而葬閔王室之无臣子也**沙随程氏曰**周人東遷之初尚有志於歸葬已而侵削益甚故於此始葬**張氏曰**魯遣微者往會故不書公如又不書卿大夫往而止記桓王之葬也同軌畢至之礼既不復行於是諸侯惡其害已而去其籍先王之喪礼僅傳於後世惟士喪既夕士虞耳可勝惜哉**陳氏曰**會葬不書其人慢也文公使公子遂葬晉侯叔孫得臣葬襄王是均周晉也昭公使叔弓葬宋公滕侯叔鞅葬景王是均周宋滕也均猶可也晉景公卒成公弔喪而定王不葬楚康王卒襄公送葬而靈王不葬不臣於周而訟於晉楚春秋諱之是故春秋不徒志葬也。**劉氏曰**公穀以謂改葬非也若誠改葬應如改卜之類而書改矣世衰礼廢何事不有豈能必桓王前已葬哉

秋紀季以酅入于齊酅户圭反**左傳**紀於是乎始判**公羊傳**紀季紀侯之弟也魯子曰請後五廟以存姑姊妹**穀梁傳**酅紀之邑也入于齊者以酅事齊也**杜氏曰**齊欲滅紀故季以邑入齊為附庸先

杞不廢故書字貴之鄑紀邑在齐國東安平縣【鄭氏曰】傳州【愚按】今東昌路博平縣

大夫不得用地公子不當去國盜地以下敵棄君以避患見繁露玉英篇非人臣也陸氏微旨故春秋之義私逃者必書奔。若邾庶其莒牟夷有罪者必加貶。若陳侯弟招今季不書奔則非竊地也不書名則非貶也諸侯兄弟貶則書名宋辰秦鍼其廉反之類是也不貶則書字蔡季許叔之類是也。紀季所以不書奔者有紀侯之命矣【董子曰】紀季受命于君【陸氏曰】紀季以君之邑入于他國不書曰叛以有兄之命也所以不書名者天下無道強衆相陵天子不能正方伯不能伐歷已事齊請後五廟其亦不得已而爲之者非其罪也所以無貶乎【劉氏曰】紀季見齊之必將滅紀故請先下齊以退敵兵以安君存國之故析地事雖援存

亡繼絶之義使宗廟血食後嗣復見叔姬歸酅是也可謂明於權矣

入云者難詞也

何氏曰入者難詞陳氏曰紀侯在而季以酅入齊若以邑叛其稱字紀侯意也齊襄自桓始年挾鄭以圖紀黃之會魯為之求成不得免焉迁郱鄑郚紀之不絶也如綫季以酅入齊紀於是乎始判是分國以與之也齊人所欲者吾土地苟可以免紀者无不為也是紀侯意也是故稱字不稱字則疑於宋魚石邾庶其張氏曰王政不行伯者未作強太呑并无故肆行小國不能校巽辭下敵以存宗祀以先王之建國而所命於強暴春秋所以於季无譏焉書以入以志其難蓋閔之也高氏曰紀侯自度滅亡歸季姜于京師而天王終不能正求援於魯而鄰國卒莫能救與其殘民絶祀孰若使季以酅為附庸以事齊庶宗祀之不滅也此從權紓禍不得已之甚槩以王法則擅以天子封邑入于齊齊納人之封邑均有罪故書以書入以示義析地以去国降志以事仇非季之心也以宗国為寄矣聖人恕季而重罪齊侯也○趙氏曰公羊云何以不名賢也此乃紀侯之命且不得已而然何足為賢哉刘氏曰穀梁云入者内弗受也非也此自往入之入而非歸入之入若可受者遂云歸于齊乎

冬公次于滑滑公穀作郎左傳將會鄭伯謀紀故也鄭伯辭以難凡師一宿為舍再宿為信過信為次公羊傳刺欲救紀而後不能也杜氏曰滑鄭地在陳留襄邑縣西北愚按襄邑縣今屬汴梁路睢州

穀梁子曰次止也趙氏曰師駐曰次有畏也欲救紀而不能也臨川吳氏曰紀將亡矣以昏姻之故告急于魯莊不能自已故出次于滑將會鄭伯為紀謀而祈哀之憐於齊鄭伯知齊之滅紀不可止也故辭而不會張氏曰公次閔紀之難而度其力終不能救故次師于滑將以鄭之不會而辭于紀耳非實有救紀之心也彼於父之仇尚忘之而不圖豈真有心於存紀哉故書次見出師无名以深譏之

春秋紀兵伐而書次以次為善救而書次以次為譏次于滑譏之也高氏曰但書次若无故而自出者焉薛氏曰書次不能為輕重也

魯紀有婚姻之好去声當恤其患於齊有父之讎不共戴天苟能救紀抑齊一舉而兩善并矣蜀杜氏曰莊公惕然出師儻必行之則復仇救弱之義兩存見義不為而有畏

也春秋之所惡去声故書公次于滑以譏之也或言夫子意在刺無王命若譏其怯懦則當褒其勇者春秋乃鼓亂之書見纂例趙氏爲此言者誤矣易於謙之六五則曰利用侵伐程子傳五以君位之尊而執謙順以接於下衆所歸也然君道不可專尚謙亦須威武相守然後能服天下故利用侵伐師之六四則曰左次無咎[illegible]四以柔居陰非能進而克捷者也知不能進而退故左次无咎見可而進知難而退師之常也可進而退乃爲咎也進退勇怯顧義如何耳豈可專以勇爲鼓亂而不與乎愚按春秋書兵次者十有三次于滑次于成次而欲救也師次于郎齊宋次于郎齊衛次五氏垂葭蘧蒢楚蔡次厥貉次而欲伐也悉以无名紀之皆所以示譏也今考次滑之後紀侯去國即及齊狩禚次成之後齊人降鄣即及齊遇魯濟不能救紀与鄣而无憤恨之心則是莊公佯爲救患之虛声而實无志於救紀鄣也師次郎而卒有圍郕之役齊宋次郎而隨有乘丘之敗齊衛三次楚蔡次厥貉而

終有伐晉伐虞之辛，是其所以次者，非有悔禍班師之謀，乃稔惡伺便之階也。救者不書其救，譏其实不能救；伐者遂書伐，圍者遂書圍，戰者遂書敗，譏其不克悔過以迁善也。若夫齐桓伐楚次陘，晉悼伐鄭次鄫，則不忍殘民，其次爲善。如次聶北救邢，次匡救徐，救晉次雍榆，雖曰緩於救患，然比於欲救不能者，亦有閒矣。

辛卯 莊王七年

四年 齊襄八 晉緡十五 衛惠十 黔牟六 蔡哀五 鄭厲十一 子儀四 曹莊十二 陳宣三 杞靖十四 宋閔二 秦武八 楚武五十一

春王二月，夫人姜氏享齊侯于祝丘。 享，公穀作饗。穀梁傳：饗甚矣，享齊侯所以病齊侯也。杜氏曰：祝丘，魯地。

享者，兩君之禮， 杜氏曰：享，食也。兩君相見之礼，非夫人所用。郊特牲注：諸侯相享獻酢礼敵。 **所以訓共儉也。** 左傳成十二：享以訓恭儉。 **兩君相見享于廟中。** **禮也。** 周礼大行人：廟中將幣三享。愚按：天子享諸侯于廟中，則諸侯相享亦當于廟中。 **犧** 許宜反，又息河反。 **象不出門，嘉樂不野合。** 左傳定十：會夾谷，齊侯將享公，孔丘謂梁

立據曰云云乃不果享

非兩君相見又去其國而享諸侯甚矣

高氏曰礼姑姊妹已嫁而反兄弟不與同席而坐況用兩君相見之礼乎盖爲名而已矣　呂氏曰前此嘗會矣而未之享也今享矣又復如齊師矣人之爲不善一縱之後如水方至莫知所極　臨川吳氏曰古者飲食之礼有三享食燕也燕礼最輕盖主於飲酒而食物不盛食礼次之食物甚盛而不飲酒享礼最重飲酒如燕礼之多食物如食礼之備雖君大夫亦无行享食燕之礼于野者况婦人乎然此不足責也　家氏曰夫人前去其氏今稱姓氏者去氏以誅其逆加氏所以著其淫齊襄出而姜往會禽獸之无别也春秋書孫則去其族書會書享揭其氏姓盖示之有别亦所以討其乱倫之罪　張氏曰假先王之礼爲禽獸之行大乱之道也漢人有云淫乱之漸其變爲簒文姜之行瀆乱周公之礼魯人習之二十餘年卒至子般閔公存弑而後止聖人作易以閑有家爲家人之始垂訓遠矣　愚按周官儀礼有天子諸侯大夫饗燕之礼而春秋於晉侯享齊侯宋公享晉侯楚子享公小邾子郯子來朝公与之宴公享宰周公范宣子享晉六卿于蒲圃甯俞華耦来公與之宴皆不書於策雖鄭伯享王王享晉侯亦不書也而書夫人享齊侯

則以其非禮也

三月紀伯姬卒【穀梁傳】外夫人不卒吾女適諸侯則尊同以吾爲之變卒之也【范氏曰】禮諸侯絶旁朞姑姊妹女子子嫁於國君者尊與巳同則不服之例爲之服大功【孫氏曰】伯姬隱二年紀裂繻所逆者內女嫁國君則服大功常事也此卒者爲下紀侯去國齊葬伯姬起【愚按】內女爲諸侯夫人者七推紀伯姬宋伯姬志卒志葬蓋閔紀之亡褒共姬之賢而詳其本末也鄫季姬紀叔姬止書卒志其常也鄭伯姬齊子叔姬不書卒被出不復其國非尊同之比也杞伯姬不書卒蓋不赴也非夫人者七僖九年伯姬卒文十二年子叔姬卒許嫁稱字比於尊同者也宮慶叔姬宋蕩伯姬及婦齊高固子叔姬則嫁大夫而不卒也若夫紀叔姬非夫人而書卒書葬則以其賢而特錄之乃春秋之變例也○夏齊侯陳侯鄭伯遇于垂

蘇轍曰鄭伯子儀也桓十五年書突出奔蔡忽歸于鄭是年九月突入于櫟十七年高渠彌弑忽立子亹

音尾十八年齊襄公殺子亹鄭人立子儀莊十四年突使傅瑕弒子儀而入則遇于垂者子儀也然則鄭有二君可乎春秋有一國而二君者鄭突與儀衛衎音苦旦反與剽是也突衎始終爲君子儀君鄭十有四年剽君衛十有一年皆能君者也故春秋因其實而君之然則孰與曰皆不與也突之入以簒衎之出以惡儀剽雖國人所立而突衎在焉非所以爲安也故四人者春秋莫適音嫡與也皆不沒其實耳君子不幸而勵此如子臧季札可也不如是則亂不止爲此說者善矣然而鄭伯實厲公也非子儀也詳見二十一年通旨蘇子由以鄭伯爲子儀謂春秋有一國二君其說辯其理通善發春秋之意然而鄭伯實厲公終始能君故不沒其實非

與之也惟不没其實故出奔入櫟會垂皆書其爵惟非与之也故歸鄭奔蔡入櫟皆書其名春秋於世子忽猶不書爵况子儀之微者乎**高氏曰**或以此鄭伯爲子儀非也忽世子出奔猶不得称子其復歸猶不得称爵子儀乗間得立其爲君微矣豈敢輕去國都而與諸侯會乎故知此鄭伯即突也高渠弥弑忽立子亹齐人殺子亹立子儀春秋皆没而不書以突爲鄭伯故也**項氏曰**子儀在内徒擁虛器君子以爲称鄭伯者必突也忽親先君之世子嗣位爲君其在内也猶以突爲鄭伯况子儀乎**襄陵許氏曰**齐与陳鄭遇垂盖謀取紀是以紀侯見難而去也**愚按**不期而會曰遇春秋諸侯私爲之約乃用不期而會之礼書之所以譏之也况以三國之君相會亦比於不期而遇其爲簡慢詭譎益可見矣

紀侯大去其國**左傳**紀侯不能下齐以與紀季紀侯大去其國違齐難也**公羊傳**大去者何滅也**穀梁傳**紀侯賢而齐侯滅之不言滅而曰大去其國者不使小人加乎君子

凡大閲大雩大蒐而謂之大者譏其僭也大無者志倉廪之竭也大去者土地人民儀章器物悉委置之

而不顧也（大去者如荀偃云大還婦人見絕於夫家為大歸蓋凡可欲之物盡棄不顧往而不返耳）或曰以爭國為小而不為以去國為大而為之者也夫守天子之土疆承先祖之祭祀義莫重焉委而去之無貶歟曰有國家者以義言之世守也非身之所能為則當效死而勿去以道言之不以其所以養人者害人亦可去而不守於斯二者顧所擇如何爾然則擬諸大（音泰下同）王去邠之事其可以無愧矣曰大王去邠從之者如歸市紀侯去國日以微滅則何大王之可擬哉【劉氏曰】（大王之事狄也事之以珠玉犬馬皮幣猶不止然後去紀季以酅入齊亦紀侯之所以事齊矣猶不止然後去是以紀季无譏於前紀侯見賢於後也）故聖人與其不爭而去而不與其去而不存與其不爭而去是以

異於失地之君而不名。不與其去而不存是故書叔姬歸酅而不録紀侯之卒明其爲君之末矣末微也

通旨問紀侯大去其國杜氏以爲不反之辭谷梁以爲不遺一人之辭若謂其賢則未聞其能如大王邑于岐山之下若謂其力不勝而許之去者則孟子效死不去之義若謂紀季能附庸於齊祭祀不絶可免紀侯之罪者則酅世子巫係於叔孫豹而不特序諸侯吴人之鄫人會戚而鄫降在吴下以此觀之不能自強者聖人之所不取也然則紀侯若何而可大者果其名歟曰伊川先生以大者紀侯之名罪其不能死社稷也吾恐紀侯以爭國爲小而不爲以去國爲大而爲之也紀侯爲齊所逼雖其夫人在殯而不顧必不以儀章器物自隨欲假諸侯之禮以爲重也其賢於爭地以戰殺人盈野者遠矣故不去其爵不書其名而曰大去其國大云者猶曰大无麥禾之類有去國之名而无去國之道故聖人詳録叔姬而不志紀侯之卒堯舜禪讓湯武征誅義皆在此學者黙識心通則可耳憲問紀侯不能保其社稷出亡而不復何賢之有書紀侯去其國足矣加大字似非聖人立言之法或以大爲紀侯之名書所以罪之又无可據曰大去

者士地人民儀章器物悉棄之而不顧也使其弟以邑入齊請後五廟已則委國而去免民於死故不書名非賢之也以其不爭而去与敗北出奔者異耳先儒有以大王之事擬之者過矣去邠邑于岐下從之者如歸市而紀侯若是班乎永嘉呂氏曰不以養人者害人委而去之可以爲仁鑿池築城與民守之效死勿去可以爲義今紀侯未見其有強爲善之實又不能效死而弗去方之太王養人之言則不類比之孟子世守之說則有愧聖人之書大去其國非罪之也亦非許之也直傷之而已矣王氏曰紀侯去國不守則是奔也失死不反則宜名也不書其奔而曰大去不書其名而曰紀侯者所以名罪齊而閔紀也陳氏曰諸侯去國恒書奔其不言奔不以奔罪加紀侯也其不罪紀侯何罪齊也迁郱鄑郚紀季以酅入齊猶不得免焉則有去而已矣失國如紀侯燕戕有辯焉故不以奔罪紀侯也然則何以罪齊書侯曰紀侯大去其國未知紀之自亡與人之亡之與曰齊侯葬紀伯姬則齊亡之也張氏曰自桓之五年書齊鄭如紀以至莊元年三年凡閔紀之存亡者一一備書紀侯圖存不獲困弱暴之陵迫委宗廟於其弟而去之故特書大去而不曰出奔所以責強暴閔小弱而寓與滅繼絕之志於言意之表也○顏氏曰說文去字從大

從山山音區二音合爲去字恐春秋書紀侯去其國或是後人傳誦之訛如礼記鬩字分爲見間也。啖氏曰穀梁云大去者不遺一人之辭言民之從者四年而後畢也若然率國而行何名去國文義相反矣趙氏曰公羊曰爲齊侯諱滅乃不絕其祀例不書滅无他義劉氏曰公羊以謂爲襄公諱非也且烹哀公者王也非紀侯也紀侯有罪罪在諸人不在烹人奈何絕紀以爲賢哉

六月乙丑齊侯葬紀伯姬襄公羊傳外夫人不書葬此何以書隱之也其國亡矣徒葬於齊尒穀梁傳外夫人不志葬吾女也失國故隱而葬之

葬紀伯姬不稱齊人而目其君者見音現齊襄迫逐紀侯使之去國雖其夫人在殯而不及葬然後襄公之罪著矣通旨問滅國者必顯著其惡齊襄滅紀不書何也曰上書齊師遷紀郱鄑郚又書紀季以酅入于齊又書齊侯鄭伯遇于垂下書齊侯葬紀伯姬滅紀之罪著矣或曰葬之禮也而以爲著其罪何也弒魯君滅其婚姻之國而葬其

女是猶加刃於人以手撫之也而可以爲禮乎斥言齊侯賤之也書曰齊人則疑齊之微者往紀會葬揭齊侯之爵則知齊襄躬造紀之國都迫逐其君而徙葬其夫人以示恩也或曰惡去声其詐也本孫氏發微如紀似禮存季似義葬伯姬似仁惡似而非者惡莠恐其亂苗也啖氏曰内女之葬不書書者皆非常也陸氏曰葬者臣子之礼非由鄰國也齊侯并人之國而礼葬其妻是謂豺狼之行而爲婦人之仁也高氏曰魯實伯姬父母之國既不能救其國之亡則當往恤其喪乃畏不敢前反使齊侯假以爲名聖人以此罪魯文見乎此而起義在彼也陳氏曰内女不葬必有故也而後書葬紀伯姬在殯齊取其國而葬伯姬於是特書葬不以往會也苟宜書葬雖不往會書之陳哀公在殯楚師滅陳輿嬖袁克葬之書曰葬陳哀公苟不宜書雖往會不書楚葬康王襄公及陳侯鄭伯許男送葬至於西門之外不書也違例未足以觀春秋○劉氏曰敞公羊以襄公爲賢非也

秋七月○冬公及齊人狩于禚禚公穀作郜公羊傳公曷爲與微者狩齊侯也

其稱人何諱與讎狩也前此者有事矣後此者有事矣曷爲獨於此焉譏擇其重者而譏焉莫重乎與讎狩也讎者无時焉可通通則爲大譏不可勝譏故將壹譏而已其餘從同同

穀梁子曰齊人者齊侯也其曰人何也卑公之敵所以卑公也何爲卑公不復讎而怨不釋刺（七賜反）釋怨也【薛氏曰】齐侯書人隱辞也不忍公之与讎會獵也謂之齐人似不詳也齐人何以知其爲齐之君曰會獵遊田之事也游田獵者則君曷爲與之會會之非獵者也父母之讎不共戴天兄弟之讎不與同國九族之讎不同鄉黨朋友之讎不同市朝見白虎通【周礼】調人凡和難父之讎辟諸海外兄弟之讎辟諸千里之外從父兄弟之讎不同國君之讎視父師長之讎視兄弟主友之讎視從父兄弟今莊公與齊侯不與共戴天則無時焉可通也【公羊氏曰】不可以並立乎天下【范】讎者无時而可與通而與之狩是忘親釋怨非人子矣夫狩者馳騁田獵

其爲樂音洛下主乎已何氏曰狩者上所以共承宗廟下所以教習兵行義一爲乾音干豆其事上主乎宗廟公穀一曰乾豆何氏曰一者第一殺也自左膘射之達於右髃中心死疾鮮絜故乾而豆之中薦於宗廟以爲有人心者宜於此焉變矣。故齊侯稱人。而魯公書及。以著其罪王氏曰公及之狩志在公也高氏曰齊人齊侯貶人也齊侯自元年以來見經者數矣前欲著其宣淫而无忌憚不可云齊人因與公狩始得一貶也狩以奉祭祀与人共之且不可況其親之讎乎不没公而書及以深罪之臨川吳氏曰於本國而非狩地且譏況越境而與讎人狩於彼國之地乎莊公於是乎无羞惡之心矣愚按公羊記柯之盟將會公謂曹子曰寡人之生則不若死矣自傷与齊爲讎不能復也然則禚之狩盍亦與念及此以爲行止之可否耶

壬辰莊王八年五年齊襄九晉緡十六衛惠十一黔牟七蔡哀六鄭厲十六子儀五曹莊十二陳宣四杞靖十五宋閔三秦武九楚文王熊貲元年春王正月。○夏夫人姜氏如齊師

【穀梁傳】師而曰如衆也
師者衆多之地。按齊詩載驅刺襄公無禮義盛其車
服疾驅於通道大都與文姜淫之詩也。據小序其三章
曰汶水湯湯失章反行人彭彭必亡反魯道有蕩齊子翱
翔彭彭者多貌也【朱子傳】魯道適魯之道也蕩平易也齐子謂文姜彭彭多貌言行人
之多以見其无耻也其四章曰汶水滔滔行人儦儦表驕反魯道
有蕩齊子遊遨儦儦者衆貌也【同上】儦儦衆貌遊遨猶翱翔言無忌憚羞
愧之意曰會曰享猶爲之名也。至是如齊師羞惡去声之
心亡矣。夫人之行去声不可復扶又反制矣。春秋書此以
戒後世謹禮於微慮患於早之意也。【孫氏曰】直曰如齐師不爲會礼
也【高氏曰】不言地者師之次止無常也【王氏曰】齐侯數出會淫以其無名乃與師而出託以侵伐之事文

姜於是會之前此會禚享祝丘皆歷日而返故書月至此歷月而返故止書時【愚按】載驅詩云載驅薄薄簟茀朱鞹四驪濟濟垂轡瀰瀰言齊襄車馬之盛然敝笱詩云齊子歸止其從如雲如雨如水則文姜從者之衆多又可知矣詩人詠嘆其多且盛而譏刺之意不可掩矣

秋郳黎來來朝

郳【公】作倪黎【左】作犁【左傳】名未王命也【公羊傳】其名何微国也【穀梁傳】郳国也黎來微国之君未爵命者也【杜氏曰】附庸国其後數從齊桓以尊周室王命以爲小邾子東海昌慮縣東北有郳城【鄭氏曰】在沂州【愚按】今益都路沂州有古郳城

郳國也。黎來名也。國何以名夷狄之附庸也

【許氏曰】其名何夷也

中國附庸例書字郲儀父蕭叔是也。夷狄附庸例書名。郳黎來介葛盧是也。能修朝禮故特書曰朝

【公羊】介葛盧不能朝故不言朝

其後王命以爲小邾子。蓋於此已能自進於禮矣

【常山劉氏曰】夷狄附庸例書名黎來能修朝礼故書曰朝蓋於此已能自進於礼也

高氏曰子服景伯云蛮夷邾莒則郳又其陋者也而能自進於礼當時齊魯宋衛以列国為天下望而目以敗乱入於夷狄盖有愧於黎來矣故書黎來之朝相形於中以示譏焉張氏曰按宋仲幾云滕薛郳吾役也則郳盖宋之附庸非夷狄也而不得与邾儀父同称字者臨江劉氏以為未成国謂之郳其或然歟王氏曰郳邾之別而以名見者春秋繁露曰附庸字者方三十里名者方二十里郳国小故与介同称郳猶有礼介又不可以語此故介止言來而郳則兼曰朝

冬公會齊（襄）人宋（閔）人陳（宣）人蔡（哀）人伐衛（黔牟年）左傳納惠公也程子曰傳諸国称人違抗王命也貶諸侯則魯在其中矣

穀梁子曰是齊侯宋公也其曰人何也人諸侯所以人公也其人公何也逆王命也王氏曰不言公則若内之微者亦不足以見四国称人之為君也愚按成二年蜀之盟人諸国之大夫亦所以人公也文九年救鄭人趙盾華孔亦所以人公子遂也

桓公十六年衛侯朔出奔齊經書其名者

以王命絶之也又黨有罪以納之故貶而稱人臨川吴氏曰三年齊師會魯伐衛以納朔而不克納故今又會四国之兵以納之也陳氏曰不言納者以朔入爲重也入不言納是故伐鄭納突伐衛納朔書入而已矣愚按傳称伐衛逆王命公穀皆云朔得罪于天子其事雖不可考然下書王人救衛而左氏云朔之入也放黔牟于周則爲逆王命無疑矣○趙氏曰公羊云不言納朔避王也據諸侯之心實不避王而經文爲之隱避是黨罪人也若以爲王諱則王室亂紀不諱豈宜諱此哉

癸巳莊王九年

六年齊襄十七鄭厲十三晉緡十七衛惠十二子儀六曹莊廿四黔牟八陳宣五蔡哀杞靖十六宋閔四秦武十楚文二始此

春王正月公穀作三月王人子突救衛黔牟書救穀梁不傳

公羊傳王人者何微者也子突者何貴也貴則其稱人何王人者卑者也称名貴之也善救衛也救者善則伐者不正矣程子傳王人微者例不書字子突救衛而字之善之也善子突則善王命也

王人微者杜氏曰王之微官也子突其字也。以下士之微超從大夫之例而書字者隱元傳王朝大夫書字下士書人褒救衛也徐乾曰當直稱王人而已今以其奉天子之命救衛而拒諸侯故貴之朔陷其兄使至於死罪固大矣然其父所立諸侯莫得而治也王治其舊惡而廢之可也又籍諸侯之力抗王命以入國是故四國之君貶而稱人王人之微嘉而書字孫氏曰王人微者而稱字尊王命也尊王命所以重諸侯之惡也劉氏曰古者字有曰伯仲叔季者有曰某父者有曰子某者唯其所稱而稱之子突討則不能服救則不能定春秋㠯為貴之曰天下無道賤奪貴少凌長天子不能禁者凡以紀綱失而賞罰不明也幸而發憤赫然以誅衛為事而諸侯成同類黨同行沮逆天子之命前雖貶之稱人未足以效王所為之是也故復詭正於子突子突正則王正矣張氏曰救衛者奉天王之命以存黔牟而拒朔也朔搆兄篡国天討之所當加而子突能奉王命以救之春秋一經王旅之出而合司馬九伐之法者惟此一事所以雖微者帥師而書字以褒之也家氏曰諸侯有国雖受之於父而其

父若祖實受之於王故諸侯世子之立必誓於王或無嫡嗣以庶子爲嗣亦必王命之而後得繼承於其国朔以麀聚之孽譖殺其兄而篡居其位旋爲国人所逐二傳謂朔實得罪於王以奔黜年之立嘗請命于王而王許之立矣今五国挎義乱常王所与則伐之王所黜則輔之卒敗王師而納朔於衛放黜年於周是之謂逆明王在上五国之君皆當誅也春秋人五国而尊王人所以明君臣之分而正五国無王之戮而衛朔之罪亦無所逃於斧鉞之下矣或曰子突王之子爭也用兵大事而委諸子爭使無成功故書人以譏之何氏注王遣貴子突卒不能救遂爲天下笑故爲王諱使若遣微者必若此言是春秋以成敗論事而不計理也使諸侯苟顧逆順之理子突雖微自足以申王命矣彼既肆行莫之顧也雖天子親臨將有請從如祝聃者桓五年王以諸侯伐鄭鄭伯禦之王卒大敗祝聃射王中肩王亦能軍祝聃請從之况其下乎子突不勝五國使之得入也其

亦不幸焉爾矣。幸不幸命也。守義循理者法也。君子行法以俟命【朱子注】法者天理之當然君子行之而吉凶禍福有所不計故其褒貶如此【愚按】春秋書救二十有三此年子突救衛乃王室之救患而討不正也一經之最善者也二十八年救鄭閔元年僖元年救邢六年救許十五年救徐宣元年救陳九年救鄭成六年七年救鄭襄五年救陳皆所以著伯主之救中国而攘夷狄也楚人救衛楚公子貞救鄭則罪中国伯主之衰暴而蛮夷反能救之也師救齊鄭駟弘救曹則傷中国無伯而鄭国能相救也叔孫豹救晋則傷伯国之見伐而救在望国也狄救齊吳救陳則傷中国之不能救而救在夷狄也文九年救鄭書人則譏其不及楚師也衛孔達救陳書人則譏其背盟也遂救許則美其救患之亟也次聶北次匡則譏其救患之怠也以雍榆与救成至遇則譏其救患之法也伐楚以救江則譏其救患之非道救台遂入鄆譏其專權而迁怒也陝氏曰救者救其患難凡救患皆為美也考其書法之不同則輕重之權衡見矣王人子突救衛為書救之始吳救陳為春秋之終世変又可知矣夏六月衛侯朔入于衛【左傳】衛侯入放公子黔牟于周放甯跪于秦殺左公子洩右公子職【公羊傳】朔何以名犯命也其言入何篡辭也【穀梁傳】入者内弗受也何用弗受也為以王命絕之也朔之名惡也朔入逆則出順矣朔出入名以王命絕之也【程子傳】朔構其兄而使至於死其罪大矣然父立之諸侯莫得而治也王治其舊惡而廢之宜也故書名書入

秋公至自伐衛【穀梁傳】惡事不致此其致何也不致則無用見公之惡事之成也

入有二義：一難詞也。一逆詞也。朔藉諸侯之力連五國之師距（同与拒）王官之微者以復歸于衛其勢宜無難矣而書入者逆王命也【通旨】問五国助朔伐衛王人子突救之是王巳絕朔矣何以復書衛侯朔入乎曰書爵以見其父与五国之罪矣下書其名王法巳著【劉氏曰】朔弦背有国矣入而不言復者不与復之意也為諸侯受之君君所不命而自取之雖有鄰国之助大乱之道也為此乃非所以復也【陳氏曰】歸君未有不言復者衛侯鄭曹伯襄衛侯衎皆称復歸不言復者未得国也故鄭伯入櫟衛侯入夷儀不言復非未得国而不言復如蔡侯戻陳侯吳則非奔君也朔奔君也其不言復何朔害伋壽而後立衛人為之賦二子乘舟孔子取焉則其罪宜廢又拒天子之師故入而不言復也

春秋大義在於天下為公選賢與能而不拘大人世及之禮（本礼運）雖以正取國未之貴也况殺其兄又逆王命乎故衛朔書名書入以著其惡王人書字書救以著其善外則諸侯書人内則莊公書至而春秋之情見矣

張氏曰名之又書入与鄭伯突同簒逆之罪書至蓋公至自唐之意王誅若行齐魯宋衛皆當誅故書至以危之也

家氏曰出而至必告于廟礼也今公之是行輔朔之簒而納之于衛又敗王師以帰一至而二罪從之將何辭以告書至自伐衛不与其至也

臨川吳氏曰莊之出十有九其致者五譏也不致者十有四常事不書

愚按去年冬伐衛今年秋始至師出經年黷武以抗王師考其時而惡自著。

刘氏曰公羊云得意致會不得意致伐詭亂不經非凡例之体左氏云君子以二公子之立黔牟為不度非

也王人救衛春秋貴之則是黔牟王所欲立也篡王所立朔則有罪今朔不見貶而黔牟蒙惡豈春秋意哉

螟杜氏曰為災○冬齊人來歸衛俘俘公穀作宝左傳齊人來歸衛宝文姜請之也

穀梁傳以齊首之分惡於齊也使之如下齊而來我然惡戰則殺矣

俘者二傳以為寶按商書稱遂伐三朡祖叢反俘厥寶玉見亡書小序三朡国名則俘者正文也寶者釋辭也本齊氏旨要說

文俘軍所獲也孔氏注俘取也王氏曰俘者虜其軍実也宝者所得重器也俘當即獻之齊人歷秋冬而後歸知其必宝器也

言齊歸衛寶則知四國皆受朔之賂矣朔入而後歸俘則知非得於黔牟者而取之於朔矣

春秋特書此事結正諸侯之罪也夫以弟弒兄臣弒君篡居其位上逆天王之命人理所不容矣彼諸侯者豈其弗察而援于眷反之甚力則未有以驗其喪去声心失志迷惑之端也及書齊

人歸寶然後知其有欲貨之心而後動於惡也世衰道微暴行（去声）交作徇于貨寶賄賂公行使君臣父子兄弟（去声）義懷利以相與不至於簒弑奪攘則不厭也（本孟子）春秋書此結正諸侯之罪垂戒明矣

通旨（歸衛宝小事也）春秋何以存而不削古之君人者以賤貨貴德為先也**孫氏曰**此衛宝也其言齊人歸之者齊本主兵伐衛故衛宝先入于齊**高氏曰**朔之奔齊齊侯容之其入也齊侯連諸侯納之故以宝賂齊而齊以分於三國焉故主齊言之而曰來歸衛宝則黨之罪各有所歸而齊為首惡**家氏曰**桓莊二公皆黨簒逆以要厚賂宋之鼎衛之宝其事之尤著者也○**啖氏曰**公羊云是衛人歸之称齊人者讓於我也按例無有改其事實而為義者何須曲説**孔氏正義**三家經傳有六其五皆言宝按説文保從人采省声古文保不省然則古字通用宝或保字与俘相似故誤作俘耳

甲午（莊王十年）

七年

（**齊**襄十一**晉**緡十八**衛**惠十二**蔡**哀八**鄭**厲十四子儀七**曹**莊十五**陳**宣六**杞**靖十）

七宋閔五秦武
十一楚文三

春夫人姜氏會齊侯于防左傳齊志也穀梁傳婦人不會會非正也杜氏曰防魯地文姜數与齊侯會至齊地則姦發夫人至魯地則齊侯之志

○夏四月辛卯夜恒星不見夜中星隕如雨辛卯夜穀夜作昔見音現隕于閔反公作霣凡隕字後同左傳恒星不見夜明也公羊傳恒星列星也如雨者非雨也何以書記異也穀梁傳恒星經星也杜氏曰辛卯四月五日月光尚微盖時無雲日光不以昏没恒星不見而云夜中者以水漏知之

恒星者列星也如雨者言衆也啖氏曰星隕如雨謂奔流者衆如雨之多李陵云謀臣如雨皆言多尔孫氏曰恒星星之常見者常見而不見此異之大者也隕墜也如雨言隕墜者衆也臨川吳氏曰恒星謂有名之經星星謂無名之衆星夜無日光則暗而星見晝有日光則明而星不見恒星不見者夜明如晝故也大星之恒見者不見則小星之無名者亦無也隕謂自天而隕没於半空而不至地如雨言衆多不可爲數也

人事感於下則天變動於上前此者五國連衡旅拒王命後此者齊桓晉文更霸中

國政歸盟主而王室遂虚其爲法度廢絶威信夌遲之象著矣【何氏曰】列星天之常宿分守度周之四月夏之二月昬參伐狼注之宿當見參伐主斬艾立義狼注主持衡平也皆滅潸法度廢絶威信陵遲之象

漢成帝永始中亦有星隕之異【前】永始二年二月星隕如雨長一二丈繹繹未至地滅元延元年四月有流星東南行四面如雨而五侯擅權賊莽居攝【同上】河平二年封王譚爲平阿侯商爲成都侯立爲紅陽侯根爲曲陽侯逢時爲高平侯五人同日封故世謂之五侯劉向言五侯驕奢僭盛並作威福擊斷自恣尚書九卿州牧郡守皆出其門平帝元始五年安漢公王莽弑帝太皇太后詔莽居攝踐阼

漢法宗支掃蕩幾盡天之示人顯矣春秋謹於天象至矣【朱氏曰】日見於晝星明於夜天道常理今夜有日光常星不見此陰不陰陽不陽君不君臣不臣之應也【張氏曰】蓋王運將終而伯統方作之祥自此堯舜禹湯文武之紀綱法度掃滅殆盡【愚按】經星没而不見乃天地常經泯滅之象衆星奔流乃諸侯放恣互相夌駕之證也是時王綱廢弛列国爭衡故

天變應之經書星變者四此年星變以王人不能勝五国之兵而王命益不行於天下也文十四年星孛以桓文迹熄而宋齐晋之君皆有禍乱也昭十七年星孛以王朝庶孽奪正而兵刃交於王都之内也哀十三年星孛以強呉争伯而中国諸侯皆爲之服役也凡此皆変之大者而王覇衰乱之兆也○劉氏曰左氏云与雨偕也非也穀梁以如徃而言星隕且雨亦非也春秋記星隕爲異耳夜中而雨何足記乎又曰著於上見於下謂之雨以言雨螽可也以言雨雪則何著於上之有又曰著於下不見於上謂之隕以言隕石可也以言星隕則何不見於上之有公羊説不脩春秋曰雨星不及地尺而復若實尺而復無爲不書也

秋大水無麥苗　公羊傳記災也穀梁傳麥苗同時也杜氏曰周之秋今五月平地出水漂熟麥及五稼之苗何氏曰苗者禾也生曰苗秀曰禾

書大水畏天災也無麥苗重民命也前王莽傳民以食爲命畏天災重民命見王者之心矣忽天災而不懼輕民

命而不圖國之亡無日矣春秋所以謹之也。【張氏曰】書大水爲異非常也蓋文姜宣淫陰盛不制之所感也周之秋今五月麥熟苗將秀因水漂盡故麥与苗俱無民食乏絶有国之大事故書【蜀杜氏曰】洪範八政食爲之先一穀不登礼謂之歉莊公不德屢致災異此年大水麥苗見害聖人録之以示憂民之教俾後世人君以重民命爲心也。【劉氏曰】左氏云不害嘉穀也無麥苗矣猶謂不害嘉穀妄也聖人爲記災而書耳言不害嘉穀何益於教乎公羊云曷爲先言麥而後言苗一災不書待無麥然後書無苗非也若一災不書豈愛民之謂乎審如待無麥乃書無苗則何不曰無苗麥乎

冬夫人姜氏會齊【家】侯于穀【穀梁傳】婦人不會會非正也【杜氏曰】穀齊地濟北穀城縣【張氏曰】今鄆州東阿縣【愚按】今東平路陽穀縣

防魯地也穀齊地也初會于禚次享于祝丘又次如齊師又一歲而再會焉其爲惡益遠矣明年無知弑

諸兒其禍淫之明驗也**張氏曰**文姜元年以罪孫于齊後復宣淫自二年至今詳書于策澈笱載驅録於齊風論其時世与衛之鶉之奔奔牆有茨諸篇皆一時之事魯衛先王之後婦行之汲逸同播其醜於萬民夫子曰魯衛之政兄弟也蓋不特周公康叔之盛而其由衰俗薄末政之陵夷亦相似也其後慶父乱魯齊幾取之与衛滅同時聖人以魯事詳於春秋而齊詩及魯事者不刪夫二南之風后妃不待閑而德足以化天下後世閑有家之道廢而亡国敗家之禍同一軌轍詩春秋之旨蓋相表裏也**愚按**齊詩南山載驅刺襄公而皆曰魯道有蕩不一言之深責魯莊不能防閑其母猗嗟稱魯甥威儀技藝之美無所不至若曰獨少此耳聖人於春秋一則曰夫人姜氏會齊侯二則曰夫人姜氏會齊侯雖国惡有不容諱其垂戒豈不遠哉

乙未莊王十一年

八年

齊襄十二弑**晉**緡十九**衛**惠十四**蔡**哀九**鄭**厲十五子儀八**曹**莊十六**陳**宣七**杞**靖十八**宋**閔六**秦**武十二**楚**文四

春王正月師次于郎以俟陳**宣**人蔡人**哀**

公羊傳次不言俟其言俟何託不得已也**穀梁傳**次止也俟待也

用大衆曰師次止也伐而次者有整兵愼戰之意其次善之也遂伐楚次于陘音刑僖四是也救而次者有緩師畏敵之意其次譏之也次于匡僖十五于聶北僖元于雍於用反榆襄二十三是也聶北于匡緩師而怠於救患雍榆畏敵而怯於救患侯而次者有無名妄動之意次于郎以俟陳人蔡人是也趙氏曰師駐曰次惡與師也無寇而次是欲自爲寇也陸氏曰非奉王伯之命以討罪救亂則不當興之惡其興師無名故書次張氏曰不由王命妄興師衆久次于外無名而動期會莫應故書師次又書俟以深責之何俟乎陳蔡或曰陳蔡將過我俟而邀之也范氏曰時陳蔡欲伐魯故出師以待之或曰魯將與陳蔡有事於鄰國而陳蔡不至故次于郎以待之也杜氏曰期共伐郕陳蔡不至故駐師于郎以待之若是皆非義矣其曰次曰以俟者深貶之也陳氏

曰此吾君將也何以称師莊之會齊皆譏也莫甚於及圍郕是故一貶之師行不言次必久而無功也而後言次吾師背久外矣而莊公特書次以莊之不競於齊也侯陳蔡不至及齊圍郕郕降于齊師以正月治兵及秋而還斯可以言次矣 愚按十一公惟莊公書次者三昭公書次者二莊公忘親釋怨欲救紀与郭而不能侯陳蔡不至而遂及齊圍郕昭公失国而祈哀乞憐於齊晉卒至客死皆惡之大者故書以示戒是以他公之次皆不書

甲午治兵治公作祠 公羊傳出曰祠兵入曰振旅皆習戰也何言乎祠兵爲久也 穀梁傳出曰治兵習戰也入曰振旅習戰也治兵而陳蔡不至矣兵事以嚴終

此治兵于郎也侯而不至暴步木反師露衆役久不用則有失伍離次逃亡潰散之虞故復扶又反申明軍法以整齊之其志非善之也譏黷武也 孫氏曰先書師次于郎以侯陳人蔡人後言甲午治兵惡內不知戰也 張氏曰久次于外而所侯者不至衆心不一故申明約束以訓齊

其衆而不知出不以律已失治兵之本矣雖欲治之其將能乎書曰治兵治者不治者也**愚按**周禮大司馬因秋獮治兵以教戰公穀皆言出而治兵故楚將用師於中國則子文治兵於睽子玉治兵於蔿子庚治兵於汾今莊公不以仲秋田狩而教戰又不治兵於出兵之時而治兵於次郎之後皆非禮也盖莊公之治兵非預備不虞之意実久役不得已而治之尒大閱治兵皆一經之特筆而桓公有所畏而大閱非其時莊公有所俟而治兵非其地故皆特書以示貶不然常事不書。**劉氏曰**左氏云治兵于廟禮也非也以春治兵非其時何以爲礼乎廟中非治兵之地君師之出先謀於廟是則可尒於是焉習號令鍾鼓丁寧旌旗不乃太瀆乎穀梁意謂春秋多之亦非也先出兵而後治治又非其常地故記其非常尒春秋非教戰之書豈貴其善戰而不戰也

夏師及齊師圍郕郕降于齊師 郕公作成 降户江反

書及齊師者親仇讎也圍郕者伐同姓也郕降于齊師者見伐國無義而不能服也於是莊公之惡著矣**張氏**

【同】書及内之志也魯与郕皆文王之昭盖同姓兄弟之當親者莊公忘親而志於取郕始俟陳蔡而陳蔡不來然後要斉以圍之所以郕不服魯而降于斉春秋直書以見其從讎而貪利資人以虗小二国同役而不同心敵遂得以間之魯師之出大無功也故略公而書師以著其輕用民力之罪【臨川吴氏曰】郕畏斉而不畏魯故斉魯同圍而郕獨降斉也。【刘氏曰】公羊以謂成者盛也諱滅同姓也不言降吾師辟之也非也実共圍盛改謂之成實滅其国改謂之降實降于魯又獨言斉皆非聖人之文也聖人諱国惡如改白爲黑亦不可傳世矣穀梁云不使斉師加威於郕故使若斉無武功而郕自降審如此春秋爲縱失斉師之惡也

秋師還（還音旋後同）【公羊傳】病之也曰師病矣曷爲病之非師之罪也

書師還譏役久也。按左氏。仲慶父請伐齊師。莊公不可。是國君上將（去声下同）親與（音預）圍郕之役也。其發其還皆不稱公者重衆也【王氏箋義】公圍郕而始末称師若刺之也春秋

正例君將不稱師，師則以君爲重。今此不稱公，又以爲重衆何也？輕舉大衆，妄動久役，俟陳蔡而陳蔡不至，圍郕而郕不服，歷三時而後還，則無名黷武，非義害人，未有如此之甚也。至是師爲重矣，義繫於師，故不書公，以著勞民毒衆之罪，爲後戒也。孟子民爲貴。春秋於王道輕重審之權衡，此類是矣。孫氏曰：春秋用師多矣，未有言師還，惡其与強讎伐同姓，師踰時方還。薛氏曰：師還何幸之也？何幸乎師之還。公欲取郕而力不足，藉力於齊，而齊取之以頁降郕。及秋而反，公謀擊齊而遂不果，故遲遲也。莊公忘国之大耻，娀同姓，親讎敵，暴師之久，幾而不忍致殆，書之危辞也。陳氏曰：書次、書侯、書治兵、書還，皆特筆也。内書師莫詳於此也。張氏曰：春秋書魯用師，未有如是之詳者，蓋莊公此年之師尤爲非義。無故次郎，可謂無名；甲午治兵，可謂黷武；圍郕而郕降齊，可謂無功；歷三時而師還，可謂害民。夫逆天道，親仇讎，圍同姓，勤民力，与国不信，伐国不服，故聖人備書之以見其惡【愚按】莊公之伐衛納朔与僖公之侵蔡伐鄭圍新城成公之如京師伐秦定公之會召陵侵楚皆歷三時而始返皆不書師還考其時而久役黷武之罪自見獨此年無名興戎師出無功春秋沒公不書以深貶之苟不書師還則不見其久役大衆之惡故備書始末結正莊公之罪也况諸公之出師皆逼於伯者之令惟莊公一役貪利務得至於久頓民而不顧訹於衛寶之賂而幾有降郕之隙所謂於惡之中又有惡焉者莊之謂矣。【趙氏曰】左氏云君子是以善魯莊公勞師會讎何善之有且齊強魯弱自當不敢爭也【劉氏曰】公羊曰善辭也又曰病之也然則理实貶之何言善之乎穀梁曰還者事未畢也遯也云欲避滅同姓之国示不卒事非也郕雖降齊国实未滅向云不使齊師加威于郕獨齊師耳豈可謂魯滅同姓哉

冬十有一月癸未齊無知【左傳】僖公之母弟曰夷仲年生公孫無知有寵於僖公衣服礼秩如適襄公絀之

無知曷爲不稱公孫而以國氏。罪僖公也。弑君者無

知於僖公何罪乎不以公孫之道待無知使恃寵而當國也按無知者夷仲年之子年者僖公母弟也私其同母異於他弟施以豉反及其子衣服禮秩如嫡此亂本也故於年之來聘特以弟書隱七桓三於無知之弒不稱公孫著其有寵而當國也垂戒之義明矣古者親親與尊賢並行而不相悖中庸仁者人也親親爲大義者宜也尊賢爲大故堯親九族必先明俊德而後九族睦見堯典周封同姓必庸康叔蔡仲而後王室強周大封同姓然必誅管蔡之亂而用康叔蔡仲之賢也徒知寵愛親屬而不急於尊賢使爲儀表以明親親之道必有篡弒之禍矣陳氏曰弒君者連稱管至父而專罪無知者君弒而無知受之則賊不在二子矣張氏曰不書氏与單州吁同例卒於此後皆稱氏從同同也○劉

氏曰穀梁曰大夫弑君以国氏者嫌也弑而代之也非也宋萬豈亦弑而代之者乎公子商人豈非弑而代之乎愚按文定謂州吁不氏責衛莊不待以公子之道無知不氏責齊僖不待以公孫之道斯亦一義然督萬亦以国氏盖隱桓莊之春秋凡賊皆名之大義既明於初其後皆以氏稱張氏之言乃程子之意也

弑其君諸兒。家 左傳齊侯使連稱管至父戍葵丘請代弗許故二人因無知以作乱齊侯田于貝丘反賊遂弑之而立無知 愚按襄公在位十二年明年子小白立是爲桓公

按左氏齊侯游于姑棼扶云反遂田獮也于貝補蓋反丘徒人費音秘遇賊于門先入伏公出而鬬死石之紛如死于階下是能死節者也春秋重死節之臣而法有特書攝孔父仇牧荀息皆特書其不見音現于經何也如費等所謂便平声嬖私暱之臣襄二十五晏子曰君爲社稷死則死之若爲已死非其私暱誰敢任之

逢君之惡（孟子本）田獵畢弋而不修民事使百姓苦之者也（詩齊風盧令小序【齊語】桓公曰昔先君襄公築臺以爲高位田狩畢弋不聽國政【注】畢掩雉兔之網弋繳射也）與大臣孔父仇牧義形於色不畏強禦以身死其職則畏矣（【公羊】孔父可謂義形於色矣仇牧可謂不畏強禦矣）當是時管仲隰朋鮑叔皆沉於下寮不見庸也而徒人費石之紛如乃得居左右襄公之所踈遠（于願反下同）親信者如此故以齊國之強大一也桓公用之則九合諸侯不以兵車由親賢人遠小人所以興也襄公用之不能保其身死于户下由親小人遠賢人所以亡也（【蜀】諸葛亮傳親賢臣遠小人此先漢所以興隆也親小人遠賢臣此後漢所以傾頹也）此二人雖死于難（去聲）與自經於溝瀆而莫之知者（論語）猶不逮焉乃

致亂之臣死不償責又何取乎【愚按】徒人費石之紛如孟陽死於襄公之弑賈舉州綽邴師公孫敖封具鐸父襄伊僂堙祝佗父申蒯死於莊公之弑皆不得以死節書蓋近暱嬖幸之臣從君於昏而任其禍未可以死節許之也【張氏曰】齊襄之見弑以禍本言之則無知之乱嫡積漸於僖公之時而襄公之惡積不可揜如抗王伐衛殺魯桓公色荒禽荒暱比小人以至禍發蕭墻身殲賊手考其即位至今所書齊事無非亡国戕身之媒所謂積不善之餘殃也

春秋卷之七

春秋卷第八

胡氏傳　後學新安汪克寬附録纂疏

莊公中

丙午莊王十二年九年齊桓公小白元年晉緡二十衛惠十五蔡哀十一鄭厲十六子儀九曹莊十七陳宣八杞靖十九宋閔七秦武十三楚文五春齊人殺無知左傳初公孫無知虐于雍廩雍廩殺無知

殺無知者雍廩也而曰齊人者討賊之辭也劉氏曰雍廩殺之其称人討賊之辭也弑君之賊人人之所惡去声夫人之所得討故稱人人者衆辭也先師曰聖人以討賊寄之人人亂臣賊子無容足之地矣無知不稱君已不能君齊人亦莫之君也陳氏曰州吁之弑衛人爲之變不踰年卒討之無知之弑齊人亦爲之變踰年卒討之故無知不成君而雍廩得書人国猶有

臣子也春秋之初王道猶未墜人心猶止於礼義也
齐詩爲襄公作者六以齊襄不道詩人婁致意焉冀
幸一悟而長惡不已至於遇弑然猶不忘討賊之義以
也 家氏曰 齐商人楚虔曠歲歷年然後假手他人以
逆大討既爲臣民所君雖欲用州吁無知之例名之
曰賊以匹夫討有不可得矣 愚按 春秋之例称人以
殺而但名之則討有罪也称人以殺而不去其官則
非討賊也經書殺弑有賊者十州吁無知陳佗夏徵舒
晋里克衛甯喜齐商人楚虔公子比蔡般是也州吁
無知国人能自討賊陳佗徵舒待蔡人楚人討之無
臣子矣然皆以討賊書之也晋惠因里克弑君而得
国衛獻因甯喜弑君而復国利其所爲使復爲大夫
既又忌而殺之非討賊也故以国殺大夫爲文楚棄
疾誘比以爲殺君之利而俾當弑君之名既而殺之意
在代其位亦非討賊也故以兩下相殺爲文齐商人
楚虔蔡般則国人君之諸侯會之不知其爲賊矣故
春秋亦不得用討賊之例也○劉氏曰穀梁謂無知
之挈失嫌也称人以殺大夫殺有罪也非也無知弑
君以代其位不可復氏公子上有齐人下有無知明
無知者齐人之賊亦不頒再氏国又無知非大夫而
以殺大夫例
解之失指

公及齊大夫盟于蔇蔇其器反【公穀】作暨【左傳】初襄公立無常鮑叔牙曰亂將作矣奉公子小白奔莒亂作管夷吾召忽奉公子糾來奔公及齊大夫盟于蔇齊無君也【公羊傳】公曷爲與大夫盟齊無君也何以不名爲其諱與大夫盟也使若衆然【穀梁傳】公不及大夫大夫不名無君也盟納子糾也【杜氏曰】蔇魯地琅琊繒縣北有蔇亭【張氏曰】今沂州承縣【愚按】沂州今屬益都路

及者內爲志【高氏曰】此盟蓋公意大夫不名者義繫於齊而不繫於大夫之名氏也【張氏曰】大夫齊之太宰称大夫以其任一国之事而表異之故不名也與文七年趙盾書大夫同曰公及齊大夫盟者譏公之釋父怨親仇讎也【趙氏曰】納讎人之子損礼而盟大夫故盟書公又言大夫以明非大夫之罪也所以異於高傒及處父也或曰以德報怨寬身之仁見表記何以譏之也曰德有輕重怨有深淺怨莫甚於父母之仇而德莫重乎安定其國家而圖其後嗣也【胡氏曰】仲尼正天下之義

明德怨之處以謂德不可以報怨設之詭其理則去王遠矣故怨莫甚乎父母之仇而德莫重乎君國子民豈可相貿易哉

有父之讎而不知怨乃欲以重德報之也則人倫廢天理滅矣然則如之何以直報怨以德報德

【朱子或問】以直報怨者不以私害公不以曲勝直當報則報不當報則止一觀夫理之當然聖人之心怨不使人忘怨而沒其報復之名者亦以見夫君父之讎有不得不報者而伸夫忠臣孝子之心也若於其所怨而反報之以德誠若忠且厚矣而於君父之讎亦將有時而忘之豈不悖天理之甚也哉或曰君父之讎亦有當報不當報之別乎曰周禮有之殺人而義者令勿讎此不當報者也春秋傳曰父不受誅子復讎可也此當報者也當報而報不當報而止是即所謂直也

【愚按】莊公素無報讎之念自以爲出於齊倚齊爲援故於襄之死要齊大夫至於嘗地而謀立糾以爲君爲植黨市恩之計初非以德報怨實欲以德報德也使莊公惕然悔悟思其父之所以沒因無知之亂伸大義而伐之斷其棺而梟其罪謀於齊衆擇僖公之賢子而立之豈不爲桓公之孝子而爲春秋之賢君也哉聖人於高傒處父荀庚孫良夫

郤犨孫林父向戌之盟皆不書公及獨於齊大夫盟蔇書曰公及者蓋深疾其惰於理而又傷其不能勇於事也。啖氏曰穀梁曰無君制在公矣當可納而不納故惡内也按讐人之子本不當納有何惡乎下伐齊納糾義同

夏公伐齊納糾左作納子糾愚按孔氏正義今定本齊糾上有子字則左傳古本亦作納糾

齊小白入于齊左傳公伐齊納子糾桓公自莒先入公羊傳伐而言納者猶不能納也小白曷爲以國氏當國也程子傳桓公子糾襄公之二子也桓公兄而子糾弟襄公死則桓公當立春秋書桓公則曰齊小白言當有齊國也於子糾則止曰糾不言齊以不當有齊也不言子非君之嗣子也公穀并注四家皆書納糾左傳獨言子糾誤也然書齊人取子糾殺之者齊大夫嘗與魯盟于蔇既納糾以爲君又殺之故書子是一罪也

左氏書子糾二傳曰伐齊納糾君子以公穀爲正君子謂程子

納者不受而強其丈反致之稱永嘉呂氏曰凡書納皆内不受而強致之公伐齊納糾欲納之而實未能納也故納而得入則書其國楚人納頓子于頓楚子納公孫寧儀行

父于陳是也雖至其国而未得入則書弗克納晉人納捷菑于邾是也未得国而入于邑則書邑齊高偃納北燕伯于陽晉趙鞅納世子蒯聵于戚是也莊公納子糾糾也以国則小白已君以邑則糾未能入故但書納糾以見其不能納也**陳氏曰**襄公吾讐入者難詞也而納其亡公子以為德是納不宜納也**愚按**有當入不當入而言入者難詞也有不當入而言入者逆詞也許叔之入小白之入當入者也鄭突之入衛朔之入不當入者也齊陽生入于齊與此書法雖同然下書陳乞弑荼則知陽生之入所以簒荼矣讀經當合上下文觀之

糾不書子者明糾不當立也以小白繫齊者明小白宜有齊也所以然者襄公見殺糾與小白皆以庶子出奔而糾弟也又未嘗為世子按史稱周公誅管蔡以安周齊桓殺其弟以反國前漢淮南厲王傳王驕恣不法上令薄將軍昭與厲王書諫數之曰云云是糾幼而小白長展兩反其有齊宜矣宜則何以不稱公子内無所承上不禀命故

以王法絶之也桓公於王法雖可絶視子糾則當立故管仲相（去声）桓爲從義而聖人稱之曰微管仲吾其被（皮寄反）髮左衽矣召（音邵）忽死於子糾爲傷勇比諸匹夫匹婦之諒自經於溝瀆而莫之知也【上蔡謝氏曰】召忽死於子糾爲傷勇管仲不死爲從義而夫子予之也【朱子或問】程子以薄昭之言證桓公之爲兄而荀卿嘗謂桓公殺兄以爭国其言固出於薄昭之前未可以此證其必然但以公穀春秋所書之文爲據參以夫子荅子路子貢之言斷之蓋聖人之於人功罪不相掩今但稱管仲之功而不言其罪則可見不死子糾之難無害於義而桓公子糾之長少亦從以明矣【愚按】杜氏注小白僖公庶子子糾小白庶兄公羊謂小白稱入爲篡公穀梁謂小白不讓子糾太史公序小白次子糾皆以子糾爲兄小白爲弟且謂皆僖公子韓宣子亦謂齊桓衛姬之子有寵於僖而程子謂襄公子似據左傳公子小白公子糾蒙襄公立而言今考小白与糾其爲僖公或襄公之子則不可考然以經考之忽繫鄭而突不繫鄭羈繫曹而赤不繫曹則猶庶之

辨也捷菑不繫邾而書弗克納則長幼之辨也今小白纂齊則鄭忽曹羈之例也糾不稱子而稱納則捷菑之例也是則小白當立而糾不當立明矣以經別傳之真僞則公穀杜氏不可信也況夫子盛稱管仲之功而不責其忘君事讎別其長幼是非豈不灼然可見哉魯莊忘讎而納其公子奉少奪長與師以助不正卒至於敗書公伐書納而罪惡著矣通旨莊公爲齊納子糾既絶父子君臣之倫矣魯國臣子則而家之故于般閔公皆不得其死而魯不絶如綫仲尼爲此懼一書再書屢書特書而每書必加貶絶以著其釋怨忘讎之罪也○劉氏曰公羊云納者入辭也非也納者納距耳得入不得入未可知也非入辭也又云糾不稱公子君前臣名亦非也糾失國在魯本非魯臣何故責以君前臣名乎

秋七月丁酉經**葬齊襄公**杜氏曰九月乃葬亂故張氏曰無知已誅何以葬矣○**八月庚申及齊師戰于乾時我師敗績**乾音干左傳師及齊師戰于乾時我師敗績公喪戎路傳乘而歸秦子梁子以公旗辟于下道是以皆止公羊傳内不言敗其言敗何伐敗也曷爲伐敗復讎也此復讎乎大國曷爲使微者公也曷爲不言公不与公復讎也曷爲不与復讎者在下也穀梁宣

十二年傳績功也功事也程子傳及其師非卿也公戰諱敗凡言敗績大敗也小小勝負不書杜氏曰乾時齊地時水在樂安界岐流旱則竭涸故曰乾時愚按在今益都路樂安縣

内不言敗此其言敗者爲與讎戰雖敗亦榮也何氏曰復讎以死敗爲榮劉氏曰以謂生而辱不如死而榮也按左氏戰于乾時公喪息浪反戎路傳直專反乘繩證反而歸則敗績者公也能與讎戰雖敗亦榮何以不言公敗之也公本忘親釋怨欲納讎人之子謀定其國家不爲復讎與之戰也是故没公以見音現貶之何氏曰時实爲不能納子糾伐齊諸大夫以爲不如以復讎伐之於是以復讎伐之非誠心至意故不与也若以復讎舉事則此戰爲義戰孟子春秋無義戰當書公冠去声于敗績之上據鄢陵楚子書敗績與沙隨之不得見乎丘之不與音預盟爲比以示榮矣沙隨平丘皆非

魯罪故不諱恥見成十六昭十三惟不以復讎戰也是故諱公以重貶其忘親釋怨之罪其義深切著明矣〔愚按〕書齊師書我師則非師少矣上文書公及齊大夫盟公伐齊則此戰乃公及之戰不待致傳而知之也然不書公而以微者之辭及戰者所以著公志在於納糾而不在於敵讎也經書內戰者三書敗外師者八言敗者勝彼言戰者爲彼所勝也內諱敗言戰乃敗矣故奚升陘皆不言敗績升陘諱公不書爲公諱敗也獨此書敗績爲与讎戰故雖敗績猶不以爲辱耳抑揚詳略之際皆聖人之微意也

九月齊人〔趄〕取子糾殺之〔左傳〕鮑叔帥師來言曰子糾親也請君討之管召讎也請受而甘心焉乃殺子糾于生竇召忽死之管仲請囚鮑叔受之歸而以告曰管夷吾治於高傒使相可也公從之〔公羊傳〕其取之何脅我也使我殺之也〔穀梁傳〕猶曰取其子糾而殺之云尓

取者不義之詞〔愚按〕說文取捕取也謂義不可而強取之也前書納糾不稱子者明不當立也此書殺糾復扶又反稱子者明不

當殺也【雙峯饒氏曰】（春秋於糾上一無子字一有子字始以納之爲非故去子以明其不當納終以殺之爲非故又稱子以明其不當殺）或奪或予（上声）於義各安春秋精意也仁人之於兄弟不藏怒焉不宿怨焉親愛之而已（本孟子）糾雖爭立越在他國置而勿問可也必請于魯殺之然後快于心其不仁亦甚矣後世以傳讓爲名而取國者必殺其主以爲一人心防後患意與此同流毒豈不遠哉【通鑑】（宋高祖劉裕受晉禪殺晉恭帝齊太祖蕭道成受宋禪殺宋順帝盡滅其族梁武帝蕭衍受齊禪殺齊和帝陳武帝霸先受梁禪殺梁敬帝隋文帝楊堅受周禪殺周静帝後梁高祖朱晃受唐禪殺唐昭宣帝）故孟子曰五伯（讀曰霸後同）三王之罪人也仲尼之徒無道桓文之事者【高氏曰】（桓公殺子糾書齊人者并其国人罪之也書曰取殺之重之也）【張氏曰】（糾者齊桓之兄弟也以其不當爭而爭立則爲罪以其骨

肉之至親則不可殺爲齊桓者當列其罪以告魯人且明示親親之義而全其生則恩義兩得矣夫殺兄弟當目君而稱齊人者廢立之際殺生予奪寄於當國大臣之手今齊大夫始以糾爲先君之子而盟欲立之今爲桓公而得國又不体其君天倫之恩從議親之辟以赦其罪而必殺之發興生死輕率甚矣故加子於糾又書齊人書取書殺以責其宰國君臣忘親失義之罪也聖人以至公示後世異於私天下爲已有欲絶乱本禍根而推刃於先君之遺体者矣【愚按】王者之道自脩身正家以及於爲國桓公殺子糾晉文殺懷公以取國夫子糾懷公論長幼之序雖不當立而桓公之殺亦非也以是得國而霸諸侯其本固已不正矣此仲尼之門五尺童子所以羞稱五伯也殺懷公之事不見於經非削之也舊史不書耳。【趙氏曰】左氏謂魯殺子糾按論語云桓公殺公子糾則知齊自殺之非魯殺也若實魯殺當云齊人使我殺子糾不應云取【劉氏曰】穀梁曰言取病內也非也言取病齊耳內何病乎

冬浚洙洙音殊【公羊傳】浚者深之也曷爲深之畏齊也【穀梁傳】深洙著力不足也【杜氏曰】洙水在魯城北下合泗浚深之爲齊備

固國以保民爲本輕用民力妄興大作邦本一搖雖有長江巨川限帶封域洞庭彭蠡河漢之險猶不足憑而況洙乎書浚洙見音現勞民於守國之末務而不知本爲後戒也張氏曰洙水在魯北齊伐魯之道也魯雖殺子糾猶有畏齊之心故浚而深之以備齊師之至書此以見其不能明政刑結人心使大國畏之而重勞民力務以深險自守不知困民於無益古人徹彼桑土綢繆牖戶之意不如是之陋也王氏曰隋有季梁楚不敢伐鄭有子產晉不能屈不有君子其能國乎莊納子糾而不知義洙水近在城北而勞民末務特見戲耳愚按城郭溝池有國者之所不可廢然有當守而不可不守者有不必徒恃於守者春秋書城下陽書城虎牢責虢鄭之不能守也書浚洙書內築城邑者二十有四所以責魯之徒恃於守而重困民力也

丁酉莊王十三年

十年齊桓二一鄭厲十七晉緡二十一子儀十衛惠十六曹莊十八蔡哀十陳宣九杞靖二十秦武十四宋閔八楚文六

春王正月公敗齊師于長勺敗必邁反後放

此勺上酌反穀梁傳不日疑戰也疑戰而曰敗勝內也杜氏曰長勺魯地
齊師伐魯經不書伐意責魯也詐戰曰敗左氏十一年傳皆
陳曰戰敵未陳曰敗某師范氏曰不尅日而戰以詐相襲敗之者爲主啖氏曰凡魯勝則曰
敗某師
或曰長勺魯地而齊師至此所謂敵加於己不
得已而後應去声者也劉氏曰戰者仁人之所惡有不得已而應之者矣疑若
無罪焉何以見責乎善爲國者不師善師者不陳善
陳者不戰穀梁莊八年故行使去声則有文告之詞而疆場
音亦則有守禦之備至於善陳德已衰矣而況兵刃相
接又以詐謀取勝乎故書魯爲主以責之皆已亂之
道寡怨之方王者之事也張氏曰書敗而不書戰惡詐戰也用民力以戰爭古
有司馬車戰之法定日刻期兩陳相向以决勝負雖敗而奔亦無多殺之禍若詐戰而出其不意或牽衆

而覆之則不仁之甚者也莊公政刑不修制軍無法
齐師之來以詐謀而僥倖一勝春秋深譏之【愚按】春
秋書外敗者八非夷狄之敗中国則中国之敗夷狄
夫夷狄之於中國不足責矣中國之於夷狄不可以
常法制之而以詐勝之猶之可也至於中國之於中國而
以詐取勝則其罪深矣經書內敗夷狄者一敗中國
者七而莊公居其三何莊公習於詐勝若是乖哉謂
莊公与仇國為敵聖人幸其勝而志之也嗟夫使莊
公於即位之初悉索敝賦以問罪於齐而有再戰再
勝之功則為善矣今乃挾不能納糾之憤而逞其徂
詐何有於敵雠苟以為敵雠則侵宋再敗宋師非敵
雠也。【劉氏曰】左氏曰齐師伐我曹劌請見公与之
乘戰于長勺公將鼓之劌曰未可齐人三鼓劌曰可
矣齐師敗績杜氏注齐人雖成列魯以權譎稽之列
成而不得用故以未陳為文非也傳本設皆陣曰戰
未陳曰敗之例者見正不正也此既皆陳矣是正也
要是傳所載者當時雜記安
出曹劌及戰事不足為據

二月公侵宋經【此書侵之始】【左傳】凡師有鍾鼓曰伐無曰
侵輕曰襲【公羊傳】觕者曰侵精者曰伐戰
不言伐圍不言戰入不言圍滅不言入【穀梁傳】深其怨
於齐又退侵宋以衆其敵惡之苞人民毆牛馬曰侵斬

樹木壞宮室曰伐王氏曰宋閔以莊二年即位二君未嘗有隙何為而侵宋耶以許敗齊乘勝侵宋皆召兵之道非保國之謀也張氏曰莊公以僥倖得志於齊遂率無名之師以掠宋境此所以致郎之師也蜀杜氏曰周官九伐之法負固不服則侵之此蓋天子命諸侯使侵之非列國可得而專春秋之世侵伐戰圍者甚衆必詳録之以示譏也○愚按趙氏纂例駁三傳侵伐之說而謂稱罪致討曰伐無名行師曰侵然齊桓侵蔡劉文公侵楚豈可謂無名行師乎文定改之曰潛師掠境曰侵其義當矣詳見十五年○三月宋人遷宿此迁國之始公羊僖元年傳遷者其意也遷之者非其意也穀梁傳遷亡辭也其不地宿不復見也遷者猶未失其國家以往者也

其曰遷宿者宿非欲遷為宋人之所遷也○莊氏曰宋强迁之而取其地趙氏曰徙而臣之曰迁某陸氏曰移入封内以為附庸也懷土常物之大情遷國重事也雖違害就利去危即安猶或恐沈于衆不肯率從書盤庚注自祖乙都耿圮于河水盤庚欲迁于殷而大家世族安土重迁胥動以浮

言恐動之以禍患沈陷之於罪惡乃詒民之弗率而況迫逐於橫去声逆非其所欲棄久宅之田里刈新徙之蓬翟昭十六艾殺此地斬之蓬蒿藜翟而共處之道途之勤營築之勞起怨謗傷和氣豈不惻然有隱痛也乎肆行莫之顧也其不仁亦甚矣凡書遷不再貶而惡已見音現矣高氏曰宿介於宋魯之間屬於宋而親魯宋人以為貳於魯而遷之王氏曰驅而屬之為附庸自是宿不復見則亦亡矣宋閔所為如此閔三載而見弒於賊臣豈不曰天道好還哉通旨問聖人惡人遷国序書何以取盤庚曰有不利焉意欲自遷則何惡矣或介乎大国或迫於戎狄為人之所遷者春秋憫之襄陵許氏曰遷之使末失其国家以往其義猶有所難則是王澤之未竭也僖文以後有滅国無遷國矣愚按書遷國邑者三書自遷者七宋遷宿齊遷紀邢鄑郚遷陽皆強遷之而取其地者也邢遷夷儀衛遷帝丘許遷葉夷白羽容城蔡遷州來皆以自遷為文者也然惟邢衛乃迫於狄而自遷蔡許為吳楚所遷亦書自遷者蓋雖為強暴所遷然遷而不滅則曰某国遷于某遷而

遂滅則曰某人迁其國也邢迁如歸齐桓得與滅繼
絶之義春秋二百餘年之最善者後莫有繼之者矣
○趙氏曰公羊云以地還之也據
此乃將已也繞之非迁彼之義

夏六月齊[illegible]師宋[闕]師次于郎公敗宋師于乘丘乘繩證反左傳齐師
宋師次于郎公子偃曰宋師不整可敗也宋敗齐必還
請擊之公弗許自雩門竊出蒙皐比而先犯之公從之
大敗宋師于乘丘齐師乃還穀梁傳次止也畏我也敗
不日疑戰也杜氏曰乘丘魯地張氏曰今興仁府乘氏
縣愚按乘氏縣今
屬東昌路曹州

齊宋輕舉大衆據二國稱師深入他境據郎乘丘皆魯地肆其報
復之心齐報敗長勺宋報公侵誠有罪也魯人若能不用詐謀
奉其辭令二國去矣偷得一時之捷而積四鄰之怨
此小人之道故次者不以其事據不書伐勝者不以其理
據不書戰而止書敗交譏之以劉氏曰齐宋輕用其衆揚兵整旅
徑人之國而不名所伐欲覦利

乘便快其攻取之意使魯人恫疑憂恐出奇計詐謀以自救覆臧其軍百姓父子無辜陷没此人君貪利輕用其衆之罪也魯人誠能不用詐謀推忠信奉辞令以止齐宋之師齐宋去矣其所以弭患止乱安国便民不益堅且久耶偷得一時之勝而忘長出之慮此小人覺於勇啚於禍之咎故次者不以義勝者不以道交譏之也**襄陵許氏曰**齐桓始入未撫其民而輕用之是以再不得志於魯晋文之入五年而後用其民盖監此也**陳氏曰**書次于郎見齐伯之難書次于厰貉見楚伯之難不苟於從齐是人心猶知有周也不苟於從楚是人心猶知有晋也**愚按**齐宋書師著兵力之強也書次見其師出之無名也魯書公書敗見其以千乘之君而勝人不以其道也記称戰于乘丘馬驚敗績公隊佐車授綏則雖能勝宋魯亦殆矣此春秋所以目公而譏之也欤○**趙氏曰**公羊云伐則其言次何齐與伐而不與戰故言伐也按經文實未伐而敗故不言伐尔又曰我能敗之故言次君然則但書敗義不明乎何假言次

秋九月荆文**敗蔡師于莘以蔡**哀**侯獻舞歸** 莘所巾反舞**穀**作武**此荆猾夏之始****左傳**蔡哀侯娶于陳息侯亦娶焉息嬀將歸過蔡蔡侯止而見之弗賓息侯聞之怒使謂楚文王曰伐我

吾來救於蔡而伐之九月楚敗蔡師于莘以蔡侯獻舞歸【公羊傳】荆者何州名也州不若国国不若氏氏不若人人不若名名不若字字不若子蔡侯何以名絶曷爲絶之獲也曷爲不言獲不與夷狄之獲中国也【穀梁傳】荆者楚也謂之荆狄之也聖人立必後至天子弱必先叛蔡侯何以名絶之也何爲絶之獲也中国不言敗其言敗釋蔡侯之獲也【杜氏曰】莘蔡地楚国今南郡枝江縣【張氏曰】荆楚故號周成王封熊繹于丹陽今江陵之枝江縣【愚按】莘在今河南府路裕州莘縣

蔡侯何以名絶之也。凡書敗書滅書入而以其君歸皆名者爲其服爲臣虜故絶之也【劉氏曰】以歸蓋就虜而不耻者【薛氏曰】以蔡侯獻舞歸何執之而不反也其不言執不与蠻夷之執中国也不言獲不忍諸侯之爲蠻夷獲也【臨川吴氏曰】蔡侯爲荆所獲而以之歸留於楚九年至莊十九年卒若蔡獻舞潞嬰兒沈嘉許斯頓牂胡豹曹陽邾益之類是矣。宣十五晉滅潞以潞子嬰兒歸定四蔡滅沈以沈子嘉歸定六鄭滅許以許男斯歸定十四楚陳滅頓以頓子牂歸定十五楚滅胡以胡子豹歸哀八宋入曹以曹伯陽歸哀七入邾以邾子益來國君死社稷正也。逃之雖罪猶有耻焉虜甚矣楚人滅夔以夔子歸僖二十六獨不名者夔子以無罪見討雖國滅身爲臣虜其義直其辭初不服也。夔子不祀祝融与鬻熊楚人讓之對曰我先王熊摯有疾鬼神弗赦而自竄于夔吾是以失楚又何祀焉是以獨假之爵而不名也春秋之法諸侯不生名。失地則生而名之。比於賤者欲使有國之君戰戰兢兢長守富貴無危溢之行也孝經滿而不溢所以長守富也高而不危所以長守貴也二十三年傳荊以州舉惡其猾夏不恭故狄之也劉氏曰楚祝融之後其上出有元德顯功通於周室与中国冠帶之君無異僭稱王故夷狄之張氏曰夷狄之故不稱師与人略之也名獻舞而書以歸責其不死位生降夷狄也諸侯不生名名之則位已絕矣王政不行夷狄侵陵中国楚自此得志中夏者二百餘年而周之子孫日以陵夷皆其有以自取之也高氏曰王室衰微不能自救齊桓始入威令不行是以荆人強暴敢肆毒於中国也臨川吳氏曰荆為中国患宜王時已伐之入春秋猾夏弥甚其事不聞於魯故不書蔡与齊魯宋衛陳鄭皆中国之望蔡首受禍此經書荆蛮猾夏之始陳氏曰荆敗蔡師于莘楚猾夏之始也吳敗頓胡沈蔡陳許之師于雞父則諸夏之不亡者寡矣故書荆自此始而春秋以吳終焉自會于鄧諸侯懼楚矣而敗鄧不書敗隨不書敗鄖不書雖滅申滅鄧滅息亦不書也敗蔡師以獻舞歸於是始書之春秋之法滅国之君言以歸徒敗焉耳而言以歸則是蔡服楚也是夷夏之大変也○愚按史記周文王封祝融之苗裔熊繹於楚蛮以子男之田夷王之時王室微熊渠甚得江漢間民和熊渠立為王厲王暴虐熊渠畏其伐去王號十一世至熊通伐隨令請王室尊為王王不聽乃自立為武王子文王始強陵江漢間小国敗蔡即此時也公穀皆謂書荆以州舉杜預謂荆其本號後改為楚今考檀弓謂夫子將之荆晉語叔向謂荆敗我則荆或是楚故號然商頌称荆楚則荆改號楚已久或者如郳改號小邾而仍称郳申称滕薛郳蓋春秋略之故舉其故號耳嘗攷近楚之国自申息諸国既亡惟陳蔡為密迩故二国婁受侵伐且見滅而僅存蔡之君自獻舞已降死于楚

者三焉春秋之書楚患始之以削敗蔡而
終之以楚公子申伐陳聖人蓋傷之也
冬十月齊師滅譚譚子奔莒此滅国之始公羊傳何以不言出国滅無所出也杜氏曰譚国在済南平陵縣西南張氏曰今済南府歷城縣
滅而書奔責不死位也范氏曰凡書奔責不死社稷不書出國亡
無所出也國滅身奔而不能守其富貴何以書爵乎
巳無取滅之罪爲橫去声逆所加而力不能勝至於出
奔則亦不幸焉爾矣其義蓋未絕也攝公穀蔡獻舞書名絕之也
按左氏齊侯之出也過譚譚不禮焉及其入也諸侯
皆賀譚又不至責其失事大之禮可矣坐此見滅可
乎張氏曰齊桓方有志爲政於天下非特不能興滅繼絕而以私憾覆滅小国其罪大矣齊師
滅譚譚子奔莒楚人滅弦弦子奔黄僖五狄滅溫溫子

奔衛僖十三國所以皆存其爵不比於失地之君而名之也范氏曰国滅不名盖無罪也氏曰奔莒不名者譚本無惡也孫然則吳滅徐徐子章羽奔楚昭三十何以獨名按左氏吳伐徐徐子斷丁緩反其髮攜其夫人以逆吳子既已屈服而後奔豈有興復之志乎獨書名所以絕之也以上並據啖氏纂例家氏曰国滅而奔者義不事仇志存興復猶為春秋所予若甘於事仇不以為恥或為所執以歸則春秋之所賤惡者也以此示萬世猶有国亡不能死甘於為禅為皓為懸懷為叔寶者吁可歎哉春秋之義雖在於抑強扶弱又責弱者之不自強於為善也故其書法如此通旨管仲相桓公伯諸侯只是詭遇如譚有恨便滅之鄣可取便降之若李聖人則行一不義殺一不辜而得天下不為也王氏曰此管仲攻瑕之計也薛氏曰五伯桓公為盛威陵諸侯以圖霸功首滅天子之建侯以肆威耳儒者之不道也宜哉陳氏曰曷為以首滅罪齊微桓公則

滅国之禍不接迹於天下春秋滅国三十六五伯爲之始愚按齊桓圖霸之初滅譚滅遂降鄣迁陽專以威力陵暴小弱以恐懼天下之諸侯其後雖能存三亡国而功不足以掩過矣或者乃引仲虺之誥謂兼弱攻昧取乱侮亡成湯伐義以正天下聖人予齊桓示威於楚是以書師夫以五伯三王之罪人乃以其虐小之事爲惡惡之比不亦惑乎春秋書荊敗蔡師于莘以蔡侯獻舞歸齊師滅譚譚子奔莒則齊桓亦能責之爲耳不待貶絕而惡自見矣

戊戌 莊王十四年 **十有一年** 齊桓二 晋緡二十六 衛惠十七 蔡哀十一 鄭厲十八 子儀十一 曹莊十九 陳宣十 紀靖二十一 宋閔九 秦武十五 楚文七

春王正月○夏五月戊寅公敗宋師于鄑

鄑子斯反 左傳 宋爲乘丘之役故侵我公禦之宋師未陳而薄之敗諸鄑 穀梁傳 內事不言戰舉其大者 杜氏曰 鄑魯地 張氏曰 宋師再至再敗兵禍旋及其君魯雖再勝国亦困於兵矣 王氏曰 宋既敗而不知懲魯既勝而不知止其黷武甚矣書曰者所以謹之也 愚按 傳言侵我經不書侵与長勺義同

○秋宋大水

左傳 宋大水公使弔焉曰天作淫雨害於粢盛若之何不弔對曰孤實不敬天降之

災又以爲君憂拜命之辱穀梁傳高下有水災曰大水

凡外災告則書本陸氏辨疑杜氏曰公使弔之故書所謂災者害及民物如水火兵戎之寇是也諸侯於四鄰有恤病救急之義則告爲得禮而不可以不弔張氏曰比歲交兵怨不廢禮蓋古意之猶存而未泯者也故四國同災許人不弔君子以是知許之先亡也見左傳昭十八年

凡志災見春秋有謹天戒恤民隱之心王者之事也劉氏曰異者天所以譴人君使修德也故異至則內自省而已耳非所待於外也不當告告爲失礼失礼則書災者告之及民物者也諸侯於四鄰固有恤病救患之義是所待於外也不可不弔弔爲得礼得礼則書公羊云外災不書及我也按春秋內其国而外諸夏若水災及魯自可記魯災無爲詳宋而略民也穀梁云外災不書此何以書王者之後也非也杞亦王者之後未嘗記其災何歟

冬，王姬(注)歸于齊。(注)【左傳】齊侯來逆共姬。

按周制，王姬嫁於諸侯，車服不繫其夫，下王后一等。【詩】召南何彼襛矣小序　王姬王姬雖嫁於諸侯，然其車服制度與他國之夫人不同，甚言其貴盛之極。【鄭氏曰】下王后一等，謂車乘厭翟勒面繢總，服則褕翟。【朱子傳】周王之女姬姓，故曰王姬。禮亦隆矣。春秋之義，尊君抑臣，其書王姬下嫁，曷爲與列國之女同辭而不異乎？曰：陽倡而陰和，去声【詩】鄭風丰小序　夫先而婦從，從【士昏禮】賓出，婦從，壻乘其車先。天理也。述天理，訓後世，則雖以王姬之貴，其當執婦道，與公侯大夫士庶人之女何以異哉！故舜爲匹夫，妻去声帝二女，而其書曰嬪毗賓反于虞。見堯典【注】嬪，婦也。使行婦道於虞氏。西周王姬嫁於齊侯，據詩稱齊侯之子亦執婦道，成肅雍之德，同上召南小序其詩曰：曷不肅雍王姬之車雍詩作雝【朱子傳】肅敬也雝雝和也言此何肅肅而敬雍雍而和乎乃王姬之車也蓋王姬貴盛如此而不敢挾貴以驕其夫家故見其車者知其能敬且和以執婦道也自秦而後尤欲尊君抑臣爲治而不得其道至謂列侯尚尊也公主【初學記】周末以天子嫁女於諸侯使諸侯同姓者主之始謂之公主秦因之漢制帝女爲公主姊妹爲長公主諸王女爲翁主使男事女夫屈於婦逆陰陽之位故王陽條奏丗務指此爲失【前】王吉傳吉字子陽上䟽言漢家列侯尚公主諸侯則国人承翁主使男事女夫屈於婦逆陰陽之位故多女乱宣帝以其言迂闊不甚寵異而長樂王回亦以其弊至父母不敢畜許六反下同其子舅姑不敢畜其婦【宋】王回字深父福州長樂人舉進士不仕隱居著述原其意雖欲尊君抑臣爲治而使人倫悖於上風俗壞於下又豈所以爲治去声也其流至此然後知春秋書王姬侯女同詞

而不畀垂訓之義大矣高氏曰公不可主齊昏故重而重見之王氏曰主襄公之
昏其禮大故書之詳主桓公之昏其禮小故書之略
張氏曰王姬即齊侯之夫人王姬是也魯於齊爲讎
然已易也故齊侯之來逆不書止書王姬之歸而已
王女下嫁無異於諸侯之女適人者盖夫婦之道乃
三綱之所繫不可不早正故因其始嫁而一之於諸
侯女歸之辭焉若曰往之女家必敬必戒常礼不可
紊也愚按後世公主出嫁無王姬執婦道之風莫不
庸奴其夫雖尚主者極有才名而勢屈於崇貴吞悲
茹氣無所逃訴故晉人有無事取官府之說至六朝
其失尤甚江斆尚臨海公主讓婚表有云制勒甚於
僕隷則其微可知矣春秋書王姬之歸与詩穠表裏
實萬世之法也○陸氏曰公穀皆云志其過我也按
書其歸爲魯主婚尔穀梁他處即
云爲之中者歸之与此自相反矣

己亥莊王十五年崩十有二年齊桓四晉緡二十三衛惠十八蔡哀十三鄭厲十九子儀十二曹莊
二十陳宣十一杞靖二十二宋閔十弑秦武十六楚文八春王三月紀叔姬歸于酅音攜公羊傳隱之也其国亡矣啖氏曰非嫁而歸故
加紀字何氏曰酅不繫齊者時齊聽後五廟故国之

莊公四年紀侯去國（至此九年）叔姬至此始歸于酅者紀
侯方卒故叔姬至此然後歸爾歸者順詞以宗廟在
酅歸奉其祀也（叔姬伯姬之娣然諸侯夫人既卒則次妃攝治內事故叔姬雖媵妾當
奉紀之祭祀）魯爲宗國婦人有來歸之義紀既亡矣不歸
于魯（家氏曰夫死無子而終於父母家者非正也終於夫家正也）所謂全節守義
不以亡故而虧婦道者也（胡氏曰叔姬全守節義以終婦道故繫之紀賢之也）
魯人高其節義恩禮有加焉（愚按當時必有饋問弔葬之禮故史策録之）
是故其歸于酅其卒其葬史冊悉書夫子修經存而
弗削使與衛之共（音恭）姜同垂不朽（詩鄘柏舟小序共姜自誓也衛世子
共伯蚤死其妻守義父母欲奪而嫁之誓而弗許）爲後世勸若夏侯令女曹
爽之弟婦也寡居守志父母欲奪而嫁之誓而弗許

而曰曹氏全盛之時尚欲保終況今衰亡何忍棄之

魏志曹爽傳注夏侯文寧女名令女妻爽弟文叔文叔蚤死家欲嫁之以刀截兩耳居止常依爽爽誅曹氏盡死文寧以曹氏無遺類冀其意沮使人風之令女以刀斷鼻或曰夫家夷滅已盡守此欲誰爲哉令女曰仁者不以盛衰改節義者不以存亡易心云云禽獸之行吾豈爲乎聞者爲之感動

其聞叔姬之風而興起者乎

劉氏曰紀侯之歿不書叔姬何以得書春秋因叔姬之行以明紀季之以酅入齊非利之也凡欲存国耳試使紀季見宗国之危析地以求利此亦安其邑年夷何異春秋當絶之矣張氏曰叔姬伯姬之娣隱七年歸于紀者伯姬既死叔姬實攝內事而能不以国之存亡貳其事君子之心不以身之榮悴变其奉宗廟之志故必歸于酅以終其身易曰眇能視利幽人之貞於叔姬見之矣春秋可不録其本末以示婦道之正乎陳氏曰紀亡矣胥爲諱之紀叔姬存紀也国滅而復見者善辭也是故紀亡書紀叔姬陳亡書陳災○劉氏曰穀梁云国而曰歸此邑也其曰歸何也吾女也失国喜得其所故言歸爾非也邑何故不得言歸乎酅者紀之別也紀者叔姬之家也人歸

其家可不曰歸乎以謂喜得其所乃言歸何哉【家氏】曰公羊謂歸于鄬者歸于其叔叔其可歸乎盖紀之宗廟在焉義當歸也【愚按】或謂叔姬歸于叔非其所歸乱也夫叔姬歸于鄬鄬乃紀五廟之所在叔姬之歸以奉祭祀而非歸于紀季也夏侯令女之依奕与叔姬正同豈可亦責之依眞伯乎春秋書內女惟紀叔姬宋伯姬録本末甚詳非賢而得若是乎

夏四月○秋八月甲午宋萬弒其君捷閔及其大夫仇牧

捷【公】作接【左傳】乗丘之役公以金僕姑射南宮萬公右歂孫生搏之宋人請之宋公靳之曰始吾敬子今子魯囚也吾弗敬子矣病之宋萬弒閔公于蒙澤遇仇牧于門批而殺之遇大宰督于東宮之西又殺之【公羊傳】及者何累也弑君多矣舍此無累者乎孔父荀息皆累也舍孔父荀息無累者乎曰有有則此何以書賢也何賢乎仇牧萬搏閔公絕其脰仇牧聞君弑趨而至遇之于門手劒而叱之萬臂摋仇牧碎其首齒著乎門闔仇牧可謂不畏強禦矣【穀梁傳】書及以尊及卑也仇牧閑也

君弒而大夫死於其難乃旦反下同春秋書之者其所取

也大夫死於弒君之難而有不書者徒人費石之紛如孟陽死於齊襄之弒蕩意諸死於宋昭之弒賈舉州綽邴師公孫敖封具鐸父襄伊僂堙死於齊莊之弒皆不書故知孔父牧息皆所取也夫仇牧可謂不畏彊禦矣然徒殺其身不能執賊無益於事也亦足取乎食焉不避其難哀十五子路曰云云義也徒殺其身不能執賊亦足為求利焉而逃其難者之訓矣何名為無益哉夫審事物之重輕者權也權重輕而處之得其宜者義也大音泰宰督亦死於閔公之難削而不書者身有罪也桓二督弒殤公惠伯死於子惡之難亦削而不書者非君命也文十八襄仲殺子惡以君命召惠伯其宰止之曰入必死惠伯曰死君命可也宰曰若君命則死非君命何聽入殺而埋之通旨董卓召皇甫嵩往見執而亡漢与惠伯同死不得其所也使知春秋之義則不往

可也召忽死於子糾糾之難孔子比於匹夫匹婦之諒自經於溝瀆而莫之知者所事不正也據子糾不當立崔杼弑君晏平仲曰人有君而人弑之吾焉於虔反下同得死之而焉得亡之君子不以是罪晏子者齊莊公不爲社稷死而晏子非其私暱之臣也見左傳襄二十五年若仇牧荀息立乎人之本朝執國之政而君見弑不以其私也雖欲勿死焉得而勿死聖人書而弗削以爲求利焉而逃其難者之勸也惟此義不行然後有視棄其君猶土梗【莊子】田子方篇真土梗耳【注】土梗土人也遭雨則壞弁髦【左傳】昭九豈如弁髦而因以敝之【注】童子垂髦始冠三加成礼而弃其始冠曾莫之省而三綱絕矣【愚按】春秋褒死節之臣所以爲千萬世事君者之勸後世春秋之義不行是以亂賊篡弑而將相大臣皆黨惡

朋黨忮不之恥如漢王舜等之事王莽魏王沈王業之事司馬昭晉傅亮謝晦等之事劉裕宋褚淵王儉之事蕭道成唐張文蔚楊涉等之事朱温甚至如馮道歷事五代皆任公師之貴不以為辱而反以為榮比明皇之象昭宗之猿而有愧矣豈非所謂棄其君如土梗弁髦而莫之省乎。【王氏曰】據左氏宋公靳之後萬病其言而肆惡古者賢君待其臣以禮出入起居罔有不敬則戲謔之談意外之憂何由至哉閔公反此所以及禍也【臨川吴氏曰】公羊言莊公獲萬舍諸宫中數月然後歸之反為大夫於宋萬有力無德戰敗免罪已幸矣又以之為大夫宋閔用人如此其遭弑自取之也

冬十月（桓）宋萬出奔陳（宣）【左傳】立子游群公子奔蕭公子御說奔亳南宫牛猛獲帥師圍亳蕭叔大心及戴武宣穆莊之族以曹師伐之殺南宫牛于師殺子游于宋立桓公猛獲奔衛南宫萬奔陳

按左氏宋萬弑閔公于蒙澤【杜氏曰】宋地 奔陳【范氏曰】宋以不討賊致令得奔【孫氏曰】萬八月弑君十月方出奔是宋之臣子緩於討賊 宋人請萬于陳以賂陳人使婦人飲於鴆反下同之酒而以犀革裹之宋人

醢音海萬然則賊已討矣曷為不書陳人殺萬而葬閔公乎。據州吁無知已殺則衛桓齊襄皆書葬夫天下之惡一也【左傳】衛石祁子曰天下之惡一也惡於宋而保於我保之何補陳人不以萬為賊而納之又受宋人之賂而使婦人飲之酒是與賊為黨非政刑也。特書萬出奔陳而閔公不葬以著陳人與賊為黨之罪。而不能正天討其法嚴矣故曰春秋成而亂臣賊子懼【陳氏曰】向也合四国之君而後華督免於討今萬得奔陳自是無討賊者矣【張氏曰】陳容其奔衆已大矣受賂而後歸之与所謂殺其人汙其宮而豬焉之意何其異哉【臨川吳氏曰】陳人當如昔年之執州吁者以執萬今乃受其奔是為逆賊之逋逃主也宋臣雖能逐賊而立君然賊既逸去後始得而誅之視石碏討州吁之義則有愧矣故不言宋人殺萬【愚按】春秋書逆賊出奔一以責国人之失賊一以責鄰国之不當受也陳人既受賊及貪賄而後以狙詐戮之則非天討矣慶父弒閔公奔莒莒人亦受賂而後歸之及境而縊事与此同盖亦不能正天討故閔公亦不書葬也里克甯喜皆已殺而卓剽不葬盖晋衛討乱臣不以其罪而又不以君礼葬卓剽也蔡般未討而蔡景書葬乃變例而責諸侯之不能討賊也考經之上下文与經之前後事而其義見矣屬辭比事春秋教也此之謂也

庚子 僖王元年

十有三年

齊桓五 晉緡二十四 衛惠十九 蔡哀一 陳宣十二 十四 鄭厲二十 子儀十二 曹莊二十

公御說元年 杞靖二十三卒 宋桓

秦武十七 楚文九

春齊（桓）侯宋人陳（宣）人蔡（哀）人邾（儀父）人會于北杏 齊侯穀作齊人左傳會于北杏以平宋乱穀梁傳是齊侯宋公也其曰人何也始疑之何疑焉桓非受命之伯也將以事授之者也率人衆之辭也杜氏曰北杏齊地

桓何以及四國之微者會是宋公邾子也 桓率諸侯以平宋乱 宋公決不以微者會邾小国尤不敢以微者會公侯 然則何以稱人春秋之世以諸侯而主天下會盟之政自北杏始其後宋襄晉文楚莊秦穆交主夏盟跡此而爲之者也 五伯注見首卷進表

下桓非受命之伯。【孫氏曰】周禮九命作伯，得專征諸侯。若五伯者，皆非命伯。召伯賜齊侯命，尹氏策命晉侯，春秋皆不錄之。故孟子曰三王之罪人。諸侯自相推戴以爲盟主，是無君矣。故四國稱人，以誅始亂，正王法也。【楊氏辨要】春秋之世，以諸侯而主天下會盟之政，由北杏之會始；以大夫而主天下會盟之政，由文七年扈之盟始。以諸侯主天下之政，諸侯之無王也；諸侯無天子之命而自相推戴桓公爲盟主，聖人苟不貶於其始，則後世迹此而亂，故獨書齊侯，而宋陳蔡邾之君皆稱人，則無王命而推齊侯爲伯之罪著矣。厥後宋襄晉文楚莊交爭天下之盟主，而王道絶者，襲祖之故也。【永嘉呂氏曰】方伯圖之未興也，列國諸侯更相吞噬，閒有若鄭莊齊僖之流，雖能雄長於一時，而終未能執伯主之柄，天下紛紛莫之統一，然心猶知有周也。及伯圖既興，則翕然唯伯主之爲聽，下以號令諸侯，上以脅制天子，一時氣勢声焰赫奕，中国賴以少事，自是王命浸微矣。是故有北杏之會，則有幽之盟；有幽之盟，而後有葵丘之盟，則宰周公在會矣，然猶未也；至温之會，則天王實狩焉。比事以觀，而善惡自見矣。齊侯稱爵，其與之乎。

上無天子下無方伯有能會諸侯安中國而免民於左衽而審反則雖與之可也誅諸侯者正也與桓公者權也陳氏曰春秋非主兵皆序爵也於是序齊於宋之上而獨爵齊將子齊以伯也晉文之簡曰晉侯齊師宋師秦師皆始伯之辭也自是無特相會者矣高氏曰齊桓始謀合諸侯皆人之而獨序齊爵抑揚之辭也自此執鄭詹伐山戎執轅濤塗二十餘年不予齊桓以爵或曰桓公始平宋亂遂得諸侯故四國稱人言衆與之也家氏曰齊桓創伯以平宋亂春秋與之齊侯書爵褒之也諸侯書人著衆望之所同屬也周衰王綱陵夷諸侯恣擅齊桓能以尊王室正諸夏攘夷狄爲事故春秋與之也張氏曰王政不行亂賊得志強暴肆行天下思得賢伯之與齊桓一會而宋陳蔡邾並來受命可見天下歸之幾如水之就下然桓公苟能於宋萬初弒君之時率兵討之則不勞告諭而天下翕然宗齊矣

夏六月齊人殲遂左傳會于北杏遂人不至齊人殲遂而戍之穀梁傳不日微國也杜氏曰

遂国在济北蛇丘縣東北【張氏曰】蛇丘屬漢泰山郡隧鄉故遂国也【愚按】今屬济寧路鉅野縣

滅國之與見滅罪孰爲重取國而書滅奪人土地使不得有其民人毀人宗廟使不得奉其祭祀非至不仁者莫之忍爲見滅而書滅亡國之善詞上下之同力也公羊僖五其亦不幸焉爾。語有之曰興滅國繼絶世天下之民歸心焉【南軒張氏曰】興滅国不欲忘其先之功德也繼絶世不忍墜人之宗祀也今乃滅人之國而絶其世罪莫重矣齊人滅遂其稱人微者爾凡書滅者不待再貶而惡已見見音現【家氏曰】遂人不會北杏国爲有罪然未至於可滅也伯者假公義以濟私欲滅譚矣又滅遂不過爲拓土開疆之計春秋於三年之間聯書二滅以著齊桓之罪功過不相掩也【高氏曰】齊桓未見救中国之功而示威小国以滅之以脅大国聖人深責之秋七月。○冬，公會齊侯盟于柯。柯，古何反。【左傳】始及齊平也。【公羊傳】桓之盟不日，其會不致，信之也。其不日何？以始乎此。莊公將會乎桓，謂曹子曰：寡人之生則不若死矣。曹子曰：然則君請當其君，臣請當其臣。莊公曰：諾。於是會乎桓。莊公升壇，曹子手劍而從之。管子進曰：君何求乎？曹子曰：城壞壓竟，君不圖與？管子曰：然則君將何求？曹子曰：願請汶陽之田。管子顧曰：君許諾。桓公曰：諾。曹子請盟，桓公下與之盟。已盟，曹子摽劍而去之。要盟可犯，而桓公不欺；曹子可讎，而桓公不怨。桓公之信著乎天下，自柯之盟始焉。【穀梁傳】曹劌之盟也，信齊侯也。桓盟雖內與不日，信也。【杜氏曰】柯，齊之阿邑。【張氏曰】今東平附東阿縣。

始及齊平也。【孫氏曰】公不及北杏之會，桓公旣滅遂，懼其見討，故盟于此。【王氏曰】柯，齊地，而言公會，則此會本齊侯之意也。

世讎而平，可乎？於傳有之：敵惠敵怨，不在後嗣。【左傳】文六，臾駢曰：前志有之云云。宣十八，臧宣叔曰：當其時不能治也，後之人何罪？

魯於襄公，有不共戴天之讎，當其身則釋怨不復，而主王姬，狩于禚，會伐衛，同圍郕，納子糾，故聖人詳加譏貶以著其忘親之罪。今易世矣，而桓公始合諸侯，安中國，攘夷狄，尊天王，乃欲修怨怒鄰而危其宗社，可謂孝乎。故長勺之役專以責魯，而柯之盟公與齊侯皆書其爵，則以為釋怨而平可也。張氏曰：魯莊自齊桓入國婁與之戰，雖一再勝，而齊方修軍政以圖伯，魯有見伐之釁，至此始及齊平。公穀所載曹子之事，齊桓捐小利以收魯，容或有之，皆霸術也，但公羊言之過其實耳。或稱齊襄公復九世之讎而春秋賢之，信乎。公羊莊四 以仲尼所書柯之盟，其辭無貶，則復九世之讎而春秋賢之者妄矣。其諸傳柱戀反皆借襄公事以深罪魯莊，當其身而釋怨耶。朱子語 問：莊公与齊桓會盟，春秋不譏。曰：凡事貴謀始，莊公親見襄公殺其父，既不能復讎，反与之燕會，又為之主婚，嘗特不能復而已，既親与讎人如此，到桓公時又自隔一重了，如何更責他去報？見讎在面前不曾報，得更

欲報之於其子若孫非惟事有所不可也自傚得設
氣勢又況齊桓公率諸侯尊周室以義而率莊公雖
欲不赴其盟會豈可得哉事又當權今時勢義理輕
重若桓公無事自來召諸侯莊公不赴可也今桓公
名爲尊王室若莊公不赴非是叛齊乃叛周也【愚按】
公羊稱齊襄復九世之讎則失之過甚公當其身釋
怨不復則失之不及今考桓公至定公才八世而夫
子相定公會齊侯于夾谷安得謂九世猶可復讎乎
春秋於禚之狩人齊侯以貶公於鄑會伐衛貶不書
公子於圍郕諱不書公婁加貶絕則復讎之責至矣
故桓之盟不復致貶誠以齊桓倡伯尊王安夏顧不
可以區區不能報之寡弱召其危辱以獲罪於先君
也聖人輕重之權衡豈不深切著明也哉○【趙氏曰】
公羊云云按桓公未嘗侵魯地及盟後未嘗歸魯田
莊公與齊襄猶歡好不絕
不應至桓公却生讎怨

【辛丑】僖王二年

十有四年

【齊】桓六【晉】緡二十五【衛】惠二十【蔡】哀十五【鄭】厲二十一子儀十四【曹】莊二十二【陳】宣十三【杞】共公元年【宋】桓二【秦】武十八【楚】文十

春齊人【桓】陳人【宣】曹人【莊】伐宋【桓】

【左傳】宋人背北杏之會諸侯伐宋取成而還【程子傳】春秋之
法將尊師衆曰某帥師將卑師衆曰某師將卑師少曰

某人將尊師少曰某伐某齊自管仲爲政莊十一年而後未嘗與大衆也其賦於諸侯亦寡矣終管仲之身四十年息養天下厚矣惟救邢稱師譏其次也至於秦晉使之不競而已不強致也是以其功卑而易成

宋人背音佩北杏之會臨川吳氏曰北杏之會齊侯本以定宋君之位而宋即背之盍假仁義非誠心故人心不孚也諸侯伐宋汪氏曰經書人傳言諸侯者總衆目之稱張氏曰陳曹皆宋之鄰不動遠國覽便之規模也其稱人者將去聲下同卑師少也齊自管仲得政滅譚之後二十年閒未嘗遣大夫爲主將亦未嘗動大衆出侵伐十三年滅遂十五年伐鄖十六年伐鄭十九年伐我二十年伐戎二十六年伐徐二十八年伐衛救鄭三十年降鄣閔元年救邢二年遷陽僖四年伐陳侵陳七年伐鄭十七年伐英氏皆稱人惟次聶北城邢伐屬書師救徐書大夫其餘侵蔡伐楚伐鄭圍新城伐北戎皆書爵則君自行耳伐山戎書人獨非將卑師少者以遇魯濟獻捷書齊侯故也蓋以制用兵而賦於民薄矣故能南摧強楚西抑秦晉天下

莫能與之爭也。或以爲貶齊稱人，【高郵孫氏曰】滅遂至迁陽皆貶称人。誤矣。【通旨】問：桓公南征北伐，不聞勞民而兵食足者，何策？曰：以春秋考之，管仲相桓公數十年，未嘗動大衆出征伐，亦未嘗命大夫爲將帥，此足食足兵之本也。

夏，單伯會伐宋。

隱公四年，諸侯伐鄭，翬帥師會伐，則再舉宋、陳、蔡、衛四國之名。今諸侯伐宋，而單伯會伐，不復扶又反再舉三國之名，何也？宋人背北杏之會，合諸侯而伐之者，齊桓公也。會伐者無貶焉，故其辭平。主謀伐鄭而欲求寵於諸侯以定其位者，州吁也。會之者，黨逆賊矣，故其詞繁而不殺，疾之也。再舉而列書者，甚疾四國之詞也。言之不足，故再言之，而聖人之情見矣。【孫氏曰】桓以諸侯伐宋本不期魯曽自畏桓故使單伯會伐【高氏曰】非既約而後期與袁僑如會同【張氏曰】魯自盟柯已平于齊而未從其役故因齊討宋命上卿帥師往會示從伯之意齊桓方興理勢當從固異於單會宋殤黨亂賊伐無罪矣故書會伐而不再叙諸国也

○宋【劉氏曰】公羊云後會也按伐宋之時魯本不預謀後聞乃遣大夫往會耳非後期也穀梁云會事之成也與公羊相似【愚按】左氏云齊請師于周單伯會之故治左氏者皆以單伯爲周大夫今考成十六年傳十七年尹子單子三會伐鄭不書會伐又况定四年云劉文公合諸侯伐楚而經仍書公會劉子諸侯侵楚今既稱單伯會伐則單伯爲魯大夫明矣

秋七月荆入蔡【左傳】蔡哀侯爲莘故繩息嬀以語楚子楚子如息以食入享遂滅息以息嬀歸生堵敖及成王焉未言楚子問之對曰吾一婦人而事二夫縱弗能死其又奚言楚子以蔡侯滅息遂伐蔡七月楚入蔡【穀梁傳】其曰荆州舉之也州不如国国不如名名不如字【張氏曰】息之亡蔡之入皆哀侯致之蔡自會鄧懼楚之後非但不爲桑土牖戶之謀而以婦人之故再召楚師始則身虜繼以国破楚熊貲興兵以擄婦人是時齊桓伯業未成遂致其横行淮漢侵及中国也【王氏曰】荆虜獻舞歸今又入蔡四鄰不能救方伯不復

四九二

問小国附盟主果何恃乎書以病齊桓也**呂氏曰**入春秋以來蔡嘗從王伐鄭則脩勤王之職也會于鄧盟于折會于曹則循交諸侯之玉帛也伐鄭伐戴伐衛則循同諸侯兵車之會也自敗莘以來五年再被荊師哀侯蒙塵不返而蔡之臣子甘為楚向齊桓倡伯僅一從北杏之會自是折而從楚會伐會盟皆不與矣是故召陵加師僅屈以得楚人之盟服而不能革蔡人從楚之心齊桓既沒楚成抗衡盟齊會盂圍宋則蔡莫不偕至至于晉文城濮之戰楚既大創蔡始改圖晉之三會最勉周旋晉文既歿而中国之盟會蔡復不與厥貉之次遂挾楚穆為窺宋之謀郤缺栾書伐之侵之而不從也晉悼復伯列国悚然聽命而蔡安於楚之宇下鄭人侵蔡獲司馬燮而楚復為蔡仇鄭終悼公之世亦不能得蔡也厥後再從楚伐鄭宋號之會公孫歸生實序于列国大夫之上楚屢會申及再伐吳蔡靈皆從之是中国諸侯折而從楚者莫如蔡之先其堅於事楚者莫如蔡之甚也般之殺有之用廬之封蔡之存亡廢興皆宅命於楚蔡朱東国之廢置又制於楚之讒臣矣蔡昭受拘三年不勝其辱質愛子以請晉而召陵之役晉人求貨而辭蔡諸侯侵楚無功而楚人圍蔡益暴柏舉之戰假手于吳以擇滅而楚昭報復使疆于江汝之間蔡之傾覆是懼謀從州來哭墓而迁君臣相殘以及公孫翩之禍

迄春秋之後終爲楚所并弃同郎異之謬其害豈淺淺哉○冬單伯會齊(桓)侯宋(桓)公衛(惠)侯鄭(厲)伯于鄄單音善鄄音絹**左傳**會于鄄宋服故也**穀梁傳**復同會也**杜氏曰**鄄衛地東郡鄄城**張氏曰**今濮州鄄城縣**愚按**鄄城縣今屬東昌路**薛氏曰**齊之先乎諸侯長之也**高氏曰**諸侯伐宋踰時不解至是宋公始服而爲此會**臨川吳氏曰**春齊陳曹三國伐宋其夏魯單伯方往會伐時宋已成而三國還師故冬而單伯復會齊宋之君以結成而衛鄭之君亦來會也○**劉氏曰**左氏見周有單子遂誤以單伯亦爲周大夫凡王人出會諸侯無不序公侯之上者宰周公劉子之類是也杜氏爲之飾說欲證單伯必爲周人非解經之体

壬寅僖王三年

十有五年

齊桓七**晉**緡二十六**衛**惠二十一**蔡**哀十六**鄭**厲二十二**曹**莊二十三**陳**宣十四**杞**共二**宋**桓三**秦**武十九**楚**文十一

春齊(桓)侯宋(桓)公陳(宣)侯衛(惠)侯鄭(厲)伯會于鄄**左傳**復會焉齊始霸也**穀梁傳**復同會也**張氏曰**傳謂始霸指諸侯始定而言然魯未信服是後宋人猶或主兵衛鄭未免復叛蓋齊霸驟而定諸侯之心猶未一也**襄陵許氏曰**十二年十四年會至是又會

二合諸侯而不盟以示重慎是以盟則衆信莫敢渝也杜氏曰陳国小每盟會皆在衛下齊桓始伯楚亦始強陳介於二大國而爲三恪故齊桓自此年進之以在衛上遂終於春秋愚按是後惟召陵侵楚序衛下蓋陳在喪稱子故也

○夏夫人姜氏如齊趙襄陵許氏曰鄄之再會魯尚未從桓公未能比近無以示遠務求合於魯是以受文姜以昭親親而齊魯之交卒合然而礼坊一失夫人復啓越竟之愆遂成如莒之姦張氏曰文姜播惡齊襄之世不如齊八年矣至此復如齊桓公復求魯好以定伯業而不之拒豈非未闇行一不義雖得天下不爲之法乎此孔門所以不道霸者春秋特書以累桓也

○秋宋人趙齊人趙邾儀人伐郳郳公作兒音郳左傳諸侯爲宋伐郳

伯与霸同後放此者之先諸侯專征也張伯者而先諸侯主兵也杜氏曰宋主兵故序齊上班序上下以国大小爲次征伐則主兵爲先春秋之常也張氏曰小郳宋之附庸不服宋桓公爲宋伐之齊桓霸体未全正此役爲宋而與宋序齊上亦猶伐宋之師郳人爲道而序鄭之上也此齊桓之師何以序宋下猶未成乎伯也

二十七年同盟于幽天下與之然後成乎伯矣劉氏曰當是時桓未成乎伯未成乎伯而伐人猶諸侯之相伐也諸侯之相伐則必推主兵者上之是以宋先序蜀杜氏曰齊桓内不能率諸侯以朝天子外不能攘夷狄以救中國爲宋討一附庸以求其服從斯德之小乎愚按石氏謂郳有二郳黎來乃小邾國三國伐郳乃宋之附庸今考伐郳而後經不書郳惟書小邾城成周之役經書小邾人而宋仲幾曰郳吾役也昭二十年傳稱郳申杜氏云小邾穆公子必有所據則郳爲小邾明矣

鄭人侵宋左傳鄭人間之而侵宋張氏曰間諸侯伐郳而侵宋不誠服齊以背二鄄之會鄭之反覆於齊楚之間盖始於此故書侵以惡之

侵伐之義三傳不同公羊觕者曰侵精者曰伐穀梁苞人民敺牛馬曰侵斬樹木壞宮室曰伐左氏曰有鐘鼓曰伐無鐘鼓曰侵先儒或非其說以爲聲罪致討曰伐無名行師曰侵陸氏曰凡師稱罪致討曰

伐無名行師曰侵據左氏之說則齊侯侵蔡晉侯侵楚之類皆用大師而總數國若無鐘鼓何以行師又狄師亦有稱伐者豈是能有鐘鼓乎則左氏之例非矣公羊以謂深者爲精淺者爲觕前後有侵師至破其國伐師不深者殊多則公羊之例又非矣穀梁云云齊桓伐楚不戰而服無壞宮室伐樹木之事又豈二百四十二年行師悉皆如此暴亂乎則知穀梁亦非也未有以易之者也然考諸五經皆稱侵伐在易謙之六五曰利用侵伐征不服也書之泰誓曰我武惟揚侵于之疆詩之皇矣曰依其在京侵自阮疆周官大司馬以九伐之法正邦國而曰賊賢害民則伐之負固不服則侵之齊氏注伐者兵入其境侵之者兵加其境而已而以爲無名行師可乎愚謂陸淳謂不言罪名但行殺掠非謂師出無名然語辭未明有以啓後人之疑也然則或曰侵或曰伐何也聲罪致討曰伐潛師掠境曰侵聲罪者鳴鐘擊鼓

整衆而行兵法所謂正也潛師者銜枚卧鼓出人不意兵法所謂竒也【國語】備鍾鼓聲其罪也襲侵無聲為鄭襲事也【愚按】侵伐二字必皆當時行師之名故雖夷狄亦書伐而覆者之兵亦書侵其義之是非係乎其事之得失不以是為褒貶也然有當書伐而書侵當書侵而書伐者春秋之變例也

冬十月

【癸卯】僖王四年

十有六年齊桓八晉武公稱三十八年衛惠二十二蔡哀十七鄭厲二十二曹莊二十四陳宣十五杞共三宋桓四秦武二十楚文十二

春王正月○夏宋【桓】人齊【桓】人衛【惠】人伐鄭【南北争鄭於是始】【左傳】諸侯伐鄭宋故也【孫氏】曰鄭背鄄之两會侵宋故齊桓帥諸侯伐之齊序宋下与伐郳同【張氏】曰伐鄭不止為宋而已盖鄭不服則諸侯之心未一也【襄陵許氏】曰中国諸侯宋為大既為之服郳又為之報鄭宋盖自是与齊為一宋親而中国諸侯定矣【家氏】曰鄭突以庶篡嫡昭得返国突復據櫟以逼之昭以弑死突之為也齊桓始伯當声突舊惡請于王以正其罪宣示遠近以警羣聽今為宋而伐

鄭非名也【愚按】此伐鄭与二十六年伐徐皆以齐序宋下齐未成乎伯而宋猶主兵也○秋荊(文)伐鄭(厉)【左傳】鄭伯自櫟入緩告于楚楚伐鄭及櫟【師氏曰】自桓公之立而荊爲中国患矣十年敗蔡師十四年又入蔡今復伐鄭而桓不能討聖人詳書之以累桓也【王氏曰】齐方圖伯楚亦浸強北侵不已陳蔡鄭許適當其衝鄭之要害尤在所先中国得鄭則可以拒楚楚得鄭則可以窺中国故鄭者齐楚必争之地也自是鄭被兵於中國者三十有九於楚者二十春秋備書以見夷夏之盛衰焉○冬十有二月會齊(桓)侯宋公(桓)陳侯(宣)衛侯(惠)鄭伯(厉)許男(穆)滑伯滕子同盟于幽【公】作公會許男下【公穀】有曹伯【左傳】鄭成也【公羊傳】同盟者何同欲也【穀梁傳】同者有同也同尊周也【程子傳】齊桓始伯仗義以盟而魯首畔盟故諱不稱公上無明王下無方伯諸侯交争齊桓始霸天下与之故書同【杜氏曰】滑国都費河南緱氏縣幽宋地【張氏曰】滑今滑州【薛氏曰】許男何以先乎曹滑大也非礼班之序也桓公倡伯而亂周班之序非長諸侯之道也

會者公也不書公諱也【陸氏曰】會公會也不書公爲公諱也【陳氏岳曰】凡空書會

某侯是公自會也諸侯皆序兆微者明矣其諱公何也程氏曰齊桓始霸仗義以盟而魯首叛盟故諱不稱公惡去声失信也據十七年受鄭詹其曰同盟何也程氏曰上無明王下無方伯列國交爭桓公始霸天下與之故書同盟志同欲也

何氏曰同心欲盟也同心爲善善以成同心爲惡惡必成故重而言同盟也愚按同盟之義論者不同然實皆不出於公羊之說杜預言服異蓋以左氏於幽之盟一則曰鄭成一則曰陳鄭服於新城曰從於楚者服於蟲牢于戚曰鄭服也於馬陵曰且莒服故也於雞澤曰晉爲鄭服故合諸侯於重丘平丘曰齊成曰齊服也推是論之則清丘斷道之討貳于蒲以諸侯之貳皆所以服異于戚則鄭伯聽成而鄭已服柯陵亳北伐鄭而同盟則鄭服可知虛朾則悼公初立而諸侯新服也是則因服異而言同盟也穀梁於二幽之盟皆曰同尊周於新城斷道雞澤平丘皆曰同外楚楊士勛疏謂魯莊之世楚国未強齊桓初霸直取同尊周而已魯文之時楚人強盛而中国畏之新城書同傳云外楚則清丘亦是外楚傳省文也牵斷

道以包上下則蟲牢馬陵蒲之与戚柯陵虛打之類亦是省文雞澤復發傳者楚人轉盛中国外之弥甚則戲盟京城重丘亦其義也平丘又重發外楚之文是後中国微弱不復能外楚矣是則謂晉伯十有四盟皆爲外楚新城發傳著其始平丘發傳著其終斷道雞澤卒上下以包其餘也文定以諸侯同欲而書同又以惡其反覆而書同二幽新城清丘斷道皆云同欲馬陵云同病楚柯陵雞澤平丘云同懼楚皆同欲也以例推之于戚同欲討曹虛打同欲救宋也于蒲之盟罪其失信而尋盟亳北之盟惡其既同而又叛皆惡其反覆而書同者也以例推之于戲亦既同而又叛也惟蟲牢惡其皆不臣重丘惡其受賂而不討賊即何休所謂同心爲惡必成者也穀梁云尊周外楚即所謂同心爲善善必成者也惡其反覆而書同謂其既同而復異也杜預言服異謂其昔異而今同也愚故謂論者不同皆不出於公羊同欲之説也唐孔氏云載辭稱同啖趙謂盟辭同而無彼此之異蓋惟其同欲是以載書同辭也薛氏又謂同力乎中国亦同心之意也若夫劉原父引殷見曰同謂設方明如方岳之盟故書同然襄九年楚公子罷戎与鄭人同盟于中分十九年邾人郳人徐人會宋公同盟于蟲　豈亦能設方明而用殷同之礼乎新城虛

打皆大夫与盟清丘則四国之大夫當時大夫雖僭然未必能備天子之礼也季姬及鄫子遇于防安得用天子冬見曰遇之礼乎止斋陳氏臨川吴氏皆謂同者衆辞列国相与盟而莫適為主然前此瓦屋惡曹後此鄫陵皐鼬皆莫適為主而不書同齊桓晉悼皆霸者之盛不可謂其不專主盟也或者又謂霸業未盛霸業既衰則書同盟然齊桓幽之再盟不可謂霸業未盛牡丘霸業已衰而不言同晉悼之盛終始書同盟而柷柯澶淵晉霸已衰皆不書同則霸業之盛衰固不係於書同盟与不書同盟也

自古皆有死民無信不立故聖人以信易食荅子貢之問【論語】朱子註民無食必死然無信則雖生亦無以自立不若死之為安 君子以信易生重桓王之失【詩】兎爰小序桓王失信諸侯背叛君子不樂其生焉 春秋之諱公與預音是盟也豈不以信之重於生與食乎先儒或以為不書公者諱與讎盟誤矣【范氏曰】諸侯同共推桓而魯与齊讎公可事齊不會不書公以著疑焉 果以桓為讎而諱與盟者曷不於柯之

盟諱之也**愚按**霸者合諸侯而同盟外示同欲而出於中心之誠者蓋寡先儒謂惡其反覆而書同盖書同盟而反覆之惡自著故于幽為同盟之始而魯則失信於齊桓平丘為同盟之終而晉則侮魯昭使不与盟是皆反覆之易見者也說者皆疑新詹逃來在明年不當先諱公而貶之夫春秋為国諱焉則苟不書鄭詹之來則失事實書詹來而盟幽不諱公則又彰莊公之失信故沒公不書使若微者同新則莊公之罪不甚顯而所以譏之者至矣況聖人筆削一經屬辭比事以寓賞罰必詳上下文及前後學而後識其指歸安可謂不當先諱公乎公子翬未弑隱公而去其族齊無知未弑襄公而弗年書名紀叔姬全節守義以安滕而特書歸于紀季子賢而不書出奔皆所以詳本末而垂法戒非可以常例而議之也朱子於綱目書魏荀攸書司空梁文惠公狄仁傑漢末為魏而言魏仁傑未贈司空而称司空亦先事而致褒貶豈非取法春秋之遺意乎。**趙氏曰**穀梁云不言公外内賓一疑之也按莊公与齊襄往來未嘗有阻豈於桓公更有疑哉此直夫子定貶責之旨何関内外賓也

郳子克卒

穀梁傳其曰子進之也**范氏曰**附齊而尊王室王命進其爵**莊氏曰**克儀父名称子者蓋

齊桓請王命以爲諸侯【高氏曰】不能五十里爲附庸若有功加地蒲五十里則列爲子男郳本附庸齊桓始伯從其征伐有功王室以是請王命而爵之爲子聖人因其卒而著之【陳氏曰】向也曰儀父今曰郳子已賜之爵也春秋之初諸侯猶禀命於天子是年王使虢公命曲沃伯爲晉侯詩人爲之賦無衣則諸侯猶有黜陟也

【甲辰】僖王五年崩

十有七年【齊】桓九【晉】武三十九卒【衛】惠二十三【蔡】哀十八【鄭】厲二十四【曹】莊二十五【陳】宣十六【杞】共四【宋】桓五【秦】德公元年【楚】文十三

春齊人執鄭詹詹【公】作瞻下同【左傳】鄭不朝也

書齊人執詹惡去声齊之詞也【孫氏曰】称人以執惡桓也【劉氏曰】執詹書人責齊之詞也不称行人非使

鄭既侵宋又不朝齊詹爲執政蓋用事之臣也【杜氏曰】齊桓始霸鄭既伐宋又不朝齊詹爲鄭執政大臣詣齊見執【孔氏正義】傳曰鄭有叔詹堵叔師叔先言詹是詹最貴也齊以不朝責鄭鄭令詹詣齊謝罪齊人執之

其見執宜矣而以惡齊何也以責人之心責己則盡道以愛己

之心愛人則盡仁本張子黃氏曰卽人之身而得治已之道治已之道初不難見觀其責於人者而已卽已之身而得待人之道待人之道不以遠求觀其施於己者而已此春秋待

齊之意也襄陵許氏曰宋大鄭小齊桓盍德宋不而戚鄭文王之與大邦畏其力小邦懷其德而桓文之是以爲伯道也至於宋襄執鄭鄫之虐則桓不爲矣張氏曰詹不氏与桑溺同桓執鄭詹討鄭不朝之罪當書齊侯而称人以非伯討貶也諸侯不服不能修德以來之而執其大夫則小国之從齊皆出於力不贍而非有心悅誠服之意爲可見矣○趙氏曰公穀皆云詹鄭之微者書甚佞也言微者不當書特爲佞書諸見執者宜無罪乎何獨特書此佞穀梁又云以其逃來志之若執猶不書奔何足書乎若爲來魯但言自齊逃來足知見執何必先書之劉氏曰春秋未有微者而得書於經穀梁曰人者衆辭以人執与之辭也非也宋人執鄭祭仲邾人執鄫子亦可謂与之乎

夏齊人殲于遂殲子廉反公作瀸左傳遂因氏頜氏工婁氏須遂氏饗齊戍醉而殺之齊人殲焉公羊傳殲積也衆殺戍者也穀梁傳殲者盡也何爲不言遂人盡齊人也無遂之辭也無遂則何爲言遂其

猶存遂也

殲盡也【啖氏曰】殲者自滅之義 齊滅遂使人戍之在十三年遂之餘

民飲去声戍者酒而殺之齊人殲焉【杜氏曰】齊人戍遂遂人討而盡殺之

故以自盡爲文【何氏曰】称人衆辭【臨川吳氏曰】以無罪滅遂固已失遂人之心矣而齊之戍者或又凌虐

其舊民故遂人憤怒而盡殺之 春秋書此者見音現齊人滅遂恃強陵

弱非伐罪弔民之師遂人書滅乃亡國之善辭上下

之同力也本公羊 夫以亡國餘民能殲強齊之戍則申

胥一身可以存楚【左傳】定四伍貟与申包胥友曰我必復楚国包胥曰我必能興之及

吳入郢昭王奔隨包胥如秦乞師立依於庭墻而哭日夜不絕声勺飲不入口七日秦子蒲子虎帥車五

百乘救楚吳師大敗楚子入于郢 楚雖三戶可以亡秦【史】范增傳楚南公曰楚雖

三戶亡秦必楚卒之滅秦者皆楚人也【韋昭曰】三戶楚三大姓昭屈景也【左傳】哀四三戶【杜氏曰】丹陽縣

北三户亭三户漳水津也服虔云固有是理足爲強而不義之戒而

弱者亦可省身而自立矣胡氏曰齊滅人之国而又戕之以自取死亡故令其

文如齊人自死于遂也陸氏曰不曰遂人殺之齊自取也張氏曰絕滅社稷以及其君慮其民之思舊主

而以兵力強制之不知彼心不服吾力稍怠必有出於意料之外者不言遂人殲齊戍而書其自殲所以

伸遂人復讎之志而著桓公不仁以至於自殲其衆也襄陵許氏曰齊師滅譚譚子奔莒著其君不詘也

齊人滅遂遂人殲齊人于遂著其民不歸也孟子謂霸者以力服人非心服也力不贍也荀子謂桓公詐邾襲

莒并国三十五則所滅盖不盡書書滅譚滅遂上下一見之也愚按穀梁謂無遂而存遂乃春秋存亡繼

絕之意亦猶紀已滅而書紀叔姬卒葬紀叔姬存紀也陳已滅而書葬陳哀公書陳災存陳也○趙氏曰

穀梁曰此謂狎敵也出說乃譏其不善用兵恐非經迹

秋鄭詹自齊逃來

穀梁子曰逃義曰逃范氏曰執得其罪故曰義也今而逃之是逃義也陸氏曰乃言

逃者皆諸義當留而竊去也逃者匹夫之事莊氏曰詹不能伏節守死以解国患而逋
逃苟免書逃以賤之言与匹夫逃竄無異詹之見執若其有罪雖死可也
儻曰無罪苟見免焉請從惠於會使諸侯聞之則不
辱君命矣左傳昭十三子服惠伯曰若猶有罪死命可也若曰無罪而惠免之諸侯不聞是逃
命也何免之為請從君惠於會不能以理自明也而反效匹夫之行
逋逃苟免越在他國不亦賤乎常山劉氏曰詹為正卿不能自辨以
理取直而歸反如匹夫之逃越在他国斯可賤也特書曰逃以著其幸免而
不知命之罪也劉氏曰書逃責詹之辭也詹自以為有罪邪雖死之可已矣自以為無罪邪
尚何逃之有詹恐其見殺因逃而苟免則是不知命也永嘉呂氏曰觀逃之一字則詹之有罪無罪皆可
知矣齊桓始霸同盟于幽而詹首叛盟受其逋逃戚為天
下逋逃主豈信義矣書自齊逃來又以罪魯也陳氏曰外逃不書齊

高固高厚逃歸皆不書逃來則書之書逃來譏之
按也張氏曰執列國大夫踰歷三時不令其服罪而去防閑弛慢齊之罪也竊身逃竄同於苟免之匹夫無大夫之行失節辱國詹之罪也爲逋逃主以取伐於伯主魯之罪也愚按左傳僖七年称鄭有叔詹爲政則詹雖逃奔魯盖不久而歸鄭矣何休以鄭詹用事於魯非也王氏曰春秋書逃有二鄭伯陳侯言逃歸是爲君而不知義者也鄭詹逃來是爲臣而不知義者也

冬多麋公羊傳記異也

麋澤獸麋之大者魯所有也多則爲異何氏曰言多者以多爲異也京房易傳廢正作淫爲火不明則國多麋山陰陸佃曰陰盛所感惡氣之應以其又害稼也杜氏曰多則害五稼故書此亦禹放龍蛇周公遠犀象之意也本孟子害稼則及人矣高郵孫氏曰以有爲災則書有有螽是也以無爲異則書無無冰是也麋者常有之物惟其多則書之高氏曰聖人於災之中各爲之辨麋書多者以多爲災也蜚螽書有者

以有爲災不繫多少也螟則常少以多爲災不繫於有也螟螽之書不以其有不以其多但爲災則書之

乙巳惠王元年十有八年齊桓十晉獻公佹諸元年衛惠二十四蔡哀十九鄭厲二十五曹莊二十六陳宣十七杞共五宋桓六秦德二楚文十四春王三月日有食之穀梁傳不言日不言朔夜食也家氏曰夜食云者必在丑寅之間故晨興而猶見○夏公追戎于濟西杜氏曰濟西濟水之西

此未有言侵伐者而書追戎是不覺其來已去而追之也杜氏曰戎來侵魯魯人不知去乃追之孫氏曰齊人侵我西鄙公追齊師至酅先言侵而後言追此不言侵伐明不覺其來已去而追之也書者譏內無戎備爲國無武備啓戎心而不知警危道也劉氏曰去社稷遠追戎危公春秋之意其必未雨而徹桑土閒暇而明政刑本孟子劉氏曰公追戎于濟西此無愛民之意而有不仁之心任詐謀而尚首功勝固不足多也況又不勝乎凡君之於其民也猶父母之於子子陷水

火父母不避焦溺而救之豈坐視之待其然且役而施巧變哉**高氏曰**敵勝而去則不可追追者敵之敗者也敵綏而去則不必追追者敵之奔者也先王之法從綏不及逐奔不遠逐奔不遠則難誘從綏不及則難陷故敵知畏而遁斯止矣弗追也**臨川吳氏曰**戎卽隱桓與之盟者戎入魯境魯將禦之而戎遁退故魯莊以兵遠追之**愚按**春秋書追者二追戎濟西譏其在境而不能預備也追齊師至酅譏其出境而弗敢及之也夫既不克預備戎備追於未來至於戎至境內又不克隨時應變命將出師以勝非類之敵及其已退乃輕千乘之貴躡其後而逐之何足取哉

○**汪氏曰**左氏云不言其來諱之也據書追明不覺其來已去而追尒直書事實有何諱乎**劉氏曰**公羊以謂大其未至而預禦之非也若未至而禦何得謂之追乎穀梁云其不言戎之伐我何也以公之追之不使戎迩於我也非也戎若不來公則無追若不言伐不使戎迩於我則言伐者皆使其迩於我乎又曰于濟西大之也亦非也但云公追戎未知追之於何所耶理所必書何大之之有

秋有蜮蜮又作蜮音或**左傳**爲災也**公羊傳**記異也**穀梁傳**一有一亡曰有蜮射人者也

蜮魯所無也故以有書夫以含沙射人其為物至微矣胡氏曰蜮短狐也含沙射人本草謂之射工孔氏正義洪範傳曰蜮如鼈三足生於南越南越婦人多淫故其地多蜮淫女惑乱之所生也陸璣詩䟽云一名射景在江淮水中人在岸上景見水中投人景則殺之或謂含沙射人入皮肌其瘡如疥徧身濩濩或或故為災魯人察之以聞于朝魯史異之以書于策何也山陰陸佃曰佃字農師宋建中靖国時人著春秋後傳二十卷蜮陰物也麋亦陰物也是時莊公上不能防閑其母下不能正其身陽淑消而陰慝長上声矣此惡氣之應去声其說是也張氏曰漢書五行志劉向董仲舒已有是說蓋麋者迷也蜮者惑也是時文姜為乱於閨門之内其遺毒餘患至於哀姜卒再成簒弑之禍物類之感天之示人顯矣然則簫韶作而鳳凰來儀春秋成而麟出於野何足怪乎麋蜮乃物異之惡者也鳳麟乃物異之美者也春秋書物象之

應（去声）欲人主之慎所感也世衰道微邪說作正論（去声）消小人長善類退天變動於上地變動於下禽獸將食人而不知懼也亦昧於仲尼之意矣蝝緣【愚按】春秋書蝝生志物之為異者也蝝之害稼者也書多麋有蜮有蜚有鸜鵒來巢志物之為異者也蝝之害稼苟有蓄積以賑飢民則不為災物之異常苟能修德以消天變則不為異人為不善以致天變又不知警省而改過遷善以消悔怒則禍患之來弗能救矣或謂蜮字以古隸較之作蟘即蟘也食苗葉者竊疑春秋書冬蝝螟皆不言有此書有蜮則為異而非蟘矣

冬十月

【丙午】惠王二年

十有九年齊桓十一晉獻二衛惠二十五蔡哀二十鄭厲二十六曹莊二十七陳宣十八杞共六宋桓七秦宣公元年楚文十五卒

春王正月〇夏四月〇秋公子結媵陳人宣之婦于鄄遂及齊侯桓宋公桓盟【公羊傳】媵者何諸侯娶一國則

二国往媵之以姪娣從姪者何兄之子也娣者何弟也諸侯一聘九女諸侯不再娶媵不書為其有遂事書大夫無遂事【穀梁傳】媵淺事不志其志何也媵礼之輕者也盟国之重也以輕事遂乎国重無說其曰陳人之婦略之也【程子傳】鄄之巨室嫁女於陳人結以其庶女媵之因与斉宋明盟摯之以往結好大国所以安国息民乃以私事之小取怒大国故深罪之書其為媵而往明盟為遂事

媵淺事【啖氏曰】媵卑者之事也常事不書為遂事起本陳人微者【愚按】詩小序江沱之間有嫡不以其媵備數士昏礼媵布席于奥則卿大夫士皆有媵但不必備耳公子往焉是以所重臨乎禮之輕者也齊侯伯主宋公主者之後盟國之大事也大夫輙與音預焉是以所輕當乎禮之重者也【薛氏曰】正卿送媵礼之過也遂盟非其事也【家氏曰】媵女事之常而盟者国之重事况於盟伯主而可以遂事往乎禮者不失已亦不失人失已與人冠之招也是故結書公子而曰媵陳人之婦譏其重以失

已也據衛人晉人齊人來媵皆微者齊宋書爵而曰遂譏其輕以失
人也據公子遂會雒戎盟于暴不言遂趙氏曰大夫特盟公侯非礼也遂者專事之
詞公羊遂生事也何氏曰生猶造也專事之詞孔氏正義遂擅成事也聘禮大夫受命
不受辭出境有可以安社稷利國家則專之可也公羊
謂本有此命　得以便宜從事特不受專對之辭爾
愚按既曰受命則不可專命矣但曰不受辞則不過權其事宜而專制應對之辞而已若違命
行私雖有利國家安社稷之功使去声者當以矯制請
罪有司當以擅命論　刑何者終不可以一時之利
亂萬世之法是春秋之旨也孫氏曰結矯命專盟故曰遂以惡之蜀杜氏曰
諸侯專相為盟猶曰不可況以大夫不奉君命而專之乎故明書以示譏呂氏曰使結既盟而齊宋不來
伐猶當以擅命之罪加之況無益而有害乎。劉氏曰公羊以謂陳人者陳侯也非也云公子結以妾媵歸陳侯之婦則文理不成又無故貶損陳侯使從人稱非正名之義穀梁曰辟要盟也亦非也嘗誠欲自託於大国豈敢以媵婦之名而遣使以取実淡伯主哉使者銜媵婦之命而遂要大国之盟是乃要盟矣何謂辟要盟乎**愚按**前漢馮奉世矯發兵擊破莎車議封奉世蕭望之曰矯制發兵雖有功効不可為後法陳湯矯制發兵与甘延壽襲斬郅支單于軍還論功匡衡等以延壽湯擅興師矯制幸得不誅不宜復加爵土先儒謂奉世延壽湯矯制以成功望之衡以為不可封者春秋譏遂事之法也今考朱子綱目凡此類悉以矯制書之豈非取法春秋譏公子結之遺意乎然考之傳註說穀梁者以謂公子結媵与盟皆出君命左傳註疏則謂嘗使公子結往媵而盟非魯公意臨江張氏臨川呉氏又以盟出君命而媵乃結之私事據文定傳則二事皆非君命竊考經文不書如陳送媵而書媵陳人之婦則非奉君命而媵陳之微者矣微事不見於經書者譏其因專与斉宋盟耳若斉宋之盟出於公命當如公孫茲如牟因聘而娶經但書聘而不書娶此亦但書盟而不書媵矣

夫人姜氏如莒

傳見明年 **杜氏曰** 非父母国而往書姦

張氏曰 為国君之母非父母国而出入

縱恣此行比於詩之所刺謂魯道有蕩齊子豈弟者抑又甚矣莊公既無復防閑之意而執国政者無人抑又可知安得不成淫風而致篡弒之禍也臨川吳氏曰夫人自齐襄弒後八年不出因十五年又一至齐盖假托国事以愚其昏懦之子莊公不能制故於今如莒也父母殁不得歸寧雖兄弟之国且不可往况往他国乎

○冬齊人桓宋人桓陳人宣伐我西鄙此見伐之始穀梁傳其曰鄙遠之也其遠之何不以難迩我国也程子傳齐桓始霸責魯不恭其事故來伐也何氏曰鄙者邊垂之辞

奉詞曰伐其稱人將去声卑師少也明非賤結方與二國盟則其來伐我何也齊桓始霸責魯不恭所謂失已與人以招寇也臨川吳氏曰魯之臣送已女爲媵而遂与伯主大国盟不恭也是以声其罪而伐之陳亦以結媵其国人之婦而輕慢伯主故与齐宋同只問罪之師結不知礼而爲私爲公兩失歡好礼之不可不謹也如是或以結能爲去声下同魯設免難去声之策爲齊宋畫講好去声之討身在境外而權其國家爲春

秋予与音之故稱公子非矣陳氏曰結必非命鄉嘉其能与齐宋盟以安社稷故特書公子陳氏曰王者之制諸侯不得擅相伐而有親親友賢善鄰之義此結所以得為魯設免難之策為齐宋畫講好之計惧合於道其功甚美而身固在境外也与專命君側者異指是乃春秋与結也家氏曰是歲周有子頹之乱衛師燕師称兵伐周立子頹天子播迁于外桓公不能討乃以三国伐魯是春秋所責也愚按或謂齐討鄭詹之納夫詹之來已一年苟為鄭詹而討則不在斯時興兵矣

春秋卷第八

春秋卷第九

胡氏傳

後學新安汪克寬附錄纂疏

莊公下

丁未惠王三年二十年齊桓十二晉獻三衛惠二十六蔡穆侯肸元年鄭厲二十七曹莊二十八陳宣十九杞共七宋桓八秦宣二楚堵敖熊囏元年春王二月夫人姜氏如莒穀梁傳婦人既嫁不踰竟踰竟非正也

十有五年夫人姜氏如齊至是再如莒范氏曰夫人比年如莒過而不改無礼尤甚而春秋書者禮義天下之大防也其禁亂之所由生猶坊音房止水之所自來也經解夫礼禁乱之所由生猶坊止水之所自來也疏礼禁乱之所從生乱生之處則豫禁之若深宮固門閽寺守之諸侯夫人父母沒不得帰寧之類坊謂堤坊又作防古字通用衛女嫁於諸侯父母終思歸寧

而不得故泉水賦許穆夫人閔衛之亡思歸唁其兄而阻於義故載馳作並見詩小序聖人錄於國風以訓後世朱子傳衛有婦人之詩自共姜至宋襄公之母六人焉皆止乎礼義而不敢過也夫以衛之政教淫僻風俗傷敗然而女子乃有知礼而畏義如此者則以先王之化猶有存焉者故也使知男女之別筆列反自遠於禽獸也曲礼使人以有礼知自別於禽獸今夫人如齊以寧其父母而父母已終以寧其兄弟又義不得杜氏曰夫人父母在則礼有歸寧沒則使卿寧宗國猶爾而况如莒乎婦人從人者也夫死從子見大戴記而莊公失子之道不能防閑其母禁亂之所由生故初會于禚諸若反二年次享于祝丘四年又次如齊師五年又次會于防于穀七年又次如齊又再如莒此以舊坊爲無所用而廢之者也經解

以舊坊爲無所用而壞之者必有水敗以舊礼爲無所用而去之者必有乱患是以至此極。

觀春秋所書之法則知防閑之道矣臨川吳氏曰比年書夫人往宅國以姦而曽莊君罔聞知昔年猶可諉曰年未長也今年既長矣而如此其不子也甚矣張氏曰春秋詳書盖与詩之变風相應當是時一反関睢麟趾之化而中国之俗於是大乱夫一国之事係一人之本此聖人所以詳書文姜之行欤高氏曰春秋迹其淫乱不可勝書故於將薨復三見之要其由惡以終爲万世婦人之戒愚按文姜以桓三年至自齊至是盖年六十矣淫姣之行老而弥甚比歲如莒備書不削雖国惡不容諱也唐武后年且八十多選美少年爲奉宸内供奉醜惡無恥不可勝紀朱子綱目於武曌將殂之際書周以張易之爲奉宸令周賜張昌宗爵鄴国公其亦春秋志姜氏如莒之遺旨欤

夏齊廹大災杜氏曰來告故書天火曰災張氏曰齊人來告而魯往弔之也劉氏曰凡弔之者哀其禍而救其乏○啖氏曰公羊云大災者何大瘠也若以大災爲大瘠新宮災亦是新宮瘠乎災天火也大之者其災大也愚按穀梁云其志以甚也謂災及人似公羊解宋大水之說辨疑權衡既言之矣○秋七月

○冬齊人伐戎【桓】戎【穀】作我【張氏曰】齊桓於是奮攘戎狄之兵戎在徐州之域最近齊魯故先治之【家氏曰】周有子頹之乱齊桓爲盟主若周聞知鄭伯虢公胥命于弭以兵討乱殺子頹王入于王城齊不能預也去年伐魯今年伐戎大率逐利以自私於王室何有○【愚按】穀梁傳作伐我蓋誤也經書外伐我十有九皆書四鄙惟哀八年吳兵至城下十一年齊師伐我戰于郊兩書伐我此言齊人則將卑師少安能深入乎當從二傳作伐戎

【戊申】惠王四年

二十有一年【齊】桓十二【晉】獻四【衛】惠二十七【蔡】穆二【鄭】厲二十八卒【曹】莊二十九【陳】宣二十【杞】共八【宋】桓九【秦】宣三【楚】堵敖二春王正月○夏五月辛酉鄭伯突卒【左傳】初王姚嬖于莊王生子頹有寵故蔿國邊伯石速詹父子禽祝跪作乱以衛師燕師伐周立子頹二十年鄭伯和王室不克遂以王歸王處于櫟秋王及鄭伯入于鄔遂入成周取其宝器而還鄭伯見虢叔曰盍納王乎虢公曰寡人之願也二十一年春胥命于弭夏同伐王城鄭伯將王自圉門入殺子頹鄭伯享王于闕西辟樂備王与之武公之略自虎牢以東原伯曰鄭伯效尤其亦將有咎五月鄭厲公卒【愚按】厲公在位

二十八年子亹謚曰為文公

杜預稱莊公四年鄭伯遇于垂者乃子儀也十四年杜氏注鄭子莊四年鄭伯會諸侯而以為厲公者按春秋突歸于鄭桓十一之後其出奔蔡入于櫟桓十五皆以名書猶繫於爵雖篡而實君雖君而實篡不沒其實也忽雖世子其出奔猶不得稱子其復歸猶不得稱伯以其實不能君也而況子儀雖乘間去声得立其為君微矣豈敢輕去國都與諸侯會于外乎故知遇于垂者乃厲公也其始終書爵不沒其實也亦可以為居正而不能保者之戒矣

高氏曰高渠弥弑昭公立子亹齊人殺亹祭仲立子儀春秋皆没而不書以突為鄭伯故也

永嘉呂氏曰入于櫟書鄭伯卒書鄭伯始終書爵明其能君故著其實耳

張氏曰突莊公之孽子

莊公既沒奪忽之位中間雖爲祭仲所逐旋入于櫟卒取鄭国故不復著忽簒儀之在位以其不能君也論者以爲突始終能君夫簒弑竊国之人而春秋終始君之且復記其卒于位所以著小人肆志乱賊得終王法不行而世之所由乱也

秋七月戊戌夫人姜氏薨 穀梁傳 婦人弗目也 范氏曰 婦人無外事居有常所故不魯地 張氏曰 文姜之行惡矣而卒以国君之母寵榮終身一用小君之礼此魯之禍所以未艾必至於莊公之乱兩君弑哀姜慶父誅而後魯乱始息也○**冬十有二月葬鄭厲公** 杜公曰 八月乃葬緩 王氏曰 據左氏鄭伯有納惠王之功勲在王室然而不免謚爲厲者其始以賂而簒立中以虐而出奔周室葬哀公議尚在臣子私謚不[illegible]妄加美名古意猶可攷也

己酉 惠王五年 **二十有二年** 齊 桓十四 晉 獻五 衛 惠二十八 蔡 穆二三 鄭 文公捷元年 曹 莊三十 陳 宣二十一 杞 惠公元年 宋 桓十 秦 宣四 楚 堵敖二 **春王正月肆大眚** 所景反 公 作省 公羊 傳 大省者何災省也 穀梁傳 肆失也眚災也災紀也失故也

肆眚者蕩滌瑕垢之稱也。【杜氏曰】赦有罪也。放赦罪人，蕩滌眾故，以新其心，有時而用之，非制所常，故書。舜典曰眚災肆赦。【蔡氏傳】眚謂過誤，災謂不幸，肆縱也。若人有如此而入於刑，則不待流宥金贖而直赦之。易於解下買反卦曰君子以赦過宥罪。【程子傳】赦釋之，宥寬之。過失則赦之可也，罪惡而赦之非義也，故寬之而已。呂刑曰五刑之疑有赦，五罰之疑有赦。【蔡氏傳】刑疑有赦，則質于罰而聽其贖；罰疑有赦，則質于過而宥免之也。周官司刺掌赦宥之法。一宥曰不識，再宥曰過失，三宥曰遺忘。音安【鄭氏注】不識謂愚民無所識，若今仇讎當報甲，見乙誠以為甲而殺之；過失若舉刀欲斫伐而軼中人者；今律過失殺人不坐。遺忘若間帷薄忘有在焉而以兵矢投射之。一赦曰幼弱，再赦曰老耄，莫報反三赦曰惷勑江反愚。【注】惷愚生而癡騃童昏者。幼弱老耄若今律年未滿八歲、八十以上，非手殺人，他皆不坐。未聞肆大眚也。大眚皆肆，則廢天討，虧國典，縱有罪虐無辜惡人幸以免矣【通旨】罪在五刑上天所討大眚皆肆春秋譏之【孫氏曰】肆大眚非正也乱法異常者也【臨川吳氏曰】眚固可赦而不言大聖人雖至仁然赦人之罪亦必有所劑量於其間不一槩也書肆大眚則罪之大而不當赦若小赦之譏其惠奸佚罰也後世有姑息爲政數色角反下同行恩宥惠奸軌賊良民而其弊益滋蓋流於此故諸葛孔明曰治世以大德不以小惠其爲政於蜀軍旅數興而赦不妄下【通鑑】初丞相亮時有言公惜赦者亮荅曰云云亮卒後延熈九年大赦孟光責費褘曰赦者偏枯之物非明世所宜有蜀人久而歌思猶周人之思召音邵公也【蜀】諸葛亮傳賛曰至梁益之民咨述亮者言猶在耳雖甘棠之詠召公鄭人之歌子産無以遠譬也斯得春秋之旨矣肆眚而曰大眚譏失刑也【張氏曰】宥過無大刑故無小此堯舜三代之法不可偏廢者後世兩失之偏慘刻者不復察其情宰過失而盡刑誅之及姑息之過如莊公者反取大辠極惡而例之於

告災以從肆赦之例怙終得志良善瘖瘂書曰肆大眚以譏其務小惠而失大德也。啖氏曰肆者放也眚者過也如（入）之赦尒公羊云忌眚有何義乎趙氏曰穀梁云爲嫌天子不許之葬按當時天子微弱魯肯畏之乎若實有畏王之心則自赦以除母罪豈爲得礼且魯莊未嘗有怨齊之心葬母肯有所忌赦自赦葬自葬尒

癸丑葬我小君文姜公羊傳文姜者莊公之母也穀梁傳小君非君也其曰君何也以其爲公配可以言小君也何氏曰文者謚也夫人以姓配謚

文姜之行（去声）甚矣而用小君之禮其無譏乎見陸氏微旨以書夫人孫（音遜）于齊（莊元）不稱姜氏及書哀姜薨于夷齊人以歸（僖元）致之則譏小君典禮當謹之於始而後可正也。文姜已歸爲國君母臣子致送終之禮雖欲貶之不可得矣陸氏曰母有罪子不可得而貶葬生者之事也臣子之礼其可廢乎婦當

從夫謚後代訛謬無別有謚非正也夫人称小君言位比君而小耳【高氏曰】婦人無爵何謚之有先王之制但取夫之謚冠於姓之上以明所屬詩所謂莊姜宣姜共姜經所謂宋共姬是也豈有不係其夫而別自爲謚者哉夫人姜氏弑逆淫亂之人得罪於宗廟国人之所不容今也云亡雖以子母之故不忍棄絶則葬之足矣又別爲之謚曰文而不復繫於桓公自是魯国從而效尤凡夫人之死皆爲之別立謚後世因循不改大失春秋之旨矣【臨川吳氏】【曰】夫人之尊与君同故薨葬一如君礼

陳人殺其公子御寇御音禦【公】【穀】作禦【此書專殺之始】【穀梁傳】言公子而不言大夫公子未命爲大夫也公子之重視大夫【范氏曰】禦寇宣公之子

公子之重視大夫【刘氏曰】以爲大夫則非大夫也以爲世子則非世子也然而書者知其爲君之嫡也君之嫡雖未爲世子未可称世子而已有可以爲世子之端矣故不可不重也殺而或稱君或稱國或稱人何也稱君者獨出於其君之意而大夫國人有不與音預下同焉如晉侯殺其世子申

生（宋公殺世子痤）之類是也。稱國者，國君大夫與聞其事而不請於天子，如鄭殺其大夫申侯之類是也。（稱公子者一，莒意恢；称大夫称名氏者二十四，鄭申侯、公子嘉、公子黑，晋不鄭父、陽處父、先穀、趙同、趙括、郤錡、郤犨、郤至、胥童，齐国佐、高厚，宋山，衛元咺、公子瑕、孔達，蔡公子燮、公子駟、公孫姓、公孫霍，陳洩冶、慶虎、慶寅，楚得臣、宜申、公子側、公子申、公子壬夫、公子追舒、屈申、成熊、郤宛；不称名，宋、曹各一。）稱人者有二義。其一，國亂無政，衆人擅殺而不出於其君，則稱人，如陳人殺其公子御寇之類是也。（稱公子者一，陳御寇；称大夫称名氏者四，晋先都、士穀、箕鄭父，陳公子過；宋大夫不称名者一；不称名而称官者一。）其一，弑君之賊，人人所得討，背（音佩）叛之臣，國人之所同惡（去声），則稱人，如衛人殺州吁、鄭人殺良霄（齐殺無知，晋殺栾盈）之類是也。

陳氏曰：苟殺有罪則称人，称人者討辟也。非殺有罪也而亦称人，猶曰衆人殺之焉耳。愚按：殺弑君之賊

而不以其罪則亦称国以殺而不去其官如晋里克衛甯喜是也攷於傳去声之所載

以觀經之所斷丁乱反則罪之輕重見音現矣孫氏曰春秋之義非天子不得專殺是故二百四十二年無天王殺大夫文書諸侯殺大夫者四十七古者諸侯之大夫皆命于天子諸侯不得專命也大夫有罪則請于天子諸侯不得專殺也大夫猶不得專殺況世子母弟乎春秋之世国無大小其卿大夫士皆專命之有罪無罪皆專殺之無王甚矣陳人殺其公子御寇譏專殺也称君称国称人雖有輕重其專殺之罪則一也永嘉呂氏曰殺之或称公子或称大夫或称大夫公子称公子者公子而非大夫也称大夫者大夫而非公子也称大夫公子者公子而為大夫也又有以官舉者以官之重而著之也觀聖人所書而褒貶寓乎其中矣。劉氏曰左氏称殺其大子杜云陳人惡其殺大子之名故以国討公子告非也苟殺其大子而赴以公子則仲尼安得不改而正之邪

夏五月孫氏曰春秋未有以五月首時者此蓋下文有脱事亦臨川吴氏曰書時之首月而四誤為五也家氏曰何休云譏莊公娶讎女不可奉先祖四時祭祀猶五月不宜首時此穿鑿之説也○秋七

月丙申及齊高傒盟于防【通】傒音奚【公羊傳】高傒貴大夫也曷爲就吾微者盟公也曷爲不言公諱与大夫盟也【穀梁傳】不言公高傒伉也【程子傳】高傒上卿魯無使微者与盟之理蓋諱公盟始与伙爲昬惡之大也

冬公如齊【通】納幣【公羊傳】納幣不書此何以書譏何譏爾親納幣非禮也【穀梁傳】納幣大夫之事也礼有納采有問名有納徵有告期四者備而後娶礼也公之親納幣非礼也故譏之【程子傳】齐疑昬議故公自行納幣後二年方逆齐難之也【杜氏曰】母喪未再期而圖昬三傳不見所譏失礼明故【范氏曰】喪婚不待貶絕而罪惡見

微者名姓不登於史冊高傒齊之貴大夫也曷爲就吾之微者盟蓋公也其不言公諱與高傒盟也【趙氏曰】凡盟不日內皆指公也明書高傒見其伉敵之罪也【高氏曰】高傒不去族異乎晉之郤父也【家氏曰】及郤父盟彼時公身在晉晉君不與公盟使其臣盟公故春秋深責晉人之無礼去郤父族以示貶此則齐魯均責焉耳蓋諱之中有權度存焉【愚按】防盟出公意故高傒不去氏

來議結昬娶仇人

女大惡也張氏曰敵大夫以自卑輕君体以自弱去
国都而汲汲於小信与及向戌盟于劉一
也而此復以婚姻而結盟不顧祢廟不共戴天之仇
而議娶齐女比事以觀此為惡之大者也家氏曰或
謂魯与齐既為會盟春秋無責通婚不亦可乎夫主
夏盟者齐桓也請昏而納幣者齐襄之女也盟仇人
之弟猶曰為其覇也諸侯皆在不得不与於盟娶妻
豈無他族必仇女而後娶其何以奉粢盛入先君之
廟乎娶者其為吉下主乎己上主乎宗廟以為有人之
心者宜於此焉變矣公羊文二其為吉者主乎己以為有人心焉者則宜於此焉変
矣公親如齊納幣則不待貶也臨川吳氏曰莊公受制於母年長而不得
娶母既死急於娶故於喪制中踰已与齐大夫盟而
求昏焉齐之許未堅而公自如齐納幣納幣非公所
當自行也呂氏曰莊公失礼者三娶仇女一也喪未
畢二也親往納幣三也啖氏曰納幣常事不書凡書
者皆譏也蜀杜氏曰春秋内適外曰如苟書其事蓋
非常也動涉非礼明書之以示貶趙氏曰昏礼有六
一納采二問名三納吉四納徵納徵即納幣也五請
期六親迎親迎即逆女也春秋獨書其二以納幣方

契成逆女爲事終夆重之義也

庚戌 惠王六年

二十有三年

齊桓十五 晉獻六 衛惠二十九 蔡穆四 鄭文二 曹莊三十一卒 陳宣二十二 杞惠二 宋桓十一 秦宣五 楚成王頵元年

春公至自齊

公羊傳 桓之盟不日其會不致信之也此之桓国何以致危之也 張氏曰 書至告于廟也春秋書至蓋原於書巡狩而歸格於藝祖用特之意聖人以夆動之公往返之節質之幽明而無愧也今莊公忘父讎而娶其女冒母喪而往納幣以此告廟其心將何如哉此与他日書至不可同日語比事而屬辭示人之意何顯矣 王氏曰 公行二十有三書至者五事而已公親往納幣既忘桓公之世讎復廢文姜之喪禮自是而下觀社逆女皆致焉聖人之意豈不深切著明哉 ○ 愚按 說公羊者以謂公如齊淫此未必然夫莊公議昏于齊至再至三盟防遇穀盟扈邑屢爲好會納幣觀社逆女屢造於齊莊公求之如是其急齊桓許之如此其緩又安肯容其縱淫於其国而不恥耶 ○

祭叔來聘 祭側界反

穀梁子曰其不言使天子之內臣也不正其私交 穀梁

本作外交故不與使也范氏曰祭叔天子寰內諸侯南季渠伯糾家父宰周公來聘皆稱使
獨此奪之諸稱使者是奉王命其人無自來之意令祭叔不一心於王而欲外交不得王命來故去使以
見之啖氏曰私行假言聘故不言王使以譏之陸氏曰不言使者原其來意非天子之命尓孫氏曰非天
子命也故不言使其曰來聘惡外交也祭伯來朝而不言朝隱元祭叔來
聘而不言使尹氏隱三王子虎文三劉卷音權定四來訃音赴而
不書其爵秩皆所以正人臣之義也人君而明此不
容下比毗至反之臣人臣而明此不為交私之計黨錮
之禍息矣陳氏曰聘不稱使私相為好也自桓之中年王室無聘魯者王命不行於天下莊僖
崩葬蓋不見於經矣是故春秋之初亟書王人於是祭叔私相為好君子蓋有感於此而非徒以為譏也
王氏曰祭采地叔字天子之大夫也儻不以王命來則當以祭伯來之例書儻以王命來則當以天王使
凡伯來聘之例書今但曰來聘見其假王命而私交也臨川吳氏曰祭圻內之国自入春秋伯之來公之

來叔之來聘凡二交爵矣王臣私交之非禮或朝或聘其罪一也【永嘉呂氏曰】王臣聘魯者八列國聘魯者三十一他皆言使此獨不言使或謂祭叔以私來而自以聘禮行也然祭伯來私來也言來則不當言聘聘非自來也或謂祭叔使人來聘其不稱使不與祭叔之使亦非也此與武氏子來求賻毛伯來求金一例爾蓋武氏毛伯之來非王命故皆不言使祭叔非王命而來聘故亦不言使也【愚按】春秋書使人來聘未有止稱其君而不著其臣者荊楚無君臣之詞然曰荊人來聘亦指荊之微者爾何嘗言荊子來聘哉或云祭叔乃祭公之臣或以為祭公之弟果其臣若弟而不言使則是隱私交之迹矣或云祭叔請王命而來聘苟請命于王則王命之矣舊史必書曰天王使祭叔來聘聖人何以知其擅命而削不稱使邪

夏，公如齊【桓】觀社。【左傳】非禮也曹劌諫曰夫禮所以整民也故會以訓上下之則制財用之節朝以正班爵之義帥長幼之序征伐以討其不然諸侯有王王有巡守以大習之非是君不至矣【公羊傳】何以書譏諸侯越竟觀社非禮也【穀梁傳】常事曰視非常曰觀觀無事之辭也以是為尸女也無事不出竟【程子傳】昏議尚疑故公以觀社為名而往請議後一年方逆蓋齊難之莊公將如齊觀社曹劌（古衛反）諫曰齊棄太公之法而觀民於社君爲（去声）是舉而往觀之非故業也天子祀上帝諸侯會之受命焉諸侯祀先公卿大夫佐之受事焉不聞諸侯之相會祀也君舉必書書而不法後嗣何觀（並見魯語）

陳氏曰 諸侯非享覲不踰竟如齊觀社非礼也

臨川吳氏曰 社者諸侯祭其土示之常事未聞鄰国之君往觀之者如齊而曰觀社此何礼哉按襄二十四年齊社蒐軍實使客觀之蓋齊俗每因祭社則蒐軍以夸示威衆而聚人觀之故莊公得託此爲名以如齊也

家氏曰 穀梁以是行爲尸女尸之云者盛其車華其服炫威婦人而盡其心以要其從已是之謂無別故書以責之納幣未幾而以觀社再出此謫淫也

劉氏曰 觀社與觀魚一也觀社称如觀魚不称如内外之辨也諸侯於其竟外可以言如於其竟内不可以言如

通旨 公行悉書皆是非所在治乱係焉如齊納幣則見其結昏仇讎如齊觀社即見其淫王事民事而妄動輕率也

公至自齊【王氏曰】宗廟社稷諸侯所同有也其礼有常度其祭有常日公廢魯社而觀齊社何以异上而治民哉況公之意以觀社爲名而實竊齊女其誨淫召乱必矣所以危而書至也

○荊人來聘【楚交中国始此】【公羊傳】荊何以稱人始能聘也【穀梁傳】善累而後進之其曰人何也舉道不待再

荊自莊公十年始見音現于經。十四年入蔡。十六年伐鄭。皆以州舉者惡去声其猾夏不恭故狄之也。至是來聘。遂稱人者嘉其慕義自通故進之也【何氏曰】夷狄能慕王化修聘礼當進之故使稱人也以其慕中国修礼來聘少進之也【孫氏曰】朝聘者中國諸侯之事。雖蠻夷而能修中國諸侯之事。則不念其猾夏不恭而遂進焉。【家氏曰】明聘問之礼非夷狄之所能故一舉而進之見聖人之心。樂音洛與人爲善矣。後世之君能以聖人之心爲心則與天地相似。凡變於夷者叛則懲其不恪而威之

以刑來則嘉其慕義而接之以禮通人安遠者服矣

通鑑唐德宗曰戎狄犯塞則擊之服則歸之擊以示威歸以示信命歸吐蕃之俘吐蕃大悅遣入貢

春秋謹華夷之辨而荊吳徐越諸夏之變於夷者

劉氏曰吳楚徐越上世皆有元德顯功通乎周室徐始稱王楚後稱王吳越因遂稱王王非諸侯所當稱也故夷狄之雖然上不使與中国等不下使與夷狄均推之可遠引之可來也

故書法如此

陳氏曰荊楚稱人於是始蓋進之也隱桓之春秋舍王室若姻鄰無聘者矣而荊人先諸夏修聘於上国進之也者憂之也

張氏曰楚自四五年來先加兵於鄭蔡而聘使至魯用遠交近攻之術

愚按公穀皆謂稱人所以進之或謂春秋著其漸盛今考楚之交中国始書荊人繼書楚屈完然後書楚子使椒楚子使薳罷盖始而來聘則嘉其慕義而稱人既而來盟于其服義則進而稱名氏及其浸慕中国存講聘好則稱君稱臣矣吳之始見也亦紙稱号及其來會諸侯則進而稱人使季札聘則嘉其慕義而稱君稱臣雖曰進之而吳楚漸盛之勢已見於言意之表矣然楚之初聘止曰荊人而不著君臣雖曰進之而實則略之也盖

不可言荆來聘故謂之荆人特比於李号則爲進之耳或以謂君臣同辞夫君臣同辞則止称国旣曰荆人則是荆之卑者特比於君使臣則其辞未詳焉耳曷可謂君臣同辞哉

公及齊侯【桓】遇于穀【穀梁傳】及者内爲志焉耳【愚按】莊公志於得偶數相會盟故簡礼而爲此會也【傳義】【見盟邑】

蕭叔朝公【公羊傳】其言朝公何公在外也【穀梁傳】微国之君未爵命者其不言來於外也朝于廟正也於外非正也【杜氏曰】蕭附庸国【張氏曰】今徐州蕭縣【愚按】徐州今屬河南府路【何氏曰】言朝公惡公不受於廟

穀齊地蕭叔附庸之君也【中国附庸之君例書字【愚按】左傳成二年称蕭同叔盖當時蕭君常称字】爲禮必當其物與其所而後可以言禮大夫宗婦覿而用幣則非其物也蕭叔朝公在齊之穀則非其所也【啖氏曰】人君相見曰朝皆受之於廟以重礼也嘉禮不野合而朝公于外是委之於野矣【杜氏曰】就穀朝公故不言來凡在外朝則礼不得具

嘉礼不野合故禮非其所，君子有不受。必反之於正而後止。此亦春秋撥亂之意也。孫氏曰：諸侯相朝非礼也。朝于内猶曰不可，况朝于外乎？故曰蕭叔朝公以交譏之也。劉氏曰：為礼非其時，猶非其礼也；為礼非其夙，猶非其礼也；為礼非其義，猶非其礼也。九月郊，五月烝，此之謂非其時；蕭叔朝公，此之謂非其夙；祭叔來聘，齊侯來獻捷，此之謂非其義。雖有肅敬之心，繁飾之容，而君子不受也。故礼非其礼，而猶不受，必歸之正而止，又况乎未始有正者乎？張氏曰：蕭之朝，魯之受，皆非礼也。愚按：齊莊公爭杞梁之妻於郊，辞曰：君之臣不免於罪，則將肆諸市朝，而妻妾執；若免於罪，則有先人之敝廬在，下妾不得与郊弔。齊侯弔諸其室。使魯莊能如梁妻之知礼，而辞蕭叔之朝，則為不悖於礼矣。今莊公詠於私欲，而受非礼之礼，故聖人特書曰朝公，而不曰來朝，所以交貶之也。高氏曰：公納幣而還，則祭叔聘之；觀社而還，則荆人聘之；遇穀，則蕭叔朝之。此其志所以自得而不復忌憚也。

秋，丹桓宫楹。公羊傳：何以書？譏。何譏尔？丹桓宫楹，非礼也。穀梁傳：礼，天子諸侯黝堊，大夫倉，士黈。

丹楹非礼也【何氏曰】楹柱也丹之者爲將娶齊女欲以夸大示之　○冬十有一月曹伯射姑卒射音亦莊公也在位三十一年盖由子羈嗣踰年而庶子赤亦簒立是爲僖公史記世家亦作夷

○十有二月甲寅公會齊侯【桓】盟于扈音户【公羊傳】桓之盟不日此何以日危之也【杜氏曰】扈鄭地在滎陽卷縣西北【愚按】今休汴梁路鄭州之西北孫泰山謂扈齊地未詳孰是

程氏曰遇于穀盟于扈皆爲要於遥反結姻好去声也傳去声穀梁文十二稱男子二十而冠去声下同冠而列丈夫三十而不娶則非禮矣然天子諸侯十五而冠者以娶必先冠【左傳義疏】襄九国君十五而生子冠而生子礼也【昏】三十而娶庶人礼也文王十五而生武王知人君之昏娶不可以年三十重昏嗣也而國不可久無儲貳欲人君早有繼體故因以爲節也鰥古頑反者老而無妻之稱舜方三十未娶而師錫帝堯已曰有鰥在下矣據舜典言舜生

三十徵庸以上並本穀梁傳注譙周說妻去聲下同帝之二女則不告於父母以為告則不得娶而廢人之大倫堯亦不告而妻焉其欲及時而無過如此也今莊公生於桓之六年至是三十有六載矣以世嫡之正諸侯之貴尚無内主同任社稷之事何也蓋為文姜所制使必娶于母家孫氏曰桓六年九月丁卯子同生公十四歲即位又二十四年如齊逆女年二十七始昏者文姜制之不得以時而昏耳故母喪未終如齊納幣圖昏之速也陳氏曰莊公制於其母必齊女也而後娶愚按漢惠帝制於呂后立姊魯元公主女為后雖娶甥女而不顧与莊公事頗相類而齊女待年未及故莊公越禮不顧如此其急齊人有疑如此其緩而遇于穀盟于扈要結之也娶夫人奉祭祀為宗廟之主而母言是聽不以大義裁之至於失時不孝

甚矣。春秋詳書于策爲後戒也【王氏曰】越礼娶盟逺至鄭地而不恥者促昏期也【臨川吳氏曰】遇穀以請而齊猶難之故盟以要其信而後許也夫求昏者可求則求不可則已許昏者可許則許不可則郤魯欲求齊昏不以娣姪往覘其可不可公乃自与齊高傒盟以求之未得齊諾而公遽親納幣是与彊委禽者同也躬納幣而猶未諾則又往觀社以請觀社以請而猶未諾則又遇于穀以請遇穀之後宜若可矣又必盟于扈而後可焉何其難之之甚也二国之昏姻不以礼不以義如此哀姜之不終也宜哉。【劉氏曰】公羊以謂何危尒我貳也我貳者非彼然我然也安說耳【愚按】諸傳皆謂莊公受制於母俾娶仇女今考莊公以文姜葬後求昏於齊自盟防而會遇者三自納幣而如齊者三汲汲奔走不憚煩勞而且盛飾祢宮以夸示其配使莊公畏以文姜遺命而娶齊女亦縱欲而不能自克耳非迫於義而不敢違也

【辛亥】惠王七年二十有四年【齊】桓十六【晉】獻七【衛】惠二十【蔡】穆五【鄭】文三【曹】僖八公赤元年【陳】宣二十三【杞】惠三【宋】桓十二【秦】宣六【楚】成二春王三月刻桓宮桷【左傳】丹桓宮之楹刻其桷

皆非礼也【公羊傳】何以書譏何譏爾刻桓宮桷非礼也【穀梁傳】礼天子之桷斲之礱之加密石焉諸侯之桷斲之礱之大夫斲之士斲本刻桷非正也夫人所以崇宗廟也取非礼与非正而加之於宗廟以飾夫人非正也刻桓宮桷丹桓宮楹斥言桓宮以惡莊也

公將逆姜氏丹桓宮之楹刻其桷【杜氏曰】刻鏤也桷椽也【張氏曰】於礱斲之外又加刻鏤之工爲盛飾以誇示之【范氏曰】將親迎欲姱夫人飾此非特有童心而已【左傳】昭公十九年矣猶有童心御音禦孫諫曰儉德之共音恭下同也侈惡之大也先君有共德而君納諸大惡無乃不可乎自常情觀之丹楹刻桷宜若小失而春秋詳書于策御孫以爲大惡何也桓公見殺于齊則不能復而盛飾其宮誇示仇人之女乃有亂心廢人倫悖天道而不知正者也御孫知爲大惡而不敢盡

子忍反言春秋謹禮於微正後世人主之心術者也故
詳書于策斥言桓宮以惡去声莊為後鑒也【王氏曰】楹以黝堊桷
以斲礱皆天子之制丹楹刻桷則僭侈甚矣魯用天
子礼樂而莊公又過之以夸示仇女聖人備書而惡
自見矣【家氏曰】鳥獸知有母而不知有父人知有父
而復泝其父之從出而知有祖焉有曾祖焉有高祖
焉又泝其曾高之所從出而有始祖焉皆為之廟以
祀之聖人因為之制宗廟祀享之礼自天子至公侯
卿大夫士隆殺有等然後盡於礼不以踰礼為榮也
不以替礼為孝也今莊公忘父之仇徇母之欲娶仇
女為夫人知有母而不知有父既又丹桓宮之楹而
刻其桷以盖其無父之非不思廟有常制獨於桓宮
而丹楹刻桷是悖礼也以悖礼施之親廟不足以榮
其親適足以悖其祖知有母而不知有父以無父也隆
於其父而薄於其祖無祖也無父無祖禽獸之道也
春秋書丹桓宮楹刻桓宮桷以見五朝並列而桓朝
獨踰制而盛飾深著莊公之罪也○【永嘉呂氏曰】或
謂成三年新宮災親廟切近不忍稱故稱新宮桓宮
乃親廟切近也不言新宮以惡莊也是不然宣宮神
主未入廟而遇災故書新宮若桓宮則固已久矣宜

其不楙新宮也

葬曹莊公【王氏箋義】世子羈嗣立既葬弃爲戎所逐○夏公如齊逆女○秋

公至自齊【穀梁傳】迎者行見諸舍見諸先至非正也

穀梁子曰親迎魚敬反下同常事也【穀梁】本作恒事文定辟避宋諱不志。

此其志何也不正其親迎於齊也【陳氏曰】親并女不書唯莊公特書之則以娶齊女也或曰常事不志歲事之常也親迎可以常乎。

則其說誤矣所謂常者其事非一有月事之常則視朔是也有時事之常則蒐狩是也有歲事之常則郊祀雩祭之類是也有合禮之常則婚姻納幣逆女至歸之類是也凡此類合禮之常則不志矣其志則於禮不合將以爲戒者也【汪氏曰】凡婚姻合礼者皆不書如魯往他国親迎皆常事

不書他国來亦如之凡書者皆譏也【趙氏曰】凡男女之礼人倫之本也風教之始也是以先王敬之故紀其闕耳若夫崩薨卒葬即位之類不以禮之合否而皆書此人道始終之大變也其於親迎異矣【臨川吳氏曰】親迎常事不書公納幣越三年而後得親迎以非常而書故致之以示譏也【張氏曰】王裒讀蓼莪之詩而哀痛終其身莊公忍妃偶之合於除年之間三至齊廷而忘不及其父春秋所以詳書而誅其心也【愚按】僖十二公娶夫人惟莊公書納幣則譏其親納幣而娶仇女也文公書納幣則譏其喪未畢而圖昏也桓文宣成書逆皆譏不親迎莊公親迎於讎国則亦譏也僖公之納幣逆女合礼則不書矣○【陸氏曰】公羊曰親迎礼也按合礼則常事不書故知穀梁譏逆於齊是也【愚謂】【胡氏曰】公羊杜元凱皆以為礼不明春秋常事不書之旨耳

八月丁丑夫人姜氏入【左傳】秋哀姜至【穀梁傳】入者內弗受也日入惡入者也何用不受也以宗廟弗受也其以宗廟弗受何也娶仇人子弟以薦舍於前其義不可受也

何以不致據文姜穆姜斉姜皆書至不可見音現乎宗廟也何氏曰言入非致廟之文也姜氏齊襄公之女范氏曰讎女臨川吳氏曰若以爲齊僖女則僖卒已二十八年旹有未嫁之女且未應娶母妹爲夫人若以爲齊桓女則計齊桓之年蓋下於魯莊應未有可嫁之女可壻魯莊也其齊襄之遺女耳入者不順之詞以宗廟爲弗受也昬義以正始爲先而公不與夫人皆至姜氏不從公而入公以七月至而姜氏八月乃入已失夫婦之正弒閔孫音遜邾之亂兆矣孫氏曰公親迎于齊不俟夫人而至失夫之道也婦人從夫者也夫人不從公而入失婦之道也夫不夫婦不婦何以爲国不亂何待故曰入以惡之臨川吳氏曰凡娶爲君逆夫人本非礼也猶且以夫人同至公親往逆而不与同至失礼甚矣莊公不勝音升其母越禮踰時俟仇人之女薦舍於宗廟范氏曰薦進舍置也以成好去声合卒使宗嗣不立弒逆相仍幾至亡國故春秋詳

書其事以著莊公不孝之罪爲後戒也【陸氏曰】夫人至書月以娶仇女之故特變文書入而又書日【張氏曰】妻者齊也書八月丁丑入見後公而至之日多也【陳氏曰】制於其母必俟齊女而後娶齊人重要之爲之親納幣而觀社遇穀盟扈一歲而三見于齊丹楹刻桷以飾夫人夫人猶踰時然後入是故書逆書至而後書入夫人未有書入者入逆辭也書逆以病莊公書入以懕哀姜也亦以譏齊桓也春秋之書夫人未有詳於此者也【家氏曰】不書至或謂其娶仇女不敢以見于廟彼丹楹刻桷崇奢麗以夸示之何以能知愧而不使見于廟乎穀梁所謂宗廟有弗受焉耳【高氏曰】夫婦人倫之本所以成孝敬也孝敬備然後夫人之職舉桓公見殺於齊而莊公乃以齊女爲夫人欲責其孝則彼嘗戕我臣子之所疾也欲責其敬則我方讎彼鬼神之所棄也是不可以奉祭祀不可以當夫人之我矣○【汪氏曰】公羊云其言入何難也以義不當入故言入亦有何難乎

戊寅大夫宗婦覿用幣【左傳】公使宗婦覿用幣非禮也御孫曰男贄大者玉帛小者禽鳥以章物也女贄不過榛栗棗脩以告虔也今男女同贄是無別也男女之別國之大節也而由夫人亂之無

乃不可乎【公羊傳】宗婦大夫之妻也覿者何見也用者不宜用也見用幣非禮也然則曷用棗栗云乎腶脩云乎【穀梁傳】覿見也不言及不正其行婦道故列數之也男子之贄羔鴈雉腒婦人之贄棗栗鍛脩用幣非禮也用者不宜用也惡之故謹而日之也

禮夫人至大夫郊迎 明日執贄音致以見見音現下同【何氏曰】日者禮夫人至大夫郊迎明日大夫宗婦皆見故著其明日也【杜氏曰】禮小君至大夫執贄以見明臣子之道 宗婦大夫之妻也【杜氏曰】宗婦同宗大夫之婦【左傳】襄二年齊侯使諸姜宗婦來送葬【高氏曰】特牲饋食則宗婦統於主婦此曰宗婦則凡宗族之婦婦蓋主婦在其中矣 公事曰見私事曰覿見。徒歷反【聘禮】私覿【朱子曰】以私禮見也 見夫人禮也曷為以私言之夫人不可見乎宗廟則不可以臨羣臣故以私言之也。覿用幣何以書。男贄大者玉帛小者禽鳥以章物也【杜氏曰】公侯伯子男執玉諸侯世子附庸孤卿執帛卿執羔大夫執鴈士執雉章所執之

物別貴賤女贄不過榛側巾反栗棗脩以告虔也曲礼婦人之贄椇榛
脯脩棗栗莊氏曰取其名以示敬何氏曰婦人見舅姑以棗栗見女姑以腶脩爲贄見夫人至尊兼而用
之棗栗取其棗自謹敬腶脩取其斷斷自脩今男女同贄是無別筆列反也
莊氏曰莊公欲奢夸夫人故使大夫宗婦同贄俱見通旨大夫宗婦覿議同見也故不称及用幣議同贄
故特書用若大夫不覿只書宗婦覿足矣以丹楹刻桷等事張之其使大夫覿宜有之矣張氏曰夫人至
大夫見於宗廟婦見於内礼也並覿同贄是失男女之別公子牙慶父之亂兆矣
春秋詳書正始之道也薛氏曰莊公婚礼書之詳者志大惡也桓公惟不謹于文
姜之際身殺而莊公爲累不懲其事則又甚焉納讎人之女以供祭祀懼無以悦乎夫人丹楹刻桷于桓
之廟又使大夫宗婦覿而用幣往往加乎先王之礼而重之以奢僭其所欲厚于夫人者無所不至大婦
之際先王正始之道豈有始不正而終克正者乎臨川吳氏曰楚懷王客死于秦其子頃襄王迎婦于秦
司馬氏痛之曰忍其父而昏其讎彼父但爲秦所拘留而已未嘗被殺也司馬氏猶痛之况魯莊之父爲

齊所殺而又娶其女則忍父昏雠之罪奚啻數十倍於楚頃襄也哉方且飾桓宫用覿幣以夸富盛於齊女莊之庸愚一至此極異日淫縱弑逆之禍殆勢之所必至也**愚按**男女有别人倫之本也莊公以大夫宗婦同贄俱覿而致哀姜通共仲弑嗣君之禍唐高宗以百官命婦同宴於麟德殿而致武后淫毒遂移唐祚嫌疑之際可不慎夫春秋書娶夫人惟哀姜最詳自盟防納幣于齊于宗婦覿用幣于終見於經書其事十有四以其禮之非常故辞繁而不殺也○**劉氏曰**穀梁謂礼大夫不見夫人非也君祭於廟大夫夫人俱在其中可得勿見乎殆不常見耳今夫人始至而大夫見之是礼然矣何謂非礼乎

大水**何氏曰**陰盛所致**愚按**莊公娶仇女又奢僭以夸示之故有陰沴之應唐高宗立太宗才人武氏爲昭儀而萬年宫夜大雨水幾溺其身天人相感之際焉可誣也○冬。戎侵曹。曹羈出奔陳。赤歸于曹僖

杜預謂羈蓋曹世子也。曹伯已葬猶不稱爵者。以微弱不能君故爲戎所逐爾**杜氏曰**微弱不能自定**臨川吴氏曰**上年十一月曹

莊公卒今年三月葬則羈以出子嗣位葬其先君至是冬在位期年矣爲戎所逐而出赤者曹
之庶公子。莊氏曰赤曹僖公也賈逵曰赤戎之外孫歸易去声詞也。爲戎所納故易
·宋人執鄭祭側界反仲而忽出突歸權在宋也。戎侵曹。
而羈出赤歸制在戎也。使鄭忽曹羈明而能斷丁乱反
雖有宋戎之衆突赤之孽何緣而起。以國儲君副不
能自定其位於誰責而可。故雖以國氏皆不書爵爲
居正者之戒趙氏曰羈未踰年之君出奔不書爵言不能嗣先君也陳氏曰君在喪稱子其
曰曹羈不能爲子也侵淺事也以千乘之国不能守不可以言子矣然奔君未有言故者言故猶愈於自
奔也劉氏曰突因宋赤因戎皆奪其君然而春秋一賊之無上下之異春秋治治不治乱也使鄭忽曹羈
事親而孝爲上而礼在喪而哀臨事而恭大夫順之国人信之雖有宋戎之衆突赤之孽何緣而起然而
君臣交爭兄弟爲仇者上有失故下得也薛氏曰羈者曹之嗣赤者子之非正者戎間曹之兄弟争国侵

其疆埸而羈奔赤反亦曹羈無立之罪也 **張氏曰** 羈係於曹与鄭忽同明其正也赤不係國庶孽也亦以庶逐嫡戎以裔謀夏天子方伯不能正 **高氏曰** 戎而敢專制諸夏廢置人君亦以病齊桓也 **愚按** 突歸于鄭鄭忽出奔衛莒去疾入于莒莒展輿出奔吳與此書法相似皆一君出而一君歸也然去疾以國氏而突赤不氏國去疾正而突赤不正也忽展輿皆以突去疾入而後出今羈聞赤入而先奔則弱不能立又甚矣。 **陸氏曰** 曹羈者義同鄭忽公羊云是曹大夫非也 **劉氏曰** 公羊云曹無大夫非也曹伯伯也鄭伯亦伯也若以小國無大夫鄭亦宜無大夫豈獨曹哉似見曹之大夫者於經者少耳 **陳氏岳曰** 戎既侵曹而羈曰奔是曹懼戎而出其君明矣羈既出赤乃入是戎出羈而納赤亦明矣詎可謂羈大夫歟

郭公 **公羊傳** 郭公者何失地之君也 **杜氏曰** 蓋經闕誤

此郭公也義不可曉。而先儒或以為郭亡者。 **劉氏曰** 郭亡亡国之亡也郭之所以亡者与他国異他国之亡者所善不善所惡不惡也於傳管子有之。齊桓公之郭問父老曰。郭何故亡。曰。以其善善去聲下同善而

惡去声下同惡也公曰君子之言乃賢君也何至於亡父老曰郭君善善不能用惡惡不能去上声下同所以亡也茲其時與事謂之郭亡理或然也夫善善而不能用則無貴於知其善惡惡而不能去則無貴於知其惡並本意林未之或知者猶有所覬音冀也夫既或知之矣不能行其所知不能用之蔽至於怨不能去之蔽至於乱君子所以高舉遠引小人所以肆行而無忌憚也家語尊賢而不能用賤不肖而不能去雖欲無亡豈可得乎然則非有能亡郭者郭自亡爾通旨天行健君子以自強不息未有不勤而能存者詩云有朝廷不能洒掃四鄰謀取其国家而不知諸葛孔明称海岱之間論安言計動引聖人今歲不戰明年不征自取滅亡者不可勝數汲汲以興復為事恐蜀之坐亡也。趙氏曰公穀皆云赤者蓋郭公也按郭公自是闕文赤若曹公子也文義都不相關傳誤甚矣劉氏曰穀梁謂赤者郭

公之名然春秋不曰鄭公赤帰于曹豈顛倒迷錯如
此哉梁亡鄭棄其師紀侯大去其国雖旨意卓佹然
文義自明未有改易首尾如此者也愚按
說文亡字从入从乚与公字相似故傳誤
壬子惠王八年二十有五年齊桓十七晋獻八衛惠三十一卒蔡穆六鄭文四曹僖二陳宣二十
四杞惠四宋桓十三秦宣七楚成三春陳宣侯使女叔來聘女音汝此諸侯交聘之始左傳
始結陳好也穀梁傳其不名天子之命大夫也杜氏曰
女氏叔字季友相魯原仲相陳二人有舊故女叔來聘
季友冬亦報聘高郵孫氏曰諸侯之大夫天子賜之邑
使之帰国則書氏書字鄭祭仲魯单伯陳女叔是也陳
氏曰前乎此非王室若姻鄰無聘者矣於是交聘自女
叔之後諸侯之會數而朝聘皆之乎盟主矣○啖氏曰
左氏云嘉之故不名按聘者常事尒有何可嘉故知穀
梁云天子之命大夫是也愚按齊晋大国無命大夫啻
強大而專命耳○夏五月癸丑衛侯朔卒惠公也在位三十一年子赤嗣是為懿公
何氏曰朔犯逆天子命故去葬愚按朔之入国魯莊
与有力焉未必不會其葬所謂治其罪而不葬者也○
六月辛未朔日有食之鼓用牲于社左文十五年傳非礼也日有食之天

子不幸伐鼓于社諸侯用幣于社伐鼓于朝【穀梁傳】言日言朔食正朔也鼓礼也用牲非礼也天子救日置五麾陳五兵五鼓諸侯置三麾陳三鼓三兵大夫擊門士擊柝言充其陽也【杜氏曰】鼓伐鼓也用牲以祭社

按禮諸侯旅見音現天子入門不得終禮者四而日食與音預焉【曾子問】諸侯旅見天子入門不得終礼廢者幾孔子曰四太廟火日食后之喪雨霑服失容則廢如諸侯皆在而日食則從天子救日古者固以是爲大變人君所當恐懼修省以荅天意而不敢忽也故夏書曰胤征乃季秋月朔辰弗集于房瞽奏鼓嗇夫馳庶人走【蔡氏傳】集輯通用言日月會次不相和輯而掩蝕於房宿也日蝕之變天子恐懼于上嗇夫庶人奔走于下周官鼓人救日月則詔王鼓【注】救日月食王必親擊鼓大音泰僕凡軍旅田役贊王鼓救日月亦如之【注】贊佐擊其餘面【疏】氏曰鼓有聲幸陽事以壓陰氣諸侯用幣于社伐鼓于朝退而自責【杜氏曰】諸侯用幣于

社伐鼓于朝退而自責以明陰不宜侵陽臣不宜掩君以示大義皆恐懼脩省以荅天意而不敢忽也然則鼓用牲于社何以書譏不鼓于朝而鼓于社又用牲則非禮矣永嘉呂氏曰天子伐鼓于社社陰之神也日食則陰勝陽也天子尊故責神諸侯卑自責而已諸侯鼓于社非正也復用牲非礼也牲者祭祀之事牛必在滌三月三月之後方成牲日食而用牲取具於臨時耳張氏曰日食陰盛陽微之徵事関天下固不止為一魯而諸侯亦有臣民則因一天変以自省如洪範五事敬謹於視聽言動思之間一失其正則咎必應之古人應天以實而不以文故高宗彤日洪範之言乃古人之所先務如胤征周礼所載乃礼文之末耳一時遭变礼文固不可廢然正其本而後末可理也今荘公於充陽之本葢藐然矣鼓何益乎又用牲而欲以物求免書此以見本末之皆失也孫氏曰凡救日食皆鼓不書者常事也鼓于社而用牲者三変常也変常故書愚按荘公之世日食者四而鼓用牲者二大水者三而鼓用牲者一鼓於所不當鼓則踰制用其所不宜用則非常僭天子之制失諸侯之常以是而荅天変其過不既甚乎魏明帝太和

初太史奏曰當食請於靈星所禳帝詔曰天之於人猶父之於子未有父欲責子而可献饌求免也今具祈禳於古未聞羣臣其勉脩厥職輔朕不逮其賢於魯莊遠矣 臨川吳氏曰 社者祭地示也其祭有常礼其日有常日其事為常事故皆不書經所書社凡四非為社書也以禮曰食大水之变而乃用牲于社為非礼故書爾。趙氏曰 郊禘天子之礼社与嘗諸侯所自有祭統云成王賜魯重祭郊社禘嘗盖撰礼者見春秋書嘗社以為郊禘同遂妄言耳公羊云鼓用牲于社求乎陰之道凡此皆失礼乃書若言求陰之道乃為得礼又云以朱絲營社據書礼無此文 劉氏曰 左氏云非常也唯正月之朔慝未作於是用幣于社伐鼓于朝非也夏書記季秋月朔亦有伐鼓之事豈必正陽之月哉所以書者譏其不鼓于廟朝乃鼓于社又用牲耳

伯姬歸于杞惠 穀梁傳 其不言逆逆之道微無足道焉尔

其不言逆何也逆者非卿其名姓不登於史策則書歸以志禮之失也 孫氏曰 逆者非大夫故不言逆 大夫來逆名姓已

登於史策足以志其失矣猶書歸者以別。筆列反於大夫之自逆者也猶書歸者紀伯姬是也杞叔姬郯伯姬不書歸自逆者莒慶齊高固是也僖二十五年蕩伯姬姑自逆【杜氏曰】伯姬莊公女【愚按】或以爲桓公女謂時君之女則加子字然莊二十七年書叔姬若皆桓公之女則伯姬蓋三十餘矣未嫁二女皆失時若是且伯姬以僖三十一年求婦則年踰七十而猶至魯似未可必其爲桓女也

秋大水鼓用牲于社于門【左傳】凡天災有幣無牲非日月之眚不鼓【穀梁傳】高下有水災曰大水既戒鼓而駭眾用牲可以已矣救日以鼓兵救水以鼓眾【杜氏曰】門國門也【張氏曰】比年大水陰盛陽微之變極矣莊公若思先王正厥事之意謹内外之防嚴夫婦之別使陰沴無侵長之漸則後日之禍猶可及止也徇其文而無實徒以牲牷求免不恐懼脩省以正其本而禮文亦且繆戾此魯之所以亂也【高氏曰】古人遇水旱雖有雩禜祈禳之禮然靡神不享靡愛斯牲宣王必以側身修行爲之本况于社于門非所以致水災者也自古豈有伐鼓用牲救水災之禮乎○【陸氏曰】按左氏例近【劉氏曰】公羊云于社禮也于門非禮也

非也若于社爲得礼
春秋亦當不書矣○冬公子友如陳此内臣出聘之始莊氏曰報女
叔之聘諸侯出朝聘皆書如友莊公之母弟愚按此季
友私行之階也謝氏曰凡公及内卿往他国朝聘皆書
曰如趙氏曰凡内朝聘称如以異外也王氏曰春秋書
内臣出聘凡六十有一如京師者五著諸侯之慢王室
也如齊者十九如晋者二十五如宋者五如楚者一著
諸侯之畏大国也如陳者二如衛如邾如莒如牟者各
一著諸侯之交相聘也内臣以事出者凡十九納幣逆
女者三致女者一涖盟者四會葬者十乞師者一比事
以考之而是
非善惡著矣
癸丑惠王九年二十有六年齊桓十八晋獻九衛懿公赤元年蔡穆十七鄭文五曹僖二陳宣二十
五杞惠五宋桓十四秦宣八楚成四春公伐戎公無春字張氏曰爲追于濟西之耻報怨也襄陵許
氏曰隱桓世有戎盟至於莊公戎始變渝是以有濟
西之役於此伐戎義已勝矣齊魯伐戎而中国崇也○
夏公至自伐戎蜀杜氏曰伐戎無譏其致者公出師於外踰時而返故書至以危之○曹僖
殺其大夫[illegible]專殺大夫之始

稱國以殺者國君大夫與音預下同謀其事不請於天子
而擅殺之也義繫於殺則止書其官曹殺其大夫宋
人殺其大夫文七是也莊氏曰不稱名非其罪啖氏曰但稱大夫者無罪而死也劉氏
曰稱國以殺而不名者大夫無罪而君殺之也陳氏曰殺大夫不名惡君也赤簒曹而殺大夫則必不義
其君者也義繫於人則兼書其名氏楚殺其大夫得臣僖二
十八陳殺其大夫洩息列反冶宣九之類也愚按楚成少去之師而棄其將
陳靈退昏淫而殺諫臣二君固有罪矣然得臣剛而無禮洩冶盡言不隱其過雖有重輕而皆有致殺之由
故兼書其名氏然殺大夫而曰大夫與謀其事何也與謀其
事者用事之大夫也如公孫寧儀行父用事於陳而與謀殺洩冶之類見殺
者不得於君之大夫也所謂義繫於殺者罪在於專
殺而見殺者之是非有不足紀也故止書其官而不

録其名氏也古者諸侯之卿大夫士命于天子而諸侯不敢專命也【周禮】典命公之孤四命其卿三命大夫再命士一命侯伯之卿大夫士亦如之子男之卿再命大夫一命其有罪則請于天子而諸侯不敢專殺也【同上】大司寇凡諸侯之獄訟以邦典定之凡卿大夫之獄訟以邦法斷之及春秋時國無大小卿大夫士皆專命之而不以告于王朝有罪無罪皆專殺之而不以歸於司寇無王甚矣五伯三王之罪人而葵丘之會猶曰無專殺大夫【愚按】齊桓晉文晉悼皆無專殺大夫之過視當時諸侯可謂彼善於此矣故春秋明書于策備天子之禁也凡諸侯之大夫方其交政中華會盟征伐雖齊晉上卿止録其名氏至於見殺雖曹莒小國亦書其官莒殺意恢称公子或抑或揚或奪或予聖人之大

用也明此然後可以司賞罰之權矣【張氏曰】曹殺大夫曹伯赤殺之也豈於羈赤出入之際或不附戎而殺之若鄭厉殺傳瑕原繁与【高氏曰】除羈之黨恐其内應也入春秋来未有專殺大夫者而曹以小国首惡故春秋不顯其名氏唯著其擅命專殺之罪爲萬世之大戒凡殺大夫称国者政在上也称人者乱在下也其書名氏者或以其有罪足爲世戒或無罪而昭其節或矜其不幸也○【刘氏曰】公羊云不名衆也然則殺三郤何故名乎又云不死于曹君者也宋殺其大夫又何以辨哉穀梁云大夫而不称名姓無命大夫也非也諸侯大国三卿皆命于天子次国三卿二卿命于天子小国三卿一卿命于天子説者不知王者諸侯之制度班爵云尔

秋公會宋人[illegible]齊人[illegible]伐徐【杜氏曰】徐国在下邳郯縣【張氏曰】嬴姓国近齊肖魯今泗州臨淮縣【愚按】臨淮縣徐舊国後北近在今汴梁路徐州

按書伯禽嘗征徐戎見【書費誓】則戎在徐州之域爲魯患舊矣【臨川吴氏曰】穆王之時徐僭称王帥九夷以伐宗周徐国雖小但春秋之前已嘗僭王猾夏

是年春公伐戎秋又伐徐者必戎與徐合兵表裏為魯國之患也故雖齊宋將去声卑師少而公獨親行其不致者役不淹時而齊人同會則無危殆之憂矣杜氏曰宋主兵故序齊上十五年傳桓師何以序宋下徃未成乎伯也二十七年同盟于幽天下与之然後成乎伯矣愚按宋先於齊而公書會則宋主兵明矣蓋桓公伯業未盛亦若伐郳伐鄭之先宋也明年盟幽於是而後授之諸侯則齊桓伯業盛矣故二十八年救鄭宋序齊下

冬十有二月癸亥朔日有食之

甲寅惠王十年

二十有七年齊桓十九晉獻十衛懿二蔡穆八鄭文六曹僖四陳宣二十六杞惠六宋桓十五秦宣九楚成五

春公會杞伯姬于洮徒刀反杜氏曰魯地張氏曰洮属在済州今済南府

左氏曰會于洮非事也天子非展義不巡守手又反杜氏曰

巡守所以宣布德義諸侯非民事不舉卿非君命不越境伯姬莊公之女非事而持會于洮愛其女之過而不能節之以禮此春秋之所禁也【陸氏曰】參譏之公及杞侯伯姬皆失正也惟不節之以禮然後有使自擇配如僖公之於季姬而典訓亡矣【家氏曰】于洮非歸寧之地安有女子來寧父母疾驅於通道大都略無所禁忌者乎【高氏曰】伯姬既歸于杞復來与公會是与文姜齊襄無異也【陳氏曰】內女爲夫人七見于經未有書公會者而會自伯姬始由是來朝其子由是來求婦伯姬之爲皆未之前聞也【愚按】公會杞伯姬于洮猶之可也季姬及鄫子遇于防則惡又甚矣婦人會遇固皆非禮而其罪有輕重焉

夏六月公會齊侯桓宋公桓陳侯宣鄭伯文同盟于幽【左傳】陳鄭服也【谷梁傳】同者有同也同尊周也於是而後授之諸侯也其授之諸侯何也齊侯得衆也桓會不致安之也桓盟不日信之也信其信仁其仁衣裳之會十有一未嘗有歃血之盟也信厚也兵車之會四未嘗有大戰也愛民也【經】

子傳（同志而盟非率之也）

同盟之例有惡（烏路反）其反覆（音福）而書同盟有諸侯同欲而書同盟此盟鄭伯之所欲而書同盟者也凡盟皆小國受命於大國不得已而從焉者也（如鄫子會盟于邾之類）其有小國願與（音預下同）之盟非出於勉強（上声）者則書同盟所以志同欲也前此鄭伯嘗貳於齊矣（杜氏曰二十五年鄭文公四年爲齊侵蔡獲成於楚二十二年陳乱而齐納敬仲皆有貳心於齐今始服也）至是齊桓強盛有伯中國攘夷狄之勢諸侯皆歸之鄭伯於是焉有畏服之心其得與於盟所欲也故特書同穀梁子所謂於是而後授之諸侯是也其授之諸侯齊侯得衆也視地地盟爲愈矣（蜀杜氏曰諸侯同志而盟共戴天子齐桓主之）

家氏曰或謂前此會者九国而書同盟宜也今會者纔五国而亦書同盟何哉大斉桓合諸侯不以兵革小大畢至而聖人与其同盟不然異時有合十有八国之君以甲車四十乗夸示諸侯而伯業遂衰焉在其爲衆也愚按斉桓前盟于幽而鄭復不朝至於執詹魯又受鄭詹之逃則既同而反覆矣此盟于幽魯与盟而書公陳鄭心服而不叛同以尊周爲心不復携貳蓋斉桓覇業之始盛也故春秋書同盟以美之

秋公子友如陳葬原仲左傳非礼也原仲季友之舊也公羊傳原仲者何陳大夫也大夫不書葬此何以書通乎季子之私行也杜氏曰原氏仲字礼大夫既卒不名

公子友如陳葬原仲私行也啖氏曰書原仲之葬見季友私事出境人臣之禮無私交大夫非君命不越境注見隱元何以通季子之私行而無貶乎曰春秋端本之書也京師諸夏之表也祭側界反下同伯以寰音縣内諸侯而來朝隱元祭叔以王朝大夫而來聘莊二十三尹氏以天子三公來告其

喪。隱三誣上行私義不正矣。是故季子違王制委國事。越境而會葬。杜氏曰季友違礼會外大夫葬具見其事亦所以知譏齊高固莒慶。以大夫即魯而圖婚。宣五莊二十七其後陳莊子死赴喪於魯。魯人欲勿哭。繆公召縣音玄子而問焉。曰古者大夫束脩之問不出境。雖欲哭焉。音煙下同得而哭諸。見檀弓鄭氏注以其不外交今之大夫交政於中國。雖欲勿哭。焉得而勿哭。同上注時君弱臣強政在大夫專盟會以交接愚按陳莊子齊大夫名白乃成子恒之孫襄子盤之子莊子之子和并齊国是爲太公末流可知矣。春秋深貶王臣以明始亂。祭伯不書朝祭叔不稱使尹氏不書爵不備書諸國大夫而無譏焉。則以著其效也。凡此皆正其本之意陸氏曰臣无境外之交況以私事而出境乎此不待貶絶而惡見者也蜀杜氏曰外大夫未有書葬者原仲所以書者季子与原仲有舊已爲大夫不由君命而以私舊之故特往葬之大夫非君命不越境况適他国而葬大夫乎【高氏曰】公子遂如晋葬晋襄公叔弓如宋葬宋共公皆再幸国此不言葬陳原仲明非国事也【臨川吴氏曰】无會葬鄰国大夫之礼季友与原仲有舊欲往會其葬以大夫大夫不可私行出境請於公而公命之行故書大夫无私交公公之遣行友之會葬原氏之受皆非礼也參譏之【愚按】僖五年公孫茲如牟娶焉文六年季孫行父如陳聘且娶文七年公孫敖如莒涖盟且逆女成八年公孫嬰齊如莒自爲逆昭二十五年叔孫婼如宋爲季平子逆經皆不書逆此書如陳葬原仲无異於葬諸侯之使是季友請於公矣文定但言私行而不云莊公使之者以其非礼雖請於公是亦私行耳按曲礼大夫私行出疆必請反必有獻此盛世之事春秋大夫私行而遂交政於他国聖人特書公子友葬原仲以示戒者防微杜漸之意也。【陸氏曰】穀梁云言葬不言卒不葬者也不葬而曰葬諱出奔也按春秋前後无有虚設其事以爲義者且書葬之意直譏季友之行尔陳国大夫安得書卒乎【劉氏曰】公羊云何通乎季子之私行避内難也非也是時内難未作何避之有君季子見幾遠避幸是忘宗国之乱也况去莊公没尚数年而遂云避内難出奔乎

冬杞伯姬來【左傳】歸寧也凡諸侯之女歸寧曰來出曰來歸夫人歸寧曰如某出曰歸于某【公羊傳】直來曰來大歸曰來歸

左氏曰。歸寧也。禮。父母在歲一歸寧。本何氏注若歸而合禮則常事不書。其曰杞伯姬來者不當來也【趙氏曰】凡内女稱來不宜來也合礼者常事不書盡非礼而來故書尓豈二百四十二年内女唯两度歸寧乎女子有行遠于萬反父母兄弟。邶風泉水篇春會于洮矣。冬又歸魯。故知其不當來也。來而必書。春秋於男女往來之際嚴矣【高氏曰】伯姬春方出与公會而冬又來何其不安于杞也杞伯不能制其妻如其国何【張氏曰】志其來往之數非歲一歸寧之義所以厚男女之別也【愚按】春秋内女之適諸侯惟杞伯姬四書來一書會則伯姬之越礼可知矣伯姬之後惟書斉高固及子叔姬來亦非礼也

莒慶來逆叔姬【公羊傳】莒慶莒大夫也莒無大夫何以書譏大夫越竟逆女非礼也【穀梁傳】諸

侯之嫁子於大夫主大夫以与之來者接内也

莒慶莒大夫也。叔姬莊公女也。何以稱字。大夫自逆則稱字【杜氏曰】卿自爲逆則稱字【左宣五年傳】書曰逆叔姬卿自逆也爲去声其君逆則稱女如紀裂繻來逆女尊卑之別筆列反也。【范氏曰】君不敵臣【陳氏岳曰】内女適大夫則稱字不書歸如齊高固來逆叔姬不書歸于齊何以書諸侯嫁女於大夫而公自主之非禮也【董子曰】大夫無東脩之餽無諸侯之交越竟逆女紀罪之【劉氏曰】莒慶非有君命也叔姬非適諸侯也何以得書乎以公之自主之公之自主之則敵敵則書矣【陳氏曰】諸侯嫁女乎大夫必使大夫同姓者主之曷爲公親焉則莒慶伉也莒無大夫於是書莒慶隱桓莊之際莒嘗爲強国入向取杞牟婁納公子慶父吾君特會外大夫自浮來之盟始以是知慶之敢伉也【愚按】宣公以篡得国倚齊爲援而齊大夫高固求婚魯人以爲大辱莒慶微国之大夫而莊公以女妻之又自爲之主其不君亦甚矣。【劉氏曰】穀梁云不正其接内故不与夫婦之称也非也不曰逆女

亂於君夫人者也

書叔姬自其理然

惠 **杞伯來朝** 高氏曰致伯姬也杞伯不能制其內縱伯姬之數出又來朝而致之其卑弱可知矣何氏 本旨 杞先代子孫也方東樓公始封与微子啓無異得郊祭用天子礼樂入春秋已失公爵降而曰侯後或稱伯或稱子都無定限足知其微弱僻陋 張氏曰 杞国小力微故降爵以自儕於小国杞之自侯而伯自伯而子蓋浸以微弱也 愚按 桓公之經三書杞侯公穀皆作紀此書杞伯以後並書伯惟僖二十三年書杞子卒二十七年書杞子來朝襄二十九年書杞子盟文定據左傳謂杞用夷礼故貶稱子朱子又謂杞国最小所以文献不足徵初稱侯已而稱伯已而稱子蓋其朝覲貢賦之屬寓不率以子男之礼從事聖人因其實而書之然春秋未嘗書杞公亦不可攷姑闕疑以俟知者

○**公會齊侯**桓**于城濮** 杜氏曰城濮衛地將討衛也 張氏曰 齊欲討衛而會魯于此定其交而後加兵於人所以見其謀之審也 愚按 相會于衛地而後伐衛則爲謀伐衛明矣然魯兵不与伐衛者亦猶魯濟謀伐戎而魯不与伐戎也城濮今東昌路濮州

乙卯 惠王十一年 **二十有八年** 齊桓二十 晉獻十一 衛懿三 蔡穆九 鄭文七 曹僖五 陳宣二十

五七三

七杞惠七宋桓十六秦宣十楚成六春王三月甲寅齊桓人伐衛衛懿人及齊人戰衛人敗績左傳齊侯伐衛戰敗衛師數之以王命取賂而還公羊傳伐不日此何以日至之日也戰不言伐此其言伐何至之日也

春秋紀兵及者爲主齊人舉兵而伐衛衛人見伐而受兵則其以衛及之何也按左氏衛嘗伐周立子頹十九年至是王使召音邵伯廖力彫反賜齊侯命且請伐衛在前年則齊人舉兵乃奉王命聲衛立子頹之罪以討之也爲衛計者誠有是罪則當請歸司寇服刑可也周禮大司寇刑乱国用重典注篡弒叛逆之国用重典者以其化惡伐滅之若惠徼康叔不泯其社稷使得自新亦唯命左傳宣十二鄭伯曰其翦以賜諸侯使臣妾之亦唯命若惠顧前好徼福於厲宣桓武不泯其社稷使改事君君之惠也則可以免矣

今不徵知陵反詞請罪。【左傳】隱十一不徵辭不察有罪而上逆王命下

拒方伯之師。直與交戰則是衛人為志乎此戰故以

衛主之也。戰不言伐。伐不言日。而書日者戰之日也

見音現下同齊人奉辭伐罪方以是日至。而衛人不請其

故直以是日與之戰所以深疾之也。而聖人之情見

矣齊稱人將去声卑師少也【五峯胡氏曰】春秋之時天下無號令甚矣衛惠旣死

王命討之雖爲後時然猶勝終不討也齊桓承王命而不動大衆亦得輕重之宜矣爲衛侯者即日因齊

桓之京師請歸死於司寇以忠孝盖前人之愆可也齊師以是日至直以是日与之戰甚矣故義繫於衛

而非繫於齊也【趙氏曰】敗稱人罪衛之不服王命故異其文【高氏曰】初衛與兵助子頹簒王而齊為霸主

不能奔救及鄭伯既納王王乃錫齊侯命使討之於是乎伐衛曰伐者討得其罪也然既敗衛乃取賂而

還嗟夫齊桓以能尊王室霸諸侯而所為乃若是【張氏曰】衛嘗受盟于幽前年同盟不至伐不服罪乃以

齐來伐之日而急擊之不能敵齐節制之師而敗以衛爲主罪之也不地於衛都也【臨川吳氏曰】前年冬齐侯出會魯于衛地矣今年伐衛称人者蓋齐師待于城濮但遣微者往伐意欲以不戰屈之也而衛不服罪敢与齐戰輕躁寡謀不量其力自取敗衄也【王氏曰】戰不言伐而書伐伐不言日而書日彼伐不言及而書及敗績不言人而書人皆罪衛也【愚按】衛立子頹其罪固不容誅然已越十年而衛君又易世矣當其時不能治後之人何罪且受賂而不能伸天討雖曰齐以將卑師少称人非敗而比事觀之齐桓亦不可以無責矣又按經書及戰者二十文定於此戰与紀齐之戰于韓于甗升陘于泓城濮彭衙令狐于邲新築于鞌皆謂書及以敗之乾時鄢陵長岸雖敗主是戰者而不以及爲敗于奚于鐵無傳唯於栢舉与吳子而不以及爲褒若大棘則鄭伐宋而經不書伐是与于韓例同艾陵書伐書及則兩俱有罪也然及之爲言不過爲志乎是戰而非褒貶所係故拔患之兵則爲美辞而貪憤之兵皆爲貶辞也善戰者服上刑而春秋無義戰故凡書戰皆譏而在於排難解紛頌有取焉耳。【趙氏曰】公羊云春秋伐者爲客伐者爲主注云伐人者爲客見伐者爲主夫文字本以記分別今同其文誰能了之又曰敗者称師衛何以不称師未得乎師也按經文成列而戰矣何名未得師乎穀梁云戰則是師也其曰人何微之按衛称人者罪逆王拒大国以取敗微之有何義乎**劉氏曰**穀梁謂衛小斉大其以衛及之以其微之可以言及也非也衛欲戰則衛及斉斉欲戰則斉及衛不為国大小也又云其称人以敗何也不以師敗於人也亦非也設令斉将尊師衆而敗衛将卑師少而勝豈得不書師敗於人哉

夏四月丁未邾子瑣卒瑣素果反瑣在位十二年子蘧蒢嗣是為文公○秋荆伐鄭**穀梁傳**其曰荆州舉之也公會齊人宋人救鄭宋人下公有邾婁人**穀梁傳**善救鄭也**程子傳**斉桓伯主魯望国宋王者之後此救鄭制楚之始蓋天下大勢所在

按左氏楚令尹子元公子元文王弟無故以車六百乘繩證反伐鄭入自純門鄭外郭門是陵弱暴寡之師也故以州舉狄之也**孫氏曰**來聘称人此不称人者以其創艾中国復狄之也鄭人將奔桐丘**杜氏曰**許昌縣東北有桐丘城諸侯救之楚師夜遁是得救急恤鄰

之義也。故書救鄭，善之也。齊宋稱人，將去聲卑師少。桓公主兵，攘夷狄，安中國之事見音現矣。【朱子語】齊威晉文所以有功於王室者，蓋當時楚最強大，時復加兵於鄭，鄭則在王畿之內。楚在春秋時，他国皆不及其強，向非桓文有以遏之，則周室為其所并矣。【張氏曰】是時楚文王卒，成王幼，子元伐鄭，師出無名，聞諸侯之救而遂遁。【愚按】楚自十六年伐鄭，至是又伐，而中国救之。三十二年，齊宋又遇梁丘以謀之。僖元年，楚復伐鄭，而諸侯會檉以圖之。二年、三年，荊楚洊致侵伐於鄭，齊桓於是大夆次陘之師，以声罪於楚，自是荊蛮怗服矣。然首止之盟，鄭伯誘於撫女之命，又懷貳而逃帰。明年，諸侯伐鄭，圍新城。又明年，齊人伐鄭，而鄭伯乞盟請服矣。自是鄭服中国，終桓公之世。桓公甫没，而鄭伯即朝于楚。然則齊桓攘夷安夏之功，豈可少哉？孔子曰："微管仲，吾其被髮左衽矣。"實予其却楚而救鄭也。經書救者二十有三，而齊桓居其五，桓公視他伯者為愈矣。

冬，築郿。郿亡悲反。【公】【穀】作微。【杜氏曰】郿，魯下邑。【王氏曰】帝乙子封於微，今東平壽張縣西北有微子鄉。

鄙邑也。凡用功大曰城。小曰築【番陽萬氏曰】工役之多者書之以城工役之小者書之以築故館則書築。莊元築王姬之館臺則書築見三十一年囿則書築。成十八築鹿囿昭九築郎囿定十三築蛇淵囿鄙邑而書築者創作邑也。築者創始也【隱七年傳】凡書其志不視歲之豐凶而輕用民力於其所不必為也。則非君人之心矣【張氏曰】雖用民力冬之時而下書大無麥禾則築郿之不時可知矣【呂氏曰】十二公興力役莫甚於莊公築郿者一築邑者一築臺者三城邑者一新延廄者一比事以考之而莊公之罪著矣其不城一邑不築一囿愛民力而重農事者惟僖公耳。【啖氏曰】穀梁云山林川澤之利所以與民共也虞之非正也此當施於築囿之下不宜濫在此【劉氏曰】左氏云邑曰築都曰城非也築者作邑耳邑與都相較無幾而殊築城之名則國亦當殊京師又當殊而通以成名之何耶

大無麥禾

麥熟於夏禾成在秋而書於冬者莊公惟宫室臺榭是崇是飾費用浸廣調徒弔反度不充有司會古外反周礼注歲計曰會計歲入之多寡虚實然後知倉廪之竭也故於歲杪而書曰大無麥禾杜氏曰書於冬者五穀畢入計食不足而後書愚按王制冢宰制国用必於歲之杪五穀皆入然後制国用故桓宣有年大有年皆書於冬大無者倉廪皆竭之詞也言大无見年国皆无也古者三年耕餘一年之食九年耕餘三年之食今莊公享國二十八年當有九年之積子賜反而虚竭如此所謂寄生之君也本刘氏意林民事古人所急食者養民之本不敦其本而肆侈心何以為國故下書臧孫告糴以病公而戒來世為國之不知務也刘氏曰經无水旱之變忽无麥禾推驗事實由魯不務蓄積日損月削以

至於麥禾大盡而後竟之非今歲之事也是以不言水旱亦不言饑或云實秋水傷稼諱之不言或云土不稼穡二物不成或云不勸農事故無災而饑皆失也【愚按】二穀不升謂之饑五穀不升爲大饑今大無麥禾則黍稷秋稻二麥俱无盖禾者穀之總名故凡穀字皆從禾是不止二穀不升而已然不書饑者以言饑而不害宜察書饑則由大水螽螟之所致莊公若人事之變而非天時之災也僖公之時大旱而傳無水旱螽螟之災而書大無麥禾所以著費出之無經蓄積之不素救荒之不預至於未如之何而乞糴於鄰國則莊公不君與國之無賢皆可見矣○【啖氏曰】公羊云曷爲先言築微而後言無麥禾諱以凶年造邑也按築微冬之初也無麥禾歲終諸穀皆入而無此二穀乃書依先後記事尔何關諱乎穀梁云大者有顧之辭也按大者言其甚也稱有顧如何爲義也

臧孫辰告糴于齊【經】【公羊傳】告糴者何請糴也君子之爲国也必有三年之委一年不熟告糴譏也【穀梁傳】国無九年之蓄曰不足無六年之蓄曰急無三年之蓄曰国非其国也一年不升告糴諸侯故舉臧孫辰以爲私行也古者稅什一豐年補敗不外求而上下皆足也雖累凶年民弗病也一年不艾而百姓饑

君子非之不言如為内諱也杜氏曰臧孫辰魯大夫臧文仲
劉敞曰不言如齊告糴而曰告糴于齊者言如齊則其辭緩告糴于齊則其情急所以譏大臣任國事治名而不治實之蔽也魯人悅其名而以急病讓夷平也為功君子責其實而以不能務農重穀節用愛人為罪本意林魯語魯饑臧文仲言於公曰国病矣盍以名器請糴于齊公曰誰使對曰国有饑饉卿出告糴古之制也辰也備卿請如齊公使往從者曰君不命而請之其為選事乎文仲曰賢者急病而讓夷居官當事不避難我不如齊非急病也在上不恤下居官而惰非事君也文仲以鬯圭与玉磬如齊齊人歸其玉而与之糴張氏曰魯不遇齊桓則其民必至轉於溝壑矣趙氏曰譏臧孫為政無蓄也故以自行為文愚按經書王臣來求金則有求於我也書如楚乞師則有求於彼也今外傳紀如齊告糴而春秋変文書曰告糴于齊与歸粟于蔡同一書法所以著魯人請糴之急且没公命以罪莊公之不君也然不書自齊

人歸粟于我者蓋春秋記約而志詳復書歸粟則辭費苟齊人不予之籴必不書臧孫之告籴矣葵丘五禁曰毋遏籴齊桓救災恤患之心其亦霸者之賢歟○趙氏曰左氏云禮也據諱是譏非善之也穀梁云諸侯無粟諸侯相歸粟正也告然後与之言內之無外交也此若不告彼何由知之

丙辰惠王十二年二十有九年齊桓二十一晉獻十二衛懿四蔡穆十一鄭文八曹僖六陳宣二十八杞惠八宋桓十七秦宣十一楚成七春新延廄公羊傳脩舊也脩舊不書此何以書譏何譏尔凶年不脩穀梁傳延廄法廄也其言新有故也

言新者有故也杜氏曰言新者皆舊物不可用更造之辭何以書昔韓昭侯作高門屈居勿反宜臼楚大夫時在魏曰不時所謂時者非時日也人固有利不利時前年秦拔宜陽今年旱君不以此時恤民之急而顧反也益奢此所謂時詘曲勿反舉贏者也見史韓世家徐廣曰時衰耗而作奢侈故穀梁子曰古之君

人者必時視民之所勤民勤於力則功築罕民勤於財則貢賦少民勤於食則百事廢矣大無麥禾告糴于齊冬築郿春新延廄以其用民力爲已悉矣家氏曰延廄馬閑之名或曰新其舊而又延廣之義周禮天子十二閑諸侯六閑每廄爲一閑閑有二百一十六匹劉氏曰春秋二百四十二年所興作修舊多矣不必書也延廄南門盖微耳何獨書哉新宫災太室屋壞不能不修而經不書雉門兩觀災記新作焉以此參之修舊不足書其書者皆非禮之制延廄者天子之廄非諸侯之廄也南門者天子之門非諸侯之門也延廄之僭非莊公也過在可革而不革故曰新通旨書新延廄者爲大無麥禾民勤於食則仍舊可也王氏曰養馬欲其富故馬廄謂之延延長也猶庫藏欲其有餘而謂之長府也禮凶年歲不登馬不食穀馳道不修去冬大無麥禾而今春新延廄廄有肥馬民有飢色可謂不恤国矣孫氏曰惡不愛民也愚按興工作以聚失業之人亦荒政之一事也而春秋書築郿新延廄以譏莊公何哉夫国有儲蓄倉廩實府庫充則興工作以聚窮民使無轉徙之患亦

云可也今大無麥禾倉廩虛竭乞糴於鄰邦以救朝夕之急而猶興不急之役何莊公之不知務乃至此極耶。趙氏曰左傳云新作延廄若新作但當云作延廄不當云新　啖氏曰又傳云書不時也凡馬日中而入此說亦非馬雖出入有時廄何妨農隙作之

夏鄭人侵許　張氏曰許鄭世讎也然許自盟幽之後不与齊桓之會鄭人侵之或齊之命与自後許始從中国

○秋有蜚　蜚扶味反　左傳為災也　公羊傳記異也　穀梁傳一有一亡曰有　杜氏曰蜚負蠜也　劉敞曰負蠜性不食穀食穀為災介蟲之孽　劉向曰蜚色青非中国所有南越盛暑男女同川淫風所生為蟲臭惡公取齊淫女故蜚至天戒以為將生臭惡聞於四方也　新安羅氏曰負蠜今謂之蜚盤蟲好以清旦集稻上食稻花田家率以蚤作掇拾置他所日出則散去既食稻稻花又其氣臭惡能燋稻使不蕃春秋書之當由此尔　劉氏曰蜚狀若牛而白首一目虵尾行水則竭行草則死見則其国大疫曰有者所以明其無也鸜鵒不逾濟而蜚非中国之物鼈而一至故不可言多而言有麋中国所有也有之不足異而多則為異故不言有而言多螽螟中国所多也多不足怪而為災則害故不言多而言災　愚按尔雅通志本草皆以蜚為蟲獨山

海經以蛩爲斸但負盤常有當如書螽書螟不當書有姑并識以俟參攷○啖氏曰左氏云凡物不爲災不書春秋紀異多矣何必爲災乃書○冬十有二月紀叔姬卒

紀已滅矣其卒之何見音現紀侯去國終不能自立冀於古公亶父之去故特書叔姬卒而不卒紀侯以明其不爭而去則可能使其民從而不釋則微矣杜氏曰紀国雖滅叔姬執節守義故繫之紀賢而録之臨川吳氏曰叔姬娣也魯紀之待叔姬与叔姬之自待其身皆与伯姬同春秋備書之此盖莊公以爲姑而爲服大功之服也與叔姬莊十二年歸酅此卒于酅也紀滅而猶繫之紀盖国亡無所依托雖寄寓於酅以待死其爲紀国夫人之娣則如初也家氏曰春秋以叔姬不爲国亡変其所守特録之以勸後世以此坊民猶有儷体寡居国亡不能死委身於夷狄如晉之惠后者可爲慟哭流涕者矣

城諸及防左傳書時也凡土功龍見而畢務火見而致用水昏正而栽日至而畢杜氏曰諸防皆魯

邑諸城陽諸縣**張氏曰**諸今密州諸城縣又有故防城及者別二邑也**臨川吳氏曰**凡書土功雖時非善之也愈於非時者亦其間亟與土功而亟書之不繫乎時与不時皆貶也若此前年冬築郿大饑而告糴此年春新延廐於是又城諸防豈不爲亟而譏之乎○**啖氏曰**穀梁云以大及小也此但依先後次第何必小大乎**劉氏曰**若言諸防則似一城故從所先城記尓**愚按**左氏以謂書時也穀梁以爲可城特拘於常例農隙之時而不知莊公之城非其時也

諸城今屬益都路密州

丁巳 惠王十三年

三十年

齊桓二十二**晉**獻十三**衛**懿五**蔡**穆十一**鄭**文九**曹**僖七**陳**宣二十九**杞**惠九**宋**桓十八**秦**宣十二**楚**成八

春王正月○夏師次于成

左無師字**穀梁傳**次止也有畏也欲救鄣而不能也不言公恥不能救鄣也**陳氏曰**次于滑也書公于郎貶師之此其但書次何以是爲不足書也甚矣莊之不競於齊也君父死焉不能討謀紀而齊滅紀及齊圍郕郕降于齊於是次成齊人降鄣雖齊桓也記莊公之身不可以不貶也**愚按**趙氏謂魯欲會齊圍鄣至成待命夫欲救患而不能謀淩弱而爲援皆罪也然鄣乃紀之附庸觀魯之加恩礼於紀叔姬則未必合兵以滅鄣蓋魯莊有姑息之愛婦人

之仁而畏齊強盛不敢援鄣故佯爲救鄣之虛名猶次滑之意耳

秋七月齊人降鄣 降戶江反鄣音章 穀梁傳 降猶下也 杜氏曰 鄣紀附庸国東平無鹽縣東北有鄣城 張氏曰 今東平府須城縣

降者脅服之詞 杜氏曰 小国孤危不能自固盖齊遥以兵威脅使降附 趙氏曰 凡服從内附曰降不言鄣降降由於齊 前書郕降于齊師意責魯也 二国同圍郕郕不降於魯而降於齊見魯不能服郕 此言齊人降鄣專罪齊也 不書鄣降於齊則見齊以威力逆脅而強使降服非郕降之比 鄣者紀之附庸 左傳 昭十九莒子奔紀鄣 愚按 鄣盖須句顓臾之類耳 微乎微者也齊人不道肆其強力脅使降附不書鄣降而曰降鄣者以齊之強故罪之深以鄣之微故責之薄 本 常山 劉氏 春秋之法扶弱抑強明道義也霸者之政以強臨弱急事功也故曰五伯三

王之罪人仲尼之徒無道桓文之事者【番易萬氏曰】以齐桓之賢嘗有存亡繼絶之功得鄣之地不足以爲廣并鄣之衆不足以爲強乃必降而有之使紀之土地人民無復孑遺聖人所以書降鄣而深致其誅貶也【家氏曰】齐嘗圍郱鄑郚降于齐師降於力既屈之後齐人降鄣畏威而降降於兵未加之前郱雖降而猶存鄣則不復見矣○【啖氏曰】公穀云鄣紀之遺邑按鄣自是小国尔紀之全国猶不敢敵齐豈一邑之民而能二十餘年獨拒齐乎【刘氏曰】公羊云降之者取之也不言取之爲桓公諱也亦非也取之固曰取之降之固曰降之迁之固曰迁之非可假借爲避諱也

八月癸亥葬紀叔姬【公羊傳】何以書隱之也何隱尔其国亡矣徒葬乎叔尔【穀梁傳】不日卒而日葬閔紀之亡也

滅國不葬此何以葬賢叔姬也【杜氏曰】賢録也 以紀侯既卒不歸宗國而歸于酅音携所謂秉節守義本杜氏注不以亡故而睽苦圭反婦道者也。故繫之於紀而録其卒葬

高氏曰復繫之紀不以鄭易紀也先儒蘇氏謂賢而得書是也賢而得

書所以為後世勸也家氏曰娣媵不葬此以賢叔姬故与伯姬俱得葬刘氏曰非叔

姬之賢則不足葬高郵孫氏曰叔姬之卒又録其葬以為於喪滅之中能以義節自守故嘉之也張氏曰

紀叔姬從一而終不以存亡貳其心故詳録其生死

又紀魯之往葬皆以夫人之礼書之所以明婦行以

示後法也愚按春秋国滅而書葬者三書齊侯葬紀

伯姬以見齊侯迫滅紀国夫人在殯而不及葬也書

葬陳哀公以見楚雖滅陳而陳人尚能葬其君也惟

紀叔姬則以其賢故因魯人往葬而特書之然国滅

而葬其君夫人若娣媵皆閔其亡滅而存之之意也

故朱子綱目書魏葬漢獻帝晉葬魏元帝宋葬晉恭

帝亦聖人存亡

繼絕之遺旨也

九月庚午朔日有食之鼓用牲于社傳義見二十五年○冬公

及齊桓侯遇于魯濟濟子礼反左傳謀山戎也以其病燕故也杜氏曰濟水歷齊魯界在齊界

為齊濟在魯界為魯濟蓋魯地張氏曰簡礼以議軍旅

之事愚按齊侯入魯境則齊侯之意也襄陵許氏曰齊

桓伐郳伐鄭伐徐皆以宋人主兵与公會城濮而後伐衛与公遇魯濟而後伐戎以是知齊桓之伯不自恃也用兵行師每資武於宋桓取策於魯莊其治国也一則仲父二則仲父用人之能以為能集人之功以為功遂能力正天下澤潤生民○劉氏曰穀梁云及者内為志焉爾非也設若外為志便云公會齊侯遇于魯濟乎○

齊人伐山戎 公羊傳 此齊侯也其称人何貶曷為貶子司馬子曰蓋已操之為已蹙矣 穀梁傳 齊人者齊侯也其曰人何也桓内無因国外無從諸侯而越千里之険北伐山戎危之也 杜氏曰 山戎北狄 鄭氏曰其地在薊州漁陽 愚按 薊州今大都路大興縣

齊人者齊侯也其稱人譏伐戎也自管仲得政至是二十年未嘗命大夫為主將將去声下同亦未嘗興大衆出侵伐故魯莊十一年而後凡用兵皆稱人者以將卑師少爾今此安知其非將卑師少而獨以為齊侯何也以來獻戎捷稱齊侯則知之矣 何氏曰 據下言齊侯來獻戎捷 愚按

(上遇魯濟謀山戎下獻捷皆以齊侯書則知伐山戎非微者矣)夫北戎病燕(音烟)職貢不至桓公內無因國外無從(才用反)諸侯越千里之險爲(于偽反)燕闢地【史】(齊世家山戎伐燕燕桓公救燕遂伐山戎至于孤竹命燕君納貢于周諸侯聞皆從之)可謂能脩方伯連帥(去声)之職何以譏之乎桓不務德勤兵遠伐不正王法以譏其罪則將開後世之君勞中國而事外夷捨近政而貴遠略困吾民之力爭不毛之地(本楊氏辨要)其患有不勝(音升)言者故特貶而稱人以爲好(去声)武功而不修文德者之戒也【劉氏曰】(桓公之威行乎天下其重過於萬乘又越竟以伐山戎諸侯震恐乃沛然自得矜功而語受命此君子所惡故貶而人之)然則伐楚之役何以美之其謂退師召(音邵)陵責以大義不務交兵而強楚自服乎(本杜氏會義)觀此可

以見聖人強本治内柔服遠人之意矣【通旨】楚頻侵鄭鄭乃内地故齊桓伐楚聖人取之山戎遠地也齊桓爲燕而伐戎聖人則貶之於此可見帝王用兵之意矣如漢武之窮兵其不敗幸耳文帝則不然匈奴候騎至上林烽火通甘泉便作細柳等軍正與伯禽征徐夷宣王伐玁狁無異志在愛民非黷武也三代用兵意全在是縱差之毫釐便是齊侯伐山戎不可也【張氏曰】中國之聲教未洽近有荆楚爲中國患尚未下臯而勤兵于遠其治之先後兵之次第皆失之矣故齊侯自出而書人以譏之【王氏曰】荆内也患近而不可緩戎外也勢遠而不足恤近者養之而不討遠者伐之以爲勞蓋楚患未已則諸侯可要伐戎有功則諸侯皆服此桓公之志也故貶之。【劉氏曰】穀梁云其曰人何也愛齊侯乎山戎也又曰則非之乎善之也非也春秋以人貶之云尔

【戊午】惠王十四年【齊】桓二十二【晉】獻十四【衛】懿六【蔡】穆十二【鄭】文十【曹】僖八【陳】宣二十【杞】惠十【宋】桓十九【秦】成公元年【楚】成九

三十有一年春築臺于郎【公羊傳】何以書譏

何以書厲民也【劉氏曰】譏厲民也去國而築臺是樂而已矣

天子有靈臺

以候天地諸侯有時臺以候四時注本何氏注詩靈臺天子有靈基臺以

觀天文有時基臺以觀四時施化左傳僖五日南至遂登觀臺以望而書凡分至啓閉必書雲物去國

築臺于遠而不緣占候是為游觀之所厲民以自樂

音洛下同也何氏曰四方而高曰臺登高遠望人情所樂動而無益於民雖樂不為也厲民自

樂而不與民同樂則民欲與之偕亡雖有臺豈能獨

樂乎杜氏曰書築臺刺奢且非土功之時董子繁露譏驕溢不恤下也孫氏曰莊比年興作今又一

歲而三築基臺妨農害民莫甚於此家氏曰凡築臺与囿不以時不時皆譏也是歲三築基臺皆書重譏之也

莊公暮年驕恣尤甚天災見於上歲比不登而土功無虛歲其違礼敗度可以想見魯之衰實由莊公始

愚按楚靈為章華之臺伍舉極諫以為先君為臺高不過望国氛大不過容宴豆其所不奪穡地其為不

匱財用瘠磽之地於是乎為之四時之隙於是乎成之非聚民利以自封而瘠民也使魯臣有妬伍舉者

言於莊公則三臺之築或少省矣。啖氏曰公羊三築臺各有說一云譏臨民之所浣漱、一云譏遠也一

云譏臨国按一歲三築臺至假如皆得其所旹無妨於人乎何用一二譏其勤也

夏四月薛伯卒。張氏曰薛紉称伯盖降班而告終也桓

○築臺于薛。公羊傳何以書譏 班氏曰薛魯地 愚按今東平路秦時爲薛郡

○六月齊侯來獻戎捷。左傳非礼也 公羊傳齊大国也曷爲親來獻戎捷威我也 穀梁傳軍得曰捷

軍獲曰捷。向氏曰戰所獲曰捷 凡諸侯有四夷之功則獻于王。王以警于夷中國則否。諸侯不相遺去声俘。本左傳 獻者下奉上之辭。本杜氏注 齊伐山戎。以其所得躬來誇示。書來獻者抑之也。常山劉氏曰齊侯伐山戎得其捷躬來夸示以威我書曰來獻抑之也 張氏曰齊桓恃功而不知礼魯不當納而輕受之皆罪也 後世宰臣有不賞邊功。以沮外徼吉吊反境也塞也 生事之人。得春秋抑戎捷之意。前漢陳湯傳匈奴郅支單于殺漢使者西走康居湯爲西域副校尉矯制發兵与都護甘延壽襲擊匈奴郅

支單于於康居斬之得從使節凡斬閼氏太子名王以下千五百一十八級生虜百四十五人降千餘人軍既至論功承相匡衡以為湯延壽擅興師矯制幸得不誅如復加爵土則後奉使者爭欲乘危徼倖生事於蠻夷為國招難漸不可開詔欲封湯等千户衡復爭乃封延壽義成侯湯關內侯

王氏曰伐山戎則稱人獻捷則稱爵齊桓未能鎮綏中國而遠事戎狄有特勝危師之道故抑而稱人今以方伯而躬獻戎捷于侯國有矜功失節之恥故假之而稱爵聖人抑揚之道不同一端求也

息齋春秋書來獻捷者二齊桓獻捷而書齊侯所以著其夸服戎之功而譏之也楚成獻捷而書楚人所以微其挾猾夏之威而抑之也然於齊書戎捷而於楚不書宋捷則所以尊中國而賤夷狄也昭昭矣

劉氏曰穀梁云內齊侯也不言使內與同不言使也非也去年伐山戎知其當為齊侯者正以獻捷乃齊侯也今此何以見其是使人乎魯雖欲內齊豈可便不殊齊侯之使今既稱齊又曰來獻安見內乎又云戎菽也不近事理疑菽者北狄字也北字類狄狄字類菽傳寫訛謬并為一字耳

秋築臺于秦

公羊傳何以書譏 **穀梁傳**不正罷民三時且財盡則怨力盡則懟君子危之故謹而

志之也。一年罷民三時，惡內也。【范氏曰】秦，魯地。【杜氏曰】東平范縣西北有秦亭。【張氏曰】范縣，今屬濮州，古尚存。莊公一歲三築臺，所謂及是時般樂怠敖者，則治國治家之當務荒廢多矣。此所以踰年身死而蕭墻之禍至，奕世而不能定也，可不鑒哉。○【黄氏曰】穀梁云：虞山林藪澤之利，此當施於築囿下。又曰：倚齊桓公外無諸侯之變，故築臺。此說無益於為教。○

冬不雨。

【公羊傳】何以書？記異也。【程子傳】一歲三築臺，明年春城小穀，故冬書不雨，閔之深也。【張氏曰】莊公無閔雨之志，個酉戌亥之月不雨，故不得歷時而言也。【家氏曰】是歲三築臺而冬不雨，明年春又城小穀，與大無麥禾告糴而築郿、新延廐，書法相類。【王氏曰】春秋書不雨者，常暘之徵。然及月者書月，及時者書時，毋歷時者書累月。今曰冬不雨，則一時無雨矣。周之冬，夏之八九十月也，當是時穀已成實，閔時不雨，雖未甚害，亦見陰陽不調為弱歲之災也，故特書之。【呂氏曰】僖文之不雨，或歷三時，或歷四時，此年才一時不雨爾。二百四十二年一時不雨者，豈止一年而已，而此特書之者，莊公亟興土功，屢見災異，故詳志之也。

【周】惠王十五年

三十有二年

【齊】桓二十四【晉】獻十五【衛】懿七

【蔡】穆十三【鄭】文十一【曹】僖九【陳】

宣二十一 杞惠十一 宋
桓二十 秦成二 楚成十

春城小穀

范氏曰小穀魯地 孫氏曰曲阜西北有小穀城 通旨孫魯人也而終身李春秋其改此詳矣 薛氏曰莊公六年後無麥苗大無麥禾螟螽蜚相繼而有大水者三中君尚當少警而公之軍旅盟會未嘗休息至於修心一起因婁而觀社丹楹刻桷告糴之時築郿次年新既城諸防去年三築臺而不雨今又城小穀平歲猶不可況洊饑而輕用民力乎。 高氏曰杜預以小穀爲齊邑左傳云爲管仲城之若然聖人亦當異其文而係之齊且公雖感齊桓之私豈肯爲管仲城邑昭十一年傳云齊桓城穀而寘管仲焉齊自有穀如文十年盟穀宣十四年會穀此齊穀也非魯之小穀 沙隨程氏曰齊地別有穀在濟北有管仲井非小穀也公及齊侯盟穀穀歸公會穀乃濟北之穀

○夏宋公齊侯遇于梁丘

左傳齊侯爲楚伐鄭之故請會于諸侯宋公請先見于齊侯夏遇于梁丘 穀梁傳梁丘在曹邾之間去齊八百里非不能從諸侯而往也辟所遇遇所不遇大齊桓也 杜氏曰梁丘在高平昌邑縣西南 張氏曰在濟州齊不以霸主自居以梁丘近宋而先之也 隱四年傳志外之遇者二而皆以爵若曰以尊及卑然也其意以爲莫適主者 愚按濟南路鉅野縣有古昌邑城何休謂遇礼近者爲主遠者爲賓然隱

八年莊四年兩遇于垂垂衛地而衛序齊宋下盖盟會則序主會者居上若遇則以簡礼相見比於不期而遇近莫適爲主故以爵之尊卑爲序爵同則以国大小爲序耳

○**秋七月癸巳公子牙卒**

左傳公疾問後於叔牙對曰慶父材問於季友對曰臣以死奉般公曰鄉者牙曰慶父材成季使以君命命僖叔待于鍼巫氏使鍼季酖之曰飲此則有後於魯国不然死且無後飲之歸及逵泉而卒立叔孫氏

公羊傳曷爲不言刺之爲季子諱殺也曷爲爲季子諱殺季子之遏惡也不以爲国獄緣季子之心而爲之諱也公子慶父公子牙公子友皆莊公母弟也慶父牙通乎夫人以脅公季子起而治之則不得与国政坐而視之則親親因不忍見故請至于陳莊公病將死召季子季子至而授之以国政曰寡人即不起吾將焉致乎魯国季子曰般也存公曰庸得若是乎牙謂我曰魯一生一及君已知之矣慶父也存季子曰是將爲乱乎哉而牙弒械成季子和藥而飲之曰公子從吾言而飲此則必有後乎魯国不從吾言而不飲此則必爲天下戮笑於是從其言而飲之至乎王堤而死公子牙今將尔辟曷爲与親弒者同君親無將將而誅焉然則善之與曰然殺世子母弟直稱君者甚之也季子殺母兄何善尔誅不得辟兄君臣之義也然則曷爲不直誅而酖之行誅乎兄隱

而逃之使託若以疾死然親親之道也。杜氏曰牙慶父同母弟

牙有今將之心，而季子殺之，其不言刺者。陳氏曰雖酖之而立叔孫氏，喪以大夫之禮也

公羊以爲善之也。季子殺母兄何善爾？

誅不得避兄，君臣之義也。陳氏曰季友以君命酖牙，緣君臣之義不得私其親

曷爲不直誅而酖之？使託若以疾死然，親親之道也。

周禮小司寇同族有罪不即市注刑于甸師氏禮記文王世子刑于隱者不与国人慮兄弟也

陸淳曰：季子恩義俱立，變而得中。夫子書其自卒，以示無譏也。本微旨得之矣。陳氏曰公子牙殺也而卒之殺之當其罪故隧其隱之之意也當是

時魯人知牙之罪而莫知季友之謀也闕牙之死而莫謂季友之誅也使季子謀不緣君誅不當罪則春秋猶將探其專誅之惡以示後世矣聖人原情議獄以季子之爲忠於国而適於權內得親親之理外得尊尊之義故平其文使若自死然通旨季子誅牙不曰刺者事適於權故以諱爲善或曰周公誅管蔡而

正其罪何也曰二叔之罪彰矣故不得而掩也【石氏曰】兄弟之親君臣之義皆不可廢也一之於愛則義有所不立一之於義則愛有所不行於此之際非聖賢不能処也武王終管蔡導武庚以叛周公顧兄弟之愛則国必敗君必危周公不以天下洵一人之私不以私愛廢君臣之義仗大義而誅之後世不以爲不仁叔牙欲立慶父季友顧兄弟之愛則慶父必立魯国必乱季子不以私恩害天下之公不以一人易一国之利奮大公而酖之後世必有以察之周公誅管蔡則暴其罪季友酖叔牙則微其跡二叔之罪已彰僖叔之罪尚隠而不可知也故以自卒爲文也【張氏曰】或謂雖殺叔牙無補於後日子般閔公之禍是不然文姜以來貽養乱本至此已成使牙不誅則莊公之薨慶父叔牙強盛雖有季子之忠秉礼之俗亦無所措其手矣故牙之誅乃魯国存亡之幾慶父成敗之史也春秋所以原其心而爲之諱也○【陸氏曰】公羊云不称弟殺也按書公子常例也叔肸書弟自特書尔不得引以爲義【劉氏曰】穀梁云日卒正也不日故也有所見則日非也若有所見又不日豈不益明乎何苦日之与正卒相乱哉【愚按】或謂牙乃叔孫氏之祖其卒距公薨時尚一月苟以是誅牙則慶父何爲尚執国柄且書法全不寓微意牙實自卒夫季

友非不欲誅慶父以其握兵權而莫奈之何也苟謂經不寓意則當時季友隱其跡聖人因之而書卒以示季友之殺兄無罪若疑叔孫之有後則其仲以罪自經亦有後也況春秋之亂賊如齊殺無知而其後有仲孫缺宋殺督而其後有華耦華喜陳殺徵舒而其後有夏齧夏區夫安得謂爲惡之臣而不爲祖耶

八月癸亥公薨于路寢【公羊傳】路寢者何正寢也【穀梁傳】寢疾居正寢正也男子不絕于婦人之手以齊終也

趙匡曰君終必於正寢就公卿也大位姦之窺也危疴邪之伺音笥也若蔽於隱是女子小人得行其志矣本李【纂例】又曰莊公正終而嗣禍分位不明而闔闢不修也故宗嗣素定之兵權散主之閨闈嚴飾之女子小人不尸重任賢良受託鼎足交輔則篡弒之禍曷由至哉然則莊公以世適音嫡承國不爲不貴周公之後奄有龜蒙不爲不強即位三十有二年不爲不久薨于路寢不爲不正而嗣子

受禍幾至亡國何也大倫不明而宗嗣不定兵柄不分而主威不立得免其身幸矣陳氏曰凡公薨必書其所詳內事重凶变也若遇弒則不地張氏曰書月書日謹之

冬十月己未子般卒己未公穀作乙未般音班公羊傳其稱子般卒何君存稱世子君薨稱子某既葬稱子踰年稱公子般何以不書葬未踰年之君也有子則廟廟則書葬無子不廟不廟則不書葬子般弒也孰弒子般慶父也莊公存之時鄧扈樂淫于宮中子般執而鞭之莊公死慶父謂樂曰般之辱尔国人莫不知盍弒之矣使弒子般然後誅鄧扈樂而歸獄焉莊氏曰子般莊公大子

初公築臺臨黨音掌氏見孟任音壬生子般焉般嘗鞭圉人犖音洛公薨般即位次于黨氏慶父使犖賊般成季奔陳立閔公據左傳昔舜不告而娶恐廢人之大倫以懟直類反父母君子以為猶告也莊公過時越禮謬於易

基乾坤詩始關雎大舜不告而娶之義甚矣而子般
乃孟任之所出也胡能有定乎雖享國日久獲終路
寢而嗣子見弒幾至亡國有國者可不以為戒哉**啖氏**
曰未踰年曰卒未成君也未葬則名之既葬不名**雜**
記君薨太子號稱子待猶君也**張氏曰**子般見弒而
書卒者諱之也莊公主魯之社稷而君道不立上不
能正其毋使出入淫縱配耦不早致冢嗣之位不足
以自定內失閑家之道而使圉人犖得以戲公子觀
其告子般之言非不知犖之可誅而欲以計殺之措
委其子亦終不能殺而貽身後之患春秋自夫人孫
齊以來二十年間備載莊公內治之失而終之以此
所以辠其為風教之本而不免於首惡也**通旨曰**問子
般子赤被弒而書卒子野過毀亦書卒不觀傳文何
以知之曰閔公內無所承不書即位則子般之殺可
知下書夫人姜氏歸于齊上書公子遂叔孫得臣如
齊赤之卒也不日則子赤之弒可知与子野異矣〇莊
愚按或謂般之卒書日書名非遇弒今以經攷之莊
公之薨十一月始葬季友之出隱而不書閔立二年
而即見弒則莊死之時內亂可知矣屬辭比事論之

般非令終傳必有據苟謂子般自卒而慶父請于齊以立閔公則慶父曷爲又弒之耶苟以子般之卒与子野同則昭公以娣之子穆叔不欲而卒立之國以無事昭公又書即位与閔公異何耶

公子慶父如齊 桓

子般之卒慶父弒也宜書出奔其曰如齊見音現慶父主兵自恣國人不能制也 杜氏曰 慶父既殺子般季友出奔国人不与故懼而適齊欲以求援 昔成王將終命大臣相去声康王方是時掌親兵者太公望之子伋也宰臣召音邵公奭音繹命仲桓南宮毛取二千戈虎賁音奔百人于伋以逆嗣子見顧命書伋雖掌兵非有宰臣之命不敢發也召公雖制命非二諸侯將命以往伋亦不承也兵權散主不偏屬於一人可知矣 東萊呂氏曰 發命者冢宰傳命者兩朝臣承命者勳戚顯諸侯体統尊嚴樞機周密

防危慮患之意深矣今莊公幼年即位專以兵權授之慶父歲月既久威行中外其流至此故於餘年見二法不當書而聖人特書慶父帥師以志得兵之始而卒書公薨子般卒慶父如齊以見音現其出入自如無敢討之者以示後世垂戒之義明且遠矣王氏曰內大夫以君命適他国皆書如慶父弒子般而出春秋書之無異辞者既書子般卒則知其無君命矣慶父專兵日久上下畏之宜其出入自如而莫敢誰何也張氏曰慶父自莊公即位已專兵柄而莊公昏庸耽樂不卹国事致慶父肆行簒宄陰為他日取国之計觀莊公与叔牙問答之辞使非季子應時誅之則般不復得立矣今般雖弒而尚未能取国非特季子之黨未傾亦見魯俗秉礼人心未盡從也故因閔公之立告於霸主以為自説之討齊桓以方伯自任与魯為鄰且親豈不知慶父為弒君之賊容其來使使之復帰以遺魯国之後禍即此已見其無討賊之實意而有取魯之私心春秋書慶父如齊著莊公不君養成其悪使得以出入自如

而齐桓失方伯連率之職也陸氏曰齐為伯主而不能討又許其來惡可知也永嘉呂氏曰先書公子牙卒継書公薨継書子般卒下書公子慶父如齐未二年又書公薨夫人姜氏孫于邾公子慶父奔莒則慶父之罪亦不可掩矣其書曰孫曰奔者蓋其罪已著内不容於国人而懼罪以出是魯猶有臣子也其直書曰如者蓋其專權恣横出入自如而莫之制是魯無有討賊之人也然則微而顯矣○劉氏曰穀梁云奔也其曰如何也諱莫如深深則隱苟有所見莫如深也非也閔公不書即位足以起子般之弑尔不足以見慶父之賊也慶父弑君此魯人之雠柰何反掩匿蔽覆使其罪不見乎文十八年子卒下季孫行父如齐則行父亦弑子赤者耶

狄伐邢此狄入中国之始杜氏曰邢姬姓周公之胤国在廣平襄国縣張氏曰今邢州龍岡縣狄北狄前此雖未見於経然自伐邢而滅衛三年之間塗炭两国首以伐書著其強也高氏曰夷狄犯中国而謂之伐中国不自正故也襄陽許氏曰春秋戎先見荊次之狄次之而荊暴於戎狄又暴於荊當恵王世戎狄荊楚交伐諸夏使无齐桓攘服定之豈復有中国哉

春秋卷之九

元至正本春秋胡氏傳纂疏

第三册

元 汪克寬撰

中國國家圖書館藏元至正八年建安劉叔簡日新堂刻本

山東人民出版社·濟南

春秋卷之十

胡氏傳

後學新安汪克寬附録纂疏

閔公名啓方莊公子年九歲即位在位二年史記名開盖爲漢景帝諱左傳閔公哀姜之娣叔姜之子也故齊人立之

庚申惠王十六年元年齊桓二十五晉獻十六衛懿八蔡穆十四鄭文十二曹昭公班元年陳宣三十二杞惠二十二宋桓二十一秦成三楚成十一春王正月公羊傳繼弑君不言即位孰繼繼子般也穀梁傳繼弑不言即位正也

不書即位内無所承上不請命也莊公薨子般卒慶父夫人利閔公之幼而得立焉是内不承國於先君也按周制王哭諸侯則大宗伯爲上相去声周禮大宗伯朝覲會同則爲上相王哭諸侯亦如之注謂薨於国爲位而哭之未有諸侯之薨而不告

于王者也（如昭七年衛襄公卒齊惡告喪于周）職喪掌諸侯之喪以國之喪禮涖其禁令序其事凡國有司以王命有事焉則詔贊主人（凡国謂諸侯国有司謂王有司有事謂含襚贈賵之屬詔贊者以告主人佐其受之）未有諸侯之子主喪而王不遣使（去声下同）者也（如文元年王使叔服來會葬昭七年王使成簡公如衛弔）今魯有大故不告于周閔既主喪而王不遣使是上不請命於天子也內無所承上不請命故不書即位正人道之大倫也（家氏曰子般者莊之大子雖非嫡子而受命於其父般而見弒魯之大臣當以莊公諸子之長者聞於王朝請所以立今死鄰扳幼子而援之以国以其爲齊之甥牽桓公意而立之其立非正故春秋不書即位張氏曰閔公以幼爲慶父所立初不知子般不終之故齊桓若能仗義請于天子誅哀姜慶父爲之置君則君臣父子之倫定而大義明矣乃縱慶父歸其国以致閔公爲弒逆者所立故不書即位亦所以累齊桓也○劉氏曰

左氏云不書即位亂故也非也去年十月子般卒巳三月亂亦定矣必若亂不成礼何以能朝廟乎朝廟豈非即位乎

齊人救邢桓【左傳】狄人伐邢管敬仲言於齊侯曰戎狄豺狼不可厭也諸夏親暱不可棄也宴安酖毒不可懷也詩云豈不懷歸畏此簡書簡書同惡相恤之謂也請救邢以從簡書齊人救邢【穀梁傳】善救邢也

凡書救者未有不善之也據穀梁善救邢善救鄭善救許善救徐善救齊善救陳之類救在京師則罪列國子突救衛莊六是也救在夷狄則罪諸侯狄救齊僖十八吳救陳哀十是也救在遠國則罪四鄰晉陽處父帥師伐楚以救江文三是也救而不速救者則書所救以罪其慢叔孫豹救晉次于雍於用反榆襄二十三是也救而不敢救者則書所至以罪其怯齊侯伐我北鄙圍成公救成至遇襄十五是也周礼【[illegible]】

大司馬大合軍以行禁令以救無辜伐有罪故列国有相救之義方伯有救患之權救者是則不救者非王師出救而諸侯不救夷狄來救而中国不救遠国往救而四鄰不救皆辠也救而識其次則著其怠於解紛也救而讒其至則著其不及於敵也孟子曰今有同室之人鬬者救之須被髮纓冠而往救之可也同列諸侯之有兵是不異同室之人鬬也安得不披被而起整兵赴難邪兵者春秋之所甚重衛靈公問陳孔子對曰俎豆之事則嘗聞之矣軍旅之事未之學也獨至於救兵而書法若此聖人之情見音現矣其稱人將去声卑師少也張氏曰桓公從管仲之請而因救邢之師論語以免民左衽之功歸於管仲益救諸夏攘戎狄皆管仲發其端也王氏曰議者謂邢被伐踰年齊方往救罪其緩也按經莊三十二年冬書狄伐邢此年正月書救邢則桓公之救未為緩矣救邢之初齊獨出兵將卑師少既而狄又入衛其勢益張齊恐其乘勝遂滅邢也於是帥諸侯之兵共救之邢幾亡而復存者小白之功也

夏六月辛酉葬我君莊公【左傳】亂故是以緩【穀梁傳】莊公葬而後舉謚謚所以成德也於卒事乎加之矣【愚按】魯君之葬皆不過五月之期惟桓公見戕於齊九月而後葬昭公客死于外八月而後葬莊公之薨至是十有一月而始克葬蓋以国乱子弑嗣君幼弱危不得葬也說者謂子般非弑誤矣○

秋八月公及齊桓侯盟于落姑落【公穀】作洛【左傳】請復季友也齊侯許之使召諸陳公次于郎以待之【穀梁傳】盟納季子也【杜氏曰】落姑齊地

季子來歸【左傳】嘉之也【公羊傳】其稱季子何賢也其言來歸何喜之也【穀梁傳】其曰季子貴之也其曰來歸喜之也【程子傳】莊公既薨子般被弑国人方危而慶父未討公子友賢而在外国人思得以安社稷故公爲落姑之盟以請復之來歸書曰季子而不名異其文以嘉之也

按左氏盟于落姑請復季友也其曰季子賢之也【杜氏曰】季子公子友之字季子忠於社稷爲国人所思故賢而字之【范氏曰】子男子之美稱其曰來歸喜之也【范氏曰】大夫出使歸不書執然後致国內之人不曰來今言來者明欲遂去同他国

之人也言帰者明實魯人也国人懼其遂去今得其還故皆喜曰季子來帰【啖氏曰】不言帰自陳斉命也

自外至者爲歸是嘗出奔矣（據左傳奔陳）何以不書莊公薨子般弑慶父主兵勢傾公室季子力不能支避難（乃旦反）而出奔耻也嘗國方危内賊未討國人思得季子以安社稷而公爲落姑之盟以請於齊則是賢也春秋欲没其耻故不書奔欲旌其賢故特稱季子聖人之情見（音現）矣【陳氏曰】其称季子何賢之斯不名之不名之斯以美称称之也季友酖牙以立般也而慶父卒賊般於是奔陳閔公立尚幼盟斉侯于落姑請復季友未知孰爲之也慶父爲之則閔公不弑以閔之見弑則非慶父之意而国人爲之也国人之欲帰季子以已亂也而季子雖帰俄而慶父弑閔公於是以僖適邾則国人何賢子季子微季子則慶父之簒成而莊公之統絶慶父之簒不成莊公之統不絶者季子在也是故奔陳不書如邾不書全季子也【陸氏曰】季友之出不書者慶父之難季子

力不能正違而去之懼也君立見召而來義也故聖人善其歸不識而去以明變而得中進退不違道也

臨川吳氏曰子般卒後慶父哀姜專國故季友出以避禍此時慶父秉外權哀姜爲内主蓋唯恐季友之歸閔公九歲爾孰能奉之出會霸主而爲國計者必魯之世臣有不當權而忠於國能如衞之石碏深謀祕計告于霸主請復季友故桓公以霸令召閔公至齊地而与之盟使若復季友之意出於齊而不出於魯故盟以要其信而使魯復之既盟之後桓公使召諸陳而閔公次于郎以待之若不敢背霸主之盟而使季友得以歸魯者季友以霸主之重則慶父不敢去之矣**張氏曰**邦之杌隉有親且賢孰不賴之季友遏惡於初萌子般之亂力不能討而遂去之非其罪也故魯人思之齊侯從閔公之請而召之歸魯春秋從諸侯昆弟之例特字之而書來歸所以著季子足以爲國之輕重而叙魯人喜其來歸之情也

隱惡而揚善舜也樂五教反道人之善惡去声稱人之惡孔子也爲于僞反下同尊者諱爲親者諱爲賢者諱春秋也本公羊明此可以蓄納汙音烏之德左宣十五川澤納汙樂與人爲

善矣其不稱公子見音現季友自以賢德爲國人所與不緣宗親之故也堯敦九族而急親賢退嚚訟周厚本枝而庸旦仲默蔡鮮音仙義皆在此而親親之殺所賣及尊賢之等著矣此義行則内無貴戚任事之私外無棄親用羈之失【左傳】昭七年單獻公弃親用羈十一年親不在外羈不在内而國不治去声者未之有也此春秋待來世之意【愚按】朱子謂夫子書季子恐只是如取管仲之意但以其後來有功於社稷故取之又謂成風聞季友之繇乃事之自是大惡春秋不貶之而反褒之其書季子或是聖人因史舊文竊疑左氏所載占筮之辭多不可信苟謂季子非美之之辭然二百四十二年列国大夫惟季子高子以子稱聖人必有深意也

冬齊仲孫來【左傳】齊仲孫湫來省難書曰仲孫嘉之也仲孫歸曰不去慶父魯難未已公曰若之何而去之對曰難不已將自斃君其待之公曰魯可取乎對曰不可猶秉周礼周礼所以本也臣聞之国將亡

本必先顛而後枝葉從之魯不棄周礼未可動也君其務寧魯難而親之親有礼因重固間携貳覆昏乱霸王之器也

仲孫齊大夫也沙隨程氏曰書仲孫与文十五年宋華孫同愚按左傳昭四年云齊有仲孫之難而獲桓公蓋仲孫乃無知之後尊王發微以爲天子之命大夫未詳是否其不稱使而曰來者略其君臣之常詞以見音現桓公使臣不以禮仲孫事君不以忠也按左氏齊侯憂魯使仲孫來省難乃旦反下同何以言使臣不以禮也鄰有弑逆則當聲罪戒嚴修方伯之職以奉天討而更君孟反使計謀之士窺覘癡廉反虛實有乘亂取國之心則使臣非以禮矣仲孫歸曰不去起呂反慶父魯難未已君其務寧魯難而親之何以言事君不以忠也陳恒弑簡公孔

子沐浴而朝告於哀公請討焉豈曰齊人方強姑少待之也不勸其君急於討賊而俟其自斃則事君非以忠矣使慶父稔惡閔公再弑則桓公與仲孫始謀不臧之所致耳劉氏曰桓公不務修霸主之義討有罪扶弱國而更使智計之士覘伺虛實令慶父極惡魯君再弑此由桓公仲孫謀不臧之蔽也故奪其君臣之常辨以見君使臣不以禮臣事君不以忠聖人法之所禁也故陳恒弑其君孔子沐浴而朝告於哀公請討之豈嘗沮其君以齊人尚強待其自斃哉

直書曰齊仲孫來交譏之也通旨不称齊侯使仲孫又書曰來譏之也問魯可取者齊侯之心俟其自斃者仲孫之策故兩譏之以其猶曰務寧魯難而親之足以書字春秋案法有輕重若又不書字則當時假有勸齊侯因亂以取其國者則無以貶之矣趙氏曰病桓公而嘉仲孫也陳氏曰書來譏也仲孫之來覘魯也莊公薨子般弑閔公幼落姑之盟嘗請於齊僅能復季子而已而慶父夫人之志未可知也桓公不能正憫然使人以覘魯曰是可取乎桓公伯諸侯將因人之

難以爲利書來不書事所以病桓也【張氏曰】仲孫歸言魯秉周禮於此見周公之澤入人者深足以維持其國於政亂俗壞之日仲孫之智善於覘國而不能輔君速行方伯之義春秋雖貶仲孫而不名以爲猶有以異於傾險乘釁者之可誅也【永嘉呂氏曰】仲孫雖不書名直言來而罪自見矣○【啖氏曰】公穀云是公子慶父疏之故言齊仲孫按齊之仲孫謂是魯之公子謬亦甚矣

【辛酉】惠王十七年

二年齊桓二十六【晉】獻十七【衛】懿九【蔡】穆十五【鄭】文十二【曹】昭二【陳】宣三十二【杞】惠十三【宋】桓二十二【秦】成四【楚】成十二

春王正月齊人遷陽【杜氏曰】陽國名齊人逼徙之【張氏曰】漢志東海郡陽都縣是其國也蓋桓公之強力施於可取者如此【家氏曰】齊桓遷邢義也爲其有狄難輔而遷之別擇善地以爲之國都霸者之所得爲也遷陽事不見於傳以書法而觀亦宋人遷宿之類蓋遷小國以爲附庸并兼之異名春秋所惡書以貶之曰降曰遷強其所不欲之辭也【愚按】陽國在今保定路唐縣齊人遷陽以力逼而遷之也不地者自是不復見也邢遷夷儀非齊遷之乃邢人自欲遷也滅譚滅遂桓公初年之事也降鄣遷陽則不絕其祭祀矣存邢存衛存杞則與滅繼絕之意也伯者功過不相掩此之謂也○夏

五月乙酉吉禘于莊公禘徒帝反【左傳】速也【公羊傳】言吉者未可以吉也曷爲未可以吉未三年也三年矣曷爲謂之未三年三年之喪實以二十五月其言于莊公未可以稱宮廟也吉禘于莊公何以書譏何譏爾譏始不三年也【穀梁傳】吉禘者不吉者也喪事未畢而舉吉祭故非之也

程氏曰天子曰禘諸侯曰祫其禮皆合祭也禘者禘其所自出之帝爲東向之尊其餘皆合食於前此之謂禘【禮記大傳】禮不王不禘王者禘其祖之所自出以其祖配之諸侯及其太祖大夫士有大事省於其君干祫及其高祖【喪服小記】王者禘其祖之所自出以其祖配之禮不王不禘【儀禮】喪服傳諸侯及其太祖天子及其祖之所自出【趙氏曰】據大傳喪服小記則諸侯不得行禘禮明矣禘者帝王立始祖之廟猶謂未盡其追遠尊先之義故又追尊始祖所出之帝而追祀之以其祖配之者謂於始祖廟祭之而便以始祖配祭也此祭不兼羣廟之主爲其踈遠不敢褻狎也【陳氏曰】詩頌長發大禘而歌玄王桓撥相土烈烈与夫武王之湯中葉之太甲雖禘太祖而歌皇考之武王列考之文王則不兼群廟之説其足信

哉朱子曰禘是祭之甚大甚遠者若時祭及祫祭止於太祖禘又祭祖之所自出如祭后稷又推稷上一代祭之周人禘嚳是也成王賜魯重祭故得禘於周公之廟以文王爲所出之帝而周公配之諸侯無所出之帝則止於太祖之廟合羣廟之主以食此之謂祫公羊文二祫祭毀廟之主陳于太祖未毀廟之主皆升合食于太祖曾子問祫祭於祖則祝迎四廟之主王制注天子諸侯之喪畢合先君之主於祖廟而祭之謂之祫後因以爲常愚按公羊言大祫之礼曾子問乃時祫之礼天子禘諸侯祫大夫享庶人薦上下之殺也所賣反劉氏曰不王不禘禘之爲王礼明矣王者禘其祖之所自出以其祖配之虞之所自出黄帝也而祖顓頊夏之所自出黄帝也而祖則禹商之所自出嚳也而祖契周之所自出嚳也而祖文王今魯既用天子礼樂而祖周公故其禘也則主文王矣禘者帝也帝者天子之號也諸侯不得祖天子故禘不及諸侯也天子禘諸侯祫大夫享庶人薦上下之殺也通旨諸侯有祫无禘然尊而天子卑而大夫亦聞有言祫之名皆爲合食於其祖而言尔非別有祫祭之礼○魯諸侯爾何以

有禘成王追念周公有大勳勞於天下賜魯公以天子禮樂使用諸太廟以上祀周公魯於是乎有禘祭春秋之中所以言禘　不言祫也

以上並程子語【明堂位】成王以周公爲有勳勞於天下命魯公世世祀周公以天子之礼樂季夏六月以禘礼祀周公於大廟【祭統】周公旦有勳勞於天下周公既没成王追念周公之所以勳勞者而欲尊魯故賜之以重祭大嘗禘升歌清廟下而管象朱干玉戚以舞大武八佾以舞大夏此天子之樂也康周公故以賜魯也

然則可乎孔子曰魯之郊禘非禮也周公其衰矣

見礼運【朱子語】春秋書郊禘大意不過見魯僭礼耳【五峯胡氏曰】周公立爲經制辨名分於毫釐間將行之万世而身没犯之將行之天下而子孫違之豈非周公之衰乎【通旨】宗廟之礼所以祀乎其先也言天子諸侯有先也七世之廟天子之先則有天子祀先之礼五世之廟諸侯之先則有諸侯祀先之礼魯侯国而以王礼祀周公之廟則非所以事乎其先也故夫子傷之曰禘自既灌而往者吾不欲觀之或者疑之而問其説則曰不知者禘国

之大事也夫子居是邦而不私議其国事於礼然也其作春秋則因事而書以志郊禘之失知其說者則知聖人之志矣**禘言吉者喪未三年行之太早也**何氏曰莊公薨至是適二十二月趙氏曰三年喪畢致新死者之主於廟廟之遠主當遷入祧因是大祭以審昭穆謂之禘莊公喪制未闋而吉祭又不於大廟故詳書以示譏高氏曰初喪之喪莊公也既葬而絰不入庫門士大夫既卒哭而麻不入則當時君臣雖未終喪盖皆吉服矣豈獨禘爲然哉**于莊公者方祀于寢非宮廟也**左傳凡君薨卒哭而祔祔而作主特祀於主莊氏曰新主既立特祀於寢趙氏曰魯之用禘盖於周公廟而上及文王文王即周公之所出也故此祭唯得於周公廟爲之閔公僭於莊公廟行之以其不追配故直言莊公而不言莊宮明用其礼物耳不追配文王也愚按檀弓虞祭之明日祔于祖父曾子問卒哭成事而後主各反其廟注云先祔之祭名然則莊公葬已踰年主當祔廟但不當吉祭今曰禘于莊公盖以吉礼特祀于寢耳**一舉而三失禮焉春秋之所謹也**永嘉呂氏曰魯禘非礼春秋書之則不勝書於其失礼之中又失礼焉則書之陳氏曰以

其不勝譏譏其甚者耳【家氏曰】禘礼當行於太廟今禘于莊公紊乱太祖群廟之主而就莊公以行礼乎則爲昭尊從卑悖於礼者也若特於莊公而不及太祖群廟之主烏在其爲審諦昭穆乎此失礼中之失礼若夫以諸侯而用天子之礼魯国行之已久不足譏矣【張氏曰】魯禘非礼也雖先王所賜而止可用於周公之廟趙氏程氏言之詳矣今喪未三年主未遷祔嗣君幼弱而以吉礼盛樂用於神主志哀借上反易人心何秉礼之有此盖出於哀姜慶父樂哀謀篡而爲之又非他日借礼之所得比矣【臨川吳氏曰】莊公薨喪未二十七月而遽吉祭借用禘礼之盛樂非别有所追享而降莊公爲配食也其時閔公幼事出乱臣淫妻之所爲无知不孝非礼非義而其名非實辛而五惡具書法五字諸罪畢見眞聖筆也【秦溪楊氏曰】閔公喪未畢竊禘之盛礼以行吉祭又不於周公之廟而禘之礼始紊僖公八年用禘礼合先祖叙昭穆用致夫人於廟而禘礼始与祫混淆而无别春秋常事不書特書閔公僖公兩禘者記失礼之始也魯之有禘行於周公之廟已非礼矣况借用之於莊公又禘于太廟以致妾母可以謂之礼乎

四時之祭有禘之名蓋禮文交錯之失【趙氏曰】周礼記四時祭名云春祠夏

礿秋嘗冬烝公羊亦同毛詩云礿祠烝嘗于公先王協韻故云爾其實祠礿嘗烝禘非時祭之名王制祭統春礿夏禘祭義春禘秋嘗鄭玄注皆云夏殷禮周以禘爲殷祭故更名春祭曰祠郊特牲春禘而秋嘗鄭注禘當爲禴夫禮記諸篇或孔氏之後末流弟子所撰或是漢初諸儒私撰之以求購金皆約春秋爲之見春秋禘于莊公遂以爲時祭之名見春秋唯兩度書禘一春一夏所以或謂之春或謂之夏各自著書不相符會鄭玄不達其意故主異說且祭統篇末云成王追念周公賜之重祭郊社嘗禘是也何得云夏殷禮哉左傳云烝嘗禘于廟又云禘于武宮僖宮襄宮又晉人云以寡君之未禘祀蓋見經書禘于莊公以爲諸廟合行之皆妄引禘文但據經文不識經意所以云爾愚按閔公禘以五月乃夏之春三月僖公禘以七月乃夏之五月故記禮者或云春禘或云夏禘以禘之時交互不同遂誤爲時祭且嘗祭非禮其祭祀之時皆未可據以爲當也如桓公五月烝乃夏之三月八月嘗乃夏之六月亦可謂春烝夏嘗乎然先儒所論禘禮程子與文定父子以爲合祭羣廟之主而朱子師友從趙氏以謂不兼羣廟之主故朱子謂程先生云禘是禘其祖之所自出并羣廟之主皆祭之恐未然顧古禮盡亡不可詳考趙氏據記

之大傳小記程子因漢儒之說而分禘祫其謂禘爲合祭与不合祭雖不同然皆推其始祖所自出而非諸侯所得祭也若纂例譏左氏妄引禘名以經證之所云禘于武宮經止書有事云禘于僖公而經書從祀則不可信明矣其曰晉人禘祀而又録晉人之言曰魯有禘樂苟諸国皆有禘則曷爲唯魯一国有禘樂耶〇**劉氏曰**公羊公未可以稱宮廟非也此直就莊公主耳

秋八月辛丑公薨　**公羊傳**不地隱之也何隱爾弑也孰弑之慶父也**穀梁傳**不地故也

按左氏初公傅奪卜齮魚綺反田公不禁慶父使卜齮賊公子武闈音韋魯史舊文必以實書據晉董狐書趙盾弑君齊太史書崔杼弑君其曰公薨不地者仲尼親筆也**陳氏曰**魯之春秋書曰公子慶父弑公于武闈聖人修之曰公薨諱之也遇弑君父之大哀也則何忍言之是故書薨而不地且不葬薨十二公所同也不地不葬隱閔所獨也然則雖諱而亂臣賊子之獄具矣觀於刪詩在諸國則變風皆取在魯則獨編史克之頌魯頌小序季孫

行父請命于周而史克作是頌【愚按】朱子謂魯無變風洪夫子所削故左傳所記當時列国賦詩乃呉季札觀周樂皆無曰魯風者今考圃生之杞滅之狐裘皆諷刺之詩或魯人不陳其詩或夫子所刪耳

或問吾黨有直躬者其父攘羊而子證之則曰吾黨之直者異於是父為去声下為父同子隱子為父隱直在其中矣【朱子注】父子相隱天理人情之至也後世緣此制為五服相容隱之條以綴骨肉之恩【前】地節四年詔曰自今子首匿父母妻匿夫孫匿大父母皆勿坐【邢氏曰】今律大功以上得相容隱告言祖父者入十惡春秋有諱義蓋如此禮記明堂位稱魯之君臣未嘗相弑者蓋習於經文而不知聖人書薨不地之旨故云爾然則諱而不言弑也何以傳信於將來曰書薨以示臣子之情不地以存見弑之實何為無以傳信也凡君終必書其所如路寢小寢高

（寢臺下楚宮之類）獨至於見弒則沒而無所其情厚矣其事亦白矣非聖人能修之乎後世記言之士欲諱國惡則必失其實（如漢平帝紀稱帝崩不言莽弒）直書無隱又非臣子所當施之於君父也（如魏高貴鄉公紀稱成濟前刺帝刃出於背）而春秋之法不傳矣（張氏曰凡人於其父祖之皁惡尚不忍肆言之聖人書父母国之惡豈可同於他国而不隱乎然諱国惡者臣子之礼存事实者傳信之法聖人之經兩存礼法以垂訓萬世故不徒隱諱而已而不書地以变其常又比事屬辞以見其实将使後人因例啓疑考究始末以知莊公不能正身齊家致後嗣再弒国幾滅亡雖欲諱之而实不可掩矣愚按或謂不地固見其弒終無以著亂賊之罪夫君薨必書地使後世習其讀而問其傳察隱閔所以不地之由則亂賊之罪無所逃矣况羽父再不氏於隱薨之前夫人孫慶父奔比書於閔薨之後鈇鉞之誅顯然于筆削之間矣或又謂慶父已殺何以不書葬今考慶父謚共而公孫敖爲卿則慶父之誅不以賊討是以不書葬如宋閔公之例耳○劉氏曰公羊二云殺

公子牙今將尒季友不免慶父弒二君何以不誅將而不免遏惡也既而不可及緩追逸賊親親之道也非也季子力不能誅故逃他国尒設令季子力能誅之則慶父誅死矣穀梁云不書葬不以討母葬子也亦非也所謂君弒賊不討不書葬言比其葬時而賊未討則不書葬也葬在討賊之後則葬得書此陳靈公是已不以討母葬子何足為義乎

九月夫人姜氏孫于邾文孫音遜左傳共仲通於哀姜哀姜欲立之閔公之死也哀姜与知之故孫于邾穀梁傳孫之為言猶孫也諱奔也

夫人稱孫闇乎故也不去起呂反姓氏降文姜也晁氏曰文姜有殺夫之罪重哀姜有殺子之罪輕此輕重之差陳氏曰文姜無妻道哀姜無母道故文姜一見貶絕之哀姜再見而後貶絕也莊公忘親釋怨無志於復讎春秋深加貶絕一書再書又再書屢書而不諱者以謂三綱人道所由立也忘父子之恩絕君臣之義國人習而不

察將以是爲常事則亦不知有君之尊有父之親矣莊公行之而不疑大臣順之而不諫百姓安之而無憤疾之心也則人欲必肆天理必滅故叔牙之弒械成於前慶父之無君動於後圉人犖卜齮之刃交發于黨音掌氏武闈之間哀姜以國君母與音預聞乎故而不忌也愚按莊公之娶哀姜納幣觀社逆女屢往以致其勤丹楹刻桷用幣以示其後而哀姜不与公偕至悍然驕狠之態已見於薦舍之時矣蓋哀姜習聞文姜淫佼禍敗之行而莊公不能防閑則於莊公乎何有是以通乎共仲而無羞惡之心与弒閔公而無惻隱之心實莊公不知防微謹始有以致之也然哀姜孫邾不去姜氏者文姜孫于宗國不削姓氏不足以見其罪哀姜孫于邾雖不去姓氏而絕之之意已著矣當是時魯君再弒幾至亡國其懲去声不亦憯七慼反痛也乎春秋以復讎爲重而書法如此所謂治之

於未亂保之於未危不可不察也【臨川吳氏曰】不奔齊而奔邾者哀姜蓋有從行与弒謀身負二惡自慊於心而畏齊桓故不敢歸齊也

公子慶父出奔莒【左傳】成季以僖公適邾共仲奔莒乃入立之以賂求共仲于莒莒人歸之及密使公子魚請不許哭而往共仲曰奚斯之声也乃縊

公子出奔譏失賊也【陳氏曰】宋萬奔陳雖殺之不書慶父奔莒雖殺之亦不書所以嚴佚賊之責也閔公立而季子歸何以見弒慶父主兵日久其權未可遽奪也季子執政日淺其謀未得盡行也【趙氏曰】慶父弒子般季子不誅之者季子威令未著力不能尒非不討也設以聖人處之期音基月而已可矣季子賢人而當此能必克乎及閔公弒慶父罪惡貫盈而疾之者愈衆季子忠誠顯著而附之者益多外固強齊之援去声内協國人之情

正邪消長(展兩反)之勢判矣然後夫人不敢安其位慶父不得肆其姦此明爲國者不知圖難於其易(去声下同)爲大於其細雖有智者亦不能善其後矣世儒(孫氏發微)或言用魯之衆因齊之力以戮慶父其勢甚易而季子不能故書夫人孫邾慶父奔莒所以深惡(去声)其緩不討賊則非也以絳侯勃之果陳平之無誤(見揚子)將相(並去声)交歡而內有朱虛外連齊楚以制諸呂庸人宜易於反手然太尉已入北軍士皆左袒猶恐不勝未敢訟言誅之也(史)(呂后紀后崩諸呂欲爲亂朱虛侯以呂祿女爲婦知其謀陰告其兄斉王襄令發兵已爲內應諸呂使灌嬰擊斉嬰与斉楚連和以待呂氏變共誅之平勃令紀通持節矯內勃北軍復劫酈商令其子寄說呂祿解印以兵授勃勃入軍門令曰爲呂氏右袒爲劉氏左袒軍皆左

祖呂産欲入宮爲乱至殿門弗得入徘徊往來勃尚恐不勝未敢訟言誅之【注】訟音公二云誦說也况於慶父巨姦七百之侯國革車千乘【明堂】（成王封周公於曲阜地方七百里革車千乘）而三十年執其兵柄（自莊二年帥師）其植根深矣其耳目廣矣其用物弘矣【昭七】（㝡爾国而三世執其政柄其用物也弘矣）而以爲戮之其勢甚易此未察乎難易遲速之幾者也經書莊公志親無復讎之志使百官則而象之亦不知有君父也而又使慶父主兵失馭臣之道是以至此極故書孫邾奔莒爲後世之永鑒也【通旨】（問慶父弑二君何以不貶其公子与翬同曰翬不称公子者爲戒貴戚之卿主兵擅權之漸慶父書出奔罪自見矣）【高氏曰】（先書公薨而繼書孫邾奔莒則知夫人姜氏公子慶父實弑公也）【張氏曰】（慶父与哀姜謀弑閔公欲自立而不遂此魯国事乱之驗也方季友適邾之時使魯国無人安能逐姜氏慶父哉季友既立僖則當正慶父之）

罪致辟于甸人以致两弑其君之討乃以賂求于莒
不許其入而已又立孟氏与叔牙同無輕重之别豈
非邦憲之失欤【愚按】慶父繼弑两君勢傾魯国顧不
能責君以自託而避罪出奔者盖人人黨惡以為利
則乱賊肆行而無忌憚人人知大惡之當討則乱賊
無所容其身使無圉人犖卜齮之釁則子般閔公之
禍未若是之亟也使季友適邾而竊冢曲阜之衆無
石碏獳廩之謀則共仲之奔亦未若是之速也然則
慶父之奔盖自知罪大惡極有所畏於魯人之討与
伯国之誅而不得不奔耳然魯人求慶父于莒既至
而縊當書刺慶父以正討賊之法今但書奔而不志
其死則見魯人之不能以賊討矣慶父之立後不異
於叔牙而公孫敖為卿無以異於公孫茲則魯人必
納慶父之喪矣不書喪帰与穆伯異者豈非聖人以
共仲弑逆罪非敖比而削其喪帰以絶之欤○【陸氏】
【曰】穀梁云其曰出絶之也按例大夫奔皆言出不可
别為
義

冬齊高（桓）子来盟【公羊傳】高子齊大夫也何以不名喜之
也何喜尔正我也莊公死子般弑閔公弑
弑曠年無君設以齊取魯曾不興師徒以言而已矣桓
公使高子將南陽之甲立僖公而城魯或曰自鹿門至

于爭門者是也或曰自爭門至于吏門者是也魯人至今以爲美談曰猶望高子也【穀梁傳】其曰來喜之也其曰高子貴之也盟立僖公也不言使不以齊侯使高子也【程子傳】高子來省難然後盟盟未前定也稱高子善其能恤魯

高子齊大夫也子者男子之美稱其稱子賢之也【趙氏曰】蓋高傒也齊侯使來平魯亂僖公新立因遂結盟故不稱使魯人貴之故不書名子男子之美稱何賢乎高子莊公薨子般卒閔公弒慶父夫人亂乎內魯於是曠年無君齊桓公使將去声南陽之甲至魯而謀其國其命高子必曰魯可取則兼其國以廣地魯可存則平其亂以善鄰兆有安危繼絕一定不可易之計也高子至則平魯難乃旦反定僖公魯人賴焉以爲美談至于久而不絕曰猶望高子也【何氏曰】久闊思相見者引

此爲喻美談至今不絶聖人美其明人臣之義得奉使去声之宜。特稱高子以著其善其不曰齊侯使之者權在高子也劉氏曰魯君弑国乱上下莫相安齊桓公驁然有取魯之心使高子將南陽之甲而至者非伐之也非正之也非聘弔之也高子能深執忠臣之義勉其君於霸因事制宜立僖公而盟之魯国遂安以此見權在高子高子之爲人臣忠也從義不從命矣常山劉氏曰不称使者齊侯使高子來視魯而未定盟高子至而後結盟也陳氏曰不言使其詞有君之所不及也王氏曰魯危而復安者内則季子外則高子其功一也春秋内外大夫之美者莫過於二子故皆以子稱也陸氏曰不書使高子奉使合宜受命不受辭義与楚屈完來盟不書使同愚按仲孫高子之來皆所以窺魯經皆不称使皆不称名而傳有予奪之異者盖仲孫但言來則見其徒來覘魯国之虛實不能弭其乱也高子言來盟則見其不貪魯国之土地而遂能定其難也況比事觀之則仲孫來之後而閔公弑夫人孫慶父奔紛紛靡寧高子盟之後則僖公立哀姜誅而魯国無事矣雖然仲孫字而不名則亦未足深責特無善之可録未若高子之安危繼絶有庸於魯耳又按來盟不稱使者三皆非前定然高子定難而存魯国屈完服義而從中国皆美之也華孫私交而無君命則貶之也事同而褒貶不同者宋魯無事而華孫私來結盟則罪也春秋屬辭之義必考上下文而觀之。劉氏曰公羊云不称使我無君也非也齐高子楚屈完文義一也且慶父出奔則僖公已立高子称來盟則僖公之盟也何謂我無君乎盟于蔇齐無君文不沒公即魯無君何故沒齐侯哉

十有二月狄入衛 懿 左傳 狄人伐衛衛懿公好鶴鶴有乗軒者將戰国人受甲者皆曰使鶴鶴實有禄位余焉能戰及狄人戰于熒澤衛師敗績遂滅衛文公爲衛之多患也先適齐及敗宋桓公逆諸河衛之遺民男女七百有三十人益之以共滕之民爲五千人立戴公以廬于曹齐侯使公子無虧帥車三百乗甲士三千人以戍曹歸公乗馬祭服五稱牛羊豕雞狗皆三百与門材歸夫人魚軒重錦三百兩

衛康叔之後蓋北州大國狄何以能入乎臣昔嘗謂河南劉弇曰史氏記繁而志寡 文中子 史之失自遷固始記繁而志寡 如班固書載諸王淫亂等事 東平思王通姦梁王立与姑姦之類 盡削

之可也弈曰必若此言仲尼刪詩如牆有茨鶉音純之奔奔桑中諸篇鄘風牆有茨刺公子頑烝於宣姜桑中言淫奔之事鶉之奔奔亦刺宣姜何以録於國風而不削乎臣不能荅後以問延平楊時時曰此載衛爲狄所滅之因也故在定丁佞反之方中之前龜山楊氏曰衛之淫恣醜惡乃禍亂之所從始肇於晉而成於朔其礼先亡而国隨之矣因以是說攷於歷代凡淫亂者未有不至於殺身敗家而亡其國者也如齊莊陳靈蔡景之殺身秦呂不韋漢梁冀之敗家晉賈后淫亂隋煬烝陳夫人之亡其国唐高宗武后中宗韋后玄宗楊貴妃皆幾至滅亡然後知古詩垂戒之大而近世有獻議王安石乞於經筵不以國風進讀者殊失聖經之旨矣張氏曰衛之滅非特懿公好鶴失人心自惠公即位宣姜淫恣耽樂忘政習實爲常公又重之亡形已具故狄人一至而渙然離散国隨以亡非齊桓救而封之則

康叔之後無噍類矣桓公迎其遺民立文公而爲之建国家社稷此所以止書入也以衛爲春秋初之大国才五十年淪於亡滅故治国必先齊家而淫亂之禍不篡則滅可不戒哉**愚按**衛書入而不言滅或以桓公不能攘戎狄故爲之諱或以爲美桓公能存之故不書滅不以累桓公蓋桓公始雖不能卻戎狄於衛未滅之先而猶能存衛於狄既滅之後其於興滅継絶亦庶幾焉然此乃言外之意比事考之春秋凡滅而書入者或不有其地或雖有其地而不絶其祭祀也狄入衛秦人入滑楚子入陳吳入郢皆不有其地者也公及齊鄭入許雖有其地而不絶其祀也宋滅曹而書入則惡曹陽之自取滅亡而不予之以亡国之善詞又春秋之變例也

攷 鄭棄其師 **左傳** 鄭人惡高克使帥師次于河上久而弗召師潰而歸高克奔陳鄭人爲之賦清人 **公羊傳** 棄其師者何惡其將也鄭伯惡高克使之將逐而不納棄師之道也 **穀梁傳** 惡其長也兼不反其衆則是棄其師也

按鄭詩清人刺文公也高克好呼報反利而不顧其君

文公惡（烏路反）之而不能遠（于萬反）使克將（去声）兵禦狄於境以禦狄使克而實無却狄之志也（愚按左氏不言禦狄蓋鄭之君臣）陳其師旅翱翔河上久而不召衆散而歸高克奔陳公子素惡高克進之不以禮文公退之不以道危國亡師之本故作是詩（見小序　朱子曰孔氏以是詩爲公子素所作然則進之當作之進）觀此則鄭棄其師可知矣（高氏曰鄭伯以百姓之命授匪其人非棄而何蓋人君之使臣也知

其賢而使之則功必成不知其不賢而使之則事必敗夫不知其不賢而過使之至於敗事君子猶曰君不知之當自罪耳况已知其不賢而強使之不獨陷其身又棄其民乎　張氏曰舜授禹之辞曰后非衆罔与守邦夫宗廟社稷主之於君守之以人一君与一国之人蓋一体也今以欲逺所惡之人而卒一国之衆付之度外存亡死生卒不関其心當時如蔡如狄方有狄焉啓疆之心一旦乗罅擣虚則鄭必束手就亡矣　臨川吳氏曰子曰以不教民戰是謂棄之古人視民如赤子故平日教之習戰一旦不得已而用之於

軍旅欲其完師而歸一無所損也今鄭無戰鬭之事乃使其臣將兵于外久而弗得歸致其衆潰散非棄其民而何哉或曰高克進不以禮胡不書其出奔以貶克爲人臣之戒而獨咎鄭伯何也曰人君擅一國之名寵殺生予奪惟我所制爾使克不臣之罪已著按而誅之可也情狀未明黜而遠之可也愛惜其才以禮馭之可也烏有假以兵權委諸境上坐視其失伍離散而莫之恤乎然則棄師者鄭伯乃以國稱何也二三執政股肱心膂本書君牙休戚之所同也不能進謀於君協志同力黜逐小人而國事至此是謂危而不持顛而不扶則將焉音煙用彼相去声下同矣晉出帝時景延廣專權諸藩擅命及桑維翰爲相出延廣於外一制

書所敕者十有五鎮無敢不從者**五代**桑維翰傳出帝即位延廣用事与契丹絶盟維翰言不入陰使人説帝曰制契丹而安天下非維翰不可乃出延廣於河南拜維翰中書令樞密使魏国公事無鉅細一以委之數月之間百度寖理一制書指揮節度使十五人無敢違者以五季之末維翰能之而鄭國二三執政畏一高克不能退之以道何政之爲書曰鄭棄其師君臣同責也

家氏曰不責高克而責鄭君与其用事之臣以高克不足責也**陸氏曰**夫人臣之義可則竭節而進否則奉身而退高克進退違義見惡於君罪亦大矣不書其奔其意何也曰高克見惡於君其罪易知也鄭伯惡其卿而不能退之以礼兼棄其人失君之道矣故聖人異其文而深譏之也**陳氏曰**高克奔陳不書不足書也是故以鄭伯克段爲義則太叔不書奔以天王出居于鄭爲義則王子帶不書奔**愚按**齐人殲于遂自殲也鄭棄其師自棄也梁亡自亡也胡子髡沈子逞滅自滅也若曰非有能殲其衆非有能敗其師非有能亡其国滅其身者耳比事以觀而知春秋示人自責之意深矣

十卷終

六四二

春秋卷第十一

胡氏傳

後學新安汪克寬附録纂疏

僖公上

公名申，莊公子，閔公庶兄，母成風，夫人聲姜，在位三十三年。左傳：成風聞成季之繇，乃事之而屬僖公焉，故成季立之。

壬戌惠王十八年

元年齊桓二十七年，晉獻十八年，衛文公燬元年，蔡穆十六年，鄭文十四年，曹昭三年，陳宣三十四年，杞惠十四年，宋桓二十三年，秦穆公任好元年，楚成十三年。

春王正月。公羊傳：何以不言即位？繼弒君，子不言即位。此非子也，其稱子何？臣子一例也。穀梁傳：繼弒君不言即位，正也。

不書即位，内無所承，上不請命也。閔公薨，夫人孫音遜于邾，慶父出奔莒，公於是焉以成風所屬章欲反而季子立之，内無所承也。嗣子定位於初喪，而書使去声，下同不告于周襄昭七年，衛齊惡告喪于周，明年正位改元，而周使亦不至于魯據文元年叔服會葬毛伯錫命又明年服喪已畢而不見音現于京師上不請命也承國於先君者父子之倫請命於天王者君臣之義今僖公內無所承上不請命不書即位正王法也是故有四海而即天王之位者受之於天者也有一國而即諸侯之位者受之於王者也受之於天者必奉若天道而後能保天下受之於王者必謹守王度而後能保其國

通旨問僖公能遵伯禽之法季孫行父請命于周是亦嘗請命于王矣不書即位何也曰閔公之薨魯史不告于周亦不書周使至魯僖又不見于京師其上不請命亦明矣**張氏曰**僖公之即位在高子來盟之後桓公又爲之誅哀姜不可謂不出於方伯矣然桓公不請命于天子正君臣之經以示天下之大義故僖公之立無以異於羣公而桓公止於霸術觀僖公不書即位以考時義當知反經之享有国者不可不明也○**劉氏曰**左氏云不稱即位公

出故也洙也去年八月閔公遭弑僖公自邾入爲君至此久矣国内已粗定不應猶以出奔之故不行即位禮也【啖氏曰】左氏云公出復入不書諱之也若君出諱而不書昭公何以書乎

齊師（桓）宋師（桓）曹師（昭）次于聶北救邢【左】作曹伯【左傳】諸侯救邢邢人潰出奔師師遂逐狄人【公羊傳】上無天子下無方伯天下諸侯有相滅亡者力能救之則救之可也【程子傳】斉未嘗與大衆比称師責其衆可救而徒次以爲声援致邢之不保其国也【杜氏曰】次者按兵觀釁以待事也聶北邢地【張氏曰】或引水經聊城縣東北有聶城按左傳聊聶以東杜註聊城東北有聶城恐傳寫之訛【愚按】今屬順德路

三國稱師見音現下同兵力之有餘也聶北書次譏救邢之不速也【高氏曰】救急辭也次緩辭也急而得緩辭著其救雖不速也【陳氏曰】救不言次言次無志於救也狄伐邢於是三歲矣桓公足以攘狄而宿師聶北玩寇以待其斃故言次譏之也【劉氏曰】春秋書次欲其急病拯危若頓師安次則失救国之義春秋大義伐而書次其次爲善遂伐楚次于陘美之也【李氏集義】善其重愛民命不速加兵也救

而書次其次爲貶救邢次于聶北譏之也啖氏曰救者救其患雖凡救患皆爲美也凡救當奔命而往救次失救道也救邢之師先書次于聶北譏不速救而下書救邢言有成事竟得其援救晉之師先書救晉明嘗君之命下言次雍榆罪叔孫也愚按救而書次者三次聶北救邢次匡救徐皆譏其怠於進兵而救患之不亟也救晉次雍榆則譏其怯於赴敵而救患之不勇也書次雖同而立義有輕重次而救見其終能救救而次則遂不能救矣聖人之情見矣。

故救患分災於禮爲急而好去声攻戰樂音洛殺人者於罪爲大文集春秋以用兵侵伐爲戒獨至於救患卹紛惟恐次止遷延而欲其速也蓋賊虐無辜視而不救則人道以淪矣臨川吳氏曰莊三十二年狄伐邢閔元年齊救邢蓋齊師進而狄退故不言戰狄師雖不遇邢然兩年之間以兵蹂踐邢衛之境二年冬破衛則狄勢愈張既入衛又移師于邢故桓率諸侯次聶北救邢邢不能支狄衆潰而出奔就諸侯之師諸侯遂以師逐狄人而退之家氏曰桓公存三亡国惟救邢最力使其疾驅而往尚能存之於未潰惟其有聶北之次而邢遂潰矣然狄入衛毀其宗社

国君死焉邢則其君尚在率百姓而去之謂非救之功不可也故先書次以譏其緩繼書救書城再叙三国以美其救不没其實也○**趙氏曰**公羊云邢已亡矣蓋狄滅之按邢實未亡何得云亡又云不言狄滅之爲桓公諱也若實諱前年狄入衛何得書乎又云君其称師何不與諸侯專封也按齊宋曹三国君實不在但使師救尔何用曲爲異説按邢實未亡又何封乎又云曷爲不與實與而文不與凡春秋得變之正皆變之以許之乃是文與何得云不與**劉氏曰**公羊云救不言次言次不及事也非也有救而次者有救而不次者有次而救者有次而不救者事自如此春秋明書之耳穀梁云言次非救也非救而曰救遂齊侯之意也非也若此當貶又何遂其意乎若當褒則次非救者非所褒也又云何用知其是齊侯曰曹無師曹師者曹伯也亦非也次于聶北其刺桓公之意已見矣何至又更是齊侯曰齊師哉即實齊師又何以明哉且直言齊師曹伯有何不可先王之制大国三軍次国二軍小国一軍軍即師也曹何以獨無師乎

夏六月邢遷于夷儀 公作陳儀后同 **左傳** 具邢器用而遷之師無私焉邢遷如歸 **公羊傳** 邢遷者何其意也遷之者何非其意也 **穀梁傳** 遷者猶得其国家以往也其地邢復見也 **杜氏曰** 夷儀邢地 張

【氏曰】河北邢州龍岡縣北有夷儀嶺【愚按】今屬順德路邢臺縣齊桓師宋桓師曹昭師城邢【左傳】諸侯城之救患也凡侯伯救患分災討罪禮也【公羊傳】此一事也曷爲復言齊師宋師曹師不復言師則無以知其爲一事也【穀梁傳】是向之師也使之如改事然美齊侯之功也

書邢遷于夷儀見音現齊師次止緩不及事也。然邢以自遷爲文【臨川吳氏曰】邢国遭狄人二年攻伐之餘不復可立国故諸侯之師具器用而迁之於夷儀然後邢得以復存邢自欲迁故不曰迁邢【呂氏曰】如宋人遷宿齊人迁陽是移其国中爲附庸公羊云迁者非其意是也如邢迁於夷儀衛迁于帝丘或自請迁或自迁仍爲列国故不言其人迁之但言其移国都而已公羊云迁者其意也是也

而再書齊師宋師曹師城邢者美桓公志義卒有救患之功也【范氏曰】復列三国美齊桓存亡国【張氏曰】邢雖已迁無力自城諸侯若不城之終未能以自定桓公因其既迁命三師爲之板榦使之足以守而居之安故再叙三師以見春秋以來悉力存亡惟有此舉得南仲城朔方仲山甫城東方之遺制【臨川吳氏

曰邢即夷儀邢既迁則夷儀乃邢国之所在故不曰城夷儀而曰城邢也不以王命興師

亦聖人之所與乎中國衰微夷狄猾夏天子不能正

至於遷徙奔亡諸侯有能救而存之則救而存之可

也以王命興師者正能救而與之者權高氏曰始緩於救邢過也卒能城邢功也聖人不以功掩過亦不以過掩功功過不相掩是之謂王法陳氏曰以齊晉之伯而狄伐邢邢迁于夷儀狄圍衛衛迁于帝丘雖夷狄之暴横而桓文亦受其咎矣愚按狄伐邢而桓公能救邢邢迁夷儀而桓公能城邢狄圍衛而至于迁文公不能救而城之桓文之優劣見矣

秋七月戊辰夫人姜氏薨于夷齊人桓以歸左傳哀姜孫于邾齊人取而殺之于夷以其尸歸公羊傳夷者何齊地也齊地則其言齊人以歸何桓公召而縊殺之穀梁傳夫人薨不地地故也齊人以歸不言以喪歸非以喪歸也加喪焉諱以夫人歸也其以歸薨之也張氏曰夷齊地愚按今屬益都路壽光縣

夫人薨不地【范氏曰】夫人無出竟之事薨有常處 其曰薨于夷故也【高氏曰】但書薨于夷則夫人不得其死昭然可見 桓公召而殺之也【何氏曰】召夫人于邾歸殺之于夷 其曰齊人以歸者以其喪歸于魯也齊爲盟主義得舉法是伯者之所以行乎諸侯也【何氏曰】桓公行霸王誅不阿親親【劉氏曰】哀姜與乎亂殺二子幾亡國齊桓討而誅之此上之所以行乎下君之所以行乎臣伯者所以行乎諸侯之義魯以臣子不得討而齊以伯主得宰法 既誅其人又歸其喪何居音基 魯欲拒而勿受乎則子無讎母之義受而葬之乎已絕者復扶又反 得享小君之禮典刑紊矣故特書以歸而不曰歸夫人之喪以者不以者也【沙隨程氏】曰齊人以歸者以其喪歸于我或謂齊人取其尸歸于齊者非也既薨于齊地則以歸者歸于我也【通旨】問齊人以歸是齊人於此時告魯許之以將歸姜氏歟抑齊人於此時送姜氏喪還魯也若此時送喪還

則曷為至十二月方至據七月薨于夷至是半年方至何其久也曰齊人既殺姜氏魯人請于齊而桓公許之然後以夫人喪禮往迎之其曰以歸不以在夷之月也　**張氏曰**　自文姜弒桓公得逃致辟而淫縱益甚使魯國三四十年濁亂昏迷卒成再弒其君之禍至此齊桓宰方伯之職我慶父哀姜皆死然後三綱稍明人倫粗正此縱罪誅惡失得之明驗也　**臨川吳氏曰**　哀姜褻女桓公以義奪恩必殺無赦與石碏殺厚義同。**愚按**　以歸之義文定及程沙隨皆謂齊以喪歸魯竊詳以歸之後越一百七十日始至無是理也經凡言以歸者以歸其國也戎伐凡伯于楚丘以歸杞伯逆叔姬之喪以歸是也凡言歸者歸于魯也王使榮叔歸含且賵齊人歸公孫敖之喪是也當從左氏謂齊以其喪歸也公穀又謂以歸于夷然于夷在以歸之上則自夷而以歸夷或為魯地或齊地雖不可考蓋殺之于夷而以喪歸齊國然後魯請而歸于魯耳不然何以曰夫人氏之喪至自齊而不言至自夷與至自乾侯同文乎書齊人以歸所以著齊人殺之也不曰齊侯而曰齊人討賊之詞也左氏謂齊人殺哀姜為已甚然先儒謂武后篡唐唐之臣子猶當廢為庶人而戮之况齊桓而不可殺哀姜乎

楚人伐鄭（【荊始書楚】【左傳】鄭即齊故也）

楚稱人浸強也（【愚按】或謂前此稱荊人則爲進之，此稱人則以爲浸強，何也？盖來聘來盟則嘉其慕義於中国，故曰進之；侵伐中国者，其陵暴，故曰浸強也。）莊公十年敗（必邁反）蔡師，虜獻舞，固已強矣，然獨舉其號著始見（音現）于經，則本其僭竊之罪，正其夷狄之名，著王法也。二十三年來聘，嘉其慕義，乃以人書。二十八年伐鄭，惡（去声）其猾夏，復（扶又反）以號舉。至是又伐鄭也，亦書人者，豈許其伐國而人之乎？會中華，執盟主，朝諸侯，長（丞兩反）齊晉，其所由來者漸矣。（【孫氏曰】敗蔡、入蔡稱荊，來聘始進稱人，伐鄭又稱荊，今曰楚人伐鄭者，以其兵衆地大，漸通諸夏，自此十數年侵伐用兵皆稱人焉。【張氏曰】荊至是稱楚者，盖荊乃州名，商頌稱「奮伐荊楚」，則楚亦其国舊名。前此侵敗中国皆以州舉，獨來聘稱人，自此始稱號稱人，則浸強而）

陵駕中国然終齊桓世雖伐滅小国止稱人者以桓之力猶足以制之也桓没而宋襄覇然後始列於會盟偃然主諸侯而春秋有以爵書者矣

八月公會齊侯(桓)宋公(桓)鄭伯(文)曹伯(昭)邾人(文)于檉檉勑呈反【公】作朾【左傳】盟于犨謀救鄭也【孫氏曰】楚人伐鄭故桓合諸侯于檉【杜氏曰】犨即檉宋地陳国陳縣西北有檉城【張氏曰】今宛丘縣也楚人伐鄭桓公不遑救而會諸侯謀之蓋楚方強而公謀制楚十全之策也。【愚按】經書會而左氏言盟傳誤耳杜氏云不以盟告恐非

九月公敗邾師于偃敗必邁反偃【公】作纓【左傳】虛丘之戍將歸者也【穀梁傳】不日疑戰也疑戰而曰敗勝內也【杜氏曰】偃邾地

檉之會謀救鄭而公與邾人咸與音預焉則是志同而謀協也今既會邾人于檉又敗邾師于偃於此責公無攘夷狄安中國之誠矣【孫氏曰】公檉會方退親敗邾師其惡可知凡此類皆直書其事而義自見音現也詐戰曰敗敗之者爲

主張氏曰：楚人陵駕上国，公與邾同會于檉以謀之，曾未兩月，僖公遂以詐敗邾師，不務睦鄰事覇，而僥一時之利，足以見僖公之罪矣。高氏曰：邾受姜氏，公不請於會而討之，乃既會而敗其師，非礼也。愚按：杜氏謂邾人既送哀姜，於是戍虛丘，欲以侵魯，魯人要而敗之，則其責在邾。服虔謂邾之於魯本無怨惡，僖公弃邾，則為之外主，無故而敗其師，其責在魯。切詳經文，書公敗邾師，以詐戰罪公，而不書邾人之侵，則責魯明矣。

冬十月壬午，公子友帥師敗莒師于酈，獲莒挐。敗，必邁反。酈，力知反。公作犁，穀作麗。挐，女居、女加一切。左傳：莒人來求賂，公子友敗諸酈，獲莒子之弟挐。公賜季友汶陽之田及費。公羊傳：莒挐者何？莒大夫也。穀梁傳：內不言獲，此其言獲何也？惡公子之紿也。杜氏曰：酈，魯地。大夫生死皆曰獲。愚按：酈在今濟南路歷城縣。

按公羊：慶父走莒，莒人逐之，將由乎齊，齊人不納，卻反舍于汶水之上，使奚斯入請，不可而死。莒人曰：吾

六五四

已得子之賦以求賂乎魯魯人弗與爲于僞反是興師而來伐然則罪在莒也而以季友主此戰何也抑鋒止銳喻以詞命使知不縮而引去則善矣今至於兵刃既接又用詐謀擒其主將去聲此强國之事非王者之師春秋之志故以季友爲主而書敗獲責之備也

高氏曰書公子友帥師見其擁兵得衆而不能明大義以討慶父之罪反以賂求於莒而卒至與師詐戰以毒鄰国無辜之民也春秋以季友主此戰且謹而日之所以深責之也獲挐所以絶慶父之賂凡小国大夫不名以事接我則名愚按莒人受賦而責賂固罪也魯之詐戰亦罪也左氏公羊皆謂予季友之獲今考經書鄭獲蔡公子燮宋華元呉獲陳夏齧齊国書未有以書獲爲善者此於公子友書敗書獲則責在季友耳若夫慶父奔莒而不書莒人殺慶父與宋萬奔陳而不書陳人殺萬同義其黨惡責賂之罪盖在其中矣何必謂嘉季子之獲哉○劉氏曰左氏云非卿也嘉獲之也非也莒挐與鄭詹何異哉何以必

其非卿就今非卿但是士將亦當書也〔汪氏曰〕穀梁云季友搏殺莒挐按季友賢者之士寧爲匹夫之事乎傳誣也

十有二月丁巳夫人氏之喪至自齊〔桓〕〔左傳〕僖公請而葬之〔公羊傳〕夫人何以不稱姜氏貶曷爲貶與弑公也然則曷爲不於弑焉貶貶必於重者莫重乎其以喪至也〔穀梁傳〕其不言姜以其殺二子貶之也

夫人預弑二君幾於亡國大義已絕不可復入扶又反宗廟矣書孫音遜于邾薨于夷者絕哀姜也書齊人以歸夫人氏之喪至自齊者譏桓公也不稱姓者殺于齊不去起呂反氏者受於魯〔王氏曰〕不稱姓則許齊桓之能殺不去氏則罪僖公之受葬〔劉氏曰〕夫人何以不称姜氏貶曷爲貶夫人與於亂桓公正其罪而討之則安可復配宗廟哉然則曷爲不於死焉貶夫人姜氏薨於夷斉人以歸則上之行乎下也義已矣故臣子可緣伯主之命以尊

宗廟伯主亦可緣天子之法以絕魯私請今齊以公義討之而魯以私意請之君子以爲非義不可通乎春秋是以貶乎其以喪至也【高氏曰】是齊已絕之矣魯請之是魯不忍絕之也是以聖人因其喪至特去姜以絕之於齊而存夫人氏以見魯之不忍也然則哀姜之喪不當歸魯將如之何曰即其死所而葬之可也【孫氏曰】閔二年孫邾不稱姜氏不以子討毋也此而貶者正王法也不去氏殺子之罪比文姜差輕【胡氏曰】刑人于市與衆棄之故必於臣子集迎之時貶之所以明誅得其罪因正王法所加臣子不得以夫人礼洽其喪也貶置氏者殺子差輕於殺夫【張氏曰】齊人殺哀姜以歸其国僖公請而葬之春秋於其喪至而貶不稱姜以罪魯僖之不知義也哀姜得罪於先君見誅於方伯而可以配祖廟秋烝嘗乎夫。【劉氏曰】穀梁云不言姜爲齊桓諱殺同姓也非也夫人挾小君之尊而弑二子魯人終不敢討也桓公爲伯主疾禍亂之所生豈得顧同姓哉此非春秋所恥則非春秋所諱矣【愚按】文定謂書夫人喪至以譏齊桓攘劉氏傳責魯僖之請姑兩存之

【癸亥】惠王十九年

二年

【齊】桓二十八【晉】獻十九【衛】文二【蔡】穆十七【鄭】文十五【曹】昭四【陳】宣三十五【杞】惠

十五【宋】桓二十四【秦】穆二【楚】成十四

春王正月城楚丘【左傳】諸侯城楚丘而封衛焉【公羊傳】孰城城衛也曷為不言城衛滅也孰滅之蓋狄滅之曷為不言狄滅之為桓公諱也曷為為桓公諱上無天子下無方伯天下諸侯有相滅亡者桓公不能救則桓公恥之也然則孰城之桓公城之曷為不言桓公城之不與諸侯專封也曷為不與實與而文不與文曷為不與諸侯之義不得專封諸侯之義不得專封則其曰實與之何上無天子下無方伯天下諸侯有相滅亡者力能救之則救之可也【穀梁傳】楚丘者何衛邑也其曰城何也封衛也則其不言城衛何也衛未遷也不與齊侯專封也其言城之者專辭也故非天子不得專封諸侯雖通其仁以義而不與也故曰仁不勝道【杜氏曰】楚丘衛邑【張氏曰】今開德府衛南縣【愚按】今東昌路曹州楚丘縣

楚丘衛邑桓公帥諸侯城之而封衛也【齊語】衛人盧于曹桓公城楚丘以封之【朱子詩傳】召伯營謝山甫城齊如春秋諸侯城楚丘之類**不書桓公不與諸侯專封也**不言桓公又不書諸侯者畧之使若嘗自城爾【孫氏曰】此會檉之諸侯城楚丘也不言諸侯貶也**木瓜美桓公而夫子錄之**【詩】木瓜小序美齊桓公也衛国

有狄之敗出奔于漕齊桓公救而封之衛人思之欲厚報之意豈異乎不與專封正王法也木瓜有取焉善衛人之情也【朱子語】詩錄木瓜即春秋序績之意亦以善衛人之情也豈以齊桓之事盡可法哉曷為善之報者天下之利以德報德則民有所勸矣見表記城楚丘略而不書城邢詞繁而不殺所賣反下同何也按周制凡封國大宗伯儐【周禮大宗伯】王命諸侯則儐【注】王將出命假祖廟立依前南鄉儐者進當命者延之命使登內史由王右以策命之降再拜稽首登受策以出司几筵設黼扆【司几筵】凡封國命諸侯王位設黼依【注】依通作扆內史作冊命【內史】凡命諸侯及孤卿大夫則冊命之是天子大權非諸侯所得擅而行之者也衛人渡河野處曹詩作漕晉曹邑許穆夫人閔其亡而載馳賦文公徙居楚丘而後百姓悅則其國固嘗亡滅而不存矣【詩】定之方

中小序衛爲狄所滅東徙渡河野處漕邑齊桓公攘戎狄而封之文公徙居楚丘始建城市而營宮室百姓說之

城楚丘是擅天子之天權而封國也【穀梁】僖二十八年子玉告於晉請復衛侯而封曹宣十一年楚復封陳盖毀其宗廟失其爵位而復命爲諸侯皆謂之封夫諸侯有国受之天子繼世嗣位則承之先君非受之天子承之先君而霸者命之則爲專封矣

邢遷于夷儀經以自遷爲文則其遷出於已意【公羊】遷者其意也

其國未嘗滅也諸侯城邢是謂同惡相恤以從簡書故詞繁而不殺美救患也【永嘉呂氏曰】狄之再伐邢也齊救之既迁也齊城之前有救患之師後無專封之失此春秋之所予也書狄入衛而不書救救則前無救患之師矣書城楚丘而衛不言迁則後有專封之失矣此春秋之所奪也

桓公封衛而衛國忘亡【左傳】封衛于楚丘衛国忘亡

其有功於中華甚大爲利於衛人甚博宜有美詞發揚其事【穀梁】不足乎揚今乃微之若此者正其義

不謀其利，明其道不計其功，略小惠，存大節，春秋之法也。故曰：五伯，三王之罪人。仲尼之徒無道桓文之事者。【劉氏曰】桓公之封衛，德莫大焉，雖衛人亦自以謂桓公之於我德莫大焉。春秋書之曾無以異於常諸侯尒。彼衛已滅矣，無王命而擅封之，是擅王命也。擅王命，諸侯之大罪也。故以小惠評之，則桓公爲有德；以大法論之，則諸侯無專封。孟子曰：五伯，三王之罪人。此之謂也。齊桓城楚丘，盖城者非獨魯也，而獨書魯者，以彼之爲未足以爲功，故反循吾之常義而稱城焉耳。晉文使諸侯朝王，盖朝者亦非獨魯也，而獨書魯者，以彼之爲未足以爲功，故反循吾之常道而稱朝焉耳。春秋貴義不貴惠，貴正不貴功，略小善而優大節，以正待人而已矣。【張氏曰】衛雖當封，而周室尤不可以不尊，故略齊桓之功，而止書魯人之往城，所以抑霸權而尊王室也。【高氏曰】宋子魚曰：齊桓存三亡國，義士猶或薄之。斯可見當時已不與齊桓之封也。苟桓公既逐狄人，請命於天子而城之；既城矣，請命于天子而封之，如是則天王命諸侯城楚丘以封衛，而桓公之德在其中矣。詩曰：王命仲山甫，城彼朔方。又曰：經營四方，告成于王。以此言之，凡城必由天子之命及其成也又告于王可也豈得自專哉〔愚按〕衛之滅也春秋不書滅戴公廬于曹而不言迁桓公使公子無虧戍以甲士歸其祭服乘馬而不書救凡皆所以隱桓公之封衛盖其功不足以揜過是以略其事而微其功也夫城城邢城杞皆以国書惟城緣陵不繫国此不繫衛則城緣陵之例也城邢序三国之師城杞序十一国之大夫城緣陵諸侯以凡舉惟戍陳歸粟于蔡不言諸侯此不言諸侯則戍陳歸粟于蔡之例也然曰戍曰歸粟雖若曾事猶目陳蔡而楚丘之書法與曾邑無異則深諱齊桓之專封而備責之也故葵丘之命曰無有封而不告桓公不得追其責矣。〔劉氏曰〕穀梁云国而曰城此邑也而曰城何也非也邑亦謂之城尒若不謂之城當謂之何哉

夏五月辛巳葬我小君哀姜〔公羊傳〕哀姜者何莊公之夫人也〔高氏曰〕十有一月而葬外薨也喪至五月而葬也〔通旨〕書哀姜孫于邾薨于夷夫人氏之喪至其誅絕之義明矣及其終書曰葬書小君諡更無所貶者此亦春秋端本澄源治於未亂之意也文姜亦然始而不謹終欲正之可乎〇虞師晉師滅下陽〔公穀〕作夏陽〔晉始見經〕〔左傳〕晉荀息請以屈產之乘與垂棘之璧假道於虞以

伐虢公曰是吾宝也對曰若得道於虞猶外府也乃使荀息假道於虞曰冀爲不道入自顛軨伐鄍三門冀之既病則亦唯君故今虢爲不道保於逆旅以侵敝邑之南鄙敢請假道以請罪于虢宫之竒諫不聽遂起師夏晋里克荀息帥師會虞師伐虢滅下陽先書虞賄故也

公羊傳 虞微國也曷爲序乎大國之上使虞首悪也曷爲使虞首悪虞受賂假滅國者道以取亡焉

穀梁傳 非國而曰滅重夏陽也虞之先晋何也爲主乎滅夏陽也夏陽者虞虢之塞邑也滅夏陽而虞虢舉矣

程子傳 虞假道而助晋伐虢虢之亡虞實致之故以虞爲主下陽邑也虢之亡由此故即書滅

杜氏曰 下陽虢邑在河東大陽縣

張氏曰 下陽與上陽對在陝州平陸縣上陽在陝縣虢所都也虞周太王子仲雍所封都在平陸虢文王弟虢叔之後晋成王弟唐叔之後國都在今太原府

愚按 虞國在今河南府路陝州陝縣晋始封在太原南有晋水亦曰晋陽今屬太原路平晋縣後徙都翼今平陽路絳州翼城縣曲沃之晋後徙都絳曲沃在今平陽路絳州曲沃縣絳即絳州城下陽爲今河南府路陝州

按孟子晋人以垂棘之璧與屈（求勿居勿二反）産之乘（繩證反）假道於虞以伐虢宫之竒諫百里奚不諫然則晋人

造意以虞首惡何也貪得重賂遂其強暴滅兄弟之國以及其身而亡其社稷所以爲首乎【陸氏曰】滅虢之事實晉爲主以虞首惡其意何也晉侯貪而忘親滅人之国其罪易知也虞君貶爲上公受人之賂遂其強暴以取滅亡其惡至矣故聖人以爲首焉与齊国夏首圍戚義同【薛氏曰】虞啓晉伐下陽非虞則晉不能伐虢滅虢則虞非虞之有也先虞於晉虞之罪也【永嘉呂氏曰】州吁告于宋而後伐鄭序宋主兵晉請於虞而後伐虢序虞爲首盖從州吁之請者宋也則伐鄭之役宋實爲之衛不能以自必也從晉人之請者虞也則伐虢之師虞實爲之晉亦不能以自必也【通旨】滅下陽者晉主謀也而以虞首惡何哉春秋誅惡皆罪其与之爲惡者故以齊首石曼姑以宋首州吁以虞首晉以子家首子公先儒以滅漢者張禹非王氏亡唐者李勣非武后得春秋之意矣春秋聖人律令也觀此義可以見法矣唐高宗賜其臣長上声孫無忌金寶繒錦欲以立武昭儀雖無忌終不順旨君子猶譏其没於利而不反

君賜也（通鑑永徽五年上欲立武昭儀爲后恐大臣不從乃与昭儀幸長孫無忌第酣飲極歡拜無忌寵姬子三人爲朝散大夫仍載金宝繒錦十車以賜上因諷無忌無忌對以他語明年召無忌等言立武后無忌以爲不可　范氏祖禹曰大臣欲以義正君而先没於利則不足爲重矣苟能辭官反賜使知大臣之不可誘以利亦足以格其非心矣）矧受他人之賂遂其強暴者乎。

國而曰滅下陽邑爾其書滅何也下陽虞虢之塞邑（范氏曰其地險要故二国以爲塞邑）猶秦有潼關（潼關乃黄河衝激華山之東兩山夾立窄狹僅容單車一夫可守今屬華州華陰縣）蜀有劒嶺（劒門天下壯壁立万仞窮地之險極路之峻一夫當關萬夫莫捍今屬劒州）皆國之門户也潼劒不守則秦蜀破下陽既舉而虞虢亡矣（趙氏曰夏陽虢邑也而云滅何也虢因以亡也言虢之滅由於虞虞於是書滅以惡虞也）春秋此義以天下爲家以城郭溝池爲固（見礼運）以山川丘陵爲險設之以守國而待暴

容者也【易】坎彖傳地險山川丘陵也王公設險以守其国【大傳】重門擊柝以待暴客盖取諸豫

其衰世之意邪【簡旨】孔子曰大道之行也天下為公外广不閉大道既隱天下為家城池以為固易之興也其於中古乎作易者其有憂患乎春秋兼盛衰之世而立法如書城中城之類見城守之不可全恃如書滅下陽之類又見其有險而不能自守也【張氏曰】晉武公以曲沃伯簒晉獻公嗣立侵以兵吞噬近地之小国晉与虞虢為鄰自莊公末因虢人侵晉而謀於士蔿以圖虢今始与虞伐之盖先以重賂開虞虢之交使虞人不知其謀忘輔車相依之勢反道晉以滅下陽下陽者控制虞虢之要地晉取下陽而二国卒矣故春秋於此書滅以虞首兵如郲之道鄭所以見虞之自取滅亡也【高氏曰】不曰虞人晉人而曰師者著其恃衆以淩虐也取邑而言滅者下陽虢之所縣下陽取而虢亡不待殞其社稷也聖人書鄭伯入于擽而不書入鄭書虞晉滅下陽而不書滅虢觀物有要矣。【趙氏曰】公羊云夏陽郭之邑曷爲不繫之鄭国之也曷爲国之君存焉爾若在下陽受兵何得不見擒乎穀梁云虞無師其曰師何也以其先晉不可不言師也按經見云虞師何得謂無師乎秋九月齊侯宋公江人黃人盟于貫【公】作貫澤【公羊傳】江人黃人者何遠国之辭也遠国至矣則中国曷為獨言齊宋至尔大国言齊宋遠国言江黃則以其餘為莫敢不至也【穀梁傳】貫之盟不期而至者江人黃人也江人黃人者遠国之辭也中国称齊宋遠国称江黃以為諸侯皆來至也【杜氏曰】貫宋地梁国蒙縣西北有貫城江国在汝南安陽縣黃国在弋陽縣【張氏曰】江在今蔡州新息縣之地黃嬴姓国在今光州定城縣貫今興仁府濟陰縣

按左氏盟于貫服江黃也【杜氏曰】江黃楚与国也始來服齊故為合諸侯荆楚天下莫強焉江黃者其東方之與國也二國來定盟則楚人失其右臂矣樂毅破齊先結韓趙【史】樂毅傳燕王欲伐齊樂毅曰齊霸国之餘業也大人衆未易獨攻之必欲伐之莫若約趙及楚魏於是約趙嚪秦連楚及魏諸侯皆許之樂毅為上將軍并護趙楚韓魏燕之兵以伐齊破之孔明伐魏申好去声江東雖武王牧野之師亦誓友邦遠及庸蜀彭濮

八國之人【按】誓嗟我友邦冢君云云及庸蜀羌髳微盧彭濮人称尔戈比尔干亍其誓共

爲掎居綺反角之勢也【左傳】襄十四晉人角之諸戎掎之【注】掎其足也桓公此

盟其服荆楚之慮周矣其攘夷狄免民於左衽而審反

之義著矣盟雖春秋所惡去声然諸侯皆在獨言遠國

者許是盟也【張氏曰】齊桓謀楚先服此二国皆迫近楚之境者所以遠交而孤楚之勢此桓

公服楚之規模也唯宋與盟不煩諸侯也【愚按】貫澤

陽穀之盟會公穀謂諸侯皆在而止言齊宋江黃以

包之今考春秋會盟未有諸侯在會而經不書者盖

中国諸侯之大者莫大乎齊宋齊則伯主而宋則上

公也与国之遠者莫遠乎江黃皆荆楚之羽翼也齊

宋會盟而江黃與焉則天下諸侯之無不從者可知

矣二傳蓋推言其勢之若是非諸侯

之果皆與盟也讀者當不以辭害意

冬十月不雨【公羊傳】記異也【穀梁傳】不雨者勤雨也【范氏曰】是欲得雨之心勤也明君之恤民【杜

氏曰】一時不雨則書首月【張氏曰】書此以見曽国上下皆以無雨爲憂止書首時自酉至亥三月皆不雨也【孫

氏曰不雨一時即書者僖公憂民懼災之甚也○楚人侵鄭左傳楚人伐鄭鬭章囚鄭聃伯張氏曰自莊三十年楚頵已長殺子元用子文爲令尹子文毀家以紓楚国之難兵勢浸強故比年侵伐鄭若非齊桓專以圖楚爲事必未能制之於召陵而執宋公盟諸侯之事不在僖十九年之後矣

甲子惠王二十年三年齊桓二十九晉獻二十衛文三蔡穆十八鄭文十六曹昭五陳宣二十六杞惠十六宋桓二十五秦穆三楚成十五

春王正月不雨夏四月不雨公羊傳記異也

穀梁子曰不雨者勤雨也每時而一書閔雨也閔雨者有志乎民者也范氏曰閔憂也經一時輒言不雨憂民之至歷時而總書謂歷三時而後書或歷四時而後書不憂雨也不憂雨者無志乎民者也無恤民志按詩稱僖公儉以足用寬以愛民務農重穀見駉小序則誠賢君也其有志乎民審矣故冬不雨而書春不雨而書夏不雨而書以著其勤也張氏曰三時不雨則

飢饉荐臻民命阽危此雲漢之所以編於詩而去年及今年春夏之不雨書法異於文公以著其君憂民之憂也【高氏曰】不雨八越月而不書旱何也凡書旱者雖有時而雨猶以不足爲旱也若直不雨則旱在其中矣連於首月書之見其爲災之久而僖公以不雨爲念也 文公以練祭則緩於作主 文二年僖公薨十有五月始作主 以宗廟則大 音泰 室屋壞 十三年正月不雨至秋七月世室屋不當壞而壞 以賦 發施也【詩】賦政于外 政則四不視朔 十六年二月至五月四不視朔 以邦交則三不會盟 七年盟于扈公後會十五年盟扈十七年會扈公皆不與 其無志乎民亦審矣故自十有二月不雨至于秋七月而書 二年 自正月不雨至于秋七月而書 十年十三年 以著其慢也【愚按】有志乎民者心在於民而憂民事也無志乎民者心不在於民而不憂民事也何休謂僖公飾過求已循省百官放佞臣郭都等理冤獄四百餘人精誠感天不雩而得澍雨其事雖不可考然以經意觀之則僖公必能悔過修政以消天变矣故曰春秋傳心之要

典書法之不同君心之所由著也或謂春秋每年備四時僖公之經間無異事則離其首月而各書不雨文公之經自有異事故不復出首月不雨之文穀梁賢僖公而生此說今考僖公冬不雨之下書楚人侵鄭夏不雨之下書徐人取舒非無異事也文公十二年春正月以首時書而亦不書春王正月不雨且聖人再書正月不以為煩何獨於不雨則總書之乎穀梁子之言必有所受矣

徐人取舒【公羊傳】其言取之何易也【通旨】取不言滅者取為附庸不絕其祀也【杜氏曰】舒国今庐江舒縣【愚按】今庐州路舒城縣【高郵孫氏曰】舒者附庸之国服屬於楚徐人自楚取之使之屬徐也取国不言滅舒之宗祀復存也【襄陵許氏曰】舒蓋荆与国徐人取之蓋倚齐魯【家氏曰】魯頌曰荆舒是懲舒与荆比而為中国患其來久矣徐人伐舒為中国攘楚也十五年楚伐徐齐桓率諸侯之師救之是以知徐蓋受命於齐○

六月雨【穀梁傳】雨云者喜雨也喜雨者有志乎民者也【杜氏曰】示旱不竟夏

雨云者喜雨也【高氏曰】建巳之月萬物始盛待雨而大古者以是月雩而祈雨則六月之雨尤為可喜【張氏曰】得雨而喜見僖公樂民之樂異於文公所以此書而彼不書也

閔雨與民

同其憂喜雨與民同其樂音洛下同此君國子民之道也

觀此義則知春秋有懼天災恤民隱胡氏曰隱約窮困之意

遇天災而不懼視民隱而不恤自樂其樂而不與民

同也國之亡無日矣胡氏曰文公之書不雨自十二月至于秋七月其於民如此之慢也僖公之書不雨歷一時則書之其於民如此之閔也不獨書六月雨而已又先書四月不雨所以見有志乎民汲汲之甚也有志乎民汲汲之甚未足爲聖人之法也而春秋取之者凡南面而治天下国家者患不与民同憂苟不与民同憂則亦不与民同樂矣唯有道者不然已未嘗有憂也民之所憂不可不憂已未嘗有樂也民之所樂不可不樂若是者以百姓之心爲心是故与民同憂王事之始也与民同樂王事之成也。陸氏曰公羊云上雨而不甚也按此釋迂僻之甚

秋齊侯宋公江人黃人會于陽穀公羊傳此大會也曷爲末言爾穀梁傳陽穀之會桓公委端搢笏而朝諸侯諸侯皆喻乎桓公之志杜氏曰陽穀齊地在東平須昌縣北張氏曰隋置陽

穀梁【愚按】今屬東平路

按左氏謀伐楚也（二年楚侵鄭故【張氏曰】去年盟以定其交今再會申伐楚之約也）或曰侵蔡次陘（音刑）之師諸侯皆在江黃獨不與（音預）焉則安知其為謀伐楚乎曰兵有聚而為正亦有分而為奇（【孫子】兵以正合以奇勝）諸侯之師同次于陘所謂聚而為正也江人黃人各守其地所謂分而為奇也次陘大衆厚集其陣聲罪致討以震中國之威江人黃人各守其境按兵不動以為八國之援（去聲）此克敵制勝之謀也退于召（音邵）陵而盟禮定循海以歸而濤塗執然後及江人黃人伐陳則知侵蔡次陘而二國不會自為掎（居綺反）角之勢明矣此大會（【齊語】諸侯莫敢不來服而大朝諸侯於陽

穀而末言者何氏曰末若淺也善是謀也家氏曰桓公之伐楚所謂慮勝而動好謀而成者也宋魯鄭衛同盟已久猶未敢声楚人之罪必江黄至而後定計出師去年盟江黄今年會江黄皆為伐楚計也諸侯之師當其前江黄之師擬其後楚將腹背受敵有不戰戰必勝矣故師次陘而楚遂服是以春秋於貫之盟陽穀之會而婁書之。愚按公羊云桓公曰無障谷無貯粟無易樹子無以妾為妻竊疑此當在盟葵丘之下蓋錯簡耳与孟子所載五命之詞及穀梁明禁之月略同所謂障谷貯粟即孟子云曲防遏糴穀梁所言雍泉訖糴也

冬公子友如齊涖盟涖穀作公子季友涖公穀作蒞後同左傳齊侯為陽穀之會來尋盟公子友如齊涖盟公羊傳莅盟者何往盟乎彼也來盟者何盟于我也穀梁傳莅者位也其不日前定也桓氏曰涖臨也齊侯自陽穀遣人詣魯來尋盟魯使上卿詣齊受盟襄陵許氏曰公盖有故不會陽穀是以季友往涖盟啖氏曰他国來魯盟者曰來盟魯往他国盟者曰涖盟愚按既稱涖盟則魯君遣使出境之時已命之往盟而非大夫之專盟矣經書涖盟者四惟季友之盟佐齊桓謀伐楚有輔伯之善穆伯如莒則小国請之而勉強

以結盟初無恤小之誠叔孫昭子之盟齊叔還之盟鄭則皆結好叛晉而為背伯之謀不足取矣穀梁以謂不言及者以国与之也不言其人亦以国与之也此當在丞盟之下誤重出爾

○**楚人**(成)**伐鄭**(文)【左傳】鄭伯欲成孔叔不可曰齊方勤我棄德不祥【愚按】楚師三至于鄭連年侵伐齊桓不救而孔叔猶有勤我之言盖郊于檉于貫陽穀之會皆為伐楚救鄭之謀故也

【乙丑】惠王二十一年　**四年**　【齊】桓三十　【晉】獻二十一　【衛】文四　【蔡】穆十九　【鄭】文十七　【曹】昭六　【陳】宣三十七　【杞】惠十七　【宋】桓二十六　【秦】穆四　【楚】成十六

春王正月公會齊侯(桓)**宋公**(桓)**陳侯**(宣)**衛侯**(文)**鄭伯**(文)**許男**(穆)**曹伯**(昭)**侵蔡蔡潰遂伐楚次于陘**【左傳】齊侯以諸侯之師侵蔡蔡潰遂伐楚楚子使与師言曰君處北海寡人處南海唯是風馬牛不相及也不虞君之涉吾地也何故管仲對曰昔召康公命我先君大公曰五侯九伯女實征之以夾輔周室賜我先君履東至于海西至于河南至于穆陵北至于無棣尔貢包茅不入王祭不共無以縮酒寡人是徵昭王南征而不復寡人是問對曰貢之不入寡君之罪也敢不共給昭王之不復君其問諸水濱師進次于陘【公羊傳】潰者何下叛上也【穀梁傳】潰之為

言上下不相得也侵淺事也侵蔡而蔡潰以桓公爲知所侵也不土其地不分其民明正也遂繼事也次止也杜氏曰民逃其上曰潰陘楚地潁川召陵縣南有陘亭張氏曰今潁昌府郾城縣愚按郾城縣今屬汴梁路許州

潛師掠境曰侵侵蔡者奇也家氏曰齊距楚數千里跋履險阻久而後涉其境楚得以爲備勝負未可知也故桓公先侵蔡道蔡以及楚楚欲聚而保險已無及矣欲出而求戰知弗敵矣薛氏曰侵蔡以攻其折蔽**聲罪致討曰伐伐楚者正也**史田單傳太史公曰兵以正合以奇勝善之者出奇無窮奇正還相生如環之無端孫子戰勢不過奇正奇正相生循環無窮如天地不竭

遂者繼事之詞穀梁杜氏曰遂兩事之詞**而有專意**何氏曰遂專事之詞**次止也楚貢包茅不入王祭不共無以縮酒**

桓公是徵音烝杜氏曰包裹束也茅菁茅也束茅而灌之以酒爲縮酒尚書包匭菁茅范氏曰菁茅香草所以縮酒楚之所貢括地志辰州盧溪縣西南三百五十里有包茅山武陽記山際出包茅有刺而三脊通旨桓公伐楚声大義以責之曰尒貢包茅不入王祭不共無以縮酒正也朱子曰桓公伐楚

仗義執言不由詭道故夫子称正而不譎而楚人服罪師則有名矣孟氏
何以獨言春秋無義戰也朱子曰諸侯有罪則天子討而正之故春秋每書諸
侯戰伐之事必加譏貶以著其擅興之罪無有以爲合於義而許之者但就中彼善於此者則有之召陵
之師之類是也譬之殺人者或曰人可殺歟曰可孰可以殺
之曰爲士師則可以殺之矣國可伐歟曰可孰可以
伐之曰爲天吏則可以伐之矣楚雖暴橫去声憑陵上
國齊不請命擅合諸侯豈所謂爲天吏以伐之乎春
秋以義正名○而樂音洛與人爲善以義正名則君臣之分
嚴矣書曰遂伐楚楚不戰其專也樂與人爲善苟志於善斯善
之矣書曰次于陘楚屈完來盟于師盟于召陵序其績也[illegible]
曰楚強齊欲綏之以德故不速進而次陘何氏曰桓公不頓兵血刃以文德優柔服之故詳録其次止善
其重愛民命蜀杜氏曰楚之病中国久矣齊桓患其強焉是以會諸侯欲伐而攘之猶懼楚勢之強思全

必勝之功故先侵蔡以震其威而後伐楚是則齊桓用兵之心淺於蔡而深欲圖楚也兵至蔡而潰桓公不土其地不分其民以此知桓公志於伐楚而不在於侵蔡也**陳氏曰**楚入春秋侵強矣而諸夏之交兵非以定篡弑則修怨而已閒不及楚也桓公始有志於夷夏之分於是伐楚而以侵蔡召諸侯書曰遂伐楚言志不在蔡也伐而後次見桓公之不戰而詘楚也桓合九國之衆以討楚兵莫盛於此楚雖強足以一戰矣而臨楚不戰楚人爲之詘使其大夫即盟于師桓公不但以力服人矣**張氏曰**蔡自獻舞以來屈服于楚桓公欲討楚而加兵于附楚之蔡先責其以文王之胄而甘心於僭竊之夷蔡衆旣潰則威震而兵強故可以遂伐楚也楚自桓二年蔡鄭會鄧已懼其爲中國患又積五十年寖強吞并之力今比年伐鄭氣陵中國所幸桓公任管仲以治民訓兵至此方能率諸侯之師正其罪而討之使其君臣震恐遣使如師可謂有功於中國矣然桓公本無湯武之學而管仲復未嘗有聞於君臣之大義故攘之天吏討罪之法則不奉天子之命未敢正其僭王之罪僅致屈完來盟然其與屈完覲師恃力驕矜形於辭色遂來方城漢水之對屈完之歸卒踐此言時出干紀滅弦伐黃故曾西鄙其功烈之卑書遂以譏其專書次以

著其師有節制用能嚴懼楚人免民左衽也

臨川吳氏曰孫子云百戰百勝非用兵之善不戰而屈人兵者善也齊以楚之猾夏而声罪致伐然楚衆方強若不持重而輕進深入則勝負之數未可知也故次于陘以待其自來屈服所以爲節制之師合於不戰屈人兵之善也

王氏曰晉文退三舍避楚亦桓公退次召陵之意使得臣服義則亦不戰矣

朱子語問桓公伐楚不責以僭王之罪蓋桓公每事持重當時楚甚強大僭王已非一日若以此問之只宜楚即服罪不然齊豈遽保其必勝哉曰然

愚按成三年諸侯伐鄭次于伯牛襄十六年伐許次于函氏皆不書次其次不足善也惟襄元年晉悼遣韓厥伐鄭而以諸侯之師次于鄫不欲悉師以攻鄭近於齊桓次陘之意舂秋伐而次者齊桓晉悼爲廢哉矣或謂桓伯之初不能救蔡蔡之從楚實不得已桓之伐楚不當先侵蔡今考侵蔡之後蔡終不與齊桓之會晉文僅能致蔡於踐土于溫翟泉而敬後專意事楚則桓之討蔡豈曰過乎○

劉氏曰公羊云国曰潰邑曰叛非也潰者民潰叛者臣叛非繫国邑爲別也又云其言次于陘何有侯也侯屈完也亦非也若实侯何爲不言屈完如師

啖氏曰初次之時安知屈完來乎

家氏曰左傳云蔡姬蕩公于囿公怒歸之未之絕也蔡人嫁之於

是會諸侯侵蔡蔡潰遂伐楚然則齊桓之侵蔡爲私怒而發殆不然也高氏曰齊桓欲攘荆楚經營十數年矣豈如左氏所載直爲蔡姬牽哉

夏許男新臣卒曰（穆公也子業嗣是爲僖公新臣即許叔在位四十二年）高氏

劉敞曰諸侯卒于外者在師則稱師（據成十三年書曹伯盧卒于師襄十八年書曹伯負芻卒于師）在會則稱會（據定四年書杞伯成卒于會）今許男一無稱者此去師與會而復歸其國之驗也召陵地在潁川是以許男復焉古者國君即位而爲椑（音甓）（棺親尸者）歲一漆之（見檀弓）出疆必載椑（見曾子問）卒于師曰師卒于會曰會正也許男新臣卒非正也其爲人君不知命者也不知命則必畏死畏死則必貪生貪生則必亂於禮矣而後有容身苟免之恥（撫昭）而後有淫祀

非望之惑秦始皇此說是也本刘氏意林夫知生死之說通晝夜之道者亦豈有以異於人哉。苟得正而斃焉見檀弓則無求矣【趙氏曰】許国与楚近盖許男遇疾而歸卒于国故不言卒于師【張氏曰】召陵地屬潁川潁川今之潁昌府長社縣去許密迩故許男疾而歸也【愚按】潁川即今許州許国故都屬長社縣

。【刘氏曰】左氏云卒于師葬之以侯礼也非也若實卒于師經何以不記耶以當時臣子欲追美君父故引許方會諸侯而卒私以加等之礼葬之尔穀梁云死于師何為不地內桓師也亦非也當地不當地自有常義書卒于師不足貶桓公不書卒于師不足褒桓公也

楚成屈完來盟于師盟于召陵屈居勿反完音桓召上照反【左傳】楚子使屈完如師師退次于召陵齊侯陳諸侯之師與屈完乘而觀之齊侯曰豈不穀是為先君之好是繼與不穀同好如何對曰君惠徼福於敝邑之社稷辱收寡君寡君之願也齊侯曰以此衆戰誰能禦之以此攻城何城不克對曰君若以德綏諸侯誰敢不服君若以力楚国方城以為城漢水以為池雖衆無所用之屈完及諸侯盟【公羊傳】屈

完楚大夫也其言盟于師盟于召陵何師在召陵也師在召陵則曷爲再言盟喜服楚也何言乎喜服楚楚有王者則後服無王者則先叛夷狄也而亟病中国南夷與北夷交中国不絶若綫桓公救中国而攘夷狄卒怗荆以此爲王者之事也其言來何与桓爲主也前此者有事矣後此者有事矣則曷爲獨於此焉与桓公爲主序績也【穀梁傳】楚無大夫其曰屈完何也以其來會桓成之爲大夫也其不言使權在屈完也來者何内桓師也【杜氏曰】齐師于陘之師召陵頴川縣【張氏曰】在今鄢城縣【愚按】鄢城縣今屬汴梁路許州

楚大夫未有以名氏通者。其曰屈完進之也【張氏曰】楚蛮夷之強国未嘗与中国爲會盟屈完佐楚子而能從善服義得爲臣之道故聖人特書族以褒之

其不稱使權在完也【范氏曰】齐桓威陵江漢楚人大懼未能量敵遣屈完如師權事之宜以義卻齊遂得与盟【陸氏曰】楚子意令其可盟則盟事在屈完

來盟于師嘉服義也【盧氏曰】書來盟于師見桓公以正義伐楚楚來乞盟于師也【高氏曰】曰來盟者彼欲之也

盟于召陵序桓績也【何氏曰】序次也績功也累次桓公之功德莫大於服楚明德及強夷最取爲盛

桓

公帥八国之師侵蔡而蔡潰伐楚而楚人震恐兵力強矣責包茅之不貢則諸問昭王之不復則辭徼古堯反與同好去声則承以寡君之願語去声其戰勝攻克則對以用力之難然而桓公退師召陵以禮楚使去声本杜氏注卒與之盟而不遂也刘氏曰桓公之威可謂盛矣責楚之包茅則諸問昭王之不復則辞然而不以己力之有餘而加人故不多斉之有功而多楚之服罪不貴楚之能拒敵而貴斉之能不遂也於此見齊師雖強桓公能以律用之而不暴楚人已服桓公能以禮下之而不驕庶幾乎王者之事矣故春秋之盟於斯為盛而楊子稱之曰齊桓之時緼委粉反而春秋美召陵是也法言注緼乱也桓公會諸侯于陘楚遣屈完如師以觀斉觀斉之盛因以求盟桓公退次召陵与之盟以礼楚故子雲言斉桓之時下陵上替而春秋美

召陵之會能服楚也。**蜀杜氏曰**齐桓伐楚使管仲責之其言正而不譎是以未加兵而強楚自服故書曰楚屈完來盟于師明桓公兵不血刃而楚人聽命于師也桓公退舍而与之盟故言盟于召陵亦以見齐桓仗礼義而服楚也。**張氏曰**來而不書楚者春秋待夷狄謹嚴之法雖録屈完名氏以進之若書楚子使屈完則一同於中国君臣之辞矣故書屈完來盟以嘉其服義不書楚子使以嚴夷狄之分而伸齐桓方伯之体屈完既至而桓公退師以与盟以堅其求服之志於是見桓公之待楚進退有礼雖不足以盡王者之義而夫子所謂一正天下民到于今受其賜實二百四十年甚盛之举也。**愚按**盟于召陵与會于蕭魚書法不異皆一經特筆一以美齐桓之服楚一以美晋悼之定鄭雖不重言楚屈完之盟与鄭伯之會而楚鄭之服可見矣成二年齐侯使国佐如師襄三年陳侯使袁僑如會与屈完事相類然国佐不言來盟則齐人非服義也袁婁称及国佐盟而書曰則非序續也袁僑如會及袁僑盟雖若服義而來會勝於国佐之如師矣然書叔孫豹及諸侯之大夫及陳袁僑盟两書及詞繁而不殺又詳於国佐之盟若悪其以盟會之權授之大夫也盖桓公服楚以義而荆楚亦服桓公之義故春秋序續晋郤克等以力屈強齐齊因戰敗而強服非心服也故春秋書日書又以譏之晉悼雖澤雖能仗義以安中国而陳袁僑之來諸侯既盟又使大夫与之盟以啓大夫執国權之端故春秋備書以貶之也。**劉氏曰**公羊云何以不言使尊屈完也曷為尊屈完以當桓公也按春秋之義大夫不得敵君今乃尊屈完使當桓公自相反也

經 **齊人執陳轅濤塗**轅**公穀**作袁**左傳**陳袁濤塗謂鄭申侯曰師出於陳鄭之間国必甚病若出於東方觀兵於東夷循海而歸其可也申侯曰善濤塗以告齊侯許之申侯見曰師老矣若出於東方而遇敵懼不可用也若出於陳鄭之間共其資粮屝屨其可也齊侯說与之虎牢執袁濤塗**公羊傳**濤塗之罪何辟軍之道也執者曷為或稱侯或稱人稱侯而執者伯討也稱人而執者非伯討也此執有罪何以不得為伯討古者周公東征則西国怨西征則東国怨桓公假塗于陳而伐楚則陳人不欲其反由己者師不正故也不脩其師而執濤塗古人之討則不然也**穀梁傳**齊人者齊侯也其人之何也於是哆然外齊侯也**杜氏曰**濤塗陳大夫**孫氏曰**桓公与陳侯南服強楚歸而反執陳轅濤塗其惡可知**家氏曰**齊桓執鄭詹与其執也故繼書逃來見春秋之罪詹執陳轅濤塗不与執也故繼書伐陳侵陳見春秋之不与齊。**啖氏曰**公羊云濤塗說桓公

令師濵海而歸師陷沛澤之中顛而執濤塗君然
則是軍自失路致陷非濤塗之罪故左氏說是

秋及江人黃人伐陳

左傳伐陳討不忠也穀梁傳不言其人
及之者何内師也程子傳齐命也臨川
吳氏曰時江黃之師在其国伐楚之役未嘗勞之且以
其国近於陳故令伐陳也必使曾人及之者江黃遠国
不可无曾主兵也。愚按或謂書及者蒙上文齐人執
轅濤塗之文乃齐及之非曾及之也然求之一經書法
他国再有事必書遂如遂滅偪陽遂
滅賴之類此不言遂實曾及之耳

八月公至自伐楚

穀梁傳有二事偶則以後事致後事小則以先事致其
以伐楚致大伐楚也范氏曰楚强莫能伐故以伐楚為
大事何氏曰公出三時危公之久臨川吳氏曰公与齐
桓為他會皆不至此獨至者重大其事且以師出三時
久役之勞也啖氏曰或致前事或致後事蓋夫子擇其
重者志之也愚按春秋書至大齐桓伐楚之功其猶召
穆公平淮夷告成于王而詩人美之歟諸書至或以前
事致者或以後事致者亦猶湯既勝夏遂伐三朡而序
書者曰湯歸自夏成王東伐淮夷遂踐奄而序書者曰
成王歸自奄蓋以滅夏滅奄其事重於伐三朡伐淮夷
故耳。陸氏曰公羊云楚已服矣何以致伐楚叛盟也
穀梁云楚雖已服何妨告廟云伐還豈可云公至自服楚乎

劉氏曰諸致例有可通者有不可通者不足信也◯葬許穆公穆公作繆◯冬十有二月公孫茲帥師會齊桓人宋桓人衛文人鄭文人許僖人曹昭人侵陳茲公作慈后同霸国大夫會諸大夫侵與国自此始左傳叔孫戴伯帥師會諸侯之師侵陳陳成歸轅濤塗杜氏曰茲叔牙子

楊子法言或問爲政有幾曰思斁音繹昔在周公征于東方四國是王詩豳風破斧篇王作皇其思矣夫齊桓公欲經陳陳不果納執轅濤塗其斁矣夫見先知篇注言政善則人思慕之政惡則人厭苦之周公東征三年而歸四国於是從王命故東山一章言其思也齊桓伐楚雖美而御師不整故不敢令徑劉氏曰齊桓之不可爲周公亦明矣然春秋以周公之義責焉者以其可以及可以責者責於桓公也

桓公識明而量淺管仲器不足而才有餘語子曰管仲之器小哉朱子曰管仲之德不勝其才方楚人未怗他協反服也而齊以

爲憂也致勤於鄭振中夏之威會于陽穀惇遠國之信按兵于陘修文告之辭退舍召陵結會盟之禮何其念之深禮之謹也存此心以進善則桓有王德而管氏爲王佐矣堯舜性之也湯武身之也五霸假之也久假而不歸烏知其非有惜乎桓公假之不久而遽歸也**南軒張氏曰**五伯慕乎仁義之名有所爲而爲之故暫假而暫歸桓公召陵之盟仗王室之事以責楚亦可謂義矣而執陳轅濤塗之辛旋踵而起此皆歸之遽者也使其假而能久久之而不歸則必有非苟然者矣**愚按**朱子集註謂竊其名以終身而不自知其真有与此不同楚方受盟志已驕溢陳大夫一謀不協其身見執其國見伐見侵而怒猶未怠也桓德於是乎衰矣愛人不親反其仁治人不治去声反其智禮人不荅反其敬行有不得

者皆反求諸己其身正而天下歸之見孟子曾可厚以責人不自反乎原其失在於量淺而器不宏也魏武纔得荊州而張松見忽三国志劉焉傳曹操擊劉表表卒子琮以荊州降劉璋以操得荊州遣別駕張松致敬於操松爲人短小放蕩時操已定荊州不存錄松松怨之歸勸璋絕操習鑿齒曰齊桓一矜其功叛者九国曹操暫自驕伐天下三分皆勤之於數十年之內而棄之於俯仰之頃唐莊宗自矜取汴而高氏不朝五代史高季興世家同光元年莊宗滅梁季興入朝莊宗欲留之郭崇韜諫乃遣之季興倍道而去謂將佐曰新朝百戰方得河南乃對功臣舉手云吾於十指上得天下矜伐如此其誰不解体何能久長吾無憂矣成湯勝夏撫有萬方乃曰茲朕未知獲戾于上下慄慄危懼若將隕于深淵其爾萬方有罪在予一人予一人有罪無以爾萬方見湯誥蔡氏曰責愈重則憂愈大聖人厚於責己而薄於責人是乃君道當然也人之

度量相越豈不遠哉春秋稱人以執罪齊侯也陳氏曰齊侯稱人貶也東迁之後春秋之治在諸侯北杏之後春秋之治在盟主是故治在諸侯於中丘會稱君伐宋稱人於郎戰稱君盟惡曹稱人治在盟主於陘稱伐稱君執濤塗稱人於溫會稱君執衛侯稱人侵陳者深責之也臨川吳氏曰陳与六国同伐楚成齊桓怙荆之功一有辟軍之罪既執其臣遄以三国伐之又動七国之兵臨其国厚人之功而薄人之過者蓋不如此書侵者以見其師之無名也故孟子曰仲尼之徒無道桓文之事者管仲曽西之所不爲也而子爲于僞反我願之乎張氏曰桓公怒陳之深至於伐而又侵孟子謂成湯征伐至於歸市者不止耕者不變若時雨降民大悅則桓公於此慙德多矣况大兵之後復以師出重困諸侯乎兵以憤興則後有當討者應之必怠人亦侮之故楚終不服鄭伯逃盟以至弦滅而不能救皆怒陳之過致之也故詳書伐侵以著其罪蘇氏曰伐陳侵陳皆討濤塗之不忠也前曰伐當其罪也後曰侵已甚也沙隨陳氏曰濤塗既執又再侵伐陳罪特暫謀之不善耳非有荆楚暴殄中

国之罪也桓公責强夷甚畧罪弱国甚備非道也 家氏曰 夫子大齐桓之功而小管仲之器於伐楚之役見之盖規模宏大者憂樂吉凶不足以動其方寸而識量淺狹者勝負得喪足以移其常心斯王霸之所以辨而伊尹周公与管仲狐趙事業所以分也當桓公之始霸管仲佐之謙以処已和以遇物諸侯小国會不會朝不朝不深責也遠近咸服小大具孚遂率之以伐楚楚伏其罪還自召陵君臣俱驕憂喜易位濤塗謀避軍道以紓其国於齐未大有所損執其人命諸侯之師伐之以伐爲未足又從而侵之楚無亡矢遺鏃之費而陳反被侵陵之禍志得而驕猖狂妄行管仲曽不能諫則仲与桓俱墮驕盈之域由其器量淺狹如貧人之家一朝獲千金而莫知所措故是行也責楚之無王而楚之無王自若欲服蔡而蔡卒不与於會本以救鄭未幾逃盟雖稍伸中国之威終不能大挫强楚之焰於是滅弦伐許使中国自救之不暇而桓之霸衰矣惜哉春秋於伐楚也爵以褒之於其伐陳侵陳也人以貶之其著義明矣 高氏曰 書公孫茲帥師則知諸国皆大夫帥師以會之矣諸国皆貶而人之則公孫茲与貶可知矣齐之首惡罪不勝誅也 陳氏曰 會侵未有書帥師者而公孫茲書帥師會救未有書帥師者而公孫敖書帥師公子牙

謀弑子般公子慶父弑閔而茲与敖皆世爲將是故謹志之曰公子友帥師敗莒師于酈公孫茲帥師會侵陳公孫敖帥師及諸侯之大夫救徐見三家之所從始也

丙寅惠王二十二年

五年齊桓三十一晉獻二十二衛文五蔡穆二十鄭文十八曹昭七陳宣三十八杞惠十八宋桓二十七秦穆五楚成十七

春晉獻侯殺其世子申生

左傳初晉獻公烝於齊姜生大子申生又娶二女於戎大戎狐姬生重耳小戎子生夷吾晉伐驪戎驪戎男女以驪姬獻公欲以驪姬爲夫人卜之不吉筮之吉公曰從筮卜人曰筮短龜長不如從長且其繇曰專之渝攘公之羭一薰一蕕十年尚猶有臭必不可弗聽立之生奚齊其娣生卓子驪姬嬖欲立其子公使大子居曲沃重耳居蒲夷吾居屈羣公子皆鄙惟二姬之子在絳將立奚齊既与中大夫成謀姬謂大子曰君夢齊姜必速祭之大子祭于曲沃歸胙于公公田姬寘諸宮六日公至毒而獻之公祭之地地墳与犬犬斃与小臣小臣亦斃姬泣曰賊由大子大子奔新城公殺其傅杜原款或謂大子子辭君必辯焉太子曰君非姬氏居不安食不飽我辭姬必有罪君老矣吾又不樂曰子其行乎大子曰君實不察其罪被此名也以出人誰納我縊于新城姬遂譖二公子曰皆

知之重耳奔蒲夷吾奔屈穀梁傳目晉侯斥殺惡晉侯也

公羊子曰。殺世子母弟直稱君者。何氏曰據鄭殺其大夫申侯稱国甚之也何氏曰甚惡殺親親也啖氏曰稱晉侯言申生之無罪也陳氏曰太子縊于新城則其斥殺何春秋之法苟有讒而不見則其君之罪也是故申生以驪姬之譖自殺宋痤以伊戾之譖自殺直稱君殺而已矣

申生進不能自明。退不能違難。乃旦反乃曰愛父以姑息而陷之不義。讒人得志幾至亡國。先儒以爲大仁之賊也陸氏曰申生進不能自明退不能違難有愛父之心而乃陷之於不義使讒人得志国以大乱所謂小仁大仁之賊也張子曰無所勞而待烹申生其恭也而目晉侯斥殺專罪獻公何也。春秋端本清源之書也。內寵並后嬖子配適音嫡下同亂之本也左傳閔二狐突諫曰云云家氏曰獻公殘忍不君溺於内嬖所与朝夕潛圖密慮不過爲樹建庶孽之計耳方東山皐落之伐豈無他人乃以命冢嗣狐突先友梁

餘子先丹木之徒固洞見公之肺肝而勸太子驪姬爲避禍之謀不待歸胙於君人皆知其不免矣

寵奚齊卓子孽亂本成矣尸主也此者其誰乎是故目晉侯斥殺專罪獻公使後世有欲紊妃妾之名亂適庶之位縱人欲滅天理以敗其家國者知所戒焉 張氏曰獻公嬖寵庶孽聽讒如流輕世適之重忽社稷之計申生既死而公卒之後奚齊亦被殺徒設此心兩俱棄之致晉乱二十餘年兵敗国破所謂爲人父而蒙首惡之名者此矣 高氏曰諸侯世子皆誓於天子不可專殺也且父子人之大倫非他人所得間者今至於相殺則人倫廢矣況世子至親非其君自殺之則無敢殺者是故斥言晉侯所以深罪其聽讒而以忍殺其子也觀采苓之詩蓋可見其好聽讒矣

此防民猶有以堯母名門使姦臣逆探其意有危皇后太子之心以成巫蠱之禍者 前趙倢伃傳倢伃行有寵元始三年生昭帝任身十四月乃生上曰昔堯十四月而生今鉤弋亦然乃命其門曰堯母門 戾太子傳衛后寵衰江充用

事充与太子及衛后有隙會巫蠱事充因此爲姦白言宫中有蠱氣遂至太子宫掘得桐木人太子急白皇后發武庫兵斬充与丞相刘屈氂戰敗走皇后太子皆自殺【司馬公曰】皇后太子皆無恙而命鈎弋之門曰堯母非名也是以姦臣逆探上意知其奇愛少子欲以爲嗣遂有危皇后太子之心卒成巫蠱之禍悲夫。【愚按】春秋書殺大夫四十七或稱国或稱人惟晉侯殺申生宋公殺痤天王殺佞夫鄭伯克段不稱国不稱人而直稱君以爲獨其君之罪也僖十六年鄭伯殺其世子華文十八年宋公殺其母弟須殺得其罪則不書

【惠】

杞伯姬來朝其子【公羊傳】与其子俱來朝也【穀梁傳】諸侯相見曰朝伯姬爲志乎朝其子也伯姬爲志乎朝其子則是杞伯失夫之道矣以待人父之道待人之子非正也故曰杞伯姬來朝其子參譏也【范氏曰】譏伯姬杞伯魯侯也【杜氏曰】其子時年十歲左右【薛氏曰】無父歸寧猶曰不可况非礼之朝乎【張氏曰】朝者人君相見於宗廟朝廷之上父在而使其子行之又使婦人參之皆失正也【臨川吴氏曰】曹伯有疾遣其世子射姑代父朝魯春秋譏之杞惠公疑亦有疾伯姬以其子爲魯之甥故挾之至魯就令攝父行朝礼是年

杞惠公卒成公嗣位蓋伯姬豫欲托其子於魯也杞伯失君道失夫道失父道伯姬失妻道失母道其子失子道而魯侯受其朝皆非禮也家氏曰世子頒會盟禮猶有殺况未為世子而用朝禮見之乎高氏曰先王之制諸侯未冠而即位謂之童子侯童子侯不朝蓋不可以成人之禮接之也伯姬歸杞方十三年有子必尚幼穉如之何而勝朝乎高郵孫氏曰此言來朝其子三十一年來求婦皆非禮也若數者志而卒不志知其所為貶之也○陸氏曰公羊云其言來朝其子何内辭也按此文直書以示譏尔何有内辭乎○夏公孫

兹如牟左傳公孫兹如牟娶焉汪氏曰鄉非君命不越境故奉君命聘于牟因自為逆而傳實其事臨川吳氏曰魯於鄰近大国未見使其臣以時往聘牟小国也桓十五年嘗朝于魯自後並不再有邦交之禮今公孫兹乃往聘于彼蓋以私事行而有請於公托君命以往故書以譏之愚按經書公如他国者朝也書大夫如他国者聘也故趙氏謂凡内朝聘称如以異外也戴伯因聘而娶不書逆者不于其因聘禮而行私事也季友私交則書其事公孫兹季孫行父公孫敖公孫要齊叔孫婼因聘与盟而逆則不書皆所以謹私交也蓋因公事而行私事則不書私事罪其不當托君命以遂其私無公事而專行私事則直書而貶自見矣○公

及齊侯桓宋公桓陳侯宣衛侯文鄭伯文許男僖曹伯昭會王世子于首止

公穀作首戴後同 左傳 會于首止會王大子鄭謀寧周也 公羊傳 曷爲殊會王世子世子貴也世子猶世世子也 穀梁傳 及以會尊之也何尊焉王世子云者唯王之貳也云可以重之存焉尊之也何重焉天子世子世天下也 程子傳 世子王之貳不可与諸侯列世子出諸侯會之故其辭異 杜氏曰 首止衛地陳留襄邑東南有首鄉 張氏曰 襄邑今屬拱州非衛地 愚按 襄邑在今汴梁路睢州

及以會尊之也 范氏曰 言及諸侯然後會王世子不敢令世子与諸侯斉列 杜氏曰 世子不名而殊會尊之也王之世子尊与王同 以王世子而下會諸侯則陵 陵謂陵遲 左傳曰 不競亦陵 以諸侯而上與王世子會則抗 抗敵也 春秋抑強臣扶弱主撥亂世反之正 本公羊 特書及以會者若曰王世子在是諸侯咸往會焉示不可得而抗也 何氏曰 儲君副主當世以位不可以諸侯會之爲文故殊別之使若諸侯爲世子所會也 啖氏曰 斉

不敢爲會王故不云會齊侯後世論其班位有次于三公宰臣之下亦有序乎其上者則將奚正晉制皇太子在三路下宋升太子在三路之上齊梁陳因之隋制皇太子与會設坐於御東南西向唐制朝賀首皇太子次上公自天王而言欲屈遠其子使次乎其下亦謙德也自臣下而言欲尊敬王世子則序乎其上正分扶問反下同義也陳氏曰自王者言之以屈遠世子在三公下自諸侯言之世子尊於三公此礼之威儀各有所施天尊地卑而其分定典叙禮秩而其義明使群臣得伸其敬則貴有常尊官十二隨武子曰云云上下辨矣經書宰周公祗音支與王人同序於諸侯之上而不得與殊會同書此聖人尊君抑臣之旨也而班位定矣張氏曰初惠王娶陳媯爲后生太子鄭及叔帶愛叔帶欲立之齊桓公以其發長立幼將啓乱階遂率諸侯會王世子于首止示天

下戴之以爲天王之貳所以尊国本絕亂階也陳氏曰王世子危不得立齊桓公率天下之諸侯而爲會以定之禮之變者也殊會世子而不以世子夷於諸侯所以定世子也桓公可謂善處父子之間矣高氏曰天王以惠后故將廢鄭而立帶齊侯以謂讓之於朝覲責之以諫諍從則世子安不從則廢之是從違未可知也莫若爲會以尊世子使天子曉然皆知出子之爲鄭而共尊之則雖有惠后之愛天王不得行其私而世子終可不易矣此齊侯之志也愚按王世子天下之本也本危則王室亂王室亂則天下搖矣齊桓定王世子鄭于首止而王室寧使惠王無易樹子之過景王不能早正国本而王室亂使諸侯有成周城成周之勤晉頃寧王室於巳亂之後不若齊桓能弭難於未亂之先也或謂寰内諸侯非有天子之命不得出會諸侯今王世子不稟王命而出與諸侯會是世子外交霸国以脅制其君齊桓不請於王而率諸侯以會王世子是爲世子私植黨以拒父也是不然漢高欲易太子張良招四皓與游卒定惠帝程子予之以爲得納約自牖之義彼四皓非以高帝之命而至惠帝亦非有父命而招四人也朱子詳載其事於綱目豈非法春秋許首止之盟而然歟蓋襄王之爲世子實惠王命之爲世子也齊桓以諸侯會世

子是會王之世子也彼惠王雖有立愛之意而未嘗有命廢襄王齊桓適事之權定天下之大本於危疑之際乃霸功之合於義者也朱子曰春秋書會王世子與齊桓公也豈不信哉故成十六年公會尹武公及諸侯伐鄭十七年公會尹武公單襄公及諸侯伐鄭襄三年公會單頃公及諸侯同盟于雞澤春秋皆不以殊會書之獨此殊會王世子蓋以明至尊之儲副非人臣之比也夫殊會之文或及以會或會以會或會以分或及以及蠢不同公及諸侯一會王世子于首止以會吳于鍾離于柤于向皆衆人會一人之辭然首止以甲會尊及而後會所以正君臣之分也會吳則以此會彼會而及會所以謹華夷之辨也文雖同而實則異也公及夫人會齊侯于陽穀以兩人一會一人而男女之別也公會晉侯及吳子于黃池以一人會兩人而內外之別也文雖似而實不同也叔孫豹及諸侯之大夫及陳袁僑盟大夫自盟而書諸侯以統之以諸侯之失權於大夫故殊及以志其始也首止袁僑皆以明君臣之義而意不同于柤黃池皆以著內外之辨而事則異皆變例之變者也讀者不可不深察焉

秋八月諸侯盟于首止 公羊傳 諸侯何以不序一事而再見者前目而後凡也 穀梁傳

無中事而復會諸侯何也尊王世子而不敢与盟也尊
則其不敢与盟何也盟者不相信也故謹信也不敢以
所不信而加之尊者桓諸侯也不能朝天子是不臣也
王世子子也塊然受諸侯之尊己而立乎其位是不子
也桓不臣王世子不子則其所善焉何也是則変之正
也天子微諸侯不享覲桓控大国扶小国統諸侯不能
以朝天子亦不敢致天王尊王世子于首戴乃所以尊
天王之命也世子含王命會齊桓亦所以尊天王之命
也世子受之可乎是亦変之正也天子微諸侯不享
覲世子受諸侯之尊己而天王尊矣世子受之可也

無中事復扶又反**舉諸侯**據祝柯重丘間有異事則復會諸侯馬陵柯陵于戚亳城
北平丘無中事不會諸侯 何氏曰 省文從**會盟同地**
可知間無事不省諸侯時世子不與盟

再言首止者書之重詞之複其中必有大美惡焉首
止之盟美之大者也 范氏曰 齊桓尊崇王室綴合諸侯翼戴世子盟之美者莫盛於
此 劉氏曰 首止葵丘會盟同地而再言之者孔子曰
書之重辭之複其中必有美者焉首止君君臣臣父
父子子此大經大法也葵丘盡王者之禁
皆有懿德美行超絶卓異非常之迹者也 **王將以愛**

易世子桓公有憂之控大國扶小國會于首止以定其位【杜氏曰】惠王以惠后故將廢太子鄭而立王子帶故齊桓帥諸侯會王太子以定其位大子踐阼新君即位由阼階三揖而後升謂之踐阼是爲襄王一舉而父子君臣之道皆得焉【愚按】太子鄭乃惠王之長嫡桓公會首止以定其位所以明父子之倫不使王太子列於諸侯而殊會之所以明君臣之倫首止之盟重与諸侯要言共尊世子爲天下之儲君且不敢使王世子同盟又以申明父子君臣之道也故夫子稱之曰管仲相去声桓公一匡天下民到于今受其賜微管仲吾其被皮寄反髮左衽而審反矣中國之爲中國以有父子君臣之大倫也一失則爲夷狄矣故曰首止之盟美之大者也【張氏曰】此盟蓋會世子之礼已畢約諸侯以同戴世子殆亦束牲載書而不歃血敬方伯者察天下之勢而正救於未亂者故桓公之謀寧周春秋之義卒也不敢以約信加之尊者桓公此卒其義既

明其礼復正此所以為一正天下之功而冊書首止

以美之【盧氏曰】夏諸侯會王世子于首止秋諸侯盟

于首止此此春秋尊周之微意諸侯不敢盟世子故自

盟也【高氏曰】會者辨上下之礼修和好之道而王世

子與與焉猶之可也盟者以不相信故也若王世子亦

與焉則是以所不信者加之王世子与約束諸侯無

異故齊侯不敢盟世子而与諸侯自盟諸侯自盟乃

所以定世子也夫齊既不敢盟世子而以會世子為

名可謂知尊王矣然齊侯之伯既致王世子而會之

晋侯之伯遂致天王而朝焉孔子罪作偏者由致王

世子遂至于致王則其弊不可勝誅矣【陳氏曰】會而

後盟間有事書諸侯盟于其非間有事也亦書諸侯

盟于其則有不盟者也此冊書諸侯則王世子不与

盟也桓有諸侯之事三於洮序王人於諸侯之上而

同盟焉王人微者也雖同盟而無嫌於葵丘亦序周

公於諸侯之上而不敢同盟焉天下之宰異於微者

也盟于首止不但不同盟也而帥諸侯以殊會世子

以世子之尊非特天子之宰比也桓公於是知節矣

故會有周人盟無周人書會于其某日諸侯盟則齊

侯之遂也會有周人盟有周人書會于某但曰某日

盟則晋侯之抗也春秋是以予桓也【愚按】會盟同地

而書辞重複者四首止定王嗣葵丘明王禁平丘示

威不而晉伯哀于宋晉楚爲成而中国失霸事異而文一施之所謂美惡不嫌同辭也

鄭伯逃歸不盟文 左傳 王使周公召鄭伯曰吾撫女以從楚輔之以晉可以少安鄭伯喜於王命而懼其不朝于齐也故逃歸不盟孔叔止之曰国君不可以輕輕則失親失親患必至病而乞盟所喪多矣君必悔之弗聽逃其師而歸 穀梁傳 以其去諸侯故逃之也

事有惡者不與音預下同爲幸其善者不與爲貶平丘之盟惡也請魯無勤是以爲幸平丘之盟上要天子之老則非尊王同懼荊蠻篡弑之君則非仗義甲車四千乘示威於諸侯則無忠信誠慤之意又信邾莒之訴而絕魯使不与盟則不盟不足恥也故直書曰公不與盟首止之盟善也犯衆不盟是以爲貶故特書曰鄭伯逃歸逃者匹夫之事 杜氏曰 国君輕走群臣不知其謀与匹夫逃竄無異 穀梁 逃義曰逃 趙氏曰 凡言逃皆謂義當留而竊去也以諸侯之尊下行匹夫之事雖悔於終病而乞盟如

所喪息浪反何其書逃歸不盟深貶之也或曰首止之會非王志也王惡去声齊侯定世子而使周公杜氏曰宰孔也召鄭伯曰吾撫汝以從楚可以少安鄭伯喜於王命而畏齊故逃歸不盟然則何罪乎曰春秋道音導名分尊天王而以大義爲主夫義者權名分扶問反之中而當去声其可之謂也諸侯會王世子雖衰世之事蘇氏曰諸侯不以王命而會世子世子不以王命而出會諸侯衰世之事也而春秋與之者是變之中也鄭伯雖承王命而制命非義宣十五解揚曰君能制命爲義家氏曰鄭伯當陳義於王力言其不可以待既盟乃去然後於義爲盡安有執王私命逃諸侯而遂去者乎春秋逃之者亦變之中也天下之大倫有常有變舜之於父子娶妻必告父母舜不告而娶者以父頑母嚚告則不得娶也湯武

之於君臣臣不當伐君而桀紂暴虐天命已絕湯放桀武王伐紂順乎天而應乎人也周公之於兄弟周公輔成王群叔流言倡亂欲危王室周公誅管蔡為天下致討不得私其兄弟也皆處其變者也賢者守其常聖人盡其變會首止逃鄭伯處父子君臣之變而不失其中也噫此春秋之所以為春秋而非聖人莫能修之者矣**張氏曰**桓公之事天下之公義也惠王之命一人之私心也鄭伯背公徇私違棄衆善行同匹夫故書逃歸以深罪之**臨川吳氏曰**上書諸侯此言鄭伯言七国諸侯之中獨鄭伯不欲與尊戴王世子之盟而逃歸也**高氏曰**齊侯以楚數病鄭之故遂率諸侯伐楚楚既服遂會王世子于首止明大義於天下此盛德之事也當是時諸侯未有從夷狄之心而惠王由嬖孽之私棄理義之正撫鄭從楚甚間中国自是楚復与中国爭衡夫齊之服楚所以營圖之非一日矣纔踰年而惠王已導鄭伯以叛之故知中国不競非獨強楚與諸侯之罪王室實有以啓之也**陳氏曰**国君而曰逃賤之也何賤乎鄭伯以其背夏盟也厥貉之會麇子逃歸不書竄

之役鄭伯逃歸不書盖逃楚也必若鄭文公逃齊陳哀公逃晉而後書所以示夷夏之辯嚴矣【愚按】君之逃惟首止于鄫書鄭伯陳侯逃歸臣之逃斷道溴梁之會高固高厚逃歸皆不書而惟書鄭詹逃來於此見齊桓晉悼之霸不可棄也聞之先師曰陳鄭書逃書乞盟人之于齊晉也昭昭矣○【劉氏曰】公羊云其言逃歸不盟何不可使盟也非也公羊謙鄭伯實逃歸者當在盟首戴之前故云尔不知鄭伯本自當盟及盟之日更自逃去但言逃歸則嫌已盟而逃故出不盟者在盟前逃也

楚人(成)滅弦弦子奔黄【楚始滅中国】【左傳】楚鬭穀於菟滅弦弦子奔黄於是江黄道栢方睦於齊皆弦姻也弦子恃之而不事楚又不設備故亡【穀梁傳】弦国也其不日微国也【杜氏曰】弦国在弋陽軑縣東南【任公輔曰】地譜光州光山縣故弦国【愚按】光州今屬汴梁路【高氏曰】齊侯自侵陳之後已起諸侯之叛心至是鄭伯竊与楚通楚人遂滅弦以爲冠中国之兆也【張氏曰】鬭穀於菟楚之名大夫也輔楚顓以當齊桓雖外受盟于召陵而内懷負固之心至此窺覦王懷愛叔帶之意而不悅桓公此舉遂因王間鄭而師師滅弦弦子書奔不服於楚而逃去之不名以爲尚可望以興復故不絕也黄弦同壤而受弦子之奔楚之滅黄亦自此

始桓公不能救弦以啓救鄭圍許之紛紛使桓公此時
率諸侯以討楚復弦豈不足以立中国之威而制楚之
橫與【孫氏曰】楚人滅弦惡桓不能救也○
十年狄滅溫十二年楚人滅黄義同
九月戊申朔
日有食之○冬晉人執虞公（獻）【左傳】晉侯復假道於虞以伐虢宮之奇諫曰虢虞之
表也虢亡虞必從之晉不可啓寇不可玩一之謂甚其
可再乎諺所謂輔車相依唇亡齒寒者虞虢之謂也弗
聽許晉使宮之奇以其族行曰虞不臘矣晉侯圍上陽
滅虢虢公醜奔京師師還館于虞遂襲虞滅之執虞公
及其大夫井伯以媵秦穆姬而脩虞祀且歸其職貢於
王故書曰晉人執虞公罪虞且言易也【公羊傳】虞已滅
矣其言執之何不与滅也曷為不与滅滅者亡国之善
詞也滅者上下之同力者也【穀梁傳】執不言所於地緼
於晉也其曰公何也猶曰其下執之之辭也其猶下執
之之辭何也晉命行乎虞民矣虞虢之相救非相為賜
也今日亡虢而明日亡虞矣【程
子傳】書執而不書滅自取也

公羊子曰虞已滅矣其言執何不與滅也滅者亡國
之善辭上下之同力也【何氏曰】言滅者臣子与君戮力一心共死之辭也不但去

滅復去以歸言執者明虞公滅人以自亡當絕不得責不死位也若夫虞公地之緼紆粉反於晉久矣范氏曰時虞已包裹屬於晉故雖在虞執而不書其處晉命行乎虞民信矣范氏曰虞服于晉故從晉命而執其君其曰晉人執之者猶衆執獨夫耳通旨書晉人執虞公衆詞也虞公書爵而不名深著其罪所謂美惡不嫌同詞貴為天子富有四海而身為獨夫商紂是也秦誓撫我則后虐我則讎獨夫受有億兆夷人離心離德孟子殘賊之人謂之一夫貴為諸侯富有一國而身為獨夫虞公是也其曰公者非存其爵猶下執之之詞也范氏曰臣民執其君故稱公五等諸侯民皆稱公春秋有州公郭公虞公凡三公非爵三人殊而一致三公并而同歸蓋春秋所賤杜氏釋例虞公貪賄自亡国非其国臣非其臣晉人執之若執一夫何氏曰稱公者奪正爵劉氏曰虞公不名而曰公者其国已亡其地已奪是滅而不能死者也不言以歸驗其為匹夫之實也平菴項氏曰虞公之執前無所

由後無所歸如執匹夫然見虞之無国也書滅下陽於始而記執虞公於後可以見棄義趨利瀆貨無厭（平声）之能亡國敗家審矣

劉氏曰春秋記事原始見終不失其實故虞之滅自夏陽始夏陽滅則虞亡矣宮之奇舟之僑之徒皆知獨其君不知故春秋因大見其覺於滅夏陽而深沒其迹於執虞公使天下之為人君者從而省之可以戒矣

張氏曰虞公貪璧馬之近貨忘国家之將絕而以国之所恃資敵故前書滅下陽而後書執虞公則虞公之自取亡滅與晉獻無道絕滅虢叔虞仲之祀片言可見

陳氏曰荀同力致滅自其君世子必詳所以滅之之罪書曰楚子虔誘蔡侯般殺之于申楚公子棄疾師師圍蔡楚師滅蔡執蔡世子有以歸用之苟不同力執其君而国從之矣則不詳所以滅之之罪書曰晉人執虞公以為晉人徒執其君焉耳而虞自亡也

汪氏纂義滅而称執者言虞當滅久矣今但執之而已滅虢不書者方罪虞以為世戒若書曰晉侯滅虢遂滅虞執虞公以歸斯實錄耳非裁成義理之文也

愚按春秋書滅国者三十一其致滅之因或叛彼即此或恃謀或侵地然未嘗沒於嗜好而棄其險要以与敵也故皆書滅国以著滅之者之罪

惟虞虢之滅書法不同蓋有深意下陽不當書滅而書滅虞當書滅而不書滅蓋下陽者虞虢之捍蔽下陽既取則虞虢亡故書虞師同晉滅下陽者著虞之自滅也書執虞公而不言滅者以虞之滅不待此時也不言以虞公歸則虞公特亡國之君耳或疑春秋不當没晉滅虞之罪夫聖筆之立文如化工之生物安可拘拘於常例哉如梁亡而不書秦滅胡髡沈子逞國未滅而書滅皆變其常法也或曰虞公嘗爲天子之三公故稱公執天子三公其罪重於滅國故不言滅虞特書晉執而貶人之未知是否○劉氏曰左氏云晉襲虞滅之而修虞祀且歸其職貢于王故書曰晉人執虞公非也虞晉同姓虞祀之大罪也欲其自文飾修祀歸貢不足以掩其大惡春秋曷爲聽之耶左氏怪其文理異常因彫琢迁就爲此尔

丁卯 惠王二十三年 **六年** 齊桓三十二 晉獻二十三 衛文六 蔡穆二十一 鄭文十九 曹昭八 陳宣三十九 杞成公元年 宋桓二十八 秦穆六 楚成十八 **春王正月○夏公會齊侯宋公陳侯衛侯曹伯伐鄭圍新城** 左傳 諸侯伐鄭以其逃首止之盟故也圍新密 穀梁傳 伐國不言圍邑此其言圍何也病鄭也著鄭伯之罪也 范氏曰 齊桓糾合諸侯翼戴世子而鄭伯辟義逃歸

是以諸侯伐而圍之罪著于上而討顯于下圍伐之文雖同而善惡之義有殊也【杜氏曰】新城鄭新密今滎陽密縣【愚按】密縣屬今汴梁路鈞州

秋楚人圍許諸侯遂救許【左傳】楚子圍許以救鄭諸侯救許乃還【穀梁傳】善救許也【杜氏曰】皆伐鄭之諸侯故不復更叙

冬公至自伐鄭【穀梁傳】其不以救許致何也大伐鄭也

齊自召【音邵】陵之後兵服四夷威動諸夏令合六國之師圍新造之邑宜若振槁然【荀子】燕趙起而攻之若振槁然【注】若擊枯葉之易也圍而不舉有遺【去聲】力者矣及楚人攻許即解新城之圍移師救許是又得討罪分災救急之義也【左傳】僖元凡侯伯救患分災討罪禮也故特書曰楚人圍許諸侯遂救許凡書救者未有不善之也其曰遂救許善之尤者也【薛氏曰】救許書遂者桓公急人之難不窮兵於鄭也【愚按】書遂救者美其赴難之甚速若所謂被髮纓冠而往

援之者也書遂伐遂侵遂入遂滅若譏其憤兵之無已而非有東征西怨之望也惟斉桓遂伐楚乃所以救鄭而非他国遂伐之比亦

善之尤則何以致久也

此与致伐楚同孫氏曰出踰三時張氏曰楚人圍許蓋攻其所必救以解新密之圍釋鄭而救許所以抑県而救患見桓公之急於義也家氏曰伐鄭義也救許亦義也移伐鄭之師而救許所謂權時之宜而合乎義者也愚按楚人圍許以救鄭經不書以救與陽處父伐楚救江異者不予楚人之救鄭也聖人筆削當以屬辭比事之法求之故上書鄭伯逃歸不盟則斉桓之伐鄭書伐書圍以見鄭之不服罪而諸侯無譏焉下書諸侯救許則楚人圍許其罪不可揄矣斉桓圍鄭之新城所以討其逃翼戴儲君之盟也晋文之圍許所以討其不會踐土何陽之朝也圍非美事而桓文之圍實爲王室計也晋文遂圍許与斉桓遂救許書法無異朱子謂春秋明王法而不廢五伯之功豈謂是歟○文氏曰公羊云邑不言圍圍非也圍之爲義無擇於国与邑也趙氏曰左氏云蔡穆侯將許僖公以見楚子于武城許男面縛銜璧云云按楚本圍許以救鄭諸侯救許鄭圍以解楚師亦退許有何懼乃隨蔡侯爲城国之礼乎若爾許已從楚斉何故不伐許乎又云微子啓

姒是又何貶乎 劉氏曰 是後許男常與諸侯會知其初不降楚也

戊辰 惠王二十四年 **七年** 齊桓三十三 晉獻二十四 衛文七 蔡穆二十二 鄭文二十 曹昭九卒 陳宣四十 杞成二 宋桓二十九 秦穆七 楚成十九

春齊(桓)**人伐鄭**(文)**○夏小邾子來朝**(公作小邾婁子後同 杜氏曰 郳黎來始得王命而來朝邾之別封故曰小邾 胡氏曰 齊桓公請天子進之)**○鄭**(文)**殺其大夫申侯**(左傳 陳轅宣仲怨鄭申侯之反己於召陵故勸之城其賜邑遂譖諸鄭伯曰美城其賜邑將以叛也申侯由是得罪夏鄭殺申侯以說于齊且用陳轅濤塗之譖也初申侯申出也有寵於楚文王文王將死與之璧使行曰唯我知女女專利而不猒予取予求不女疵瑕也後之人將求多於女女必不免我死女必速行無適小国將不女容焉既葬出奔鄭又有寵於厲公子文聞其死也曰古人有言曰知臣莫若君弗可改也已 公羊傳 稱国以殺者君殺大夫之辭也 穀梁傳 稱国以殺大夫殺無罪也 臨川吳氏曰 申侯鄭大夫名也)

將(去声)**卑師少稱人**(自齊師城譚以後非君將皆稱人惟次聶北城邢伐厲稱師)**聲**

七一四

罪致討曰伐鄭伯背音佩華即夷南與楚合而未離也

故桓公復扶又反治之張氏曰鄭未服故復伐齊力足以制之不煩諸侯也孔叔

言於其君請下齊以救國鄭伯曰吾知其所由來矣

姑少待我左傳於是殺申侯以說如字于齊稱國以殺者

罪累劣偽反上也本穀梁僖十年傳范氏曰上下皆失故曰罪累上陸氏累專相緣及也言

責及其上也不知自反內忌聽讒而擅殺其大夫信失刑

矣臨川吳氏曰鄭伯因惠王有撫女從楚之命而逃首止之盟齊與問罪之師鄭服逃盟之罪則齊師

息矣今不自下齊而乃歸罪於申侯盖信讒而頗於刑也故春秋不罪申侯而責鄭伯殺大夫之罪如

申侯者其見殺何也專利而不厭於盖反則足以殺其

身而已矣劉氏曰春秋君臣皆譏以謂鄭伯內忌而殺申侯申侯雖不當誅其貪後爭欲亦有

以取之張氏曰傳載轅濤塗譖申侯之事盖不可信而言申侯自楚奔鄭理或有之惟申侯不忘故国所

以道鄭伯背覇從楚以啓伯
主討鄭而致殺身之禍與
秋七月公會齊侯僖宋公桓陳宣世子款鄭文世子華盟于甯母
母音某又音無【穀】作寧母首同【左傳】盟于甯母謀鄭故
也管仲言於齊侯曰臣聞之招攜以禮懷遠以德德禮
不易無人不懷齊侯修礼於諸侯諸侯官受方物鄭伯
使大子華聽命於會言於齊侯曰洩氏孔氏子人氏三
族實違君命若君去之以爲成我以鄭爲内臣君亦無
所不利焉齊侯將許之管仲曰君以礼與信屬諸侯而
以姦終之無乃不可乎子父不奸之謂礼守命共時之
謂信違此二者姦莫大焉公曰諸侯有討於鄭未捷今
苟有釁從之不亦可乎對曰君若綏之以德加之以訓
辭而率諸侯以討鄭鄭將覆亡之不暇豈敢不懼若總
其罪人以臨之鄭有辭矣何懼且夫合諸侯以崇德也
會而列姦何以示後嗣夫諸侯之會其德刑礼義無国
不記記姦之位君盟替矣作而不記非盛德也君其勿
許鄭必受盟夫子華既爲大子而求介於大国以弱其
国亦必不免鄭有叔詹堵叔師叔三良爲政未可閒也
齊侯辭焉子華由是得罪於鄭冬鄭伯使請盟于齊【穀
梁傳】衣裳之會也【杜氏曰】甯母魯地高平方與縣有泥
母亭音如寧【張氏曰】傳言齊侯因管仲之言而修礼於

諸侯不受鄭世子爲内臣之請以見管仲之於桓公正救多矣**臨川吳氏曰**髡子華雖聽命於會齊桓必未使之與盟故明年盟洮鄭伯乞盟當從陸氏纂例云公穀無鄭世子華者爲是**愚按**今三傳皆有鄭世子華則桓公但却子華内臣之請而未嘗使之不與盟也甯毋亭屬今濟寧路鉅野縣**蜀杜氏曰**會四国而二世子在會以著齊桓之德衰見衰矣○**劉氏曰**按左傳則齊侯爲用管仲之言不與子華盟也今甯毋之盟實有子華與傳異矣是何故哉

○曹伯班卒 班**公**作般昭公也在位九年子襄嗣是爲共公

○公子友如齊 桓 **愚按**甯盟甯毋而又使季友修聘所以勸覇国之好也十三年夏會鹹冬季友復聘与此同

○冬葬曹昭公

己巳 惠王二十五年崩

八年 **齊**桓三十四**晉**獻二十五**衛**文八**蔡**穆二十三**鄭**文二十一**曹**共公襄元年**陳**宣四十一**杞**成三**宋**桓三十**秦**穆八**楚**成二十

春王正月公會王人齊侯 桓 宋公 桓 衛侯 文 許男 僖 曹伯 共 陳 宣 世子款盟于洮鄭 文 伯乞盟 陳世子款下**公**有鄭世子華**左傳**盟于洮謀王室也鄭伯乞盟請服也**公羊傳**王人者何微者也曷爲序乎諸侯之上先

王命也。穀梁傳：王人之先諸侯何也？貴王命也。朝服雖敝必加於上，弁冕雖舊必加於首，周室雖衰必先諸侯。兵車之會也。鄭伯乞盟，以向之逃歸乞之也。乞者重辭也，重是盟也。杜氏曰：洮，曹地。夾漈鄭氏曰：洮水出西羌中，北至枹罕，東入河。

王人，下士也，內臣之微者。莫微於下士；外臣之貴者，莫貴於方伯。公侯今以下士之微序乎方伯、公侯之上，外輕內重，不亦偏乎？春秋之法，內臣以私事出朝者直書曰來，隱元祭伯來。以私好去声出聘者不稱其使，莊二十三祭叔來聘。以私情出訃者止錄其名，文三王子虎卒，定四劉卷卒。不以其貴故尊之也；以王命行者雖下士之微序乎方伯、公侯之上，不以其賤故輕之也。然則班列之高下不在乎內外，特繫乎王命爾。聖人之情見音現矣。尊君之義明矣何氏曰銜王命會諸侯諸侯當北面受之故尊序於上啖氏曰天子大夫士雖微亦在諸侯上尊王室也孫氏曰王人微者也序于諸侯之上者春秋尊王故王人雖微序于諸侯之上也張氏曰齊桓雖主會而先王人可以訓矣高氏曰王室有叔帶之難世子之位猶未定蓋惠王疾惠后主叔帶故王人使齊求援而齊會諸侯以謀之臨川吳氏曰左氏以爲惠王已崩然天王之崩天下所聞豈有一年秘不發喪之理竊疑此時王雖未崩或是有疾襄王唯恐一旦大故而叔帶篡立周之大臣亦有能爲襄王謀者故遣下士告難於齊桓公於是合諸侯以謀之王人本不當与盟蓋以所謀者王室之事而王人特爲此事而來故亦与盟至冬王崩而襄王得安其位者齊桓之力也

乞者卑遜自屈之辭乞者卑辭屈已而求之也故求車求金書求而乞盟乞師書乞欲與是盟而未知其得與否也胡氏曰乞不保得之辭始而逃歸今則乞盟於以見舉動人君之大節不可不慎也孫氏曰鄭世子華雖受盟甯母鄭伯猶懼見討故自乞盟于此張氏曰鄭伯欲与於盟而不可得足以見伯權之重而可以使鄭伯

之自反**臨川吳氏曰**鄭伯前年徇惠王之邪心逃首止之盟蓋不欲定世子也今見齊桓再會諸侯結盟以定世子之位襄王將嗣位爲王矣故鄭伯懼後禍悔前非而乞與此盟也**高氏曰**楚爲中國患鄭先受害自莊十六年書荆伐鄭至二十八年荆又伐鄭僖元年楚人伐鄭二年楚又侵鄭三年楚又伐鄭齊桓召陵之役楚始懾服則楚之不復加兵於鄭小白之力也鄭伯畏爲背齊而附楚耶聖人備書其逃盟乞盟之事以罪鄭伯見義之不明自此至十七年小白卒楚人絶迹於鄭桓之伯功盛矣**愚按**春秋書王人者三盟洮書王人常例也救衛書王人子突褒之也盟翟泉書王人貶之也于洮諸侯皆書爵而翟泉諸國之大夫稱人則王子虎爲貶可知矣春秋凡伯者主會必書公會而序伯者於諸侯之上首止會王世子而書公及齊侯則王世子在會而不以齊侯主會之辭也此書公會而序齊侯於王人之下亦不以齊侯主會之辭也後此葵丘翟泉柯陵雞澤平丘書法皆同然葵丘不盟宰周公而翟泉以後皆不以王事而盟王室之卿士則晉伯非桓比矣鄭伯乞盟不言使大夫則鄭伯親至于會也不言如會則鄭伯得與於盟矣然不序列而別言乞盟以見鄭伯在會而卑屈以請與於盟耳苟非在會而後至則當如袁僑如會

盈完如師先書如會而繼書盟矣然襄三年晉士匄乞盟于齊不書此特書者以見其輕於逃義故不憚盈已以請服也○陸氏曰公穀皆云乞盟者處其所而請与也盖酌之也按乞者卑𢀸之辞耳言酌与之迂僻甚矣假如乞師又如何酌之

夏狄伐晉左傳晉里克帥師以敗狄于采桑夏狄伐晉報采桑之役也襄陵許氏曰晉恃強且遠不与齊合是以狄得侮之臨川吳氏曰齊桓嘗存邢衛而未能挫狄師故狄無所忌而伐晉春秋傷齊覇之不能攘狄也○**秋七月禘于大廟用致夫人**大音泰公羊傳用者何用者不宜用也致者何致者不宜致也禘用致夫人非礼也穀梁傳用者不宜用者也致者不宜致者也言夫人必以其氏姓言夫人而不以氏姓非夫人也立妾之辞也非正也夫人之我可以不夫人之乎夫人卒葬之我可以不卒葬之乎一則以宗廟臨之而後貶焉一則以外之弗夫人而見正焉范氏曰刘向曰夫人成風也致之于大廟立之以爲夫人

按禮大禘升歌清廟下而管象朱干玉戚以舞大武

八佾以舞大夏【祭統】成王康王追念周公所以勳勞者而欲尊魯故賜以重祭云云此天子之樂也康周公故以賜魯也【注】清廟頌文王之詩也管象吹管而舞武象之樂也朱干赤盾戚斧也以玉飾其柄此武象之舞所執也佾猶列也大夏禹樂文舞也執羽籥文武之舞皆八列互言之【又見明堂位】此天子之禮樂也踐其位則行其禮奏其樂見【中庸】其指先王言履先王之位則可行先王之礼而奏先王之樂也故雖禘大音泰祖周頌也而其詩曰相去声維辟公天子穆穆【朱子傳】言諸侯助祭而天子有穆穆之容也周公人臣不踐其位魯侯國而用天子之禮亂名犯分扶問反莫大乎是故夫子志之曰郊社之禮所以事上帝也宗廟之禮所以祀乎其先也魯侯國而以王禮祀大廟是誣偽不誠而非所以事乎其先矣【程子曰】周公之功固大矣皆臣子之分所當為魯安得獨用天子礼樂哉成王之賜伯禽之受皆非

也故夫子傷之曰禘自旣灌而往者吾不欲觀之夫灌以降神乃祭之始而已不欲觀是自始至終皆非禮矣【朱子曰】灌者方祭之始用鬱鬯之酒灌地以降神也魯之君臣當此之時誠意未散猶有可觀自此以後則浸以懈怠而無足觀矣蓋魯祭非禮夫子本不欲觀至此而失禮之中又失禮焉故發此嘆也【愚按】文定說微與朱子不同然夫子言不欲觀則譏僭禮之意在其中矣用者不宜用也致者不宜致也【趙氏曰】譏禘又譏致也夫人者風氏也初成風聞季友之繇直救反遂事之而屬章欲反僖公焉故季子立之【左傳】閔二公賜季友汶陽之田及費音秘僖元又生而命之氏見十六年俾世其卿而私門強矣於成風則舉大事於始祖之廟立以爲夫人而嫡妾亂矣【范氏曰】夫人者正嫡之称謂非崇妾之嘉號以妾体君則上下無別雖尊其母是卑其父礼有君之母非夫人者庶子爲後爲

其母縕是妾不爲夫人明矣以私勞寵其臣而卑公室以私恩崇其母而輕宗廟皆越禮之罪也經書夫人而不稱姓氏其貶深矣劉氏曰春秋雖乱由未有妾母稱夫人者也自成風始矣此礼之所由失敎之所由廢上下之所由乱嫡庶之所由争其悪乃比於無父無君已之母父之妾也今背死而使之配此所謂知母而不知父故曰無父凡立小君嫡子必天子命之者今以其私親而建之非有天子之命也故曰無君無父無君王法所禁天子不能正是王無天故含賵會葬皆以王之無天爲譏也孫氏曰禘天子大祭夫人成風也不言風氏者成風僖公妾母嫁非嫡見不得与祭僖公既君欲尊其母故因此秋禘祭用夫人之礼致于大廟使之与祭也妾母称夫人僭之夫者故不言風氏以貶之按夫人文姜孫于齊貶去姜氏此不言風氏其貶可知矣家氏曰夫人不氏明其爲妾无當尊之理也薨葬称夫人非謂成風可以僭夫人也非謂妾母可以配先君也正以僖公當爲非礼之礼致其母爲夫人及文公立又以祖母事之以夫人薨葬之故於此書用致夫人者以其開薨葬夫人之端也高氏曰明堂位言魯君季夏六月以禘

礼祀周公於太廟今用七月失禘之時矣而雜記載
孟獻子之言曰七月日至可以有事于祖故七月而
禘獻子為之也獻子此時未見於經要之既用七月
者出於後人之私意耳用致夫人者言不當用禘而
致夫人也 愚按 哀公欲以嬖妾為夫人使宗人釁夏
獻其礼對曰以妾為夫人固無其礼也夫自僖公致
成風以妾母為夫人自後宣公致敬嬴襄公致定姒
昭公致齐歸皆以妾母為夫人不復志於經矣而釁
夏猶謂以妾為夫人則無其礼盖雖立妾母而未嘗
立妾也于以見魯衰之甚而舊典猶存也。 趙氏曰
杜氏云致哀姜焉按元年哀姜称夫人以薨明用夫
人喪礼已久矣何乃八年始致之乎公羊云譏以妾
為妻也盖脅于齐媵之先至者按若娶于齐則不當
媵先至若娶于他国而公親往未還則无人受脅而
立齐媵 劉氏曰 穀梁云言夫人而不言氏姓立妾之
辞也近之矣未尽也夫称夫人而謂之用致此立妾
之辞也不言氏姓不為見其妾也盖有深義非穀梁
所能見左氏云凡夫人不薨于寢不殯于廟不赴于
同不祔于姑則弗致也按哀姜於此四者唯不薨于
寢亦苟謂四者不備不致於廟設令夫人歸寧而死
亦将不致乎 永嘉呂氏曰 盖僖公尊妾母成之為夫
人自此年禘于太廟始也若謂僖公娶声姜因禘而

朝見何以不称姜氏哉

冬十有二月丁未天王崩惠王也在位二十五年世子鄭嗣位是為襄王**臨川吳氏**曰蓋惠王前年之冬有疾今年歲終乃崩也。**趙氏曰**左氏云七年閏月惠王崩襄王惡大叔之亂不發喪而告難于齊八年正月會于洮謀王室也襄王定位而後發喪據此則正月二月位已定何得直至十二月而後告喪于諸侯則左氏此說不足憑也

庚午襄王元年九年**齊**桓三十五**晉**獻二十六**衛**文九**蔡**穆二十四**鄭**文二十二**曹**共二**陳**宣四十二**杞**成四**宋**桓三十一卒**秦**穆九**楚**成二十一

春王正月丁丑宋公御說卒御魚呂反**公穀**作御說音悅桓公在位三十一年世子茲父嗣是為襄公**左傳**宋桓公卒未葬而襄公會諸侯故曰子**穀梁傳**會于葵丘宋稱子何也未葬之辭也禮柩在堂上孤無外事今背殯而出會以宋子為無哀矣**張氏曰**喪僅踰時比之以嘉禮行而稱爵者為非禮所謂百步五十步之間耳。**啖氏曰**左氏云凡在喪王曰小童公侯曰子按王猛在喪不曰小童又伯子男在喪亦當称子獨言公侯亦誤也公羊曰不書葬為襄公諱按不葬

者魯不會爾為襄公諱有何義乎

〇夏公會宰周公齊侯(桓)宋子(襄)衛侯(文)鄭伯(文)許男(僖)曹伯(共)于葵丘【左傳】會于葵丘尋盟且脩好禮也王使宰孔賜齊侯胙曰天子有事于文武使孔賜伯舅胙齊侯將下拜孔曰且有後命天子使孔曰以伯舅耋老加勞賜一級無下拜對曰天威不違顏咫尺小白余敢貪天子之命無下拜恐隕越于下以遺天子羞敢不下拜下拜登受【公羊傳】宰周公者何天子之為政者也【穀梁傳】天子之宰通乎四海【程子傳】天下之宰與世子禮異故不殊會【杜氏曰】陳留外黃縣東有葵丘【張氏曰】宋地今開封雍丘縣周公食采於周扶風雍縣東北周城是【愚按】葵丘今屬汴梁路睢州考城縣

其曰宰周公者以冢宰兼三公也【杜氏曰】宰官周采地天子三公不字【范氏曰】天官冢宰兼為三公者古者三公無其人則以六卿之有道者上兼師保之任冢宰或闕亦以三公下行端揆之職禹自司空進宅百揆又曰作朕股肱耳目【舜典】咨四岳有

能奮庸熙帝之載使宅百揆僉曰伯禹作司空益稷帝曰臣作朕股肱耳目蔡氏傳百揆者揆度庶政之
官禹以司空兼百揆如周以六卿兼三公後世以他官平章事知政事是以宰臣上兼
師保之任也周公爲師又曰位冢宰正百工君奭序召公爲
保周公爲師蔡仲之命周公位冢宰正百工是以三公下行端揆之職也
所以然者三公與王坐而論道固難其人而冢宰統
百官均四海亦不易去声也書周官三公論道經邦冢宰掌邦治統百官均
四海夫以冢宰兼三公其職任重矣而不殊會之何也
人臣則有進退之節出入均勞之義謂進而爲三公宰輔退而爲方
伯諸侯入乎朝廷之內出乎畿甸之外覲隸雖不同均爲勤勞王室非王世子貴有常
尊之可比矣陳氏曰桓嘗殊會王世子而不殊會三公春秋是以予桓也愚按尊無二上二三
公雖貴亦人臣也王世子天王之貳非人臣也故春秋殊會王世子不以儕之人臣之列宰周公雖兼公

相之戰僅同下士之微者序乎諸侯之上耳齊桓初會首止以尊王嗣而定天下之大本繼會于洮以謀王室而安天下之大勢于會葵丘又明王禁而示天下之大法五霸桓公為盛而桓公之會葵丘為盛宜春秋備書之而孟子稱之也春秋書冢宰者四恒賵寵安糾聘大惡皆貶而名之閔聘僖公雖無貶辭然以冢宰兼三公而修聘事於諸侯則亦過矣惟宰孔出會諸侯獎霸主陳五禁使諸侯既知尊王室而且知畏王法則有功於周室者也故諸侯雖與之會而不敢與之盟後出王子虎盟諸侯大夫於王都之側貶而人之尹武公單襄公之盟柯陵單頃公之盟雞澤劉獻公之盟平丘皆有愧於宰孔矣然惠王之喪適當同軌畢至之際襄王方居諒陰百官總已以聽於冢宰之時桓公不率諸侯會于京師反致冢宰于葵丘而春秋無譏者豈桓公能强王室之大難而功可掩過歟抑會葬既畢而修禮于葵丘以明王禁歟

秋七月乙酉伯姬卒公羊穀梁傳未適人何以卒婦人許嫁字而笄之死則以成人之喪治之胡氏曰不以殤礼降者當為諸侯夫人有即貴之漸啖氏曰內女為夫人書卒許嫁為夫人亦然其為媵及嫁大子公子大夫則不書蜀杜氏曰嫁為夫人則繫國愚按經書內女未嫁而卒者二一雖曰許嫁則喪之以

成人之礼亦時君溺愛之過耳據礼諸侯姑姊妹女子子嫁爲諸侯夫人則服大功大功以下則無服蓋諸侯絶期苟嫁爲諸侯夫人則尊同尊同則爲之服也許嫁未可称夫人而喪之如成人非礼也○

九月戊辰諸侯盟于葵丘【左傳】宰孔先歸齐侯盟諸侯于葵丘曰凡我同盟之人既盟之後言歸于好【公羊傳】桓之盟不日此何以日危之也何危耳貫澤之會桓公有憂中国之心不召而至者江人黄人也葵丘之會桓公震而矜之叛者九国震之者何猶曰振振然矜之者何猶曰莫若我也【穀梁傳】桓盟不日此何以日美之也爲見天子之禁故備之也葵丘之盟陳牲而不殺讀書加於牲上壹明天子之禁曰毋雍泉毋訖糴毋易樹子毋以妾爲妻毋使婦人與国事【程子傳】云諸侯盟見宰不與

會盟同地再言葵丘何也書之重平声辭之複其中必有大美惡焉葵丘之盟美之大者也初命曰誅不孝無易樹子無以妾爲妻再命曰尊賢育材以彰有德三命曰敬老慈幼無忘賓旅四命曰士無世官官事

無攝取士必得無專殺大夫五命曰無曲防無遏糴無有封而不告曰凡我同盟之人既盟之後言歸于好（去声已上並見孟子）以是爲盡禁矣諸侯咸喻乎桓公之志

穀梁傳三盖東牲載書而不歃血也（本孟子）是故會盟同地而再言葵丘美之也

朱子語（如葵丘之會召陵之師自是好本末自是別）

觀孟子所載此盟初命之辭則知桓公翼載襄王之事信矣

張氏曰一命之詞三綱所係盖修身齊家之要自此以下尊賢敬臣子民柔遠人懷諸侯之意略備其提挈綱領以正率人盖春秋之所未有然桓公於易樹子以妾爲妻之禁終不免躬自犯之則何以令諸侯矣

陸氏曰盟稱諸侯者前目後凡且明周公之不與盟也

愚按桓公以五命之詞約束諸侯而不敢盟宰周公首不敢使天子之宰受諸侯之約束也晉文以後王臣出會皆同盟則非桓比矣然桓公自北杏至于下會遇二十有八盟者十有三春秋皆不書日惟此盟書日穀梁以爲美之公羊以爲危之褒貶不同

愚竊以爲是盟乃桓伯盛衰之幾鄭康成所謂桓德極而將衰也蓋自毋盟幽而諸侯協獻捷洽戎存邢衛却狄盟召陵怙楚而中国安盟首止于兆而王室寧及乎葵丘而伯業盛矣柰何陽穀之會与僖公声姜肆於龍樂城杞之功不若城邢救徐之師幾於救許伐黄不恤謀鄫無成而伯業衰矣故論者謂葵丘以前猶自朔至望之月葵丘以後猶自望至晦之月蓋由其心有勤怠之殊是以其功有盛衰之漸聖人於葵丘之盟書日者美其盛而憂其衰也但公羊謂叛者九国亦無可考故趙氏云此會唯六国會鹹牡丘皆七国會淮八国並舊盟之国寧有九国叛乎

甲子晉侯詭諸卒甲子【公】作甲戌諸【左】作佹獻公也在位二十六年废子奚齊卓子相繼立皆弑秦納公子夷吾是爲惠公○**冬晉里克殺其君之子奚齊**殺【公】作弑

【左傳】初獻公使荀息傅奚齊公疾召之曰以是藐諸孤辱在大夫其若之何稽首而對曰臣竭其股肱之力加之以忠貞其濟君之靈也不濟則以死繼之公曰何謂忠貞對曰公家之利知無不爲忠也送往事居耦俱無猜貞也及里克將殺奚齊先告荀息曰三怨將作秦晉輔之子將何如荀息曰將死之里克曰無益也荀叔曰吾与

先君言矣不可以貳能欲復言而愛身乎雖無益也將焉辟之里克殺奚齊于次書曰殺其君之子未葬也荀息將死之人曰不如立卓子而輔之【公羊傳】此未踰年之君其言弒其君之子奚齊何殺未踰年君之號也

穀梁子曰其君之子云者國人不子也不正其殺申生而立之也【范氏曰】諸侯在喪稱子言国人不君之故繫于其君【楊士勛疏】蓋不子者謂不以爲君則是不子也人君擅一國之名寵爲其所子則當子矣國人何爲不子也民至愚而神是非好惡並去声靡不明且公也其所子而弗子者莫能使人弗之子也非所子而子之者莫能使人之亦子也【愚按】衛宣殺伋壽立朔而国人傷之賦二子乘舟之詩以悼伋壽之亡漢武帝愛少子因巫蠱事殺戾太子而壺關三老田千秋等咸訟其冤隋文以讒譖廢太子勇左右莫不閔默文武大臣皆知其不可而弗敢言此皆人心天理之本然邪嫡庶長幼之分不可紊也觀獻公託其子於荀息自知廢正恐有後患則天理之正非唯国人知之獻公

亦自知之矣周幽王嘗黜太子宜臼子伯服矣而犬戎殺其身事見史記注在隱元年晉獻公亦殺世子申生立奚齊矣而大臣殺其子詩大雅烝民篇不云乎天生烝民有物有則民之秉彝好去声是懿德朱子傳天生衆民有物必有法如君臣有義父子有親是也乃民所執之常性故其情無不好此美德者此言天理根於人心雖以私欲滅之而有不可滅也春秋書此以明獻公之罪抑人欲之私示天理之公爲後世戒其義大矣以此防民猶有欲易太子而立趙王如意致夫人之爲人彘者前漢高帝紀定陶戚姬有寵生趙王如意上以太子仁弱謂如意類己欲廢太子而立之及惠帝即位呂后囚戚夫人使人持酖飲之斷其手足去眼煇耳飲瘖藥使居廁中命曰人彘陸氏曰奚齊以本不正故曰君之子明國人意不以爲嗣獨君意立之明里克雖有罪而合晉人之心也盧氏曰書里克殺

其君之子卯晉之不君奚齊也【蜀杜氏曰】殺其君之子猶曰晉君之子亦雖立爲君春秋不成之爲君也【孫氏曰】奚齊庶孽獻公人欲世子而立之春秋不与故曰君之子奚齊惡之也【陳氏曰】遇弒雖未踰年稱君此其稱君之子何獻公殺申生紲重耳夷吾而立其嬖子晉之亂獻公爲之也故奚齊不稱君而稱君之子【趙氏曰】齊舍亦未踰年君也不云其君之子故穀梁国人不子之義是也【張氏曰】奚齊謂之其君之子以晉獻殺適立庶而奪之也齊舍未踰年而謂之君以舍之正而与之也或抑或揚得是非之公可以觀矣【高氏曰】国人不君之而書曰君之子此春秋辨疑似之罪而曲尽人情之所難也

【辛未】襄王二年　**十年**　【齊】桓三十六　穆二十五　【晉】惠公夷吾元年　【鄭】文二十三　【衛】文十　【曹】共三　【蔡】　【陳】宣四十

二年　【杞】成五　【秦】穆十　【宋】襄公茲父元　【楚】成二十二

春王正月公如齊【孫氏曰】公始朝齊也

不至者朝桓安之与他国異也十五年如齊同此【張氏曰】莊公十三年柯之盟魯已服齊雖莊公因昏姻一兩如齊自此魯不朝齊幾二十年蓋桓公伯業未盛不責諸侯以朝礼今僖公始朝齊見於葵丘之後霸体漸肆諸侯不朝天子而朝伯主自此始矣【啖氏曰】公及卿往他国朝聘皆書如【趙氏曰】周之制朝聘也有數今春

秋畢書之見如京師之簡也所以傷王室之微著諸侯
之不臣也臨川吳氏曰僖公兩朝齊桓事伯主也末年
一朝齊昭繼前好也宣公四朝齊惠以篡立而求援也
古者諸侯相朝之禮齊等之國往來報施互相朝也天
下無道惟有小國朝大國故魯所朝者齊晉楚三大國
宋衛齊鄭與魯齊等則相聘而已齊晉伯國也以魯朝
之猶云可也楚蠻夷也晉襄不
能與伉而魯朝之辱莫甚焉〇狄滅溫溫子奔衛左傳
狄滅溫蘇子無信也蘇子叛王即狄又不能於狄狄人
伐之王不救故滅蘇子奔衛杜氏曰蓋中國之狄滅而
居其土地蘇子周司寇蘇公之後也國於溫故曰溫子
張氏曰溫今孟州溫縣周畿內國成王時司寇蘇忿生
之邑畿內諸侯狄得滅之此天王出居于鄭之權輿也
臨川吳氏曰狄於閔之季年伐邢入衛齊桓雖存邢衛
而不加兵於狄蓋其時方急圖楚故未暇及狄狄因此
愈肆前年敢伐大國之晉今又敢滅畿內之溫豈特王
靈之不振抑亦伯圖之有闕也蜀杜氏曰弦江黃近楚
楚侵而滅之諸侯不救以其尚遠也今溫實天子之近
國而狄滅之諸侯不能攘而正之所以病
齊桓也愚按溫國在今懷孟路孟州溫縣〇晉里克弒
其君卓公作卓子左傳荀息立公子
卓以葬里克殺公子卓于朝

國人不君奚齊卓子而曰里克弒其君卓何也是里克君之也【劉氏曰】国人不君二孺子而曰弒其君是里克君之也里克不致死於申生中立以圖免難於乎殺申生而立二子者是乃里克也克者世子申生之傅也驪姬將殺世子而難乃旦反下同里克使優施飲於鴆反之酒而告之以其故里克聽其謀乃欲以中立自免稱疾不朝居三旬而難作【晉語】驪姬告優施曰君既許我殺太子而立奚齊吾難里克奈何優施曰吾來里克一日而已子為我具特羊之饗吾以從之飲酒我優也言無郵驪姬許諾乃具使優施飲里克酒中飲優施起舞謂里克妻曰主孟啗我我教茲暇豫事君乃歌曰暇豫之吾吾不如鳥烏人皆集于苑己獨集于枯里克笑曰何謂苑何謂枯優施曰其母為夫人其子為君可不謂苑乎其母既死其子又有謗可不謂枯乎枯且有傷優施出里克辟奠不饗而寢夜半召優施曰曩有言戲乎抑有所聞之乎曰然君既許驪姬殺太子而立奚齊謀既成矣里克曰吾秉君以殺太子吾不忍通復故交吾不敢中

立其免乎優施曰免曰而里克見丕鄭曰優施告我
君謀成矣將立奚齊丕鄭曰子何謂曰吾對以中立
丕鄭曰惜也不如曰不信以疏之亦固太子以携之
多爲之故以變其志志少疏乃可間也今子曰中立
况固其謀也彼有成矣難以得間里克曰往
言不可及也明日称疾不朝三旬難乃成 是謂持
禄容身速獻公殺適（音嫡）立庶之禍者故成其君臣之
名以正其弑逆之罪克雖欲辭而不受其可得乎
此董子所謂其實爲善而不知義故被之空言而不敢辭者也 使克明於大臣之義
據經廷諍以動其君執節不貳固太子以攜其黨多
爲之故以變其志其濟則國之福也其不濟而死於
其職亦無歉矣人臣所明者義於功不貴幸而成所
立者節於死不貴幸而免克欲以中立祈免自謂智
矣而終亦不能免等死耳不死於世子而死於弑君

其亦不知命之蔽哉語曰不知命無以爲君子也爲人臣而不知春秋之義者必陷於篡弑誅死之罪本子克之謂也

張氏曰 里克因優施烏烏集枯之歌欲中立以免難驪姬遂得以成其殺申生之謀及獻公卒乃殺奚齊卓子而欲納重耳聖人以里克當申生未死之前不能以死正諫而中立以求免坐視太子之無罪而死以成驪姬譖賊之計及其終也逆獻公之遺命而弑二君夫奚齊卓子雖庶孽而有先君之命以立乎其位則固里克之君也故正名其弑君之罪 **朱子語** 晋里克事只以春秋所書未見其是非国語載驪姬陰託里克之妻其後里克守不定遂有中立之說他當時只難里克克若不變太子可安由是觀之里克之罪明矣天下無中立之事自家若排得他退便用排退他若柰何不得便用自死今驪姬一許他中立他一便求生避禍正如隋高祖篡周韋孝寬初甚不能平一見衆人被殺便去降他 **劉氏曰** 里克能不聽優施之謀甯喜能不從孫林父之亂陳乞能不從景公之惑則晋無殺世子之禍衛無逐君之惡齊無立孽之變矣患皆在媮合苟容逢君之惡故春秋成其君臣之名以正其篡弑之罪

所謂不知其義被之空言不敢辭矣不然卓与剽奈豈有宜爲君之義哉陳平之王呂氏誅少帝也似此皆不明於大臣之分者也

及其大夫荀息

【左傳】荀息死之君子曰詩所謂白圭之玷尚可磨也斯言之玷不可爲也荀息有焉

【公羊傳】及者何累也弑君多矣舍此無累者乎曰有孔父仇牧皆累也則何以書賢也何賢乎荀息荀息可謂不食其言矣奚齊卓子驪姬之子也荀息傳焉驪姬国色也献公愛之甚欲立其子於是殺世子申生申生者里克傳之献公病將死謂荀息曰士何如則可謂之信矣荀息對曰使死者反生生者不愧乎其言則可謂信矣献公死奚齊立里克謂荀息曰君殺正而立不正廢長而立幼如之何願与子慮之荀息曰君嘗訊臣矣臣對曰使死者反生生者不愧乎其言則可謂信矣里克知其不可与謀退弑奚齊荀息立卓子里克弑卓子荀息死之荀息可謂不食其言矣

【穀梁傳】言及以尊及卑也荀息閑也

荀息者奚齊卓子之傅也君弑而死於難乃旦反書及所以著其節書大夫不失其官也於荀息何取焉若

息者可謂不食其言矣【通旨】問聖人取其受獻公之託能不失信宋襄受齊桓之屬穀梁以戰敗爲惡宋何哉曰荀息受命傅幼子卓見弑而死難是不食其言猶足取尔無虧居長又立乎其位宋襄奉少奪長以從齊桓不正之屬所以深惡之也或曰息既從君於昏謂荀息爲獻公傳其庶孽使殺正嫡不能諫正【朱子】【語】獻公欲廢申生立奚齊荀息便謂君命立之臣安敢貳不能諫君以義大段不是只是辦得一死亦是難事不食其言庸足取乎世衰道微人受其情私相疑貳以成傾危之俗至於刑牲歃血要質鬼神猶不能固其約也孰有可以託六尺之孤寄百里之命臨死節而不可奪如息者哉自古皆有死民無信不立故聖人以信易食論語而君子以信易生詩兎爰序息不食言其可少乎【張氏曰】荀息不失信於君得以死節書【家氏曰】荀息既許獻公以死難欲不死不可也使荀息早知二子之立国人不与而力辭託孤之

寄以悟其君其君不能用則是時有不必死矣既不能正諫於其始又爲之任託孤之寄雖欲臨難苟免其可得乎聖人所取特在於不食其言君以事君大節而觀不免猶有所愧【柳子厚曰】春秋之進荀息非聖人之情也進荀息以甚荀免之惡也【愚按】春秋書死節者三公羊於孔父曰義形於色於仇牧曰不畏強禦於荀息曰不食其言然則息之守信比於正色而立於朝委身以摧敵者固有間矣然聖人猶有取焉者視石之紛如徒人費賈辛州綽近習嬖幸之臣則猶爲此善於彼也五季馮道以司徒兼侍中受晉祖託孤之寄死肉未寒背其顧命庸非荀息之罪人乎故朱子曰荀息始終一節死君之難亦可取也

夏齊侯桓許男僖伐北戎【薛氏曰】當是時患有大於戎者狄及晉楚是也晉滅虢滅虞狄嘗入衛逼邢前年伐晉近又滅溫召陵之後楚滅弦圍許豈可置而不圖舍強圖弱守衛果如是乎所謂不務德而勤遠略況許方患楚而毆以伐戎非用人之道也【愚按】杜氏注北戎爲山戎然春秋書戎有姜戎有雒戎有茅戎有戎蠻有陸渾之戎書狄有白狄有赤狄所以別其種類前書山戎而此言北戎則不同可知矣

〇晉殺其大夫里克【左傳】晉郤芮使夷吾重賂秦以求入齊隰朋帥師會秦師納晉惠公十年夏周

公忌父王子黨會齊隰朋立晉侯晉侯殺里克以說將
殺里克公使謂之曰微子則不及此雖然子弒二君与
一大夫為子君者不亦難乎對曰不有廢也君何以興
欲加之罪其無辭乎臣聞命矣伏劒而死【公羊傳】里克
殺二君則曷為不以討賊之辭言之惠公之大夫也然
則孰立惠公里克也里克弒奚齊卓子逆惠公而入里
克立惠公則惠公曷為殺之惠公曰尔既殺夫二孺子
矣又將圖寡人為尔君者不亦病乎於是殺之【穀梁傳】
称国以殺罪累上也里克弒二君与一大夫其以累上
之辭言之何也其殺之不以其罪也申生曰吾寧自殺
以安吾君以重耳為寄矣刎脰而死故里克所為弒者
為重耳也夷吾曰是又將殺我乎故殺之不以其罪也

里克弒二君與一大夫不以討賊之詞書者惠公殺
之不以其罪也【孫氏曰】公立懼克害己以是殺克故不得從討賊之辭【蜀杜氏曰】明惠公
不以弒君之罪罪之也殺之不以其罪柰何里克所為于偽反下同
弒者為重平聲耳也夷吾曰是又將殺我也則謂克曰
爾既殺夫二孺子矣又將圖寡人為爾君者不亦病

乎里克對曰不有廢也君何以興欲加之罪何患無詞臣聞命矣伏劒而死若惠公既立而謂克曰先君命大夫為世子傅世子死非其罪而大夫不之恤若奚齊者既有先君之命矣而大夫又殺之以及卓大夫雖殺之獨不念先君之命乎（傚左傳語）則克必再拜而死不復（扶又反）有言矣惠公乃曰又將圖寡人是殺之不以其罪也故稱國以殺而不去（上声）其官

【通旨】里克前諫獻公謂冢嗣不可使將君子稱其善乎父子之間後殺奚齐惕国人之望可謂善矣然不能死申生之難致晉国大亂者五世纔卓子立而又殺之聖人書弒其君此則惡矣此里克之迹至難明也凡弒君者皆賊也若謂不死申生之難而有弒君之惡何以書殺其大夫又不与州吁無知為比乎此里克之事至難斷也夫春秋大法賞善罰惡不容私也里克弒二君其罪顯矣使惠公上告天王傍連方伯受命而立奉詞伐

罪以討里克弒君之惡則里克將何辭焉聖人必書曰晉人殺里克今惠公上不顧兄下不恤弟外賂秦伯内賂里丕將以求入則里克之弒惠公心所利耳又懼得立而克志在文公將復不利於已乃私憾而殺之此豈所謂声罪致討者哉故惠公之殺克内赦而懷愧克之受誅勢亟而心不服殺梁所謂懷惡而討雖死不服者斯之謂矣聖人安得削其大夫哉衛侯衎許政由甯氏喜遂弒剽衛侯得入惡喜之專涿殺之夷吾衎之賂里甯以圖復国其事正同克喜之見忌而死死其實不死故其殺皆書以官**高氏曰**夷吾初許賂秦与里丕以得立既立背内外之賂又恐其復召重耳以為已害故殺里克以自解本非討罪之意故以專殺大夫例書之明其託不得已而殺之也**朱子語**書晉殺其大夫不以弒君之罪討之也**張氏曰**里克在獻公父子則為賊而惠公幸奚齊卓子之死而得立初未嘗有討里克之心獨以其志在重耳而不在已懼其又將以已為奚齊卓子是以殺之蓋其事与專殺大夫者無異故不以討賊之辭書之也**陳氏曰**討賊不言大夫其曰大夫克猶在位也克猶在位則是殺大夫耳在位獨里克乎督相宋莊翬相魯桓前乎此矣里克殺以他故而後見焉自宋萬而下弒君無討者凡賊再見猶夫人也若里克甯喜殺

以他故而後見書曰大夫則猶夫人而已矣雖然有荀息在焉則猶有臣子也**愚按**丕鄭非弒君之賊而惠公亦殺之則知里克之殺非討賊矣討賊不以其罪不書人其君殺之則猶曰大夫里克甯喜是也非君殺之則以兩下相殺為文楚公子比蔡般是也〇**陳氏曰**公羊云曷為不書惠公之入晉之不言出入者踊為文公諱也按此不知有不告則不書之義故穿鑿

秋七月〇冬大雨雪 雨于付反雪**公**作雹**公羊傳**何以書記異也**高氏曰**春秋書大雨雪者三隱以日書桓以月書此以時書申酉戌月皆非大雨雪之時也故此尤為異

壬申 襄王三年 **十有一年** **齊**桓三十七**晉**惠二**衛**文十一**蔡**穆二十六**鄭**文二十四**曹**共四**陳**宣四十四**杞**成六**宋**襄二**秦**穆十一**楚**成二十三

春晉殺其大夫丕鄭父 丕浦悲反**左傳**晉侯使丕鄭聘于秦且請緩賂言於秦伯曰呂甥郤稱冀芮實為不從若重問以召之臣出晉君君納重耳蔑不濟矣秦伯使泠至報問且召三子郤芮曰幣重而言甘誘我也遂殺丕鄭祁舉及七輿大夫左行共華右行賈華叔堅騅歂纍虎特宮山祁皆里丕之黨也丕豹奔秦**穀梁傳**稱國以殺罪累上也

按左氏平鄭言於秦伯請出晉君則鄭有罪矣曷爲
稱國以殺而不去上声其官惠公以私意殺里克故其
黨皆懼鄭之有此謀由殺里克致之也蘇氏曰鄭請秦伯出晉君
而納重耳鄭則有罪然鄭之謀由殺里克致之也春秋以大義公天下爲誅
賞故書法如此其稱國者傳例称国以殺国君大夫與聞其事而不請于天子
兼罪用事大夫不能格君心之非至於多忌濫刑危
其國也左傳秦伯謂公孫枝曰夫吾其定乎對曰其言多忌克難哉張氏曰惠公志於得国而無
君人之度外則失信於秦內則忌克多殺故丕鄭雖有私謀貳心而春秋以累上之辭書之也高氏曰丕
鄭父者里克之黨也惠公以私意殺里克故其黨皆懼謀召重耳是懷貳心以事君也鄭之死雖可傷亦
可罪也愚按鄭父名也若慶父林父行父處父之類或以爲命大夫称字非是傳但言鄭者省文如經書
樂祁犂而傳言樂祁經書箕鄭父胥甲父而傳止称箕鄭胥甲

夏公及夫人姜氏會齊侯于陽穀

襄陵許翰曰先乎陽穀之會爲大雨雪後乎陽穀之會爲大雩僖公賢君不能禮佐齊桓儆其怠忽而更與之俱肆于寵樂是以見戒於天如此何氏曰大雩者公与夫人出會不恤民之應以公夫人陽穀之會觀之齊桓伯業怠矣故楚人伐黃不能救凡此類屬章欲反詞比毗志反事直書于策而義自見音現者也杜氏曰婦人送迎不出門見兄弟不踰閾与公俱會齊侯非礼孫氏曰參譏之也薛氏曰夫人齊侯之女也歸寧可也爲會而從夫于外非歸寧之礼也張氏曰男女無別則瀆亂生諸侯會伯主而婦人與焉君臣之大義夷夏之大計凡所當講者必有所不及而般樂縱肆浸淫曰長宜桓公自是以往黃亡不救徐救不力女寵盛行伯業遂衰而魯僖之怠棄国政亦自此始矣高氏曰公之娶夫人之歸皆不書者合礼故也此會于陽穀則非礼矣公稔聞桓莊之失而不改其

譏齐侯親見兩国之事亦循其迹以兩君相會而使婦人則於其閒何以示侍衛僕從之臣乎【家氏曰】桓公之始伯憒齐女之無度以哀姜為首戮諸夏肅然知中国所以異於夷狄實在於是齐襄衛宣汙染之習為之一掃廢乎古方伯之遺烈矣及其暮年志得而驕乃復与僖姜為陽穀与下之會伯業其衰矣乎【愚按】書及以會所以別男女也桓公如齐稱公与姜氏出稱及則僖公猶能防制云耳曾須稱声姜為令妻則声姜必無文姜之行矣

秋八月大雩【穀梁傳】雩得雨曰雩不得雨曰旱【臨川吳氏曰】諸侯旱而雩礼也大雩祀及上帝非礼也

○冬楚人伐黃【左傳】黃人不歸楚貢楚人伐黃

按穀梁子曰貫之盟管敬仲言於桓公江黃遠齊而近楚楚為利之國也若伐而不能救則無以宗諸侯矣【范氏曰】謂諸侯宗之桓公不聽遂與之盟管仲死楚伐江滅黃桓公不能救故君子閔之也謂閔小国之遭橫逆而方伯不恤也遠

國慕義背音佩夷即華所謂出自幽谷遷于喬木本孟
子春秋之所取也被皮寄反兵城守更平声歷三時據是冬伐
黄明年夏滅黄告命已至而援去声師不出則失救患分災攘
夷狄安與國之義矣滅弦滅温皆不書伐滅黄而書
伐者罪桓公既與會盟而又不能救也汪氏曰滅不言伐此書伐
病桓公也以貫之盟陽穀之會徒以亡其国耳張氏曰中国夷狄之勢相為消長而未有不原於心故曰
毋忿毋荒四夷來王桓公怠荒之心見於陽穀之會楚人已占之於江漢之間而遂與伐黄之師也臨川
吳氏曰楚之強暴凡近楚之国皆責之以納職貢如事天子之礼黄既從齊霸故不歸楚貢而楚伐之至
於亡也愚按管仲雖非王佐之才其輔桓公致霸業之盛則其功大矣據齊語則咫尺天顔俯伏下拜
以敬君命者皆仲諷諫之力也蓋葵丘以後管仲既卒則侈然自肆凡所以安中国而攘夷狄者皆懈怠
苟簡而非前日之比矣然左傳記明年冬使管仲平戎于王史記管仲之卒在桓公四十一年當僖公十

五年則滅黃之時蓋未卒也豈史記之說有不足信抑或仲諫桓公以救黃而不從歟

春秋卷第十一

春秋卷第十二

胡氏傳

後學新安汪克寬附録纂疏

僖公中

癸酉襄王四年十有二年齊桓三十八晉惠三衛文十二蔡穆二十七鄭文二十五曹共五陳宣四十五卒杞成七宋襄三秦穆十二楚成二十四春王三月庚午日有食之○夏

楚人（成）滅黄左傳黄人恃諸侯之睦于齊也不共楚職曰自郢及我九百里焉能害我楚滅黄

春秋滅人之國其罪則一而見滅之君其例有三以歸者既無死難乃旦反之節又無克復之志貪生畏死甘就執辱其罪為重許斯頓牂作郎反之類是也出奔者雖不死於社稷有興復之望焉託於諸侯猶得寓禮郊特牲諸侯不臣寓公其罪為輕弦子温子之類是也若夫

國滅死於其位是得正而斃（毗祭反）焉者矣於禮爲合於時爲不幸若江黄二國是也（張氏曰：書滅見夷狄之強中国不救而其君死於其位）其書滅者見（音現）夷狄之強衆諸夏之弱責方伯連帥（去声）之不修其職使小國賢君困於強暴不得其所公羊子所謂亡國之善詞上下之同力者也（何氏曰：言滅者臣子与君戮力一心共死之辞）（愚按：江黄二国之滅皆不書以其君歸亦不書其君奔者盖君臣同力效死以守而待中国之救也故滅不書伐而黄則書伐江則書圍齊不救黄其罪可知晋雖救江而所以救之者非其道与不救無以異也）

秋七月○冬十有二月丁丑陳侯杵臼卒（杵，公作処。宣公也在位四十五年世子欵嗣是爲穆公）

甲戌（襄王五年）十有三年（齊桓三十九　晋惠四　衞文十二　蔡穆二十八　鄭文二十六　曹共六　陳穆公）

歆元年杞成八宋襄四秦穆十三楚成二十五

春狄侵衛左傳十二年春諸侯城衛楚丘之郛懼狄難也

齊桓公爲陽穀之會是肆于寵樂音洛其行去声荒矣楚人伐黃而救兵不起是忽于簡書其業怠矣然後狄人窺伺斯義反中國今年侵衛明年侵鄭近在王都之側淮夷亦來病杞而不忌也伯益戒于舜曰無怠無荒四夷來王見大禹謨蔡氏傳朝夕戒懼無怠於心無荒於事則治道益隆四夷之遠莫不歸往此至誠無息帝王之道春秋之法也齊桓晉文若此類者其事則直書于策其義則游聖門者默識於言意之表矣故曰仲尼之徒無道桓文之事者張氏曰楚既滅黃而莫之恤狄侵衛之師所以肆行也臨川吳氏曰比狄之強桓公未嘗膺之管仲猶存伯業方盛

狄人猶敢肆行伐邢入衛而滅温况今管仲已
亡霸業浸衰則狄之无所顧憚固其宜也
夏四月葬陳宣公○公會齊侯桓**宋公**襄**陳侯**穆**衛侯**文**鄭伯**文**許**僖
男曹共**伯于鹹**【左傳】會于鹹淮夷病杞故且謀王室也秋
為戎難故諸侯戍周齊仲孫湫致之【穀梁】
【傳】兵車之會也【杜氏曰】鹹衛地東郡濮陽縣東南有鹹
城【愚按】濮陽縣屬今大名路開州十一年揚拒泉皋伊
雒之戎同伐京師入王城焚東門王子帶召之也十二
年王以戎難討王子帶子帶奔齊此謀王室為戎難也
○秋九月大雩○冬公子友如齊【張氏曰】陽穀寧母及
鹹之會其後公子友
皆如齊蓋伐楚服鄭城緣陵之事
魯皆同之亦以見友之專魯政也
【乙亥】襄王六年**十有四年**【齊】桓四十【晉】惠五【衛】文十四【蔡】穆二
十九辛【鄭】文二十七【曹】共七【陳】穆二
【杞】成九【宋】襄五【秦】穆**春諸侯城緣陵**【左傳】諸侯城緣陵
十四【楚】成二十六而遷杞焉不書其
人有闕也【公羊傳】孰城城杞也曷為城杞蓋徐莒脅
之然則孰城之桓公城之曷為不言桓公城之不与諸
侯專封也【穀梁傳】其曰諸侯散辭也聚而曰散何也諸
侯城有散辭也桓德衰矣【杜氏曰】緣陵杞邑【張氏曰】從

書地理志北海營陵臣瓚曰春秋謂之緣陵今濰州昌樂縣愚按今屬益都路濰州昌邑縣

齊桓公城三國而書詞不同城楚丘則沒諸侯而不書城緣陵則書諸侯而不序城邢則再序三國之師何也邢以自遷爲文故再列三師而書城邢者美其得救患分災之義無封國之嫌也淮夷病杞諸侯會于鹹城緣陵而遷杞焉杜氏曰杞辟淮夷遷都於緣陵不言城杞杞未遷則其事專矣故前日後凡直書諸侯而不序也范氏曰直曰諸侯无小大之序孫氏曰諸侯不序者會鹹諸侯也陳氏曰但曰諸侯者不繫之伯者之辭也但曰大夫者不繫之君之辭也臨川吳氏曰元年齊以救邢之諸侯城邢同在一年諸侯猶且再敘今以會鹹之諸侯城緣陵各在一年而不重敘著齊桓伯業之衰矣

衞爲狄滅東徙渡河野處漕邑桓公使公子無虧戍以甲士歸其祭服乘繩證反

馬凡爲國之用其力尤勤其功尤大其事尤專而春秋責之尤重曰城楚丘而不書諸侯正王法也是故以功言之則楚丘爲大以義言之則城邢爲美春秋之法明其道不計其功正其義不謀其利者也詳著城邢之師而深没楚丘之迹貴王賤霸蓋稱桓文以正待人之體也明此則知曾西不爲管仲深畏仲由之說矣劉氏曰諸侯不專封專封而善僅可以贖過故平其文不使伯者独享其功爲人之迷於義而乃以專封爲德也專封而不善是冒王法而又勤諸侯故異其文以見伯者之罪於專封而又有不善焉皆貴王賤霸蓋称桓文之意比緣陵於城楚丘之功則楚丘善而緣陵不善矣比楚丘於王者之義則桓公救過之不給奚暇称貸哉春秋貴義不貴惠貴正不貴功略小善而優大節以正待人而已矣張氏曰城緣陵之事蓋与楚丘同而當是時齊桓救諸夏之志怠矣故經書詳不如城邢略不如楚丘亦

輕重之權衡也。【蜀杜氏曰】書城邢以国言之者，善其救患全人之国也；楚丘、緣陵以一邑言之者，謂其專封而不与之也。【永嘉呂氏曰】城緣陵不如城邢、楚丘，不如緣陵，故以楚丘、緣陵之例觀之，當書曰城夷儀，而乃曰城邢；楚丘若衛之楚丘，緣陵者杞之緣陵也，以城邢之例觀之，當書曰城衛、城杞，而乃曰城楚丘、城緣陵。盖邢迁于夷儀，固邢之夷儀也，諸侯城邢，得救災恤鄰之道也，故詳書而不殺，予之也。衛已滅而諸侯城楚丘以封衛，故不曰城衛而曰城楚丘；杞未迁而諸侯城緣陵以存杞，故不曰城杞而曰城緣陵。以諸侯而封諸侯，非王法也。楚丘之城，没諸侯而不書，以諱之也；若緣陵之城，則以淮夷病杞之故而爲之城以迁之，独未至如衛之已滅而後封之也，故但曰諸侯，而迁不序，則其功亦有不足録者矣。【愚按】存杞之功，器用不具，城池未固，不若城邢之美，故不再序諸侯。然杞未滅，特不待其自迁而城緣陵以迁之，未如封衛之專，故諸侯以凡卒而不削，盖城緣陵之義不若城邢，而功亦劣於楚丘也。【陸氏曰】公羊云曷爲城杞？滅也。孰滅之？盖徐莒脅之。按明年楚伐徐，諸侯救徐，其謬可知。【家氏曰】杞未聞受兵，而公羊以爲既滅，盖前此城衛、城邢皆在於既亡既潰之後，故亦以爲已亡，左氏所謂病杞者得其实矣。

夏六月季姬及鄫子遇于防使鄫子來朝鄫似綾反穀作繒後同公羊傳鄫子曷爲使乎季姬來朝內辭也非使來朝使來請已也穀梁傳遇者同謀也來朝者來請已也朝不言使言使非正也以病鄫子也張氏曰鄫國禹後姒姓漢屬東海郡晉屬琅邪今沂州承縣東北有鄫故城又有鄫山愚按沂州今屬汴梁路

春秋內女適人者明有所從則繫諸國若杞伯姬是也紀伯姬紀叔姬杞叔姬鄫伯姬宋伯姬蕩伯姬皆已適人者也其未適人者欲有所別筆列反下同則書其字若子叔姬是也文十二年子叔姬卒及僖九年伯姬卒皆未適人而書字者也季姬書字而未繫諸國其女而非婦亦明矣及者內爲志內女而外與諸侯遇譏魯也朝不言使言使非正何氏曰使者臣爲君銜命文也鄫子國君而季姬使之朝病鄫也魯秉周禮男女之際豈其君是

之甚乎蓋魯公鍾愛其女使自擇配故得與鄫子遇於防而遂以季姬歸之爾有孟光之德有伯鸞之賢

後漢梁鴻傳 孟光擇對不嫁年三十父母問其故曰欲得賢如梁伯鸞者鴻聞而聘之及嫁以裝飾入門鴻不荅光請曰切聞夫子高義簡斥數婦妾亦偃蹇數夫矣今而見擇敢不請罪鴻曰吾欲裘褐之人可與俱隱深山尒光更為椎髻着布衣共入山中以耕織為業肅宗聞之求鴻不得

變而不失禮之正則猶可矣不然非所以為愛而厚其別也故稱及稱遇稱使罪魯與鄫以正男女之禮為後世戒也

孫氏曰 季姬上無歸鄫之文則是未嫁者此年適防明年九月歸鄫是季姬先与鄫子遇而後嫁也此季姬之行不正可知矣 何氏曰 礼男不親求女不親許魯不防正其女乃使要遮鄫子淫泆使來請已与禽獸無異故卑鄫子使乎季姬以賤之 張氏曰 僖公愛女而使自擇配鄫子聽其使而朝魯請之夫婦之始而不正如此書之所以譏僖公不父鄫子不夫季姬不子且不婦也 臨川吳氏曰 未嫁之女而与鄫子私相期邂逅是淫

奔也姬既私遇之後使鄫子朝魯而請婚姬不足責也僖公不能正家如此何以君人上乎**王氏曰**鄭徐吾犯之妹美使之自擇所配至於兄弟相殘以乱鄭国之政魯秉周礼而季姬与鄫子消淫如此僖公正始之道亦可愧矣**愚按**春秋書及及者為主以季姬為主則其与鄫子遇而使來請已可知矣○**啖氏曰**左氏謂季姬鄫子之夫人公怒鄫子不朝季姬使之朝按称季姬明魯未嫁女也若是鄫夫人不當与鄫子遇又明年歸于鄫明此時鄫子請娶之若言魯之處女不當与諸侯會則文姜哀姜淫佚至甚**劉氏曰**若實來寧何故再書其歸乎杞伯姬來何以不書歸乎**永嘉呂氏曰**范甯謂魯女無故遠會諸侯此亦事之不然然春秋之世閨閫不嚴男女之別乱如文姜比年出會里巷匹婦尚或恥之則季姬出遇恐有此事然女子許嫁笄而字書曰季姬則字也婦人書字許嫁之辭也豈其許嫁于鄫而未歸于鄫故遇之而使來請已乎何休謂季姬許嫁于鄫而季姬及鄫子遇使來請已未知何據

秋八月辛卯沙鹿崩

公羊傳何以書記異也**穀梁傳**林屬於山為鹿沙山名也無崩道而崩故志之也其日重其変也**杜氏曰**沙鹿山名平陽元城縣東有沙鹿土山在晋地**愚按**在今平陽路霍州趙

七六二

城縣

沙鹿晉地也卜偃曰春年必有大咎國幾亡詩稱百川沸騰山澤卒崩**十月之交** **朱子傳**山頂曰冢崒崔嵬也山崩川溢災異之大者言西周之將亡也書沙鹿崩於前書獲晉侯於後雖不指其事應去聲而事應具存此春秋異物之反常為異使人恐懼修省之意也其垂戒明矣**董子曰**国家將有失道之敗而天乃先出災異以譴告之不知自省又出怪異以警懼之尚不知變而傷敗乃至此見天心仁愛人君而欲止其亂也**李氏堯曰**服虔曰沙山名鹿山足林屬山曰鹿漢書元后傳云后祖王翁孺自東平陵徙魏郡元城元城郭東有五鹿之墟即沙麓也**孫氏曰**鹿山足也謂山連足而崩爾詩山冢崒崩猶以為異此異之甚也○**趙氏曰**公羊云外異不書此何以書為天下記異也凡山崩不係国者以其自有常處不此隕星退鷁也**劉氏曰**名山大澤不以封諸侯守之山不可以係国也聖人庸能獨知沙鹿崩為天下異乎

又曰沙鹿河上之邑亦非也此自山名之不須繫山者以可知故也如禹貢桐柏積石皆不繫山【愚按】文定於梁山崩言為天下記異則沙鹿之崩疑亦非止一国之異矣

狄侵鄭【張氏曰】狄數犯畿內之諸侯而齊桓不能治自入衛伐邢滅溫而至此霸圖弱而王室卑諸侯受禍甚桓公之怠也○冬蔡侯肸卒肸許乙反穆公也父獻舞見獲于莘莊十九年留卒於楚而立在位二十九年子甲午嗣是為莊公○【劉氏曰】穀梁云諸侯時卒惡之也非也臣子慢則赴不具日月春秋不毀若因文以見也若必以惡此君則鄭厲衛惠何不惡之哉

【丙子】襄王七年十有五年【齊】桓四十一【晉】惠六【衛】文十五【蔡】莊公甲午元年【鄭】文二十八【曹】共八【陳】穆三【杞】成十【宋】襄六【秦】穆十五【楚】成二十七

春王正月公如齊桓【張氏曰】公十年朝齊至此又朝齊純用五年一朝之制同於事天子之禮矣○【愚按】杜預謂諸侯五年再相朝禮也何休謂合古五年一朝之義皆非是周制諸侯之邦交但曰世相朝安得以五年為合禮乎○楚人成伐徐【左傳】楚人伐徐徐即諸夏故也【臨川吳氏曰】徐夷也首僭王楚亦夷也次僭王徐楚同惡者也因齊桓之合諸侯匡天下徐亦

華面而即諸夏以即諸夏而爲楚所伐可悲也夫

三月公會齊侯(桓)宋公(襄)陳侯(穆)衛侯(文)鄭伯(文)許男(僖)曹伯(昭)盟于牡丘 左傳 盟于牡丘尋葵丘之盟且救徐也 穀會傳 兵車之會也 鄭氏曰 牡丘齊地与匡近 齊語 築五鹿中牟蓋与牡丘以衛諸夏之地 注 四塞諸夏之関也

遂次于匡 穀梁傳 遂繼事也次止也有畏也 范氏曰 畏楚 杜氏曰 匡衛地在陳留長垣縣西南 愚按 今屬汴梁路睢州襄邑縣

公孫敖帥師及諸侯之大夫救徐 帥公作率後同 左傳 孟穆伯帥師及諸侯之師救徐諸侯次于匡以待之 穀梁傳 善救徐也 何氏曰 大夫不序者起會上大夫君已目故臣凡也內獨出名氏者臣不得因君殊尊省文別尊卑也 杜氏曰 敖慶父之子

楚都于郢距徐亦遠 郢在江之南乃今之江陵徐在淮之北乃今之徐州楚之伐徐必越宋陳蔡諸国之境 而舉兵伐徐暴横(去声)憑陵之罪著矣徐在山東與齊密迩以封境言之不可以不速救 家氏曰 齊之救徐非專爲存徐計亦自爲也徐近於齊楚人伐之所以震齊之鄰其爲謀深矣楚人得志於徐則必

乘勝造齊之南境以形勢言之非有餽糧越險之難也今書
盟于牡丘見音現下同諸侯救患之不協矣張氏曰葵丘之盟諸侯既
聽命矣此爲楚人伐徐而合諸侯即驅之討楚救徐
可也又從而盟之諸侯不一故也人心已一而復貳
非伯主救災恤患之心怠而人始懈乎君子惡盟亂
是用長此心之盛衰霸業之所從而盛衰也霸主諸
侯之心皆疑不足以保徐斷可知矣書次于匡見霸主號令之不嚴矣
何氏曰言次者譏諸侯緩于仁恩既約救徐而生事次止不自往遣大夫往卒不能解也書大夫
帥師而諸侯不行見桓德益衰而禦夷狄安中國之
志怠矣桓公倡伯四十餘年未嘗命大夫爲主將今諸侯不親將而大夫帥師則救徐之役特舉
且應之而不冀其成功也凡兵而書救未有不善之也救而書次
則尤罪其當速而故緩失用師之義矣中庸曰至誠
無息不息則久春秋謹始卒欲有國者敦不息之誠

也始勤而終怠則不能久而無以固其國矣【啖氏曰】凡救當奔命而往救次失救道也【孫氏曰】言次言救者惡諸侯緩於救患也諸侯既約救徐而遣大夫往此緩于救患可知也【陳氏曰】救不言次言次無志於救也桓公合八国之衆以救徐而僅使大夫將則桓志荒矣卒不競於楚救而言次甚譏之也有諸侯在而使大夫將始於牡丘桓公爲之也有諸侯在而使大夫盟始於雞澤悼公爲之也【愚按】霸者之事假借仁義之名以濟其利欲之私故欲之未遂則汲汲焉謀度而經營之欲之既遂則懈惰苟且而不復能有爲矣由其心僞而不誠是以始終勤怠之殊而前後盛衰之異也孟子言以力假仁者霸又曰五霸假之也假之一字得春秋誅心之法矣四年公孫茲帥師及諸侯之師侵陳列序諸国則書會此不言會而言及既會而後及也非主曾之辭也与哀三年書叔孫豹及諸侯之大夫及袁僑盟之意同不独言大夫若曰受命其君故書諸侯以統之蓋當時諸侯雖以其權畀之大夫而春秋之法必欲其權係於諸侯也

夏五月日有食之【左傳】不書朔与日官失之也○秋七月齊【桓】師曹【共】師

伐厲【左傳】伐厲以救徐也【杜氏曰】厲楚与国義陽隨縣北有厲鄉【張氏曰】兵法攻所以救厉在徐楚之間欲楚之必救以解徐也然継此楚敗徐于婁林則厉在所不必救明年不克救徐而還況同盟不同心而宋已伐同役之曹矣【高氏曰】諸侯大夫救徐而斉侯獨帥曹同伐厲厲雖同討然非所以救徐也見強楚之難禦而中国之威已頓矣【愚按】厉在今峡州路隨州此伐厲以救徐与伐楚救江正同然春秋不書以救皆厉近徐而楚遠江則斉桓之用兵猶愈於陽處父也○八月螽【穀梁傳】螽蟲災也○九月公至自會【公羊傳】桓公之會不致此何以致久也【范氏曰】莊二十七年盟幽傳曰桓會不致安之也此致者斉桓德衰故危而致之【高氏曰】以會致者始於此春秋致會凡二十有七公自正月如斉因而會盟累師于外已踰三時而以會致見救徐之無功也○季姬歸于鄫【臨川吳氏曰】鄫子請娶季姬僖公許之至是始歸也○【劉氏曰】杜云来寧不書此書者明中絶来也傳云止之豈絶之哉曽人為国諱醜離斷止之之說以求揜其迹仲尼作經推例以知義因文以盡情主人習其讀而不知孝者原其事而知之此類是也○

己卯晦震夷伯之廟【左傳】震夷伯之廟罪之也於是展氏有隱慝焉【公羊傳】震之者何雷

雷電擊夷伯之廟者也何以書記異也

穀梁傳震雷也電夷伯魯大夫也

震者雷電擊夷伯之廟也不曰夷伯之廟震而曰震

夷伯之廟者天應去声之也本程子天人相感之際微矣

夷伯者魯大夫也大夫既卒不名杜氏曰夷伯魯大夫展氏之祖父夷謚伯字大夫既卒書字穀梁以為因此見音現天子至于士皆有

廟天子七廟諸侯五大夫三士二祭法王立七廟曰考廟王考廟皇考

廟顯考廟祖考廟有二祧諸侯立五廟曰考廟王考廟皇考廟顯考廟祖考廟大夫立三廟曰考廟王考

廟皇考廟適士二廟曰考廟王考廟官師一廟曰考廟王考無廟故德厚者流光德

薄者流卑范氏曰德厚者位尊道隆者爵重故天子遠及七世士祭祖而已是以貴

始德之本也始封以為祖范氏曰契為殷祖棄為周祖愚按大夫之祖如公子

展為展氏之祖公子彄為臧孫氏之祖之類張氏曰正蒙曰凡陰氣凝聚陽在內者不得出則奮擊而為

雷霆不善之積蓋亦如此然天之怒孽每在於惡稔而人不加誅之後春秋書震者惟此事爾詩云敬天之怒無敢戲豫敬天之渝無敢馳驅昊天曰明及爾出王昊天曰旦及爾游衍君子知天之日監而畏其咸如此所以事天也【夾漈鄭氏曰】公子展之子曰公孫者公孫夷伯【范氏曰】夷伯之廟過制【高氏曰】不曰公孫者大夫三廟宜毀而不毀故貶之也。【趙氏曰】公穀並云晦冥也據十六年戊申朔隕石于宋五成十六年甲午晦晉楚戰于鄢陵並書晦朔則知晦者晦朔之晦耳古史之体應合書日而遇晦朔必書之以爲歷數之證穀梁成十六年傳云事遇晦朔書晦何得於此獨名晦冥乎公羊又云夷伯季氏之字微者稱夷伯此大之也天戒之故大之按褒貶當以義類豈有爲天所罰翻乃書字反於理甚矣大夫既死加謚之後不更稱名尔原仲亦是也

冬宋人【襄】伐曹【共】【左傳】討舊怨也【襄陵許氏曰】同盟始自相攻桓不能已矣【張氏曰】莊十四年曹從齊桓伐宋宋至今憾之今諸侯始貳曹方伐厲救徐而襄公乘虛伐之尚可繼桓而圖霸乎於此見桓德之衰而襄志之私也【家氏曰】宋襄於桓之方存已有圖霸之心其後執滕圍曹張本於此春秋所譏也○楚人【成】

敗徐于婁林 敗必邁反 左傳 楚敗徐于婁林徐恃救也 杜氏曰 婁林徐地下邳僮縣東南有婁亭
張氏曰 今在泗州臨淮縣書以見楚之独勝而救徐之
威不立伐厲之謀無補也 陳氏曰 何以書病齊也齊帥
天下之諸侯以攘戎狄存中国也楚伐徐桓公合八国
之衆盟于牡丘次于匡以救徐為之伐厲而徐卒敗於
楚人不數年宋楚爭盟執宋公以是為盟主病矣 高氏
曰 齊桓大合諸侯以救徐固有餘力而師出三時无功
而返故書楚人敗徐于婁林以罪之 劉氏曰 徐伯益之
後其上世為元德顯功通於周室与中国冠帶之君無
以異徐始稱王王非諸侯所當名也故夷狄之 愚按 徐
自莊二十六年見經僖三年取舒十七年伐英氏昭五
年伐呉皆称人昭四年會申楚人執之三十年奔楚皆
称子獨此年与文七年伐莒並宰號內不使与中国同
外不使与夷狄等也。陸氏曰 穀梁云夷狄相敗志也
按有赴告則書無他義 家氏曰 為公羊者以徐滅杞
故狄之然杞未嘗滅也

○十有一月壬戌晉侯及秦伯戰于韓獲晉侯

秦始見經 左傳 晉侯之入也秦穆姬屬賈君焉且曰盡
納群公子晉侯烝於賈君又不納群公子是以穆姬怨
之晉侯許賂中大夫既而皆背之賂秦伯以河外列城
五東盡虢略南及華山內及解梁城既而不与晉飢秦

輸之粟秦饑晉閉之糴故秦伯伐晉九月晉侯逆秦師使韓簡視師復曰師少於我鬬士倍我公曰何故對曰出因其資入用其寵饑食其粟三施而不報是以來也今又擊之我怠秦奮倍猶未也公曰一夫不可狃況國乎遂使請戰曰寡人不佞能合其衆而不能離也君若不還無所逃命秦伯使公孫枝對曰君之未入寡人懼之入而未定列猶吾憂也苟列定矣敢不承命韓簡退曰吾幸而得囚壬戌戰于韓原晉戎馬還濘而止秦獲晉侯以歸舍諸靈臺乃許晉平十月晉陰飴甥會秦伯盟于王城十一月晉侯歸【公羊傳】此偏戰也何以不言師敗績君獲不言師敗績也【趙氏曰】凡戰而死者書滅生禽曰獲【張氏曰】韓今同州韓城縣【愚按】同州今屬奉元路

秦伯伐晉而經不書伐專罪晉也據桓十二年戰子宋僖十八年戰子甗皆書伐獲晉侯以歸而經不書歸免秦伯也據蔡侯獻舞書以歸

【陳氏曰】不曰以歸罪晉侯也是故獲夷狄不書夷狄交相獲不書必大国也若宋華元齊国書斯可以言獲矣將尊師衆獲之若匹夫然猶曰宋齊之恥晉甸侯也向言獲是夷晉侯於大夫也

書伐書

及者兩俱有罪而以及爲主（書伐者伐者之罪書及者被伐而及戰者之罪）書獲書歸者兩俱有罪而以歸爲甚（書獲者罪其不能效死禦敵甘就執辱書以歸若罪其專執國君恃強不釋）今此專罪晉侯之背（音佩）施（去声）幸災貪愛怒鄰（慶鄭曰背施無親幸災不仁貪愛不祥怒鄰不義）而怨秦伯也然則秦戰義乎春秋無義戰彼善於此則有之矣其不言師敗績何也君獲不言師敗績君重於師也（何氏曰舉君獲爲重也劉氏曰君將不言師師君重於師也君傷不言師敗績君獲不言師敗績亦君重於師也二者異文同義）大夫戰而見獲必書師敗績（如戰于大棘書宋師敗績獲宋華元戰于艾陵書齊師敗績獲齊國書）師與大夫敵也君爲重師次之大夫敵春秋之法也與孟子之言何以異孟子爲（于僞反）時君牛羊用人莫之恤也故以民爲貴君爲

輕潛庵趙氏曰戰国時爲君者不知其賤視民如草芥而不知恤也故曰民爲貴春秋正名定分扶問反爲萬世法故以君爲重師次之泰誓云元后作民父母禮記民以君爲心君以民爲体父母之於子人之於四体尊卑輕重之分天冠地屨之不可紊故春秋以君爲重堯以天下命舜舜亦以命禹必稱元后爲先大禹謨舜命禹曰衆非元后何戴此經世大常而仲尼蓋祖述之也惟此義不行然後叛逆之黨有託以爲民輕棄君親而不顧者矣通旨近世賊臣僣位有忍死爲民之語其黨唱言僞楚能全都城百姓之命是悖春秋之法悠爲暴行而不顧也愚按隋宇文化及弑煬帝唐朱玫立襄王煴皆託以爲民而濟其大逆者也○劉氏曰穀梁云晉侯失民矣以其民未敗而君獲也非也凡爲君而見獲苟不失民將焉取之顧春秋所以不書師敗績者予君獲爲重耳

丁丑襄王八年十有八年齊桓四十二鄭文二十九晉惠七曹共九衛文十六陳穆四蔡莊杞成

十一 [宋]襄七 [秦]穆

十六 [楚]成二十八

春王正月戊申朔隕石于宋五[左傳]隕石于宋五隕星也[公羊傳]曷為先言霣而後言石霣石記聞聞其磌然視之則石察之則五[穀梁傳]先隕而後石何也隕而後石也于宋四境之內曰宋後數散辭也耳治也[杜氏曰]隕落也聞其隕視之石數之五隨其聞見先後而記之星隕如雨見星之隕而隕於四遠而不見其在地之驗此則見在地而不見始隕之星

是月六鷁退飛過宋都鷁五歷切[穀]作鶂過五禾切[左傳]六鷁退飛過宋都風也周內史叔興聘于宋宋襄公問焉曰是何祥也吉凶焉在對曰今茲魯多大喪明年齊有亂君將得諸侯而不終[公羊傳]曷為先言六而後言鷁六鷁退飛記見也視之則六察之則鷁徐而察之則退飛五石六鷁何以書記異也[穀梁傳]六鷁退飛過宋都先數聚辭也目治也[程子曰]隕石于宋自空凝結而隕六鷁退飛倒逆飛也倒逆飛以有氣驅之也春秋所書災異皆天人響應有致之之道故石隕于宋而言隕石夷伯之廟震而言震夷伯之廟此天應之也人以淺狹之見以為無應其實皆應之然漢儒言灾異皆牽合不足信儒者見此因尽廢之[杜氏曰]是月隕石之月重言是月嫌同日鷁水鳥高飛遇迅風而退

隕石自空凝結而隕也〔愚按邵子曰星在地則爲石石在天則爲星此言隕石蓋星墜於天半空凝結至地而成石也〕退飛有氣逆驅而飛也石隕鷁飛而得其數與名在春秋時凡有國者察於物象之變亦審矣此宋異也何以書于魯史亦見〔音現〕當時諸國有非所當告而告者矣〔杜氏曰宋人以爲災告於諸侯故書劉氏曰人君遇怪異非常之變當內自省而已非所以告同盟也同盟有救患分災之義故水火兵戎之爲敗則告告則弔之此所待於外也奇物袄變之至則天之所以警人君雖有堯湯之智反而責其躬此無待於外者也何與告之有春秋因而書之以見人君之莫能畏天命乃反以責於己者望於人也〕何以不削乎聖人因災異以明天人感應〔去声下同〕之理而著之於經垂戒後世也石隕于宋而書曰隕石此天應之也和氣致祥乖氣致異人事感於下則天變應於上苟知

其故恐懼修省變可消矣宋襄公以亡國之餘欲圖伯業五石隕六鷁退飛不自省其德也後五年有盂之執又明年有泓之敗何氏曰後五年見執六年終敗如五石六鷁之數天之与人昭昭著明甚可畏也天之示人顯矣聖人所書之義明矣可不察哉張氏曰星隕爲石不祥也鷁退飛不順也宋襄欲圖伯而無其德故天出怪異以警畏之通旨曰問洪範配合庶徵有理否曰但不可泥如漢儒牽合附會尒春秋隕石于宋五六鷁退飛過宋都而襄公被執癸酉大雨震電庚辰大雨雪而隱公被弑雨木冰而成公季孫被執鸜鵒來巢而昭公出奔豈不是應驗是以人君須克謹天戒。劉氏曰公羊謂是月者僅逮是月也不日者晦也春秋不言晦非也晦朔天之所有取朔棄晦乖僞之深者穀梁云石爲無知之物故日之鷁微有知之物故月之亦非也言是月者宋不告日縑与五石爲一日故分別之耳番易萬氏曰梁山沙鹿亦無知之物胡爲而不日麋与螽亦微有知胡爲而不月也陸氏曰穀梁云是月者決不日而月也按此傳以日月爲例故云尒又曰民所

七七七

聚曰都都者直謂国城尔不獨以民聚爲義

三月壬申公子季友卒

季者其字也友者其名也大夫卒而書名則曷爲稱字聞諸師因歎敎之受伊川峯曰春秋時魯卿有生而賜氏者季友仲遂是也愚按劉質夫傳亦謂季友仲遂生而賜氏命之世爲卿盖其說同出於程子也生而賜氏者何命之爲世卿也季子忠賢在僖公有翼戴之勤朱子語季子賜族亦只是時君恩意襄仲弑逆在宣公有援立之力此二君者不勝音升私情欲以異賞報之也故皆生而賜氏俾世其官劉氏曰春秋譏世卿世卿莫甚於魯魯之大夫皆世卿莫強季氏仲氏季氏出昭公仲氏弑子赤皆世卿能成其禍者也春秋異而書之聖人習其讀則未知已之有罪固曰賢之尔臨川吳氏曰季友仲遂二公報其立己之恩故於其將卒賜之以氏命其子孫世世爲卿經

於其卒各以氏書者誌變法亂紀之端貽權臣竊命之禍其垂戒遠矣愚按宋立華氏魯立叔孫氏當時賜族卒以為常春秋諸侯以殊礼異數寵遇其臣至有生而賜謚如衛靈之於北宮喜析朱鉏不待生而賜族矣永嘉呂氏曰春秋之初公孫之子為大夫則稱公子公子之子為大夫則稱公孫非公子公孫而為大夫則但書名自僖公以後則皆書族且使之世世為卿矣是故魯有仲孫叔孫季孫臧孫齊有高氏国氏崔氏陳氏衛有孫氏甯氏晉有郤氏欒氏韓氏趙氏魏氏鄭有罕氏駟氏游氏皆世卿也先王之礼制蕩然矣。劉氏曰公穀皆云稱季友賢也非也言季友之賢不過書季子來歸足矣死何乃復賢之乎且書季友云賢則書仲遂亦可謂賢乎

夏四月丙申鄫季姬卒

内女嫁於諸侯則尊同尊同則記其卒本穀梁記其卒則必記其葬然而有不記者此筆削之旨非可以例求者也愚按内女為諸侯夫人者七惟紀伯姬宋共姬書卒葬杞叔姬以出不書葬郯伯姬齊子

叔姬亦出并不書卒杞伯姬歸杞四十餘年不書卒葬疑必有故鄫季姬違礼故卒而不葬紀叔姬非夫人以賢而卒葬之宋伯姬在家爲淑女既嫁爲賢婦死於義而不回此行去声之超絶卓異者既書其葬又載其謚僖公鍾愛季姬使自擇配季姬不能自克以禮恃愛而行雖書其卒因奪其葬所以謹夫婦之道正人倫之統明王教之始也以此防民猶有嫁殤立廟舉朝素衣親臨　祖載始魏明帝之厚其女者【魏志】明帝紀太和六年幼女淑卒上痛之甚追謚立廟朝葬于南陵取甄后從孫黄合葬欲自送葬陳群諫曰下殤礼所不備況未朞月而爲制服率朝素衣朝夕哭臨古未有此況欲親臨祖載乎上不聽

秋七月甲子公孫茲卒【杜氏曰】茲叔牙子淑孫戴伯○冬十有二月

公會齊侯桓宋公襄陳侯穆衛侯文鄭伯文許男僖邢侯曹伯共于淮【左傳】

會于淮謀鄫且東略也城鄫役人病有夜登丘而呼曰齊有乱不果城而還穀梁傳兵車之會也杜氏曰鄫爲淮夷所病淮臨淮郡左右張氏曰後漢下邳国今泗州師氏曰淮夷嘗病杞而齊侯城緣陵以復杞今會諸侯于淮豈非謀淮夷以杜其後來耶高氏曰邢侯於與會而在鄭許之下者此齊次之也番易萬氏曰許以男而先於邢曹邢以侯而後於鄭許聖人之作春秋從主會者之所爲而無所改正所以著其罪也愚按淮今泗州臨淮縣桓公安攘之志至會淮而愈怠矣却淮夷而不力城鄫而不果況魯之僖公在會遽以其臣滅項而止之既不能爲鄰国討強家又迁怒於其君待声姜會下而獲釋悖君臣之分紊男女之別霸事之傎莫此爲甚蓋會淮之前楚伐黄滅黄而不能恤狄侵衛侵鄭而不能遏簡於存杞不若存邢之功幾於救徐不若救許之速宜淮夷之微亦肆其暴抑有所窺而動也桓會不至而淮牡立于淮書至聖人之意實可見矣或謂桓公以諸侯伐淮夷魯頌有功故魯頌称既克淮夷在泮獻馘而春秋不紀其事蓋削之也夫詩人之言特以此頌禱其君而願其有是功如曰居常与許復周公之宇云耳使果有伐淮夷之功安得不以伐山戎伐北戎之例而特書于經耶

戊寅 襄王九年 **十有七年** 齊桓四十三卒 晉惠八 衛文十七 蔡莊三 鄭文三十 曹共十 陳穆五 杞成十二 宋襄八 秦穆十七 楚成二十九

春齊人徐人伐英氏 左傳 齊人為徐伐英氏以報婁林之役 杜氏曰 英氏楚与国 張氏曰 皐陶後之封也桓公之興師末矣 王氏曰 不能病楚而徒伐其与国之小者桓之霸業微矣 愚按 今廬州六安州英山縣疑即英氏国桓公舍楚不討而加兵於厲与英氏區區之小国是縱豺狼而搏狐鼠也

○夏滅項 左傳 師滅項 程子傳 滅人之国罪惡大矣在君則當諱故曾滅国書取滅項君在會季孫所為也故不諱 杜氏曰 項国今汝陰項縣 張氏曰 項国子爵今陳州項城縣 愚按 今汴梁路陳州商水縣

按左氏淮之會公有諸侯之事未歸而取項齊人以為討而止公 杜氏曰 諸侯之事會同講礼之事 然則滅項者魯也二傳以為桓公滅之孰信乎考於經未有書外滅而不言國者如齊師滅譚 莊十 是也亦未有書內取而直言

魯者如取鄟音專成六取邿音詩襄十三取鄫昭四是也陳氏岳曰凡書外事各言其国内事不言我外事如齐師滅譚齐人滅遂之類是也内事則取汶陽田取鄟取邿之類是也未有書外事不言其国未有書内事而言魯者盖言国以別内也愚按晋悼公以諸侯滅偪陽畀楚以諸侯滅鄟因會祖伐吳而繼事以滅之則皆書遂由此知項為魯滅無疑矣然聖人於魯事有君臣之義凡大惡必隱避其辭而為于偽反之諱今此滅項其惡大矣曷不諱乎曰事有隱諱臣子施之於君父者也故成公取鄟襄公取邿昭公取鄫皆不言滅而書取程氏以為在君則當諱是也若夫滅項則僖公在會季孫所為耳執政之臣擅權為惡而不與之諱此春秋尊君抑臣不為朋黨比毗志反周之意也詳見成六年張氏曰於此見聖人文理密察亦所以示人五刑五用必審

其又然後當罪也【陳氏曰】公猶在齊滅項非公命也向也費伯帥師城郎非公命不書此何以書城郎常事滅項非常也是故常事譏不及公則不書茍非常則謹書之書滅項失兵權之漸也襄公在晉書邾瑕其來奔昭公在晉書莒牟夷來奔雖非公命皆非常也春秋必謹而志之【家氏曰】僖公德季氏擅告之私假之以權待之不疑其後遂至不可制襄在楚而宿取卞昭在晉而意如納邾莒叛人每秉公出而肆其無忌由此年滅項有以啓之耳。【葉氏曰】公穀皆云齊滅之為齊桓諱也按其文義乃是魯滅豈可為齊諱而魯自取惡乎齊桓雖賢滅項非合義何得為之諱乎【劉氏曰】桓公與山戎戰春秋貶之降侯為人夫戰山戎孰與滅中國滅中國反可諱而戰山戎反不得諱乎

秋。夫人姜氏會齊【桓】侯于卞 卞皮彥反【左傳】声姜以公故會齊侯于卞【杜氏曰】卞魯国下縣【張氏曰】在今襲慶府泗水縣大臣滅項而止僖公刑已偏頗又遠會婦人于魯地此管仲既亡桓公志荒之政也【愚按】泗水縣今屬濟南路兗州【臨川吳氏曰】此蓋會淮之後齊獨止公將執之以歸夫人齊女也聞公見止要齊侯于路而會之非齊侯已歸而再出會姜氏也婦人無外事魯之諸夫人声姜頗為賢婦詩人以令

妻須之而循有此失蓋㮣於見聞之非盲於礼義之正
是以好成人之美者惜焉 **高氏曰** 論其情則可矣而礼
則不可也小白入魯地而會声
姜能無嫌乎 **趙氏曰** 参譏之 **九月公至自會** **左傳** 九月公至
書曰至自會猶有諸侯之事焉且諱之也 **杜氏曰** 恥見
執詎會以告廟 **范氏曰** 桓會不致而今致桓公德衰威
信不著 **張氏曰** 公會諸侯而大臣滅人之国得罪於伯
主反国不討無政刑矣故謹之 **臨川吳氏曰** 以夫人會
齐侯故公於中路得釋而歸公未至齐故云至自會 ○**冬十有二月乙亥齊侯小**
白卒 桓公也在位四十三年長子無虧被殺宋納公子昭立之是爲孝公 **左傳** 齐侯之夫人三王姬徐嬴
蔡姬皆無子内嬖如夫人者六人長衛姬生武孟少衛
姬生惠公鄭姬生孝公葛嬴生昭公密姬生懿公宋華
子生公子雍公与管仲属孝公於宋襄公以爲大子雍
巫有寵於衛共姬因寺人貂以薦羞於公亦有寵公許
之立武孟管仲卒五公子皆求立十月乙亥齐桓公卒
易牙入与寺人貂因内寵以殺群吏而立公子無虧孝
公奔宋十二月乙亥赴辛巳夜殯 **東萊呂氏曰** 桓公雖
能用管仲攘夷狄伯諸侯有一匡天下之功然仲無正
心誠意格君之学徒急於一時之功利卒致五子之乱
其所以有始無終者家法不正也管仲且有三歸之失

豈能正其君哉【永嘉呂氏曰】伯者之與小白爲盛王禁明而王臣不下聘者六十年盟會同而諸侯無私爭者三十年序績召陵而荆怗陳旅聶北而狄退獻捷于晉而戎難弭陳兵車于淮而淮夷畏安攘之烈前此未有也然小白一身盛衰三變伐鄖侵宋侯度未一入蔡侵鄭戎疾未殄滅遂降鄣設施多舛遇穀盟邑檢防易肆此圖伯之初也貫澤而下葵丘以前衣裳不歃血兵車無大戰此定伯之日也九国叛而萌震於管仲死而廢繩墨城杞貶於城邢救徐怠於救許此成伯之後也功不掩過先儒論之當矣

【己卯】襄王十年 十有八年 【宋】襄九【齊】孝公昭元年【晉】惠九【衛】文十八【蔡】莊四【鄭】文二十一【曹】共十一【陳】穆六【杞】成十三【秦】穆十八【楚】成三十

春王正月宋【襄】公曹【共】伯衛【文】人邾【文】人伐齊 宋公下【公】有會字【左傳】宋襄公以諸侯伐齊【杜氏曰】納孝公【穀梁傳】非伐喪也

夏師救齊【穀】【梁】【傳】善救齊也

五月戊寅宋師及齊師戰于甗 甗魚免反 齊師敗績

【左傳】齊人殺無虧將立孝公不勝四公子之徒遂與宋人戰宋敗齊師于甗立孝公而還【穀梁傳】戰不言伐客不言及言及惡宋也【程子傳】書宋及曲在宋也奉少以奪長其罪大矣齊師敗績書敗責齊臣也【杜氏曰】甗齊

七八六

地無虧既死曹衛邾先去故宋師獨与齊戰狄救齊救齊也穀梁傳善

伐齊之喪奉少去声奪長上声下同其罪大故其責詳書師

救齊者善譽也救者善則伐者惡矣本李氏集義高氏曰以齊与狄之救爲善則宋伐齊喪爲不正矣凡書救者未有不善之也書狄救

齊者許狄也許夷狄則罪諸夏矣許之曷爲不稱人

深著中國諸侯之罪也常山劉氏曰諸侯伐喪不道如此狄乃能行義以兵救之聖人哀中国無王諸侯滅義夷狄之不若也薛氏曰聖人与狄之救猶賢乎宋也臨川吳氏曰書師救齊於伐齊之後則救者救無虧也書狄救齊於齊師敗績之後時無虧已死齊無君矣故杜氏云救四公子之徒雖緩不及事然亦書救終善之也

凡伐者爲客受伐者爲主公羊春秋伐者爲客伐者爲主何氏曰伐人者爲客見伐者爲主今齊人受伐以宋爲主

者曲在宋也何氏曰戰言及所以別主客直不直也孫氏曰宋襄伐人之喪擅易人之主故

以宋主齊不与宋襄伐齊也凡師直爲壯曲爲老僖二十八子犯云云書齊師敗績者責齊臣也或曰桓公管仲嘗屬章欲反孝公於宋襄公以爲世子矣則何以不可立乎曰不能制命雖天王欲撫鄭伯以從楚春秋猶以大義裁之而不與也五年桓公定王太子鄭會于首止王使周公召鄭伯曰吾撫汝以從楚鄭伯逃其師而歸春秋貶鄭伯書逃歸不盟桓公君臣乃欲以私愛亂長幼之節其可哉獨不見宣王與仲山甫爭魯侯戲括之事其後如之何也周語魯武公以括与戲見王王立戲仲山甫諫曰不可王卒立之武公卒魯人殺懿公而立伯御宣王伐魯立孝公諸侯從是不睦春秋深罪宋公大義明矣通旨問宋師及齊師戰是宋公也何以書師既敗之何以不書人曰稱師見其用大衆也而貶在其中矣是以師爲重以襄公爲輕矣問宋公伐齊爲納公子昭也何以不書納公子昭于齊乎曰宋不与納也納昭非正也公

伐齐納糾亦非正則何以書書納糾所以著莊公之罪也止書伐齐而不書納糾則莊公得復讎之義矣或書或不書其義自異不可不察也**劉氏曰**宋襄有憂中国之心伯天下之意而道不足也故合諸侯率大衆不務率義而先為不正以矜其力此所以無功也諸侯失国諸侯納之正也不曰納公子昭于齐不与納也曷為不与納公子昭非正也**王氏箋義**無虧既立踰年之君也而宋人脅齐殺之將立孝公復与齐人戰四公子之徒争国宋伐喪皆不義也**張氏曰**長幼有定分桓公管仲不能自制其尊卑正否之辨而輕屬幼少以為乱階君臣既失制命之義矣今桓公未葬長子既立宋襄不能從宜因勢順其少長以撫定之使得以終桓公之喪乃成桓之私意帥諸侯奉少奪長大亂齐国春秋書宋公以為戎首深罪之也**永嘉呂氏曰**桓公舍當立而屬公子昭于宋不可謂之正又嬖於雍巫之言而許立無虧不可謂之明身死之後豎貂易牙立公子無虧其名則立長也宋襄伐喪而納公子昭其名則桓公之所屬也彼此交争国內大乱凡皆桓公之為也春秋不書昭之當立与否而但書其戰伐敗救之事其義深矣然則昭与無虧之事孰正曰以義則無虧正桓公屬公子昭於宋以為太子則桓公之罪也○**劉氏曰**戰于甗公羊

云曷爲不使齊主之與襄公之征齊也非也晉郤克及齊侯戰于鞌寧可亦曰與晉郤克之征齊乎所異於晉者何哉

秋八月丁亥葬齊桓公【杜氏曰】孝公立而後得葬

桓公九合諸侯不以兵車【朱子曰】九當作糾【左傳】展禽曰桓公是以糾合諸侯【劉氏曰】會于幽爲九合之始始于幽終于淮合者九也而皆不以兵車【番易萬氏曰】穀梁稱衣裳之會十有一而左氏於鄄之再會曰齊始霸也是北杏之會鄄之初會皆在未霸之前則桓公既霸衣裳之會止於九合而已或者以北杏陽穀非管仲之欲或又以鄄幽再會以地而言則止於九皆未免臆度之說也

威令加乎四海幾於改物昭九【注】改正朔易服色雖名方伯實行天子之事然而不能愼終如始付託非人柩方在殯四鄰謀動其國家而莫之恤至於九月而後葬前年十二月卒以此見功利之在人淺矣春秋明道正義不急

近功不規小利於齊桓晉文之事有所貶而無過褒以此張氏曰桓公自入国以來急於功利志於富疆其處己待人皆不以正心正家爲務肉未及寒而嬖孽爭国宋伐其喪家子見殺国戕於广足以見伯者之不足貴而聖門不道之實矣

冬邢人狄人伐衛段狄始書人左傳邢人狄人伐衛圍菟圃衛侯以国讓其父兄子弟及朝衆曰苟能治之燬請從焉衆不可而後師于訾婁狄師還穀梁傳狄其稱人何也善累而後進之伐衛所以救齊也功近而德遠矣

狄稱人進之也何氏曰狄称人善能救齊有憂中国之心故進之慕義而來進之可也以夷狄伐衛而進之可乎伐衛所以救齊也孫氏曰狄称人善救齊衛嘗亡滅東徙渡河無所控告齊桓公攘戎狄而封之使衛國忘亡誰之賜也事在二年桓公方沒不念舊德欲厚報之遽伐其喪亦太甚矣以直

報怨聖人之公也【朱子註】於其所怨者愛憎取舍以至公而無私所謂直也以

怨報怨天下之私也懷怨抱憤必報復而不忘乃一己之私意非聖人至公之心矣

以德報怨寬身之仁也【表記】【疏】以直報怨是禮之常今以德報怨是寬愛己身之

民欲苟息禍患非禮之正以怨報德刑戮之民也【同上】【疏】禮當以德報德今以怨

報德其人凶惡是合刑戮至是人理亡矣桓公攘夷狄安中國免

民於左衽而審反諸侯不念其賜而於衛為先書狄

救齊以著中國諸侯之罪再書狄人伐衛所以見音現

救齊之善功近而德遠矣【党氏曰】伐衛功近耳夷狄而憂中国其德遠也【高郵

孫氏曰】衛嘗見滅於狄而齊桓封之桓死未踰年而衛与諸侯伐之邢自以復存者桓公也於是不忍齊

之見伐而衛之無恩也与狄人伐之【張氏曰】邢黨狄以伐衛然論其曲直則衛之忘恩背劑以伐喪奪長

宜得声罪致討之師故人狄以進之見罪衛之深也

【臨川吳氏曰】衛伐齊喪固有罪然非主兵首惡也邪

小国黨異類伐同姓戎者逼於狄之命不得已与其後衛竟滅邢其怨斷未必不基於此也高氏曰伐衛以邢為首者衛雖有罪而邢不當与狄連兵以伐兄弟之国且不可以夷狄先中国也

僖襄王十一年

十有九年宋襄十齊孝二晉惠十衛文十九蔡莊五鄭文三十二曹共十二陳穆七杞成十四秦穆十九楚成三十一

春王三月宋（襄）人執滕（宣）子嬰齊左傳宋人執滕宣公

執之是非決於稱人與稱爵公羊稱侯而執伯討也稱人而執非伯討也胡氏曰執之是非決於称人与称侯而不繫名与不名者也而見執者則以名與不名知其罪之在也經書見執於人者悉皆不名而滕子獨名是亦有罪焉爾夫以齊桓之盛九合諸侯不以兵車雖江黃遠國猶相繼來盟而滕介側畔也齊宋之間不與音預衣裳之會者三十有七年及宋襄繼起

又不尊事大國其見執則有由矣書名著其罪也苟爲有罪其見執固宜宋何以稱人不得爲伯討乎執雖以罪不歸于京師則稱人惡（去声，下同）其專也（如成九年鄭貳於楚晉執鄭伯既不以王命又不歸京師故稱晉人。孫氏曰：五等之国皆諸侯也，其或有罪，方伯請于天子，天子命之執則執之，不得專執也。執得其罪其罰輕，執不得其罪其罰重。）歸于京師而執非其罪則稱人惡其濫也（僖二十八晉文執衛侯歸京師，爲臣執君，執不以正，故亦書晉人。高郵孫氏曰：齊桓之盛，江黄之遠，猶斂衽聽命，而滕自幽盟之後未嘗列於衣裳之會，今又不能尊事大国以取執辱，故書名罪之。宋襄藉齊桓之後，非有德義以服諸侯，肆己之強，一會屢二君，以陵轢諸夏，故書人以貶之。春秋不以不正治不正，所以人宋而名滕子也。薛氏曰：宋襄執滕子以威求伯也。臨川吳氏曰：宋襄志在繼齊桓之伯，然去春首伐齊喪，奉少以篡長，今春首執滕子，恃強而陵弱，如此欲霸得乎？盖以滕子久不與齊盟，故執之以威諸侯，然非有德義以服人心，肆己之暴，所以終於無

成也【愚按】經書執国君者十有三惟成十五年晉侯
執曹伯執得其罪又歸諸京師故以伯討与之餘皆
書人悉兆伯討也然見執者皆不名惟此年滕子嬰
斉哀四年晉執戎蛮子赤書名盖嬰斉自外於斉盟
蛮氏乱而無質故名以貶之也孫氏發
微謂嬰斉名者遂失国也於義亦通

夏六月宋公[襄]曹人[共]邾人[文]盟于曹南【公】作宋人【范氏曰】曹
南曹之南鄙【邇曰】問
宋大国君在是而曹邾敢以微者來何也曰宋方求合
諸侯兆諸侯歸之也故君往而微者來盟【陳氏曰】邾文
公在焉其称人何人曹邾以貶宋也属辞疑於比杏昌
爲謂之貶以明年鹿上之盟亦人宋則未嘗予宋以伯
也。【蜀杜氏曰】
公羊宋称人誤

鄫子會盟于邾【公羊傳】其言會盟何後
會也【杜氏曰】不及曹南
之盟諸侯既罷鄫子乃會之于邾故不言如會【臨川吳
氏曰】盖鄫子如會適遇宋公歸國及邾之境故言會盟
于邾

己酉邾人[文]執鄫子用之【左傳】宋公使邾文公用鄫子
于次睢之社欲以属東夷司
馬子魚曰古者六畜不相爲用小事不用大牲而況敢
用人乎祭祀以爲人也民神之主也用人其誰饗之齊
桓公存三亡国以属諸侯義士猶曰薄德今一會而虐
二国之君又用諸淫昏之鬼將以求霸不亦難乎得死

爲幸【昭十一】申无宇曰五牲不相爲用況用諸侯乎【公羊傳】惡乎用之用之社也其用之社奈何蓋叩其鼻以血社也【穀梁傳】微國之君因邾以求与之盟人因已以求与之盟已迎而執之惡之故謹而曰之也用之者叩其鼻以衈社也【杜氏曰】蓋殺人而致祭【臨川吳氏曰】用之者殺之而用其尸爲牲以祭神【張氏曰】蓋鄫子會曹南之盟而後期宋公使邾執之邾鄫世仇因附勢而肆虐用之惡也觀後日戕鄫子亦出於邾則邾之虐鄫必自用鄫子而天子不誅所以復出爲惡與【高氏曰】宋公之盟曹南怒鄫子不至故欲用之而子魚諫焉邾人修鄫舊怨遂承其意執而用之也不然則宋修霸業邾從宋盟安敢輒戮鄫而不懼討乎宋既不討則意從可知矣宋襄圖霸而縱容同盟暴虐与國何以求諸侯乎經書鄫子与蔡世子有皆曰用之而不書所用之迹蓋聖人所不忍言但曰用之則知其以人爲用也惡之故謹而曰之諸侯終則名鄫子不名史佚之【愚按】邾子称人貶也上言會盟于邾則非微者明矣

秋宋人圍曹【發】

【共】【左傳】宋人圍曹討不服也子魚言於宋公曰文王聞崇德亂而伐之軍三旬而不降退修教而復伐之因壘而降今君德無乃猶有所闕而以伐人若之何盍姑內省德乎無闕而後動【汪氏曰】曹雖與盟而猶不服

盟于曹南口血未乾（音干）今復（扶又反）圍曹者討不服也（【臨川吳氏曰】宋襄以威迫曹而与之盟故曹不心服）愛人不親反其仁治人不治（去声）反其智襄公不能内自省德而急於合諸侯執嬰齊非伯討不足以示威盟曹南非向志不足以示信卒於兵敗身傷不知反求諸己欲速見小利之過也漢景削七國而吳楚叛（【前漢鼂錯傳】景帝即位遷御史大夫錯請諸侯之過削其支郡後十餘日吳楚七国俱反以誅錯爲名上乃斬錯東市）東都疾横（去声）議而黨錮興（【後漢黨錮傳】桓靈間主荒政謬国命委於閹寺故匹夫抗憤處士横議危言深論不隱豪強於是天子震怒逮捕黨人自是正直放廢邪枉熾結其死徙廢錮六七百人士類殲滅国隨以亡）唐文宗切於除姦而訓注用（【唐書】文宗始因李德裕牛僧孺以朋黨相軋嘆曰去河北賊易去朝廷朋黨難乃用李訓鄭注專執朝政不附者指爲黨人而逐之上深惡宦官遂信訓注欲以誅

謀除累世之姦至於血流禁署禍及忠良訓注誅上亦憒崩　故子夏爲莒父宰問政子曰無欲速無見小利欲速則不達見小利則大事不成【朱子註】欲事之速成則急遽無序而反不達見小者之爲利則所就者小所失者大矣【愚按】襄公志在近小兆特不能成大功雖小利亦未嘗遂僅一盟曹南而曹不服再盟鹿上會盂而束手就擒於荆蚤矣　經書襄公不越數端而知其操心之若此者仲尼筆削推見至隱如化工賦像并其情不得遯焉兆特畫筆之肖其形耳故春秋者化工也非畫筆也

【張氏曰】齊桓之伯亟已去忿盟曹平宋以致諸侯先近故也今襄公欲圖諸侯近於宋者莫如曹滕滕既執矣曹方與盟已而復叛不從子魚內省德之言而亟事干戈宜其不遂霸也【陳氏曰】此宋公圍曹也其稱人貶也宋公欲合諸侯而亟修怨於曹諸夏之圍国自是始【愚按】經書夷夏之加兵於曹者十有二而宋居其七焉蓋自僖十五年間曹之以兵佐齊桓而伐之至此償其貳乃環其国都而攻之宣二年復圍

之哀之三年六年樂髠向巢再伐七年又圍之八年遂入而執其君終滅其国比事攷之不貶而罪自見矣

衛人伐邢左傳以報菟圃之役張氏曰衛不自省其從宋伐喪之罪而以報復爲事罪之也高氏曰衛不伐狄而伐邢是以人之。啖氏曰左氏穿鑿莊子之言皆飾妄之辞也○冬會陳人蔡人楚人鄭人盟于齊公作公會楚始與齊盟左傳陳穆公請修好於諸侯以無忘齊桓之德盟于齊修桓公之好也赵氏曰地以齊齊亦與盟

盟會皆君之禮也微者盟會不志于春秋凡所志者必有君與貴大夫居其間也然則爲此盟者乃公與陳蔡楚鄭之君或其大夫矣據左傳称陳穆公曷爲内則沒公外則人諸侯與其大夫諱是盟也楚人之得與音預下得與同中國會盟自此始也莊公十年荆敗蔡師始見音現于經其後入蔡伐鄭皆以號舉夷狄之也僖公元

年改而稱楚經亦書人於是乎浸強矣然終桓公世皆止書人而不得與中國盟會者以齊修伯業能制其強故也桓公既沒中國無霸鄭伯首朝于楚十八年鄭文公始朝于楚楚子賜之金二十二年鄭伯又如楚二十四年宋成公亦如楚其後遂爲此盟故春秋沒公人陳蔡諸侯而以鄭列其下蓋深罪之也薛氏曰後鄭者鄭爲之下也愚按陳自晉文之後服屬荊蠻雖或暫從中国而輒貳中国亦以有陳非吾事蔡自會狄泉以往甘心南向不與中国盟會鄭亦數同數異犧牲玉帛待於二竟陳蔡則晏安滅於楚而僅存鄭亦困逼於楚終春秋之世又二年復扶又反又盟于鹿上至會于盂遂執宋公以伐宋而楚於是乎大張列位於陳蔡之上而書爵矣聖人書此豈與之乎所以著夷狄之強傷中國之衰莫能抗也故深諱此盟一以外

夷狄二以惡（去声）諸侯之失道三以謹盟會之始也陳氏曰楚初与諸夏盟也内不言公諱之也以其人楚不可不人陳蔡以其人陳蔡不可以不没公也家氏曰序陳人為首陳倡盟也序鄭于下鄭首叛也此楚人始會故諱公略齊侯書法特為謹嚴不与夷狄之盟中国也張氏曰會不書公當從左穀楚欲得志於中国久矣齊桓討而襃之其後桓志稍衰楚滅黄敗徐驟騷抗衡然尚有所懼也桓公既没宋襄欲圖伯而諸侯不服故楚假不忘桓德之説求參預中国之盟會陳蔡及鄭皆近楚而素服之者故先受其謀齊孝公親見其父極力襃楚聽其甘言納之国都而与盟僖公亦忘是讎之志偕之同歃不知非我族類其心必異楚因是以行其志於中国春秋諱公而人諸侯所以謹其始也愚按于齊之盟曽及諸侯盟楚之始也鹿上之盟外諸侯盟楚之始也故皆以微者書而深貶之盂之會薄之盟宋直書不諱又所以著其夌駕中国之暴而諸侯皆俛焉從之也幸而晉文城濮之捷得以却其方張之勢晉伯不振而楚丗竊討賊之義盟于辰陵遂主諸侯于蜀之盟十有一国之大夫皆貶書人曽不諱公視盟齊雖若末滅然人諸国大夫乃所以人公也厥後于宋于虢晉楚狎主齊盟而于

申十有三国且用齊桓召陵之礼春秋欲諱之而有不勝諱矣是知春秋貶于齊之盟所以謹礼於微慮患於早也

梁亡【左傳】梁伯益其国而不能實也命曰新里秦取之遂城而居之梁亡不書其主自取之也初梁伯好土功亟城而弗處民罷而弗堪則曰某寇將至乃溝公宮曰秦將襲我民懼而潰秦遂取梁【公羊傳】此未有伐者其言梁亡何自亡也其自亡柰何魚爛而亡也【穀梁傳】自亡也湎於酒淫於色心昏耳目塞上無正長之治大臣背叛民爲寇盗如加力役焉湎不足道也梁亡出惡正也鄭棄其師惡其長也【杜氏】曰以自亡爲文非取者之罪所以惡梁梁国今馮翊夏陽縣【張氏】曰梁嬴姓伯爵伯翳之後梁地今同州彭城縣【愚按】同州今屬奉元路

陸淳曰秦肆其暴取人之國没而不書其義安在曰乗人之危惡易去声下同見也滅人之國罪易知也自取亡滅者其事微矣春秋之作聖人所以明微也本微旨

梁本侯國魚爛而亡何哉何氏曰魚爛從內發百姓一旦相率俱去狀若魚爛

易曰天行健君子以自強不息朱子本義天一日一周明日又一周淅至健不能君子法之不以人欲害其天德之剛則自強而不息矣古者諸侯朝修其業令晝孜其國職夕省其典刑夜儆百工無使慆音韜慢也淫而後即安魯語故克勤于邦大禹謨荒度待洛反土功者益稷注荒大也以大相度平治水土之功也禹也慄慄危懼湯誥檢身若不及者伊訓湯也自朝至于日中昃不遑暇食用咸和萬民者無逸文王也凡有國家者土地雖廣人民雖眾兵甲雖多城郭雖固而不能自強於政治則日危月削如火消膏以至滅亡而莫覺也而況好去声土功輕民力本卒氏湎於酒淫於色心昏而出惡政者乎本穀梁何氏曰梁君

隆刑峻法一家犯罪四家坐之一国之中無不被刑**其亡可立而待矣**臨川吳氏曰梁伯不能君国子民以致民逃其上秦因得以取其地故不書秦滅梁而以自亡爲文張氏曰梁国之亡禍由於內姧魚之爛外未見而內先潰矣春秋變法以書諸侯自取滅亡者有二晉人執虞公猶言兵已加於頸而不自知也梁亡言国自亡而不之竟也李氏趙曰書梁亡所以深惡梁非言秦得滅人国也愚按漢帝禪末年委權閹寺国無政令玩戎黷武民勞卒敝鄧艾兵至皇子諶謂當父子君臣背城一戰同死社稷而帝不聽率群臣面縛以降朱子於綱目特書漢亡亦春秋之意歟

辛巳襄王十二年**二十年**宋襄十一齊孝二晉惠十一衛文二十蔡莊六鄭文三十二曹共十三陳穆八杞成十五秦穆三十楚成三十二

春新作南門左傳新作南門書不時也公羊傳何以書譏何譏爾門有古常也穀梁傳作爲也有加其度也言新有故也非作也南門者法門也

言新者有故也言作者創始也杜氏曰言新以易舊言作以興事皆更造之文也孫氏曰新延廄不言作此言作改舊可知

其曰南門者南非一門也

庫門天子皐門雉門天子應門見明堂位【注】天子五門皐庫雉應路魯有庫雉路【疏】魯之庫門制似天子皐門雉門制似天子應門【檀弓】魯莊公之喪既葬而絰不入庫門書

新作南門。譏用民力於所不當為也【高郵孫氏曰】譏其侈泰妨農功改舊制。魯人為長府閔子騫曰仍舊貫如之何何必改作孔子曰夫人不言言必有中去声【臨川王氏曰】改作勞民傷財在於得已則不如仍舊貫之善

春秋凡用民力得其時制者猶書于策以見音現勞民為重事而況輕用於所不當為者乎然僖公嘗修泮宮復閟宮矣奚斯公子魚董督也其役史克頌其事【註】小序季孫行父請命于周而史克作頌泮水頌僖公能脩泮宮也閟宮頌僖公能復周公之宇也【閟宮】卒章云奚斯所作【朱子傳】泮水燕飲落成之詩閟宮則為僖公修廟之詩泮宮諸侯之學其東西南方有水形如半璧故曰泮宮閟深閟也宮廟也而經不書者宮廟以事

其祖考學校以教國之子弟二者爲國之先務雖用民力不可廢也其垂教之意深矣

【劉氏曰】南非一門，庫門天子皋門雉門天子應門南門者天子之門非諸侯之門也天子諸侯皆南面而聽政門必嚮南其來舊矣新其舊而書新作是必有僭制焉南門之僭自僖公始罪其不可爲而爲故曰新作二百四十二年所興作多矣不必書也僖公修泮宮詩人頌之而春秋不書泮宮諸侯之享僖公修之得其時制故不書新宮災太室屋壞災與壞不能不修而經無修之文雉門及兩觀災記新作焉吾以此數者參之修舊不足書其書者皆非禮之制也【高氏曰】改舊制而增大之罪不止於勞民而已玉藻曰天子聽朔於南門之外書曰逆子釗于南門之外此天子之門也魯之舊制豈可改乎【王氏曰】顧命孔氏傳南門路寢門則知魯南門乃路門也魯庫雉二門既用天子之制惟路門仍舊故僖公因其弊而斥大之【愚按】僖公之經並無城築土功之事則庶幾其能愛民矣而猶有南門之役且不免於過制而僭上春秋特書新作以譏之抑責備賢者之意歟

夏郚子來朝 左氏二十四年傳 富辰曰郜雍曹滕文之昭也 杜氏曰 郚姬姓国 張氏曰 後漢志濟陰成武北有郚城 夾漈鄭氏曰 郚有二桓二年取郜大鼎北郚也在今單州成武郚子來朝南郚也今單州有二郚城 王氏曰 郚分爲南北皆附庸於宋。陸氏曰 公羊二云失地之君也按經无異文无所據也 劉氏曰 若失地之君何得言朝又公羊以郚城在春秋前按春秋以來且九十年郚子失地殆二三世矣猶能自歸同姓躬行朝礼无乃不近人情乎

○五月乙巳西宮災 公羊傳 西宮小寢也有西宮則有東宮矣魯子曰以有西宮知諸侯之有三宮也西宮災記異也 杜氏曰 公別宮 何氏曰 礼夫人居中宮少在前右媵居西宮左媵居東宮少在後 家氏曰 小寢人君燕私之地災見於是警戒深矣人君之過不在朝路臨涖之時而常在深宮燕處之際天之示譴豈徒然哉○陸氏曰 穀梁云閔宮也按謂之西宮直是僖公之西宮尒 劉氏曰 穀梁以僖公受国閔公繼之如君父何爲不可謂之新宮以新宮近祢宮而更謂之西宮比称謚不亦愈疏乎

○鄭人入滑 左傳 滑人叛鄭而服於衛鄭公子士洩堵寇帥師入滑 高氏曰 鄭伯与滑伯同等諸侯滑服於衛遷與師而入其国必欲滑爲已屬蓋強之陵弱如此 王氏曰 滑与鄭爲鄰鄰齐桓時常与鄭同盟幽

今中国无伯鄭首從楚遣一卿長驅而入滑无忌憚甚矣故略而人之【張氏曰】此託天王出居于鄭之始覺也

○秋齊人(孝)狄人盟于邢【左傳】齊狄盟于邢爲邢謀衛難也於是衛方病邢【穀梁傳】邢爲主焉亦【何氏曰】狄稱人能常与中国【張氏曰】書狄例以国称而同之於齊称人之列者皆宋伐齊喪而能救之今衛欲滅邢而狄謀存之從中国以救災恤患非夷狄之事故人以進之人狄則罪衛之意明矣此見聖人仁天下之公心也【家氏曰】甚哉齊孝之无恥也桓公征楚而服之已乃与之盟于国桓公攘狄而却之已乃与之盟于邢書曰厥父菑厥子乃弗肯播厥父基厥子乃弗肯堂其齊孝之謂乎【平庵項氏曰】邢人狄人伐衛見邢之中国狄也齊人狄人盟于邢見齊之中国狄也【愚按】伐衛盟邢春秋皆以狄称人於齊邢之下而不殊序所以潔惡中国之衰也

○冬楚人(成)伐隨【左傳】隨以漢東諸侯叛楚鬪穀於菟帥師伐隨取成而還【穀梁傳】隨国也【杜氏曰】隨国今義陽隨縣【愚按】今峡州路隨州【張氏曰】楚力方強隨欲復漢東諸侯于中国而德不足以勝之此所以召兵而自屈也左氏罪其不量力不若孟子師文王之論【高氏曰】隨自是服屬於楚至哀元年會楚子圍蔡【[illegible]氏曰】楚既服隨則將爭衡於上国而宋欲盟之其能詘道

壬午 襄王十三年

二十有一年 宋襄十二 齊孝四 晉惠十二 衛文二十一 蔡莊七 鄭文三十四 曹共十四 秦穆二十一 陳穆九 楚成三十三 杞成十六

春狄侵衛 莊氏曰爲邢故 臨川吳氏曰中国無伯而狄得假名義以亂中国因宋曹衛邾伐齊喪則伐義興師以救齊又声衛伐喪之罪而与邢協力以伐衛衛因邢之黨狄伐已而伐邢以報怨且憾邢未已則狄又援齊而盟以爲邢謀至此遂爲邢而侵衛前之伐以衛伐喪之惡有罪可數故称伐今之侵以衛有械邢之心無事可指故称侵侵者言其師之無名也 愚按前伐衛盟邢以狄有救患之善故称人此復侵衛悪其浸以猾夏故牽其本號也

○宋襄人齊孝人楚成人盟于鹿上 左傳宋人爲鹿上之盟以求諸侯於楚楚人許之公子目夷曰小国争盟禍也宋其亡乎幸而後敗 莊氏曰鹿上宋地汝陰有原鹿縣 愚按鹿上今河南府路亳州鹿邑縣 通旨鹿上之盟是宋公也何以称人齊桓捴楚以安中国宋公盟楚以求諸侯 陳氏曰襄公欲合諸侯而執滕宣公使邾文公用鄫子一會而虐二国之君而亟与楚盟是喪師亡身之道也 臨川吳氏曰宋襄欲圖霸合諸侯而德義不足以感人曹南之盟僅能脅服至近之曹至小之邾而曹復懷貳楚之勢力足以威人盟齊

而曽陳蔡鄭皆從之此宋襄所願欲而不可得者故求之於楚欲借楚之令使諸侯從已曾不思楚強夷也齊桓之霸如此其盛猶敢時出猾夏宋襄既無齊桓之德義又無楚顒之勢力乃倚楚爲重欲得其所從之諸侯是求肉於虎其遭執辱也宜哉楚君既称人則齊宋二君亦降称人若宋齊称爵則疑楚人爲大夫矣【張氏曰】霸中国者宋之欲也亂中国者楚之欲也欲霸中国而求之於夷狄亂常之楚与之同盟此春秋所以列序而人之以著襄公之自取敗辱也

○夏大旱【左傳】大旱公欲焚巫尫臧文仲曰非旱備也修城郭貶食省用務穡勸分此其務也巫尫何爲天欲殺之則如勿生若能爲旱焚之滋甚公從之是歲也飢而不害【公羊傳】記災也【杜氏曰】雩不獲雨故書旱【高氏曰】言大者久且甚之辞春秋書大旱者二此夏与宣七年秋也【愚按】春秋歴時不雨則書不雨但一時不雨而爲災則書旱莊三十一年冬不雨不日旱者五穀既登則害於民者淺故不書旱耳

○秋宋公（襄）楚子（成）陳侯（穆）蔡侯（莊）鄭伯（文）許男（僖）曹伯（共）會于盂盂【公】作霍【穀】作雩或爲宇【楚始称子】執宋公以伐宋【左傳】諸侯會宋公于盂子魚曰禍其在此乎君欲已甚其何以堪之於是楚執宋公以伐宋【公羊傳】孰執之楚子執之不言楚子執之不与夷狄之

執中国也宋公与楚子期以乘車之會公子目夷曰楚
夷国也強而無義請君以兵車之會往公曰吾与之約
以乘車之會自我為之自我墮之不可終以乘車之會
往楚人果伏兵車執宋公以伐宋【穀梁傳】以重辭也【經】
【子傳】宋率諸侯為會而蛮夷執會主諸侯莫違故以同
執書之【杜氏曰】盂宋地【鄭氏曰】鄭地今懷孟路孟州

執宋公者楚子也【臨川吳氏曰】楚以子爵叙侯伯之上故宋公之執不待言楚而知其
為楚矣前盟鹿上後使宜申楚皆称人此獨称子者
蓋執宋公不可言執宋人宋公既爵則陳蔡鄭許曹
皆須爵否則疑君若君与大夫會
五国称爵則楚不得不称爵
據溴梁會下執莒
子邾子復出晉人

何以不言楚子執之分惡於諸侯也諸侯皆在會而蠻
夷執其會主拱手以聽而莫之敢違其不勇於為義
亦甚矣故特列楚子於陳蔡之上而以同執為文【張氏】
【曰】不与楚子執宋公故以諸侯共執為文所以抑強
夷而存中国也【陳氏曰】執非伯討恒称人齊執陳轅
濤塗伐称君執称人晉執衛侯會称君執称人韓不
信執宋仲幾會称大夫執称人此楚子執宋公是為

不再称楚人不以夷狄執諸夏之辭也是故執宋公不申言楚人執齊慶封亦不申言楚人猶曰諸侯執之云尒夫以楚之強豈能勝秦五國之衆何弱於趙然澠音緬池之會藺相如一奮其氣威信音伸敵國秦雖虎狼猶不敢動史藺相如傳秦王告趙王會澠池相如從及會飲酒秦王請趙王鼓瑟趙王鼓之相如請秦王擊缻秦王不肯相如曰五步之内相如請得以頸血濺大王矣左右欲刃之相如叱之皆靡秦王乃一擊缻秦終不能加勝於趙趙亦盛設兵以待秦秦不敢動況以五國之君而不能得志於荆楚乎宋以乘繩證切車之會往而楚伏兵車以執之則宋直楚曲其義已明雖以匹夫自反而縮猶不可耻矧南面之君也哉謝氏曰此楚執耳其以諸侯執之之辭何也譏諸侯也南面之君兵馬非不多也力非不足也而聽蠻夷之君執辱盟主故譏之宋公德不足懷慮不及遠而求諸侯以及於難故罪之張氏曰孔子相定公會齊侯此會中国也猶以文事不可無武

備請司馬以行以楚之夷而可信其詐僞之約乎徒出約之是輕以其身溷於虎狼之群也陳蔡鄭許曹皆中国也蛮夷執會主而無一人伸義以正曲直之分豈非自同於夷狄之類乎故以諸侯同執爲文以罪襄公非但不識楚人譎詐之心且無以知五国之不同心而輕爲是會也傻諫求欲以及於禍所謂愚而好自用者欲然春秋爲去声賢者諱宋公見執不少隱之何也夫盟主者所以合天下之諸侯攘戎狄尊王室者也宋公欲繼齊桓之烈而與楚盟會豈攘戎狄尊王室之義乎故人宋公於鹿上之盟而盂之會直書其事而不隱所以深貶之也高氏曰楚自是稱子而序於諸侯之上於此見中国衰而夷狄盛也愚按執宋公以伐宋華夷争伯也執衛行人比宮結以侵衛諸侯無伯也以上公之尊同於匹夫之微俛就執辱宋襄之圖伯末矣齊之盟楚序陳蔡之下鹿上之盟楚序齊下盖荆楚雖強初与中国之會盟猶未敢偃然自肆也至是列陳蔡之上盖有主會之志矣而宋襄德寡国弱欲尸盟主之權

故楚顓設詐禽之而攻其国以懼中国之諸侯而取
威懷伯也春秋尊中国而賤夷狄故雖宋襄不能霸
而揭宋公於會盟之首所以辨夷夏之大分也于齊
莅上楚皆書人此會書楚人則疑非楚君故盼書楚
子四夷雖大皆曰子荆楚僭王而書之以子雖曰稱
爵而抑之之意實在其中然以子爵亞於宋公而位
中国諸侯之上則兩伯之抗不待春秋之終而已見
矣故止齋陳氏曰宋楚初爭長也楚稱子而序陳蔡
鄭許曹之上不知諸
侯之從楚与從宋与

冬公伐邾 杜氏曰為邾滅須句故 王氏曰大旱經時○不知賦食省用而用兵伐人非其道也

楚人使宜申來獻捷 公羊傳此楚子也其稱人何貶曷為貶為執宋公貶也 穀梁傳捷軍得也其不曰宋捷何也不与楚捷於宋也 王氏箋義宜申鬬氏子西也不書族与椒聘同

不曰來獻宋捷為于偽反魯諱也 陳氏岳曰不曰宋捷隱之也 張氏曰僖公不与盂之會楚方求駕中国以魯為諸侯之望故假宋捷以威魯逞其詐力誇示於我僖公不能拒絕而受其使命待以賓礼特書來獻而不言宋為內諱也

諸侯從楚伐宋而魯獨不

與音預故楚來獻捷以脅魯爲魯計者拒其使去声下同而不受可也圖莊氏曰魯不當受其來獻請於天王而討之可也宋公先代之後作賓王家見微子之命注以客礼待之也左傳宋先代之後天子有事膰焉有喪拜焉方修盟會而伏兵車執之於壇坫丁念反爾雅垝謂之坫在堂隅注之上又以軍獲遺惟季反獻諸侯其橫去声逆甚矣高氏曰中国於夷狄則有捷諸侯於天子則有獻捷拒其使而不受聲其罪而致討不患無詞魯於是時曾不能申大義以攘荊楚尊中國故不曰宋捷特爲魯諱之也張氏曰楚称人貶劉氏曰楚暴犯中国欺許宋公執而伐之威動天下既貶其君又隱其捷乎宋以伸有道之弱而沮無道之勝陳氏曰君使大夫何以特称人貶之也盂會不称子無以見宋楚之争長獻捷不人之則是遂亍楚也自是至椒之聘始有君大夫臨川吳氏曰楚人者楚子也称使則知爲楚子矣自屈完盟召陵楚臣之見

經自此始[疏]獻者下奉上之詞不書楚執不書楚子使宜申獻捷不與荆蛮之凌中国也執宋公以諸侯同執爲文不書宋捷諱曾受捷之惡責中国諸侯之從蛮夷也經書獻捷者二齐侯獻戎捷書爵書戎捷楚顯獻宋捷書人不書宋捷存中国而抑夷狄之義著矣晋景公使鞏朔獻齐捷于周天子猶責其奸先王之礼况以蛮夷暴虐中国而可受其捷乎

十有二月癸丑公會諸侯盟于薄釋宋公[左傳]會于薄以釋之子魚曰禍猶未也未足以懲君[穀梁傳]會者外爲主焉尒外釋不志此其志何也以公之与之盟目之也不言楚不与楚專釋也[何氏曰]言諸侯者起霍之會諸侯也[任氏曰]薄史記作亳漢山陽薄縣即湯都[張氏曰]拱州考城漢薄縣[愚按]考城縣屬今汴梁路睢州

會不書其所爲獨會于稷書成宋亂者爲于僞反下爲葬爲曾同受郜鼎立華户化反督也桓二年會于澶淵言宋災故者爲葬蔡侯不討般音班也襄三十年盟不書所爲而盟于

薄言釋宋公者，宋方主會而蠻夷執而伐之，以其俘獲來遺（惟季反）是夷狄反爲中國主，禽獸將逼人而食之矣。此亡天下大變，春秋之所謹也。愚按亂臣賊子弑君父，夷狄夌中国，皆天下大变，故會于稷、于澶淵、盟于薄，皆書其所爲。然于稷、于薄不人諸侯，而澶淵人諸侯之大夫者，世子弑君，尤天下大变之不忍言者，故尤謹之也。魯既不能申大義以抑其強暴，使宋公見釋出自天王與中國，而顧反也與歃血要（於遥反）言，求楚子以釋之，是操縱大權自蠻夷出，其事已傎（都田反）甚矣。故書會、書盟、書釋，皆不言楚子，爲魯諱以深貶之也。張氏曰：諸侯君能使宋人征繕而修文告之詞，明宋之直，正楚之罪，則楚人當情愧理屈而歸宋公之不暇矣。今僖公魯於獻捷之威，与五国爲會，求盟於楚以請宋公，而後得釋，正中楚人之詭計。春秋不書會楚子而曰會諸侯，亦不書宋公歸自楚而曰釋宋公，蓋其執其釋皆制於吏而聖人全中国之体故諱之罪畧与諸侯之无能爲也蘇氏曰凡諸侯見執而不失国書曰某侯某歸于某此不書名而言釋以爲執之釋之皆在諸侯若是而尚可以求諸侯乎穀梁謂不與楚專釋是已陳氏曰書公不予楚以專釋之辭也楚初与盟不書公於是或以爲嘉我公之救患陸氏微旨誤矣愚按春秋書公會諸侯盟者二盟于薄爲宋請平于楚以釋其執盟于宋爲宋請服于楚以釋其圍楚雖主盟而春秋皆書公會諸侯不以霸權予楚而憫中国之失霸也

癸未襄王十四年

二十有一年宋襄十三齊孝五晉惠十三衛文二十二蔡莊八鄭文三十五曹共十五陳穆十杞成十七秦穆二十二楚成三十四

春公伐邾取須句須句其俱反公作

昫杜氏曰須句在東平須昌縣西北張氏曰今東平府須城縣

按左氏須句風姓實司大皥音泰胡老反與有濟子礼反之祀杜氏曰大皥伏羲任宿須句顓臾皆伏羲之後封近於濟故世祀之邾人滅之須句

子來奔因成風也【杜氏曰】須句成風家公伐邾取須句而反其君焉【杜氏曰】須句雖別国而削弱為魯私屬若顓臾之比故滅奔及反其君皆略不書審如是固得崇明祀保小寡之禮何以書取乎不請於王命而專為于偽反母家報怨謀動干戈於邦內擅取人國而反其君是以亂易亂本穀梁非所以為禮也與收奪者【趙氏曰】取者收奪之名無以異矣【高氏曰】歸其君使為我附庸也為我附庸則是我取之也【張氏曰】僖公非有崇明祀保小寡之公心而徒徇母之私意故無以服邾而致升陘之凶春秋書之亦不異於他日之伐取也【陳氏曰】春秋嚴義利之辨苟以為利一以取書之是故雖邾人滅須句須句子來奔伐邾取須句反其君焉書取須句雖莒著立公立而不撫鄫鄫叛而來書取鄫【愚按】文七年再書取須句而傳謂寘邾文公子焉比事而觀則魯之取須句非以存其祀實貪其土耳使果有興滅繼絕之功則春秋必書公伐邾歸須句子于須句以著其善矣

夏宋公衛侯許男滕子伐鄭【左傳】鄭伯如楚宋公伐鄭子魚曰所謂禍在此矣【注】氏曰怒鄭至楚故伐之【張氏曰】襄公嘗困於楚矣疢疾雖甚而德慧術知未有以增益其所不能穀梁氏所謂過而不改而又甚之者也【臨川吳氏曰】宋襄求於楚一會諸侯于盂而遭執伐之辱再盟于薄魯與諸侯同致請於楚而後得釋鄭知宋霸不可成其力不可恃遂朝于楚宋公不自反以脩已之德義乃遽怒鄭而興師以伐之所以挑楚釁而取泓之敗也○秋八月丁未及邾人戰于升陘陘音刑【穀梁傳】內諱敗舉其可道者也不言及之者為內諱也【程子傳】公戰也【杜氏曰】升陘魯地

邾人以須句故出師公卑邾不設備臧文仲曰国無小不可易也無備雖眾不可恃也君其無謂邾小蠭蠆有毒而況国乎弗聽戰于升陘我師敗績

邾人獲公冑縣音玄諸魚門見【左傳】【注】魚門邾城門記稱邾婁力俱反復之以矢蓋自戰於升陘始也見【檀弓】【注】邾師雖勝死傷亦甚無衣可以招魂魯既敗績邾亦幾亡輕用師徒害及兩國亦異

於誅暴禁亂之兵矣故諱不言公而書及内以諱爲
敗之（公穀）内不言戰言戰則敗也（高氏曰）升陘我地邾
來伐我而公遂及邾人戰也不言公者蓋公有以
取之故諱公以深罪之也（張氏曰）書及公戰也不言
敗諱耻也觀此則知春秋須句未有存亡繼絶之公
心審矣（胡氏）經書内及戰者三乾時以納讎人之子
而致敗此則因取妾母之家而激怨皆無義之戰故
皆諱公以敗之于奚雖疆事之捷然内兵書及是亦
敗耳内戰常諱敗而乾時直書敗績以与讎戰猶爲
彼善於此故
不諱敗也

冬十有一月己巳朔宋公及楚人戰于泓宋師敗績（左傳）
楚人伐宋以救鄭宋公將戰大司馬固諫曰天之棄商
久矣君將興之弗可赦也已弗聽戰于泓宋人既成列
楚人未既濟司馬曰彼衆我寡及其未既濟也請擊之
公曰不可既濟而未成列又以告公曰未可既陳而後
擊之宋師敗績公傷股門官殲焉國人皆咎公公曰君
子不重傷不禽二毛古之爲軍也不以阻隘也寡人雖
亡國之餘不鼓不成列子魚曰君未知戰勍敵之人隘
而不列天贊我也阻而鼓之不亦可乎猶有懼焉且今

之剋者皆吾敵也雖及胡耇獲則取之何有於二毛明恥教戰求殺敵也傷未及死如何勿重若愛重傷則如勿傷愛其二毛則如服焉穀梁傳曰事過朔曰朔春秋三十有四戰未有以尊敗乎卑以師敗乎人者也襄公以師敗乎人責之也泓之戰以爲復雩之恥也宋襄公伐齊之喪執滕子圍曹爲雩之會不顧其力之不足而致楚成王成王怒而執之故曰禮人不答反其敬愛人不親反其仁治人不治反其智過而不改又之是謂之過襄公之謂也古者被甲嬰冑非以興國也則以征無道也豈曰以報其恥哉杜氏曰泓水名

泓之戰宋襄公不阨人於險不鼓不成列先儒以爲至仁大義太史公曰襄公修仁行義雖文王之戰不能過也公羊而春秋不與何哉物有本末事有終始見大學順事恕施者王政之本也胡氏曰順事恕施王事之始宋襄秦穆所以不遂伯也襄公伐齊之喪奉少去声奪長長兩反使齊人有殺無虧之惡有敗績之傷此晉獻公之所以亂其國者罪一也桓

公存三亡國以屬諸侯義士猶曰薄德而一會詹二國之君左傳子魚云云罪二也曹人不服盡姑省德無闕然後動而興師圍之罪三也凡此三者不仁非義襄公敢行而獨愛重直用反傷與二毛則亦何異盜跖之以分均出後爲仁義莊子胠篋篇跖之徒問於跖曰盜亦有道乎跖曰何適而無有道邪妄意室中之藏聖也入先勇也出後義也知可否知也分均仁也母居於音烏陵爲廉乎見孟子朱子曰飾小行而妨太倫先王所誅而不以聽者也夫計末遺本飾小名妨大德者春秋之所惡去声也劉氏曰宋襄公好戰而不務本飾小名而妨大德此無異盜跖以分均爲仁出後爲義也彼君子不然正其義不謀其利脩其道不急其功孔子語子夏曰無欲速無見小利欲速者遺本者也見小利者計末者也故詞繁不殺所戒反而宋公書及以深貶之也蘇氏曰宋襄被

執見釋而猶爭諸侯楚以夷狄而干中夏故泓之戰雖曲在宋而春秋詞無所予【張氏曰】春秋以襄公主是戰則知聖人罪其愎諫求欲昧大義而徇小節以取敗國殄民自及其身之禍楚子救鄭而不言救又貶稱人惡夷狄也【王氏箋義】楚子稱人惡夷狄之敗中国也故微之微楚子亦所以譏宋公也以千乘之宋不能勝楚之微者宋公疾之矣【愚按】宋以衛侯許男滕子伐鄭而泓戰止書宋公者蓋負首伐鄭之師既歸及秋楚救鄭不及因遂伐宋宋公帥師往逆之而与戰欲雪盂之耻而不度其力之不能也宋公身傷而不言宋公敗績猶爲中国諱辱耳若楚君敗績則直書之矣○【啖氏曰】公羊美宋襄之守信云文王之戰亦不過此夫文王以仁義行師不應似宋襄徒守匹夫之信不知事機也【趙氏曰】文王德不加焉則不以力爭義不過焉則不以威制漸之以道摩之以仁而四方自服尔今襄公不務修文王之業而亟大功以殘百姓徒守咫尺之信乃比之文王其不知聖人亦甚矣【永嘉呂氏曰】說者稱宋襄仁義而不知伐喪以立威仁者之大者也致夷以圖伯義隳之甚者也

【甲申】襄王十五年 二十有三年 【宋】襄十四卒 【衛】文二十三 【齊】孝六 【蔡】莊九 【晉】惠十四 【鄭】文二十

六曹共十六陳穆十一杞成十八卒秦穆二十三楚成三十五

春齊侯伐宋圍緡緡忙巾反穀作閔後同左傳討其不與盟于齊也公羊傳邑不言圍此其言圍何疾重故也穀梁傳伐国不言圍邑此其言圍何也不正其以惡報惡也杜氏曰緡宋邑高平昌邑縣東南有東緡城張氏曰漢志山陽郡東緡縣今濟州金鄉縣愚按濟州今屬濟寧路

齊霸國之餘業也見樂穀傳宋襄公既敗於泓荆楚之勢益張矣齊侯既無尊中國攘夷狄恤災患畏簡書之意又乗其約而伐之此尤義之所不得為者也故書伐國而言圍邑以著其罪何氏曰襄公欲行霸為楚所敗諸夏之君宜雜然助之反因其国而伐之不仁也臨川吴氏曰楚与諸侯盟于齊乗間以干中夏亦齊侯不悟而受其盟宋之不與盟于齊不徳義也齊反借此為名以責宋伐之於敗傷之後悖理甚矣家氏曰齊孝非宋襄之力則不能有国顧忘納己之徳乗其敗而圍其邑所謂以怨報徳刑戮之民也齊侯書爵以其背大恵而忍於

為不義故目其人而誅之書伐書圍皆所以貶也【孫氏曰】楚人敗宋于泓齊侯視之不救而又加之以兵故伐圍並書以誅其惡

然則桓公伐鄭圍新城六年何以不為貶乎鄭與楚合[illegible][illegible]中國桓公伐之攘夷狄也宋與楚戰兵敗身傷齊侯伐之殘中夏也其事異矣美惡不嫌同詞見【公羊】【愚按】春秋無義戰彼善於此則有之經書伐国圍邑者四齊桓伐鄭圍新城討其叛夏從夷之罪予之也宋殤忌公子馮而迁怒伐鄭圍長葛楚覆厲中国而圖伯伐宋圍緡与此年齊孝之忘大德而修小怨皆貶之也蓋討得其罪則諸侯遂圍許圍宋彭城同圍齊春秋不以為譏不能修德而徒恃兵力則雖攻内邑之背叛如圍棘圍費圍郈圍郕而春秋未嘗与之也

夏五月庚寅宋公茲父卒茲【公】作慈襄公在位十四年子王臣嗣是為成公【左傳】宋襄公卒傷於泓故也【穀梁傳】茲父之不葬失民也以其不教民戰則是棄其師也【通旨】宋襄公不書葬治其罪也○秋楚【成】人伐陳[illegible]【左傳】楚成得臣帥師伐陳討其貳於宋也遂取焦夷城頓而還子文以為

之功使爲令尹【臨川吳氏曰】曹南之盟陳不從宋伐鄭之役陳亦不從宋盟齊則陳從楚會盂執宋公伐宋則陳從楚考之經唯見陳之服於楚不見陳之貳於宋今楚討陳之貳蓋以伐宋之後鄭畏而朝楚而陳未朝楚即誣以貳宋之罪伐之而取其二邑積其勢不至於滅陳不已也【張氏曰】成得臣敢於猾夏而鬭穀於菟賞以貴仕春秋人之意可見矣○冬十有一月杞子卒成公也在位十八年弟姑容立是爲桓公【程子傳】杞二王後而伯爵疑前世黜之也中間從夷故子之後復称伯【高氏曰】不名者史佚之

按左氏杞成公卒書曰子杞夷也【襄二十九】晉司馬侯曰杞夏餘也而即東夷杜預以謂杞實稱伯而書曰子者成公始行夷禮終其身故仲尼於其卒以文貶之此說是也【海陵胡氏】曰杞本侯爵或称伯或称子称伯者雜夷礼降一等称子者純夷礼降二等魯人因其來朝而賤之仲尼脩經而貶之亦猶吳楚之君不書葬之例也或曰辨疑權衡信斯言是春秋黜陟諸侯爵次以見音現褒貶不亂名實乎曰春秋固天

子之事也而尤謹於華夷之辨中國之所以爲中國以禮義也一失則爲夷狄再失則爲禽獸人類滅矣

程子曰礼一失則爲夷狄再失則爲禽獸聖人將恐人之入於禽獸也故於春秋之法極謹嚴中國而用夷礼則便夷狄之

魯桓篡弑滕首朝之貶而稱子治其黨也

夷不亂華成公變之貶而稱子存諸夏也

張氏曰杞用夷礼而稱子所謂中国諸侯而用夷礼則夷之者也○臨川吳氏曰杞二王之後宜与宋同爵其初有称東樓公者蓋公爵也後以小弱而自降爲伯今又降爲子以告終也杞前此訃告不通於魯成公魯之甥始來告喪自此以後杞君之卒皆訃矣詳見桓二年

乙酉襄王十六年

二十有四年

齊孝七晉惠十五卒衛文二十四蔡莊十鄭文三十七曹共十七陳穆十二杞桓公姑容元年宋成公王臣元年秦穆二十四楚成三十六

春王正月○夏

狄伐鄭

左傳鄭之入滑也滑人聽命師還又即衛鄭公子士洩堵俞弥帥師伐滑王使伯服游孫伯如

鄭請滑鄭伯怨惠王之入而不与厲公爵也又怨襄王之与衛滑也故不聽王命而執二子王怒將以狄伐鄭富辰諫曰不可王弗聽使頹叔桃子出狄師夏狄伐鄭取櫟○秋七月○冬天王出居于鄭【左傳】王使來告難曰不穀不德得罪於母弟之寵子帶鄙在鄭地氾敢告叔父使簡師父告于晉使左鄢父告于秦天子無出書曰天王出居于鄭辟母弟之難也天子凶服降名礼也【穀梁傳】天子無出出失天下也居者居其所也雖失天下莫敢有也

按左氏鄭人入滑王爲（于偽反）滑請鄭不聽命王怒使頹叔出狄師伐鄭而德狄人立其女隗（五罪反）氏爲后富辰諫不聽太叔帶通于隗氏（初甘昭公有寵於惠后惠后將立之未及而卒昭公奔齊王復之又通隗氏）王絀狄女頹叔懼狄之怨已遂奉叔帶以狄師攻王（王御士將禦之王曰先后其謂我何寧使諸侯圖之王遂出及坎欿国人納之秋頹叔桃子奉大叔以狄師伐周大敗周師獲周公忌父原伯毛伯富辰）王適鄭處

于汜【大叔以隗氏居于溫汜音凡杜氏曰鄭南汜也在襄城縣南】自周無出特書曰出者言其自取之也【本左氏成十二年傳曲禮天子不言出杜氏曰天子無外而書出言其自絕于周范氏曰王者無外言出則有外之辭襄王不能全天王之行則与諸侯不異故書出張氏曰天子無書出而特書出居于鄭如王者無敵而書王師敗績于茅戎皆言其自取之】夫鄭伯不王固有罪矣襄王不知自反念其制命之未順也忍小忿暱【女乙反】懿親以扞【侯旰反】外侮而棄德崇姦【富辰諫曰周公封建親戚以蕃屏周召穆公之詩曰兄弟鬩于牆外禦其侮如是則扞禦侮者莫如兄弟兄弟雖有小忿不廢懿親鄭有平惠之勳厲宣之親而聾昧頑嚚狄皆則之庸勳親親暱近尊賢德之大者也即聾從昧与頑用嚚姦之大者也棄德崇姦禍之大者也今天子不忍小忿而棄鄭親其若之何】遂出狄師是用夷制夏如木之植援其本也不亦傎乎王者以天下爲家【禮運聖人耐以天下爲一家】京師爲室【公羊傳京

師者天子之居也而四方歸往猶天之無不覆也東周降于列國【陳氏曰】平王東迁其詩不能復雅而列為国風既不能家天下矣又毀其室而不保【詩】鴟鴞毀我室又則是寄生之君耳寄生猶言寄命貶而書出以為後戒唐資突厥之兵以伐隋而世有戎狄之禍【唐】刘文静傳高祖起太原文静請与突厥連和從之遣文静使始畢可汗曰願与突厥共定京師金帛子女尽歸可汗始畢大喜即遣二千騎隨文静至自是突厥恃功須求無厭又数入寇世為唐患晉藉契詰結反丹之力以取唐而卒有播遷之辱【五代】【史】晉紀高祖石敬塘其父臬捩雞本出西夷唐廢帝討敬塘敬塘求援於契丹耶律德光入鴈門与唐戦敗之作策書命敬塘為大晉皇帝後張彦澤叛降契丹契丹兵大夅入寇執出帝北迁和龍城供饋不給或時絶食許翰以謂不講於春秋戒襄王之所以出其言信矣【襄陵許氏曰】鄭執王使是無王也王啓狄師是無中国也天下何恃不乱近世如唐晉資夷狄

之力以定中国盖不講於春秋示襄王之所以出也**而華夷之辨可不謹夫居者宅其所有之稱**李氏曰天子以天下為家故所在称居書出言其自絶於周啖氏曰天子不言出獨襄王書出者自絶天位雖居于鄭猶若出在四海之外然王者至尊故不曰奔雖在外皆曰居陸氏曰天王雖自出鄭伯莫敢有其土故曰居礼云天子無客礼莫敢為主焉此之謂也**出而曰居者若曰普天之下莫非王土撥亂反正存天理之意也**昭二十六年傳襄王已出而称居于鄭存天下之防也天子之於天下率土之濱莫非王臣故諸侯避舍以待巡守以天王土地非諸侯所敢擅也陳氏曰王出不書為尊尊諱也子頹之難惠王未有過也鄭虢圖之執燕仲父殺子頹踰年而復辟故諱之也襄王出居于鄭以為無足諱焉耳愚按叔帶之有寵於惠王猶子頹之有寵於莊王也叔帶之攻王猶子頹之伐王也襄王之適鄭處於氾猶惠王之適鄭處于櫟也然惠王之處櫟不書而襄王出居于鄭特書之者所以罪襄王也夫叔帶之召戎伐京師已萌禍乱之階矣帶以罪奔齊踰十年而王復之苟能明大倫之義而不致褻狎全同氣之恩而俾無

怨惡綱紀截然亂何由作今襄王帥非類之狄以泄憤於伯叔之国立非類之女爲天下之母又不謹男女之別而致肆淫於内廷拒諫而弗從臨難而莫禦犯此五不韙之罪則自取危辱視惠王盖不侔矣故上書狄伐鄭而不曰王師及狄伐鄭者所以諱襄王之用狄也下書天王出居雖以自出著罪而特言出居又以明大一統之義然不書叔帶以狄伐京師猶爲王諱惡也唐之玄宗寵任羯胡位極將相毒亂官闈卒致漁陽之變鑾輿逃竄朱子綱目於代德信宗之如陝州奔梁州走興元幸成都如宝雞皆不曰出而天宝之避寇特筆之曰帝出奔蜀所以貶玄宗華夷之辨慢帷薄之禁而自致萬乘之出盖取法春秋書衮王出居之例也又按左傳王納狄后未幾太叔遷通之而王遷廢之又遷致狄師之攻王必無是理竊嘗攷之外傳記伐鄭立狄后皆在出居之前年而黜狄后則在出居之年豈前年已用狄師伐鄭而今年再以狄伐鄭欽王之出居必有馴致之漸然不可考矣。**劉氏曰**公羊以謂不能事母者非也王者不孝宜去天以見今不去天知其非不孝也

晉侯夷吾卒惠公也在位十五年子圉嗣是爲懷公明年秦納公子重耳是爲文公**左傳**二十二

年晋大子圉爲質於秦逃歸二十三年九月晋惠公卒
懷公命無從亡人初晋公子重耳之及於難也晋人伐
諸蒲城遂奔狄從者狐偃趙衰顛頡魏武子司空季子
處狄十二年而行過衛衛文公不礼焉及齊齊桓公妻
之有馬二十乗及曹曹共公亦不礼焉及宋宋襄公贈
之馬二十乗及鄭鄭文公亦不礼焉及楚楚子饗之乃
送諸秦秦伯納女五人二十四年秦伯納之不書不告
入也二月辛丑狐偃及秦晋之大夫盟于郇丙午入于
曲沃丁未朝于武宫戊申使殺懷公于高梁不書亦不
告也 永嘉呂氏曰 左氏記惠公卒在去年九月蓋春秋
所據者魯史也左氏所據者他国之史也其
年月不同不可得而考矣 傳義見三十二年

丙戌 襄王十七年

二十有五年

晋 文公重耳元年 齊 孝八 衛 文二十五卒 蔡 莊十一 鄭 文三十八 曹 共十八 陳 桓十三 杞 桓二 宋 成二 秦 穆二十五 楚 成三十七

春王正月丙午衛侯燬滅邢

左傳 衛將伐邢礼至曰不得其守国不可得也我請昆弟仕焉乃往得仕春衛人伐邢二礼從国子巡城掖以赴外殺之衛侯燬滅邢同姓也故名 公羊傳 衛侯燬何以名絶曷爲絶之滅同姓也 穀梁傳 燬之名何也不正其伐本而滅同姓也

衛侯何以名燬同姓也春秋之法諸侯不生名燬同姓則名者【曲禮】謂其絶先祖之裔蔑骨肉之恩故生而書名示王法不容誅也【杜氏曰】惡其親親相滅故稱名罪之【孫氏曰】邢衛皆齊桓所存衛侯不念桓公之大德以絶先祖之支体甚矣故生而名之【番易萬氏曰】因師以滅同姓其惡已甚况當是時天子蒙塵于外鄭在鄭地汜衛鄭之鄰方伯連率之舊也衛侯既不能奔問官守帥師勤王乃間王室之多故懷詐諼之謀以肆虐於宗親之国其無王之心聖人得不深誅之　聖人與天地合德滅人邦國而絶其祀同姓與異姓奚别筆列反焉而或名或否何也正道理一而分扶問反下同殊異端二本而無分分殊之弊私勝而失仁無分之罪兼愛而失義【程叔子答楊中立語】【愚按】公而無私者理之一也親疏有等差者分之殊也以至公之心施之有等級而不紊則仁義之道盡矣故先王制五服之節毋黨不得同本族為人後者為其私親皆降

一等同姓之国其初一人之身豈可与異姓之国一視之哉春秋之法由仁義行而人道立者也可以無差（楚宜反）等乎然則晋滅虞（五年）楚滅夔（明年）亦同姓也曷為不名曰諸侯滅同姓則名其常也有名有不名例之變也邢雖與狄伐衛而經無譏文者為（于偽反）能救齊也衛人曾不反思而遷怒於邢又遣禮至昆弟往仕焉誘其守（謂邢政卿）而殺之于外**劉氏曰**滅国春秋之所惡於所惡之中又有甚焉秦穆公衛侯燬是也夫諸侯強暴牽干戈以覆人之国并人之地雖有罪人猶得而備之今兩君皆出詭計險謀使臣反其君下畔其上以快已兼并之欲雖有道之国不知所備甚可悪也豈得与他滅国者等哉故秦穆狄之而衛侯燬名**張氏曰**衛侯燬殘虐不仁至於同所自出不知相保而肆強以絶滅之又使其臣為譎詐之事行盗賊傾覆之計人理所不容故名之同於楚子虔之誘殺也與虞公貪璧馬以易鄰國及其身者

其情異矣春秋原情定罪而衛燬獨名蓋輕重之權衡也若荆楚則僭號稱王聖人比諸夷狄於滅夔乎何誅（朱子語）諸侯滅国未嘗書名衛侯燬滅邢說者以爲滅同姓之故今經文只隔夏四月癸酉一句便書衛侯燬卒恐是因而傳寫之誤亦未可知

夏四月癸酉衛侯燬卒文公也在位二十五年子鄭嗣是爲成公○宋蕩伯姬來逆婦（公羊傳）宋蕩伯姬者何蕩氏之母也其称婦何有姑之辭也（穀梁傳）宋蕩伯姬來逆婦非正也其曰婦何也緣姑言之之辭也（杜氏曰）伯姬魯女爲宋大夫蕩氏妻自爲其子來逆称婦姑存之辭婦人越竟逆婦非礼故書

伯姬公女也而配蕩氏其往嫁不見音現下同於經者國君不與大夫敵也常事合礼則不書今來逆婦而史策書之見公失禮下主大夫之昏是慢宗廟卑朝廷姑自逆

婦其失明矣（刘氏曰）伯姬嫁不見經蓋内女雖親体不敵不書於策所以尊君也今君失其社以愛易典主大夫之昏是卑朝廷而慢宗廟非安上治民之節也（臨川呉氏曰）伯姬納内女爲其子之婦姑自來逆婦而書於經者譏公降尊而自主其昏也況昏礼當夫自來親迎豈有姑來逆婦之礼乎（家氏曰）礼有親迎婦從夫也今屈尊者以逆卑者而亦謂之逆乱婦姑之分故特書以譏之（張氏曰）姑自逆婦公不使大夫主之皆非礼也兩譏之（愚按）大夫自逆則称字姑來逆故称婦杞伯姬來求婦亦主姑而言之之詞。（陸氏曰）公羊云其言来逆婦何兄弟辞也按經文直書其事以明非礼尔兄弟辞有何義乎

宋殺其大夫義繫於殺則止書其官（見莊二十六年曹殺大夫傳）（愚按）宋殺大夫者四惟蕩山書名公子卬則書官此及文七年不紀名氏蓋因舊史文而不能益非義所繫也。（刘氏曰）公羊云不名者宋三世無大夫三世内娶也非也文称大夫是有大夫矣且君娶一卿而一国之内何得悉無大夫哉詭辭不經可笑也穀梁云以其在祖位尊之也亦非也春秋非孔子家牒當爲後世書法耳何得擅諱其祖名哉 ○

秋楚人圍陳納頓子于頓（左傳）楚令尹子玉追秦師不及遂圍陳納頓子于頓（穀梁）

（傳）納者内不受也（杜氏曰）頓迫於陳而出奔楚故楚爲頓圍陳以納頓子不言遂一事也頓国汝陰南頓縣（張氏曰）今属陳州姬姓国也（愚按）今汴梁路陳州商水縣

圍陳納頓子也納云者不與納也諸侯失國諸侯納之正也（愚按）諸侯納失国之君合於義則不書書楚納頓子不与蛮夷之納也書齊高偃納北燕伯不与大夫之納也何以不與乎夫陳先代之後不能以禮安靖鄰國保恤寡小中國諸侯又不能修方伯連率（去声）之職而使楚人納之是夷狄仗義正諸夏也故書曰楚人圍陳納頓子于頓其責中國深矣此亦正本自治之意也（張氏曰）中国諸侯不能恤小国而定其位反使夷狄行其義閔中国之無霸也（陳氏曰）齊桓卒楚始与諸夏盟于齊盟鹿上執宋公納頓子侈然与廢置諸侯春秋之所懼也（愚按）楚圍陳納頓子于頓書法如楚伐呉執齊慶封殺之蓋一事耳夫頓国小弱而介於陳楚之間陳欲迫而兼并之故

前年楚伐陳城頓而還此年納頓子保全微国以示恩責義於陳以示威其意皆与為圖伯之地也儆後頓子會申從楚而伐吴戰雞父陳衰而服屬於楚也僅一從十国會召陵侵楚而諸夏終不能保邮遂為楚結陳佗人所滅是時陳亦屢戚於楚而僅存非能剖分其地特人助楚為虐耳比事以觀而知中国之衰矣（王氏曰）失地出奔則名他国納之不名以諸侯不得相名也故頓子比燕伯皆不名。（陸氏曰）穀梁云納頓子者陳也按經文楚自納之何關陳事（劉氏曰）公羊以謂何以不言遂兩之也非也頓子之奔由陳攻之故楚必圍陳乃得納頓子

其文与事詳矣豈得言遂哉

葬衛文公○冬十有二月癸亥公會衛子莒慶盟于洮

（左傳）衛人平莒于我十二月盟于洮修衛文公之好且及莒平也（穀梁傳）莒無大夫其曰莒慶何也以公之會目之也（杜氏曰）莒以元年酈之役怨魯衛文公將平之未及而卒成公追成父志洮魯地（張氏曰）衛成公称子喪未踰年也（愚按）莒慶者魯之壻之故因衛成公為平於二国遂来會盟君盟大夫自浮來而已然矣此不貶者從同同。（趙氏曰）穀梁云其曰莒慶以公之會目之也按事接於魯雖非命卿皆書名傳不達此例遂穿鑿尔

丁亥襄王十八年二十有六年晉文三齊孝九衛成公鄭元年蔡莊十二鄭文三十九曹共十
九陳穆十四杞桓三宋成三秦穆二十六楚成三十八春王正月己未公會莒子茲丕
衛甯戚速盟于向速公作遬後同向舒亮反左傳公會莒茲丕公甯莊子盟于向尋洮之盟也杜
氏曰向莒地臨川吳氏曰衛本欲平魯莒之怨洮盟莒子不親至僖公必欲与莒子盟故復爲此會也張氏曰
十二月已盟今又屢盟所以致齊之討也。劉氏曰穀梁云公不會大夫其曰甯速何也以其隨莒子可以言
會也春秋此例亦多矣何爲獨發於此○齊孝人侵我西鄙公追齊師至
酅弗及酅户圭反公作巂穀作巂弗左作不左傳齊師侵我西鄙討是二盟也穀梁傳人微者也侵淺
事也公之追之非正也至巂急辭也弗及者可以及而不敢及也杜氏曰公逐齊師遠至齊地故書之濟北穀
城縣西有地名酅下張氏曰今屬東平府東阿
書人書侵書師罪齊也蜀杜氏曰儻下文不復言齊師則無以見稱人爲貶矣臨
川吳氏曰齊師無名故書侵書追書至酅弗及罪魯也趙氏曰冠至不知追

而不及言内之無警戒潛師入境曰侵少則稱人衆則稱師前書齊人是見（音現）其弱以誘魯也後書齊師是伏其衆以邀魯也其爲譏（許元反）明矣凡書追者在境內則譏其不預追戎于濟西是也在境外則譏其深入【徐氏曰】至于鄗深入也追齊師至鄗是也鄗者齊地（莊三紀季以鄗入齊）至者言遠也【愚按】書至者二一至鄗譏其深入鄗齊境也公救成至遇譏其怯而不進遇魯地也弗者遷辭也有畏而弗敢及之也【劉氏曰】所謂弗及非弗能及也弗敢及也弗敢及者畏也善養氣者匹夫不爲千乘屈孔子夾谷之會齊師四陳揖讓指麾而景公服計齊人之衆不足以當景公僖公之勢足以勝定公之末年寇至不能禦去又不敢及是辛百姓而棄之也乃乞師于楚以自防其持国之術所失者多矣齊魯皆私憤之兵而非正也故交譏之【趙氏曰】公羊一云其言至鄗弗及何侈也穀梁一云大之也弗及內辭也故直書之以譏內之無武備尔

何用曲爲義【劉氏曰】以公追人就令勝之尚何可復哉且是後齊復伐我明不畏魯甚矣數見卑悔猶以爲大乎

夏齊【孝】人伐我北鄙【左傳】夏齊孝公伐我北鄙公使展喜犒師使受命于展禽齊侯未入境展喜從之曰寡君使下臣犒執事齊侯曰魯人恐乎對曰小人恐矣君子則否齊侯曰何恃而不恐對曰恃先王之命昔周公大公股肱周室夾輔成王成王勞之而賜之盟曰世世子孫無相害也桓公是以糾合諸侯而匡救其災昭舊職也及君即位諸侯之望曰其率桓之功我敝邑用不敢保聚曰豈其嗣世九年而棄命廢職恃此以不恐齊侯乃還【通旨】孝公有服展喜之善何以不褒而書人曰內以諱爲惡外以諱爲善此齊侯也其稱人爲之諱也〇

衛【成】人伐齊【孝】【左傳】衛人伐齊洮之盟故也【張氏曰】二盟乃衛人平莒于我故爲魯伐之【臨川吴氏曰】衛平莒魯齊何与焉洮向之二盟雖瀆其過在魯非齊人之所當問也齊孝公乃連興侵伐之師非義甚矣其致衛之伐与魯之伐自取之也〇

公子遂如楚【成】乞師【書乞師始此】東門襄仲臧文仲如楚乞師臧孫見子玉而道之伐齊宋以其不臣也【公羊傳】乞師者何卑辭也曷爲內外同若

辭重師也曷爲重師師出不正反戰不正勝也穀梁傳乞重辭也何重焉重人之死也非所乞也師出不必反戰不必勝故重之也杜氏曰乞不保得之辭

衛人報德以怨伐齊之喪助少去声凌長展兩反又遷怒於邢而滅其國不義甚矣公既與其君盟于洮又與其臣盟于向是黨衛也高氏曰齐侯本以洮向二盟爲衛莒背已且以魯嘗助四公子於是與師而來伐故齊人既侵其西又伐其北齊師固亦非義矣而僖公不能省德自反深思遠慮計安社稷乃乞楚師與齊爲敵是以蠻夷殘中國也於義可乎高氏曰楚僭王矣而諸侯更推爲盟主魯見侵伐於齐乃乞師於楚是以伐之導夷狄以伐中国是禽獸將逼人天下之大変也書曰乞師深罪之也魯須称公車千乘公徒三萬戎狄是膺荆舒是懲今乃乞師于楚寧無愧乎張氏曰僖公初年頗有意於治国務農閔雨国以殷富中年漸肆荒怠浸失政於大臣臧頂

取執於桓公治齊霸不紹不及閒暇修明政刑民事既荒国備不立齊人再伐巳不能支而遠乞師于夷狄以剛其恥夫子罪臧文仲竊位從公子遂借兵强夷為国之無謀也使其立展禽以為政所以輔僖公者必有道矣何至乞楚師以伐齊哉**其書公子遂如楚乞師而惡自見**音現**矣**孫氏曰国之大小師之衆寡皆有王制不可乞也書乞師惡曽不能內脩戎備而外乞師於夷狄陳氏曰臧宣叔如晉乞師不書乞諸夷狄然後書外乞師亦不書必盟主也而後書乞卑辞也乞師於夷狄志中国之詘於夷狄也趙氏曰天子在上而諸侯自相請師非礼也乞師例見成十三年

秋楚人滅夔以夔子歸成 夔求龜反公作隗左傳楚成得臣鬬宜申帥師滅夔以夔子歸穀梁傳夔国也不日微国也以歸猶愈乎執也杜氏曰夔楚同姓国今建平秭歸縣張氏曰今歸州秭歸縣及興平縣皆有夔子城愚按歸州屬今辰州路

春秋滅國以其君歸無有不名者據潞嬰兒沈嘉許斯頓牂胡豹皆名**而夔何以獨不名按左氏夔子不祀祝融與鬻**音育**熊**

杜氏曰祝融高辛氏之火正楚之遠祖也鬻熊祝融十二世孫楚人讓之對曰我先君能摯音至有疾熊摯乃夔始封之祖鬼神弗赦自竄七亂反于夔是以失楚又何祀焉諸侯之祀無過其祖者劉氏曰魯祖周公不敢祀公劉衛祖康叔不敢祀后稷祝融猶后稷鬻熊猶公劉矣而夔祖能摯是不得祀祝融與鬻熊也而楚反以是滅之非其罪矣故特存其爵而不名也劉氏曰國滅而虜無不名者國滅罪也虜服辱也夔子獨不名所以取滅者乃非其罪故假之也楚讓夔不祀祝融鬻熊夔曰云云楚祖鬻熊夔祖能摯是不得祀者也諸侯之祀無過其祖夔子可謂若於義矣而楚反以是滅之春秋以謂非其罪也故黜楚而伸夔有王者作興滅繼絕則夔庶幾矣謝氏曰夔子之不名無滅道也然則楚滅同姓何以不名人而不名春秋待夷狄之體也孫氏曰不名者略夷狄陳氏曰滅同姓名此楚子頵也則其不名何楚子之名未登於春秋也楚自武王始見於傳文王始見於經猶以州舉

也至成王而後書楚人盂之會嘗書楚子矣而復人之頵之名非遇弑未登於春秋則滅夔固不名也滅夔名之則疑於衛侯燬

冬楚人〔成〕伐宋〔成〕圍緡 左傳 宋以其善於晉侯也叛楚即晉楚令尹子玉司馬子西帥師伐宋圍緡 臨川吳氏曰 前年宋成公忘父之讎與楚平而往朝之今而即晉可謂能速於從義者矣楚伐其國而圍其邑書以著夷狄之肆橫也 家氏曰 宋成既朝楚又即晉而爲楚所伐無益於自免而有忘讎之恥使晉文不與則宋之爲宋豈不殆哉

○公以〔成〕楚師伐齊〔學〕取穀 左傳 凡師能左右之曰以寘桓公子雍於穀易牙奉之以爲魯援楚申公叔侯戍之 穀梁傳 以者不以者也民者君之本也使民以其死非其正也

公至自伐齊 公羊傳 此何以致曰患之起必自此始也 穀梁傳 惡事不致此其致之何也危之也

楚強魯弱而能用其師進退在已 杜氏曰 左右謂進退在已 何氏曰 言以者行公意 故特書曰以以者不以者也 本 穀梁注 謂本非所得制今得以之也 夫背音佩華即夷取人之邑爲已有矣正甚矣 臨川

吴氏曰公不用魯師而用楚師雖能取齊之邑而借援强夷辱国莫大焉將以刷西鄙北鄙之恥而適所以甚其恥也，

患之起必自此始其致危之也

范氏曰以蠻夷之師伐鄰近大国招禍深怨危亡之道高氏曰釁深惡重此臣子所以殆其往而録其至張氏曰楚師而魯君以之楚以其衆付魯使自用之以伐齊也伐霸主之後用夷狄之兵僖公之免可謂幸矣故特書至以危之愚按書公至自伐齊者三襄十九年合十二国之師同圍齊從霸主討齊靈之暴横圍齊而書至伐者予之也此年以楚師伐齊哀十年會呉伐齊皆用蠻夷報怨於大国其致危之也或曰春秋賢公之以楚伐齊然柏挙之戰蔡以呉報楚春秋予蔡而爵呉何欤吁召陵之會中国不能救蔡蔡不得已而借援於呉呉能扶弱抑強助蔡勝楚蓋資夷狄以攘夷狄非啓夷狄以凌中国也故春秋予奪不同也。劉氏曰公穀皆謂伐国不言圍邑譏道用師也非也圍緡者乃楚人伐齊則楚師向以強配合之乎公羊又云此已取穀矣何以致伐原公羊之意謂得意致會不得意致伐則今得意不當致伐而不致會然伐齊取穀獨公以楚師往無諸侯之會則不得致會此理之適然耳

春秋卷第十三

胡氏傳

僖公下

後學新安汪克寬附録纂疏

戊子襄王十九年二十有七年晉文三齊孝十卒衛成二蔡莊十三鄭文四十曹共二十陳穆十五杞桓四宋成四秦穆二十七楚成三十九春杞子桓來朝左傳杞桓公來朝用夷禮故曰子公卑杞杞不共也杜氏曰杞先代之後迫於東夷風俗雜壞言語衣服有時而夷然異於介葛盧故唯貶其爵詳見二十三年○夏六月庚寅齊侯昭卒孝公也在位十年其弟潘殺孝公之子而自立是爲昭公襄陵許氏曰齊桓既沒諸侯思之而孝公不能藉之以興覬其間楚之勝以困宋襄又侵伐魯僖不已有以知其爲謀不遠霸業之所以隳矣秋八月乙未葬齊孝公左傳有齊怨不廢喪紀礼也杜氏曰三月而葬速○乙巳公子遂帥師入杞桓左傳入杞責无礼也張氏曰人方來朝而帥師入之以怨報德欲加之罪何患无詞也蜀杜氏曰杞春來朝今入其国雖曰責其不

恭何至於用師乎盖杞弱於魯魯欺之尤甚齊楚之大則魯事之不暇矣【臨川吳氏曰】魯在春秋爲次國未嘗不受强大之淩暴當推己及人所惡於强无以施之於弱可也杞以小弱而朝於魯䌷使礼有不備豈不愈於不朝乎今其來朝已忽而卑之朝礼甫畢以上卿帥重師入其国其志在於取之也魯號秉礼之国而淩小弱如此他又何責焉【高氏曰】杞魯乃甥舅之国伯姬在杞焉而陵暴之如此魯人不義甚矣僖公之德衰矣○

冬楚成人陳侯穆蔡侯莊鄭伯文許男僖圍宋成【左傳】楚子及諸侯圍宋【穀梁傳】楚人者楚子也其曰人何也人楚子所以人諸侯也其人諸侯何也不正其信夷狄而伐中国也【左氏傳】楚称人貶之爲其合諸侯以圍宋也○十有二月甲戌公會諸侯盟于宋【陸氏曰】前圍宋之諸侯承上文不列序也

楚稱人貶也【孫氏曰】楚自會于盂之後凡役貶称人宋公先代之後作賓王家見【書】微子之命非有篡弒之惡与楚莊入陳討徵舒異楚人無故摟牽也諸侯以圍之何名也故黜而稱人以著其罪【高氏

曰曹南之盟諸侯称人而宋獨称爵圍宋之役諸侯称爵而楚獨称人聖人於華夷之辨其嚴如此黃氏曰楚嘗書子矣其称人嫌于楚以伯也盟于齐楚借序陳蔡之下于鹿上猶不先齐宋也盂之會宋楚始並為諸侯長矣楚之称子而長諸侯宋襄為之也齐桓公卒諸侯從楚楚敗宋于泓納頓子滅夔取齐之穀合四国之君圍宋春秋以是為夷狄之強雖序諸侯之上而特人之

諸侯信音申注同**夷狄伐中國獨無恥乎人楚子所以人諸侯也**范氏曰四国信楚而亟宋春秋亟其信而信其亟敗楚子于兵首則彼祿祿者譏斯見矣陸氏曰四国伸夷狄之議罪卞則国之義書曰楚人則陳蔡鄭許從之之罪昭然可見矣薛氏曰天子居鄭而鄭伯來同荊蠻之暴无王之甚也

公與楚結好去声**故往會盟其地以宋者宋方見圍無嫌於與**音預**盟而公之罪亦著矣**胡氏曰諸侯伐宋公与楚有好而往會之宋方見圍无嫌於与盟故直以宋地高氏曰公畏楚之強而往為此盟以報乞師之恩耳豈有圍衛中国之心哉宋於是告急於晋而文公得以為資遂霸諸侯也張氏曰詩頌僖公戎狄是膺荊舒是懲而

春秋書公會諸侯盟于薄于宋皆楚子爲會主也雋秋懲荊從齊桓也會楚導之僭齊宋僖公親之也然猶曰會諸侯不曰會楚使公從夷狄之罪必待攷而後見聖人之忠厚春秋之微婉槩可見矣【家氏曰】春秋之法盟主爵而諸侯人者有矣未有盟主人而諸侯爵者也人楚子而爵諸侯不與楚子以主諸夏之盟也亦以正諸侯從夷之罪也【王氏發義】比古城濮書晉侯齊侯正與人楚子之文相反蓋聖人思治而疾亂以救中國之甚也。【陳氏曰】公羊云此楚子也其稱人何貶曷爲貶爲執宋公貶故終僖之篇貶凡褒貶各於其事豈有終篇貶乎故穀梁義是

【己丑】襄王二十年

二十有八年【晉】文四【齊】昭公潘元年【衛】成三【蔡】莊十四【鄭】文四十一【曹】共二十一【陳】穆十六卒【杞】桓五【宋】成五【秦】穆二十八【楚】成四十

春晉侯侵曹晉侯伐衛【左傳】二十七年宋公孫固如晉告急狐偃曰楚始得曹而新昏于衛若伐曹衛楚必救之則齊宋免矣二十八年春晉侯將伐曹假道于衛衛人弗許還自南河濟侵曹伐衛取五鹿晉侯齊侯盟于斂盂衛侯請盟晉人弗許衛侯欲與楚國人不欲故出其君以說于晉衛侯出居于襄牛【公羊傳】曷爲再言晉侯非兩之也【穀梁】

傳再稱晉侯忌也

按左氏初公子重直龍反耳之出亡也曹衛皆不禮焉過衛衛文公不禮焉出於五鹿乞食於野人野人与之塊及曹曹共公聞其駢脅欲觀其裸浴薄而觀之至是侵曹伐衛再稱晉侯者譏復怨也陳氏曰曹衛並有宿怨于晉君子不念舊惡故再稱晉侯以刺之春秋之時用兵者非懷私復怨則利人土地耳詩云百爾君子不知德行去声不忮之豉反不求何用不臧衛風雄雉不忮則能懲忿不求則能窒慾然後貪憤之兵亡與無同矣或曰曹衛背音佩華即夷於是乎致武周語奚爲不可曰楚人摟諸侯以圍宋陳蔡鄭許舉兵而同會曹公與音預下與圍同會而同盟楚雖得曹新昏於衛然其君不在會其師不與圍以方諸

國不猶愈乎又况衛已請盟而晉人弗之許也書曰必有忍其乃有濟有容德乃大君陳文公能忍於奄与闇同官者也豎里鳧須矣左傳寺人披請見公使讓之曰蒲城之役君命一宿女即至女爲惠公來求殺余命女三宿女中宿至夫祛猶在女其行乎對曰君命無二古之制也蒲人狄人余何有焉今君即位其無蒲狄乎公見之晉侯之豎頭須守藏者也其出也竊藏以逃及入求見公辭焉謂僕人曰居者爲社稷之守行者爲羈紲之僕何必罪居者国君而讎匹夫懼者甚衆僕人以告公遽見之注頭須韓詩外傳作里鳧須何獨不能忍於曹衛乎再稱晉侯者甚之也陳氏岳曰春秋省文事苟不異則上有国下不繫国上書族下不書族焉有無事偏再称晉侯而不言遂蓋所以志晉侯之惡也下書楚人救衛則譏晉深矣春秋責備賢者唐書春秋之義常責備於賢者而樂音洛與人改過責備賢者故再稱晉侯樂與人改過故衛已請盟不當拒而絕

之也**朱子語**晉侯侵曹晉侯伐衛皆是文公譎處考之左氏可見皆所以致楚師也**平菴項氏曰**晉方潛師侵曹出其不意衛固未以為憂忽焉揚声以伐衛又出衛之不意曹人狼狽而撤戍楚人自宋而救之晉方与楚爭衛曹固幸於得紓忽焉回軍又出曹之不意徑入其国執其君以畀其仇經書晉侯侵曹晉侯伐衛明晉文之譎也**愚按**晉文救宋攘楚扶中国之已衰却荊蛮之方横視齐桓雖少劣而賢於宋襄遠矣而春秋責之者徇私用詐而設施之際失緩急之序也或謂陳蔡鄭許迩於楚曹衛迩於宋向使晉文遠攻四国無以釋宋之圍曹衛雖不與圍然楚所以橫行中国者実得曹而昏于衛故也吁是不然陳蔡鄭許乃華夷之要衝楚必越四国始能猾夏況是時陳蔡鄭許実牵兵從楚文公苟能親帥三軍直造陳蔡之国都而討其從夷之罪且以拒楚人之歸路則擣虛攻瑕勢如破竹而宋之圍穀之戍將狼狽却走倍日并行自救之不暇我因乘勝以翦其罷敝之餘卒則霸功不勞而定矣今文公内則利於復怨而分地外則狃於譎謀以致楚是以圖霸之始事春秋特書侵以陋之。**趙氏曰**公羊云何以不言遂未侵曹也未侵曹則其言侵曹何致其意也按聖人立教猶云不逆詐豈未行其事而先致其意乎

公子買戍衛不卒戍刺之刺七賜反公羊傳刺之者何殺之也曷爲謂之刺內諱殺大夫謂之刺之也

按左氏買爲于偽反楚戍衛啖氏曰戍者以兵守之也楚人救衛不克公懼於晉殺買以說音悅下同焉謂楚人曰不卒戍也杜氏曰公實畏晉殺子叢而誣叢以廢戍之罪告楚人言子叢不終戍事而歸故殺之內殺大夫稱刺者若曰刺當其情與衆棄之而專殺之罪則一耳愚按春秋書法爲內諱故隱其專殺使若得二三刺之義如滅國書取出奔書孫之意內以諱爲服

周官有三刺一刺曰訊群臣再刺曰訊群吏三刺曰訊萬民周禮司刺掌三刺之法注刺殺也訊而有罪則殺之刺未有書其故者據刺公子偃殺有罪不書其故而以不卒戍刺之則知買爲無罪矣啖氏曰言買不卒戍非其罪也不斥言無罪申臣礼也偃則直書刺有罪當殺也張氏曰懼於晉而

殺公子買者其實也謂不卒戍而刺之者以辭於楚也蓋戍衛者楚命也魯衛本兄弟之国若推至公之心伴買往戍之則買之不卒戍可誅然其名如此而其情則不然書之之詳所以見其辭之不直而情之甚私買之死實非其罪不止於專殺大夫而已也

孟子曰無罪而殺士則大夫可以去無罪而戮民則士可以徙今乃殺無罪之主將去声**以苟說於強國於是乎不君矣故特書其故以貶之也**

劉氏曰殺大夫不著其罪其著之罪則是加之加之則濫矣春秋直記之見濫也公羊謂不可使往非也若不可使往而刺之是得其罪矣又何更其文為不卒戍乎穀梁云先名後刺刺有罪也亦非也魯不言所為言所為皆譏也然則刺不言所坐言所坐皆諱也

楚人救衛

臨川吳氏曰蓋楚人分圍宋之師以救衛也狐偃固已先料其必然矣

張氏曰衛服罪請盟文公不許寘報怨之意不聽衛侯之改過自新失伯主寛洪之度故春秋与夷狄以卹患之名罪晉文之忌克也

愚按春秋書救未有不善之者救者善則伐者為有罪矣經書楚救者二一書楚人救衛罪文公之詹衛也

書楚公子貞帥師救鄭罪悼公之逼鄭也然楚救衛鄭而卒不能救又以著衛鄭從夷之恥与蠻夷之不競而晉文晉悼之伯終克有成也【陳氏曰】僖二八年二十二年楚嘗救鄭矣不書於是始書以爲晉文之伯楚欲救而不能也○三月丙午晉侯入曹執曹伯畀宋人【左傳】畀以利反晉侯圍曹門焉多死曹人尸諸城上晉侯患之聽輿人之謀曰稱舍於墓師遷焉曹人兇懼爲其所得者棺而出之因其兇也而攻之三月丙午入曹數之以其不用僖負羈而乘軒者三百人也宋人使門尹般如晉師告急公曰宋人告急舍之則絕告楚不許我欲戰矣齊秦未可若之何先軫曰使宋舍我而賂齊秦藉之告楚我執曹君而分曹衛之田以賜宋人楚愛曹衛必不許也喜賂怒頑能無戰乎公說執曹伯分曹衛之田以畀宋人【公羊傳】畀者何与也其言畀宋人何与使聽之也【穀梁傳】日入惡入者也畀与也其曰人何也不以晉侯畀宋公也

古者觀文匿武【周語】武不可觀文不可匿修其訓典序成而不至。於是乎有攻伐之兵【同上】穆王將征犬戎祭公謀父諫云云故孟子謂萬章曰予以爲有王者作將比毗志反今之諸侯而誅之乎其教之不改而後誅之乎【朱子註】今之諸侯固多不義然有王者起必不連合而盡誅之曹伯羸者未狎晉政莫知所承【周語】晉圍陽樊倉葛呼曰羸者陽也未狎君政故未承命【注】羸弱也晉文不修詞令遽入其國既執其君又分其田暴矣欲致楚師與之戰而以曹伯畀宋人譎矣【杜氏曰】執諸侯當以歸京師晉欲怒楚使戰故以与宋所謂譎而不正【張氏曰】自晉侯侵曹至此皆春秋著文公致楚与戰之由也【臨川吳氏曰】晉之用師於曹衛也欲致楚而与之戰先以假道而啓衛之釁衛既不許則還自南河濟略侵曹境不深治曹也移師伐衛責其不假道之罪取其邑衛服罪請盟而猶不許以致其君出避尚戍逃還則楚人不得不救衛矣楚既救衛則又移師臨曹入其国而執其君又以曹君畀受圍之宋多方以激楚之怒則楚人不得不与晉戰矣雖一戰勝楚遂主夏盟舉動不中【去声】於禮亦多矣徒亂人上下之分【扶問反】無君臣之禮【周語】晉侯請殺衛成公王曰不可政自上下者

也君臣皆獄父子犴獄是無上下也其功雖多道不足尚也故曰五伯三王之罪人。仲尼之徒無道桓文之事者**邵子曰**春秋之間有功者未有大於五伯有罪者未有大於五伯故五伯者功之首罪之魁也**王氏箋義**執曹伯不歸京師而畀宋人斯不待貶絕而罪惡見者也**高郵孫氏曰**晉人執曹伯治有罪也畀宋人豈非雖曹而私宋乎雖晉而私非正也豈所謂治罪乎**高氏曰**不言與宋人嫌與宋人并見執**陸氏曰**不稱晉人執者承上晉侯入曹不可重言晉人**愚按**晉文執曹伯雖蒙上文晉侯入曹之辭非以其得討罪之義而稱爵以予之也特著其因入曹而執之耳苟以爲伯討則當先書晉侯執曹伯次書入曹如楚莊殺徵舒入陳之比矣況曹衛皆與楚而衛侯之執歸于京師尚稱晉人豈以曹伯之執畀宋而反得爲伯討乎然衛已請盟而弗許曹未嘗請盟而執之故不重言晉人此又輕重之權衡也。**劉氏曰**穀梁謂以晉侯而斥執曹伯惡晉侯也非也若稱晉人執曹則毋乃如齊人執濤塗而譏其踰國以執乎

夏四月己巳。晉侯（文）齊師（昭）。宋師（成）。秦師（穆）。及楚人（成）戰于城濮。楚

師敗績濮晉卜【左傳】子玉使宛春告於晉師曰請復衛侯而封曹臣亦釋宋之圍子犯曰子玉無礼哉君取一臣取二不可失矣先軫曰子与之楚一言而定三国我一言而亡之不許楚言是棄宋也救而棄之謂諸侯何楚有三施我有三怨怨讎已多將何以戰不如私許復曹衛以携之執宛春以怒楚公説乃拘宛春於衛且私許復曹衛曹衛告絶于楚子玉怒從晉師晉師退軍吏曰以君辟臣辱也且楚師老矣何故退子犯曰師直為壯曲為老豈在久乎微楚之恵不及此退三舍辟之所以報也我退而楚還我將何求若其不還君退臣犯曲在彼矣退三舍楚衆欲止子玉不可四月戊辰晉侯宋公齊国歸父崔夭秦小子憖次于城濮楚師背酅而舍子玉使鬬勃請戰晉侯使欒枝對曰寡君聞命矣楚君之恵未之敢忘是以在此為大夫退既不獲命敢煩大夫謂二三子戒尓車乗敬尓君事詰朝將見己巳晉師陳于莘北胥臣以下軍之佐當陳蔡子玉以若敖之六卒將中軍子西將左子上將右胥臣蒙馬以虎皮先犯陳蔡陳蔡奔楚右師潰狐毛設二旆而退之欒枝使輿曳柴而偽遁楚師馳之原軫郤溱以中軍公族横擊之狐毛狐偃以上軍夾攻子西楚左師潰楚師敗績子玉收其卒而止故不敗【公羊傳】此大戰也曷為使微者子玉得臣也子玉得臣則其稱人何貶也【杜氏曰】

城濮衛地【愚按】今東昌路濮州

楚稱人敗也【愚按】此戰與柏舉皆書楚師敗績則楚非將卑師少而稱人矣此下書楚殺得臣則知楚人爲得臣矣柏舉之戰下書囊瓦奔鄭則知楚人爲囊瓦矣中國及楚君大夫戰皆貶稱人故宋襄及楚子戰于泓晉文及楚令尹得臣戰城濮蔡侯以吳子及楚令尹囊瓦戰柏舉皆稱楚人中國大夫及楚子戰稱名氏故邲之役稱荀林父帥師此華元尊卑之辨也惟鄢陵稱楚子以敗績在君故不得不稱楚子也戰而言及主乎是戰者也當是時晉師避楚三舍請戰者得臣也而經之書及何以在晉得臣雖從晉師然初告於晉曰請復衛侯而封曹臣亦釋宋之圍是未有必戰之意也及先軫獻謀許曹衛以攜離也其黨拘宛於一瓜於阮一一反春以激其怒而後得臣之意決矣故楚雖請戰而及在晉侯誅其意也【胡氏曰】當是之時晉避楚

三舍欲戰者得臣也而春秋書晉焉得臣雖有必戰之意由先軫則激之是以書晉也此誅必原情之義也 荊楚恃強憑陵諸夏滅黄而霸王不能恤敗以邁反徐于婁林而諸大夫不能救執中國盟主而在會者不敢與之爭今又戍穀逼齊合兵圍宋戰勝中國威動天下非有城濮之敗則民其被皮寄反髮左衽而鴆反矣朱子語齊桓公死楚侵中國得晉文公攔遏住如橫流泛濫硬做隄防不然中國爲渰侵必矣平菴項氏曰楚自是不窺中國者十年宜有美辭稱揚其績而著春秋所書如此其略何也仁人明其道不計其功正其義不謀其利語董子文公一戰勝楚遂主夏盟陳氏曰宋公齊國歸父秦小子憖皆稱師而獨爵晉侯子晉以伯也以功利言則高矣語道義則三王之罪人也朱子曰文公伐衛以致楚而陰謀以取勝故夫子稱譎而不正知此說則

曾西不爲管仲（孟子）而仲尼孟子雖老于行（本韓文）而不悔其有以夫（張氏曰）齊桓之伐楚，致屈完于召陵，楚未大創也，故次年即滅弦誘鄭，終桓公之霸，楚爲患而不能制。文公欲霸天下，以爲楚不大創不足以定霸，故欲勝楚取威而後霸業定。是時楚爲齊宋之患，文公欲匡曹衛以報怨，因激楚人之怒而使之不得不戰，以取一勝之功，皆譎而不正之事。故賤楚稱人以夷狄之，以晉侯主是戰，誅文公之心也。（東萊呂氏曰）齊桓之楚，雖曰猾夏，攻蔡伐鄭，特近楚之国受禍，未至儼然与中國並驅爭先，故齊桓猶可徐爲之謀。晉文之楚，則挾中國自盟主而在會，諸侯不敢与之爭，戰于泓而中国不能与之敵，曾乙師而戍穀逼齊，四国与之合兵而圍宋，曹衛受其節制，此夷狄之極盛也。故晉文不得不速与之戰。召陵之次，一得屈完之盟而退師；城濮之役，不至敗楚師不已也。蓋桓公所爲將以服強楚之心，晉文之辛所以挫強楚之勢也。所遇不同，用計亦異，立功之緩急亦如之。然召陵之師，規模既定，声其罪而伐之，楚亦屈服而不敢校，此正也。晉文加兵曹衛以致楚，許復二国以攜楚，又拘子玉之使以怒楚，三舍避之亦怯以誘楚，其詭計如此。孔子斷之曰譎，豈不信哉！故齊桓圖楚之功三十年而後有召陵之役會諸侯之事亦三十餘年褱盟褱會而後有葵丘之盟若文公則侵伐曹衛勝楚圍許盟踐土會溫兩致天王執曹衛之君而後復之凡霸者之事爲之略盡皆在一年之内是齊桓猶有近厚之心若晉文則太迫矣【王氏箋義】陳蔡從楚而不書者助夷狄抗中國且以其師從楚右師失位故賤而不書亦猶哀十年會吳伐齊不言邾郯

（成）**楚殺其大夫得臣**【楚始書大夫】【左傳】既敗王使謂之曰大夫若入其若申息之老何子西孫伯曰得臣將死二臣止之曰君其將以爲戮及連穀而死晉侯聞之而後喜可知也曰莫余毒也已【杜氏曰】至連穀王無赦命故自殺

按左氏晉師既克曹衛楚子入居于申（申在方城内故曰入）使申叔去穀（二十六年戍穀）使子玉去宋（二十七年圍宋）曰晉侯在外十九年（僖五年奔狄二十四年秦納之）而果得晉國險阻艱難備嘗之矣民之情僞盡知之矣天假之年而除其害其可

廢乎子玉使伯棼扶云反請戰請戰於楚子伯棼鬬伯比之孫子越椒楚
子怒少與之師惟西廣古曠反東宮與若敖之六卒實
從之而不止也杜氏曰楚有左右廣一廣十五乘又太子有宮甲分取以給之若敖楚武
王之祖父葬若敖者子玉之祖也六百人爲卒子玉宗人之兵六百人言不悉師以益之子玉
從晉師文公退三舍辟之楚衆欲止子玉不可戰于
城濮楚師敗績夫得臣信有罪矣而楚子知其不可
敵不能使之勿敵而少與之師又以一敗殺之是以
師爲重而棄其將去声以與之也前鼂錯傳卒不可用以其將与敵也劉氏
曰此殺有罪而以累上之辭言之惡楚子也楚子知其不可使也而不能勿使知其不可敵也而不能使
之勿敵是亦棄其師之道也是晉再克而楚再敗也宣十二士貞子曰城濮之
役文公猶有憂色及楚殺子玉公喜而後可知也曰莫余毒也已是晉再克而楚再敗也故稱國

以殺而不去声上其官【張氏曰】楚自得臣伐陳立爲令尹令其圍陳圍宋無非猾夏逞勝之事故雖知晋之不可敵而不能使之退師師敗而不能自反其平日求勝無厭之罪方責其無以見申息之老是縱其猾夏求勝及一敗而輒殺之故以国殺大夫爲文【陳氏曰】楚子使止子玉曰毋死不及則其所殺何春秋之法苟有誅意於其臣雖自殺也書殺是故楚得臣公子側皆書殺而已矣以仲尼書鄭棄其師閔二與楚殺得臣之事觀之可爲來世之永鑒矣【宣十二年傳】大夫雖貴与師等鄭使高克將兵禦狄于竟欲遠克也而不召其師楚以六卒實從得臣恐喪師也而不恤其將敗縊以棄師罪鄭以殺其大夫責楚【愚按】楚殺子玉取戒[illegible]之敗羣帥囚于冶父以聽刑楚子曰孤之罪也赦之後秦大夫及其左右請殺孟明秦伯曰孤之過也其賢於楚成之殺得臣楚共之殺側遠矣

衛侯出奔楚【左傳】衛侯聞楚師敗懼出奔楚遂適陳使元咺奉叔武以受盟

諸侯失國出奔未有不名者據鄭突衛朔北燕款蔡朱皆名衛衎奔齊左穀

不名公羊書名衛侯何以不名著文公之罪也衛侯失守社稷音佩華即夷於文公何罪乎衛之禍文公為之也公羊初齊晉盟于斂音廉盂衛侯請盟晉人不許是塞其向善之心雖欲自新改轍而其道無由也高帝一封雍齒而功臣不競【前】張良傳諸將爭功往往坐沙上偶語良曰此屬畏陛下不能盡封又恐見疑過失及誅故相聚謀反耳上曰柰何留侯曰上平生所憎誰最甚者曰雍齒良曰今急先封雍齒則群臣人人自堅矣乃封雍齒為什方侯群臣喜曰雍齒且侯吾屬無患矣世祖燒棄文書而反側悉安【後】光武紀圍邯鄲拔其城誅王郎收郎文書得吏民與郎交關謗毀者數千章帝不省會諸將燒之曰令反側子自安使文公釋怨許衛結盟南向諸侯棄楚而歸晉矣怨不思難乃旦反惟怨是圖必使衛侯竄身無所奔于荊蠻歸于京師兄弟相殘殺叔武公子瑕君

臣交訟元咺愬衛侯于晉衛侯与咺訟誰之咎也夫心不外者乃能統大衆智不鑿者乃能處大事文公欲主夏盟取威定霸語先軫而舉動煩擾若不勝音升任者惟鑿智自私而心不廣也春秋於衛侯失國出奔不以其罪名之而重文公之咎蓋端本議刑責備賢者之意也孫氏曰晉文以私怨逐衛侯若直書曰衛侯某則与鄭伯突蔡侯朱自失其国者不異而晉文逐之之惡無以見矣張氏曰衛文公不礼晉文敵怨不當在其後嗣而文公報怨之意未嘗一日忘于心故衛人雖未嘗從楚圍伐宋齊而首伐之請盟弗許致其国人出君以説于晉皆盟主徇私之所致故曰衛之禍文公爲之而衛侯不名責晉文也家氏曰晉文公度量不廣於處置衛事而見之衛侯奔不名所以責晉晉文才有餘而量不足齊桓量有餘而才不足与其爲晉文不若爲齊桓愚按衛成公出奔據公羊則是晉文逐衛侯而立叔武衛侯之位已絶春秋當以鄭厲衛惠之例而書名據左氏則是衛侯懼晉使元咺奉其弟叔武

盟于踐土而奔楚適陳以先討其位未絶若曹伯負芻之類故陸氏云令叔武攝位而去故不名蓋晉文雖絶衛侯之位而春秋不絶其位罪文公不當廢衛侯也

五月癸丑公會晉侯(文)齊侯(昭)宋公(成)蔡侯(莊)鄭伯(文)衛子(叔武)莒子(茲丕)盟于踐土踐在演反【左傳】至于衡雍作王宮于踐土鄉役之三月鄭伯如楚致其師爲楚師既敗而懼使子人九行成于晉晉欒枝入盟鄭伯晉侯及鄭伯盟于衡雍獻楚俘于王鄭伯傳王王享醴命之宥王命尹氏及王子虎內史叔興父策命晉侯爲侯伯賜之大輅之服戎輅之服彤弓一彤矢百玈弓矢千虎賁三百人曰王謂叔父敬服王命以綏四國糾逖王慝晉侯三辭從命受策以出出入三覲王子虎盟諸侯于王庭要言曰皆獎王室無相害也有渝此盟明神殛之【穀梁傳】諱會天王也【杜氏曰】諸侯盟于踐土宮之王庭王子虎臨盟不同歃衛叔武攝位受盟從未成君之禮故稱子而序鄭伯之下踐土鄭地【胡氏曰】會不致者安信與晉文也盟日者譎也

踐土之會天王下勞力報反晉侯【杜氏曰】襄王聞晉戰勝自往勞之故爲作

宫削而不書何也周室東遷所存者號與祭耳穀梁傳天子微諸侯不享覲天子之在者惟祭與號注祭謂郊上帝號謂称王其實不及一小國之諸侯司馬公曰周之地則不大於曹滕周之民則不衆於郑莒晉文之爵雖曰侯伯而號令天下幾於改物昭元叔向曰文之伯也豈能改物注改物謂改正朔易服色實行天子之事此春秋之名實也與其名存實亡猶愈於名實俱亡邵子曰周王名雖王實不及一小国之諸侯齊晉雖侯而實僭王此春秋之名實也名存而實亡猶愈於名實俱亡苟存其名安知後世無王者作是故天王下勞晉侯于踐土則削而不書陳氏曰襄王聞晉勝自往勞之非晉致之也故爲上襄王諱而不書去声其實以全名所謂君道也父道也愚按踐土之下勞乃襄王之自失其尊故諸侯朝王而盟于王庭春秋削天王之下臨所以去其降尊之實先書諸侯盟踐土而後書公朝于王所所以全臣子當尊之名是爲襄王隱慝明其所以爲君父

之道也。陳氏曰：先朝而後盟，盟曷爲先書盟後書朝？書朝而後盟，盟是以天子與斯盟也；書盟而後朝，春秋不以天子與斯盟之辭也。

晉侯以臣召君，則書天王狩于河陽，正其名以統實，所謂臣道也，子道也。

愚按：晉侯召王以諸侯見，而使王狩，乃晉文之不知所尊，故春秋先書諸侯會溫，次書天王狩，所以正天子自尊之名；後書王所之朝，所以統天下常尊之實。是爲晉文隱惡，明其所以爲臣子之禮也。踐土于溫，諸侯皆先行朝禮而後盟會，春秋皆先書盟會而後書朝，使若晉文合諸侯以尊王也。王自來則不書，使若諸侯之往朝；召王使狩，則書王自狩，使若因狩而朝之也。或謂盟踐土、會溫之時天王未至，又謂不當先盟會而繼事以朝，王皆未知聖人爲辭之深意矣。

而天下之大倫尚存而不滅矣。

張氏曰：王者之威不足以制諸侯，而諸侯之力乃足以攘却戎狄，懷服天下。聖人於易坤之六五繫之辭曰「黃裳元吉」，謂必得中居下，則大善之吉也。文公於勝楚之後，即帥諸侯朝天子，然後受侯伯錫命之策，對揚大輅戎輅、彤弓虎賁之賜，乃合於在師中吉，而當三錫之命，以懷服萬邦，即所謂黃裳元吉，得坤德之正矣。今文公負震主之威不帥諸侯朝王而致天子于至尊下勞失正位居体之道非所以正天下大分諸侯之受盟陳侯之新附皆為文公而來若書天王下臨而列踐土之盟則尊卑倒植綱常易矣故即其可書者記之而天王下勞没而不書以示天下之大訓而存人道之大倫也故曰非聖人孰能修之【臨川吳氏曰】傳言王子虎盟諸侯于王庭經不書王人者王子虎不與盟也【王氏發義】晉侯戰勝天子自往踐土勞之復使王子虎盟諸侯于王庭皆非礼也故不書王子虎唯以諸侯自盟為文【孫氏曰】踐土之盟襄王在是也不書不與晉文致天子也晉文既攘強楚不能朝于京師獻楚俘以警夷狄反以乗勝之衆坐致衰陵之主盟諸侯于是甚矣況又受其侯伯之命弓矢之賜哉雖曰不脅天子吾未之信也是故惠王賜齊侯命襄王命晉侯為侯伯皆没而不書焉噫孔子皆没而不書後世猶有脅天子而取九錫者悲夫

衛侯奔楚

不書名者未絶其位也義見前

叔武受盟而稱衛子者立以為君也據公羊文公逐衛侯而立叔武【臨川呂氏曰】子者父死子繼未逾年君之稱衛侯懼晉抶辱之故身出奔而使其弟攝君以受盟亦書曰衛子是晉文怒衛侯衛侯奔楚立叔武為君而以之

代其兄見伯主以私意廢置諸侯紊王制也【劉氏曰】叔武代其君非奪之也乃將復之也故謂之衛子

此見聖人深罪晉文報怨行私專權自恣廢置諸侯

之意【通旨】問楚懷王入秦楚人立太子蜀先主即位漢中與書衛子之意何似曰叔武稱子罪晉文以私怨廢置諸侯也懷王拘於秦楚大臣立太子以從臣望權也曹氏篡漢先主即位於漢中正也【陳氏曰】序晉侯於齊侯宋公之上予晉以伯也【愚按】齊侯非主盟亦序宋公之上蓋霸者以勢之強弱相上下謂齊強於宋故也自是訖春秋之終凡齊盟必以齊次晉而先宋又按齊桓晉文皆於服楚之後率尊王之義然桓公不敢致天子而會王世子以定其位雖曰禮之變而心則正也厥後盟洮序王人下士於諸侯之上會葵丘不敢盟宰周公則其正可知矣文公既致天王之下勞又假巡狩之禮召王以諸侯朝焉雖若禮之正而心實譎也厥後會翟泉使諸侯之大夫盟王子虎于王城之內則其譎甚矣朱子以踐土與葵丘並論而取之者蓋謂文公之心雖譎猶能放慕齊桓尊周之餘意視其他伯者則爲彼善於此耳

【曹】陳侯如會【公羊傳】其言如會何後會也【穀梁傳】如會外乎會也於會受命也【杜氏曰】陳本與楚楚敗

懼而屬晋來不及盟故曰如會【劉氏曰】陳本不預盟約聞會自至與袁僑如會一耳【愚按】陳穆公如會於盟踐土之後則不與於盟如會於朝王所之先則亦與於朝矣是時晋文始合諸侯故陳侯雖棄異即同且疑且畏其來尚緩故不及於盟歃也至于温則共公居喪而亟會不敢斯須少怠矣

○公朝于王所【衮】【公羊傳】曷爲不言公如京師天子在是也天子在是則曷爲不言天子在是不與致天子也【穀梁傳】朝不言所言所者非其所也

朝不言所言所非其所也【杜氏曰】王在踐土非京師故曰王所【趙氏曰】尊其不地志乎朝王而已異乎盟會所

朝于廟禮也【覲礼】內祖于廟門之東【大行人】廟中將幣三享【曲礼注】受摯於朝受享於廟朝者位於內朝而序進覲者位於廟門外而序入

于外非禮也

有虞氏五載一巡守音狩下同群后四朝【舜典】周制十有二年王乃時巡諸侯各朝于方嶽【周書】【周官】亦何必于京師于廟然後爲禮乎古者天子巡守于四方有常時諸

侯朝于方岳有常所其宫室道途可以預修故民不勞其共（音供）給調（去声）度可以預備故國不費【文中子】舜一歲而巡四嶽国不費而民不勞何也兵衛少而徵求寡也今天王下勞（力報反）晉侯公朝于王所則非其時與地矣自秦而後巡游無度至有長（張丙反）吏以倉卒（蒼没反与猝同）不辦被（皮寄反）誅民庶以煩勞不給生厭【番易馬氏曰】舜之時五載僅一巡守至周則十二年乃一巡焉又必以四岳為底止之地出必有期而行必有方其志在於憂民而不致煩民也秦始皇隋煬帝假巡歷省方之說以濟其流連荒亡之欲千乘萬騎無歲不出遨方競識無地不到郡縣置頓稍慢者獲罪百姓供費不給頭會箕斂遂生憤怨覆祚殞身曽不旋踵雖秦隋所以召亡者非一倘非遊蕩無度則土崩魚爛之勢未如是之促也蓋春秋之義不行故也然則天子在是其可以不朝乎【劉氏曰】穀梁云朝於外非礼也然則天子在是諸侯可勿朝乎天子在是

而諸侯就朝禮之變也春秋不以諸侯就朝爲非而以王所非其所爲貶正其本之意也孫氏曰書曰六年五服一朝又六年王乃時巡諸侯各朝于方岳公朝于王所非礼可知也不言諸侯者言諸侯則是天子可得致也高氏曰天子不下堂而見諸侯今乃出王畿以從諸侯之會尊卑倒植不可以訓故但書公朝王所而知天子在是矣不書諸侯而獨書公朝此聖人之深意也陳氏曰此踐土之諸侯也於是晉侯將盟踐土而王即命爲方伯諸侯朝焉外朝王如隱六年鄭伯八年齐鄭莊十八年晉虢皆不書書曾以見其餘也臨川吳氏曰諸侯朝王于踐土之宫春秋曾史故但書公朝非是曾一国獨朝而諸侯不朝也張氏曰言王所則非京師也言所而不言京師後人不知其諱而謂出居于鄭未復京師皆不考本末而昧於春秋之大旨也豈知婉而成章之法固見於此歟愚按王所居之處則曰王所故覲礼云伯父順命于王所朝者覲君之總称故虞周之書諸侯見天子于京師于外皆言朝春秋書公朝于王所者二所以正其尊王之名蓋謂事雖出於權而礼則專也書公如京師者一而不言朝以其無尊王之实蓋謂事雖似於正而礼則

簡也穀梁謂朝不言所非謂王所不當朝但以踐土河陽非天王之所當居耳如云聘諸侯非正也之意

六月衛侯鄭自楚復歸于衛【穀梁傳】自楚楚有奉焉尒復者復其国也歸者歸其所也鄭之名失国也

衛元咺出奔晉咺况晚反【左傳】或訴元咺於衛侯曰立叔武矣其子角從公公使殺之咺不廢命奉夷叔以入守晉人復衛侯寗武子与衛人盟于宛濮曰天禍衛国君臣不協以及此憂也今天誘其衷使皆降心以相從也不有居者誰守社稷不有行者誰扞牧圉不協之故用昭乞盟于尒大神以誘天衷自今日既盟之後行者無保其力居者無懼其罪有渝此盟以相及也明神先君是糾是殛国人聞此盟也而後不貳衛侯先期入寗子先長牂守門以為使也与之乘而入公子歂犬華仲前驅叔武闔君至喜走出前驅射而殺之元咺出奔晉【杜氏曰】元咺雖為叔武訟訴失君臣之節故書奔【趙氏曰】凡奔皆惡也

衛侯失國出奔則不名復歸得國何以名殺叔武也

【劉氏曰】衛侯以殺叔武名【張氏曰】衛成公書名聽讒慝之言殺無罪之弟也前驅殺叔武而罪衛侯者蓋殺元咺之子角又自疑叔武而先期入此叔武之所以死於前驅也【臨川吴氏曰】衛侯怒元咺之立叔武

而殺其子故前驅歂犬探衛侯之心陽爲不識叔武而射殺之歂犬見衛侯哭弟之哀於是走出衛侯使殺之者亦聊以歸獄云尒【高氏曰】叔武雖不能避嫌然亦請復衛侯衛侯不之信先期而入因殺之故春秋不書叔武之事是專責衛侯也

叔武者衛侯之弟也晉文有憾胡暗反於衛侯而不釋然於是逐衛侯立叔武叔武辭立而他人立則恐衛侯之不得反也於是已立乎其位治反衛侯衛侯得反而疑其弟則曰叔武簒我元咺爭之曰叔武無罪衛侯不信其言終殺叔武【並公羊傳】是不念鞠子哀而以爭國爲心亂民彝滅天理其爲罪大矣此其所以名也元咺由是走之晉而訟其君【張氏曰】易曰自下訟上患至掇也成公殺叔武雖可謂大弗友咺以臣而訟君可乎然亦晉文惡衛侯之心有以召之也雖赴愬於晉而得志亦著其當誅之罪也然衛侯初歸則稱復再歸

何以不稱復乎春秋立法甚嚴而待人以恕鄭之初歸雖殺叔武既名之矣猶意其或出於誤而能革也是以稱復張氏曰衛侯書復歸見位本其位而国本其国也臨川吳氏曰凡言復歸者言国乃其国昔失而今復之亦及其再歸又殺元晅及公子瑕則是終以爭國爲心長展兩反惡不悛音荃無自艾音乂之意矣是以不稱復劉氏曰鄭之初歸也得言復當是時叔武在內鄭雖無国国固其国也及其又歸也殺叔武矣執之歸京師矣殺元晅及公子瑕矣鄭雖得国国非其国也故不言復向也無国而義可以有国則亦謂之有国今也得国而義不可以得国則亦謂之無国其曰歸于衛者易去声詞也諸侯嗣故稱復者繼之也不稱復者絕之也而國非其國矣家氏曰元晅奉叔武如會此亦征繕輔孺子之意叔武非敢以君位自居也晉人列之於會待以君禮衛人謂晉文將立叔武矣俄而衛侯來歸無以洩其逃廢之憾殺叔武焉怒于晉

而移之於其弟衛侯之罪大矣故其奔也不名其復也名之【愚按】春秋書國君去國而歸者七鄭忽曹襄衛衎邾益及衛侯鄭之再歸皆不書自惟衛侯鄭初歸書自楚者其懼晉之辱不得已奔楚今始去矣而即夏也曹成公之歸書自京師著天王之釋有罪也【永嘉呂氏曰】經書自如意如至自晉蔡季自陳歸于蔡曹伯歸自京師著其昔在彼而今歸于此也書自楚歸則背華即夷之罪著矣曹伯歸自京師著其自京師也鄭之再執亦歸自京師不云自京師晉文之執与厲之執有間矣○【劉氏曰】左氏云叔武聞君至喜捉髮走出前驅射而殺之公知其无罪也枕之股而哭之歂犬走出公使殺之元咺出奔晉非也杜注傳言殺叔武者衛侯不知情又爲叔武報殺其讎又親枕之股而哭之兄弟之恩篤矣元咺何爲奔晉愬殺其弟乎假令咺誣其君訟當不勝何故衛侯反不勝乎晉人豈不知其嘗爲叔武殺歂犬乎

陳侯欵卒 穆公也在位十四年子朔嗣是爲共公

○秋杞伯姬來 【杜氏曰】莊公女歸寧曰來【臨川吳氏曰】杞桓公伯姬之次子繼其兄成公而立即來朝魯而爲魯所卑又使卿帥師入其國魯之待杞可謂无恩矣故伯姬又來謝過而求平也【薛氏曰】杞伯嘗辱於魯矣數爲非礼之歸其甚矣乎○

公子遂如齊【昭】【薛氏曰】始平於齊也【臨川吳氏曰】魯以楚師伐齊取穀幸而孝公遄卒未及報怨晉文既霸齊魯均為受盟之国則齊不敢背晉盟而報魯怨故魯因使公子遂聘齊講好而釋前怨也【張氏曰】杞伯姬來而入杞之怨釋公子遂如齊而取穀之憾解中国貴於伯權之立如此

○冬公會晉侯齊侯【昭】宋公【成】蔡侯【莊】鄭伯【文】陳子【共】莒子【茲平】邾子【文】秦人【穆】于溫晉侯下【穀】无齊侯【左傳】會于溫討不服也【穀梁傳】諱會天王也【杜氏曰】討衛許陳共公称子先君未葬宋襄公称子自在本班陳共公降在鄭下陳懷公称子在鄭上蓋主會所次非褒貶也【臨川吳氏曰】中国諸侯服楚而同圍宋者陳蔡鄭許也楚既敗蔡鄭即從晉陳雖後盟亦來如會獨許最小弱而猶不改圖故晉文此會蓋合諸侯以討許也衛侯既赦之使復国矣猶欲討衛者元咺訴之於晉故晉听其訴而又欲討衛也陳共称子班鄭下与衛武称子班鄭下同践土无邾秦至此則小国畏威大国聞風皆至可見晉伯之盛矣【愚按】温李畿内国為狄所滅者

天王【襄】狩于河陽狩【穀】作守【左傳】是會也晉侯召王以諸侯見且使王狩書曰天王狩于河陽言非其地也【公羊傳】狩不書此何以書不与再致天子也魯子曰溫近而践土遠也【穀梁傳】全天王之行也為若

將守而遇諸侯之朝也爲天王諱也水北爲陽山南爲陽溫河陽也【杜氏曰】河陽晉地河內有河陽縣【齊氏曰】溫去王朝百餘里【愚按】今懷孟路孟州有溫縣又有河陽縣則知溫即河陽蓋古孟津本畿内之地襄王以賜晉文公

按左氏晉侯召王以諸侯見音現【杜氏曰】晉侯大合諸侯而欲尊事天子以爲名義自嫌強大不敢朝周喻王出狩因得盡群臣之禮皆譎而不正之事仲尼曰以臣召君不可以訓故書曰天王狩于河陽以尊周而全晉也【荀氏曰】使若天子自狩非致也【趙氏曰】爲晉文避召天王之名也【劉氏曰】踐土之會天子自往也自往雖微而猶可言河陽之會臣召君也臣召君不可以訓故書狩焉【徐氏曰】言溫以避狩言狩以溫見所以尊周而全晉也【通旨】問溫即河陽何以兩言之曰溫之會晉實召王故書會于溫狩于河陽以兩全之也啖助謂以常禮言之晉侯召君名義之罪人也其可訓乎若原其自嫌之心嘉其尊王之意則請王之

狩忠亦至焉故夫子特書狩于河陽所謂原情爲制以誠變禮者也微旨啖氏曰時天子微弱諸侯驕僭怠於臣礼君令朝于京師多有不從又晉已強大率諸侯而入王城亦有自嫌之意故請王至溫而行朝礼若因天子狩而諸侯得覲然以常礼言之云云以誠変礼者也程子曰晉文公欲率諸侯以朝王正也懼其不能故譎以行之召王以就焉人獨見其召王之非而不見其欲朝之本心是以譎而掩其正也夫踐土之會王實自往非晉罪也故爲于僞反下同王諱而足矣溫之會晉則有罪而其情順也杜氏曰晉实召王爲其辭逆而意順故以王狩爲辭劉氏曰其礼雖悖其情甚順仲尼原心定罪故寬其法耳故既爲王諱之又爲晉辭之於以見春秋忠恕也陳氏曰莊二十一年王巡虢狩不書此何以書非狩也王有事譏不在諸侯則以自致之文書之此晉侯之罪尔曷爲以自狩爲文爲尊尊諱也晉侯將會于溫召王以諸侯見則先狩而後會曷爲先書會而後書狩書狩而後會是以天子與斯會也先書會後書狩春秋不

以天子與斯會之辞也齊桓盟王人不盟宰周公殊會王世子晉文致天子而朝之故曰齊桓公正而不譎晉文公譎而不正〔臨川吴氏曰〕城濮勝楚之後襄王下勞晉侯故踐土之盟晉侯得以天王在會爲榮而夸示諸侯今温之會晉侯又欲如踐土故召王來狩於其国之地則天王又在會矣然踐土是天王自來故設而不書存君体也會温則晉實召王故書天王自狩存臣礼也〔資中黄氏曰〕聖人順天理之正明君臣之分書曰天王狩于河陽此豈惟遏惡揚善成人之美哉雖使晉文復生親見夫子書法亦將帖然心服何以坐銷其強猛之氣而迁善遠罪之不暇矣〔家氏曰〕齊桓會王世子于首止猶曰尊王室也孰知繼桓而霸者遂至屈天王之尊就而朝焉積習之漸使然耳〔高氏曰〕衛侯不與會者晉聽元咺之訟不使之預也〇〔趙氏曰〕左氏云日明德也未及於礼而謂之爲德無乃過乎若謂此爲德則率諸侯朝于京師者謂之何哉以德爲目非施於霸者

壬申公朝于王所（襄）〔穀梁傳〕朝於廟礼也於外非礼也獨公朝与諸侯盡朝也其日以其再致天子故謹而日之日繫於月月繫於時壬申公朝于王所其不月失其所繫也以爲晉文公之行事爲已傎矣

范氏曰以臣召君顛倒上下日不繫月猶諸侯不宗天子陳氏曰朝繫日見先狩而後朝也王嘗至踐土而不言狩則王意也可以但言朝至溫非王意也則不可以但言朝朝而繼曰雖諱而諸侯致天子之實見矣臨川吳氏曰踐土之盟天王在盟所若主是盟者然故既盟而晉率與盟之諸侯以朝王溫之會天王在會所若主是會者然故既會而晉復率與會之諸侯以朝王也古者天子巡狩其方伯率諸侯以朝于方岳之下此礼之廢久矣今一歲之間天子兩受諸侯之朝晉文之心不過欲假此以令諸侯非眞能尊天子也實譎而名則正心非而迹則是故啖氏亦有取焉。趙氏曰公羊云其日何録乎内也若録内而書日何不書月乎

〇晉(文)人執衛(成)侯歸之于京師左傳衛侯与元咺訟甯武子爲輔鍼莊子爲坐士榮爲大士衛侯不勝殺士榮刖鍼莊子謂甯俞忠而免之執衛侯歸之于京師寘諸深室甯子職納橐饘焉公羊傳衛侯之罪何殺叔武也何以不書爲叔武諱也春秋爲賢者諱何賢乎叔武讓国也此晉侯也其稱人何貶曷爲貶衛之禍文公爲之也文公逐衛侯而立叔武使人兄弟相疑放乎殺母弟者文公爲之也穀梁傳歸之于京師緩辝也斷在京師也程子曰歸于者順易之辝歸之于者強帰之辝君臣無獄而文公惡衛侯使与元咺辨曲直

衛侯不勝遂刑其大夫執其君其聽頗矣雖歸于王而實強致之故曰歸之于京師

衛元咺自晉復歸于衛

傳咺呼阮反〔左傳〕元咺歸于衛立公子瑕〔公羊傳〕自者何有力焉者也此執其君其言自何爲叔武爭也〔穀梁傳〕自晉晉有奉焉尔其言歸之于者執不以正之詞也古者君臣無獄諸侯不專殺〔周語〕晉侯執衛成公歸之于周請殺之王曰不可夫君臣無獄今元咺雖直而不可聽也君臣皆獄父子將獄是無上下也而叔父聽之一逆矣又爲臣殺其君其安庸刑布刑而不庸再逆矣一合諸侯而有再逆故余懼其無後

爲去声

臣執君故衛侯不名而元咺稱復大夫不世其稱復絕之也〔張氏曰〕咺訟其君致之縲紲故其歸異於蔡季華元特書復者著其假伯主之力遂其無君之心也〔陳氏曰〕歸大夫不言復必諸侯也而後言復君有歸道也大夫言復者抗也是故元咺復歸宋魚石晉欒盈復入皆抗辭也

自晉者晉有奉焉者〔高氏曰〕晉文聽其臣子之訟而執其君非伯者所以靖亂之義也書曰自晉晉侯之罪亦

已明矣因其力也【何氏曰】恃晉力以歸然臣無訴君之義復於衛非也歸者易去声

詞以文公為之主故其歸無難而方伯之罪亦明矣

是以執而稱人不得為伯討也【家氏曰】衛侯逞忿殺叔爲得無討執而歸之京師是也但因元咺之訟而執衛侯則非也【陸氏曰】受臣之訴以執其君不可以訓故不得稱侯【孫氏曰】晉文既勝強楚不能招携撫貳以崇大德助其臣而執其君非所以宗諸侯也故曰晉人以疾之【陳氏曰】凡執譏也春秋猶以當乎罪不當乎罪為褒貶苟當乎罪雖晉厲公執曹伯得為伯討苟不當乎罪雖齊桓執轅濤塗稱人而已矣【臨川吳氏曰】溫之會王在焉衛侯當是與諸侯俱至于會晉文因元咺之訴不使與會使咺与之對辨直咺而曲衛侯天王受朝畢而還京師故亦歸衛侯于京師其意若曰是會也天子主之衛侯有罪王之大司馬宜斷斯獄豈敢私留之晉國哉借天王之名以威服諸侯而欺天下也【張氏曰】天子在是故遂以歸于京師或者乃以襄王至是乃復于京師果如其言則非有所諱何為而不書況書執衛侯歸京師而天王之復乃不書此必不然【愚按】會于溫諸侯朝王晉人執衛侯則是執諸侯

于天子之側也不書晋人執衛侯于王所而曰歸之于京師則猶爲王室諱而存爵者尊王之分也定元年晋韓不信執宋仲幾于天子之側則直書執于京師而不復爲之諱矣始也書晋人執衛侯歸之于京師中也書晋人執莒邾子以歸終也書晋人執宋仲幾于京師而遂書晋人執戎蠻子歸于楚世變於是極矣。趙氏曰公羊云歸之于者何歸之于者罪已定矣歸于者罪未定也非也或傳寫衍縮耳穀梁云此入而執其不言入何也不外王命於衛也此傳不知与元咺訟之事故穿鑿也

諸侯遂圍許（音）穀梁傳遂繼事也杜氏曰會溫諸侯也高氏曰前目後凡也

諸侯比毗至反再會天子再至皆朝于王所而許獨不會杜氏曰許比會不至故因會共伐之襄陵許氏曰齊桓自北杏之會十有七年而後侵許服之又九年而後從於伐楚又二年許坐受圍救而後定自桓公之没諸侯從楚衆矣許在鄭之南密迩於楚至此時離中國久矣一服楚之威令是以難变也以其不臣也故諸侯圍許按古者巡狩諸侯各朝于方嶽祭義天子巡守諸侯待于竟今法天

子行達三百里內亦皆問起居見宋會要許距河陽踐土近矣愚按許国在今許州与鄭接壤去踐土甚近且許及河陽踐土皆屬豫州之域而可以不會乎其稱遂繼事之辭也張氏曰許国以近楚而雖從中国然晉人一以威力控制諸侯許亦知晉之威不足以芘已而德不足以懷楚是以果於不服雖合中国之力不能回之也臨川吳氏曰會溫本欲討許然既會之後朝天王執衛侯歸元咺而後圍許故書圍許為繼事也晉文一年之間自春初侵曹伐衛入曹兵威如摧枯拉朽又合諸侯勝楚而盟踐土霸業成矣是後當休兵息民脩德行礼以服諸侯之心而礼煩威黷踐土之盟血未乾又合諸侯以會溫城濮之大勞甫息又率諸侯以圍許諸侯亦罷於應命矣是以合四国之力能勝強大之楚合十一国之力乃不能服小弱之許所謂強弩之末不能穿魯縞者矣蓋圍許之諸侯亦強從尓孰肯盡心竭力哉愚按晉文之圍許雖曰討其不朝王所之罪実乃假公義以逞私憤也當時之小国若滕若薛若杞若鄭之類不朝王所者不可疏奚豈獨許哉蓋以許附於楚故欲以兵力脅之使從中国耳故左氏於會溫曰討不服而杜氏解之曰討衛

許則知會温本爲圍許而春秋書會于温朝王所以圍許爲遂事者明朝王爲重若受王命而討許也成公十三年如京師本爲會伐秦而春秋書郤錡乞師公如京師以伐秦爲遂事者明朝京爲重若請王命而討秦也圍許之役王臣不行王師不出而劉成二子同伐秦亦皆不書則知兩役承王命矣然圍許實以討不朝爲名而伐秦則因乞師而道過京師故圍許不曰自王所而如京師不書朝則晉文之事視晉厲猶爲彼善於此也歟

經 曹伯襄復歸于曹遂會諸侯圍許

左傳 晉侯有疾曹伯之豎侯獳貨筮史使曰以曹爲解齊桓公爲會而封異姓今君爲會而滅同姓曹叔振鐸文之昭也先君唐叔武之穆也且合諸侯而滅兄弟非禮也與衛偕命而不與偕復非信也同罪異罰非刑也舍此三者君將若之何公説復曹伯遂會諸侯圍許 **穀梁傳** 遂繼事也 **杜氏曰** 言遂者得復而行不歸国

曹伯襄何以名其歸之道非所以歸也 **愚按** 曹伯之名使若其位已絶而得復也

晉侯有疾使其豎上注反掌通内外者侯獳乃侯反貨筮

史曰以曹爲解户賣古買二反晉侯恐於是反曹伯夫以賂

得國而春秋名之比於失地滅同姓之罪以此知聖

人嚴於義利之別筆列反以正性命之理劉氏曰衛侯以殺叔武名曹伯以賂得国名其惡不同其貶一也此正性命之理也其說行而天下定矣豈

曰小補之哉張氏曰叔孫豹叔孫婼見执於晉或求貨而爲之言豹与婼不与而拒之大夫之知義者猶耻以貨利苟免也況諸侯爭曹伯褒之名其歸之道不得其正矣又迫於晉之威令一年拘執而得釋亟會於圍許之役晉之強已甚而曹之弱可憫也通旨曰問晉逐衛侯執曹伯又分其田曹衛何罪經書曹伯襃衛侯鄭何也曰南面之君不能講信修睦結好大国至於見逐見执烏得爲无罪春秋或抑或縱或予或奪默識心通可也蜀杜氏曰晉侯專执而罪之又專釋而歸之且逼使遽會諸侯圍許制服出於晉侯以見晉侯專之甚也愚按曹共公之歸不書自蓋言自晉則曹伯始执畀于宋若言自宋則其歸實出於晉侯而非宋之得歸故不書自而止曰復歸。陸氏曰穀梁云天子免之禁晉以曹伯畀

宋人非天子之命也

庚寅 襄王二十一年 二十有九年 晉文五 齊昭二 衛成四 蔡莊十五 鄭文四十二 曹共二十二 陳共八公朔元年 杞桓六 宋成六 秦穆二十九 楚成四十一

春，介葛盧來。介音界 左傳 介葛盧來朝，舍于昌衍之上。公在會，饋之芻米，礼也。公羊傳 介葛盧夷狄之君也。不言朝，不能乎朝也。穀梁傳 介，國也。葛盧，微國之君未爵者也。其曰來，卑也。杜氏曰 介，東夷國，在城陽黔陬縣。葛盧，介君名。不稱朝，不能行朝禮。張氏曰 介，今密州膠西縣地。愚按 今歸德府邳州睢寧縣。劉氏曰 介盧，中国之封也。沉於東夷而夷焉，其車服辭命文物器械習与之同，而不自竟焉，故不得比儀父，雖一年再至魯，修朝會之義，而其礼俗不合諸夏，无以交中国也。孫氏曰 東夷微国，不言朝者，不能行朝礼也。莊五年傳 夷狄附庸例書名，介葛盧是也。○

公至自圍許。張氏曰 其致以圍許，久役而不能服也。愚按 前年書公朝于王所，諸侯遂圍許，而春秋不以王所致而致圍許，亦猶成十三年如京師，會伐秦，不以京師致而致伐秦，皆所以著其本心不在於尊王也。況襄十八年同圍齊，討得其罪，則書公至自伐齊，此乃致圍而不致伐，是知託不朝之罪以圍之耳。○

夏六月

會王人【襄】晉人【文】宋人【成】齊人【昭】陳人【共】蔡人【莊】秦人【穆】盟于翟泉【公】會上有公字翟亭歷反【公】作狄【左傳】尋踐土之盟且謀伐鄭也卿不書罪之也【程子傳】晉文連年會盟皆在王畿之側而此盟復迫王城又与王人盟強逼甚矣故諱公諸侯貶稱人惡之大也【杜氏曰】翟泉洛陽城內大倉西南池水也晉侯始霸諸侯輯睦王室无虞而王子虎下盟列国以瀆大典諸侯大夫上敵王人公侯虧礼傷教故貶諸大夫諱公与盟

按左氏公會王子虎晉狐偃宋公孫固齊國歸父陳轅濤塗秦小子憖魚覲反盟于翟泉則皆列國之貴大夫與王子而公與音預下亦與同會也其貶而稱人諱不書公何也翟泉近在洛陽王城之內而王子虎於此下與列國盟是謂上替廢也諸侯大夫入天子之境雖貴曰士【曲礼】列国之大夫入天子之国曰某士【襄二十六】晉韓宣子聘于周曰晉士起而於此上盟

王子虎是謂下陵越也昭十八閔子馬曰於是乎下陵上替而無君之心著矣故以爲大惡以爲皆不臣諱公而不書諸國之卿貶稱人而王子亦與焉者此正其本之義也胡氏曰盟于翟泉當諸侯大国皆微者在王城之内而列国之卿乱王室之礼王子虎不能正也使陪臣盟天子之側此所謂下陵上替也揚子雲曰節莫差於僭此之謂矣陳氏曰晋初以大夫盟王子也踐土之役王子虎不書盟盟也今以大夫盟王子文公之志荒矣大夫之交政於是始文公爲之也不斥言王子虎爲尊尊諱也以其偏人諸侯之大夫不可不人王子虎以其人王子虎不可不沒公也臨川吳氏曰盟不寒則不必尋也踐土之盟有斉宋蔡鄭及後至之陳今斉宋陳蔡皆在而鄭獨不至鄭已怠於從晋矣蓋文公既帰衛侯而又挽之筮史受曹伯之賂而後復之合十一国以圍許諸侯皆不用命而許竟不服蓋其所爲煩擾繆妄已失諸侯之心威重挫損漸起諸侯之慢鄭之怠於從晋當自反矣而即謀伐之是不以德義懷人而專以威力脅人与斉桓異矣故明年圍鄭卒不能得鄭也嘗謂斉桓之覇至葵丘之盟極盛而後漸衰晋

文之伯惟踐土之盟一盛而即斷衰矣。愚按春秋内諱公而外以微者書，惟于齊、翟泉二盟爲然。于齊之盟參華夷之辨也，翟泉之盟无上下之分也，故皆變文以謹之也。或謂左氏記事多浮夸而失实，安知非微者之相爲盟乎？是不然。于洮盟王人而列国之君同歃，烏有七国之微者而敢偃然盟王人於王城之内，而无君与貴大夫居其間哉？且列国之君大夫盟王子於天王之側，皆所當貶。左氏但責卿不會公侯，誤矣。苟責卿不會公侯，則公子結之盟齊侯、宋公，胡爲弗貶也？

秋，大雨雹。左傳：爲灾也。雨，于付反。

正蒙横渠先生張子著曰：凡陰氣凝聚，陽在内者不得出，則奮擊而爲雷霆；陽在外者不得入，則周旋不舍而爲風。番昜沈氏曰：陰既凝聚，則雷与風皆爲所閒。震以一陽在下，爲上二陰所閉而不得出，故奮擊而爲雷。巽以二陽在上，爲下一陰所隔而不得入，故周旋不舍而爲風。有雷之奮擊，又有風之披拂吹噓，則陰之凝聚皆散矣。和而散，則爲霜雪雨露；不和而散，則爲戾氣曀霾〔同上〕其氣之散一也有和不和之分以雪霜雨露而散者氣之和者也以戾氣曀霾而散者氣之不和者也陰常散緩受交於陽則風雨調寒暑正〔同上〕陰凝聚則其散常緩非交於陽則風雨寒暑不能調而正也雹者戾氣也陰脅迄業反陽臣侵君之象本〔范氏注〕一云二云陽氣之在水雨則溫熱陰氣薄而脅之不相入轉而為雹當是時僖公即位日久季氏世卿公子遂專權政在大夫萌於此矣〔愚按〕春秋書大雨雹者四僖公初見於十年而再見於此昭公迭見於三年四年但僖公頗能勤於政事以銷天變故及末年始有失政之漸遂為文公縱權之張本若昭公則昏懦不立怠於國政即位之初而公室四分政權盡失卒不免乾侯之辱天之示人顯矣

冬介葛盧來〔左傳〕介葛盧來以未見公故復來朝禮之加燕好〔陳氏曰〕春秋以一字為褒貶於介乎何費辞也詳始以著末也三月癸酉大雨震電庚辰大雨雪正月己卯烝夏五月丁丑烝將著其末不可不詳其始也

辛卯 襄王二十二年 三十年 晉文六齊昭二衛成五蔡莊十六鄭文四十二曹共二十三陳共二杞桓七宋成七秦穆三十楚成四十二

春王正月○夏狄侵齊 昭

左氏曰晉人伐鄭左傳作侵鄭以觀其可攻與否狄間去声晉之有鄭虞也遂侵齊詩魯頌閟宮不云乎戎狄是膺荊舒是懲四夷交侵所當攘斥晉文公若移圍鄭之師以伐之則方伯連帥去声之職修矣上書狄侵齊下書圍鄭此直書其事而義自見音現者也蜀杜氏曰夷狄之犯中国霸者當攘而驅之書者譏晉文之不救也髙氏曰狄之侵齊自背其盟也齊桓召陵之後書狄侵晉晉文城濮之後書狄侵齊狄之輙敢陵侮如此而一伯不攘斥之臨川吳氏曰二十八年之冬會溫以圍許而許竟不服二十九年之夏盟翟泉謀伐鄭而鄭亦不畏至此年之夏狄敢於乘間而侵齊故晉文自城濮踐土而下伯業浸以衰矣

秋衛(成)殺其大夫元咺(左傳)晉侯使醫衍酖衛侯甯俞貨醫使薄其酖不死公為之請納玉於王与晉侯皆十㲄王許之秋乃釋衛侯衛侯使賂周歂冶廑曰苟能納我吾使尔為卿周冶殺元咺及子適子儀公入(公羊傳)衛侯未至其稱国以殺何道殺也元咺之事君也君出則已入君入則已出以為不臣也(穀梁傳)称国以殺罪累上也以是為訟君也衛侯在外其以累上之辝言之何也待其殺而後入也

元咺訟君為惡君歸則已出君出則已歸無人臣之禮信有罪矣則稱國以殺而不去(上声)其官何也春秋之法躬自厚而薄責於人(論語)君子之道譬諸射失諸正(音征与帪同)鵠[illegible]反求諸己(中庸)衛侯之躬無乃有闕盍亦省德而内自訟乎夫稱國以殺者君與大夫専殺之也衛侯在外其稱國以殺何也穀梁子曰待其殺而後入也待其殺而後入是志乎殺咺瑕者也兵莫憯

七坎反痛也於志鎮鄭也嗟反爲下見莊子庚桑楚篇衛侯未入稱

國以殺此春秋誅意之效也胡氏曰衛侯使賂周歂冶廑而使殺之亦君

殺之意矣然則大臣何與音預焉從君於惡而不能止故并

罪之也臨川吳氏曰衛侯未入国而殺元咺称国殺者實衛侯使人殺之也夫元咺以臣訟君君

被執而咺偃然歸国假伯主之權而易置其君如弈棊然其不臣之罪所當誅也今以国殺爲文而无討

罪之辟者衛侯未嘗正名其罪而陰使人殺之誅之不以其罪也

及公子瑕

公子瑕未聞有罪而殺之何也元咺立以爲君故衛

侯忌而殺之也然不與衛剽同者劉氏曰瑕已爲君當与衛剽同不當

冠公子而名之是瑕能拒咺辭其位而不立也趙氏曰瑕元咺所假立而

自秉国權瑕亦未如君也故以君殺大夫之辞言之而在元咺下不與陳佗同者劉氏

曰國人不與諸侯不助者當與陳佗同不當仍冠以公子是瑕能守節不爲國人之所惡去声也臨川吳氏曰瑕立爲君踰年矣今但曰公子者瑕不居其位也故經以公子冠古玩反瑕而稱及見音現瑕無罪事起元咺以咺之故延及於瑕高郵孫氏曰瑕見立於元咺以咺及之者言瑕之見殺由於咺咺存則瑕存咺死則瑕死也常山劉氏曰殺大夫某及某者以某之故而延及某也高氏曰殺而書及者以某之故而累及某也如文九年十二殺及箕鄭父襄二十二年嬰兒及嬰齊皆是也不書及者其罪同其殺之之志均也成八年趙同趙括十七年郤錡郤犨郤至是也而衛侯忌克專殺濫刑之惡著矣

衛侯成鄭歸于衛

衛侯出奔于楚則不名見執于晉則不名今既歸國復扶又反有其土地矣何以反名之乎不名者責晉文

公之以小怨妨大德（因不礼之怨而失招携之德）名之者衆衛侯鄭之以忮（之豉反很也害也）害伐本支古者天下爲公選賢與能不以爲異況於戚屬豈有疑間（去声）猜忌之心哉末世隆怨薄恩趨利棄義有國家者恐公族之軋（乙黠反）已至網羅誅殺無以芘其本根而社稷傾覆（音福）如六朝者衆矣（晋末誅剪宗室宋廢帝殺江夏王義恭等又殺南陽王敬猷等明帝殺安陸王綏等十三人又殺廬江王褘等齊明帝殺番易公鏘等七人殺衡陽王鈞等四人殺西陽王子明等三人又殺河東王鉉等十人梁元帝殺桂陽王慥豫章王棟又殺武陵王紀及其諸子北齊後主殺趙郡王叡琅邪王儼蘭陵王長恭南陽王綽皆尋致滅亡）衛侯始歸而殺叔武再歸而及公子瑕是葛藟之不若（詩小序葛藟刺弃其九族）而春秋之所惡（去声）也故再書其名（高氏曰先王之法賊殺其親則正之故生名之）爲後世

戒此義苟行則六朝之君或亦少省矣臨川吳氏曰已殺元咺則无入拒之有周冶等納之而勢易故書歸高氏曰晉文受賂免衛侯委罪於天子而又私釋之故不言歸自京師二十八年傳其称復若繼之也不称復者絕之也愚謂衛成貨醫納玉而獲免與曹共之貨筮史而得歸国實无以異故其歸皆書名然衛侯之忌克錯殺二弟其罪又浮於曹伯故其歸不称復也○胡氏曰公羊云其言歸何歸惡乎元咺也非也公羊傳例以歸者出入无惡復歸者出有惡歸无惡繇春秋歸惡於元咺書復歸亦足矣又謂之出入无惡可乎

晉文人秦穆人圍鄭文

左傳晉侯秦伯圍鄭以其无礼於晉且貳於楚也晉軍函陵秦軍氾南鄭伯使燭之武夜縋而出見秦伯曰秦晉圍鄭鄭既知亡矣若亡鄭而有益於君敢以煩執事越国以鄙遠君知其難也焉用亡鄭以陪鄰鄰之厚君之薄也若舍鄭以為東道主行李之往來共其乏困君亦无所害且君嘗為晉君賜矣許君焦瑕朝濟而夕設版焉君之所知也夫晉何厭之有既東封鄭又欲肆其西封若不闕秦將焉取之闕秦以利晉唯君圖之秦伯說與鄭人盟使杞子逢孫楊孫戍之乃還子犯請擊之公曰不可

微夫人之力不及此初鄭公子蘭出奔晉從於晉侯伐鄭鄭石甲父侯宣多逆以爲太子以求成於晉晉人許之

按左氏傳去声晉侯秦伯圍鄭以其無禮於晉而經書晉人秦人者貶之也王氏發義晉侯爲盟主用兵以報私怨秦伯踰晉越周千里而助人圍鄭晉勞民危国之道故称人以示貶於秦晉何貶乎初晉公子重直龍反耳出亡過鄭平声而鄭文公亦不禮焉事在左傳二十三年爲干偽反是興師而圍鄭孟子曰有人於此待我以横去声逆則君子必自反也我必不仁無禮與不忠歟仁且有禮而忠矣其横逆猶是也此亦妄人耳矣而君子蓋終不之校也故行有不得者皆反求諸己而已矣今鄭伯之於晉公子特不能厚將迎贈送之禮而未嘗以横逆加之也坐此見圍爲列國者不亦難乎故

晋侯秦伯貶稱人者晋文以私忿勤民動衆圍人之國秦伯惟利爲向背音佩從燭之武之言不以義舉也而二國結釁連兵暴蒲卜反骨原野自此始矣【陳氏曰】此晋侯秦伯也曷爲貶称人晋帥天下之諸侯以攘戎狄存中国也而以私忿圍鄭秦伯又私与鄭盟戍鄭而去之蓋秦晋之怨自此始【愚按】翟泉之盟實謀討鄭而鄭不請服故是春晋人侵鄭侵之而猶不服故晋文公復脩怨秦以圍之蓋以鄭貳心於楚而數加兵非專爲釋私忿而已也然諸侯不見德而惟屋是聞豈伯者服貳之道哉况二国同役而不同心春秋貶而人之蓋有在矣

介人侵蕭【胡氏曰】蕭宋附庸国【愚按】在今汴梁路徐州蕭縣【張氏曰】介再來魯而次年遂侵蕭求援而後牽兵也○冬天王襄使宰周公來聘【左傳】王使周公閱來聘享有昌歜白黑形鹽辭曰吾何以堪之【穀梁傳】天子之宰通于四海【胡氏曰】周公天子三公兼冢宰【臨川吳氏曰】閱蓋宰孔之子

公子遂如京師【此聘周之始】遂如晋文【此聘晋之始】【左傳】東門襄仲將聘于周

遂初聘于晉杜氏曰如京師報宰周公既命聘周又命自周聘晉故曰遂

大夫出疆有以二事出者。謂本受一事之命也穀梁遂繼事之辭有以一事出而專繼事者謂但受一事之命而復專命再行一事公羊遂者何生事也注專事之辭其書皆曰遂。公子遂如周及晉與祭側界反公自魯遂王后皆所謂以二事出者也。愚按聘問之弊非已所能給婚姻之事非已所敢專故知皆受命於君何休謂公子遂橫生事矯君命誤矣公子結往媵而及齊宋盟則專繼事者也。季孫宿救台遂入鄆亦專繼事是非得失則存乎其事矣。冢宰上兼三公其職任爲至重而來聘于魯天王之禮意莫厚焉張氏曰天子三公兼冢宰而使來聘魯則見周室陵夷大臣失職也陳氏曰自桓王以下王室无聘魯者於是再聘而宰周公來則已尊矣魯侯既不朝京師而使公子遂往又以二事出夷周室於

列國范氏曰同周于諸侯陳氏曰以其如京師不敢不如晉是夷周於晉此大不恭之
罪覆霜堅冰之漸春秋之所誅而不以聽者也本王制
則何以無貶乎有不待貶絕而罪惡見音現下同者不貶
絕以見罪惡公羊昭元臨川吳氏曰魯素不与晉通好自文公霸後未嘗聘本欲初聘於晉
迫以王室既先來聘則不容不報故因聘晉之使令先至周而後如晉也慢王畏霸之情可見矣愚按經
書天王來聘者七惟此使冢宰兼三公下聘蓋非常之礼莫大之寵自春秋以來未之有也或者以僖公
有西朝王所之勤而報之歟經書卿大夫如周聘者四而惟此以二之爭出自入春秋未嘗朝聘於京師以
魯之望国籓之賢君而對揚天子之休命者如是其簡慢況晉未聘魯而魯昉往聘周先聘魯而魯苟荅
聘是尊王之礼不如事霸之謹也雖然猶勝於隱桓之受聘而不報者也王朝冢宰四見於經咺糾以賵
三綱而書名閔之來聘礼雖過厚視賵寵妾命篡弒者則其罪薄乎云尒。趙氏曰公羊云大夫无遂事
此亦受命於君而何得指大夫也又云此其言遂何公不得為政亦按僖公未失政此說非也穀梁云以

尊遂乎卑此言不敢叛京師也按京師迴便如晉故言遂尔不敢叛京師有何理乎

〔經〕襄王二十三年　**三十有一年**　晉文七齊昭四衛成六蔡莊十七鄭文四十四曹共二十四陳共三杞桓八宋成八秦穆三十一楚成四十三　**春取濟西田**　濟子禮反〔杜氏曰〕濟水自滎陽東過曹之西至樂安入海〔孫氏曰〕濟西田本魯地

公羊曰取之曹也晉侯執曹伯班其所侵地于諸侯　〔高郵孫氏曰〕左氏以爲晉侯分曹地以与諸侯而魯取濟西之田然經書与汶陽田无異蓋魯濟西之田嘗見侵入于曹晉侯執曹伯而反諸侯之侵地魯於是乎取之　**不繫國者吾故田也**　〔趙氏曰〕凡內取之邑不繫國者皆本是魯邑昔為外國所奪今却取之既是本邑不可係之於國耳〔薛氏曰〕曷為不書曹之田濟西固我之有失之晉此〔啖氏曰〕凡取田者得其土田而不得其國邑也歸田亦然

復吾故田而謂之取何也　〔趙氏曰〕凡力得之曰取雖取本邑亦无異辭不當取也　**春秋之法不以亂易亂**　本〔穀梁〕〔隱四年傳〕僖公嘗取濟西田矣雖復故

地亦書曰取苟不請於天王以正疆理而擅相爭奪雖取本邑与奪人之有何以異【高氏曰】乃取人之有其惡易見而取已之有不以道者其罪雖知聖人亦正名曰取所以顯微也【張氏曰】復魯之舊地亦与非其有而取之者同盖无王命以正疆理皆取之不以其道也况晉奪之曹以与魯本以其私撼而非有至公之義乎【家氏曰】或曰晉為盟主諸侯擅相侵奪晉討而歸之正也其猶有貶乎曰此春秋責備晉文之意也夫土地皆王之所有諸侯擅相侵奪無王也盟主治其侵奪之罪固戢分之宜為更能禀命于王還以錫魯夫然後盡尊王之義春秋以是責晉責其所可責也【永嘉呂氏曰】取濟西田不係曹則濟西田魯故田也取汶陽田不係齊則汶陽田亦魯故田也汶濟皆近魯之竟也然汶陽濟西則言取鄆讙龜陰讙闡則言歸言取者非彼所欲也非彼所欲我取之曰取言歸其所欲也非我強之而彼自歸曰歸【愚按】春秋書内取者十有七以兵力取他国之地則書戰伐君敗宋師取郜取防伐齊取穀伐莒取向伐邾取訾婁取繹取鄟東田及沂西田是也藉大国之威不以兵力而復故地則不書侵伐而止書取濟西汶陽之田是也非故地則係之国取邾田自漷水是也取附庸之小国而滅之則諱不言侵伐而亦止書取鄟取根

年取鄟取邿取鄫是也取之而存其祀則伐邾取須句是也若取鄟則乘乱取邑故不詳録取闞則昭公在外而取内邑又春秋之变例也或謂済西乃晋人侵曹之故疆是時晋霸方強豈肯帰地於魯况魯晋非接壤之国何謬之甚哉○**刘氏曰**左氏云使臧文仲往非也若实臧文仲往不應不書注謂非聘享會同故不書按告籴乞師皆書何限請田獨不書哉又云分曹地自洮以南東傅于済若然當書取曹田自済水不得云取済西田而已公羊云諱取同姓之田言本爲晋侯所還當時不取久而取之故坐取邑亦非也諸侯受封自有分矣後雖侵奪喪失有王者作皆當還之雖取同姓之田何足諱哉

公子遂如晋文**左傳**襄仲如晋拜曹田也**高氏曰**晋未嘗來聘而公子遂去冬既聘今春又往謝取済西之田何厚於晋而薄於周也**愚按**宰周公來而使公子遂報聘則以一事出以復済西之田則使遂再如晋僖公曽不思奄有龜蒙尺地皆天子之賜也胡乃慢於尊周而謹於事晋不亦傎乎○**夏四月四卜郊****左傳**四卜郊不従乃免牲非礼也礼不卜常祀而卜其牲日**公羊傳**或言三卜或言四卜三卜礼也四卜非礼也求吉之道三禘嘗不卜郊何以卜卜郊非礼也卜郊何以非礼魯郊非礼也魯郊何以非礼

天子祭天諸侯祭土天子有方望之事无所不通諸侯山川有不在其封内者則不祭也**穀梁哀元年傳**夏四月郊不時也五月郊不時也四卜非礼也五卜強也子不志三月卜郊何也郊自正月至于三月郊之時也我以十二月下辛卜正月上辛如不從則以正月下辛卜二月上辛如不從則以二月下辛卜三月上辛如不從則不郊矣**何氏曰**郊所以祭天不言郊天者謙不敢斥尊

記禮者曰祭帝于郊所以定天位也禮行於郊而百神受職焉見**禮運疏**天子至尊而猶祭於郊以行臣礼而事天也百神天之羣神郊天而備礼則星辰不忒故曰受職

魯諸侯何以有郊成王以周公有大勳勞於天下命魯公世世祀周公以天子之禮樂是故魯君孟春乘大輅載弧韣音獨旂十有二旒日月之章祀帝于郊配以后稷天子之禮也見**明堂位注**大輅殷之祭天車也弧旌旗所以張幅也其衣曰韣天子之旌旗畫日月**郊特牲注**魯公之郊用殷礼也以人臣而用

天子之禮可乎是成王過賜而魯公伯禽受之非也程子曰周公之功固大矣皆臣子之分所當爲魯安得獨用天子礼楽哉是成王之賜而伯禽之受皆非也揚子曰天子之制諸侯庸節節莫差於僭僭莫重於祭祭莫重於地地莫重於天重黎篇注天子用礼節以制馭五等諸侯各有亭不可僭礼之差失莫大於僭僭之大者莫大於僭祭祀既盜土地又盜祭天諸侯而祀天其僭極矣聖人於春秋欲削而不存則無以志其失爲後世戒悉書之乎則歳事之常魯每歳一郊有不勝音升書者是故因禮之變而書于策三山林氏曰經書郊皆爲有故而書非因卜不吉而廢郊則因牲死傷而廢郊又有不待卜之吉而特郊者三傳之說不過罪其褻卜之瀆養牲之慢求小礼而昧於大礼不知聖人惡其非礼之大者也或以卜襄七三卜此年襄十一四卜成十年五卜或以時宣三成七定十五哀元牛傷皆在正月此年成十襄七十一卜郊哀元郊

皆在四月定十五郊在五月成十七郊在九月或以望卅年宣三成七猶三望或以牲
卅年襄七免牲或以牛宣三成七定十五哀元皆牛傷敗卜宣三定十五牛死成七免牛於
變之中又有變焉者悉書其事朱子語郊四卜五卜牛傷牛死是失礼之
中又失礼也劉氏曰魯之郊非礼也明矣於非礼之中又有非礼焉陳氏曰以其不勝譏譏其甚者尒
而謂言偃曰魯之郊禘非禮也周公其衰矣杞之郊
也禹也宋之郊也契也息列反也是天子之事守也見禮運
杞郊禹宋郊契蓋是夏殷天子之事杞宋是其子孫所當守言杞宋夏商之後受
命于周作賓王家統承先王修其禮物其得行郊祀
而配以其祖非列國諸侯之比也張氏曰杞宋之郊則爲其爲二王之
後也魯用天子礼樂必是成王之意不敢臣周公即以二王之後待魯然而非周公本意也以成王尊德
樂道之心則善矣伯禽不當受故曰魯之郊禘非礼也周公其衰矣謂周公必不享其祀是故天

子祭天地。諸侯祭社稷。祝嘏莫敢易其常古。見礼運易
則亂名犯分。扶問反下同人道之大經拂矣。【蔣氏曰】杞宋存禹契之後
是宜以禹契配天周祀未絶魯以周公配天於周公
能无愧是周公之所弗居祭之始也祝以主人之辭
而告神祭之終也嘏以神之辭而致福于主二者皆
依舊礼无敢易其常事古法今以諸侯僭天子之事
不因其常古則忠孝報反之義名称
位号之别紊乱变更而失其宜矣故曰郊社之禮
所以事上帝也。宗廟之禮所以祀乎其先也。明乎郊
社之禮禘嘗之義治國其如指諸掌乎。夫庶人之不
得祭五祀。大夫之不得祭社稷。諸侯之不得祭天地。
非欲故爲等衰。初危反蓋不易之定理也。知其理之不
可易。則安於分守。無欲僭之心矣。爲天下國家乎何
有。義見桓五年【家語】定公問曰寡人聞郊而莫同孔
子曰郊之祭也迎長至之日也大報天而主日配

以月故周之始郊其月以日至其日用上辛至於啓蟄之月則又祈穀於上帝此二者天子之礼也魯无冬至大郊之事降殺于天子是以不同上帝之牛角繭栗必在滌三月稷牛唯具其牲用騂尚赤也用犢貴誠也掃地而祭貴其質也器用陶匏象天地之性也臣聞天子卜郊則受命于祖廟而作龜于祢宮卜之日王親立于澤宮以听誓命既卜獻命于庫門之內

啖氏曰天子以冬至祭上帝又以夏之孟春祈穀於上帝於郊故謂之郊魯以周公之故特以孟春祈穀于上帝亦謂之郊郊皆用辛日故以二月卜三月上辛不吉則卜中辛又不吉則卜下辛所謂吉事先近日也卜三旬皆不吉則不郊凡牲必養二牲一以祀上帝一以祀后稷帝牛有變則改卜稷牛以代之而別以他牛爲稷牛若卜稷牛不吉又稷牛又死亦皆不郊凡不郊皆卜免牲卜免牲吉則免之不吉則但不郊而已不敢免繫牲待明年庀牲時卜用未成牲曰牛牲傷亦曰牛

孫氏曰魯諸侯而用天子之祭僭孰甚焉故或因其瀆亂不時或因其災異示變以著其僭天子之惡也

臨川吳氏曰經書郊者九龜違者四牛災者四非時大不敬者一蓋魯郊雖僭行之已久視爲常事故不悉書惟卜之不從牛之有變及時之大異於常而後書因以見其僭礼也三卜不從而

不郊正也三不吉而至四卜四不吉而至五卜五卜瀆甚矣牛災荐作亦可見魯郊之僭鬼神弗与也四月五月固爲不時猶夏時之春也九月夏之孟秋不卜日不卜牲而强用其礼焉特書用非時不敬之大也（愚）

（愚）左傳家語皆云魯以啓蟄而郊朱子謂夏正之孟春漢太初以前以啓蟄爲正月中氣也然啖氏謂以周之二月卜三月且辨穀梁以周之十二月下正月非是今考宣三年成七年定十五年哀元年之改卜牛皆在正月蓋成王所賜止是祈穀之郊乃夏之孟春啖氏所言卜起二月下旬而盡於三旬者礼之正也穀梁所言卜起十二月者礼之末失也故子服惠伯云魯將以十月上辛有事於上帝孟獻子曰正月日至可以有事於上帝而明堂位注疏以孟春爲周之正月郊特牲疏崔氏皇氏用王肅之説又以爲冬至郊天建寅之月又郊以祈穀皆因魯郊之非時而誤也聖証論引穀梁言魯止一郊或用子月或用寅月蓋魯郊非時或僭天子日至之期而失之太早或踰啓蟄之節則失之後時也或謂卜自建子之月而始又謂郊非祈農事則与程子冬祀圜丘春祈穀之説異矣。

（劉氏曰）左氏云牛卜日曰牲牲成而卜郊上怠慢也非也繫者即牲牲之名久矣豈必卜日哉且魯人必不先卜牲日而後卜郊卜郊卜其日吉否

九一六

也非卜其郊可否也盖疑曽之卜卜郊可否也是以誤之尔

不從【左氏襄七年傳】夫郊祀后稷以祈農事也啓蟄乃而郊郊而後耕今既耕而卜郊宜其不從也

免牲【公羊傳】曷爲或言免牲或言免牛免牲禮也免牛非禮也免牛何以非禮傷者曰牛【穀梁傳】免牲者爲之緇衣熏裳有司玄端送至於南郊免牛亦然乃者亡乎人之辭也卜免牲者吉則免之不吉則否其卜免之何也當置之上帝矣故卜而後免之不敢專也卜之不吉則如之何繫而待六月上甲始庀牲然後左右之【范氏曰】亡乎人言無賢人議僖公不交【杜氏曰】免猶縱也

古者大事決於卜【左傳】国之大事在祀与戎【大宰】前期十日帥執事而卜日遂戒【大宗伯】凡祀大神帥執事而卜日故洪範稽疑獨以龜爲主【洪範】龜從筮逆作内吉【注】内謂祭祀等事卜而不從則不郊矣故免牲【胡氏曰】所謂不從者謂日不吉也不吉則不敢郊故須免牲也【愚按】免牲不言不郊盖卜免牲而吉則不可郊矣免牛則猶可再卜牛故復言不郊

猶三望【左氏傳】猶三望亦非禮也望郊之細也不郊亦無望可也【公羊傳】三望者何祭泰山河海山川有能潤于百里者天子秩而祭之觸石而起膚寸而合不崇朝而徧雨乎天下惟泰山尔河海潤乎千里猶者通可以已也譏不郊而望祭也【穀梁傳】猶者可以已之辝也

望祭也【杜氏曰】望而祭之也有虞氏受終而望因於類【舜典】肆類于上帝望于山川【蔡氏傳】非常祀而告祭于天其礼依郊祀為之故曰類巡守音狩而望因於柴【同上】至于岱宗柴望秩于山川【傳】柴燔柴以告天也皆天子之事也今魯不郊而望故特書曰猶猶者可以已之詞【杜氏曰】猶者可止之辝【啖氏曰】郊後必望祭若不郊則不當望書猶非礼也【朱子語】猶三望是不必望而猶望也猶繹是不必繹而猶繹也【愚按】猶三望猶繹譏其可以已而不知已不當為而為者也猶朝于廟幸其不可已而不遂已當為而為者也美惡不嫌同詞其言三望何也天子有方望無所不通【何氏曰】謂祭四方羣神日月星辰風伯雨師五岳四瀆及餘山川尽八極之内天之所覆地之

所載無所不至。諸侯非名山大川在其封内者則不祭【何氏曰】故知魯郊非礼【王制】諸侯祭名山大川之在其地者魯得用重禮視王室則殺所賣反故望止於三比諸侯則隆故河海雖不在其封而亦祭然非諸侯之所得為也【編旨】三代命祀祭不越望大夫子以為知大道不踐其位不行其礼。【孫氏曰】公羊謂泰山河海鄭氏謂海岱淮杜預称分野之星及境内山川據鄭杜止以諸侯祭其封内云耳況河海淮非魯封内又諸侯无祭分野星辰之事且魯既僭天子盖於四望之中祭其大者三耳公羊得之【張氏曰】鄭杜恐臆説盖天子四望王雖令魯郊止行祈穀之郊令魯得望特比天子闕其一故三望与郊書之无異而書曰猶言不當望而望祭也如使魯望不出境何為言猶以譏之若壬午猶繹之書乎公羊之説必有所傳【愚按】周官四望盖望四方今魯三望盖泰山在魯西海在魯東而河在魯北殺天子之礼也

秋七月○冬杞桓伯姬來求婦【公羊傳】其称婦有姑之辭也【穀梁傳】杞伯姬來

求婦非正也

蕩伯姬來逆婦而書者二十五年以公自爲之主失其班

列書也公不當自主大夫之昏杞伯姬敵矣嫁於諸侯則尊同其來求

婦曷爲亦書來求婦非禮也孫氏曰爲其子見音現婦人之不可預國

事也使婦人与国事穀梁葵丘五禁毋王后之詔命不施於天下高閌

內宰詔王后以治內政夫人之教令不施於境中昏禮母戒女曰毋違宮事

昏姻大事也杞獨無君乎而夫人主之也薛氏曰姑而求婦非

礼也不有媒妁乎故特書于策以爲婦人亂政之戒家氏曰內女適

人者而來必謹記其事示有别遠嫌疑也母爲去声子求婦猶曰不可況於

他乎此義行無呂武之禍矣前漢呂后以高帝時與政遂致臨朝稱制擅王

諸呂幾危刘氏唐武后以高宗時與政遂致廢黜中宗自登大宝革唐爲周臨川吳氏曰杞伯姬自來求

婦盖疑不自來求則婦不可得也求而得僖公之女叔姬爲桓公夫人經不書歸昏姻常事皆不書也至成公世被出乃見經伯姬於莊公時一會一來已非礼矣僖五年挾其長子代君父來朝長子成公既卒次子桓公継立朝而遭卑国又見入故二十八年伯姬又來此年又來求婦是時伯姬年近七十矣不顧其行之越礼意欲親魯借援以扶其小弱也張氏曰成公世杞叔姬之不終或者權輿於此歟。陸氏曰公羊云其言來求婦何兄弟辭也按經文直書之以志其非礼亦兄弟之辭有何義乎

狄圍衛成蜀杜氏曰夷狄患中国晋文不能攘之書以志其過臨川吴氏曰狄去年侵齐今又圍衛君无晋霸岂以晋文居狄之久而狎之歟

十有二月衛遷于帝丘于穀作於杜氏曰避狄難也帝丘東郡濮陽縣故帝顓頊之虛故曰帝丘張氏曰今屬開德府愚按今東昌路濮州觀城縣

帝丘東郡濮陽顓音專頊許玉反之虛起魚反与墟同亦衛地也

狄嘗迫逐黎侯黎侯寓于衛而衛不能修方伯連率去声之職詩旄丘小序戎嘗伐凡伯于楚丘而衛不能救王

臣之患（隱七）其後遂爲狄人所滅東徙渡河矣齊桓公攘戎狄　封之而衛國忘亡（僖二）今又爲狄所圍其遷于帝丘避狄難也（難乃旦反）【曰】（畏狄自遷）【孫氏】而中國衰微夷狄强盛衛侯不能自强於政治晉文無卻四夷安諸夏之功莫不見（音現）矣【張氏曰】（狄以閔二年入衛齊桓救而封之自此狄不敢加兵於衛桓公之力也齊桓即世衛文忘齊之大德從宋襄伐齊殺冢嗣而立不正於是狄人乃假義伐衛衛人忘恩而啓狄之寇蓋始於此自晉文興不復侵伐相攻矣今復迫衛致其遷都此胡氏所以罪晉文也）【家氏曰】（齊桓晚年不能救黄猶曰黄遠而力不逮也衛近於晉非其力之不及而休戚不相關尚何以爲盟主哉）

【癸巳】（襄王二十四年）三十有二年（【晉】文八卒【齊】昭五【衛】成七【蔡】莊十八【鄭】文四十五卒【曹】共二十五【陳】共四【杞】桓九【宋】成九【秦】穆三十二【楚】成四十四）春王正月○夏四月己丑鄭伯捷卒（捷在妾反【公】作接文公也在位四十五年太子蘭嗣是爲穆公）○衛（成）人侵狄

秋衛人及狄盟

按左氏狄有亂衛人侵狄【杜氏曰】報前年狄圍衛【臨川吳氏曰】衛畏狄之强迁都以避之今乘其乱始敢以兵攻其境言侵不言伐不敢声其罪而討之也狄請平焉衛人及狄盟其不地者盟於狄也【杜氏曰】不地者就狄庐帳盟再書衛人而稱及者所以罪衛也書及則是盟乃衛人所欲盟會中國諸侯之禮衰世之事已非春秋之所貴况與戎狄豺狼即其廬帳刑牲歃血以要於遥反之哉【蜀杜氏曰】衛人不遂討狄反与之平就而結盟春秋會戎狄猶不可况盟之乎【張氏曰】非我族類而就其廬帳以与盟於是始有如唐德宗召平凉之辱者矣所以特書以示戒也【唐書】貞元三年渾瑊与吐蕃尚結贊盟于平凉穆宗長慶元年遣刘元鼎入吐蕃与其宰相以下盟

冬十有二月己卯晋侯重耳卒文公也在位八年子驩嗣是爲襄公

按左氏載秦伯納晉文公及殺懷公于高梁（見二十四年）其事甚詳而春秋不書者以爲不告也徐邈曰（見穀梁注）諸侯有朝聘之禮赴告之命所以敦交好（呼報反）通憂虞若鄰國相望而情志否（備以反）隔存亡禍福不以相関則他國之史無由得書（故告命之事絶則記注之文闕）魯政雖陵典刑猶在史策所録不失常法其文足證仲尼修之事仍本史有可損而不能益也（**啖氏曰**他国之事不憑告命何由得書但書所告之事定其善悪以文褒貶耳且列国至多若盟會征伐喪紀不告亦書則不勝書矣**愚按**左傳所載諸国事春秋不書者甚多如王殺周公黒肩王子克奔燕陳佗殺太子免鄭與弑昭公及子亹子儀衛成公殺叔武曹公子負芻殺太子之類皆當時不告於魯魯史不書於策故春秋不得而書非削之也蓋左氏所拠者諸国之史而夫子筆削拠魯国之史宜其詳畧不同也。）**永嘉呂氏曰**嘗攷之重耳之行事而

賁諸小白之所爲然後知聖人正譎之辨小白一十
餘年齊威養晦始得召陵之盟重耳一駕而城濮之
功多於召陵小白要盟要會遲回悅歲始會王世子
重耳一年而兩致天王而溫之事敏於首止小白終
身与諸侯周旋會鄄失曾盟幽失衛首止失蔡葵丘
失陳重耳三會而大侯小伯莫敢不至其得諸侯又
盛於小白者也然重耳之功多於小白罪亦多於小
白事速於小白而義尤隳於小白者也小白殊會王
世子不敢盟宰周公所以尊王室而重耳荐致天王
盟王子虎則悖矣小白首止之盟爲定王世子洮之
盟爲謀王室首止衛地洮曹地也无逼尊之嫌而重
耳盟翟泉洛陽王城之内則逼矣小白凡大會盟未
嘗使大夫預而重耳翟泉之盟使大夫主之則大夫
交政自此始矣小白之伯諸侯未服不過伐其国執
其臣未嘗執諸侯重耳則執曹伯復曹伯執衛侯復
衛侯惟已所欲矣小白寧不得鄭不納子華之請重
耳爲元咺執衛君則三綱發矣小白得江黄不用之
伐楚重耳謂非致秦不可与楚争楚抑而秦與矣小
白之伯王臣无下聘者而重耳之伯則宰周公聘列
国矣小白之伯伐戎二救諸侯四存亡国二重耳之
伯則狄侵齊而不救衛
迁帝丘而不之恤矣

甲午 襄王二十五年 三十有三年 晉襄公驩元年 齊昭六 衛成八 蔡莊十九 鄭穆公蘭元年 曹共二十六 陳共五 杞桓十 宋成十 秦穆三十三 楚成四十五

春王二月秦穆人入滑

左傳 杞子自鄭使告于秦曰鄭人使我掌北門之管若潛師以來國可得也穆公訪諸蹇叔蹇叔曰勞師以襲遠非所聞也且行千里其誰不知公辭焉召孟明西乞白乙使出師於東門之外蹇叔哭之曰孟子吾見師之出而不見其入也公使謂之曰爾何知中壽爾墓之木拱矣蹇叔之子與師哭而送之曰晉人禦師必於殽殽有二陵焉其南陵夏后皐之墓也其北陵文王之所辟風雨也必死是間余收爾骨焉秦師遂東過周北門左右免冑而下超乘者三百乘王孫滿觀之曰秦師輕而無禮必敗及滑鄭商人弦高將市於周遇之以乘韋先牛十二犒師曰寡君聞吾子將步師出於敝邑敢犒從者不腆敝邑爲從者之淹居則具一日之積行則備一夕之衞且使遽告于鄭鄭穆公使視客館則束載厲兵秣馬矣使皇武子辭焉曰吾子淹久於敝邑唯是脯資餼牽竭矣爲吾子之將行也鄭之有原圃猶秦之有具囿也吾子取其麋鹿以間敝邑若何杞子奔齊逢孫揚孫奔宋孟明曰鄭有備矣不可冀也攻之不克圍之不繼吾其還也滅滑而還

穀梁傳 滑國也

杜氏曰 滅而書入不能有

其地〔通旨〕秦人滅滑而書入者不能有其地非末滅之比而肆其悖心无故滅人之罪著矣〔張氏曰〕孟明視西乞術白乙丙不書罪之也〔愚按〕滑国伯爵莊十六年同盟于幽僖二十年鄭公子士洩堵寇帥師嘗入滑矣盖国近於鄭故秦雖滅之而不有其地也 ○

齊昭侯使國歸父來聘〔[illegible]〕[illegible]來聘自郊勞至于贈賄礼成而加之以敏〔臨川呉氏曰〕二十六年有伐齊取穀之怨二十八年晉文既伯[illegible]公子遂聘齊以鮮伉而講好越六年而歸父來報公子遂之聘也 ○

夏四月辛巳晉襄人及姜戎敗秦穆于殽

敗必適反敗秦下〔左〕〔穀〕有師字〔左〕〔傳〕晉原軫曰秦違蹇叔而以貪勤民天奉我也奉不可失敵不可縱縱敵患生違天不祥必伐秦師欒枝曰未報秦施而伐其師其爲死君乎先軫曰秦不哀吾喪而伐吾同姓秦則無礼何施之爲吾聞之一日縱敵數世之患也謀及子孫可謂死君乎遂發命遽興姜戎子墨衰絰梁弘御戎萊駒爲右敗秦師于殽獲百里孟明視西乞術白乙丙以歸文嬴請三帥曰彼實構吾二君寡君若得而食之不厭君何辱討焉使歸就戮於秦以逞寡君之志若何公許之秦伯素服郊次鄉師而哭曰孤違蹇叔以辱二三子孤之罪也不替孟明孤之過也大夫何罪且吾不以一眚掩大德〔公〕

（羊傳）其謂之秦何夷狄之也曷為夷狄之秦伯將襲鄭百里子与蹇叔子諫不聽晉人与姜戎要之殽而擊之匹馬隻輪无反者其言及姜戎何姜戎微也稱人亦微者也或曰襄公親之則其稱人何貶曷為貶君在乎殯而用師危不得葬也詐戰不日此何以日盡也（谷梁傳）不言戰而言敗何也狄秦也其狄之何也秦越千里之險入虛国進不能守退敗其師秦之為狄自殽之戰始也秦伯將襲鄭百里子蹇叔子諫不聽晉人与姜戎要而擊之殽匹馬倚輪无反者晉人者晉子也其曰人何也微之也何為微之不正其釋殯而主乎戰也（胡氏傳）晉不稱君居喪未葬不可從戎也忘親背惠其惡甚矣秦為无道越晉蹊周以襲人衆所共憤故書晉人其稱及姜戎亦然（杜氏曰）姜戎姜姓之戎居晉南鄙戎子駒支之先也殽在弘農澠池縣西（愚按）殽屬今河南府路陝州靈宝縣

按書序秦誓秦穆公伐鄭晉襄公帥師敗諸殽而經書晉人敗秦于殽是皆仲尼親筆其詞何以異乎書序專取穆公悔過自誓之言止於勸善其詞恕春秋備

書秦晉無道用兵之失兼於懲惡其法嚴此所以異也晉襄親將[去声]絰不称君者俯逼葬期忘親背[音佩]惠墨衰[七雷反与縗同]經而即戎其惡甚矣(海陵胡氏曰)荷殯逼葬冒衰起兵故晉侯称人(孫氏曰)秦人入滑雖曰不可晉衰与姜戎要而敗之則又甚焉厄人于險非仁也却喪用兵非孝也故書晉人及姜戎以疾之(陳氏曰)晉之伯秦有力焉自城濮以來无役不從也文公未葬襄公墨縗及姜戎要秦師于殽敗之秦晉之搆怨自是始更二君交兵无虛歲曾不十年晉遂不競而楚是伯是故以會師不言及特書及而晉子貶称人惡晉也(高氏曰)桓十四年書宋人以齊人蔡人衛人陳人則知宋人者宋公也此書晉人及姜戎則知晉人者晉侯也皆所以深罪之也視秦猶狄其罪云何(襄二十九年傳)秦介戎狄之間其礼未同於中夏客人之館而謀其主因人之信已而逞其詐利人之危而襲其國越人之境而不哀其喪叛盟失信以貪勤民而棄其師狄道也

〔陸氏曰〕秦不言師狄之也〔劉氏曰〕其謂之秦何秦之所以為狄者与人之臣而謀其君利人之喪而襲其
國弱人之孤而死其親背大臣而与小臣圖事貪得利而棄其師也〔王氏發義〕書敗秦于殽若晉人敗狄
于箕之類也秦伯不納蹇叔之言卒敗于殽三帥被執喪其師旅害及生民斯貪而无謀者也戎狄无謀
而貪故書秦如狄〔通旨曰〕春秋述天倫明王道以尊中国而書爵抑夷狄而举号不以地之遠近分貴賤也
若居中国而不忠不信无礼无義則亦夷狄之秦晉所宅皆帝王舊都而書敗秦于殽晉伐鮮虞是也
夫杞子先軫之謀偷見一時之利徼倖其成自以為
功者也二君皆過聽焉而貪其利是使為人臣者懷
利以事其君為人子者懷利以事其父君臣父子去
仁義懷利以相與利之所在則從之矣何有於
君父故一失則夷狄再失則禽獸而大倫滅矣春秋
人晉子而狄秦所以立人道存天理也〔家氏曰〕春秋惡秦之用詐

襲人而狄之惡晉之背惠徼勝而人之是固俱責而
責秦之意重於責晉矣。（張氏曰）左穀作秦師公羊
无師字盖得聖人之意必有所傳故劉氏胡氏
從之也（愚按）穀梁謂狄秦蓋亦誤加師字耳
癸巳葬晉文公（高氏曰）此見襄公父死未葬而尋干戈也○狄侵齊昭（[illegible]）狄侵齊
因晉喪也（[illegible][illegible]氏曰）三十年狄侵齊傳以爲間晉之
有鄭虞此年狄侵齊傳以爲因晉喪狄之所以敢侵齊
皆因晉之虞因晉之喪則狄未嘗无畏晉
之心也晉縱狄而莫之撿是爲可罪焉尔○公伐邾文
取訾婁訾子斯反訾婁（公）作叢（穀）作訾僂
秋公子遂帥師伐邾文
按左氏公伐邾取訾婁報升陘之役邾人不設備襄
仲復扶又反伐之此皆不勝音升忿欲報怨貪得恃強陵
弱不義之兵也直書其事而罪自見矣或曰取須句
其俱反訾婁有爲去声爲之也伐邾至于再三念毋勤矣
夫念毋著必當止乎禮義平王不撫其民而遠屯戍

于毋家詩人刺之夫子録焉【詩】揚之水小序僖公以成風之有功於已也越禮以尊其身八年禘于大廟立以爲夫人違義以報其怨殘民動衆取人之邑曾是以爲可乎【張氏曰】僖公懷升陘之忿以晉文方霸而未敢與報怨之師今晉文方没秦狄内訌故君臣間有事而交伐邾以取利其事直書其罪見矣【薛氏曰】升陘之役十歲矣邾未始侵伐我也夏公伐邾取其邑秋公子遂又伐之无名甚矣【家氏曰】齊桓之没宋楚争伯魯秉之以伐邾歲至於再再今晉文方没秦晉交兵魯又乗之而伐邾歲至於再每秉伯国之多事而侵陵小国春秋備書所以貶也

晉襄人敗狄于箕【左傳】狄伐晉及箕晉侯敗狄于箕郤缺獲白狄子【任公輔曰】白狄狄別種西屬雍州近於秦【杜氏曰】大原陽邑縣南有箕城【愚按】屬今太原路陽曲縣【臨川吴氏曰】秦晉同盟鄭秦擅及鄭盟晉文不忍伐其師狄嘗侵齊又圍衛晉文縱其寇中国蓋出亡在狄歸国由秦皆嘗受其恵也今晉襄紹伯唯恐伯威不立而伯業遂衰故汲汲然以衰服從戎既敗秦而又敗狄也【陳氏曰】晉師天下諸侯以攘戎狄

前年狄侵齐去年狄圍衛衛為之迁帝丘而晋不能救於是伐晋盖僅而後勝之故晋侯貶稱人稱晋也家氏曰戎狄賊微非中国諸侯之敵故不書戰而止書敗

○冬十月公如齊昭十有二月公至自齊

左傳臧文仲言於公曰国子為政齊猶有礼君其朝焉服于有礼社稷之衛也公如齐朝且乎有狄帥也張氏曰聞晋而虐鄭所以因齐聘而朝之以自託也胡氏曰譏公親往以报大夫之聘薛氏曰周公下聘而御入拜鄭国聘而君往朝軽重不倫不可以言礼矣愚按天王使宰周公来聘以三公冢宰之重下臨於魯実非常之礼也僖公不能入覲宗師恭拜寵光而使公子遂報聘又以二事出哉若入郛勝之交耳今齐侯使国帰父来聘不過交鄰之常礼命大夫往荅其勤斯云可矣顧乃躬往朝之於所厚者薄而其所薄者厚經自在公娶讎女之後如齐不致此特書至危公之慢王而長大国也

○乙巳公薨于小寢穀梁傳小寢非正也

左氏曰即安也杜氏曰小寢内寢也譏公就所安不終於路寢周制王宮六寢路寢一小寢五寢注周礼宮人掌王之六路寢一小寢五君日出而眡

礼記作視朝退適路寢聽政使人眡大夫退然後適小寢釋服見【玉藻】注小寢燕寢也是路寢治事之所也而小寢燕息之地也公羊以西宮為小寢曾子以諸侯有三宮見【公羊】僖二十【何氏曰】夫人居中宮右媵居西宮左媵居東宮則列國之制蓋降於王其以路寢為正則一爾君終不於路寢則非正矣曾子曰吾得正而斃又何求哉見【檀弓】古人貴於得正乃如此凡此直書而義自見音現矣【家氏曰】于小寢即不以其地也魯諸君没於路寢者三没於小寢臺下楚宮高寢者各一曾子華而居于正寢所謂以斉終者也成王將終洮頮水被冕服憑玉几以發命於其公卿大臣俾輔元子弘濟多艱此人君没於正寢之事也非夫存養有素津明不乱豈能冬將終之礼哉

隕霜不殺草李梅實【公羊傳】何以書記異也何異爾不時也【穀梁傳】未可殺而殺舉重也

可殺而不殺舉輕也

哀公問於仲尼曰春秋記隕霜不殺草何為記之也曰此言可殺也夫宜殺而不殺則李梅冬〻實不當實而实天失其道草木猶干犯之而況君乎向氏曰周之十二月夏之十月也早霣霜而不殺萬物至當霣霜之時根生之物復榮陰假陽威此祿去公室政在公子遂之應臨川吳氏曰霜當重而不能殺草李梅冊花而結成实皆冬、暖之咎徵也劉向曰九月其卦為剝剝落萬物始大殺矣明陰從陽命臣受君令〻而後殺也隕霜不能殺草此君誅不行舒緩之應也京房易傳李梅當剝落反实先花而後实不書花舉重也陰成陽事象臣專君作威福是故以天道言四時失其序則其施必悖必內反無以統萬象矣考工記天有時以生有時以殺草木有時以生有時以死以君道言五刑失其用則其權必喪去声無以服萬民矣哀公欲去上声三桓張公室問社於宰我**元注**古者用命賞于祖不用命戮于社宰我對以使民戰栗蓋勸之斷丁亂反也仲尼則曰成事不説既往不咎**竟軒蔡氏曰**哀公之問宰我蓋譏討三桓而爲廋辭宰我之對因戮人于社附會於周人之木以啓時君殺伐之心故夫子責之其自與哀公言乃以爲可殺何也在聖人則能處變而不失其常在賢者必有小貞吉大貞凶之戒矣屯六五象辭其論隕霜殺草則李梅冬實蓋除惡於微慮患於早之意也**襄陵許氏曰**僖公寬仁過厚其失也豫而文公以闇弱繼之三桓之盛自僖公始卒以專魯咎徵著矣**蜀杜氏曰**春秋詳記災異不遺微細所以謹人君之戒也此隕霜不殺草李梅實從而錄之者因以明天地之應陰陽之大生殺動植之類皆繫人君之德必詳志之以示戒尔

晉襄人陳共人鄭穆人伐許僖**左傳**晉陳鄭伐許討其貳於楚也**張氏曰**許自文

公所不能致襄公今年敗秦敗狄又伐先世所不能致之許孔子曰遠人不服則脩文德以來之今襄公承業之志自以爲勤然不知忘喪毒民失道之甚也

春秋卷第十三

元至正本春秋胡氏傳纂疏

第四册

元 汪克寬撰

中國國家圖書館藏元至正八年建安劉叔簡日新堂刻本

山東人民出版社·濟南

春秋卷之十四

胡氏傳

後學新安汪克寬附録纂疏

文公上

公名興，僖公子，母声姜。在位十八年，夫人出姜。

乙未襄王二十六年元年晉襄二年齊昭七年衞成九年蔡莊二十年鄭穆二年曹共二十七年陳共六年杞桓十一年宋成十一年秦穆三十四年楚成四十六年弒

春王正月，公即位。穀梁傳繼正即位，正也。文定總論春秋諸侯皆不請王命矣，然承国於先君者則得書即位，以別於內復無所承者，文、成、襄、昭、哀是也。

即位者，告廟臨羣臣也。何氏曰：即者，就也。先謂宗廟，明繼祖也；還之朝，正君臣之位也。事畢而反喪服焉。國君嗣世，定於初喪，必逾年然後改元書即位者，緣始終之義，一年不二君；緣民臣之心，不可曠年無君。見公羊文九年。杜氏曰：先君未葬而公即位，不可曠年無君。家氏曰：即位必以歲首改元亦必以歲首若歲首不書即位而踰月書之則非元年正始之義然服皆如未葬之服未成其爲君高氏曰文成定即位於未葬之前皆稱公者既踰年也一年不可二君故終年稱子又不可曠年無君故踰年雖未葬猶稱公也按書載舜禹受終傳位之事在舜則曰舜典月正元日格於文祖格至也漢孔氏曰舜服堯喪三年畢將即政故復至文祖廟告在禹則曰大禹謨正月朔旦受命于神宗率百官若帝之初蘇氏曰神宗堯廟也禹受攝帝之命于神宗之廟總率百官其礼一如帝舜受終之初臨也夫于文祖神宗則告廟也率百官若帝之初則臨羣臣也自古通葬三年其以凶服則不可入宗廟其以吉服則斬焉在衰音崔絰之中不可既成而又易之也左傳昭十晋平公卒既葬諸侯之大夫欲因見新君叔向辭曰孤斬焉在衰絰之中其以嘉服見則喪服未畢其以喪服見是重受弔也如之何而可子張問於孔子高宗

諒陰三年不言何謂也子曰何必高宗古之人皆然君薨百官總己以聽於冢宰三年見隱三年註則告廟臨羣臣固有攝行之禮矣按周書伊訓稱太甲元年伊尹祠于先王則攝而告廟之證也百官總己以聽冢宰則攝而臨羣臣之證也其曰祗見音現厥祖者言伊尹以奉嗣王之事祗見太甲之祖也蔡氏傳古者王宅憂祠祭則冢宰攝而告廟又攝而臨羣臣太甲服仲壬之喪伊尹祠于先王奉太甲以即位改元之事祗見厥祖則攝而告廟也侯服甸服之羣臣咸在百官總己之職以聽冢宰則攝而臨羣臣也至三祀十有二月伊尹以冕服奉嗣王太甲則免喪從吉之證也蔡氏曰喪既除以衮冕吉服奉迎以歸也然顧命康誥記成王之崩其君臣皆冕服何也當是時成王方崩就殯猶未成服故用麻

冕黼裳入受顧命已受命誥諸侯而後釋冕反喪服者於是成服而宅憂也或以為康王釋服離次而即吉則誤矣

朱子語 問康王釋喪服而被衮冕諸家皆以為礼之變獨蘇氏以為失礼未知當此際合如何區処曰天子諸侯之礼与士庶人不同故孟子有吾未之斈之語謂此類耳如伊訓元祀十有二月朔亦是新喪伊尹以奉祀王祗見厥祖固不可用凶服矣漢唐新主即位皆行冊礼君臣亦皆吉服追述先帝之命以告先君蓋易世傳授国之大事當嚴其礼而王侯以国為家雖先君之喪猶以為已私服也

彭氏曰 嗣子為君明年正月朔就位南面改元

勉齋黄氏曰 人君即位之別有四始死正嗣子之位既殯之後嗣君即繼体之位若踰年合正改元之位三年合正踐阼之位如春秋書元年即位則是踰年正改元之位也帝乃殂落二三載四海遏密八音月正元日舜格于文祖伊尹以冕服奉嗣王歸于亳則是三年正踐阼之位也然崩薨之日或在歲終則蓋有未殯而踰年者矣

愚按 文定及九峯蔡氏皆以即位之事家宰攝告廟攝臨群臣朱子則以他事可攝即位不可攝而又謂嗣君以先君之喪為已私服其意

蓋欲權一時之宜姑借吉之例以繼世正統而三年之服不可廢也竊詳春秋以前必有攝告廟臨群臣之礼故孔子言君薨百官總己以聽於冢宰三年而書有伊尹祠于先王之文苟太甲涖政則伊尹不得祠先王矣然春秋諸侯皆踰年朝廟改元而命大夫聘問鄰国或以吉服躬涖會盟侵伐之事漢以後則不待踰年而即位矣賈誼謂植遺腹朝委裘而天下不乱豈古者典礼素明紀綱素定而大臣之攝即位不致生變歟国君即位之礼後世雖無傳然昭公十年諸侯之大夫葬晉平公既葬諸大夫欲因見新君叔向辭之曰以嘉服見則喪礼未畢以喪服見是重受弔也襄三十一年子產相鄭伯如晉晉侯以魯襄公之喪未之見則春秋諸侯喪礼猶未盡廢也

二月癸亥日有食之（公）日上有朔字〇天王使叔服來會葬（公羊）

（傳）其言來會葬何會葬礼也（穀梁傳）葬曰會其志重天子之礼也（杜氏曰）叔氏服字諸侯喪天子使大夫會葬礼也

凡崩薨卒葬人道始終之大變也不以得禮爲常事

而不書周禮職喪掌諸侯之喪何氏曰書天子之厚以起諸侯之薄其或失禮而害於王法之甚者聖人則有削而不存以示義者矣失礼如成公親葬晉景公害於王法如見弒賊不討及吳楚僭稱王之類家氏曰天子所以厚諸侯是以無貶桓公之薨王使榮叔錫命王不稱天為追命簒賊而貶也成風之葬召伯來會王亦不稱天以其用夫人之礼於妾母而譏之也僖公魯之賢君書天王使叔服來會葬無貶也愚按諸侯五月而葬僖公薨至是三月而王臣來會葬者豈王室謹礼以懷諸侯唯恐失期而先至也歟僖公未嘗遣使會惠王之葬而襄王遣使會僖公之葬比事以觀得失見矣

夏四月丁巳葬我君僖公穀梁傳薨稱公舉上也葬我君接上下也葬而後舉諡諡所以成德也於卒事乎加之矣。劉氏曰左傳云葬僖公緩作主非礼也謂作主緩耳杜氏讀緩字上為一句僖公十二月薨今四月葬凡五月不得云緩杜本欲近僖公薨在十一月則除喪在二年十一月納幣為十二月則与僖合獨不顧作主非礼也之語無所繫是譏不當作主乎

天王襄使毛伯來錫

八命【公羊傳】錫者何賜也命者何加我服也【杜氏曰】毛国伯爵諸侯爲王卿士者

諸侯終喪入見音現下同則有錫歲時來朝則有錫能敵王所愾音慨則有錫黻冕圭璧因其終喪入見而錫之者也禮所謂喪畢以士服見天子已見賜之黻冕圭璧然後歸是已【杜氏曰】諸侯即位天子賜以命圭合瑞爲信僖十一年王賜晉侯命亦其比也【詩】瞻彼洛矣小序思古明王能爵命諸侯韎韐有奭【注】諸侯世子除三年之喪服士服而來見【韓奕】韓侯受命王親命之【朱子傳】即位除喪以士服入見天子而聽命也車馬袞黼因其歲時來朝而錫之者也詩采菽所謂君子來朝何錫予音與下同之雖無予之路車乘去声馬又何予之玄袞及黼是已【朱子傳】天子燕諸侯而荅諸侯頌美之詩也君子諸侯也路車金路以賜同姓象路以賜異姓玄袞玄衣而畫以卷龍也黼如斧形繡之於裳也言諸侯來朝則以有以賜予之今雖無以予之然已有路車

乘馬玄袞及黼之賜矣【文侯之命】王曰其歸視尒師用賚尒秬鬯一卣云云馬四匹父往哉【左傳】僖二十

八王享醴命晋侯宥賜之大路之服戎路之服彤弓玈音盧矢因其敵愾獻功

而錫之者也詩彤弓所謂彤弓弨尺昭反兮受言藏之我

有嘉賓中心貺之鐘鼓既設一朝享之是已【朱子傳】天子燕

有功諸侯而錫以弓矢之詩【東萊呂氏曰】受言藏之言其重也弓人所獻藏之王府以待有功不敢輕予

人也中心貺之言其誠也中心实欲貺之非由外也一朝享之言其速也以王府宝藏之弓一朝舉以畀

人無遲留顧惜之意也【左傳】文四甯武子曰諸侯敵王所愾而獻其功於是乎賜之彤弓一彤矢百玈弓

矢千以覔報宴今文公繼世喪制未畢僖公前年十二月薨至是始越五月非

初見繼朝而獻公也何為來錫命乎故穀梁子曰禮

有受命無來錫命來錫命非正也【何氏曰】文公新即位功未足施而錫

之非礼也【蜀杜氏曰】諸侯即位當朝於王奉天子之命而為諸侯文公不朝于京師而王反錫之命故書

天王以正其號錄錫命以志其過【通旨】問趙子謂直譏其賞無功尓安得云無錫命乎曰穀梁子言無來錫命不言無錫命也來錫命者如唐遣中官即藩鎮立節度之類【劉氏曰】錫命者命爲諸侯也諸侯在喪稱子踰年即位喪畢以士服見於王王乃於廟命之喪未畢而命之非禮也旣喪畢而不受命於天子亦非禮也【愚按】諸侯之嫡子必誓於王以爲世子及其君薨必告于王王遣使省其終事遂命世子嗣爲諸侯三年喪畢乃以士服入京師見天子于廟而受命焉未受命不敢服其服已見天子錫之黻冕之服与命圭合瑞於是服之以歸設奠於祖廟然後臨其臣民焉春秋諸侯立世子旣不誓於王及其嗣位又不請命于京師王不能罪因而命之兩失之矣公羊以錫命爲加服劉氏辨其非或者謂命爲諸侯非賜命服并文定之說爲疑夫黻冕圭璧乃所以命爲諸侯也蓋天王之錫命有以始立而錫命者有以有功而錫命者有旣没而追命之者此年毛伯錫命及虢公命曲沃武公爲晉侯召武公賜晉惠公命皆始立而賜命者也召伯廖賜齊桓公命尹氏王子虎内史叔興父策命晉文公皆以其有功而錫命者也榮叔錫桓公命及成簡公追命衛襄公皆旣死而追命之者也若召伯之賜成公命則始立未賜命歷八年而後

命之耳劉定公之賜齊靈公命雖非有功王將畏於齊故以私恩命之也春秋之書錫命莫非譏耳苟謂諸侯不往拜命爲貶而天王之錫命無責則曷爲不待其來見而命之哉

晉侯伐衛襄成

左傳晉文公之季年諸侯朝晉衛成公不朝使孔達侵鄭伐緜訾及匡晉襄公既祥使告于諸侯而伐衛及南陽先且居曰效尤禍也請君朝王臣從師晉侯朝王于溫先且居胥臣伐衛五月辛酉圍戚六月戊戌取之獲孫昭子王氏葵義衛成怨晉文執歸京師故季年不朝而且侵其鄰國示不從盟主也襄公嗣位欲修伯業先以衛侯之罪告于諸侯復聽且居之言朝于王所乃命大夫伐衛取其戚田諸侯於是畏威復歸於晉昔年齊桓公卒五公子爭立霸業遂廢今襄公克纘父功繼爲盟主首能威服諸侯故春秋書曰晉侯伐衛貴之也陳氏曰春秋苟其君意雖卿帥不書故伐衛書晉侯不書先且居成十三年伐秦書晉侯不書欒書襄十年滅偪陽書晉侯不書荀偃士匄哀元年伐晉書衛侯不書孔圉所謂深探其本也愚按文宣以後大夫專政凡征伐會盟君雖在而大夫任其事故經書晉侯而傳言大夫也○

叔孫得臣如京師襄

左傳毛伯衛來錫公命叔孫得臣如周拜謝賜命杜氏曰得臣叔牙之孫高郵孫氏曰

文公即位未嘗如周而周錫之命受命矣又不自朝而使臣往不臣之甚也【蜀杜氏曰】受王之寵命苟躬朝于京師猶曰緩也况不朝而使卿拜命乎故直書以示譏【愚按】文公之立天子既使大夫會僖公之葬又使使褒內諸侯來錫命不親往拜而僅使得臣焉襄王猶不之罪且使榮叔歸成風含賵繼使召伯會成風葬而文公在位十有八年歷襄頃匡王三世終其身不朝於京師觀春秋所書比事以考之其罪不可揜矣

○衛成人伐晉襄【左傳】衛侯使告于陳陳共公曰更伐之我辭之衛孔達帥師伐晉【張氏曰】霸主声罪致討不自反其不仁无礼之罪乃称兵報伐故書人皐孔達也【愚按】春秋不書晉之取戚而人孔達予晉而罪衛也

○秋公孫敖會晉侯襄于戚此大夫專會諸侯之始【左傳】晉侯疆戚田故公孫敖會之【杜氏曰】礼卿不得會公侯戚衛地在頓丘衛縣西【愚按】在今大名府開州之東【薛氏曰】卿始會諸侯也大夫而專會諸侯政不在公室矣【臨川吳氏曰】凡魯卿會外君直書不隱以見其非【永嘉呂氏曰】春秋之初盖有以大夫而會諸侯者矣未若公孫敖之專會也外大夫有會公者矣內沒公而名大夫則及齊高傒會于防是也內不沒公而不名大夫則公及齊大夫盟于蔇是也或沒公或不名大夫皆有所諱也內大夫有會盟諸侯

者矣。杲會宋公、陳侯、蔡叔盟于折，則杲猶不氏也。公子結遂及齊侯、宋公盟，猶爲遂事，非專會也。若公孫敖會晉侯，則專會矣，以見礼樂之自大夫出也。○冬十月丁未，楚世子商臣弒其君頵。成【頵】俱倫反。【公穀】作髠。【左傳】初，楚子將以商臣爲太子，訪諸令尹子上。子上曰：「君之齒未也，而又多愛，黜乃亂也。楚國之舉，恒在少者。且是人也，蠭目而豺聲，忍人也，不可立也。」弗聽。既又欲立王子職，商臣聞之而未察，告其師潘崇曰：「若之何而察之？」崇曰：「享江芊而勿敬也。」從之。江芊怒曰：「呼，役夫！宜君王之欲殺汝而立職也。」告潘崇曰：「信矣。」崇曰：「能事諸乎？」曰：「不能。」「能行乎？」曰：「不能。」「能行大事乎？」曰：「能。」十月，以宮甲圍成王。王請食熊蹯而死，弗聽。丁未，王縊。

書世子弒君者，有父之親，有君之尊。【文王世子】君之於世子也，親則父也，尊則君也。有父之親，有君之尊。【何氏曰】言世子者，所以明有父之親；言君者，所以明有君之尊。【啖氏曰】楚僭號已久，世子必不誓於天子，今以商臣之逆，故特書世子以明其罪。【孫氏曰】不言父而言君者，言君以明其尊，言世子以明其親也。而至於弒逆，此天理大變，人情無深駁春秋詳書其事欲以起問者察所由示懲誡也唐世子弘受左氏春秋至此廢書嘆曰經籍聖人垂訓何書此耶郭瑜對曰春秋義存褒貶以善惡爲勸戒故商臣千載而惡名不滅弘曰非惟口不可道故亦耳不忍聞願受他書瑜請讀禮世子從之見唐孝敬皇帝

弘傳嗚呼聖人大訓不明於後世皆腐儒學經不知其義者之罪耳夫亂臣賊子雖陷弃才性反在前斧鉞加於頸而不避顧謂身後惡名足以係其邪志而懲於爲惡豈不謬哉持此曉人可謂茅塞其心意矣若語（去声）之曰爲人君父而不通於春秋之義者必蒙首惡之名爲人臣子而不通於春秋之義者必陷簒弒誅

死之罪（董子語見太史公自序）聖人書此者使天下後世察於人倫知所以爲君臣父子之道而免於首惡之名誅死之罪也則世子弘而聞此必將懼（音瞿悚同）然畏懼知春秋之不可不學矣學於春秋必明臣子之義不至於奏請怫旨而見酖矣（弘本傳帝語侍臣弘仁孝寬礼大臣未嘗有過而武后將騁志弘奏請數怫旨后酖殺之）傳（去声下同）者柰也經者斷（丁乱反）也考於傳之所載可以見其所由致之漸豈隱乎嫡妾必正而楚子多愛立子必長（上声）而楚國之舉常在少（去声）者養世子不可不慎也（文王世子云云）而以潘崇爲之師（隱殺傚楚顓擇賢得如宋左衛率袁淑以傳世子則禍不作矣）侍膳問安世子職也而多置宮中降而不憾憾而能眕（之忍反）者鮮（上声）矣（左傳隱三年石

碏一云云乃欲黜兄而立其弟謀及婦人宜其敗也桓十【左傳】

五鄭厲公云云而使江芉音弭知其情是以不仁勵其身而以不孝勵其子也。其及宜矣。楚頵僭王憑陵中國。戰勝諸侯。毒被皮寄反天下楚頵以莊二十三年篡立在位四十六年召陵之前伐鄭侵鄭者四召陵之後圍許敗徐滅弦黃齊桓既沒益肆憑陵執襄公伐宋而獻捷于魯戰泓而宋襄遂殞其身既而伐齊戍穀合諸侯圍宋天下之禍僭矣然昧於君臣父子之道禍發蕭牆而不之覺也。不善之積豈可揜哉【王氏曰】頵亦弒其兄熊囏而得位者終不免商臣之禍天道好還豈不昭然君不君則臣不臣。父不父。則子不子。春秋書世子弒其君者推本所由而著其首惡。爲萬世之大戒也。然則商臣無貶矣。曰弒父與君之賊其惡猶待於貶而後著乎【陳氏曰】楚国未志其志頵何由子弒君不可以楚不志也。張氏曰裔夷無道之極感應之理故至於此後世如匈奴頭曼魏拓拔珪唐安禄山史思明朱全忠西夏昊曩霄皆以外夷盜賊毒被天下中国不能制而受禍於其子積不善之餘殃千載一律故商臣之惡特書之使爲君父者知謹履霜之戒以此坊人猶有驟欲廢立以啓劭廣之禍者 愚按 商臣怨子上止王立已譖之致死楚成於此可以自省矣而猶有廢立之志狐疑不決是速其斃也今考出子弒君父實莫大之變經書世子弒君者三楚商臣蔡般皆其君有以致之許止不嘗藥亦悼公教之未至耳有国有家者視此可不知所儆乎。劉氏曰穀梁云因髡之卒所以謹商臣之弒非也即不日者乃不謹其弒乎

公孫敖如齊 昭左傳穆伯如齊始聘焉何氏曰書者譏喪娶。劉氏曰左氏云礼也杜云明諸侯諒闇則国事皆用吉礼皆非也左氏見諸侯廢喪而聘故推以爲礼杜氏見左氏有得礼之言遂推以爲當喪而君皆反經越礼不可以教後世者也 愚按 左氏於凡諸侯朝聘悉以爲礼既不祭其不能謹天下之通喪又不考其尊周交鄰之跡數劉氏辨之當矣僖公三十年宰周公來聘而公子遂報聘于京師且初聘于晉此年

毛伯錫命則得臣往拜而教亦初聘于齊比事以觀不貶而惡自見

丙申襄王二十七年 二年 晉襄三 齊昭二 衛成十 蔡莊二十一 鄭穆二 曹共二十八 陳共七 杞桓十二 宋成十二 秦穆三十五 楚穆王商臣元年 春王二月甲子晉侯襄及秦穆師戰于彭衙秦師敗績 左傳 殽之役晉人既歸秦帥秦大夫言於秦伯曰是敗也孟明之罪也必殺之秦伯曰是孤之罪也孤實貪以禍夫子夫子何罪復使為政春秦孟明視帥師伐晉以報殽之役晉侯禦之及秦師戰于彭衙秦師敗績晉人謂秦拜賜之師 程子傳 越國襲人秦罪也忘親背惠晉惡也秦經人之國以襲人雖忿無以為辭矣故其來不稱伐晉不論秦而與戰故書晉及忿以取敗故書敗績 杜氏曰 彭衙秦地馮翊郃陽縣西北有彭衙城 張氏曰 在今同州白水縣 愚按 同州今屬奉元路

戰而言及者主乎是戰者也 據及皆為志 王氏曰 彭城秦地而晉師在焉亦如晉之欲戰矣 夫敵加於己不得已而起者謂之應去声下同兵爭恨小故不忍忿懟者謂之忿兵 本前魏 胡傳 按左氏秦

孟明帥師伐晉報殽之役此所謂忿兵疑罪之在秦也而以晉侯主之何哉處己息爭之道遠去聲怨之方也然則敵加於己縱其侵暴將不得應乎曰敵加於己而已有罪焉引咎責躬服其罪則可矣已則無罪而不義見加諭之以詞命猶不得免焉亦告於天子方伯可也若遽然興師而與戰是謂以桀攻桀何愈乎故以晉侯爲主者勵己息爭之道寡怨之方王者之事也家氏曰秦有大惠於晉不可忘也前日秦秉晉喪而襲鄭襄公懼其凌軋逼弗獲已衰絰即戎幸而一勝亦云可矣今孟明再至而晉襄負氣好勝親將禦敵復敗秦師以怨報德故君子責之且文公退三舍避楚施之所必報乃義之所當然也秦之惠尤大而晉襄亟戰莫之恤豈惟背惠實忘親矣春秋以是貶愚按秦師伐晉而經不書伐罪晉而免秦也

丁丑作僖公主【左傳】作主書不時也凡君薨卒哭而祔祔而作主特祀於主烝嘗禘於廟【公羊傳】虞主用桑練主用栗用栗者藏主也作僖主何以書譏何譏爾不時也【穀梁傳】立主喪主於虞吉主於練作僖公主譏其後也作主壞廟有時日於練焉壞廟壞廟之道易檐可也改塗可也

作主者造木主也【范氏曰】主蓋神之所憑依其狀正方穿中央達四方天子長一尺二寸諸侯長一尺既葬而反虞虞主用桑【何氏曰】礼平明而葬日中而反虞以陽求陰謂之虞者親喪以下壙皇皇無所親求而虞事之虞猶安神也用喪者取其名所以副孝子之心期与朞同年而練祭【喪服四制】十三月而練【愚】【按】小祥易練冠故曰練祭練主用栗【何氏曰】期年練祭埋虞主於兩階之間易用栗也夏后氏以松殷人以柏周人以栗礼士虞記曰桑主不文吉主皆刻而謚之用栗者藏主也【何氏曰】藏于廟室中常所當奉事也何以書

僖公薨至是十有五月【杜氏曰】過葬十月礼作練主當以十三月【何以曰】然後作主慢而不敬甚矣夫慢而不敬積惡之原也以

爲無傷而不去^上声^至於惡積而不可揜所以謹之也

高氏曰周人卒哭而祔祔而易主是謂虞主既朞而練練而易主是謂練主僖公薨十有五月非虞練之時而方作主猶未祔廟也猶未祔廟者欲躋之故也是以謹而日之**蜀杜氏曰**十二公作主祔廟未嘗書之今書作僖公主必有所譏也**張氏曰**事亡如事存故作主以象神而祭之禮既葬作主於墓不終日而虞祭不忍一日忘親也僖公元年四月葬今乃作主慢而違禮甚矣**愚按**左氏云卒哭而祔服氏云造木主立几筵焉特祀在寢三年喪畢遭烝嘗乃於廟鄭氏又云唯祔祭與練祭在廟祭訖主反於寢其大祥与禫祭其主自然在寢祭之穀梁謂吉主於練於練焉壞廟壞廟則待練而始祔今考檀弓云殷既練而祔周卒哭而祔孔子善殷竊謂祔廟則當吉祭苟卒哭而遂廟遷用吉祭不近人情故文定取穀梁言練祭易栗主而後祔廟也。**劉氏曰**左氏僖三十三年傳云葬僖公緩作主非禮也杜氏讀緩字以上爲一句作字下爲一句非也僖公以十二月薨文元年四月葬凡五月不得云緩傳言葬僖公而作主緩耳公羊云刺欲久喪而後不能非也文公自惰緩不作主耳何以知其欲久喪三月乙巳及晉處父盟【因朝而盟始此】【左傳】晉人以公不朝來討公如晉晉人使陽處父盟公以厭之書曰及晉處父盟以厭之也適晉不書諱之也【公羊傳】此陽處父也何以不氏諱與大夫盟也【穀梁傳】不言公處父伉也為公諱也何以知其與公盟以其日也何以不言公之如晉所恥也出不書反不致也

及處父盟者公也【杜氏曰】處父為晉正卿不能匡君以礼而与公盟故貶其族【范氏曰】去處父氏使若与其君盟如邾儀父【家氏曰】處父去族貶處父所以貶晉侯也其不地於晉也【杜氏曰】盟晉都諱不書公者抑大夫之伉不使與公為敵正君臣之分扶問反也【孫氏曰】不言公者不与處父敵公也【陸氏曰】義同高傒凡大夫与公盟若并彼強逼我而盟例但書人言并大夫之罪也今晉逼公令与大夫盟故特書其名以見其罪【[illegible]氏曰】高傒之盟主在於公而此主在處父也【愚按】抑大夫之伉与及高傒荀庚孫良夫郤犨孫林父向戌同晉時以處父辱公故又去氏適晉不書反國不致為去声公諱恥

存臣子之禮也凡此類筆削魯史之舊文衆矣高氏曰凡盟必書也惟他国大夫來魯盟及魯大夫往他国盟不地蓋各於国中故也今不書勳父來魯魯亦無如晋者而書及勳父盟然則孰与盟耶曰我公也公如晋不書者晋襄責魯不朝故公雖在喪未朝天子而畏晋之威越礼朝晋晋侯乃使大夫盟公以辱之是以没不書公又去勳父之族以著其罪也然此非專罪晋亦所以罪魯之臣子也夫公之如晋豈無卿大夫以從行乎不能明大義以正理折之遽自屈辱甘心受盟非主憂臣辱主辱臣死之義也張氏曰盟于晋之都而君不出恥甚矣故諱之陳氏曰朝而遂盟之於是始凡諱国惡恥在公則但書其事不書公者恒辭也諱在其事則但書公不書其事公會晋侯于黑壤為公不与盟故不書盟公如晋為止公送葬故不書葬甚諱之也

夏六月公孫敖會宋公成陳侯共鄭伯穆晋襄士縠盟于垂隴縠戶木反縠作縠垂隴公縠作垂斂左傳公未至穆伯會諸侯及晋司空士縠盟于垂隴晋討衛故也陳侯為衛請成于晋執孔達以說杜氏曰垂隴鄭地滎陽縣東有隴城愚按滎陽縣今屬汴梁路鄭州

薛氏曰垂隴之會士穀始專晋国之事也桓文没大夫擅專諸侯之會盟自公孫敖士穀始也其臣固有罪也使之者亦非也蜀杜氏曰春秋盟會未有外大夫別會於諸侯者垂隴之會譏政在於大夫也桓文之伯或盟王人或致天子是天子受制於諸侯也春秋不与之故書王人以先諸侯晋襄紹伯致諸侯而大夫會之是諸侯受制於大夫也春秋亦不与之故序諸侯以先士穀陳氏曰大夫而敵諸侯於是始晋遂以大夫主諸侯也然士穀主盟曷為序諸侯之下春秋不以大夫主盟也故訖于宋不以大夫主盟翟泉眡此何以不眡眡不於甚則於其事端餘實録而已矣自書士穀而後凡役書大夫桓文之伯會盟有大夫則但称人會擅称邾人會温称秦人必世子也則得次小国之君自垂隴主士穀新城主趙盾而后大夫与諸侯序戚之盟書齐国佐沙隨之會書宋華元甚者无伯而安甫之會君与大夫並列矣臨川吴氏曰晋以士穀主盟魯以公孫敖伉三国之君皆非礼也襄陵許氏曰明年衛人會晋伐沈則知衛服於垂隴之會矣。啖氏曰左氏曰書士穀堪其事也既命之卿例皆書名不論堪与不堪若不堪其事自當罪尔

○自十有二月不雨至于秋七月公羊傳記異也大旱以災書此亦旱也曷為以異書大旱之日短故以災書此不雨之日

長故以異書也【穀梁傳】歷時而言不雨文不憂雨也不憂雨者无志乎民也

書不雨至于秋七月不雨者蓋後言不雨則是冀雨之詞非文公之意也夫書不雨至于秋七月而止即八月嘗雨矣據僖三年書六月雨然而不書八月雨者見音現文公之無意於雨不以民事繫憂樂音洛也【胡氏曰】歷四時乃書是不勤雨无恤民志其怠於政事可知而魯衰自此始矣【孫氏曰】不雨歷四時而總書惡文公怠于国政不擢旱災之甚【愚按】礼称至于八月不雨則君不夆今文公自十二月不雨至于七月則陰陽之氣不和而恒陽爲災者八越月矣文公漫不之省雖檡制未終而妻行朝聘會盟祭祀之事其无恤民之心若是豈可以居民上乎公羊謂不書旱不雨之日長而无災范注亦云未爲災誤矣蓋旱爲災而不久則書旱旱爲災而久則書某月不雨至某月綱目於漢獻之世書四月不雨至七月而分注人相食則爲災可知矣

八月丁卯大事于大廟躋僖公【左傳】逆祀也於是夏父弗忌為宗伯尊僖公且明見曰吾見新鬼大舊鬼小先大後小順也躋聖賢明也明順禮也君子以為失禮禮無不順祀國之大事也而逆之可謂禮乎仲尼曰臧文仲不知者三作虛器縱逆祀祀爰居三不知也【公羊傳】大事者何大祫也大祫者何合祭也其合祭奈何毀廟之主陳于大祖未毀廟之主皆升合食于大祖五年而再殷祭躋者何升也何言乎升僖公譏何譏爾逆祀也逆祀奈何先祢而後祖也【穀梁傳】大事者何大是事也祫祭者毀廟之主陳于大祖未毀廟之主皆升合祭于大祖躋升也先親而後祖也逆祀也逆祀則是無昭穆也無昭穆則是無祖也無祖則是無天也君子不以親親害尊尊此春秋之義也

有事者時祭祠礿嘗烝大事祫也【劉氏曰】春秋記烝記嘗記禘未有曰大事者其曰大事是乃諸侯之大事也諸侯之事無大於此者祫之謂也王者禘其祖之所自出以其祖配之諸侯祫毀廟之主陳于太祖時祭稱有事祫祭稱大事大之外無加者矣以是推之魯之郊禘非禮也【趙氏曰】凡祭而失禮則書祭名祭非失禮為下事張本則稱事

合羣廟之主食於大廟

何氏曰陳列毀廟主于太祖前太祖東鄉昭南鄉穆北鄉其餘孫從王父臨川吴氏曰四時之祭祢祭名而曰烝曰嘗者五廟各祭也曰有事于太廟者四廟之主迁于太廟而合祭也是爲祫曰大事于太廟者毀廟之主亦與祭自伯禽以下祢廟以上之主皆合祭于太廟也是爲大祫**升僖於閔之上也**列僖公之主於閔公之上通旨君已踰年則不論子之有無自當立廟**閔僖二公親則兄弟**杜氏曰僖公閔公庶兄**分**扶問反**則君臣**閔公先立爲君僖公嘗北面事之爲臣**以爲逆祀者兄弟之不先**去声**君臣禮也君子不以親親害尊尊**喪服小記親親尊尊長長人道之大者也**故左氏則曰祀國之大事而逆之可乎**礼器臧文仲安知礼夏父弗綦逆祀而弗止也**子雖齊聖不先父食久矣公羊則曰其逆祀先禰而後祖也**何氏曰僖公以臣繼閔公猶子繼父故閔公於文公亦猶祖也**穀梁則曰逆祀則是無昭穆也無昭穆則是無祖也閔僖非祖禰而**

謂之祖禰者何臣子一例也杜氏曰僖是閔兄不得爲父子嘗爲臣繼閔而立廟坐宜次閔下范氏曰僖公雖長已爲臣矣閔公雖小已爲君矣臣不可以先君猶子不可以先父故以昭穆父祖而喻臨川吳氏曰閔僖曾爲君臣義同父子閔猶父也僖猶子也躋僖於僖之上是先子後父也劉氏曰僖公於閔非父子也然与親父子相襲無以異臣子一体也君之則我以臣事之父之則我以子奉之是故爲人後者則爲之子矣彼不以子繼父則必以臣繼君君臣猶父子則父子猶君臣也舜之有天下祖顓頊而宗堯堯非同姓也受国焉尓非同姓尚宗之況親親乎高郵孫氏曰閔僖之爲君臣較然於人一旦以臣而上君乱法之甚夫有天下者事七世諸侯五世見荀子王制天子七廟三昭三穆与太祖之廟而七諸侯五廟二昭二穆与太祖之廟而五宗法王立七廟曰考廟曰王考廟曰皇考廟曰顯考廟曰祖考廟曰遠廟爲祧有二祧諸侯立五廟曰考廟曰王考廟曰皇考廟曰顯考廟曰祖考廟說禮者曰世指父子非兄弟也蜀孫氏抃曰世与昭穆云者據父子之正而言也若兄弟則昭穆同不得以世數之矣然三傳上声同

以閔公爲祖而臣子一例是以僖公父視閔公爲禮而父死子繼兄亡弟及名號去声雖不同其爲世一矣

孫氏曰文公二月作僖公主八月大事于太廟躋僖公瀆慢不恭也甚矣范氏曰時三年之喪未終而吉祭于太廟則其譏自明張氏曰吉祭而不言吉者閔三年書已明此主爲逆祀書也家氏曰此一書而再譏也大事于太廟未當祫而祫也躋僖公非所當躋而躋也高氏曰父子相繼禮之常也至於傳之兄弟則亦不得已焉耳既授以國則所傳者雖非子亦猶子道也傳之者雖非其父亦猶父道也漢之惠文亦兄弟相繼而當時議者皆推文帝上繼高祖而惠帝親受高祖天下者反不得與昭穆之正至於光武當繼平帝又自以世次當爲元帝後皆背經違禮而不可傳者也凡人君以兄弟爲後者必非有子者也引而爲嗣臣子一体矣而當嗣者反以兄弟之故不繼所受國者而繼先君則是所受國者竟莫之嗣生則以臣子事之死則以兄弟治之忘生倍死况已實受之後君今乃自繼先君不唯弃後君命已之意又廢先君傳授之命人民土地則歸之已而父子之礼則恥不爲此皆不可者也豈所以重受國之意也愚按

僖公之不可先閔公二三傳辨析明矣但穀梁謂逆祀
是無昭穆范甯曰以昭穆父祖爲喻何休謂惠公与
莊公當同南面西上隱桓与閔僖亦當同北面西上
孔穎達正義曰父子異昭穆兄弟昭穆同閔僖不得
爲父子同爲穆耳今升僖先閔此二公位次之逆非
昭穆乱也若兄弟相代即異昭穆設令兄弟四人皆
立則祖父之廟即已從毀礼必不然今考文定此傳
用韋昭説父爲昭子爲穆僖爲閔臣臣子一例而以
閔僖各爲一世襄公二三年謂哀公以襄公爲皇考亦
以昭定各爲一世則是異昭穆矣然於仲嬰齊後歸
父則引何休以爲乱昭穆之序朱子謂文王爲昭武
王爲穆自其始祔而已然管蔡郕霍爲文之昭邘晋
應韓爲武之穆子孫亦以爲序而不易則昭穆不可
易也但其論天子廟制謂周孝王時武王親盡始立
武世室孝王乃共王之弟而各爲一世又以宋太祖
太宗哲穀欽高背兄爲穆而弟爲昭皆兄弟對列各
爲一室則又桼昭穆矣如何休穎達並立廟而同昭
穆則齊之孝昭懿惠兄弟四人相繼衛之懿戴文公
兄弟三人相繼立廟將無所容苟各爲一世而異昭
穆則齊頃不得祭其祖而衛成不得祭曾祖矣古制
不存無復可考竊疑古者一君各爲一廟則兄弟同
昭穆共爲一世祫祭大廟則魯當以僖公特設位於

閔公之下後世同堂異室不可以二先君共室於一室必至於異昭穆而仍以兄弟共爲一世數之也然曾子問云七廟五廟無虛主諸侯祫祭則祝逆四廟之主是諸侯之昭穆無過四廟天子之昭穆無過六廟考之春秋哀公之世桓宫僖宫猶在則是祭十君而八世定公立煬宫則是祭二十一傳之祖後世天子之廟有十餘世歷十四五君而其廟皆不毁議禮者反引春秋以爲證而聖王經世之制不可復見矣又按大傳論禘祫而云諸侯及其太祖大夫士有大事省於其君則干祫及其高祖夫大夫士有善於其君且得祫祭則諸侯大祫陳毁廟之主宜不得爲非禮矣或者謂諸侯不當大祫成王賜魯重祭故有大祫歟其說之過也說穀梁者以大事爲祫嘗左氏外傳又以爲祫烝皆未知其爲大祫耳苟以此爲時祫則有事于太廟名爲何祭耶

冬晉襄人宋成人陳共人鄭穆人伐秦穆（左傳）晉先且居宋公子成陳轅選鄭公子歸生伐秦取汪及彭衙而還以報彭衙之役（程子傳）秦以忿取敗晉可以已矣而復伐秦報復無已殘民結怨故貶稱人

按左氏四國伐秦報彭衙之役則皆國卿也【杜氏曰】四人皆卿其貶而稱人者晉人再勝秦師在常情亦可以已矣而復扶又反興此役結怨勤民是全不務德專欲力爭而報復之無已也以致濟河焚舟之師故特貶而稱人【家氏曰】魯莊忘父之讐及齊為好春秋深責之晉襄敵父之惠屢戰勝秦乃更率三国之師以為此役故四国皆書人以示貶也【陳氏曰】左傳云尊秦非經意

公子遂如齊納幣【公羊傳】納幣不書此何以書譏喪娶也娶在三年之外則何譏乎喪娶三年之内不圖婚吉禘于莊公譏然則曷為不於祭焉譏三年之恩疾矣非虛加之也以人心為皆有之曷為獨於娶焉譏娶者大吉也非常吉也其為吉者主乎已以為有人心者則宜於此焉變矣

婚姻常事不書據春秋十二公皆不書納幣惟此年及莊公親往則書之其書納幣者喪未終而圖婚也【范氏曰】喪制未畢而納幣書非礼【何氏曰】僖以十二月薨

至此未滿二十五月又礼先納采問名納吉乃納幣四者皆在三年之內夫娶在三年之外矣何氏曰據逆在四年則何譏乎春秋論去声事莫重乎志志敬而節具與之知禮志和而音雅與之知樂志哀而居約與之知喪非虛加之也重志之謂也本董子繁露玉杯篇此皆使人私欲不行閑邪復禮之意臨川吳氏曰此年十二月於大祥而行納幣禮是在喪而圖婚未祥而行嘉礼也非礼故書啖氏曰魯往他國納幣皆常事不書凡書皆譏也愚按喪雖二十五月大祥然中月而禫必二十七月始爲終制況春秋凡書四時皆指首月此書冬則納幣在十月是僖公之薨甫及也十三月殺哀而圖婚失礼甚矣宣公元年逆女其喪礼視此尤甚然其篡立之罪已極於喪娶娶乎何誅。劉氏曰左傳云禮也則是以喪娶爲禮不亦悖乎杜預注僖公薨月以就傳說然此年大事于太廟則已除喪矣

丁酉襄王二十八年三年晉襄四齊昭九衛成十一蔡莊二十三鄭穆四曹共二十九陳共八杞桓十二

宋成十三 秦穆三十六 楚穆二 春王正月叔孫得臣會晉襄人宋成人陳共人衛成人鄭穆人伐沈沈潰沈音審覇國大夫會諸大夫伐國自此始

杜氏曰沈國名汝南平輿縣北有沈亭張氏曰沈姬姓國漢志汝南治平輿故沈子國今屬蔡州愚按今汴梁路汝寧府西平縣

按左氏伐沈以其服於楚也沈潰民逃其上也杜氏曰潰衆散流移若積水之潰自壞之象也五國皆稱人將去声非命卿也左傳莊叔會諸侯之師薛氏曰晉初有志於諸侯垂隴使士縠涖之伐沈命其微者怠也沈在汝南平輿縣北未嘗與音預中國會盟而南服於楚師入其境而民人逃散常山劉氏曰一彼侵伐而民散君之不能可知矣蔡潰沈潰許潰是也雖非義舉比於報復私怨之兵則有間去声矣故其辭無褒貶凡此類欲示後世用師者知權而本之以正也

家氏曰霸主當伸大義於天下或當爲而不爲或不必爲而爲之失其道矣楚商臣弒逆天之罪于今二年使晉襄仗義而前師壯辭直天下諸侯孰不鼓勇而從縱未能汙豬其宮楚人必能以商臣爲戮更立君而聽命于中国晉之霸業有光於前人矣乃視非已事使元兇得以樹其羽翼脅從諸小国以抗衡中夏懷貳者豈獨沈哉襄公舍其大而議其細以諸侯之兵伐沈而潰之避射虎而獵狐兎雖潰百沈何益於成敗之數乎故春秋貶人之

高氏曰魯使卿往則諸国必以非微者獨得臣書名氏者詳内且明諸国皆卿行書人以貶之也文公三年之間遂數得臣累見於經則知魯政盡在諸臣矣漢五行志文公時大夫始專政信夫

王氏曰霸国大夫會諸大夫伐国自沈始會諸大夫救患自救鄭始春秋皆貶人之不與大夫之擅政也蓋率兵伐人使之畏服所謂威也率衆救人使免於難所謂福也威福人主之利器諸侯擅之則有害於天下大夫擅之則有害於国聖人見微知著故於此二役皆貶之所以戒威福之不可下移也

夏五月王子虎卒

左傳 王叔文公卒來赴弔如同盟公

羊傳 王子虎天子之大夫也外大夫

不卒此何以卒新使乎我也〔穀梁傳〕叔服也何以卒之以其來會葬我卒之也或曰以其嘗執重以守也

王子虎不書爵譏之也天子内臣無外交詳見莊二十二〔趙氏曰〕臣無外交之禮今死而赴故書以譏〔孫氏曰〕外大夫來赴非禮也〔臨川吳氏曰〕王臣無外交以其嘗與魯同盟故來赴然非禮也或曰禮稱尺證反情而爲之節文者也〔三年〕〔問〕禮也者稱人情而爲之叔服新使去声乎我則宜有恩禮矣仲尼脫驂音參於舊館事見檀弓雖卒叔服可也夫脫驂於舊館惡去声夫涕之無從而爲之者〔輔氏曰〕義之所可則脫驂於舊館而不吝〔匯澤陳氏曰〕惡夫涕之無從者從自也若不脫驂以賻之則是於死者無故舊之情而此涕爲無自而出矣

非理之經也天子内臣無外交而以新使乎我致恩禮焉是以私情害公義失輕重之權矣。〔趙氏曰〕左氏云弔如同盟禮也按天子大夫無與諸侯盟之禮而曰禮也豈春秋之意乎〔啖氏曰〕穀梁云叔服也叔服若是王子則會葬之時何不書王子乎【愚按】經未有前書字而後書名者惟尹氏或書子則非一人刘卷前書子而後書名則子者爵也非字也左氏於王子虎称王叔文公於叔服称内史叔服則非一人明矣豈有甫越一年而名字異称耶或者謂虎与卷皆夾輔天子於艱難危困之中故春秋賢而卒之然單穆公旗与刘文公翼賛敬王以安周室亦不書卒竊疑王子虎盟諸侯于王庭刘文公爲王官伯尹氏世執朝權皆王室之秉政者故特赴於諸侯而魯史記其卒春秋存而弗削以示王臣不當赴喪於列国耳

秦穆人伐晉襄【左傳】秦伯猶用孟明孟明增修国政重施於民趙成子言於諸大夫曰秦師又至將必辟之懼而增德不可當也秦伯伐晉濟河焚舟取王官及郊晉人不出遂自茅津濟封殽尸而還遂霸西戎【程子傳】構怨連禍殘民以逞晉人畏之而不敢出秦人極其忿而後悔過聖人取其終能悔耳

按左氏秦伯伐晉濟河焚舟封殽尸而還音旋其稱人何也聖人作易以懲忿窒慾爲損卦之象【見】大象其辭曰損德之修也繫辭傳春秋諸侯之知德者鮮上声矣穆

公初聽杞子之請違蹇叔之言其名爲貪兵【左傳】秦伯曰詩云大風有隧貪人敗類聽言則對誦言如醉匪用其良覆俾我悖是貪故也孤之謂矣是慾而不能窒也及敗於殽歸作秦誓庶幾能改將窒其慾矣復扶又反起彭衙之師報殽函之役其名爲憤兵【前】魏相傳爭恨小故不忍憤怒者謂之憤兵兵忿者敗利人土地貨寶者謂之貪兵兵貪者破是忿而不能懲也【張氏曰】穆公既歸自殽而作秦誓矣然彭衙及此役猶以報復爲事豈非悔過之心不能勝其恥敗之心而至此乎今又濟河取郊人之稱斯師也何義哉【溫公】吳侵陳斬祀殺厲夫差曰師必有名人之稱斯師也者則謂之何大宰嚭曰古者不斬祀不殺厲今斯師也其不謂之殺厲之師與晉人畏秦而不出穆公逞其忿而後悔自是見伐不報始能踐自誓之言矣是故於此貶而稱人備責之也【通旨】濟河焚舟之師非義率也自是而後不復報晉聖人取其

終能悔而改爾仲尼以恕與人君子大改過【陳氏曰】此秦伯也曷爲貶称人斅之誓孔子有取焉而秦穆之連兵無虚歳故自韓原秦不以爵見於經【愚按】穆公自誓之言追咎既往之失而冀將來之善不貴勇夫而貴良士惡媢疾而思彦聖期以保邦爲念諄諄懇惻誠可爲有天下国家者之法則夫子取之以継四代之書而門人引之以釋大斈平天下章可謂善言矣胡乃不踐其言終用孟明報復至再必以勝晉而後已故書取其言而春秋責其事也説春秋者因左傳有霸西戎之一語而史記謬称穆公益国十二闢地千里天子使召公賀以金鼓然考傳之所記則踰二年而穆公卒其謂焚舟伐晉而遂霸者已非事實况謚以經之書法自戰韓称爵其後終穆公之身並以人書斅之役且以號辛反不若楚莊之見於經並紀其爵則許穆公以伯者妄矣

秋楚穆**人圍江**【左傳】楚師圍江晉先僕伐楚以救江【辭】【氏曰】報沈之役也【臨川吳氏曰】自齊桓之霸江黄以近楚之国而從齊故楚滅之之深前既滅黄矣而未加兵於江者盖江猶能守其国也故至今年有圍江之師【高氏曰】貫澤之盟江從中国楚自城濮之役亦不敢侵伐今晉文既没襄公不能討商臣弑逆之

惡故楚人輕視中国復有窺諸侯之意而圍江以試之也○**雨螽于宋**成雨于付反左傳隊而死也公羊傳死而隊也何以書記異也杜氏曰自上而隋有似於雨來告故書唐陳氏曰不曰宋雨螽如宋大水之例考其實如雨之多自天而墜到地之死明矣○趙氏曰穀梁云著於上見於下謂之雨假如有一物著於上見於下豈得云雨哉螽自空而下下又多有似於雨亦歷代有雨血雨毛雨土皆是也愚按外異因來告而書公羊云為王者之後記異穀梁以為災甚非也○**冬公如晉**襄**十有二月己巳公及晉侯**襄**盟**左傳晉人懼其無禮於公也請改盟公如晉及晉侯盟晉侯享公張氏曰不書地盟于晉都也高氏曰公之如晉蓋朝也非為盟也晉人於是請改盟夫盟已定矣又何改為公宜固辭乃復與盟皆非礼也愚按前此未有因朝聘而盟于国都者諸侯有不協之故則期會于某地而牲歃以某信已非盛世之事況因其朝聘而要之哉前年朝晉晉既以處父盟公于其国此年雖云改盟而猶要公之朝以約誓於国都甚矣文公之屈辱也晉襄苟懼其無礼昌不為魯于晉魯之間以相盟乎厥後荀庚孫良夫郤犨孫林父向戌且因聘魯而要盟矣又其甚則杞子以三恪之君亦即魯而歃盟焉始也魯君盟於伯国縣也諸

侯盟于魯也變可知矣○晉陽處父帥師伐楚以救江公穀無以字左傳晉以江故告于周王叔桓公晉陽處父伐楚以救江門于方城遇息公子朱而還公羊傳此伐楚也其言救江何爲諼也其爲諼柰何伐楚爲救江也穀梁傳此伐楚其言救江何江遠楚近伐楚所以救江也

以者不以者也孫氏曰先言伐楚而後言以救江者惡不能救也楚人圍江陽處父帥師不急赴之乃先伐楚欲其引兵自救而江圍解非救患之師也故明年楚人滅江救江善矣

其書以何楚嘗伐鄭矣齊桓公遠結江黄合九國之師於召陵然後伐鄭之謀罷又嘗圍宋矣晉文公許復曹衛會四國之師於城濮然後圍宋之役解今江國小而弱非能與宋鄭比楚人圍之必不待徹四境屯戍守禦之衆與宿衛盡行也當是時楚有覆載不容之罪據商臣弑頵晉主夏盟宜合諸侯聲罪致討命

秦甲出武關。【戰国策】張儀云秦卒甲而出武關齊以東兵略陳蔡而南處父等兵方城之外，楚必震恐，而江圍自解矣。【氾氏】曰：楚国有難，則江圍自解。計不出此，乃獨遣一軍遠攻强國，豈能濟乎。故書伐楚以救江，言救江雖善，而所以救之者非其道矣。此春秋紀用兵之法也。【陳氏曰】晉大夫書帥師於是始大夫强也。【永嘉呂氏曰】春秋之初，有以大夫帥師而不氏者矣，未有若陽處父之專伐也。內大夫帥師氏者，則無駭帥師入極，溺會齊師伐衛是也。內大夫帥師而氏者，公子慶父帥師伐於餘丘，公孫茲帥師會侵陳是也。而外大夫則未有帥師而出主名者，若陽處父則帥師而出主名矣，以見征伐之自大夫出也。【張氏曰】楚商臣無父無君，乃致患於江，是禽獸逼人之甚。以中国諸侯爲已任者，豈得安居而以討罪之任付之大夫而已乎。晉襄不能率諸侯秉此時誅之，此春秋特書以正其不能奉天討之罪也。【臨川吳氏曰】江以從中国不受楚之伐，中国伯者所當救也。處父畏楚兵之强，不敢徑趨江之城下，乃揚言伐楚以救江門于方城一見息公之來即避之而返既不能救江又不能伐楚其爲畏怯也明矣愚按春秋書侵伐多不言所事而此書伐以救實爲特筆考於傳之所録非惟楚侵陳以救鄭伐鄭以救齊不書蹄齊桓伐厲以救徐亦止書伐厲而不書以救也豈非責處父既不能伐楚又不能救江而特起伐以救之文以罪之故經書中国加兵於楚者三惟齊桓声包茅不責之罪而得盟完之服處父有伐楚之名而無討楚之實晋定公會十八国于召陵有伐楚之勢而僅爲侵楚之陋春秋蓋深惜之也○劉氏曰何休云若兩之當先言救非也若實伐楚又往救江豈非兩之乎明此但脱以字尔

戊戌 襄王二十九年

四年 晋襄五 鄭穆五 齊昭二十 曹共二十 衛成十二 陳共九 蔡莊二十二 杞桓十四 宋成十四 秦穆三十七 楚穆三

春公至自晋 愚按自是公如皆致如晋者凡二十書至者十有三皆所以著其去国踰時之久或執或辱故危之也始也文公如晋則有處父要盟之耻而不書至迄其終也昭定六如晋而不見納書至河乃復焉又不若書至之爲愈矣人君舉動之得失可不慎哉據事直書而義自見謂此類也○

夏逆婦姜于齊 昭左傳卿不行非礼也君子是以知出姜之不允於魯也貴聘

而賤逆之君而卑之公羊傳其謂之逆婦姜于齊何略之也穀梁傳曰婦有姑之辭也其不言氏賤之也何爲貶之也夫人與有貶也程子傳納幣在喪中與喪婚同也稱婦姜已成婦也不稱夫人不可爲小君奉宗廟也不書逆者雖卿亦失其職也

逆皆稱女以未成婦而女著在父母家之所稱也曾子問女未廟見未成婦往逆而稱婦入國不書至何哉此春秋誅意之効也禫徒感反除服祭名鄭氏曰澹澹然平安之意制未終思念娶事是不志哀而居約矣方逆也而已成爲婦未至也而如在國中原其意而誅之也不稱夫人姜氏者亦與音預下同有貶焉婦人不專行何以與有貶父母與有罪也文公不知敬其伉儷違禮而行使國亂子弑齊人不能鑒微知著冒禮而往使其女不免於魯皆失

於不正其始之過也夫婦之際人倫之首禮不可不謹也故交貶之以爲後鑒劉氏曰夫婦之際人倫之首故鑒末以原本因譏以知著文公闇弱惰慢不能率禮而行以謂苟若而可何禮之守故夫人不安其位終卒至於禍又非獨文公之罪雖夫人預有罪矣夫人不能早避喪娶之辱冒大禮以往國人皆賤之遂無所據依以危其身而亡其子由本不正故也殆而呼天不亦晚乎文公之不能保其後嗣者由無以刑其妻夫人之不能安其位由無以謹於禮也張氏曰聖人嚴吉凶之辨蓋人之所以異於禽獸者正以有父子之親而三年之喪哀戚之至也國君爲風教之首而納幣於喪中春秋變逆女爲逆婦姜不成其夫人之禮以見人倫之本已失何以正是國人爲後嗣之基乎唐陳氏曰吉凶之禮苟公不自行大夫不治事則第書其[illegible]不書其人則必譏若斯春秋之規矩也文公使卿以納幣而使譏者逆是公以禮聘之而不以禮逆之宜其不終也愚按春秋一經書逆夫人惟此年最略既不書逆者名氏又不書如齊不稱夫人不言氏不書至豈非聖人責文公首察通喪之禮而然歟宣公之娶尤亟而書法加詳事同而貶則從同同也。劉氏曰左氏云卿不行非礼也假令卿行獨可謂之礼乎公羊云娶乎大夫略之也此雖无他證据然魯初納幣乃用上卿審娶大夫者礼豈如此崇乎穀梁云逆者誰也親逆而称婦或者公與曰公也非也穀梁既云親迎而称婦則称婦宜也又何以見其非成礼於齐乎且令非成礼於齐云公如齐逆婦姜足矣文不當没公

狄侵齊昭 **愚按** 狄自箕之敗至是始復侵齐以晋襄无攘知之謀而齐伯不紹故也 **王氏曰** 大国如齐狄侵者四則其他邢衛魯鄭不足怪也

○**秋楚**穆**人滅江** **左傳** 楚人滅江秦伯為之降服出次不举過數大夫諫公曰同盟滅雖不能救敢不矜乎吾自懼也 **臨川吴氏曰** 晋人陽為救之之名而无救之之實江之受圍周一朞而其国竟滅晋霸不競而荆蠻得以肆其虐於小国可哀也夫 **愚按** 公羊云入不言圍書其重者江黄二国從中国而致滅黄書伐而江書圍皆著中国之不能救也滅者亡国之善辞上下之同力江黄之君不書奔不書以歸則能固守待援而死於其位又可知矣

○**晋侯**襄**伐秦**穆 **左傳** 晋侯伐秦圍邧新城以報王官之役 **程子傳** 秦遅忿以伐晋晋畏而避之其見報乃常情也秦至此能悔過矣故不復報晋聖人取其能迁善也称晋侯不復加譏見秦宜得報而自悔不復修怨乃其善也

晉人三敗（必邁反，下敗狄同）秦師（僖三十三敗殽，文二年春戰彭衙，冬伐秦取汪及彭衙）見報乃常情耳，而穆公濟河焚舟，則貶而稱人。秦取王官及郊，未至結怨如晉師之甚也，襄公又報之，於常情過矣，而得稱爵，何也？聖人以常情待晉襄，而以王事責秦穆，所以異乎？（朱子語謂書晉侯而以常情待晉襄，書秦人而以王事責秦穆，恐未必如此，程子所謂微辭隱義未易言也）襄公忘親背（音佩）惠，大敗秦師，敗狄伐許，怒魯侯之不朝也，而以無禮施之，是專尚威力，先事加人，莫知省德而後動也，今又報秦，不足罪矣。穆公初敗於殽，悔過自誓，增修德政，宜若過而知悔，悔而能改，又有濟河之役，則非誓言之意，所以備責之也。然晉襄見伐而報猶無譏焉，秦穆至是見伐而不報善可知矣不譏晉侯所以深善秦伯春秋大改過嘉釋怨王者之事也故仲尼定書列秦誓於百篇之末以見悔過能改而不責人雖聖賢詰命不越此矣[通旨]穆公悔過極晚取王官封殽尸之後晉侯來伐秦伯於是悔改不復往報聖人所以取之以此見与人為善之路廣矣[張氏曰]晉襄以王官之役不報為恥未若商臣得志於江為恥之大也報秦而不誅商臣使乱臣賊子得以夷滅小弱逞其凶毒晉襄之為盟主末矣此事書之深罪晉侯不以江亡為恥而敵秦怨也[家氏曰]春秋書楚人滅江晉侯伐秦責其當救而不救不當伐而伐罪晉深矣書晉侯非善之以其徇私報怨之過甚亟戰而不知戢故目其人而責之[王氏曰]隱公以來政在諸侯若大夫專政則例貶称人文公以後政在大夫若諸侯有罪則出爵以貶此例之変也猶宣九年齐侯伐萊成四年鄭伯伐許皆貶之也

衛侯成使甯俞來聘[左傳]衛甯武子來聘公与之宴為賦湛露及彤弓[臨川吳氏曰]自垂

隴之會衛執孔達以說晉前年衛從晉伐沇遂服霸主今年春晉歸孔達夏衛侯朝晉至秋而來聘焉事大睦鄰以安社稷或者皆武子之謀也夫子称其知可及者蓋如此○冬十有一月壬寅夫人風氏薨【程子傳】自成風以後妾母称夫人嫡妾乱矣仲子始僭尚未敢同嫡也【杜氏曰】莊公妾僖公母風姓也赴同祔姑故称夫人

風氏僖公之母莊公妾也而稱夫人自是嫡妾亂矣語曰邦君之妻邦人稱之曰君夫人稱諸異邦曰寡小君【馮氏曰】是時嫡妾不正称號不審夫子嘗言古礼如此故記之正其名所以責其實也蓋敵體之稱也若夫妾媵以諮反則非敵矣其生亦以夫人之名稱號去声之據僖八年用致夫人乃成風也其沒亦以夫人之禮卒葬之【陳氏曰】夫人某氏嫡称也喪之以夫人之礼也隱公之喪桓母猶有疑焉是故別廟也祔姑称謚伉然如夫人則自文公之喪成風始非所以正其分扶問反也以

妾媵爲夫人，徒欲尊寵其所愛而不虞卑其身；以妾母爲夫人，徒欲崇貴其所生而不虞賤其父。卑其身則失位，賤其父則無本。越禮至是，不亦悖乎！夫禮，庶子爲君，爲（去声）其母無服，不敢貳尊者也。【儀禮】喪服傳：大夫以上爲庶母無服。【服問】君之母非夫人，則群臣無服。春秋於成風記其卒葬，各以實書，不爲異詞者，謹禮之所由變也。【陸氏曰】自成風之後，妾母皆僭用夫人之礼，故亦書薨，著其非礼。【薛氏曰】妾母爲夫人，僭也。僭則何以取乎春秋？不没其实也。【朱子語】僭公成風与晋簡文帝鄭太后一也，皆所以著妾母之義。【愚按】嫡妾之分，乃人君所當謹。以妾母爲夫人，必致以妾爲嫡；以妾爲嫡，必致庶孽奪正之禍，敵竊之殺。惡及視，乃習視舊文之尊成風，而動於爲惡也。後出妾母皆称太后，或妾死而加以皇后之號，又其甚則唐高宗立武昭儀爲后，而致移其宗社矣。朱子於綱目書尊帝母貴人爲太后，又或書立貴嬪某氏爲皇后，或曰立婕妤某氏爲皇后，或曰立婕某氏爲后

盖取法春秋譏成風之例然春秋隱其辞而綱目直斥本称者春秋乃本国之史而綱目則筆削前代之史故不同也

【己亥】襄王三十年**五年**【晋】襄六【齊】昭十六【衛】成十三【蔡】莊二十四【鄭】穆六【曹】共二十一【陳】共七【杞】桓十五【宋】成十五【秦】穆三十八【楚】穆四

春王正月王襄**使榮叔歸含且賵**含户暗反賵撫鳳反【公羊傳】含者何口實也其言歸含且賵何兼之【穀梁傳】含一事賵一事也其曰且志兼也【程子】【傳】天子成妾母為夫人乱倫之甚失天理矣不称天義已明称叔存礼也【范氏曰】榮叔天子之上大夫也榮采地叔字

珠玉曰含【何氏曰】天子以珠諸侯以玉大夫以碧士以貝春秋之例也**車馬曰賵**【穀梁】隱元乘馬曰賵貝玉曰含**歸含且賵者**【胡氏曰】承上言成風薨不言來可知也**厚禮妾母也**據仲子止歸賵此兼含賵【杜氏曰】成風莊公之妾天子以夫人礼賵之【趙氏曰】譏天王厚礼妾母也**不稱天王者弗克若天也**【泰誓】夏桀弗克若天【注】不能順天

春秋繫（音繼）王於天，以定其名號（去声）者，所覆則天位也，
所治則天職也。（孟子本）所勅而惇之者，則天之所叙也，
所自而庸之者，則天之所秩也。所賞所刑者，則天之
所命而天之所討也。（書臯陶謨本）夫婦，人倫之本，王法所
尤謹者。今成風以妾僭嫡，王不能正，又使大夫歸含
賵焉，而成之爲夫人。陳氏曰：賵常事不書，惟賵仲子、成風特書之，則遂命爲夫人也。
春秋之初，猶以爲非常事也，宜之敬嬴、襄之定姒、昭之齊歸，雖命爲夫人，不復書矣。孟子卒不赴于京師。
孔子曰：夫人之不命於天子，自昭公始也。則王法廢，人倫亂矣。是謂弗克
若天而悖其道，非小失耳。故特不稱天，以謹之也。劉氏
曰：不知者乃謂天子賵人之妾小過耳，而譏之深；求車、殺母弟大惡也，而譏之略。是不及知春秋正人倫
之意也。君臣也，父子也，夫婦也，治之三綱也，道莫先焉。桓以臣弑君而王命之，成風以妾僭嫡而王成之，

於是三綱廢矣是去人之所以爲人也王之無天不亦明乎【愚按】礼經天子諸侯於妾無服而周官職喪掌諸侯之喪及卿大夫士凡有爵者之喪亦不及邦国夫人之喪也今王臣含賵則是魯以成風之喪赴於京師矣夫人之喪猶不當赴于王況妾母乎王之賵以含賵其責已深而魯之往赴其罪亦不可揜矣春秋王礼之施於魯者惟桓文二公爲數且盛而紊瀆三綱有如此者亦可悲夫。【趙氏曰】公穀皆云兼之非礼也據礼含賵襚止一人兼行尒若每事須一人則蓋王朝之臣不足以充喪礼之使也【劉氏曰】鄰国含賵襚猶共一大夫況王者於其臣妾乎穀梁又云其不言來不周事之用也亦非也宰咺言來豈周事之用者乎

三月辛亥葬我小君成風【公羊傳】成風者僖公之母也

仲子雖聘非惠公之嫡也正室曰嫡春秋之初尚以爲疑故別爲去声立宮而羽數特異見隱五年此雖非禮之正然不祔音附于姑猶有辨焉。至是成風書葬乃有二夫人

祔廟而亂倫易紀無復辨矣故禮之失自成風始也

啖氏曰自文公葬成風之後乃有二夫人祔廟非礼也趙氏曰仲子非惠公之嫡故特爲之立宮而不祔不書其葬蓋礼之正也自成風以來妾母皆葬蓋祔也魯礼之変自此始矣高氏曰既以夫人之礼薨之復以小君之礼葬之又別爲之謚焉書實以示譏也愚按後世以妾母爲正嫡至於襄事乃黜正嫡而以嬖妾合葬焉如中宗之葬乾陵嚴善惡諫而弗止猶襲而莫知其失矣孰有如漢之孝文自謂側室之子而不以爲嫌者乎

王襄使召伯來會葬召音邵穀作毛左傳榮叔來含且賵召昭公來會葬穀梁傳會葬之礼於鄙上程子傳天子以妾母同嫡乱天理也故不稱天聖人於此尤謹其戒杜氏曰召伯天子卿也召采地伯爵也

王臣下聘桓公冢宰書名示貶據書渠伯糾而大夫弗聘則無譏焉據仍叔家父書字不書名或以爲從同同也或以爲同

則書重也【公羊】莊四不可勝譏擇其重者而譏焉其餘從同同【注】輕者從義与重者同【穀梁】宣二志同則書重成風薨王使榮叔歸含且賵既不稱天矣及使召伯來會葬又與音預賵焉何也歸含且賵施於妾母已稠疊矣又使卿來會葬恩數有加焉春秋君夫人葬惟僖公及成風王使大夫來會是將祔之於廟也而致禮於成風盡矣聘一也含賵而又葬則其事益隆亂人倫廢王法甚矣再不稱天者聖人於此尤謹其戒而不敢略也【高氏】曰再不言天深貶之也【蜀杜氏曰】薨而追賵含尚曰不可況又使卿會葬乎故復去天以示義【家氏曰】天子之於諸侯有會葬之礼非所以施之妾母也元年書叔服此年書召伯五年之間後先兩會葬或稱天王或王不稱天比事而觀著義豈不甚明乎【胡氏曰】王不稱天於追錫桓公見之至是再見以夫人之礼褒成風也雖僖之際天下知有盟主而已而襄王之季年更有事於諸侯於是叔服會葬毛伯錫命尤汲汲

於曾也尤汲汲於曾而何爲乎成風一人賵含之一
人葬之以是懷諸侯吾見周之益陵夷矣宰咺嘗以
賵妾母則召伯何以不貶王公一体也宰書名則
王不待貶而自見王不稱天則召伯不待貶而自見
也桓以少篡長成風以庶乱嫡王道熄矣而莊襄不
能正又從而褒賞之是以天命施之天討也故皆不
称天。劉氏曰左氏曰礼也非也庶子爲君爲其母
無服不敢貳尊者也妾母称夫人王不能正又使公
卿會葬何礼之有何休謂去天者不及事天子會葬
諸侯而有早晚小失耳未可集以爲過也何至遂貶
去天
乎

夏公孫敖如晉 襄 高氏曰 王含且賵又來會葬矣捨天
王而謹事晉不待貶而惡見也 臨川吳
氏曰 三年之冬公朝晉今又使卿往聘焉魯之謹於事
霸主也魯臣如晉聘者二十四致襚會葬者又四焉始
於公子遂而終於季孫斯仲孫何忌或跡或教
或無所爲或有所爲考其時與事而得失見矣

○秦 穆

人入鄀 鄀音若 左傳 初鄀叛楚即秦又貳於楚夏秦人入
鄀 杜氏曰 鄀本在商密秦楚界上小国迁於南
郡鄀縣 張氏曰 今襄陽宜城縣地有鄀故城 愚按 鄀本
国今汴梁路鈞州密縣後迁襄陽路宜城縣 高氏曰 鄀

蓋微国秦以其叛而入之後遂為楚所并楚 ○秋楚穆
昭王復国之後畏呉之強去郢而都鄀矣
人滅六 左傳 六人叛楚即東夷秋楚成大心仲歸帥師
滅六冬楚子燮滅蓼臧文仲聞六與蓼滅曰皐
陶庭堅不祀忽諸德之不建民之無援哀哉 杜氏曰 六
国今廬江六縣 任公輔曰 地譜壽州安豊縣有六国故
城 愚按 今廬州路六安州 臨川呉氏曰 晉襄公死期將
及故其志氣不能如初年之盛紹霸之業浸以衰微故
西戎之秦南蠻之楚敢於肆行 **○冬十月甲申許男業**
中国呑噬弱小而無所忌也
卒 僖公也在位三十三年
子錫我嗣是為昭公
庚子 襄王二十一年 **六年** 晉襄七卒 齊昭十二 衛成十四 蔡莊二十五 鄭穆七 曹共二十二 陳共十一 杞
桓十六 宋成十六 秦穆三十五 楚穆五
春葬許僖公○夏季孫行父如陳
共 左傳 臧文仲以陳衛之睦也欲求好於陳季文子聘
于陳且娶焉 杜氏曰 臣非君命不越竟故因聘而自為
娶 范氏曰 行父季友孫 臨川呉氏曰 此亦行父欲迎婦
於陳而請於君借聘礼以行前此魯陳未嘗有邦交也
愚按 季友如陳者再今行父之往蓋因其祖之舊好假
公室之聘而圖昏耳春秋特書公子友葬原仲而行父

之娶于陳公孫玆娶于牟嬰齊娶于莒皆止書如所以
貶季友之私行而不予行父玆嬰齊因聘以濟其私欲
也自逆猶可赦如莒涖盟而代弟
逆婼聘宋而爲意如逆則又甚矣 ○ 秋季孫行父如晉 朱子曰季
襄 左傳 季文子將聘于晉使求遭喪之礼以行其人曰
將焉用之 文子曰求而無之實難過求何害
文子三思而後行如使晉而求遭喪之礼以行亦其一
事也 愚按 王制諸侯於天子比年一小聘三年一大聘
五年一朝文公即位六年君朝於晉者再而貴卿比年
往聘過於事天子之礼而京師之朝終其世不見於經
盖諸侯知有霸主
而不知有王也 ○ 八月乙亥晉侯驩卒 驩喚官反 公 作讙襄公也
在位七年 左傳 晉襄公卒靈公少晉人以難故欲立長
君趙孟曰立公子雍賈季曰不如立公子樂趙孟使士
會如秦逆公子雍賈季亦使召公子樂于陳趙孟使殺
諸郫穆嬴日抱大子以啼于朝曰先君何罪其嗣亦何
罪舍適嗣不立而外求君將焉寘此出朝則抱以適趙
氏頓首於宣子曰先君奉此子也而屬諸子曰此子也
才吾受子之賜不才吾唯子之怨今君雖終言猶在耳
而棄之若何宣子與諸大夫皆患穆嬴且畏偪乃背先
蔑而立 ○ 冬十月公子遂如晉 杜氏曰 卿共葬事文襄
靈公 之制 愚按 鄭子太叔曰

先王之制諸侯之喪士弔大夫送葬稽之於經前此未有使卿送葬者雖桓文之霸止遣微者會葬蓋晉文昉爲霸令使大夫弔卿共葬事故叔孫婼葬平公季孫意如葬昭公馴致少姜以妾媵而諸侯使卿會葬矣

葬晉襄公 杜氏曰 三月而葬速 愚按 趙盾患秦之送公子雍欲禦秦師故急於襄事也

○**晉**靈

殺其大夫陽處父晉狐射姑出奔狄 傳 射音亦穀作夜 左 晉蒐于夷舍二軍使狐射姑將中軍趙盾佐之陽處父至自溫改蒐于董易中軍陽子成季之屬也故黨於趙氏且謂趙盾能曰使能国之利也是以上之宣子於是始爲国政賈季怨陽子之易其班也而知其無援於晉也使續鞫居殺陽處父晉殺續簡伯賈季奔狄 公羊傳 君將使射姑將陽處父諫曰射姑民衆不說不可使將於是廢將陽處父出射姑入君謂射姑曰陽處父言曰射姑民衆不說不可使將射姑怒出刺陽處父於朝而走 穀梁傳 稱国以殺罪累上也襄公已葬其以累上之辭言之何也君漏言也晉將与狄戰使狐夜姑爲將軍趙盾佐之陽處父曰不可古者使仁者佐賢者今趙盾賢夜姑仁其不可乎襄公曰諾謂夜姑曰吾始使盾佐女今女佐盾矣夜姑曰敬諾襄公死處父主竟上之事夜姑使人殺之

公羊子曰晉殺其大夫陽處父則狐射姑爲出奔射姑殺也射姑殺則其稱國以殺何君漏言也【何氏】曰漏泄也自上言泄下曰漏易曰不出户庭无咎節卦初九爻辭【朱子本義】節有限而止也【程子傳】户庭户外之庭當節之初戒之謹守至於不出户庭則无咎也何謂也子曰亂之所生則言語以爲階君不密則失臣臣不密則失身幾事不密則害成是以君子慎密而不出也【朱子本義】此夫子繫辭釋節卦初九爻義【愚按】人之所節唯言与行而言尤所當謹以防輕泄則招欺咎故夫子獨以言言之也

凡書殺者在上則稱君如佞夫称天王痤申生称宋公晉侯在下則稱氏如楚棄疾殺比称公子陳招殺偃師称陳侯之弟在衆則稱人如洩冶先都称陳人晉人州吁無知称衛人齊人之類在微則稱盜如鄭公子騑陳夏區夫之類君與臣同殺則稱國如鄭申侯楚得臣之類今殺處父者

射姑耳君獨以漏言故亦預殺焉所以爲後世戒也【范氏曰】親殺者夜姑而歸罪於君明由君言而殺之罪在君也【陸氏曰】射姑專殺其惡易知晉侯漏言其責難見春秋之作明微也故以累上書之以戒天下之爲人君者也【王氏曰】詩曰紹庭上下陟降厥家謂人君陞黜大臣當由直道也襄公儻以大公至正之道上下其臣雖予奪不盡當人亦退听而無所歸咎今乃漏言於射姑嫁怨於處父則是處父之死襄公致之矣 或以處父爲侵官左傳非歟曰人君用人失當去声則其國必危凡立于朝者舉當諫君況身爲晉國之太傅邪據左傳称太傅陽子若以爲侵官將相並去声大臣非其人百官有司失其職在位者當拱默自全陰聽人主之所爲至於顛危而不救則將焉音煙用彼相乎【劉氏曰】改蒐易將凡出晉侯何謂處父侵官耶人君任賢不称必將致敗苟食祿者舉當諫君況處父晉国太傅耶事有不便言之宜矣以爲侵官是教大臣拱默也【愚】

【按】漢成哀之間張禹王舜輩坐視王氏率天下臣子事皆噤而不言乃所謂拱默自全者也爲持禄容身不忠之行（去声）以誤朝迷國者必此侵官之説夫（父音甫）【張氏曰】據左氏則若晉国之事一聽於陽處父者及考穀梁所謂君漏言則是易中軍乃陽處父咨言於襄公公不能謹而輕漏之以致射姑之殺處父春秋所以分其殺於君與大夫也【臨川吳氏曰】是時襄公已卒而書国殺者若曰處父今日之死由襄公漏言之故実襄公殺之也【陳氏曰】兩下相殺其書国殺何春秋之法苟有賊而不知則其君之罪也是故晉殺胥童殺三郤亦書中行偃殺胥童齊崔杼殺高厚鄭子展子西殺公子嘉皆称国而已矣【家氏曰】射姑以私怨殺一大夫其罪固當誅而處父以私意黨趙氏使盾由是爲政於晉擅廢立專刑賞其末流遂有弑君之事然則處父固當言言而以私乃其罪也使處父謂賈季不可卒晉国之賢人使居執政之位則善矣【高氏曰】先書晉殺處父継書射姑出奔則実殺處父之罪自著矣

閏月不告月猶朝于廟（告音梏下同）【左傳】閏月不告朔非礼也閏以正時時以作事事

以厚生生民之道於是乎在矣不告閏朔棄時政也何以爲民【公羊穀梁傳】不告月不告朔也

不告月者不告朔也【杜氏曰】諸侯每月必告朔聽政文公怠慢政事以閏非常月故閒不告朔【何氏曰】不言公者内事可知【王氏曰】不曰朔而曰月蓋朔者月之初吉而月則積日而成也以閏月而不告則一月之政與不卒聖人變文而書爲怠政而設也不告朔則曷爲不言朔也因月之虧盈而置閏是主乎月而有閏也【愚按】有朔而無中者爲閏月月有晦朔則自然有閏無閏則失月行之數故曰主乎月而有閏也故不言朔而言月占天時則以星【愚按】日月所會是謂辰以曆言之則是積餘分而置閏以日月星辰觀之則閏月日月亦會於辰與他月無以異也授民事則以節候寒暑之至則以氣【愚按】閏雖無中而節氣在望晦置閏月則不失陰陽節氣之正也百官修其政於朝庶民服其事於野則主乎是焉耳。

矣。閏不可廢乎。曰：迎日推策則有其數【史】黃帝紀迎日推策【注】策

數也日月朔望未來而推之天官書黄帝考正星曆起消息以正閏餘轉璣觀衡則有
其象舜典在璿璣玉衡以齊七政蔡氏傳以璿飾璣所以象天体之轉運以玉爲管横而設之所以
窺璣而齊日月五星之運行猶天之渾天儀歸奇音基於扐音力以象閏數也
易大傳朱子本義音蓍策所揲四數之餘也扐於左手中二指之兩間象閏乃積月之餘日也斗指
兩辰之間象也漢律曆志閏月無中氣而北斗邪指兩辰之間所以異於他月也象
數者天理也非人所能爲也故以定時成歲者唐典
也通旨沈存中有去閏之論而堯舜以來以閏月定四時成歲若去閏則歲功熄矣以詔王
居門終月者周制也周礼大史閏月詔王居門終月注十二月分在青陽明堂總章
玄堂左右之位唯閏月無所居故居于門班告如字朔於邦國同上注班布也以十二月
朔布告天下諸侯諸侯藏之祖廟至朔朝于廟告而受行之蔡氏曰天子常以今年冬班明年正朔於諸
侯諸侯受之每月奉月朔甲子以告于廟所謂禀正朔也故曰王正月言王之所以班也因以特牲薦謂

之告月亦曰告朔文公以閏非正不行告朔之禮而以朔日但身至廟朝朝謁而已不以是爲附月之餘而弗之數上声也猶朝于廟者【陸氏曰】受朔于廟者尊事先君不敢自專也幸其不已之詞【蜀杜氏曰】春秋志文公發告朔而猶朝廟是幸其禮不盡廢聖人愛禮之深意也【高氏曰】苟知朝廟之不可已則告月之禮曷爲而可已哉

子貢欲去上声告朔之餼羊子曰爾愛其羊我愛其禮【論語】朱子注愛猶惜也諸侯月朔以特羊告廟魯自文公始不視朔而有司猶供此羊故子貢欲去之然告朔諸侯所以稟命於君親禮之大者羊存則告朔之名未泯而其實因可舉孔子所以惜之【張氏曰】閏者所以定四時成歲袷曆明時之政必明于此天子以爲月而頒之於諸侯而不奉以告是輕正朔而慢時令也【孫氏曰】春秋二百四十二年閏月多矣獨此書不告月者是當告也。【啖氏曰】公穀音不告月爲是非也按經文言不告月明當告也【劉氏曰】公羊以謂不告朔禮也猶朝于廟非禮也穀梁曰閏月者附月之餘日也天子不以告朔而喪事不數也皆非也閏雖無常而政有常可得勿告乎【愚按】周天三百六十五度四分度之一日一日一周在天爲不及一度積三百六十五日四分日之一而与天會爲一歲月一日不及天十三度十九分度之七積三百五十四日九百四十分日之三百四十八而与日會者十二爲一年大率三百六十日爲常數一歲多五日九百四十分日之二百三十五分爲二十四氣是爲氣盈而晝夜長短節氣寒暑於是定焉一年少五日九百四十分日之五百九十二分爲十二月是爲朔虚而晦朔弦望於是定焉積歲之有餘就年之不足而後有閏三年一閏尚餘三日有奇五年再閏則少五日有奇積十九年閏在十二月則氣朔分齊大率三十二月則有閏前之月中氣在晦閏後之月中氣在朔若曆不置閏則弦望晦朔皆非其正晝夜平分不在春秋之中而寒暑反易矣故書云以閏月定四時成歲周禮注中數曰歲朔數曰年中朔大小不齊正之以閏乃天地自然之理曆家因其自然而立積分之數以合之耳公羊謂閏月天無是月穀梁謂附月之餘日皆非是夫二十九日九百四十分日之四百九十九而晦朔交則爲一月月非有閏之名特以日月行天疾徐之不同而歲年盈縮之有異遂謂之閏天与日月之行自然有閏豈可謂天無是月哉月非有餘也又豈可謂附月之餘哉月之有閏則由乎天而月之名閏乃

由於人故於文王在門爲閏礼稱天子閏月則听朔于明堂闔門左扉立于其中王之謹乎閏閏月者如此而諸侯安可不告月哉考之經傳凡言閏月多在歲終蓋是時曆法謬矣每置閏於歲終故左傳以閏三月爲非礼則無中者不謂之閏而名曰閏者非閏月矣秦之後九月實做於此是宜當時之鄉大夫以天無是月指爲曆家所置而導其君發告朔之礼也詭經者且曰天子不告朔尚何責昏庸之魯文也哉春秋書猶朝廟即聖人愛礼存羊之意謂朔雖不告而朝廟不發則告朔之礼猶有存者公穀皆曰猶者可以已也杜預亦云可止之辭大夫春秋之意蓋聖人傷魯文之怠慢政事故特書不告月猶朝于廟若曰不如此而尚幸其如此將已而不遂已是知其不可已而自不能已也与猶三望猶繹之義不同

辛丑 襄王三十二年

七年 晉靈公夷皐元年 齊昭十二 衛成十五 蔡莊二十六 鄭穆八 曹共二十三 陳共十二 杞桓十七 宋成十七卒 秦康公罃元年 楚穆六

春公伐邾 文 左傳 間晉難 莊氏曰 公因霸 有雖而 侵小

三月甲戌取須句 句 公 作朐其俱反 左傳 寘文 公子焉非礼也 莊氏曰 絕大皞之祀以与鄰国叛臣僖公反其君之後邾復滅之邾文公子叛在魯故公使爲守須句大夫 王氏發義

公反其君，故不日。文公絕其祀，故謹而日之。【愚按】僖公雖曰私其母家，猶有崇明祀、保小寡之義；文公秉霸国之喪，貪土地而舍道也，其罪益甚矣。○【劉氏曰】公羊云：取邑不日，此何以日？內辭也，使若他人然。非也。僖公嘗伐邾取須朐矣，何以不爲內辭哉？穀梁云：取邑不日，此其日何也？不正其再取，故謹而日之。亦非也。設不日，則此聽其取乎？

遂城郚。郚音吾。【穀梁傳】遂，繼事也。【杜氏曰】因伐邾師以城郚，郚備邾難。郚，魯邑，卞縣南有郚城。【張氏曰】今在襲慶府泗水縣。【愚按】泗水縣今屬濟寧路兖州。文公以邾叛臣守須句之地，又重勞民力城內邑，以方邾師之至，心有慊焉，故畏鄰国之伐，而不知愈重其過也。○

夏四月，宋公王臣卒。【陸】作壬臣。成公也，在位十七年。其弟禦殺世子而自立，国人殺禦而立其少子杵臼，是爲昭公。【高氏曰】以国乱，故不日不葬。凡治則礼詳，乱則葬礼略。

宋昭**人殺其大夫**。【左傳】宋成公卒。於是公子成爲右師，公孫友爲左師，樂豫爲司馬，鱗矔爲司徒，公子蕩爲司城，華御事爲司寇。昭公將去羣公子，樂豫曰：「公族，公室之枝葉也，若去之，則本根無所庇廕矣。葛藟猶能庇其本根，故君子以爲比，況国君乎？此諺所謂庇焉而縱尋斧焉者也，必不可。」不听。穆、襄之族率国人以攻公，殺公孫固、公孫鄭于公宮。六卿和公室，樂豫舍司馬以譲公

子卯書曰宋人殺其大夫不称名衆也杜氏曰不称殺者及死者名殺者衆死者无罪

書宋人者國亂無政非君命而衆人擅殺之也詳見莊二

十五年傳杜氏曰二子在公宮為乱兵所殺高氏曰貶責无所寄直志其衆乱无政而已大夫不

名義繫於殺大夫而其名不足紀也陸氏曰非君意而殺之者衆不

可書名特加人字以別之又明死者无罪臨川吳氏曰穆襄之族率国人人衆非一人也故称宋人死者

不幸而遭乱兵非有可殺之罪故不書名家氏曰終昭公之世不名其大夫春秋有天下之辞有一国之

辞有一人之辞於晋靈公凡會盟皆不序諸侯是天下之辞也於魯莊公凡會斉襄皆書人是一国之辞

也於魯桓公凡大夫將皆不言大夫於宋昭公凡大夫不名是一人之辞也愚按宋昭方居諒陰而欲去

羣公子以啓乱階致公族之悖逆而大夫受其咎明

年復殺司馬而逐司城經書宋公王臣卒宋人殺其

大夫明年又書宋人殺其大夫司馬宋司城來奔以

見嗣君之无政先君在殯而国人作乱以戮其大夫

踰年而掌兵之官見誅守国之官見逐皆書宋人而

昭公之為君可知矣曾未十年而有帥甸之弑經以

大惡係之宋人所以備責昭公不足爲宋人之君也
○【趙氏曰】公羊云何以不名宋三世無大夫三世内
娶也以三世内娶便云三世無大夫不近人理穀梁
云称人以殺誅有罪也若実殺有罪何以不書死者
之名
乎

戊子晉（靈）**人及秦**（康）**人戰于令狐晉先蔑奔秦**（令力呈反蔑【公】
作昧奔上有以師字【左傳】秦康公送公子雍于晉曰文
公之入也無衛故有呂郤之難乃多与之徒衛趙盾將
中軍先克佐之荀林父佐上軍先蔑將下軍先都佐之
以御秦師及菫陰宣子曰我若受秦秦則賓也不受寇
也既不受矣而復緩師秦將生心先人有奪人之心軍
之善謀也逐寇如追逃軍之善政也訓卒利兵秣馬蓐
食潛師夜起敗秦師于令狐至于刳首先蔑奔秦士會
從之【公羊傳】此偏戰也何以不言師敗績敵也其称人
何貶也先昧不言出在外也【穀梁傳】不言出在外也輟
戰而奔秦以是爲逃軍也【程子傳】晉始逆立公子雍既
而悔之故秦興兵以納之晉不謝秦秦納不正皆罪也
故称人晉濯秦之不肯已而擊之故書晉及【杜氏曰】先
蔑不言出在外奔令狐晉地在河東【張氏曰】河中
府猗氏縣有令狐城【愚按】河中府今屬平陽路）

按左氏襄公卒太子幼晉人欲立長上声君趙孟使先蔑如秦逆公子雍如字秦康公以師納之襄夫人日抱太子以啼于朝曰舍音捨適音嫡嗣不立而外求君將焉音煙寘此諸大夫畏逼乃背音佩先蔑立靈公趙盾將去声中軍以禦秦潛師夜起敗必邁反秦師于令狐先蔑奔秦程氏以爲晉不謝秦秦納不正皆罪也故稱人王氏或義既貶宣子又貶秦伯罪各當誅陳氏曰宋襄公納齊孝公戰于甗貶稱師秦康公送晉公子雍戰于令狐貶稱人秦晉之交兵於是再世自令狐之後不悉書矣八年秦伐晉取武城不書十年晉伐秦取少梁不書晉懼秦之不肯已而擊之是晉人爲志乎是戰者也故書及其貶之如此者使後世臣子慎於廢立之際不可忽也治去声亂存亡繫國君之廢立事莫重

於此矣，而可以有誤乎。弈者舉棋不定，不勝其耦。況置君而可以不定乎。【左傳】襄二十五衛大叔文子曰：甯子視君不如弈棋。弈者舉棋不定，不勝其耦，況置君而弗定乎。【張氏曰】如左氏說，則當書晉人敗秦師于令狐。今書晉及秦戰，又不言敗者，交賊之也。然二国之兵，晉曲尤甚，故秦伯、趙盾皆稱人，而特以晉及，且不書秦師之敗，深罪晉人置君而不定也。先蔑書奔，使秦而逆公子雍，罪之也。【高氏曰】先蔑以自令狐復如秦，故不言出也。【愚按】晉襄以前年八月卒，十月葬矣。秦人豈不知其已立君，而至是始納公子雍耶？蓋趙盾始議求長君，而中變其說。秦人雖知其立靈公，而欲以重兵強納公子雍以爭国也。夫康公始爲太子，送舅氏而念母之不見，故作渭陽之詩，是固良心也。今乃納庶孽而奪嫡甥之位，自是兵爭不息，豈非怨欲害乎良心而然歟？不然，春秋釋秦而專罪趙盾矣。

狄侵我西鄙。【左傳】公使告于晉，趙宣子使因賈季問酆舒，且讓之。【張氏曰】間秦晉之爭。【襄陵許氏曰】狄懲箕之敗，四年間一侵齊而未敢肆，至是復侵魯，侵齊，侵宋，侵衛。晉襄既没，莫之忌矣。【高氏曰】魯間晉難而伐邾則狄亦間晉難而侵魯聖人書此罪魯之不自正也○秋八月公會諸侯晉靈大夫盟于扈【左傳齊侯宋公衛侯陳侯鄭伯許男曹伯會晉趙盾盟于扈晉侯立故也公後至故不書所會凡會諸侯不書所會後也後至不書其国辟不敏也公羊傳諸侯何以不序大夫何以不名公失序也穀梁傳其曰諸侯略之也程子傳文公怠政事多廢緩既約晉盟而復後至故書往會而隱其不及不序諸侯以見其不在故明年公子遂再往与晉盟也杜氏曰扈鄭地滎陽卷縣西北有扈亭張氏曰今鄭州原武縣愚按原武縣今屬汴梁路】

諸侯會晉趙盾盟于扈為【去声】晉侯立也趙盾内專廢置其君【公羊傳不與大夫專廢置君】外強【上声】諸侯為此盟其不名者見【音現】大夫之強也【劉氏曰趙盾既内專廢置其君而又外強諸侯盟王者之法所不當受也故斥而遠之若曰陪臣執国命漸不可長已此非其所得為也襄陵許氏曰諸侯何以不序大夫何以不名大夫而主盟諸侯自扈之會始也】諸侯不序見【音現】公之不及於

會也。趙氏曰諸侯不序公不得與之盟也而曰公會諸侯盟者言公附於戴書也戴書不可從附與盟主之大夫敵焉也責公不早赴而自取其恥尔文公怠惰事多廢緩既約晉盟而復扶又反後至故隱其不及罪公之不能自強於政治魯自是日益衰矣。劉氏曰左氏云公後至不書所會非也按經公與盟矣何謂後會乎杜云公後會而及其盟此飾非之言會盟同地會所以為盟也今及其盟不得云後會盟重會輕不當稍責其輕又已称公會諸侯矣豈不及其會者乎公羊云諸侯不可使與公盟昳晉大夫使與公盟亦非也諸侯既与公盟矣又何云昳晉大夫乎陳氏曰諸侯何以不序晉始失伯也凡称諸侯必前目而後凡也前有王人後无王人書曰諸侯盟于某如首止葵丘則王人嘗不与也前无吾君後有吾君書曰公會諸侯盟于某如盟薄盟宋則吾君嘗不與也未始有不與者也而但曰諸侯一役而再有事遂圍許盟祝柯盟重丘是也非一役而再有事則非凡辞也非凡辞者散辞也愚按經書大夫之盟不書名氏者三莊公九年書及斉大夫盟時襄公已弑桓公未入斉无君當国大夫自為主而與莊公盟故大夫不書名氏此年趙盾初立靈公專執晉政強會八国之君而自主盟亦若晉无君然故趙盾亦不書名氏溴梁之會諸侯皆在而十一国之大夫自盟則諸国皆若无君矣故亦但書大夫盟扈之盟書晉大夫霸主失政也溴梁之盟書大夫諸侯皆失政矣

冬，徐伐莒。紀號【愚按】僖十五敗徐娄林此年伐莒徐皆夆文定昭五年傳曰徐伯益之後始僭稱王王非諸侯所當稱故春秋比諸夷狄今考僖三年取舒十七年伐英氏皆稱人以其能附中国也會申稱子則在會諸侯皆狄耳

公孫敖如莒紀涖盟。涖音利【公穀】作莅【左傳】穆伯娶于莒曰戴已生文伯其娣声已生惠叔戴已卒又聘于莒莒人以声已辭則為襄仲聘焉徐伐莒莒人來請盟穆伯如莒涖盟且為仲逆及鄢陵登城見之美自為娶之仲請攻之公將許之叔仲遂伯諫公止之惠伯成之使仲舍之公孫敖反之復為兄弟如初【穀梁傳】莅位也其曰位何也前定也其不日前定之盟不日也【高氏曰】莒為徐所伐故故來求援而請脩洮之盟敖娶于莒故許其盟而請往涖之【臨川吳氏曰】魯臣每欲娶婦必請於君行聘會之礼假公事以遂其私君之无政臣之无礼也况敖代弟逆名尤不正卒以淫奔禽獸之行也

壬寅　襄王三十三年崩　八年　晉靈二　齊昭十四　衛成十六　蔡莊二十七　鄭穆九　曹共三十四　陳共十三　杞桓十八　宋昭公杵臼元年　秦康二　楚穆七

春王正月○夏四月○秋八月戊申天王崩　襄王也在位三十三年世子王臣嗣位是為頃王　○冬十月壬午公子遂會晉靈趙盾盟于衡雍　盾徒本反雍於用反　傳　晉人以扈之盟來討　公　襄仲會晉趙孟盟于衡雍報扈之盟也　汪氏曰　衡雍鄭地滎陽卷縣　高氏曰　衡雍晉文公會諸侯朝王之處也　夫天王崩諸侯不奔喪而盾遂皆國之正卿乃自相會盟于王畿之內惡莫大焉　張氏曰　後漢河南卷縣有垣雝城古衡雍也与扈相近自晉文翟泉之盟付之諸大夫文公復以國事付之公子遂而不知一國之禮樂征伐皆自公子遂出此啟竊所以得窺覦伺間隙私事之以胚胎殺適立庶之禍也　任氏曰　晉魯之用事者會盟政在大夫矣　愚按　衡雍在今汴梁路原武縣之東大夫之專盟始於此前此盟翟泉猶有僖公在會也自是而有袁婁之盟鷄澤溴梁諸侯皆在而大夫自盟矣于宋于虢則晉楚大夫狎主齊盟而諸侯不復在矣其事自衡雍之盟始也况當是時仲遂已有无君之心而晉討文公之盟扈必要仲遂歃血而後信亦猶成公之沙隨不

得見而季孫行父會晉郤犨盟于扈昭公弔少姜不見納而季孫宿如晉馴致乾侯之欲晉不能修方伯之職而意如會荀躒于適歷矣三桓專魯六卿分晉豈一朝一夕之故哉

乙酉公子遂會雒戎盟于暴

傳雒音洛雒戎左一作伊雒之戎公作伊雒戎左遂會伊雒之戎杜氏曰諸戎雜居伊水雒水之間暴鄭地

春秋記約而志詳文中子史氏記繁而志寡其書公子遂盟趙盾及雒戎何詞之贅乎曰聖人謹華夷之辨所以明族類別筆列反下同內外也雒邑天地之中而戎醜居之亂華甚矣再稱公子各曰其會臨川吳氏曰壬午會趙盾越四日乙酉盟雒戎非歸魯而再出蓋初出之時已擬行二事正其名與地以深別之者示中國夷狄終不可雜也張氏曰盟盾未幾而遂會雒戎不以遂事言之所以別夷狄於中國以示辨內外之法也高氏曰暴亦王畿之采邑詩稱暴公是也雒戎雜處于王畿之內而列國至於

與之盟則其干中國甚矣大夫無遂事自壬午至乙酉四日之間不能再出又非一事再見故兩稱公子遂以見晉戎同使又各舉其地以辨華夷之分也自東漢已來乃與戎雜處而不辨晉至於神州陸沈【愚按】陸沈如陸地而沉於水建武中徙匈奴於上谷漁陽徙羌於關中居扶風馮翊空地厥後族類蕃息驟致劉石強盛十六國僭亂中原非晉有矣唐亦世有戎狄之亂【愚按】唐初突厥頡利已數有叛亂玄宗爲祿山所逐再出不能平定代宗時回紇吐蕃犯京師德宗憲宗時吐蕃屢寇許翰以爲謀國者不知學春秋之過信矣○【劉氏曰】左氏云珍之也言遂權與戎盟得事之宜故褒稱公子非也若兩稱公子爲褒襃公子遂如京師遂如晉則貶矣彼不謂貶何耶

公孫敖如京師頃不至而復【公】無而字丙戌奔莒紀【左傳】穆伯如周弔喪不至以幣奔莒從已氏焉【公羊傳】不至復者內辭也不可使往也不可使往其言如京師何遂公意也何以不可出遂在外也【穀梁傳】不言所至未如也未如而曰如不廢君命也未復而曰復不專君命也其如非如也

其復非復也唯奔莒之爲信故謹而曰之也【杜氏曰】不言出受命而出自外行

按左氏公孫敖奔莒從己氏也己氏前年所娶莒女男女人之大欲存焉。見禮運寡欲者養心之要。【孟子】養心莫善於寡欲欲而不行可以爲難矣。【論語】克伐怨欲不行焉可以爲難矣然欲生於色而縱於淫色出於性【朱子語】文定云色出於性淫出於氣其説原於上蔡此殊分得不是大凡出於人身上道理固皆是性色固性也然不能節之以禮制之以義便是惡孟子云君子不謂性其語便無病目之所視有同美焉本【孟子】不可掩也淫出於氣不持其志則放僻趨蹶無不爲矣敖如京師其書不至而復者言敖無入使去声于意之意惟己氏之欲從也【范氏曰】受命而出義無私留書如京師以顯命行于下不書所至以表不去之罪若其已行當如公子遂書至黃乃復【孫氏曰】公子遂如齊至黃乃復以疾而還義猶不可況敖如京師不至而反乎文公不

能誅使之自恣奔莒惡可見矣【朱子語】只不至而復
便是大不恭魯亦不再使人往皆罪也文定只貶他
從己氏之過經文元不及此事【宋氏曰】公不奔喪而
卿行是諸侯不有天子也敖如京師不至復是大夫
不有諸侯也曰奔者甚公也是公之誠信不及臣下
【陸氏曰】還者事畢復者未畢師還公還自晋歸父還
自晋士匄聞齊侯卒乃還事畢也公如晋至河乃復
敖如京師不至而復仲遂至黄乃復皆事未畢而復
也夫以志徇氣肆行淫欲而不能爲之帥所類反至於
棄其家國出奔而不顧此天下之大戒也【臨堂錢氏曰】謹獨之
不嚴以至縱情而不知檢傷風敗倫爲禽獸行而不
之恥者在乎不能忍欲【愚按】春秋書文姜如齊如莒
季姬遇鄫子敖奔莒皆所以
懲淫欲使人謹之於纖㣲也春秋謹書其事於敎與
平声何誅使後人爲鑒必持其志修窒慾之方也【張氏曰】国
君爲天子斬衰敖受命以赴天王之喪廢君命而徒
返已爲不赦之罪況懷桑中之行而淫奔乎文公容
其復而奔魯之無政刑也【愚按】敖以乙酉如京師而
以丙戌奔則受命而不行可知矣豈惟無王實以無

君文公既不加寵命之譴於敖又不遣他卿如京師
况天王之喪赴告及魯已三越月仲遂盟戎近在王
都之側若罔聞知徐徐遣敖方共乎事文具於不至
而亟還以喪考妣之慼而恝然忘情不趨秦越亦不
思僖公母子之喪王臣將命皆至再而至三也經書
乙酉公子遂會雒戎公卿敖如京師不至而復丙戌
奔莒非獨著敖之罪牵魯国君
臣之罪皆不逃聖筆之誅矣

螽【汪氏曰】爲災故書

○宋昭人殺其大夫司馬宋司城來奔【左傳】宋襄夫人襄王之姊也昭公不礼焉夫人因戴氏之族以殺襄公之孫孔叔公孫鍾離及大司馬公子卬皆昭公之黨也司城蕩意諸來奔【公羊傳】司馬司城者何皆以官舉也【穀梁傳】司馬司城官也來奔不言出舉其接我也【程子曰】宋王者後得自命官故獨宋卿書官【張氏曰】司城司空也宋以武公名司空諱之故曰司城

初宋昭公將去上声群公子樂豫以爲不可遂舍音捨司馬以讓公子卬五郎反則卬固昭公之黨欲專宋政而昭公固欲以其弟卬自衛也【杜氏曰】卬昭公弟夫司馬掌兵

之官不選衆舉賢以素有威望爲國人所畏服者使居其任乃欲寵其私昵（尼質反）鮮（上声）有不亡者矣公子卬蕩意諸皆以官舉者【通旨】列国大夫未有書官者宋卿向以書【經氏曰】宋王者之後得自命官故獨書尓不備書者省詞也因公子卬蕩意諸不任二官之職華孫以逆族而主兵權所謂因事之变而書之亦猶魯之郊禘云尓【庾氏曰】未有書官者於是官從其官司馬司城是也未有書字者於是字從其字子哀是也見（音現）主兵者不能其官至於見殺守士者不能其官至於出奔【劉氏曰】称官者不能其官也【家氏曰】司馬司城皆国之柄臣穆襄之族連歲怙乱固昭公有以致之然爲司馬司城者當思所以防患之計乃置之弗戒至於秉釁再作司馬死而司城奔由昭公信任非人以私昵寵臣而在列位既不能虞患於平日復不能制变於臨時也而其君不免于大夫見弒之禍宜矣【通旨】宋人殺其大夫司馬非君命而衆人擅殺之也左氏謂襄夫人因戴氏之族殺卬襄夫人乃君祖母而書法若此者可以見嬉

人不當與政之意【臨川吳氏曰】宋人者戴氏之族非一人也見昭公無政而臣庶得以擅殺大夫也【石氏曰】古者謂君爲元首臣爲股肱言其一体相待以成未有股肱斷而其体胖也前書宋人殺其大夫盖言死者衆也此年書宋人殺其大夫司馬宋司城來奔盖言官者殄盡也卿佐大夫君之所倚以立者也司馬司城國之所恃以安者也大夫既殺司城又奔棧棄皆落爪牙盡去君孰与處哉。【張氏曰】左氏云司馬握節以死故書以官司城効節於府人以出公以其官逆之亦書以官皆貴之也盖舊説言此二人不失節故説謂節義爲符節也如孔父義形於色而説爲女色尓公羊云曷爲以官夲宋三世無大夫三世内娶也挨此見以官称是有大夫曷云無乎【胡氏曰】穀梁云其以官称無君之辭也鄭氏解云謂無人君之德非也晋殺其大夫郤錡郤犫郤至並尸三卿亦可謂無君德者曷爲不以官称之

春秋卷之十五

胡氏傳

後學新安汪克寬附録纂疏

文公下

癸卯頃王元年九年晉靈三齊昭十五衛成十七蔡莊二十八鄭穆十曹共三十五陳共十四杞桓十八九宋昭二秦康三楚穆八

九年春頃**毛伯來求金**來求止此左傳毛伯衛來求金非礼也不書王命未葬也公羊傳毛伯天子之大夫何以不称使當喪未君也踰年矣何以未君即位而未称王也未称王何以知其即位以諸侯踰年即位亦知天子之踰年即位也以天子三年然後称王亦知諸侯於封内三年称子也踰年称公矣曷爲於封内三年称子緣臣民之心不可一日無君緣終始之義一年不二君不可曠年無君緣孝子之心則三年不忍當也求金何以書譏何譏尔王者無求〻金非礼也穀梁傳求車猶可求金甚矣程子傳家父致命以徵車故書使來求毛伯風曾以求金故不云王使杜氏曰求金以共葬事

毛伯天子大夫何以不稱使當喪未君也杜氏曰雖踰年而未

葬故不称王使【愚按】不称使与隱三年武氏子來求賻同求金固非當求而曾不供賦貢罪亦見矣【高氏曰】公孫敖既不至京師曾遂不供天子之喪故毛伯於是來求金也冢宰秉国之均豈可以用度之闕而下求於諸侯乎【陳氏曰】自是曾雖不修貢周無求矣周室益衰而頃王之崩葬不見於經踰年即位矣何以言未君古者諒陰三年百官總已以聽於冢宰本【論語】【劉氏曰】書顧命曰伯相命士須材此冢宰當国之文也【家氏曰】以子道終喪不忍代君所以爲孝也推其不忍代君之心則事死如生喪亡如存而其爲孝無所不在矣　夫百官總已以聽則是冢宰獨專國政之時託於王命以號去声令天下夫豈不可而不稱使春秋之旨微矣非特謹天下之通喪【愚按】三年之喪自天子達觀春秋在喪不書王命則喪制不可短矣所以示後世大臣當國秉政不可擅權之法戒也【愚按】非王出號令而冢宰攝行不可遂同王命而称使示君臣之分不可紊而大權不可專也踐亳之臣假

仗主威脅制中外凡有所行動以詔書從事蓋未有以春秋此義折之耳愚按君命者人君威福之所係也人臣而假君命行於天下是專輒之極篡奪之萌也故周公輔成王召公初立康王以王命誥臣民皆称王若曰所以謹君臣之名分也自漢而來內臣則矯詔黜陟外臣則承制誅賞人主亦不加罪甚而武三思矯詔殺五王李輔国矯制迁上皇皆循襲而致然也跋扈之臣固不足責然人君當慎於微而為人臣者當審勢於嫌疑之間耳

夫人姜氏如齊昭杜氏曰歸寧臨川吳氏曰出姜當是齊昭公女蓋有所不安而歸寧以愬於父母云耳趙氏以為无父母蓋謂歸寧合礼者經不書故疑其非昭公女也愚按齊昭公乃桓公之子桓公之卒距文公之立已十有八年則出姜為昭公之女無疑矣〇

二月叔孫得臣如京師頃穀梁傳京大也師眾也言周必以眾與大言之也

辛丑葬襄王胡氏曰惡文公不自往僖公成風之喪襄王比加礼故錄之以責內孫氏曰公子遂葬晉襄公今葬襄王曾皆使卿會是天子諸侯可得而齊也愚按譏曾君不親會葬義見隱三年春秋書葬天王者五惟襄王景王之葬使卿往會然視襄王之於

成風含賵而又會葬則得臣之遣不足以荅天子之寵光矣【王氏曰】此雖非禮猶爲可道若夫以微者往會而不登於策不弔不葬而見略於經則又甚矣○【劉氏曰】穀梁云天子志崩不志葬舉天下而葬一人不疑不疑也志葬危不得葬也日之甚矣其不葬之辭也非也上云得臣如京師卽會葬之人矣何謂不葬乎

晉靈**人殺其大夫先都**【左傳】夷之蒐晉侯將登箕鄭父先都而使士穀梁益耳將中軍先克曰狐趙之勳不可廢也先克奪蒯得田于堇陰故箕鄭父先都士穀梁益耳蒯得作亂使賊殺先克晉人殺先都梁益耳【義并見下殺士穀傳】

○三月夫人姜氏至自齊【莊氏曰】告于廟【何氏曰】出獨致者得禮故与臣子辭

夫人與君敵體【陳用之曰】国君理陽道而正人於其外故謂之君夫人理陰德而正人於其內故亦謂之小君易曰其君之袂詩曰我以爲君亦与君齊也**同主宗廟之事出必告行反必告至則書于策然適他國者或曰享或曰會或曰如衆矣未有致之者則其行非禮以不致**

見音現其罪也愚按文姜享齊侯者一會者五如齊者三如齊師者一如莒者二皆淫姣之行不書至者天倫泯滅人欲肆行不可以言至也出姜如齊以寧父母於禮得行矣劉氏曰夫人曷為或致或不致出入以礼則可以致出入不以礼則不可以致此其為有礼柰何父母在而歸寧也其致者非特以告廟書耳夫人初歸豈其不告為去声文公越禮未終喪納幣故削而不書示誅意之法矣今此書至者又以見音現小君之重也王氏曰歸寧書至則正其礼之重以見其初之不正也夫承祭祀以為宗廟主一國之母儀而可以搖動乎出姜至是蓋不安於魯故至而特書以示防微杜漸之意其為世慮深矣孫氏曰夫人行不至此至者孔子傷文姜之乱出姜又不安魯終以子弑而去十八年歸于齊是也家氏曰姜氏始歸于魯不氏不書夫人至貶也今歸寧于齊書夫人姜氏如齊書夫人姜氏至自齊始正其夫人之体既貶之於前復正

之於後皆所以垂法也夫人与国君儷体其出其至皆書辨上下之分示衆妾不与夫人等因歸寧而見義非爲歸寧而得書也文公无正家之法強臣僭妾比而爲姦庶子奪嫡有萌而不悟春秋特書以正之

永嘉呂氏曰録紀叔姬之卒者爲歸于鄰起也録夫人姜氏之至者爲歸于齊起也是聖人之微意也

臨川吳氏曰婦人無外事礼合歸寧不得已而出亦以其得至国爲喜也未至以前詎敢以爲安乎彼非礼而行者固奚恤其危哉故不書至也。趙氏曰穀梁云卑以尊致病文公也按反而告廟是得礼也何謂病公乎

晉靈人殺其大夫士縠及箕鄭父縠户木反左傳晉人殺箕鄭父士縠蒯得杜氏曰梁益耳蒯得不書皆非卿

殺先都士縠國也其稱人以殺者國亂無政衆人擅殺之稱也何以知其非討賊之詞書殺其大夫則知之矣展栾盈良霄不書大夫三大夫皆強家也五左昭求專晉不

得挾私怨以作亂而使賊殺其中軍佐則固有罪矣曷為不去上声下同其官當是時晉靈初立主幼不君政在趙盾而中軍佐者盾之黨也若獄有所歸則此三人者獨無可議從末減乎臨川吳氏曰襄公於夷之蒐將登箕鄭父先都使士穀梁益耳將中軍以先克之言而止故先都等隂使賊殺先克時趙盾秉政先克其佐也惡先都等使賊殺其佐不明正先都士穀箕鄭父之罪而使群下殺之故書衆殺而不書国殺王氏箋義向使晉從其君之命士穀將中軍箕鄭父之徒各登其職則此亂無由作矣而皆殺之是大夫專生殺而政不自人主出也故不稱國討不去其官而箕鄭父書及劉氏曰殺二大夫以上不言及其事同殺之之志均故也若晉之二趙三郤蔡之二公孫是也書曰某某及某某者以某之故而延及于某遷怒而并殺之也衛元咺及公子瑕晉士穀及箕鄭父是也示後世司賞罰者必本忠恕無有黨偏之意其

義精矣。高郵孫氏曰殺大夫言及者二三盖皆累而及之者也穀梁曰鄭父累也非也乃是士穀累鄭父也

楚（穆）人伐鄭（穆）公子遂會晉（靈）人宋（昭）人衛（成）人許（昭）人救鄭孔達左傳鄭及楚平公子遂會晉趙盾宋華耦衛孔達許大夫救鄭不及楚師卿不書緩也以懲不恪

按左氏范山（楚大夫）言於楚子曰晉君少（去声）不在諸侯北方可圖也楚子師于狼淵以伐鄭則是貪得無故憑陵諸夏之兵也故楚子親將（去声）貶而稱人晉宋衛則趙盾華（户化反）孔皆國卿也何以貶而稱人救而不及楚師欲以懲不恪也陳氏曰大夫貶而称人晉遂不競而楚莊伯也蜀杜氏曰獨出公子遂之名者俾後世知称人皆大夫矣諸国称人亦所以人公子遂也晉主夏盟不

在諸侯以啓戎心誰之過乎薛氏曰城濮之役鄭无楚患者十有五歲待伐而後救之晚矣于以見中国之无賢方伯也故書救而稱人以罪趙盾之不能折衝消患爲夷狄之所窺也張氏曰楚自城濮以來不得志於中国其君臣之心實未嘗一日忘也趙盾爲政欲攘楚而大茫中夏正當力攘其始以振中国之威乃視爲常役而緩不及事師及鄭而楚已因鄭公子而去豈拯焚溺之亟哉楚子閭宋殺申無畏也投袂而起屨及於窒皇劍及於寢門之外車及於蒲胥之市夷狄之敏於猾夏如此而趙盾乃失攘夷之幾春秋所以賤之也

夏狄侵齊昭張氏曰楚得氣去而狄交侵矣故書以病晉也高氏曰晉宗諸侯而兵不禦楚齊僅自保而力不支狄夫狄不侵齊五年矣今復肆其強則桓文之緒可謂衰矣○秋八月曹伯襄卒共公也在位三十五年子壽嗣是爲文公○九月癸酉地震公羊傳地震者何動地也何以書記異也穀梁傳震動也地不震者也震故謹而日之也左氏外傳陽伏而不能出陰遁而不能烝於是

有地震杜氏曰地道安靜以動爲異任氏曰前此百餘年未有書地震者而自此至哀公書地震者五地道以靜爲体以順爲正安以承天者也逆其常理而不得其節焉則震而不安其所承矣於此見諸侯變而不承天子大夫變而不承諸侯夷狄變而不承中国之象也王氏曰春秋五書地震惟於文襄昭哀見之皆陽微陰盛君弱臣強之所致文公怠惰政在大夫襄公外役於強楚内脅於強臣至反国而不敢入若昭哀則遂失国矣

○冬楚子穆使椒來聘椒穀作萩楚君臣始並見經左傳楚子越椒來聘執幣傲公羊傳椒者何楚大夫也楚无大夫此何以書始有大夫也始有大夫則何以不氏許夷狄者不一而足也穀梁傳楚无大夫其曰萩何也以其來我褒之也

楚僭稱王春秋之始獨以號去声下同舉夷狄之也中間來聘莊二十三改而書人漸進之矣至是其君書爵其臣書名而稱使遂與諸侯比者是以中國之禮待之也

胡氏曰前此書楚不与中国通其交於中国也名號僭而无法故比之夷狄得見於春秋者皆必有非常

之事焉今使椒聘其號辞順其礼節中然後始均之中国矣故諸侯一也能自藩飾以礼楽者則謂之中国国不能自藩飾以礼楽上慢下暴者則謂之夷狄中国夷狄不在遠近而在賢不肖苟賢矣雖居四海謂之中国可也苟不肖矣雖處河洛謂之夷狄可也楚成以力為強執宋襄公戰勝天下威脅諸侯雖書春秋而不得以其爵通今使椒來聘常事耳自卑貶其名修不人之義而得編於諸侯君臣俱榮以此見德為貴力為下矣孫氏曰自壬盂之會楚復称人此称楚子者以其慕義修聘進之也所謂謹華夷之辨內諸夏而外四夷義安在乎曰吳楚聖賢之後愚按吳太王長子太伯之後武王封之楚顓頊高陽之後陸終少子季連之苗裔成王封熊繹於楚見周之弱王靈不及僭擬名號此乃夏而變於夷者也聖人重絶之夫春秋立法謹嚴而宅心忠恕嚴於立法故僭號稱王則深加貶黜比之夷狄以正君臣之義恕以宅心故內雖不使與中國同外亦不使與

夷狄等思善悔過向慕中國則進之而不拒此愼用刑重絕人之意也劉氏曰上不使與中国等下不使與夷狄均推之可遠引之可來此聖人愼絕人也噫春秋之所以爲春秋非聖人莫能修之乎

辥氏曰書楚子之使椒何无賢方伯荊蛮稍知用夏駁駁乎列大国之上張氏曰伐鄭而聘魯亦遠交近攻之意也愚按熊惲商臣負覆載不容之惡而春秋予其慕義蓋録其一節之善所謂与其絜也不保其往也或謂春秋書荊楚來聘始書人次書君臣繼書大夫之名氏非漸進之也實以著其侵強耳今考莊二十三年荊人來聘已先敗蔡虜蔡侯入蔡伐鄭來聘之後終莊公之世僅一伐鄭椒聘之先滅江覇中国之與国滅六勦聖賢之裔胄伐鄭而与之平椒聘之後雖次厥貉而伐麇圍巢終文公之世其患未及於中国則非因來聘而浸強矣然則經書人書君大夫亦與其能以礼義自通於中華而進之耳遂罷能之聘則魯既朝楚楚遂報聘全用中国諸侯之礼然書名書氏則自嬰齊會蜀而已然矣

秦康人來歸僖公成風之襚襚音遂程子曰過時始至故云來歸雖子毋先君後

夫人体當然也書秦人不云君使以失礼夷之也言其尚夷也蓋嫡妾之乱自玆而始胡氏曰衣被曰襚秦辟陋故不稱使秦慕諸夏欲通於魯故

秦人歸襚而曰僖公成風者非兼襚也亦猶平王來賵撫風反仲子而謂之惠公仲子爾胡氏曰僖公成風猶惠公仲子尔若謂两人豈可叙母於子下哉礼曰婦人三從是謂婦人無専行曰朱子語惠公仲子想是惠公之妾僖公成風却是僖公之母不可一例論不必如孫明復之説仲子惠公之妾也然則風氏亦莊公之妾曷不書曰來歸莊公成風之襚乎曰寵愛仲子以妾爲妻者惠公也故書惠公仲子所以正後世之爲人夫者當明夫道不可亂嫡妾之分扶問反以卑其身尊崇風氏立爲夫人者僖公也故書僖公成風所以正後世之爲人子者當明子道不可

行僭亂之禮以賤其父劉氏曰僖公成風者妾母繫子而言耳諸侯無二嫡故妾母繫子為重聖人垂誡之義明矣僖八年傳禘于太廟去其姓氏秦人歸禭不称夫人以賵之高氏曰秦晉方不睦而魯數与旹通故秦人歸禭以覯魯之情也夫禭所以送死者成風薨已四年其葬久矣而秦方以禭為名魯不能以非礼却之将焉用乎是以不君不大夫不使皆叔之也叔之者未能用周礼也張氏曰是時秦楚交病中国秦欲伐晋而歸禭於魯猶楚欲圖北方而來聘也○趙氏曰左氏云礼也諸侯相弔賀也雖不當事苟有礼焉書也以無忘舊好按春秋之作以為經世大訓故一字之義勸戒存焉但以無忘舊好則書非聖人之意也啖氏曰公羊云其言僖公成風何兼之兼之非礼也曷為不言及成風成風尊也按僖公成風与惠公仲子何殊傳謂兩人誤也若實禭兩人豈以子居母上乎高郵孫氏曰成風以妾母僭称夫人書薨書葬皆用夫人之礼於是秦人歸禭聖人正其法曰僖公成風猶曰成風之所以為夫人以僖公之失礼也穀梁云即外之弗夫人而見正焉夫天王含賵會葬皆備夫人之礼秦人豈能弗夫人而以妾母為辟乎秦欲与魯通好不應殺其礼

葬曹共公共音恭

（甲辰）頃王二年 十年 晉靈四 鄭穆十一 齊昭十六 曹文公壽元年 衛成十八 陳共十五 蔡莊二十九 杞桓二十 宋昭三 秦康四 楚穆九

春王三月辛卯臧孫辰卒 哀伯之孫文仲也其子許嗣爲大夫是爲宣叔 張氏曰 文仲魯之名大夫也知柳下惠之賢而不與立自莊公末已與聞国政而四十餘年間魯政多疵文公尤甚

○夏秦康伐晉靈 左傳 晉人伐秦取少梁秦伯伐晉取北徵 程子傳 晉舍嫡嗣而外求君罪也既而悔之正也秦不顧義理之是非惟以報復爲事夷狄之道也故夷之

說者謂秦伐晉以戎狄書蓋闕文者 臨川吳氏曰 秦下闕一字 據左氏少去声梁北徵知陵反又音止之師兩國相攻無他得失言之也 陸氏曰 書秦者狄之也傳無事迹 然晉取少梁事不經見音現固未可據秦以狄書者程氏以謂晉舍音捨適音嫡嗣而外求君罪也既而悔之正矣秦不顧義理是非惟以

報復爲事高氏曰無衣之詩秦人刺其君好攻戰亟用民而不与民同欲豈謂是耶則夷狄之道也以此狄秦義固然矣何氏曰秦不知止故夷狄之高郵孫氏曰以其易世相讎交攻不已故不稱其人但曰秦者狄之也程子遺書礼一失則爲夷狄再失則爲禽獸聖人將恐人之入於禽獸也故春秋之法極謹嚴中国而用夷礼則便夷狄之或者猶有深許晉人悔過能改終不遂非之意故重貶秦伯以見音現乎陳氏曰歸成風之襚使術來聘秦習於礼矣其狄之何楚之伯秦之力也自滅庸以後秦爲楚役自晉主諸夏之盟舍秦無加兵於晉者也會于夷儀之歲秦晉成而不結又明年盟于宋而南北之勢成楚子曰釋齊秦他国請相見也是戰国之萌也於次国風退秦於魏唐之後於序書繫秦於周末於作春秋由韓原之後秦師無君大夫皆夫子所以深致矣於秦也吾聞用夏變夷未聞變於夷者也於是狄秦夏之變於夷秦人爲之也又三十年而狄鄭又五十年而狄晉狄鄭猶可也狄晉甚矣

楚穆殺其大夫宜申左傳王使子西爲工尹与子家謀弒王王聞之殺鬬宜申及仲歸

按左氏宜申與仲歸謀弒穆王而誅則是討弒君之賊也爲稱國以弒文書其官而不曰楚人殺宜申乎曰穆王者卽楚世子商臣也而春秋之義微矣【臨川吳氏曰】商臣弒君父天地所不容宜申爲工尹不能與同列共謀討賊乃北面事之越十年君臣之分已定而乃謀弒其義不足矜也然其謀不遂而身見戮聖人不以其當受分將之誅而以国殺大夫爲文其意深矣

自正月不雨至于秋七月【穀梁傳】歷時而言不雨文不閔雨也不閔雨者無志乎民也【通旨】書文公自正月不雨至于秋七月猶言有雨亦可無雨亦可【愚按】正月之上不繫王者蓋每歲之首必書王所以著一歲十二月皆承天子之正朔故此年及十三年總書不雨但紀月數而已非若歲首正月之比也聖人書法各有微意游夏不能贊一辭謂此類也或者猶以桓公之正月不書王爲闕文豈未深考耶○

及蘇子盟于女栗【左傳】頃王立故也【杜氏曰】女栗地闕蘇子周卿士王新立故與魯盟親諸

侯僖十年蘇子奔衛今復見盖王復之【趙氏曰】公及之
也不書公諱獨与天子大夫盟【王氏曰】不書公諱与王
臣盟也襄王喪葬公未嘗往頃王既立公又不朝乃及
王臣爲不相信之盟臣子之義安在哉【家氏曰】頃王即
位諸侯莫有朝京師者王命蘇子盟魯文公黨知事君
之道辞不敢盟躬覲于京師而請職事焉可也今及蘇
子盟不恭甚矣春秋雖爲魯諱而貶魯之意深矣或疑
蘇子外交夫蘇子陋流離困躓之人何有於外此實王
使之盟耳【陸氏曰】畿內諸侯皆曰子殷制已然箕子微
子是也周因之王臣称子皆畿內諸侯也蘇子刘子單
子尹子是也

○**冬狄侵宋**昭【高氏曰】狄侵諸大国獨宋未尔
自宋乱之後狄既侵之楚次厥貉
又將來伐則国幾亡矣

○**楚子**穆**蔡侯**莊**次于厥貉**厥【公】作屈音
同貉音麥【左】

【傳】陳侯鄭伯會楚子于息遂及蔡侯次于厥貉將以伐
宋宋華御事曰楚欲弱我也先爲之弱乎乃逆楚子勞
且聽命遂道以田孟諸宋公爲右
盂鄭伯爲左盂【杜氏曰】厥貉地闕

楚滅江六文四年
五年**平陳與鄭**前年楚子伐鄭因公子
堅公子尨及樂耳鄭及
楚平楚侵陳克壺丘公子朱自東夷伐
陳陳人敗之獲公子茷陳懼乃及楚平**於是乎爲伐**

宋之舉。次于厥貉。杜氏曰將伐宋而未行故書次凡伐而次者其次爲善。次而伐者其次爲貶。齊師次陘修文告以威敵。善之也。故上書伐楚以著其美。僖四年楚次厥貉藏禍心以憑夏貶之也。故下書伐麇俱倫反以著其罪。當是時陳鄭宋皆從楚矣。獨書蔡侯何哉。鄭失三大夫侯救而不及陳獲公子茷扶廢反而懼宋方有狄難乃旦反是冬狄侵宋蓋有不得已者非所欲也。蔡無四境之虞則是得已不已志在從夷狄矣。故削三國書蔡侯見音現其棄諸夏之惡也。高氏曰楚子者弒父与君之賊將求諸侯欲前而未敢而中国諸侯如宋陳鄭之君乃皆俛首而聽命焉聖人於此不從諸侯會盟之例特書曰楚子蔡侯次于厥貉次者遲疑不前之意著楚子包藏禍心欲憑陵諸夏而未敢遽前也唯蔡侯首附夷狄故表而出之以均其罪厥後諸

侯知中国之不可棄復同盟于新城非若蔡侯之堅
服楚也則此獨書蔡侯其旨深矣蜀杜氏曰春秋之
文先諸夏而後夷狄此序楚子於蔡侯之上者蔡為
中国諸侯與楚比周欲同力伐宋故序於楚下以疾
其受制於楚所以示譏也既譏之又書其爵者斥言
蔡侯以罪其人也既言蔡侯則不可言楚人矣高郵
孫氏曰厥貉之次遂称楚子而明年伐麇又以爵
書自是与中国等夷狄益強而中国之衰益甚矣
乙巳頃王三年**十有一年**晉靈五齊昭十七衛成十九蔡莊二十鄭穆十二曹文二陳共十六杞桓二
二十一宋昭四秦康五楚穆十**春楚子**穆**伐麇**麇俱倫反[illegible]作圈楚始書君將左傳厥貉之會
麇子逃歸楚子伐麇成大心敗麇師于防渚潘崇復伐
麇至于錫穴襄陵許氏曰楚侵伐書爵如此中国日替
矣高氏曰自會蜀之後雖其大夫帥師亦出名氏一同
中国蓋聖人悼中国無盟主故不以夷狄待之也杜氏
曰麇小国近楚鄭氏曰在均州鄖鄉縣愚按均州今屬襄陽縣○**夏叔仲彭生會晉**靈
郤缺于承筐公穀無仲字郤去逆反筐公穀作匡此大夫特相會之始左傳叔仲惠伯會晉郤缺
于承筐謀諸侯之從於楚者杜氏曰承筐宋地在陳留
襄邑縣西張氏曰今拱州襄陵縣愚按晉欲謀貳国而

使次卿爲會，魯亦不遣執政，而使惠伯往，其謀之不遠而不足以却楚人方張之勢也審矣。然新城之盟，宋、陳、鄭皆同，則人心之天理未泯，而承筐之會，猶愈於歸父于宋之會也。【王氏曰】此會謀諸侯之從楚，未爲非義。然大夫交爲會，禮以謀國事，諸侯之政，大夫擅之矣。【蜀杜氏曰】自文公之後，大夫擅相爲會者多矣，春秋詳而志之。

○**秋，曹伯**文**來朝。**【左傳】曹文公來朝，即位而來見也。

○八**公子遂如宋。**昭【左傳】襄仲聘于宋，且言司城蕩意諸而復之，因賀楚師之不害也。

○**狄侵齊。**昭【高氏曰】七餘年之間，狄四侵齊，非特齊之不競，亦狄之強盛也。狄之強如此，乃所以大鹹之功也。

○**冬十月甲午，叔孫得臣敗狄于鹹。**敗必邁反【左傳】鄋瞞侵齊，遂伐我。公卜使叔孫得臣追之，吉。侯叔夏御莊叔，綿房甥爲右，富父終甥駟乘。敗狄于鹹，獲長狄僑如。富父終甥摏其喉以戈，殺之。【公羊傳】狄者長狄也。兄弟三人，一之齊，一之魯，一之晉。之齊者，王子成父殺之；之魯者，叔孫得臣殺之。其言敗何？大之也。【穀梁傳】長狄也，弟兄三人，佚宕中国，瓦石不能害。叔孫得臣，最善射者也，射其目，身横九畝，斷其首而載之，眉見於軾。【杜氏曰】鄋瞞，狄国名，防風之後，漆姓。鹹，魯地。

左氏稱此長狄也而劉敞以爲非劉氏曰經無長字安知其是長狄哉赤狄白狄山戎姜戎陸渾戎春秋書之未嘗略何至於長狄而獨不書哉高郵孫氏曰或者長狄爲將其幹軀有以異於人故三傳因之以生此語耶夫春秋正名之書其稱狄也或曰狄或曰白狄或曰赤狄赤狄之類又別以潞氏甲氏留吁其稱戎也或曰戎或曰山戎或曰姜戎或曰陸渾之戎又或曰雒戎或曰北戎或曰茅戎或曰戎蠻不別筆列反其種上声類書之于策後亦無所攷矣家氏曰七年狄侵我公使告于晋趙宣子使讓酆舒而狄之侵暴自若也至是鄋瞞侵齊遂伐我得臣敗之于鹹獲長狄僑如春秋書以嘉之高氏曰春秋書敗狄者四皆不書戰不與狄之抗中国也狄敗不曰師賤之也。趙氏曰穀梁云一人而曰敗以衆焉言之也若如所説當云敗長狄于鹹今直云狄則奉狄軍總敗耳又云何爲不言獲曰古者不重傷不禽二毛故不言獲爲内諱也按不言獲賤夷狄之師亦無他義劉氏曰不言帥師者將尊師少亦有何疑哉

丙午 頃王四年

十有二年晉靈六齊昭十七衛成二十蔡莊三十一鄭穆十三曹文三陳共十七杞桓二十二宋昭五秦康六楚穆十一春王正月郕伯來奔郕公作盛胡氏曰左氏云郕太子朱儒自安於夫鍾国人弗徇郕伯卒郕人立君太子以夫鍾与郕邽來奔公以諸侯逆之故書曰郕伯來奔不書地尊諸侯也按諸侯嗣位未踰年称子豈有君父病而不視死而不喪身未即位以邑出奔而称郕伯且鄭忽曹羈莒展皆已即位及其出奔猶但称名況未嗣位乎公羊十二云失地之名何以不名兄弟辭也按失地之君例書名若以兄弟之国不名曹伯陽衛侯衎何以書乎劉氏曰意者先郕伯以去年卒太子即位而不能自安遂出奔以其即位日淺或謂之太子而左氏誤以為太子出奔也且魯但以諸侯逆之便謂之郕伯春秋又為沒其實土疆君之罪反謂之諸侯則何以言不登叛人哉孫氏曰諸侯失地皆名此不名者非自失国也莊八年郕降于斉師自是入斉為附庸此又來奔斉斉師偪尔故不名高郵孫氏曰郕伯非無罪以偪之者其罪重不得不殺郕伯之名以見之也王氏曰不名者惡斉之暴怒郕之罪也愚按左傳謂郕太子朱儒称郕伯晋太子州蒲称晋侯今考許叔入許不称許男衛武盟踐土止称衛子安有竊地之臣子而亍之以爵君在而出子

檀其位亦子之以其君之尊称者哉苟以太子而称爵則子般子野之卒皆當書公甍而蔡世子有當書蔡侯矣春秋辨名分之書若曰因其悖礼從而志之則呉楚可以書王而不華也

○杞伯桓來朝

左傳杞桓公來朝始朝公也杜氏曰復称伯舍夷礼范氏曰蓋時王所進詳見僖二十三年

○二月庚子子叔姬卒

公羊傳此未適人何以卒婦人許嫁字而笄之死則以成人之喪治之穀梁傳許嫁以卒之也趙氏曰時君之女故曰子以別非先君之女也○啖氏曰左氏云杞桓公請絶叔姬而無絶昏公許之叔姬卒不言杞絶也書叔姬言非女也按此傳大誤當在成八年誤置此尔陸氏曰公穀皆云称子者公之子姊妹按經文称子明是時君之子云母姊妹有何理哉愚按二傳以書子爲同母妹然十四年再書子叔姬苟皆同母不當同字矣

○夏楚穆人圍巢

左傳楚令尹大孫伯卒成嘉爲令尹群舒叛楚子孔執舒子平及宗子遂圍巢杜氏曰巢呉楚間小国盧江六縣東有古巢城張氏曰今無爲軍巢縣愚按無爲州今屬盧州路高氏曰書称曹伯來朝則巢之建国久矣楚遂取之爲屬邑後爲呉所滅王氏曰王道之行小国各安其所而貢献于天子及其衰也小国困於強暴不得保其社稷者多矣書者惡楚之不仁而小

国之無所庇賴也

○**秋滕子**昭**來朝** 左傳 滕昭公來朝亦始朝公也 愚按 曹文杞桓滕昭相継來朝傳皆謂公即位而始朝以文公之昏庸怠惰而儒書秉礼之舊周公禽父之澤猶為諸侯之所尊敬文公乃不思述職之有闕已越再朝之期而不脩往覲之礼於京師何謬之甚哉

○**秦伯**康**使術來聘** 術公作遂 左傳 秦伯使西乞術來聘且言將伐晉襄仲辭玉對曰不腆敝器不足辭也襄仲厚賄之 高氏曰 前此來歸僖公成風之襚蓋將來聘而以此先之也 陳氏曰 自戰韓而後秦伯稱人此稱秦伯者以其能聘也 張氏曰 秦人以賄結魯而魯亦以厚賄合之賓主相与以貨利而坐視伯主之受兵此事以書而自見矣 孫氏曰 術不氏与楚椒義同 愚按 術下稱氏文定謂与楚子使椒一例荆楚蠻夷之国秦介戎狄之間其礼未同於中夏故略之今考歸襚稱秦人而此年來聘稱君大夫是亦漸進之矣○ 陸氏曰 公羊云秦无大夫按已前秦未嘗使大夫來故不書尒 王氏曰 公羊以謂賢繆公而不知遣術乃康公也

○**冬十有二月戊午晉**靈**人秦**康**人戰于河曲** 左傳 秦伯伐晉取羈馬晉人禦之趙盾荀林父郤缺臾駢欒盾胥甲從秦師于河曲臾駢曰秦不能久請深壘固軍以待之秦人欲戰秦軍掩晉上

軍趙穿追之不及反怒以其屬出宣子曰秦獲穿也秦以勝歸我何以報乃皆出戰交綏秦師夜遁復侵晉及瑕【公羊傳】此偏戰也何以不言師敗績敵也【程子傳】凡戰皆以主人及客秦曲故不云晉及【杜氏曰】不書敗績交綏而退不大崩也河曲在河東蒲坂縣南【張氏曰】今河中府河東縣南有河曲【愚按】河中府今屬平陽路

秦伯親將（去声）晉上卿趙盾禦之其稱人何為（去声）令（平声）狐之役故也秦納不正遂非積忿晉不謝秦潛師禦之是以暴（蒲卜反）兵連禍至此極也凡戰皆以主人及客者慶已之道寡怨之方王者之事其不書晉及何也前年秦師來伐晉不言戰者晉已服矣（本程子）故狄秦而免晉今又為此役則秦曲甚矣故不以晉為主惟動大衆從秦師不奉詞令以止之也故貶而稱人此輕重之權衡也【張氏曰】秦晉黷兵殘民其罪甚矣故秦伯趙盾皆以人書貶也○【趙】

氏曰穀梁云不言及秦晉之戰已亟故略之據經書
日月書地則是一戰尓何得云数戰劉氏曰公羊云
曷爲以水地河千里一曲非也河曲者亦地名尓若
千里一曲悉可名之是三河之間无他地名直曰河
曲而
已

季孫行父帥師城諸及鄆 鄆公作運後同左傳書時也穀梁傳稱帥師言有難也杜

氏曰鄆莒魯所爭者城陽姑幕縣南有員亭員即鄆也
以其遠偪外国故帥師城之孫氏曰師師而城畏莒故
也張氏曰鄆魯之東鄆今鄆州須城縣莒魯爭鄆始於
此前此莒未嘗與魯有爭且未嘗有事于鄆今行父帥
師城二邑以起爭端魯自此與莒有仇由鄆始永嘉呂
氏曰前此莒人請盟公孫敖如莒莅盟則莒魯未始有
怨也今城二邑而懼莒之難者以公孫敖之在焉故也
家氏曰城一邑已爲勞民今一朝城二邑其勞民爲甚
書城諸及鄆貶也春秋之法城非其特貶城非其制貶
因兵以城尤在所貶帥師而城者三襄十五年季孫宿
叔孫豹帥師城成郛哀三年季孫斯叔孫州仇城啓陽
與此皆譏也愚按鄆在今益都路沂州此一大夫將兵
而城二邑成郛啓陽皆一卿將
兵而城一邑其煩民尤甚矣

丁未 頃王五年 十有三年 晉灵七 齊昭十九 衛成二十一 蔡莊三十二 鄭穆十四 曹文四 陳共十八 辛杞桓二十三 宋昭六 秦康七 楚穆十二

春王正月○夏五月壬午陳侯朔卒 共公也在位十八年子平国嗣是爲灵公 ○邾子蘧蒢卒 蘧其居反蒢丈居反 穀作蘧蒢 文公也在位五十年子貜且嗣 ○自正月不雨至于秋七月 通旨 春秋書僖公二年正月不雨夏四月不雨六月雨全與文十三年自正月不雨至于秋七月文意不同 唐陳氏曰 凡旱爲灾多繫於夏竟夏不雨則爲灾如傳二年書六月雨則旱不竟夏不爲灾斯書正月不雨至秋七月夏在中爲灾可知苟亦曰夏大旱則嫌連春秋不雨苟備書三時不雨更曰大旱則文繁矣 ○世室屋壞 世 左穀作大音泰 左傳 大室之屋壞書不共也 公羊傳 世室者何魯公之廟也周公稱大廟魯公稱世室群公稱宮世室猶世世不毀也周公何以稱太廟于魯封魯公以爲周公也世室屋壞何以書譏久不脩也 穀梁傳 譏不脩也大室猶世室也周公曰大廟伯禽曰大室群公曰宮礼宗廟之事君親割夫人親春敬之至也爲社稷之主而先君之廟壞極稱之志不敬也 程子傳 觀春秋中文公事宗廟最爲不謹遂有世室屋壞之變天人之際

可不畏哉【何氏曰】不月者蒙上月

世室魯公之廟也【何氏曰】魯公周公子伯禽始封之君故不毀 周公稱大音泰廟魯公稱世室群公稱宮【范氏曰】爾雅宮謂之室室謂之宮然則其實一也蓋尊伯禽而異其名 書世室屋壞譏久不修也【杜氏曰】簡慢宗廟使至傾頹故書以見臣子之不恭 何以知久乎自正月不雨則無壞道也不雨凡七月而先君之廟壞不恭甚矣【高氏曰】世室者人君所常有事焉者也公每月朝之有司又當以時黝堊之豈有將壞而不知者且又無淫雨之災而其屋自壞則其不知省也久矣【通旨】問旱乾水溢一切工作自宜報罷自正月不雨至于七月猶言太室屋壞如何曰居處猶欲完葺況宗廟乎此与莊公三築臺不雨築郿大無麥禾不同大室既壞必須便修而春秋不書意可知矣。世室始封之祖廟新宮成公之禰宮御廪粢盛之所藏皆當務也時不亟則譏緩制不備則譏略故更造而不書者雖用民力不可已也 凡此皆志文公怠慢不謹事宗廟以致魯國衰削之由垂戒切矣**臨川吳氏曰**世室伯禽之廟也周公封於魯留相王朝而不適魯使伯禽就封周公雖不適魯然實爲魯之始祖故魯之太廟祀周公百世不毀伯禽雖代受封然上有周公爲之父則不得爲始祖其廟爲昭之第一室諸侯之禮唯太廟不毀二昭二穆皆四世而遞遷周天子也周之王業自文武始故文武廟謂之世室與太廟皆百世不毀此天子之禮非諸侯所得僭也成王賜魯以天子之禮祀周公魯人以伯禽爲始受封之君欲不毀其廟故以其廟爲世室如周之文武以尊伯禽僭也文公怠慢久不修廟遂至屋壞聖人書之因見世室之非禮也世太二字通用故左穀誤世爲太杜氏以爲太廟之室諸儒多從之夫廟制中央一室謂之大室書洛誥記成王祭文王武王而曰王入太室裸彼文武廟亦有太室非太廟之室也且不早修廟以致屋壞謂一廟之屋盡壞也若果太廟屋壞當書太廟今書太室豈太廟之中前堂後寢左右夾室東西二廂皆不壞而唯中間一室獨壞也於義有不通矣**愚按**王制諸侯太祖之廟鄭氏以太祖爲始封之君孔氏正義謂始封如齊太公之屬伯禽封於魯以奉周公之祀則周公實魯之始祖而伯禽乃始封之君故魯人權宜

變禮而不祧魯公之主以爲世室春秋志世室屋壞
而不書新作世室則亦未可以爲非禮也後世援例
而立武宮煬宮又桓僖親盡不毀而謬
者且妄謂武宮亦稱世室則非禮矣

冬公如晉靈衛侯成會公如沓會下【公】無公字【杜氏曰】沓地闕○狄侵衛成【臨川吳氏曰】晉不能霸故狄屢犯中国因衛侯之出乘間侵之○十有二月己丑公及晉侯靈盟公還自晉還上【公穀】無公字鄭伯穆會公于棐

棐芳尾反【公】作斐【左傳】公如晉朝且尋盟衛侯會公于
沓請平于晉公還鄭伯會公于棐亦請平于晉公皆成
之【公羊傳】還者善辭也何善尒往黨衛侯會公于沓至
得與晉侯盟反黨鄭伯會公于斐故善之也【杜氏曰】棐
鄭地鄭衛貳於楚畏晉故因公請平【高氏曰】凡言公及
諸侯會者皆公往與之會也沓之會公已出魯而衛侯
因公之將如晉而來會棐之會鄭伯因公還未至於魯
而就會之故皆曰會公初衛鄭舍晉而從楚豈得已哉
強弱之勢不敵滅亡之徵可待姑爲一時之計尒而晉
未之察季文子相魯侯爲之請成以紓兩国之患春秋
善和難故詳志之且見公一出而二国附如此惜乎其
自怠也【愚按】棐即棐林在今汴梁路均州新鄭縣夫諸

侯將朝于天子而須相會礼也今文公朝晉而往返會
衛鄭之君非礼也然自叔仲惠伯會郤缺于承筐今公
又會衛侯鄭伯于沓棐而明年新城之盟服楚之国皆
棄異即同則輔伯之功魯亦不能無助於晉焉公羊以
謂春秋善之此聖人待衰世之意也宜公之世衛侯爲
晉致魯使孫良夫来盟而黒壤之會公卒見辱比事以
觀美惡見矣。刘氏曰穀梁一云還者事未畢也自晉事
畢也非也畢則一云畢未畢則一云未畢且畢且未畢如何
爲義
乎

戊申頃王六年崩子班**十有四年**晉靈八齊昭二十卒衛
嗣位是爲匡王成二十二蔡莊三十三
鄭穆十五曹文五陳靈公平国元年杞桓
二十四宋昭七秦康八楚莊王旅元年**春王正月公**
至自晉愚按文公即位至是十有三年而朝晉者三過
於事天子之礼故聖人於此一簡書之特詳是
後成公之世朝晉者四襄公之世朝晉者五昭
公朝晉而婁不見納事霸益恭而益自辱矣○**邾**定
人伐我南鄙叔彭生帥師伐邾左傳邾文公之卒公使
弔焉不敬邾人来討伐
我南鄙故惠伯伐邾家氏曰魯以七年伐邾取須句邾
人不能報至是與南鄙之師左氏廼謂邾人討魯之不

敬彼小国安敢責礼於大国亦脩怨耳春秋聮書所以交致其責○夏五月乙亥齊侯潘卒（昭公也在位二十年子舍嗣【高氏曰】孝公名昭而謚潘曰昭非礼甚矣【愚按】隱三年傳謂舍之賊未討故不書葬）○六月公會宋公（昭）陳侯（靈）衛侯（成）鄭伯（穆）許男（昭）曹伯（文）晉（靈）趙盾癸酉同盟于新城（【左傳】從於楚者服且謀邾也【穀梁傳】同者有同也同外楚也【程子傳】諸侯始會議合而後盟盟者志同故書同同懼楚也【何氏曰】盟下日者刺諸侯微弱信在趙盾【杜氏曰】新城宋地在梁国穀熟縣西【張氏曰】今南京應天府【愚按】今般陽路新城縣）

同盟于新城同外楚也其曰同者志諸侯同欲非強（上声）之也（【家氏曰】諸侯既散而復合春秋書同盟与斉桓于幽之同盟其事雖異所以為同則一也去夷即華人心天理之同然是以春秋与之特書曰同與諸侯之同乎中国也）而宋公陳侯鄭伯在焉則知楚次厥貉三國雖從誠有弗獲已者削而不書盖恕之也蔡不與（音預）盟巢有背（音佩）華即夷

之實矣夷狄晉楚行事未有以大相遠也據晉不討齊商人而春秋予奪如此者荆楚僭王若與同好呼報反陵蔑中華是將代宗周爲共主君臣之義滅矣可不謹乎

高氏曰去冬衛鄭皆因公而請平于晉至是諸侯之從楚者復附晉也夫天王崩葬諸侯皆若不聞而相与同盟可乎不待貶而自見也張氏曰許自文公圍之不服襄公又嘗伐之今始与盟會也平菴項氏曰幽之同同授諸侯于諸侯也新城之同同授諸侯于大夫也愚按春秋惟新城雞澤書公會諸侯下書某日同盟盖新城乃趙盾主盟而雞澤單子與盟故皆志日於同盟之上以謹其瀆君臣之分也蜀杜氏曰趙盾專政書日以謹其惡也

秋七月有星孛入于北斗孛音佩左傳周内史叔服曰不出七年宋齊晉之君皆將死亂公羊傳孛者何彗星也其言入于北斗何北斗有中也何以書記異也穀梁傳孛之爲言猶茀也其曰入北斗斗有環域也

孛者惡氣所生闇亂不明之貌也本董子入于北斗者【杜氏曰】既見而移入北斗斗有環域【范氏曰】斗有規郭入其魁中天之三辰綱紀星也宋先代之後齊晉天子方伯中國紀綱【劉敞曰】天之三辰綱紀之星宋齊晉天子方伯中国紀綱斗七星故曰不出七年彗者所以除舊布新也【何氏曰】孛者邪亂之氣狀如彗篲者掃故置新之象【孫氏曰】偏指曰彗光芒四出曰孛禎祥妖孽隨其所感先事而著【劉敞曰】北斗貴星人君之象也茀星乱臣之類言邪乱之臣將並弒其君後三年宋弒昭公又二年齊弒懿公又二年晉弒靈公本杜氏注此三君者皆違道失德而死于亂符叔服之言矣天之示人顯矣史之有占明矣【愚按】

春秋書孛者三此年入北斗而兆宋齊晉之弒昭十七年孛于大辰而兆王子朝之禍哀十三年孛于東方而兆吳將為越所滅始而應在伯国継而應在王室終而應在蛮夷吳楚亦不能霸矣天变愈甚而世变

愈極春秋盖傷之也

公至自會【穀梁】既書公至則諸侯不與納捷菑之師矣○晉靈人納捷菑于邾定弗克納捷【公】作接菑側其反【左傳】晉趙盾以師納捷菑于邾邾人辭曰齊出貜且長宣子曰辭順而弗從不祥乃還【公羊傳】納者何入辭也其言弗克納何大其弗克納也晉郤缺帥師革車八百乘以納捷菑于邾婁力沛若有餘邾婁人言曰貜且也長郤缺曰非吾力不能納也義實不尒克也引師而去之故君子大其弗克納也其稱人何不与大夫專廢置君也【穀梁傳】是郤克也其曰人何也微之也何為微之長轂五百乘緜地千里過宋鄭滕薛㚟入千乘之国欲変人之主至城下然後知何知之晚也未伐而曰弗克何也弗克其義也貜且正也捷菑不正也

邾文公元妃齊姜生定公二妃晉姬生捷菑文公卒邾人立定公捷菑奔晉趙盾以諸侯之師八百乘納捷菑于邾邾人辭曰齊出貜且子餘反長展兩反並左傳宣子

曰非吾力不能納也義實不爾克也引師而去之故
君子善之而書曰弗克納也【何氏曰】大其不以己非奪人之是【趙氏曰】弗克納言失之於前而得之於未愈乎遂也
在易同人之九四曰乘其墉弗
克攻吉象曰乘其墉義弗克也其吉則困而反則也
【朱子本義】乘其墉矣則非其力之不足也特以義之弗克而不攻耳能以義斷困而反於法則故吉也
其趙盾之謂矣聖人以改過爲大過而不改將文去声
過以遂非則有怙終之刑【舜典】怙終賊刑【注】怙謂有恃終謂再犯
過而
能悔不貳過以遠去声罪則有遷善之美其曰弗克納
見音現私欲不行可以爲難矣然則何以稱人大夫而
置諸侯非也本【公羊】【刘氏曰】聞義而改見義而徙矣爲而不免於貶曰不恥過作非僅得免怙終之刑耳何足以言賢夫賢者之事其君言必謀於義行必順於道是以无過舉矣有用賤凌貴用少

淩長以力爲之者哉聞義能徙故爲之諱内以諱爲貶外以諱爲善陸氏曰廢置諸侯王者之事人臣專之罪莫大焉夫子善其聞義能徙故爲之諱也凡事不合理而心可嘉者皆以諱爲善愚按宣子執伯國之政奉不正而奪正雖曰懸之而其罪亦甚矣○趙氏曰左氏云趙盾以諸侯之師八百乘納捷菑于邾若実用諸侯師經不合不書故知妄也唐陳氏曰文六年趙盾將中軍持國政郤克宣十七年方代士會將中軍則納捷菑乃宣子明矣

九月甲申公孫敖卒于齊左傳穆伯之從已氏也魯人立文伯文伯疾請曰穀之子弱請立難文伯卒立惠叔穆伯請重賂以求復惠叔以爲請許之將來卒于齊告喪請葬弗許穀梁傳奔大夫不卒爲受其喪不可不卒也其地於外也范氏曰卒在常所則不地嬰齊卒于貍蜃仲遂卒于垂或踰境或不踰境皆書地陸氏曰奔大夫不書卒非我臣也既許其歸即我臣也故書之且明君臣之義死生一也高氏曰敖廢命奔莒此誅廢之罪也已而奔齊主齊而請復公於是乎許之則其卒也是亦大夫而已矣所以特書其卒以典刑之壞且爲齊人歸喪起也○劉氏曰左氏傳例云公不與小斂則不書日今敖卒于齊何爲反日耶○

齊公子商人弑其君舍　【左傳】子叔姬妃齊昭公生舍叔姬无寵舍无威公子商人驟施於國而多聚士盡其家貸於公有司以繼之昭公卒舍即位七月乙卯商人弑舍【公羊傳】此未踰年之君也其言弑其君何成死者而賤生者也【穀梁傳】舍未踰年其曰君何也成舍之爲君所以重商人之弑也

州吁弑君則以國氏商人獨稱公子何也以國氏者累（劣僞反）及乎上稱公子者誅止其身夫州吁寵愛有匹嫡奪正之漸莊公養成其惡而莫之禁至於弑逆則有以致之矣故曰以國氏者累及乎上按左氏曾叔姬妃（音配本亦作配）齊昭公生舍叔姬無寵舍無威商人心知其孤危寡特可以取而代也於是驟施（式豉反）於國而多聚士然則商人弑逆出於其身之所爲而非昭公有以致之也故曰稱公子者誅止其身舍未踰

年而成之爲君者穀梁子曰成舍之爲君所以重商人之弑也陸氏曰春秋之作本以懲奸惡君未逾年之君被弑而不曰君則逆亂之臣皆以未逾年而肆其凶惡故原情立義而以弑君書晉奚齊本不正故異於此孫氏曰嫌未踰年与成君異故誅商人爲万世戒高郵孫氏曰人子之心則未逾年而称子国人弑君則未逾年而称君此春秋所以辨君臣之分而防簒弑之禍愚按子般子亦不成之爲君者夫子魯臣爲国諱惡与筆削他国事不同盖成舍之爲君所以别其与奚齊異而与他弑君同句不成其爲君則商人与他弑異矣○趙氏曰公羊云其言弑何已立之已弑之假如非已立之得不爲君乎臨川吴氏曰叔姬書子乃文公女左氏以叔姬爲舍母夫文公即位才十四年豈有女配齊昭公而生子可立爲君者哉齊昭公以僖二十八年即位叔姬配昭公當在僖公末年時文公尚爲世子豈有世子年幼而有女嫁鄰国年長之君爲夫人者乎况文四年逆婦姜于齊盖齊昭之女也豈有齊昭旣娶魯文之女而魯文又娶齊昭之女者乎故知左氏以舍母爲文公女者妾也

宋昭子哀來奔

宋昭公無道高哀爲蕭封人以爲卿不義宋公而出遂來奔。書曰子哀貴之也。並【左傳】【杜氏曰】貴其不食汙君之祿辟禍速也易曰幾者動之微吉之先見者也。君子見幾而作。不俟終日。易大傳【愚按】謂見幾而作審擇所處不待其微之著也夫子所謂乱邦不居是也宋子哀有焉。昔微子去紂列於三仁之首。子哀不立於危亂之邦而春秋書字謂能貴愛其身以存道也。若偷生避禍而去國出奔亦何取之有【陸氏曰】奔者皆有罪而子哀獨以宋公不義不貪其祿而去之出奔之美者春秋所未有故書字以褒之【孫氏曰】子哀亦公弟叔肸之比【張氏曰】自宋昭公在位終始無一善可稱大臣死禍出奔者比比皆是獨子哀絜身而去不蹈隕身濡尾之悔觀蕩意諸再歸而卒不免則子哀之見幾而作豈非既明且哲之流哉故書之以與之【高氏曰】春秋之法自外至者非有罪則不名自内出者非有罪則不書若但書子哀之來則不見奔義若書名書奔則与有罪者等故特書字而季子來歸不書出奔蓋爲此也

愚按 或以子哀爲昭公之子若子糾子同之類然見公之危舍之而去未必書子或又以爲宋公族子子姓哀名然諸国之臣未有以国姓爲氏者當從子哀書字爲是

冬單伯如齊齊懿人執單伯單音善 **左傳** 襄仲使求昭姬于齐曰殺其子焉用其毋請受而罪之單伯如齐請子叔姬齐人執之又執子叔姬 **公羊傳** 不稱行人而執者以已執也齊君舍魯之甥也商人弑舍固忘魯矣魯使單伯如齊 **范氏曰** 單伯魯大夫齊人意欲辱魯故執單伯并子叔姬而誣之以罪 **高郵孫氏曰** 不言及者非累伯累之齐人自執子叔姬尒 **高氏曰** 齐人誣單伯以逆子叔姬而并執之不言及者不可及也兩書齐人執者以明單伯子叔姬之無是事也則而言之若二事焉所以重齐人之罪也明年書單伯至自齐又書齐人來帰子叔姬則知齐人執之者誣也不稱

行人公羊所謂以已執之者也**何氏曰**已者已大夫自以大夫之罪執之也**愚按**謂自以單伯已罪執之非為魯也○**劉氏曰**左氏云王使單伯如齊非也若單伯為周大夫何以書至自齊乎公羊云道淫也穀梁云私罪也皆非也**張氏曰**單伯自莊元年至今已八十餘年未必一人或其子若孫歟**愚按**晉欒書欒黶父子同稱欒伯士渥濁士弥牟祖孫同稱士伯而家父仍叔詩序皆有之或由称之也春秋因其本称而称之若高子是也公穀云道淫乃齊之誣辭耳啖氏乃引孫濟歷典十郡年近百歲猶更娶妻為諂何傳會之謬耶

齊懿人執子叔姬**程子傳**商人弒君之惡已顯而執叔姬之事聖人不獨罪商人也齊人不討賊俱北面事之又致執其君母齊之人均有罪焉故曰齊人

子叔姬者齊君舍之母也弒其君執其母皆商人所為而以為齊人執之何也商人弒君之罪已顯而齊人黨賊之惡未彰商人驟施去声於國而多聚士是以

財誘齊國之人而濟其惡也齊人懷商人之私惠忘君父之大倫弑其君而不能討執其母而莫之救則是舉國之人皆有不赦之罪也張氏曰執無罪書人者固春秋之例也然其君無罪則其臣當爲之用而罪在上其君當討之賊而臣爲之用則罪在下而不在上矣齊人不以商人爲不共戴天之讎而相帥以爲之用執鄰国之假命卿與其君母則商人無責焉而罪齊国之人也有人焉正色而立於朝誰敢致難去声其君與執其母而不之顧乎公羊桓二孔文正色而立於朝則人莫敢過而致難於其君者故聖人書曰齊人執子叔姬所以窮逆賊之黨與而治之也其討罪之旨嚴矣故曰春秋成而亂臣賊子懼。陸氏曰左氏言叔姬乃齊君母春秋例無執本国人者此乃魯女嫁齊齊不受而執之亦臨川吳氏曰竊詳事意齊舍年幼新立急欲求配居喪而娶文公之女故其逆其婦皆不書姬歸當是九月之末至齊而舍已被

弑姬無所從故十月之初魯遣單伯往請叔姬商人
惡魯与舍爲昏因單伯來誣以曖昧之罪將以辱魯
單伯乃叔姬歸齊之後
如齊而非送叔姬也

己酉 匡王元年 **十有五年** 晉靈九齊懿公商人元年衛成二十三蔡莊三十四卒鄭穆十六曹文六陳靈二杞桓二十五宋昭八秦康九楚莊二 **春季孫行父如晉** 靈 左傳 爲單伯與子叔姬故也 張氏曰 魯不能問暇明政刑以義討齊而反因晉以求於齊行父爲大夫不能請討弑君之賊晉爲盟主不能奉天討於商人皆罪也

○三月宋 昭 **司馬華孫來盟** 華户化反 左傳 宋華耦來盟公與之宴辭曰君之先臣督得罪於宋殤公名在諸侯之策臣承其祀其敢辱君請承命於亞旅 穀梁傳 司馬官也其以官稱無君之辭也盟不言及者以同与之也 杜氏曰 耦華督曾孫

司馬主兵之官 蔡氏曰 司馬主戎馬之事軍政莫急於馬故以司馬名官 通旨 宋王者之後得自命官華孫以逆族而主兵權所謂因事之變而書之 稱華孫者自督弑殤公 桓二年 諸侯受賂失賊不討使秉宋政及其後世繼

掌兵權春秋之所禁者故傳去声載其承命蒞旅之詞而經書曰宋司馬華孫來盟其曰華孫猶季孫叔孫仲孫臧孫之類【家氏曰】書華孫者著其爲華督之孫如武氏子仍叔之子不書名者義不繫於名也不稱使以是專行爲無君矣【說氏曰】擅權專国不君其君緣其不臣因曰無君【吕氏曰】不言使自請之也【高氏曰】不由君命擅來求盟故直書宋司馬華孫來盟以罪之【家氏曰】穆襄之族連歲爲乱翦君之羽翼戕盡遂奉公子鮑因襄夫人大樹黨與爲篡奪之計昭公僅擁虛器而已華耦盖公子鮑之黨豫自結於諸侯以免討其不稱使言不以君命至也【愚按】來盟不稱使者三其權皆在來盟之臣然盃完能服齊桓之義高子能定魯国之難聖人皆予之華耦專權結好於鄰国而不能免昭公於宛逆則罪也孟子曰所謂故國非謂其有喬木有世臣之謂也春秋此義其欲後世以賢者之類功臣之胄爲世臣然後委之以政乎【孫氏曰】宋自僖

公會諸侯于薄釋宋公之後未嘗与魯通問今華孫來結盟以尋舊好○劉氏曰左氏云宋華耦來盟其官皆從書曰宋司馬華孫貴之也非也周之禮經諸侯相聘其使介有常數矣不聞其官皆從以爲典也

夏曹伯文**來朝**蜀杜氏曰凡書來朝皆譏其不朝天子而相朝失其正也愚按曹伯十一年來朝才越四年而又朝不翅如事天子之禮文公屡受小国之朝而不報亦猶屡朝於齊晉而不見答也○趙氏曰左氏云諸侯五年再相朝古之制也按周禮諸侯猶各以服數朝天子若諸侯五年再相朝即須四面而往無停歇時矣以理推之諸侯除州伯之外無相朝之限○

齊懿**人歸公孫敖之喪**左傳齊人或爲孟氏謀曰魯尒親也飾棺寘諸堂阜魯必取之從之卞人以告惠叔猶毀以爲請立於朝以待命許之取而殯之齊人送之書曰云云爲孟氏且国故也葬視共仲

公孫敖慶父之後行去声**又醜矣**擯奔莒從已氏宋氏曰出奔之過輕弑君之後重**出奔他國其卒與喪歸皆書于策者許翰以謂文伯惠叔二子之哀誠無已也故魯人從其請國史**

記其事仲尼因而不革者以赦著教也【程氏曰】大夫喪還不書魯感子以赦父敦公族之恩崇仁孝之教故特録赦喪以示義【高氏曰】魯既許之復而立其子爲仲孫氏矣豈有臣其子而不使之奔其父之喪者乎崇公族之恩篤君臣之義則姑聽其以其喪歸可也

易曰蠱初六爻辭有子考无咎【朱子本義】蠱者前人已壞之緒子能幹之則飭治而振起不累其父而可得无咎矣

周公命蔡仲曰書蔡仲之命爾尚蓋前人之愆尚庶幾也蓋掩也言庶幾能掩其父之惡也【愚按】不言來歸蓋齊人但送於竟上而赦之子自取以歸故不曰來於哀姜書曰夫人氏之喪至自齊而不曰齊人歸之此夫人与大夫之別也或謂赦廢君命不當錄其卒又不當受其喪今按赦實魯国之罪人喪無可歸之義而惠叔哀毀以請懇切之至遂許以歸葬聖人紀之於春秋一以閔其子之孝一以著三桓溷強之由雖有罪而獲赦也○【劉氏曰】公羊云不言來内辭也脅我而歸苟將而來也按有來者有不來者此其不來者也春秋據實而書耳赦死殆十月豈可置之編簡以行哉

六月辛丑朔日有食之鼓用牲于社【左傳】非礼也日有食之天子不举伐
鼓于社諸侯用幣于社伐鼓于朝以昭事神訓民事君示有等威古之道也【高氏曰】莊公兩以日食鼓用牲于
社其非礼妄作義已著矣今文公亦復如此必以為先朝故事可举而行之也後出人君有举行先朝故事不
顧義之可否皆因陋承誤不知春秋之義者也【詳見莊二十五年】○單伯至自齊【左傳】齊人
許單伯而赦之【穀梁傳】大夫執則致致則名此其不名何也天子之命大夫也
單伯天子之命大夫也故逆王姬會伐宋使去声于齊
皆書其字致而不名與意如婼敕略反異者無所書而
不尊王命謹臣禮也【王氏曰】内大夫適他国不以公近其帰未嘗書至惟被執而得
反則以至書大夫国体一国之休戚係焉故也【臨川吳氏曰】魯臣自他国至者二氾单伯至自齊意如婼
至自晋是也皆為齊晋所執幸得鮮脫故書其至以此見經之書至者皆危之也○【張氏曰】若如左氏之
説以单伯為周大夫則是齊執王使春秋既不書其自周來魯又止書其至魯而不復言其帰京師是同

之於魯之臣子無復周魯大夫之易且無以昭齊人之執王使豈春秋辨上下尊王室之義哉

晉靈郤缺帥師伐蔡莊戊申入蔡

左傳 新城之盟蔡人不與晉郤缺以上軍下軍伐蔡曰君弱不可以怠戊申入蔡以城下之盟而還凡勝国曰滅之獲大城焉曰入之 趙氏曰 入而言伐言伐之不服而後入也所以兼惡蔡 高氏曰 蔡侯既與楚子次于厥貉故不與新城之盟晉郤缺伐之斯有名与矣凡伐不言入伐之不服然後入焉見蔡雖附楚楚人不之救也故書伐書戊申入蔡而足以知楚之不足恃矣此雖蔡人自取之亦所以甚晉也然晉曾不修所以服楚而暴小国以争諸侯欲使區區之蔡捍楚之強而不貳則亦難矣故言伐言入甚之也謹而日之又甚之也 張氏曰 君弱不可以怠修德以來蔡上出缺乃以兵伐而入其国徒示威武暴及其都民而蔡終不心服謂之能佐霸主服諸侯可乎言伐言入甚之也 家氏曰 晉文踐土于温翟泉之會蔡皆與會楚次厥貉蔡為罪首以附之郤缺伐之斯有名矣然齊桓潰蔡而後臨楚意不專在蔡也今晉不能敵楚雖入蔡而不有益見其无能為耳 陳氏曰 自伐書陽處父入書郤缺侵書趙穿由是凡役書大夫。 趙氏曰 公羊云入不言伐此言伐至之日也若如此則當書戊申郤缺伐蔡入之此既隔伐而言入則兆是便入也○秋齊懿人侵我西鄙穀梁傳其曰鄙遠之也其遠之何也不以難介我国也高氏曰齊商人簒弑又欺我命大夫罪不勝誅而反加兵於我故敗而人之臨川吳氏曰曾無得罪於齊齊之興師無名故曰侵○季孫行父如晉監左傳齊侵我故季文子告于晉高氏曰一歲再如晉皆爲晉故○冬十有一月諸侯盟于扈左傳晉侯宋公衛侯蔡侯陳侯鄭伯許男曹伯盟于扈尋新城之盟且謀伐齊也齊人賂晉侯故不克而還於是有齊難是以公不會書曰諸侯盟于扈無能爲故也程子傳此盟爲齊亂也曾以備齊齊不在會故不序又称諸侯者衆辞見衆国無能爲也

盟于扈者晉侯宋公衛蔡陳鄭曹許八國之君也何以不序略之也杜氏曰將伐齊晉侯受賂而止故總曰諸侯言不足序列陳氏曰非一役再有事而不序諸侯散辞也臨川吳氏曰晉侯伯主也而与諸侯同称諸侯不以霸主畀晉靈也春秋於夷狄君臣同詞而不分爵號去声說者以爲略之

也八國曷爲略之等於夷狄乎齊人弑君不能致討受賂而退突以賢於狄矣不曰晉人會諸侯盟于扈而曰諸侯盟者分惡於諸侯也陳恒弑其君孔子沐浴而朝告於哀公請討之弑君之賊夫人之所得討也而况諸侯乎况於鄰國乎胡氏曰大者天也其次君臣道莫先焉晉爲伯主齊弑其君與諸侯而莫能正晉固有罪矣諸侯皆莫之討不亦病乎夫諸侯不專征者也田恒弑簡公而孔子請討焉是豈非義而孔子行之哉從此斷之盟于扈之意晉固有罪而諸侯亦病矣略諸侯而不序以其欲討齊罪而復扶又反不能也况於鄰壤初不與音預盟會者乎魯君之罪亦可知也文集春秋以好生惡殺爲心獨至弑逆之賊必誅而不赦蓋乱常毁則赦而不誅則天理滅矣愚按此年盟扈欲討齊而不果十七年會扈欲討宋而不能皆以賂而棄討賊之義故皆略諸侯而不序左氏一則曰無能爲一則

曰無功皆謂其廢天討而縱亂賊也七年公會諸侯晉大夫盟于扈趙盾内專廢置其君而諸侯俯首以聽命是亦簒弑之萌矣故晉大夫不書名氏說者當比事而考之。胡氏曰左氏云凡諸侯會公不與則不書按諸侯會公不與而列會者非一則知左氏之說非也

十有二月齊齡人來歸子叔姬程子傳來歸不得不書執之書故

不言齊子叔姬來歸而曰齊人來歸子叔姬者見音現子叔姬無罪齊人自絶而歸之爾劉氏曰出夫人者未嘗不使大夫將命杞叔姬郯伯姬曰來歸此其曰齊人來歸子叔姬春秋正名別賢治不肖子叔姬以禍亂隊非得罪於先君魯雖受之其義固可以自直故謂之齊人來歸明罪之在也高氏曰凡内女見黜皆書來歸罪在姬也此書齊人來歸者罪在齊人也晉合諸侯盟于扈受齊賂而不伐齊故齊人自歸子叔姬以雖諸侯之意

春秋深罪齊人以商人爲君而不知其惡故其弑其歸與殺其君商人皆稱齊人深責之也家氏曰父母士以歸其

女情之不容已者国君志討鄰賊亦義之不容已者也况魯甥以弑殞魯女以執辱霸主不能討魯国所當問文公誠能赫然發憤請命天王大與師徒問齊人弑舍之罪繼未能以商人為戮亦足以伸大義於天下乃卑躬下氣以請叔姬置討賊之公義篤歸女之私情書齊人執子叔姬齊人歸子叔姬其執其釋在人閔姬而病魯也。刘氏曰公羊云其言來言閔之也非也加來何以為閔不加來何以為不閔此直來歸耳無强說也穀梁云父母於子雖有罪猶欲其免也亦非也鄭伯姬來歸有罪見出者也齊人來歸子叔姬無罪齊人强出之者也

齊侯懿**侵我西鄙**左傳謂諸侯不能也**遂伐曹**文**入其郛**郛音孚左傳討其來朝也季文子曰齊侯其不免乎已則無礼而討於有礼者以乱取国奉礼以守猶懼不終多能無礼弗能在矣公羊傳郭者何恢郭也襄陵許氏曰魯盡礼於晉而見侵弗恤曹修礼於魯而被伐莫救夫豈特齊之暴矣無道皆晉靈趙盾之失職也高氏曰商人弑君自立諸侯會于扈謀伐之晉取賂而還是成商人為君也故自此遂書齊侯商人知諸国之無能為益無顧忌肆其威暴且悪魯伐晉以謀己故一歳而再侵魯悪魯而及

曹非理甚矣凡伐不言入入其郛者甚之也因魯而加兵於曹曰侵可也而曰伐者討其以王礼寧魯執辭正也【陳氏曰】入郛皆不書於齊特書之侵我皆書人於是書齊侯異其文者異其事也。【張氏曰】公羊云入郛不書此何以書動我也按因其侵伐我遂入曹故得詳其事非為其動我也【劉氏曰】入郛殆矣㞢乎入矣勢不輕於圍豈得不書哉

【庚戌】匡王二年 **十有六年** 【晉】靈十【齊】懿二【衛】成二十四【蔡】文公申元年【鄭】穆十七【曹】文七【陳】靈二【杞】桓二十六【宋】昭九弒【秦】康十【楚】莊二 **春季孫行父會齊侯**懿**于陽穀齊侯弗及盟**【左傳】及齊平公有疾使季文子會齊侯于陽穀請盟齊侯不肯曰請俟君間【公羊傳】其言弗及盟何不見與盟也【何氏曰】與齊期盟中見簡賤不見與盟【趙氏曰】大夫求盟諸侯宜弗盟也譏公不親往【程子】【傳】魯齊既先約盟而公称疾不往乃使季孫行父會故齊侯不及盟【張氏曰】文公即位之元年以會霸主為憚而付之公孫敖以取晉怒魯之不得志於晉者數年今齊之亂公能修明政刑告天子方伯以討其罪則雖大国必畏之矣既不能然反使商人得以強大而威我親戚命使執辱於齊邊鄙被兵與国嘗伐此有志者困、

猶慮而圖之之時也文公方且宴安於其国復使其臣犯分求盟以平累日之隙抑何不思之甚哉**王氏曰**弗者迓詞君曰我本欲及齊盟而齊弗及我盟也上既曰會齊侯以是齊許之會非絶魯也六月公子遂及齊侯盟可知矣**愚按**齊懿之不與行父盟非果能以大夫不可抗諸侯之礼責魯而不盟也特以勢軋魯而脅文公之親至及襄仲納賂則貪於利而不復責文公之不至矣故直書曰齊侯弗及盟不以商人之侮辱爲耻也然平丘之盟則書公不與盟此不曰行父弗及盟而書齊侯則季孫亦不能無責矣○**夏五月公四不視朔**

左傳疾也**公羊傳**曷爲四不視朔公有疾也何言乎公有疾不視朔自是公無疾不視朔也曷爲不言公無疾不視朔有疾猶可言也無疾不可言也**穀梁傳**天子告朔于諸侯諸侯受乎祢廟礼也公四不視朔公不臣也以公爲厭政以甚矣

天子班朔于諸侯諸侯每月奉以告廟出視朝政本趙氏纂例**何氏曰**礼諸侯受十二月朔政于天子藏于太祖廟每月朔朝廟使大夫南面奉天子之命君北面受之乃察一月之政頒於其国故謂之視朔必受之於廟者孝子緣生以事死親存則朝朝而夕夕已

死不敢忘故朝廟受朔而視攻也杜氏曰諸侯每月必听政因朝于廟今公以疾闕不得視二月三月四月五月朔也

文公四不視朔。公羊子以爲有疾也。不言疾自是公無疾不視朔也。何氏曰是後公不復視朔政事委任公子遂范氏曰是後視朔之礼遂廢故子貢欲去其羊孔氏正義此後有不告朔者亦不復書其譏已明以不復譏也高郵孫氏曰視朔之礼廢自文公始不曰始不視朔者或行而或廢也

此見聖人所書之意若後復扶又反視朔者必於此書公有疾與昭公如晉之事比矣張氏曰春秋微顯志晦之法无往不寓以見諱国悪而不没实之意文公以疾不視朔春秋不用昭公有疾乃復之例書公有疾四不視朔而特書公四不視朔蓋文公自是因循不講告朔之礼以致他公不復舍行所以定哀之特聖人有我愛其礼之言羊存而礼廢其必始於此歟

文公厭於豔反政備見音現於經閏不告七年閏月不告月朔不視無雨不閏二年自十二月不雨至七月十年十三年皆自正月不雨至七月穀梁曰不閔雨也會

同不與七年盟鄫邑後至十五年盟邑十七年會鄫皆不與元年會戚二年盟垂隴使公孫敖八年盟衡雍盟暴此年盟鄭立使公子遂此年會陽穀使季孫行父十一年會承筐使叔仲彭生廟壞不修十三年世室屋壞作主不時二年作僖公主踰練祭之期事神治民之怠也則其心放而不知求久矣趙氏曰文公諸侯盟會三度不及又不視朔又不會齊以此推公性寬賒而怠於國務高氏曰朔者天子之所頒也諸侯上禀天子之命下授万民之時故其奉王朔告于廟則謂之告朔退而視朝以授民則謂之視朔前此未有書不視朔者君其有疾則亦常事尓此特書者見公之非有疾而然也盖欲特季孫行父之言使齊不疑耳蜀杜氏曰六年閏月不告月猶朝于廟夫子録之是幸其礼不尽廢也今又書不視朔是未嘗朝廟听政礼廢甚矣愚按告朔乃諸侯所以奉天子之政令當時諸侯既不禀命于天子而自立又不朝于天子而述戕其所以承天子之命而授之民者惟有此耳水木本原之義泯戕而僅存者也文公盻廢此礼而不行实有无王之心非特怠於事神治民而已也公羊左氏以為公有疾穀梁以為无疾今考四不視朔实在齊侯不及盟

之後公子遂盟郎丘之前蓋公性怠惰又懼商人之辱己故因微疾而託之以不听政遂辭齊而不會然二百四十二年豈无因疾不視朔者而皆不書莊公七月有疾八月薨亦不書八月不視朔是文公之疾非果不能視事也子貢欲去告朔之羊蓋公襲之弊以是爲不急之務或廢或行至春秋之末雖賢者以爲當廢春秋特筆以罪文公譏其作俑耳

六月戊辰公子遂及齊侯懿**盟于郪丘**郪音西【公】作犀丘【穀】作師丘【公羊疏】作畱丘【左傳】公使襄仲納賂于齊侯故盟于郪丘【穀梁傳】復行父之盟也【杜氏曰】郪丘齊地信公族且以賂故【王氏曰】此盟魯有畏而強欲与之盟也然行父請盟則弗及仲遂納賂則俯從商人之爲君可知矣見弑於近習宜哉【高氏曰】春秋書公四不視朔非特譏公之怠亦以見公子遂得盟之由則知此盟非齊侯之欲故明年齊侯復伐西鄙僅少紓而已故謹而日之【家氏曰】齊魯皆千乘之国齊能伐魯魯豈不能扞齊況直而壯者在魯曲而老者在齊彼以其力我以其義吾何慊於彼而行父襄仲乞盟不得至納賂求盟魯之君臣有愧甚矣○**秋八月辛未夫人姜氏薨**【杜氏曰】僖公夫人文公母也 **毀泉臺**

左傳有蛇自泉宮出入于國如先君之數声姜薨毀泉臺公羊傳郎臺也未成為郎臺既成為泉臺毀何以書築之譏毀之譏先祖為之已毀之不如勿居而已矣穀梁傳以文為多失道矣自古為之今毀之不如勿處而已矣

先祖為之非矣何氏曰莊公所築臺于郎然臺之存毀非安危治亂去声之所繫也劉氏曰魯人以為祥而毀之非明民之道雖勿居可也而必毀之是暴步卜反揚其失有輕先祖之心何氏曰但當勿居令自毀壞不當故毀暴揚先祖之惡也此履霜之漸弒父與君之萌春秋之所謹也故書孫氏曰惡勞民也築之勞毀之勞既築又毀可謂勞矣高郵孫氏曰毀者全除之与墮異也先君為之是毀先君之美也為之非而毀之是暴先君之惡也公羊之說得之荀說曰春秋之義毀泉臺則惡之薛氏曰築之蓋勞人也又勞人以彰為者之非是益非也愚按或者謂先君築之非則今日毀之是文公毀之為莊公戒惡孝之大者夫孟獻子以其父所為之室尚曰毀之

重勞且不敢間況以国君而勞民以毀先君之所築者乎。劉氏曰穀梁曰喪不二事二事緩喪也非也但毀一臺何能令喪緩乎声姜九月而葬所以緩者亦猶作僖公主豈爲毀臺乎李氏堯俞曰左氏記蛇妖且春秋有異皆備書何故而闕之

楚莊人秦康人巴人滅庸左傳楚大饑戎伐其西南至于阜山又伐其東南至于陽丘庸人帥群蛮以叛楚麇人帥百濮聚於選將伐楚楚人謀徙於阪高蔿賈曰不可我能往寇亦能往不如伐庸使廬戢黎侵庸庸人逐之楚子會師于臨品子越子貝伐庸秦人巴人從楚師群蛮從楚子盟遂滅庸

楚大饑戎與麇濮交伐之而庸人幸其弱帥群蠻以叛楚此取滅之道也楚人謀徙於阪音反高蔿于委反賈曰不可我能往寇亦能往不如伐庸亦見其謀國之善矣故列書三國而楚不稱師滅楚之罪詞也張氏曰庸乘饑饉率蛮危楚楚一畏徙則無以保其国然御変待敵亦制服之而已夷人宗社豈王法之所容乎楚

子克庸而遂滅之其罪大矣是以人楚子而罪其滅也【高氏曰】楚率秦巴以滅庸則秦又聽服於楚矣夫城濮之役秦人在焉遂与中国盟會晉襄因殽之役報復不已自是失秦使其協和以長楚且討其弑君父之罪盖有餘力而晉反棄秦以資楚此中国所以不振也

冬十有一月宋人弑其君昭杵臼【公】作處臼【左傳】宋公子鮑礼於国人宋饑竭其粟而貸之年自七十以上無不饋詒也無日不數於六卿之門国之材人無不事也親自桓以下無不恤也襄夫人助之施昭公無道国人奉公子鮑以因夫人將使公田孟諸而殺之蕩意諸曰盍適諸侯公曰不能其大夫至于君祖母以及国人諸侯誰納我昭公將田孟諸未至夫人王姬使帥甸攻而殺之蕩意諸死之書曰宋人弑其君君無道也文公即位【公羊傳】弑君者或称名氏或不称名氏大夫弑君称名氏賤者窮諸人

此襄夫人使甸郊甸之師殺之也而書宋人者昭公無道國人之所欲弑也【范氏曰】称人者衆辭衆之所同則君過可知【陳氏曰】称人猶曰衆人殺之云耳昭公之篇大夫特書官而意諸不言及大夫而不書官則臣子何罪意諸而言及則昭公疑於

殤閔【薛氏曰】書人皆微者也國君無道微者得以殺之君之罪而又誅其臣子也君無道而弒之可乎。諸侯殺其大夫雖當去声於罪。君不歸司寇猶有專殺之嫌。以爲不臣矣。況於北面歸戴奉之以爲君也。故曰人臣無將。將而必誅。本【公】【羊】昭公無道。聖人以弒君之罪歸宋人者。以明三綱人道之大倫。君臣之義不可廢也【永嘉呂氏曰】称人以弒則其國人咸有罪焉宋人弒其君杵臼國人利公子鮑之惠奉而欲立之因昭公田孟諸郊甸之師攻而殺之是宋國之人皆欲弒之也齊人弒其君商人亦齊人利商人之惠縱其弒舍而君之及邴歜閻職弒懿公而國人又莫之討是齊國之人皆有罪也莒人弒其君密州以莒子虐國人攻而弒之是莒國之人皆有弒君之心也然則有土之君可以肆於民上而無誅乎【左傳】【襄十四】天生民而立之君使司牧之豈其使一人肆於民上以從其淫而棄天地之性必不然矣諸侯無道。天子方伯在

焉臣子國人其何居（音基）死於其職而明於去就從違之義斯可矣

【高氏曰】不書弑賊不討也杵臼之死襄夫人為之也若專歸罪於夫人則杵臼無道失衆之惡無自而見惟以衆言之則夫人之罪在其中矣此之謂善志春秋之世君以無道致禍者衆矣獨杵臼与齊商人宮密州称人以弑者天之所廢必若桀紂然以紂之虐民欲与之偕亡而成湯放之猶有慚德以紂之不善億兆離心而文王事之猶不敢違况君罪未至此而輒為賊以弑之乎【愚按】昭公自言不能其大夫至於君祖母以及国人則其無道而不足以君宋固不誣矣然左氏云公子鮑美而豔襄夫人欲通之使襄夫人与鮑果有淫行則齊国之人豈肯心悅誠服而當国大臣安有順鮑之所欲而君之乎此未可信竊意昭公無道以失衆心故襄夫人因衆惡而戮之既戮之而猶加以美謚則將掩其殺国君之惡也春秋推見至隱書曰宋人弑其君既足以著昭公無道之實又斥宋人大惡之罪而襄夫人以君祖母繳国人之弑其君其与弑之罪不書而自見矣朱子綱目於後魏馮太后鴆顯祖直書曰太后弑其主盖取法春秋書宋弑昭公之例也

湯意諸亦死職春秋削

之不得班於孔父仇牧荀息何也三子閑其君而見殺春秋之所取也意諸知國人將弒其君而不能止知昭公之將見殺而不能正據傳云夫人使謂司城去公坐待其及而死之所謂匹夫匹婦自經於溝瀆而莫之知也寞得與死於其職者比乎愚按意諸違乱出奔未幾而復反既不能引其君當道使免於難又告於利害之私而守位不去其亦不仁矣聖人所以獨取高哀之去而書字以褒之也

辛亥匡王三年十有七年晉靈十一齊懿三衛成二十五蔡文二鄭穆十八曹文八陳靈四杞桓二十七宋文公鮑元年秦康十一楚莊四春晉靈人衛成人陳靈人鄭穆人伐宋文左傳晉荀林父衛孔達陳公孫寧鄭石楚伐宋討曰何故弒君猶立文公而還卿不書失其所也程子傳行天討而成其乱失天戮也故不卿之

列國之卿其君所與共天位治天職者本孟子宋有弑君之亂欲行天討而伐宋乃其職也復扶又反不能討而成其亂【左傳】荀林父以諸侯之師伐宋宋及晉平取賂而還宋文公受盟于晉是不足爲國卿矣其職矣故皆貶而稱人【陳氏曰】曷爲貶稱人失討賊之義也宋賊無主名宜若勿討其責諸侯以討之何子弑父凡在官者殺無赦臣弑君凡在官者殺無赦衆人弑君賊柰何勿討也賊可以勿討則昭公書葬矣大夫師師稱名氏賤者窮諸人本公羊傳其稱人賤之也陳恒弑簡公孔子請討曰以吾從大夫之後不敢不告也【高氏曰】孔子雖已告老猶請討之况正居卿大夫之位者乎春秋之誅亂賊如魯宣公者與謀也如楚公子比者與事也若宋文公紿無弑君之謀終無弑君之逆而以爲弑君者有其情也今諸国之師不探其情而無所委罪焉貶而人之不亦宜乎

夏四月癸亥葬我小君聲姜【公】作聖姜【公羊傳】聖姜者何文公之母也【高氏曰】九

月乃葬慢也不称僖姜而别爲之謚非礼也文公三不與諸侯盟會四不視朔又緩葬其母其怠於政事可知也已○【劉氏曰】左傳云有齐難是以緩按聲姜薨後乃無齐難既葬而有齐師耳○齊侯懿伐我西鄙【左氏傳】文作北鄙　六月癸未公及齊侯懿盟于穀【左傳】齐侯伐我北鄙襄仲請盟六月盟于穀【高氏曰】齐猶以公不親盟復來討而脅公出盟於此見鄭丘之盟無益矣【愚按】郪丘與穀之盟皆書及則二盟皆魯人汲汲欲盟非齐之急於盟也明年齐人戒師期使無申池之禍則兵又至魯矣盟豈足恃哉【家氏曰】齐之無道亦極矣魯之不自振亦甚矣齐商傲而日益尋盟魯文卑而日益索皆將死之證商惡貫盈宜及於難○諸侯會于扈【左傳】晉侯蒐于黄父遂復合諸侯于扈平宋也公不與會齐難故也書曰諸侯無功也【杜氏曰】傳不列諸国而言復合則如上十五年盟扈之諸侯可知也

宋昭公雖爲無道人臣將而必誅本公羊　春秋正宋人爲弒君之罪所以明人道之大倫也故大夫無沐浴之請則貶而稱人諸侯無討賊之功則略而不序【杜氏】

曰昭公雖以無道見弒，而文公猶宜以弒君受討。故林父伐宋以失所稱人，晉侯平宋以無功不序。明君雖不君，臣不可以不臣，所以督大教。不然，是廢君臣之義，人欲肆而天理滅矣。故曰：春秋成而亂臣賊子懼。王氏曰：桓二年會稷以成宋亂，獨序諸侯者，春秋之初，四国交乱，猶之可也。至此八国成乱，天下之勢胥為夷矣。家氏曰：兩扈之會，諸侯不序，春秋所以削晉霸而著其黨逆之罪也。自齊桓之霸中国，久無簒弒之禍。及齊商人、宋鮑弒君，霸国無討，又從而安定之，自是簒弒之禍接迹於中国。魯赤、晉靈皆斃於強臣之手，趙盾實為之也。人以為盾有無君之心，故黨逆賊而不問，盾何以辞其責？或謂宋督弒君，四国為會于稷，春秋書曰以成宋乱。今晉人兩扈視稷無以相遠，不書成齊乱、成宋乱，何哉？夫督之弒，霸事未興，書成宋乱，並責在會之諸侯也。今晉主夏盟，商与鮑皆釋而無討，更与諸侯共定簒賊之位，罪浮于稷，故春秋削晉霸而不列數諸侯。事雖同而書法異，罪有輕重故也。愚按：二扈之會，皆取賂而還，見利而忘義也。

秋，公至自穀。高氏曰：公不與扈之會，而及齊盟穀，苟免齊難。書至自穀，則不會扈可知矣。張氏曰：

齊商人不足與魯書至危之愚按明年齊復欲伐魯則危可知矣○冬公子遂如齊齊懿

傳襄仲如齊拜穀之盟高氏曰公已與齊侯盟而遂復往者政在遂故也愚按自商人之篡魯連年被兵上卿納賂請盟而君又親與盟繼又使卿往聘而怨猶未息也卑屈之不足以紓禍也如是苟非假手於歜戕則魯其殆哉

壬子匡王四年十有八年晉靈十二齊懿四弒衛成二十六蔡文三鄭穆十九曹文九陳靈五杞桓二十八宋文二秦康十二卒楚莊五春王二月丁丑公薨于臺下穀梁傳臺下非正也高郵孫氏曰薨非路寢皆不正也其曰臺下蓋又甚焉愚按或謂因隕而薨不能順受其正故以非命而終今雖莫考其詳然經書薨于臺下則其失正終之道亦可見矣○秦伯罃卒康公也在位十二年子稻嗣是為共公高氏曰秦雖伯益之後本附庸也僻在西夷自秦仲始大至平王時襄公有功於周室錫爵為伯穆公與於城濮之戰自後與中国交聘盟會康公歸遂始與魯通好至是遂書其卒○夏五月戊戌齊人弒其君懿商人左傳齊懿公之為公子也與邴歜之父爭田弗勝及

即位乃掘而刖之而使歜僕納閻職之妻而使職驂乘公游于申池二公弒公納諸竹中歸舍爵而行齊人立公子元

按左氏齊懿公即位刖音月邴音丙歜音觸之父而使歜僕納閻職之妻而使職驂七南反乘繩證反二人者實弒懿公然則於法宜書曰盜【補音】臣弒其君子弒其父非一朝一夕之故而義各不同如閻職弒君不書盜而曰齊人須熟看傳文思聖人之意使弒君則書弒君夫人而能為春秋也而特變其詞以為齊人何也亂臣賊子之動於惡必有利其所為而與之者人人不利其所為而莫之與則孤危獨立無以濟其惡篡弒之謀熄矣惟利其所為而與之者衆是以能濟其惡天下胥為禽獸而莫之遏公子商人驟施去声下同於國而多聚士盡津忍反其家

而貸音忒從人求物也於公有司公及国之有司是以財誘齊國之人也齊人貪公爭一時之私施不顧君臣萬世之大倫弑其國君則靦音腆面【[illegible]】雖靦然人面实禽獸也以爲之臣而不能討執其君毋則拱手以聽其所爲而不能救故於懿公見殺特不書盜反以弑君之罪歸諸齊人【通旨】商人當誅之賊也於法本從州吁无知之例而聖人書齊人弑其君者所以深罪齊国之人也【高郵孫氏】曰齊人殺商人自以其私非討賊也春秋之義弑君大惡之人殺之必正其罪苟不討其罪又以其私則亦曰弑君也所以原情定罪而大為之防也歟以誅亂賊之黨須篡弑之漸所謂拔本塞源懲禍亂之所由也故曰春秋成而亂臣賊子懼【陳氏曰】賊歇微不称盗而称齊人所以罪商人也【何氏曰】齊人以君事之【高氏曰】書齊人弑以誅乱賊之黨目見齊无臣子而商人得遂為君也【張氏曰】商人固當討之賊然齊人不以為賊

春秋十五 三十六

比面稱臣而君之者三年以爲賊則不當事以爲君則不可弑今三年事之一旦弑之亂作於大分已定之後故曰弑其君也况商人驟施聚士以成弑舍之謀則齊人乃同惡之黨所以歎賊殺商人而特書齊人【愚按】歎賊以僕御之賊既斃商人舍爵而行略不畏忌如肆行於无人之境則齊人固惡商人而欲其斃也春秋以弑君係之齊人宜矣然商人前書弑舍今既不從州吁无知之例以討賊書又不從楚比之例以盜殺書蓋罪齊人既以爲君而又殺之也朱子綱目於隋煬前書太子廣弑帝後書宇文化及弑其君廣蓋取法春秋書商人之例耳此李存孝之叛其養父而歸朝廷君子不予以徙義而譏之不肯委質爲臣而報讎者所以見稱於史策也

六月癸酉葬我君文公○秋公子遂叔孫得臣如齊惠【左】

【傳】襄仲莊叔如齊惠公立故且拜葬也【穀梁傳】使舉上客而不稱介不正其同倫而相介故列而數之也

使所使反下同舉上客將去声稱元帥去声此春秋立文之常體也其有變文書介副者欲以起問者見音現事情也。

子赤夫人之子今卒于弑不著其實是爲去声國諱惡
無以傳信於將來而春秋之大義隱矣故上書大夫
並使下書夫人歸于齊中曰子卒則見禍亂邪謀發
於奉使之日而公子遂弑立其君之罪著矣【劉氏曰】春秋之
文有常有變變之甚微讀者難知也則以爲史耳乃
春秋則欲起問者見善惡也仲遂將弑君謀之齊而
後決經書子卒其實尚隱故原其禍乱之始邪謀之
發著之奉使之日以見非常也齊与人之大臣謀弑
其君春秋所以異而惡之也【王氏曰】遂緣使事修聘
於齊請立宣公得臣非介蓋並命也春秋累數而不
特書者誅其奸也【臨川吳氏曰】公子遂將殺適立庶
而先聘齊以請故托賀立君及拜葬二事以行也【高
氏曰】一卿將命可兼他事豈可每事一卿乎遂將弑
嗣君故二卿偕往罪不容誅【愚按】公子遂當僖公之
世入杞伐邾已得兵權文公即位遂執魯国之政特
盟霸国之卿專會諸侯之師重以文之庸闇怠於政
事無君之心非一日矣故假使齊之行挾得臣同往
結援強鄰以定弑立之計春秋列書使介分惡於得

臣也

冬十月子卒【左傳】文公二妃敬嬴生宣公敬嬴嬖而私事襄仲宣公長而屬諸襄仲襄仲欲立之叔仲不可仲見于齊侯而請之齊侯新立而欲親魯許之仲殺惡及視而立宣公書曰子卒諱之也仲以君命召惠伯其宰公冉務人止之曰入必死叔仲曰死君命可也公冉務人曰若君命可死非君命何聽弗聽乃入殺而埋之馬矢之中【公羊傳】子卒者孰謂謂子赤也何以不日隱之也何隱爾弒也弒則何以不日不忍言也叔仲惠伯傅子赤者也文公死子幼公子遂謂惠伯曰君幼如之何願與子慮之惠伯曰吾子相之老夫抱之何幼君之有公子遂知其不可與謀退而殺叔仲惠伯弒子赤而立宣公【穀梁傳】子卒不日故也【杜氏曰】殺視不書賤之

諸侯在喪稱子【陳氏曰】惡位未定則其稱子卒何成之爲在喪之君也凡君在喪恒稱子未葬稱子某於是公子遂殺惡而立宣公故成之爲在喪之君以弒罪罪宣公也　繼世不忍當也既葬不名終人子之事也踰年稱君緣民臣之心

也子卒何以不日遇弒不忍言也【趙氏曰】魯君未踰年而見殺但書卒不可斥言也既葬而不名李咬氏不名而遇弒者不日以見音現下同其弒子赤是也【孫氏曰】成君弒不地子赤未踰年故不日以別之踰年而稱君稱君而遇弒者不地以見其弒閔公是也何以知其賊乎上書大夫並使去声下書子卒夫人歸則知罪之在公子遂矣孫音遜于邾出奔莒則知罪之在夫人與慶父矣【愚按】翬弒隱公而伐鄭伐宋不稱公子慶父弒閔公子遂弒子惡經不削其族事同而既貶從同同也繼世之恩謂在喪稱子終事之重謂既葬不名情文之節繼世不忍遽稱君見人情之恩愛已葬嗣子不名見礼文之尊敬隱惡之禮謂不書弒記事之信謂不沒子惡見弒之实誅亂臣討賊子之義亦備矣【通旨曰】子赤之生不見於經蓋文公不知重嫡庶之義故仲尼削之【張氏曰】私事公子遂敬

嬴奪嫡之心也然其敢啓是心者嬖故也有夫人太子而嬖寵妾則文公所以怠於政事者有自來矣固君昏於嬖寵慢棄國政故妾勝大臣相與謀賊君嗣而不能察所謂前有讒而不見後有賊而不知者文公之謂矣叔彭生身爲大臣既無以救文公之失政又不能撓仲遂之邪謀有公冉務人之忠言不能用甘心就死無一毫扶持之實沒而不書有以也哉。

愚按 莊十二年傳謂惠伯死非君命故不得以死節書竊疑仲遂殺惠伯而埋之史官畏遂威權不敢書曰公子遂殺叔仲彭生夫子作春秋當宣公之時而宣公乃時君之祖考故亦仍舊史爲國諱惡而不敢增也苟曰必死君命而後爲死節則人臣扞君於患難之際待召而往亦已晚矣或謂惠伯不發仲遂之謀令君及禍故不書卒夫以季文子孟獻子之賢皆黨遂逆謀反得書卒而獨責備於惠伯聖筆之討罪抑不如是之偏也何休以惠伯先見殺與荀息異然孔父先見殺而得書則亦非矣

夫人姜氏歸于齊 惠 左傳 大歸也將行哭而過市曰天乎仲遂不道殺適立庶市人皆哭魯人謂之哀姜 穀梁傳 惡宣公也有不待貶絕而罪惡見者有待貶絕而惡從之者

書夫人則知其正以氏係姓以謚係號与妾媵不同書姜氏則知其非見絶於先君據文姜不称姜氏書歸于齊則知其無罪趙曰言歸不反之辭也異於孫遜音遜于邾者哀姜與弑明公故称孫而魯國臣子殺適音嫡下同立庶敬嬴宣公不能事主君存適其罪不書而並見音現矣高氏曰書夫人姜氏歸于齊于子卒之下則知惡及視俟死而無所依矣張氏曰文定於九年夫人姜氏至自齊傳曰出姜至是益不安於魯適庶之乱未有不始於妾上僣夫人失位而致之者是以知文公之首惡也家氏曰齊人弑舍而歸叔姬于魯魯人弑赤而歸出姜于齊弑君出母後先一轍王綱隳頹伯政廢弛莫有声其罪而討之者聖人書出重為慨嘆矣愚按文公已薨而夫人出則知嗣子之殺於弑而不容於魯也文姜哀姜預聞弑君皆書曰孫出姜書號書姓書氏書歸而無貶辭則知責魯之臣子而妾氏為無罪矣此聖人屬辭之深切著明欲人有考於是而知子惡之所以弑與公子接之所以立也○趙氏曰左氏云出曰歸于某按夫人公薨之後以子見殺自歸父母

之家非被出也若有罪見絀則
當云出歸于某不得但言歸也
季孫行父如齊 惠張氏曰吉宣公之立也沙隨程氏曰遂得臣行父二人皆與謀以其前後如
齊而知之也高氏曰前乎子卒書如齊後乎子卒書如
齊齊實聞乎故所以惡齊也宣十八年行父云使我殺
嫡立庶者仲也夫乃逐仲族則行父實與謀弒惡而立
宣公故出姜歸齊而行父遂如齊焉惡實齊之甥恐齊
人聽夫人之訴而來討於是議納賂而請平焉行父之
罪固不待貶而魯國臣子皆不可勝誅也家氏曰經書
行父如齊於夫人大歸之後則行父亦與於弒矣君薨
太子立正也非奸臣之利也舍嫡立庶奸臣之利非國
之福也強家擅弒立以市恩於新君而專權自茲始矣
史墨云魯自東門遂殺嫡立庶魯君於是乎失國政在
季氏於昭公也四君矣或
者以行父為社稷臣誤矣○**莒弒其君**紀**庶其**左傳莒紀公生
太子僕又生季佗愛季佗而黜僕乃多行無禮於國僕
因國人以弒紀公以其寶玉來奔季文子使司寇出諸
竟公羊傳稱國以弒者衆弒君之辭啖氏曰稱國以弒
自大臣也不書大夫君無道也定公十三年傳稱國以
弒者當國大臣之罪也陸曰問滕薛邾莒告辭多簡竊
鄭宮弒其君庶其薛弒其君比為是彼國告辭既略國

史亦略書之非姤晉州蒲辛国欲弑之者又庶其比不見其大惡是否曰他事則略至於弑君則必記其所由故或称国或称人○劉氏曰左氏云莒太子僕因国人弑之則子弑其父也父雖無道子可弑乎子弑父可歷其罪乎其以君無道書庶幾也臨川吳氏曰称国以弑者一国臣民之衆所欲弑也如左氏之言則是僕以太子弑父也春秋何得書国弑乎且僕既與国人同弑君則當自立矣又何以奔曽乎疑僕因国之下以字當作之謂僕因国人之弑君懼并及禍而來奔也愚按文定於襄三十一年莒人弑君密州條趙氏以爲傳之誤大略与此相類讀者當互考

春秋卷之十五

春秋卷之十六

胡氏傳

後學新安汪克寬附録纂疏

宣公上公名倭，一名接，文公妾敬嬴之子，在位十八年，夫人穆姜

癸丑匡王五年

元年晋靈十三年齊惠公元年衛成二十七年蔡文四年鄭穆二十年曹文十年陳靈六年杞桓二十九年宋文三年秦共公稱元年楚莊六年

春王正月，公即位。公羊傳：繼弒君不言即位，此其言即位何？其意也。穀梁傳：繼故而言即位，與聞乎故也

宣公爲弒君者所立，受之而不討賊，是亦聞乎弒也。故如其意焉，而書即位，以著其自立之罪，而不嫌於同辭。美一也，有小大則褒詞異；惡一也，有小大則貶詞異。一美一惡，無嫌於同。公羊：美惡不嫌同詞。張氏曰：宣公受弒賊之立而居其位，其辠同於桓公，而十八年之間皆書王，與桓公不同者，法已窮於前矣。天理不可以常亡，王法不可

以久廢故存王以李大法亦所以正宣公之辠也高
郵孫氏曰桓弒隱而立春秋月而不王以罪天王之
不能誅之宣弒子赤而立春秋書月書王不罪天王
之不討者非赦之也天王不王自平王而下桓公之
時王道之不行未久有王者興則桓公在可誅之域
不於在位當於其將終竟桓公之死王不能誅聖人
不忍周道之衰而弒君者得志也十八年間書王者
四終始反覆欲其見討而竟不能於是月而不王以
爲法於万世至於宣公則王道之不行百餘年矣亂
賊接迹而起而王者未嘗誅之非天下無王何至是
也宣弒子赤自立晏然無所忌憚春秋於即位之月
書王以明王道之行不容一日息也推其無王是以
書王爾桓公之時王猶可望則待王之
誅宣公之時王不足望故書王以討也

公子遂如齊惠逆女

魯秉周禮喪未朞年遣卿逆女、何氏曰譏喪娶復書不親迎何亟
乎太子赤齊出也仲遂殺子赤及其母弟而立宣公
懼於見討高氏曰不待喪畢而遂如齊逆女者恐姻好久不通而齊人來討也故結昏

于齊爲自安計。越典禮以逆之，如此其亟而不顧者，必敬嬴仲遂請齊立接之始謀也。家氏曰：宣公繼世之初，斬焉在疚，而首遣大夫如齊逆女，所遣見又同惡之大夫。春秋書之，所以著敬嬴襄仲弑君篡國之本謀，亦以見齊元無道，黨其臣而使之弑君也。盖請昏割地，魯所以自結於齊者，皆在遂与得臣如齊之時。故即位未幾，而襄仲隨有逆女之行，無何又以割地而出。春秋書即位，書逆女，書遂以夫人婦姜至自齊，書齊人取濟西田，著魯人結齊之援以弑其君，著齊人輔魯之篡，俾弑其君。盖明王法以治齊魯之罪，一国皆有討也。王氏曰：赤，齊之甥也。憂齊之有所黨，故欲急昏於齊也。公穀謂譏喪娶，不知喪娶之不足罪也，可罪者喪娶之故也。其後滕文公定爲三年喪，父兄百官皆不欲，曰：吾宗國魯先君莫之行也。孟子朱子註謂魯不行三年之喪者，乃其後世之失，非周公之法本然也。喪紀浸廢，夫豈一朝一夕之故？自文宣莫之行矣。據文公亦三年之内圖昏。此所謂不待貶絶而罪惡見音現者也【杜氏曰】不譏喪娶者不待貶責而自明也【劉氏】曰公薨夫人出大夫逆女乱倫而娶齐人不創夫人之出而違礼婚媾皆罪也【臨川吳氏曰】文公使公子遂納幣已非礼況宣公逆夫人而可遣僖祖之弟乎然負篡弑之罪而急於結齐昏以定其位者乃惡之大喪娶鄉逆之非礼則其惡之小者尔【愚按】文公未終禫制而圖昏春秋深加貶黜不書逆者姓名不書如齐不称夫人不称氏以著其罪宣公未及朞年而亟於喪娶春秋書使卿逆女書夫人至僅去夫人之氏此非特從同同之例蓋以宣公之惡有大於喪娶者故詳録之以見其縱私欲而紊典礼实欲結人援而逭天討也【石氏曰】翬弑隱公遂殺子赤桓公之立逆女使翬宣公之立逆女使遂斯二人者在国以爲賊而桓宣以爲忠也故終桓宣之世翬遂皆称公子無異辞

三月遂以夫人婦姜至自齊【公羊傳】遂何以不称公子一事而再見者卒名也夫人何以不称姜氏貶曷爲貶譏喪娶也喪娶者公也則其曷爲貶夫人内無貶于公之道也夫人与公一体也其称婦有姑之辞也【穀梁傳】其不言氏喪未畢故略之也其曰婦緣姑言之之辞也【[illegible]傳】脫氏字

有不待貶絕而罪惡見（音現，下並同）者，不貶絕以見惡（本公羊）。夫人與（音預）有罪焉，則待貶而後見，故不稱氏（【何氏曰】去氏輕於去姜。【范氏曰】夫人不能以禮自固，故與有貶。【劉氏曰】婦人不專行，在家制於父母。夫人有貶，則父母與有罪矣。【高氏曰】古者一禮不備，女不肯行，故詩曰：雖速我訟，亦不女從；雖速我獄，室家不足）。夫人其如何？知惡無禮，如野有死麕（音囷。【詩】小序：野有死麕，惡無禮也），能以禮自防，如草蟲（【同上】草蟲，大夫妻能以禮自防也），愆期有待，如歸妹之九四（【易】象傳：愆期之志，有待而行也。【程子傳】所以愆期者，由己而不由彼。女子居貴高之地，有賢明之資，人情所願娶，其過時未歸，蓋自有待，非不售也），則可矣。凡稱婦者，其詞雖同，立義則異。逆婦姜于齊，病文公也（不稱女而稱婦者，文公之喪於成昏也）；以婦姜至自齊，責敬嬴也（有姑則以婦禮至，無姑則專以夫人禮至。不稱姜氏而稱婦姜者，敬嬴之欲速以姑自居也。【張氏曰】公子遂，宣公之爲亂臣賊子明矣不待貶絕也書婦著敬嬴之辠也敬嬴嬖妾私事襄仲以其子屬章欲反之殺世適音嫡兄弟出主君夫人援如字成風故事即以子貴爲國君母【公羊】母以子貴斬焉在衰音崔服之中昭十二天二天子于叔向見檀弓請昏納婦而其罪隱而未見也故因夫人至特称婦姜以顯之此乃春秋推見至隱著妾母當國用事爲後世鑒者也。緊指爲有姑之詞而不察其旨則精義隱矣【趙氏曰】書以者不當以也【高氏曰】不直書夫人婦姜至自齊而称遂以者明公子遂不當以夫人歸也婚礼莫重於親迎宣容他人得以之歸哉遂盖公遂之尊者尤不可也【家氏曰】夫人非大夫所得以也遂挾齊以弑其君娶齊女爲篡君之婦魯之家国实制於遂書以者著其罪也公款言婦有姑之辭婦姜之嫡姑則出姜也經於子卒之後書夫人姜氏歸于齊於宣公始立書遂以婦姜至自齊所以責齊受人之出母而与之婦所以責魯棄母於齊而娶齊女事讎妾以爲姑也絕滅天理甚矣

○劉氏曰左傳称族尊君命舍族尊夫人非也一事而再見卒名耳必若云然公子結遂及齊宋盟非受命亦称族婦父豹意如其往也氏其至也不氏無有夫人居閒也何以舍族耶

夏季孫行父如齊惠左傳納賂以請會

經書行父如齊而不言其故謂納賂以請會者傳去聲下同也經有不待傳而著者比毗志反事以觀斯得矣下書公會齊侯于平州則知此會行父請之也又書齊人取濟西田則知其請蓋以賂也雖微傳其事著矣諸侯立卿爲公室輔閔二猶屋之有楹也而謀國如此亦不待貶絶而惡自見音現者也高氏曰春秋附国君不以其道立苟得一頒諸侯之會伯国不得復討其罪所以季文子不惮自行者欲假大国之權以定宣公之位也宣公之位定則一時臣子黨乱誤国之罪皆可以逃矣不然以行父之勤勞恭儉相

去声三君而無私積子賜反【襄五】季文子卒無衣帛之妾無食粟之馬君子是以知季文子之忠於公室也相三君而無私積必以其君顯名與晏嬰等矣【陸子曰】季文子三思而後行可謂慮事詳審而宜無過舉矣而宣公篡立文子乃不能討反為之使齊而納賂焉豈非私意起而反惑與【呂氏曰】君毋不正孽子篡立而周之大臣恃大国以免㢮㢮肆肆無所忌憚行父名大夫也而猶若是先王之澤泯矣【張氏曰】文公曲子之死在官當誅者公子遂其首行父次之【家氏曰】季友受託孤之寄酖叔牙戮慶父立僖公魯之宗社賴以再安行父其孫也乃為賊使齊而歸先君之母今又為之再使納賂請會有忝厥祖多矣

晉靈放其大夫胥甲父于衛成【左傳】晉人討不用命者放胥甲父于衛而立胥克【公羊傳】放之者何猶曰無去是云尒古者大夫已去三年待放君放之非也大夫待放正也古者臣有大喪則君三年不呼其門已練可以弁冕服金革之事君使之非也臣行之礼也【穀梁傳】放猶屏也【杜氏曰】胥甲下軍佐胥臣之子

放猶驫置毋去其所杜氏曰放者受罪黜免宥之以遠孫氏曰放逐也比於專殺者其罪薄乎云爾李氏堯俞曰称国以放与称国殺大夫同或以爲近正公羊非矣大夫當官既不請於天子而自命以爲有罪又不告於司寇而擅刑猶不遠於正乎蜀杜氏曰周衰諸侯擅恣法度而有屏放其臣者春秋不得不譏之薛氏曰諸侯不專放大夫其書者僭天子之事也求東萊呂氏曰書放大夫惡專放也称国以放君与大夫咸與焉晉放胥甲是也称人称人以放国乱無政而衆人擅放之蔡人放公孫獵是也

秦晉戰于河曲撓女教反臾駢之謀者趙穿也若討其不用命則當以穿爲首止治軍門之呼去声文十二晉人禦秦師于河曲臾駢曰秦不能久請深壘固軍以待之士會謂秦伯曰臾駢必实爲此謀将以老我師也趙有側室曰穿好勇而狂若使輕者肆焉其可秦軍掩晉上軍趙穿追之不及反怒曰裹糧坐甲固敵是求将独出乃以其屬出宣子懼秦獲穿乃皆出戰秦師遁臾駢曰薄諸河必

敗之胥甲趙穿當軍門呼曰不待期而薄人於險無勇也乃止皆貶可也而獨放胥甲父則以趙盾當國穿其族子而盾庇之也黄氏曰胥甲趙穿其罪一也放胥甲而捨趙穿穿盾之族子也張氏曰穿以盾之側室而独免刑之偏頗如此非所以治有罪主諸侯也桃園之罪明年穿弑靈公于桃園其志固形於此矣故稱國以放見音現晉政之在私門而成上侵僭也爲後戒也臨川吳氏曰河曲之戰及今八年豈有不用命之罪八年而後討哉必胥甲以他事取惡於趙盾而逐之也愚按放胥甲者弑夷皐之兆也殺胥童者弑州蒲之兆也高氏曰諸侯之大夫有罪當請于天子或殺或放今晉專放其大夫可乎况舜討驩兜之罪而放之崇山者投之遠方也崇山猶在封疆之内非蛮夷外国也晉人於衛同爲列国而放其有罪之臣於衛是鄙衛也衛人受晉之逐臣而不辞豈亦迫於大国之勢欤劉氏曰秦穆公悔不用百里奚之言以亡三帥自狀其過而作秦誓晉灵公恥不得志於秦而追咎善謀放胥甲于衛人之度量相越豈不遠哉使晉之君臣因胥甲之言推而廣之修己而不責人

鄰国将來服奚患秦哉春秋書放晉甲以其無罪而譏晉之濫也。啖氏曰公羊云近正也此傳是三年待放之義乃三諫不從以礼而去者今故名雖同而实殊傳不見事迹故云尔高郵孫氏曰穀梁云称国以放放無罪也案称人自爲与其下爲別也安得以称国而見其無罪乎

公會齊惠侯于平州杜氏曰平州齐地在泰山牟縣西張氏曰後漢志琅邪国陽都故地有牟臺注平州在縣西今屬沂州沂水縣愚按沂州今屬益都路

按左氏曰會于平州以定公位魯宣篡立踰年舉國臣子既從之矣若之何位猶未定而有待於平州之會也春秋以來弒君篡國者已列於諸侯則不復扶又反下同致討隱四杜氏曰諸篡立者諸侯既与之會則不復討故曹人以此請負芻于晉成十三曹宣公卒公子負芻殺太子自立十五年會戚晉執負芻歸京師十六年曹人請曰若有罪則君列諸會矣夫篡弒之賊毀滅天理無所容於天

地之間身無存没時無古今其罪不得赦也以列於會而不復討是率中國爲戎夷棄人類爲禽獸此仲尼所爲（去声）懼春秋所以作也然欲定其位者魯宣稱及（我所欲曰及）齊而曰會者討賊之法也凡討亂臣賊子必深絶其黨而後爲惡者孤也【張氏曰】凡乱臣賊子之所以不敢縱其欲者以有霸主太国能討之也齊乃魯之鄰其力足以正魯而惠公不明於義利邪正之辨始許仲遂以乱魯之適庶終會平州以定賊子之位則乱賊復何畏而不逞哉會者外爲志魯宣欲求寵以定位而書齊惠之志以治黨悪之罪与桓公鄭莊垂之會一也晋爲盟主諸侯所取正而齊宋弑君威弗能加魯乱不治見晋之無能爲也【愚按】齊惠因歡戰之逆得立乎其位故魯宣納賂求會雖然而從蓋同悪相濟耳特齊之強大足以芘魯故宣公君臣殫意以固結之也

公子遂如齊惠【左傳】襄仲如齊拜成

宣公篡立之罪仲遂主謀爲首惡初請于齊遂爲上客而並書介使去声者罪叔孫得臣不能爲有無亦從之也論語焉能爲有焉能爲無季子然問仲由冉求然則從之者與子曰弑父与君亦不從也大夫有以死爭去声者矣然削而不書者以叔仲惠伯死非君命失其所也愚按孔父仇牧荀息非以君命而死皆特書於策竊疑忠義之臣扞君之難固不可待召命而後致死也杜氏謂史諱襄仲不敢書殺惠伯其埋或然遂及行父則一再見音現下同于經矣如齊拜成雖削之可也又再書于策者於以著其始終成就弑立之謀愚按遂得臣同如齊見公子接而請立之逆謀之始也今既定宣公而拜成于齊逆謀之終也以戒後世人臣或內交宮禁以固其寵或外結藩鎮以爲之援去声至於殺生廢置皆出其手而人主不悟者唐武三思李輔国通韋后

張后而擅殺五王遷上皇於西内崔胤崔昭緯結王行瑜李茂貞朱全忠而脅帝殺杜讓能王摶蘇檢貶陸扆王摶其慮深矣凡此皆直書于策而義自見者也

六月。齊惠人取濟西田【左傳】為立公故以賂齊也【公羊傳】外取邑不書此何以書所以賂齊也曷為賂齊為弑子赤之賂也【穀梁傳】内不言取言取授之也以是為賂齊也【程子傳】宣公不義得國賂齊以求助齊受之以助不義故書取不義不能保其土故不云我非為強取故不諱不能有而失者皆諱【張氏】曰濟西魯故地僖三十年取之曹者

魯人致賂以免討而書齊人取田者所以著齊罪【[illegible]】【孫氏】曰齊侯之罪隱而難見故明書取田以著其罪春秋取田邑皆賂之曰人罪其擅取也惟齊景為昭公取鄆以其取不為己得特書其爵春秋討賊尤嚴於利其為惡而助之者所以孤其黨夫齊魯鄰國盟主之餘業也子惡弑出姜歸而宣公立不能聲罪致討務寧魯亂齊【[illegible]】仲

一一一四

孫曰君其務寧魯難而親之首與之會是利其爲惡而助之也弒

君篡國人道所不容而貨賂公行免於諸侯之討則

中國晉爲戎夷人類滅爲禽獸其禍乃自不知以義

爲利而以利之可以爲利而爲之也孟子爲去声梁王

極言利國者必至於弒奪而後饜於艷反蓋得經書取

田之意舉法如此然後人知保義棄利亂臣賊子孤

立無徒而亂少弭矣張氏曰桓公篡立求援於鄭而誘以許田宣公奪嫡主齊以自

立而賂以濟田以利自固前後一轍使鄭莊齊惠不貪其利則桓宣必不能以自立矣曰假曰取敢罪鄭

齊詳其貪利而成乱也大率論治国平天下深戒以利爲利孟子論先利後義不奪不饜皆拔本塞源知

春秋之微意也歟家氏曰魯桓之弒君鄭不預也督畏其討以是爲賂故書假諱之也魯宣之弒君謀出

於襄仲事实成於齊惠故直書其事以惡討之蓋田者先祖受之於王魯国之封疆也宣公既篡人之国

又割先祖所受之土疆以爲齊賂齊惠既輔人之篡
又受其賂田以爲已有此所謂盜竊之取其罪有大
於侵伐之取矣陳氏曰外取邑不書襄二十六年齊
取我高魚不書必有歸之者然後書是故濟西田書
取、讙闡
書取、

秋，邾定子來朝。通旨凡經於朝聘皆不徒書未有書而
無義者也宣公爲弑君者所立邾子來
朝而無貶文者既於朝桓貶矣公羊曰其餘從同同張
氏曰邾子朝當討之人不貶者桓公之經已牽法從同
同也〇

楚莊子、鄭穆人侵陳靈，遂侵宋文。左傳宋人之弑
昭公也晉以諸侯
之師伐宋宋及晉平宋文公受盟于晉又會諸侯于扈
將討齊皆取賂而還鄭穆公曰晉不足與也遂受盟于
楚陳共公之卒楚人不禮焉陳靈公受盟
于晉楚子侵陳遂侵宋穀梁傳遂繼事也

楚書爵而人鄭者貶之也。鄭伯本以宋人弑君晉不
能討受賂而還以此罪晉爲不足與也遂受盟于楚，
今乃附楚以亟去声病中國何義乎張氏曰不討有罪
固晉之無義而亦

未至加僭王猾夏之罪大也鄭舍晉從楚附无王之夷狄以為中国患故人之書侵陳遂侵宋者以見濳師掠境肆為侵暴非能聲宋罪而討之也【家氏曰】使鄭穆公從楚之後能以楚師討宋於境上問昭公之故宋人必能以鮑為戮更議立君則不失其棄晉之初志今乃與楚子俱侵陳遂侵宋此侵暴无名之師凌駕中夏非討亂之卒也既正此師為不義然後中國之師可舉矣【東萊呂氏曰】盟會而書楚子自盂始征伐而書楚子自侵陳始次厥貉嘗書楚子矣未加兵於中国也伐麋書楚子矣不過加兵於其与国也是故侵蔡伐楚侵曹伐衛書齊侯晉侯甚中国之有伯也侵陳遂侵宋書楚子傷中国之无伯而夷狄得以執伯權也【陳氏曰】書遂伐楚言志不在蔡也書遂侵宋言志不在陳也南北之勢於是始也後十五年而宋楚平後五十年晉趙武楚屈建同盟于宋諸夏之君分為晉楚之從矣自是訖春秋師再有事无言遂者言遂者非与国伐盟主則盟主伐与国也

晉靈趙盾帥師救陳冬【左傳】晉趙盾帥師救陳宋【穀梁傳】善救陳也

鄭在王畿之内而附蠻夷陳先代帝王之後而見侵逼此門庭之寇利用禦之者也門庭門内之庭寇盜至此則不得不擊伐之王者以諸夏爲庭户四夷爲藩籬晉能救陳則存諸夏攘夷狄之師故特褒而書救凡書救者未有不善之也家氏曰救者救其患雖乃救患皆爲美也如解倒懸孟子民之悦之猶解倒懸也如拯民於塗炭之中塗炭猶言水火如孟子言民以爲拯已於水火之中知此義則知春秋用兵之意矣傳去声稱師救陳宋經不書宋此非闕文乃聖人削之也前方以不能討宋上卿貶而稱人文十七四国伐宋諸侯會而不序同上會扈今若書救宋則典刑紊矣家氏曰書救与其能救陳也不書救宋不与其救宋也宋負弑君大惡晉人受賂不能討而楚伐之雖楚之存心未必誠於爲義然弑逆之賊夫人得而討之也楚討之晉救之故春秋不与其救與

宋公文陳侯靈衛侯成曹伯文會晉靈師于棐林伐鄭

穆【公】作棐林【左傳】會于棐林以伐鄭也楚蔿賈救鄭遇于北林囚晉解揚晉人乃还【公羊傳】此晉趙盾之師也曷為不言趙盾之師君不會大夫之辭也【穀梁傳】地而後伐鄭疑辭也此其地何則著其美也【杜氏曰】晉師救陳宋四国君往會之共伐鄭地棐林鄭地滎陽宛陵縣東南有林鄉【愚按】在今汴梁路均州新鄭縣即棐林也

列數上声下同諸侯而會晉趙盾穀梁子以為大趙盾之事以其大之也故曰師此説非也【劉氏曰】卿大夫不得會公侯今晉侯不行趙盾專国亦冗貶則善矣曷為大之耶春秋立法君為重而大夫與師其体敵獲君不書師师大夫必書師师君獲君傷皆不書师敗績大夫獲仍書師敗績列數諸侯於師師之下而又書大夫之名氏則臣疑於君而不可以為訓其曰會晉師此乃謹禮於微之意也其立義精矣【陳氏曰】此晉趙盾以諸侯之師伐鄭大夫初用諸侯比灵公之出兵車之

會自參以上貶人之於是出趙盾以其用諸侯也春秋不以大夫用諸侯故止書趙盾帥師救陳不書諸侯會晉師于棐林伐鄭則不以大夫用諸侯之辭也

棐林鄭地也前者地而後伐以爲疑詞此其地則以著其美者

范氏曰欲美趙盾救災恤患之功故詳録其會地 陸氏曰晉師先在棐林故言會又言伐

一美一惡無嫌於同

愚按桓十五年公會宋公衛侯陳侯于袲伐鄭先講會禮而後往伐始疑於助忽而討突終乃伐忽而助突故春秋責其疑此年宋公陳侯衛侯曹伯會晉師于棐林伐鄭因國之君翕然而從晉師討罪以救患故春秋著其美前者講會禮而後伐此乃會師以同伐之似而實異也書突出奔蔡忽歸于鄭突入于櫟而繼書公會諸侯于袲伐鄭則爲黨突而伐忽可知矣書楚子鄭人侵陳遂侵宋晉趙盾帥師救陳而繼書諸侯會晉師于棐林則爲討鄭而救中国可知矣寓辭觀之是非瞭然

冬晉靈**趙穿帥師侵崇**

崇公作柳左本亦作崇侵書趙穿而後凡役書大夫左傳晉欲求成於秦趙穿曰我侵崇秦急崇必救之吾以求成焉趙穿侵崇秦弗与成杜氏曰崇秦之与国汪公輔曰地

謂商有崇国在京兆鄠縣甘亭**愚按**今奉元路鄠縣之東**汪氏曰**崇小国也公羊誤爲柳

崇在西土秦所與也晉欲求成于秦不以大義動之而伐其與國則爲譲許元反巳甚比諸伐楚以救江異矣而傳去聲謂設此謀者趙穿也意者趙穿巳有逆心欲得兵權托於伐國以用其衆乎不然何謀之迂音于而當國者亦不裁正而從之也穿之名姓自登史策弒君于桃園而上卿以志同受惡其端又見音現下同於此書侵以見所以求成者非其道矣**高氏曰**晉欲得秦而反加兵於他人之国適足以衆晉之敵尔此謬計也**家氏曰**晉欲求成於秦發一乘之使述先君之好而秦成合矣今伐崇以求之秦愈怒而兵愈不可觧矣蓋穿者志於作難託伐崇以專兵不然何拙謀之若是而執政者且無所可否於其間乎。**劉氏曰**公羊云柳者天子之邑也不繫乎周者不与伐天子也非也趙穿伐

天子之邑罪大矣無文以貶之何哉

晉靈人宋文人伐鄭穆左傳晉人伐鄭以報北林之役於是晉侯侈趙宣子爲政驟諫而不入故不競於楚穀梁傳伐鄭所以救宋也

宋人弒君既列於會在春秋衰世已免諸侯之討矣論去声春秋王法則其罪固在法所不赦也而晉人與之合兵伐鄭是謂以燕音煙伐燕本孟子言晉無道与鄭無異庸愈乎其書晉人宋人非將去声卑師少蓋貶而人之也以貶書伐者君曰聲罪致討而已有瑕則何以伐人矣昭四無瑕者可以戮人高氏曰宋怨鄭与楚之侵也復請晉伐鄭晉亦以前救之無功也遂連兵伐之失晉以貪賂致諸侯之叛不能退而自責乃謀動干戈於外以遂宋之復怨況宋人弒君豈可与之合兵乎家氏曰此一事而前後褒貶不同者鄭背華而即夷諸侯會晉而討之公也晉受宋賂而輔之以篡今復

皆宋伐鄭私也盖鄭可伐也爲宋而伐鄭則不可也

甲寅匡王六年崩

二年晉靈十四弑齊惠二衛成二十八蔡文五鄭穆二十一曹文十一陳靈七杞桓三十宋文四秦八二楚莊七

春王二月壬子宋文**華元帥師及鄭公子歸生帥師戰于大棘宋師敗績獲宋華元**華戶化反戰皆言大夫帥師自此始左傳鄭公子歸生受命于楚伐宋宋華元樂呂御之戰于大棘宋師敗績囚華元獲樂呂及甲車四百六十乘俘二百五十人馘百人宋人以兵車百乘文馬百駟以贖華元于鄭半入華元逃歸杜氏曰大棘在陳留襄邑縣南張氏曰今屬睢州愚按襄邑縣今屬汴梁路睢州

兩軍接刃主將去声下同**見獲其負明矣又書師敗績詞不贅乎此明大夫雖貴與師等也**永嘉呂氏曰此年戰大棘与晉趙鞅鄭罕達戰于鐵皆兩稱師師其衆敵也春秋書戰言大夫帥師自此始自是而後若晉荀林父衛孫良夫魯季孫行父臧孫許叔孫僑如公孫嬰齊齊国書皆書大夫帥師春秋書獲者七唯齊国書及此年宋華

元書敗績者身見獲而師又敗也大夫生死皆書曰獲鄭獲宋華元生也吳獲陳夏齧齊国書死也故將尊師少稱將不稱師師衆將卑稱師不稱將將尊師衆並書于策者示人君不可輕役大衆又重將師之選其義深矣匯晁錯傳卒不可用以其將与敵也君不擇將以其国与敵也或曰元帥三軍之司命而輕重若是班乎孟子若是班乎朱子曰班齊等之見也自行師而言則以元帥為司命孫子將者人之司命国家安危之主自有國而言則以得衆為邦本書五子之歌民惟邦本鄭使高克將兵禦狄于境欲遠去声克也而不恤其師見閔二楚以六卒實從得臣恐喪去声師也而不恤其將見僖二十八故經以棄師罪鄭以殺其大夫責楚明此義然後知王者之道輕重之權衡矣高氏曰元年秋鄭人与楚子侵宋宋人既盈梁

林之役以報之是冬又与晉人伐鄭與一役而兩報之遂起此役令鄭師之來宋當明大義以諭之否則慎固封守使鄭不得而犯焉華元乃遽師師出与之戰於是三軍大敗以至見獲不能效死徒殄民辱国而已以見中国因夷狄之故而自相殘如此 張氏曰 宋以弑君致寇而不服罪故書宋及鄭曰華元爲志乎是戰也 愚按 文定於韓之戰云書伐書及者兩俱有罪經不書伐專罪晉也今考此亦不書歸生伐宋則春秋責宋之意重於責鄭矣○ 趙氏曰 穀梁云盡其衆以救其將以三軍敵華元華元雖獲不病矣按兵敗身獲而云不病非也但緣師先敗績身乃見獲依次第書之有何褒貶乎若欲褒貶乃足見其不身先士卒亦何得云善矣

秦共師伐晉靈

發左氏以報崇也遂圍焦 杜氏曰 焦晉河外邑 焦 晉用大夫於崇乃趙穿私意而無名也故書侵秦人爲去声是興師而報晉則問其無名之罪也故書伐世豈有欲求成於

強國而侵其所與，可以得成者乎？穿之情見（音現，下同）矣。宣子當國，筭無遺策，獨憒（模懇反，闇也）於此哉！其從之也，而盾之情亦見矣。春秋書事，筆削因革，必有以也。一侵一伐而不書圍焦，所以誅晉卿上侵之意，其所由來者漸矣。【永嘉呂氏曰】晉文之欲与楚爭也，必得秦人而後敢戰。殽函之役，晉襄度淺而先軫諸人見利乗便，自是更相報復，無有窮已。楚方有淩駕中国之心，鄭復背晉從楚，楚以侵陳。晉將与楚爭，則通秦以軋楚可也；否則置秦而勿問可也。而盾之族子畀侵崇之謀，盾非病狂，何故聽之？是啓秦之爭也。宋方敗於鄭，而晉復病於秦，非自致之而誰耶？【張氏曰】欲求成而反召兵，所以深著趙穿之妄動干戈，而欲竊兵權，誅其意也。

夏，晉（靈）人、宋（文）人、衛（成）人、陳（靈）人侵鄭。（穆）【左傳】晉趙盾救焦，遂自陰地，及諸侯之師侵鄭，以報大棘之役。楚闘椒救鄭，曰：能欲諸侯而惡其難乎？遂次于鄭以待晉師。趙盾曰：彼宗競

于楚殆將斃矣姑溢其疾乃去之

按左氏晉趙盾及諸侯之師侵鄭以報大棘之役初鄭歸生受命于楚以伐宋經不書伐而以宋華元主大棘之戰者蓋楚人有詞于宋矣師之老壯在曲直僖二十八晉主夏盟盾既當國合諸侯之師何畏乎楚何避乎鬬椒然力非不足而去之者以理曲也故卿不氏而稱人杜氏曰鄭爲楚伐宋獲其大夫晉趙盾興諸侯之師將爲宋報恥畏楚而還失伯者之義故貶稱人師書侵而不言伐易於訟卦之象曰君子作事謀始程子傳人情有爭訟之道凡所作事必謀其始若慎交結之類絕釁端於事之始則爭訟無由生矣始而不謀將至於興師動衆文王卦序師次於訟有不能定者矣晉惟取賂釋宋而不討至以中國之大不能

服鄭不競於楚可不慎乎春秋行事必正其本為去声末流之若此也其垂戒明矣

東萊呂氏曰諸侯之從晉也謂晉之可依也寧諸侯以討宋乃立公子鮑而遂是立賊也鄭由是謂晉為不足與而從楚以侵宋晉乃芘宋以伐鄭鄭復使歸生伐宋蓋有辞於宋也晉復黨宋以侵鄭一動之非義而与国叛之敵国悔之彼得以奉辞而我罷於奔命至一再而未已也伯主之舉動詎可輕哉

家氏曰鄭叛華侵之可也以報大棘之役則不可也鄭悪晉之釋宋不討而從楚晉不知自愧猶為宋報鄭是以賊四国之大夫皆書人是時晉之趙盾欲攄兵權詐於伐国实無闘心故桊林之役楚囚解揚晉師即還是役也与闘椒遇即謂為之辞曰彼宗競於楚殆將斃矣復去之盾本無欲戰之心也左氏乃曰晉侯侈趙盾驟諫不入是以不競於楚何失实之甚耶

高氏曰自是楚与晉争晉不能競反有弒逆之禍於是楚益自肆明年遂有問鼎之事

秋九月乙丑晉趙盾弒其君夷皋

皋公作獋左傳晉灵公不君厚斂以彫牆從臺上彈人宣子驟諫公患之使鉏麑賊之不果觸槐而死晉侯飲趙盾酒伏甲將攻之其右提弥明知之趋

登曰臣侍君宴過三爵非礼也遂扶以下公嗾夫獒焉
明搏而殺之鬬且出提弥明死之灵輒與爲公介倒戟
以禦公徒而免之趙穿攻灵公于桃園宣子未出山而
復太史書曰趙盾弑其君以示於朝宣子曰不然對曰
子爲正卿亡不越竟反不討賊非子而誰孔子曰董狐
古之良史也書法不隱宣子使趙穿逆公子黒臀于周
而立之【公羊傳】親弑君者趙穿也曷爲加之趙盾不討
賊也灵公爲無道使諸大夫皆内朝㫐乎臺上引弾而
彈之膳宰熊蹯不熟公怒殺之使荷畚棄之盾就視之
趍而入諫灵公心怍焉欲殺之伏甲于宮中召盾食之
已食公謂盾曰吾聞子之劍蓋利劍也示我吾將觀焉
盾將進劍祁弥明呼之盾躇階而走公呼獒而屬之弥
明踆之絶其頷宮中甲鼓而起有起于甲中者抱盾而
乘之驅而出趙穿緣民衆不説起弑靈公然後迎趙盾
而入与之立于朝晋史書曰晋趙盾弑其君盾曰天乎
無辜吾不弑君誰謂吾弑君者乎史曰尒爲仁爲義人
弑尒君而復国不討賊非弑君如何【穀梁傳】穿弑也盾
不弑而曰盾弑何也以罪盾也灵公朝諸大夫而暴弾
之觀其辟丸也趙盾入諫不聽出亡至於郊趙穿弑公
而後反趙盾史狐書賊曰趙盾弑公盾曰天乎予無罪
孰爲盾而忍弑其君者乎史狐曰子爲正卿入諫不聽
出亡不遠君弑反不討賊則志同志同則書重非子而

誰故書之曰晉趙盾弑其君夷皐者過在下也【程子曰】趙穿弑君人誰不知若盾之罪非春秋書之更無人知也

趙穿手弑其君董狐歸獄於盾其斷都乱反下同盾之獄詞也子爲正卿亡不越竟反不討賊以書是斷而盾也受其惡而不敢辭仲尼因其法而不之革其義云何曰正卿當國任事之臣也國事莫醑於君見弑不於其身而誰責乎【薛氏曰】君將殺盾而穿行弑君之事則主弑者盾也穿受命而加刃者也在律家人共犯止坐尊長威力使令被使爲從此春秋之義也亡而越境謂去國而不還也然後君臣之義絶【楊氏曰】越竟則君臣義絶【愚按】君子違不適讎国未臣而有伐之奔命焉死之可也去国不返必如宋子哀潔身去乱然後君臣之義絶反而討賊謂復讎而不釋也然後臣子之事終【愚按】反而討賊苟如羽父討於寫氏不足以逭大惡之誅必如衛石碏之誅不避親無一毫阿私之意而竭力爲君復讎然後臣子

（之事終）不然是盾僞出而實聞乎故也假令不與（音預）聞
者而縱賊不討是有今將之心（本【公羊何氏】曰今將欲弒）而意欲
穿之成乎弒矣惡莫慘乎意今以此罪盾乃關臣子
之邪心而謹其漸也盾雖欲辭而不受可乎（【蜀杜氏】曰盾知
靈公欲殺之而心欲弒之是不止同謀而实將弒也
春秋不可並書穿盾而擇首罪者以書之亦義之所
宜也【臨川吳氏】曰趙盾專晉国之政幾二十年境内
境外知有盾而不知有公灵公既長不堪其專遂欲
殺盾鉏麑受命不肯殺盾而死提弥明救盾而鬬死
灵輒内叛倒戟免盾於死則盾之私屬与公徒敵無
復有臣礼矣君臣既爲仇敵非盾弒公則公殺盾勢
固不兩立也穿盾之族子平日所愛信之人也弒公
而盾乃復穿之弒爲盾弒也盾爲首惡穿特承意行
事者爾盾陽爲不知謀以求自免弒君之罪將誰欺
乎夫子書曰趙盾弒其君誅首惡也自三傳以來說
者多方爲盾分釋則是乱賊不可以欺聖人而乃可
以欺後儒也【高郵孫氏】曰盾陰弒其君而陽逃其迹
实行其計而穿受其名者也故孔子以弒賊誅之必

待親弑然後罪之則奸臣賊子得以計免而庸愚無知者常當其实矣以高貴鄉公之事觀焉抽戈者成濟唱謀者賈充而當國者司馬昭也爲天吏者將原司馬昭之心而誅之乎亦將致辟成濟而足也故陳泰曰惟斬賈充可以少謝天下耳昭問其次意在濟也泰欲進此直指昭也魏高貴鄉公紀帝見威權日去不勝其忿曰司馬昭之心路人所知也吾不能坐受廢辱遂率殿中宿衛官童數百鼓譟而出中護軍賈充逆戰南闕下太子舍人成濟問充曰當如何充曰司馬公畜養汝等正爲今日濟抽戈刺帝刃出於背昭聞之大驚自投於地入殿中召群臣會議尚書左僕射陳泰曰独有斬賈充可以少謝天下耳昭久之曰更思其次曰泰言惟有進此不知其次昭乃不復言以太后令追廢帝爲庶人昭言成濟大逆不道夷三族然則趙穿弑君而盾爲首惡春秋之大義明矣微夫子推見至隱垂法後世亂臣賊子皆以詭計

獲免而至愚無知如史太鄧扈樂音洛之徒皆蒙歸獄而受戮焉公羊閔元莊公存之時僕人鄧扈樂嘗淫于宮中子般執而鞭之莊公死慶父謂樂曰般之辱尒国人莫不知盍弒之矣使弒子般然後誅樂而歸獄焉唐昭宗紀上至洛陽朱全忠以帝有英氣恐變生於中乃遣李振与蔣玄暉及朱友恭氏叔琮等圖之玄暉選牙官史太等百人夜叩宮門稱宮人裴貞一帝在椒殿遽起繞柱走太追弒之昭儀李漸榮以身蔽帝太亦殺之玄暉矯詔称貞一漸榮弒逆全忠聞之陽驚哭自投於地曰奴輩負我令我受惡名於万代至東都慟哭殺朱友恭氏叔琮愚按趙盾之專晉猶司馬昭朱全忠之專政於魏唐也灵公之欲殺盾猶高貴鄉公之欲殺司馬昭唐昭宗之謀朱全忠也趙穿弒灵公猶成済史太之弒高貴鄉公与昭宗也盾未出山而復猶昭全忠之陽驚自毆於地也魏唐諸史及通鑑皆書成済史太弒帝而邵子經世書及朱子綱目則筆之曰魏司馬昭弒其主髦朱全忠弒帝蓋取法春秋誅趙盾之義也司馬昭族誅成済朱全忠尽殺友恭叔琮等尚不免君子直筆之討况盾使穿逆成公于周以周新君之寵則元惡之誅不於盾而誰任乎君臣父子不

相夷以至於禽獸也幾希故曰春秋成而亂臣賊子懼【通旨】夷皐雖无道未爲獨夫君臣之分猶在也知此則明文王事紂之道。異姓之卿君有大過則諫反覆之而不聽則去趙盾亡而不反可也反而討賊亦可也盾能討穿司馬昭能討賈充則可免弑君之罪矣故曰春秋誅意二人之不討賊意在於弑君也【家氏曰】晉襄託其孤於趙盾曰此子也才吾受子之賜不才吾惟子之怨其屬於盾者爲何如盾乃与諸大夫謀外求君及畏逼不得已而後立靈公則靈公之立非盾意也竊疑盾所以謀其君者非一朝夕之故矣齊商宋鮑弑君篡国晉爲盟主所當治也盾合諸侯將有討於齊宋已而受賂不惟不討又爲之定篡竊之位無君之心久已萌矣堂上之獒方與桃園之攻隨至靈公固在趙氏罝網之内欲无及得乎。【趙氏曰】左氏云仲尼曰惜也越竟乃免按董狐云亡不越竟言行未遠而君被弑反又不討賊狀涉同謀尔非謂越竟即无罪也作傳者不達此意遂傳會爲此言若然者奸臣令人弑君身越竟而還即爲无罪乎【朱子語】左氏見識甚卑云孔子曰惜哉越竟乃免如此則專是回避占便宜者得計聖人作春秋而乱臣賊子懼豈反爲之辭免耶

冬十月乙亥天王崩匡王也文十五年即位在位六年弟瑜立是爲定王

乙卯定王元年三年晉成公黑臀元年齊惠三衛成二十九蔡文六鄭穆二十二卒曹文十二陳灵八杞桓二十一宋文五秦共三楚莊八

春王正月郊牛之口傷改卜牛牛死乃不郊【公羊傳】其言之何緩也曷爲不復卜養牲養二卜帝牲不吉則扳稷牲而卜之帝牲在于滌三月於稷者唯具是視郊則曷爲必祭稷王者必以其祖配【穀梁傳】之口緩辭也傷自牛作也改卜牛牛死乃不郊事之變也乃者亡乎人之辭也

乃不郊爲去声下爲天同牛之口傷【穀梁】全曰牲傷曰牛未牲曰牛改卜牛而牛又死也【家氏曰】此魯宣除喪始郊而天示之譴也一書十有六言辭煩而不厭者其變異異乎常郊之卜不吉者矣宣公篡弒逆理亂常持是饗帝故天譴之也不然郊矣【范氏】曰牛無故其口自傷易牛改卜復死乃廢郊礼

禮爲天王服斬衰【周礼】司服凡喪爲天王斬衰

周人告喪于魯史策已書而未葬也祀帝于郊夫

豈其時而或謂不以王事廢天事注杜氏禮乎張氏曰此因事之變以明魯郊之非禮蓋僭禮之中復有忘哀從吉之罪三年之喪乃臣子斬衰奔赴之時豈可僭天下越紼行事之禮春秋所以特書之春秋已來喪紀浸廢有不奔王喪而遠適他國桓公不奔桓王喪而會于齊之艾文公成公不奔頃王定王之喪而同盟于鄭之新城蟲牢襄公不奔灵王之喪而如楚且送楚子昭之葬于西門之外有不脩弔禮而自相聘問簡王之喪襄公不弔而邾子來朝衛剽晉荀罃來聘固將以是爲可舉而不廢也卒至漢文以日易月前文帝紀遺詔曰死者天地之理物之自然奚可甚哀當今之世咸重服以傷生吾甚不取朕幸以天年得供養于高廟其奚哀念之有其令天下吏民令到出臨三日皆釋服毋禁嫁娶祠祀殿中當臨者皆以旦夕各十五舉声已下服大紅十五日小紅十四日纖七日釋服服虔云皆當言大功小功布也纖細布也應劭曰紅者中祥大祥以紅爲領緣纖者禫也凡三十六月爲釋服此以日易月也顔師古曰紅与功同此文帝自率已意創而爲之非有

取於周礼何爲以日易月乎三年之喪其实二十七
月豈有三十六月之文禫又無七月也應氏既失之
於前而近代因循謬説未之思也**胡氏曰**三年之喪
天下之通喪由來者尚矣今而廢之以虧大化非礼
也**後世不能復其所由來漸矣。春秋備書其義自見**
音現**高氏曰**魯僭郊礼久矣隱桓莊閔不書者聖人
不敢無故斥言君父之過故因變異而書也**愚按**天
王崩三月天下服王崩至是已三月海内諸侯皆當
斬衰首絰杖絞帶冠繩纓菅屨魯爲同姓之宗国而
不服其服則無王也郊之祭也喪者不敢哭凶服不
敢入国門苟釋凶服而從事於大礼是慢天也且天
子嘗禘郊社簠簋既陳諸侯祭社稷俎豆既陳聞天
子崩后之喪皆廢其礼況可聞喪而猶治祭事乎王
制所紀祭天地社稷越紼而行事亦以已卜時日而
忽有喪則大臣越紼而攝祭耳春秋書郊牛災而改
卜者四此年改卜之牛又死成七年鼷鼠又傷改卜
之牛故皆廢郊定十五年哀元年鼷鼠傷郊牛改卜
牛而不復變異皆行郊礼故知不郊者非悔非礼而
不郊实以郊牛之豬有災傷不得已而不郊特書乃
不郊猶言乃還乃復乃克葬乃者繼事之辞所以著
不郊之由係於郊牛之變異也經書不郊者四成十

一一三七

年襄十一年皆以卜不吉而廢郊則魯君之誠意不足以格天此年成七年牛災廢郊而皆猶三望則天示譴告之意而不知止也

猶三望【左傳】不郊而望皆非礼也望郊之屬也不郊亦無望可也

三望者公羊曰祭泰山河海夫天子有天下凡宇宙之内名山大川皆其所主也故得祭天而有方望無所不通諸侯有一國則境外之山川他人所主者而可以望乎季氏旅於泰山【周礼注】大宗伯旅四望旅陳也陳其祭事冉求不能救而夫子責之者爲去声泰山魯侯所主也大夫何與音預焉季氏不得旅泰山則河海非魯之封内其不得祭亦明矣【朱子語】天子祭天地諸侯祭其国之山川只緣是他屬我故我祭得他若不屬我則氣便不与之相感如何祭得他猶者可已不當爲之詞詳見僖三十一

年臨川吳氏曰天子郊祀上帝以望祭山川望祭在郊祀之後因郊而望也魯諸侯也以成王之賜許用王禮四望闕其一殺於天子然郊禮既廢則望禮可以不舉魯既不郊而猶三望故書以譏其非禮愚按襄七年三卜不吉而免牲十一年成七年四卜五卜不吉而不郊雖曰不郊非其本意然因是而止猶庶幾焉僖公末年免牲猶三望此年成七年不郊猶三望可已不已不當爲而爲其過益甚矣

葬匡王

四月而葬王室不君其禮略也高氏曰前期而葬者簡也且著王室之微罪諸侯之不王也家氏曰桓王七年而後葬譏緩也匡王四月而亟葬譏速也微者往會魯侯不臣其情慢也或曰宣王親之者也而常事不書劉氏意林非矣崩葬始終之大變豈以是爲常事而不書也永嘉呂氏曰經書王崩而葬者四葬桓王葬匡王則不書其人葬襄王則叔孫得臣也葬景王則叔鞅也或謂桓王匡王之葬皆公親往然以他文考之葬諸侯而使卿者則備而書之其他不書其人者皆

爲公親往可乎

楚子莊伐陸渾之戎渾戶門反公作賁渾戎后同穀無之字左傳楚子伐陸渾之戎遂至於雒觀兵于周疆定王使王孫滿勞楚子楚子問鼎之大小輕重焉對曰在德不在鼎周德雖衰天命未改鼎之輕重未可問也杜氏曰允姓之戎居陸渾在秦晉西北僖二十二年秦晉迁之于伊川遂從戎號今爲陸渾縣張氏曰唐爲河南陸渾縣地今河南府伊陽縣北二十里有陸渾縣故城愚按今河南府路洛陽縣

夷狄相攻不志據文十六戎伐楚哀四楚克夷虎蠻氏之類經皆不書此其志何也爲去声陸渾在王都之側戎夏雜處族類之不分也楚又至洛觀兵于周疆問鼎之大小輕重焉故特書于策以謹華夷之辨禁猾夏之階陳氏曰楚伐陸渾窺周室也

夏楚莊人侵鄭穆左傳晉侯伐鄭及鄭鄭及晉平士會入盟楚人侵鄭鄭即晉故也

按左氏晉侯伐鄭鄭及晉平而經不書者仲尼削之

也【愚按】後此七年鄭及晉平八年陳及晉平經皆不書惟十五年宋及楚平則書之不与中国之服於夷狄也

鄭本以晉靈不君取賂釋賊爲不足與似也本【孟子】言所為近似有理而往從楚非矣今晉成公初立背音佩僭竊僞邦而歸諸夏則是反之正也春秋大改過許迁善書楚人侵鄭者與鄭伯之能反正也故獨著楚人侵掠諸夏之罪爾鄭既見侵於楚則及晉平可知矣【家氏曰】晉灵推貨是徇是以失鄭成公繼世雖未有大過人而鄭遽棄異即同蓋貴華賤夷人心義理之同然非威駈勢迫所能得也不然趙盾合諸侯之師以伐鄭略无成功今息兵踰年鄭何為而自至乎春秋繼伐陸渾而書楚人侵鄭惡楚莊圖伯之急也

秋赤狄侵齊惠【赤狄始見經】【張氏曰】赤狄狄之別種謂之赤狄白狄俗尚赤衣白衣也地譜洺州春秋赤狄之地【愚按】在今廣平路【高氏曰】見狄之種類已分矣【襄陵許氏曰】楚侵其南狄侵其北此中国棟撓

之時也○宋文師圍曹文〔左傳〕宋師圍曹報武氏之乱也

按左氏宋文公即位盡逐武穆之族二族以曹師伐宋〔文十八〕武氏之族道昭公子將奉司城須以作乱公殺母弟須及昭公子使戴莊桓之族攻武氏遂出武穆之族然不書于經者二族以見逐而舉兵非討罪也及宋師圍曹報武氏之亂而經書之者端本清源之意也武穆二族與曹之師奚爲至於宋哉不能反躬自治恃衆強以報之兵革何時而息也宋惟有不赦之罪〔檀弓〕臣弑君凡在官者殺无赦莫之治也故書法如此〔高氏〕曰武氏之乱非曹人所致也宋不能内睦九族而兵以鬪人之国不亦左乎

冬十月丙戌鄭伯蘭卒穆公也在位二十二年子夷嗣是爲灵公葬鄭穆公穆公作繆〔臨川吳氏〕曰葬速礼不備也

丙辰定王二年四年晉成二齊惠四衛成三十蔡文七鄭靈公夷元年弑曹文十二陳靈九杞桓三十二
宋文六秦共四卒楚莊九春王正月公及齊侯惠平莒季佗及郯莒人
不肯公伐莒取向向舒亮反左傳非禮也平国以礼不以乱伐而不治乱也以乱平乱何治
之有无治何以行礼穀梁傳及者內為志焉尒平者成也公伐莒取向伐猶可取向甚矣莒人辭不受治也伐
莒義兵也取向非也乘義而為利也杜氏曰向莒邑張氏曰郯己姓国秦有郯郡後屬東海郡故城在今淮陽
軍邳縣北愚按今淮安路海寧州
心不偏黨之謂平愚按偏則不中黨則不公无一毫私欲而後可以稱物平施也以
此心平物者物必順以此心平怨者怨必釋惟小人
不能宅心之若是也雖以勢力強上聲下能強同之而有不
獲成者矣夫以齊魯大國平郯莒小邦宜其降心聽
命不待文告之及也然而莒人不肯則以宣公心有

所私係失平怨之本耳故書取以著其罪高氏曰莒鄫相怨而鄫乃魯昏姻之国公欲為鄫平莒而挾齊以為重公之義不足以服莒之心不知自反而取邑於人亦已甚矣公既无以得莒後書鄫伯姬来歸則鄫亦不能固其好也

及所欲也王氏曰及有二義及斉公之志也及鄫以大及小也

平者成也取者盗也不肯者心弗允從莫能強之者也以利心圖成雖強大不能行之於弱小春秋書此戒後世之不知治其本者故行有不得者反求諸已斯可矣劉氏曰兩怨相仇能辨其曲直使人信之者唯已有道也小邾射以邑歸魯魯使大夫盟之辭曰使子路約我无所用盟千乘之国不信其盟而信子路之一言子路可謂能以言信矣推子路之心于鄫莒之間安有不聽者哉使子路動而違義言不發信不可以決鄉黨之平況千乘之国乎家氏曰事有大而書之略事有小而書之詳此書公及齊侯平莒及鄫莒人不肯公伐莒取向辭繁而不厭亦不後人以持平救偏正義辨利之要夫莒鄫所以爭為不平故耳齊魯求其平

高者抑之下者舉之以我之平而平彼之不平庶乎
其可也而魯之於莒積不相下徒挾齊人之威力而
要莒以必從其不肯者宜哉宣公遷以兵加莒而取
其一邑以已之不平求人之平況又因以為利無道
甚矣以濟西賂齊而責償於莒春秋首書公及而終
之以取向深責之也〔通旨〕凡書侵伐多不言其所事
〔愚按〕晉陽處父伐楚先言伐而後言以救江宣公伐
莒先言平莒不肯而後言伐皆指言其事然救江雖
非其道而其名則善平莒之名雖善以不肯而至於
伐取則又甚焉屬辭比事春秋之權衡見矣〇〔汪氏
曰〕公羊云其言不肯何辭取向也聖人設教豈為魯
欲取向而妄加莒事乎〔趙氏曰〕穀梁云弗肯者可以
肯也按書不肯者明莒非以他事見伐且譏公又
曰伐莒義兵也按非王命又非侯伯安得稱義乎

秦伯稻卒 共公也在位四年〇子榮嗣是為桓公 夏六月乙酉鄭公子歸

生弒其君夷〔左傳〕楚人獻黿於鄭靈公公子宋與子家將見子公之食指動以示子家曰他日如
此必嘗異味及入宰夫將解黿相視而笑公問之子家
以告及食大夫黿召子公而弗與也子公怒染指於鼎
嘗之而出公怒欲殺子公子公與子家謀先子家曰畜
老猶憚殺之而況君乎反譖子家子家懼而從之弒靈

公書曰鄭公子歸生弒其君夷權不足也君子曰仁而不武無能達也

首謀弒逆者公子宋也懼譖而從之者歸生也而以歸生爲首惡何也夫亂臣賊子欲動其惡而不從者未有能全其身而不死也故季子然問仲由冉求其從之者歟子曰弒父與君亦不從也是以死節許二子矣南軒張氏曰弒君父不從何必由求而能之曾不知順從之臣始也惟利害之徇覆霜堅冰之不戒馴致蹉跌以至從人弒逆者多矣歸生懼譖而從公子宋特無求路不可奪之死節耳書爲首惡不亦過乎曰歸生與宋並爲大夫乃貴戚之卿同執國政可以不從一也嘗統大師與宋戰獲其元帥二年戰大棘獲華元已得兵權可以不從二也聞宋逆謀登時而覺先事誅之猶反手

耳夫據殺生之柄伏大義以制人使人聽已猶犬羊之伏於虎也何畏於人懼其見殺而從之也哉討不出此顧以畜老憚殺比方君父歸生之心悖矣故春秋捨公子宋而以弑君之罪歸之爲後世鑒若司馬亮沈慶之等苟知此義則能討罪人不至於失身爲賊所制矣【晉】惠帝紀賈后專恣殺太傅楊駿廢太后楊氏徵汝南王亮爲太宰亮欲悦衆論誅楊駿功侯者千八十一人亮權勢日盛賈后欲奪其權使楚王瑋夜圍亮府殺之【南】沈慶之傳慶之既發顏師伯柳元景之謀遂肥子業蔡興宗勸慶之弑子業不從及子業誅何邁量慶之必入諫閉諸橋絶之慶之果往不得進而還乃使沈攸之賜藥酒殺之【陸氏曰】子公弑君之賊也其惡易知子家縱其爲逆罪莫大焉書之以爲首惡所以教天下之爲人臣者也春秋之作聖人本以明微蓋謂此也與書趙盾之弑義同【高氏曰】春秋之作常施於可疑而不施於所不疑宋之罪無疑也歸生或疑於可免故以治歸生則

宋罪白見非重歸生而輕宋也陳氏曰歸生爲正卿而宋有無君之心非歸生孰禁之於歸生乎謀先然而弗禁則賊由歸生而已矣故歸生之弑公子宋啓之不以罪宋而罪歸生張氏曰歸生位爲上卿久亂大權国事由己乃不能鎮服奸邪遏絶萌蘖又脅於邪謀撓而從之位尊責重故春秋定爲戎首以戒大臣不能持正而阿附悪人若所以示国討之法而明事君之義也永嘉呂氏曰宋欲弑而不敢發先以語歸生則歸生必有以制其可否之勢勢在歸生而輕以徇人其爲首悪宜矣臨川吳氏曰左傳所載事蹟猥陋疑不可信盖歸生貴戚之卿秉国重權嗣君新立必有所不獲於其君者因宋之有邪謀陽爲畜老憚殺之言陰実假手於宋以除其君此乱臣之首而宋特其從也愚按十年傳載鄭人討幽公之乱斲歸生之棺而逐其族則鄭人當時已以歸生爲首罪矣

赤狄侵齊恵高氏曰以齊之強而連年爲狄所侵則恵公之無政可知矣○秋公如齊

恵公至自齊

君行告至常事不書宣公比毗志反下同年如齊而皆致

者危之也此年明年九年十年四朝齊十年又弔齊惠公之喪皆書至張氏曰危之者与桓二年公至自唐同意夫以篡弒謀於齊而取國遂得臣如齊以土地賂齊而請會齊取濟西田會平州以卑屈事齊而求安高氏曰公始即位公子遂季孫行父一歲而三聘齊至是亟朝於齊謹事大國以自固也上不知有天王下不知有方伯惟利交是奉而可保乎高固之事亦殆矣故比年如齊而皆致以戒後世之欲利有攸往者惟義之與比為可安耳愚按宣公以篡得国上不畏司馬九伐之誅下不畏鄭国大夫沐浴之請固以始謀於齊繼薦賄焉而惠公援之甚力為足恃也而不知彼能制吾死生之命安危榮辱係於齊君大夫嚬笑之頃明年高固使齊侯止公宣公得不甚懼矣乎盟會之書至始於桓公之盟唐朝大国而晏書至始於宣公之如齊春秋蓋危桓宣之不得返而又嘆其不見討也

冬楚子莊伐鄭襄左傳鄭未服也杜氏曰前年楚侵鄭不獲成故曰未服高氏曰中国諸侯不

問鄭国弑君之罪而夷狄因兵以討之所以病中国也

張氏曰楚自去年至十年侵伐鄭者凡五至十一年盟鄭辰陵而鄭又徼事晉於是明年圍鄭入之遂敗晉于邲而後鄭服楚晉之不振有自來矣王氏曰二年楚侵鄭称人此年伐鄭復称爵何也三年所伐者穆公也此年所伐者襄公也穆公捨楚歸晉則討之爲無名襄公爲弑君者所立不討賊盟主不能問而楚荘伐之是中国之君不若夷狄之知類矣故曰進夷狄所以傷中国也

丁巳 定王三年 **五年** 晉成三 齊惠五 衛成三十一 蔡文八 鄭襄公堅元年 曹文十四 陳灵十一 杞桓三十三 宋文七 秦桓公榮元年 楚荘十

春公如齊 惠

夏公至自齊 左傳書過也 杜氏曰往朝見止厭尊毀列辱其先君而於廟行飲至之礼故書以示過 愚按宣公五如齊唯此年踰時始返經雖諱止公之跡而比事觀之其実亦不可揜矣然則宣公之朝齊皆有危殆之憂而此行尤甚也

○**秋九月**

齊 惠 **高固來逆子叔姬** 左無子字 左傳齊高固來逆女自為也故書曰逆叔姬卿自逆也 穀梁傳諸侯之嫁子於大夫主大夫以与之來者接内也 杜氏曰適諸侯称女適大夫称字所以別尊卑也不書女歸降於諸侯

按左氏公如齊高固使齊侯止公請叔姬焉【杜氏曰】留公强成昏書夏公至自齊秋齊高固來逆子叔姬【莊二十七年傳】大夫非君命不越竟齊高固莒慶以大夫即魯而圖昏備書以示譏罪宣公也其曰來者以公自爲之主【泥氏曰】來者謂高固固齊之大夫而与君接婚姻之礼稱子者或謂別筆列反於先公之女也【趙氏曰】時君之女故加子字以別姑姊妹【愚按】春秋書子叔姬者三餘不書子恐非皆姑姊妹諸侯嫁女於大夫主大夫以與之者爲去声伉敵也【泥氏曰】婚礼主人設几筵于廟以待迎者謂諸侯大夫尊卑不敵故使大夫爲之主而公自爲之主厭於涉反或作饜損也尊毀列卑朝廷慢宗廟矣夫以鄭國褊小楚公子圍之貴驕强大來娶于鄭子產辭而郤与却同之使舘于外欲野賜之幾不得撫有其室【昭元】楚公子圍聘于鄭且娶于公孫段氏將入舘鄭人惡之使子羽

與之言乃館于外既聘將以衆逆子產使辭曰以敝
邑褊小不足以容從者請墠听命令尹使對曰君辱
貺寡大夫圍謂圍將使豐氏撫有而
室若野賜之是委君貺於草莽也　而宣公以魯國
周公之後逼於高固請婚其女強上声委禽焉昭元公孫黑強
委禽焉註禽鴈也納采用鴈　而不能止惟不知以禮為守身之幹
是以得此辱也春秋詳書為後世鑒欲人之必謹於
禮以定其位不然卑褻妄說音悅曲礼礼不妄悅人不近於禮
褻足遠去声恥辱哉論語恭近於礼遠恥辱也高氏曰高固之娶叔姬之嫁齊許之來魯
与之婚皆非礼也家氏曰閭巷之人為強有力者脅
之而昏且猶不受況於堂堂之侯国乎脅而求昏已
為不可而又以大夫伉礼於国君所以陵暴魯国者
甚矣宣公用齊之力簒弑得国固不以是為辱魯之
宗社重為之辱矣嗚呼以千乘之国涕出而女於吳
且猶羞之而況於女鄰国之大夫者乎春秋書之責
魯也責齊也正高固陵犯之罪也臨川吳氏曰宣公
負簒国之罪倚齊以安數朝數聘卑身事齊猶以為

未甚至齊之臣強娶其女甘心与之而不敢違自爲之主如敵体然盖身爲不義故忍耻忍辱而屈於人下如此曹子臧吳季札強与之国義不肯受不降其志而常伸於人上者果何人哉〇刘氏曰穀梁云不正其接内故不与夫婦之称非也不曰逆女別於逆君夫人者也

叔孫得臣卒莊叔也子僑如嗣是爲宣伯

内大夫卒然有不日者以春秋魯史也其或不日則見音現恩數之略爾仲遂如齊謀弑子赤叔孫得臣與之偕行文十八在宣公固有援如字立之私其恩數豈略而不書日是聖人削之也君臣父子妃妾適音嫡庶人道之大倫也方仲遂以殺適立庶往謀於齊而與得臣並使去声下同也若懵模揔反然不知其謀或知之而不能救則將焉音煙用彼相去声矣春秋治子赤之事專在

仲遂以其內交宮禁外結強鄰大惡無所分也而叔孫得臣有同使于齊之罪故特不書日以貶之若曰大夫而不能爲有無者不足加以恩數云爾〔何氏曰〕不日者知公子遂欲弒君爲人臣知賊而不言明當誅○〔程子隱元傳〕大夫卒或日或不日因舊史也

冬齊惠高固及子叔姬來〔穀梁傳〕及者及吾子叔姬也爲使來者不使得歸之意也

左氏曰反馬也禮嫁女留其送馬不敢自安及廟見音現成婦遣使去声反馬本〔杜氏注〕〔孔氏正義〕天子諸侯嫁女留其乘車高固反馬則大夫亦留其車留車妻之道也反馬婿之義也婦至質明見於舅姑若舅姑既沒則婦入三月乃祭因以三月爲反馬之節舅姑存者亦當以三月反馬也法當遣使不合親行故經傳具見其事以示譏則高固親來非禮也又禮女子有行遠去声父母者歲一歸寧〔何氏曰〕大夫妻歲一歸寧今見逆逾時未易歲也而叔姬亟來

亦非禮也啖氏曰時叔姬初嫁未合歸寧故書及書來以著齊罪也

大夫適他國必有君命與公事否則禮法之所禁而可犯乎啖氏曰大夫非公事与妻出竟非礼也薛氏曰舍君事而從婦歸寧且非度高固之無忌憚也惠公許其臣越禮恣行而莫遏高固委其君踰境自如而不忌則人欲已肆矣凡婚姻常事不書高氏曰歸寧常事不書反馬亦常事不書而書此者則以為非常為後世戒也高氏曰子叔姬不冠夫氏者承上高固及之也家氏曰反馬不躬至歸寧無並行高固列国之卿而挾婦俱來前日以臣伉君猶以為未足更挾婦以要魯宣館甥之礼宣固無所慊魯之宗廟朝廷實重為之辱矣。陸氏曰公羊曰言叔姬之來而不言高固之來則不可其諸為其雙雙而俱至者按經文直書其事以見非礼亦何用曲為義乎

楚莊人伐鄭襄左傳楚子伐鄭陳及楚平晉荀林父救鄭伐陳高氏曰去冬之伐稱楚子所以譏

鄖也今稱人又罪其數犯中国也家氏曰經書楚伐而不書晉救者歸生弑君晉當出師討賊今既更歲因楚師之來而以兵救鄖是當討而不當救也晉人苟能為鄖討賊即所以存鄖楚師將不禦而自去何勞救乎張氏曰晉失義會大義不立營營救鄖以致楚人益陵諸侯携貳兹晉之所以失道歟

戊午定王四年 六年 晉成四齊惠六衛成三十二蔡文九鄭襄 二曹文十五陳靈十一杞桓三十曰宋文 八秦桓二 楚莊十一

春晉成趙盾衛成孫免侵陳 陳靈 左傳晉衛侵陳陳即楚故也

按傳去声稱陳及楚平荀林父伐陳經書不書者以下書晉衛加兵于陳即陳及楚平可知矣以趙盾孫免書侵即林父無詞可稱亦可知矣愛人不親反其仁治人不治去声反其智晉嘗命上將去声帥師救陳又再與之連兵伐鄭並元年今而即楚無乃於已有闕盍亦自反可也不内省德遽以兵加之則非義矣故林父

不書伐而盾免書侵以正晉人所以主盟非其道也

高氏曰趙盾前會衛侯救陳今更與衛孫免加兵于其國故書侵以正主盟者之罪雖以陳背晉即楚亦以晉救之先功故也　家氏曰陳之叛晉即楚以鄭故耳鄭穆暮年棄楚弗事而託身於中國亦望晉人有以大拯其危急曾未期年鄭有歸生之亂晉坐視莫之顧陳叛而與楚良以是耳晉成靈君政在趙氏豈能為鄭討賊然陳鄭每相視以為向背鄭賊之不討無以服陳人之心陳雖受伐而終不為晉絕也　黃氏曰趙盾之罪當著於春秋其再見曷為無貶自宋萬而下無討賊者則凡人而已矣○閔氏曰公羊自趙盾弒君向以復見弒君者趙穿也非也弒君復見者寧止盾乎穀梁云不言師師不正其敗前事亦非也將尊師少亦

夏四月○秋八月螽

傳去聲謂螽爲穀災　程子曰螽蝗也虐取於民之効也　閔敬曰螽爲穀災貪虐取民則螽

先是公伐莒取向後再如齊伐萊軍旅數

色角反下同起賦歛去声旣繁矣氣應去声下同之矣胡氏曰公伐莒取向公比如齊頻擾之所致夫善惡之感萌於心而災祥之應見音埧下同於事宣公不知舍上声惡迁善以補前行去声之愆而用兵不息災異數見年穀不豐國用空乏卒至於改助法而稅民十五年初稅畝蓋自此始矣經於螽蝝一物之變必書于策示後世天人感應之理不可誣當慎其所感也高氏曰書八月者唯八月有之非歷時也螽爲農災王道所重今以月書則爲災不久異於以時書者矣愚按春秋書螽災者十有六而宣公之世有四焉蓋身爲不義而貪暴於民是以致天災之亟數也

冬十月

春秋卷之十六

春秋卷第十七

胡氏傳

後學新安汪克寬附録纂疏

宣公中

〔己未〕定王五年 七年〔晉〕成五〔齊〕惠七〔衛〕成二十二〔蔡〕文十〔鄭〕襄三〔曹〕文十六〔陳〕靈十二〔杞〕桓三十五〔宋〕文九〔秦〕桓三〔楚〕莊十二 春衛侯成使孫良夫來盟〔左傳〕衛孫桓子來盟始通且謀會晉也〔穀梁傳〕來盟前定也不言及者以國與之不言其人亦以國與之不日前定之盟不日

來盟爲前定者嘗有約言矣未足効信而釋疑又相歃血固結之爾是盟衛欲爲去声晉致魯而魯專事齊初未與晉通也必有疑焉而衛侯任其無咎故遣良夫來爲此盟而公卒見辱盟非春秋之所貴義自見音峴矣〔愚按〕他国大夫來盟皆公與之盟但言來而與公敵礼可知外大夫之伉尊魯君之失列不待

貶而自若矣惟屈完來盟于師下書盟于召陵則見完之服義而不敢抗也宣公倚齊篡国晋爲盟主缺然修好故与衛●尋盟而不能追伯者之討盖於己有慊而欲藉小信以免辱其足恃乎然魯衛兄弟之国難紛救患迭相爲援衛成之執僖公爲之納賂於王與晋侯而得免黑臀之止疑亦衛成言於晋而以賂得釋耳

夏公會齊侯伐萊（惠）（左傳不與謀也凡師出與謀曰及不與謀曰會杜氏曰萊国東萊黄縣張氏曰今登州黄縣有萊山愚按今般陽路萊州）秋公至自伐萊大旱

及者内爲志會者外爲主（並穀梁）平莒及郯（四年）公所欲也故書及繼以取向（舒亮反）即所欲者可知矣伐萊齊志也故書會繼以伐致即師行之危亦可知矣（愚按春秋）以來桓致伐鄭莊致伐衛伐戎黨縈攘夷皆非常也僖致伐楚伐鄭圍許則桓文之大征伐也他侵伐皆不致伐齊取穀以夷狄而治中国僅致焉耳今而伐萊萊微国也特書至者蝎志從人而不思力之不足

声罪伐人而不察已之有玷兵出踰時煩民毒衆爲宣公危之也前此伐莒後此伐杞皆不致聖人蓋有深意矣

公與齊侯俱不務德合黨連兵恃強凌弱〔王氏曰〕萊東夷小国初無召兵之釁公与齊侯伐之不過凌弱暴寡而已是以爲此舉也。軍旅之後必有凶年。〔前〕淮南王安傳安上書曰云云言以其愁苦之氣薄陰陽之和感天地之精而灾氣爲之生也〔老子〕儉武篇大軍之後必有凶年言民以征役怨咨之氣感動天変而旱乾音干作矣。其以大旱書者或不雩或雖雩而不雨也。〔杜氏曰〕書旱不書雩雩無功或不雩不雩則無恤民憂國之心。雩而不雨。格天之精意闕矣〔愚按〕旱之爲言悍也上之人持亢陽之節暴虐於下則旱灾應之宣公連歲事齊煩於朝聘兵戎之事故先乎伐萊而饑爲災後乎伐萊而旱爲虐猶不知警而重取於民蓋不至於稅畝不已也

冬公會晉侯成宋公文衛侯成鄭伯襄曹伯文于黑壤

（左傳）鄭及晉平公子宋之謀也故相鄭伯以會盟于黑壤王叔桓公臨之以謀不睦晉侯之立也公不朝焉又不使大夫聘晉人止公于會盟于黄父公不與盟以賂免故黑壤之盟不書諱之也（杜氏曰）黑壤晉地一名黄父（愚按）今在平陽路河中府

會而不得見不以不得見爲諱成十六會沙隨晉聽叔孫僑如之譖不見公盟而不與音預下同盟不以不與盟爲諱昭十三同盟于平丘晉听邾莒之訴公不得與盟則曲不在公而主會盟者之罪耳與於會不與於盟而公有歉苦簟反不足也焉非主會盟者之過也則書會不書盟若黑壤是也（杜氏曰）慢盟主以取黜止之辱故諱之

晉侯之立公既不朝又不使大夫聘而每歲適齊是宣公行有不慊苦劫反快也足也於心而非晉人之咎矣凡不直者臣爲去声下同君隱子爲父隱於以養臣子愛敬

之心。而不事盟主文以賂免則不直在已矣【愚按】文公以不朝晉而見討扈之盟書其事而不書公以諸侯之立當朝王而不當朝晉也其罪未可深責也宣公亦以朝晉而見討黑壤之盟書公而不書其事以連歲朝齊則亦當朝晉其罪矣不可追也是文公之辱其責在晉而宣公之辱宜自責也雖然勿盟主而不事欵於朝聘之禮特小過耳宣公篡立得罪於君父況大惡也晉人略大惡而問小過盖當時霸者逞其私欲惟利之求故罪其慢已以取賂而已矣使晉成之討如晉厲之執曹成而歸諸京師則殘正之刑復何逃耶春秋為尊者諱冬會而春書至考其故而義自見矣【家氏曰】晉自新城以來君侈而臣專政乱於力威褻於外霸權盡削諸侯离散楚行師中原而不敢問齊偪強東夏而無所忌成公新立合四国之君以為此會鄭舍楚而從晉再會于扈諸侯皆序庶幾中国之猶有伯也【陳氏曰】晉靈公之會同皆不序自黑壤而下復序諸侯何也垂隴之役初以大夫會盟自以大夫會盟而後不序諸侯不序諸侯猶責伯者也終靈公之篇則諸侯無貶矣以其不勝貶序之可也自隱而下君恒稱君貶人之故諸侯多貶詞焉自文而下大夫恒称大夫貶人之故大夫多貶辞焉諸侯

不勝貶則政在大夫矣大夫不勝貶則陪臣執国命矣

庚申定王六年**八年**晋成六齊惠八衛成三十四蔡文十一鄭襄四曹文十七陳灵十三杞桓二十六宋文十秦桓四楚莊十三

春公至自會臨川吳氏曰宣公篡立自疑而不敢會晋衛欲為晋致嘗故去春使孫良夫來盟而後去冬公與黒壤之會繼使無左氏所記止公不得與盟之辱亦必懷疑而自危故此書至而自是不敢如晋矣 愚按前此會平州不至納賂於齐則無危殆之患此特書至以公見止於晋踰年始返也盟會常事不致桓文之盟會皆不致也牡丘于淮則桓公之衰新城則晋伯在大夫他未有書至者也宣公致黒壤与斷道前則見討於晋後則与晋謀討齐皆危殆之事也 ○ **夏六月公子遂如齊**惠**至黄乃復**公羊傳其言至黄乃復何有疾也何言乎有疾乃復譏何譏尒大夫以君命出聞喪徐行而不反穀梁傳乃者亡乎人之辭也杜氏曰黄齐地張氏曰齐竟上地

至黄乃復壅君命也。高氏曰不稱有疾者不可以疾廢君命也張氏曰罪其違君命也与公孫敖不至而復同**有疾亦不復可乎•大夫以君命出聞喪**

徐行而不返。未致事而死。以尸將事。何氏曰聞喪者聞父母之喪徐行者不忍疾行又爲君當使人追代之以喪喻疾者喪尚不當反況於疾乎不言有疾者有疾猶不得反也儀禮聘禮篇若有私喪則哭于館衰而居不饗食歸使衆介先衰而從之若賓死未將命則既斂于棺造于朝介將命

楚伐吳。陳侯使公孫貞子往弔。及良而卒。將以尸入吳。吳人辭焉。上介芋于付反尹蓋曰。寡君使蓋備使去声下同弔。君之下吏無祿。使人逢天之慼。大命隕墜。絕世于良。廢日供積。音漬一日遷次。今君命逆使人曰。無以尸造去声于門。是我寡君之命委于草莽也。無乃不可乎。吳人不敢辭。見左傳哀十五年君子以爲知禮。杜氏曰傳言芋氏蓋知禮

乃者無[illegible]之詞。愚按乃者繼事之辭而有專意士匄之乃還專而合於義者也仲遂之乃復專而不合於義者也

其曰復事未畢也。陸氏曰穀梁公還

者事未畢復者事畢文正倒也當爲還遝者事畢復者
事未畢師還遝公還遝自晉歸父還遝自晉士匄聞齊侯卒
乃還遝皆不復更往故曰還遝事畢也公如晉至河乃復
公孫敖如京師不至而復仲遂至黃乃復皆事未畢
而復也【愚按】敖言不至則實未嘗如京師遂言至黃
而下書卒則知有疾而返是敖之罪視遂尤重也

辛巳。有事于大廟。仲遂卒于垂。大音泰【公羊傳】仲遂者何公子遂也不稱公子

爲弑子赤貶曷爲不於其弑焉貶於文則无罪於子則
无年【穀梁傳】爲若反命而後卒也是不卒者也其卒之
何也以譏乎宣也聞大夫之喪則去樂卒事【杜氏曰】有
事祭也仲遂卒与祭同日略書有事爲繹張本垂齊地
非魯境故書地【陳氏曰】大
夫卒竟內不地竟外地

有事言時祭。【王氏曰】當是禴祭不書禴者失不在祭也【臨川吳氏曰】有事者時享之常礼也

先儒謂此爲時祫泰溪揚氏云四時禴祠烝嘗祭禘
嘗礼煩乃於大祖之廟合高曾祖祢之主共祭之今
按礼有一犆一祫之說或分享或合享於太
廟合享則書有事於大廟分享則書四時祭名時享
常事不書欲知仲遂
以祭之日而卒故書

此公子遂也。曷爲書字。生而賜

氏俾世其官也曷爲書卒以事之變卒之也【通旨】問仲遂卒何以不書公子曰仲遂本不當書卒以事之變而卒之故不復書公子其曰仲遂以見生而賜之氏也

古者諸侯立家桓二師服云云大夫卒而賜氏隱八衆仲云云其後尊禮權臣寵遇貴戚而不由其道於是乎有生而賜氏其在魯則季友仲遂是也襄仲殺惡及視援立宣公而宣公深德之故生而賜氏使世大夫以荅之也經於其卒書族以志變法之端爲後世戒【劉氏曰】春秋譏世卿自是世仲氏也【陳氏曰】大夫卒恒称名其兼字之何自是仲氏世爲卿故譏之也【張氏曰】仲遂得罪於文公以翬不書卒例之不當書卒因事之變卒之也書仲遂其字也蓋宣公德之与季友之於僖公同有輔立之恩故亦生而賜氏俾世其卿也【臨川吳氏曰】仲者遂之字卒而以字加於名之上者賜之族而以其字爲氏遂命其子孫世世爲卿如季友之例也。【劉氏曰】穀梁云其曰仲疏之也非也即春秋欲疏之何

不書遂卒若无駭与俠乎且欲疏哉君之臣不書其氏反書其字何也

壬午猶繹萬入去籥去起呂反傳及註同左傳襄仲卒而繹非礼也公羊傳繹者何祭之明日也萬者何干舞也籥者何籥舞也其言萬入去籥何去其有声者廢其无声者存其心焉耳知其不可而為之也猶者何通可以已也穀梁傳壬午猶繹猶者可以已之辞也繹者祭之旦日之享賓也萬入去籥以其為之變譏之也

繹者祭之明日以賓尸也孫炎曰尋繹復祭也尔雅繹陳也是陳昨日之礼何氏曰礼繼昨日事但不灌地降神天子諸侯曰繹大夫曰賓尸士曰宴尸天子以卿為尸諸侯以大夫為尸卿大夫以下以孫為尸尸屬昨日配先祖食不忍輙忘故因以復祭殷曰肜周曰繹朱子語賓尸以賓客之礼燕為尸者**猶者可已之詞**杜氏曰猶者可止之辞朱子語猶繹是不必繹而猶繹也**萬舞也**據杜氏注孔氏正義王者以万人服天下故以万為名**以其無聲也**

故入而遂用籥管也何氏曰籥所吹以節舞也吹籥而舞文樂之長詩左手執籥注

文舞也籥如笛而六孔以其有聲也故去而不作呂氏曰萬舞文武二舞之
總名籥舞文舞之別名文舞又謂之羽舞蓋文舞吹籥秉翟羽也乃入去籥者文武二舞俱入於二舞亦
去羽舞吹籥者是謂故知不可存其邪心而不能格也河氏曰
其心猶存於樂知其不可故去其有聲者而為之張氏曰喜怒哀樂發而中節謂之和仲遂殺嫡宣公以
其私於己而愛之生賜之氏今出使擅返不正其罪其喜樂既不以正聞喪當哀又復心知其不可故行
吉禮春秋謹書始末以見其心不正而施之宗廟朝廷者謬戾如此詳觀書法見聖人格心之道矣禮
大夫卒當祭則不告檀弓衛太史柳莊寢疾公曰若疾革雖當祭必告愚謂君在祭
不當告故衛獻公越常禮以厚其臣然竊謂祭事雖了與尸為禮未畢耳終事而聞則不
繹檀弓仲遂卒猶繹仲尼曰非禮也卿卒不繹杜氏曰魯人知卿佐之喪不宜作樂而不知廢繹故納
舞去籥沈氏曰按曾子問諸侯祭社稷俎豆既陳聞天子崩后之喪則廢卿喪不廢正祭繹是又祭為輕
故當廢之不告者盡肅敬之誠於宗廟不繹者全始終之

一一六九

恩於臣子。今仲遂國卿也，卒而猶繹，則失寵遇大臣之禮矣。春秋雖隆君抑臣，而體貌有加焉，則廉陛益尊，而臣節礪。【說文】礪本作厲。【前】賈誼傳：人主之尊譬如堂，群臣如陛，眾庶如地，故陛九級上，廉遠地則堂高；陛亡級，廉近地則堂卑。君之寵臣雖有過，刑戮之罪不加其身，所以体皃大臣而厲其節也。【注】廉，側隅也。後世法家【前】藝文志：有法家者流。盡申商韓非刑名之學。專欲隆君而不得其道，至以犬馬國人相視。本孟子。大倫滅矣。聖人書法如此，存君臣之義也。【通旨】若專於尊君，則視臣如犬馬，臣亦視君如寇讎。上下俱无恩礼，則賢者退處，所存者阿諛小人，將有以天下奉一人之說矣。春秋書仲遂猶繹，謂君與卿佐為一体，股肱或虧，豈不隱痛？仁宗以冨弼母喪在殯，罷春宴；韓魏公薨，神宗發哀，過宰數皆得春秋之法。或問：去樂卒事是否？曰：凡享祀宗廟，當盡礼。卿卒於外，而去樂卒事，是私家強，公室弱也。君臣上下繼過毫釐，即失正，以此看春秋於人倫上有无窮妙意。【石氏曰】礼有重輕先後之不同，以祭視繹，則祭爲重而繹爲輕以繹視卿佐之喪則繹爲輕而卿佐之喪爲重有国者當圖其孫也【孫氏曰】仲遂雖卒猶當追正其罪宣公不能正遂之罪則當爲之廢繹何者君臣之恩未絕也【高郵孫氏曰】仲遂弒君之賊苟以弒逆討之則罪無所逃矣宣公恃之得位既任之爲大夫則當盡遇臣之礼卒而猶繹萬入去籥所謂知其不可而爲之者也

戊子夫人嬴氏薨【公】【穀】作熊氏

敬嬴文公妾也宣公母【杜氏曰】何以稱夫人自成風聞季友之繇直救反事友而屬章欲反下同其子左傳閔二及僖公得國立以爲夫人於是乎嫡妾亂矣春秋於風氏凡始卒四貶之則禘于大廟僖八秦人歸襚音遂文九榮叔含户暗反賵召音邵伯會葬文五去上声其姓氏不稱夫人王再書而無天是也敬嬴又嬖私事襄仲而屬宣公不待致于

太廟援例以立則從同同而無貶矣【胡氏曰】此文公之妾也何以稱夫人㱮援成風之例僭也其意若曰以義起禮為可繼。茍出於私情而非義後雖欲正可若何【陳氏曰】成風之後妾母皆僭用夫人礼故亦書㱮以著其非【家氏曰】哀姜謀乱与慶父同弒二君齊桓討而殺之僖於是尊其母成風為夫人以配其父此僭也然非哀姜不然則僖亦未敢遷如此今敬嬴之事則異於是嬴以嬖妾私事襄仲弒子赤立宣公逐嫡母歸齊而已僭夫人之位出姜無罪為賊臣嬖妾所逐遂不得与哀姜同例嬴与其子弒君逐母僭號夫人亦不得与成風偶使遇齊桓則敬嬴襄仲皆當比而誅戮王室不競中国無伯得以肆行無忌孰知天道禍盈至是八年仲使齊卒于路後八日嬴隕于魯与哀姜慶父先後即誅其事相類但有天討人刑之異耳【愚按】春秋既書夫人姜氏薨于夷又書夫人風氏薨則知哀姜為莊公夫人而成風乃妾也既書夫人姜氏歸于齊又書夫人嬴氏薨則知出姜為文公夫人而敬嬴乃妾也直書于策讀者比事以考之雖微傳而嫡妾之分明矣。○【趙氏曰】公穀並云熊氏又謚為頃據理須為惡謚不應公母加惡謚當從左

氏爲狄蠻

晉成師白狄伐秦桓【白狄始見經】【左傳】白狄及晉平夏會晉伐秦【杜氏曰】白狄狄別種故西河郡有白狄胡【張氏曰】今丹州延州銀夏之地【愚按】今屬延安路

晉主夏盟。糾合諸侯，攘夷狄，安諸夏，乃其職矣。秦人之怨起自侵崇，其曲在晉。責己可也，既不知自反，釋怨修睦以補前過，已可咎矣。乃復扶又反又興師動衆，會戎狄以伐之。獨不惡去声傷其類乎。直書于策，貶自見音現矣【高氏曰】殽之役書及姜戎此不言及者以傳考之白狄爲主也經先晉者不与夷狄之會中国也中国而爲夷狄所帥晉之耻也【家氏曰】不書及偶晉於狄亦狄晉耳【張氏曰】白狄秦同壤之国晉与秦自侵崇啓釁七年猶未已与白狄爲昏結以伐秦自此至成十三年吕相絶秦之詞皆連兵之事

楚莊人滅舒蓼【公】作舒鄝【左傳】楚爲衆舒叛故伐舒蓼滅之楚子疆之及滑汭盟吴越而還【杜】

氏曰舒蓼二国名張氏曰地譜上義陽之蓼文五年已滅於楚此即如舒鳩舒庸羣舒别種非二国也愚按今安豐路霍丘縣舊名蓼縣

按詩閟宫稱戎狄是膺荆舒是懲在周公所懲者其自相攻滅中國何與音預焉然春秋書而不削者是時楚人疆舒蓼及滑汭盟吳越勢益強大將爲中國憂而民有被皮寄反髮左衽而審反之患矣經斯世者當以爲懼有攘却之謀而不可忽則聖人之意也愚按春秋未有二国連書者雖夷狄别種尚書甲氏及留吁舒蓼不言及寔一国耳

秋七月甲子日有食之既通旨先是中華大国齊晉皆亂楚莊始強肆行侵伐觀兵周室鄭伯肉袒北敗晉師流血色水圍宋九月析骸易子此食既之應而五行志以爲楚鄭分也○冬

十月己丑葬我小君敬嬴敬嬴公穀作頃熊

成風薨以夫人葬以小君將祔音附于廟而始有二夫人也則四貶之以正其事今敬嬴亦薨以夫人葬以小君使祔于廟無貶以正之從同同可也【家氏曰】宣公立妾母爲夫人君以夫人禮卒葬也故主書者不得不以爲夫人義与成風同而於宣公元年即以所逆穆姜婦之何也曰婦有姑之詞見音現敬嬴遂以子貴援例而亟立爲夫人也僖公享國八年然後致成風而敬嬴之亟也雖云援例魯君臣之責亦可知矣無貶而書法若此者猶桓宣弒君而書即位爾【臨川吳氏曰】僖宣襄昭四妾母群臣皆逢君之意而尊爲夫人也。【趙氏曰】二傳作頃熊頃惡謚也宣公必不以惡謚加其母誤也

雨不克葬庚寅日中而克葬【公羊傳】頃熊者何宣公之母也而者何難也乃者何

難也曷爲或言而或言乃乃難乎而也【穀梁傳】葬既有日不爲雨止禮也雨不克葬喪不以制也而緩辭也足乎日之辭也

敬嬴以其子宣公屬（章欲反）諸襄仲殺太子及其母弟雖假手於仲實敬嬴之謀也經書子赤卒夫人姜氏歸于齊（文十八）其文無貶而讀者有傷切之意焉則以秉彝不可滅也傳（去声）謂哭而過（平声）市市人皆哭敬嬴逆天理拂人心之狀慘矣其於終事雨不克葬者咎徵（知陵反）焉（【襄陵許氏曰】子惡之弒謀自敬嬴故春秋因其雨不克葬著咎徵焉君子於是乎知有天道【王氏曰】春秋內葬十有九唯敬嬴定公二喪遇雨定公得国於逐君之賊敬嬴殺嫡立庶故於終事皆遭陰譴）而謂無天道乎此皆直書以見（音現下同）人心與天理之不可誣者也夫喪事即遠有進無退浴于

中霤力救反見坊記飯扶晚反于牖下小斂力驗反于户内大斂于阼階殯于客位迁于廟祖于庭祖始也行也塴逋鄧反下棺也于墓見檀弓以弔賓則其退有節坊記賓禮每進以讓喪禮每加以遠檀弓君於大夫將葬弔於宮及出命引之三步則止如是者三君退朝亦如之哀次亦如之以虞事則其祭有時檀弓葬日中而虞不爲去聲雨止禮也王制庶人縣封葬不爲雨止雨不克葬喪不以制也范氏曰禮先迁柩於朝其明昧爽而引既及葬日之晨則祖行遣奠之禮設矣故雖雨猶從事不敢停柩久次或曰卜葬先遠日所以避不懷也左傳孔氏正義凡卜筮日旬之外曰遠某日喪事則先卜下旬避不思念其親諸侯相朝與旅見天子入門而雨霑服失容則廢見曾子問矧送終大事人情所不忍遽者反可冒雨不待成禮而葬乎見[illegible]氏[illegible]傳潦車載蓑笠見儀禮既夕禮篇潦車作藁車士喪禮

也有國家者乃不能爲雨備何也范氏曰士喪礼有潦車載蓑笠則人君之張設固宜兼備陸氏曰民君不當無兩備且公庭之於墓次其禮意固不同矣。不得不可以爲悅無財不可以爲悅得之爲有財古之人皆用焉本孟子朱子注不得謂法制所不當得得之爲有財言得之而又爲有財也而不能爲之備是儉其親也不亦薄乎。故穀梁子曰雨不克葬喪不以制也。厚葬古人之所戒而墨之治喪也以薄見孟子又君子之所不與故喪事以制春秋之旨也孫氏曰雨不克葬譏無備也葬既有日不爲雨止已丑之日喪既行而遇雨也且雨之遲久不可得而知或浹旬彌月其可停柩路次不行乎高郵孫氏曰孔子葬母雨壞其墓門人脩之孔子不樂老聃助葬日食而止既明而後行蓋雨則常有可以前備而日食非常不可預知也春秋書雨不克葬蓋譏之也愚按礼記孔氏正義云在庿未發之時庶人及卿大夫亦得爲雨止若其已發在路及葬則不爲雨止其人君在廟及在路及葬皆爲雨止今考此年上書葬我小君敬嬴而下書雨不克葬則及葬而雨也苟在廟未發則當云庚寅葬而不云己丑葬矣季文子適晋而求遺喪之礼以行豈公昌乃不豫備遇雨之具乎然潦車載簑笠縣封葬不爲雨止皆士庶人之制而非国君之制穀梁識不克葬而左氏以爲得礼近出名儒亦有講於此者有謂雨而無害於力役者雖葬可也其或天変數異雨甚水至不可以卽土必及焉葬反爲不可追之時則左氏之說亦未爲失然權二者之宜在乎葬于[illegible]之誠敬何如耳春秋之書將以垂法於後国君之葬宜無所不備以雨故不克葬明日乃克葬謂之無[illegible]不可也

城平陽 左傳 書時也 杜氏曰 泰山平陽縣 張氏曰 今襲慶府鄒縣有南平陽城 愚按 鄒縣今屬益都路滕州 高氏曰 懼晋故也方牽大喪又城平陽重困民力也 家氏曰 左氏言水昏正而栽周正十月乃今之八月水星不應昏正此謂書時也 ○**楚**莊**師伐陳**靈 左傳 陳及晋平楚師伐陳取成而還 高氏曰 陳以晋偽見侵復棄楚而從晋故楚以爲討然晋不能救陳人遂復即楚 愚按 書師書伐所以著夷狄之

強而傷中国霸者之不振也

【辛酉】定王七年九年晉成七卒齊惠九衛成三十五卒蔡文十二鄭襄五曹文十八陳靈十四杞桓三十七宋文十一秦桓五楚莊十四春王正月公如齊惠【范氏曰】有母之喪而行朝會非礼【孫氏曰】公有母喪而遠朝彊齊無哀甚矣公至自齊○夏仲孫蔑如京師【左傳】定王使來徵聘夏孟獻子聘于周王以為有礼厚賄之

以淺言之屬章欲反辭比毗志反事春秋教也本【經解】【孔氏正義】屬合也比近也春秋聚合會同之辭是屬辭比次褒貶之事是比事也當歲首月公朝于齊夏使大夫聘于京師此皆比事可考不待貶絕而惡自見音現者也【高氏曰】傳言王使徵聘信斯言也益見王室之微矣宣公享國九年於周纔一往聘其在齊則又再朝矣經於如齊每行必致深罪之也四年至此三如齊皆書至【劉氏曰】未踰時而書至危之也

下逮戰國周衰甚矣齊威王往朝于周而天下皆賢
之【史】烈王六年齊威王來朝是時周室微弱諸侯莫朝而齊獨朝之天下以此益賢威王況春
秋時乎。而宣公不能也故聘覲之禮廢則君臣之位
失諸侯之行去声惡而倍与背同畔与叛同侵陵之敗起矣。
【經解】朝覲之礼所以明君臣之義也聘問之礼所以使諸侯相尊敬也云云此經書君如
齊臣如周之意而特書王正月以表之也【愚按】前年五年如斉
止書春後此十年如斉亦止書春惟此年如斉書王正月盖所以著君朝于鄰国臣聘于京師其所厚者
薄而其所薄者厚不知大一統之義亦猶襄二十九年書公在楚係之春王正月而上書天王崩楚子卒
下書五月公至自楚所以著其不奔天王之喪而朝于強夷俾侯送葬而後歸其於大一統之義何如也
或謂僖公十年十五年如斉襄公八年二十一年如晉皆書春王正月豈有他義乎曰是不然僖襄如斉
晉而王室无嘉好喪葬之事則王正月之書乃常例也其与公如斉仲孫蔑如京師天王崩而公在楚者

異矣

齊侯惠伐萊襄陵許氏曰赤狄比侵齊不敢報來不伐齊而齊亟伐之可以觀惠公畏彊陵弱矣

○秋取根牟杜氏曰根牟東夷國也琅邪陽都縣東有牟鄉張氏曰今屬密州安丘縣孫氏曰此年取根牟成六年取鄟襄十三年取邿皆微國也愚按今益都路寧海州牟平縣根牟蓋小國內諱滅故書取與鄟邿同昭八年蒐于紅自根牟至于商衛即所取根牟地。劉氏曰根牟附庸國也左氏曰言易也非也根牟雖小不以兵革不能取也不分別國邑取滅之名而苟記其難易豈春秋意哉公羊曰邾婁之邑不繫邾婁諱亟也妄甚矣○八月滕子卒昭公也子文公壽嗣高氏曰自隱七年書滕侯卒至此始書滕子○九月晉侯成宋公文衛侯成鄭伯襄曹伯文會于扈晉荀林父帥師伐陳靈

按左氏討不睦也杜氏曰謀齊陳陳侯不會荀林父以諸侯之師伐陳。晉侯卒乃還音旋則知經所書者與晉罷陳

之詞也。會于鄬以待陳，而陳侯不會，然後林父以諸侯之師伐之也，則幾於自反而有禮矣。不書諸侯之師而曰林父帥師者，在會諸侯皆以師聽命，而林父兼將（去声）之也，則其衆輯矣。晋主夏盟，又嘗救陳，所宜與也，而惟楚之即，夫豈義乎？【愚按】黑壤之會討魯而宣公以賂免，鄬之會謀齐陳而二国不會，盖晋成爲弑君者所立，不能致討，侵陳之役奄然以元惡主兵，是以外不足以却荆楚，內不足以服諸侯。今此謀齐而篡立之魯宣独事齐而不會，无所忌憚，故成公世霸僅能兩會諸侯，卒无成功。春秋於荀林父之討陳書帥師書伐，雖曰与晋而不能芘陳，其失亦著矣。

辛酉，晋侯黑臀卒于鄬。成公也，在位七年，子孺嗣，是爲景公。【穀梁傳】其地，於外也。【莊氏】曰：鄬，鄭地，卒於境外，故書地。【襄七年傳】諸侯卒于境內不地。【愚按】諸侯卒於師曰師，曹伯廬及負芻是也；卒于會曰會，杞伯成是也；于他国則如許男甯、蔡侯東国卒于楚，吳子遏卒于巢是也；于封內則如鄭伯髡頑卒于鄭宋公佐卒于曲棘是也晉成公不言卒于會盖會礼已畢故不言會尔○劉氏曰穀梁云其日未逾竟也非也未踰竟猶在国尓何得書其地然則邑者他国之地名非晉地也○冬十月癸酉衛侯鄭卒成公也在位三十五年子速嗣是為穆公

晉成公何以不葬魯不會也衛成公何以不葬亦魯不會也衛成事晉甚謹而魯宣公獨深向齊衛欲為去声晉致魯故謀黑壤之會而特使孫良夫來盟以定之也及會于黑壤而晉人止公賂然後免是以邑之會皆前日諸侯而魯獨不往二國継以喪赴亦皆不會此所謂無其事而闕其文者也或曰二君皆有貶焉故不書葬何氏曰晉成公不書葬篡也衛成公不書葬殺公子瑕也誤矣魯人不會亦無貶乎書卒而以私怨廢禮忘親其罪已見

（音現）春秋文簡而直視人若日月之無私照也曲生意義失之遠矣**臨川吳氏曰**（春秋刑書也事实分叶文善惡畢見聖人何容心哉盖渾渾如天道焉）

宋（文）人圍滕**左傳**（因其喪也）

圍國兆將（去声）卑師少所能辦也必動大衆而使大夫爲主帥（去声）明矣然而稱人是貶之也滕既小國又方有喪所宜矜哀弔恤之不暇而用兵革以圍之比（毗志反）事以觀知見貶之罪在不仁矣**蜀杜氏曰**（諸侯擅兵圍人之国況又因其喪故從書人之貶**家氏曰**滕子卒曾未數月宋乘其喪而圍之匪惟乘滕之喪亦乘晉之喪晉政不競諸侯擅相侵伐貶宋亦以譏晉也）

楚（莊）子伐鄭（襄）晉郤缺帥師救鄭**自是晉楚交伐鄭** **左傳**（楚子爲厲之役故伐鄭晉郤缺救鄭鄭伯敗楚師于柳棼国人皆喜唯子良憂曰是国之災也吾死無日矣）

楚兵加鄭數（色角反）矣或稱人或稱爵何也鄭自晉成公初立舍（上声）楚而從中國正也（宣三年傳言晉侯伐鄭鄭及晉平七會入）盟楚人為（去声）是興師而加鄭不義矣故宣公三年書人書侵罪之也次年鄭公子歸生弒其君諸侯未有聲罪致討者而楚師至焉故特書爵與之也然興師動衆賊則不討惟服鄭之為事則非義舉矣故又次年傳称楚子伐鄭而經書人再貶之也至是稱爵豈與之乎按公羊例君將（去声）不言帥師書其重者也至此書爵見（音現）其凌暴中華以重兵臨鄭矣何以知其非與之乎曰下書晉郤缺帥師救鄭則知其非與之也（凡書救未有不善之也救者善則伐者之罪著矣）由此觀春秋書法皆欲治

亂賊之黨謹華夷之辨以一字爲褒貶深切著明矣

[愚按]五年晉荀林父救鄭紹不書者以是時鄭方有弑君之亂所當討而不當救故不書救今此書郤缺之救據明年傳載鄭討歸生之罪斲其棺而逐其族蓋此時歸生已斃矣故書救以与晉也

陳靈殺其大夫洩冶

洩息列反[公穀]作泄冶音也[左傳]陳靈公与孔寧儀行父通於夏姬皆衷其衵服以戲于朝洩冶諫曰公卿宣淫民无效焉且聞不令君其納之公曰吾能改矣公告二子二子請殺之公弗禁遂殺洩冶孔子曰民之多辟无自立辟其洩冶之謂乎[穀梁傳]称国以殺其大夫殺无罪也泄冶之无罪如何陳靈公通于夏徵舒之家公孫寧儀行父亦通于其家或衣其衣或衷其襦以相戲於朝泄冶聞之入諫曰使国人聞之則猶可使仁人聞之則不可君愧於泄冶不能用其言而殺之

稱國以殺者君與用事大臣同殺之也[莊二十六年][傳]称国以殺者国君大夫与謀其事与謀其事者用事之大夫也見殺者不得於君之大夫也

稱其大夫則不失官守而殺之者有專輒之罪矣洩冶無罪而

書名何也。治以諫殺身者也。殺諫臣者必有亡國弑
君之禍。故書其名爲儆。舒弑君。楚子滅陳之端。以垂
後戒。此所謂義係於名而書其名者也。比干諫而死。
子曰。商有三仁焉。史宋世家王子比干紂親戚也見
箕子諫不聽曰君有過而不以死
爭則百姓何辜乃直
言諫紂紂怒殺比干
洩冶諫而死。何獨無褒詞。夫語
默死生。當去声其可而止爾。洩冶之盡子忍反言無隱。不
愧乎史魚之直矣。論語子曰直哉史魚邦有道如矢
家語史魚驟諫靈公進蘧伯玉退
彌子暇公不從
既死猶以尸諫
方諸比干自靖自獻于先王。見微子之命
則未可同日而語也。通旨比干在紂之時親則王子
位則三公故諫而不從繼之以
死洩冶於靈公親非貴戚之卿而位不爲上大夫也
直諫而死傷於勇矣故書名以示貶春秋書殺大夫
不特罪諸侯之專殺見殺者与有貶焉君子危邦不
入乱邦不居如宋子哀微見宋乱而去聖人取其見

哉所以書字自非有撥乱之全才安可蹈危乱之朝輕生易死而不自愛乎家語子曰比干於紂親則諸父官則少師因以死爭之洩冶之於灵公位在大夫无骨肉之親懷寵不去仕於乱朝以區區之一身欲正一国之淫昏可謂捐矣冶雖效忠其猶在宋子哀魯叔肸之後乎。故仕於昏亂之朝若異姓者如子哀絜身而去可也成十四子哀來奔杜氏曰貴其不食汙君之祿其貴戚耶不食其祿如叔肸善矣十七年叔肸卒穀梁曰宣弑而非之終身不食宣公之食杜氏曰国无道危行言孫冶直諫於淫乱之朝以取死故不為春秋所貴陸氏曰洩冶之死春秋責其非輔弼之臣居於淫乱之邦不能去位而行強諫乃是取死之道故君子不貴也孫国以殺者以直諫繩邪臣害之累上之意可知也劉氏曰洩冶信能諫其君然而非大臣之操也所謂大臣者以絜其身於進退之始不可入焉則止矣今陳侯君臣之淫非一歲之積洩冶猶安其朝至不勝其欲而大乱廢男女之節然後言之則其從君於昏多矣夫謂之從則具臣也居大臣之位而為具臣之操過而見殺未為不幸也且陳侯之淫举国皆惡之

不獨洩冶知之然則非能知君過之爲賢以能止君
過之賢也非能言國亂之爲智以能去國亂之爲智
也張氏曰君子見幾而作不俟終日方靈公君臣駈
馳株林之時冶知其不可諫絜身而去可矣至於褻
慢朝廷衷服而戲則立於其朝者雖欲默而不可得
矣失於不能知幾而早辨也木訥趙氏曰鷹圭璧於
泥塗埋固已跡矣觸虎狼以取死庸得爲智乎愚按洩
冶之失在於不能早諫以蓄止其君之惡然其捐生
盡言未可深責苟皆爲避禍之計則忠言不入於耳
淫虐之君無所不至其禍尤不可勝言矣文定於儆
舒弒君之傳曰忠莫顯於身見殺
而其言驗其所以許冶者何如哉

壬戌 定王八年 **十年** 晉景公獳元年齊惠十卒衛穆公速元年蔡文十三鄭襄六曹文十九陳靈十五弒杞桓三十八宋文十二秦桓六楚莊十五

春公如齊 惠○公至是四朝齊 **公至自齊**

此亦如齊亦致其至而不書月上九年亦如齊亦致
其至而書月者爲去声是年夏使仲孫蔑如京師故特
於歲首書王正月以著宣公之罪而君臣名分去声下同

之際謹嚴如此也歸田以爲私惠比於君臣名分之際則大小不侔矣

齊人歸我濟西田【左傳】齊侯以我服故歸濟西之田【程子傳】齊魯脩好故歸魯田田魯

有也齊非義取之故云歸我不足爲善也

宣公於齊順其所欲既以女妻去声其臣。五年高固逆叔姬又以兵會伐萊之舉。又每歲往朝于齊廷。雖諸侯事天子無是禮也諸侯事天子比年一小聘三年一大聘五年一朝今宣公自四年至十年七年之間五如齊元年及十年皆一年三遣大夫如齊過於事天子之礼矣故惠公悅其能順事己而以所取濟西田歸之也。歸謹及闡直書曰歸。【趙氏曰】歸者來致之辭此獨書我者乃相親愛惠遺去声之意。深著齊人助成弒逆之罪也【通旨】問傳曰其言我者深著齊人助成弒逆之罪也夫定乱臣之位而取其賂以其服而復歸之固皆罪矣然其歸也不猶愈於取之乎曷爲於取不書我而書於歸也曰天理至公無彼此人欲私藏則有我矣逆已而怒順之則喜慢已則怒下之則喜魯宣之於齊惠盖能順其所爲而致恭以下之也故惠公深喜之而以濟西田歸魯其矜我者乃相親愛惠遺之意魯人復得所賂則心益放惡益遠矣故以爲深著助成弑逆之罪其取之也以貪人之貨已其歸之也以悅人之事已而皆不以道也豈以歸貲於取乎東萊呂氏曰取不言我者宣公以立之不正而以賂齊以求會故不言我以見內無惜之之意也於其辭也則公比年如齊情好以篤外有朝聘之礼內有婚姻之故魯亦欲得而齊以歸之是以言我以見內有欲之之意也或謂濟西魯之本封故書我趙氏纂例則誤矣以柔巽卑屈事人不以其道而得地與悅人之柔巽卑屈事已不以其道而歸其地皆人欲之私而非義矣高氏曰元年書齊人取濟西田蓋魯以濟西之田賂齊而齊人取之也至是而歸者公比年朝齊齊侯感公朝事之勤因以歸之也夫魯之分地先君受之於

一一九二

天子豈可失墜又況負弒逆之罪賂以免討乎齊人取弒逆之賂以縱惡故其取其歸皆謹書之【家氏曰】天道十年而一周人事十年則一变桓之簒隱歷十年而無討春秋於是歲始書王以正之今宣之簒亦至此十年天王無討方伯不問齊人忽以賂田來歸蓋以十年之久天理必復齊人知罪之所在而自夲本田以復於魯也【愚按】齊人歸地者三鄆讙龜陰之田孔子以禮化強暴齊景心服而歸之書曰來歸求歸者美辭也讙及闡以哀公悔過遷善歸邾子益于邾故齊悼歸其二邑故書曰歸歸者順辭也惟此濟西之田宣公踰禮以悅齊齊惠喜於媚己而歸其田於魯一田出於相与之私故書歸我者私己之辭也不惟異於聖人之行王道其此哀公之改過遷善不可同日語矣○【趙氏曰】公羊云齊已取之矣言我者未絕於我也其實未之齊也彼已取之又言未絕何汙誣之甚穀梁云公娶齊齊由以為兄弟反之不言來公如齊受之也哀八年歸讙及闡豈是公受乎但言歸我則知其來也省文耳

夏四月丙辰日有食之【何氏曰】与八年食既應同事重故累食○己巳齊侯元卒惠公也在位十年子無野嗣是爲頃公○齊崔氏出奔衛【公羊傳】崔氏齊

大夫也其称氏何讥世卿世卿非礼也【穀梁傳】氏者举族而出之之辞也

按左氏崔杼有寵於惠公高國畏其逼也公卒而逐之奔衛書曰崔氏以族奔也【范氏曰】崔杼以出奔專權齐人惡其族今出奔既不欲其身反又不欲立其宗後故逐其族若举族盡去之尔許翰以謂崔杼出而能反反而能弑者以其宗強於此舉氏辨之早也其說得矣【張氏曰】特書其氏見崔杼之宗強於齊故勢足以偪高国今日雖逐之而尚能復歸於齊如崔成之徒後日卒自遺滅宗之禍豈非族大勢張而不知制節謹度卒至凶于家禍于国也歟【家氏曰】是歲至杼弑君蓋五六十年使杼得年七十此時方在弱冠不應權勢已盛為人所畏疑非杼之身或其父但不可考尔所謂譏世卿者非公羊本旨蓋門弟子因尹氏武氏稱世卿而附益之於此爾經有事同而詞異亦有事異而詞同一視之則泥去声而不通矣【孫氏曰】東迁之

後天子諸侯大夫皆世書尹氏譏天子大夫書崔氏譏諸侯大夫**葛邲孫氏曰**自隱至昭二百年而尹氏世執周政故卒有子朝之難而專廢立之權自宣至襄五十餘年崔氏世爲齊大夫故卒有弒君之禍也春秋之時尊莫如周強莫如齊而世卿之禍如此尹氏崔氏聖人擇其至強而爲害之深者以爲戒也**愚按**崔杼之奔蓋如陳文子之出不以而復返也文定從穀梁謂舉族而出之然杼之宗族強盛所以出而能反反而能弒者由其世爲大夫故致是耳僖二十八年傳紀崔夭會戰城濮則世襲大夫可知矣且崔氏乃丁公之子孫迨今五百年苟非世大夫曷能長有後於齐国乎。**刘氏曰**左氏云書曰崔氏非其罪也且告以族不以名非也齐雖告以族春秋因當正之若曰崔杼无罪則欒盈亦无罪何以不曰欒氏出奔耶

公如齊頃**左傳**公如齐奔喪**杜氏曰**公親奔喪非礼也公出朝會奔喪會葬皆書如不言其事史之常也

五月公至自齊**公如齐止此**

文約而事詳者經也。春如齊朝惠公。夏如齊奔其喪

若是雖不致可也而皆致者甚之也【王氏曰】礼諸侯卒有服者奔喪无服者會葬公之於齊非有服也而親奔其喪謟諛甚矣以謟事齊不問礼之當否有取危之道故春夏兩如皆致之天王之喪不奔欲行郊禮而汲汲於奔齊惠公之喪天王之葬不會使微者往而公孫歸父會齊惠公之葬其不顧君臣上下尊卑之等所謂肆人欲滅天理而無忌憚者也詞繁而不殺所賣反聖人之情見音現矣【薛氏曰】行不以礼而源源不已何公之不憚煩也【家氏曰】天王之喪曽不奔不賻今也懷輀纂之私恩如齊奔喪事之悖也春而書公如齊公至自齊曽未數月又書公如齊公至自齊備書所以貶也【愚按】魯君親往奔喪送葬者三春秋於此年書齊侯元卒公如齊公至自齊於成十年書晉侯獳卒公如晉明年三月公至自晉襄二十八年書公如楚楚子昭卒明年正月公在楚五月公至自楚雖不言奔喪送葬而其實暸然矣春秋歷十有二王惟叔孫得臣叔鞅送襄景之葬公孫敖奔襄王喪而不至曽

之不知所尊至於此極他何望焉馴至昭公之弔少姜至河乃復以国君之重奔孌妾之喪却而不納益可傷矣

癸巳陳夏徵舒弑其君平國徵知陵反左傳陳靈公與孔寧儀行父飲酒於夏氏公謂行父曰徵舒似女對曰亦似君徵舒病之公出自其廄射而殺之二子奔楚

陳靈公之無道也而稱大夫之名氏以弑何也禍莫大於拒諫而殺直臣忠莫顯於身見殺而其言驗洩冶所為不憚斧鉞盡子忍反言於其君者正謂靈公君臣通於夏徵舒之家恐其及禍不忍坐觀故眛死言之靈公不能納又從而殺之卒以見弑而亡其國此萬世之大戒也特書徵舒之名氏以見洩冶忠言之驗靈公見弑之由使有國者必以遠色脩身包容

狂直開納諫諍爲心也。家氏曰：君无道称国以弑，陳灵明淫殺諫而弑者以氏名。書蓋不著徵舒氏名，无以見禍乱之所從生。討徵舒亦所以治乎国也。以爲罪不及民。

故稱大夫以弑者。杜氏曰：悪不加民，故称臣以弑。非經意矣。張氏曰：古人以礼爲防閑，而人君之尊，有妃偶嬪御之侍，有君夫人出入之奉，有廉耻羞悪之限，所以養其尊貴者至矣。何至躬馳於株林以爲楽哉？盖洩冶之諫、夏南之詩，皆以其捨人道而躬爲禽獸之行也。考之外傳，前年單子如楚過陳，時洩冶未死也。單子帰而告王，以陳侯帥其卿佐南冠以淫於夏氏，陳侯不有大咎，国必亡已。見之於三年之前矣，能无及乎？観春秋所書弑君，如陳平国、斉光、蔡固，以千乘之主而自斉於閭巷小人所不爲者，心術之惑，可不戒哉？高氏曰：灵公弑而子午嗣，是爲成公。成公不討弑君父之賊，則知灵公之悪播於国人，而徵舒之罪，国人所不憾也。愚按：礼称諸侯非問疾吊喪而入諸臣之家，是謂君臣爲謔。註者謂陳灵公数如夏氏以取弑焉。夫人君之率動，尚謹於嫌疑之際而不可輕也，况可紊男女之別，恣鳥獸之行？其不爲朱温之萬俟者幾希矣。

六月宋文師伐滕【左傳】滕人恃晉而不事宋宋師伐滕前圍滕稱人刺与諫同七賜反伐喪也此伐滕稱師譏用衆也宋大國爵上公霸主之餘業力非不足也今鄰有弑逆不能聲罪致討【王氏曰】宋鮑以篡弑得国視陳鄭逆乱恬不為怪乃用大衆以伐所當矜恤之小邦且滕不事已無乃已德猶有所闕僖十九子魚曰云云而滕何尤焉故特稱師以著其罪而汲汲於誅亂臣討賊子之意見音現矣【家氏曰】宋鮑閒晉之多故而用師於滕圍之未服又從而伐之未必無宋襄抉嬰齊之心襄且不能有成而况於鮑乎春秋書之所以貶之也

公孫歸父如齊頃葬齊惠公

歸父仲遂之子【杜氏曰】歸父襄仲子貴而有寵宣公深德齊侯

之能定其位而又以濟西田歸之也故生則傾身以
事之而不辭於屈辱沒則親往奔喪而使貴卿會其
葬亦不顧天王之禮闕然莫之供也比毗志反事考辭
義自見音現矣愚按春秋以卿會葬惟襄王景王晉之
襄平昭公此年齊惠及宋平滕成八見
一而已天子之喪動天下屬諸侯遣卿送葬夫亦亡於
禮者之禮耳晉之諸君猶曰霸国也齊惠之葬乃宣
公所以報私恩而宋平則意如所以厚私姻也若滕
則其君妻會葬于魯矣當時諸侯慢於至尊而薄於
強大莫不皆然灵王之喪鄭簡公在楚印段實往王
吏不討子大叔反以為口實積習所致可勝嘆哉

晉景人宋文人衛穆人曹文人伐鄭襄

按左氏鄭及楚平諸侯伐鄭取成而還襄陵許氏曰自晉灵以來
成景相繼力争陳
鄭而無以服楚其稱人貶也鄭居大國之間從於
強令豈其罪乎不能以德鎮撫而用力争之是謂五十

步笑百步庸何愈於楚。自是責楚益輕，罪在晉矣。【高氏】

【曰】是時陳有弒君之乱，曾不是圖，而從事於鄭。【張氏】

【曰】舍乱臣賊子之大惡，而輕動干戈以討於迫於強令无所適從之小国。【家氏曰】人四国，所以人晉也。夫躬天下之難而後可以責人之從已，未聞躬天下之易而責人以強從也。桓文所以得諸侯，以其內攘二室，外攘荊楚，救災恤患，汲汲焉躬天下之難。諸侯有所恃，外夷有所畏，是以得成霸業。自晉襄没，灵、成、景皆不克負荷，而楚莊日以盛強，北向而争諸侯，侵陳侵鄭，觀兵周疆，將逞其所大欲。晉人僅出偏師，畏縮不敢犯荊楚之鋒，惟伺其去，釋憾於小国。今又討鄭，縱能服之，豈保楚之不再出乎？夫翦篡鋤兇，霸政之最先。自趙盾為政，宋、齊、魯皆弒其君，盾內有所慊，置而不問。今郤缺為政，又不能治侯国之賊其君者，乃率三国争鄭，而以討逆遺楚，遂使夷国挾仗義之名以風示天下。晉霸自是愈衰矣。

秋，天王定使王季子來聘。【王聘止此左傳】刘康公來報聘。【公羊傳】王季子者何？天子之大夫也。其称王季子何？貴也。其貴柰何？母弟也。【穀梁傳】其曰王季子也。其曰子，尊之也。聘，問也。

公羊傳（去声）曰王季子者王之母弟也。杜氏曰字季子即康公其後食采於劉
王有時聘以結諸侯之好（去声）周礼大行人禮也。宣公
享國至是十年未朝于周。而比（毗志反）年朝齊。不奔王
喪而奔齊侯喪。不遣貴卿會匡王葬。而使歸父會齊
侯之葬。縱未舉法勿聘焉猶可也。而使王季子來王
靈益不震矣。自是王聘春秋亦不書矣 襄陵許氏曰 自是王灵益
亡王聘益輕春秋不復録矣 陳氏曰 自頃王而下王
室無聘魯者於是再聘而王季子实來則已尊矣 吳
澂 宣公簡慢於王知有齊而不知有周所以君臣朝
夕奔走於臨淄之境者其心必曰濟西之田未復不
可不曲意事之而不思魯封七百里之地秋毫皆君
賜也而拔本塞源其罪應誅定王始則徽聘於魯中
則厚賄於仲孫終則命貴弟報聘是猶為人父而不
責子之狠傲乃三揖於定省之常礼而德色於借耰
之微恩也宣公既不知所當尊而王亦不能自尊矣
故來求之書止於文公來聘之書止於宣公錫命之

書止於成公非削之而不紀盖王命不足爲輕重而王亦不復遣使於諸侯耳寥二百有餘年而石尚以歸脤録自是天王之名號不見於經矣

公孫歸父帥師伐邾定取繹繹公作類杜氏曰繹邾邑魯国鄒縣北有繹山張氏曰詩保有鳧繹邾文公卜遷于繹皆此山之地今在襲慶府鄒縣爲邾魯二国之境愚按鄒縣今属益都路滕州

用貴卿爲主將去声舉大衆出征伐不施於亂臣賊子奉天討罪而陵弱侵小近在邦域之中附庸之國是爲盜也孟子曰非其有而取之者盜也當此時陳有弑君之亂既來赴告藏在諸侯之策矣見左傳文十五襄二十曾不是圖而有事於邾不亦傎音顛乎故四國伐鄭貶而稱人魯人伐邾特書取繹以罪之也高氏曰自文公時邾魯有隙宣公篡立而邾子首朝之自是絶迹魯庭者又十年故歸父伐之家氏曰滕何負於宋而宋伐之邾何負於魯而魯侵之皆由中国无

盟主強陵弱衆暴寡而莫之或禁也【愚按】无瑕者始可以討人宣公簒立惴惴然自保惟恐諸侯之動干戈而問子赤之故也其不能討陳宜矣而猶称兵於邾以奪其地者盖以晉伯之不振而強齊爲之援故耳不幾頑鼠贁人之不見而竊食於盆盎之間乎下書歸父爲邾故如齊則魯之爲魯可知矣

大水【張氏曰】陰盛陽微之徵【家氏曰】宣即位以來六年螽七年大旱今復大水咎徵頻仍未有甚於此時旱而書大水而書大以變常書也宣嘗以成弑君以子遂毋罪大惡極天討未加發而爲水旱之災民受其虐書以示戒也

○**季孫行父如齊。冬，公孫歸父如齊。**【宣公聘齊止此】

按左氏行父如齊初聘也歸父如齊邾故也齊侯嗣立宣公親往奔其父喪又使貴卿會葬矣若待逾年然後修聘未晚也而季孫亟行歸父繼往則以宣公君臣不知爲國以禮而謂妄説音悅取人之可以免於討也。【曲禮】礼不妄説人　歸父貪於取繹長齊而往盖理曲則氣必餒矣能無畏乎哉春秋備書而不削以著其罪爲後世鑒也高氏曰以伐邾故恐齊人以爲討遂謀伐莒焉甚矣魯之懼齊也二歲之間而公与大夫五如齊矣胡氏曰自反而縮則可以自立何畏於齊宣公行已有慊故君臣相及於齊而猶懼其獲戾也

齊侯頃使國佐來聘左傳国武子来報聘

葬之速也惠公二月而葬大音泰不懷也懷思也又未踰年而以君命遣使去声聘于鄰國則哀戚之情忘矣孟子曰養生不足以當大事惟送死可以當大事滕文公五月居廬未有命戒及至葬顏色之戚哭泣之哀弔者大悅而有願爲其氓者蓋禮義人心之所同然也齊頃音傾公嗣位之初舉動如此喪去声師失地幾見執獲

成二年戰鞌敗績豈特婦人笑客之罪哉見左傳十七年已失守身之本矣【高氏曰】嗣子踰年即位始称君未踰年称子故葵丘之會称宋子盖齊桓方倡大義以尊中国故宋公雖在喪而來与會亦不深責以其不獲已而趍総務尔魯之於齊与国也聘雖後時亦何害耶惠公之葬既速又未踰年而以君命遽遣使来聘焉譏伐莒也當凶釁而行吉礼忘哀思而結懽好書曰齊侯著其惡也

饑【公羊傳】何以書以重書也【張氏曰】王政以民食為重故積貯天下之大命也前此百有餘年水旱螽螟之災多矣不以飢書今大水之後特書飢者著宣公煩於事外国用无節上下用竭故一遇水旱遂致乏食耳

○楚子莊伐鄭襄【左傳】楚子伐鄭晉士會救鄭逐楚師于潁北諸侯之師戍鄭

經有詞同而意異者比毗志反事以觀斯得之矣九年楚子伐鄭称爵者貶詞也。若曰國君自將去声恃強壓弱憑陵中夏之稱也。知然者以下書晉郤缺帥師救

鄭則貶楚可知矣此年楚子伐鄭稱爵者直詞也若

曰以實屬章欲反辭書其重者【公羊】君將不言帥師書其重者也而意

不以楚為罪也知然者以傳去声書晉士會救鄭遂楚

師于潁北【杜氏注】潁水出河南陽城而經削之則責晉可知矣此

類兼以傳為察者也【高氏曰】晉士會救鄭及諸侯之戍鄭而春秋削之者責晉雖得鄭

而不能有之也【家氏曰】士會用偏師无益於救鄭是歲鄭即楚故略而不書耳

【癸亥】定王九年十有一年【晉】景二【齊】頃公无野元年【衛】穆二【蔡】文十四【鄭】襄七【曹】文二十【陳】成公午元年【杞】桓三十九【宋】文十三【秦】桓七【楚】莊十六春王正月○夏楚子莊陳侯成

鄭伯襄盟于辰陵【穀】作夷陵【左傳】春楚子伐鄭及櫟子良曰晉楚不務德而兵爭与其來者可也晉楚無信我焉得有信乃從楚夏楚盟于辰陵陳鄭服也【朱子曰】宣公之時楚莊盛強主盟中国【杜氏曰】辰陵陳地潁川長平縣東南有辰亭【張氏曰】今淮寧府西華縣【愚按】西華縣在今汴梁路陳州

晋楚爭此二国爲日久矣。今陳鄭背（音佩）晋從楚盟于辰陵，而春秋書之無貶詞者，豈與其下喬木入幽谷乎？（詩：伐木出自幽谷，迁于喬木。愚按：孟子以喬木崇高譬中国，以幽谷卑下譬南蛮。）中國不能，令則夷狄進矣。（薛氏曰：陳鄭以中国之不足恃而盟于楚，由中国之無伯，諸侯之失其恃也。）經之大法在誅亂臣討賊子。有亂臣則無君，有賊子則無父。無父無君，即中国變爲夷狄，人類殄爲禽獸，雖得天下不能一朝居也。（見孟子）今曾與齊方用兵伐莒，晋與狄方會于攢函，而不謀少（去声）西氏之逆也。而楚人能謀之，所謂禮失而求之野。（前藝文志仲尼有言[illegible]顔師古曰：言都邑失礼，則於野求之，亦将有獲。）夷狄之有君，不如諸夏之亡[illegible]也。（孫氏曰：与楚者傷中国，無人喪乱陵夷之極也。）辰陵之盟所以得書於經而詞無貶乎。聖人討賊之意可謂深切著明矣張氏曰楚莊於是合二國爲盟而欲討陳夏徵舒也春秋以晉齊二大國方且致勤於莒狄而不能討独楚莊合諸侯以討之所以楚子書爵於陳侯鄭伯之上与之也愚按楚自會于孟之後未嘗称爵与於會盟今書子序陳侯鄭伯之上楚初主盟也會于孟称爵貶之也不称爵則疑於楚大夫而執宋公之罪不著也盟辰陵書爵予之也予其謀討陳之賊也後此盟于蜀楚公子嬰齊序諸国大夫之上貶而称人不予嬰齊之主諸侯也宋虢之盟屈建公子圍先歃而經首晉不与楚之狎主盟也申之會楚子爲主而不殊淮夷則皆狄也由是知辰盟之盟楚子先序而無貶詞盖予之也

公孫歸父會齊頃人伐莒季佗張氏曰莒恃晉而不事齊魯從齊而伐之兵不討乱而挾強凌弱深著齊魯之罪也蜀杜氏曰称齊人以示貶人齊亦以人魯也必出公孫歸父亦以志大夫之專也愚按伐邾伐莒皆以歸父将重兵而後此會齊侯會楚子皆歸父特會国君以見宣公之德仲遂而寵其子使專權於魯也至笙之逐得非肇端於此歟○秋晉侯景會狄于欑函欑才端反

左傳晉郤成子求成于衆狄衆狄疾赤狄之役遂服于晉會于欑函衆狄服也　穀梁傳不言及外狄也　杜氏曰欑函狄地

春秋正法不與夷狄會同分類也書會戎會狄會吳皆外詞也范氏曰所以異之於諸夏之會戎狄皆在所可罪則盟主可知也　薛氏曰諸侯內中国故詳外四夷故略今中国有亂天王不能討則方伯之責也又不能討則四鄰諸侯宜有請矣而魯方會齊伐莒晉方求成于狄是失肩背而養其一指不能三年而緦小功之察南軒張氏曰孟子所譏言舍大徇小不亦傎音顛乎凡此直書其事不待貶絶而義自見音現者也　高氏陳鄭諸夏之国而從楚衆狄夷狄之国而從晉狄在欑函而晉侯親往會之夫中国諸侯所恃者晉尔齊方伐莒晉方會狄而使楚人爲伯者之事此反道也　陳氏曰楚方倡義於天下而晉孜孜於群狄至往

會焉晋甲甚矣是故楚莊之春秋晋有諸侯之事不悉書也宣二年晋侯伐鄭不書五年荀林父伐陳不書張氏曰晋侯為盟主而往与狄會捨夏徵舒以遺楚討使楚窃大義以加於中国又欲与楚争鄭楚直晋老所以敗于邲也愚按晋景就狄地為會与僖三十二年衛人及狄盟義同

冬十月楚莊人殺陳成夏徵舒丁亥楚子入陳穀梁傳此入而殺也其不言入而殺明楚之討有罪也日入惡入者也程子傳人衆辞大惡衆所欲知也誅其罪義也取其国惡也

稱人者衆辭也杜氏曰不言楚子而称人討賊詞也范氏曰変楚子言人者弑君之賊君曰人人所得殺也陳氏曰楚亟称子矣自宋萬而下無討賊者雖討之不以其罪且百年於此則楚之討徵舒其不曰楚子何討賊不以内外貴賤恒称人高孫氏曰討賊雖諸侯雖大夫雖国人雖夷狄必皆曰人

大惡人人之所同惡去声人人之所得討其稱楚人殺徵舒諸夏之罪自見音現矣高氏曰弑君之賊国人人可得而殺之豈有夷

夏之間哉徵舒弑君今已踰年国人不能討天子方
伯不能誅反致夷狄入中国而殺之彼夷狄尚知弑
君者之當殺則中国如之何不能殺之耶聖人書此
傷中国之不自正也薛氏曰見賊之不討於中国而
討於荆蛮也張氏曰楚子夷狄也能殺徵舒與衛殺
州吁蔡殺陳佗一例書之所以明乱臣賊子人人道共
悪人人得誅不間中国夷狄所以廣
忠孝之路而拯三綱於大乱之日也按左氏傳去声楚
子爲去声夏氏亂故謂陳人無動將討於少去声西氏註
曰少西徵舒之祖子夏之名遂入陳殺徵舒轘音患車裂之也諸栗門陳城
門而經先書殺後書入者與楚子之能討賊故先之
也陳氏曰不書入而後殺子之以討賊之義也則討賊一事入一事也愚按晉文執曹伯非伯討故先
書入曹後書執曹伯楚灵殺齊慶封雖殺有罪而不以討賊殺之故先書伐吳而後書殺慶封亦不係之
楚人則知此以討賊予楚莊也討其賊爲義取其國爲貪舜跖之石反
之相去遠矣其分乃在於善與利耳楚莊以義討賊

勇於爲善舜之徒也以貪取國急於爲利跖之徒矣爲善與惡特在一念須臾之間而書法如此故春秋傳心之要典不可以不察者也或曰聖人大改過楚雖縣陳能聽申叔時之説而復扶又反封陳陳侯在晉申叔時使於齊反復命而退王使讓之曰夏徵舒爲不道弑其君寡人以諸侯討而戮之諸侯縣公皆慶寡人女獨不慶寡人何故對曰夏徵舒弑其君其罪大矣討而戮之君之義也抑人亦有言曰牽牛以蹊人之田而奪之牛牽牛以蹊者信有罪矣而奪之牛罰已重矣諸侯之從也曰討有罪也今縣陳貪其富也以討召諸侯而以貪歸之無乃不可乎王曰善哉乃復封陳鄉取一人焉以歸謂之夏州可謂能改過矣猶書入陳以貶之何也曰楚莊意在滅陳雖復封之然鄉取一人焉以歸謂之夏州杜氏曰州鄉屬示討夏氏所獲也而又納其亂臣是制人之上下使不得其君臣之

道也說氏曰二人与君昏淫當絶之而討強納之執国威柄制其君臣顛倒上下錯乱邪正晉人以幣如鄭問駟乞之立故子產對曰若寡君之二三臣而晉大夫專制其位是晉之縣鄙也何國之爲辭客幣而報其使去声晉人舍如字之昭十九年鄭駟偃卒偃娶於晉大夫生絲弱其父兄立駟乞他日絲以告其舅晉人以幣如鄭問駟乞之立故子產對云云他國非所當與去声也而必欲納其亂臣存亡興滅其君是乎

通旨南唐李氏既臣于周以進退大臣之事請之而世宗無所可否以他国非所當與也仲尼重傷中國深矣其有討賊之功故特從末減左昭十四注末薄也減輕也不稱取陳而書入雖曰與之可矣陸氏曰楚子之討正也故書人入人之国又納淫乱之臣邪也故明書其爵以示不正春秋之義彰善癉悪纖芥無遺称事原情瑕瑜不掩斯之謂也愚按春秋于楚莊之討徵舒而称楚人亦猶吳闔廬之救蔡而戰于柏舉称吳子

也楚子入陳目其人而貶之亦猶吳入郢之卒號也辭雖不同意實無異蓋楚莊闔廬實非有討賊救患之誠心故書法于奪如此也使楚莊真有討賊之心則辰陵之盟執徵舒而誅之一匹夫之力耳奚俟於以重兵造其國都而後戮之哉使其素有討賊之志則四年之伐鄭俘歸生而轘諸桔柣之門而伐義之名著於中国矣奚待於三月之圍失賊不討而受肉祖之降哉由其本無是心而假其事以爲功故不足以進於此也文定謂假於討賊以縣陳信矣論者以楚莊居五霸之列亦取其討賊之一節如秦穆之悔過耳抑方諸吳闔廬夫差之暴横而或者亦以霸許之則秦穆楚莊猶爲比善於彼者歟〇【刘氏曰】公羊云此楚子也其称人何貶也非也此譬猶蔡人殺陳陀耳且外討弑君之賊何不得乎穀梁云此入而殺其不先言入何也外徵舒於陳也非也言楚人殺者乃明徵舒有罪爾且外先言入後言殺可謂內徵舒於乎陳

納公孫寧儀行父于陳成【寧】【公】作甯【公羊傳】此皆大夫也其言納何納公黨与也【穀梁】【傳】納者内不受也輔人之不能民而討猶可入人之国制人之上下使不得其君臣之道不可【程子傳】致乱之

臣国所不容也故書納

此二臣者從君於昏宣淫於朝誅殺諫臣使其君見弑蓋致亂之臣也肆諸市朝與衆同棄然後快於人心今乃詭辭奔楚託於討賊復讎以自脫其罪而楚莊不能察其反覆音福又使陳人国之是猶人有飲毒而死者幸而復浮去生又強上声以毒飲去声之可乎故聖人外此二人於陳賈逵曰二子不繫之陳絶於陳也而特書曰納者不受而強上声納之者也為楚莊者宜柰何豬音諸徵舒之宮檀弓殺其人壞其室洿其宮而豬焉封洩冶之墓書曰武成封比干墓尸孔寧儀行父于朝謀於陳衆定其君而去其庶幾乎高氏曰二子之惡乃其君之所由以弑者亦与徵舒何異豈可復居陳大夫之位哉已絶於陳故不繫於陳而書納張氏曰孔

寧儀行父以因奔楚誘楚子以利故楚子殺徵舒而縣陳徵申叔時之言則陳遂亡矣楚莊懷夷狄貪婪之志而尚能以義自克故封陳而不取然見善不明而非有改過不吝之心所以雖封陳而終宥陳之乱臣復納諸国聖人予善之弘待人之公先旌其討賊之義然後著其入陳且納乱臣之罪使楚莊之善惡功罪顯然明白詳味此綸非聖人莫能修之也**愚按**孔寧儀行父不書奔書奔則是寧行父請討於楚也其歸不係陳不使得為陳之臣也經凡書納皆非所宜納書曰楚子入陳納公孫寧儀行父于陳曰入曰納則二臣之罪与楚莊納之之悪皆見矣○**啖氏曰**左氏云書有礼也若以納乱臣為有礼孰為非礼

元至正本春秋胡氏傳纂疏

第五册

元 汪克寬撰

中國國家圖書館藏元至正八年建安劉叔簡日新堂刻本

山東人民出版社·濟南

春秋卷第十八

胡氏傳　新安後學汪克寬附録纂疏

宣公下

甲子定王十年十有二年晉景三齊頃二衛穆三蔡文十五鄭襄八曹文二十一陳成二杞桓四十宋文十四秦桓八楚莊十七春葬陳靈公公羊傳討此賊者非臣子也何以書葬君子辞也楚已討之矣臣子雖欲討之而無所討也杜氏曰賊討國復二十二月然後得葬

討賊者非臣子也何以書葬據衛桓齊襄本国臣子討賊而書葬天下之惡一也莊十二石祁子云云本國臣子或不能討而上有天王下有方伯又其次有四鄰有同盟有方域之諸侯有四夷之君長上声與凡民皆得而討之據礼臣弑君子弑父凡在官者与在官者皆得殺之無赦所以明大倫存天理也徵舒雖楚討

之陳之臣子亦可以釋怨矣故得書葬君子詞也【愚按】君子之心無私故討賊不間内外蓋惡惡者天下之同情也

楚子莊圍鄭襄【左傳】厲之役鄭伯逃歸自是楚未得志焉鄭既受盟于辰陵又徼事于晉春楚子圍鄭三月克之入自皇門至于逵路鄭伯肉袒牽羊以逆曰孤不天不能事君使君懷怒以及敝邑孤之罪也敢不惟命是聽其俘諸江南以实海濱亦唯命其翦以賜諸侯使臣妾之亦唯命若惠顧前好不泯其社稷使改事君君之惠也左右曰得国无赦王曰其君能下人必能信用其民矣退三十里而許之平潘尫入盟子良出質

按公羊傳去声例戰不言伐圍不言戰入不言圍滅不言入書其重者見莊十年楚子縣陳蓋滅之矣而經止書入其於鄭也入自皇門至于逵道【左傳】作逵路【公羊】作路衢蓋即其國都矣而經止書圍曷爲悉從輕典不著其憑陵諸夏之罪乎上無天王下無方伯天下諸侯有臣

弑君子弑父諸夏不能討而夷狄能討之春秋取大節略小過劉氏曰春秋略小善而優大節雖如楚子憑陵上國近造王都之側去声猶從末減於以見音現誅亂臣討賊子正大倫之爲重也愚按據左氏公羊所記鄭襄公承賂於楚禮卑辭巽以求免則楚之夌暴亦甚矣然其能不聽左右之言而退師許平薄於利而不要其土則比於役焉思啓封疆者猶有改過遷善之美意也高氏曰封陳侯者非楚本謀也不善而能改也故書入与鄭平者楚本謀也不爲利謀所誘故書圍

夏六月乙卯晉景荀林父帥師及楚子莊戰于邲晉師敗績邲音弼左傳晉師救鄭荀林父將中軍先縠佐之士會將上軍郤克佐之趙朔將下軍欒書佐之趙括趙嬰齊爲中軍大夫鞏朔韓穿爲上軍大夫荀首趙同爲下軍大夫韓厥爲司馬及河聞鄭既及楚平桓子欲還曰無及於鄭而勦民焉用之隨武子曰善會聞用師觀釁而動見可而進知難而退軍之善政也彘子曰不可晉所以霸師武臣力也今失諸侯不可謂力有敵而不從不可謂武由我失霸不如死以中軍佐濟韓獻

子謂韓子曰彘子以偏師陷子罪大矣子爲元帥師不
用命誰之罪也失屬亡師爲罪已重不如進也事之不
捷惡有所分与其專罪六人同之不猶愈乎楚子北師
次于郔將飲馬於河而歸聞晉師既濟王欲還嬖人伍
參欲戰言於王曰晉之從政者新未能行令其佐先穀
剛愎不仁未肯用命其三帥者專行不獲所而無上衆
誰適從此行也晉師必敗且君而逃臣若社稷何王病
之次于管以待之楚少宰如晉師曰寡君此行也將鄭
是訓定豈敢求罪于晉二三子無淹久隨季對曰昔平
王命我先君文侯曰与鄭夾輔周室毋廢王命今鄭不
率寡君使群臣問諸鄭豈敢辱候人彘子以爲諂使趙
括從而更之曰行人失辞寡君使群臣迁大国之迹於
鄭曰無避敵群臣無所逃命楚子又使求成于晉晉人
許之盟有日矣楚許伯御樂伯攝叔爲右以致晉師晉
魏錡求公族未得而怒欲敗晉師請致師弗許請使許
之遂往請戰而還趙旃求卿未得且怒失楚之致師者
請挑戰弗許請召盟許之与魏錡皆命而往晉人懼二
子之怒楚師也使以軘車逆之潘黨望其塵使騁而告
曰晉師至矣楚人亦懼王之入晉軍也遂出陳孫叔曰
進之寧我薄人無人薄我遂疾進師車馳卒奔乘晉軍
桓子不知所爲鼓於軍中曰先濟者有賞中軍下軍爭
舟舟中之指可掬也晉師右移上軍未動工君齊將右

拒卒以逐下軍潘黨率游闕四十乘從唐侯為左拒以
從上軍隨季曰楚師方壯若萃於我吾師必盡不如收
而去之分謗生民不亦可乎殿其卒而退不敗楚熊負
姬囚知罃知莊子以其族反之厨武子御下軍之士多
從之射連尹襄老獲之載其尸射公子穀臣囚之以二
者還及昏楚師軍於邲晉之餘師不能軍宵濟亦終夜
有声楚重至于邲遂次于衡雍祀于河作先君宮告成
事而還

公羊傳

莊王伐鄭勝于皇門放乎路衢鄭伯肉
袒左執茅旌右執鸞刀以逆莊王曰寡人無良邊垂之
臣以干天禍是以使君王沛焉辱到敝邑君如矜此喪
人錫之不毛之地使帥一二耋老而綏焉請唯君王之
命莊王曰君之不令臣交易為言是以使寡人得見君
之王面而微至乎此莊王親自手旌左右撝軍退舍七
里將軍子重諫曰南郢之與鄭相去數千里諸大夫死
者數人廝役扈養死者數百人今君勝鄭而不有無乃
失民臣之力乎莊王曰古者杅不穿皮不蠹則不出於
四方是以君子篤於礼而薄于利要其人而不要其土
告從不赦不詳吾以不詳道民災及吾身何国之有既
則晉師之救鄭者至曰請戰莊王許諾將軍子重諫曰
晉大国也王師淹病矣君請勿許也莊王曰弱者吾威
之強者吾辟之是以使寡人無以立乎天下令之還師
而逆晉寇莊王鼓之晉師大敗晉衆之走者舟中之指

可據矣【穀梁傳】續功也功事也曰其事敗也【杜氏曰】邲鄭地【張氏曰】地譜鄭州城下管城縣有邲城在縣南【愚按】管城縣屬今汴梁路鄭州

戰而言及主乎是戰者也【何氏曰】亭林父於上罪起其事言及者明晉汲汲欲敗楚尒按左氏晉師救鄭經既不以救鄭與書矣【愚按】不書救者以其緩不及事無救患之實耳或謂不書救鄭是予楚以伯然晉文晉悼之伯書楚人救衛救鄭豈不予晉以伯乎又不言楚晉戰于邲而使晉主之何也陳人弒君晉不討賊而楚能討之楚人圍鄭亦既退師與鄭平矣而又與之戰則非觀釁許靳反之師也故釋楚不貶而使晉主之獨與常詞異乎據楚成救鄭則書宋公及楚人戰于泓楚得臣救衛則書晉侯齊宋秦師及楚人戰于城濮今此晉救鄭當書楚及晉戰按邲之役六卿並在大夫司馬皆具官不欲勦子小反民者三師也

違命濟師者先穀也。而獨罪林父何也。尊無二上定于一也。古者仗鉞臨戎專制閫外〔南史〕沈慶之傳閫外之事將軍得專制〔李衛公問對〕古者出師命將授之以斧曰從此至天將軍制之又授之以鉞曰從此至地將軍制之雖君命有所不受。〔史〕穰苴傳將在軍雖君令有所不受〔前〕周亞夫傳上勞軍至細柳不得入曰軍中但聞將軍令不聞天子詔上曰此真將軍矣〔唐〕段志玄傳与宇文士及勒兵衛章武門太宗夜遣使至志玄志玄曰軍門不夜開使者示手詔志玄曰夜不能辨帝嘆曰周亞夫何以加〔直旋〕況其屬乎。欒書救鄭軍帥之欲戰者八人武子遂還衆不敢過〔成六〕救鄭遂侵蔡楚師救蔡禦諸桑隧趙括趙同欲戰請於欒武子武子將許之知莊子范文子韓獻子諫曰不可或謂武子曰子之佐十一人其不欲戰者三人而已武子曰善鈞從衆夫善衆之主也三卿爲主可謂衆矣從之不亦可乎乃遂還偪甫目反又彼力反陽之舉。匄古害反偃二將去声皆請班師。荀罃令曰。七日不克必爾乎取之。

遂下偪陽【襄十】諸侯之師久於偪陽荀偃士匄言於荀罃曰請班師知伯怒曰云云偃匄帥士卒攻偪陽親受矢石遂滅偪陽林父既知無及於鄭焉音煙用之矣諸帥又皆信然其策先縠昔獨以中軍佐濟者下令三軍無得妄動按軍法而行辟音僻夫豈不可既不能令乃畏失屬亡師之罪而從韓獻子分惡之言【朱子語】問左傳分謗事曰近世士大夫多是如此只要徇人情如荀林父邲之役先縠違命而濟乃謂與其專罪六人同之是何等見識當時爲林父者只合按兵不動召先縠而誅之知難而冒進是棄晉師於誰責乎故後誅先縠不去上声其官此稱敗績特以林父主之也【備旨】邲之戰先縠趙旃實敗晉師而獨書林父者責元帥也武侯祁山之戰違命於街亭者馬謖也失於箕谷者鄧芝也而武侯深自刻責以爲咎皆在己此亦春秋一統之義也任歸於一者責有所歸權分於下者衆無適從吳楚既反漢用條侯以梁王之貴太后之尊交請救援條

侯謹守便宜竟破七国唐六道重兵攻圍淮蔡久而无功及裴度視師雖韓弘亦與疾督戰遂擒元濟代宗以九節度之師圍鄴緒不立元師一夕而潰其成敗之績豈不著明也哉**張氏曰**經以林父及之者言林父之爲志乎此戰也盖晉不能討陳乱已失三綱軍政之本乃欲恃力以爭鄭不知楚莊既討陳亂則師出有名而所以強於鄭者又進退得宜勇怯中節林父上不能輔君討乱以行盟主之大義而此行本爲救鄭而鄭已服楚士穀之徒恃強專制故林父雖知楚之不可敵而不能止諸帥之從楚師考公羊則知楚之所以勝考左氏則知晉之所以敗此春秋所以不書救鄭而特以林父主此戰著其敗師之罪也

陳氏曰以人夫敵君於是始鞌之戰不准敵君且盟齊于師矣**永嘉呂氏曰**自楚莊討賊之權於是陳爲楚有鄭不堪楚之屢伐而受盟辰陵然曰与其來者可也則猶未絶乎從楚也故徼事於晉晉既不能有陳而僅爭鄭則邲之一戰夷夏勝負之一决也自邲之敗而楚伐宋横行於中国而莫制矣**愚按**林父身爲元帥始既不能禁副屬之違令而專行終又不能躬帥士卒冒矢石而力戰乃鼓於軍中倡爲棄甲曳兵之敗則喪師之罪不責林父而誰乎然楚君大夫与中国戰皆貶書人故楚成於泓得臣於城濮

囊瓦於柏舉並書人，惟此書晉荀林父帥師以敵楚子者，尊中國而抑夷狄，故不以林父之有罪而貶之也。泓之戰貶楚子，此不貶者，楚成設詐禽宋公於乘車之會，以伐其國，又乘勝不悛而毀宋于泓，則與楚莊為中國之所不能為者異矣。○啖氏曰：公羊云大夫不敵君，此其稱名氏以敵楚子，何不與晉而與楚為禮也。按此傳因得臣與晉侯戰稱人，遂穿鑿為此說爾。劉氏曰：子玉不見名氏，林父見名氏，皆為不敵君，可怪也哉。

秋七月。○冬十有二月戊寅，楚子莊滅蕭。左傳：楚子伐蕭，宋華椒以蔡人救蕭。蕭人囚熊相宜僚及公子丙。王曰：勿殺，吾退。蕭人殺之。王怒，遂圍蕭。蕭潰。汪氏曰：蕭，宋附庸國。

假於討賊而滅陳，春秋以討賊之義重也，未滅而書入；惡去声其貳己而入鄭，春秋以退師之情恕也，未滅而書圍，與人為善之德宏矣。至是肆其強暴，滅無罪之國，其志已盈，雖欲赦之，不得也。故傳去声稱蕭潰，經以滅書斷（都乱反）其罪也孟子曰以力假仁者伯伯必有大國楚莊蓋以力假仁不能久假而遽歸者也建萬國親諸侯者先王之政（易比卦大象）興滅國繼絕世者仲尼之法（論語）今乃滅人社稷而絕其祀亦不仁甚矣蕭既滅亡必無赴者何以得書于魯史楚莊縣陳入鄭大敗晉師于邲莫與校者不知以禮制心至於驕溢克伐怨欲皆得行焉遂以滅蕭告赴諸侯矜其威力以恐中國耳孟子定其功罪以五伯爲三王之罪人春秋史外傳心之要典推此類求之斯得矣（高氏曰楚既得陳鄭又敗晉師遂深入中国憑陵諸夏滅人之国焉以著其暴也愚按楚莊滅蕭所以逼宋而脅中国諸侯之服已也）

晉人(景)宋人(文)衛人(穆)曹人(文)同盟于清丘【此大夫同盟之始　左】

【傳】晉原穀宋華椒衛孔達曹人同盟于清丘曰恤病討貳【程子傳】晉為楚敗諸侯懼而同盟既而皆渝故書人以貶之【杜氏曰】清丘衛地在濮陽縣東南【張氏曰】地譜今濮州臨濮縣東南有清丘【愚按】今臨清縣

書同盟罪志同欲也【楊士勛曰】新城書同傳云同外楚則清丘亦是外楚省文也或以惡(去声)其反覆(音福)而書同盟罪也春秋不貴盟誓自隱公始年書儀父盟蔑宋人盟宿已不實言矣(七年伐邾渝蔑之盟十年伐宋渝宿之盟)奚待清丘然後惡其反覆乎清丘載書恤病討貳口血未乾(音干)敗(必邁反)其盟好(去声)所謂不待貶而惡見(音現)者也又奚必人諸國之卿然後知反覆之可罪乎楚既入陳圍鄭大敗晉師伐蕭滅之憑陵中國甚矣為諸侯計者宜信任仁賢修明政事

自強　於爲善則可以保其國耳曾不是圖而刑牲
歃血要質鬼神斷音祈以禦楚謀之不臧孰大於是故
國卿貶而稱人譏失職也原穀違命喪去聲師乃晉國
罪人而主茲盟約所信任者皆可知矣【家氏曰】幽之同盟內外大
小翕然來同齊霸之方盛也新城之同盟諸侯散者復合晉霸之漸衰也清丘之同盟異者衆而同者鮮
晉不復可言霸矣而春秋於四国之爲此會猶以同盟書嘉其不以勝負爲從違捨燎原強盛之楚從喪
敗方新之晉是故猶許之以同盟然視于幽之同則不可同日語矣【愚按】新城之同晉以趙盾主盟清丘
之同復以四国之大夫盟齊盟所以一天下之心而晉以大夫尸之又其甚而諸侯之大夫與焉霸業之
不振宜矣○【劉氏曰】左氏云卿不書不實其言也夫春秋之世不實其言者衆矣奚獨此耶且華椒不宜
被貶

宋文師伐陳成衛穆人救陳【左傳】宋爲盟故伐陳衛人救之孔達曰先君有約言

焉君大国討我則死之

陳有弑君之亂宋不能討而楚能討之雖曰縣陳尋復扶又反封之其德於楚而不貳未足責也宋人不能内自省德遽以大衆伐之非義舉矣衛人救陳背音佩盟失信而以救書者見音現下同宋師非義陳未有罪而受兵爲可恤也且謀國失圖妄興師旅無休息之期則亂益滋矣其以救書意在責宋也若衛叛盟則不待貶絶而惡自見矣

高氏曰書衛救陳者所以罪宋也然衛方盟于清丘而反救陳救雖義事而有背盟之悪故称人

愚按清丘之載書恤病討亡而宋之討陳衛之救陳皆非春秋所与者不度德不量力而啓釁於強楚渝盟失信以從簡書名雖是而实則非矣

乙丑 定王十一年 十有三年 晋景四 齊頃三 衛穆四 蔡文十六 鄭襄九 曹文二十二 陳成三 杞桓

四十一 宋文十五 秦桓九 楚莊十八 春，齊頃師伐莒。季佗公作伐衛。左傳：莒恃晉而不事齊故也。臨川吳氏曰：齊以彊陵弱而伐莒。十一年之伐稱齊人，此稱齊師者，甚其動大衆而伐小國也。愚按：公羊作伐衛，詳之經文，前後皆无齊衛交怨之事，而於莒則四年平之不肯而魯伐之，十一年齊又伐之，則此爲伐莒无疑矣。○夏，楚子莊伐宋。文 左傳：以其救蕭也。

楚人滅蕭，將以脅宋。諸侯懼而同盟，爲宋人計者，恤民固本，輕徭薄賦，使民效死，親其上，則可以待敵矣。計不出此，而急於伐陳攻楚，與國非策也。故楚人有詞于伐而得書爵。張氏曰：天下无道，小役大，弱役強。宋不知屈伸消長之道，而欲以區區之力強中国，由此致伐。愚按：文定責宋，特識其啓致兵之舋，失保国之策，非以楚之陵中国爲无罪也，盖不待貶絕而惡自見耳。○劉氏曰：左氏曰清丘之盟，唯宋可以免焉。然則十二年不當貶華椒自相伐矣。

秋，螽。汪氏曰：爲災故書。○冬，晉景殺其大夫先縠。縠，戶木反。穀作縠，音同。左

傳 赤狄伐晉及清先穀召之也晉人討邲之敗与清之師歸罪於先穀而殺之盡滅其族

先穀違命大敗晉師元帥不能用鉞已失刑矣今又重去声有罪焉謂召赤狄晉人治其罪而戮之義也曷爲稱國以殺而不去上声下同其官夫兵者安危所係有國之大事也將去声下同非其人則敗雖得其人使親信間去声之則敗以剛愎皮逼反不仁者參焉而莫肯用命則敗凡此三敗君之過也河曲之戰趙穿獨出而史駢之謀不用文十二秦伐晉晉人禦之史駢曰秦不能久請深壘固軍以待之趙穿怒曰裹糧坐甲固敵是求弛以其屬出宣子曰秦獲穿也乃皆出戰濟涇而次欒黶於斬反欲東而荀偃之令不行襄十四諸侯之大夫從晉伐秦濟涇至于棫林荀偃令曰鷄鳴而駕塞井夷竈唯余馬首是瞻欒黶曰余馬首欲東乃命大還今林父初將中軍乃以

先縠佐之使敵國謀臣知其從政者新未能行令誰之過歟故稱國以殺不去其官罪累去声上也

高氏曰邲之役三帥皆欲還先縠固請戰遂又以敗至是以爲討然釋趙旃魏錡不討而獨誅先縠爲政不平殺者不受治矣又族滅之惡之甚也

張氏曰越椒將攻王而楚莊尚思子文之治楚而復克黄之所先縠先軫之孫而滅其族蓋晉之德刑皆不足以敵楚矣

丙寅 定王十二年

十有四年

晉景五 齊頃四 衛穆五 蔡文十七 鄭襄十 曹文二十三卒 陳成四 杞桓四十二 宋文十六 秦桓十 楚莊十九

春衛穆殺其大夫孔達

左傳清丘之盟晉以衛之救陳也討焉使人弗去曰罪無所歸將加而師孔達曰苟利社稷請以我說罪我之由繼而死衛人以說于晉而免遂告于諸侯曰寡君有不令之臣達構我敝邑于大国既伏其罪矣敢告衛人以爲成勞復室其子使復其位

殺大夫而書名氏義不繫於專殺也孔達棄信以危

社稷衛人按其罪而誅之可也【通旨】（孔達之死謀之不臧者也先君雖有約言若其有罪而大国見討亦可踐言不自省乎而況同盟口血未乾即亢大国之討以危其社稷乃以身死之求説於晉与自經於溝瀆而莫之知者奚遠哉是時陳貳於楚為孔達計者若顧約言告之以不當貳可也）何以稱國而不去（上声下同）其官用人謀國干犯盟主至於見討誰之過歟稱國以殺不去其官罪累上【書】也春秋端本清源故書法如此【鄭氏曰】（孔達則有罪矣而衛人用其言以干盟主故稱国以殺）【陳氏曰】（孔達自殺而稱国以殺其君意也）

夏五月壬申曹伯壽卒（文公也在位二十三年子廬嗣是為宣公）○晉侯（景）伐鄭（襄）【左傳】（晉侯伐鄭為郯故也告于諸侯蒐焉而還中行桓子之謀也曰示之以整使謀而來鄭人懼使子張代子良于楚）

按左氏傳為（並去声）【音郯】郯故也比（毗志反）事以觀知其為報

怨復讎之兵詞無所貶者直書其事而義自見（音現）矣

張氏曰屈而知伸敗而能改可以與矣晉所以敗由大義不明而爭与国也今敗未兩歲而復與爭鄭之師故書晉侯以著其師之爲報怨也胡氏曰晉救鄭而敗于邲鄭遂即楚夫鄭背華即夷討之正也然灵成以來文公之澤浸微干戈日尋積而至於蜀之盟而中国尽夷狄矣豈特失鄭而已乎

秋九月楚子（莊）圍宋

文左傳楚子使申舟聘于齊曰無假道于宋及宋宋人止之華元曰過我不假道鄙我也鄙我亡也殺其使者必伐我伐我亦亡也亡一也乃殺之楚子聞之投袂而起屨及於窒皇劍及於寢門之外車及於蒲胥之市楚子圍宋

宋人要（於遙反）結盟誓欲以禦楚已兆持國之道輕舉大衆勦（子小反）民妄動又兆恤患之兵特書救陳以著其罪明見伐之由也國必自伐然後人伐之凡事其作始也簡其將畢也必巨易於訟卦曰君子以作事

謀始（大象）始而不謀必至於訟訟而不競必至於師（本序卦）若宋是矣始謀不臧至於見伐見圍幾亡其國則自取之也春秋端本故責宋為深若蛮夷圍中國則亦明矣（臨川吳氏曰宋前以救蕭而見伐今又以殺楚使而受圍楚之荐食上国宋之挑釁強夷俱可罪也愚按楚莊始而滅蕭以逼宋繼而伐宋以声其救蕭之罪又遣使過宋不假道以激怒於宋而使殺之於是国君親将環其国而攻之然則楚子之志在於淩暴中国以取威爭霸其惡甚矣文定作傳專責宋而不責楚者楚人憑陵中夏之罪顯而易見而宋有致兵之由其罪未著也故備論之）

葬曹文公○冬公孫歸父會齊侯（頃）于穀

夫禮別（筆列反）嫌明微制治於未亂自天子出者也列國之君非王事而自相會聚是禮自諸侯出矣以國君而降班失列下與外臣會以外臣而抗尊出位上

與諸侯會是禮自大夫出矣。愚按大夫會諸侯始於單伯會齊宋衛鄭之君于鄄而後公孫敖會晉侯于戚至叔仲彭生會晉郤缺于承筐則大夫自爲會矣大夫盟諸侯始於宋會宋公陳侯蔡叔盟于折而後公孫敖會宋公陳侯許伯晉士縠盟于垂隴至公子遂會晉趙盾盟于衡雍則大夫自相盟矣然莊僖以下大夫未專政也文宣以下大夫始專政矣君若贅旒。公羊襄十六注贅繫屬之辭旒旂旒以旂旒爲喻者爲下所執持陪臣執命豈一朝一夕之故其所由來漸矣。故易於坤之初六曰馴致其道至堅冰也。易言其理。春秋見音現諸行事若合符節可謂深切著明矣張氏曰魯素事齊而宣公之立公子遂主之故其父子常親于齊而齊亦不復計等列之不班從而与之會也非礼甚矣王氏曰遂以不正而立宣公以不正而任其子歸父此年會齊侯明年會楚子見公与之深也諸侯失政自宣公始大夫專政自歸父始

丁卯定王十三年 十有五年晉景六齊頃五衛穆六蔡文十八鄭襄十一曹宣公盧元年陳成五

杞桓四十三 宋文十七 秦桓十一 楚莊二十 春，公孫歸父會楚子于宋。莊 左 文

傳 孟獻子言於公曰：小国之免於大国也，聘而獻物，於是有庭實旅百；朝而獻功，於是有容皃采章嘉淑，而有加貨。謀其不免也，誅而薦賄，則无及也。今楚在宋，君其圖之。公說。歸父會楚子于宋。

楚子不假道於宋，以啓釁端，而圍之，陵蔑中華甚矣。襄陵許氏曰：楚圍宋之威振及魯矣。諸侯縱不能畏簡書，攘夷狄，存先代之後，嚴兵固圉，以爲聲援，猶之可也。乃以周公之裔，千乘之國，謀其不免，至於薦賄，不亦鄙乎？若此類，聖人不徒筆之於經也。比毗至反事以觀，則知中國夷狄盛衰之由、春秋經世之略矣。陳氏曰：吾大夫始特會楚也。朱子語：公孫歸父會楚子于宋，宋人及楚人平，春秋責其叛中国而從夷狄尒，罪其貳霸，非是。春秋豈率天下諸侯以從三王之罪人哉。

夏五月宋文人及楚莊人平左傳春宋使樂嬰齊告急
于晉晉侯欲殺之伯宗曰
不可天方授楚未可与争五月楚師將去宋申犀稽首
於王之馬前曰毋畏知死而不敢廢王命王棄言焉王
不能荅申叔時曰築室反耕者宋必聽命從之宋人懼
使華元夜入楚師登子反之牀曰寡君使元以病告曰
敝邑易子而食析骸而爨雖然城下之盟有以國斃不
能從也去我三十里唯命是聽子反懼与之盟而告王
退三十里宋及楚平華元為質盟曰我无尓詐尓无我
虞公羊傳莊王圍宋軍有七日之粮尓於是使司馬子
反乘堙而闚宋城宋華元亦乘堙而出見之司馬子反
曰子之国何如華元曰憊矣易子而食之析骸而炊之
子反曰噫甚矣憊雖然是何子之情也元曰吾聞君子
見人之厄則矜之小人見人之厄則幸之吾見子之君
子也是以告情于子也子反曰諾勉之矣吾軍亦有七
日之粮尓盡此不勝將去而歸尓揖而去之反于莊王
王曰何如子反曰憊矣易子而食之析骸而炊之莊王
曰嘻甚矣憊雖然吾今取此然後而歸尓子反曰臣已
告之軍有七日之粮尓莊王怒子反曰以區區之宋猶
有不欺人之臣可以楚而无乎是以告之也莊王曰諾
舍而止雖然吾猶取此然後歸尓司馬子反曰然則君
請處于此臣請歸尓莊王曰子去我而歸吾孰与處于

此吾亦從子而歸尔引師而去之此皆大夫也其稱人貶曷爲貶平者在下也穀梁傳平者成也

此華去声元子反二國之卿其稱人何貶也胡氏曰皆書人兩貶之也

春秋賤欺詐惡去声侵伐二卿不愛其情釋怨解紛

使宋無亡國之憂楚無滅國之罪功亦大矣宜在所

褒何以貶也善則稱君過則稱已則民作忠見坊記令

二卿自以情實私相告語去声取必於上以成平國之

功而其君不預知焉非人臣之義也董子曰子反与華元平是內專政而外擅名也

世衰道微暴行去声交作君有聽於臣父有聽

於子夫有聽於婦中國有聽於夷狄仲尼所爲去声懼

春秋所以作也故平以解紛陳氏曰和而不盟曰平雖其所欲

而平者在下則大倫紊矣聖人明其道不計其功故

褒貶如此然則臣而有安國家利社稷者專之不可乎曰專之而可者謂境外也【公羊】莊十九出竟有可以安社稷利国家者則專之可也子反在君之側無奏報之難幾會之失奚急於平而專之若是哉或曰子反攘善則知其罪矣華元救國急難去声而紓其情實何尤焉夫宋先代之後武王所封以備三恪【注】本作客敬之如賓客也【左傳】武王克商封虞夏商之後橫去声見侵偪兆有可滅之罪也若以大義責之曰子為上卿不能恤小助桀為虐陵我郊保圍我城郭欲滅我社稷縱子得之何面目見中華之士乎使子反果忠楚莊果賢以為義動退師止衆結盟而反矣何必輕見音現情實蹈不測之險乎【宋氏曰】及者汲汲也是宋人汲汲求楚之平也後世

羊陸效其所爲交歡邊境而議者以爲非純臣也知春秋之法矣【晉書】羊祜与吴陸抗對境使命交通抗遺祜酒祜饋抗藥時謂華元子反復見于今【朱子語】羊陸相遺問只是敵国相須之謀【陳氏曰】及平不書以閑於天下之故也而后書有与楚平者矣文九年陳平不書宣十年鄭平不書至宋始書之傳二十四年宋嘗及楚平矣至莊王始書之必宋從楚必莊王得宋天下將有南北之勢春秋特致意焉【永嘉呂氏曰】晉与楚争陳楚討少西氏之乱而陳在楚宇下矣晉与楚争鄭邲之戰敗而鄭又在楚宇下矣宋伐陳而衛救之則衛又弍於楚歸父會于宋而魯又即於楚楚之圍宋軍罷食尽而將去矣宋人告急晉不能出師以援之宋及楚平豈得已哉書曰宋及楚人平以見中国之無伯也以見夷狄之恣横也以見諸侯之有畏於楚而莫有能救之者也○【劉氏曰】公羊云大其平乎己也非也臣無專美古今之誼也子反何不退与其君謀而擅与宋平乎穀梁云平称衆上下欲之也非也暨齊平何以不曰暨齊人平乎又云外平不道以吾人之存焉道之也非也宋人幸得平以告諸侯故魯史有其事尔

六月癸卯晉景師滅赤狄潞氏以潞子嬰兒歸【左傳】晉侯將伐潞諸大夫皆曰不可酆舒有三儁才不如待後之人伯宗曰狄有五罪儁才雖多何補焉荀林父敗赤狄于曲梁滅潞晉侯使趙同獻俘于王【杜氏曰】潞氏赤狄之別種子爵也【張氏曰】今潞州潞城縣【愚按】潞州今屬平陽路

其稱日謹之也上卿為主將去声略而稱師著其暴也【陳氏曰】滅国之大夫稱人敗也故荀林父滅潞氏隨會滅甲氏皆不書　滅而舉號及氏者滅見滅之罪著滅者之甚不仁也潞嬰兒不死社稷比於中國而書爵者免嬰兒之責詞也然則攘夷狄安諸夏非耶徐夷並與東郊不開伯禽征之【書】費誓玁音險狁孔熾侵鎬合老反　及方宣王伐之【詩】小雅六月　楚人侵鄭近在王畿齊侯攘之僖四皆門庭之寇不可縱而莫禦者也雖禦之亦不極其兵力殄滅之無遺育

也。（【書】盤庚）今亦狄未嘗侵掠晉境兆門庭之寇。而恃強暴以滅之。其不仁甚矣。春秋所以責晉而略狄也。又有異焉者。夫伐國之要。討其罪人斯止矣。按左氏潞子夫人。晉景公之姊也。酆舒爲政而殺之。又傷潞子之目。則酆舒者罪之在也。爲晉計者。執酆舒轘（音患）諸市。立黎侯（【左傳】棄仲章而奪黎氏地）安定潞子。修紀其政而返。則諸狄服。疆域安矣。今乃利狄之土（【左傳】晉侯治兵于稷以略狄土）滅潞氏。以其君歸。何義乎。春秋所以責晉而略狄也。【胡氏】曰（是時楚肆其疆圉宋踰年晉不能救而反滅狄利其土地亦怠於憂中國矣【愚按】晉景公會狄于攢函而不討陳滅亦狄潞氏而不救宋汲汲於夷狄而忘中國不可以言伯矣【永嘉呂氏曰】夷狄要侵中國晉景滅之似也然楚之圍宋歷二時而不能解晉不能與兵往救而徒加兵於狄今年書晉師滅赤狄潞氏以）

一潞子嬰兒歸明年晉人滅赤狄甲氏及留吁覿宋人之告急晉侯欲殺之而伯宗方以納汙藏疾自誘及晉侯之欲伐狄諸大夫皆以爲不可而伯宗乃曰後之人或者將敬奉德義若之何待之嗚呼是誠何心哉其爲謀不過凌弱畏强尓不得志於楚乃求得志於狄晉侯以是賞桓子又以是賞士伯又獻狄俘于周君臣之間矜然德色何假謀及楚哉備書而義自見矣○劉氏曰公羊云潞子之爲善也躬足以亡尓非也夷狄之君称子周礼也非爲善而亡也蓋迷於有爵尓穀梁云夷狄不日又曰其曰潞子賢也亦非也豈有国滅身虜而得爲賢哉

秦桓**人伐晉**景 左傳 秦桓公伐晉魏顆敗秦師于輔氏獲杜回 高氏曰 自二年秦師伐晉晉不報秦今十四年矣此復來伐者乗晉兵略狄土而闚其虚也故貶而人之

○**王**定**札子殺召伯毛伯** 召音邵 左傳 王孫与召伯毛伯争政使王子捷殺召戴公及毛伯衛 杜氏曰 王札子王子札也經文倒札字

王臣有書字而言子者王季子是也有書子而繫音繼

名者王子虎是也此稱王札子者穀梁以爲當上之

詞也何氏曰天子不言子弟故變文王札惡天子不以礼尊之而任以權王氏曰變文先名若王猛然高氏曰矯王命以殺大臣宜名之以著其罪然書札而不書王子則與內臣柔弱之類無異書王子札則與王子虎無異故變文以別之其爲當上之詞者矯王命以殺之

也爲天下主者天也繼天者君也君之所司者命也爲人臣而侵其君之命則不臣爲人君而假其臣以命則不君君不君臣不臣天下所以傾也並穀梁邢侯

專殺雍子於朝叔向以殺人不忌爲賊請施邢侯君子以爲義見左傳昭十四晉邢侯與雍子爭田叔魚蔽罪邢侯邢侯怒殺叔魚雍子于朝叔向曰殺人不忌爲賊邢侯專殺其罪一也乃施邢侯仲尼曰義也夫王札子之罪當服此刑而天王不能施之無政刑矣何以保其國而不

替乎通旨問陸淳以爲王子札曰讀經當看大旨有疑勲且闕之聖人之意只是罪揪王命專殺耳蜀杜氏曰桓襄之前列国諸侯交相戰伐列国不禀王命也至此而王臣有相殺者内之卿士不奉王命也襄陵許氏曰拓拔魏世高歡覩張彛之變而生乱心梁武在位王侯專殺政法不施遂以乱亡無惑乎周之無以令天下也○趙氏曰公羊云王札子者長庶之號也此妄穿鑿尔劉氏曰穀梁云不言其何也兩下交殺也非也凡殺大夫称其者皆君也豈可示王札子殺其大夫召伯毛伯乎

秋螽

人事感於此則物變應去声下同於彼宣公爲國虚内以事外何氏曰虚内務恃外好去上声實而務華頻於朝會聘問賂遺去声之末而不知務其本者也故災氣應之六年螽七年旱十年大水十有三年又螽十有五年復扶又反螽府庫匱倉廩竭調去声度不給而言利尅民之事起

矣張氏曰自六年至今十三遇螽災而加之以水旱此宣公不修德節用愛人之所感也

仲孫蔑會齊頃高固于無婁公作年婁杜氏曰無婁杞邑王氏曰隱四年莒伐杞取牟婁即其地

禮之始失也諸侯非王事而自相會也無以正之不自天子出矣然後諸侯與大夫會詳見文元會戚注又無以正之然後大夫與大夫會詳見文八盟衡雍注禮亦不自諸侯出矣田氏篡齊史齊世家康公十九年陳恒曾孫田和始爲諸侯遷康公海濱六卿分晉史晉世家靜公二年魏武侯韓哀侯趙敬侯滅晉而三分其地靜公遷爲家人三家專魯理固然也不能辨於早後雖欲正之其將能乎高氏曰齊侯在穀則公孫歸父會之齊卿在無婁則仲孫蔑會之蓋公主齊久矣幸晉楚之爭而不我及也忽焉而平楚宋俾歸父請於齊侯齊侯則恐我之從楚也蔑於是復會以修舊好焉

初稅畝【左傳】非礼也穀出不過藉以豐財也【公羊傳】初者何始也稅畝者何履畝而稅也何以書譏何譏尔譏始履畝而稅也古者什一而藉什一者天下之中正也多乎什一大桀小桀寡乎什一大貉小貉什一行而頌声作矣【穀梁傳】初者始也古者什一藉而不稅初稅畝非正也古者三百步爲里名曰井田井田者九百畝公田居一私田稼不善則非吏公田稼不善則非民初稅畝者非公之去公田而履畝十取一也以公之与民爲已悉矣

孟子曰耕者助而不稅則天下之農皆悅而願耕於其野矣書初稅畝者譏宣公廢助法而用稅也【胡氏】曰公田之法十取其一分又履其餘畝復十收其一故哀公曰二吾猶不足遂以爲常故曰初【孫氏】曰古者什一不稅于民宣公奢泰国用不足又取私田以斂其一始什二而稅也

殷制公田爲助助者藉也子夜反【朱子】曰商人以六百三十畝之地畫爲九區區七十畝中爲公田其外八家各授一區但借其力以耕公田而不復稅其私田周因其法爲徹徹者通也【朱子】曰周

制一夫受田百畝而与同溝共井之人通力合作計畝均收大率民得其九公取其一故謂之徹魯自宣公稅畝又逐畝什取其一則爲什而取二矣其實皆什一也古者上下相親上之於下則曰駿發爾私終三十里【詩】周頌噫嘻篇惟恐民食之不給也下之於上則曰雨去声我公田遂及我私【詩】小雅大田篇惟恐公田之不善也故助法行而頌聲作矣世衰道微上下交惡民惟私家之利而不竭力以奉公【劉向曰】是時民患上力役併於公田上惟邦賦之入而不惻怛以利下水旱凶災相繼而起公田之入薄矣所以廢助法而稅畝乎初者志变法之始也【通旨】什一天下之中正不可寡亦不可多也今宣公擅変先王之仁政而滅其所以爲中於其国与民者既借其力以耕公田又理民田而稅其私畝書曰初稅畝者志乱常之始自是而不復矣其後作丘甲成元用田賦哀十二

至於二猶不足，則皆宣公啓之也。故曰作法於涼薄也

其弊猶貪。作法於貪，弊將若何。昭四傳公羊云云有國家者必

欲克守成法而不變，其必先務本乎。趙氏曰穀梁云非公之去公田

而復畝，十取一也。蓋公田之外又復步其田，十又稅

其一。論語云：二，吾猶不足，是也。陳氏曰三代制田取民，

雖皆不過什一，而其為法至周始詳密，而周盡為人

君者苟能謹守其中正之制，則可以足國而裕民矣。

今宣公以篡得國，既不能修德以弭天災而感水旱

螽蝝之變，又不能斂奢以節國用而貽飢饉空乏之

憂，於是一旦紊先王之制，增稅畝之法，作法於貪，其

害有不可勝言矣。易世而成公作丘甲而賦民之力

有加於古，迄春秋之終而哀公用田賦，而民財民力

殆無遺餘，皆肇於宣公之作俑也。又使諸國效尤，鄭

子產則作丘賦，魏文侯則增租賦，卒至暴秦開阡陌、

更賦稅，而先王之制窮矣，不復，豈非宣公首禍以致

然乎。春秋書初者二：初獻六羽，喜礼之復正

也；初稅畝，憂田制之變古也。美惡不嫌同詞。

冬，蝝生。蝝，悅全反。公羊傳蝝生何以書？上變古易常，應

是而有天災，其諸則宜於此焉變矣。穀梁傳非

災也其曰蝝非稅畝之災也

始生曰蝝既大曰螽本何氏注秋螽未息冬又生子災重害及民也而詳志之如此者急民事謹天災仁人之心王者之務也遇天災而不懼忽民事而不修而又為繁政重賦以感之國之危無日矣高郵孫氏曰蝝者螽之子也春秋之秋夏時之夏春秋之冬夏時之秋也螽為災於夏而蝝生於秋一歲而再為災故志也王氏曰蝝螽之子尔雅謂蝮蜪說者以為螽之有子不因牝牡腹中陶冶而自生故蝝曰蝮蜪皆蝗類故春秋記為災。趙氏曰李氏云幸其不為物害而書之按此類生訖便為災如蠶食桒也為秋中之螽未息冬又生子重重為災故書尔

饑

春秋饑歲多矣。據隱公再書螟桓公再大水又螽莊公三大水無麥苗大無麥禾僖公不

兩螽大旱文公二書歷三時不雨又
螽成公大水哀公二書螽皆不書飢

書旱經者二而宣公獨有其饑也古者三年耕餘一年之畜（許六反）九年耕餘三年之食雖有凶旱民無菜色是歲雖螽蝝而遽至於饑者宣公為國務華去（上聲）實虛内事外煩於朝會聘問賂遺（去聲）之末而不敦其本府庫竭矣倉廩匱矣水旱螽蝝天降饑饉亦無以振業貧乏矣經所以獨兩書饑以示後世為國之不可不敦本也

張氏曰宣兩書飢一在大水之後一在螽蝝之後甚言国無蓄積而民無以生也家氏曰蝝生自一時而言也飢自一歲而言也

戊辰定王十四年

十有六年

晉景七鄭襄十二齊頃六曹宣二衛穆七陳成六蔡文十九杞桓四宋文十八楚莊二十一秦桓十二

春王正月晉（景）人滅赤狄甲氏及留吁

左傳晉士會帥師滅赤狄甲氏及留吁鐸辰獻狄俘于王以黻冕命士會將中軍且為太傅杜氏曰

甲氏留吁赤狄之別種晉旣滅潞氏今又盡其遺黨

按左氏董是役者士會也上將去声主兵其稱人貶詞

也甲氏潞之餘種上声下同留吁其殘邑也高氏曰書及者所以別二族

春秋於夷狄攘斥之不使亂中夏則止矣伯禽征

徐夷東郊旣開而止書費誓序徐夷並興東郊不開宣王伐玁音險狁

至于太原而止詩六月薄伐玁狁至于太原注逐出之而已不窮追也武侯征

戎瀘服其渠帥而止蜀志諸葛亮傳亮南征馬謖曰若殄盡遺類非仁者之情也願

公服其心而已五月渡瀘至南中斬雍闓聞孟獲為夷漢所服募生致之旣得七縱七禽獲曰公天威也

南人不復反矣遂平四郡必欲盡殄滅之無遺種盤庚殄滅之无遺育豈仁

人之心王者之事乎士會所以貶而稱人也家氏曰晉滅潞

氏則曰討有罪也旣滅之矣而復用師不已是必欲窮極其黨類盡夷滅之而後已夫豈仁人之所忍為

故書人以貶之楚人圍宋坐視不救諉曰鞭長不及馬腹今滅潞氏又滅甲氏留吁可已而不已志存乎逐利而不能赴人之急謂諸侯何【張氏曰】晉自不得志於楚而一意用武於狄兼并其地會書人深貶之也【薛氏曰】攢函之會未幾而三滅狄大无信也

夏成周定宣榭火榭【公】作謝火【公穀】作災【左傳】人火之也凡火人火曰火天火曰災【公羊傳】成周者東周也宣謝者宣宮之謝也何以書記災也

成周天子之東都【杜氏曰】成周洛陽【何氏曰】天下所名爲東周名爲成周者本成王所定名宣榭宣王之廟也按呂大臨藍田人字与叔程門高第考古圖有郕皮変反敦音對者稱王格至也于宣榭呼內史策命郕郕敦之銘曰郕拜稽首敢對揚休命用作朕皇考龔伯尊敦郕其眉壽萬年无疆是知宣榭者宣王之廟也【何氏曰】周宣王之廟也至此不毀者有中興之功古者爵有德祿有功必於大廟示不敢專也【書甘誓】用命賞于祖榭者射

堂之制其堂無室以便射事故凡無室者皆謂之榭
爾雅室有東西廂曰廟无東西廂有室曰寢無室曰榭謂室歇前宣王之廟謂之榭
者其廟制如榭也通旨月令疏但有大殿无室名曰榭宣榭火何以書
以宗廟之重書之也愚按書外災者五皆以国書盖災及於宗廟朝市而非一處也
獨此書宣榭以天子宗廟之重紀之也以責王室不謹於火備雖人火焚之而弗能救忽慢先祖之罪著
矣貴戚擅殺大臣而天子不討王室不復扶又反能
興矣人火之天所以見戒乎董仲舒刘向謂王札子殺召伯毛伯天子不能
誅天戒之。刘氏曰公羊云外災不書何以書新周也非也穀梁云周災不志亦非也宋災猶志況周災
乎來告則書尔高郵孫氏曰公穀皆云樂器之所藏榭藏樂器則何獨名宣乎愚按啖氏謂宣王廟當在
王城然成周乃王城下都之揔名分言之則澗水東瀍水西為王城都邑在焉瀍水東下都為成周商民
居焉合言之則揔曰成周故洛誥多士序言往營成周成周既成是也或謂原廟始於漢東周未應立宣

王廟然詩稱于周受命自召祖命書稱王在新邑烝祭文王武王則洛邑岐周鎬京皆有廟矣先王立廟蓋有故也杜氏以爲宣王講武至外傳亦云搜不過講軍實竊疑宣王南征北伐講武於此遂以爲廟故其制如榭與宗廟不同張氏亦謂宣王復會諸侯于東都因存其廟古者祖有功故不毀是也二傳謂樂器存焉非也周官守祧掌守先王先公之廟祧其遺衣服藏焉未聞藏樂也況榭既無室何以藏樂器乎

秋郯伯姬來歸

按左氏郯伯姬來歸出也啖氏曰內女見出皆書來歸大其事也范氏曰爲夫家所遣高氏曰不能事舅姑爲夫所出見棄而歸也內女出書之策者男女居室人之大倫也婚姻之禮廢則夫婦之道苦淫辟音僻之罪多矣見經解僾扶又反相棄背音佩喪去聲其配耦見小序氓之詩所以刺衛朱子傳淫婦爲人所棄而自敘其事以道其悔恨之意也日以衰薄室家相棄見小序中谷有蓷吐雷反所以閔周朱子傳凶

年飢饉室家相棄婦人覽物起興而自述其悲嘆之詞也易叙咸恒爲下經首程子傳夫婦人倫之始所以下經首咸繼以恒男女交合而成夫婦故咸与恒皆二卦合爲夫婦之義春秋内女出夫人歸凡男女之際詳書于策所以正人倫之本也其旨微矣趙氏曰爲婦而出者其非也呂氏曰婦人既嫁而出人道之大者故書之薛氏曰参譏之也家氏曰女生而願爲有家故嫁者謂之歸人道之常也見出而曰來歸者其變也臨川吳氏曰常事不書故歸鄭不書愚按春秋書鄭伯姬杞叔姬來歸所以譏父母之訓育并至致内女之婦德有虧而亦責鄭杞之君失齊家之道而棄其伉儷也然杞叔姬書卒書杞伯逆其喪歸則叔姬之出必有不當絶者而鄭伯姬不書卒不書喪歸則出者与出之者其罪皆著矣

冬大有年穀梁傳五穀大熟爲大有年

程氏曰大有年記異也旱乾音干水溢饑饉荐臻者災也山崩地震彗孛音佩飛流者異也景星甘露醴泉芝之

草百穀順成者祥也。大有年上瑞矣。何以爲記異乎。凡災異變祥皆人爲所感而天以其類應去聲之者也。人事順於下則天氣和於上。宣公弑立逆理亂倫，水旱螽蝝饑饉之變相繼而作。七年大旱十年大水六年螽十二年又螽十五年螽又蝝生十年饑十五年大饑史不絕書宜也。獨於是冬乃大有年，所以爲異乎。高郵孫氏曰大者非常之辭有者不宜有也春秋書有年皆在桓宣之時聖人之意可知矣張氏曰宣公奪嫡而立王誅不加而天災饑饉之禍爰降今年大有年亦所以能咎徵常多故曰記異也臨川吳氏曰宣公在位十六年天災荐臻今忽大有年所以爲異也二百四十二年書有年者二豈得謂祥乎夫有年大有年一耳。古史書之則爲祥。仲尼筆之則爲異。此言外微旨，非聖人莫能修之者也。愚按桓公有年之後遠狩于郎犯害民物宣公大有年之先履畝而稅重困農民二公得国於不義

又不能修德以撫下戕虐国本怙不為憂春秋之書有年既以紀天時之反常又以憫魯国之民而幸其僅有年也不尒則人類滅矣

己巳定王十五年

十有七年晉景八齊頃七衛穆八蔡文二十卒鄭襄十二曹宣三陳成七杞桓四十五宋文十九秦桓十三楚莊二十二

春王正月庚子許男錫我卒昭公也在位三十年子甯嗣是為靈公

丁未蔡侯申卒文公也在位二十年子固嗣是為灵公

夏葬許昭公葬蔡文公

日卒書名赴而得禮記之詳也隱三年傳謹則書日慢則書時愚按如辭伯定許男新臣許男成卒不書月

葬而不月其略在內同上備則書日畧則書時愚按如齊桓晉文葬皆書日

宣公為國務華而無忠信誠慤之心計利而不知禮義邦交之實哀死送終獨厚於齊而利害不切其身者皆闕如也大則薄其君親二三年使微者會

葬匡王次則忽於盟主九年晉成公卒不書葬又其次若秦若衛若滕雖來告訃怠於禮而不會也四年秦伯稻卒九年滕子卒衛侯鄭卒皆不會葬比毗志反事以觀義自見音現矣張氏曰春秋備書而宣公不謹於事上交鄰之罪見矣

六月癸卯日有食之○己未公會晉侯景衛侯穆曹伯宣邾子定同盟于斷道斷音短左傳春晉侯使郤克徵會于齊齊頃公帷婦人使觀之郤子登婦人笑于房獻子怒出而誓曰所不此報无能涉河獻子先歸使栾京廬待命于齊曰不得齊事無復命矣郤子至請伐齊晉侯弗許請以其私屬又弗許齊侯使高固晏弱蔡朝南郭偃會及斂盂高固逃歸夏會于斷道討弍也盟于卷楚辟齊人執晏弱蔡朝南郭偃晏桓子逃穀梁傳同者有同也同外楚也程子傳諸国同心欲伐齊故書同盟汪氏曰斷道晉地

書同盟者志同欲也本公羊大國率之小國畏威而從

命非同欲也如宋襄公盟于曹南小國訴之大國勉強上声而應去声焉非同欲也如莒人請盟于魯公孫敖如莒涖盟若斷道之盟諸侯同心謀欲伐齊釋其憤怒非有不得已而要平声之者也愚按魯衛曹邾皆迫於齊故同有伐齊之心而晉又欲討其貳會逢其適觀明年晉衛伐齊又二年四国与齐戰鞌則此盟爲同謀伐齐可知矣鞌戰邾人不與者国小不能以兵從也或以爲會同天子之事築宮爲壇設方明如方嶽之盟故書同劉氏曰同所以名盟焉爲耳非同時之謂也以周礼言之殷見曰同同者巡狩殷国也以儀礼言之則設方明主日月而命事者同盟也觀礼諸侯覲于天子爲宮方三百步四明壇十有二尋深四尺加方明于其上方明者木也方四尺設六色六玉注方明者上下四方神明之象也會同而盟明神監之王巡狩至于方嶽之下諸侯會之亦爲此宮以見之疑其說之誤矣愚按襄十八年書同圍齐未嘗講會礼豈亦行會同之礼傳紀楚公子罷戎与鄭人同盟于中分邾人郳人徐人會宋公同盟于蟲初无

五等諸侯亦豈能用會同之制哉

秋，公至自會。愚按：宣公會盟兩書至黑壤之會事齊而不事晉晉危晉之見討而不得釋也斷道之盟背齊而與晉謀伐齊齊危齊人之見討也宣自即位以來卑屈事齊惟恐獲罪末年遂有伐之之意初乞師於楚尋復求助於晉齊近於魯而遠借援於大國以間朝夕之好岌岌乎其殆哉○冬十有一月

壬午，公弟叔肹卒。肹許乙反 左傳：公母弟也凡大子之母弟公在曰公子不在曰弟凡稱弟皆母弟也 穀梁傳：其曰公弟叔肹賢之也其賢之何也宣弑而非之也非之則胡爲不去也曰兄弟也何去而之與之財則曰我足矣織屨而食終身不食宣公之食君子以是爲通恩也以取貴乎春秋

稱弟得弟道也傚大齊年鄭語宋辰秦鍼陳光招衛黑背鱄稱弟不稱字稱字賢也許叔蔡叔蔡季紀季稱字不稱弟何賢乎叔肹宣弑而非也責之也非之則胡爲不去也兄弟無絶道故雖非之而不去也與之財則曰我足矣終身不食宣公之祿君子以

是爲通恩也論情可以明親親言義可以厲不軌本范氏註所以取貴乎春秋書曰公弟而稱字以表之也通旨叔肸書弟明其得弟道比於衛鱄又足貴焉故特書字以褒之有偏愛之私情則称弟无親親之公義則称弟以先公之子而称公子史策常文公子爲正大夫而書卒貴也不爲大夫而特書卒賢也啖氏曰叔肸非卿卒而特書之嘉其行合於義曰公弟明其得弟道也穀梁於鱄言合於春秋此言取貴於春秋既合義又足貴也故書字以褒之孫氏曰不曰公子公孫以見叔肸无祿而卒也王氏曰叔肸之生不名於策書則非卿矣死不目爲公子則未仕矣變文曰公弟合名与字卒之者知其賢而得書也或以爲叔肸寵弟在宣公有私親之愛故生而賜氏俾世其卿與季友仲遂比則其說誤矣誠使叔肸有寵生而賜氏則是貴戚用事之卿豈有不見音現下同於經者齊年鄭語在外之見於

經者。齊年兩來聘鄭語來盟季友仲遂在內之見於經者。季友莊公弟二十五年書如陳二十七年書如陳葬原仲仲遂僖公弟二十六年書如楚乞師二十七年書帥師入杞二十八年書如齊三十年書如京師如晉三十一年書如晉三十三年書帥師伐邾勢必與音頭下同聞政事執國命矣。況宣公之時煩於聘問會朝之禮。遂蔑季孫歸父交於鄰國衆矣。遂三如齊蔑如京師會齊高固行父再如齊歸父亦再如齊一如晉伐邾取繹會齊伐莒會齊侯又會楚子而獨叔肸不與焉。其非生而賜氏俾世其卿亦明矣。

劉氏曰叔肸不仕宣公則非大夫非大夫而書於春秋以叔肸之義則固可以爲大夫矣見公弟之重者所以非宣公之弑也牽叔肸之字者所以知其人之賢也肸非賢則不得字字而不稱弟則與季友仲遂亂故見其重而後賢之此春秋之牽逸民也逸民七人不同操然而不降其志不辱其身身中清發中權叔肸兼之矣

陳氏曰公弟者何非見大夫也非大夫而卒賢之者賢之所以惡宣公也及先君之子稱公子有謂稱弟是故宋弛辰

兄弟也一篇之間譏称宋公之弟辰无譏則從其恒
称為公子地陳公子招一人也譏称陳侯之弟招无
譏則從其恒称為公子招故不弟称弟不友称弟傳
曰陳侯之弟招殺陳世子偃師罪在招也秦伯之弟
鍼出奔晉罪秦伯也叔肸称弟悪宣公也【愚按】成二
年書公孫嬰齊帥師自是終春秋之世世為大夫蓋
叔肸辞禄不受而宣公以母
弟懿親命其子為大夫也

【庚午】定王十六年 十有八年 晉景九【齊】頃八【衛】穆九【蔡】景公固元年【鄭】襄十四【曹】宣四【陳】成八【杞】
桓四十六【宋】文二十【秦】桓十四【楚】莊二十三卒 春晉侯景衛穆世子臧伐齊頃

【左傳】晉侯衛太子臧伐齊至于陽穀齊侯會晉侯盟
于繒以公子彊為質于晉晉師還蔡朝南郭偃逃歸

保國以禮為本者也齊頃音傾公不謹於禮謂婦人笑辱自
已致寇所謂國必自伐而後人伐之矣本孟子諸侯上
卿皆執國命取必於其君以行其克伐怨欲之私故
盟于斷道師于陽穀大戰于鞌音安逞其志而後止春

秋詳書于策見伐與伐者之罪皆可以為鑒矣愚按齊自翟泉以來不與於晉之會盟而恃其強大侵暴小国是以晉景欲振奕世之霸業始則君率衛以伐齊継而正卿率合境之兵偕魯衛曹以戰齊蓋非專以婦人笑客之故也薛氏曰齊不與於諸侯之會而伐之也書衛之世子代父掌兵非子道也臨川吳氏曰會朝与伐国皆非世子之所宜也

公伐杞桓高氏曰杞自文十六年來朝而不復至故伐之已不修德而欲人朝已亦不思之甚矣徐氏曰公伐莒來鄣杞凡近魯小国无不被伐公之惡也悉矣陳氏曰自是內不書君將征伐在大夫矣○夏四月○秋七月邾定人戕鄫子于鄫戕音牆鄫方陵反左傳凡自內虐其君曰弒自外曰戕公羊傳戕者殘賊而殺之也穀梁傳戕猶殘也捝殺也

戕者殘賊而殺之也于鄫者刺臣子不能救君難去声也何氏曰刺鄫無守備范氏曰惡其臣子不能距難夷貉音麥無城郭宮室百官有司單車使去声者直造去声其廬帳虜其酋慈秋反長

上声者則有之矣前漢昭元鳳四年遣駿馬監傅介子使樓蘭詐誘其王安歸斬之中國則重平声門擊柝音託見易大傳廉陛等威本賈誼策侍衛守禦之嚴奚至於坐使其君爲邾人殘賊殺之而莫禦乎。邾人蓋嘗執鄫子用之孫氏曰僖十九邾人執鄫子用之天子不能誅故此肆然復伐鄫子于鄫也則不共戴天之讎也。既不能復又使邾人得造其國都而戕殺其君。曰于鄫者所以深責鄫之臣子至此極也何氏曰支解節斷之故變殺言戕杜氏曰弑戕戕皆殺也弑者積微而起所以相測量非一朝一夕戕者卒暴之名薛氏曰戕者殺異国之君也邾力足以加鄫而要无道於鄫則魯以強大加邾蓋出乎尒者也愚按邾称人蓋邾子而賊之也使果微者則當書曰盜殺鄫子其今曰邾人則爲邾子明矣邾文公用鄫子邾定公戕鄫子皆黜称人悪其奕世究殘賊人理而悖天常也蔡灵蔡昭見殺則録其名而鄫之二君不名蓋无罪而受禍尒

甲戌楚子旅卒。旅穀作呂楚始書卒莊王也在位二十三年子共王審嗣公羊傳何以不書葬吳楚之君不書葬辟其號也

楚僣稱王降而稱子者是仲尼筆之也。魯史必書楚其王卒聖人革其僣號故曰楚子某卒其不書葬者恐民之惑而避其號是仲尼削之也。坊記春秋不稱楚越之王喪恐民之惑也莊氏曰吳楚之葬僣而不典故絶而不書同之夷蠻以懲求名之僣若楚若吳若徐皆自王降而稱子。史楚世家周夷王之時王室微熊渠甚得江漢間民和熊渠立爲主厲王暴虐熊渠畏其伐去王號十一世至熊達伐隨令請王室尊爲王王室不听乃自立爲武王吳世家至壽夢始大稱王外紀徐夷作乱穆王分東方諸侯命徐子主之得朱弓朱矢以爲天瑞自號偃王陸地而朝三十六国愚按楚至僖二十一年成王會于盂始書子至莊王始書卒吳至襄十二年壽夢始書子書卒徐至昭四年駒王章禹書子若滕自侯降而稱子。隱七年書侯桓二年以後書子若杞自伯降而稱子

莊二十七年書伯僖二十三年書子四夷雖大皆曰子【[illegible]注】九州之外長雖有侯伯之地本爵亦无過子其降而稱子者狄之也或謂春秋不擅進退諸侯亂名實劉氏意林則非矣述天理正人倫此名實所由定也奚名為亂哉【愚按】朱子綱目於七雄称王皆書曰某君漢以後僭国称帝者皆書曰某主蓋取法於春秋吳楚書子之義也然吳楚称子特從天子所封之本爵而黜其僭號也後世僭国非有朝廷封爵而自称皇帝故但曰某主耳【高氏曰】前此不書楚子之卒者外夷狄也此書之者以楚入為中国之害甚於前日中国不能自正乃与夷狄相為朝聘相与盟誓相通問好故自此詳志其卒也

公孫歸父如晉景

宣公因齊得國故刻意事之雖易世猶未怠也及頃音傾公不能謹禮怒晉魯上卿【穀梁傳】季孫行父禿晉郤克眇衛孫良夫跛曹

公子手僂同時而聘于齊齊使禿者御禿者使眇者御眇者使跛者御跛者使僂者御僂者蕭同姪子處臺上而笑之聞於客客不說而去相與立胥閭而語移日不解齊人有知之者曰齊之患必自此始矣

而郤（音隙）克當國決策討之晉方強盛齊少懦矣於是背（音佩下同）齊而事晉其於邦交以利為向背無忠信誠慤之心者也按左氏歸父欲去（上声下同）三桓以張公室與公謀而聘於晉欲以晉人去之夫輕於背與國易於謀大家而不知其未有能成而無悔也然則公室不可張乎務引其君當道（本孟子）正心以正朝廷（本董子）禮樂刑政自己出也其庶幾乎必欲倚外援（去声）以去之是去疥癘（音賜）而得腹心之疾也庸愈哉（吳語）越之在吳猶人之有腹心之疾也夫齊晉譬諸疾疥癬也

家氏曰 歸父為宣公謀去三家以張公室其心

雖未可知其事，不見非正而謀之不臧，乃欲因大国之力動而去之，豈不思晉之諸卿自趙盾秉權而後，怙黨植私，漸至不制，魯宣欲去強宗，夫豈晉卿之所願哉，宜其謀之不遂也。

冬十月壬戌，公薨于路寢。【穀梁傳】正寢也。【愚按】桓公弒立則薨于齊，宣公亦弒立而獲正終，然魯君自是失政，而三家強盛不復可制矣。

歸父還自晉，至笙，遂奔齊。笙，【公】【穀】作檉。【左傳】季文子言於朝曰：使我殺適立庶以失大援者，仲也夫。臧宣叔怒曰：當其時不能治也，後之人何罪？子欲去之，許請去之。遂逐東門氏。子家還，及笙，壇帷，復命於介。既復命，袒括髮，即位哭，三踊而出，遂奔齊。書曰歸父還自晉，善之也。【公羊傳】還者，善辭也。

仲尼稱孟莊子之孝，其不改父之臣與父之政，是難能也。【朱子語】人固有用父之臣者，然稍拂他私意，便自容不得。又曰：三年無改於父之道，可謂孝矣。【尹氏曰】三年无改者，孝子之心有所不忍故也。夫仁人孝子於其父之臣，非有大不可，如晉悼公於夷羊五之屬【成十八】悼公即位逐不臣者七人【注】夷羊五之屬必存始終進退之禮而不遂也。歸父以君命出使，去声，下同未反而君薨，在聘禮有執圭復命于殯之文，升自西階，子臣皆哭，情亦戚矣。【儀禮】聘禮篇：君若薨于後，歸執圭復命于殯，升自西階，不升堂，子即位不哭，辯復命如聘，子臣皆哭。出祖括髮，入門右，即位踊。今宣公猶未殯，而東門氏逐，忍乎哉？書曰歸父還自晉者，已畢事之詞也。本陸氏【注】大夫還不書，春秋之常也。今書歸父還，善其能以禮退。【備旨】出使而反，或曰復，或曰還。還復者，事未畢；還者，事已畢之詞也。歸父受命而聘晉，雖已至于晉而反矣，然而未復命于殯，則不可謂已終事也。歸父欲入而復命，則必見殺，見殺則增君之惡，其出奔賢於入也。況又增帷復命于介，袒括髮即位哭，三踊而出，不失禮乎？曰還、曰至，以終事之辭免歸父也。至笙，遂奔齊者，兼成公君臣死君而忘父，遂之亟也。穀梁子曰：捐以全反殯而奔其父之使者是亦弃父也。陸氏曰：歸父奉父命未反，而已逐之，是与親奔父無異。得經意矣。君薨家遣，方寸宜亦亂，而造去声次顛沛不失禮焉，非志於仁者弗能也。詞繁而不殺。所賣反歸父之善自著矣。何氏曰：善其不以家見逐怨懟，成踊哭君，終臣子之道，趣時莫能然也。比毗志反事以觀，則見當國者有無君之心。此春秋所以作，不可不察也。高氏曰：夫先君未殯而逐其臣，是死其君而忘其父也。歸父既畢使事，盡哀而奔，是知死亡之不免，而能不失度於顛沛造次之時，異乎他大夫之奔矣。雖然，人臣之正，受命而出，雖君薨，猶當致命于殯前。若其有罪，待命於新君可也。今歸父還未及魯境，遽即奔齊，則有惡於新君矣。家氏曰：季氏不以君薨爲戚，肆出悖言，追怨既往，首逐其腹心用事之臣，此時此心，犯上作亂，何所不爲？春秋於公薨之後，繼書歸父奔齊，所以著季氏不臣之跡，其旨微矣。自茲以往，政在強家，僭君不復能君，禍端亂本，實肇於此。彼篡人之国，季氏亦竊其国，出尔反尔，尚復誰尤？春秋書之，所以致乱賊之討，垂將來之戒云。愚按：公孫敖如京師不至而復丙戌奔莒則違君命而廢使事者也歸父如晉還自晉至笙遂奔齊則能達君命而畢使事者也然楚箴尹克黃使於齊還及宋聞君殺氏既滅其人曰不可以入矣箴尹曰棄君之命獨誰受之君天也天可逃乎遂歸復命而自拘於司敗歸父苟能不避斧鉞之誅而歸復命於殯斯爲盡人臣之職矣

春秋卷之十八

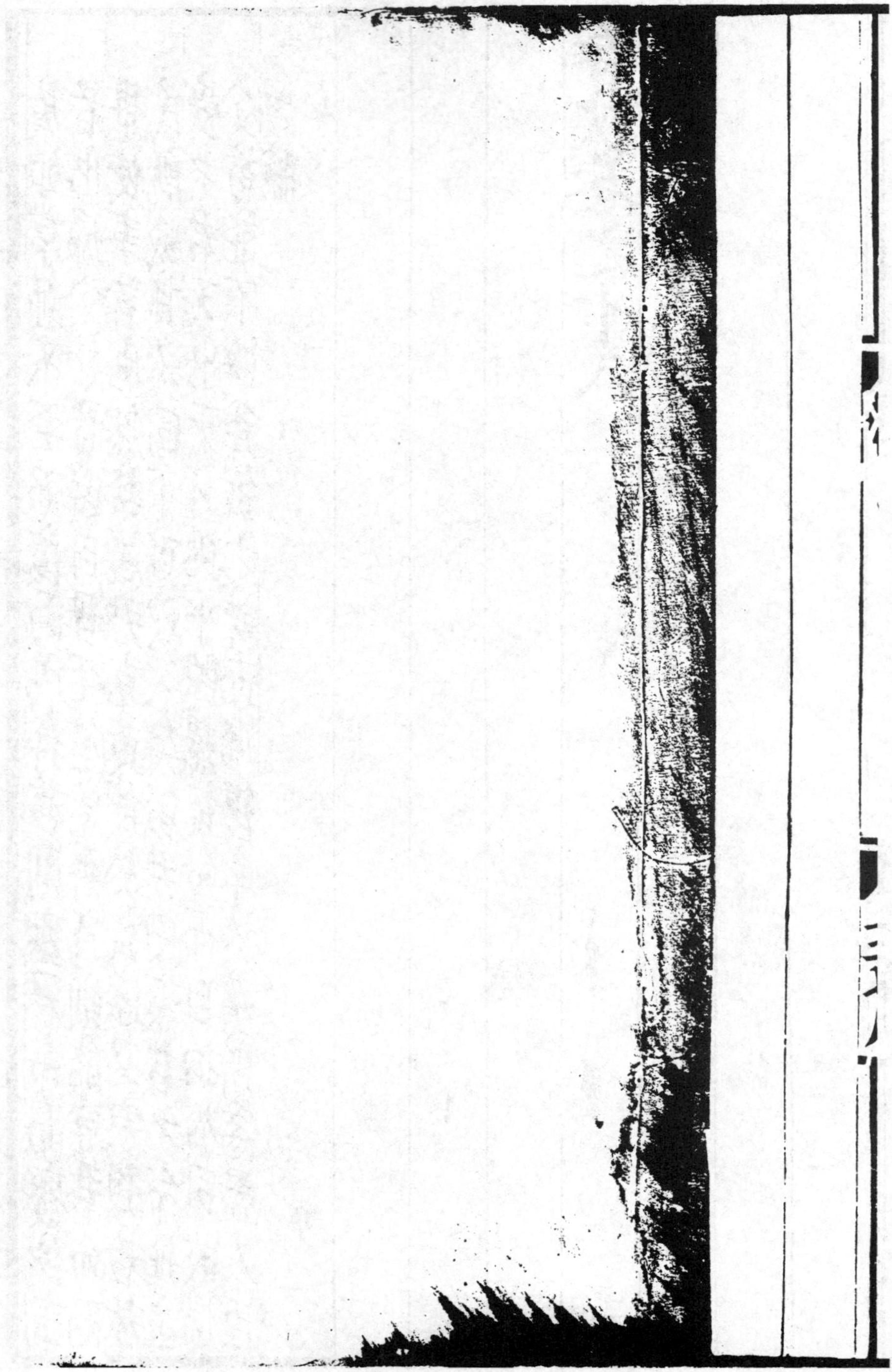

春秋卷之十九

胡氏傳

後學新安汪克寛附録纂䟽

成公上

公名黑肱宣公子母穆姜在位一十八年夫人齊姜

辛未定王十七年元年晉景十年齊頃九年衛穆十年蔡景二年鄭襄十五年曹宣五年陳成九年杞桓四十七年宋文二十一年秦桓十五年楚共王審元年春王正月公即位張氏曰雖无王命而有父命故書即位傳例承国於先君則得書即位以別於內復无所承者○二月辛酉葬我君宣公○無冰

寒極而無冰者常燠於六反也杜氏曰周二月今之十二月而無冰書冬溫京房易傳當寒而温倒賞也按洪範傳曰豫恒燠若此政事舒緩紀綱縱弛之象劉向五行傳成公幼弱政在三家公室不張其象已見音現何氏曰成公幼少季孫行父專權而委任之所致故當固与涸同寒

凝閑也陰沍戶故反寒而常燠應於證反之古者日在北陸
而藏冰獻羔而啟朝之祿位賓食喪祭冰皆與焉音預
昭四申豐云云此亦燮調徵伏之一事也永嘉呂氏曰陽氣之在天地間譬猶
火之著於物也故常有以解之十二月陽氣蘊伏錮而未發其盛在下則納冰於地中二月四陽作蟄虫
起陽始用事則亦始啟冰而廟薦之四月陽氣畢達陰氣將絕則冰於是大發食肉之祿老病喪浴冰無
不及故藏冰發冰所以節陽氣也今既寒而燠遂廢凌力證反人之職
然策書所載皆經邦大訓人有徵而不登其姓名徵者
但書人事有小而不記其本末內女嫁大夫不書歸大夫出不致卒不書葬
雨雹冰雪何以悉書七書不雨二書雨雹及无冰再書隕霜亦二書雨雪天人
一理也萬物一氣也觀於陰陽寒暑之變以察其消
息盈虛此制治去声於未亂慎於微之意也每慎於微

然後王事備矣。啖氏曰穀梁云終時无冰則志此未終時而言無冰何也終無冰矣加之寒之辭也按二月今之十二月幸此無冰則一時無冰可見矣若待終時乃書則今之正月豈可更言無冰乎

三月作丘甲。左傳爲齊難故作丘甲杜氏曰譏重斂故書

作丘甲益兵也。古者九夫爲井，四井爲邑，四邑爲丘，四丘爲甸，[illegible]甸地方八里，旁加一里爲成，所取於民者出長轂一乘。繩證反下同此司馬法一成之賦也。前漢刑法志殷周因井田而制軍賦地方一里爲井四井爲邑四邑爲丘丘十六井也四丘爲甸甸六十四井戎馬四匹兵車一乘甲士三人卒七十二人一同百里提封万井定出賦六千四百井兵車百乘一封三百一十六里提封十万井定出賦六万四千井兵車千乘周禮注司馬法曰井十爲通通爲匹馬三十家士一人徒二人通十爲成成百井三百家革車一乘士十人徒二十人爲于僞反齊難乃旦反作丘

甲益兵備敵重困農民非爲國之道其曰作者不宜作也唐太宗問李靖楚廣古曠反兵車名與周制如何靖曰周制一乘步卒七十二人甲士三人以二十五人爲一甲凡三甲共七十五人見李衛公問對然則一丘所出十有八人積四丘而具一乘耳今作丘甲者卽丘出一甲是一甸之中共百人爲兵矣孫氏曰謂丘出甲士一人古者九夫爲井四井爲邑四邑爲丘出戎馬一匹牛三頭丘何甲士之有高郵孫氏曰是丘出一甲而甸出甲士四人也往者三人而今增其一丘出一人焉則未知其所作者三甸而增一乘乎每乘而增一甲乎魯至昭公時嘗蒐于紅革車千乘昭八大蒐于紅自根牟至于商衛革車千乘則計甸而增乘未可知也楚人二廣之法一乘至用百有五十人宣十二其君之戎分爲二

廣廣有一卒卒偏之兩【注】百人爲卒二十五人爲兩車十五乘爲大偏今廣十五乘亦用舊偏法復以二十五人爲承副則魯每乘而增一甲。亦未可知也。賦雖不同。其實皆爲益兵。其數皆增三之一耳。【通旨】成公以前甸賦車一乘每乘七十二人甲士三人凡二十五人爲一甲是四丘共出三甲亦今作丘甲即一丘出一甲其於賦增三分之一也杜征南最號知兵及釋此亦誤予因看李衛公論車乘法方曉此先儒或言甲非人人之所能爲【穀梁】又以爲丘出甸賦加四倍者杜氏誤矣【胡氏曰】魯不務廣德而務廣力不務益義而務益兵以王者之制論之則作丘甲之罪大矣王者之制諸侯不得擅賦其民擅稅其民稅爲足食也賦爲足兵也然而不得擅者先王之稅既足以食矣先王之賦既足以用矣今不循先王而以意爲準必亂之道也是以聖人禁之【張氏曰】每甲士統二十四人必無增甲士而不增步卒之理故知李靖所謂二十五人爲一甲者其考周制詳矣【番易萬氏曰】四丘之甸共出甲士三人而成公使一丘出一甲士甲七之數既加則長轂牛馬步卒之賦率加其

四之一聖人惡其紊亂先王軍賦之制故書以譏之

【愚按】兵制之變始壞於齊之內政而家一人焉繼壞於晉之州兵而家五人焉長勺之戰桓公自謂帶甲十万車五千乘楚薳啓疆謂晉十家九縣長轂九百其餘四十縣遺守四千叔向亦謂寡君有甲車四千乘則兵制之增益於古可知矣循襲效尤遂致魯以秉礼之国亦增丘甲而不以爲嫌也春秋之終且用田賦軍旅之征而民力民財竭矣厥後楚之乘廣魏之武卒秦之戍卒窮兵極詐以快貪殘而孫吳商白之徒皆身誅戮於前而国滅亡於後然兵農既分更歷千載雖有明君賢臣不能復古抑可嘆哉春秋作丘甲之書其垂戒後世意深切矣○【劉氏曰】公羊云譏始丘使也何休云使丘民作甲非也穀梁云古者農工皆有職以事上甲非人人之所能爲丘作甲非正也亦非也若惡使農夫爲甲何不言井作甲邑作甲農作甲而必云丘作甲乎丘民作甲井民獨不作甲乎杜氏又云長轂一乘甲士步卒七十五人此甸所賦今魯使丘出之按丘者十六井亦甸乃六十四井使丘供甸賦是加四倍魯亦必不爲也且云丘甲不云丘乘

夏臧孫許及晉侯景盟于赤棘

【左傳】聞齊將出楚師夏盟于赤棘【杜氏曰】赤棘

晉地愚按今真定路趙州平棘縣

初宣公謀以晉人去起呂反三桓歸父爲于僞反下同是見逐而奔齊矣今季孫當國攝君事恨齊人之立宣公納歸父又懼晉侯之或見討也故往結此盟赤棘晉地也其稱及魯所欲也盟非春秋所貴而惡烏故反屢盟者非惟長展兩反亂亦國用民力所難給也成公即位之初方經大故未有施舍如字施恩惠舍勞役已責止逋責逮鰥寡惠及微救乏困之事也成十八晉悼公即位施舍已責逮鰥寡振廢滯匡乏困救災患薄賦斂有罪戾爲齊難乃旦反既作丘甲矣聞將出楚師左氏曰与晉盟懼齊楚又遠與晉尋盟豈固本保邦之道乎書及晉侯盟于赤棘非特備齊懼晉蓋三桓懷忿懟直類反

君父之心將有事于齊而汲汲欲之者舉可見矣【高氏】曰許昌爲及晉侯盟齊怨成矣晉緩不可緩也故汲汲焉求爲此盟【愚按】自公孫敖會晉侯于戚而後季孫行父會齊侯于陽穀公子遂及齊侯盟于郪丘繼而公孫歸父會齊侯于穀會楚子于宋矣今也臧孫許及晉侯盟于赤棘以大夫盟霸主而不愧也昔也遂盟趙盾今也許盟晉侯益无忌憚矣春秋內大夫特盟外諸侯者五郪丘赤棘拔向繹皆書及唯祲祥書會夫盟齊盟晉魯之汲汲可知于拔則定公之位未定如晉見卻故修好于邾句繹則二卿取邾田又脅邾子以盟之也故四盟皆魯之志也祲祥外爲志猶爲彼善於此尔【家氏】曰中世以後諸侯之大夫多自結於霸国魯之季氏衛之孫氏宋之華氏皆結於晉者也不特外交其君又以賄結其大夫故君常見陵於霸国臣反挾霸国之援以脅制其君乱亡所從始也故春秋深著人臣外交之戒

秋王定師敗績于茅戎【公穀】作貿戎【左傳】晉侯使瑕嘉平戎于王單襄公如晉拜成劉康公徼戎將遂伐之叔服曰背盟而欺大国此必敗背盟不祥欺大国不義神人弗助將何以勝不聽遂伐茅

戎敗績于徐吾氏**公羊傳**孰敗之貿戎敗之然則曷爲不言貿戎敗之王者無敵莫敢當也**穀梁傳**不言戰莫之敢敵也爲尊者諱敵不諱敗爲親者諱敗不諱敵尊尊親親之義也**杜氏曰**茅戎戎別種

程氏曰王師於諸侯不言敗諸侯不可敵王也於夷狄不言戰夷狄不能抗王也**杜氏曰**不言戰王者至尊天下莫之得校故以自敗爲文不書敗也而書茅戎明爲茅戎所敗**啖氏曰**王師不書戰無敵也敗則但書敗而已人臣無敵君之義也不可敵不能抗者理也其敵其抗王道之失也**並程子傳**桓王伐鄭兵敗身傷而經不書敗存君臣之義立天下之防也劉康公邀戎邀**左**作徼**杜氏曰**欲要其無備康公王季子也伐之敗績於徐吾氏**杜氏曰**茅戎之別種也而經不書戰辨華夷之分去声立中國之防也**孫氏曰**定王庸暗無宣王之烈王師爲茅戎所敗惡之大者故只書自敗所以存周也是皆聖人筆削非魯史之舊文也

然筆於經者雖以尊君父外戎狄爲義而君父所以尊戎狄所以服則有道矣桓王不以討賊興師而急於伐鄭康公不以惇信持國而輕於邀戎是失其所以君天下御四夷之道也書敗績于茅戎者言自敗也其自反亦至矣

陸氏曰王者之於天下也盖之如天容之如地其有不庭之臣則告諭之訓悔之如又不至則增修其德而問其罪故曰王者之師有征無戰今王師与夷狄爲敵此取敗之道非戎所能敗也故以自敗爲文所以深譏王也

薛氏曰不言茅戎敗之亦王者無敵於天下也無敵而爲戎敗故以自敗爲文也

劉氏曰不言戰而言敗此王術也以謂天下莫之敢亢故不可言戰而有天下者一失其道則人能奪之故不恥言敗是以王者修己而不責於人也

常山劉氏曰王者不能以義征四夷廼幾戎以致敗豈不曰自取之乎聖人立法以垂後世一書王師敗績于茅戎而尊王之義与王自取敗之道及諸侯不勤王之義咸得而見矣

陳氏曰戰然後言敗績此不戰何以書敗績言自敗也凡王有

事譏不在諸侯諸侯有事譏不在臣子如天王出居于鄭鄭棄其師皆以自致之文書之雖有敵国亦自致也梁亡齊人殲于遂王師敗績于茅戎無敵国之辞也〔愚按〕桓王戰于繻葛諱不書敗而此不諱敗者夷狄正朔所不加可以言敗而天子於諸侯不可言敗此所以別華夷之分也桓王不言敗而刘康公言敗又以正君臣之分也。〔啖氏曰〕公穀云晋敗之若晋敗王師而改曰貿戎是掩惡也如何懲勸乎

冬十月

〔壬申〕定王十八年　二年　〔晋〕景十一〔鄭〕襄十六〔齊〕頃十〔曹〕宣六〔衛〕穆十一卒〔陳〕成十〔蔡〕景三〔杞〕桓四十八〔宋〕文二十二卒〔秦〕桓十六〔楚〕共二

春齊侯(頃)伐我北鄙〔左傳〕齊侯伐我北鄙圍龍三日取之遂南侵及巢丘

初魯事齊謹甚雖易世而聘會不絕也。及與晋侯盟于斷(音短)道(宣十七)而後怨隙成再盟于赤棘而後伐吾北鄙〔高氏曰〕魯絕齊而与晋盟齊遂即楚而伐我也齊侯之興是役非義矣。

魯人爲鞌音安之戰豈義乎同曰憤兵漢書作忿兵務相報
復而彼此皆無善者則亦不待貶而罪自見音現矣家氏
曰此齐人爭魯於晉也前日魯宜專意事齐晉莫如
之何也今魯人去齐而即晉赤棘朝盟齐師暮至書
齐侯伐我所謂目其人而貶之也夫既辱晉使又以
兵加於魯則其志在於与晉爲敵好戰而不度力其
頃公之謂矣
夏四月丙戌衛穆孫良夫帥師及齊頃師戰于新築衛
師敗績左傳衛侯使孫良夫石稷甯相向禽將侵齐与
齐師遇石子欲還孫子不可戰于新築石成子
曰師敗矣子不少須衆懼盡新築人仲叔于
奚救孫桓子桓子是以免杜氏曰新築衛地
齊師侵虐而以衛主此戰何也衛侯初與晉同盟于
斷道矣又使世子臧與晉同伐齊矣又使孫良夫石
稷將侵齊矣又與齊師遇盖齐伐魯恥龍
乘勝又欲伐衛石稷欲還

音旋良夫不可。曰以師伐人。遇其師而還。將謂君何。若知不能則如無出。今既遇矣。不如戰也。遂戰于新築。故齊師雖侵虐。而此戰以衛主之也。春秋善解紛貴遠（于萬反）怨。而惡（烏故反）以兵刃相接。故書法如此。【張氏曰】易曰師左次无咎。凡戰而不能勝者。聖人立全師愛民之法。所以重民命而存国体也。良夫不從石稷之言必進而戰。致敗其師。幾於喪身辱国。此春秋所以罪良夫而以之主新築之戰也。【陳氏曰】衛書大夫帥師於是始。大夫強也。良夫世爲卿。至林父出其君入于戚以叛。是故孔達不言帥師。必良夫而後言帥師。

六月癸酉。季孫行父、臧孫許、叔孫僑如、公孫嬰齊帥師會晉（景）郤克、衛（穆）孫良夫、曹（宣）公子首及齊侯（頃）戰于鞌。齊師敗績。郤（去逆反）首（公穀作手）鞌（音安）【左傳】孫桓子還於新築。不入。遂如晉乞師。臧孫叔亦如晉乞師。皆主郤獻子。晉侯許之七百乘。郤子請八百乘。許之。郤克將中軍。士爕佐上軍。欒書將下軍。韓厥爲司馬以救魯衛臧宣叔逆晉師且道之季文子帥師會之師從齊師于莘至于靡笄之下齊侯使請戰對曰晉与魯衛兄弟也來告曰大国朝夕釋憾於敝邑之地寡君不忍使羣臣請於大国能進不能退君無所辱命齊侯曰大夫之許寡人之願也師陳于鞌齊侯曰余姑翦滅此而後朝食不介馬而馳之郤克傷於矢流血及屨未絶鼓音曰余病矣張侯曰師之耳目在吾旗鼓君之何其以病敗君之大事也擐甲執兵固即死也病未及死吾子勉之左并轡右援枹而鼓馬逸不能止師從之齊師敗績逐之三周華不注韓厥從齊侯逢丑父与公易位將及華泉驂絓於木而止韓厥執縶馬前奉觴加璧以進曰寡君使羣臣爲魯衛請曰無令輿師陷入君地下臣不幸屬當戎行無所逃隱且懼奔辟而忝兩君臣辱戎士敢告不敏丑父使公下如華泉取飲鄭周父御佐車宛茷爲右載齊侯以免杜氏曰鞌齊地愚按今東平路平陰縣

大國三軍次國二軍。周礼大司馬凡制軍万有二千五百人爲一軍王六軍大国三軍次国二軍小国一軍魯雖大國而四卿並將去声下同是四軍也。

當此時舊制猶存尺地皆公室之土也一民皆公室

之兵也。上卿行，父與僑如襲齊，各帥一軍會戰，而臧孫許如晉乞師，又逆晉師為之道（音導），本不將兵，特往來晉魯兩軍之間預謀議耳。成公初立，主幼國危，為（于僞反，下為詳同）季孫一怒掃境內興師，而四卿並出肆其憤欲（謂怒婦人之笑辱，貪取汶陽之田），雖無人乎成公之側，有不恤也。然後政自季氏出矣。將稱元帥（所類反），略其副屬（章欲反），詞之體也。而四卿皆書者，豈特為詳內錄哉？堅冰之戒亦明矣。【何氏曰】魯率四大夫，不率重者，惡內虛國家悉出用兵，重錄內也。【通旨】司馬懿曰：春秋任大責重。諸葛武侯曰：春秋責帥臣。戢是當故使率上客而不及其介，將称元帥而不列其副，春秋之例也。鄭之戰，三軍之主將皆在，而獨書林父者，責在林父也。此戰並列四卿，不以季孫主之，何也？見公室卑弱，四卿擅命，各得魯国之兵權乎。【家氏曰】魯諸卿俱帥師，又見昭十年伐莒、哀二年伐邾，三家專兵丘甸卒乘悉爲所有其君孤立於上国益不可爲而春秋終矣戰鞌乃魯卿擅兵之始也經之大例受伐者爲主而此以四國及之者以一笑之微殘民毒衆幾獲其君而怨猶未怠焚雍於用反門之茨侵東東至海故以四國主之爲憤兵之大戒見音現諸行事深切著明矣

董子曰頃公齊桓之孫霸主之餘業即位九年未嘗一與會同之事有怨魯衛之志伐魯入其北郊伐衛敗之新築大国往聘慢而不敬晉魯俱怒合四国之衆大困之於鞌獲頃公斮丑父大辱身幾亡国爲天下笑

齊氏曰鞌之戰齊有必勝之氣晉有不敵之勢而齊以驕輕取敗晉以必死致勝也

張氏曰兵法爭恨小故不忍忿怒者謂之忿兵今晉爲盟主興師討齊非有救乱誅暴之名而起於郤克一怒之憤故春秋不以齊爲主見晉魯衛曹之大夫爲志乎是戰雖得一朝之勝不足道也

陳氏曰凡帥非卿不書雖卿也非元帥亦不書書魯四卿是各自帥也自文季年而無使介至是而無將佐魯二家之勢成矣曹無大夫書公子首而賞鞌之功於是有六卿征伐在大夫不獨魯也以四

国之臣戰斉君甚矣【愚按】斉桓伐衛与衛人戰則先
書伐而後書戰此不書四国伐斉者以郤克志在擇
己私忿非能聲斉頃㥄弱犯寡之罪而討之也然斉
自翟泉以來不與晋之會盟者踰四十年而袁娄以
後迨於悼公之終歷三十餘載無會之不同無役之
不與則亦以鞌之敗衂有以挫其氣而摧其強故耳
晋氏世霸合諸侯以加兵於斉者二鞌之戰雖能勝
斉然恃力而不能服之以義惟平陰之役合十有二
国之君以討其暴横憑陵之悪故春秋書同圍斉以
亍之至于夷儀之會雖曰討之以義而徇於利不能
成討斉之功故春秋書同盟重丘以貶之也○【陸氏】
【曰】左氏言斉侯免求逢丑父三出三入晋軍按時斉
師大敗若三入晋必當見獲此近妄也【趙氏曰】公羊
云曹無夫夫書公子手憂内也穀梁云以吾四大夫
在焉举其貴也此尤鄙近春
秋豈且黨内而專輕重於外乎

秋七月齊侯頃**使國佐如師己酉及國佐盟于袁婁**作【穀】
爰婁【左傳】晋師從斉師入自丘輿擊馬陘斉侯使賓媚
人賂以紀甗玉磬與地不可則聽客之所為賓媚人致
賂晋人不可曰必以蕭同叔子為質而使斉之封内盡
東其畝對曰蕭同叔子非他寡君之毋也若以匹敵則

亦晋君之母也吾子布大命於諸侯而曰必質其母是以不孝令也先王疆理天下物土之宜而布其利故詩曰我疆我理南東其畝今吾子疆理諸侯而曰盡東其畝唯吾子戎車是利其無乃非先王之命也乎吾子惠徼齊国之福不泯其社稷使繼舊好唯是先君之敝器土地不敢愛子又不許請收合餘燼背城借一敝邑之幸亦云從也况其不幸敢不唯命是聽魯衛諫曰齊疾我矣其死亡者皆親暱也子若不許讎我必甚唯子則又何求子得其国宝我亦得地而紓於難其榮多矣晋人許之對曰羣臣帥賦輿以爲魯衛請苟有以藉口而復於寡君敢不唯命是聽晋師及齊国佐盟于袁婁

公羊傳 曷爲不盟于師齊侯使国佐如師郤克曰与我紀侯之甗反魯衛之侵地使耕者東畝且以蕭同姪子爲質則吾舍子矣国佐曰与我紀侯之甗請諾反魯衛之侵地請諾使耕者東畝是則土齊也蕭同姪子者齊君之母也齊君之母猶晋君之母也不可揖而去之郤克眣魯衛之使使以其辭而爲之請然後許之逮于袁婁而与之盟

穀梁傳 鞌去国五百里爰婁去国五十里一戰緜地五百里焚雍門之茨侵車東至海君子聞之曰夫甚甚之辭焉

張氏曰 齊国治臨淄去洛陽東千八百里縣西有袁婁

愚按 今屬益都路臨淄縣之西

齊國佐如師與楚屈（居勿反）完（音桓）來一也然陘之役則曰來盟于師盟于召（音邵）陵鞌之戰則曰及國佐盟于袁婁何也荊楚暴橫（去聲）憑陵諸夏齊桓公仗義聲罪致討威行江漢之上不待加兵而楚人帖服其請來盟于師者楚人自服而求盟也盟于召陵者桓公退舍禮與之盟也在春秋時斯為善矣若夫袁婁則異於是齊雖侵虐未若荊楚之暴也諸國大夫含憤積怒欲雪一笑之耻至於殺人盈野非有擊強扶弱之心國佐如師將以賂免非服之也

高氏曰国佐受成命於君而可否在晉之大夫非服晉而往也直畏晉強賂晉而請盟爾故不曰來盟而曰齊侯使如師師在齊境故書如

晉大夫又不以德命使齊人盡（子忍反）東其畝而以蕭

同叔子爲質（音置）夫蕭同叔子齊君之母也則亦悖矣由是國子不可請合（如字又音閤）餘燼（似刃反）背（音佩）城借一（欲於城下復借一戰）揹而去之郤克使魯衛之使（所吏反）以其詞爲（于僞反）之請何氏曰（郤克恥傷其威故使魯衛大夫以国佐辭爲国佐請）逮于袁婁而與之盟何氏曰（逮及也追及国佐于袁婁也）則汲汲欲盟者晉也故反以晉人及之（求盟在楚故称來欲盟在晉故称及）若此類見曲直之繩墨矣是故制敵莫如仗義天下莫大於理而強有力不與（音預）焉亦可謂深切著明矣劉氏曰（郤克一戰勝齊反魯衛之侵地功大矣人皆多郤子之能伸其意而春秋繼之爲其先力而後礼也張氏曰晉所以令齊者恃其戰勝強力而以非義令之故国佐得以正義直辭責之而晉人義不勝而辭屈故国佐之至与屈完之來初若不異然齐桓伸中国之大義而屈完情屈而不敢校故曰來盟于師盟于召陵見義在中国而彼自

服以求盟也郤克挾主盟之勢以行其私憤一旦戰勝而以不義求多於齊反為国佐以理折之而氣遂餒書曰齊侯使国佐如師言齊非有誠服之心也曰及国佐盟于袁婁言汲汲在晉齊不得已而盟也**臨川吳氏曰**楚服齊桓之義故使屈完來受盟于師其盟已前定也故書來盟桓公又退舍而与之盟盟于召陵齊有礼矣齊師既敗于鞌使国佐來納幣以求成許不許在晉郤克其盟未前定也故書如師晉之義既不足以服齊之心故国佐徑去四国進師追及国佐近偪齊都而與盟袁婁此晉之無義又無礼也**家氏曰**召陵之師諸侯皆在兵力甚強而桓公乃能以不戰服楚退師而礼與之盟鞌之戰郤克既敗齊師極其兵力之所至迨於袁婁去国都五十里進師將及其城而強之盟退而盟盟之以其礼也進而盟盟之以其力也春秋書來盟与及盟一字褒貶深切著明矣**愚按**齊桓末年公孫敖帥師及諸侯之大夫救徐征伐自大夫出矣而未嘗盟會也晉文末年翟泉之盟以諸侯之大夫上盟王子虎礼樂自大夫出矣而非征伐也今此曾以四卿帥師會霸国之上卿与衛曹之卿大夫敗齊侯于鞌又盟齊国佐于袁婁而礼樂征伐皆自大夫出矣厥後晉悼以復伯之賢首以諸侯之大夫圍彭城城虎牢盟陳袁僑征伐

盟會悉付之大夫而蕭魚之後凡役皆以大夫矣翟泉之大夫貶称人此不勝貶則從同同也○【劉氏曰】公羊云君不行使乎大夫此其行使乎大夫何佚獲也非也夫两国治戎將在軍君命有所不受其重且專可知矣行使何傷諸侯會晉師于棐林可言晉師不可言趙盾此言晉師足矣何以為不行使大夫乎

八月壬午宋公鮑卒文公也在位二十二年子固嗣是為共公○**庚寅衛侯遫卒**遫【公】作遬遫穆公也在位十一年子臧嗣是為定公○**取汶陽田**汶音問【左傳】使齐人歸我汶陽之田【公羊傳】汶陽田者何鞌之賂也【杜氏曰】汶陽田汶水北地汶水出泰山萊蕪縣西入濟【張氏曰】漢志魯国汶郷縣顏師古注即汶陽田今兖州泗水縣東南有汶陽故城【愚按】今屬濟寧路盖非止一邑

汶陽之田本魯田也【僖元】公賜季友汶陽之田【成八】季文子曰汶陽之田敝邑之舊也【孫氏曰】汶陽魯地也齐人侵之今復取之不言取之齐明本非齐地

取者得非其有之稱【[illegible]】**不**【去声】**曰復而謂之取何也恃大國兵力一戰勝齊得其故壤而不請於天王以正疆理則取之不以其**

道與得非其有奚異乎。【詳見隱四年】然則宜柰何，攷於建邦土地之圖，若在封域之中，則先王所錫，先祖所受，經界世守，不可亂矣。不然，侵小得之，侵小如臧項取根牟之類春秋固有興滅國、繼絕世之義，必有處也。魯在戰國時，地方五百里，而孟氏語魚據反慎子曰：如有王者作，在所損乎？在所益乎？【朱子注】魯地之大，皆并吞小国而得之，有王者作，則必在所損矣經於復其故田而書取，所損益亦可知矣。【家氏曰】汶陽田与取濟西田其事同，故書法不異。盖濟西本魯田，為曹所侵，晋人取以帰魯；汶陽亦魯田，為齐所侵，晋人命以帰魯，皆魯侵疆也。今而得帰，春秋不以為帰而以為取，為其因霸国之力而得之也。霸国復不稟命于王，分正疆理，而擅其予奪，所以書取。若此田非魯之舊疆，必繫之於齐，不直書取汶陽田矣。【石氏曰】内取外邑皆曰取，如取郜、取防、取訾婁；外帰魯地皆曰帰，如濟西、亀陰及讙、闡、汶陽田，魯地也，齐人以帰于我。

當曰歸今而曰取者蓋因晉之力而取之也歸者其意也取者我也非其志也于後齐復事晉故八年使韓穿来言歸之于齐然此年齐歸我田書曰取八年齐取我田乃曰歸者取之自晉歸之自晉以見魯国之命制於晉而已故雖我田也而不得偃然有之其猶寄尔故齐歸我田書曰取猶若取之於外也齐取我田書曰歸猶若齐之所有也愚按趙氏云凡力得之曰取齐歸汶陽而称取言藉晉之力以復之而得之之難也穀梁云歸易辭也齐取汶陽而称歸言奉晉之命以反之而失之之易也

冬楚共**師鄭**襄**師侵衛**左傳宣公使如楚乞師欲以伐齐莊王卒楚師不出既而用晉師公即位受盟于晉會晉伐齐衛人不行使于楚亦受盟于晉故楚令尹子重爲陽橋之役以救齐將起師子重曰君弱羣臣不如先大夫師衆而後可乃悉師王卒盡行楚師侵衛遂侵我師于蜀高氏曰鄭以中国從夷狄而首伐衛喪是援戈与寇而攻其親戚罪不勝誅矣列鄭于下所以深罪鄭也**十有一月公會楚**共**公子嬰齊于蜀**楚書公子自嬰齊始左傳楚侵及陽橋孟孫請往賂之以執斲執鍼織紝皆百人公衡爲質以請盟楚人許平穀梁傳楚無大夫其曰公子何也嬰齊亢也杜氏曰蜀魯地泰

山博縣西北有蜀亭愚按今東昌路博平縣

按左氏，魯衛受盟于晉，從於伐齊，故楚爲陽橋之役。令尹子重曰：師衆而後可。於是王卒盡行，二國稱師，著其衆也。愚五入郲傳稱師紀其用衆而立義不同，有著其暴而稱師者侵衛則書侵我師于蜀，致賂納質音致沒而不書，非諱也。陳氏曰公賂之而退，故不書侵書其重者。見公羊莊十年則莫重乎其以中國諸侯降班失列，下與夷狄之大夫會也。家氏曰晉以魯衛大宰伐齊，可謂有德轍未及息，遽爲此行，書公會楚公子嬰齊者，其叛華即夷，以望国之君而屈於夷之公子，魯之辱也。春秋責之深，不復爲之諱。自楚人僭王，其公子亦僭而称王子久矣，今書楚公子，春秋革之也。愚按莊二十八年傳称王孫游、王孫喜，文元年傳称王子成，則知嬰齊不書王子者，乃夫子之所革矣。季孫行父爲國上卿，當使其君尊榮，其民免於侵陵之

患而危辱至此特起於忿忮（之豉反）肆其褊心而不知
制之以禮也（【書】仲虺之誥以礼制心）書曰必有忍乃其有濟（見【書】
【君陳】）懲忿窒慾德之修也（【易】【損卦大象】君子以懲忿窒慾【大傳】損德之修也）不
忮不求（【詩】雄雉篇）行（下孟反）之善也（【朱子曰】若能不忮害不貪求則何爲不善乎）
躬自厚而薄責於人遠（于萬反）怨之方也季孫忿忮弗
能懲也而辱逮君父不亦憯（七感反[illegible]【又】痛也）乎故春秋史
外傳心之要典也致其行事深切著明於以反求諸
己則亦知戒矣（【臨川吳氏曰】楚用子重之謀以救齊爲名加兵於魯衛魯納賂請平又結
諸国會盟公先往會嬰齊不設嬰齊之氏名者欲見其救衆威魯而以臣伉君也【陳氏曰】凡吾君會諸侯
則有大夫得稱其大夫故洮書莒慶向書衞甯速啇无諸侯則不以大夫敵吾君故莒无大夫則曰莒人
齊有大夫則曰齊大夫及高傒盟及甄父盟始以大夫敵吾君公會皆不書公以是爲齊晉之譏則諱公焉

耳此其曰公會楚公子嬰齊是公自与嬰齊夷也於
楚之會孟公後諸侯至於楚之圍宋公亦後諸侯至
魯猶重從楚也公与嬰齊夷楚何譏焉不足爲公諱
焉亦是故自屈完以來楚大夫無氏族也而書公子
自嬰齊始愚按公与外臣特相會二百四十二年唯
此一嬰齊書故備録楚大夫之氏名以見貶焉齊之盟没
公不書而楚書之隱其從夷之失也蜀之會書公不
諱而楚大夫書氏名著其從夷之辱也會不書公子
嬰齊則疑於楚子貶稱人而不見望国之君下夷於
楚大夫盟不書楚人將恐天下後世以荆蛮之臣可
以主中国之會盟而无恶而中国諸侯之卿大夫又
可以雲合景從以服屬於荆蛮之臣而无貶也齊之
盟春秋猶不忍書也蜀之會春秋
不勝諱則詳紀之而具文見意耳

丙申公及楚共人秦桓人宋共人陳成人衛定人鄭襄人齊頃人曹宣人邾定人薛人鄫人盟于蜀左傳公及楚公子嬰齊蔡侯許男秦右大夫說宋華元陳公孫寧衛孫良夫鄭公子去疾及齊国之大夫盟于蜀卿不書匱盟也於是乎畏晋而竊与楚盟故曰匱盟蔡侯許男不書乘楚車也謂之失位公羊傳此公子嬰齊也其稱人何得壹

敗焉尔【程子傳】楚爲強盛陵轢中国諸侯苟能保固疆圉要結鄰好豈有不能自存之理乃懼而服從與之盟約故皆称人以見其衰弱責諸侯則魯可知矣【杜氏曰】齊在鄭下非卿

盟而魯與音預下與盟同必先書公尊內也次書主盟者衆所推也此書公及楚人則知主盟者楚也【李氏集義】前此楚與中国盟皆序諸国之下此序諸国之上欲見楚之主盟也【愚按】書及則內爲志而非楚主盟也然魯之弱久矣豈能主諸国之盟哉前此僖公二十一年盟薄二十七年盟宋皆書公會諸侯不以楚主盟此書公及亦不以楚主盟之辭也序楚於十国之上而書及正其名而不没其實也

公子嬰齊秦石說音悅宋華戶化反元陳公孫寧衛孫良夫鄭去起呂反疾皆國卿也何以稱人楚僭稱王春秋黜之比諸夷狄晉雖不競猶主夏盟諸侯苟能任仁賢修政事保固疆圉要結鄰好同心懌義堅事晉室荊楚雖大何

畏焉今乃西向服從而與之盟不亦恥乎古者用夏服夷未聞服於夷也乃是之從亦爲不善擇矣經於魯君盟會不信則諱公而不書莊十六同盟幽不臣則諱公而不書僖二十九盟翟泉棄中國從夷狄則諱公而不書盟齊蜀之盟棄晉從楚書公不諱何也事向而既貶則從同同**公羊莊四**不可勝譏故將壹譏而已其餘從同同正始之義也從荆楚而與盟既諱公於僖十九年齊之盟矣是以於此不諱而人諸國之大夫以見音現意也**愚按**貶諸国之大夫而称人亦所以人公也春秋盟會一書人者凡四盟齊盟蜀貶從夷也盟翟泉譏慢王也會澶淵刺不討賊也其所以內夏外夷尊君父討乱賊之意切矣**臨川吳氏曰**嬰齊於此盟降称人而前會称氏名者欲見楚人卽公子嬰齊也蔡許之君不書者以其爲楚之車左車右降在臣列同於楚臣**劉氏曰**盟于蜀是嬰齊也其以力

寫功薄於義而陋於礼与郤克一耳郤克不得称諸侯之大夫故嬰齊亦不得以其名通也此文異而意等也【賈氏曰】蜀之盟与柴林之師皆事之難言也柴林之師難以趙盾將諸侯也故先書趙盾之出師而後書諸侯之會晉師蜀之盟難以嬰齊主盟中国也故先書嬰齊之會而後書諸侯之微者盟【蘇氏曰】楚自城濮之敗不競於晉莊王雖入陳圍鄭及宋而未嘗合諸侯及蜀之盟諸侯從之者十一国晉不敢争然其盟十一国也諸侯猶畏晉而竊与之盟其後因十三年晉趙武楚屈建合諸侯于宋然後晉楚之從得交相見又八年灵王求諸侯于晉晉人許之然後諸侯悉從楚實蜀之盟啓之也。【劉氏曰】穀梁云會与盟同月則地會不地盟不同月則地會地盟此其地會地盟何以公之得其所申其事也非也會時一国盟時十一国此乃两會也各自書地乃其理矣何申之有

【癸酉】定王十九年 **三年**【晉】景十二【齊】頃十一【衛】定公臧元年【蔡】景四【鄭】襄十七【曹】宣七【陳】成十一【杞】桓四十九【宋】共公固元年【秦】桓十七【楚】共三

春王正月公會晉侯景**宋公**共**衛侯**定**曹伯**宣**伐鄭**襄

按左氏諸侯伐鄭討邲（音弼）之役也遂東侵鄭鄭公子偃帥師禦之覆（伏兵也）諸鄾（芒袁反）敗（必邁反下同）諸丘輿【杜氏】曰丘輿皆鄭地晉偏軍爲鄭所敗夫討邲之役則復怨勦（子小反）民非觀釁也【宣十二年】用師觀釁而動遂東侵則潛師掠境非以律也【易】師出以律侵而敗諸則專用詐謀非正勝也【李靖衛公問對】兵法先正而後奇先仁義而後權譎度（待洛反）彼參此皆無善也略而不紀勝負微也晉侯稱爵而以伐書何也初爲是役必以鄭之從楚也附蠻夷擾中國（擾從楚侵衛）則盟主有詞于伐耳【高氏曰】去冬之役鄭爲楚導而宋魯衛曹雖盟于蜀猶不敢背晉故罷盟而遂會晉伐鄭焉鄭罪當討故春秋正諸國之爵以示義鄭敗晉遊兵於丘輿使皇戌如楚獻捷終鄭襄公之身不復從晉矣【家氏曰】伐鄭所以攘夷攘夷所以尊中國魯宋衛去強盛之楚而從衰弱之晉以伐有罪之國是春秋之所嘉

也前之盟十有一国大夫一以人書抑夷狄也此四国僅從而書爵序晋爲首存晋霸也見春秋權衡㕘斉之意爲中国謀而不爲夷狄謀也宋衛未葬爲稱爵。背音佩殯越境以吉禮從金革之事也杜氏曰宋衛未葬而称爵以接鄰国非礼也范氏曰自同於正君故書公侯以譏之家氏曰春秋與宋衛之會晋伐鄭不與其純吉從戎也。愚按左傳云鄭皇戌如楚献捷則曰覆曰敗皆指鄭而言非諸侯之敗鄭也經書伐而不書敗所以尊中国耳

辛亥葬衛穆公穆公作繆高氏曰此見衛侯背殯出師不臨先君之喪王氏曰六月乃葬非礼也○二月公至自伐鄭臨川呉氏曰雖未逾時伐鄭无功亦危之而致也○甲子新宮災三日哭公羊傳新宮者宣公之宮也何以書記災也程子傳不曰宣宮宮主未迁也廟災而哭禮也得禮爲常事則何以書緱音鈎氏劉絢呼縣反絢字質夫程子門人著春秋傳十二卷曰新宮者宣宮也不曰宣宮者神主未遷也知然者丹楹刻桷皆稱桓宮此不舉

謚故知其未遷也宮成而主未入遇災而哭何禮哉宣公甍至是二十有八月據宣公十八年十月甍緩於遷主可知矣言災則不恭之致亦自見音現矣此說據經爲合

或曰禮稱有焚其先人之室則三日哭檀弓云云故曰新宮火亦三日哭注人燒其宗廟哭者哀精神之有虧傷愚按文定傳意與鄭氏異新宮將以安神主也雖未遷而哭不亦可乎曰先人之室蓋嘗寢於斯食於斯會族屬於斯其居處笑語之所在皆可想也祭義思其居處思其笑語事死如事生故有焚其室則哭之禮也神主未遷而哭於人情何居音姬高氏曰君子於是乎知有天道也宣公弒君篡立生不能誅死方立廟遂遇火災春秋志此示有天道故謹而日之○愚按公羊以謂不言宣宮不忍言也穀梁謂迫近不敢稱謚然則莊公之世何以稱桓宮乎

乙亥葬宋文公

按左氏文公卒始厚葬用蜃炭益車馬始用殉重器備椁有四阿棺有翰檜君子謂華元樂舉於是乎不臣考於經未有以驗其厚也歟其葬之月則信然矣天子七月諸侯五月大夫三月士踰月以降殺所賣反遲速爲禮之節不可亂也文公之卒國家安靖外無危難乃旦反曷爲越禮踰時逮乎七月而後克襄事哉劉氏曰七月而葬天子之礼也以葬月玹之知其僭礼故知華元樂舉之棄君於惡而益其侈左傳死又益其侈是棄君於惡也無疑矣夫禮之厚薄稱尺證反人情而爲之者也坊記礼者因人之情而爲之節文荀子礼称情而立文宋公在殯而離次出境從金革之事正月會伐鄭哀戚之情忘矣顧

欲厚葬其君親此非有所不忍於死者特欲誇耀淫
侈無知之人耳。世衰道微禮法既壞無以制其侈心
至於秦漢之間窮竭民力以事丘隴其禍有不可勝
音升言者。史 秦始皇初卽位穿治驪山以水銀為百川江河大海機相灌輸上具天文下具地理奇器珍怪
徙藏滿之後宮無子者皆令從死令匠作機弩矢有穿近者輒射之工匠盡閉墓中 春秋據事
直書而其失自見音現此類是也。豈不為求戒哉
夏公如晉 景 左傳 拜汶陽之田 張氏曰 汶陽之田特書曰取足以見疆埸之令不出於王矣今為取
田而往拜賜于霸国晉偃然受之而八年復使韓穿來言汶陽之田歸之于齊足見私情之納侮于晉也 愚按
僖公取濟西田而使公子遂如晉拜賜已非正矣况以成公取汶陽而躬朝于晉乎濟西汶陽魯之故田也以
為霸国之私惠而聘之朝之見魯之不振也 ○鄭襄公子去疾帥師伐許。靈
去起呂反 左傳 許恃楚而不事鄭鄭子良伐許 張氏曰 晉方怒鄭之不服其為国寡未有厎止也乃怒許之不

事已而使大夫動大衆以伐之見其與衆之不度德量力也（陸氏曰）疲命於晉楚而以伐之君子以是惡鄭也

○公至自晉

宣公薨至是三年之喪畢矣宜入朝京師見（音現）天子受王命（曲禮）諸侯既葬見天子曰類見然後歸而即政可也嗣守社稷之重而不朝于周以拜汶陽田之故而往朝于晉其行事亦悖矣此春秋所爲（于偽反）作也公行多不致其書公至自晉何其至也必有以（因也意也）也（家氏曰）諸侯既除喪而入見于王受黻冕之賜然後成其爲君自東遷此禮廢然亦未有除喪而入見大國以事王之禮而事大國者也宣公挾強齊之援弑君簒國凡可以諂齊而求悅者無不爲矣未除喪而會既除喪而朝今成公借援於晉率循宣公之舊其無王之罪大矣書如書至所以譏也（愚按）成公一紀此年如晉明年再如晉十年又如晉十八年又如晉過於事天子之禮蓋當時諸侯知有霸者而不知有王不以爲異耳春秋

莫不書至比事以覿義自著矣

秋叔孫僑如帥師圍棘【公羊傳】棘者何汶陽之不服邑也其言圍之何不聽也【杜氏曰】棘汶陽田之邑在濟北蛇丘縣【張氏曰】今兖州龔丘縣【愚按】今屬濟南路章丘縣

按左氏取汶陽之田棘不服故圍之【趙氏曰】凡內自圍者皆叛邑復故地而民不聽至於命上將(去声)用大師環其邑而攻之何也魯於是時初稅畝作丘甲稅役日益重矣棘雖復歸故國所以不願為之民也歟成公不知薄稅斂(力驗反)輕力役修德政以來之而肆其兵力雖得之亦必失之矣【何氏曰】不先以文德來之而便以兵圍之欲与圍外邑同罪【劉氏曰】不察已之所以失而疾人之不我服強国之行若五伯之事則有之非王道也

大雩成公之世大雩者二【義見桓五年】○晉(景)郤克衛(定)孫良夫伐廧

咎如廧在良反【公】作將【穀】作墻咎音羔【左傳】晉郤克衛孫良夫伐廧咎如討赤狄之餘焉廧咎如潰上失民也【杜氏曰】廧咎如赤狄別種【通旨】經不書廧咎如潰者晉常滅赤狄潞氏甲氏及留吁矣其餘黨散入廧咎如又欲盡殄滅之非仁人之心也段紀明請滅羌種羌雖滅漢亦亡後世豈嘗絕羌患哉廧咎如潰削而不書聖人之情見矣惟不使之侵擾華夏斯止矣【家氏曰】克与良夫得志於鞌不知自戢更爲此舉春秋書之詳戰也楚方讙藉中原晉人不務修明霸業圖其遠若六者既滅潞氏又殄留吁以爲未快復與此役此遂行之師春秋惡之屢書皆所以貶【杜氏曰】傳有廧咎如潰四字以爲經闕非也春秋譏晉人用師之不戢豈以狄失民而譏乎

○冬十有一月晉侯景使荀庚來聘【晉始聘】衛侯宗使孫良夫來聘丙午及荀庚盟丁未及孫良夫盟【[illegible]】【隱二】之【於是始】【左傳】晉侯使荀庚來聘且尋盟衛侯使孫良夫來聘且尋盟公問諸臧宣叔曰中行伯之於晉也其位在三孫子之於衛也位爲上卿將誰先對曰次國之上卿當大国之中中當其下下當其上大夫小国之上卿當大国之下卿中當其上大夫下當其下大夫上下如是古之制也衛在晉不得爲次国晉爲盟主其先將

之丙午盟晉丁未盟衛【公羊傳】聘而言盟者尋舊盟也【穀梁傳】其日公也來聘而求盟不言及者以国与之也不言其人亦以国与之也不言求兩欲之也

劉敞曰諸侯有聘無盟聘禮也盟非禮也庚與良夫不務引其君當道而生事專命【公羊注】遂生事也專事之辭為非禮不信以干先王之典故不繫於國以見音現下同其遂事之辱非人臣之操去声○本【意林】此說然也其言及者公與之盟而不言公見二卿之抗也盟者春秋所惡烏故反下如字於惡之中又有惡焉者此類是矣【孫氏曰】此公及庚良夫盟也不書公者二子抗也二子來聘不能以信相親反要公以盟非抗而何故言聘言盟以惡之【愚按】因聘而遂盟者有五此年庚良夫十一年晉郤犨襄七年衛孫林父十五年宋向戌是也夫書曰使來聘則是其君之所使者來聘而已以人臣而專制以要盟所以皆書日以賤之也【番易萬氏曰】聘者固出於其君

之命而及盟則出於其臣之私也況夫大夫之於諸侯五等之君皆其君也諸侯之於大夫列国之臣皆臣也今也列国之臣忘其分之卑而盟五等之君五等之君屈其分之尊而盟列国之臣豈非一時之大夫既不知自有其君而專盟于外則不知有列国之君而敢於與之同盟也乎**高氏曰**庚晉之下卿良夫衛之上卿而魯人盟之先晉後衛豈非畏晉之強乎

鄭襄**伐許**靈**程子傳**鄭附於楚一年而再伐許故夷之

稱國以伐狄之也據夷狄但辛號晉楚爭鄭鄭兩事焉及邲之敗於是乎專意事楚不通中華晉雖加兵終莫之聽也**何氏曰**惡鄭襄公与楚同心比周為黨數侵我諸夏故夷狄之至此一歲而再伐許甚矣夫利在中國則從中國利在夷狄則從夷狄而不擇於義之可否以為去就其所以異於夷者幾希況又馮皮冰反弱犯寡**周禮**大司馬一歲之中而再動

干戈於鄰國不旣甚乎孫氏曰背華即夷与楚比周一歲再伐許故狄之春秋之法中國而夷狄行下孟反者則狄之[illegible]本韓所以懲惡也以爲告辭略杜氏曰不書將帥告辭略而從告乃實錄耳一字爲褒貶義安在也陳氏曰楚之伯鄭人爲之也由齊桓以來爭鄭於楚桓公卒鄭始朝楚諸夏之變於夷鄭爲亂階也至辰陵鄭帥諸夏而事楚矣敗晉于邲盟十有四国之君大夫於蜀皆鄭爲之是故狄秦而後狄鄭微秦鄭中国無左衽矣

甲戌定王二十年

四年晉景十三齊頃十二衛定二蔡景五鄭襄十八卒曹宣八陳成十二杞桓五十宋共二秦桓十八楚共四

春宋公共使華元來聘華戶化反左傳通嗣君也杜氏曰共公初即位故王氏曰宋入春秋未嘗聘魯文十一年公子遂雖往而宋不報也華元之來其爲共公謀昏張本平臨川吳氏曰晉衛三国相繼來聘以三年春同會伐鄭交結和好也○三月壬申鄭伯堅卒堅公釋文作臤襄公也在位十八年子費嗣是爲悼公○杞伯桓來朝左傳歸叔

姬故也杜氏曰將出叔姬先脩朝礼言其故〇夏四月甲寅臧孫許卒文仲之子

宣叔也子紇嗣爲大夫是爲武仲〇公如晉景左傳晉侯見公不敬季文子曰晉侯必不免張氏

曰背景公勝齊而驕也高氏曰公連歲如晉晉者以嘗即楚故也愚按成公此年朝晉而取敖忽之辱豈非礼愈

繁而身愈卑徒自屈而已耳〇葬鄭襄公喪未五月葬之速也太不懷也〇秋公至

自晉左傳公至自晉欲求成于楚而叛晉季文子曰不可晉雖無道国大臣睦而迩於我諸侯聽焉未可

以貳史佚之志有之曰非我族類其心必異楚雖大非吾族也其肯字我乎公乃止家氏曰甚哉魯成中無所

主遂變而愛近也始与晉人連兵伐齊以有鞌之勝謂當与晉爲睦曾未幾日率先諸侯受盟于楚淄幸晉人

之無討也去年如晉今年又如晉正所以救前日匱盟之過一不爲所礼又將叛而即夷春秋於魯成之從楚

適晉備書以貶之也〇冬城鄆杜氏曰公欲叛晉故城而爲備任公輔曰魯西邑東鄆鄆廩丘東有鄆

城即西鄆張氏曰今濟南府鄆城縣家氏曰鄆有三莒之別邑亦曰鄆九年楚人入鄆是也魯自有二鄆文十

二年城諸及鄆此東鄆莒魯所爭者也成十六年公待于鄆此西鄆今此所城也春秋譏魯人不務安靜而輕

於用民力鄭雖城何益哉○鄭伯悼伐許靈左傳鄭公孫申帥師疆許田許人敗諸展陂鄭伯伐許取鉏任泠敦之田程子傳称鄭伯見其不復爲喪以吉礼從戎

前此鄭襄公伐許既狄之矣今悼公又伐許乃復扶又反稱爵何也喪未踰年以吉禮從金革之事則忘親矣稱爵非美詞所以著其惡也何氏曰未踰年君稱伯者樂成君位親自伐許故如其意以著其惡家氏曰公所爲義已繼之爲孝父挾夷楚之援陵暴小国歲再用師其子繼世而不能改是之謂濟惡庸得爲孝乎不書子而書爵絕之於名教也

乙亥定王二十一年崩

五年晉景十四齊頃十三衛定三蔡景六鄭悼公費元年曹宣九陳成十三杞桓五十一宋共三秦桓十九楚共五春王正月杞叔姬來歸穀梁傳婦人之義嫁曰歸反曰來歸杜氏曰出也

前書杞伯來朝左氏以爲歸叔姬也叔姬始嫁不見於經与郯伯姬

同婚姻得礼常事不書此書杞叔姬來歸則出也家氏曰此与他悖義之出者不同必叔姬自不安於杞或以疾而求歸非杞之絶之也故春秋書其逆喪歸葬無貶辭臨川吳氏曰僖三十一年杞伯姬為其子求婦而僖公以次女叔姬与之歸為杞桓公夫人至今四十四年夫婦年皆六十之上而姬始被出而歸疑是叔姬無子杞桓別有妾子為太子叔姬心不自安而願歸甯故叔姬旣卒而杞桓復來逆其喪以歸也春秋於內女其歸其出錄之詳者男女居室人之大倫也男子生而願為于偽反下為之同之有室女子生而願為之有家父母之心人皆有之本孟子而不能為之擇家與室則夫婦之道苦淫僻之罪多矣附錄本經王法所重人倫之本錄之詳也為世戒也歷陵鄭伯姬杞叔姬皆出而來歸然叔姬書卒書杞伯逆喪以歸而鄭伯姬來歸之後不復見於經則其善惡優劣不可以槩觀矣

仲孫蔑如宋 共左傳報華元也愚按蔑与華元交相聘
問其情厚矣而明年蔑僑如逼於晉令還
以侵宋之師朝玉帛而暮干
戈謹於邦交者固如是乎 ○夏叔孫僑如會晉景荀
首于穀 首公作秀左傳晉荀首如齊逆女故宣伯餫諸
穀注氏曰穀齊地高氏曰荀首逆女而僑如往
饋之此之謂非礼之礼故以大夫會大夫書之愚按自
文十一年彭生會郤缺宣十五年蔑會高固自是大夫
會大夫率
以為常矣 ○梁山崩 左傳梁山崩晉侯以傳召伯宗伯
宗辟重曰辟傳重人曰待我不如
捷之速也問其所曰絳人也問絳事焉曰梁山崩將召
伯宗謀之問將若之何曰山有朽壤而崩可若何國主
山川故山崩川竭君為之不舉降服乘縵徹樂出次祝
幣史辭以礼焉其如此而已雖伯宗若之何伯宗請見
之不可遂以告而從之公羊傳梁山者何河上之山也
何以書記異也何異尔大也梁山崩壅河三日不流外
異不書此何以書為天下記異也穀梁傳高者有崩道
也杜氏曰梁山在馮翊夏陽縣北張氏曰同州韓城縣
有禹貢梁山愚按
同州今屬奉元路
梁山韓國也詩韓奕曰奕奕梁山韓侯受命而謂之韓

奕者言奕然高大為韓國之鎮也朱子傳奕二大也梁山韓之鎮也

後為晉所滅而大夫韓氏以為邑焉春秋之初晉滅韓曲沃莊伯之弟韓万以為采邑書而不繫國者為于僞反天下記異是以不言晉也據不言晉梁山崩胡氏曰先王之制名山大川不以封梁山雖屬於韓而非諸侯正受封之地故春秋書梁山崩而不繫之国者為天下記異也是以不書晉夫国主山川豈特晉當之哉左氏載絳人之語於禮文備矣而未記其實也夫降服損盛服乘縵車无文徹樂悉八音出次舍於郊祝幣陳玉帛史辭自罪責六者禮之文也古之遭變異而外為此文者必有恐懼修省之心主於內若成湯以六事檢身荀子大畧篇湯旱而禱曰政不節与民失職与宮室崇与婦謁盛与苞苴行与讒夫昌与高宗克正厥事書高宗肜日祖己曰惟先格王正厥事注先格王之非心後正其所失之事宣王側身

修行（下孟反）欲銷去（起呂反）之是也【附錄】云漢美宣王也宣王遇災而懼側身修行欲銷去之天下喜於王化復行徒舉其文而無實以先之何是以

弭災變乎。夫國主山川，至於崩竭，當時諸侯未聞有

戒心而修德也，故自是而後六十年間弑君十有四，

亡國三十二。本【何氏注】【愚按】自此至昭十六年凡六十年經書弑君唯晉州蒲齊光衛剽吳餘祭蔡固莒密州楚虔凡七滅國惟舒庸鄅偪陽舒鳩賴陳蔡州來凡九耳故徐彥疏云註誤今考文十一年敗狄于鹹何氏謂宣成以往弑君二十八亡国四十證諸經亦不合抑并春秋所不書者言之如穀梁三十四戰者歟其應（於證反，下同）亦僭（七感反）矣。春秋不明著其

事應，而事應具存，其可忽諸。【何氏曰】山者陽位君之象也象君權壞【家氏曰】穀梁具載伯尊所以告其君者以為伯尊掠路人之美以為己能孔子聞之曰伯尊其无績乎攘善也其实伯尊以道路鄙浅之言復之於君失懼災之意夫子必无是言也春秋於沙鹿梁山二大異特筆而書

之以見天下之治乱中国之合離自是而始從其文應變何足言哉是固天下之異而皆見於晉者周自東迁頼伯者以存齐既衰獨有晉在而比歲以來君庸臣貧坐隳霸業晉之削中国之憂也意舊史必書晉梁山崩春秋削之実為天下記異也。胡氏曰穀梁云不日何也高者有崩道也何以書晉侯召伯尊云云傳意以云云崩不當書以問伯尊故独書也豈春秋意耶

秋大水。張氏曰山崩大水陰盛之徵 ○冬十有一月己酉，天王崩。定王也在位二十一年子夷嗣位是為簡王高氏曰不書葬罪諸侯之不會也 ○十有二月己丑，公會晉侯景、齊侯頃、宋公共、衛侯定、鄭伯悼、曹伯宣、邾子定、杞伯桓同盟于蟲牢。程子傳天王崩而會盟不廢書同見其皆不臣莊氏曰蟲牢鄭地陳留封丘縣北有桐牢愚按封丘縣今屬汴梁路

按左氏：許靈公愬鄭伯于楚。鄭伯如楚訟，不勝，歸而請成于晉。鄭伯及晉趙同盟于垂棘盟于蟲牢，鄭服也。經十六趙氏曰言同

盟服異也【何氏曰】約備強楚【愚按】即穀梁所謂同外楚也鄭服則何以書同盟天
王崩赴告已及在諸侯之策矣以所聞先後而奔喪
禮也而九國諸侯會盟不廢故特書同盟以見（音現）其
皆不臣春秋惡（烏路反下如字）盟誓於惡之中又有惡焉者
此類是也【孫氏曰】天王崩晉合諸侯同盟蟲牢之盟不顧甚矣【薛氏曰】王崩而爲盟會無王之甚
也【愚按】是盟乃何休所謂同心爲惡惡必成者也蓋
諸侯之同盟實有同外楚之心而不知悖於尊王之
義天子之喪人道始終之大變諸侯相見揖讓入門
而聞訃則不得終禮況已聞而猶相与會盟不亦無
人心乎春秋之諸侯不知有王故襄王方崩則晉魯
之卿會盟王都之側而不奔喪簡王方崩而卿与晉
衛修朝聘於魯而不修弔事蓋將以是爲常而不知
愧甚者靈王之訃音已達於天下而諸侯旅朝於荆
楚且俟致襚執紼越歲踰時而後返而魯不
遣一介行李問国恤於京師也吁可嘆哉

【丙子】簡王元年 六年 【晉】景十五 【齊】頃十四 【衛】定四 【蔡】景七 【鄭】悼二卒 【曹】宣十 【陳】成十四 【杞】桓五十二 【宋】共

四【秦】桓二十【楚】共六
吳子壽夢乘元年
春王正月公至自會【愚按】二年會蜀盟蜀不書至者以望国之君屈於荊楚之大夫不可以告廟也此特書至者謂成公苟能自會如京師斬衰哭臨則亦庶幾亡於礼者之礼耳今也會同之後奄然帰国故書公至自會以著其無王不臣之罪也○二月辛巳立武宮【公羊傳】武宮武公之宮也立者不宜立也立武宮非礼也【穀梁傳】立者不宜立也

武宮武公之宮立武宮非禮也喪事即遠有進而無退【檀弓】飯於牖下云云葬於墓所以即遠也故喪事有進而無退宮廟即遠有毀而無立【何氏曰】過高祖不得復立廟【大戴禮】諸侯迁廟【注】親過高祖則毀廟而遞迁之故二昭二穆與太祖而五者諸侯之廟制也見【王制】【朱子曰】太祖始封之君昭之北廟二世之君居之穆之北廟三世之君居之昭之南廟四世之君居之穆之南廟五世之君居之太祖之廟百世不迁餘四廟每一易世而一迁曰考廟曰王考廟曰皇考廟皆有祭焉曰顯考廟曰祖考廟享嘗乃止去祖爲壇

去壇爲墠。音善 壇墠有禱則祭。無禱乃止。去墠爲鬼。諸
侯之祭法也 見祭法疏考廟者父廟考成也謂父有成德之美也王考廟者祖廟王君也言
祖有君成之德也祖尊於父故加君名也皇考廟者曾祖皇大也君也曾祖轉尊又加大君之稱也月祭
之者月月祭之也顯考廟者高祖也顯明也高祖居四廟最上故以高祖言之祖考廟者祖始也是謂始
祖廟也享嘗乃止享嘗四時祭祀不得月祭但四時祭而已封土曰壇除土曰墠去祖爲壇者謂高祖之
父也其廟既毀藏主於祖考之廟中不得四時祭之君有祈禱則出就壇受祭也去壇爲墠者謂高祖之
祖也其主亦藏祖考廟中若有祈禱則出就墠受祭不得在壇也高祖之父迁寄太祖而不得於太祖廟
受時祭故曰去祖高祖之祖經在壇而今不得祭故云去壇去墠爲鬼若又有從壇迁來墠者則此前在
墠者爲鬼雖有祈禱亦不得及 武公至是歷卅十一。武公名敖乃伯禽之玄孫隱公
之高祖傳懿孝惠隱桓莊閔僖文宣成凡十有一君 其毀已久。而輒立焉 范氏曰武
公之宮毀已久矣故傳曰不宜立 非即遠有終之意 孝經示民有終 故特書

曰立者不宜立也【常山刘氏曰】王制曰云云祭法曰云云然則諸侯宗廟古有彛
制過則毀之不可復立也武宫之毀已久而輒立之
非礼明矣【刘氏曰】魯諸侯也僭天子之礼雖欲尊其
祖鬼神不享也而[illegible]者君於魯之故更大而称之曰
魯公之廟文世室也武公之廟武世室也人之述固
久矣夫其以僭為典也此春秋所由作也【陳氏礼書
曰】武公之於魯伯禽宣王立庶之非以階魯国攻殺之
禍而豐功懿德不著於世自武至桓其廟已在可迭
之列成公立武宫昭公有事于武宫積世不毀故記
礼得以大之欲以比周之文武也【張氏曰】觀春秋之
書法与祭法之論廟制則武宫之立与煬宫同於失
礼違制斷為可知明堂位之言其為俗儒之論明矣
甚矣其乱聖制而誤後学也【愚按】立武宫僭王制故
書曰以謹之論者因明堂位遂以武宫為世室今考
春秋所書太廟則周公之廟也所書世室則魯公之
廟也羣公之廟則皆繫謚若武宫煬宫桓宫僖宫是
也苟謂之世室則世世不毀矣奚待於成公而始立
乎昭十五年有事于武宫不称世室則其以武宫為
世室者妄也况煬宫乃武公之六世祖至昭公已二
十世而桓宫則哀公之十世祖僖宫則哀公之七世
祖皆當言世室也煬宫在武宫之上武宫称世室煬

宮獨不称世室乎是知明堂位乃後世俗儒因魯僭
礼而為言春秋之時非有世室之名也然考成之十
八年晉悼公朝于武宮昭之十七年當晉頃公之世
而中行穆子獻俘于文宮晉武公至悼公文公至頃
公皆已十世而其宮猶存則當時諸侯之廟亲盡不
毀者不特魯矣○**啖氏曰**左氏云季武子以鞌之功
立武宮非礼也听於人以救其難不可以立武立武
由己非由人也傳意以為武軍之宮如楚□所立者
非也若以鞌戦之故不應經五年方立
之**趙氏曰**左傳説以武宮為武軍也

取鄟 **穀梁**鄟音專 **傳**鄟国也

鄟微國也**杜氏曰**附庸国根牟鄟邿皆微国也**孫氏曰**書取者滅之也滅
而書取為于偽反君隱也**僖十七年傳**凡大惡必隱避其辞而為之諱項亦
國也其書滅者以僖公在會季孫所為僖十七故直書
其事而不隱此春秋尊君抑臣以辨上下謹於微之
意也人倫之際差之毫釐繆眉救反以千里**易**大傳文故仲

尼特立此義以示後世臣子使以道事君而無朋附權臣之惡於傳(直戀反)有之犯上干主其罪可戮乖忤(五故反)貴臣禍在不測【晉書】(王濬傳濬与王渾争功表云云)故臣子多不憚人主而畏權臣如漢谷永之徒直攻成帝不以爲嫌至於王氏則周旋相比(毗志反)結爲死黨而人主不之覺【前】(谷永傳日食地震永對内寵太盛謁行於内勢行於外災異者皇天所以譴君過失時成帝委政元舅王鳳議者多歸咎焉永知鳳方柄用陰欲自託鳳遂厚之鳳卒音輔政永復説音任周召之職又与譚書勸辭城門兵委曲媚悦前後所上四十餘事專攻上身与後宮而黨於王氏)此世世之公患也歸父家遣緣季氏也【宣十八】(歸父欲去三桓及公薨季文子逐東門氏)朝(如字)吳出奔因無極也【昭十五】(楚費无極害朝吳之在蔡也譖之蔡人逐朝吳)王章殺身忤王鳳也【前】(王章傳成帝時王鳳輔政王章以選爲京兆尹雖

爲凰所奪非凰專權日食章奏凰不可任爲凰所陷下獄死**鄭侯寄館避元載也**【通鑑】唐代宗天曆五年元載專恣以李泌有寵於上忌之上畏載會觀察魏少游求參佐上謂泌曰載不容卿朕今匿卿於少游俟除載當报卿來**惟殺生在下而人主失其柄也是以黨與衆多知有權臣而不知有君父矣使春秋之義得行尊君抑臣以辨上下每謹於微豈有此患乎**○【愚按】公羊於根牟鄟邿皆曰邾邑然春秋未有取他国之地而不係国者苟以諱亟而不繫邾則僖公取須句訾婁可謂亟矣何以繫之邾耶刘氏辨之詳矣

【定】**衛孫良夫帥師侵宋**共【左傳】盟于蟲牢之歲諸侯謀復會宋公使向爲人辭以子灵之難三月晉伯宗夏陽說衛孫良夫甯相鄭人伊雒之戎陸渾蛮氏侵宋以其辭會也【家氏曰】經惟書衛不与晉人卒蛮夷而攻中国也去年冬宋实預蟲牢之盟今一辞會而遷加之以兵以爲未快復命曹人繼之前日楚莊圍宋歷三時之久国我斃而晉不能救但曰鞭長不及馬腹今宋人辭會而伐之至再晋景惛愚諸大夫狠肆

事多類此春秋聯書魯衛一侵責晉深矣【傳見蔑僑如侵宋】○夏六月邾子定來朝蓋成公即位而始朝也○公孫嬰齊如晉景【左傳】子叔声伯如晉命伐宋【杜氏曰】嬰齊叔肹子【愚按】二年三年公两朝晉此年嬰齊行又两聘晉魯仇齊而倚晉為援故君臣亟行迭往事霸之勤而不知僭王之已甚也○壬申鄭伯費卒費音秘悼公也在位二年弟睔立是為成公○

秋仲孫蔑叔孫僑如帥師侵宋共【左傳】孟獻子叔孫宣伯侵宋晉命也

魯遣二卿為主將去声【永嘉呂氏曰】二卿並書与行父許僑如嬰齊四卿並書之意同當是特大夫專擅各自帥師而公室微矣侵宋之事小而專權之患大動大衆焉有事於宋而以侵書者潛師侵掠無名之意蓋陋之也於衛孫良夫亦然上三年嘗會宋衛同伐鄭矣次年宋使華元來聘通嗣君矣又次年魯使仲孫蔑報華元矣是年冬鄭伯背音佩楚求成于晉而魯衛與宋又同

盟于蟲牢矣。今而有事於宋，上卿授鉞【李氏陶齋】古者出師命將授之以鉞。大衆就行而師出無名可乎？故特書侵以罪之也。左氏載此師晉命也，後二年宋來納幣請伯姬焉，則此師爲于僞反晉而舉，非魯志明矣。兵戎有國之重事，邦交人道之大倫，聽命於人，不得已焉，將能立乎？春秋所以罪之也【高氏曰】使魯伐宋者雖晉之命，而魯不以大義諭之，遽爲興師，則罪專在魯矣，故書曰侵，責與偏良夫同

楚共公子嬰齊帥師伐鄭成【楚始書大夫將】【左傳】楚子重伐鄭，鄭從晉故也【襄陵許氏曰】至是書楚卿帥師者，霸統幾亡也○冬，季孫行父如晉景【左傳】晉人去故絳遷于新田，季文子如晉賀遷也【愚按】經不書晉遷者，凡書遷皆小國逼於強暴不得已而遷也，晉人擇地利而徙都也，非不得已，故不書遷耳○晉景欒書帥師救鄭成○救【公】作侵【左】【傳】晉欒書救鄭与

楚師遇於繞角楚師還晉師遂侵蔡楚公子申公子成以申息之師救蔡御諸桑隧趙同趙括欲戰武子將許之知莊子范文子韓獻子諫曰不可吾來救鄭楚師去我吾遂至於此是遷戮也戮而不已又怒楚師戰必不克雖克不令成師以出而敗楚之二縣何榮之有焉乃遂還於是軍帥之欲戰者衆或曰聖人与衆同欲子之佐十一人其不欲戰者三人而已武子曰善鈞從衆夫善衆之主也三卿為主可謂衆矣

荆楚僭號稱王聖人比諸夷狄而不赦者大一統以存周使民本誤作明著於君臣之義也文王世子衆著於君臣之義愚按外傳云諸侯無二君而周無二王故春秋賤楚為深所以使天下知一王之所以為尊也鄭能背音偏夷即華是改過遷善出幽谷而遷喬木也嬰齊為于偽反是師師又因其喪而伐之不義甚矣經所以深惡烏故反之也書卿師師伐鄭於文無貶辭何以知其深惡楚也下書欒武子帥師救鄭則知之矣凡書救

者未有不善之也而伐者之罪著矣按左氏晉楚遇于桑隧（音遂）軍帥（所類反）之欲戰者八人武子遂還（音旋下同）則無功也亦何善之有曰此春秋之所以善欒書也兩軍相加兵刃既接折馘（古獲反）執俘計功受賞此非仁人之心王者之事故舞干而苗格者舜也（書大禹謨舞干羽於兩階七旬有苗格）因壘而崇降（户江反）者文也（僖十九文王聞崇德亂而伐之軍三旬而不降退修教而復伐之因壘而降）次于陘而屈（居勿反）完服者齊桓也（僖四）會于蕭魚而鄭不叛者晉悼也（襄十一）武子之能不遷戮而知還也亦庶幾哉（愚按公羊作栾書侵鄭今考明年楚復伐鄭而中国又救鄭則非侵鄭明矣然此書栾書帥師救鄭不二年又書栾書帥師伐鄭書救以著其恤與国之善書伐以著其虐與国之惡使晉能修其德政以懷鄭使之不叛助之守禦以保鄭而使之不

至於叛則爲盡善矣

丁丑 簡王七年 晉景十六 齊頃十五 衛定五 蔡景八 鄭成
二年 公晞元年 曹宣十一 陳成十五 杞桓五十
三 宋共五 秦桓二十
一 楚共七 吳壽夢二

春王正月鼷鼠食郊牛角改卜牛鼷鼠又食其角乃免牛鼷音奚穀梁傳免牲者爲之緇衣纏裳有司玄端奉送至于南郊免牛亦然免牲不曰不郊免牛亦然胡氏曰免放也

穀梁子曰郊牛日展觓觓音球角而知傷展道盡矣其所以備災之道不盡也胡氏曰有司展察牛而即知傷是展察之道盡不能防災禦患致使牛傷故不書日以顯有司之過觓球球然角貌改卜牛鼷鼠又食其角則亡亡與無同乎人矣非人之所能也所以免有司之過也范氏曰至此復食乃知匡無賢君天災之尒非有司之過也何氏曰鼷鼠鼠中之微者祭天不愼鼷鼠食郊牛角書又食者重錄魯不齊覔寤重有災也說文鼷小鼠也孫炎曰有螫毒如鼠狼新安羅氏曰牛有力

之畜何至爲鼷所食盡將祭之犧皆繫於牢設楅衡以制其角故鼷得以制之有司免過卽

變異也宣三范氏曰非備災之道不至此實天變之異其應於證反云何許翰

曰小害大下賊上食而又食三桓子孫相繼之象也

宣公有虞三桓之志至成始弗戒矣理或然也閔包曰鼠

小蟲性盜竊鼷又其小者也牛大畜祭天尊物也角兵象在上君威也小小鼷鼠食至尊之牛角象季氏

乃盜竊之人將執国命以傷君威而害周公之祀也改卜又食天重語之也家氏曰春秋於魯郊或譏失

礼或以紀異宣三年成七年定十五年哀元年四書牛傷皆記異也

吳壽夢伐郯吳始見經郯音談左傳吳伐郯郯成季文子曰中国不振旅蠻夷入伐而莫之或恤無弔

者也夫杜氏曰吳国在吳郡張氏曰吳郡今平江府

稱國以伐狄之也夷狄君臣同辭止錄其號吳稱国而不繫君臣比於夷狄也孫氏曰

惡其僭號狄之也吳本太伯之後以族屬言則周之伯父也

哀十三 吳人曰於周室我爲長何以狄之爲于僞反其僭天子之大號也 史 吳世家太伯周太王之長子太王賢季歷欲立之太伯与弟仲雍犇荆蠻荆蠻義而歸之至壽夢始大稱王 愚按 此年乃壽夢即位之二年今考吳語越人稱夫差皆曰天王則吳之僭王又非徐楚之比矣 按國語云命圭有命固曰吳伯不曰吳王 吳語注 命圭受錫之策命吳本稱伯故曰吳太伯 然則吳本伯爵也後雖益熾浸與中國會盟進而書爵不過曰子亦不以本爵與之故紀於禮書曰四夷雖大皆曰子 見曲禮 此春秋之法仲尼之制也而以爲不敢擅進退諸侯亂名實者劉氏誤矣

襄陵許氏曰 吳自壽夢得申公巫臣而爲楚患夷狄相攻不志也伐郯之役兵連上国於是始見於春秋志入州來志十五国之所以會鍾離也 家氏曰 郯太皞之後国雖小尚有典刑昭十七年郯子來朝聖人訪之以官名尚有取焉春秋書吳伐郯憫之也 胡氏曰 楚初主盟于蜀而吳已伐郯入州來異時入郢之

禍已兆於此矣

夏五月曹伯宣來朝蓋成公嗣位而始來朝也○不郊范氏曰言免牲則不郊顯矣言免牛亦不郊而經復書不郊蓋爲三望起莊氏曰間有事故書不郊猶三望

吳郡朱長文宋紹興間人著春秋通志二十卷曰禮天子有四望周禮大宗伯旅上帝及四望小宗伯四望四類注四望謂五嶽四鎮四瀆諸侯則祭境内山川而已王制諸侯祭名山大川之在竟内者魯當祭泰山泰山魯之境也禮所得祭故不書三望僭天子禮是以書之其說是矣楚子軫昭王言三代命祀祭不越望而曰江漢沮漳莊氏曰四水在楚界楚之望也見哀六楚始受封濱江之國漢水沮漳豈其境内哉此亦據後世幷兼封略言之爾愚按周文王封熊繹於楚蠻以子男之田居丹陽今歸州有故丹陽城則楚本封濱江而土地甚狹

漢水在今漢陽沮水亦出漢中漳水在今漳州皆距丹陽甚遠必非楚始封之境故齊桓問昭王南征涉漢不復楚以昭王時漢非楚境不肯服罪然屈完言漢水以爲池亦枝言漢陽諸姬楚實盡之則春秋之初漢水已在楚境内矣經書猶三望者三僖三十一年書免牲而繫以猶三望不言不郊者免牲則知不復郊矣宣三年書牛死乃不郊而繫以猶三望不言免牲者牛死無牲可免故必言不郊此年既書免牛又書不郊因間有吳曹二事不可但言猶三望故以不郊起之也【襄陵許氏曰】用是知魯郊或以五月非特定公也

秋楚共公子嬰齊帥師伐鄭成公會晉侯景齊侯頃宋公共衛侯定曹伯宣莒子渠丘邾子定杞伯桓救鄭成八月戊辰同盟于馬陵【左傳】鄭子良相成公以如晉見且拜師楚子重伐鄭師于汜諸侯救鄭鄭共仲侯羽軍楚師囚鄖公鍾儀獻諸晉同盟于馬陵尋蟲牢之盟且莒服故也【程子傳】諸侯同心病楚【杜氏曰】馬陵衛地陽平元成縣東南有地名馬陵莒今屬齊齊服故莒從之【愚按】元城縣今屬大名路

楚人軍旅數（色角反）起，頻年伐鄭，以其背（音佩，下同）己而從

諸夏也。【高氏曰】去冬欒書救鄭，而楚師還，未得志於鄭，故復伐之。與莊之欲討徵

舒而入陳亦異矣。書大夫之名氏，書師，師書伐，而無

貶詞者，所謂不待貶絕而罪自見（音現）者也。晉合八國

之君親往救鄭，則攘夷狄、安中國之師也。欲著其善，

故特書救鄭以美之。【陳氏曰】救者救其患難，凡救患皆為美也。【家氏曰】晉前此救鄭皆以大夫師偏師，至是合九国之師自將以行，春秋爵諸侯而書救鄭，襃之也。言救則楚罪

益明，而鄭能背夷即華，善亦著矣。前此晉遣上將（去声）

諸國不與（音預）焉。此則其君自行而會合諸國，則楚人

暴橫（去声）憑陵諸夏之勢益張，亦可見矣。故盟于馬陵，

而書同盟者，同病楚也。（本孫氏發微）【家氏曰】此合諸侯救鄭，因以同盟，幸諸侯之

猶同也【愚按】穀梁於新城斷道雞澤平丘皆曰同外
楚䟽謂傳省文卒上下以包其餘則知晉霸之同盟
大抵皆同外楚也【王氏曰】齊桓之救徐先盟于牡丘
所以盟者為救救徐設也晉景之救鄭後盟于馬陵非
特為救鄭也有宋莒在焉宋以五年辟會魯衛受晉
命侵之莒自晉文之卒至是始與盟約故知其因馬
陵之會以
固結之耳

公至自會【高氏曰】諸侯會而楚師退故不以救鄭至〇吳壽夢入州來【左傳】楚申公巫
臣與子重子反有怨及共王即位使巫臣聘於齊及鄭
遂奔晉晉人使為邢大夫子重子反殺巫臣之族巫臣
自晉遺二子書曰爾以讒慝貪惏事君而多殺不辜余
必使爾罷於奔命以死巫臣請使於吳晉侯許之吳子
壽夢說之乃通吳于晉以兩之一卒適吳舍偏兩之一
焉與其射御教吳乘車教之戰陳教之叛楚寘其子狐
庸焉使為行人於吳吳始伐楚伐巢伐徐子重奔命馬
陵之會吳入州來子重自鄭奔命子重子反於是乎一
歲七奔命蠻夷屬於楚者吳盡取之是以始大通吳於
上國【王氏曰】州來楚與國也【趙氏曰】淮南下蔡縣【愚按】
屬今安豐路霍丘縣【高氏曰】吳楚爭強始見於此州來
屬楚吳以兵入之著楚雖恃強而吳敢與之敵也【張氏】

曰吳之始大豈特楚之患哉僭王而病中国亦晉有以啓之也家氏曰吳伐郯春秋所憂也入州來又春秋所喜也州來楚之附庸要害之地吳得之可以制楚也陳氏曰吳楚交兵不書至是始書之始大通吳於上国晉人爲之也盟於蒲景公將始會吳吳不至於鍾離而后至盟於雞澤悼公又逆吳子吳不至於戚而后至吳不敢自列於諸夏而晉求之急將以罷楚也楚罷晉亦不復伯矣入州來不可不錄其始也○劉氏曰左氏以謂州來楚邑非也州來小國世服於楚未嘗特與諸侯盟會謂州來真楚邑則背於經矣○冬大雩高氏曰冬非旱時曰大雩者志其旱且僭也○劉氏曰穀梁云冬無雩也非也周之十月今之八月若久不雨可不雩乎○衛定孫林父出奔晉景左傳衛定公惡孫林父反戚焉杜氏曰林父良夫子戚林父邑林父出奔戚隨屬晉高氏曰衛定公惡孫林父故逐之林父亡七年而恃晉反衛復專衛政又十九年遂逐其君卒以邑叛則定公可謂知所惡矣家氏曰春秋中年諸侯之大夫外交強国以伉其君衛之孫氏魯之季氏其尤也林父自結於晉之權臣爲衛国患幾四十年晉黨叛臣爲之羽翼衛獻魯昭所以失国晉實爲之也

春秋卷之十九

春秋卷之二十

胡氏傳

後學新安汪克寬附録纂疏

成公下

戊寅 簡王三年 八年 晉景十七 齊頃十六 衛定六 蔡景九 鄭成二 曹宣十二 陳成十六 杞桓五十四 宋共六 秦桓二十二 楚共八 吳壽夢三

春晉侯景使韓穿來言汶陽之田歸之于齊

左傳 季文子私於韓穿曰大国制義以爲盟主是以諸侯懷德畏討無有貳心謂汶陽之田敝邑之舊也而用師於齊使歸諸敝邑今有二命曰歸諸齊信以行義義以成命小国所望而懷也信不可知義無所立四方諸侯其誰不解体詩曰女也不爽士貳其行士也罔極二三其德七年之中一與一奪二三孰甚焉士之二三猶喪妃耦而況霸主霸主將德是以而二三之其何以長有諸侯乎詩曰猶之未遠是用大簡行父懼晉之不遠猶而失諸侯也是以敢私言之 公羊傳 脅我使我歸之也 穀梁傳 于齊緩辞也 杜氏曰 齊服事晉故晉來語魯使還之

汶陽之田本魯田也注見二年魯人恃大國之威以兵力脅齊得其故地而不正疆理於天王則取之不以其道也郤克戰勝令於齊曰反魯衛之侵地齊既從之令復扶又反有命俾歸諸齊則歸之不以其道也孫氏曰汶陽之田齊所侵魯地也故二年用師于齊而歸之今又使穿言歸于齊非正也魯之土地天子所封非晉侯所可得而制也晉侯使歸之于齊是魯国之命制在晉也故詞繁而不殺以惡之而齊人貪得晉有二命穿也列卿無所諫止皆罪矣陸氏曰參譏齊魯晉也高氏曰夫魯国之分地晉不當為齊請於魯齊不當求之於晉韓穿為晉卿不當為齊言於魯魯不當以晉令遂以與齊來言者緩詞也張氏曰前此取濟西田及汶陽田出於晉命矣不曰使来言後此晉使司馬侯命歸杞田又為杞取成矣亦不曰使来言蓋取所當得反所當歸皆義也制命以義霸主之常事也諸侯之所以宗晉以為盟主亦曰以義制其予奪而已今汶陽之歸徇私而匪公比

強而陵弱易已成之制命而自乱之故書来言以者其不得爲制命歸之于者易以豉反

辭也常山刘氏曰帰之于者帰不以道与執衛侯帰之于京師同義爲國以禮者無

憚於強而魯侯微弱遂以歸齊而不能保罪亦見音現

矣高氏曰曰来言則晋非必令魯帰之也言之而已曰帰之于者強帰之詞蓋以明晋之失言也夫汶陽魯田自齊帰魯曰帰可也自魯帰齊安得謂之帰愚按曰来言則見晋命之緩蓋自知其言之不順而未能必魯之從否也曰帰之于則見取魯田之易晋卿之一言重於三軍而不敢固拒也晋韓宣子有環其一在鄭商請於子産子産弗與宣子買諸賈人而請之又弗與曰大国之人而令於小国皆獲其求將何以給之今季文子知晋人予奪之非義而不能不以汶陽之田帰齊也制命非正而唯命是聽詎不爲晋之縣鄙乎夫商人一環而子産不從於強令況先君所受於王之分地乎使是時季文子復於韓穿曰昔武王克商成王定之周公相成王以尹天下有大勳勞於王室成王封我先君魯公於少皞之虛錫之山川土田附庸以昭周公之明德顧敝邑褊小密迩仇讎惟是先王之封畛疆域莫克有之大国爲侯伯而

長諸侯矜哀敝邑以不腆之田而翦於仇讎是用痛心疾首悉師輿賦以爲搴之役天誘其衷齊人悔罪請盟袁婁以汶陽之田歸諸敝邑則大國之命也義無二信信無二命今大夫命敝邑曰復歸諸齊棄信失義以蔑先王之制或者難以霸乎大國制義以服諸侯若徼惠於周公魯公施榮賜於汶陽使敝邑世出守之以勿失隊則寡君之願也諸侯之望也其何有貳志背袁婁之盟而失諸侯必不爲也敢盡布之執事惟執事實圖利之如是則韓穿將恐懼悔謝之不暇復諸晉侯不復有歸齊之命矣韓宣子不能行之於鄭豈以韓穿獨能行之於魯乎借也季文子爲魯之賢大夫而有愧於子産多矣雖然行父之相魯不能有立罪固不可揜然晉於是時欒武子范文子知武子中行獻子皆名卿也不能引其君以當道而出令之不信發命之不衷徒知蟲牢馬陵之盟齊既從晉俾魯歸田所以堅齊也魯不思失信於魯是失信於諸侯一齊聽命而四方解体悔而尋盟惡足以要人心之強同乎春秋書戰于搴取汶陽田韓穿來言汶陽之田歸之于齊傷晉霸之益偷也或謂季文子陳義拒穿而田卒不與誤矣苟不以田歸齊則春秋當但書晉侯使韓穿來而不言汶陽之田歸之于齊矣○**劉氏曰**公羊云来言者何内辭也非也比直

言其事耳亦何内辞哉穀梁云不使盡我也亦
非也直書以刺晋耳不使盡我了無所用也
晋景欒書帥師侵蔡景左傳晋欒書侵蔡遂侵楚獲申
驪楚師之還也晋侵沈獲沈子揖
初從知范韓也襄陵許氏曰侵蔡報伐鄭也大国争衡
而小国受敗春秋殆焉高氏曰晋得齐之後冀盡得諸
侯也蔡則畏楚終不與晋自翟泉以来不與中国盟會
者四十有八年文十五年郤缺入蔡至是欒書復加兵
然非執辞討罪
之辛故書侵
○公孫嬰齊如莒渠丘左傳声伯如莒
逆也杜氏曰因聘而
逆高氏曰因馬陵之盟始復与莒通臨川吳氏曰大夫
託聘之名而自逆婦者多矣非礼也愚按行父如陳公
孫玆如牟嬰齊如莒皆因遣聘而請昏納婦也
春秋止書曰如不與其託於公以遂其私也
○宋公共使華元來聘左傳聘共姬也高氏曰凡諸侯相聘必有
事焉非專行聘礼也華元之来盖圖昏尔
○夏宋公共使公孫壽來納幣公羊傳納幣不書此何
以書錄伯姬也杜氏曰
無主昏者自
命之故称使
納幣不書此何以書公孫壽卿也納幣使卿非禮也

胡氏曰昏礼而使公孫非也蜀杜氏曰納幣使大夫可也且公子公孫為君納幣非所以遠嫌也家氏曰華元来聘乃宋公始使請婚俾通其意此媒氏之事而遣命卿魯既許之公孫壽繼至納幣再以卿行兩書宋使譏也

禮不可略亦不可過惟其稱尺證反而已矣礼者理之節文節其過而文其不及略則輕大倫過則溺私愛宋公之請伯姬魯侯之嫁其女愚按九年季文子致女復命穆姜再拜則知伯姬乃宣公女穆姜之所出而成公之妹也十四年成公始娶于齊使成公有女可妻宋公宋公亦未應娶庶女為夫人也皆致其厚者也而不知越禮逾制豈所以重大婚之禮哉經悉書之為後法也愚按春秋書納幣者三莊公如齊納幣譏其親納幣娶仇女也文公使公子遂納幣傳不言譏使卿以貶喪娶故辛重而言也此書公孫壽納幣但譏使卿耳

○胡氏曰左氏云礼也何其謬歟若合礼則常事不書

晉景殺其大夫趙同趙括

按左氏趙莊姬爲于僞反趙嬰之亡。五年趙嬰通于趙莊姬原屏放諸齊嬰曰我在故欒氏不作我亡吾二昆其憂哉杜氏曰嬰盾弟莊姬朔妻朔盾之子莊姬成公女譖于晉侯曰原屏步丁反將爲亂。杜氏曰原屏同括之邑欒郤爲徵知陵反晉討趙同趙括。宣十二括爲中軍大夫同爲下軍大夫以其田與祁奚。韓厥言於君曰。成季之勳。宣孟之忠。而無後。爲善者懼矣。乃立武而反其田。武朔之子韓厥言必在他年傳終言之然則同括無罪。爲莊姬所譖而欒郤害之也。故稱國以殺而不去起呂反其官。以見音現晉之失政刑矣。張氏曰晉侯聽讒殺二大夫故以国殺大夫爲文同括爲大夫不能閑有家以致生乱又不能愼動遠謗使莊姬之譖得行以殺身喪家失以智御人之道故書名劉氏曰同括内不能正其親外專戮以干其君足以殺其身而已矣愚按或謂晉景因莊姬之譖追論趙盾弒君之罪而殺同括觀鄭人斲帰生之棺而滅其族則其事容或

有之然史記称屠岸賈誅趙氏殺趙朔趙同趙括趙嬰齊皆滅其族而春秋止書殺同括不書殺朔及嬰則不惟与傳抵捂亦且与經相戾盖不足信也

秋七月天子簡使召伯來賜公命召音邵賜公穀作錫錫命止此左傳召桓公來賜公命公羊傳其称天子何元年春王正月正也其餘皆通矣穀梁傳礼有受命無来錫命錫命非正也曰天子何也曰見一称也

諸侯嗣立而入見音現下同則有賜。已修聘禮而來朝則有賜能敵王所愾苦愛反而獻功則有賜。並見文元注成公即位服喪已畢而不入見既更音庚五服一朝之歲矣。三年則諒闇已終今即位八年是喪畢而又過六年一朝之期也而不如京師。定王之喪又不乎葬又未嘗敵王所愾而有功也。何為來賜命乎。召伯者縣内諸侯為王卿士者也。趙氏曰召桓公周卿士來賜公命衆邦君之不王畿天子之僭賞也通旨先王之時諸侯嗣子誓於天子然後爲世子三年喪畢以士服入朝於王王乃錫命使爲諸侯也春秋時爲子多不受命於父爲臣皆不請命於王而王使來錫命此何礼也閔氏曰諸侯喪畢以士服見王乃受命於廟耳不親受命諸侯之法也賜以命圭天子之弱也成公未有大功明德而賜命非沮賞之典也吳興沈氏曰成公未嘗朝覲於天子又無功德之可褒而王遣使就国錫之命是長其驕傲之心也春秋書王臣來求止於文公書來聘止於宣公書錫命止於成公盖文宣以後周益微弱而礼文不足以結諸侯爵命不足以寵諸侯也高氏曰周之所以王者以其秉天子之權而行天下之義也賞在我罰在我是天子之權也賞可賞罰可罰是天下之義也及其衰也有其權而無其義故賞罰俱濫而天子之權猶在也迨其衰之甚也天子之權去矣其位与諸侯夷矣其待諸侯有賞而無罰矣觀春秋所書天王加恩於諸侯者甚衆而懲御諸侯者無見焉權去而威不行也不能致罰則吾之賞也不足以爲諸侯之榮亦不足以勸諸侯之功又不足以服諸侯之心徒致悅於人耳

臨諸侯曰天王君天下此天子來賜命所以譏也

曰天子劉氏曰天子者臨天下之言也天王者臨諸侯之言也曲礼君天下曰天子臨諸侯畛於鬼神曰有天王某甫注天下謂外及四海也漢於蠻夷称天子於王侯称皇帝蓋一人之通稱杜氏曰天子天王王者之通称陸氏曰書天子或依策命之文或傳寫誤也永嘉呂氏曰春秋錫命者三王或書王或書天王或書天子或謂天王者制治天下而主乎法也天子者養天下而主乎恩也在詩賞善罰惡之事多称王恩賜燕好之事多称天子桓公篡弑而求錫命則不能行王法故王去天成公之立八年矣未嘗有勤王之績而來賜命則失於行私恩故称天子夫錫桓公命固不能行王法文公不朝而錫命獨為得礼乎賜成公命固為失恩錫文公命獨不為失恩乎愚按天子作民父母以為天下王故周公称成王曰告嗣天子王矣以王与天子兼言之初非以天子為卑而王為尊也說者以天子為貶辭春秋於天子之事可貶者非一何獨於賜成公命而貶之乎今考宰孔賜齐侯胙富辛請城成周皆称天子而荅者亦云覲礼篇則以王与天子更互言之則杜氏之說不謬矣春秋三書錫命獨此年左氏經作賜命蓋錫賜皆上予下之名義無以異故韻書賜字或作錫或謂錫之爵命世世相襲則謂之錫服過其

爵有加而賜則謂之賜今考内史過賜晋惠公命則始即位而賜之者也召伯廖賜斉桓公命則有功而賜之者也刘定公賜斉霛公命則以私恩而賜之者也王命尹氏等策命晋文公賜之大輅戎輅則朝王獻俘而賜之者也事雖不同而皆言賜也詩称王錫申伯則始封而錫之也王錫韓侯則嗣位來見而錫之也王命召虎用錫尔祉圭瓚秬鬯則有功而錫之也事各異而亦皆言錫也由是知賜錫義同不必穿鑿立説抑或左氏字誤耳

冬十月癸卯杞叔姬卒孫氏曰出而書卒者爲明年逆喪起陸氏曰凡内女爲諸侯夫人則書卒以公爲之服也嫁爲諸侯夫人而不書卒時魯君非其兄弟及兄弟之子也諸侯無大功以下之服故杞叔姬雖出猶書者爲喪歸杞故也愚按或謂爲杞所出不當係之杞魯人未許其絶故不以吾女卒之非也苟不書杞則同於未嫁之女矣不卒可也書卒而不係杞不可也○晋侯景使士燮來聘叔孫僑如會晋士燮齊頃人邾定人伐郯

按左氏士燮來聘言伐郯也以其事吳故七年吳伐郯郯成

公請緩師不可公賂之文子曰君命無貳失信不立礼無加貨事無二成君後諸侯是寡君不得事君也季孫懼使宣伯會伐鄭吳初伐郯季孫固曰中國不振旅蠻夷入伐而莫之或恤亡無日矣當其時既不能救及其既成豈獲已也而又率諸國伐之何義乎前書來聘下書會伐晉侯之爲盟主可見矣魯既知其不可從大國之令而不敢違其不能立亦可知矣愚按季孫謂中国不能相愍恤譪然仁人之心然不能輔君爲善逼於強令而從之以困小弱亦何取焉家氏曰不能治楚而徒欲服鄭不能制吳而反欲責晉之君臣無能甚矣先書吳伐郯此書四国會伐鄭不能救之又伐之著晉之罪所以貶也高氏曰内討如殺趙同趙括外討如伐鄭則何以爲政於天下哉

衛定人來媵媵以證反程子傳媵小事不書伯姬之嫁諸侯皆來媵之故書以見其一女子之賢尚聞於諸侯況君子乎或曰魯女之賢豈能聞於遠乎曰古者娶女與非敵者則求爲媵固爲之擇賢小君則

諸侯国之賢女當自闕也

媵者何諸侯有三歸嫡夫人行則姪娣從二國來媵亦以姪娣從凡一娶九女見(公羊)莊十六所以廣繼嗣(杜氏曰)諸侯娶適夫人及左右媵各有姪娣三人凡九女所以廣継續也三國來媵非禮也夫以禮制欲則治去声以欲敗禮則亂而諸侯一娶十有二女(白虎通)天子娶十二女法天有十二月(通旨)問左傳諸侯嫁女同姓媵之異姓則否啖子非之云直譏三国來媵非礼豈爲異姓乎曰諸侯一娶九女而三国來媵則是十二女也媵同時故經備書之以著其失礼不爲異姓与同姓則是以欲敗禮矣備書三國以明逾制爲後戒也(高氏曰)書衛人來媵爲下齊晋來媵起(劉氏曰)春秋所急者礼也所制者欲也以礼制欲則治以欲敗礼則乱而諸侯娶十二女則是以欲敗礼矣故春秋備書之所以戒也(家氏曰)自入春秋內女適他国者有矣諸国之來媵者皆不書至是伯姬將婦于宋衛人晋人齊人皆來媵盖伯姬

有賢行諸国纂之雖齐晋之大忘其勢而樂以其女
爲媵聖人備書抑亦譏其過制也。陸氏曰公羊云
録伯姬也穀梁云以伯姬不得其所故盡其事也按
書媵譏其数尒非爲伯姬也劉氏曰左氏云礼也凡
諸侯嫁女同姓媵之異姓則否非也諸侯三帰之各
一族自同姓耳若嬴曹嬀弋之君嫁女者必同姓媵
之則或不能備矣天子之
妃百二十又可一姓乎

己卯 簡王四年

九年晋景十八齊頃十七卒衛定七蔡景十鄭成三曹宣十三陳成十七杞桓五十五宋共七秦桓二十三楚共九吳壽夢四

春王正月杞伯桓**來逆叔姬之喪以歸**左傳杞桓公來逆叔姬之喪請之也杞叔姬卒爲杞故也逆叔姬爲我也公羊傳脅而歸之也穀梁傳夫無逆出妻之喪而爲之也杜氏曰魯彊請杞使還取葬

凡筆於經者皆經邦大訓也。杞叔姬一女子爾。而四書于策僖三十一年杞叔姬來求婦成五年叔姬來帰八年叔姬卒此年喪帰**何也。有**

、男女然後有夫婦。有夫婦然後有父子本易序卦晉義男女有別

而後夫婦有義夫婦有義而後父子有親故春秋慎男女之配重大昏之禮以是爲人倫之本也事有大於此者乎男而賢也得淑女以爲配則自家刑國可以移風俗女而賢也得君子以爲歸則承宗廟奉祭祀能化天下以婦道豈曰小補之哉夷考杞叔姬之行（下孟反）雖賢不若宋共（音恭）姬亦不至如鄫季姬之越禮也杞伯初來朝魯然後出之卒而復（扶又反下同）逆其喪以歸者豈非叔姬本不應出故魯人得以義責之使復歸葬乎臨川吴氏曰叔姬爲杞桓公夫人四十四年夫婦年皆已老乃出而歸莫考其由或止是以無子而出也胡氏言姬本不應出故魯得以義責之其說蓋是家氏曰夫婦天倫以義而合者也有過而出事之必不獲已者也叔姬之歸傳不言其故而自始歸至逆喪皆繫之杞春秋與之歸而爲之書也愚按宋襄公母出歸于衛襄公

即位其母思之義不可往賦河廣之詩而聖人取之則出妻固与廟絕不可復反是以啖氏謂出婦未反而逆其喪非礼也然春秋書叔姬卒与杞伯逆喪以歸悉無貶辞則知叔姬盖無悖德反義之行故杞桓公猶逆其喪夫在而逆喪歸葬自應祔廟与宋襄母不同矣魯在春秋時内女之歸不得其所者有矣內女出而來歸者三郯伯姬齊子叔姬皆不書卒聖人詳録其始卒欲為後鑒使得有終而無弊也其經世之慮遠矣。

啖氏曰文十二年左傳云杞伯請絕叔姬而無絕婚二月叔姬卒不言杞絕也書叔姬言非女也此傳大誤彼文十二年子叔姬自是魯女未嫁者若不言杞叔姬復是何国出乎

公會晉侯景齊侯頃宋公共衛侯定鄭伯成曹伯宣莒子渠丘杞伯桓同盟于蒲

程子傳諸侯患楚之強同盟以相保鄭既盟復叛深罪其反覆

杜氏曰蒲衛地注見桓三年

按左氏爲于僞反歸汶陽之田故歸田在去年諸侯貳於晉。

晉人懼。會于蒲以尋馬陵之盟（在七年）夫盟兆固結之本也。衛獻公言於甯喜求復國。喜曰：必子鮮（字如）在，不然必敗。（見襄二十六杜氏曰子鮮賢國人信之）小邾射（音亦）以句（古侯）繹來奔，曰：使季路要（於妙反下同）我，吾無盟。（見哀十四杜氏曰子路信誠故欲得與相要誓）夫信在言前者，不言而自喻；誠在令外者，不令而自行。晉初下令於齊，反魯衛之侵地，而齊不敢違者，以其順也。齊既從之，魯君親往拜其賜矣（二年公如晉拜汶陽田）復（扶又反）有二命，俾歸諸齊，一與一奪，信不可知，無惑（与惑同）乎諸侯之解體也。（解体猶言離心）晉人不知反求諸己，惇信明義，以補前行（去声）之愆，而又欲刑牲歃血要質鬼神以御（魚呂反）之。左傳季文子謂范文子曰：德則不競，尋盟何為范文子曰勤以撫之寬以待之堅彊以御之明神以要之柔服而伐貳德之次也勉齋黃氏曰人惟忠信也不惟可以通天下之務而又可以釋天下之疑苟無忠信誠慤之心以涖之則吾以詐御彼彼亦以詐應之矣**是從事於末而不知本矣**信者盟之本也盟者信之末也信不由中雖交質子猶有背之者況盟乎**特書同盟以罪晉也**失信而尋盟惡其反覆而書同也高氏曰晉不足以宗諸侯既爲此盟而諸侯皆貳於是鄭叛不服莒潰莫救故書同盟以著其惡張氏曰晉因諸侯之貳不自反其失信反汶陽之非而復會諸侯同盟以威制約束之然自此鄭魯俱有叛晉之心執鄭盟魯紛紛甚矣治人不治反其智同盟豈所以一諸侯哉愚按程子以是盟患楚之強同盟以相保則是同懼楚也蓋晉人懼諸侯之貳者懼其貳於楚耳然魯既失信於奪汶陽已則無信而要人以信慮人之異而強其同安能保之不異哉于蒲与平丘皆同病楚皆晉人懼諸侯之貳而同盟春秋皆書同憂其反覆而不能終同也蜀杜氏曰齊桓晉文之後晉齊序於宋上者以強弱爲大小也宋於齊晉不可爲強矣如杞之削弱而當序於諸国之下也天子因實而書之悼其不以爵次爲序而以強弱爲先後也

公至自會【高氏曰】伯姬將以二月歸宋而公以正月出會而遽歸者晉以汶陽之田故諸侯皆有貳心焉亦足以見蒲盟之不信也○二月伯姬歸于宋共【劉氏曰】諸侯逆女而不書者君自逆也自逆則常事不書矣王姬歸于齊齊侯實來而不見於經此其明驗也【愚按】杞鄭郿皆小国必君親逆春秋皆不書逆則以為常事而不志明矣夏季孫行父如宋致女【左傳】季文子如宋致女復命公享之穆姜出于房再拜曰大夫勤辱不忘先君以及嗣君施及未亡人先君猶有望也敢拜大夫之重勤【公羊傳】未有言致女者此其言致女何録伯姬也【穀梁傳】詳其事賢伯姬也【程子傳】女既嫁父母使人安之謂之致女古者三月而朝見始成婦也伯姬賢魯国重之故使卿致也晉景人來媵【左傳】礼也

致女者何女既嫁三月而廟見音現下並同【士昏礼】婦人三月乃奠菜則成婦矣而後父母使人安之故謂之致也【何氏曰】古者婦人三月而後廟見稱婦擇日而祭於禰成婦之義也父母使大夫操礼而致之必三月者取一時足以別貞信貞信著然後成婦礼言女者謙不敢自成婦礼【杜氏曰】謂之致女所以致成婦礼篤婚姻之好常

事爾何以書。致女使卿，非禮也。趙氏曰：不當使卿致。經有因褒

以見貶者，初獻六羽之類是也。因諸侯六佾之復正，而見仲子立宮之非。

亦有因貶以見褒者，致女來媵之類是也。因納幣致女使卿三

国來媵之過礼而見伯姬之賢。永嘉呂氏曰：意者魯人以爲賢而備書於冊，故仲尼得以從而述之，因其

記錄之詳而得以著其失礼尔。伯姬賢行下孟反，下同著於家，故致女使

卿，特厚其嫁遣之禮。張氏曰：納幣致女皆過乎厚，觀左傳載穆姜之辞，則前後越礼

皆穆姜之意歟。賢名聞於遠，故諸國爭媵。何氏曰：伯姬以至賢爲三国所爭媵。

信其無妬忌之行。小星詩序：夫人無妬忌之行。程氏以爲一女子

之賢，尚聞於諸侯，況君子哉。或曰：魯女雖賢，豈能聞

於遠乎。曰：古者庶女與非敵者則求爲媵，國爲于僞反

之擇賢，小君則諸侯之賢女自當聞矣。文月孝公夫人子孟姬齊国衍

其貞孝公修礼親迎之。胡氏曰穀梁云是以我盡之也不正故不與内称也非也内称謂称使内大夫受命而出無称使者假令與内称則曰公使季孫行父如宋致女乎

秋七月丙子齊侯無野卒頃公也在位十七年子環嗣是爲靈公○晉景人執鄭伯成晉欒書師師伐鄭

按左氏楚人以重賂求鄭鄭伯會公子成于鄧秋鄭伯如晉晉人討其貳於楚執諸銅鞮欒書伐鄭鄭使伯蠲行成晉人殺之楚子重侵陳以救鄭穪人而執者既不以王命又不歸諸京師則非伯討也高氏曰鄭伯雖与楚會旋即悔過而躬朝于晉是已知前日之失而自服其罪矣晉人當捨其前失而待之以礼可也乃因其來朝而執之豈有以礼來朝而反蒙執辱者哉又況鄭使伯蠲行成而殺之耶春秋所以深罪晉而人之也襄陵許氏曰向使晉能制楚使之不能危鄭討鄭可也今楚潰莒入鄆晉不能救而禁鄭之貳於

楚鄭獨能無懲於肉袒牽羊之禍乎故殺伯蠲不書
晉景之執鄭伯愧於漢武之遣樓蘭也

者既執其君矣則行人為輕亦不足紀也楚子重侵

陳與鄭父救江文三何異削而不書者鄭亦有罪焉耳

夫背音佩夷即華正也今以重賂故又與楚會則是惟

利之從而不要一遥反諸義也故鄭無可救之義楚不

得有能救之名愚按晉不能招攜以礼懷遠以德恕鄭之貳於楚拘其君伐其国戮其行

成之使暴矣然春秋書棄書師師書伐不加貶辭楚人侵陳以救鄭則削而不録者存中国而抑夷狄也

〇刘氏曰穀梁云不言戰以鄭伯也非也春秋伐而不戰多矣豈伐則必戰乎且晉實不執鄭伯以伐鄭

何以能必其以鄭伯乎

冬十有一月葬齊頃公頃音傾〇楚共公子嬰齊帥師伐

莒渠丘庚申莒潰楚人入鄆杜氏曰鄆莒別邑任公輔曰東鄆也

按左氏楚子重自陳伐莒圍渠丘城惡衆潰莒人囚楚公子平楚人曰勿殺吾歸而俘莒人殺之楚師圍莒莒城亦惡庚申莒潰楚遂入鄆八年晉侯使申公巫臣如吳假道于莒与渠丘公立於池上曰城已惡莒子曰辟陋在夷其孰以我為虞對曰夫狡焉思啓封疆以利社稷者何國蔑有唯然故多大國矣唯或思或縱也勇夫重閉況國乎孟子曰鑿斯池也築斯城也與民守之效死而民不去是則可為也夫鑿池築城者為國之備所謂事也效死而民不去為國之本所謂政也莒恃其陋不修城郭浹子協反辰之間戊申至庚申十二日也楚克其三都信無備矣【左傳】君子曰恃陋而不備罪之大者也備豫不虞善之大者也莒恃其陋而不修城郭浹辰之間而楚克其三都無備也夫然兵至而民逃其上【左傳】民逃其上曰潰【胡氏曰】潰者取其如水之決尒不能使民效死而不去則昧於為國

之本也雖隆莒之城何益乎故經於莒潰特書曰以謹之者。以明城郭溝池重直龍反門擊柝音託見易大傳皆守邦之末務。必以固本安民爲政之急耳陳氏曰此嬰齊也向也於會蜀称嬰齊於盟盟称人今也於伐莒称嬰齊於入鄆称人一人之身儀而進退焉春秋於楚無所不盡其辞也是以於柏舉戰称人奔称囊瓦何氏曰責中國無信同盟不能相救高氏曰晉人不恤同盟之急是又自背蒲之盟也家氏曰楚之伐莒以救鄭也莒同盟馬陵及蒲晉坐視其危亡而莫之恤春秋所惡也鄭會楚則執其君以伐之莒敝於兵則置不問盟主之道固如是乎。劉氏曰穀梁云其日莒雖夷狄猶中国也然則蔡亦中国蔡潰何故不日乎又曰大夫潰莒而之楚是亦非也經但云潰不云之楚且潰者非大夫何故專以大夫辭之乎

秦桓人白狄伐晉景左傳諸侯貳故也

經所謹者華夷之辨也。程伯子曰春秋謹華夷之辨晉嘗與白狄

伐秦。秦亦與白狄伐晉。族類不復扶又反下同分矣。其稱人，貶詞也。【王氏箋義】不言及，夷之也。武王伐商，誓師牧野，庸蜀羌髳微盧彭濮皆與音預焉。見書牧誓豈亦不謹乎。除天下之殘賊而出民於水火之中。雖蠻夷戎狄，以義驅之可也。亦慮其同惡相濟，貽患於後也。中國友邦，自相侵伐，已為不義，又與非我族類者共焉，不亦甚乎。晉既失信，復聽婦人讒說，殺其世臣，擄殺同拆而諸侯皆貳。秦狄交伐，比毗志反事以觀，可謂深切著明矣。【高氏曰】晉為盟主，既執鄭伯，又不救莒，故諸侯攜貳，而秦人連白狄伐之，見景公不能霸矣。【家氏曰】宣八年書晉師白狄伐秦，讒在晉也。然晉猶書師也。今書秦人白狄伐晉，儕秦於狄，貶秦也。奚貶乎？以其黨楚而為之出師也。前日秦晉交兵，自為其[illegible]曲直，猶有所在。今也楚人爭鄭正急，出師潰莒以撓晉，而乃率白狄戰其東，欲使晉

人置鄭以去其為楚謀善矣然捨中国而甘為外夷之役秦之所以自處者卑陋甚矣

鄭戎人圍許靈【左傳】鄭人圍許示晉不急君也是則公孫申謀之曰我出師以圍許爲將改立君者而紓晉使晉必歸君【高氏曰】鄭以晉人執其君故追怒於許而圍之【張氏曰】君在外而與師復怨大臣之罪也【愚按】環其国而攻之非將卑師少所能鄭稱人貶也

○城中城【左傳】書時也【穀梁傳】非外民也

經世安民視道之得失不倚城郭溝池以為固也【穀】梁子謂凡城之誌皆譏見隱七其說是矣【唐陳氏曰】凡書土功者重民力也故得時書以示之不時書以戒之僭奢則書以懲之莒雖恃陋不設備至使楚人入鄆苟有令政使民效死而不潰寇亦豈能入也城非春秋所貴而書城中城其為儆守益微矣王公設險以守其國【易】坎卦彖傳非歟曰百雉之城【左傳】七里之郭【孟子】設險之大端也謹於禮以為國辨尊卑分

貴賤明等威異物采凡所以杜絶陵僭限隔上下者

乃體險之大用也獨城郭溝池之足恃乎高氏曰盖以莒無備而潰楚人入鄆懼而城之也薛氏曰中城者郛之內而宮之外也不能自治而夾城重險故穀梁氏謂之外民也范氏曰譏公恃城自固不能衛其人民家氏曰穀梁於定六年城中城云三家張也以是觀之中城者國中之城耳非杜氏所謂廩丘者矣愚按襄十九年書城西郛西郛者国都外城之西郭則兩書中城爲国都之內城明矣文定於此年著傳特詳且引莒渠丘公不備城郭爲喩則亦以爲国中之城耳夫諸侯有道守在四鄰諸侯卑守在四境不務修政撫民而僅完国中之城以自守其能保乎

庚辰簡王五年十年晉景十九卒齊靈公環元年衛定八蔡景十一鄭成四曹宣十四陳成十八杞桓五十六宋共八秦桓二十四楚共十吳壽夢五

春衛侯定之弟黑背帥師侵鄭

按左氏衛子叔黑背侵鄭晉命也高氏曰受大國之命而輕用其師者皆書侵與六年侵宋同臨川吳氏曰晉既執鄭伯矣又命栾書伐鄭矣今又使衛侵之伯国之所爲如此

其何以服鄭之心乎其曰衛侯之弟者子叔黑背生公孫剽匹妙反孫林父甯殖市力反出衛侯衎苦旦反而立剽襄十四亦以其父有寵愛之私故得立耳此與齊之夷仲年無異其特書弟以爲後戒可謂深切著明矣【永嘉呂氏】曰或謂不書爵命氏族者未命也未命則一匹夫爾來聘來盟匹夫而代大夫之事也帥師匹夫而代諸侯之權也師者人之司命而治亂安危所係寄之匹夫亦已輕矣吁此説非也夫旣命之盟聘帥師矣焉有非大夫而可以任國事哉其書弟者蓋以見其私爾仁人之於兄弟固親愛之而已矣待之過厚亦非所以爲中齊年之子無知黑背之子剽皆致簒立春秋以弟書者豈非以寵愛之私聞於鄰國而史冊書之孔子因以記之乎天王弟佞夫陳黃衛縛秦鍼陳招衛縶宋辰或殺或奔或叛書之所以見其薄友愛之義也一則以厚一則以薄悉書于經而兄弟之義著矣

夏四月五卜郊不從乃不郊【公羊傳】其言乃不郊何不免牲故言乃不郊也【穀梁】

傳夏四月不時也五卜強也乃者亡乎人之辭也臨川吳氏曰二月下旬初卜三月上旬再卜三月下旬三卜不從則當止而不郊矣乃於三月下旬四卜又於四月上旬五卜五卜不從而後不郊瀆神甚矣高氏曰魯不當郊也今之不郊非據礼也五卜不從乃不郊尓鄧氏曰卜至於五其瀆甚矣皇天饗道果可以僭而徼其吉耶

○五月公會晉侯景齊侯靈宋公共衛侯定曹伯宣伐鄭成

左傳鄭公子班聞叔申之謀子如立公子繻鄭人殺繻立髡頑子如奔許栾武子曰鄭人立君我執一人焉何益不如伐鄭而歸其君以求成焉晉侯有疾立太子州蒲以爲君而會諸侯伐鄭鄭子罕賂以襄鍾子然盟于脩澤子駟爲質鄭伯歸高氏曰鄭已立君故晉會諸侯伐鄭而歸鄭伯因与之成焉晉既敗人之国使其君臣变乱而後伐之而歸其君春秋悪其首乱不以舍服与之也○劉氏曰左氏謂晉人生立太子州蒲以爲君按經但言晉侯也無以明其是州蒲若欲貶晉書其名乃可明尓此大事也仲尼豈忘之哉永嘉呂氏曰信經足矣家氏曰君在而立君者鄭也非晉也左傳所記傳聞之誤耳愚按廢立之際聖人所謹王猛已称王而其卒書子昭公喪已至自乾侯而定公始書即位所謂一年不二君也豈以一国二君而聖筆無貶乎

或謂春秋因其稱爵從而志之見其悖礼此亦惑於左傳而爲是說也〇齊靈人來媵【公羊】【傳】三国來媵非礼也【趙氏曰】齊人來媵先書晉衛者九女既足而又來媵所以爲失礼【高氏曰】伯姬嫁已久諸侯以其賢猶來媵之然晉衛已備其數豈可復加乎【詳見衛晉來媵】

〇丙午晉侯獳卒獳乃侯反景公也在位十九年太子州蒲嗣是爲厲公

〇秋七月公如晉【左傳】公如晉晉人止公使送葬於是糴茷未反冬葬晉景公公送葬諸侯莫在魯人辱之故不書諱之也

此葬晉侯也而不書諱之也【隱三年傳】晉景不書葬諱其辱而不葬也【劉氏曰】不言葬不與葬晉侯也天子之喪動天下屬諸侯諸侯之喪動通國屬大夫公之葬晉侯非禮也唯天子之事焉可也【劉氏傳】以上本傳秫恋反以晉人止公送葬諸侯莫在焉魯人辱之故諱而不書非矣假令力呈反諸侯皆在魯人不以爲辱而可書乎【高氏曰】公昔不奔天王之喪今乃奔晉侯之喪又爲晉人所執

使之送葬故聖人於景公之葬没而不書也【家氏曰】
州蒲傲情無狀止望国之君使之送葬是以王禮自
居也

冬十月【公】無此三字

【辛巳】簡王六年**十有一年**【晋】厲公州蒲元年【齊】靈二【衛】定九【蔡】景十二【鄭】成五【曹】宣十五【陳】成十九
【杞】桓五十七【宋】共九【秦】桓二一十五【楚】共十一【吳】壽夢六**春王三月公至自晉**【左傳】公至
自晉晉人以公爲貳於楚故止公公請受盟而後使歸
【孫氏曰】公留晉凡九月【王氏曰】襄公留於楚者七月書
正月公在楚傳者謂存君也今成公在晉不書公在者
晋雖恃強見止猶在中国襄公見止而在外夷則外矣
書法不同蓋有華夷之别**晉侯**厲**使郤犨來聘己丑及郤犨盟**犨尺由反
【公】作州後同【左傳】郤犨來聘且涖盟【臨川吳氏曰】晉景
公卒成公旅往奔喪可謂謹於事大矣而晉不礼之止
之使送葬已大辱矣送葬畢又不使歸公遂請受盟以
明其非貳故於三月而後得歸才及国而郤犨已至豈
誠心行聘礼也哉直欲迫公使盟尓【愚】**夏季孫行父如**
【按】彤郤犨稱及不繫之国与荀庚同

晉【左傳】季文子如晉報聘且涖盟也【張氏曰】公之至自晉也既受盟矣及文子之聘也亦且涖盟焉春秋皆不書而獨書郤犨之涖盟何也盖成公自汶陽之歸齊欲貳晉而不果然嫌隙竟章無以自明晉因公之朝而止之數月公請受盟而後使歸又使郤犨來聘而涖盟魯使行父往則又從而盟之據強大之勢要君臣之盟皆魯之耻也惟犨聘而盟春秋以荀庚孫良夫例而書之若成公之受盟与行父之涖豈能得晉君而盟之乎亦大夫盟之耳不書而諱皆魯之恥也 ○ 秋叔孫僑如如齊 靈【左傳】宣伯聘于齊以脩前好【薛氏曰】由齊之媵始交好于齊也【張氏曰】僑如之聘盖謝鞌之師捐歸汶陽之忿而行之迫於晉之辱而不得已也【襄陵許氏曰】魯盖激晉之德礼不施將貳于齊而未能者欤 ○ 冬十月

【壬午】簡王七年 十有二年 【晉】厲二【齊】靈三【衛】定十【蔡】景十二【鄭】成六【曹】宣十六【陳】成二十【杞】桓五十八【宋】共十【秦】桓二十六【楚】共十二【吳】壽夢七 春周公出奔晉 厲【左傳】王使以周公之難來告書曰周公出奔晉凡自周無出周公自出故也【公羊傳】周公者何天子之三公也【杜氏曰】天子無出出故奔不言出周公爲王所復而自絕于周故書出罪之

一三七八

按左氏周公楚惡（烏故反）惠襄（惠王襄王之族）之偪（彼力反）且與伯輿爭政不勝怒而出王使劉子復之盟于鄄（音絹）而入三日復（扶又反）出奔晉夫人主無誠慤（苦角反）之心而下要（一遥反）大臣盟是謂君不君人臣無忠信之實而上與人主盟是謂臣不臣既以要（於妙反）質（音致）鬼神以入矣又叛盟失信而出奔則是自絶於天也**張氏曰**盟誓衰世之事劉子奉王命以復周公而盟之於君臣之道兩失之矣周公復背盟而出奔故書出以絶之自周無出而書曰出者見（音現）周室衰微刑政號令不行於天下爾**高氏曰**周無出也天下皆周也周公爲天子三公而不能同寅協恭乃與伯輿爭政不勝而出王既復之又違命而奔于諸侯之国是自絶于周故書出以爲萬世之戒是時王室衰微號令不行於天下故逋逃之臣諸侯敢受之書此而晉罪昭然矣**高郵孫氏曰**春秋之義自周無出盖曰天下

一周也何往而非周乎天王居鄭周公奔晉特異之者孔子之意也王之所以爲王以有其位而天下皆其有也王得言出是自絕其位而不能有天下也天下非其有則雖居鄭不可不言出也周公之所以爲公以其左右天王而與王共治也爲三公而自絕于王是不能有三公之位雖止奔晉猶若出于四海之外也天下一王而王有三公春秋書出用見天下無王而王無三公也【愚按】王子瑕王子朝之奔不言出蓋瑕朝皆爲逆亂無所容其身逃竄他国以逭誅戮如国滅之君與在外之臣非居位祿而出奔也其不書出乃書法之常耳襄王御萬乘之尊周公都三公之貴皆當以天下爲家其書出則爲貶矣。【陸氏曰】公羊云王者無外此其言出自其私土而出也按周是畿内之国不當以私土爲義穀梁云周有入無出上下一見之也按二百四十二年
適有此二事耳非故見上下也

夏公會晉侯厲**衛侯**定**于瑣澤**【公】作沙澤【左傳】七年楚子重伐鄭諸侯救鄭鄭人囚鄭公鍾儀獻諸晉九年晉侯見鍾儀使稅之范文子曰楚囚君子也君盍歸之使合晉楚之成從之重爲之禮使歸求成楚子使公子辰如晉請修好結成十年春晉侯使糴茷如楚報太宰子商之使也十一年宋華

元善於令尹子重又善於欒武子聞楚人既許晉糴茷成而使歸復命矣冬華元如楚遂如晉合晉楚之成十二年夏五月晉士燮會楚公子罷許偃盟于宋西門之外曰凡晉楚無相加戎好惡同之同恤災危備救凶患若有害楚則晉伐之在晉楚亦如之交贄往來道路無壅謀其不協而討不庭有渝此盟明神殛之俾隊其師無克胙國鄭伯如晉聽成會于瑣澤成故也晉郤至如楚聘且涖盟楚公子罷如晉聘且涖盟晉侯及楚公子罷盟于赤棘

梅溪林氏曰 宋西門外之盟不書存中国也

家氏曰 晉楚爲成關係不細春秋略而不書豈無意乎蓋春秋所以待夷狄者乃帝王御外之道猾夏則懲之無王則伐之未有卒中国之大而求與裔夷爲盟好者也齊桓之於楚討而服之晉文之於楚敗而却之而霸者之職卒矣晉自靈成君昏闇而臣惰偷以避楚爲得計至是因俘纍以通意遂交聘而爲成晉固苟求安佚而楚實怙其強大略無息肩之意後三年渝盟伐鄭無所恤也又其後宋向戌復持弭兵之說爲盟而長楚遂使中國諸侯北面於夷楚之庭申之會冠屨倒置其禍端實兆於此故瑣澤之會書法如此不與晉爲此會也

愚按 僖之三十二年楚闘章請平於晉晉陽處父報之晉楚始通南北之交文公爲之也○

趙氏曰 此會楚不與焉何以詔其成乎若實事則無不告諸侯之理經

不應不書也 劉氏曰 瑣澤之會本以合楚鄭也今楚鄭不至魯衛是會何耶且合晉楚者宋也宋亦不與又何耶凡晉楚為平則應大合諸侯以申成好今三国會而已又何耶然則傳之言未足信也 高氏曰 攷傳事實與經不合夫晉厲之會實始於此略諸国而救魯衛則以見厲公之德不能謹始諸侯多觧体矣 ○ **秋晉厲人敗狄于交剛** 敗必邁反 左傳 狄人間宋之盟以侵晉而不設備晉人敗狄于交剛 穀梁 中国与夷狄不言戰皆曰敗之夷狄不日 鄭氏曰 交剛狄地 劉氏曰 春秋於夷狄未有言戰者夷狄者春秋之所外也所外者將以力治之中国可教以礼義故不結日不偏陳雖有道猶惡之夷狄不可教以礼義其來為寇能勝之而已矣雖不結日不偏陳無譏焉 高氏曰 此狄盖白狄也九年秦人白狄伐晉此先敗狄而後伐秦是知報九年之役也 陳氏曰 中国敗夷狄皆不書唯晉特書之病晉也楚方聘魯平宋今諸侯之大夫于蜀討陳夏徵舒覲兵于維矣而晉區區爭地於群狄是故宣成之春秋晉有事於秦楚或略不書而甚詳於滅狄以是為晉衰也 ○ **冬十月**

癸未 簡王八年 **十有三年** 晉厲三 齊靈四 衛鄭十一 蔡景十四 鄭成七 曹宣十七卒 陳成二十一 杞

桓五十九【宋】共十一【秦】桓二 十七【楚】共十三【吳】壽夢八 春晉侯厲使郤錡來乞師

錡魚綺反【左傳】十一年秦晉爲成將會于令狐晉侯先至焉秦伯不肯涉河使史顆盟晉侯于河東晉郤犨盟秦伯于河西秦伯歸而背晉成晉侯使來乞師【穀梁傳】乞重辭也古之人重師故以乞言之也【程子傳】不以王命興諸侯師故書乞

晉主夏盟行使疏吏反諸侯徵會討貳誰敢不從以霸主之尊而書曰乞師何也列国疏封雖有大小土地甲兵受之天子不相統屬魯兵非晉所得專也本【陸氏】微旨今晉不以王命興諸侯之師故特書曰乞【常山刘氏曰】雖晉之大命魯興師亦書曰乞所以正王法【趙氏曰】天子在上而諸侯自相請師非礼也以見音現下同其卑伏蚤損無自反而縮之意矣【張氏曰】自齊桓以來召兵侵伐雖不出於王命然攘夷討罪爲中国率猶足以令諸侯也今晉以私怨報秦則其義不足以令諸侯矣故

懼其不從而卑辭以乞之聖人作春秋無不重内而輕外至於乞師則内外同辭者公羊傳乞卑辭也外内同若辭重師也劉氏曰公子遂如楚乞師此内接外之辭也晉郤錡來乞師此外接内之辭也聖人作春秋無不輕外而重内至於乞師則内外同之者以兵爲重也故霸主之尊猶以乞師爲文蓋皆有報怨復讐貪得之心高氏曰非有天子之命以徵兵況又以報私讐乎是以如此若夫誅亂臣討賊子請於天王以大義驅之誰不拱手以聽命何至於乞哉噫此聖人所以垂戒後世見諸行事之深切著明者也王氏曰郤錡春乞師而夏方与諸侯會伐秦則晉之霸政亦衰矣通旨問春秋之世盟主興諸侯之師多矣曷爲晉厲將伐秦楚獨言乞師曰秦楚皆大国也是時晉政多門秦楚強盛諸侯憚於興師晉來乞師以伐之愚按春秋書乞師者五其一則我乞兵於楚其三則晉郤錡欒黶荀罃皆厲公徵兵於魯悼公初立而士魴來或者循襲厲公之遺法歟

三月，公如京師。夏五月，公自京師，遂會晉侯厲、齊侯靈、宋公共、衛侯定、鄭伯成、曹伯宣、邾定人、滕成人伐秦。桓

左傳 公如京師，及諸侯朝王，遂從劉康公、成肅公會晉侯伐秦。晉侯使呂相絶秦，秦桓公既與晉厲公為令狐之盟，而又召狄與楚，欲道以伐晉，諸侯是以睦於晉。晉欒書將中軍，荀庚佐之；士燮將上軍，郤錡佐之；韓厥將下軍，荀罃佐之；趙旃將新軍，郤至佐之。郤毅御戎，欒鍼為右。晉侯以諸侯之師及秦師戰于麻隧，秦師敗績，獲秦成差及不更女父。**公羊傳** 其言自京師何？公鑿行也。公鑿行奈何？不敢過天子也。**穀梁傳** 公如京師，非如也。非如而曰如，不叛京師也。自京師，言受命不敢叛周也。**程子傳** 不書朝王，因會伐而行也，故不成其朝。以伐秦為遂事，明朝為重。

諸侯每歲侵伐四出，未有能修朝覲之禮者。今公欲會伐秦，道自王都，不可越天子而往也，故皆朝王，而不能成朝禮。**杜氏曰** 伐秦道過京師，因朝王。**何氏曰** 時本欲直伐秦，塗過京師，不敢過天子。

而不朝復生事造意脩朝礼而後行蘇氏曰實會晉伐秦過京師因其過朝故正其文使若本自往臨川
吳氏曰魯擧秉礼之国歷十二世二百四十二年之久僅有成公一如京師乃因會晉伐秦道自王都因
而朝焉本意不在朝王也故書曰如而不曰朝書曰如京師見音現諸侯之慢
也劉氏曰如京師固美志也而未知春秋以是譏之也公不伐秦豈能朝天子乎天子者天下之父也
朝有年聘有時盡心竭力致其誠慤專一之意以將之則所謂子事親臣事君之道矣焉有挾二事以往
哉重於伐人輕於事君雖有朝之名而無朝之誠春秋所思也因會伐而行矣。又書
公自京師以伐秦爲遂事者。此仲尼親筆明朝王爲
重存人臣之禮也何氏曰書自京師使若故朝然後生事也范氏曰使若既朝王而王
命已使伐秦古者諸侯即位服喪畢則朝小聘。大聘。終則
朝。巡狩于方嶽則朝。王制諸侯之於天子也比年一小聘二年一大聘五年一朝天
子五年一巡守覲諸侯覲春秋所載天王遣使疏吏反者屢矣求聘

七錫命三賵葬四
歸脤一來求三

十二公之述職蓋闕如也獨此年書公如京師又不能成朝禮不敬莫大焉君臣人道之大倫而至於此極故仲尼胥喟然嘆曰夷狄之有君不如諸夏之亡（亡与無同）也（為于偽反）此懼作春秋或抑或縱或予（予与與同）或奪所以明君臣之義者至矣其義得行則臣必敬於君子必敬於父天理必存人欲必消大倫必正豈曰小補之哉此以伐秦為遂事之意也

高氏曰 公如京師專行之辭也然本會晉伐秦道王畿不得不朝舉其可道者志敬也然上書晉來乞師下書公自京師遂會伐秦則是挾他事以往而非專行乃志其不敬也其辭若志敬而實志不敬此春秋微辭也夫諸侯擅興兵而大會于京師罪之大者故聖人詳言之以著其惡也

高郵孫氏曰 成公之如京師法當罪之而君臣之大法不可以成公非礼而乱之也書曰如京師遂會諸侯則成公之罪無所

可逃而君臣之法愈久愈正也晉侯實召天王而書狩河陽成公實會伐秦而書如京師惟其無禮故以禮正之【張氏曰】春秋以諸侯事周之禮久闕而因行於伐秦之役若沒而不書是盡廢其僅存之禮也若書以爲朝于京師則是率百年之墜典亦非其實也故書如京師而不言朝以見其行禮之不專書自京師會諸侯伐秦以見諸侯之行止爲伐秦而不爲朝京師也而劉子成子之在會亦削而不書則晉無請命之實意朝王之專禮而霸主違典禮以遂私意攜諸侯以輕王室之罪具見矣【汪氏曰】但書伐秦不言戰略之也自狄秦以來秦晉之相加兵皆略之故戰于麻隧秦師敗績但書伐秦戰于櫟晉師敗績但書伐晉以爲不足詳焉爾【愚按】經書朝王之禮者三僖公朝王所爲會晉而行成公如京師爲伐秦而往皆非有尊周之本心也然僖二十八年書公會諸侯盟于踐土公朝于王所公會諸侯于溫天王狩于河陽公朝于王所使若諸侯先會而後朝王去其實以全名也此年書公如京師公如京師遂會伐秦使若請命而往伐正其名以綂實也然書乞師于前書至伐于後則見朝京師實因行以見王而簡慢之罪視僖公不侔矣或曰一經之中曾君僅一如京師而貶之有如是者則朝者反得罪而不朝者無譏歟于不朝

之罪經不書而貶自著令也因過京師而朝王苟不示譏而予之以朝則天下後世將謂尊君之礼可以簡慢而欺世盜名挾天子以令諸侯者又將借禀命伐秦之例以為口實矣其關係豈淺淺哉

曹伯廬卒于師廬左作盧左傳曹宣公卒于師曹人使公子負芻守使公子欣時逆曹伯之喪負芻殺其大子而自立也諸侯乃請討之晉人以其役之勞請俟他年穀梁傳在師曰師在會曰會杜氏曰負芻欣時皆宣公庶子胡氏曰非戰死也死于行耳故不書也○劉氏曰穀梁謂閔之也非也諸侯死於行則記其地例如此何閔之有○**秋七月公至自伐秦**孫氏曰不以京師至者明本非朝京師張氏曰上書如京師而以伐秦為遂事春秋所以明朝王之當重也今以伐秦致明諸侯以伐秦為重也王氏曰此年書法抑揚予奪例變無窮始書乞師知伐秦僑公意也次書如京師知成公之朝非尊行也次書自京師伐秦使若繼事焉不可過天子也卒書至伐則著公之此行非為朝王名言其實也春秋之称微而顯非聖人孰能修之○**冬葬曹宣公**左傳宣公既葬子臧將亡国人皆將從之成公乃懼告罪且請焉乃反而致其邑

甲申
簡王九年
十有四年
晉厲四齊靈五衛定十二卒蔡景十
五鄭成八曹成公負芻元年陳成二十
十二杞桓六十宋共十二秦桓
二十八楚共廿四吳壽夢九
春王正月莒子朱卒渠丘
公即季佗也在位三十二年子密州嗣是為黎比公啇
氏曰莒大於邾至此始卒徐邈曰葬稱謚莒行夷禮君
終無謚故
不書葬
○**夏衛**定**孫林父自晉歸于衛**左傳衛侯如
晉晉侯強見
孫林父焉定公不可衛侯既歸晉侯使郤犨送孫林父
而見之衛侯欲辭定姜曰不可是先君宗卿之嗣也大
国又以為請不許將亡雖惡之不猶愈於亡乎君其忍
之安民而宥宗卿不亦可乎衛侯見而復之徐氏曰林
父七年奔晉其言自晉歸于衛者由晉而得歸也衛大
夫由晉而得歸衛国之事可知矣襄陵許氏曰人臣不
唯義之為安而介恃大国使之反已此能為逐君之惡
者也惟辨之不早是以衛獻至於出奔禍兆此矣帰易
詞也自晉奉之故也高氏曰晉受衛国
逋逃罪戾之臣又強歸之故書自晉帰○**秋叔孫僑**
如齊靈**逆女**高氏曰公即位十有四年国家無事迄今
始娶又不親迎而使同姓之卿逆之援公
子遂之例也故書以為戒
此春秋防微杜漸之旨○**鄭**成**公子喜帥師伐許**靈左

傳鄭子罕伐許敗焉鄭伯復伐許入其郛許人平以叔申之封襄陵許氏曰鄭逼許楚困鄭以国大小兵力強弱更相吞噬夷夏一道而人理盡矣高氏曰此著許之所以迁亦見晉厲之不霸也夫許鄭之怨久矣二年再伐四年伐九年圍之今又伐焉使厲公而霸則鄭人怒鄭兼弱取亂如是乎明年迁于葉倂鄭以依楚明晉不足恃也而襄三年晉荀罃伐許猶討其與楚也夫○九月僑如以夫人婦姜氏至自齊穀梁傳僑如之挈由上致之也

穀梁曰大夫不以夫人以夫人非正也刺不敬迎魚敬反也僑如之不氏一事而再見音現者卒名耳公羊宣元何氏曰卒竟也竟但卒名省文然則娶于他邦而道里或遠必親迎乎以封壤則有小大以爵次則有尊卑以道途則有遠邇或迎之於其國或迎之於境上或迎之於所館中陟仲反禮之節可也許見隱二年張氏曰稱婦宣公夫人穆姜尚存○劉氏曰左氏云稱

族尊君命含族尊夫人非也一事而再見卒名之春秋之常耳**趙氏曰**書氏傳寫誤增**愚按**或謂婦姜氏有姑之恒稱妾姑則不書氏然穆姜不氏同曰敬嬴妾姑也声姜乃嫡姑而出姜不氏何耶

冬十月庚寅衛侯臧卒**左傳**衛侯有疾立敬姒之子衎以爲大子定公卒夫人姜氏既哭而息見大子之不哀也不内酌飲歎曰是夫也將不唯衛国之敗其必始於未亡人嗚呼天禍衛国也夫吾不獲鱄也使主社稷大夫聞之無不聳懼孫文子自是不敢舍其重器於衛盡寘諸戚而甚善晉大夫**愚按**定公在位十二年太子衎嗣是爲獻公○**秦伯卒**桓公也在位二十七年子景公嗣

乙酉簡王十年**十有五年****晉**厲五**齊**靈六**衛**獻公衎元年**蔡**景十六**鄭**成九**曹**成二**陳**成二十三**杞**桓六十一**宋**共十三卒**秦**景公元年**楚**共十五**吳**壽夢十**春王二月葬衛定公○三月乙巳仲嬰齊卒****公羊傳**仲嬰齊者何公孫嬰齊也公孫嬰齊則曷爲謂之仲嬰齊爲兄後也爲兄後則曷爲謂之仲嬰齊爲人後者爲之子也爲人後者爲其子則其稱仲何孫以王父字爲氏也然則嬰齊孰後後歸父也歸父使于晉而未反宣公死成公幼臧宣叔者相也君死不哭聚諸大夫而問焉曰昔者

一三九二

叔仲惠伯之事孰爲之諸大夫皆雜然曰仲氏也其然乎於是遣歸父之家然後哭君歸父使乎晉還自晉至檉聞君薨家遣墠帷哭君成踊反命于介自是走之齊魯人徐傷歸父之無後也於是使嬰齊後之也

嬰齊者公子遂之子公孫歸父之弟也歸父出奔齊魯人徐傷其無後也於是使嬰齊後之故書曰仲嬰齊【杜氏曰】嬰齊襄仲子歸父弟宣十八年逐東門氏既而使嬰齊紹其後曰仲氏此可謂亂昭穆之序失父子之親者【何氏曰】弟無後兄之義爲亂昭穆之序失父子之親故不書仲孫明不與子爲父孫以後歸父則弟不可爲兄嗣以後襄仲則以父字爲氏亦非矣【微旨】問書仲嬰齊與叔老無異矣何以見譏其爲兄後乎曰嬰齊乃公子遂之子當稱公孫今魯人以之後歸父書曰仲見其以父字爲氏可謂亂昭穆之序矣何氏謂不言仲孫明不與子爲父孫按魯自有仲孫蔑叔孫豹故叔彭生叔老不言叔孫則仲嬰齊宜亦不書孫矣○【劉氏曰】穀梁謂子由父疏不得稱公孫則歸父何故稱公孫乎

癸丑公會晉侯厲衛侯獻鄭伯成曹伯成宋共世子成

齊靈國佐邾定人同盟于戚【左傳】會于戚討曹成公也【程子傳】十三年曹伯卒于

師負芻殺太子自立既三年諸侯與之盟矣方執之稽

天討也故書同盟見其既同矣【高氏曰】戚之會將討曹

伯也若欲討之勿与之盟可也假他事相會而与之盟

既盟而執之故特書同盟以譏之【愚按】三月宋世子成

會盟六月宋公卒蓋宋公有疾而世子出會也【臨川吳

氏曰】諸侯世子代君會盟伐救皆非世子之所宜也

晉侯執曹伯成歸于京師【公】作歸之于【左傳】諸侯將見子臧於王而立之子臧辭曰

前志有之曰聖達節次守節下失節爲君

非吾節也雖不能聖敢失守乎遂逃奔宋

稱侯以執伯討也【公羊】僖四【注】方伯所宜討何以爲伯討晉合諸

侯伐秦曹宣公卒于師曹人使公子負芻初俱反守手又

反使公子欣時即子臧【公羊】作喜時逆曹伯之喪負芻殺其太音泰

子而自立至是晉侯執之又不敢自治而歸于京

師使即天刑。夫是之謂伯討。春秋執諸侯者衆矣，晉執虞公、衛成公、鄭成公、莒黎比公、邾宣公、悼公、戎蠻子赤，宋執滕宣公、小邾子，邾執鄫子，楚執徐子，皆稱人。楚執宋襄公，以衆執爲文。晉執曹共公，雖蒙上文晉侯入曹之文，非伯討也。未有執得其罪如此者，故獨書其爵。【陸氏曰】二百四十二年，諸侯相執多矣，此獨稱晉侯，以其執既當其罪，又歸京師，得侯伯討罪之義，故書爵以表其善。【蘇氏曰】稱侯以執，執有罪也。歸于京師，礼也。春秋執諸侯，惟是爲得礼。【張氏曰】春秋爵屬公而執曹伯，與其討也。然猶不揜曹伯之與盟者，以爲先執曹伯以令諸侯，然後盟之，乃盡善也。觀曹人諸君于晉曰：若有罪，則君列諸會矣。由一举措之不當，遂開釋姦之門，豈小失哉。【劉氏曰】左氏云：書晉侯執曹伯，不及其民也。凡君不道於民，諸侯討而執之，則曰某人執某侯，不然則否。非也。負芻殺太子而篡之，國人不義，举欲隨公子欣時而亡，非不道而何？夫負芻之惡，未見於經，晉侯執之，然後可見其罪。今以左氏例推之，則晉侯妄執之尔，豈其然耶？穀梁謂以晉侯而斥執曹伯，惡晉侯也，亦非也。若云晉人執曹伯，得無又非之乎？【永嘉呂氏曰】或疑負芻之殺太子，經無

明文設有之春秋何以不書疑未得其實然嘗以春
秋書法考之則他執諸侯皆称人其称侯者獨此一
事尔安得以為非伯討乎傳之
所言与經意同益足以為證矣

公至自會○夏六月宋公固卒共公也在位十三年世子成嗣是為平公○

楚子共**伐鄭**成【左傳】楚將北師子囊曰新與晉盟而背
之無乃不可乎子反曰敵利則進何盟之
有申叔時老矣在申聞之曰子反必不免信以守礼礼
以庇身信礼之亡欲免得乎楚子侵鄭及暴隧遂侵衛
及首止鄭子罕侵楚取新石欒武子欲報楚韓獻子曰
無庸使重其罪民將叛之無民孰戰【家氏曰】晉楚為成
期以弭兵甫及三歲而楚伐鄭首禍
也書楚子目其人而貶之非爵也○**秋八月庚辰葬**

宋共公共音恭三月而葬速○【劉氏曰】穀梁謂月卒日
葬不葬者也以其葬共姬不可不葬共公也天
人之義不逾君非也莊二十九
年葬紀叔姬而不葬紀侯何哉○**宋**平**華元出奔晉宋**

華元自晉歸于宋宋殺其大夫山宋魚石出奔楚共【左傳】書
曰宋殺其大夫山言背其族
也【程子傳】山去族害公族也

宋六卿魚氏蕩氏向舒亮反氏鱗氏皆桓族也公子目夷自手魚公子蕩公子鱗皆桓公子魚石魚府皆目夷孫乃公孫友之子蕩澤乃公子蕩子公孫壽之孫向戌桓公曾孫向爲人向帶皆戌族　華氏戴族也華督戴公孫華元華御事子督曾孫華喜督玄孫　華元爲右師魚石爲左師蕩澤爲司馬華喜爲司徒公孫師爲司城向爲人爲大司寇鱗朱爲少司寇向帶爲太宰魚府爲少宰　蕩氏汏而驕共公卒巳葬蕩澤弱公室殺公子肥華元曰我司君臣之訓而不能正罪大矣不能治官敢賴寵乎乃出奔晉魚石將止之魚府曰元反必討是無桓氏也石曰彼多大勲國人所與不反懼桓氏之無祀於宋也遂自止元於河上元歸使國人攻桓氏殺蕩山出魚石國然後定並【左傳】魚石向爲人鱗朱向帶魚府出舍於睢上華元使止之不可元自止之不可乃反魚府曰今

不從不得入矣右師視速而言疾有異志焉若不我納今將馳矣登立而望之則馳騁而從之則決睢澨閉門登陴矣左師二司寇二宰遂出奔楚**元之出奔晉與歸于宋皆不省**所景反**文者著其正也**何氏曰不省文復出華元者以憂國為大夫山所譖張氏曰鄭良霄之奔而歸也逆順與華元不同書法亦異良霄之入不再序而曰入逆也華元再序以與之又書曰歸則其出處之正從可知矣故例外通類而後例中之法可見也**書之重**直龍反**詞之複必有美惡焉詞繁而不殺**所賣反**所以與之也以不賴寵而出奔以國人與晉**杜氏曰華元欲挾晉以自重何氏曰晉人理其罪宋人反華元**皆許之討而後入正可知矣蘇轍謂使元懷祿顧寵重於出奔則不能討此說是也**蘇氏曰元將討山而力不能討故出奔奔而國人許之討然後歸故其討之也挾人莫救書法如此言其出入之正是以能討山也使元懷祿顧寵重於出奔必不能討矣鄭子產為政豐卷將祭請田弗許卷退而徵後子產奔晉子皮止之歸

而逐卷亦循是也【王氏箋義】華元初欲奔晉至河而復是未至晉者也今以自晉歸宋爲文何也盖其奔也欲求晉討強臣以張公室今爲魚石所止許討蕩氏則与晉討無異故周公爲王所復既而復奔晉君子以爲自絕於周書出以罪之華元爲魚石所止遂反其位春秋善之故書自晉歸于宋以成其志也

山不書氏背音佩其族也背其族者伐其本也人而無本人道絕矣葛藟力軌反猶能庇其本根況於人而忽伐其本乎【胡氏曰】蕩氏宋公族還害公室故去族以示罪【通旨】山背本也韓非爲秦畫謀而首欲覆其宗国罪固不容於死矣【愚按】五大夫同奔亦同復入但書魚石華亥向寧華定宋公弟辰仲佗不强公子地出入悉列名氏盖魚石首惡辛重而書之餘不足紀陳氏所謂罪其甚焉者是也亥寧定辰佗强地其罪皆同故備錄之耳○【劉氏曰】左氏云華元自止魚石五大夫此傳未可信也

冬十有一月叔孫僑如會晉厲士燮齊靈高無咎宋平華元衛定孫林父鄭成公子鰌邾定人會吳壽夢于鍾離

咎其九反鰌音秋○（此會吳之始亦晉以諸侯之大夫）（爲會之始）（左傳）蒲之會將始會吳吳人不至會吳于鍾離始通吳也（公羊傳）曷爲殊會吳外吳也曷爲外也春秋內其国而外諸夏內諸夏而外夷狄王者欲一乎天下曷爲以外內之辭言之言自近者始也（穀梁傳）會又會外之也（程子傳）吳益強大求會于諸侯諸侯之衆往而從之故書諸国往与之會以見夷狄盛而中国衰也時中国病楚故与吳親襄十年柤之會十四年向之會与此同（杜氏曰）鍾離楚邑淮南縣（張氏曰）今濠州城下縣故鍾離国嬴姓後爲楚邊邑（愚按）今安豊路臨濠府鍾離縣

吳以號舉夷之也實吳子也比之淮夷姜戎白狄之類故不書爵會而殊會外之也殊會有二義會王世子于首止僖五意在尊王室不敢與世子抗也（愚按）會王世子以卑會尊故稱及以會會吳以中国會夷狄故称以會文相似而實不同會吳于鍾離于柤莊加反襄十于向舒亮反襄十四意在賤夷狄而罪諸侯不敢與之敵也（杜氏曰）吳夷未嘗与

中国會今始來通晋帥諸侯大夫而會之故殊會（孫氏曰）諸侯大夫不敢致吳子也吳子在鍾離故相与會吳子于鍾離尔（襄五年）（傳）諸侯往与之會而主吳

夫以大伯至德是始有吳。以族言之則周之伯父也。本（劉氏）權衡

至其後世遂以號舉者以其僭竊稱王不能居中國之爵號耳。（家氏曰）吳因姬姓太伯之後而僭王称用夷礼春秋雖欲同之中国有不可得也

成襄之間中國無霸齊晋大國亦皆俛首東向而親吳。聖人蓋傷之故特殊會可謂深切著明矣（高氏曰）外會書卿盖始於此（永嘉吕氏曰）向也爲中国患者楚而已与中国盟會者亦楚而已未有吳也自成之七年吳伐郯始見於經於是吳爲中国患矣此年會吳于鍾離於是吳与中国盟會矣然所与同會者猶曰諸侯之大夫也戚之會柤之會則諸侯實与爲會矣馴致黄池之會遂与晋爭長而奄然主中国之會盟開門延盜以來断髮之身之夷并晋之昝而誰哉（王氏曰）一會鍾離而合七国再會于柤而合十二国三會于向而合十三国天下諸侯無一不聽

於吳幾何而不胥爲夷乎春秋特殊會所以抑強夷而存中国也

許靈**遷于葉** 葉舒涉反【左傳】許靈公畏偪于鄭請遷于楚楚公子申遷許于葉【穀梁傳】遷者猶得其国家以往者也其地許復見也【高氏曰】許微弱之国鄰於鄭鄭亟加兵令遂遷焉蓋畏鄭而南依楚故以自遷爲文【陳氏曰】許從夷狄雖遷之猶自遷也故遷于夷以公子棄疾遷于白羽以王子勝皆以自遷書之【張氏曰】葉今汝州葉縣葉近楚而楚遷許以自近中国盟主不能安小国而使之昵蛮夷以求安春秋深以著小国之失所也

【丙戌】簡王十一年

十有六年 【晉】厲六【齊】靈七【衛】獻二【蔡】景十七【鄭】成十【曹】成三【陳】成二十四【杞】桓六十二【宋】平公成元年【秦】景二【楚】共十六【吳】壽夢十一

春王正月雨木氷 【公羊傳】雨而木氷也何以書記異也【穀梁傳】雨而木氷也志異也傳曰根枝折

雨木氷者雨而木氷也 【劉氏曰】寒過節氷封著樹【王】【陸氏曰】陰陽和則雨雨者融陰陽之和氣以潤澤於草木者也今乃封著於木則陰勝而陽不足甚矣

何休曰木者少

詩照反陽幼君六臣之象冰者凝陰兵之類也冰齊胼業
反木者君臣將執於兵之徵知陵反未幾而有沙隨苕
丘之事天人之際休咎之應於證反焉於虔反可誣也高氏
曰雨著木而成冰上溫而下寒也与隕霜不殺菽相反刘向謂木者少陽貴臣卿大夫之象後世雨木冰
多應在大臣天人之應或可推也漢儒之斉豈無所受但不當每事求合尓而欲盡廢五
行傳株戀反亦過矣前刘向傳向見尚書洪範箕子為武王陳五行陰陽休咎之應乃集
上古以来春秋六国至秦漢符瑞災異之記推迹行事比類相從各有條目號曰洪範五行傳王安石曰
刘向明災異為蔽自著洪範傳以若訓如言人君之五事如天之雨暘寒燠風夫天人不相干豈可強合
也程子曰春秋所書災異皆天人嚮應但人以淺狹之見以為無應其實皆應之然漢儒言災異皆牽合
不足信儒者見此因盡廢之

夏四月辛未滕子卒文公在位十年成公原立高氏曰滕入春秋至今三書卒皆不名至

是日之矣○鄭成公子喜帥師侵宋平【左傳】楚子自武城使公子成以汝陰之田求成於鄭鄭叛晉子駟從楚子盟于武城鄭子罕伐宋宋將鉏樂懼敗諸汋陂退舍於夫渠不儆鄭人覆之敗諸汋陵獲將鉏樂懼宋恃勝也【高氏曰】鄭服中国五年矣至是附楚為楚加兵于宋故書侵自是与楚同病中国諸侯之兵無寧歲矣○六月丙寅朔日有食之○晉侯厲使欒黶來乞師黶所斬反【左傳】晉侯將伐鄭郤犨如衛遂如齊皆乞師焉欒黶來乞師孟獻子曰有勝矣【程子】【傳】特以穆姜叔孫僑如將作難故師出後時【高氏曰】晉失霸主之義不足以令諸侯恐諸侯厭惡伐鄭之役特使卿來乞師實欲公親行尓甲午晦晉侯厲及楚子共鄭伯成戰于鄢陵楚子鄭師敗績鄢音偃【左傳】晉師起鄭人聞有晉師使告于楚楚子救鄭晉師濟河聞楚師將至范文子欲反曰我偽逃楚可以紓憂夫合諸侯非吾所能也以遺能者我若群臣輯睦以事君多矣武子曰不可晉楚遇于鄢陵范文子不欲戰郤至曰韓之戰惠公不振旅箕之役先軫不反命邲之師荀伯不復從皆晉之恥也今我避楚又益恥也文子曰吾先君之亟戰也有故秦狄齊楚皆強不盡力子孫將弱今

三強服矣敵楚而已唯聖人能外內無患自非聖人外
寧必有內憂盍釋楚以為外懼乎甲午晦楚晨壓晉軍
而陳欒書曰楚師輕窕固壘以待之三日必退退而擊
之必獲勝焉郤至曰楚有六間不可失也其二卿相惡
王卒以舊鄭陳而不整蠻軍而不陳陳不違晦在陳而
囂我必克之苗賁皇言於晉侯曰楚之良在其中軍王
族而已請分良以擊其左右而三軍萃於王卒必大敗
之及戰呂錡射共王中目王召養由基與之兩矢使射
呂錡中項伏弢以一矢復命郤至三遇楚子之卒見楚
子必下免胄而趨風楚子使工尹襄問之以弓郤至見
客免胄承命楚師薄於險養由基射再發盡殪叔山冉
搏人以投中車折軾晉師乃止囚楚公子茷旦而戰見
星而未已子反命軍吏察夷傷補卒乘繕甲兵展車馬雞
鳴而食唯命是聽晉人患之苗賁皇徇曰蒐乘補卒秣
馬利兵脩陳固列蓐食申禱明日復戰乃逸楚囚王聞
之乃宵遁晉入楚軍三日穀范文子立於戎馬之前曰
君幼諸臣不佞何以及此君其戒之書曰惟命不于常
有德之謂【公羊傳】敗者稱師楚何以不稱師王痍也王
痍者何傷乎矢也然則何以不言師敗績末言尔【穀梁
傳】日事遇晦曰晦四体偏斷曰敗此其敗則目也楚不
言師君重於師也【杜氏曰】鄢陵鄭地今屬潁川郡【張氏
曰】後漢郡国志潁川鄢陵晉敗楚之地今開封府鄢陵

縣【愚按】鄢陵縣今屬汴梁路

不書師敗績以其君親集矢於目而身傷爲重也【何氏曰】凡舉師敗績爲重衆今親傷人君當舉傷君爲重【高郵孫氏曰】韓之戰實獲晉侯不言晉師之敗君獲則師敗矣鄢陵之戰楚子傷焉不曰楚師君傷則師敗也當是時兩軍相抗未有勝負之形晉之捷也亦幸焉爾。幸非持勝之道【晉語】范文子曰吾外刑乎大人而忍於小民將誰行武武不行而勝幸也幸以爲政必有內憂范文子所以立於軍門有聖人能內外無患盍釋楚以爲外懼之戒乎楚師雖敗其勢益張晉遂怠矣卒有欒氏之譖而誅三郤國內大亂聖人備書以見音現行事之深切著明也【胡氏曰】戰而言及者主是戰者也猶曰晉侯爲志乎此戰也云尔【愚按】春秋二百四十二年中国勝楚者惟城濮鄢陵而已自宋襄泓之敗楚頵衡行諸夏至城濮而沮其志自荀林父邲之敗楚之凌駕尤甚嬰齊盟蜀諸侯之大夫從之者十有一国至鄢陵而挫其鋒前此未有中国諸侯助楚以戰中国者惟鄢陵之役鄭伯佐楚共以敵晋使無呂錡射月之勝則楚將倚鄭爲援長驅中原其害可勝言耶所可惜者厲公始無制勝之大計不能堅忍持重從栾書固壘之謀以困楚終之持勝之實德不能脩政於内而徒務求逞於外是以三假王命以伐鄭而鄭終不服聽讒譖之言而刀鋸日弊卒及於難迹其所爲去楚靈無幾耳由是論之鄢陵之戰固不可不勝而厲公無取勝之道所以不遂霸也

楚共**殺其大夫公子側**

【左傳】楚師還及瑕王使謂子反曰先大夫之覆師徒者君不在子無以爲過不穀之罪也子反再拜稽首曰君賜臣死死且不朽臣之卒實奔臣之罪也子重使謂子反曰初隕師徒者而亦聞之矣盍圖之對曰雖微先大夫有之大夫命側側敢不義側亡君師敢忘其死王使止之弗及而卒

【愚按】楚審躬臨戰陳以罷卒致敗而集矢於其目乃歸咎於司馬側而殺之亦異於秦穆之不替孟明者矣傳稱王使止之弗及而死亦猶顛之止得臣曰無死盖亦爲耳嬰齊身爲令尹以將左軍与側相惡使歒国謀臣知其莫有鬭心而委罪於側何耶春秋称国以殺不去其官者楚君大臣之失也書法与殺得臣同

○秋，公會晉侯厲齊侯靈衛侯獻宋平華元邾定人于沙隨，不見公。【左傳】會于沙隨，謀伐鄭也。宣伯使告郤犨曰：魯侯待于壞隤以待勝者。郤犨將新軍，且為公族大夫，以主東諸侯，取貨于宣伯，而訴公于晉侯。晉侯不見公。【公羊傳】不見公者何？公不見見也。公不見見，大夫執，何以致會？不恥也。【穀梁傳】不見公者，可以見公也。可以見公而不見公，譏在諸侯也。【程子傳】晉怒公之後期，故不見公。君子正已而無恤乎人。魯之後期，國難故也。晉不見為非矣。彼曲我直，故不足恥也。【杜氏曰】沙隨，宋地，梁國寧陵縣北有沙隨亭。【張氏曰】屬拱州。【愚按】寧陵縣今屬歸德府。

臣子之於君父，揚其美，不揚其惡。【穀梁】孝子揚父之美，不揚父之惡。為于僞反尊者諱，為親者諱。本【公羊】禮也。聖人假魯史以示王法，其於魯事有君臣之義，故君弑則書薨，翬弑隱公、慶父弑閔公，皆書薨不地。易地則書假，桓公易許田書曰假。滅國則書取，成公滅鄟、襄公滅邿、昭公滅鄫，皆書取。出奔則書遜，昭公及文姜奔齊、哀姜奔邾，皆書孫。盃已而與強國之大夫盟則書及（如及齊高傒盟　防及晉處父盟）叛盟失信而莫適（音嫡）守則沒公而書會（莊十六同盟于幽）凡此類雖不沒其實示天下之公必隱避其辭以存臣子之禮然則沙隨之會晉不見公是魯侯之大辱深可恥焉者矣曷爲直書其事而不諱乎曰春秋伸道不伸邪（本穀梁）榮義不榮勢正己而無恤乎人以仁禮存心而不憂橫（去声）逆之至者也沙隨之會魯有內難（乃旦反）師出後期所當恤者晉人聽叔孫僑如之譖怨公而不見曲在晉矣魯侯自反非有背（音佩）仁棄禮不忠之咎也昔曾子嘗聞大勇於夫子曰自反而縮雖千萬人吾往矣孟子言浩然之氣至大至剛以直養而無

害則塞乎天地之間沙隨之不見於公何歉乎直書而不諱者示天下後世使知大勇浩然之氣所以守身應於證反物如此其垂訓之義大矣【廬陵陳氏曰】公不及鄢陵之戰且譖於宣伯晉侯不察其實而信其譖是罪不在公故書以彰晉侯之信譖明我公之無罪【常山劉氏曰】夫子於魯事有可恥者必為之諱君臣之礼也若我無失道而横逆所加則不諱今晉怙強而不見公我何罪故直書以罪諸侯也【愚按】聖人嘗言譖愬不行可謂明也已矣晉厲聽叔孫僑如之譖而不見公于沙隨晉昭聽邾莒之愬而不使昭公與盟于平丘自晉人觀之皆曰所以討魯之貳也然沙隨之後又執季孫行父而從楚之鄭三伐不服平丘之後執季孫意如以歸魯昭如晉又止之而諸侯之貳於晉者自若也蓋以晉之責魯非義故不足以令諸侯也晉厲之所以不克終而晉昭遂失霸業考諸沙隨平丘之事而見之矣。【劉氏曰】公羊云曷為不恥公幼也非也公即位今十六年豈得云幼哉

公至自會【呂氏曰】公之此行內有僑如之患外不見於霸主故危而致之〇公會尹子

武晉侯厲齊靈國佐邾定人伐鄭成

【[illegible]】公會尹武公及諸侯伐鄭諸侯之師次于鄭西我師次于督揚不敢過鄭子叔声伯使叔孫豹請逆于晉師為食於鄭郊師逆以至声伯四日不食以待之食使者而後食諸侯迁于制田知武子以諸侯之師侵陳至于鳴鹿遂侵蔡未反諸侯迁于潁上鄭子罕宵軍之宋齊衛皆失軍【張氏曰】尹子王卿士子爵【高氏曰】楚師既敗而鄭猶不服見晉政之戰於人矣晉為曹伯請于天子因假王命以再伐鄭故以尹子主會也宋衛以後至不書是役也晉尚以僑如之諸不使公与其事【王氏曰】春秋於尹氏之卒与立子朝以朝奔楚皆書氏者世卿之禍也於盟會侵伐称尹子則指其人而正其爵也【愚按】前此未有以王臣与伐者桓文之大征伐雖不請命而專行然猶以尊周安夏為心未嘗潰王臣以臨師旅比於假天子之命而威諸侯者尚為彼善於此也厲公嗣霸以私怨伐秦則挾刘康公成肅公以偕行以携貳而爭鄭則要尹武公单襄公而娄往於是王臣奔走道途轍不及息而為霸者之用矣春秋於伐秦不書刘成者所以削其請王師而著因行朝王之慢也於伐鄭特書尹単所以彰其瀆王臣之失也夫苟伐秦書刘成則為朝王請命而伐秦為善矣伐鄭不書尹單則无挾王臣之罪而討二抑楚不

爲過矣聖人筆削豈不深切著明也哉○**曹伯**成**歸自京師**【左傳】曹人請于晉曰自我先君宣公即世国人曰若之何憂猶未弭而又討我寡君以亡曹国社稷之鎮公子是大泯曹也先君无乃有罪乎若有罪則君列諸會矣君唯不遺德刑以伯諸侯豈獨遺諸敝邑敢私布之復請於晉晉侯謂子臧反吾歸而君子臧反曹伯歸子臧尽致其邑与卿而不出【公羊傳】执而歸者名曹伯何以不名而不言復歸于曹何易也其易奈何公子喜時在内也公子喜時者仁人也内平其国而待之外治諸京師而免之其言自京師何言甚易也舍是无難矣【穀梁傳】曹伯不名不称復歸王未嘗絶其位也自京師王命也

曹伯不名其位未嘗絶也。不絶其位所以累劣僞反乎天王也。其言自京師，王命也。言天王之釋有罪也。善不蒙賞，惡不即刑，以堯爲君，舜爲臣，雖得天下不能一朝居也。【鈔】宣帝紀詔曰盖聞有功不賞有罪不誅雖唐虞不能以化天下負芻殺世子而自立，不能因晉之執，寘諸刑典，而使復國，則無以爲天下之共主矣【陸氏曰】曹伯之慝罪莫大焉晋侯討而執之其事當矣王不能定其罪失政刑也書曰歸自京師而不名曹伯以深識王也【啖氏曰】諸侯在他国則是失地之君故反国則名之今曹伯在京師而王不黜之是不失国故不名也【孫氏曰】書歸自京師天子赦之之辭也【書】

【陳氏曰】不曰自京師歸于曹而曰歸自京師若平常之歸而書公至自某也【高氏曰】不書復不与其復也簒逆之人殺君之嗣子而自立既列於諸侯之會又赦於天子之庭是率天下而入于乱耳【愚謂】前書同盟于戚晋侯執曹伯歸于京師此書公會尹子晋侯伐鄭曹伯歸自京師而晋厲之操縱由已刑政无常其罪亦不可揜矣○【劉氏曰】穀梁云不言所歸歸之善者也非也曹伯之惡季者知之穀梁子不知耳又云歸爲善自某歸次之亦非也衛元咺衛侯鄭何善之有且自某者明某有奉焉尔明不爲善不善設也

九月晋厲人執季孫行父舍之于苕丘舍如字苕音條【公】作招章遥上饒二反【穀梁傳】執者不舍而舍公所也執者致而不致公在也【杜氏曰】苕丘晋地不稱行人非使人舍之于苕丘明不以歸【程子傳】寘之于苕丘也【劉氏曰】稱人以執非伯討也此其爲非伯討柰何晋侯用叔孫僑如之譖

不見公公執季孫行父執之者以歸也故而未至故不可言以歸而若舍之于苕丘焉此春秋別嫌明微慎用獄之意也張氏曰舍去声或作捨非也下書行父盟郤犨則著其釋行父矣愚按晉人舍季孫行父于苕丘如秦穆公獲晉惠公舍諸靈臺○劉氏曰公羊云代公執故仁之夫国有罪而執其正卿礼也春秋何故仁之乎

冬十月乙亥叔孫僑如出奔齊高氏曰季孫得釋将与公偕歸故僑如懼罪而出奔晉人立其弟豹以為叔孫後是謂穆叔

十有二月乙丑季孫行父及晉厲郤犨盟于扈高氏曰晉釋行父行父自苕丘与郤犨為此盟也高郵孫氏曰不書釋而書晉大夫与之盟則釋之可知矣愚按晉不見公而盟季孫晉人下比之端兆於此矣

公至自會鄭康成曰伐而致會於伐事不成啖氏曰有不致本事者蓋本事非功也高氏曰大夫執則致行父不致者公待行父偕歸焉季公為重也然公未嘗為會而曰至自會者有託焉尓夫沙隨之會既不見公伐鄭之會又不得与而国之宗卿於是見執公彷徨于外以求自明於晉僅能使僑如見逐季孫受盟而公免於難焉方秋而出冬冬而歸始以伐鄭出會而不得与乎其事君辱臣執亦国之深恥也及公之歸不可以伐鄭致故託曰至自會

以見公之不與於伐鄭也張氏曰君侯同出以君致也伐鄭不致而致以會者公之危不在於伐而在於會也

乙酉刺公子偃

按左氏宣伯通於穆姜欲去起呂反下同季孟而取其室戰于鄢陵之日公將行穆姜送公而使逐二子公以晉難乃旦反告曰請反而聽命姜怒公子偃公子鉏趨過指之曰女音汝不可是皆君也公待於壞隤申宮儆備設守手又反下申守同而後行是以後使孟獻子守于公宮宣伯使告郤犨曰魯侯待于壞隤以待勝者郤犨取貨于宣伯而訴公于晉侯晉侯不見公公會諸侯伐鄭將行姜又命公如初公又申守而行宣伯使告郤犨曰魯之有季孟猶晉之有欒范也政令於是乎成

今其謀曰晉政多門不可從也寧事齊楚有亡而已蔑從晉矣若欲得志於魯請止行父而殺之我斃蔑也不然歸必叛晉人執季文子于苕丘公還音旋待于鄆使子叔聲伯請季孫于晉郤犨曰苟去仲孫蔑而止季孫行父吾與子國親於公室對曰僑如之情子必聞之矣若去蔑與行父是大棄魯國而罪寡君也若猶不棄使寡君得事晉君則夫二人者魯國社稷之臣也若朝亡之魯必夕亡范文子謂欒武子曰季孫於魯相息亮反二君矣妾不衣於既反帛馬不食粟可不謂忠乎信讒慝而棄忠良若諸侯何乃許魯平赦季孫出叔孫僑如而盟之季孫及郤犨盟于扈歸刺

公子偃【杜氏曰】偃鉏二子公庶弟【高氏曰】公之將行穆姜指偃與鉏曰皆君也鉏尚幼則美之意在偃也公以是歸而刺之然公子買戍衛不卒戍刺之明言其罪此直云刺者言其罪者若其事實以明非其罪也不言其罪者刺得其罪也是以謹而日之【臨川吳氏曰】象謀殺舜舜為天子則封之偃雖為穆姜所指成公不能制其母而怒其弟竟殺之其視舜之所以處家者何如也。【劉氏曰】穀梁以謂殺無罪非也先刺後名是得其罪先名後刺是不得其罪

【丁亥】簡王十二年

十有七年【晉】厲七【齊】靈八【衛】獻三【蔡】景十八【鄭】成十一【曹】成四【陳】成二十五【杞】桓六十三【宋】平二【秦】景三【楚】共十七【吳】壽夢十二

春衛獻北宮括帥師侵鄭。成括【公】作結【左傳】鄭子駟侵晉虛滑衛北宮括救晉侵鄭至于高氏【高氏曰】晉命也凡為他人興師者皆書侵以譏之

夏公會尹子武單子襄晉侯厲齊侯靈宋公平衛侯獻曹伯成邾定人伐鄭【左傳】鄭大子髡頑侯獳為質於楚楚公子成公子寅戍鄭公會尹武公單襄公及諸侯伐鄭自戲童至于曲洧【杜氏曰】單襄公王卿士晉未能服鄭故假天子威周使二卿會

之惠公成王少子臻食邑於畢至襄公出爲王卿士高氏曰晉假王命討鄭重以王之二卿士晉主兵先尹單以王命爲重也夫晉霸之失道而能數合諸侯力捍強楚者由假王靈扶義以令天下也陳氏曰王人未有書二卿者書二卿皆與伐也

六月乙酉同盟于柯陵

左傳同盟于柯陵尋戚之盟也穀梁傳柯陵之盟謀復伐鄭也程子曰諸侯同病楚也胡氏曰不重言諸侯譏尹單與鬬蘇氏曰齊晉之盛天子之大夫會而不盟尊周也柯陵之會尹單始與諸侯之盟自是習以爲常非礼也薛氏曰前此征伐未嘗出王官也未嘗盟卿士也去年王官出今年卿士盟三伐鄭而鄭不服無益於事徒以爲乱而已陳氏曰孙泉之盟諱王子虎於是不諱曷爲不諱會伐未有書王人者唯厲公特書之會盟不足諱焉尔

秋公至自會

左傳楚子重救鄭師于首止諸侯還穀梁傳不曰至自伐鄭者公不周乎伐鄭也何以知公之不周乎伐鄭以其以會致也臨川吳氏曰方欲声鄭之罪以致伐而楚救已至諸侯畏楚而還未嘗得致伐也故不以伐致而以會致張氏曰公得罪於晉未久而晉侯自是益驕則公之志不在於伐而在於會則致必以會録也〇

齊靈**高無咎出奔莒**

左傳齊慶克通于声孟子與婦人蒙衣乘輦而入于閎鮑牽見之以

告国武子武子召慶克而謂之慶克久不出而告夫人曰国子謫我夫人怒国子相靈公以會高鮑處守及還將至閉門而索客孟子訴之曰高鮑將不納君而立公子角国子知之刖鮑牽而逐高无咎无咎奔莒高弱以盧叛【廬陵李氏曰】靈公不公其聽自沈帷墻奔其世臣以長禍亂悲夫唯巧言能使閉門索客者爲將不納君也【[illegible]曰】无咎身爲卿佐而不能謀国正君以致釁間至於見逐亦不爲无罪矣故書奔无異文 ○九

月辛丑用郊【公羊傳】用者不宜用也九月非所用郊也然則郊曷用郊用正月上辛【穀梁傳】夏之始可以承春以秋之末承春之始盖不可矣九月用郊用者不宜用也

郊之不時未有甚於此者也故特曰用郊用者不宜用也【何氏曰】九月郊尤悖礼故言用【范氏曰】郊春事也【高郵孫氏曰】春秋卜牛於正月三月在滌則春秋之正月夏時之十一月也十一月而養牛十二月可以郊矣春秋之九月夏時之七月瀆乱尤甚故特書用以譏之【臨川吳氏曰】九月乃夏時孟秋建申之月豈郊之時乎不卜日不卜牲而強用其礼焉故曰用非時之甚不敬之大也

或曰盖以人釁叩其鼻血以薦也古者

六畜不相爲用況敢用人乎 僖十九 宋司馬子魚曰云云 昭十 申无宇曰

五牲不相爲用況用諸侯乎 通旨 問劉原父謂用人於郊設左氏昭公十年季平子伐莒取郠獻俘始用人於亳社臧文仲曰周公其不饗魯祭乎周公饗義魯无義左氏言始用人於亳社者謂此年初以人祭社也竊禍疑成公以九月祭天所謂用者不宜用也若以此年用人於郊則昭十年不應言始用人於亳社矣又左氏素好誇誕若成公果用人於郊豈不張大其事而記之乎如邾文公用鄫子于次睢之社楚師執蔡世子有用之岡山當時子魚申无宇皆有言矣若成公果用人以祭豈魯國之人无一言乎按邾楚季氏皆是執獲仇敵之人快意於山川之社成公之時未聞執獲仇敵之人又无背叛之賊豈至殺一无罪祭上帝哉於理有必不然矣但書九月用郊其失時失禮自顯然可見何必以爲用人乎權衡曰公羊謂九月非所用郊也五月郊何以不加用乎五月豈所宜郊乎且如公羊之言但譏郊失時耳直曰九月郊理豈不明而加用乎按定十五年哀元年上文皆言鼷鼠食郊牛改卜牛事故下文直云五月辛亥郊此上下皆无連文直書九月辛丑郊則文勢不備故特書用字耳若以何必加用則禘于太廟用致夫

人又何以加用乎曰郊之非時莫甚於此也

特書用古者六畜不相爲用况敢用人乎

晉侯厲**使荀罃來乞師** 罃乙耕反師氏曰請王命以討有罪宜糾合諸侯以尊王命奉辭以往无敢或後可也乃使大夫乞師於曹邾以盟主而乞師巳爲卑辱況以王之卿士主兵乃言乞師其卑王室以誤寵諸侯也甚矣夫欲仗天子之威以討叛伐貳而乃先爲此卑辱欲望鄭畏威得乎哉薛氏曰伐秦之役公如京師故以郤錡乞師起事之端伐鄭三出卿士而起之以欒黶荀罃之使明諸侯之不以王命會且書王師之重猶役於諸侯也

冬公會單子襄**晉侯**厲**宋公**平**衛侯**献**曹伯**成**齊**靈**人邾**定**人伐鄭**成左傳諸侯伐鄭十月庚午圍鄭穀梁傳言公不背柯陵之盟也孫氏曰鄭与楚比周晉厲三假王命合諸侯以伐之而不能服中国不振可知也

十有一月公至自伐鄭 左傳楚公子申救鄭師于汝上諸侯還丑氏曰不書圍畏楚救不成圍而還愚按王官下臨諸侯景從以卻已敗之楚服懷貳之鄭宜若振槁然夏伐鄭楚師至而諸侯還冬伐鄭楚師至而諸侯還望風却走何哉蓋厲公既勝鄢陵驕侈放恣黷於用武慢於尊王是以諸侯无同心戮力之誠鄭不畏

而楚後肆非中国之力有不足盖厲公之德○壬申公
有歉亦有嗣霸之資而以无道行之惜哉
孫嬰齊卒于貍脤貍力之反脤市軫反公作軫穀作蜃【左傳】声伯還自鄭至貍脤而卒蘇氏
曰大夫卒不地其地在外也○劉氏曰春秋故史也有
所不革子曰其事則齊桓晉文其文則史其義則丘竊
取之矣公羊謂待君命然後卒大夫非也公孫敖卒于
齊彼不待公命何為卒之哉穀梁云壬申乃十月致公
而後錄臣子亦非也昭公在外叔孫婼卒則何不待
致公而錄之乎陸氏曰二傳不達文有謬誤之理○
十有二月丁巳朔日有食之○邾子貜且卒貜俱縛反且子餘反
定公也在位四十年子牼嗣是為宣公○晉厲殺其大夫郤錡郤犨郤至
【左傳】晉厲公侈多外嬖反自鄢陵欲尽去群大夫而立
其左右胥童以胥克之廢也怨郤氏而嬖於厲公郤錡
奪夷陽五田五亦嬖於厲公郤犨与長魚矯爭田執而
梏之与其父母妻子同一轅既矯亦嬖於厲公栾書怨
郤至以其不從己而敗楚師也欲廢之使楚公子茷告
公曰此戰也郤至實召寡君以東師之未至也与軍帥
之不具也曰此必敗吾因奉孫周以事君公告栾書書
曰其有焉不然豈其死之不恤而受敵使乎君盍嘗使

諸周而察之郤至聘于周欒書使孫周見之公使覘之信遂怨郤至厲公田与婦人先殺而飲酒後使大夫殺郤至奉豕寺人孟張奪之郤至射而殺之公曰季子欺予厲公將作難胥童曰必先三郤族大多怨去大族不偪敵多怨有庸公曰然郤氏聞之郤錡欲攻公曰雖死君必危郤至曰人所以立信知勇也信不叛君知不害民勇不作亂失茲三者其誰与我死而多怨將安用之君實有臣而殺之其謂君何我之有罪吾死後矣若殺不辜將失其民欲安得乎待命而已受君之禄是以聚黨有黨而爭命罪孰大焉壬午胥童夷羊五帥甲八百將攻郤氏長魚矯請無用衆公使清沸魋助之抽戈結衽而偽訟者三郤將謀於榭矯以戈殺駒伯苦成叔於其位温季曰逃威也遂趨及諸其車以戈殺之皆尸諸朝【穀梁傳】自禍於是起矣【張氏曰】郤氏雖多怨既爲大夫則君之股肱也厲公不正其有罪無罪而用嬖幸胥童長魚矯之計一朝殺三卿又劫欒書中行偃能无及乎此春秋所以列書而深罪之也

○楚共人滅舒庸【左傳】舒庸人以楚師之敗也道吳人圍巢伐駕圍釐虺遂恃吳而不設備楚公子橐師襲舒庸滅之【任公輔曰】舒庸東夷偃姓之国地譜廬州城下舒舒城【薛氏曰】舒庸舒之別種也詩曰荊舒是懲則荊舒之国皆非一種也春秋之始荊舒皆以名見舒庸舒蓼

舒鳩之滅荊舒一於楚矣【高氏曰】楚既摧敗而其餘烈猶足以滅國於要荒使其得志於鄢陵則毒被華夏豈勝道哉晉敗于邲之後書楚子滅蕭是也此書滅舒庸著中國能折其鋒使不得為我患者晉厲之成勞也蓋厲公有宏才而無令德是以威震於外而乱生於内身雖不終功亦足録

【戊子】簡王十三年

十有八年

【晉】厲八弒【齊】靈九【衛】獻四【蔡】景十九【鄭】成十二【曹】成五【陳】成二十六【杞】桓六十四【宋】平三【秦】景四【楚】共十八【吳】壽夢十三

春王正月晉殺其大夫胥童

【左傳】胥童以甲劫欒書中行偃於朝矯曰不殺二子憂必及君公曰一朝而尸三卿余不忍益也對曰人將忍君臣聞乱在外為姦在内為軌御姦以德御軌以刑不施而殺不可謂德臣偪而不討不可謂刑德刑不立姦軌並至臣請行遂出奔狄公使辭於二子曰寡人有討於郤氏郤氏既伏其罪矣大夫無辱其復職位皆再拜稽首曰君討有罪而免臣於死君之惠也二臣雖死敢忘君德乃皆歸公使胥童為卿公遊於匠麗氏欒書中行偃遂執公焉召士匄士匄辭召韓厥韓厥辭曰昔吾畜於趙氏孟姬之讒吾能違兵古人有言曰殺老牛莫之敢尸而况君乎二三子不能事君焉用厥也欒書中行偃殺胥童民不与郤氏胥童道君為乱故皆書曰晉

殺其大夫【家氏曰】三郤之死晉厲殺之也胥童之死書偃殺之也春秋一以國殺爲文著胥童導君作難而其君由是以殞童亦晉國之罪人也人臣與君俱死於難是之謂死節胥童與厲公先後死春秋繫之國殺爲其有當誅之罪也使童大節可錄則必用孔父牧息之例繼其君而書死矣【高氏曰】宋督殺孔父而弑殤公春秋書及其大夫書偃殺胥童而弑厲公而書晉殺其大夫蓋孔父忠於殤公者也胥童嬖於厲公者也嬖臣導君爲不道亡其身以及其君故春秋兩治之以爲萬世戒

○庚申晉弑其君州蒲【左傳】欒書中行偃使程滑弑厲公葬之于翼東門之外以車一乘【穀梁傳】稱國以弑其君君惡甚矣【愚按】厲公在位八年晉人立襄公少子捷之孫周是爲悼公

弑君天下之大罪討賊天下之大刑春秋合於人心而定罪聖人順於天理而用刑固不以大辟釋當誅之賊亦不以大刑加不弑之人然趙盾以不越境而書弑宣二許世子止以不嘗藥而書弑昭十九鄭歸生以

憚老懼讒而書弒（宣四）楚公子比（妣字）以不能效死不立而書弒（昭十三）齊陳乞以廢長（展兩反）立幼而書弒（哀六）晉欒書身爲元帥（所類反）親執厲公於匠麗氏使程滑弒公而以車一乘（繩證反）葬之於翼東門之外而春秋稱國以弒其君而不著欒書之名氏何哉仲尼無私與天爲一奚獨於趙盾許止歸生楚比陳乞則責之甚備討之甚嚴而於欒武子闊畧如此乎學者深求其旨知聖人之誅亂臣討賊子之大要也而後可與言春秋矣〔昭二十七年定十三年傳〕稱国以弒當国大臣之罪也〔朱子語〕胡氏傳意君許栾書之弒舊嘗疑之後問文定公之甥范伯達伯達曰公之意蓋以爲栾書執国之政而厲公無道如此亦不得坐視爲栾書之討厲公可廢而不可殺也又問其孫伯逢伯逢亦曰厲公無道但當廢之〔王氏曰〕經不罪栾

書中行偃而称国以弑者以厲公之惡有以取之盖子曰問誅一夫紂矣未聞弑君也知此然後知聖人之於天道 張氏曰 聞之師曰称国以弑者衆弑其君之辞也孟子論貴戚之卿曰君有大過則諫反覆之而不聽則易位厲公之過大矣昵用小人殺戮無辜牽朝諸卿不保首領書偃晉之世臣以社稷為心可以行易位之權而程滑遽弑之故稍国以弑而不言二臣分其惡於衆也悼公逐不臣者七人而不誅書偃非里克甯喜之比故也 臨川吳氏曰 春秋之作正為誅乱臣賊子也趙穿弑靈公傳不言盾使而經書趙盾弑君程滑弑厲公傳以為欒書中行偃使之而經止書国弑何也曰此春秋之所以別嫌明微也盖靈公之不君其惡未加於一国欲殺趙盾而趙穿為盾殺之實盾之所欲弑也故春秋誅盾為首惡厲公之無道剛暴不仁徧得罪於一国欒書中行偃執公而殺其輔君為惡之嬖臣盖將以匡晉国而未有弑君之心也程滑因国人之所共怨而弑公盖非書偃之專謀也故書国弑若獨書書偃則罪歸於二卿而一国之人得免於弑君之惡矣曰二卿執公可乎曰孟子云諸侯危社稷則変置欒書當国之卿厲公既誅三卿矣不可諫也必將大乱晉国坐視社稷之隕則亦何以為国卿乎故將廢置而更立焉国人遽弑

其君聖人不以首惡加二子非縱之也蓋辨是非定
邪正以示萬世左氏使程滑之言非經意也【程氏曰】
弑不言故弑而言故有自來者矣晉殺其大夫郤錡
郤犨郤至晉殺其大夫胥童晉弑其君州蒲蔡殺其
大夫公子駟蔡放其大夫公孫獵盜殺
蔡侯申春秋書弑未有詳於此者也

齊殺其大夫國佐【鑒】【左傳】齊侯使崔杼為大夫使慶克
佐之帥師圍盧國佐從諸侯圍鄭
以難請而歸遂如盧師殺慶克以穀叛齊侯與之盟于
徐關而復之盧降使国勝告難于晉待命于清齊侯使
士華免以戈殺国佐于內宮之朝師逃於夫人之宮書
曰齊殺其大夫国佐棄命專殺以穀叛故也使清人殺
国勝国弱來奔王湫奔萊慶封為大夫慶佐為司寇【張
氏曰】無咎奔於去年之秋而鮑牽刖齊靈可以省母之
言是非矣国佐叛而後復之意靈公非不知国佐之直
与慶克之內乱宮闈也卒殺国佐則靈公之知又下魯
成叛等矣保姦如此因慶克以成慶封黨賊之禍慶封
逐而政歸於陳氏皆靈公蔽塞聰明惟婦言是用所致
也国佐不能見幾而出以邑叛君又
仕危乱之朝身死宮闈非不幸矣

○公如晉悼【左傳】
晉使荀
罃士魴逆周子于京師而立之生十四年矣大夫逆于
清原盟而入朝于武宮逐不臣者七人即位于朝公如

晉朝嗣君也

○夏，楚子（共）、鄭伯（成）伐宋。（平）宋魚石復入于彭城。

左傳 鄭伯侵宋，及曹門外，遂會楚子伐宋，取朝郟。楚子辛、鄭皇辰侵城郜，取幽丘，同伐彭城，納宋魚石、向為人、鱗朱、向帶、魚府焉，以三百乘戍之而還。宋人患之。西鉏吾曰：若楚人與吾同惡，以德於我，吾固事之也，不敢貳矣。大国無厭，鄙我猶憾。不然，而收吾憎，使贊其政，以間吾釁，亦吾患也。今將崇諸侯之姦，而披其地，以塞夷庚，逞姦而攜服，毒諸侯而懼吳、晉，吾庸多矣，非吾憂也。且事晉何為？晉必恤之。**汪氏曰** 彭城，宋邑。**張氏曰** 今徐州彭城縣。**愚按** 徐州今屬汴梁路。

此伐宋以納魚石，其不曰納宋魚石于彭城，何也？劉敞曰：不與納也。諸侯失國，諸侯納之，正也，諸侯世也。大夫失位，諸侯納之，非正也，大夫不世也。諸侯託於諸侯，禮也；大夫託於諸侯，非禮也。**愚按** 諸侯失国而諸侯納之，春秋皆不書，惟書納頓子、納北燕伯，譏納者之非正也。況納大夫乎？楚莊納甯行父于陳，使之復為大夫，春秋猶

譏之况納叛臣而據地以逼其君乎書伐書復入而不言納見魚石之復入由是鄭之伐也

其言復入者已絶而復入惡之甚者。宋魚石晉欒盈是矣

通旨 孫林父宋辰趙鞅荀寅皆據外邑以自保故書叛魚石栾盈將以乱国故書復入 孫氏曰 此楚鄭間晉之変伐宋取彭城與魚石守之以逼宋也其曰宋魚石復入于彭城者不與楚鄭伐宋取邑以与宋叛臣也故以魚石自入化君為文 蘇氏曰 魚石之書復入而先言楚鄭之伐以著其納乱臣也故不言自楚而曰復入不言叛將以乱国非直叛君而已故魚石來盈之罪重於趙鞅宋辰也 王氏曰 彭城不係之宋者宋非魚石所可入故也 陳氏曰 奔大夫復不書莊閔以上有書歸者入者矣則皆不書奔者也奔而言歸自衛元咺始咺訟其君者也雖然歸猶言自者若宋魚石晉來盈是賊而已矣故魚石不言自楚來盈不言自齊。 劉氏曰 左氏云凡去其国国逆之曰入復其位曰復歸諸侯納之曰歸以惡曰復入今按事与例合者少与例違者多注者或託之從赴不復可信也

公至自晉。晉侯悼使士匃來聘。

左傳 拜朝也 襄陵許氏曰 公朝始至而聘使繼

至晋悼之下諸侯肅矣此列国之所以睦而叛国之所以服也【高氏曰】書晋侯与宣十年書齐侯同義〇

秋杞伯桓來朝【左傳】勞公且問晋故公以晋君語之杞伯於是驟朝于晋而請為昏〇

八月邾子宣來朝【左傳】卽位而來見也【愚按】成公末年杞邾相繼來朝蓋皆謀從晋耳〇

築鹿囿【左傳】書不時也【公羊傳】何以書譏何譏爾有囿矣又為也【穀梁傳】山林藪澤之利所以与民共也虞之非正也【杜氏曰】築墻為鹿苑【何氏曰】刺奢泰妨民天子囿方百里公侯十里伯七里子男五里【高郵孫氏曰】春秋興作皆書雖城池之固門廏之急無遺焉重民力也况耳目之翫一身之娛哉【襄陵許氏曰】大夫擅国而威福日去而公務自娛於鳥獸草木是謂冥豫在上何可長也【高氏曰】前此未有書築囿者是後昭九年築郎囿定十三年築蛇淵囿人君之示子孫也可不謹哉【愚按】古之聖王臺池園囿与民同樂今築墻為囿為阱於国中以厲民此豈君人者之心乎〇

己丑公薨于路寢【穀梁傳】路寢正也男子不絶婦人之手以齊終也〇

冬楚共人鄭成人侵宋平【左傳】宋老佐華喜圍彭城老佐卒焉楚子重救彭城伐宋宋華元如晋告急韓獻子為政曰欲求得人必先勤之成霸安彊自宋始矣晋侯師于

台谷以救宋遇楚師于靡角之谷楚師還【愚按】前書楚
鄭伐宋魚石入彭城此書楚鄭侵宋而不曰救彭城彭
城不可救也比事考之黨叛臣之迹見矣荊楚蠻夷不
足責也鄭附夷而崇姦何至若是之甚乎故特貶而人
之序鄭於楚下以著其惡然晉悼公一出師
而楚師還畀於楚楚師至而諸侯亟還者矣

晉侯使士魴來乞師

魴音房【公】作彭後同【左傳】季文子問師數于
臧武仲對曰伐鄭之役知伯實來下軍之佐
也今彘季亦佐下軍如伐鄭可也事大國無失班爵而
加敬焉禮也從之【襄陵許氏曰】悼公復興霸業而乞師
以救宋猶遵厲公故事元年而
後遂無乞師則召兵而已矣

十有二月仲孫蔑會晉侯悼宋公平衛侯獻邾子宣齊靈崔杼同盟于虗朾

杼直
呂反虗起居反朾他丁反【左傳】孟獻子會于虗朾謀救
宋也宋人辭諸侯而請師以圍彭城【杜氏曰】虗朾宋地
【高氏曰】諸侯師至而楚鄭之師已退故宋人辭諸侯而
請其師以圍彭城而先爲此盟也【愚按】諸侯同心懼楚
而謀救宋故書同盟【陳氏曰】崔杼嘗奔衛不言歸其再
見何齊納以爲大夫也向也曰崔氏今曰崔杼則已爲
大夫也前年逐高無咎今年殺国佐而杼當国已而殺
高厚齊無世臣矣於是伐莒伐魯皆杼帥師焉而後弒

齊之禍靈公爲之也

○丁未葬我君成公左傳書順也杜氏曰薨于路寢五月而葬国家安靜世適承嗣故曰書順

春秋卷之二十

春秋卷第二十一

胡氏傳　　新安後學汪克寬附錄纂疏

襄公上

公名午成公妾定姒之子四歲即位在位三十一年

己丑簡王十四年崩**元年**晉悼公周元年齊靈十一年衛獻五年蔡景二十年鄭成十三年曹成六年陳成二十七年杞桓六十五年宋平四年秦景五年楚共十九年吳壽夢十四年

春王正月公即位穀梁傳繼正即位正也通旨內無所承上不請命則不書即位在春秋時諸侯皆不請王命矣然承國於先君者則得書即位以別於內復無所承者文成襄昭哀五公是也

○**仲孫蔑會晉**悼**欒黶宋**平**華元衛**獻**甯殖曹**成**人莒**犂比**人邾**宣**人滕**成**人薛人圍宋彭城**殖市力反左傳非宋地追書也於是為宋討魚石故稱宋且不登叛人也謂之宋志彭城降晉晉人以宋五大夫在彭城者歸寘諸瓠丘公羊傳宋華元曷為與諸侯圍宋彭城為宋誅也其為宋誅奈何魚石走之楚楚為之伐宋取彭城以討魚石魚石之罪奈何以入是為罪也楚已取之矣曷為繫

之宋不与諸侯專封也穀梁傳繫彭城於宋者不与魚石正也

按左氏曰非宋地追書也杜氏曰楚取彭城已封魚石故曰非宋地夫子治春秋追書繫之宋然則書圍彭城者魯史舊文也曰圍宋彭城者仲尼親筆也陳氏曰史策以常文書第曰圍彭城而無宋字聖人修春秋不与魚石之專邑叛君追書而称宋彭城楚已取彭城封魚石戍之三百乘縄証反矣則曷爲繫之宋楚不得取之宋魚石不得受之楚雖專其地君子不登杜氏曰成也叛人所以正疆域固封守謹王度也范氏曰彭城已屬魚石今猶繫宋者崇君抑叛臣也孫氏曰彭城宋邑也魚石宋叛臣也楚取宋邑使宋叛臣守之故雖入于楚孔子還繫之于宋所以抑強夷而黜叛臣也劉氏曰楚爲不道奬乱助悪使臣叛其君春秋所悪也雖得其地春秋不与也凡諸侯受封於天子固有常分強者不得獨兼弱者不得獨失有王者作強者將損之弱者將益之故宋雖失彭城猶未爲非宋也高郵

孫氏曰蒯聵出奔七年于外矣衛侯元卒而輒已立爲君於蒯聵之納也必曰世子蒯聵君曰是乃世子也輒安得爲君乎彭城已入於楚而以之居魚石矣於其圍之必曰宋彭城君曰彭城乃宋邑魚石安得受之於楚乎 呂氏曰 齊国夏衛石曼姑圍戚不曰衛戚不与齊衛大夫助子圍父也此圍彭城繫之宋不与夷狄取中国之地以与叛臣也一字之筆削父子君臣之倫夷夏之分咸具焉 愚按 彭城已奪於楚晋悼討魚石而還之宋使之復王制之正書曰圍宋彭城襄之也十年戍鄭虎牢駐師阨險以逼鄭使鄭人失王制之舊書曰戍鄭虎牢貶之也美惡不嫌同詞皆所以明王制也

夏晋悼**韓厥帥師伐鄭**成**仲孫蔑會齊**靈**崔杼曹**成**人邾**宣**人杞**桓**人次于鄫**穀公作蚤鄫公作台左傳晋韓厥荀偃帥諸侯之師伐鄭入其郛敗其徒兵於洧上於是東諸侯之師次于鄫以待晋師晋師自鄭以鄭之師侵楚焦夷及陳晋侯衛侯次于戚以爲之援 杜氏曰 鄫鄭地在陳留襄邑縣東南 愚按 襄邑縣今屬汴梁路睢州

楚人釋君而臣是助昭二十一宋華氏叛如楚乞師楚大宰犯諫曰諸侯唯宋事其

君令又爭国繹君而臣是助哀二趙簡子云棄君助臣事已悖矣晉於是乎降戸江反彭城以魚石等歸遂伐鄭而諸侯次于鄭此皆放甫兩反於義而行者也鄭棄中国而從蠻夷助叛臣以逼其君皆非義也晉悼公既爵五大夫於是伐鄭以討其從楚納魚石之罪然不重勤諸侯而使韓厥以偏師伐之皆合於義者也

傳直戀反書楚子辛公子壬夫救鄭而經不書者鄭本爲于僞反楚以其君之故親集矣於是以與楚而不貳也見下鄭伯睔卒棄中國從蠻夷不能以大義裁之惟私欲之從則鄭無可救之善楚不得有能救之名。經所以削之不言救也自鄢陵之戰楚子救鄭楚子重救鄭楚公子申救鄭皆不書義与此同高氏曰晉以韓厥已足以當鄭不欲重勤東諸侯之師故使次于鄫以震鄭心且備楚師之出也愚按齊桓伐楚次于陘不欲速戰以勝楚晉悼伐鄭而使諸侯之師次于鄫不欲速圍以售鄭皆霸者不輕用兵而重民

一四三八

命之意也故文定傳曰伐而書次其次爲善然左氏謂韓厥荀偃帥諸侯之師伐鄭入其郛又爲以鄭之師侵楚皆與經不同故啖氏曰時魯會不須告命知傳妄也

秋楚共公子壬夫帥師侵宋平左傳楚子辛救鄭侵宋呂留鄭子然侵宋取犬丘愚按楚憤宋之復彭城且欲援鄭而退諸侯之師故復釋憾於宋高氏曰不敢敵諸侯之師而侵宋者蓋攻其所必救也以其無名加兵故書曰侵○九月辛酉天王崩簡王也在位十四年子泄心嗣位是爲靈王邾子宣來朝冬衛侯獻使公孫剽來聘晉侯悼使荀罃來聘剽匹妙反

簡王崩赴告已及藏在諸侯之策矣襄二十名藏在諸侯之策則宜以所聞先後而奔喪今邾子方來修朝禮衛侯晉侯方來修聘事於王喪若越入視秦人之肥瘠在亦反本

韓文諍臣論曾不與音預焉而左氏以爲禮此何禮乎左傳邾子

春秋卷十一

來朝礼也衛子叔晉知武子來朝礼也凡諸侯即位小国朝之大国聘焉礼之大者也【愚按】杜預范甯皆云王崩赴未至故各得行朝聘之礼今考邾子來朝之時謂赴未至於諸侯由之可也踰月之後安有赴告未及者然歷秋暨冬衛晉不廢聘好繼彼未聞赴而來魯亦豈可晏然受之乎按礼諸侯相見揖讓入門不得終礼者六天子崩太廟火日食后夫人之喪雨霑服失容則廢春秋繼王崩而書朝聘朝者聘者受之者皆有罪也

滕定公薨世子定爲三年喪父兄百官皆不欲曰吾宗國魯先君莫之行也。見【孟】【孟】喪紀益廢民習於耳目而不察故後世以日易月【唐】順宗實録遺詔以日易月十三日小祥二十五日大祥二十七日釋服人子安而行之[illegible]春秋之義無君臣之禮豈不惜哉【孫氏曰】天王崩邾子衛晉之朝聘皆不臣也【王氏曰】襄公即位則邾子來朝晉衛來聘簡王崩而諸侯无奔喪之事靈王立而諸侯無始見之文當時狃習流俗不復知有京師矣使春秋不作三綱五常之道与蛮夷禽獸奚擇焉【高氏曰】凡諸侯嗣立必朝于天子而童子侯不朝者天子不与爲礼也童子侯雖不朝而聞天王之喪必奔者明臣子之於君父非有老少也喪事尚質而無周旋之礼但尽悲哀而已矣襄公雖幼不朝而亦不奔天王之喪矧以四歲即位而小国來朝大国來聘安能以礼相接乎

庚寅靈王元年**二年**晉悼二齊靈十一衛獻六蔡景二十一鄭成十四卒曹成七陳成二十八杞桓六十六宋平五秦景六楚共二十吳壽夢十五**春王正月葬簡王**杜氏曰五月而葬速○**鄭**成**師伐宋**平左傳鄭師侵宋楚令也高氏曰楚以彭城故令鄭伐之鄭受制於夷狄而爲之伐中国不敢人之而書師者非所以伸之蓋懲其動衆耳襄陵許氏曰書伐宋者積鄭之疚○**夏五月庚寅夫人姜氏薨**杜氏曰齊姜成公夫人○**六月庚辰鄭伯睔卒**睔古困反左傳鄭成公疾子駟請息肩于晉公曰楚君以鄭故親集矢於其目非異人任寡人也若背之是棄力与言其誰暱我免寡人唯二三子高氏曰不書葬者以成公背中国故諸侯不會其葬也愚按成公在位十四年子髡頑嗣是爲僖公○**晉**悼**師宋**平**師衛**獻**甯殖侵鄭**僖左傳於是子罕當

国子駟爲政子国爲司馬晉師侵鄭諸大夫欲從晉子駟曰官命未改【杜氏曰】晉伐喪非礼宋雖非卿師重故叙衛上【高郵孫氏曰】晉宋称師將卑師衆也甯殖書名將尊師少也【李氏集義】上言鄭伯睔卒下書三国之師侵鄭此不待変文而後爲譏其伐喪也【歐氏曰】鄭雖有畔中国之罪而伐其喪之罪不待貶而見矣○【胡氏曰】穀梁云其曰衛甯殖如是而称于前事也謚若曰衛侯速卒鄭人侵之故挙甯殖之報以明称其前事皆非也將尊師少書將例然也若人伐已喪已亦伐人喪是以怨報怨春秋豈爲是書之哉○秋七月

仲孫蔑會晉（悼）荀罃宋（平）華元衛（獻）孫林父曹（成）人邾（宣）人于戚【左傳】會于戚謀鄭故也孟獻子曰請城虎牢以偪鄭知武子曰善鄫之會吾子聞崔子之言今不來矣滕薛小邾之不至皆齊故也寡君之憂不唯鄭罃將復於寡君而請於齊得請而告吾子之功也君不得請事將在齊吾子之請諸侯之福也豈唯寡君賴之【王氏曰】諸侯之大夫專會以謀鄭政在大夫也【蜀

【杜氏曰】大夫專恣春秋不加貶削之文而直叙其會以志其甚○己丑葬我小君齊姜【左傳】齊侯使諸姜宗婦來送葬【杜氏曰】齊謚也三月而葬速○【唐陳氏曰】穆姜有美檟頌琴文子取之以葬公

羊不知婦先姑薨故疑之也○叔孫豹如宋平【左傳】通嗣君也○冬仲孫蔑
會晉悼荀罃齊靈崔杼宋平華元衛獻孫林父曹成人
邾宣人滕成人薛人小邾人于戚遂城虎牢【左傳】復會于戚齊崔
武子及滕薛小邾之大夫皆會知武子之言故也遂城
虎牢鄭人乃成【程子傳】設險所以守国也有虎牢之險
而不能守故不繫於鄭責其不能有也【杜氏曰】虎牢河
南成皋縣【張氏曰】故東虢之邑鄭滅虢為制邑秦漢為
成皋東有汜水今孟州汜水縣有故虎
牢城【愚按】汜水縣屬今汴梁路鄭州
虎牢鄭地故稱制邑。至漢為成皋。今為汜音似水縣巖
阝聞於天下。鄭莊公曰制巖邑也猶虞之下陽二見僖趙之上黨
【通鑑】赧王五十五年秦攻趙上黨援之【輿地志】河東上黨縣言其地極高与天為黨有太行羊頭山今屬
潞州魏之安邑【通鑑】烈王七年韓趙伐魏圍安邑【按】魏本都安邑乃堯舜舊都即鳴條之野今
屬解州燕於賢反之榆關【輿地志】燕平州之東有榆關一夫守之可以當百今在平灤路

盧龍縣城東一百八十里吳之西陵【吳志】陸抗曰西陵國之西門若不守則荊州非吳有也【按】西陵即夷陵今峽州蜀之漢樂音洛【蜀志】建興七年築漢城於沔陽築樂城於成固【按】沔口晉吳皆以為重鎮控引秦梁路通荊雍今屬漢陽府成固即漢中隋書以謂成都之喉嗌今屬興元路南鄭縣地有所必據城有所必守而不可以棄焉者也。【通旨】鄭之虎牢三国之祁山西陵濡須皆国之存亡所係者有是險而不能守故不繫於鄭。然則據地設險亦所貴乎。天險不可升也。地險山川丘陵也。王公設險以守其國。大易之訓也。【易】坎卦彖傳城郭溝池以為固六君子之所謹也。【禮運】鑿斯池築斯城與民同守孟子之所以語魚據反滕君也。夫狡交卯反焉思啓封疆。【成八】申公巫臣云云而爭地以戰殺人盈野。爭城以戰殺人盈城者固非春秋之所貴。守天子之主繼先君之世不能設險守國將至於遷潰滅亡亦非聖人之所與故城虎牢而不繫於鄭程氏以爲責鄭之不能有也其聖人以待衰世之意小康之事耶

永嘉呂氏曰不言衛緣陵不言杞皆是衛杞不能有之而齊桓城之亦然則城虎牢亦鄭不能有而諸侯城之張氏曰虎牢所以不繫鄭者鄭人背華即夷黨楚以爲中国患悼公動天下之諸侯以討之而負固自若故從孟獻子之謀城其巖邑以制之以霸主而討不服從之国地非鄭之所可私有故彭城非宋有也伯主爲宋討則繫之宋虎牢鄭地也以中国當討鄭而不繫之鄭皆春秋明王制以示予奪之正也家氏曰虎牢諸夏之藩表得之以興失之以亡內外之限界在焉邑雖屬於鄭險則關乎中国故城虎牢不繫於鄭明虎牢非鄭之所宜有也鄭之封疆皆受之天子曷不以繫之鄭乎曰鄭叛華即夷以天子之侯度甘爲夷屬辱天子之封守罪當削書諸侯城虎牢不曰鄭虎牢削之於鄭也削之於鄭歸之於中国所以正夷夏內外之分故書曰遂城虎牢蓋舊史書城鄭虎牢聖人削之曰城虎牢故曰非聖人莫能

修陸氏曰諸侯之大夫取他国之邑相与城之非正也城虎牢可以安中国息征伐故聖人許之而不繫於鄭也吳與沈氏曰不言伐取且不繫之鄭皆所以与晋也愚按自平王東迁鄭武公入為卿士鄭王賜之虎牢以東後失其地鄭厲公納惠王而王復与之虎牢焉然齐桓之霸説申侯而与之虎牢則周未嘗以虎牢為中国之輕重也迨悼公之霸則近楚微国若江黄弦庸六蓼羣舒之類吞噬靡遺中国諸侯若陳若蔡若許亦已服役於楚夷於属縣而鄭以王室懿親畿内大国又亟而從楚苟非阨虎牢之險以制其棄同即異之心則楚將越鄭而東蹂躪中華之境其不淪胥於夷者幾希矣故虎牢之城不繫於鄭責鄭而与中国也春秋書遂伐楚見諸侯之不專也書遂城虎牢見大夫之專也○趙氏曰公羊云不書取為中国諱也援夫子増損經文以示義何諱之為若言鄭虎牢則以譏之也劉氏曰穀梁云若言中国焉内鄭也非也鄭不服晋諸侯伐之可謂外之矣反謂内之乎

楚共**殺其大夫公子申**左傳楚公子申為右司馬多受小国之賂以偪子重子辛楚人殺之故書曰楚殺其大夫公子申劉氏曰嬰齐壬夫畏其偪而殺之也高氏曰晋城虎牢有以勝楚矣楚无所

歸咎而殺其用事之臣襄陵許

氏曰著楚之所以不競於晉也

辛卯靈王二年

三年晉悼三齊靈十二衛獻七蔡景二十二鄭僖八髡頑元年曹成八陳成二十九杞桓六十七宋平六秦景七楚共二十一吳壽夢十六

春楚共公子嬰齊帥師伐吳

壽夢吳楚爭強自此始左傳楚子重伐吳爲簡之師克

鳩茲至于衡山使鄧廖帥組甲三百被練三千以侵吳

吳人要而擊之獲鄧廖其能免者組甲八十被練三百

而已既飲至三日吳人伐楚取駕駕良邑也鄧廖亦楚

之良也楚人以是咎子重子重病之遇心疾而卒襄陵

許氏曰國政失御大臣相殘又外結吳怨而內与晉讐

此共王之所以不振也陳氏曰於是楚伐吳吳伐楚取

駕則其但書伐吳何春秋於吳楚未嘗無差等也是故

楚伐吳悉書之吳伐楚必若過門于巢卒而后書

○公如晉左傳始朝也高氏曰童子侯不朝王

蓋不可接以成人之礼

也豈可反朝同列乎

夏四月壬戌公及晉侯悼盟于長樗

樗勅居反左傳孟獻子相公稽首知武子曰天子在而君辱稽首寡君懼矣孟獻子曰以敝邑介在

東表密迩仇讐寡君將君是望敢不稽首汪氏曰晉侯

出其國都与公盟于外稽首至地事天子之礼張氏

【曰】孟獻子晉之賢大夫尚不知君臣之義以相其君所謂不知先立乎其大者春秋諸賢之同病也長樗近晉之也【鄭氏曰】晉侯修礼於諸侯故去其国都与公盟于長樗【高氏曰】出国都以與公盟此悼公之敬也【愚按】魯君朝晉而盟者四文公有三焉晉襄首以陽處父盟公明年又要公盟于国都靈公亦与公盟于其国唯此年晉悼特去国都而與公盟長樗有以見襄靈之倨而悼公之謙宜悼公之能復伯也

公至自晉

【向氏曰】上盟不于国都嫌如晉不得入故以晉致

○六月公會單子頃晉侯悼宋公平衛侯獻鄭伯僖莒子犂比邾子宣齊靈世子光己未同盟于雞澤

單音善【左傳】晉為鄭服故且欲修吳好將合諸侯使士匄告于齊曰寡君願與一二兄弟相見以謀其不協請君臨之使匄乞盟齊侯欲勿許而難為不協乃盟於耏外六月公會單頃公及諸侯己未同盟于雞澤晉侯使荀會逆吳子于淮上吳子不至【穀梁傳】同者有同也同外楚也【程子傳】楚强諸侯皆畏之而修盟故書同【杜氏曰】單頃公王卿士雞澤晉地在廣平曲梁縣西南【陸公輔曰】地譜一名雞泊江【張氏曰】今洺州雞澤縣【愚按】縣有水名雞澤今屬廣平路

同盟或以爲有三例一則王臣預盟而書同二則諸侯同欲而書同三則惡(烏故反)其反覆(音腹)而書同夫惡其反覆與諸侯同欲而書同信矣王臣預盟而書同義則未安盟于女(音汝)栗(文十)及蘇子也而不書同盟于洮(他刀反僖八)于翟(音狄)泉(僖二十九)會王人也而不書同然則此三盟者正所謂諸侯同欲而書同盟也其同欲柰何同病楚也[朱子語](襄公之世晉悼公出來整頓一番楚始退去)會于柯陵之歲([成十七]尹子單子同盟)夏伐鄭楚人師于首止而諸侯還(音旋)(下同)冬伐鄭楚人師于汝上而諸侯還雞澤之盟陳袁僑如會楚師在繁陽(楚地)而韓獻子懼[左傳](楚師爲陳叛故猶在繁陽)(韓獻子患之言於朝曰文王帥殷之叛國以事紂唯知時也今我易之難哉)平丘之行楚

棄疾立復（扶又反）封陳蔡而中國恐〔穀梁〕昭十三劉子同盟同外楚也

是知此三盟者諸侯皆有戒心而修盟故稱同不以尹子單子劉子亦預此盟而譏之也夫王臣將命必惇信明義而後可以表正乎天下諸侯守邦必尊主奉法而後可以保其社稷今王臣下與諸侯約誓諸侯亦敢上與王臣要（於妙反）言斯大亂之道也則亦不待書同盟而罪自見（音現）矣〔高氏曰〕此因城虎牢之故鄭服而同盟又諸侯同心病楚而王臣亦與焉故書同單子王臣而下與諸侯盟故特書曰以間之〔家氏曰〕晉悼公始合諸侯尊王室而盟單子与柤公首止葵丘異矣故書公會單子諸侯己未同盟于雞澤所以譏其儕王官於諸侯俾下同於歃血其事不足乎揚故其再言雞澤而例之於新城同盟之書也〔愚按〕悼公自京師歸而得國故會單頃公假王命以求諸侯也春秋於柯陵先書伐而繼書某日同盟平丘先書會而亦再書某日同盟

此則上書會而下書日以同盟皆不再舉諸侯所以著王臣與與盟而貶其瀆分之罪也葵丘之盟宰孔不與而再書諸侯則齊桓謹分之美見矣况柯陵平丘之盟書日皆繼事之辭也此盟非繼事特繫日於齊世子光之下与新城之盟繫日於趙盾之下同文以見參上下之分不可不書日以謹之也

陳侯成**使袁僑如會**

僑其驕反　左傳　楚子辛爲令尹侵欲於小国陳成公使袁僑如會求成　公羊傳　其言如會何後會也　穀梁傳　如會外乎會也於會受命也　高氏曰　陳自辰陵即楚二十有八年晉屢爭鄭而不爭陳者非不爭陳也得鄭則亦得陳者也今聞鄭伯受盟故俾大夫求成于晉本非召己會來又後時故書如會

戊寅叔孫豹及諸侯之大夫及陳袁僑盟

諸侯在而大夫自爲盟始於此　左傳　晉侯使和組父告于諸侯叔孫豹及諸侯之大夫及陳袁僑盟陳請服也　公羊傳　曷爲殊及陳袁僑爲其与袁僑盟也　穀梁傳　及以及与之也諸侯以爲可与則与之不可与則釋之諸侯盟又大夫相與私盟是大夫張也故雞澤之會諸侯始失正矣大夫執国權曰袁僑異之也　杜氏曰　諸侯既盟袁僑乃至故使大夫別与之盟言諸侯之大夫則雞澤之諸侯也殊袁僑者明諸侯之大夫所以盟袁僑也　何氏曰　俱諸侯

之大夫也言之大夫者辟諸侯与大夫皆盟復出陳者喜得陳国不重出地有諸侯在臣係君故因上地【孫氏曰】諸侯既盟而袁僑至无盟可也諸侯盟大夫又盟諸侯始失政也至溴梁之盟曰大夫而不復言諸侯之大夫則政在大夫矣【劉氏曰】春秋褒善貶惡不失其實者也諸侯皆在是又称叔孫豹及諸侯之大夫大夫其受君其君之詞也異乎溴梁溴梁者諸侯皆在是而大夫盟其兆受命而專之也明矣諸侯之失其政奪於其臣不亦宜乎【通旨】陳久叛中国服役于楚逮不堪其侵欲然後求盟于晋悼公立已四年復修霸業其從之也不已晩乎悼公盍亦增修德政而謂袁僑曰諸侯之盟事畢矣而吾子始來君軍刑牲歃血要質鬼神是瀆之也且吾子以帝王之冑習於礼義害楚之政背夷即華此諸侯之欲寡君之願也雖微盟約天地鬼神實照臨之其惟同心糾逖王慝厚礼遣之使往報焉足矣奚必汲汲使大夫盟之哉書大夫及袁僑盟罪晋也【陳氏曰】以大夫盟袁僑晋侯不欲袁僑詘諸侯也雖然有諸侯在而大夫盟於是始悼公為之也諸侯在而大夫自為盟而后大夫專盟矣【愚按】踐土之盟陳穆公如會文公未嘗再要以盟而陳服於晋歷三世而不叛袁僑苟有誠服之心又何必以盟誓結之哉袁僑之盟不足以固陳而徒啓大夫專權之端詳書及以及者諸侯之失權也春

秋外主兵及外主盟會皆称會惟諸侯之大夫故徐盟表姜盟宋称及著大夫之專而有汲汲之意也晉悼雞澤之役雖能仗安攘之義以服陳鄭而上盟單頃公以瀆王臣之分下使大夫盟袁僑以縱諸侯之權此乃復伯初年之大會而得失有如此者故晉伯雖復盛於悼公而失政之禍亦由悼公也○秋公至自會蜀杜氏曰公踰時而返故致之○冬晉悼荀罃帥師伐許左傳許靈公事楚不會於雞澤知武子帥師伐許張氏曰荀罃悼公之賢大夫也偶見陳人之服不能輔悼公益修德以保陳陳固則許何患其不來今遽帥師以問罪於許規模欲速宜其并陳不能保也

壬辰靈王四年四年晉悼四齊靈十三衛獻八蔡景二十三鄭僖二曹成九陳成三十卒杞桓六十八宋平七秦景八楚共二十二吳壽夢十七春王三月己酉陳侯午卒左傳陳成公卒楚人將伐陳聞喪乃止陳人不聽命夏楚彭名侵陳愚按成公在位三十年子溺嗣是爲哀公午者襄公名也孔子作春秋在哀公之世襄宮哀公之臬考也祭法曾祖爲皇考廟曷不諱乎古者死而無謚不以

名爲諱周人以謚易名【檀弓】公叔文子卒其子戍請謚於君曰請所以易其名者於是乎有諱禮故孟子曰諱名不諱姓姓所同也名所獨也然禮律所載則有不諱者【曲禮】礼不諱嫌名二名不偏諱詩書不諱臨文不諱夫子兼帝王之道參文質之中而作春秋以法萬世如公羡不地隱公閔公滅國書取取根牟取邿取鄟取鄫出奔稱孫音遜文姜孫齊哀姜孫邾昭公孫齊之類所以放甫兩反其文也莊公名同而書同盟十六年二十七年同盟幽僖公名申而書戊申十六年戊申朔定公名宋而書宋人哀四年宋人執小邾子之類閔公名啓方而書城啓陽成公名黑肱而書黑肱來奔所以從其質也後世不明此義則有以諱易人之名者如漢武帝諱徹改蒯徹名通又有以諱易人之姓者如漢明帝諱莊改莊助莊光姓嚴詩書則諱如如月之恒諱

作常允恭克讓諱作遜臨文則諱。如一匡諱作一正，足徵諱作足證。嫌名則諱。嫌名謂音声相近，如唐元皇帝名晒，諱丙丁之丙；憲宗名純，諱淳朴之淳。二名則偏諱。如唐太宗名世民，諱世為代，諱民為人。愚者違禮以為孝。諂者獻佞以為忠。忌諱繁，名實亂，而春秋之法不行矣。家氏曰：晉廢司徒，宋廢司空，魯廢俱敖二山，皆臣下以諂為忠，非盛世之制也。

夏，叔孫豹如晉。悼聘也。左傳：穆叔如晉，報知武子之聘也。高氏曰：且為鄭世子故。○秋七月戊子，夫人姒氏薨。姒，公作弋，下定姒同。左傳：定姒薨，不殯于廟，无櫬，不虞。匠慶謂季文子曰：子為正卿，而小君之喪不成，不終君也。君長，誰受其咎？公羊傳：定弋者，襄公之母也。杜氏曰：成公妾，襄公母，姒杞姓。高氏曰：襄公以夫人之禮卒之。○陸氏曰：若如左氏所言，則當不書薨，不書葬。此文當在定十五年姒氏卒下，誤在此耳。○葬陳成公。高氏曰：陳成公既為雞澤之會，則是国已変於夏矣。愚按：陳即中国，曾會其葬，故書。○八月辛亥，葬我小君定姒。杜氏曰：定，謚也。喪以正夫人礼，逾月

而葬速 高氏曰 死才二十三日尔 汞陵許氏曰 傳載季
夫子欲不以夫人之礼葬定姒而不得已於人言卒夫
人之觀此葬速礼略也 臨川吴氏曰 僖宣襄昭四妾母
羣臣皆逢君之意而尊其母及定哀之際君弱臣強嗣
君之母先君之嫡夫人也乃敢蔑視其君而卑其母焉
甚矣魯道之衰也 王氏曰 此葬定姒襄公之母也定十
五年書葬定姒者哀公之母也自襄至悼
哀㳂出未久不應皆謚曰定其必有誤○**冬公如晉** 左
傳 公如晉聽政晉侯享公公請屬鄫晉侯不許孟獻子
曰以寡君之密迩於仇讎而願固事君无失官命鄫无
賦於司馬爲執事朝夕之命敝邑敝邑褊小闕而爲罪
寡君是以願借助焉晉侯許之 高氏曰 公有母喪復如
晉朝 王氏曰 襄公之立至此纔七歲尔幼弱○**陳人圍**
之君奔走道路所謂国君道長宜得已哉
頓 左傳 楚人使頓間陳而侵伐之故陳人圍頓 高氏曰
僖二十五年楚人圍陳納頓子于頓陳侯畏楚而不
敢討頓子恃楚而不事陳今陳徒從中国而頓爲楚間
故圍之自雞澤之會而書伐許圍頓著晉與而楚詘也
癸巳 靈王四年 **五年** 晉悼五 齊靈十四 衛獻九 蔡景二十四 鄭
僖二 曹成十 陳哀公弱元年 杞桓六十九
宋平八 秦景九 楚共二十三 吴壽夢十八 **春公至自晉** 高氏曰 者公不朝正
於廟也且公幼而頓

年如晉是危道也襄之出二十四預之者二十一危之也○**夏鄭伯**僖**使公子發來聘**左傳鄭子国來聘通嗣君也杜氏曰發子産父高氏曰鄭自雞澤之會始棄蛮夷來聘於中国諸侯得以息兵修好也○**叔孫豹鄫世子巫如晉**悼左傳穆叔覿鄫大子于晉以成屬鄫書曰叔孫豹鄫大子巫如晉言比諸魯大夫也公羊傳外相如何以書爲叔孫豹率而与之俱也杜氏曰豹与巫俱受命於魯故不書及比之魯大夫劉氏曰鄫不勝莒魯之患求爲附庸以自定鄫屬於魯爲附庸故相与往見於晉也諸侯死社稷正也不能守其国以畀其宗庿鄫失正矣天子建附庸非天子命而私有之魯失正矣臣不能以矯其君子不能以正其父故曰叔孫豹鄫世子巫如晉猶吾大夫焉交譏之陸氏曰鄫列国也使其世子同於我大夫魯与晉俱失正矣呂氏曰不書及內之也鄫有国而私屬於人魯晉之私屬鄫也皆不臣之著也王氏曰凡外相如不書書者必有謂也叔孫率鄫太子如晉故不書會与及然鄫雖小亦国也請於晉而屬之比諸魯大夫而覿之是推天子之礼以事霸主也故參譏之高郵孫氏曰明年莒人滅鄫則是晉失霸主之道而魯大夫之往爲无益矣愚按諸侯之世子未誓以皮帛繼子男而亞於大夫大夫之列非礼也然春秋時較

強弱之勢而無君臣之分以大国之卿當小国之君故
鄫国微弱而其世子次於魯大夫也叔孫豹偕鄫世子
巫如晉而不言及是旅見于霸国也仲孫蔑衛孫林父
受命于晉以會吳而不言及是旅見于吳也旅見于晉
猶之可也旅見于吳甚矣○**仲孫蔑衛**獻**孫林父會吳**壽夢**于善道**【公】道
【穀】作稻【杜氏曰】魯衛俱受命於晉故不言及吳先在善
道二大夫往會之故曰會吳【說氏曰】善稻吳地【張氏曰】
悼公初立其風声所及遠人慕之故吳有志於親中国
辭謝雞澤之不會而請聽後會之期悼公告以會戚之
期而聽其自來足矣至使魯衛特往會之則是以中国
大邦而為蛮夷屈此二大夫會吳之所以特書也【[illegible]氏】
【許氏曰】晉楚爭衡權之○**秋大雩**【左傳】旱也【高氏曰】
在吳故晉急吳如此因旱祭志僭也○
楚共**殺其大夫公子壬夫**【左傳】楚人討陳叛故曰由令
尹子辛實侵欲焉乃殺之書
曰楚殺其大夫公子壬夫貪也君子謂楚共王於是不
刑【杜氏曰】共王敗於鄢陵後殺子反公子申壬夫八年
之中殺三卿【[illegible]氏曰】壬夫之貪有取死之道矣經以国
殺大夫為文者陳之叛楚在子辛楚子既不能明法教
以律貪人又不能殺貪人以撫小国乃擁其罪人與兵
致討而陳恨彌篤方歸罪子辛而殺之故称国以殺罪

累上也○公會晉侯悼宋公平陳侯哀衛侯獻鄭伯僖曹伯成莒子黎比邾子宣滕子成薛伯齊靈世子光吳壽夢人鄫人于戚左傳盟于戚會吳且命戍陳也穆叔以屬鄫為不利使鄫大夫聽命于會程子傳吳來會非為主也孫氏曰鄫微弱不可先也故吳序鄫上

吳何以稱人按左氏吳子使壽越如晉辭不會于雞澤之故請聽諸侯之好呼報反晉人將為于偽反之合諸侯使魯衛大夫會吳于善道且告會期然則戚之事乃吳人來會不為主也程氏曰不復殊吳者吳來會于戚來會諸侯而不為主則進而稱人諸侯往與之會而主吳則貶而稱國聖人之情見音現矣春秋之義明矣呂氏曰成九年為蒲之會將以會吳而吳不至故十五年諸侯之大夫會之于鍾離前三年悼公盟雞澤使荀會逆吳子而又不至故此年使魯衛

先會之于善道凡此皆往會之也至秋戚之會序吳於列而不複殊者因其來會也凡序吳者來會我也殊吳者往會之也【王氏曰】悼公合十二國之諸侯爲會而吳且聽命則中國之威亦少振矣吳進而稱人者喜其聽命也【愚按】經書會吳者九惟此書人餘皆稱國至黃池而書子蓋以國稱者夷狄之常也此書人者予其慕義之善黃池書子紀其主會之亢也【陳氏曰】於是盟于戚吳初與諸侯盟也不書盟爲晉諱也吳晉之盟春秋終諱之故黃池之盟亦不書

公至自會○冬戍陳【左傳】楚子囊爲令尹范宣子曰我喪陳矣楚人討貳而立子囊必改行而疾討陳陳近於楚民朝夕急能無往乎有陳非吾事也無之而後可冬諸侯戍陳【公羊傳】曷爲不言諸侯戍之離至不可得而序故言我也【穀氏曰】戍者以兵守之也【胡氏曰】此諸侯同戍非獨魯戍之也【杜氏曰】諸侯在戚皆受命各還國遣戍故獨書魯戍【程氏曰】非王命而勤民遠戍罪也而善於戍陳何哉蓋陳附中國而楚不爭之則戍之者在於助陳而距楚與之可也【孫氏曰】不言諸侯而言魯戍之者與城楚丘之義同【張氏曰】自桓文以來所以服陳者未聞以兵守之也士匄知戍陳之非長策是以有喪陳之嘆【陳氏曰】戍不書桓六年戍齊

宣十年戍鄭皆不書晉悼公之戍陳鄭特書之悼公之霸業桓文之所不胥為也桓公不戰而亞楚文公戰而亞楚悼公通吳以制楚矣會于戚于相于向皆東竟也而又戍陳鄭以守之誠下策也【愚按】悼公之戍陳有恤中国攘夷狄之義借其以為有陳非吾事人心不協而不卒戍遂至於失陳也**楚**共**公子貞帥師伐陳**哀**公會晉侯**悼**宋公**平**衛侯**獻**鄭伯**僖**曹伯**成**齊**靈**世子光救陳**曹伯下【公穀】有莒子邾子滕子薛伯【左傳】子囊伐陳會于城棣以救之【穀梁傳】善救陳也【范氏曰】能救中国而攘夷狄故善之【高氏曰】陳方附中国諸侯既戍之復為楚所伐又相率救之救之義事也【家氏曰】戍者戍之於无事之時救者救之於被兵之日悼公既以諸侯之師戍之及楚師之來以戍為未足又動大兵往救焉書戍書救以善晉也**十有二月公至自救陳**【汪氏曰】善之故以救陳致【張氏曰】書勞也○**辛未季孫行父卒**【左傳】季文子卒大夫入歛公在位宰庀家器為葬備無衣帛之妾无食粟之馬无藏金玉无重器備君子是以知季文子之忠於公室也相三君矣而無私積可不謂忠乎【高氏曰】自文子卒而魯有城費作三軍事則知文子雖專而猶忠慎僭乱未啓也其子

宿嗣是爲武子季氏之强萌於僖公大於成公熾於襄昭極於定哀

甲午 靈王五年 六年 晉悼六齊靈十五衛獻十蔡景二十五鄭僖四曹成十一陳哀二杞桓七十卒宋平九秦景十楚共二十四吳壽夢十九 春王三月壬午杞伯姑容卒 桓公也自僖二十七年來朝成九年來逆叔姬之喪此年卒子匄嗣是爲孝公

○夏宋平華弱來奔 左傳 宋華弱与樂轡少相狎長相優又相謗也子蕩怒以弓梏華弱於朝平公見之曰司武而梏於朝難以勝矣遂逐之 高氏曰 不言逐而以自奔爲文者朝廷尚嚴而弱瀆慢如此所以罪弱也 ○秋葬杞桓公

○滕成子來朝 左傳 始朝公也 ○莒黎比人滅鄫

穀梁子曰。莒人滅鄫非滅也。立異姓以莅祭祀滅亡之道也 范氏曰 莒是鄫甥立以爲後非其族類神不歆其祀故言滅 公羊亦云莒女有爲鄫夫人者蓋欲立其出也 何氏曰 莒女嫁爲鄫後夫人夫人无男有女還嫁之于莒有外孫鄫子受後夫人而无子欲立其外孫言滅者以異姓爲後非兵滅 或曰。

鄫取莒公子爲後罪在鄫子不在莒人春秋應以梁亡之例而書鄫亡不當但責莒人也并見陸氏辨疑劉氏權衡今直罪莒舍音捨鄫何哉曰莒人之以其子爲鄫後與黄歇進李園之妹於楚王史春申君傳楚考烈王無子趙人李園求事春申君爲舍人進其女弟即幸於春申君知其有身園与女弟謀春申君進於楚王王召入幸之遂生子男立爲太子是爲幽王呂不韋獻邯音寒鄲音丹之姬於秦公子史呂不韋傳秦昭王太子華陽夫人無子太子中男名楚質於趙不韋見之曰此奇貨可居請以奇物玩好求見華陽夫人姊而以獻夫人因言子楚賢夫人承間言於太子以爲適嗣不韋取邯鄲姬絕美者与居知有身子楚見而請之不韋佯怒既而獻之期年生子政子楚立是爲莊襄王政即始皇帝也其事雖殊其欲滅人之祀而有其國則一也春秋所以釋鄫而罪莒歟以此防民猶有以韓謐音密爲世嗣昏亂紀度如

郭氏者【晉書】賈充傳充子黎民蚤卒无嗣及薨妻郭槐欲以外孫韓謐爲世孫曹軫諫曰礼无異姓爲後之文槐表陳充遺意帝許之太常議謚博士秦秀曰充悖礼溺情以乱大倫昔鄫養外孫莒公子爲後春秋書莒人滅鄫按謚法昏乱紀度曰荒請謚荒【家氏曰】周衰倫教不明有以他姓爲繼嗣者滅人之国而人自以爲非滅如鄫事者往往有之聖人特於此垂訓焉苟以爲莒実滅鄫則是時晉悼主盟豈有莒滅同盟之国而全置不問哉。【陸氏曰】莒実以兵滅鄫立其子守之爲附庸而其子又鄫外甥故公穀但傳立鄫甥守祀故書曰滅而不究事実耳【劉氏曰】左傳云莒人滅鄫鄫恃賂也非也五年秋穆叔以屬鄫爲不利使鄫人聽命于會故經書吳人鄫人是魯已絶鄫鄫无賦於魯矣尚何所恃而取滅耶

冬叔孫豹如邾宣【左傳】穆叔如邾聘且脩平【高氏曰】公初即位邾子來朝四年有狐駘之戰至是往聘脩平以無忘舊好也

○季孫宿如晉【左傳】季武子如晉見且聽命【杜氏曰】宿始代父爲卿見大国【襄陵許氏曰】魯既世卿而大夫无復三年之喪哀典廢於下矣。【道氏曰】左傳晉人以鄫故來討按前年會戚已令鄫聽命于會鄫明不私屬魯今鄫亡自不關魯事何得來討據事情季孫初嗣位而不往

見霸王耳○十有二月齊侯靈滅萊【左傳】二年齊侯伐萊萊人使正輿子賂夙沙衛
以索馬牛皆百匹齊師還五年四月晏弱城東陽而遂
圍萊甲寅堙之環城傅於堞六年三月王湫帥師及正
輿子棠人軍齊師齊師大敗之丁未入萊萊共公奔棠
晏弱圍棠十一月丙辰滅之遷萊于郳萊恃謀也【公羊
傳】不言萊君出奔国滅君死之正也【王氏曰】萊姜姓子
爵国於東夷齊滅之然春秋之例滅同姓則名故衛文
公滅邢經稱名以貶之今齊靈公滅萊獨免於名者蓋
萊居東夷事在所略耳【張氏曰】子産嘗對晉人侵小之
問以爲武獻以下兼国多矣然則晉蓋
呑滅之首宜其無以戢諸侯之相滅也

【乙未】靈王六年七年【晉】悼七【齊】靈十六【衛】獻十一【蔡】景二十六【鄭】僖五卒【曹】成十二【陳】哀三【杞】孝公匃元
年【宋】平十【秦】景十一【楚】共二十五【吳】壽夢二十春郯子來朝【左傳】始朝公也【莒】【氏曰】郯少皞氏之
後也前世聖賢之後所封之国皆逼近四夷先王之意
非特以蕃王室蓋用夏變夷也後世子孫往往多變於
夷者反漸其習俗然也○夏四月三卜郊不從乃免牲【左傳】孟□子曰吾□
今而後知有卜筮夫郊祀后稷以祈農事也是故啓蟄
而郊郊而後耕今既耕而卜郊宜其不從也【穀梁傳】夏

四月不時也三卜禮也愚按公穀啖氏皆以三卜爲合禮朱子亦云四卜五卜失禮然春秋四書卜郊唯此年三卜亦書之者蓋三卜雖得禮而卜郊止於三月今書四月而三卜不從則過時不敬以致龜違故書以譏兆時而兆譏其瀆卜也○小邾子穆來朝左傳朝公也亦始○城費杜氏曰費音秘琅邪費縣張氏曰今沂州費縣愚按今益都路沂州費縣西北有古費城

費季氏邑也杜氏注按左氏南遺爲費宰叔仲昭伯爲隧音遂正欲善季氏而求媚於南遺謂遺請城費吾多與而役故季氏城費夫文子相息亮反三君無衣於既反帛之妾無食如字又音嗣粟之馬無藏金玉無重如字又直龍反器備見左傳行父卒則固忠於公室而不顧其所食之私邑也及行父卒宿之不忠遂專魯國之政群小媚之無故勞民妄興是役季氏益張其後孔子行乎季孫三

月不違公羊定十二至於師師墮許規反費其越禮不度可知矣然則書城費乃履霜堅冰之戒強私家弱公室之萌據事直書而義自見音現矣用人不惟其賢惟其世豈不殆哉愚按此書城費而昭十三年書圍費定十二年書墮費十五年書城成郛而昭二十六年定十二年書公圍城比事以觀則知大夫之強特其城郭之固由人君不謹其初之所致也公室卑而大夫專大夫弱而家臣叛夫豈無自而然哉

秋季孫宿如衛獻左傳報子叔之聘且辭緩報非貳也愚按比書滕鄭小邾來朝而志大夫如晉如衛著邦交之煩而畏大慢小之情見矣○八月螽杜氏曰為災故書高氏曰莊公以前頻猶書之莊公以後頻不復書螽然後書以是知災異之益多矣春秋不勝其書舉重以見輕爾、○冬十月衛侯獻使孫林父來聘壬戌及孫林父盟左傳衛孫文子來聘且拜武子之言而尋孫桓子之盟公登亦登成三年傳諸侯有聘無盟時礼也盟非礼也不繫於国以見遂事

之辱其言及者公与之盟而不言公見大夫之伉也【王】氏曰礼升降之儀臣後君一等而孫子之聘公登亦登兹伉之甚

○楚共公子貞師師圍陳哀

十有二月公會晉侯悼宋公平陳侯哀衛侯獻曹伯成莒子黎比邾子宣于鄬

鄬【穀】或作隱于軌反【左傳】楚子囊圍陳會于鄬以救之【杜氏曰】鄬鄭地謀救陳陳侯逃歸不成救故不書救也【愚按】書楚圍陳書會于鄬書陳侯逃歸而不言救陳所以著荊楚猾夏之強晉悼安攘之怠而陳侯棄夷即華之心不固也自是所會同無陳矣

鄭伯髡頑如會髡苦門反【穀】作髡原【公】未見諸侯丙戌卒于鄵鄵七報反又采南反【公】【穀】作操【左傳】鄭僖公將會于鄬子駟相及鄵子駟使賊夜弒僖公而以瘧疾赴于諸侯簡公生五年奉而立之【公羊傳】操者何鄭之邑也諸侯卒其封內不地此何以地弒也鄭伯將會諸侯于鄬其大夫諫曰中国不足歸也則不若与楚鄭伯曰不可其大夫曰以中国爲不義則伐我喪以中国爲強則不若楚於是弒之曷爲不言大夫弒之爲中国諱也未見諸侯其言如會何致其意也【穀梁傳】未見諸侯其曰如會何致其志也礼諸侯不生名此其生名何卒之名也卒之名加之如會之上見以

如會卒也其見以如會卒何也鄭伯將會中国其臣欲從楚不勝其臣弑而死其不言弑何也不使夷狄之民加乎中国之君也其地於外也杜氏曰鄵鄭地不欲再称鄭鄭伯故約文上其名於會上

按鄭僖公三傳林恋反皆以爲弑而春秋書卒者左氏則曰以瘧魚略反疾赴也公羊則曰爲于僞反中國諱也穀梁則曰不使夷狄之民加乎中國之君也夫弑而可以僞赴文順其欲而不彰見刘氏權衡則亂臣賊子免於見討而春秋非傳信之書矣張氏曰從其僞赴而隱之是春秋之作乃爲乱臣賊子之地而非彰善癉惡之書也然則弑而書卒二傳以爲爲中國諱不使夷狄之民加中國之君疑得聖人之意顧習其說者未之察爾夫弑君之賊其惡不待貶絶而自見音現下見其同矣見弑者豈無不善之積以及其身者

乎衛桓則以嫡母無寵（齊舍以母無寵已無威）宋殤則以亟（去吏反）戰疲民（閔公連歲黷武戲慢大臣无人君之體）齊襄則以行（下孟反）同鳥獸（莊公肆意淫欲寵嬖小臣）鄭夷則以侮慢大臣（晉夷皋不君厚斂雕牆拒直諫謀殺大臣）蔡固則以淫而不父（許買不以礼訓太子使陷于罪）陳平國則以殺諫臣而通于夏氏楚虔則以多行無禮（音呂庶其多行無礼愛少黜長蠻州虐於国人廢長立少楚覩多愛欲廢長立幼）奚齊則以嬖孽而國人不之君（齊荼以嬖妾之子国人不之君衛剽以寵弟之子為權臣所立吳僚夷末之子而立非壽嬖之意）吳餘祭（側界反）則以輕近刑人（齊商人以弒君之賊而狎所怨）而晉州蒲欲盡去（起呂反）群大夫而立其左右也（宋杵臼無道不恤公族虐於国人）若夫鄭僖公則異於是矣中國者禮義之所出也夷狄者禽獸之與鄰也僖公欲從諸侯

會于鄬。則是責禮義爲中國之君也。諸大夫欲背音佩諸夏與荆楚。則是近禽獸爲夷狄之民也。家氏曰中國之大夫而目之爲夷狄之民，其誅斥之典，斷自洙泗，穀梁子其必有所授矣以中國之君而見弑於夷狄之民。豈有不善之積以及其身者乎。聖人至是傷之甚。懼之甚。故變文而書曰鄭伯髠頑如會。未見諸侯。丙戌卒于鄵。未見諸侯其曰如會何。致其志也。穀梁傳許氏曰辭繁而不殺。曰如會曰未見諸侯，善其志在於見諸侯也諸侯卒于境内不地。據吳子光卒于巢，楚子軫卒于城父，不地鄵。鄭邑也。其曰卒于鄵。見其弑而隱之也。劉氏曰諸侯於其封内猶大夫於其家也。義不可外其君，是以雖卒不地也。鄵何以獨書乎。然則鄭伯之卒可知矣。彼必以合乎中国之故而見外於其臣也，故爲變文以起其見弑卒鄭伯。逃歸陳侯。聖人之旨微而公穀之義精矣存天理抑人欲之意遠矣【通旨】問鄭髡頑楚麇齊陽生何以書卒曰此存天理抑人欲之意【張氏曰】天下之大分中国夷狄君子小人是也春秋爲賢者諱蓋因其志於中国之善類不幸而无臣以輔佐之至於不得其死聖人爲之隱其不幸而成其考終命所以垂曲立教廣爲善之門也【愚按】或引吳子遏伐楚門于巢卒謂髡頑書名義与遏同實卒而非弒也今考遏之死二傳皆云巢人之射則鄭僖変文實弒而非卒矣

陳侯哀逃歸【左傳】陳人患楚慶虎慶寅謂楚人曰吾使公子黃往而執之楚人從之二慶使告陳侯于會曰楚人執公子黃矣君若不来群臣不忍社稷宗廟懼有二圖陳侯逃歸【穀梁傳】以其去諸侯故逃之也

穀梁子曰。逃義曰逃荘十七逃者匹夫之事。文三【胡氏】【汪】上

二年諸侯戍陳。令楚令尹來伐。諸侯又救之。亦既勤矣。爲陳侯計者。下令國中。大申儆備。立太子以固守。親聽命於諸侯。謀禦敵之策。當是時。晉君方明。八卿

和睦。八年鄭子展云云諸侯聽命必能致力於陳矣。不此之顧棄儀衛而逃歸此匹夫之事耳。夫義路也禮門也。輕棄中國惟蠻夷之懼是不能由是路出入是門故書逃歸以罪之可謂深切著明矣高氏曰楚人以陳叛故殺公子壬夫陳而亟討陳晉雖爲陳所合諸侯卒不能攘楚以安中国故陳侯内爲二慶所逼而逃歸也然爲一国之君而不能自立從夷狄則懼爲中国所伐從中国則又懼楚若匹夫之逃亦可羞矣愚按春秋於諸侯之逃楚者皆不書惟陳鄭之逃中国則書之所以辨内外而予齊晉也

丙申靈王七年

八年晉悼八齊靈十七衛獻十二蔡景二十七鄭簡公嘉元年曹成十三陳哀四杞孝二宋平十一秦景十二楚共二十六吳壽夢二十一

春王正月公如晉左傳公如晉朝且聽朝聘之數愚按襄公嗣位甫及八年而三朝于晉自宣公媚齊之外春秋事霸之礼未有若是其勤也晉悼之立未十年而魯君四朝矣豈非倍於諸侯事天子五年一朝之制乎悼公改命朝聘之數其亦知過矣

○

夏葬鄭僖公【公羊傳】賊未討何以書葬為中国諱也○鄭簡人侵蔡景獲蔡公子燮燮【釋】作湿後同【左傳】鄭子国子耳侵蔡獲蔡司馬公子燮鄭人皆喜唯子産不順曰小国无文德而有武功禍莫大焉楚人來討能勿從乎從之晉師必至晉楚伐鄭自今鄭国不四五年弗得寧矣【王氏箋義】鄭欲從楚故侵蔡以致楚然後告絕於晉而与楚平春秋惡其叛中国故子国称人以示貶【傳見下楚公子貞伐鄭】○季孫宿會晉侯悼鄭伯簡齊靈人宋平人衛獻人邾宣人于邢丘【左傳】會于邢丘以命朝聘之数使諸侯之大夫聽命季孫宿齊高厚宋向戌衛甯殖邾大夫會之鄭伯獻捷于會故親聽命【穀梁傳】見魯之失正也公在而大夫會也【任氏曰】邢丘故邢国河内平皋縣也【張氏曰】邢自邢丘迁襄国又迁夷儀【愚按】衛滅邢晋又取其地今順徳路内丘縣

蘇轍曰晉悼公修文襄之業改命朝聘之數所具反使諸侯之大夫聽命於會大夫稱人衆辭也朝聘之節儉而有禮衆之所安也【趙氏曰】晉悼復文襄之業制朝聘之節儉而有礼臣

則以爲大夫稱人貶之也。昔周公戒成王以繼自今我其立政立事（【書】立政篇），夫不自爲政而委於臣下，是以國之利器示人而不知寶也。朝聘，事之大者，重煩諸侯而使大夫聽命（【杜氏曰】晉難重煩諸侯，故使大夫聽命），無乃以姑息（檀弓【注】苟容取安）愛人而不由德乎？使政在大夫，而諸侯失國，又豈所以愛之也？後此八年，溴（古闃反）梁之會，悼公初沒，諸侯皆在，而大夫獨盟，君若贅（章銳反）旒（音留）（【公羊】十六年），夫豈一朝一夕之故哉？故邢丘之事，魯公在晉而季孫宿會，見（音現）魯之失正（与政同）也（【孫氏曰】邢丘之會，公在晉也。晉侯不與公會而与季孫會者，襄公微弱，政在季氏故也。晉爲盟主，弃其君而与臣，何以宗諸侯矣），諸侯之大夫貶而稱人，謹其始也（【胡氏曰】獨出季孫宿者，春秋以內魯爲文，出季孫宿則知四国皆大夫也【愚按】自齊桓倡霸以來未有以霸主而會諸侯之大夫者北杏稱人貶四国之君首從霸耳翟泉之盟晉雖弛權然魯君在會而晉侯不預猶未以霸主會大夫也悼公復霸而區村同盟首以仲孫蔑齊崔杼厠乎其間繼會雞澤又以諸侯之大夫盟陳袁僑焉今而會邢丘且曰重煩諸侯而使大夫聽命然則諸侯之失政实悼公為之也春秋人諸侯之大夫而不與季孫宿蓋不書季孫則疑於諸国之微者人諸国之大夫所以人宿也【張氏】曰春秋之法必辨等列以大夫而會諸侯必人之者所以嚴君臣之分謹上下之交也○【陳氏曰】左氏云大夫不書尊晉侯也按尊晉侯則季孫亦當不書且魯君与他国大夫會例書名何独尊晉侯乎

公至自晉【王氏曰】公留晉半歲不與會而歸書至所以危之○莒黎比人伐我東鄙【左傳】以疆鄫田【高氏曰】鄫田接於魯而疆界不明故因兵伐魯以正之鄫遂属於莒矣【王氏曰】見莒子之強魯国之弱而盟主之无威也○秋九月大雩【左傳】旱也○冬楚共公子貞帥師伐鄭簡【左傳】楚子囊伐鄭討其侵蔡也子駟子国子耳欲從楚子孔子蟜子展欲待晉子駟曰

民急矣姑從楚以紓吾民晉師至吾又從之敬共幣帛
以待來者小國之道也犧牲玉帛待於二竟以待強者
而庇民焉不亦可乎子展曰小所以事大信也小國无
信兵亂日至亡无日矣五會之信今將背之雖楚救我
將安用之親我无成鄙我是欲不可從也不如待晉晉
君方明四軍无闕八卿和睦必不棄鄭楚師遼遠糧食
將盡必將速歸何患焉舍之聞之杖莫如信完守以老
楚杖信以待晉不亦可乎子駟曰請從楚騑也受其咎
乃及楚平使伯駢告于晉知武子使對曰君有楚命亦
不使一介行李告于寡君而即安于楚君之所欲也誰
敢違君寡君將帥諸侯
以見于城下唯君圖之

齊宣王問於孟子交鄰國有道乎孟子曰有惟夷佳反
智者為能以小事大故大音泰王事熏鬻音育句音鉤踐事
吳以小事大畏天者也畏天者保其國鄭介閒厠也大
國之間困強楚之令而欲息肩於晉若能信任仁賢
明其刑政經畫財賦以禮法自守而親比毗志反四鄰

必能保其封境荆楚雖大何畏焉而子耳（公孫輒）子國（公子發）加兵於蔡獲公子燮無故怒楚所謂不修文德而有武功者也（子産云云）楚人來討不從則力不能敵從之則晉師必至故國人皆喜而子産獨不順焉以晉楚爭鄭自茲弗得寧矣是以獲公子燮特書侵蔡以罪之而公子貞來伐鄭及楚平不復（扶又反）書矣平而不書以見（音現）鄭之蚤服於楚而不信也犧牲玉帛待於境上以待強者而請盟其能國乎（[高氏曰]觀左氏所載則子駟之弑僖公志在事楚矣[愚按]自襄元年荆楚猾夏侵宋伐陳圍陳伐鄭皆書大夫之名氏書帥師而无貶詞者豈与其憑陵中国哉所謂不待貶絶而罪惡見者也）

晉侯（悼）使士匄來聘（[左傳]晉范宣子來聘且拜公之辱告將用師于鄭[愚按]魯之事晉甚[illegible]）

謹而成公末年至襄十二年士匄荀罃士鞅凡四聘於魯則晉之所以結与國者不亦厚乎宜悼公之得諸侯也

丁酉靈王八年 九年 晉悼九 鄭簡二 齊靈十八 曹成十四 衛獻十三 陳哀五 蔡景二十八 杞孝三 宋平十二 秦景十三 楚共二十七 吳壽夢二十二

春宋平災 公作火 左傳樂喜爲司城以爲政使伯氏司里火所未至徹小屋塗大屋陳畚挶具綆缶備水潦積土塗巡丈城繕守備表火道使華臣具正徒令隧正納郊保奔火所使華閱討右官官庀其司向戌討左亦如之 公羊傳大者曰災小者曰火內不言火者甚之也何以書記災也 莊十一年傳外災告則書 胡氏曰宋自昭文以來乱敗相屬二書宋災見人事之不修也○劉氏曰穀梁云外災不志此其志何也故宋也非也齊大災又豈故齊乎○夏季孫宿如晉 悼 左傳報宣子之聘也 高氏曰公朝晉而晉來聘又使報焉事大國之礼勤矣○五月辛酉夫人姜氏薨 左傳穆姜薨於東宮 杜氏曰成公母 秋八月癸未葬我小君穆姜 公作繆姜 杜氏曰四月而葬速 高氏曰別爲之謚用文姜之例也○冬公會晉侯 悼 宋公 平 衛侯 獻 曹伯 成 莒子 黎比 邾子 宣 滕子 成 薛伯杞伯

孝小邾子穆齊靈世子光伐鄭簡十有二月己亥同盟

于戲戲許宜反【左傳】八年八月子駟從鄭伯朝于晉晉不礼焉九年六月朝于楚冬十月諸侯伐鄭季武子齊崔杼宋皇鄖從荀罃士匄門于鄟門衛北宮括曹人邾人從荀偃韓起門于師之梁滕人薛人從欒黶士魴門于北門杞人郳人從趙武魏絳斬行栗師于汜令於諸侯曰脩器備盛餱糧歸老幼居疾于虎牢肆眚圍鄭鄭人恐乃行成中行獻子曰遂圍之以待楚人之救也而与之戰不然无成知武子曰許之盟而還師以敝楚人三分四軍与諸侯之銳以逆來者於我未病楚不能矣猶愈於戰暴骨以逞不可以爭諸侯皆不欲戰乃許鄭成同盟于戲鄭服也將盟鄭六卿公子騑公子發公子嘉公孫輒公孫蠆公孫舍之及其大夫門子皆從鄭伯晉士莊子為載書曰自今日既盟之後鄭国而不唯晉命是聽而或有異志者有如此盟公子騑趨進曰天禍鄭国使介居二大国之間大国不加德音而亂以要之使其鬼神不獲歆其禋祀其民人不獲享其土利夫婦辛苦墊隘无所底告自今日既盟之後鄭国而不唯有礼与彊可以庇民者是從而敢有異志者亦如之荀偃曰改載書公孫舍之曰昭大神要言焉若可改也大国亦可叛也知武子謂獻子曰我實不德而要人以

（盟豈禮也哉非禮何以主盟姑盟而退脩德息師而來終必獲鄭何必今日我之不德民將棄我豈唯鄭若能休和遠人將至何恃於鄭乃盟而還【穀梁傳】不異言鄭善得鄭也不致恥不能據鄭也【杜氏曰】戲鄭地）

鄭之見伐於楚子駟欲從楚子展曰小國無信兵亂日至亡無日矣請完守（手又反又如字）以老楚杖（直亮反）信以待晉其棄未爲失也而子駟遂及楚盟於是晉師至矣諸侯伐鄭晉人令於列國修器備（兵器戰備）盛（音成）餱（音侯）（乾食也）糧歸老幼（示將久師）居疾于虎牢（使諸軍疾病息其中）肆眚圍鄭（肆緩也眚過也）鄭人恐乃行成荀偃曰遂圍之以待楚人之救而與之戰不然無成知（音智）罃曰許之盟而還（音旋）師以敝（疲也）楚吾三分四軍與諸侯之鋭以逆來者（來者楚也）於我未病楚不能矣猶愈於戰暴（蒲卜反）骨以逞不

可以爭大勞未艾（魚廢反 息也）君子勞心小人勞力先王
之制也乃許鄭成同盟于戲夫善爲國者不師善師
者不陳善陳者不戰（穀梁莊八）知武子明於善陳之法以
佐晉悼公屢與諸侯伐鄭與楚輒救之而不與之戰楚
師遂屈得善勝之道矣故下書蕭魚之會以美之（纂註）
【[illegible]】伐鄭而書同盟則鄭受盟可知（楊士勛疏）伐鄭之
文在上即盟戲鄭在可知故不異言鄭（永嘉呂氏曰）
按左氏同盟于戲鄭與焉然柯陵之盟亦書於伐鄭
之後則鄭服未可知今以經考之盟柯陵之後諸侯
再伐鄭則其未得志於鄭可知盟戲之後楚子伐鄭
則爲鄭服可知十一年同盟亳城北亦鄭受盟也會
于蕭魚亦鄭與會也皆書於伐鄭之後比事而觀可
見矣（愚按）齊桓之時在於服楚晉文之時在於勝楚
晉悼之時在於斂楚蓋召陵以前楚人連歲加兵於
鄭及次陘之伐屈完來盟而鄭无楚患矣城濮之前
楚滅黃而霸主不能恤敗徐而諸大夫不能救執中
國盟主而在會者不敢与之爭既又成穀逼齊合兵

圍宋戰勝中国威動天下又得臣敗績而楚頵懾服矣迨夫晉師敗郯之後楚復陵駕中華既縣陳入鄭又滅蕭圍宋于蜀之會奄然以蛮夷之大夫主盟諸夏而聽命者十有一国卒之保鄭以爲己有厉公敗之於鄢陵三假王命以伐鄭而終不服悼公復霸鄭與於五會之信而猶叛焉悼公欲直擣方城漢水之境継齐桓帖荊之績則楚寖強盛未肯服義而昔者勵父之伐不足以蚤其力也欲与之决勝復文公館穀之捷則暴骨以逞克不可命而先君鄢陵之勝不足以服其心也於是數伐鄭而不与楚戰使楚人疲於奔命而莫能爭鄭既有以挫其暴狠之鋒又有以權其憑陵之志桓文以降於斯爲盛故于戲亳北雖書同盟以惡鄭之反覆而會于蕭魚特筆以著其美也然悼公四駕伐鄭唯盟戲不致者因子駟之言而未得志於鄭是以不書至穀梁子所謂恥不能據鄭者是也亦猶會鄬謀陳不成救而不書至會耳悼公九合諸侯獨於于鄬于戲不致春秋豈无意哉。【張氏】

【呂曰】左氏云冬十月諸侯伐鄭下又云諸侯復伐之十二月癸亥門其三門蓋誤重說也古史或用周正或用夏正作傳者承兩国之舊史月數不同遂兩載之

楚子共**伐鄭** 簡【左傳】子駟將及楚平子孔子蟜曰与大国盟口血未乾而背之可乎子駟子展曰

吾盟固云唯彊是從今于楚師至晉不我救則楚彊矣乃及楚平公子罷戎入盟同盟于中分愚按楚書子者国君自將恃強軋弱憑陵中国之称也不書鄭及楚平不書盟不与鄭之從楚也明年諸侯伐鄭則鄭与楚可知矣

戊戌靈王九年十年晉悼十齊靈十九衛獻十四蔡景二十九鄭簡三曹成十五陳哀六杞孝四宋平十三秦景十四楚共二十八吳壽夢二十三

春公會晉侯悼宋公平衛侯獻曹伯成莒子黎比邾子宣滕子成薛伯杞伯孝小邾子穆齊世子光靈會吳壽夢于柤柤莊加反

左傳會于柤會吳子壽夢也穀梁傳會又會外之也五年傳諸侯往与之會而主吳則貶而称国杜氏曰吳子在柤晉以諸侯往會之故曰會吳柤楚地張氏曰後漢彭城国傳陽縣有柤水愚按今在済寧路済州沛縣成十五年晉率諸侯之大夫會吳于鍾離不敢致吳而往与之會已為過礼今悼公霸業方盛乃合中華十二国之君世子而往主吳以為會則是率天下之諸侯皆宗吳矣雖曰資吳以困楚然楚弱而吳興去疥癬而得腹心之疾庸愈乎番易萬氏曰春秋於楚未嘗殊會而獨殊會吳者蓋吳以周之同姓僭號称王諸侯宗之以為會春秋苟不以殊會而外之於中国則是代宗周為

天下之共主矣**夏五月甲午遂滅偪陽**偪音福又彼力反【穀】作傅【左傳】晋荀偃士匄請
伐偪陽而封宋向戌焉荀罃曰城小而固勝之不武不
勝為笑固請圍之弗克諸侯之師久於偪陽荀偃士匄
請於荀罃曰水潦將降懼不能歸請班師知伯怒投之
以机出於其間曰女成二事而後告余余恐乱命以不
女違女既勤君而與諸侯牽帥老夫以至于此既无武
守而又欲易余罪曰是实班師不然克矣余羸老也可
重任乎七日不克必尔乎取之荀偃士匄率卒攻偪陽
親受矢石滅之書曰遂滅偪陽言自會也以与向戌向
戌辭乃予宋公以偪陽子歸獻于武宮謂之夷俘【穀梁
傳】遂直遂也其曰遂何也不以中国從夷狄也【杜氏曰】
偪陽妘姓国今彭城傅陽縣【張氏曰】今徐州沛縣【襄陵
許氏曰】晋之威德未能服遠躬率諸侯涉楚會吴而因
道用師滅人之国恃衆剽利無復伯討則中国之礼義
尽矣甚之故日而志之也【陳氏曰】以偪陽子歸不書宥
偪陽子也以為非其罪也悼公合十三国之衆而遂滅
偪陽於偪陽子何譏焉【愚按】偪陽国及柤地皆在今沛
縣乃吴入中国之要衝則悼公之會吴于柤盖謀滅偪
陽而通吴也吴既會柤必以兵同滅偪陽而春秋所書
若會柤之後繼事以滅偪陽而吴不與滅盖不以中国
諸侯從夷狄之主滅弱小之国也穀梁之言是矣齊桓

之霸滅譚滅遂降彰迁陽晉文之霸執曹伯逐衛侯悼公之霸滅偪陽皆功不掩過此孟子所以謂五霸者三王之罪人也

公至自會

穀梁傳 會夷狄不致惡事不致此其致何也存中国也中国有善事則并焉無善事則異之存之也 王氏曰 此致前事者二事偶夆其同道者也會夷猶可因會夷而滅人之国其惡甚矣故以會致焉

○**楚**共**公子貞鄭**簡**公孫輒帥師伐宋**平

左傳 楚子襄鄭子耳伐宋師于訾母圍宋門于桐門 高氏曰 以宋公受偪陽故也鄭背中国即夷狄又与夷狄同伐中国罪不容誅也 陳氏曰 乃専將言帥師荀二国會則先序主兵者而不言帥師言帥師是国自爲帥也国自爲帥自楚公子貞鄭公孫輒始自是雖圍城亦並称帥師矣 蜀 杜氏曰 春秋録楚公子貞於鄭公孫輒之上所以懲鄭也

○**晉**悼**師伐秦**

左傳 九年秦景公使士雅乞師于楚將以伐晉楚子許之師于武城以爲秦援秦人侵晉晉饑弗能報也荀罃伐秦執其侵也 高氏曰 晉方帥諸侯會吴滅偪陽又越千里而伐秦可謂虐用其民矣爲晉計者莫若修文公之業求成於秦庶因秦之兵力共攘荆楚可以少安中国不此之圖而反以秦資楚此晉之失也 家氏曰 諸侯惟宋事晉最謹今宋受兵不速救乃更出師伐秦不書大夫帥師略之也

○秋莒黎比人伐我東鄙【左傳】莒人間諸侯之有事也故伐我東鄙【愚按】莒晏同晋悼之盟而乘間加兵於魯其無忌憚亦甚矣○公會晉侯悼宋公平衛侯獻曹伯成莒子黎比邾子宣齊靈世子光滕子成薛伯杞伯孝小邾子穆伐鄭簡【此三駕之一】【左傳】諸侯伐鄭齊崔杼使大子光先至于師故長於滕己酉師于牛首【啖氏曰】世子光在諸侯上見非礼【王氏箋義】世子在諸侯之上孔子仍舊文書之者譏之也【永嘉呂氏曰】齊世子光序諸侯上主會者為之也春秋不改所以示譏言專以強弱事勢為先後也【桓十六年傳】以至之先後易其序是以利率人而不要諸礼也春秋之時礼制既亡霸者以意之向背為升降諸国以勢之強弱相上下【王氏曰】齊世子光以期會而長四君蓋伯主摟諸侯之術也【愚按】齊世子光同盟雞澤會戚救陳盟戲會柤皆序小邾子之下唯此年伐鄭序滕薛杞小邾之上而傳稱光先至于師明年兩伐鄭又序莒邾之上傳亦云齊大子光宋向戌先至于鄭杜氏皆云為盟主所尊故進之夫諸侯之世子誓於天子而攝其君者下其君之礼一等則侯国世子宜次於伯爵之君之下考之仲子之言但曰光之立也列於諸侯矣則齊光未誓於天

子而可序於薛伯杞佁之上乎成十五年宋世子成序齊大夫之上昭四年宋世子佐序小邾子之下以上公序世子而次於子爵是則世子未誓於天子以皮幣繼子男之常制也齊光序諸侯之上是晉悼以私意之向背謂莒邾薛杞国弱而卑齊光国大而强故紊周班而進之也況自晉悼之伯莒邾以子爵而常在薛伯杞伯之上則班爵之等又安可以先王舊制論之哉據事直書義自見矣

○冬盜殺鄭公子騑公子發公子輒騑公穀作斐書盜始此左傳書曰盜言無大夫焉公羊傳大夫相殺稱人賤者窮諸盜穀梁傳稱盜以殺大夫弗以上下道惡上也程子傳盜殺三卿不稱大夫失卿職也

按左氏鄭公子騑子駟當國攝君事也發子国為司馬輒子耳為司空騑與尉止有爭及為田洫況域反司氏堵丁古反又音者氏侯氏子師氏皆喪息浪反田故五族尉止司臣侯晉堵女父子師僕聚群不逞之徒以作亂入西宮公宮殺三卿于朝不稱大夫程氏以為失卿職也卿大夫者國君之陪蒲回反

貳。【昭三十二】物生有兩有三有五有陪貳王有公諸侯有卿皆有貳也【愚按】陪伴也貳副也政之
本也。本強則精神折衝闓有偃息談笑而郤与却同敵
國之兵勝千里之難乃旦反者矣其上者如孔子相定公會夾谷一言而郤
萊夷之兵免魯君於難其次如柳下惠使展喜犒齊師称先王之盟言而齊侯乃還又其次如藺相如從
趙王會秦王于澠池秦王請趙王鼓瑟相如亦請秦王擊缶左右欲刃相如相如叱之左右皆靡秦終不
能有加於趙乃至於身不能保而盜得殺之於朝安在其
爲陪貳乎。故削其大夫爲當官失職者之鑒也【王氏曰】易
曰小人而乘君子之器盜思奪之矣上慢下暴盜思伐之矣鄭三卿之禍其近是乎【陳氏曰】盜賤者也以
賤者而一日殺三卿鄭之失政甚矣書盜自此始春秋之季小臣圖柄臣甚者陪臣執国命矣【張氏曰】鄭
之從楚以勞中国皆公子騑之罪也鄭成公卒之初諸大夫欲從晉矣騑以官命未改止之及楚子襄伐
鄭子展欲堅守以待晉而騑請從楚以任其咎故騑者從夷之人弑君之賊也而發輒惟騑是從惡積而

不可掩鄭不能討而盜得殺之此所以不稱殺其大夫也歟

戍鄭虎牢。楚共公子貞帥師救鄭【左傳】諸侯之師城虎牢而戍之晉師城梧及制士魴魏絳戍之書曰戍鄭虎牢非鄭地也言將歸焉鄭及晉平楚子囊救鄭十一月諸侯之師還鄭而南至於陽陵楚師不退知武子欲退曰今我逃楚楚必驕驕則可與戰矣欒黶曰逃楚晉之恥也合諸侯以益恥不如死我將獨進師遂進與楚師夾潁而軍子蟜曰諸侯既有成行必不戰矣從之將退不從亦退退楚必圍我猶將退也不如從楚亦以退之宵涉潁與楚人盟欒黶欲伐鄭師荀罃不可曰我實不能禦楚又不能庇鄭鄭何罪不如致怨焉而還今伐其師楚必救之戰而不克為諸侯笑克不可命不如還也諸侯之師還侵鄭北鄙而歸楚人亦還【公羊傳】曷為不言諸侯戍虎牢離至不可得而序故言我也諸侯已取之矣曷為繫之鄭諸侯莫之主有故反繫之鄭【穀梁傳】其曰鄭虎牢決鄭乎虎牢也【程子傳】非欲斷荊楚之路為鄭蔽也駐師阨險以逼之耳故繫鄭以責諸侯

虎牢之地城不繫鄭者責在鄭也。戍而繫鄭者罪諸

侯也【孫氏曰】此伐鄭諸侯戍鄭虎牢也曷爲責鄭設險所以守國有是險而不能設犧牲玉帛待盟境上使其民人不享土利辛苦墊丁念反隘猶委頓也無所底音旨告子駟云云然後請戍故城不繫鄭者責其不能有也【程子曰】責鄭不能守故不繫於鄭曷爲罪諸侯夫鄭人從楚固云不義然中國所以城之者非欲斷音短荊楚之路爲鄭蔽也駐師阸險以逼之爾至是伐而復扶又反戍焉猶前志也則可謂以義服之乎故戍而繫鄭者若曰鄭國分扶問反地受諸天子非列國所得專所以罪諸侯也【張氏曰】罪諸侯者責霸主之務謀前年戍陳不能制楚以保陳矣又踵前轍而務諸侯以戍守罷敝中国恃力逞小豈霸主復人之道乎故反繫之鄭以罪之【愚按】陳已服而悼公命諸侯戍之春秋書戍陳者其人心不協保陳不終遂致陳侯之逃

也鄭未服而悼公戍虎牢以逼之春秋書戍鄭虎牢著其據地利以脅鄭而反使楚人得以竊救患之名也是故戍陳雖善而後書陳侯逃歸則戍陳爲无功矣戍虎牢雖未爲不善而下書楚救鄭則中国爲有罪矣故陳氏謂凡戍不書惟晉悼公之戍陳鄭也特書之聖人既以虎牢還繫於鄭又書楚公子貞帥師救鄭諸侯之罪益明矣夫以救許楚所以深罪諸侯不能保鄭肆其陵逼曾荆楚之不若也。亦可謂深切著明也哉

高杜氏曰諸侯伐鄭而戍虎牢聖人於其伐也書其爵而於其戍沒言之是与其伐而不与其戍也今書楚公子之救者所以疾諸侯也愚按楚屢救鄭矣宣元年爲貫二年闘椒成九年子重十六年楚子十七年子重及公子申之類皆不書其志在於争中国不可許之以救也然聖人之作春秋愛而知其惡憎而知其善皆中国之侯伯也楚猾夏之蛮夷也晉文公懷怨以攻衛過於侵暴則書楚人救衛晉悼公據險以阨鄭肆其陵逼則書楚公子貞救鄭皆所以備責霸者之不仁而見夷狄反有救患之善也既而楚救衛而終不能保衛楚救鄭而終不能

爭鄭，又以著齊不謀夏之常理耳。雖然，前書晉悼救陳而陳卒屬於楚，此書楚救鄭而鄭遂服於晉。得鄭而棄陳，悼公蓋感於諸大夫之言，以爲陳近於楚，是以計近功而虧大義，急於此而緩於彼也。

公至自伐鄭。【襄陵許氏曰】書楚救鄭而致公，知諸侯之避楚也。

【紀元】靈王十年

十有一年 晉悼十一 齊靈二十 衛獻十五 蔡景三十 鄭簡四 曹成十六 陳哀七 杞孝五 宋平十四 秦景十五 楚共二十九 吳壽夢二十四

春王正月，作三軍。【左傳】季武子將作三軍，告叔孫穆子曰：請爲三軍，各征其軍。穆子曰：政將及子，子必不能。武子固請之。穆子曰：然則盟諸？乃盟諸僖閎，詛諸五父之衢。正月，作三軍，三分公室而各有其一。三子各毀其乘。季氏使其乘之人以其役邑入者无征，不入者倍征。孟氏使半爲臣，若子若弟。叔孫氏使尽爲臣，不然不舍。【杜氏曰】季氏欲專其民人，因以改作三子。三分国之民衆，又各自壞其軍乘，以足成三軍。季氏使軍乘之人率其邑役入季氏者无公征，不入季氏者則使公家倍征之，設利病欲驅使入己。孟氏取其子弟之半，四分其乘之人，以三歸公而取其一。叔孫氏取其尽取子弟，以其父兄歸公。不如是則三家不舍其故而改作也。【孔氏正義】役邑，公之丁也。邑，賦稅也。

三軍魯之舊也。古者大國三軍，次國二軍，小國一軍，見周禮大司馬。魯侯封於曲阜，地方數百里。明堂位：成王以周公爲有勲勞於天下，封周公於曲阜，地方七百里，革車千乘。天下莫强焉。及僖公時，能復周公之宇，而史克作頌，其詩曰：公車千乘。繩證反，下同。說者以爲大國之賦也。毛氏曰：大国之賦千乘。又曰：公徒三萬。說者以爲大國之軍也。鄭氏曰：萬二千五百人爲軍，大国三軍，三萬七千五百人，三万率成数也。朱子曰：車千乘，法當用十万人，而爲步卒七万二千人，然尽用之，是率国而行，故其用三軍而已。三軍爲車三百七十五乘，三万七千五百人，其爲步卒不過二万七千人，率其中以成数言，故曰三万。故知三軍魯之舊爾。然車而謂之公車，則臣下無私乘也；徒而謂之公徒，則臣下無私民也。若有侵伐，諸卿更音庚帥以出。汪氏曰：有事則三卿更帥以征伐。事畢，則將去声，下同歸於朝卒復於句（繩諸反）甲散於丘卒還於邑將皆公家之臣兵皆公家之衆不相繫也文宣以來政在私門襄公幼弱季氏益張廢公室之三軍而三家各有其一季氏盡征焉而舊法亡矣是以謂之作劉氏曰周公封曲阜地方七百里詩頌僖公復周公之宇云公徒三萬則魯本有三軍後以霸主之令軍多則貢重故減為二軍今復增置中軍耳軍舊屬公有事則三卿更互帥之今三家以公幼弱故分軍征各入己也通旨問王制大国三軍次国二軍周公之封於魯得用郊禘之礼設兩觀乘大路豈獨受二軍而已哉是知自伯禽以來固已有三軍矣往往自文宣而下軍政衰壞不補其闕自此年以前国之三軍皆屬於公有事則諸卿分帥以行然當時諸卿私乘必多於公卑矣至是季武子欲專主一軍故請於叔孫穆子欲重新整頓作三軍申明約束一也三家各毀其私乘以補足三軍之數二也三子各主一軍專其役邑而公无與焉三也故謂之作三軍乎公无與焉而不疑盖公年十四生於帷墻之中不知君国子民之道殆与晉悼異

矣曰是也魯自有三軍而謂作者變其法制亦先儒為舍中軍所誤故以魯本一軍而有復古之説愚按費誓称魯人三郊三遂説者謂大国三軍故三郊三遂則魯舊有三軍明矣然春秋書作三軍盡是時軍政隳壞而公室之三軍不能備王制之舊是以季氏借改作之名而專其權也孔氏正義謂僖公復古制作三軍至文公以來霸国以軍多貢重遂自減為二軍至此復作三軍然成二年四卿並將則三軍未嘗廢也特以僖公而後世卿強盛既有三桓又有臧孫氏仲氏叔氏之類是以采邑所取既多而公室之兵軍數廢闕及是三家三分公室又壞已之車乘以復三軍之本制其實欲奪公家之兵為己私亦聖人不以作三軍係之三家者其意曰魯国雖失兵權而聖王之大法則不使兵權不在公室也經凡書作者不宜作也如作丘甲作南門作雉門兩觀皆譏也三軍魯之舊制而亦書作李者習其讀而問其傳則知罪之在矣

其明年季孫宿救台遂入鄆。又其後享范獻子。而公臣不能具三耦二十九年范獻子來聘公享之射者三耦公臣不足取於家臣家臣展瑕展玉父為一耦公臣公巫召伯仲顏莊叔為一耦鄫鼓父黨叔為一耦民不屬公

可知矣春秋書其作舍音捨以見音現昭公失國定公無正而兵權不可去公室有天下國家者之所宜鑒也

陳氏曰書作三軍志三家之分公室也家氏曰析三軍以爲三而三家各有其一爲國君者僅擁虛器於上国非其国乾侯之禍權輿於此春秋書城費於前書作三軍於後所以垂人臣負固跋扈之戒○趙氏曰公羊云三卿也按魯卿素已有四五不止三也穀梁又云諸侯一軍按国有小大軍制當異周礼小国一軍據魯初封時最爲大国非一軍明矣

夏四月四卜郊不從乃不郊

穀梁傳夏四月不時也四卜非礼也○吳氏曰因四卜之瀆以著魯郊之僭愚按僖三十一年亦四卜郊不從但書免牲不書不郊盖免牲則不郊可知此云不郊則卜免牲不吉而不敢免也高氏曰魯不當郊郊非礼也今不郊者非知其非礼故也乃卜不從故耳直書不郊則不復免牲矣○

鄭簡公孫舍之帥師侵宋

平左傳三月子蟜相鄭伯以如楚鄭人患晉楚之故諸大夫曰不從晉国幾亡楚弱於晉晉不吾疾也晉疾楚將辟之何爲而使晉師致死於

我楚弗敢敵而後可固与也子展曰与宋為惡諸侯必
至吾從之盟楚師至吾又從之則晋怒甚矣晋能驟来
楚将不能吾乃固与晋大夫說之使疆埸之司惡於宋
宋向戌侵鄭大獲子展曰師而伐宋可矣若我伐宋諸
侯之伐我必疾吾乃聽命焉且告於楚楚師至吾又与
之盟而重賂晋師乃免矣子展侵宋【杜氏曰】欲以致諸
侯

公會晋侯悼宋公平衛侯獻曹伯成齊世子光莒子黎比邾子宣滕子成薛伯杞伯孝小邾子穆伐鄭【出三】【鷩之】

【二十五傳】諸侯伐鄭齊大子光宋向戌先至于鄭門于東門其莫晋荀罃至于西郊東侵舊許衛孫林父侵其北鄫諸侯會于北林師于向右還次于瑣圍鄭觀兵于南門西濟于濟隧

秋七月己未同盟于亳城北亳蒲洛反【公穀】作京【左傳】鄭人懼乃行成同盟于亳范宣子曰不慎必失諸侯諸侯道敝而无成能无貳乎乃盟載書曰凡我同盟毋蘊年毋壅利毋保姦毋留慝救災患恤禍乱同好惡獎王室或間茲命司慎司盟名山名川群臣群祀先王先公七姓十二国之祖明神殛之俾失其民隊命亡氏踣其国家【經】【子傳】鄭服而同盟也随復從楚伐宋云同盟其又覆【註】【氏曰】亳城鄭地【任氏曰】偃師也故湯都【愚按】今河南府

偃師縣公至自伐鄭穀梁傳不以後致盟後復伐鄭也臨川吴氏曰以前事致者見雖同盟而未得鄭也楚子共鄭伯簡伐宋左傳楚子褱乞旅于秦秦右大夫詹帥師從楚子將以伐鄭鄭伯逆之伐宋

盟于亳城北鄭服而同盟也杜氏曰伐鄭而書同盟鄭與盟可知尋復扶又反從楚伐宋故書同盟見音現其既同而又叛也既同而又叛從子展之謀欲致晉師而後與之也高氏曰盖用公孫舍之之謀以伐宋自信於楚而數叛晉使楚道敝而困与晉以托国焉故亳之盟其載書曰或間去声違也兹命明神殛紀力反誅也之俾失其民隊直類反命亡氏踣蒲北反斃也其國家雖渝羊朱反此盟而不顧也噫慢鬼神至於此極而盟猶足恃乎

公會晉侯悼宋公平衛侯獻曹伯成齊靈世子光莒子

黎比邾子宣滕子成薛伯杞伯孝小邾子穆伐鄭簡會于蕭魚

此三駕之三 左傳 九月諸侯悉師以復伐鄭鄭觀兵于鄭東門鄭人使王子伯駢行成晉趙武入盟鄭伯鄭子展出盟晉侯會于蕭魚赦鄭囚皆礼而歸之納斥候禁侵掠晉侯使叔肸告于諸侯鄭人賂晉侯以師悝師觸師蠲廣車軘車淳十五乘甲兵備凡兵車百乘歌鐘二肆及其鎛磬女樂二八晉侯以樂之半賜魏絳曰子教寡人和諸戎狄以正諸華八年之中九合諸侯魏絳辭曰臣何力之有焉抑臣願君安其樂而思其終也 公羊傳 此伐鄭也其言會于蕭魚何蓋鄭与會爾 程子傳 諸侯數月之間再伐鄭鄭之反覆可知鄭又服而請會不書鄭會謂其不可信也而晉悼公推至誠以待人信之不疑至哉誠之能感人也自此鄭不背晉者二十四年 杜氏曰 蕭魚鄭地

程氏曰會于蕭魚鄭又服而請會也 胡氏曰 鄭服而諸侯會 何氏曰 中国以鄭故二三年之中五起兵至是乃服其後無干戈之患二十餘年故喜而詳錄其會 孫氏曰 言伐言會者得鄭之辭也鄭自桓文後晉楚爭之久矣晉悼比歲大合諸侯今始得之亦能有鄭踰二十年此晉

悼之績也。【陳氏曰】有地會而後伐，伐者矣；未有伐而後地會者也。地會而後伐，伐未集事之辭也；伐而後地會，集事之辭也。伐鄭與會于蕭魚，序績也。【王氏箋義】書公會伐鄭，再書會于蕭魚，蓋美晉侯之功也，亦猶楚屈完來盟于師，再書盟于召陵之義也。【愚按】會于蕭魚與盟于召陵書法正同，皆一經之特筆，所以序二霸之績。然召陵則先書屈完來盟，蕭魚不書鄭會者，夷狄之服義必明著其請盟之跡，鄭之服晉雖不書鄭會，而書會于蕭魚，公至自會，楚人執鄭行人良霄於伐鄭之下，則得鄭可知矣。不書鄭會，謂其不可信也。（【愚按】晉趙武入盟鄭，鄭伯、鄭子展出盟晉侯，經皆略之，謂鄭不可信，而小信不足恃也。）而晉悼公推至誠以待人，信鄭不疑，禮其囚而歸焉，納斥（音尺）候（【杜氏曰】不相備也。【許慎曰】斥度，候望也。以望烽燧。【示兒編】謂檄行險阻，伺候盜賊。）禁侵掠，遣叔肸（許乙反。叔向也。）告于諸侯，而鄭自此不復（扶又反）背（音佩）晉者二十四年。（昭四年會申，鄭始從楚。）至哉誠之能感人也。（【愚按】齊桓霸業至葵丘而盛，桓公束牲載書而不歃血，天下諸侯咸喻乎桓公之志；晉悼

霸業至蕭魚而盛悼公信鄭不疑不復以諸侯同盟而鄭自此不復叛盖要之以信而使人強從不若待之以誠而使人自服也

自悼公能謀於魏絳以息民冬九年聽於知荀智武子而不與楚戰戲于故三駕三與師而楚不能與之爭雖城濮之績不越是矣蘇氏曰自鄭人侵蔡之後晉楚爭鄭晉人四以諸侯伐鄭楚輒救之晉用知罃之謀未嘗與楚人戰至是楚不能應遂全師以服鄭鄭乃固與晉楚不能爭雖城濮之克不能過也劉氏曰春秋嘉善矜不能悼公之服鄭也有道其信義著於諸侯非一日之積此善之可嘉者也鄭伯之欲從中国也亦非一日之積逼於楚之強而未果此不能之可矜者也然則晉之取鄭鄭之下晉不始於會蕭魚之日其信已在前矣至其會也諸侯以小息中国以小安是乃有貴乎約信者也其義不言而諭不盟而壹故略其文以見其實盖春秋成人之美之意也不以戰伐爲善不以盟誓爲信示以救灾患恤禍乱同好悪奬王室而遠人服矣永嘉呂氏曰悼公再霸之烈其最可稱道者蕭魚之會以盟則不如屈完之來有以服其心以戰則不如城濮之師有以讋其氣然以剉楚方強子囊

為政而凛然有憚晉之心雖或時帥師徒以示不怯而卒不能以陵駕中国者豈无故哉觀子囊之言曰方今吾不能与晉爭晉君類能而使之舉不失選官不易方其卿讓於善其大夫不失守其士競於教其庶人力於農穡商工皁隸不知遷業君明臣忠上讓下競當是時也晉不可敵事之而後可然則晉悼之所以能服楚者固有道矣【朱子語】問晉悼公曰甚次第他小大段高當時厉公恁地弄得狼當晉室大段費力及悼公歸來不知如何便被他做得恁地好恰如久雨積陰忽遇大情光景便別蘇然為之一新又問勝桓文否曰侭勝但桓文白地做起悼公是見成基址

公至自會【穀梁傳】伐而後會不以伐鄭致得鄭伯之辭也【張氏曰】鄭與會而服中国喜之故以會致【程氏傳】兵不加鄭故書至自會【高氏曰】春秋以變文為褒貶要書盟而不信則以不書盟為誠要書伐而無功則以不致伐為美也

◯ **楚**共**人執鄭行人良霄**【穀】作良胥【左傳】鄭人使良霄大宰石㚟如楚告將服于晉曰孤以社稷之故不能懷君君若能以玉帛綏晉不然則武震以攝威之孤之願也楚人執之書曰行人言使人也【杜氏曰】良霄公孫輒子書以執殺行人皆以為譏言非其罪也【啖氏曰】称行人而執以執

其事執也不称行人而執以民執也【襄陵許氏曰】書楚執良霄見楚之力尽於是矣【高氏曰】鄭使良霄告絶于楚楚不能得鄭故執良霄以舒憤懣不平之氣自是不復出師以与晋争鄭於是堅從晋矣【愚按】悼公之四伐鄭于戲則楚子伐鄭戍虎牢則公子貞救鄭亳北則楚鄭伐宋或伐或救或挾鄭以病中国独至於蕭魚僅能止鄭之一卿而不能出師蓋勢窮力屈知義之不可敵而不敢抗也○冬秦景人伐晋【傳】【經】秦庶長鮑庶長武帥師伐晋以救鄭鮑先入晋地士魴御之少秦師而弗設備武濟自輔氏与鮑交伐晋師戰于櫟晋師敗績易秦故也【高氏曰】秦景公妹為楚共王夫人於是為楚伐晋報去年之役【家氏曰】晋為秦所敗春秋略敗而不書不与秦人之為楚而救鄭也

春秋卷第二十一

元至正本春秋胡氏傳纂疏

第六册

元　汪克寬撰

中國國家圖書館藏元至正八年建安劉叔簡日新堂刻本

山東人民出版社·濟南

春秋卷第二十二

胡氏傳　新安後學汪克寬附錄纂疏

襄公中

庚子靈王十一年**十有二年**晉悼十二齊靈二十一衞獻十六蔡景三十一鄭簡五曹成十七陳哀八杞孝六宋平十五秦景十六楚共三十吳壽夢二十五卒**春王三月莒人**熱比**伐我東鄆圍台**台穀作邰下同。伐我圍邑始此。高氏曰：諸侯伐我未有言圍邑者，書圍邑自此始。莒人間歲伐我，公五與莒子會，宜其釋怨同好矣，而見伐不已，則魯弱可知矣。汪氏曰：台，琅邪費縣南有台亭。愚按：費縣今屬益都路沂州。**季孫宿帥師救台遂入鄆**左傳：季武子救台，遂入鄆，取其鐘以為公盤。公羊傳：大夫無遂事，此其言遂何？公不得為政尓。穀梁傳：遂，繼事也。受命而救邰，不受命而入鄆，惡季孫宿也。

鄆，莒邑也。本汪氏注。高氏曰：文十二年嘗帥師城鄆矣，魯不能守，復為莒所取，今復取之。季孫因救台而入鄆是無君也遂者生事也【公羊】桓八入者逆詞也大夫無遂事受命而救台不受命而入鄆惡烏故反季孫宿之擅權使公不得有爲於其國也【何氏曰】時公微弱政教不行故宿遂取鄆以自益其邑【孫氏曰】不受命而入鄆專也或曰古者命將去声得專制閫外之事【前】馮唐傳上古王者遣將也曰閫以內寡人制之閫以外將軍制之【南史】沈慶之曰閫外之事將軍所得專制有可以安國家利社稷者專之可也【公羊】莊十九出竟有可以安社稷利国家者則專之可也曰此爲于僞反境外言之也台在邦域之中而專行之非有無君之心者不敢爲也昭公遂定無正矣豈一朝一夕之故哉其所由來者漸矣【家氏曰】宿始繼其父即美城賜邑繼而作三軍四公室之立甸以爲己之私有今而救台遂事入鄆取邑以自廣其心非爲国也【愚按】春秋書遂事者十九而内大夫遂事有三公子遂如京師遂如晉乃受

君卯而以二事出者也公子結媵陳人之婦于鄄遂及齊侯宋公盟季孫宿救台遂入鄆皆以一事出而專繼事者也然結之遂盟致三国之伐乃礼樂之事事雖有害而意猶公也宿之入鄆乃征伐之事事雖有利而意則繼乎私矣於惡之中又有惡焉遂入鄆之類是也○【劉氏曰】公羊云邑不言圍伐而言圍者取邑之辭也非伐一事也圍一事也取一事也三者不相亂而猶云云不亦惑乎穀梁云取邑不書圍安足書也亦非也取邑不書有所避爾

夏晉侯悼使士魴來聘【左傳】且拜師【杜氏曰】謝前年伐鄭師【襄陵許氏曰】晉悼服鄭抑楚而聘魯善持勝矣○秋七月吴子乘卒【吴始書卒】【左傳】吴子壽夢卒諸樊既除喪將立季札季札辭曰曹宣公之卒也諸侯与曹人不義曹君將立子臧子臧去之君子曰能守節君義嗣也誰敢奸君有国非吾節也札雖不才願附於子臧以无失節固立之棄其室而耕乃舍之【杜氏曰】壽夢吴子之號【啖趙氏曰】宣十八年録楚子旅卒者甚其暴盛而諸侯交接赴告之相親也此書吴子卒亦以其暴盛且明諸侯通之會之而赴告之相及也【孫氏曰】不書葬者罪大惡重略之也【愚按】壽夢立二十五年子遏嗣是為諸樊○

冬楚共公子貞帥師侵宋【左傳】楚子囊秦庶長無地伐宋師于楊梁以報晉之取鄭也【高氏曰】秦人與焉而削之者楚人率秦故事罪楚也【愚按】傳言伐而經書侵貶之也○公如晉【左傳】公如晉朝且拜士魴之辱【高氏曰】晉侯一使人來聘而公遂親往朝之事晉之禮恭矣○【趙氏曰】左氏云且拜士魴之辱禮也按大国使聘即須自往拜之是公無寧歲也而言禮也一何謬乎

【辛丑】靈王十二年

十有三年【晉】悼十三【齊】靈二十二【衛】獻十七【蔡】景三十二【鄭】簡六【曹】成十八【陳】哀九【杞】孝七【宋】平十六【秦】景十七【楚】共三十一卒【吳】諸樊遏元年

春公至自晉【左傳】孟獻子書勞于廟【蜀杜氏曰】公行必致危之也今踰年而返不可不致之○

夏取邿邿音詩【公】作詩【左傳】邿乱分爲三師救邿遂取之【杜氏曰】邿小国任城亢父縣有邿亭【高氏曰】魯乗乱滅之以爲附庸不言滅者内大惡故婉其辭也【僖十七年傳】滅而書取爲君隱也○【劉氏曰】左氏云凡書取言易也用大師曰滅弗地曰入非也春秋褒善貶惡難易何足記乎【愚按】邿国今濟寧路府治公羊以邿爲邾邑然不書伐邾則非邾邑明矣○

秋九月庚辰楚子審卒楚共王也在位三十一年子昭嗣是爲康王○

冬城

防【左傳】書事時也於是將早城臧武仲請俟畢農事【高氏曰】防臧氏之邑也厥後齊高厚伐我北鄙圍防則城防者畏齊也【襄陵許氏曰】鄭役既息魯政有裕則知取邿以為利城防以為安而已矣

【壬寅】靈王十三年

十有四年【晉】悼十四【齊】靈二十二【衛】獻十八【蔡】景三十二【鄭】簡七【曹】成十九【陳】哀十【杞】孝八【宋】平十七【秦】景十八【楚】康王昭元年【吳】諸樊二

春。王正月。季孫宿叔老會晉悼士匄齊靈人宋平人衛獻人鄭簡公孫蠆曹成人莒黎比人邾宣人滕成人薛人杞孝人小邾穆人會吳諸樊于向蠆丑邁反【公】作囆後同向舒亮反【左傳】吳侵楚養由基奔命子庚以師繼之養叔曰吳乘我喪謂我不能師也必易我而不戒子為三覆以待我我請誘之子庚從之戰于庸浦大敗吳師吳告敗于晉會于向為吳謀楚故也范宣子數吳之不德也以退吳人執莒公子務婁以其通楚使也於是子叔齊子為季武子介以會自是晉人輕魯幣而益敬其使【汪氏曰】向鄭地吳來在向諸侯會之故曰會吳

使所吏反下其使使人同舉上客而叔老並書者以內卿行則

不得不書矣【吕氏曰】魯使二卿會晉敬事霸國故叔老雖介亦列於會也【穀梁文十八】使擧上客而不称介不正其同倫而相介故列而數之也【孔氏正義】卿出聘使及盟會皆以大夫爲介礼之常也宿与老二卿二卿會晉以卿爲介晉爲盟主亦列之於會於例湯与會唯書使主其介不合書也魯人以其並列於會故並書之也　季孫宿以卿爲介而不使之兇。叔老介於宿而不敢避蓋兩失之【孔記疏氏曰】大夫爲卿上介選魯書二卿志非度也【家氏曰】内大夫未有二卿俱會者志二卿之不當並行也【襄陵許氏曰】四卿帥師自成公始二卿列會自襄公始大夫張也　雖晉人輕其幣而敬其使於君命。使人之體豈爲得哉【高氏曰】吳來在向諸侯之大夫往會之夫楚結秦以病晉而晉又交吳以害楚亦相激而然尒重言會与會鍾離同【任氏曰】晉始汲汲於吳將以謀楚也鄭既服但使大夫會焉自是歷昭定不會進吳謀楚而吳由此霸去彼取此春秋何善焉【愚按】卿使則大夫爲介大夫使則士爲介昭二十三年叔孫婼如晉曰寡君之命介子服回在婼卿而回大夫也今魯以二卿會晉而晉列二卿於會晉

一五一〇

魯俱失礼矣且自蕭魚而後凡役皆大夫

悼公之怠而霸業之衰也傳在十六年

二月乙未朔日有食之○夏四月叔孫豹會晉悼荀偃齊靈人宋平人衛獻北宮括鄭簡公孫蠆曹成人莒黎比人邾宣人滕成人薛人杞孝人小邾穆人伐秦景晉秦交爭止

出左傳 諸侯之大夫從晉侯伐秦以報櫟之役也晉侯待于竟使六卿帥諸侯之師以進及涇不濟叔向見叔孫穆子穆子賦匏有苦葉叔向退而具舟魯人莒人先濟鄭子蟜見衛北宮懿子見諸侯之師而勸之濟〻涇而次秦人毒涇上流師人多死鄭司馬子蟜帥鄭師以進師皆從之至于棫林不獲成焉荀偃令曰雞鳴而駕塞井夷竈唯余馬首是瞻欒黶曰晉國之命未有是也余馬首欲東乃歸下軍從之伯游曰吾令實過悔之何及多遺秦禽乃命大還晉人謂之遷延之役 高氏曰 春夏興師煩擾中國將帥不和威德兩弛晉國之政衰矣

愚按 晉秦七十年之兵爭釁兆於圍鄭怨結於殽禍稔於三戰大衰於九國之伐而終於此役盖自文公之霸合諸侯之師未有若是之撥也然以十三國之卿大夫帥重兵以壓境而師出无律將各異心徒以煩民功績

蔑有晋侯待於竟上視君贄蒞皆掉公之怠於政事致諸臣之専恣也【傳在十六年】○【趙氏曰】左氏云齊宋大夫不書惰也向之會亦如之衛北宫括書於伐秦攝也按經意以事之邪正爲褒貶不爲其小小斡辛惰怠生文

○**己未衛侯**獻**出奔齊**【公】作衛侯衎【左傳】衛獻公戒孫文子甯恵子食皆服而朝日旰不召而射鴻於囿二子從之不釋皮冠而与之言二子怒孫文子如戚孫蒯入使公飲之酒使大師歌巧言之卒章大師辭師曹請爲之遂誦之蒯懼告文子文子曰君忌我矣弗先必死并帑於戚入見蘧伯玉曰君之暴虐子所知也將君之何對曰君制其国誰敢奸之雖奸之庸知愈乎遂行從近關出公使子蟜子伯子皮与孫子盟于丘宫孫子皆殺之公如鄄使子行於孫子孫子又殺之公出奔齊孫氏追之敗公徒于阿澤公及竟使祝宗告亡且告无罪定姜曰有罪若何告无舍大臣而与小臣謀一罪也先君有冡卿以爲師保而蔑之二罪也余以巾櫛事先君而暴妾使余三罪也公使厚成叔弔于衛厚孫歸曰衛君其必歸乎有大叔儀以守有母弟鱄以出或撫其内或營其外能无歸乎衛人立公孫剽孫林父甯殖相之以聽命於諸侯

按左氏衛甯殖將死語魚據反**其子曰。吾得罪於君。名**

在諸侯之策曰孫林父甯殖出其君見二十年夫所謂諸侯之策則列國之史也諸侯則若晉若魯是也史則若晉之乘繩證反魯之春秋是也今春秋書衛侯出奔齊而不曰孫林父甯殖出其君者蓋仲尼筆削不因舊史之文也胡氏曰仲尼作春秋皆刪綴大義不与舊史同也謂春秋即用舊史從史文從赴告者皆繆妄矣欲知經之大義深考舊文筆削之不同其得之矣或曰孫甯出君衆所同疾史策書之是也聖人爲掩姦藏惡不暴蒲卜反其罪而以歸咎人主何哉曰臣而逐君其罪已明矣陳氏曰或曰臣出其君而其罪不彰无乃掩姦乎曰出君之罪史氏知之也春秋率王綱正君則而治道興矣不善之積莫非已招也人君擅一國之名寵神之主而民之望也愛之如父母仰之

如日月敬之如神明畏之如雷霆何可出也所爲見逐無乃肆於民上縱其淫虐以棄天地之性乎晋師曠云故衛衎苦旦反出奔使祝宗告亡且告無罪而定姜曰有罪若何告無春秋端本清源之書故不書所逐之辱而以自奔爲名杜氏曰諸侯之策書孫甯逐衛侯春秋以其自取奔亡之禍故諸侯失国者皆不書逐君之賊也所以警乎人君者爲後世鑒兆聖人莫能修之爲此類也襄陵許氏曰逐君之悪未有若林父者矣鄭厉衛惠猶以礼去者也春秋之季君弱臣強衛獻出奔不名所以抑強臣而存大義也劉氏曰奔而名者兩君之辭剽已立矣而衎不名何耶剽以公孫爲貴卿交於諸侯逐其君而自取之悪有甚焉故絶其兩君之称以見所悪也叔武攝位而鄭不名剽簒国而衎不名其不名也同而所以不名異叔武称子而剽称侯称子者讓之意也称侯者簒之实也美悪不嫌同辞家氏曰春秋自林父出奔歸衛至入戚以叛林父之名氏十

見於經其書不削皆所以著其專國逐君之罪也○
愚按王氏籛義云衛侯不道失國當從公羊書名今
考二十五年入夷儀三傳皆不名經必有義不可强
合失國書名之例蓋衎之立以正非篡朔之比剽之
篡又非可以忽黔牟例故衎不名程子謂春秋前
已立例到後來書得全別若依前例觀之殊失之也
正此類耳

莒黎比人侵我東鄙杜氏曰報入鄆高氏曰莒自滅鄫之後四伐我矣是无晉也愚按溴梁之執盖有由矣○秋楚康公子貞帥師伐吳諸樊左傳楚子爲庸浦之役故子囊師于棠以伐吳吳不出而還子囊殿以吳爲不能而弗儆吳人自皋舟之隘要而擊之楚人不能相救吳人敗之獲楚公子宜穀愚按楚既不得志於中国故致怨於吳也○冬季孫宿會晉悼士匄宋平華閱衛殤孫林父鄭簡公孫蠆莒黎比人邾宣人于戚閔音悅左傳晉侯問衛故於中行獻子對曰衛有君矣伐之未可以得志而勤諸侯不如因而定之會于戚謀定衛也杜氏曰定立剽戚衛地襄陵許氏曰衛人立剽非正也而謀定之則正弗勝矣薛氏曰衛乱

不討會其賊以定之兆義也高氏曰諸国書卿明皆林父之僑也張氏曰前書衛侯之奔此列孫林父于會晉爲霸王抑君而臣是助具書于策則晉大夫之黨林父罪慝具見左氏所載師曠中行偃之專罪其君情可見矣家氏曰晉悼用師于鄭衛衎无會不往無役不從今爲其臣所逐晉當會諸侯納衛君誅孫甯以伸伯討乃盟主既分之所宜爲既不能然反聽賊臣立君而忍會以定其位此春秋之所甚惡也陳氏曰襄昭之際大夫無君之禍晉爲之也悼公之德衰矣愚按會七国之大夫于賊臣之私邑而定逐君之賊此晉之強家所爲悼公末年怠於政事戕於其臣而不之省也傳在十六年

癸卯靈王十四年 十有五年晉悼十五 齊靈二十四 衛獻十九 殤公剽元年 蔡景三十四 鄭簡八 曹成二十 陳哀十一 杞孝九 宋平十八 秦景十九 楚康二 吳諸樊三

春宋公平使向戌來聘二月己亥及向戌盟于劉向舒亮反戌音恤左傳宋向戌來聘且尋盟杜氏曰報二年豹之聘尋十一年亳之盟鄭氏曰刘魯地襄陵許氏曰不盟于国而盟于刘崇向戌故公弱甚矣愚按諸侯有聘无盟聘礼也盟兆礼也不繫国者向戌遂事之專不言公見其伉也聘而遂盟已爲兆礼况以

千乘之君而降尊失列與之盟于國都之外乎公嘗如晉而及晉侯盟長樗此霸主謙遜以懷望國而非諸侯待鄭國大夫之所當施也朝聘而盟于外惟此兩見而已

○劉夏逆王靈后于齊

左傳十四年王使劉定公賜齊侯命十五年春官師從單靖公逆王后于齊卿不行非禮也公羊傳劉夏者天子之大夫也其稱劉何以邑氏也外逆女不書此何以書過我也穀梁傳過我故志之也杜氏曰官師劉夏也天子官師非卿

劉夏何以不稱使不與天子之使夏也昏姻人倫之本胡氏夫婦有義而後父子有親君臣有正王后天下之母唐書王者立后以母天下劉夏士也孔氏正義官師中士下士也士而逆后是不重人倫之本而輕天下之母矣本孫氏及常山劉氏然則何使卿往逆公監工銜反之禮也官師從單音善靖公逆王后于齊書劉夏而不書靖公是知卿往逆公監之禮也杜氏曰天子不親迎

上卿逆而公監之

春秋昏姻得禮者常事不書本【啖氏】纂例【高郵孫氏曰】春秋二百四十二年周十三王書逆王后者唯二非礼則書也【臨川吳氏曰】王后天下母上儀天王猶乾之有坤可不重與祭公遂行逆后而紀姜遂歸京師其逆其歸兩從苟簡故書逆書歸刘夏以士逆后而齐之歸女无違於礼書逆故不書歸得礼者不書失礼然後書夫魯桓八年乃桓王之十六年魯襄十五年乃靈王之十四年周衰礼廢昏姻之制不時聖人因祭公之來刘夏之過我而書以示譏也【餘見宣八年】

夏齊侯靈伐我北鄙圍成公救成至遇【左傳】齐侯圍成貳於晉故也【公羊傳】其言至遇何不敢進也【杜氏曰】遇魯地書至遇以公畏齐不敢至成【高氏曰】衛侯在齐季孫宿為戚之會以定衛而齐不與焉齐固有憾於諸侯矣伐我北鄙以此之故魯於是時三分其民而公室卑弱已不足以當敵故書公救成至遇【常山刘氏曰】武備不謹成郛見圍救患當速乃復畏避公之所為可知矣【陳氏曰】自宣之季年內不言君將於是救成而不敢進无或乎三家之專魯也【家氏曰】魯本非弱国自季氏專政務豊殖其私門城費矣又取公室之丘甸卒乘自歸其私於是魯君拱手於上邾莒交侵齐亦婁代鄙之百金之家猶足自立

而盜起於內莫知所以制之則外寇之來亦付之無可柰何而已【書至遇見僖公十六年】季孫宿叔孫豹帥師城成郛【左傳】於是乎城成郛【杜氏曰】郛郭也【常山劉氏曰】由不能救成故成郛見壞而城也【張氏曰】先事之無備敵去而後城亦已晚矣詩曰迨天之未陰雨徹彼桑土綢繆牖戶孔子曰能治其國家誰敢侮之【高氏曰】此孟孫之邑而季孫叔孫帥師以城之者見三家相黨以備齊爲名而與役之衆故其城堅固可守卒爲魯患而不可墮也郛蓋外城也蜀【杜氏曰】春秋凡帥師而城者甚之也況此二卿以師城之其譏可知矣【王氏曰】此言城郛則凡言城其若兆獨郛也

○秋八月丁巳日有食之【張氏曰】悼公卒政逮大夫之徵也

○邾宣人伐我南鄙【左傳】邾人伐我南鄙使告于晉晉將爲會以討邾莒晉侯有疾乃止悼公卒遂不克會【高氏曰】邾貳於晉以与齊黨於莒故來伐【襄陵許氏曰】政在君則民一民一則国強政在臣則民二民二則国弱魯自文公失政大夫益竊国柄齊与邾莒交伐其国不競甚矣無它民分於三桓故也

○冬十有一月癸亥晉侯周卒悼公【襄陵許氏曰】悼公之也在位十五年子彪嗣是爲平公霸功亞桓文平公受之遺烈猶在祝柯澶淵之盟是已

自是則晉日替矣

甲辰 靈王十五年 十有六年 晉平公彪元年 齊靈二十五 衛獻二十殤二 蔡景三十五 鄭簡九 曹成二十一 陳哀十一 杞孝十 宋平十九 秦景二十 楚康三 吳諸樊四 春王正月葬晉悼公 杜氏曰 踰月而葬速 ○三月公會晉侯平 宋公平 衛侯殤 鄭伯簡 曹伯成 莒子黎比 邾子宣 薛伯 杞伯孝 小邾子穆 于溴梁 溴古闃反 左傳 平公即位改服脩官烝于曲沃警守而下會于溴梁命歸侵田 高氏曰 爲討邾莒也邾莒連伐魯魯使告于晉悼公將爲會以討之遇疾乃止平公即位遂成父志 杜氏曰 不書高厚逃歸故也溴水名出河內軹縣東南至温入河 顧氏曰 衛侯剽也二十五年衛侯入夷儀衎也二君皆稱衛侯 愚按 溴梁在今懷[illegible]路孟州温縣高厚逃歸不書蓋未講會礼而先逃 戊寅大夫盟 左傳 晉侯與諸侯宴于温使諸大夫舞曰歌詩必類齊高厚之詩不類荀偃怒且曰諸侯有異志矣使諸大夫盟高厚高厚逃歸於是叔孫豹晉荀偃宋向戌衛甯殖鄭公孫蠆小邾之大夫盟曰同討不庭 公羊傳 諸侯皆在是其言大夫盟何信在大夫也何

言乎信在大夫大夫徧刺天下之大夫也曷爲徧刺天下之大夫君若贅旒然【穀梁傳】湨梁之會諸侯失正矣諸侯會而曰大夫盟正在大夫也諸侯在而不曰諸侯之大夫大夫不臣也【杜氏曰】諸大夫本欲盟高厚高厚逃歸故遂自共盟雞澤會重序諸侯此間无異事即上諸侯大夫可知傳自曹以下大夫不書至小邾以包之【何氏曰】不重出也与雞澤大夫盟同義

牡丘之會諸侯既次于匡則書曰公孫敖帥師及諸侯之大夫救徐僖十五雞澤之會諸侯既盟而陳侯使袁僑如會則書曰叔孫豹及諸侯之大夫及陳袁僑盟三年今湨梁之會諸侯皆在是若欲使大夫盟者則宜書晉卿及諸侯之大夫盟可也而獨書大夫何也諸侯失政大夫皆不臣也上二年春正月會于向舒亮反爲吳謀楚十有四國之大夫也夏四月會伐秦報十一年爲楚

【伐晋】十有三國之大夫也冬會于戚【謀定衛剽】七國之大夫也此三會皆國之大事也【愚按謀敗吴之楚報助楚之秦會逐君之臣定篡立之君皆關於夷夏君臣之故故曰大事】而使大夫皆專之而諸侯皆不與【音預】焉【胡氏曰蕭魚服鄭諸侯勞倦而大夫常行二委於臣而君遂失權】是列國之君不自爲政弗躬弗親禮樂征伐已自大夫出矣況悼公既没晋平初立無先公之明也【八年子展一云晋君方明】君若贅【章鋭反】旒【音留胡氏曰贅繫屬之辭旒旂旒以旂旒喻君爲下所執持】而大夫張亦宜矣夫豈一朝一夕之故哉蓋惡積於至微而不可搶常情忽於未兆而不預謀苟優怒大夫盟而晋靖公廢趙籍韓虔魏斯爲諸侯之勢見【音現】矣【通鑑周威烈王二十三年王命趙鞅之曾孫籍韓不信之玄孫虔魏曼多之玄孫斯皆爲諸侯安王二十六年韓趙

魏共廢晉靖公俱酒爲家人而分其地【盧氏曰】諸侯之大夫自盟君各在會則諸侯之政自兹失矣三桓逐魯六卿分晉其所由來者漸有國者謹於禮而不敢忽此春秋以待後世之意也【朱子語】五霸既衰溴梁之會諸侯出會而大夫自盟言逐箇自是差異不好【張氏曰】春秋莊十三年以前礼樂征伐自諸侯出而權未一也自桓文繼霸中国之政齊晉專之然猶在諸侯也至今年以後則皆自大夫出矣故於此書大夫盟著世變之益降也【陳氏曰】文十五年盟扈十七年會扈皆霸主在而但曰諸侯者无霸也此盟君在而但曰大夫者无君也自文以下則有斥言諸侯而不序自襄以下則有斥言大夫而不序【項氏曰】文七年書公會諸侯晉大夫盟于扈志變之始也雖然猶有諸侯也此書大夫盟志變之終也言自是无諸侯也【孫氏曰】雞澤及陳袁僑盟言諸侯之大夫此直曰大夫盟不言諸侯之大夫者雞澤之會諸侯始失政也至于溴梁則又甚矣溴梁之會政在大夫政在大夫故不言諸侯之大夫不言諸侯之大夫者大夫无諸侯故也【李氏集義】雞澤上序諸侯而言盟則諸侯既盟矣後言大夫繫於諸侯非大夫之專盟也今此序諸侯而不言盟言大夫而不繫諸侯其不謂信在大

夫諸侯失政而何即**愚按**經書大夫不序者四救徐之役諸侯次匡不行而遣大夫往救則大夫之師師實受諸侯之命也繇澤之盟諸侯已盟而大夫又盟然猶受命而盟袁僑也溴梁之盟則諸侯皆在而大夫自相与盟非諸侯之命矣于宋之盟則諸侯不出而大夫自為會盟矣然經於此年不以大夫繫之諸侯著大夫之无諸侯也于宋之盟復以大夫繫之諸侯不使大夫之終无諸侯也晉平即位十年之間七合諸侯溴梁祝柯澶淵商任沙隨兩夷儀是也於斯時也苟能攬權以挈政統明義而感人心則霸功之盛不惟可以繼悼公之業而且可以踵桓文之跡矣柰何首事之初即以太阿之柄授之大夫而討罪服貳又案於義是以溴梁則高厚逃歸而執邾莒二君不歸京師且不能復魯之侵田平陰圍齊焚其四郭而齊猶不服遂以無功澶淵雖獲齊成實以齊莊欲求好於諸侯非誠服於晉厥後不免朝歌之伐商任沙隨錮欒氏而反召盈之乱国夷儀將以伐齊卒受弒君者之賂而同盟焉自是不復能合諸侯而大夫專出會盟矣原其失在於縱權於下世卿強家黨惡怙乱不肯仗義以正諸侯是以致霸政之隳也

晉人執莒子黎比**邾子**宣**以歸****執以歸始此左傳**以我故執邾宣公莒黎比公且曰

通齊楚之使何氏曰錄以歸者甚惡晉有罪無罪皆當歸京師不得自治之劉氏曰稱人非伯討也此執有罪何以不得為伯討晉人知莒邾之可以討而不知已之不可討也古之君子正已而物正先自治而後治人晉侯之正未能以行其國而執人所以非伯討也高氏曰諸侯有罪執之以歸而不歸京師已則不臣而以討人非正也故稱晉人而二君不名

○齊侯靈伐我北鄙高氏曰齊既叛晉聞公在會將討邾莒故復來伐是時齊益彊自柯陵之會遂不復出但使大夫聽命使世子光礼出會蓋有輕諸侯之心故前年北鄙之伐為莒伐我邾实附齊故亦伐我南鄙晉會湨梁以討貳莒邾畏晉往會而齊獨不至晉執二君以歸齊乃益復伐我三年之間齊師五至于魯矣

○夏公至自會高氏曰見公出會謀齊尚未及還而齊師已見伐矣

○五月甲子地震通旨漢安帝時京師地震其日戊辰楊震以為三者皆土位在中宮此近臣恃權踰法之象也是秋齊侯伐北鄙圍成明年又圍桃高厚又圍防魯之北鄙連歲受兵震恐甚矣地動之変殆為是發

○叔老會鄭伯簡晉平荀偃衛殤甯殖宋平人伐許靈左傳許男請迁于晉諸侯遂迁許許大夫不可晉人歸諸侯鄭子蟜聞將伐

許遂相鄭伯以從諸侯之師穆叔從公齊子帥師會晉荀偃次于棫林伐許次于函氏晉荀偃欒黶帥師伐楚以報宋揚梁之役楚公子格帥師及晉師戰于湛阪楚師敗績晉師遂侵方城之外復伐許而還【高氏曰】許欲棄楚請遷于晉既而不果故晉會諸侯大夫同伐之鄭与許有宿怨故君親行卿不先諸侯先國君也宋称人蓋微者【襄陵許氏曰】先書鄭伯臣不可過君也【張氏曰】許男有從中國之志而大夫沮之足以見一時之俗矣

○【劉氏曰】左氏云書曰會鄭伯為夷故也非也諸侯与諸侯相從大夫与大夫相從若名位不敵卿雖主兵猶序諸侯之下貴王爵也

○**秋齊侯**靈**伐我北鄙圍成**【左】作圍郕【左傳】齊侯圍郕孟孺子速徼之齊侯曰是好勇去之以為之名速遂塞海陘而還【高氏曰】去年伐我圍成而環其郛今春再伐我至是又圍成甚之也【家氏曰】齊叛晉而婁以師伐魯欲致晉而与之戰其志在於爭霸也

○**大雩**

○**冬叔孫豹如晉**平【左傳】穆叔如晉聘且言齊故晉人曰以寡君之未禘祀与民之未息不然不敢忘穆叔曰以齊人之朝夕釋憾於敝邑之地是以大請敝邑之急朝不及夕引領西望曰庶幾乎比執事之間恐无及也見中行獻子賦圻父獻子曰偃知罪矣敢不從執事以同恤社稷而使魯及此見范宣子賦

鴻鴈之卒章宣子曰匃在此敢使魯无鳩乎【高氏曰】魯不能内修其政以禦无道之齊而乞師于晉魯之君臣庸甚矣

【乙巳】靈王十六年 **十有七年** 晉平二 齊灵二十六 衛献二十一 殤三 蔡景三十六 鄭簡十 曹成二十二 陳哀十二 杞孝十一 宋平二十 秦景二十一 楚康四 吳諸樊五 **春王二月庚午邾子牼卒** 牼古耕反【公穀】作瞷音閑宣公也在位十八年子華嗣是爲悼公【孫氏曰】去年晉執以歸此書卒者晉人尋赦之也莒亦如之

〇**宋**平**人伐陳**哀【左傳】宋莊朝伐陳獲司徒卬【高氏曰】七年鄬之會陳侯逃歸自是不復与諸侯會而楚鄭連年侵宋宋於是請於晉而伐之書伐許伐陳皆著楚之誅也【陳氏曰】莊朝宋微者也

〇**夏衛**殤**石買帥師伐曹**成【左傳】衛孫蒯田于曹隧飲馬于重丘毀其瓶重丘人閉門而詬之曰親逐而君尔父爲厲是之不憂而何以田爲衛石買孫蒯伐曹取重丘曹人愬于晉【愚按】孟子曰有人於此其待我以橫逆則君子必自反也孫蒯犯上之臣凡民罔不憝者也越竟田獵而遭曹人之辱盍亦内自省耳乃挾貴卿將重兵以攻其國不亦甚乎經之書伐所謂欲加之罪不患无辭者也

○秋齊侯靈伐我北鄙圍桃齊高厚帥師伐我北鄙圍防桃【公】作洮高厚上【公】无齊字【左傳】齊人以其未得志于我故齊侯伐我北鄙圍桃高厚圍臧紇于防師自陽關逆臧孫至于旅松鄹叔紇臧疇臧賈帥甲三百宵犯齊師送之而復齊師去之齊人獲臧堅【杜氏曰】桃魯地弁縣東南有桃虛【高氏曰】齊之君臣同來伐我分兵以圍吾二邑其恃衆暴寡如此齊魯世姻之國而數年之間見伐不已齊之不道可知也○九月大雩○宋平華臣出奔陳【左傳】宋華閱卒華臣弱皋比之室使賊殺其宰華吳賊六人以鈹殺諸盧門合左師之後左師懼曰老夫无罪賊曰皋比私有討於吳遂幽其妻曰畀余而大璧宋公聞之曰臣也不唯其宗室是暴大乱宋國之政必逐之華臣懼遂奔陳【高氏曰】華臣暴其宗室而乱宋政不有國討失政刑矣君子違不適讎國陳乃宋讎而奔焉尤可誅也○冬邾悼人伐我南鄙【左傳】爲齊故也【杜氏曰】齊未得志於魯故邾助之【薛氏曰】乘齊之圍報執之仇也【高氏曰】邾之先君以伐魯而爲晉所執既歸而卒嗣子在喪而復興師此祝柯之會所以復執也【王氏曰】魯之四鄙而莒伐其東齊伐其北邾伐其南魯之微弱不振亦可知矣國有政雖弱而強國

無政蝨犬必弱魯蒐于紅革車千乘豈曰無兵而陵夷至此者三家分政民不知有君故也

【王】靈王十七年

十有八年

【晉】平三【齊】靈二十七【衛】獻二十二殤四【蔡】景二十七【鄭】簡十一【曹】成二十三【陳】哀十四【杞】孝十二【宋】平二十一【秦】景二十二【楚】康五【吳】諸樊六

春白狄來。【左傳】白狄始來

【公羊傳】白狄者何夷狄之君也不言朝不能朝也

劉敞曰。夷狄於中國無事焉其於天子世一見音現【周礼】大行人九州之外謂之番国世一見各以所貴宝為摯**則諸侯雖善其交際不得而通也。是以春秋亦不與其朝。不與其朝者懲淫慝也。一內外也。周公致太平越裳氏重**直龍反**九譯**譯釋也猶言謄也以彼此言語相謄譯而通之也重疊也通譯其言至於九變而始達中国**而獻其白雉。公曰君子德不及焉。不享其贄。**音致【後漢】南蛮傳周公制礼作楽而天下大服交趾南有越裳氏重譯而献白雉周公曰德澤不加君子不享其質譯曰吾受命吾国之黃耇曰天之无烈風淫雨海不揚波三年矣意者中国有聖人乎盍往朝之周公歸之於王称先王神致薦于宗廟此乃天子而讓也况列國之君乎守藩之臣乎並見意林 葛氏曰 春秋書白狄於是焉止白狄之來与介葛盧同 愚按 西旅獻獒太保作旅獒以訓于王盖表狄豈可以礼義相接哉中国因其來而自知所戒以礼義外之可也若漢光武之謝絕西域則所謂以礼義外之若也

夏晉平人執衛殤行人石買 左傳 晉人執衛行人石買于長子執孫蒯于純留爲曹故也 杜氏曰 因其爲使執之故称行人 又氏曰 石買以君命聘於晉曰晉人執之晉能知買伐曹之爲惡矣而未能知孫氏逐君之爲惡也假晉欲明天子之禁修方伯之義莫如正孫蒯之惡而諸侯服矣今置所先而收所後舍所輕而緩所重伯者之討固若是乎 張氏曰 行人非所執舍大而治小又不歸于京師故不得爲伯討

〇秋齊靈師伐我北鄙穀作齊侯冬十月公會晉侯平宋公平衛侯殤鄭伯簡曹伯成莒子黎比邾子宣滕子成薛

一五三〇

伯杞伯孝小邾子穆同圍齊【左傳】齊侯伐我北鄙晉侯將伐齊濟河獻子以朱絲
係王二瑴而禱曰齊環怙恃其險負其衆庶棄好背盟
陵虐神主曾臣彪將率諸侯以討焉其官臣偃實先後
之苟捷有功无作神羞十月會于魯濟尋溴梁之言同
伐齊齊侯禦諸平陰塹防門而守之廣里夙沙衛曰不
能戰莫如守險弗聽諸侯之士門焉齊人多死范宣子
告析文子曰吾知子敢匿情乎魯人莒人皆請以車千
乘自其鄉入既許之矣若入君必失国子家圖之子家
以告公公恐齊侯登巫山以望晉師晉人使司馬斥山
澤之險雖所不至必旆而疏陳之使乘車者左實右偽
以旆先輿曳柴而從之齊侯見之畏其衆也乃脫歸齊
師夜遁十一月丁卯入平陰遂從齊師晉人欲逐歸者
魯衛請攻險荀偃士匄以中軍克京茲魏絳欒盈以下
軍克邿趙武韓起以上軍圍盧弗克十二月戊戌及秦
周伐雍門之萩范鞅門于雍門焚雍門及西郭南郭劉
難士弱率諸侯之師焚申池之竹木焚東郭北郭范鞅
門于揚門州綽門于東閭齊侯駕將走郵棠大子與郭
榮扣馬曰師速而疾略也將退矣君何懼焉且社稷之
主不可以輕輕則失衆君必待之將犯之大子抽劍斷
鞅乃止甲辰東侵及濰南及沂【穀梁傳】非圍而曰圍齊
有大焉亦有病焉非大而足同與諸侯同罪之也亦病

矣【程子傳】書同圍見諸侯之惡齊

凡侵伐圍入未有書同者而獨於此書同圍齊何也。齊環背音佩盟棄好呼報反陵虐神主【杜氏曰】神主民也謂數伐魯殘民人肆其暴橫去聲下同數色角反伐鄰國。觀加兵於魯則可見矣【薛氏曰】晉悼之會齊侯傲然自肆非世子則其卿大夫也於諸侯之事蓋未之謹也六年滅萊十五年伐魯圍成十六年兩伐北鄙十七年異道圍桃及防令夏大夫始不身親之也【襄陵許氏曰】四年之中六伐鄙而四圍邑又繼邾莒以助其虐諸侯之陵暴未有若是之甚者也是以動天下之兵幾亡其国諸侯所共惡烏路反下同疾故同心而圍之也【杜氏曰】齊數行不義諸侯同心俱圍之【陸氏曰】齊背盟主數伐小国諸侯同心圍之故特曰同圍【孫氏曰】齊爲不道數侵諸侯言同者諸侯同心疾齊也【襄陵許氏曰】環而攻之焚其四郭故謂之圍曰同圍齊言得罪於天下也同心圍齊其以伐致何也。見音現齊環無道宜得惡疾大諸侯之伐而免其圍齊之罪辭也春秋於此有沮在吕反橫逆抑強暴之意孟子曰國必自伐而後人伐之自作孽不可逭其齊侯環之謂矣尚誰懟直類反雖怨也哉

家氏曰或謂鞌之戰晉爲魯衛而伐齊春秋不与也今晉平爲魯伐齊而春秋与之何邪曰事有似同而實異者所伐齊是也鞌之戰雖曰爲魯衛出師其實大夫逞其私憾春秋不与也今茲伐齊則齊灵背盟好歲以兵加于魯晉爲之合諸侯以問齊人凴陵与國之罪從衆欲而出師非爲其私也故書同圍齊此出於聖人之特筆非因乎舊史者也愚按于鞌以四國及戰而不書伐則貶晉可知會于魯濟同圍齊而經不書地會則与于袤伐鄭異矣○劉氏曰穀梁曰非圍而曰圍非也春秋信史也若未圍而言圍豈得爲信史哉

曹伯負芻卒于師芻初俱反成公也在位二十三年子滕嗣是爲武公襄陵許氏曰負芻之惡不容於堯舜之世春秋書卒書葬以刺王政之不行也○劉氏曰穀梁云閔之也非也是亦記事而已矣何

閔之有〇

楚康**公子午帥師伐鄭**簡【左傳】鄭子孔欲去諸大夫將叛晉而起楚師以去之使告子庚子庚弗許楚子聞之使告子庚曰不穀主社稷而不出師人其以不穀爲自逸而忘先君之業矣大夫圖之子庚曰君王其謂午懷安乎吾以利社稷也稽首對曰諸侯方睦於晉臣請嘗之若可君而繼之不可收師而退子庚治兵於汾於是子蟜伯有子張從鄭伯伐齊子孔子展子西守二子知子孔之謀完守入保子孔不敢會楚楚師伐鄭次於魚陵右師城上棘遂涉潁次于旃然蔿子馮公子格率銳師侵費滑胥靡獻于雍梁右回梅山侵鄭東北至于蟲牢而反子庚門于純門信于城下而還【薛氏曰】楚公子午之伐間鄭伯之出也乘人不備而迄無成功黷武而已矣

【丁未】靈王十八年

十有九年【晉】平四【齊】靈二十八卒【衛】獻二十三殤五【蔡】景三十八【鄭】簡十二【曹】武公滕元年【陳】哀十五【杞】孝十三【宋】平二十二【秦】景二十三【楚】康六【吳】諸樊七

春王正月諸侯盟于祝柯柯古多反【公】作阿【左傳】諸侯還自沂上盟于督揚曰大毋侵小【杜氏曰】[illegible]年同圍齊之諸侯也況柯縣今屬濟南郡【張氏曰】後漢志平原郡祝柯地譜齊州禹城縣齊邑【孫氏曰】諸侯序前目後凡也

陳氏曰會無王卿士亦申言諸侯間有事也愚按會有王臣而盟無王臣則再舉諸侯會盟皆有王臣則不再言諸侯但曰盟于某會盟無王臣而再舉諸侯間有異事若會盟殊地也故祝柯之盟書諸侯重丘之盟亦書諸侯于諸侯同圍齊故盟无褒貶而其辭平會夷儀不能討齊故盟于重丘特書同者其同心爲惡也

晉平**人執邾子**

左傳執邾悼公以其伐我故 呂氏曰既來同會又与同盟而乃執之非伯討也故稱人 劉氏曰此其非伯討奈何郑人伐魯晉人疾之執其君以劫其地不言以歸釋之也未得其地故劫之已得其地故釋之執君取地不以王命而皆出於大夫何以服人心而正其罪乎 襄陵許氏曰執之舍之削取其田不以王命雖當罪共正也

公至自伐齊

傳見前 李氏集義會書圍而致書伐書勳勞則圖爲重辨曲直則伐爲善。 劉氏曰公羊云未圖齊非也春秋記事之書而非記意之書若實未嘗圍齊何得書之乎穀梁云何爲以伐致与人同事或執其君或取其地非也執君取地邾事也以伐致齊事也書執邾子於晉已明矣書取邾田剌魯已明矣又何以齊起邾乎

取邾田自漷水

漷好虢反又音郭 左傳遂次于泗上疆我田取邾田自漷水歸之于我 公羊傳其言自漷水何以漷爲竟也 穀梁傳軋辭也 杜氏曰取邾田以

鄰水爲界鄰水出東海合鄉縣西南經魯国至高平湖陸縣入泗穀梁氏曰成二年晉人敗齊于鞌使齊歸我汶陽之田書曰取汶陽田不言齊田魯地也今以晉命取田于邾故曰取邾田非魯地也家氏曰左氏云疆我田取邾田自漷水歸之于我曰疆我田復旧疆也曰取邾田自漷水言魯人因復舊疆而挾霸国之威多取田於邾也高氏曰邾之病魯信有罪矣魯以諸侯之力前虜執其先君此又執其嗣君取其田盖已甚矣書取田於至自伐齊之後明公獨取之非諸侯取之專罪公之意也又云自漷水者隨漷水以爲界盖著其取之多也廬陵後此哀二年取漷東田則又不止自漷水矣於此見魯之陵弱小而深爲利也○劉氏曰公羊云漷移也洙也魯以漷自移而取田春秋乃坐其君以盜地乎○季孫宿如晉平左傳季武子如晉拜師臨川吳氏曰謝討齊且取邾田也○葬曹成公○夏衛殤孫林父帥師伐齊靈左傳晉荀偃卒而視不可含范宣子盥而撫之曰事吳敢不如事主猶視欒懷子曰其爲未卒事於齊也乎乃復撫之曰主苟終所不嗣事于齊者有如河乃瞑受含欒魴帥師從衛孫文子伐齊張氏曰欒魴不書孫林父并將也夫討強暴之罪而使逐君之大夫尸其事則晉何以服齊故特書林父主兵以罪之○

秋七月辛卯齊侯環卒環（公）作瑗靈公也在位二十八年世子光嗣是爲莊公○

晉平士匄帥師侵齊至穀聞齊侯卒乃還還音旋（左傳）晉士匄侵齊及穀聞喪而還禮也（公羊傳）還者何善辭也何善爾大其不伐喪也（穀梁傳）受命而誅生死无所加其怒不伐喪善之也（程子曰）善之也

穀齊地也還者終事之詞（杜氏曰）詳錄所至及還者善得禮（張氏曰）還者事畢復者事未畢士匄聞喪不當更往還爲得禮如師還公還自晉歸父還自晉皆事畢也公如晉至河乃復公孫敖如京師不至而復仲遂至黃乃復皆事未畢也

古之爲師不伐喪大夫以君命出境有可以安國家利社稷者則專之可也本公羊世衰道微暴行下孟反交作利人之難乃旦反以成其私欲者衆矣士匄乃有惻隱之心聞齊侯卒而還不亦善乎（劉氏曰）天下无王諸侯擅命征伐各自己出利人之難以成其私故伐人之喪者比

比而士匄乃還師不侵不亦善乎或曰穀梁君不尸小事臣不專大名。爲士匄者宜墠音善帷而歸命乎介。范氏曰除地爲墠於墠張帷反命于介介歸告君君命乃還不敢專也則非矣。鄭氏曰夫將在軍君命有所不受有善而專之君與有焉必君命而後可則安用將矣使士匄未出晉境如是焉可也。已至齊地則進退在士匄矣。猶欲墠帷而歸命乎介則非古者命將去声不從中覆。音腹反也見前馮唐傳專制境外之意何休曰礼不從中御外臨事制宜當敵爲師唯義所在唐書兵事節度皆付公吾不從中治也而況喪必不可伐非進退可疑而待請者故至穀聞齊侯卒乃還善之也朱子語春秋分明処只是晉士匄侵齊至穀聞齊侯卒乃還這分明是与他王氏曰春秋之時侵伐四出或背殯帥师或乘喪伐人者眾矣而士匄奉命出征既至齊地聞喪而還善矣愚按公追齊師至鄭弗及不當往而往也公救成至遇叔孫豹救晉次于雍榆當往而不往也士匄侵齊聞喪乃還不當往而不往也觀此數者而行師進退之義可見矣○【劉氏曰】公羊云大夫以君命出進退在大夫也非也若兵未出境豈得擅還哉書至穀乃所以明境外得專之也【陸氏曰】穀梁云君不尸小事臣不專大名善則稱君過則稱己則民作退矣士匄者宜墠帷而歸命于介拨不伐喪常禮也更待君命是詐譑小善非人臣盡忠之道也

八月丙辰，仲孫蔑卒。此文伯之子孟獻子也子速嗣為大夫是曰莊子○**齊**莊

殺其大夫高厚。【左傳】齊侯娶于魯曰顏懿姬無子其姪鬷聲姬生光以為大子諸子仲子戎子戎子嬖仲子生牙屬諸戎子戎子請以為大子許之仲子曰不可廢常不祥間諸侯難光之立也列於諸侯矣今無故而廢之是專黜諸侯而以難犯不祥也君必悔之公曰在我而已遂東大子光使高厚傅牙以為大子夙沙衛為少傅齊侯疾崔杼微逆光疾病而立之光殺戎子尸諸朝灵公卒莊公即位執公子牙於句瀆之丘夙沙衛奔高唐以叛崔杼殺高厚於灑藍而兼其室【高氏曰】齊高厚嘗師師伐我矣晉新行義於齊齊侯始立而欲規晉故歸罪於高厚而殺之以說于晉此明年所以與澶淵之盟也【張氏曰】殺高厚者崔杼也杼雖擅誅

殺之柄亦並公之所欲也故以累上之詞言之【愚按】微崔杼之力並公固不得立然杼殺高厚慶封討夙沙衛明年復使慶佐爲大夫而誅于餘黨崔慶自是專權而射股之禍兆於此矣○鄭簡殺其大夫公子嘉嘉【公】作喜

按左氏初盜殺鄭三卿於西宮之朝公子嘉知而不言。十年既又欲起楚師以去起呂反下同諸大夫故楚人伐鄭至于純門而返去年至是嘉之爲政也專國人患之乃討西宮之難乃旦反與純門之師子展子西率國人殺嘉而分其室不稱鄭人者嘉則有罪矣而子展子西不能正以王法肆諸市朝與衆同棄乃利其室而分之有私意焉故稱國以殺而不去其官此春秋原情定罪之意【王氏曰】子展子西不能窒慾乃率國人殺之而分其室則鄭无政矣【愚按】莊二

十二年傳例曰稱国以殺大夫者国君大臣與謀其
事不請於天子而擅殺之也故雖殺有罪亦書其官
嘉召楚人伐其国則是背叛之臣国人之所同惡使
子員子西正名誅之而不利其室則當如殺良霄之
例稱人以殺而削其官矣
冬葬齊靈公高氏曰齊魯仍世昏姻之国前雖有怨今已易世故不廢喪紀示不忘好○城
西郭左傳懼齊也杜氏曰魯西郭何氏曰据都城鈎道東西王氏曰魯備齊雖城其国之郭則凡西境亦
不敢保足見魯之弱而齊之強矣愚按郛乃外城此云西郛實国都外城之西郭而所謂中城爲魯国都之內
城可知矣○叔孫豹會晉平士匄于柯左傳齊及晉平盟于大隧故穆叔會范宣
子于柯穆叔見叔向賦載馳之四章叔向曰肹敢不承命杜氏曰魏郡內黃縣東北有柯城鄭氏曰柯衛地後屬
晉愚按內黃縣今屬大台路滑州高氏曰魯猶懼齊故爲何之會以自固蜀杜氏曰襄公之時政在大夫甚矣
專相爲會故詳録之○城武城左傳穆叔歸曰齊猶未也不可以不懼乃城武城杜氏曰泰山南武
城縣愚按子游爲武城宰即此武城今東昌路高唐州武城縣曾於是時苟能信任仁賢修明政事使民效死

而弗去則將御姘以辟蝌国之堅甲利兵而何畏於強
齊今乃君弱臣惰安於不競内則疲民於亟城之勞外
則徼惠於霸国之後曾无一毫自立之志使
齊莊而有報怨之圖則曾之禍未有紀極也

戊申靈王十九年 二十年 晉平五齊莊公光元年衛獻二十四殤六蔡景二十九鄭簡十三曹武二
陳哀十六杞孝十四宋平二十三秦景二十四楚康七吳諸樊八 春王正月辛亥仲孫
速會莒犂比人盟于向 向舒亮反左傳及莒平孟莊子會莒人盟于向督揚之盟故也
杜氏曰向莒邑莒數伐魯前年諸侯盟督揚以和解之故二国復自共盟結其好高氏曰向本莒邑宣四年取
之者也莒魯結好自是十五年不交兵速代父以為卿未練而從戎无復三年之喪也愚按孟獻子禫縣而不樂
則始不三年其朌於速与揭與父子稱孟獻子之孝其他可能也可者僅可而有所未尽之辞耳 ○夏
六月庚申公會晉侯平齊侯莊宋公平衛侯殤鄭伯簡
曹伯武莒子犂比邾子悼滕子成薛伯杞伯孝小邾子
穆盟于澶淵 澶市然反左傳盟于澶淵齊成故也杜氏曰澶淵在頓丘縣南一名繁汙衛地近戚

田張氏曰唐置澶州今開德府臨河縣高氏曰齊以晉不伐其喪而感服居喪而出盟薛氏曰齊之无道諸侯圍之而不服以士匄聞喪而還師遂會于澶淵修德求遠不誣也哉愚按澶淵今屬大名路開州齊莊以既發而賴崔杼以有國崔杼以殺公公子牙立莊公而專其國高厚夙沙衛之餘黨豈无其人邪之抗陞固不敢構怨於諸侯夫是以受盟之速也亦猶崔杼弑莊立景而同盟於重丘也特以牙实廢孽莊公既勝先君之邪心而得嗣出則是揜父之惡故春秋於澶淵之盟无譏焉耳

襄陵許氏曰平公祝柯澶淵之盟此悼公之遺烈也

秋公至自會○仲孫速帥師伐邾悼速公作遬後同左傳邾人驟至以諸侯之事弗能報也孟莊子伐邾以報之襄陵許氏曰祝柯之會既執邾子又取其田報亦足矣而復伐之識已甚也且澶淵在彼何以盟焉○蔡景殺其大夫公子燮蔡公子履出奔楚左傳蔡公子燮欲以蔡之晉蔡人殺之公子履其母弟也故出奔楚

按左氏初蔡文侯欲事晉曰先君與音預於踐土之盟僖二十八晉不可棄且兄弟也畏楚不能行而卒宣十七楚

人使蔡無常公子燮求從先君以利蔡謀國之合於義者。亡國人乃不順焉而殺燮此何罪矣故稱國而不去起呂反其官【高氏曰】燮盖嘗為鄭所獲者欲舍夷狄而之中国正也追先君之志而成之順也楚政无常求寛其民利也而用事者安楚弗欲懼燮之起晉爭也而殺之兆所謂可殺者也而以国殺者蔡侯以為罪也公子獿其母弟也進不能正國退不能遠于萬反害懼禍而奔從於夷狄書者罪之也【家氏曰】獿寧之同母弟不奔中国而奔外夷不与其兄同志書所以貶

陳侯哀之弟黃出奔楚黃【公穀】作光後同【左傳】陳慶虎慶寅畏公子黃之偪愬諸楚曰与蔡司馬同謀楚人以為討公子黃出奔楚書曰陳侯之弟黃出奔楚言非其罪也公子黃將出奔呼於国曰慶氏无道求專陳国暴蔑其君而去其親五年不滅是无天也【穀梁傳】諸侯之尊弟兄不得以屬通其弟云者親之也親而奔之惡也【高氏曰】黃与獿何以奔楚自現也黃以寵任太過摧逼其卿慶氏譖之而陳侯不能為

之辨明是以一国之大不能容一弟也【袁陵許氏曰】二慶挾宗之權外介大国以奔其君之弟而宗公力不能正則国何恃而不亡【家氏曰】黄不奔他国而奔楚甘於從夷書奔楚亦所以貶【傳見二十三年殺慶虎慶寅】

○叔老如齊 莊【左傳】齊子初聘于齊【杜氏曰】齊魯有怨朝聘礼絶今復継好息民【王氏曰】齊侵陵魯久遭侵而始平今叔老之修聘欲固齊好也

○冬十月丙辰朔日有食之

○季孫宿如宋 平【左傳】報向戌之聘也【愚按】魯自蕭魚以後連歲与強齊邾莒交兵是以不遑朝聘往來之事雖向戌来聘而亦未之報也今始平於齊遂交好於鄰国以尋舊好耳

【己酉】灵王二十年

二十有一年

【晋】平六【齊】莊二【衛】獻二十五殤七【蔡】景四十【鄭】簡十四【曹】武三【陳】哀十七【杞】孝十五【宋】平二十四【秦】景二十五【楚】康八【吳】諸樊九

春王正月公如晋 平【左傳】公如晋拜師及取邾田也【愚按】僖公取濟西田則僖公子遂如晋拜之成公取汶陽田哀公取邾田則君親往拜其賜受覇主尺寸之恵而不忘其德如此也然魯君襲奕世之封端冕委弁以臨於七百里之侯国而一水一木本原不祭所自哀公之立踰二十年未聞遣一介行李至于京師其何以為秉礼之子孫也哉

○邾

悼

庶其以漆閭丘來奔【左傳】邾庶其以漆閭丘來奔季武子以公姑姊妻之皆有賜於其從者於是魯多盜季孫謂臧武仲曰子盍詰盜武仲曰不可出子召外盜而大礼焉何以止吾盜子爲正卿而來外盜使紇去之將何以能庶其竊邑於邾以來子以姬氏妻之而与之邑其從者皆有賜焉若大盜礼焉以君之姑姊与其大邑其次皁牧輿馬其小者衣裳劍帶是賞盜也賞而去之其或難焉庶其非卿也以地來雖賤必書重地也【公羊傳】庶其者何邾婁大夫也邾婁无大夫此何以書重地也【穀梁傳】以者不以者也來奔者不言出舉其接我者也漆閭丘不言及小大敵也【杜氏曰】二邑在高平南平陽縣東北有漆鄉西北有顯閭亭【伍氏曰】兖州鄒縣即南平陽也後漢山陽南平鄉有漆亭山陽南平陽有閭丘亭【愚按】定十五年城漆即庶其邑今滕州鄒縣有漆鄉有閭丘亭

庶其邾大夫也。本杜氏註春秋小国之大夫不書其姓氏。微也其以事接我則書其姓氏謹之也。莒慶以大夫即魯而圖昏。莊二十七接我不以禮者也。邾庶其以地叛

其君而來奔接我不以義者也以欲敗礼則身必危
以利棄義則国必乱春秋礼義之大宗故小国之大
夫接我以利欲則特書其姓氏謹之也愚按畀我其書名不書姓
氏此傳云特書其姓氏蓋傳寫誤下文云書地書名蓋以庶其牟夷黑肱皆名耳漆一邑閭
丘一邑而不言及者庶其之私邑所受於君而食之
者也劉氏曰漆一邑閭丘一邑不言及所受於君之私邑而食之者也私邑不書及公邑言及此
叛臣何以不書叛書名書地而竊邑叛君之罪見音現
下同矣杜氏曰以邑出為叛何氏曰挈地言奔則曽坐受与庶其叛两明故省文范氏曰人臣无專祿
以邑叛之道陸氏曰以地来即叛也不言叛為内諱也諱受叛臣也王氏曰叛而歸他国曰叛二而歸魯
曰来奔内外異辭也夫棄夷狄從諸夏慕義之心疑可與也
然有據城以求援於眷反者君子猶以為不可受唐昭宗景

福元年沙陀李克用假子存孝上表以三州自歸乞會兵討克用詔以存孝為節度使作史者以謂不當受

而況鄰国乎書来奔而曾受叛臣納其地之罪亦見矣孫氏曰書者悪魯受邾叛人邑薛氏曰天下之悪一也納人之叛而疾人之叛已不可以言理矣公在晋而叛臣之受曽之无政甚矣陳氏曰於是公在晋季孫宿納之也春秋誅叛人苟納之雖无公命必謹而書之蜀杜氏曰諸侯之地皆天子所封為天子守之也諸侯之臣皆王之臣故曰天子之陪臣也周衰諸侯之国地有侵軼者必志而罪之臣有奔叛者必録而貶之永嘉呂氏曰春秋書以地来奔者三今年庶其昭五年莒牟夷三十一年邾黒肱是也人臣之奔必適仇国晋欒盈之奔也必楚秦鍼之奔也必晋而庶其之奔也必魯豈非南鄙之怨敌魯之於邾也既執其君取其田又伐其国而納其叛人甚矣愚按莒太子僕弑其君以其宝玉来奔納諸宣公則季孫行父使司寇出諸竟邾庶其以十地来奔襄公朝晋未返而季孫宿以君姬氏妻之且有賜焉於此見行父之忠於公室而遠於利宿之貪利而忘君也

夏公至自晋○秋晋平欒盈出奔楚康左傳欒桓子娶於范宣子生懷子

范鞅以其亡也怨欒氏故與欒盈為公族大夫而不相能桓子卒欒祁與其老州賓通幾亡室矣懷子患之祁懼其討也愬諸宣子曰盈將為亂以范氏為死桓主而專政矣二吾父逐鞅也不怒而以寵報之又與吾同官而專之吾父死而益富死吾父而專於國有死而已吾蔑從之矣其謀如是懼害於主吾不敢不言范鞅為之徵懷子好施士多歸之宣子畏其多士也信之懷子為下卿宣子使城著而遂逐之盈出奔楚宣子殺其黨**劉氏曰**不以范匄逐之為文而書盈之自出使盈无可逐之罪則匄不得逐矣內之罪易見盈之失難知此春秋所以深探其情而大正其本也道莫難於治天下而天下之治在國國之治在家家之治在身身不治國家不可得治也詩之首周召書之首堯舜皆從此生矣春秋述堯舜者也是以謹於人道之始閨門之內易曰閑有家悔亡家之不閑悔不亦宜乎**高氏曰**盈不能防閑其母遂為范匄所逐既敢奔亡復有作亂之志故特奔于楚焉以楚強大今日可恃以逃難他日可挾以復歸也**愚按**士鞅之言曰欒黶汰虐已甚而盈又自言黶不能保任其父之勞則欒氏之稔惡有自來矣不然夫豈无秋毫之過而遽離於罪乎

○九月庚戌朔日有食之冬十月庚辰朔日有食之

襄陵許氏曰比年食又比月食

蓋自是八年之間而日七食禍變重矣【呂氏曰】日食之變起於交也有僅交而不食者春秋二百四十二年而食才三十六也有頻交而食者此年及二十四年三年之内連月而食者冊也諸儒以為曆无此法或傳寫之誤然漢之時亦有頻食者高帝三年及文帝前三年十月晦十一月晦是也天道至遠不可得而知後世執推步之術按交會之度而求之亦已難矣【高氏曰】曆家推步之術皆一百七十三日始一交會去交遠則日食漸少无頻食之理此年及二十四年頻食古今術者不能考知故曰食雖天數之常聖人必以為譴異而書之以警人君之自怠也

○曹伯武來朝【左傳】曹武公來朝始見也【愚按】曹武公即位三年而求朝此喪畢入見于天子之時也不朝于京師而朝于宗國曾是以為理乎

○公會晉侯平齊侯莊宋公平衛侯殤鄭伯簡曹伯武莒子黎比邾子悼于商任任音壬【左傳】會于商任錮欒氏也欒盈自楚適齊晏平仲言于齊侯曰商任之會受命於晉今納欒氏將安用之弗听【襄陵許氏曰】欒氏之出非其罪出徒以權門私相忌怨何有於国而平公受其激怒勤動諸侯以逞范鞅之積憾必欲使盈无所容於世故盈發憤卒與禍亂此皆以私敗公足以為古今之至戒是

猶中国无主晋无所發政以亟會諸侯則知從以欒氏信不躬也【傳見會沙隨】

【庚戌】靈王二十一年二十有二年【晋】平七【齊】莊三【衛】獻二十六殤【蔡】景四十一【鄭】簡十五【曹】武
四【陳】哀十八【杞】孝十六【宋】平二十
五【秦】景二十六【楚】康九【吳】諸樊十春王正月公至自會【臨川吳氏曰】著不朝正于廟也○夏四月○秋七月辛酉叔老卒【胡氏曰】子叔齊子子【高氏曰】此叔肸之孫聲伯之子其子弓嗣為大夫是為子叔敬子○冬公會晋侯（平）齊侯（莊）宋公（平）衛侯（殤）鄭伯（簡）曹伯（武）莒子（犂比）邾子（悼）薛伯杞伯（孝）小邾子（穆）于沙隨【穀】邾子下有滕子【公】

按左氏會于商任錮（音固）欒氏也。會于沙隨復（扶又反）錮欒氏也（欒盈猶在齊晏子曰禍將作矣齊將伐晋不可以不懼）古者大夫去國君不掃其社稷（【祭法】諸侯自為立社曰侯社大夫以下成羣立社曰置社）不繫纍（力追反）其子弟不收其田邑使人導之出疆又先之於其所往本孟子勸五典厚人倫也今晋不念欒氏世勳而逐盈愚按自欒賓以靖侯之孫傅桓叔至貞子枝佐文公覇業枝之子盾事靈公將下軍盾之子書是爲武子事成景厲悼有功盈即書之孫也又將搏執之而命諸侯無得納焉則亦不過也朱子注窮之於其所往之国如晋錮欒盈也家氏曰入春秋以來大夫奔而極其所往未有若此之甚者也楚逐申公巫臣子反請以重幣錮之楚子曰止彼若能利国家雖重幣晋將可乎若無益於晋晋將棄之何勞錮焉見成二年其賢於商任沙隨之謀遠矣高氏曰晋以一欒盈之故期年之間再合諸侯見大夫之強而晋失覇者之義不足以令諸侯矣齊人終保盈是令不行也愚按欒盈屈巫皆得罪於權臣然屈巫將聘於齊而猶妻以逃其廢君命亦可誅矣欒盈特以父之汰後而多怨孫爲姣母所譖而見逐未有犯上可誅之實其罪視巫臣蓋薄乎云晋平用范匄之傑要會諸侯以錮之幾致亂国楚莊雖不听子反錮巫臣之請而嗣君

卒賊其族亦致通吳之禍人君之不明而眩於權臣其患豈淺淺哉

公至自會諸侯爲會以錮欒氏齊侯與會而保盈將以納之故商任沙隨兩書公至以危之○

楚康殺其大夫公子追舒**左傳**楚觀起有寵於令尹子南未益祿而有馬數十乘楚人患之王將討焉子南之子弃疾爲王御士王每見之必泣弃疾曰君三泣臣矣敢問誰之罪也王曰令尹之不能尒所知也國將討焉尒其居乎對曰父戮子居君焉用之洩命重刑臣亦不爲王遂殺子南於朝轘觀起於四竟子南之臣謂弃疾請徙子尸於朝曰君臣有礼唯二三子三日弃疾請尸王許之既葬其徒曰行乎曰吾與殺吾父行將焉入曰然則臣王乎曰弃父事讎吾弗忍也遂縊而死**蘇氏曰**追舒罪不至死故稱國以殺不去其官**劉氏曰**楚子与人之子謀殺其父其刑已甚不可以行乎天下故以累上之詞言之**高氏曰**追舒寵近小人故及於難然以楚國之力除一寵嬖之大夫頭豈難哉而康王始則与人之子圖其父終則殺之轘其黨於四竟由威柄失於上故刑不足以馭下也夫威柄既立則貴賤足以折奸臣之鋒及其失之則刀鋸不足以當奸臣之罪其怨毒所鍾遂發於靈王之世楚之不亡者幸而已以夷狄之國而威柄一失其禍遂至於此

則中国之君可不監于茲

辛亥靈王二十二年二十有三年晉平八齊莊四衛獻二十七殤九蔡景四十二鄭簡十六曹武五陳哀十九杞孝十七卒宋平二十六秦景二十七楚康十吳諸樊十一春王二月癸酉朔日有食之○三月己巳杞伯匄卒左傳杞孝公卒晉悼夫人喪之平公不徹樂非禮也禮為鄰國闕杜氏曰悼夫人杞孝公姊妹高氏曰杞自桓公以來晉悼為昏姻國因恃以與而曾禮有加焉愚按孝公在位十七年弟益姑立是為文公○夏邾悼畀我來奔公作鼻畀我公羊傳邾婁鼻我者邾婁大夫也杜氏曰畀我庶其之黨同竊邑叛君故書孫氏曰書畀我來奔惡內也惡鄉受邾叛人邑今又納邾叛人也故是年冬臧紇出奔邾亦受之家氏曰魯受庶其二邑復納其黨天王不問方伯无討春秋再書責魯也亦責晉也○劉氏曰公羊曰以近書也此又過飾非之詞耳○葬杞孝公

○陳哀殺其大夫慶虎及慶寅左傳陳侯如楚公子黃愬二慶於楚楚人召之使慶樂往殺之慶氏以陳叛屈建從陳侯圍陳陳人成板陳而殺人役人相命各殺其長遂殺慶虎慶寅楚人

納公子黄【穀梁傳】稱國以殺罪累上也及慶寅慶寅累也

按左氏慶虎無道求專陳國暴蔑其君二十年公子黄云云畏公子黄之偪彼力反而愬諸楚曰與蔡司馬公子燮同謀之晉同欲楚人以爲討公子黄奔楚愬之二慶以陳叛楚屈建圍陳殺二慶夫人君擅一國之利勢使權臣暴蔑其身而不能遠于萬反欲去起呂反其親而不能保諸愬之於大國而不能辨至因夷狄之力然後能克則非君人之道也故二慶之死稱國以殺【陳氏曰】春秋未書叛而稱國以殺猶是殺大夫焉叛必不能殺者也【高氏曰】書及者罪在慶虎以虎之罪而及寅也公子黄之出特以弟書者譏歸陳侯也凡此皆春秋端本之意【家氏曰】導于陳侯以叛晉即楚者二慶也奔母弟黄于楚者亦二慶也楚人討而殺之納黄于陳二慶

之誅黄之復楚皆専之春秋書法如此若陳人之自殺之自復之不與夷狄以専制中国也（愚按）公子黄之奔爲愬二慶而往也陳侯之如楚蓋惑於權臣而將爲二慶與黄和解之尓使陳侯亦爲愬慶氏而往則必如蔡侯朱書出奔楚矣匹建之圍挾陳侯以討二慶二慶之閉城拒楚人之必誅已而拒之非叛陳侯也故不書二慶之叛陳人逼於兵殺二慶以說于楚故不以討賊之詞言之幾其殺之不以其罪以著陳侯之无能爲也

陳侯（哀）**之弟黄自楚歸于陳**（高氏曰）二慶死則黄之歸易矣讒誣不釋則忠良不顯奸宄不誅則散善不遂君子小人相爲伏見故陳討二慶而公子黄返也書自楚者罪其奔夷狄之國復藉夷狄之力以歸黄之進退不正矣

○**晉**（平）**欒盈復入于晉入于曲沃**（左傳）晉將嫁女于吳齊侯使析歸父媵之以藩載欒盈及其士納諸曲沃欒盈夜見胥午而告之許諾伏之而觴曲沃人樂作午言曰今也得欒孺子何如對曰得主而爲之死猶不死也皆歎有泣者爵行又言皆曰得主何貳之有盈出徧拜之欒盈帥曲沃之甲因魏獻子以晝入絳初欒盈佐魏莊子於下軍獻子私焉故因之樂王鮒

侍坐於范宣子或告曰栾氏至矣宣子懼桓子曰奉君
以走固宫必无害也且栾氏多怨子為政栾氏自外子
在位其利多矣旣有利權又執民柄將何懼焉栾氏所
得其唯魏氏乎而可强取也夫克乱在權子无懈矣公
有姻丧王鮒使宣子墨縗冒絰二婦人輦以如公奉公
以如固宫范鞅逆魏舒則成列旣乘將逆栾氏矣趨進
曰栾氏帥賊以入鞅之父与二三子在君所矣使鞅逆
吾子鞅請驂乘持帶遂超乘右撫劍左援帶命驅之出
僕請鞅曰之公宣子逆諸階執其手賂之以曲沃范氏
之徒在臺後栾氏乘公門宣子謂鞅曰矢及君屋死之
鞅用劍以帥卒栾氏退攝車從之遇栾樂曰樂免之死
將訟汝於天樂射之不中以戟鉤之斷肘而死栾魴傷
栾盈奔曲沃晋人圍之【公羊傳】曲沃者晋之邑也其言
入于晋入于曲沃何栾盈將入晋晋人不納由乎曲沃
而入也【杜氏曰】曲沃在河東聞喜縣【愚按】曲沃縣今屬絳州

欒氏晋室之世臣。故盈雖出奔。猶繫於晋。【家氏曰】盈挟齊之援復入于晋將不利於宗国非晋臣矣春秋猶書晋栾盈者一以明君臣之分而討之亦以閔栾氏為晋世臣而自絶於晋耳宋魚石義与此同**復入者甚逆之辭**【蜀杜氏曰】春秋之法復入重於入入重於復歸復歸重於歸然則復入者惡其之辭爲于僞反其既絶而復入也。

詳見成十八年曲沃者所食之地杜氏曰曲沃欒盈邑高氏曰曲沃即沃昭公分国以封沃沃盛強昭公微弱国人將叛而歸沃故詩人作揚之水椒聊杕杜之詩以見意然則沃者晋之腴饒強盛必叛之邑也今曲沃大夫不由君命而擅納盈以曲沃乃盈旧所食之私邑故盈帥曲沃之甲以入晋不勝而反入曲沃焉故書入于曲沃見盈有叛心又見曲沃知有盈而不知有晋君也當是時

權寵之臣各以利誘其下使爲之用。至於殺身而不避。莫知有君臣之分扶問反者也。故間語欒孺子者則或泣或嘆，以爲得主而爲之死猶不死也。朱子曰春秋權臣得衆者皆是厚施於民盈從之遂入絳乘公門。若非天棄欒氏，又有范鞅之謀，晋亦殆矣。原其失在於錮之甚急，使無所容於天地之間，是以至此極。春秋備書之以見音現人而不仁疾之已甚亂也其爲後世鑒豈不深切著明也哉二十三年傳不言叛者將以城國非直叛也陸氏曰不稱所自潛至也蕭氏曰欒盈自齊入于曲沃不言自齊何也齊之納欒盈非以兵納之也譬如盜賊私納之耳王氏曰魚石未嘗入于宋也入于彭城而已欒盈則先入于晉後入于曲沃故上言復入下言入也愚按朱子謂不仁之人不能容之則必致亂如東漢之黨錮蓋不仁之人力能誅則誅之苟不能誅而徒疾之使之无所容其身事窮勢迫則必爲悖逆爭鬬之事矣況欒盈非有弑父與君之大惡逐之去國則亦已矣何至動天下之諸侯一再會聚而禁錮之哉挺而走險急何能擲盈之復入于晉實晉有以激之耳

秋齊侯莊伐衛遂伐晉平齊始伐盟主左傳秋齊侯伐衛自衛將遂伐晉晏平仲曰君恃勇力以伐盟主若不濟國之福也不德而有功憂必及君崔杼諫弗聽陳文子見崔武子曰將如君何武子曰吾言於君君弗聽也以爲盟主而利其難群臣若急君於何有子姑止之文子退告其人曰崔子將死乎謂君甚而又過之不得其死過君以義猶自抑也況以惡乎齊侯遂伐晉取朝歌爲二隊入孟門登大行張武軍

於熒庭戍郫邵封少水以報平陰之役乃還趙勝帥東陽之師以追之獲晏氂【高氏曰】此齊侯背澶淵商任沙隨之盟因晉有欒氏之乱而助之以報十八年之役也十八年諸侯同圍齊者曾之故也齊之所以數伐曾者衛之故也故先伐衛以試之晉不之問於是遂伐晉齊莊既伐同盟又伐盟主禍乱之成者於此矣【東陽許氏曰】書齊侯本其惡也【陳氏曰】其書遂何齊始伐盟主也自袁婁以來齊世從晉於是始叛則晉霸之衰而諸侯貳矣晉之衰諸侯之憂也【蜀杜氏曰】以兵伐衛猶不可況遂伐晉乎言遂者甚其伐二国也【愚按】齊莊本意在伐晉而伐衛以先之亦猶齊桓本意在伐楚而侵蔡以先之也討從楚之与国而後討强楚善之大者也伐從霸之与国而果於陵霸主悪之大者也春秋之書遂其中有大美悪焉

八月，叔孫豹帥師救晉，次于雍榆。雍於用反榆【公穀】作渝【公羊傳】先言救而後言次先通君命也【穀梁傳】言救後次非救也【胡氏曰】雍榆晉地汲郡朝歌縣東有雍城【薛氏曰】次于雍榆有所畏也救晉而憚行也【啖氏曰】救者救其患雖凡救當奔命以往救次失救道也救邢之師畿不速赴故先書次于聶北而救邢竟得其援故又言援邢救晉之師君命往救而叔孫次止故先書救晉明魯君之命也下言次于雍榆罪叔孫也【蘇氏曰】聶北之

役先言次而後言救按兵待時卒能救邢故以救終之
也雍榆之役先言救而後言次以救晉出兵而盤桓於
雍榆不及於事故以次終之也【陳氏曰】次而救匿其救
之之形也救而次宣其救之之声也書救晉何晉遂失
霸也以區區之曹何救於晉書救晉則天下益多故矣
盟于宋而南北之勢成會于申而淮夷至戰於雞父而
吳之敗者六国於越入吳春秋終焉蓋於是焉始故謹
而書之也是故自救盟亡而後昭二十一年晉則諸侯
之師救宋三十年楚沈尹戌救徐之類皆不書【愚按】雍
榆在今衛輝路汲縣之東外傳記子服惠伯之言曰栾
氏之亂齊人間晉之禍伐取朝歌我先君襄公不敢寧
処使叔孫豹發帥敝賦踦跂畢行无有処人以從軍吏
次于雍榆与邯鄲勝擊齊之左掎止晏萊焉齊師退而
後敢還則穆叔林無功於晉也然春秋不著其救患之
功但曰次于雍榆蓋穆叔与趙勝皆畏
齊師而不敢敵待其已去而躡其後耳 ○ 己卯仲孫
速卒【左傳】季武子无適子公彌長而愛悼子欲立之訪
於申豐豐趨退訪於臧紇臧紇曰飲我酒吾為子
立之季氏飲大夫酒臧紇為客既獻臧孫命北面重席
新樽絜之召悼子降逆之大夫皆起及旅而召公鉏使
与之齒季孫失色季氏以公鉏為馬正孟孫惡臧孫季
孫愛之孟氏之御騶豐點好羯也曰從余言必為孟孫

羯從之孟莊子疾豐點謂公鉏苟立羯請讎臧氏公鉏謂季孫曰孺子秩固其所也若立羯則季氏信有力於臧氏矣弗應愬孟孫卒公鉏奉羯立于户側季孫至入哭而出曰秩焉在公鉏曰羯在此矣季孫曰孺子長公鉏曰何長之有唯其才也且夫子之命也遂立羯秩奔邾

愚按 魯自仲遂殺適立庶公室於是乎失政魯卿自季孫宿以私意廢長立幼於是家臣效尤孟氏之豐點廢秩立羯叔孫氏之豎牛殺孟丙而立舍皆託廢立以擅其權而三桓微矣作俑之禍其流弊可勝言哉

冬十月乙亥臧孫紇出奔邾 左傳

孟孫卒臧孫入哭甚哀出其御曰孟孫之惡子也而哀如是季孫若死其若之何臧孫曰季孫之愛我疾疢也孟孫之惡我藥石也美疢不如惡石夫石猶生我疢之美其毒滋多孟孫死吾亡无日矣孟氏閉門告於季孫曰臧氏將為亂不使我葬季孫不信臧孫聞之戒孟氏將辟藉除於臧氏臧孫使正夫助之除於東門甲從己而視之孟氏又告季孫季孫怒命攻臧氏臧紇斬鹿門之關以出奔邾初臧宣叔娶于鑄生賈及為而死繼室以其姪穆姜之姨子也生紇長於公宮姜氏愛之故立之臧賈臧為出在鑄臧武仲自邾使告臧賈且致大蔡焉曰紇不佞失守宗祧敢告不弔紇之罪不及不祀子以大蔡納請其可賈曰是家之禍也非子之過也賈聞

命矣再拜受龜使爲以納請遂自爲也臧孫如防使來告曰紇非能害也知不足也非敢私請苟守先祀无廢二勳敢不避邑乃立臧爲臧紇致防而奔齊季孫盟臧氏曰毋或如臧孫紇干国之紀犯門斬關

穀梁傳 其曰正臧孫紇之出也蘧伯玉曰不以道事其君者其出乎

杜氏曰 阿附季氏爲之廢長立少以取奔亡書奔罪之

家氏曰 季宿之納邾盜也臧紇所与言者爲何如今乃以媚道自結於季孫亦何異於盜季宿自亂巳之嫡庶復乱人之嫡庶又蔽罪臧紇而逐之紇固有罪宿之恣睢不度亦甚矣

愚按 朱子曰武仲自邾如防使請立後而避邑以示若不得請則將據邑以叛是要君也或者謂武仲請後未嘗以防爲言故要君之迹未彰夫既曰先祀无廢敢不避邑使不許立後則不避矣非以防請後而何耶

○**晋人殺欒盈**

左傳 晋人克欒盈于曲沃盡殺欒氏之族黨欒魴出奔宋書曰晋人殺欒盈不言大夫言自外也

公羊傳 不言殺其大夫非其大夫也

穀梁傳 惡之勿有也

杜氏曰 自外犯君而入非復晋大夫

何氏曰 稱人從討賊辭大其除亂也

莊二十二年傳 背叛之臣国人之所同惡則稱人以殺如晋人殺欒盈鄭人殺良霄是也

陳氏曰 討乱不書殺欒盈何以書討乱常事殺欒盈非常也欒盈亡大夫爾曷爲謂之非常晋爲盟主而再合諸侯于商任于沙

隨以錮欒氏則是非常也盈之入也晉人大懼奉君以走固宮而盈以曲沃之甲乘公門矢及君屋蓋僅焉克之而已書殺欒盈猶州吁無知是非常之辞也鄭良霄曷爲書之如欒盈霄奔許鄭伯爲之盟大夫盟國人霄自墓門之瀆入因馬師頡介于襄庫以伐舊北門書殺良霄亦非常之辞也甚矣文公而下諸侯无政大夫強也

〇齊侯莊襲莒犁比。左傳齊侯還自晉不入遂襲莒門于且于傷股而退明日將復戰期于壽舒杞殖華還載甲夜入且于之隧宿于莒郊明日先遇莒子於蒲侯氏莒子重賂之使无死曰請有盟華周對曰貪貨棄命亦君所惡也昏而受命日未中而棄之何以事君莒子親鼓之從而伐之獲杞梁莒人行成杜氏曰輕行掩其不備一襲因伐晉還襲莒不言遂者問有事高郵孫氏曰以強攻弱又掩其不備焉罪之尤者也高氏曰以十八年莒子同諸侯圍齊故也凡用兵皆声言彼罪執詞以伐若乘人不備掩而取之則盜賊之爲爾春秋獨此書襲者罪齊侯以諸侯之尊爲盜賊之事也愚按齊莊以千乘之君帥三軍之衆輕行襲莒卒不能勝一微国身傷臣獲此君子之所以貴乎正也

壬子 靈王二十三年 二十有四年 晉平九 齊莊五 衛獻二十八 殤十 蔡景四十二 鄭簡十七 曹武

六陳哀二十杞文公益姑元年宋平二十七蔡景二十八楚康十一吳諸樊十二

春叔孫豹如晉杜氏曰賀克欒氏也

○仲孫羯帥師侵齊左傳孟孝伯侵齊晉故也高氏曰齊之伐晉也嘗使叔孫豹救之次于雍榆无功於晉故孟孝伯至此復帥師侵齊為晉報焉蓋懼晉之貶也纔代遂為卿未練而帥師亦無復三年之喪

○夏楚子康伐吳諸樊○左傳楚子為舟師以伐吳不為軍政无功而還高氏曰於是見楚弱而吳之張也哀十一年楚先鄭十四年伐吳自是舍鄭而不爭又十年而一再伐吳矣吳而一緩中国也

○秋七月甲子朔日有食之既襄陵許氏曰春秋三書日食既桓三年以周桓敗宣八年以楚莊與是後而中国諸侯皆受盟於楚矣

○齊莊崔杼帥師伐莒犂比左傳齊侯既伐晉而懼將欲見楚子楚子使薳啟彊如齊聘且請期齊侯聞將有晉師使陳无宇從薳啟彊如楚辭且乞師崔杼帥師送之遂伐莒取介根高氏曰去年齊侯襲莒已与莒平今崔杼因帥師送使者如楚而遂伐莒是見利則棄齊人之不信也愚按齊莊之襲莒身傷臣獲未伸其志故雖与莒平而復伐之耳然已既失信將何以保人之信於已乎

○大水襄陵許氏曰夷儀之會以水不

克伐齊則知水之所及廣矣非特魯之災也〇八月癸巳朔日有食之【董子曰】比食又既象陽將絕夷狄主上國之象也後六君弒楚子率諸侯伐鄭滅舒鳩魯往朝之卒主中國伐吳討慶封遂滅賴又殺蔡侯滅陳蔡而縣之〇公會晉侯平宋公平衛侯殤鄭伯簡曹伯武莒子犁比邾子悼滕子成薛伯杞伯文小邾子穆于夷儀【公羊傳】會于夷儀將以伐齊水不克【杜氏曰】夷儀本邢地衛滅邢而為衛邑【高氏曰】自盟于柯陵之後齊有輕晉之心會齊侯環卒而光新立乃受盟于澶淵及商任沙隨之會晉失其令齊於是復貳明年乃伐衛遂伐晉又再加兵於莒晉侯為是故會于夷儀帥十二諸侯之師將以討齊然會而不伐是有畏也國勢不競眾志不一也曰水不克者特辭不能伐亦下書崔杼伐我西鄙蓋知晉之无能為也【愚按】晉會諸侯欲伐齊而不能伐故書會而不書伐以著其大合十二國之君而無所事也蓋進則憚齊之強退又憂楚之伐鄭是以一會而徒返耳平陰之役鄭伯在會楚亦聞之以伐鄭而公子午孤軍入境未足聽鄭今此鄭伯亦在會而楚子帥諸侯之師以攻鄭諸侯是以去齊而救鄭焉伐而不果救不及事晉霸之衰亦可知矣春秋

所以不書諸侯之救鄭也。**冬，楚子**康**蔡侯**景**陳侯**哀**許男**靈**伐鄭**簡

左傳 楚子伐鄭以救齊，門于東門，次于棘澤。諸侯還救鄭。晉杜氏曰 加楚子於三國之上，雖曰非兵，亦所以惡三国也。愚按 晉陽處父伐楚以救江，則書伐書救。此書伐鄭，不書以救齊，不予楚人之救也。晉合十二國之君不能伐齊，楚乃能合四國之君以伐鄭，此可以觀夷夏之得失矣。師克在和不在衆，豈不信然。○**公至自會**

高氏曰 諸侯救鄭不書，故以會致。襄陵許氏曰 夷儀之師不能正齊之罪，而徒致棘澤之役，以為鄭難，其救不足錄矣。○**陳**哀**鍼宜咎出奔楚**

鍼，其兼反。左傳 陳人復討慶氏之黨，鍼宜咎出奔楚。襄陵許氏曰 宜咎之事无聞焉耳，而以慶氏之黨逐，則其人亦可知矣。易曰比之匪人，不亦傷乎。王氏曰 宜咎，陳大夫鍼子八世孫，其後在楚為箴尹宜咎。○**叔孫豹如京師**靈

左傳 齊人城郟，穆叔如周聘，且賀成。王嘉其有礼也，賜之大路。高氏曰 襄公即位二十有四年，如晉者五，出會諸侯者十有三，未嘗朝天子也。是時轂洛鬬，毀王宮，而齊侯叛晉，求媚於天子，故為王城之。於是叔孫豹如京師聘且賀焉。襄陵許氏曰 自宣九年仲孫蔑如京師，其後五十餘年，乃始有叔孫豹之聘，蓋自是不聘王矣。愚按 襄之聘晉者

九是年春先聘晉冬乃聘王書以著魯之慢王也城郟魯不與城故不書○大饑穀梁傳五穀不升爲大飢一穀不升謂之嗛二穀不升謂之飢三穀不升謂之饉四穀不升謂之康五穀不升謂之大侵大侵之禮君食不兼味臺榭不塗弛侯廷道不除百官布而不制鬼神禱而不祀此大侵之禮也何氏曰有死傷曰大飢无死傷曰飢

古者救災之政。若國凶荒或發廩以賑之。如漢文帝發倉廩以賑飢民武帝開郡国倉賑济貧民或移粟以通用或徙民以就食。如梁惠王移民移粟漢高帝令飢民就食蜀漢武帝令山東飢民就食江淮又徙貧民関西或爲粥溢兩手曰掬一手曰溢以救餓莩。如漢獻帝出太倉米豆於御前作糜後魏孝文詔郡縣爲粥於路以食之或興工作以聚失業之人。如趙抃守越州僦民完城四千丈之類緩刑舍音捨禁弛力薄征索鬼神除盜賊。並見周禮大司徒以荒政十有二聚万民注舍禁若公无禁利弛力息繇役也薄征輕租税也索鬼神求廢祀而修之所謂靡

神不举靡愛斯牲者也除盗賊急其刑以除之飢饉則盗賊多不可不除也弛射侯而不
燕穀梁注弛發也廢侯不燕射置廷道而不修。同上注廷內道路不修除曲禮歲凶
年穀不登馳道不除殺所貴反禮物而不備周禮眚礼注殺吉礼曲禮君膳不祭肺馬
不食穀祭事不縣大夫不食粱士飲酒不樂雖有旱乾音干水溢民無菜色。
所以備之者如此其至王制三年耕必有一年之食九年耕必有三年之食以三
十年之通雖有凶旱水溢民無菜色是年秋有陰沴音戾說文水不利也前五行志氣相
傷謂之沴之災而冬大饑蓋所以賑業賑贍也贍給之使復其業之者
有不備矣故書之以為戒薛氏曰民有殍為大飢国无凶荒之備一大水而民
有殍无政也愚按襄公享国二十有四年當有八年之積是年水災所及雖廣然未嘗壞宗廟毀宫室墮
城郭則倉廩之所儲固无恙也今无一年之畜而遽至大飢則見其備荒之无素矣春秋書大有年大飢
各一大有年者異天道之反常大飢者著人事之不能处变也書大旱者二大水者八水旱非大不書

癸丑 靈王二十四年

二十有五年

晉平十一 齊莊六弑 衛獻二十九
殤十一 蔡景四十四 鄭簡十八
曹武十七 陳哀二十一 杞文二十一 宋平二十八
秦景二十九 楚康十二 吳諸樊十三卒

春齊莊崔杼帥師伐我北鄙左傳以報孝伯之師也公患之使告于晉孟公綽曰崔子將有大志不在病我必速歸何患焉其來也不寇使民不嚴異於他日齊師徒歸毅陵許氏曰崔子之志鄰国知之而齊莊不寤人將戕其躬之不恤而務貪伐国之功故利令智昏外競而內價自然之符也○夏五月乙亥

齊崔杼弑其君光左傳齊棠公之妻東郭偃之姊也偃臣崔武子棠公死偃御武子以弔焉見棠姜而美之遂娶之莊公通焉驟如崔氏以崔子之冠賜人崔子因是又以其間伐晉也曰晉必將報欲弒公以說于晉而不獲間公鞭侍人賈舉而又近之乃為崔子間公莒子朝于齊饗諸北郭崔子稱疾不視事公問崔子遂從姜氏姜入于室與崔子自側戶出公拊楹而歌侍人賈舉止衆從者而入閉門甲興公登臺而請弗許請盟弗許請自刃於廟弗許皆曰君之臣杼疾病不能聽命近於公宮陪臣干掫有淫者不知二命公踰牆又射之中股反隊遂弒之賈舉州綽邴師公孫敖封具鐸父襄伊僂堙皆死祝佗父死於崔氏申蒯侍漁者

与其宰皆死崔氏殺鬷蔑于平陰晏子立于崔氏之門外門啓而入枕尸股而哭之興三踊而出人謂崔子必殺之崔子曰民之望也舍之得民盧蒲癸奔晉王何奔莒崔杼立景公而相之慶封為左相盟国人于大宫曰所不与崔慶者晏子仰天歎曰嬰所不唯忠於君利社稷者是与有如上帝乃歃大史書曰崔杼弑其君崔子殺之其弟嗣書而死者二人其弟又書乃舍之南史氏聞大史盡死執簡以往聞既書矣乃還崔氏側莊公于北郭葬諸士孫之里四翣不蹕下車七乘不以兵甲

齊莊公見弑賈舉州綽等十人皆死之而不得以死節稱何也所謂死節者以義事君責難陳善有所從違而不苟者是也雖在屬車後乘繩證反必不肯同入崔氏之宫矣若此十人者獨以勇力聞襄二十一年州綽奔齊莊公指殖綽郭最曰是寡人之雄也州綽曰臣不敏平陰之役先二子鳴公為勇爵殖綽郭最欲與焉州綽曰東閭之役臣左驂迫還於門中識其枚數其可以與於此乎皆逢君之惡從於

昏亂而莊公變之者死非其所比諸匹夫匹婦自經於溝瀆而莫之知者猶不逮也晏平仲曰君民者豈以陵民社稷是主臣君者豈爲于僞反下同其口實社稷是養故君爲社稷死則死之爲社稷亡則亡之若爲已死而爲已亡非其私暱誰敢任音壬下同之此十人者眞其私暱任此宜矣雖殺身不償責安得以死節許之哉【家氏曰】齊莊挾勢陵大邦衆暴小国而又驕亂巨室淫肆不君故使崔杼因民不忍以亡敵市此足以爲世鑒矣【陳氏曰】宋萬魯慶父奔而後誅之則不書殺以是爲俟賊也齊討君之賊而獲崔氏則何以亦不書殺崔杼弑君偃然猶在位也而以家禍亡其宗如是而得書則臣子之不誠於君父者可以謚名矣是故鄭人斲歸生之棺而葬靈公齊人暴崔杼之尸而葬莊公春秋終不書葬則猶不葬也

公會晉侯平宋公平衛侯殤鄭伯簡曹伯武莒子犂比

邾子悼滕子成薛伯杞伯文小邾子穆于夷儀【左傳】晉侯濟自泮會于夷儀伐齊以報朝歌之役齊人以莊公説使隰鉏請成慶封如師晉侯許之使叔向告于諸侯公使子服惠伯對曰君舍有罪以靖小国君之惠也寡君聞命矣【杜氏曰】不書伐齊齊逆服兵不加也

諸侯會于夷儀將以討齊齊使隰鉏仕居反請成慶封如師男女以班賂晉侯以宗器樂器【杜氏曰】宗器祭祀之器樂器鐘磬之屬自六正三軍之六卿五吏三十帥所類反下同五吏文職三十帥武職皆軍卿之屬官三軍之大夫百官之正長展兩反有司也師旅羣小將帥及處守音狩者守国者皆有賂晉侯許之並左傳

夫晉本爲于偽反報朝歌之役來討及會夷儀既聞崔杼之弒則宜下令三軍建而復扶又反旆【左傳】昭十三【注】建立旌旗將戰故曳其旆聲於齊人問莊公之故執崔杼以戮之謀於齊衆置

君以定其國示天討之義則方伯連師之職修矣今
乃知賊不討而受其賂則是與之同情也故春秋治
之如下文所貶云孫氏曰莊公背澶淵之盟加兵晉衛信不道矣晉冊合諸侯將伐齊
齊人弒莊公以求成逆之大者晉不能討之以定齊国之乱曷以宗諸侯哉宜乎大夫日熾自是卒不可
制也故先書崔杼之弒以著其惡高氏曰晉會諸侯以伐齊齊以莊公既弒爲辭因納賂以求成焉故不
書伐夫以義會諸侯而以奸終之有以知晉平之不競矣

六月壬子鄭簡公孫舍之師師入陳哀。舍如字左傳初陳侯會楚子伐
鄭當陳隧者井堙木刊鄭人怨之鄭子展子產帥車七百乘伐陳宵突陳城遂入之陳侯扶其大子偃師奔墓
子展命師無入公宮与子產親御諸門陳侯使司馬桓子賂以宗器陳侯免擁社使其衆男女別而纍以待於
朝子展執縶而見再拜稽首承飲而進獻子美入數俘而出祝祓社司徒致民司馬致節司空致地乃還高氏
曰去秋夷儀之會楚与陳蔡許三国同伐鄭今歲復會于夷儀鄭慮楚之復來也故先帥師入陳以奪其心觀

左氏所載入人之国未有若子展子産之有礼者也故春秋无貶辭○秋八月己巳。諸侯同盟于重丘重直龍反【左傳】齊成故也【程子傳】諸侯同病楚也【杜氏曰】称同盟齊亦與盟重丘齊地【張氏曰】曹州乗氏縣有重丘故城【愚按】今屬東昌路德州

崔杼既弑其君矣。晉侯受其賂而許之成。故盟于重丘特書曰同【陸氏曰】重言諸侯間有事也【張氏曰】同盟之書自幽以来何獨此盟罪之之深按二幽之明盟合諸侯以共尊周而諸侯听命也重丘之盟合諸侯將以討齊乃受賂而釋之且列弑君之齊於盟也天下之惡孰大於是即其所同之实而觀之晉侯之罪亦一齊也故曰一美一惡无嫌於同【愚】【按】此盟書同与虫牢同盟義同乃何休所謂同心為惡惡必成者也楊士勛謂穀梁於雞澤平丘發傳言同外楚則重丘亦是外楚合以左傳考之去年會夷儀而將伐齊也齊使陳无宇如楚乞師於是楚子伐鄭以救齊則是年服齊亦所以外楚也歟

公至自會此書至會著其黨惡附奸之罪也○衛侯献入于夷儀【左傳】晉侯

使魏舒宛沒逆衛侯將使衛與之夷儀崔子止其帑以求五鹿衛獻公入于夷儀使與甯喜言甯喜許之【公羊】【傳】陳儀衛之邑也【杜氏曰】夷儀衛邑晉愍衛衎失国使衛入分之一邑

鄭伯突入于櫟桓十五年衛侯入于夷儀其入則一或名或不名者鄭伯奪正以立而國人君之諸侯助之不知其義不可以有國也故特書其名著王法以絕之衛侯蔑其冡卿失國出奔固不爲無罪矣然有世叔儀以守音衎有母弟鱄音專以出或撫其內或營其外有歸道焉則其義猶未絕也故止書其爵而不名及甯喜弒剽復歸于衛然後書名此聖人俟其改過遷善不輕絕人之意曾子曰夫子之道忠恕而已此類是也【呂氏曰】夏五月會夷儀之衛侯剽也此入于夷儀之衛侯衎也不嫌兩君名實相乱乎曰衎雖无道

非臣所當逐剽亦非臣下所得立故衎入不名鄭伯突入于櫟何以名曰突不當立者衎當立者【陳氏曰】衎列於諸侯之會十有二而後出其入也將焉名之剽列於諸侯之會七而後弑其弑也又將焉名之削一而存一是又予奪矣春秋不沒其實而正不正不與存焉。【劉氏曰】公羊云曷為不言入于衛諼君以弑也非也衎雖失位非剽臣也剽雖得国非衎君也春秋豈以衎為諼君乎哉

楚康屈建帥師滅舒鳩【左傳】吳人為楚舟師之役故召舒鳩舒鳩人叛楚楚子師于荒浦使沈尹壽与師祁犂讓之舒鳩子敬逆二子而告无之且請受盟二子復命王欲伐之薳子曰不可彼告不叛且請受盟而又伐之伐无罪也乃還舒鳩人卒叛楚令尹子木伐之及離城吳人救之楚人遂擊吳師大敗之遂圍舒鳩舒鳩潰【家氏曰】楚不能制吳而殘縣小國以逞其敗衂之憾春秋惡之是故国雖小而必紀其亡以著楚人滅国之罪【陳氏曰】楚書大夫滅国楚強也自是滅国晉書荀吳蔡書公孫姓鄭書游速滅不書人矣滅不書大夫者吳也【愚按】舒鳩偃姓子爵国在今无為州庐江縣陶城○冬鄭簡公孫夏帥師伐陳哀○夏公作囆【左傳】鄭子產獻捷于晉子展相鄭伯如晉拜陳之功子西復伐陳陳及鄭平【家

氏曰陳叛華即夷幾年于茲晉人置而不問鄭從晉既久至是又能一歲再出師伐陳以撓楚春秋書之无貶辞与之也○十有二月。吳子遏伐楚門于巢卒。遏於葛反公穀作謁左傳吳子諸樊伐楚以報舟師之役門于巢巢牛臣曰吳王勇而輕若啓之將親門我獲射之必殪是君也死彊其少安從之吳子門焉牛臣隱於短墻以射之卒公羊傳入巢之門傷而反未至乎舍而卒也穀梁傳諸侯不生名取卒之名加之伐楚之上者見以伐楚卒也古者大国過小邑小邑必飾城而請罪礼也吳子謁伐楚至巢入其門門人射吳子有矢創反舍而卒古者雖有文事必有武備非巢之不飾城而請罪非吳子之自輕也愚按諸樊在位十三年弟餘祭立

巢南國也。杜氏曰巢吳楚間小国庐江六縣東有居巢城愚按即今无為州巢縣文十二年楚圍巢至是時巢盖服屬於楚其言門于巢卒者吳子將伐楚。引師至巢。入其門。巢人射食亦反諸城上。矢中陟仲反吳子而卒。非吳子之自輕而見殺也。范氏曰非責也下同陳氏曰諸樊始通於上国

争強於楚而喪身於匹夫是自取之也古者入境必假道過門必釋甲。
刘氏曰古者入境必假道過門則爲之釋甲入國則不馳。見曲礼注国中人多若馳車則
害人或曰古者大國過小邑。小邑必飾城而請罪。亦非
巢之輕以一矢相加不飾城而請罪也范氏曰飾城者脩守備請
罪問所以爲闕致師之意愚按春秋書過門于巢卒兩譏之也

甲寅靈王二十五年二十有六年晉平十一齊景公杵臼元年衛獻三十殤十二弑蔡景四十五
鄭簡十九曹武八陳哀二十一杞文二宋平二十九秦景三十楚康十二吳餘祭元年春。王二月。

辛卯。衛甯喜弑其君剽剽匹妙反左傳衛獻公使子鮮爲復辟敬姒強命之對曰君无
信臣懼不免敬姒曰雖然以吾故也許諾初獻公使与
甯喜言甯喜曰必子鮮在不然必敗故公使子鮮子鮮
不獲命於敬姒以公命与甯喜言曰苟反政由甯氏祭
則寡人甯喜告蘧伯玉伯玉曰瑗不得聞君之出敢聞
其入遂行從近關出告右宰穀右宰穀曰不可獲罪於
兩君天下誰畜之悼子曰吾受命於先人不可以貳穀

曰我請使焉而觀之遂見公於夷儀反曰君淹恤在外十二年矣而无憂色亦无寬言猶夫人也若不已死无日矣悼子曰子鮮在右宰穀曰子鮮在何益多而能亡於我何爲悼子曰雖然不可以已孫文子在戚孫嘉聘於齊孫襄居守甯喜右宰穀伐孫氏不克伯國傷甯子出舍於郊伯國死孫氏夜哭國人召甯子甯子復攻孫氏克之殺子叔及大子角書曰甯喜弑其君剽言罪之在甯氏也

喜嘗受命於其父使納獻公以免逐君之惡。〔左傳〕二十年甯惠子疾召悼子曰吾得罪於君悔而无及也名藏在諸侯之策曰孫林父甯殖出其君君入則掩之若能掩之則吾子也若不能猶有鬼神吾有餒而已悼子許諾衛侯出入皆以爵稱於義未絕。而剽以公孫非次而立又未有說音悅焉。本公羊〔何氏曰〕凡篡立皆緣親親也剽以公孫立於是位尤非其次故衛人未有說喜則喜之罪應未減矣。亦以弑君書何也奕者舉棋不定不勝其耦況置君乎〔左傳〕大叔文子曰君子之行思其終也書曰慎始而敬終終以不困今甯子視君不如奕棋其何以免乎奕者舉棋不定不勝其耦而況置君而弗定乎必不免矣於衛苦旦反則殖也出之喜也納之於剽則殖也立之喜也弑之范氏曰父立以爲君則子宜君之是奕棋之不若也不思其終亦甚矣故聖人特正其爲弑君之罪劉氏曰不与剽之立則其曰甯喜弑其君剽何甯氏君之甯氏殺之是以称弑焉出衛君而亢剽者甯殖也則曷爲於喜加弑焉見喜之受命於殖而殺剽也然則爲甯殖者宜柰何宜乎效死勿听尔夫據国之位而享其祿臨禍不死聞難不圖偷得自全之計使篡弑因已而立後雖悔之不可及已張氏曰經於衛之出不以名書是其位未嘗絶也曷爲書喜弑剽夫爲人臣夙夜匪懈以事一人不可以二者也殖既從林父之逐衎共立剽而臣事之十餘年矣其可以反易天常而命其子乎君臣之分如天冠地履不可易者也殖之命其子可謂悖矣喜也輕徇父命而不知諫躬犯大惡書弑君辞而不可得矣以示天下後世使知慎於廢立之際而不敢忽也襄陵許氏曰君臣之分一正而不可復易此聖人所以定天下之經

也霍光以大義廢昌邑立宣帝猶有言其罪者。而朝廷加恤【前霍光傳】昌邑王既即位淫戲无度羣臣不數進諫不變光與羣臣白太后具陳昌邑王不可以承宗廟狀太后召王聽詔扶王下殿迎衛太子孫病已即皇帝位【嚴延年傳】延年奉侍御史宣帝初劾奏光擅廢立亡人臣礼不道奏雖寢然朝廷肅焉敬憚之況私意邪。范粲桓彝之徒殺身不顧【通鑑】魏高貴鄉公紀正元元年司馬師廢帝為邵陵公太宰中郎范粲素服拜送哀動左右遂称疾陽狂不言寢所乘車凡三十六年終于所寢之車【晉桓彝傳】咸和二年彝為宣城內史蘇峻反彝慷慨流涕進屯涇縣其長史裨惠勸彝彝為与通和以紓禍彝曰吾受国厚恩義在致死焉能忍垢与逆臣通問峻將韓晃進軍攻彝彝固守經年城陷執彝殺之君子所以深取之者。知春秋之旨矣【家氏曰】漢去古未遠儒者猶明於春秋之義霍光立昌邑王而爭之矣及其廢之也委曲安全曰无使我負殺主名於天下盖當時明經大儒共定策者為之深思光不能及此也南宋徐羨之傳亮謝晦廢營陽王未幾殺之遂陷於弑君之罪。【劉氏曰】穀梁云此不正其日

何也殖也奉之喜也君之正也非也文王事紂武王戚之亦為不正乎言春秋者要論其行事邪正而已矣

衛孫林父入于戚以叛【書叛始此】【左傳】孫林父以戚如晉書曰入于戚以叛罪孫氏也

甲午。衛侯衎復歸于衛【左傳】衛侯入大夫逆於竟者執其手而与之言道逆者自車揖之道於門者頷之而已公至使讓大叔文子對曰臣知罪矣乃行從近關出公使止之【公羊傳】剽之立於是未有說也然則曷為不言剽之立不言剽之立者以惡衛侯也【穀梁傳】曰歸見知弒也

按左氏。孫林父以戚如晉。書曰。入于戚以叛者著其據土背音佩君之罪也。【趙氏曰】凡挾土背君曰叛臣之祿君實有焉。專祿以周旋戮也本【左傳】【杜氏曰】衎雖未居位林父專邑背国猶為叛也【高氏曰】獻公之奔齊也林父実逐之今甯喜弒剽將納獻公故林父懼而入于戚以叛叛甚於奔前此諸大夫有不利於已則奔而已未有若林父之叛者故書叛自林父始是時林父以戚入于晉晉人戍之不書以戚入于晉者正名其惡【陳氏曰】宋魚石入于彭城晉欒盈入于曲沃不言叛以若孫林父而後書叛書叛必不能入

討者也故二十九年季札過衛將宿於戚聞鐘聲焉春秋之季家有藏甲邑有百雉之城矣故書叛始於此凡叛戚者不書必卿佐而後書故高弱高竪以盧叛之類皆不書衛侯出奔齊入于夷儀皆以爵稱今既復歸而得國矣乃書其名何也人之有德慧術知音智者常存乎疢丑刃反疾衛侯淹恤在外十有二年杜氏曰淹久也恤憂也久困於心衡音横於慮久矣此生於憂患之時而一旦得國失信無刑猶夫人也則是困而弗革雖復扶又反得國猶非其國也此見春秋後人改過之深而責人自棄之重欲其強其丈反於爲善之意也張氏曰春秋名衎與衛侯鄭殺叔武公子瑕名之同意然甯喜以納君而見殺則方之成公衎爲甚矣孫氏曰先言辛卯衛甯喜弑其君剽後言甲午衛侯衎復歸于衛以見衎待弑而歸也十四年衎出奔前年入夷儀今甯喜弑剽四日而復歸此待弑而歸可知也愚按書歸易辭也喜弑剽

則其歸无難矣書復歸其位未絕也書名著其不足以有国也抑揚予奪春秋之精義也

夏晉侯平**使荀吴來聘**【左傳】晉人為孫氏故召諸侯將以討衛也中行穆子來聘召公也【家氏曰】林父挾戚以叛晉人以兵戍之黨叛臣也衛人伐戚殺晉戍三百人晉不知自反乃會諸侯謀有討於衛侯使荀吴來召公當晉平之世強臣階橫倒行逆施卒以此失諸侯簡

○**公會晉**平**人鄭良霄宋**平**人曹**武**人于澶淵**澶市延反【左傳】公會晉趙武宋向戍鄭良霄曹人于澶淵以討衛疆戚田取衛西鄙懿氏六十以与孫氏【湛氏曰】澶淵衛地近戚田【文集】春秋疑義先儒所傳誤有未盡趙武称人為助孫氏賂也鄭良霄不賂者子産新得政而鄭伯為衛侯故如晉即知鄭獨不釋君而臣是助矣【家氏曰】晉平之為此會率天下之為人臣使之盡叛其君也霸者無他主張名分而已晉自悼公將大夫以抗其君而下陵上替之禍幾遍於中原晉亦坐受其弊今林父挾邑叛君而止獻公取衛田以益林父平固甚愚亦何利而為此由晉之諸臣各為私計羽翼諸侯之大夫使之交起為乱以為彼剖分宗国之地而其君不悟良可喟也是會也諸侯各懷憤嫉會者僅四国之大夫惟曾公為季氏所驅而出春秋書云云晉卿不

書氏名卑晉之用事者賤之也【愚按】晉平自重立之後五合大夫于宋城杞于虢而澶淵是也夫既自縱其權委之臣下而且主張失宜冠屨倒置此年會澶淵黨叛臣而討君且以魯公儕之諸大夫于宋合夷夏之成而使晉楚之從交相見遂以桓文霸統屬之荆蠻城杞則不恤宗周而私毋家賂諸大夫之詬澶淵謀宋災而不討蔡般弑君父之賊于虢乃讀舊書而復先楚是皆悖上下之義紊內外之分雖能假勢力以合人心而不能明分義以服人心晉霸自是衰矣。【啖氏曰】左傳云趙武不書尊公也向戌不書後也鄭先宋不失所也若然良霄何以不尊公乎又衛侯會之不与經合

○秋宋公平殺其世子痤痤才何反

【穀】作座音同【左傳】初宋芮司徒生女子曰棄平公嬖生佐惡而婉大子痤美而很合左師畏而惡之寺人惠牆伊戾爲大子內師而無寵楚客聘於晉過宋大子知之請野享之公使往伊戾請從之至則坎用牲加書徵之而騁告公曰大子將爲亂既与楚客盟矣公曰爲我子又何求對曰欲速公使視之則信有焉問諸夫人与左師則皆曰固聞之公囚大子大子曰唯佐也能免我召而使請曰日中不來吾知死矣左師聞之聒而与之語過期乃縊而死佐爲大子公徐聞其无罪也乃亨伊戾

一五八六

殺世子母弟直書君者甚之也。本穀梁 宋寺如字又音侍人伊戾爲太子內師無寵譖於宋公而殺之則賊世子痤者寺人矣。而獨甚宋公何哉。譖言之得行也。必有嬖妾配嫡以惑其心。謂棄又有小人欲結內援于眷反者以爲之助。謂向戌然後愛惡烏故反一移。父子夫婦之間不能相保者衆矣。尸主也此者其誰乎。晉獻之殺申生宋公之殺痤直稱君者春秋正其本之意**高氏曰**晉獻公惑驪姬之譖而殺申生宋平公听伊戾之譖而殺子痤漢武帝唐明皇猶蹈之以二君猶亣晉宋不足道也自古讒人之爲国患雖其君之父子不能相保況臣下乎**家氏曰**宋寺人伊戾內連宮禁外結大臣共造詭而殺太子宋平尋知其子之无罪僅烹一伊戾而芮棄之寵愛向戌之權任不爲之衰更立棄之子爲太子此人道之大変春秋謹而譏之曰云云穀梁所謂目君以著其惡者也傳者称痤美而很佐惡而婉婉者巧於自結很者踈於内交佐曰以親痤曰以踈以至於死故居近君之地者自処爲難隋煬所以傾勇其事似之勇則痤也楊素則左師也獨孤后惡其子楊素從而陷之及隋文疾華乃偽則已無及由明不足以察奸内外相揣而爲讒故也

晉（平）人執衛甯喜【左傳】澶淵之會晉人執甯喜北宮遺使女齊以先歸衛侯如晉晉人執而囚之士弱氏齊侯鄭伯爲衛侯故如晉晉侯乃許歸衛侯【公羊傳】此執有罪何以不得爲伯討不以其罪執之也【劉氏曰】曷爲不以討賊之辭書之甯喜如晉晉人執之曰爾曷爲納君而伐孫氏也云爾非伯討也【高氏曰】弒君之賊人人皆得討之晉人執之非討其弒君也討其伐戚而殺晉戍也【家氏曰】甯喜可執坐林父之訴而執之則悖也是時趙武爲政叔向爲之謀晉无一事可稱二子者崇虛言而无其實亦何益於人之国乎○

八月壬午許男甯卒于楚【左傳】許靈公如楚請伐鄭曰師不興孤不歸矣八月卒于楚【高氏曰】十二年晉伐許它国皆大夫獨鄭伯自行故許男欲報之以中国諸侯而卒於夷狄死非其所矣【愚按】靈公在位四十五年子買嗣是爲悼公○

冬楚子（康）蔡侯（景）陳侯（哀）伐鄭

簡○左傳楚子曰不伐鄭何以求諸侯十月楚子伐鄭鄭人將禦之子産曰晉楚將平諸侯將和楚王是故昧於一來不如使逞而歸乃易成也子展説不禦寇十二月入南里墮其城涉於樂氏門于師之梁縣門發獲九人焉涉于氾而歸而後葬許靈公愚按蕭魚而後楚三伐鄭十八年公子午不得志於鄭二十四年諸侯救之此年諸侯不救楚得以逞蓋是時晉平昏庸大夫專恣霸業怠矣楚是以知晉之不在諸侯而復爲陵駕之漸也鄭雖未服於楚明年晉楚爲成而中国諸侯皆朝楚矣棘澤之役四国之君偕至今此許獨不與者靈公卒於楚因弱不能以兵會也○葬許靈公

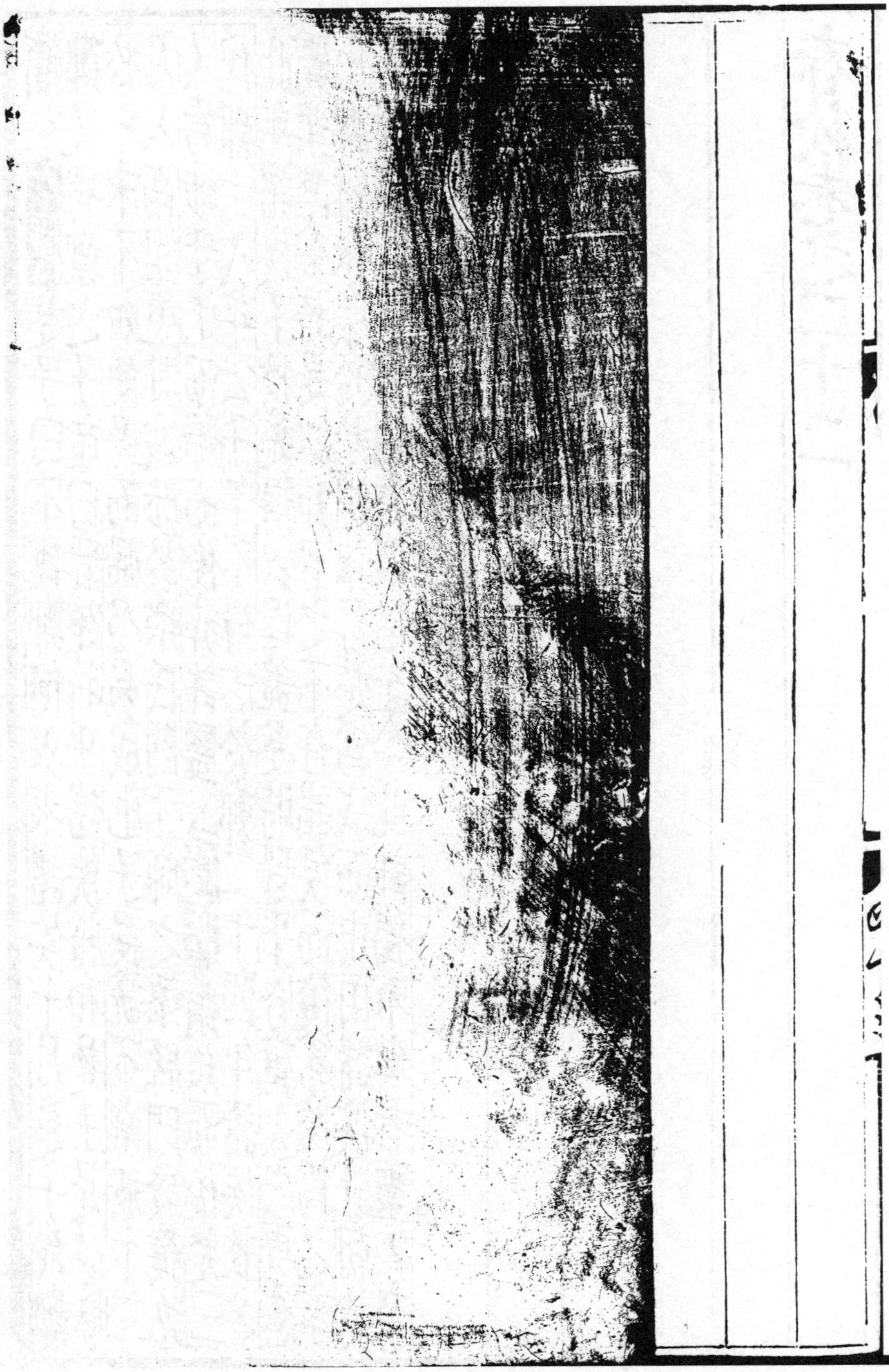

春秋卷之二十三

胡氏傳　　後學新安汪克寬附録纂疏

襄公下

乙卯 靈王二十六年 二十有七年 晉平十一 齊景二 衛獻三十一 蔡景四十六 鄭簡二十 曹武九 陳哀二十三 杞文四 宋平二十 秦景三十一 楚康十四 吳餘祭二

春，齊侯景使慶封來聘。杜氏曰：景公即位，通嗣君也。愚按：自齊人媵伯姬，僑如逆婦姜，二國不通好者三十年。今景公不事侵伐，先遣貴卿聘于魯，亦云賢矣。高氏曰：夫鄭不仇楚，而齊晉釋怨，此宋之盟所以輯也。○夏，叔孫豹會晉平趙武、楚康屈建、蔡景公孫歸生、衛獻石惡、陳哀孔奐、鄭簡良霄、許悼人、曹武人于宋。平。○屈，居勿反。奐，公作瑗，後同。

晉楚[illegible]同主盟　左傳：宋向戌善於趙文子，又善於令尹子木，欲弭諸侯之兵以爲名。如晉，告趙孟。趙孟謀於諸大夫。韓宣子曰：兵，民之殘也，財用之蠹，小國之大菑也。將或弭之，雖曰不可，必將許之。弗許，楚將許之，以召諸侯，則我失為盟主矣晉人許之如楚楚亦許之如齊齊人難之陳文子曰晉楚許之我焉得已齊人許之告於秦秦亦許之皆告於小國為會于宋晉趙武叔孫豹齊慶封陳須無衛石惡鄭良霄邾悼公滕成公至楚公子黑肱先至成言於晉宋向戌如陳從子木成言於楚子木謂向戌請晉楚之從交相見也向戌復於趙孟趙孟曰晉楚齊匹也晉之不能於齊猶楚之不能於秦也楚君若能使秦君辱於敝邑寡君敢不固請於齊左師復言於子木子木使馹謁諸王王曰釋齊秦他國請相見也子木至自陳陳孔奐蔡公孫歸生曹許之大夫皆至以藩為軍晉楚各處其偏**杜氏曰**齊秦不交相見邾滕為私屬皆不與盟宋為主人地於宋則與盟可知故經唯序九國大夫**昭元年傳**春秋不貴修盟晉人以信為本故每書必先趙武**孫氏曰**隱桓之際天子失道諸侯擅權宣成之間諸侯僭命大夫專國至宋之會諸侯日微天下之政中國之事皆大夫專持之故二十九年城杞三十年會澶淵昭元年會虢諸侯莫有見者**陳氏曰**此會楚意也楚人患吳而結諸夏也諸侯之大夫不詳其故始徇其弭兵之名遂會于宋而與之盟自是華夏蠻貊莫辨而諸國從首兩事晉楚桓文數十年之功業一朝而壞之百姓雖暫免於兵革之苦而天下之大勢遂大潰而不可收拾矣彼向戌者又豈足知天下之大計

哉【陳氏曰】此晉楚初同主諸夏盟也晉楚嘗盟矣會于瑣澤之歲宋華元克合晉楚之成士燮會公子罷盟于宋西門之外不書猶曰特相盟也兩国之好而兆天下之大變也以諸侯分爲晉楚之從而交相見也於是始則是南北二伯也天下之大變也於溴梁而無君臣之分於宋而無夷夏之辨昭定哀之春秋將以終于吳越焉尔矣【愚按】楚先歃而春秋先晉者尊中国而抑夷狄也荆楚之同主夏盟皆宋爲之也宋襄圖霸始進楚人于鹿上之盟既而盂之會楚書爵而与宋公並序于諸侯之上二伯之端兆於此矣故遂有盂之執泓之敗而宋不能霸華元合晉楚之成盟于宋西門之外爭霸之業復起於此故鄢陵楚子敗績而鄭終從楚今也向戌爲成使晉楚之從交相見而兩霸之勢遂成於此故于申之會晉遂退縮不復主諸侯而宋向戌且獻礼於楚子由是知荆楚之爭雄於中国皆宋爲之也

○衛殺其大夫甯喜【穀梁傳】稱国以殺罪累上也甯喜弑君其以累上之辭言之何也嘗爲大夫与之涉公事矣甯喜由君弑君而不以弑君之罪罪之者惡獻公也

甯喜既坐弑君之罪矣不以討賊之詞何也初衛侯

使與喜言苟反政由甯氏祭則寡人甯氏納之衛侯復國患甯喜之專也公孫免餘請殺之曰微甯子不及此吾與之言矣對曰臣殺之君勿與(音預)知乃攻甯氏殺喜尸諸朝子鮮曰逐我者出納我者死賞罰無章何以勸沮君失其信(背約殺喜)而國無刑(不能誅孫林父)不亦難乎(並據【左傳】)故稱國以殺而不去(起呂反)其官【范氏曰】不言喜之非罪而死則獻公之惡不彰【孫氏曰】甯喜不以討賊辭書者獻公殺之不以其罪也【高郵孫氏曰】喜弑剽而納衎衎反国而復用之既而以其私殺之喜雖有罪而衛侯殺之不以其罪矣昔里克弑奚齊而立夷吾夷吾殺之二君之殺其大夫皆以其私里克甯喜之見殺皆不以其罪故春秋皆曰殺其大夫【家氏曰】剽篡君者也他人可殺而甯喜嘗事之以為君不得殺也故書弑以正其罪喜弑君者也他人可殺而衛獻因之以入不得殺也故称国以殺不削其官

衛侯（獻）之弟鱄出奔晉

鱄市恋反又音專（穀）作專（傳）曷爲出奔爲殺甯喜出奔也（公羊）

初甯喜使人謂獻公曰黜公者非甯氏也孫氏爲之吾欲納公何如獻公曰子苟欲納我吾請與子盟喜曰無所用盟請使公子鱄約之獻公使公子鱄鱄辭獻公怒曰黜我者非甯氏與孫氏凡在尔鱄不得已而與之約已歸至殺甯喜公子鱄挈其妻子而去之將濟河携其妻子而盟曰苟有履衛地食衛粟者昧雉彼視（穀梁傳）專其曰弟何也專有是信者君賂不入乎喜而殺喜是君不直乎喜也故出奔晉織絇邯鄲終身不言衛專之去合乎春秋

衛侯之入使鱄與甯喜約言既殺甯喜鱄病失言遂出奔晉託於木門不鄉（許亮反）衛國而坐木門（晉大夫邑）勸之仕不可曰仕而廢其事罪也從之昭吾所以出也吾不可以立於人之朝矣終身不仕（並據左傳）其稱弟罪衛侯也（家氏曰）鱄始銜其君兄之命以与甯喜約固許之以專衛国之政令以其專而殺之

在衛獻爲食言鱄自以失信於死苟逃其兄而去之
夫鱄衛獻之母弟也獻非鱄不得返國今甫奠于位
而不能安鱄之身獻之不友
甚矣書衛侯之弟譏不友也**穀梁子曰鱄之去合乎**

春秋【范氏曰】喜雖弒君本與專約納獻公公由喜得
入已与喜以君臣從事矣春秋撥亂重盟約今
獻公背之而殺忠于己者是獻公惡而難親也專懼
禍將及君子見幾而作不俟終日專之去衛其心合
于春秋【刘氏曰】衛侯忌小忿以誅有功捐大信以疑
至親使鱄至於去國逃死者無人君之道故也當此
之時鱄以全身不離於惡名爲智以母使其兄而誅
弟之惡爲義以不顧世以自絜爲志以不仕而餓纑
國之失爲廉可謂重已
乎是乃君子之所貴也

秋七月辛巳豹及諸侯之大夫盟于宋【左傳】辛巳將盟
於宋西門之外
楚人衷甲伯州犂曰合諸侯之師以爲不信無乃不可
乎夫諸侯望信於楚是以來服若不信是棄其所以服
諸侯也固請釋甲子木曰晉楚無信久矣事利而已苟
得志焉焉用有信趙孟患楚衷甲以告叔向叔向曰何
害也匹夫一爲不信猶不可若合諸侯之卿以爲不信
必不捷矣夫以信召人而以僭濟之必莫之与也安能

害我又不及是曰弭兵以召諸侯而称兵害我吾庸多
矣兆所患也乃盟晉楚爭先晉人曰晉固爲諸侯盟主
未有先晉者也楚人曰子言晉楚匹也若晉常先是楚
弱也且晉楚狎主諸侯之盟也久矣豈專在晉叔向謂
趙孟曰諸侯歸晉之德只兆歸其尸盟也子務德毋爭
先乃先楚人書先晉晉有信也宋公及諸侯之大夫盟
于蒙門之外晉荀寅遂如
楚涖盟楚遂罷如晉涖盟

此一地也曷爲再言宋據雞澤盟袁僑溴梁大夫盟不再書地書之重
直龍反詞之複其中必有大美惡焉宋之盟合左師欲
弭諸侯之兵以爲名而楚屈建請晉楚之從交相見音現呂氏曰晉楚之從交相見夷夏之分自此不復辨矣自是中國諸侯南向而
朝楚二十八年公及宋公陳侯鄭伯許男如楚朱熹呂氏曰魯自僖公以來雖貳於楚而未嘗一跡
其国自盟宋之後明年如楚逾年乃至春秋備書之以見中国諸侯事楚猶事晉矣向也不過陳蔡鄭從
楚無他近楚之国也今也魯宋皆均事楚矣

及申之會昭四蠻夷之君篡弒

之賊大合十有一國之衆而用齊桓召音邵陵之禮宋左師鄭子產皆獻禮焉宋世子佐以後至遂辭而不見伐吳滅賴無敢違者聖人至是哀人倫之滅傷中國之衰而其事自宋之盟始也陳氏曰自宋以來晉不專主盟矣虢之盟讀舊書加于牲上而已至邵陵則齊主諸侯至皐鼬則皆及諸侯晉之不足以主夏盟自宋始宋之盟趙武之偷也孔子曰庭燎之百由齊桓公始也大夫之奏肆夏由趙文子始也是王霸之所以興衰也於是晉楚爭先乃先楚人則其書先晉何春秋不以夷狄先中国也故會盟同地而再言宋者貶之也事之美者婁言之以著其美事之惡者亦婁言之以著其惡是故美惡不嫌同辭或者乃以宋之盟中國不出夷狄不入玉帛之使疏吏反交乎天下以尊周室爲晉趙武楚屈建之力而善此盟也三十年穀梁傳劉氏意林宋之會弭諸侯之兵百姓免兵革之患十有餘年趙武屈

建之力可以當齊桓其說誤矣孫氏曰溴梁之會諸侯會而曰大夫盟者大夫無諸侯也此盟諸侯不在而曰豹及諸侯之大夫盟于宋者不與大夫無諸侯也豹不氏前見也愚按說者稱于宋弭兵蓋是時晉楚皆怠於出師是以偶有六七年之安請然楚人衷甲苟非伯州犂之言則趙孟爲宋襄之執矣況魯帥師而取鄭晉帥師而敗狄兵亦未嘗戢也楚固既讀舊書未幾篡国大合諸侯伐吳滅賴安在其能弭兵也哉家氏曰中国之於外夷有天冠地屨之分此帝王之制春秋之法也今諸侯來集楚人遷求爲長趙武畏其盛兵衷甲苟求無事遂長楚人春秋爲中国惜故先晉況會盟於中国之境而夫狄長之無内外之分乱冠屨之常啓戎心而召後患趙武叔向無以辭其責也○劉氏曰公羊云再言豹殆諸侯也曷爲殆諸侯衛石惡在是也曰惡人之徒在是矣非也此乃一事再見者前目而後凡耳何謂殆諸侯乎且石惡名惡爾行未必惡也穀梁云約云者恭也諸侯不在而曰諸侯之大夫大夫臣也非也孫諸侯者常文耳不稱諸侯者變文也又豹不氏乃一事再見卒名之例不以是爲恭也左氏云不書其族言違命也尤非也蔡許失位左氏貶之今魯欲自同人之私失位甚矣且命出季氏而曰不可違何哉

冬十有二月乙亥朔日有食之左傳辰在申司曆過也再失閏矣○炎氏曰按經言十二月傳言十一月依經當云三失閏進退不同不可得而考劉氏曰曆家之術求閏餘易求交朔難令司曆能正交朔反不能正閏乎

丙辰靈王二十七年崩二十有八年晉平十三齊景三衛獻三十二蔡景四十七鄭簡二十一曹武十陳哀二十四杞文五宋平三十一秦景三十二楚康十五卒吳餘祭三春無冰孫氏曰時燠也桓十四年傳燠而無冰此政治縱弛不明之所致也愚按是時襄公昏庸三家專政明年季武子取卞而襄公幾不得入其紀綱縱弛可知矣○夏衛獻石惡出奔晉左傳衛人討甯氏之黨故石惡出奔晉衛人立其從子圃以守石氏之祀○邾子悼來朝高氏曰邾自晉執其君魯取其田益微弱矣至是悼公來朝○秋八月大雩左傳旱也高氏曰春無冰秋旱此皆人事所召而僭用大礼以祈之不亦悖乎○仲孫羯如晉平左傳告將為宋之盟故如楚也○冬齊景慶封來奔左傳齊崔杼生成及彊而寡娶東郭姜生明東郭姜以孤入曰棠無咎與東郭偃相

崔氏崔成有疾廢之而立明成請老於崔偃與無咎弗予成与彊怒將殺之告慶封封曰苟利夫子必去之難吾助女崔成崔彊殺東郭偃棠無咎於崔氏之朝崔子怒而出遂見慶封慶封使盧蒲嫳帥甲以攻崔氏殺成与彊而盡俘其家其妻縊嫳復命於崔子且御而歸之至則無歸矣乃縊慶封當国封好田而嗜酒與慶舍政則以其内實迁于盧蒲嫳氏易内而飲酒數日国迁朝焉使諸亡人得賊者以告而反之故反盧蒲癸癸臣子之有寵言王何而反之二人皆嬖慶封曰于萊嘗于大公之朝慶舍莅事盧蒲癸自後刺子之王何以戈擊之死慶封歸遇告亂者伐西門弗克遂伐北門克之入伐内宫弗克反陳于嶽請戰弗許遂來奔旣而齐人來讓奔吴吴句餘与之朱方富於其舊齐人迁莊公殯于大寢尸崔杼於市**家氏曰**盧蒲癸王何莊公之倖臣也殺慶舍逐慶封而戮崔杼莊之弒也倖臣与之俱死者十人今爲之討賊亦倖臣也身爲国君以倖臣爲羽翼莊固可鄙矣而卿大夫無能爲君討賊復讎者而倖臣乃能之亦卿大夫之耻也**愚按**齐殺崔杼不書盖非以賊討也宋人以賂請萬於陳而醢之且不書殺況杼以家乱而自斃乎

○**十有一月公如楚**

諸夏之君始旅見於楚 **左傳**爲宋之盟故公及宋公陳侯鄭伯許男如楚及漢楚康王卒公欲反叔仲昭伯曰

我楚国之爲豈爲一人行也公遂行宋向戌曰我一人之爲非爲楚也宋公遂反**孫氏曰**桓文既没夷狄日熾中国日微故公遠朝強夷也**陳氏曰**諸夏之君旅見於楚始於此齊魯以見其餘也是故書公朝王所見王業之衰書公如楚見霸業之衰凡齊魯以見其餘者則天下之衰也**臨川吳氏曰**齊晋霸国也以魯朝之猶云可也楚蛮夷也初亦小弱後以吞滅小国慿陵中夏而浸強大晋霸既衰不能与抗魯之朝楚非得已也屈礼義之望国朝崛起之強夷儻書曰朝辱莫甚焉止書曰如猶爲諱其耻也**愚按**僖十八年鄭文公始朝于楚二十二年鄭伯又如楚二十四年宋成公亦如楚自是而後鄭伯屢朝于楚而陳許諸君朝楚傳亦間見盖至於今年而中国之諸侯旅朝於楚以事天子之礼事之矣迨昭九年而諸侯之大夫亦旅見於楚矣迨哀之四年而晋亦京師楚矣世變至是聖人盖傷之甚矣

○**十有二月甲寅天王崩**靈王也在位二十七年子貴嗣位是爲景王不書葬諸侯不會也

乙未楚子昭卒康王也在位十五年子麇嗣是爲郟敖

甲寅天王崩乙未楚子昭卒相距四十二日則閏月

之驗也注【何氏】然不以閏書見（音現）喪服之不數（所主反）閏也齊景公葬書閏月（哀五）明殺（所賣反）恩之非禮也【呂氏】【曰】此明閏月之驗然不書閏者承前月而受其餘日故書閏月之日繫前月之下史策常体又有定例故不必每月發傳此范甯之說也杜預以十二月無乙未日謂孔穎達以為甲寅乙未不得同月是皆不知閏月之日繫前月之下耳

【丁巳】（景王元年）二十有九年（【晉】平十四【齊】景四【衛】獻三十三卒【蔡】景四十八【鄭】簡二十二【曹】武十一【陳】哀二十五【杞】文六【宋】平三十一【秦】景三十三【楚】郟敖麇元年【吳】餘祭四弒）春王正月公在楚（【公羊傳】何言乎公在楚正月以存君也【穀梁傳】閔公也）歲之首月公在他國者有矣（【莊】二十二年冬公如齊二十三年春至自齊【文】三年冬公如晉四年春至自晉十三年冬公如晉十四年正月至自晉【成】十年七月公如晉十一年三月至自晉【襄】四年冬公如晉五年春至自晉十二年冬公如晉十三年春至自晉【昭】十五年冬公如晉十六

年夏至自晉此獨書公在楚者外爲夷狄所制以俟其葬

而不得歸[illegible]陳氏曰如晉而不朝正者常也故不書楚外夷也如楚不朝正者非常也故書孫

氏曰公在中国猶可在夷狄則甚矣公留于楚者七月故詳而錄之薛氏曰在楚之書也范其在中国之

外也內爲強臣所逼欲擅其國而不敢入劉氏曰昭公去国以乾侯

寄季氏居君之位拜君之祭魯之一民非公之有聖人有於国无公公无国也故因正月書公在以正之

今襄公亦去其国季孫亦叛於内居君之位拜君之祭其与乾侯也同同則其文等矣故有公則无所復

存存公則失国可知矣坤之剝曰龍戰于野夫嫌於无陽而後稱龍猶嫌於无君而後存公安可不察耶

故特書所在以存君也何氏曰襄公久在夷狄范錄之范氏曰閔公爲楚所制故

存錄按左氏楚人使公親襚音遂[illegible]襄公朝于荊康王卒荊人曰必請襲魯人

曰非礼也荊人強之巫先弗柩荊人悔之夏四月送楚子葬至于西門之

外還音旋及方城趙氏曰方城山在南陽葉縣南季武子取卞魯邑趙氏曰魯

圍縣　以自封使公冶告曰聞守卞者將叛臣帥師徒
以討既得之矣公曰欲而言叛祇音支見疏也吾不可
以入矣將適諸侯有賦式微者乃歸並【左傳】故特於歲
首朝正之時而書曰公在楚使後世臣子戴天履地
視君父之危且困者必有天威不違顏咫尺【僖九】齊桓公云
二六食坐見於羹墻之意【後】李固傳昔堯徂之後舜仰慕三年坐則見堯於墻食則
睹堯於羹而不以頃刻忘也【董子繁露】公在楚臣子思君无一日无君之意此義
一行豈敢有顧其身與妻子與其家而不恤國朋附
權臣以圖富貴而背音佩其君者乎【高氏曰】公在齊晉多矣闕朝正之礼
亦不少矣但書公如齊如晉而義自見也今書公在楚則聖人之旨深矣二十八年十一月公如楚十二
月甲寅天王崩乙未楚子昭卒公不爲君臣之義以奔天王之喪而徇夷狄之強以俟天子之葬久留于

楚待夏乃歸故聖人特於朝正之時書公所在去初公失國在乾侯同且以責季氏之無君也 家氏曰 公在乾侯以內外言也公在楚以中國夷狄言也向戍售其邪說亟中國而伸外夷俾中國諸侯相率而朝下楚公復爲外夷所侮辱久乃得歸春秋閔中國諸侯之爲外夷亟故於歲首書公在楚外楚也夫夷狄朝中國理之常也中國旅朝于夷反常也春秋於事之反常者每變例而特書此類是也。 葉氏曰 左傳云釋不朝正于廟也按前後正月公不在例不書何獨於此釋不朝正乎 趙氏曰 凡君在外不應都廢告朔之礼當是大臣攝礼行矣

夏五月公至自楚 穀梁傳 喜之也致君者殆其往而喜其反此致君之意義也 范氏曰 遠之蠻國喜得全歸 ○庚午衛侯衎卒 獻公也在位并出奔三十三年子惡嗣是爲襄公 ○

閽弒吳子餘祭 閽音昏祭側界反 公羊傳 閽者何門人也刑人也刑人則曷爲謂之閽刑人非其人也君子不近刑人近刑人則輕死之道也 愚按 餘祭在位三年弟夷末立

穀梁子曰閽門者寺人也 寺如字又音侍 不稱名姓閽不得

齊於人不稱其君閽不得君其君也【永嘉陳氏曰】謂之弑蓋其君也不曰其君賤閽也盜殺蔡侯申書殺閽書弑何也以閽食庶人在官者之祿也禮君不使無

恥不近刑人【曲禮】刑人不在君側【祭統】古者不使刑人守門不狎敵不邇怨

賤人非所貴也貴人非所刑也刑人非所近也舉至

賤而加之吳子吳子近刑人也閽弑吳子餘祭仇之

也並【穀梁】左氏以爲伐越獲俘焉以爲閽使守舟吳子

觀舟閽以刀弑之亦邇怨之失也【家氏曰】春秋所以書言禍生於所忽也吳之諸君往往輕以蹈禍遏卒於巢餘祭死於閽僚死於專諸春秋之書之良以垂戒示後焉耳

仲孫羯會晉平荀盈齊景高止宋平華定衛獻世叔儀

鄭簡公孫段曹武人莒犂比人滕成人薛人小邾穆人城

杞儀【公】作齊莒人下【公穀】有邾人【左傳】晉平公杞出也故知悼子合諸侯之大夫以城杞鄭子大叔見大叔

文子曰晋國不恤周宗之闕而夏肄是屏其棄諸姬亦可知也已諸姬是棄其誰歸之吉也聞之棄同即異是謂誰德詩曰協比其鄰婚姻孔云晋不鄰矣其誰云之【穀梁傳】古者天子封諸侯其地足以容其民其民足以滿城以自守也杞危而不能自守故諸侯之大夫相帥以城之

晋平公杞出也【杜氏曰】平公母悼夫人乃杞孝公姊妹【爾雅】姊妹之子爲出故合諸侯之大夫以城杞古之建國立家者必親九族【堯典】以親九族【歐陽氏曰】父族四謂父之姓一族也父女昆弟適人有子二族也已女昆弟適人有子三族也已女子適人有子四族也母族三謂母之父一族也母之母二族也母之昆弟三族也妻族二謂妻之父爲一族妻之母爲一族然有父族而後及母族有母族而後及妻族此葛藟之詩所爲次也【葛藟】王族刺平王也周室道衰棄其九族焉一章曰謂他人父二章曰謂他人母三章曰謂他人昆晋主夏盟令行中國平公不能修文襄悼公之業尊奬王室恤宗周之闕而夏

肆以二反餘也【陸氏釋文】斬而復生曰肆方言云耕餘也是屛必井反輕棄諸姬
可謂知夲乎平王惟不撫其民而遠屯戍于母家周
人怨思焉見【揚之水】小序詩曰彼其之子不与我戍申申国平王之母家也揚之水
所以降爲國風不得列于雅也【朱子曰】平王不能行其威令於天下无以
保其母家乃勞天子之民遠爲諸侯戍守故周人之戍申者以非其職而怨思焉則其衰儒微弱得罪於
民可見矣嗚呼詩亡而後春秋作其不以此也哉城杞之役亦不待貶絶而
可見矣【襄陵許氏曰】齊桓城衛而諸侯歸心者桓公之志公天下也晉平城杞而人疾其役其志
私也動又不時能无攜乎【愚按】齊桓恤杞而城緣陵雖借天子封国之權而得方伯救患之義事雖專而
心則公也故春秋書曰諸侯城緣陵畧諸侯而不序且不曰城杞而曰城緣陵所以隱其專也晉平治杞
而城之以大夫合天下之衆而脩其私親之城郭初非救災邮患之夲心既私而事亦悖矣故春秋列序
十有一国之大夫而曰城杞所以著其失也【吳氏曰】合十一国諸侯之大夫而書城杞合十三国諸侯之

大夫于澶淵而書宋災故屬辭比事而功過分矣衛甯喜弑其君孫林父以邑叛蔡世子般弑其父吳楚之大夫交聘於中國天下亦多故矣晉爲盟主而區區於宋杞是晉之已細也晉之已細而後有執齊慶封放陳招殺蔡侯般假討賊之義以盟諸夏如楚靈王者矣

晉侯平使士鞅來聘【左傳】城杞拜城杞也【高氏曰】謝杞子來盟【左傳】晉侯使司馬女叔侯來治杞田弗盡歸也晉悼夫人慍曰齊也取貨先君若有知也不尚取之公告叔侯叔侯曰武獻以下兼國多矣誰得治之杞夏餘也而即東夷魯周公之後也而睦於晉職貢不乏公卿大夫相繼於朝史不絶書府无虚月如是可矣何必瘠魯以肥杞杞文公來盟書曰子賤之也【杜氏曰】賤其用夷礼【陳氏曰】凡來盟皆大夫也杞伯親之故賤之也杞雖称子矣前乎此夷儀之會称伯後乎此卒復称伯來盟特称子見春秋之貶諸侯也春秋之褒貶君大夫莫備於隱桓莊之世寓王法也成襄而下舍杞子无削其爵者舍楚子麇无生名之者經之變文也【愚按】杞自莊二十七年称伯至僖二十三年二十七年两称子自後並称伯惟此年來盟称子厥後終春秋称伯【義見桓二年】【高氏曰】晉使魯歸前所侵杞田故書杞子來盟於士鞅

來聘之下○吳子使札來聘（吳始聘）（吳始君臣並見）（左傳）通嗣君也請觀於周樂使工爲之
歌風雅頌曰至矣哉（公羊傳）君無君大夫此何以有君
有大夫賢季子也何賢乎季子讓國也其讓國奈何謁
也餘祭也夷昧也與季子同母者四季子弱而才兄弟
皆愛之同欲立之以爲君謁曰今若是迮而與季子國
季子猶不受也請無與子而與弟弟兄迭爲君而致國
乎季子季子皆曰諾故諸爲君者皆輕死爲勇飲食必祝曰
天苟有吳國尚速有悔於予身故謁死餘祭立餘祭死
夷昧立夷昧死則國宜之季子者也季子使而亡焉僚
者長庶也即之季子使而反至而君之爾闔廬曰先君
之所以不与子國而與弟者凡爲季子故也將從先君
之命與則國宜之季子者也如不從先君之命與則我
宜立者也僚惡得爲君乎於是使專諸刺僚而致國乎
季子季子不受曰爾弒吾君吾受爾國是吾与爾爲簒
也爾殺吾兄吾又殺爾是父子兄弟相殺終身無已也
去之延陵終身不入吳國故君子賢季子札者何吳季
子之名也春秋賢者不名許夷狄不壹而足也（穀梁傳）
吳其稱子何也善使延陵季子故進之也（杜氏曰）餘
祭既遣札聘上國而後弒札以六月到魯未聞喪也
札者吳之公子何以不稱公子貶也辭國而生亂者

（朱子語問季札胡文定公言其辭國以生亂溫公又言其明君臣之大分曰可以受可以無受）札爲之也故因其來聘而貶之示法焉（常山劉氏曰札何以不稱公子辭國而生亂者札爲之也吳子壽夢有四子季則札也壽夢欲立札札辭而去遏緣先君之志約以次必致國於札夷昧之卒札宜受命以安社稷而徇匹夫之節辭位以逃夷昧之子遂於是代立遏之子光乃弒僚而代之是以吳之亂札實爲之也故春秋因札來聘去其公子以示貶焉）按吳子壽夢有子四人長（展兩反下同）曰諸樊（又名遏）次曰餘祭（側界反）次曰夷末札其季子也壽夢賢季札欲立以爲嗣札辭不可然後立諸樊諸樊既除喪則致國於季子季子又辭而去之諸樊乃舍（音捨下同）其子而立弟約以次傳必及季子故諸樊卒而餘祭立餘祭卒而夷末立夷末卒則季子宜受命以安社稷成父兄之志矣乃徇匹

夫之介節辭位以逃夷末之子僚僚既立（史）吳世家壽夢子四人諸樊餘祭餘昧季札季札賢壽夢欲立之札讓不可乃立諸樊諸樊已除喪讓位季札季札棄其室而耕乃舍之諸樊卒有命授弟餘祭欲以次必致國於季札餘祭卒弟餘昧立餘昧卒欲授弟季札季札讓逃去於是立餘昧之子僚諸樊之子光曰先君所以不與子國而與弟者凡爲于僞反季子爾將從先君之命與則季子宜有國也如不從先君之命則我宜立僚烏得爲君於是使專諸刺僚而致國乎季子季子不受去之延陵終身不入吳國本（公羊）故曰季子辭國以生亂因其來聘而貶之示法焉或謂子貢問於孔子曰伯夷叔齊何人也曰古之賢人也怨乎曰求仁而得仁又何怨子貢以先聖賢夷齊知其惡烏故反衛輒之爭而不

爲（于僞反）也季子辭位獨不爲賢而奚貶乎曰叔齊之德不越伯夷孤竹舍長而立幼私意也諸樊兄弟父子無及季札之賢者其父兄所爲眷眷而欲立札公心也以其私意故夷齊讓國爲得仁而先聖之所賢以其公心故季子辭位爲生亂而春秋之所貶苟比（弑志反）而同之過矣或曰世衰道微暴行（下孟反）交作臣簒其君者有之子簒其父者有之季子於是焉而辭位則將使聞其風者貪夫廉爭夫讓而簒弑奪攘之禍損矣其於名教豈不有補何貶之深也曰春秋達節而不守者也（成十五）子臧曰聖達節次守節（注）聖人應天命不拘常礼昔太伯奔吳而不反季歷嗣位而不辭（史）周本紀太王三子長大伯次虞仲少子

季歷季歷生昌有聖瑞太伯知大王欲立季歷以傳昌乃与虞仲亡如荆蛮以讓季歷【[illegible]】太伯讓而王季立此季札之家法也札當成其諸兄就始祖之讓而已自附於季歷以受国則吳乱弥矣武王繼統受命作周亦不亦配天之業讓伯邑考官天下也【禮記】文王舍伯邑考而立武王彼王儻無季歷之賢武王之聖而季子為太伯之讓豈至德乎使爭弑禍興覆音腹師喪息浪反國其誰階之也若季子之辭位守節立名全身自牧則可矣槩諸聖王之道則過矣中庸曰道之不明不行也我知之矣季子所謂賢且智過而不得其中者也使由於季歷武王之義其肯附子臧之節而不受乎【襄十四】諸樊將立季札札辭曰曹宣公之卒將立子臧子臧去之君子曰能守節有国非吾節也札雖不才願附於子臧以無失節惜其擇乎中庸失時措之宜

爾此仲尼所以因其辭國生亂而貶之也或曰吴子使札與楚子使椒秦伯使術一例爾吴楚蠻夷之國秦介戎狄之間其禮未同於中夏故使[疏吏反]人之來皆略之而札何以獨爲貶乎曰春秋多變例聖筆有特書荊楚無大夫而屈完書族[僖四]王朝下士以人通而子突書字[莊六]諸侯公子以名著而季友書子[閔元]母弟之無列者不登其姓名而叔肹書氏[宣十七]皆賢而特書者也季札讓國天下賢之若仲尼亦賢季札必依此例或以字或以氏或以公子特書之矣今乃略以名紀比於楚椒秦術之流無異稱焉是知仲尼不以其讓國爲賢而貶之也噫世之君子盛稱季札之

賢於讓國之際以爲禮之大節不可亂也公子喜時春秋猶賢其後世昭二十年公羊傳曹公孫會自鄭出奔宋不言其畔爲公子喜時之後諱也何賢乎喜時讓国也善善及子孫賢者子孫故爲之諱也愚按喜時即子臧於季札則何獨貶之深也曰仲尼於季子望之深矣責之備矣惟與天地同德而達乎時中然後能與音預於此非聖人莫能修之豈不信夫

通旨問先儒謂札讓位以召乱貶不称公子然秦伯使術楚子使椒亦略之説者以三者皆蛮夷其礼未同於中夏是以於其使人之來略其官与族此説當否曰春秋有変例有特書謂三者皆蛮夷故略之是以死法觀春秋而不見聖人之用者也春秋史外傳心之書當以活法觀之默識心通會於言意之表斯得之矣或問大伯讓位適呉聖人以至德称之季子辞位守節春秋以名責之何也曰大伯時中季子過中自衆人觀之過者爲賢自道觀之過猶不及故褒貶如此或曰季子之節而見貶後之權廢立者將有奸名犯分託於賢否之説以濟其私欲而天下乱矣季子

之覅心横慮其在天下後世非計宗国之私一時之事也曰後之權廢立者如有壽夢之命諸樊餘祭夷末之勤勤於致国公子僚之不肖而季札之賢則非奸名犯分合於天下一国之公心矣不然苟欲濟其私欲是特篡弑攘奪之倫春秋之所誅而不以聽者也奚有賢否之說而可託哉【張氏曰】辭讓之心人皆有之至於義之所當受分之所當覅而不得辭雖聖人不敢徇小節而以退讓爲安舜禹之受天下季歷武王之受国皆擇乎時中當其可而居之者也季子者其父命之其兄讓之受之則父兄之意廉而国家安榮不受則父兄之命塞而適以長乱君子於此將何覅而可哉况身爲貴戚古之聖賢未有視社稷之安危若是恝者微子箕子比干之在商反覆詔告自靖自獻以求無愧於先王孔子曰殷有三仁焉盖必若是而後心德始全而吾可以有辭于永世矣季子爲其父之所立其兄之所屬違父兄之命而徒以潔身而去爲高觀宗国之危難僚与光之相殘賊若秦人視越人之肥瘠正夫子所謂果哉末之難矣者其復位而待之言曰非我生乱君子殆未之信也刘貿夫之言得聖人之旨矣。【愚按】公穀謂春秋賢季札然書法無異於闘越椒西乞術則非賢之之辭刘氏胡氏張氏謂春秋貶之非以聖人待之不如椒術也

特以折名而不称族不称氏不称字曾不殊於掖術
比於賢者之巽称則爲貶尓聖人之意若曰季子有
讓国之賢而未合於中庸春秋苟特筆而褒之則人
將爭爲過高之行而不能与於時中之權也或者謂
季子辝国於三十年之後春秋不當貶之於三十年
之前令考壽夢已欲立季子諸樊之除喪又致国乎
季子則季子之讓不待三十年之後使札爲季歷則
吳乱弭矣襄二十五年諸樊卒而餘祭立是年餘祭
弒而夷末立則季札銜命來聘之時三兄皆讓国不
從而迭立矣僚光之乱雖在三十年之後而致乱之
由則在三十年之前也責備賢者
之法安得不於其來聘而示意哉

秋九月葬衛獻公○齊〔景〕**高止出奔北燕**〔燕於賢反 【北燕始見經】〕○【北】

【左傳】齊公孫蠆公孫竈放其大夫高止於北燕高止始
以事自爲功且專故難及之【穀梁傳】其曰北燕從史文
也【襄陵許氏曰】君放大夫可也臣放大夫是燕君也不
可以訓故以出奔書也【丑氏曰】止高厚之子北燕燕国
薊縣【張氏曰】北燕姬姓召公奭之後
【愚按】国在今大都路大興縣古燕城○**冬仲孫羯如晉**
平【左傳】報
范叔也

戊午景王二作三十年晉平十五齊景五衛襄公惡元年蔡景四十九弒鄭簡二十三曹武十二陳哀

二十六杞文七宋平三十三秦景三十四楚郟敖二吳夷末元年春王正月楚子郟敖使

薳罷來聘薳于委反罷音皮公作頗後同左傳通嗣君也余氏曰且報朝也張氏曰魯以君行而楚

以大夫聘此齊桓晉文所以行乎列国者故自宋之盟夷夏不辨楚人行霸王之礼於中国非晉平趙武之責

而何哉王氏曰楚至此君臣之詞与中国无異者夷狄盛強中国諸侯服役不暇矣○夏四月蔡

世子般弒其君固般音班左傳蔡景侯為太子般娶于楚通焉太子弒景侯家氏曰般之惡

景之禍其積習有自來矣人莫不有義理之心貴華賤夷者所謂義理之心夫人所同也蔡与陳鄭本皆諸夏

之与国中間為楚所迫叛華即夷去來无常惟蔡自厥貉之會甘於從楚去而不復者七十有餘年染於商臣

之俗積習蓋有自來趙主父為胡服而終有子禍去中国即入於夷狄入夷狄即胥為禽獸此理之必然也劉

氏曰穀梁云其不日子奪父政是謂夷之非也向若書日者可遂云非奪父政乎又可云非夷之乎○五

月甲午宋災宋伯姬卒公穀伯姬上无宋字左傳或叫于宋大廟曰譆譆出出鳥鳴于

亳社如曰請諱甲午宋大災宋伯姬卒待姆也

穀梁子曰取卒之日加之災上者見（音現下同）以災卒也伯姬之舍失火左右曰夫人少避火乎曰婦人之義傅姆（音戊女師也）不在宵不下堂遂逮乎火而死婦人以貞爲行（下孟反後同）者也伯姬之婦道盡矣詳其事賢伯姬也易曰（恒六五）恒其德貞婦人吉夫子凶【程子傳】（以順從爲恒者婦人之道在婦人則爲貞故吉若丈夫而以順從於人爲恒則失其剛陽之正乃凶也）而或以爲共（音恭下同）姬女而不婦【左傳】非也世衰道微暴行交作女德不貞婦道不明能全其節守死不回見於春秋者宋伯姬耳聖人冠（古玩反）以夫謚（據文姜敬嬴皆別爲謚）書於春秋曰葬宋共姬以著其賢行勵天下之婦道也【[illegible]定】

胡氏曰伯姬乃婦人中之伯夷也**襄陵許氏曰**王化始於正家春秋撥乱謹礼以宋共姬爲婦道之表故詳録焉**劉氏曰**使共姬避火而全生未足以害其貞也然而不以已之可以全其生之故而違天下之常義杜安守性命者乃能之故審乎死生之度辨乎榮辱之境知礼之重重於生辱之甚甚於死伯夷叔齊餓于首陽之下求仁得仁何以過乎左氏曰共姬女而不婦女待人婦義事也非也如共姬之守礼死義不求生以害仁亦可光矣反謂之不婦乎易曰恒其德貞婦人吉共姬恒之矣所謂婦也**臨川吳氏曰**蓋亦罪宋之子与臣不能救其君母使之逮乎火而死也**愚按**伯姬以成九年歸于宋共公成十五年共公卒嫠居三十有四年其年盖六十矣火延其宮必待傅姆而後避固守婦節以及於死或者云傅姆宵出必有常處伯姬守常而不知變必逮于火以是爲賢則嫂溺援之以手者非耶竊謂援溺之權乃丈夫變礼以救他人之死婦人越礼以貪生而免已之死則非義矣伯姬年邁六十雖曰避火全生未害其貞然君子之道過乎厚小人之道過乎薄春秋賢伯姬所以著其秉節不渝庶幾風厲千古使夫不當避而避以失節於造次顛沛之際者知所警也豈曰小補之哉

天王景**殺其弟佞夫**〔公〕作年夫〔左傳〕初王儋季卒其子括將見王而嘆單公子愆期爲靈王御士聞其嘆而言曰烏乎必有此夫入以告王且曰必殺之不慼而願大視躁而足高心在它矣王曰童子何知及靈王崩儋括欲立王子佞夫佞夫弗知儋括圍蒍逐成愆成愆奔平畤尹言多刘毅单蔑甘過鞏成殺佞夫括瑕廖奔晋書曰天王殺其弟佞夫罪在王也〔穀梁傳〕諸侯且不首惡况於天子乎君无忍親之義天子諸侯所親者唯長子母弟耳天王殺其弟佞夫甚之也〔孫氏曰〕春秋之義天子得專殺故二百四十年无天王殺大夫文此言殺其弟佞夫者景王不能容一母弟不可不見也〔吕氏曰〕言殺其弟无親親之恩也〔張氏曰〕王者之道親親而及天下則治有序別嫌疑以明賞罰則政有經周景王初立儋括謀乱而兇佞夫不知而死所厚者薄本心亡矣所以終欲黜嫡立庶而致子朝之乱也〔臨川吳氏曰〕象欲殺舜而舜封之爲諸侯仁人之於弟蓋如此儋括爲乱佞夫實不知謀而尹刘諸人召殺佞夫書王殺者罪王不能兇其弟也〔陳氏曰〕凡王殺不書雖王子不書甚者母弟亦不書必殺無罪也而後書

王子瑕奔晋〔臨川吳氏曰〕瑕凡王之子蓋亦與聞乎儋括之謀括事敗而佞夫見殺瑕懼及禍而奔晋瑕不能明爲子事父之孝而自比於逆乱之黨

盖逆子也奔以逃死而自絕於父有罪而奔不可復入与王子朝奔楚同故不言出【愚按】瑕朝皆爲逆乱无所容身避罪逃竄非居禄位而出奔如国成之君与在外之臣故不言出而止言奔 ○ **秋七月叔弓如宋**平**葬宋共姬**共姬上【公穀】无宋字【公羊傳】外夫人不書葬此何以書隠之也宋灾伯姬卒焉其称謚何賢也宋灾伯姬存焉有司復曰火至矣請出伯姬曰不可吾聞之也婦人夜出不見傅母不下堂傅至矣母未至也逮乎火而死【穀梁傳】外夫人不書葬此其言葬何也吾女也卒災故隠而葬之也【注】【胡氏曰】共姬從夫謚也叔弓叔老之子卿共葬事礼過厚【陳氏曰】爲災而死高其志行使卿往會所以書之【汪氏】【曰】古者夫人无謚從夫之謚東迁之後其制隳矣共姬執礼而死宋人不敢加非礼之謚一人守正知天下莫之違矣 ○ **鄭**簡**良霄出奔許自許入于鄭鄭人殺良霄**【左傳】二十九年鄭伯有使公孫黒如楚辝曰楚鄭方悪而使余往是殺余也伯有曰世行也子晳曰可則往難則已何世之有伯有將彊使之子晳怒將伐伯有氏大夫和之鄭大夫盟于伯有氏三十年鄭伯有耆酒爲窟室而夜飲酒擊鐘焉朝至未已朝者曰公焉在其人曰吾公在壑谷皆自朝布路而罷旣而朝則又將使子晳如楚

帰而飲酒子晳以駟氏之甲伐而焚之伯有奔雍梁醒而後知之遂奔許鄭伯及其大夫盟于大宮盟国人于師之梁之外伯有聞鄭人之盟己也怒聞子皮之甲不與攻己也喜曰子皮與我矣晨自墓門之瀆入因馬師頡介于襄庫以伐舊北門駟帶帥国人以伐之伯有死於羊肆書曰鄭人殺良霄不称大夫言自外入也穀梁傳不言大夫惡之也

按左氏良霄汏侈嗜酒諸大夫皆惡烏故反之而與公孫黑爭黑因其醉伐之良霄奔許自許襲鄭以伐公門弗勝死于羊肆不言復入者其位未絶也若宋魚石成十八晋欒盈襄二十二去國三年其稱復入位已絶矣不言叛者將以滅國非直叛也若華户化反亥之入南里昭二十一宋辰之入蕭定十一其書叛者皆據土背音佩君以自保未有滅國之謀也不言殺其大夫者非其大

夫矣討賊之詞也張氏曰良霄之出公孫黑盖有罪焉春秋舍黑專伐之罪而罪良霄何也伯有之所爲有喪家亡身之道焉雖微公孫黑其能免於死乎既亡而不自省又入伐君而大乱其国此春秋所以正名以討賊之辞也春秋於喪国失家者皆不書所逐之人以明其身之有罪使有国有家者兢兢自謹而求所以反身自脩之道則奔亡之禍遠矣

冬十月葬蔡景公。胡氏曰穀梁云不日卒而月葬不葬者也卒而葬之不忍使父失民於子也非也凡不書葬者豈失民之謂乎愚按公羊云賊未討何以書葬君子辭也説者以爲弑父恥重爲中国諱夫既明書世子弑君又曰諱之可乎

晉平人齊景人宋平人衛襄人鄭簡人曹武人莒犂比人邾悼人滕成人薛人杞文人小邾穆人會于澶淵宋災故左傳爲宋災故諸侯之大夫會以謀歸宋財叔孫豹會晉趙武齊公孫蠆宋向戌衛北宮佗鄭罕虎及小邾之大夫會于澶淵書曰某人某人會于澶淵宋災故尤之也不書魯大夫諱之也程子傳左氏傳叔孫豹會晉趙武而下諸国之卿既貶魯卿諱而不書

春秋之法君弒而賊不討則不書葬（公穀隱十一年）況世子之於君父乎蔡景公何以獨書葬逾（刺七賜反譏也下同）天下之諸侯也葬送之禮在春秋時視人情之疏密而爲之者也有嘗同盟卒而不赴者（蔡莊公甲午于齊于薄踐土翟泉四同盟文十五年卒不書）有雖同姓赴而不會者（莊二十五年衛惠公卒宣九年衛成公卒僖九年晉獻公卒二十四年晉惠公卒十四年蔡穆公卒二十二年鄭文公卒成六年鄭悼公卒襄二年鄭成公卒隱七宣九成十六年三書滕君卒皆不葬）則以哀死而致襚（音遂）爲輕弔生而歸賻（音附）爲重必矣今蔡世子般弒其君藏在諸侯之策而往會其葬是恩義情禮之篤於世子般不以爲賊而討之也人之所以異於禽獸中國之所以貴於夷狄以其有父子之親君臣之義耳世

子弒君是夷狄禽獸之不若也而不知討豈不廢人倫滅天理乎故春秋大法君弒賊不討則不書葬而蔡景公特書葬者聖人深痛其所為遍刺天下之諸侯也魯隱宋殤之賊不討則不書葬蔡景公賊亦不討而特書葬猶閔僖二公不承國於先君則不書即位桓宣篡弒以立而反書之也春秋君弒賊不討而書葬者惟蔡景公許悼公皆世子弒君然許止但不嘗藥非真弒君者故特書葬以減其罪蔡般罪大惡極而諸侯不討故春秋書葬且貶會澶淵之大夫而書宋災故所以深著其不能討賊也何以知聖人罪諸侯之意如此乎以下文書會于澶淵宋災故而貶其大夫則知之矣朱子語錄子所謂春秋大義數十炳成宋乱宋災故之類乃是聖人直著誅貶李氏集義書宋災故起大夫為會之意亦猶桓二年書以成宋乱二百四十二年

之間列會亦衆而未有言其所爲者（本公穀）此獨言其所爲何遍剌天下之大夫也（劉氏曰會未有言其所爲者此其言所爲何晉人与諸侯十二国之大夫會于澶淵凡爲宋災故謀之也曰更宋之所喪雖死者不可復生其財復矣非務也何言乎非務蔡侯弒其君而不討宋災而謀之微矣夫災雖諸侯所當救然而一時之變一国之禍也財足以周其乏粟足以濟其用則已矣非所以爲天下之憂也彼天下之憂者臣弒君子弒父如是則夷狄矣雖有粟吾得而食諸故孔子論天下之信則曰寧去食論陳恒之變則曰請討之其察於道之輕重緩急大小先後也審矣豈以姑息愛人哉）大夫以智帥人者也智者無不知當務之爲急不能三年之喪而緦小功之察放飯（扶晚反）流歠（昌悅反）而問無齒決是之謂不知務蔡世子般弒其君天下之大變人理所不容也則會其葬而不討宋國有災小事也則合十二國之大夫更（音庚）

下同宋之所喪息浪反下同而歸其財則可謂知務乎陳恒弑簡公哀十四孔子沐浴而朝告於哀公請討之公曰告夫三子者子曰以吾從大夫之後不敢不告也之三子告不可子曰以吾從大夫之後不敢不告也叔孫豹晉趙武而下皆諸侯上卿執國之政者也三綱國政之本至於淪絕無父與君是禽獸也禽獸逼人雖得天下弗能一朝處矣昔者伯禹過門而不入放龍蛇也周公坐而俟旦驅猛獸也今世子弑君三綱淪絕禽獸逼人則與之同羣而不恤有國者不戒于火自亡其財苟其來告乎之可也則合十二國之大夫駐于澶淵而謀更其所喪尚爲知類也乎夫蔡之

亂其猶人身有腹心之疾而宋之災譬諸桐梓與雞
犬也謀宋災而不恤蔡之亂系官於養桐梓求雞犬
不顧其身有腹心危疾而不知療者哉以爲末之察
也可謂不智苟察此而不謀則亦不仁矣是故諸國
之大夫貶而稱人魯卿諱而不書又特言會之所爲
以垂戒後世其欲人之自別(筆列反)於禽獸之害也可
謂深切著明矣或曰夫穆叔趙孟向(舒亮反)戌(音恤)子皮
皆諸侯之良也而所謀若是何也世衰道微邪說交
作以利害謀國家而不知本於仁義也久矣是以至
此極孔子所爲(于僞反)懼春秋所以作乎【文集】澶淵之會書宋災故
此乃春秋誅乱臣討賊子例中之變例其尤大者也
蔡景公賊不討公卻書葬与正卒者同正如桓宣與聞

刺乎故特書即位與承國者等也其義則內貶魯君遍
天下諸侯誅其黨附惡逆之罪也世子弒君在楚
商臣自是夷狄又別作一等待之若蔡般之弒左氏
所載其事甚明正所謂禽獸逼人人將相食諸侯既
不討而又往會其葬乃与禽獸同羣而不避其吞噬
也火之爲災亦常變耳爲是故會十二国大夫謀歸
其財而不謀蔡人弒父与君之大變以弒逆則不恤
以火災則恤之是治無名之指而失其肩背可謂智
乎書宋災故而諸国之卿皆貶魯卿諱而不書遍刺
天下之大夫理極分曉無可疑者只爲後人不知書
葬之義便以爲般實非弒而以弒罪加之如許止之
例豈不掩晦仲尼討賊條法刻賢夫只據左氏信固
是緊要然施於此却無意味程子見得便別只云諸
國之卿既貶魯卿諱而不書使人自看取其旨妙矣

王氏曰 葬蔡景公當時之事也聖人則存而不削宋災故春秋之文也聖人則表而出之

張氏曰 父子君臣之變自文元年楚以商臣書此猶夷狄之事也及是年蔡以中国之臣子爲之而魯會其葬晉合諸侯而所恤者宋之火災而已故於此章三致意焉既变例書蔡景之葬又人諸侯之大夫而諱魯卿又特書曰宋災故而閔中国之晉爲夷狄此比事屬辭之所以爲春秋也盟會之書其故者有二以稷考之則澶

淵之所貶非爲宋財之無歸明矣。**家氏曰**或謂蔡屬於楚，非中国諸侯之責，曰蔡，諸姬也，安可与荒遠小国從夷狄者同日語乎？晋人苟能仗大義而討蔡，則足以愧楚而服中国諸侯之心。舍此不爲，乃致楚虔特爲異日滅蔡之兵端，晋君臣愚亦甚矣。**刘氏曰**左氏云謀歸宋財，既而無歸，故不書其人，非也。失信者如清丘之盟，是直貶其人而已矣，今獨舉其事又貶其人，非特惡失信而已也。公羊云録伯姬也，此大事，曷爲使微者？卿也。其稱人，卿不得憂諸侯也，亦非也。諸侯相聚而更宋之所喪，何大事之有？大夫受君命以出，不是諸侯耳，何用必其非諸侯之命乎？穀梁云善之也，不言災故，則無以見其善也，其曰人何也？救災以衆，亦非也。一国失火自焚其財，小事耳，諸侯何至羣聚而謀之乎？以此爲善，是春秋貴小惠而不貴道也。且宋以五月失火，諸侯以冬會澶淵，是可謂救災乎？

己未 景王三年

三十有一年

晋平十六 **齊**景六 **衛**襄二 **蔡**靈公般元年 **鄭**簡二十四 **曹**武十三 **陳**哀二十七 **杞**文八 **宋**平三十四 **秦**景二十五 **楚**郟敖三 **吳**夷末二

春王正月。○夏六月辛巳，公薨于楚宮。**左傳**公作楚宮。穆叔曰：大誓云：民之所欲，天必從之。君欲楚也夫，故作其宮君不復適楚必死是宮也公薨于楚宮【穀梁傳】楚宮非正也【杜氏曰】公適楚好其宮歸而作之不居先君之路寢而安所樂失其所也【薛氏曰】楚宮別宮也小寢猶非正也况別宮乎【襄陵許氏曰】公還自楚不能增脩德政而反勤民傷財務作楚宮公之志亦荒矣其何振之有又况變夏從夷亂國經常所以爲不祥之道也○

秋九月癸巳子野卒【左傳】立胡女敬歸之子子野次于季氏九月癸巳卒毁也立敬歸之娣齊歸之子公子裯穆叔不欲曰大子死有母弟則立之無則立長年鈞擇賢義鈞以上古之道也非適嗣何必娣之子且是人也居喪而不哀在慼而有嘉容是謂不度不度之人鮮不爲患若果立之必爲季氏憂武子不聽卒立之比及葬三易衰於是昭公十九年矣猶有童心君子是以知其不能終也【穀梁傳】子卒日正也

子般音班子赤弑而書卒子野過毁亦書卒何以別筆列反乎曰閔公內無所承不書即位則子般之弑可知莊三十二下書夫人姜氏歸于齊上書公子遂叔孫得臣如齊赤之卒也隱而不日則子赤之弑可知文十八與

子野異矣子野有命立昭公故穆叔雖不欲而不能止也孫氏曰子野襄公太子未逾年之君也名未葬也不薨不地降成君也杜氏曰不書葬未成君愚按居喪毀瘠不形者先王之礼也毀不滅性若先王之教也故不勝喪者比於不慈不孝子野過哀毀瘠以致滅性亦不子矣

己亥仲孫羯卒羯居謁反孟孝伯也子貜嗣爲大夫是爲僖子

○冬十月滕子成來會葬諸侯始親來會葬杜氏曰諸侯會葬非礼襄陵許氏曰先王之制諸侯之喪士弔大夫送葬滕子會葬非礼也陳氏曰改葬惠公也衞侯來會葬隱公不見春秋之初魯猶秉礼也晉景公之喪成公弔焉亦已卑矣晉於是止公使送葬諸侯莫在魯人辱之雖霸主未有君會葬者也葬楚康王也公及陳侯鄭伯許男送於西門之外則天下諸侯有會葬於楚者矣於是滕子會葬於魯是春秋之季也會葬猶可奔喪甚矣家氏曰魯君未嘗會天王之葬而滕君來會魯葬滕之來魯之受皆貶也

癸酉葬我君襄公

○十有一月莒人弒其君密州程子傳莒子虐國人弒之而立展輿展輿非親

弑也故書国人

經以傳秫恋反爲案傳有乖繆則信經而棄傳者也【經】【子】

【傳】春秋傳爲案經爲斷以傳考經之事迹以經別傳之真僞若密州之事是矣左

氏稱莒子犂比公生去起呂反疾及展輿既立展輿又廢

之莒子虐國人患焉展輿因國人以攻莒子弑之乃

立去疾奔齊信斯言則子弑其父也而春秋有不書乎故

趙匡【纂】【例】謂其文當曰展輿因國人之攻莒子弑之乃

立而後來傳寫誤爲以字爾左氏傳通諸史叙事尤

詳能令力呈反後人得見本末因以求意經文可知而

門弟子轉相傳受日月既久浸失本眞如書晉趙盾

許世子止等事詳考傳之所載以求經之大義可也

而傳不可疑如莒人弑其君密州獨依經之所言以證傳之謬誤可也而傳不可信或問左氏可信否程子曰不可全信信其可信者耳盡以為可疑而廢傳則無以知其事之本末盡以為可信而任傳則經之弘意大旨或泥乃計反而不通矣要一遙反在學者詳攷而精釋之可也家氏曰左氏云書莒人之弑其君言罪之在也置其子之大惡歸過於其父春秋必不然蓋舉比公虐国人作乱而弑之展輿既廢於父而見立於国人使展輿能討賊於既立之後庶乎可免矣文十六年傳称国人以弑者人人之所欲弑也

春秋卷之二十四

胡氏傳　後學新安汪克寬附録纂疏

昭公上

公名裯襄公妾齊歸之子二十歲即位在位二十五年遜齊在外七年凡三十二年薨于乾侯夫人孟子

庚申景王四年

元年晉平十七齊景七年衛襄二年蔡靈二年鄭簡二十五年曹武十四年陳哀二十八年杞文九年宋平三十五年秦景三十六年楚郟敖四年辛吳夷末三年

春王正月公即位

穀梁傳繼正即位正也傳例承國於先君則得書即位以別於內復無所承者文成襄昭哀五公是也通旨問子野毀而卒穆叔方言昭公有童心不可立然則昭公受誰之命乎何以書即位曰有子野之命矣故穆叔雖不欲而不能止也

○叔孫豹會晉平趙武楚郟敖公子圍齊景國弱宋平向戌衛襄齊惡陳哀公子招蔡靈公孫歸生鄭簡罕虎許悼人曹武人于虢

國弱公作國酌后同向舒亮反戌音恤齊惡公

作石惡招尚遥反罕虎公作軒虎后同號公作鄉穀作郭左傳楚公子圍聘于鄭且娶于公孫段氏入逆而出遂會于虢尋宋之盟也祁午謂趙文子曰宋之盟楚人得志於晉今令尹之不信諸侯之所聞也子弗戒懼又如宋子木之信稱於諸侯猶詐晉而駕焉況不信之尤者乎楚重得志於晉晉之恥也文子曰宋之盟子木有禍人之心武有仁人之心是楚所以駕於晉也今武猶是心也楚又行僭非所害也武將信以爲本吾聞之能信不爲人下吾不能是難楚不爲患楚令尹圍請用牲讀舊書加于牲上而已晉人許之三月甲辰盟楚公子圍設服離衛杜氏曰虢鄭地

此陳侯之弟招也何以不稱弟諸侯之尊弟兄不得以屬通本穀梁曰公子者其本當稱者也曰弟者因事而特稱之也隱七年傳書盟書帥師而稱兄弟者罪其有寵愛之私書出奔書帥而稱兄弟者責其薄友恭之義所以然者諸侯非始封之君則臣諸父昆弟族人不得以屬戚親也君也本范氏注會于虢尋宋之盟

而經何以不書在宋之盟楚人先歃［色洽反］若曰狎［戶甲反也］更主諸侯則懼晉之先也故圍請讀舊書加于牲上而晉人許之【杜氏曰】舊書宋之盟書楚恐晉先歃故欲從舊書加于牲上不歃血經所以不書盟覿其事雖若楚重［直用反］得志［祁午云云］晉少懦［乃亂反］矣［叔向云云］然春秋不貴修盟晉人以信為本故每書必先趙武【杜氏曰】楚雖先晉而先書趙武者亦如宋盟貴武之信故尚之也【王氏曰】經先趙武所以抑蠻夷而存中國也【張氏曰】春秋正夷夏之分宋之盟楚爭先而晉不與較今虢之役又以討讀書加牲上則是以夷狄而爭勝也夷夏之分不可亂故二役皆先趙武焉【家氏曰】夫夷夏有常分中國之尊不與夷狄對峙並存於宇宙之內也楚雖崛強而不得與晉齒中國諸侯有蚤於夷者暫也非其常也向戌持弭兵之說趙武不明內外之分苟媮目前之安首紊常經倒植冠屨俾中國諸侯咸北面於夷楚之庭始曰弭兵而合晉楚之成既而楚盛兵以臨諸侯滅陳滅蔡滅賴芟夷小國憑陵中夏人有左衽之憂夷狄

之禍至是爲烈所謂讀舊書不歃血者楚再爲長而
晉不敢與爭中國之耻也春秋爲中國惜不使夷得
以僭華是故長晉【愚按】宋虢之盟楚再先晉而春秋
不以楚先者亦猶黄池之會吳子主會而春秋以晉
居吳之上也辰陵蜀之盟中之會楚序諸侯之上皆
主盟會也孟之會楚子亞於宋公而序諸侯之上宋
虢兩役楚屈建公子圍亞於晉趙武而序於諸國大
夫之上皆兩伯之辭也春秋抑夷狄而尊中國有中
國霸主則必推而屬之中國中國無霸則實録而貶
諸侯也○【劉氏曰】公羊云招何以不稱弟貶也非也
以母弟稱弟故云爾不知母弟可以稱弟而不可常
稱當稱皆以重書也且招之罪在殺世子偃師不在
會于虢也又云招之罪已重何爲復貶於此也著楚
之託乎討招以滅陳也亦非也夫殺世子此招之罪
也滅陳非招之罪也以楚討招滅
陳而遂移罪於招豈春秋之理哉

三月取鄆鄆【公】作運后同【程子傳】乘莒之亂而取之故隱避其辭

按左氏季孫宿伐莒取鄆莒人訴於會楚告晉曰尋
盟未退而魯伐莒瀆慢也齊盟齊之明盟請戮其使疏吏反有

欲求貨於叔孫豹而爲（于僞反下爲内同）之請者豹弗與曰諸侯之會衛社稷也我以貨免魯必受師是禍之也何衛之爲雖怨季孫魯國何罪趙孟聞之請於楚曰魯雖有罪其執事不辟（音避難乃旦反）子若免之以勸左右可也莒魯爭鄆爲日久矣苟無大害於其社稷可無亢（苦浪反禦也）也乃免叔孫其不曰伐莒取鄆者乗莒亂而取邑故不悉書爲内諱也【通旨】問伐莒取鄆何以不書莒或以爲鄆國也然否曰鄆莒邑也伐國而奪其地者王法所當誅魯乗莒乱奪其邑故隱避其詞特書取鄆爾與書外事詞固異也以鄆爲國者誤矣【愚按】文十二年城諸及鄆實莒魯爭鄆之始。【劉氏曰】公羊云運者内之邑也非也運常見於春秋皆與莒事相附此運本屬莒明矣

夏秦景伯之弟鍼出奔晉（鍼其廉反）【公羊傳】有千乗之國而不能容其母弟【穀梁傳】

諸侯之尊弟兄不得以屬通其弟云者親之也親而奔之惡也

按左氏秦后子有寵於桓如二君於景杜氏曰后子鍼也桓公子景公母弟其權寵如兩君其母曰弗去懼選息轉反數也恐景公數其罪而加戮鍼遂出奔書此見音現下同人君寵愛其子不差楚宜反以禮是禍之也鍼之適晉其車千乘繩證反司馬侯問焉曰子之車盡於此乎對曰此謂多矣若能少此吾何以得見叔齊曰秦公子必歸能知其過必有令圖令圖天所贊也後五年秦伯卒后子歸書曰弟著罪秦伯也隱七年傳書出奔而称弟責其薄友于之義夫后子出奔其父禍之而罪秦伯何也春秋以均愛望人父以能友責人兄父母有愛妾猶没身敬之不衰見內則況兄弟乎兄弟翕

而後父母順矣【書】本【中】故不曰公子而特稱秦伯之弟

云。【劉氏曰】公羊云秦無大夫仕諸晉也千乘之国不能容母弟故謂之出奔非也如傳所說當書曰秦伯放其弟鍼于晉今經言奔何以見秦伯仕之於晉乎所謂秦無大夫者直麗言尔

六月丁巳邾子華卒悼公也在位十五年子穿嗣是為莊公○晉平荀吳帥師敗狄于大鹵敗必邁反鹵音魯大鹵【公穀】作大原音泰【左傳】晉中行穆子敗無終及群狄于大原崇卒也將戰魏舒曰彼徒我車所遇又阨以什共車必克困諸阨又克請皆卒自我始乃毀車以為行五乘為三伍為五陳以相離兩於前伍於後專為右角參為左角偏為前拒以誘之狄人笑之未便而薄之大敗之【公羊傳】此大鹵也曷為謂之大原地物從中國名從主人【穀梁傳】中國曰大原夷狄曰大鹵【趙氏曰】大鹵大原晉陽縣【愚按】今太原路陽曲縣

大鹵太原也按六月宣王北伐之詩其詞曰薄伐玁音險狁音允北狄也至于太原而詩人美之者謂不窮追遠

討及封境而止也【朱子傳】至于太原言逐出之而已不窮追也先王治戎狄之法如此然則太原在禹服之內而狄人來侵擯斥宜矣其過在毀車崇卒以詐誘狄人而敗之非王者之師耳使後世車戰法亡崇尚步卒如魏之武士秦之戎卒爭以變詐相高日趨苟簡皆此等啓之矣書敗狄譏之也【陳氏曰】箕與交剛之役皆晉人至是卿師師則晉益衰矣【□氏曰】晉自悼公以來狄師不出敗狄至是而再見其再見何晉弥衰也悼公之霸也魏絳諫曰勞師於戎而楚伐陳以弗能救是棄陳也諸華必叛戎禽獸也獲戎失華毋乃不可乎悼公卒復有事於戎狄至伐鮮虞與春秋遂狄晉矣

秋莒去疾自齊入于莒去起呂反【左傳】襄三十一年莒犂比公生去疾及展輿既立展輿又廢之展輿因國人以攻莒子弑之乃立去疾奔齊齊出也元年莒展輿立而奪羣公子秩公子召去疾于齊齊公子鉏納去疾展輿奔吳【程子傳】去疾假齊之力以入莒討展輿之罪正也故稱莒遂自立無所禀命故

不稱公子自以爲公子可立也

天下國家定于一吴楚僭號經不書葬土無二王也以忽繫之鄭則突不稱國桓十一以小白繫之齊則糾不書子莊九國無二君也展輿乃莒子而去疾曷爲又以國氏乎程氏曰去疾假齊之力以入莒討展輿之罪正也其以國氏與去疾之討有罪也此莒之公子曷爲不稱公子自謂先公之子可以有國不疑遂立乎其位而無所禀也其書入者難詞也【陳氏曰】前言齊無知弑其君後言小白入于齊前言莒人弑其君後言去疾入于莒則不與弑之辭也前言衛侯入于夷儀後言衛甯喜弑其君前言齊陽生入于齊後言齊陳乞弑其君與弑之辭也故曰屬辭比事春秋教也

莒展輿出奔吴展下【公】【穀】無輿字【程子傳】爲弑君者所立而以國氏者罪諸侯也號之會雖國

亂未預然諸侯與其立矣故䡾叔孫称莒展輿見諸侯之與其立也

展輿莒子也曷爲不稱爵爲弒君者所立既立乎其位而不能討賊則是與音預聞乎故也斯不可以有國矣趙氏曰鄭忽曹羈未踰年出奔不称爵言不能嗣先君也莒展雖踰年不称爵其罪大也劉氏曰莒展子也而不謂之子展失子之道也凡人之所以称乎臣者以有君也所以称乎子者以有父也君弒矣而臣不討賊父殺矣而子不復讎是固無臣子之理也展之見奪不亦宜乎魯叔孫氏之豎牛殺孟丙仲壬以主昭子昭子既立殺豎牛仲尼謂之曰叔孫昭子不賞私勞不可能也豈其掩義隱賊而忘君父哉

不可以有國則曷爲以國氏程氏曰罪諸侯之與其立也虢之會展輿無列何以見諸侯之與其立乎莒雖以亂未能預會然許魯取鄆而在會者欲䡾叔孫則知諸侯之與其立矣亦以國氏惡烏故反崇亂也高氏

曰莒人弑君諸侯不共討之是時楚人方聽莒人之訴而欲執魯大夫是不以莒人爲可討也展不稱子聖人不予其爲君也。劉氏曰左氏云君子曰莒展之不立棄人也夫君是未哉君子之言也夫展輿弑君而不議棄人而議之是謂棄人重於弑父也苟使展輿但勿棄人以濟其不義之身則因以爲賢矣不亦害天下之教乎

叔弓帥師疆鄆田 左傳 因莒亂也 公羊傳 疆鄆田者何與莒爲竟也 穀梁傳 疆之爲言猶竟也 杜氏曰 春取鄆今正其封疆 高氏曰 文十二年季孫行父嘗帥師而城之後爲莒所取今乘莒之亂而取之又帥師以疆其田必帥師者以不義得之懼不服也疆之者溝封之以別乎莒也何以書譏其乘亂牟利也 劉氏曰 譏以亂爲利也 王氏曰 取鄆不書帥師疆田書之者以見其因莒亂出不意而取得之爲易今欲固其所得則莒人來爭必矣故遣卿帥師而疆之然魯秉周禮既因人之亂以取田又恃其師衆而疆之則先王封域不復守矣書者所以志亂也 愚按 春秋一經書假田一幾予之之非義也書疆田者一譏取之之非義也凡此皆聖人之特筆所以垂訓戒也。劉氏曰公羊云畏莒也非也鄆本屬莒故魯取其邑未得其地故因莒亂

帥師而往分明彊土此乃欺之非畏之也且魯強莒小魯安莒亂何爲乃畏莒哉○葬邾悼公高氏曰入春秋來邾始書葬盍邾滕薛小国也秦遠国也皆至昭公而書葬是魯衰甚矣小國如大國遠國如近国○冬十有一月己酉楚子麇卒麇九倫反公穀作卷音權

按左氏楚令尹圍將聘于鄭未出竟音境聞王有疾而還音旋入問王疾縊曰一賜反絞也以冠纓絞之孫氏而弑之遂殺其二子幕及平夏右尹子平出奔晉宮廄尹子皙出奔鄭殺大宰伯州犁于郟葬王于郟謂之郟敖使赴於諸侯憖爲後之詞曰共音恭王之子圍爲長展兩反初圍之未動於惡入預夏盟會虢于緝七入反蒲爲宮設服離衛杜氏曰緝蒲爲王殿屋屏蔽以自殊異設君服二人執戈陳於前以自備離陳也中國大夫莫不知其有無君之心矣叔孫穆子曰楚公子美矣君哉鄭子皮曰二執戈者前矣蔡子家曰蒲宮有前不亦可乎趙孟謂叔向曰令尹自以爲王矣襄二十九年郟敖即位王子

闈爲令尹鄭行人子羽曰是謂不宜必代之昌三十年遂罷來聘穆叔問王子之爲政何如不告穆叔曰令尹將有大事子蕩將與焉助之匿其情矣雖以疾赴曷爲承僞藏在諸侯之策乎**杜氏曰**楚以瘧疾赴故不書弒當是時仲尼已生將志于學襄二十一年孔子生是年十二歲乃所見之世非祖之所逮聞也又曷爲因之而不革乎曰此春秋之所以爲春秋非聖人莫能修之者也薨則書薨卒則書卒弒則書弒葬則書葬各紀其實載於簡策國史掌之此史官之所同而凡爲史者皆可及也或薨或不薨魯君夫人沒則書薨外諸侯沒則書卒而不曰薨或卒或不卒內大夫書卒而公子翬不書卒或弒或不弒外諸侯見弒皆書惟鄭髡原楚麇齊陽生不書弒魯君見弒者但書薨或葬或不葬外諸侯葬并魯往會皆書而吳楚之君雖往會不書葬并君弒賊不討者亦不葬筆削因革

裁自聖心以達王事此仲尼之所獨而游夏亦不能與（音預下同）焉者也然則郟（古洽反）敖（楚人謂未成君爲敖）實弒而書卒何歟令尹圍弒君以立中國力所不加而莫能致討則亦已矣至大合諸侯于申（四年）與會者凡十有三國其臣舉六王二公之事其君用齊桓召（音邵）陵之禮而宋向戌鄭子產皆諸侯之良也而皆有獻焉不亦傷乎若革其僞赴而正以弒君將恐天下後世以篡弒之賊非獨不必致討又可從之以主會盟而無惡（烏故反又如字）矣聖人至此憫之甚懼之甚憫之甚者憫中國之衰微而不能振也懼之甚者懼人欲之橫（去声）流而不能遏也是故察微顯權輕重而略其篡弒

以扶中國制人欲存天理其義微矣【通旨】問圍弑郟敖而立春秋書卒而不書弑申之會諸侯從弑君之賊而無貶黜之辞則爲惡之人何所懲戒乱臣賊子又何懼焉曰見弑之君有書殺者弑君之人有書盜者有書人者有書国者有書其名氏者有略而不書者此聖人之精意也若槩以一法書之而不當於義則夫人而能爲春秋矣圍弑郟敖而不書其以申之會乎明此義其可与權矣雖承其僞赴而下書公子比出奔晉又申之會不殊淮夷又書執齊慶封殺之楚虔弑逆之罪亦著矣【王氏發義】歸生禅老陳乞流涕而加弑君之罪今圍弑君而不称弑何也良以圍弑麇之後數行之旡道暴滅中国其罪惡尤甚盖賊臣弑君一国之惡也夷狄滅中国天下之禍故會于申不殊淮夷夷之也若先書圍弑其後誘蔡侯滅陳蔡之罪尤重故擇其重而誅絶之【高氏曰】戰国策載不修春秋之言曰楚王子圍聘於鄭未出竟聞王病反問疾遂以冠纓絞王殺之因自立然則郟敖實弑也聖人書卒者盖春秋新意也【張氏曰】隱公弑而書薨爲魯諱也楚麇弑而書卒爲中国諱也鄭僖齊悼弑而書卒爲賢者諱也考是三者足以見聖人微顯志晦之法矣【陳氏曰】圍弑其君晏然赴於他国人如恒辞猶鄭駟也而其

臣子聽焉相與設應爲後之詞甚矣無人紀也從而書卒所以誅楚之臣子聽賊之所爲也圍之未弑也魯蔡鄭之大夫固知之矣會于申以齊慶封徇於諸侯曰無或如齊慶封弑其君弱其孤以盟其大夫慶封曰無或如楚共王之庶子圍弑其君兄之子麇而代之以盟諸侯軍人粲然皆笑史見其事春秋著其心則後世有考矣【愚按】楚虔之戮慶封也其臣拔辛曰無瑕者可以戮人播於諸侯焉用之則虔篡弑之跡不可揜矣○【家氏曰】圍所弑者楚之嗣君麇之由子如子般子赤之類蓋麇病革圍闖其將卒自外急歸秉君之殯戕其子而篡其位是亦弑也而非弑麇當時諸國傳聞之誤有以爲弑君者耳【臨川吳氏曰】圍之欲弑逆而篡立也久矣郟敖有疾圍自外至入問其疾適值其卒因殺其君之二子而自立國人遂疑麇之卒爲圍所弑也

楚公子比出奔晉

【高氏曰】靈王既殺其君之子而自立比爲右尹力不能制是以出奔春秋書之爲十二年起也

【辛酉】景王五年 **二年** 【晉】平十八【齊】景八【衛】襄四【蔡】靈三【鄭】簡二十六【曹】武十五【陳】哀二十九【杞】文十【宋】平

三十六[秦]景三十七[楚]靈王虔元年[吳]夷末四春晉侯平使韓起來聘[左傳]韓宣子來聘且告為政而來見也觀書於大史氏見易象與魯春秋曰周禮盡在魯矣吾乃今知周公之德與周之所以王也[愚按]前此晉之聘魯者九未嘗以上卿執政者將命今韓起始以去年為政而是春即聘于魯蓋晉霸漸衰而欲以佳好結魯也夏叔弓如晉平[左傳]報宣子也○秋鄭簡殺其大夫公孫黑

按左氏鄭駟黑子皙也公子駟子好呼報反在人上攻良霄而逐之襄三十又與公孫楚爭室元年鄭徐吾犯之妹美公孫楚聘之矣公孫黑又使強委禽焉犯懼告子產子產曰是国无政非子之患唯所欲與適子南氏子皙怒既而櫜甲以見子南欲殺之而取其妻子南知之執戈逐之子皙傷而歸告大夫曰我好見之不知其有異志也故傷大夫皆謀之子產曰直鈞幼賤有罪罪在楚也放游楚于吳鄭伯及其大夫盟于公孫段氏罕虎公孫僑公孫段印段游吉駟帶私盟于閨門之外實薰隧公孫黑強與於盟使大史書其名且曰七子子產弗討[杜氏]

【圖】子皙強討之恐乱国又將作乱去起呂反游氏代其位傷疾作

而不果子產使吏數責數其罪之曰爾有亂心無厭於鹽反

國不女與汝同堪專伐伯有而罪一也兄弟爭室而罪

二也矯居表反君之位薰隧之盟而罪三也不速死大刑將

至遂縊一豉反而尸之並據【左傳】黑自縊尸諸周氏之衢黑則有罪而

鄭人初畏其強不之討也因其疾而幸勝之則亦云

殆矣故稱國以殺累劣僞反乎上也【胡氏曰】称国以殺大夫若罪累上也

黑有罪其以累上言何惡鄭伯也何惡乎鄭伯言不能討有罪以放乎乱也其放乎乱奈何黑伐良霄而

逐之君弗誅也以為大夫又与公孫楚爭娶徐吾氏徐吾氏帰于楚君放楚也而盟諸大夫黑於是自以

為卿又將為乱疾作而卧子産使吏數諸其家則幸而勝之耳夫君專殺大夫非王法所得為者也然而

春秋或予之所以見君臣之礼扶上而抑下也聖王之罰不誅不教不誣无罪及其惡成而罪見誅之猶

鷹鸇之發也無留獄矣豈幸而勝之哉

冬，公如晉平至河乃復。季孫宿如晉。公羊傳其言至河乃復何不敢進也

穀梁傳公如晉而不得入，季孫宿如晉而得入，惡季孫宿也

按左氏：晉少詩照反姜卒，公如晉，及河，晉侯使士文伯士弱之子伯瑕來辭曰：「非伉苦浪反儷力計反也非適夫人，請君無辱。」公還音旋，季孫宿遂致服焉。致少姜之襚服

胡氏曰：舉動，人君之大節，賢哲量之以行藏其道，姦邪窺之以作止其惡，四鄰視之以厚薄其情，故有國者必謹於礼而後動，此守身之本、保國之基也。禮雖自卑而尊人，亦不妄悅人以自辱。曲礼：夫礼者，自卑而尊人。又曰：礼不妄說人。昭公既不能據經守正，失禮而妄動，又不能從權適變，無故而輕復，

終復扶又反失國出奔客死他境蓋始諸此行矣【高氏曰】凡人君動止有度豈可非禮而行无故而復哉蓋進退皆非禮義也【劉氏曰】千乘之国至重也而動不以禮雖為之卑伏曲從猶之无益也適得輕焉譬之鄭衛之處子家珠玉而過中山之盜也滋益恭而滋益侵耳以此觀之為国以禮者處勝人之地矣或曰禮者明微正於未動之前可也已至于河而見郤與郤同雖欲勿反將得已乎曰以周公之胄直救反千乘繩證反之國輕身以修鄰好呼報反乃欲郤而不納夫何敢若曰敝邑褊必淺反小敬事大國惟恐獲戾聞陳無宇見執於中都【左傳】韓須如齊逆女齊陳无宇送女致少姜少姜有寵於晉晉侯謂之少齊謂陳无宇非卿執諸中都【杜氏曰】晉欲使齊以適夫人禮送少姜謂少姜之數所具反於守適丁歷反子太叔曰下嬖寵之喪不敢擇位而數於守適唯恐獲戾【杜氏曰】禮數如適夫人信也用是不遑寧處跋履

山川來修乎事今若不獲進見剪爲仇讎他國誰敢朝夕在廷修事大之禮乎夫小國之去就從違聽大國之令也若非伉儷齊人請陳無字之罪何以令之也苟有二命又何以爲盟主如此晉人其將謝過之不暇敢不納乎昭公習儀以亟紀力反五年晉女叔齊曰爲国君難將及身不恤其所而屑屑焉習儀以亟而不明乎禮其及也宜及於難也經書公如晉至河乃復季孫宿如晉而昭公失國之因季氏逐君之漸晉人下比毗志反之迹不待貶絕而皆見音現矣闡旨問公如晉至河而晉卻之恥孰甚焉直書不諱何也曰如晉而見卻雖亦可恥而非惡之大也恥有甚於此者衆矣是以直書不諱率動人君之大節書有疾乃復則勢當復者也其餘非感晉卽罪公高氏曰公如晉而晉不納春秋以公至河乃復爲文若臣子之心不欲其君見拒於人而以爲公辭

何而不能懼涉難而自復也乃者有阻之辞【盧氏曰】君返臣往惡莫大矣【項氏曰】自是霸者之令抑君助臣而天下之爲君者無以自立而晉之君亦無以自立矣【孫氏曰】公如晉而距之季孫如晉而納之是昭公季孫宿之不若也此晉侯之惡亦可見矣經書公如晉至河者六唯二十三年書有疾明有疾而反餘皆譏公微如晉見距不能以礼自重大取困辱也【永嘉呂氏曰】如晉而復者六而昭公居其五足以見昭公之自取屈辱由其舉動不能謹於礼也【愚按】昭公那喪已畢當類見於天子而受命之時也嗣守社稷之重不朝于周以少姜之喪而特如晉親修上下之事是以妾誑人而恥辱也晉平以閨閫之愛勤動天下之君大夫以爲嬖妾之哀榮其爲盟主抑末矣宣公如齊奔惠公之喪成公如晉奔景公之喪已爲非礼而況於乎寵妾之喪乎子續習之弊至於趙文子卒鄭簡公如晉乎晉人辞之及雍乃復則不唯乎其妾而且乎其臣矣春秋書昭公適晉不至而復所以譏昭公之取辱亦以傷世道之衰也○【劉氏曰】穀梁云恥如晉故著有疾也但云至河乃復安知有疾哉

【壬戌】景王六年　三年　晉平十九　齊景九　衛襄五　蔡靈四　鄭簡二十七　曹武十六　陳哀三十　杞文十一　宋平

三十七【秦】景三十八 【楚】靈二【吳】夷末五

春王正月丁未滕子原卒原作泉【公】夏

叔弓如滕五月葬滕成公【滕始書葬】【[illegible]】卿共小國之葬并禮過厚葬襄公滕子來會故魯厚報之【高氏曰】與二十二年葬景王無譏矣○秋小邾子穆來朝【左傳】小邾穆公來朝季武子欲卑之穆叔曰不可曹滕二邾實不忘我好敬以逆之猶懼其貳又卑一睦焉逆羣好也其如舊而加敬焉季孫從之【高氏曰】公即位之初大国來聘小国來朝非不可為之国也而終之以流播詩曰靡不有初鮮克有終可不戒哉○八月大雩【左傳】旱也【張洽】春秋書雩二十有一而昭公之世有七焉此年及六年八年十六年二十四年二十五年再雩是也左氏唯八年無傳餘皆云旱也於再雩則曰旱甚也亦可見災变之數見矣是年既遭旱暵未幾而連月雨雹昭公氏皆罔略無遇災而懼之意終及於難所可嘆哉○冬大雨雹雨于付反雹蒲斈反【汪氏曰】記災○比燕伯款出奔齊燕於賢反

按左氏燕簡公多嬖寵欲去起呂反下同諸大夫而立其

寵人燕大夫比（毗志反下同）以殺公之外嬖公懼奔齊書曰北燕伯欵出奔齊罪之也（杜氏曰不書大夫逐之而言奔罪之也胡氏曰出君之罪史氏知之也春秋舉王綱正君則治道興矣書名者罪其失地非復諸侯也）君雖不君臣不可以不臣燕伯欲去諸大夫固不君矣而大夫相與比以殺其外嬖是威脅（脅業反）其主而出之也與鬻（音育）拳之以兵諫無異（見左傳莊十九）而獨罪燕伯何哉大夫國君之陪貳（左傳昭三十二物生有兩有三有五有陪貳王有公諸侯有卿皆有貳也）以公心選之而不可私也以誠意委之而不可疑也以隆禮待之而不可輕也以直道馭之而不可辱也否則是忽其陪貳以自危矣晉厲公殺三郤立胥童而弑於麗氏（成十七）漢隱帝殺楊史立郭允明而弑

於蘇村五代史漢隱帝乾祐三年同平章事王邠侍中史弘肇樞密使郭威輔政專權上厭爲大
臣所制左右嬖倖侵用事郭允明聶文進閻晉卿等皆有寵因乘間言邠等終當爲亂上信之遂與允明
等謀誅之邠弘肇入朝伏甲士殺之於東廡遣使賫密詔殺郭威威將兵入朝上出兵拒之至趙村爲亂
兵所弒允明等皆自殺衛獻公蔑冢卿而信其左右亦奔夷儀
久而後復也襄十四二十六故人主不尊陪貳而與賤臣圖
洒臣者事成則失身而見弒事不成則失國而出奔
此有國之大戒也春秋凡見逐於臣者皆以自奔爲
文正其本之意也而垂戒遠矣家氏曰所貴乎国君者選賢拔能布在有
位信之任之與之共圖国政嬖寵不得間也国有公卿大夫而以近習間之乱也
癸亥景王七年四年晉平二十齊景十衛襄六蔡靈五鄭簡二十八曹武十七陳哀三十一杞文十二宋
平二十八秦景三十九楚靈三吳夷末六春王正月大雨雹雨于付反雹公穀作雪或作雹

左傳季武子問於申豐曰雹可禦乎對曰聖人在上無雹雖有不爲災古者日在北陸而藏冰西陸朝覿而出之其藏冰也深山窮谷固陰沍寒於是乎取之其出之也朝之祿位賓食喪祭於是乎用之其藏之也黑牲秬黍以享司寒其出之也桃弧棘矢以除其災祭寒而藏之獻羔而啓之公始用之自命夫命婦至于老疾無不受冰山人取之縣人傳之輿人納之隸人藏之夫冰以風壯而以風出其藏之也周其用之也徧則冬無愆陽夏無伏陰春無淒風秋無苦雨雷出不震無菑霜雹癘疾不降民不夭札今藏川池之冰棄而不用風不越而殺雷不發而震雹之爲菑誰能禦之七月之卒章藏冰之道也

陰陽之氣和而散則爲霜雪雨露不和而散則爲戾氣曀於計反霾亡皆反本張子正蒙雹戾氣也陰脅陽臣侵君之象本范氏注陽氣之在水雨則溫熱陰氣薄而脅之不相入轉而成雹宋氏曰凡陽侵陰陰不入爲霰陰侵陽陽不入爲雹周之正月夏之十一月也是陰極陽微之時以極陰而侵微陽乃季氏爭權脅公專制之象也當是時季孫宿襲位世卿將毀中軍專執兵權以

弱公室故數(所具反)月之閒再有大變(去年冬大雨雹)申豐者

李氏之孚也(見公羊傳僖十五何氏曰孚信也李氏所信任臣)不肯端言其事

故暴(蒲卜反)揚於朝歸咎藏冰之失(胡氏曰申豐言聖王在上無雹可也言雹之爲災由藏冰故非非也魯雖藏川池之冰未爲不藏冰在五帝以前未有藏冰之時豈長雨雹乎且豐之爲人姦佞人也黨於季氏又不敢端言其罪故推雹災歸之藏冰欲以諂媚強臣掩撥災異此與張禹谷永何異哉所以使昭公死於外者未必非此人也)夫山谷之冰藏之也周用

之也徧亦古者本末備舉變調之一事耳謂能使四

時無愆伏淒苦之變雷出不震無菑(音災)霜雹則亦誣

矣意者昭公遇災而懼以禮爲國行其政令無失其

民(晉女叔齊云云)雹之災也庶可禦也不然雖得藏冰之道

合於豳風七月之詩其將能乎(高氏曰自去年冬至今年春正月連大雨

霤故前以時紀此以月紀大夫尚如此人事可知

夏楚子(靈)蔡侯(靈)陳侯(哀)鄭伯(簡)許男(悼)徐子滕子(悼)頓子胡子沈子小邾子(穆)宋(平)世子佐淮夷會于申(楚)

[illegible]左傳楚子使椒舉如晉求諸侯晉侯欲勿許司馬侯曰楚王方侈天其或者欲逞其心以厚其毒而降之罰未可知也晉楚唯天所相不可與爭君其許之乃許楚使楚子問於子產曰晉其許我諸侯乎對曰許君晉君少安不在諸侯其大夫多求莫匡其君在宋之盟又曰如一若不許君將焉用之王曰諸侯其來乎對曰必來不來者其魯衛曹邾乎曹畏宋邾畏魯魯衛偪於齊而親於晉唯是不來諸侯布楚魯衛曹邾不會楚子合諸侯于申椒舉言於楚子曰諸侯無歸禮以爲歸今君始得諸侯其愼禮矣夏啓有鈞臺之享商湯有景亳之命周武有孟津之誓成有岐陽之蒐康有酆宮之朝穆有塗山之會齊桓有召陵之師晉文有踐土之盟君其何用宋向戍鄭公孫僑在諸侯之良也君其選焉王曰吾用齊桓王使問禮於左師與子產左師獻公合諸侯之禮六子產獻伯子男會公之禮六宋大子佐後至辟而弗見楚子亦諸侯後椒舉曰夫六王二公

之事皆所以示諸侯礼也今君以汰无乃不濟乎王弗听 程子傳 晉平公不在諸侯楚於是強爲霸者之事 杜氏曰 胡国汝陰縣西北有胡城申在南陽宛縣 張氏曰 淮夷淮浦之夷後漢志下邳国有淮浦縣申姜姓之国 愚按 胡国今属汴梁路潁州淮夷地今邳州睢寧縣申国爲楚所滅蓋楚地今信陽州 高氏曰 春秋以來蔡常在陳衛上莊十六年後以服属于楚未嘗先陳衛今楚大合諸侯故復居陳上

申之會楚子爲主而不殊淮夷是在會之諸侯皆狄也

何氏曰 不殊淮夷者楚子主會故君子不殊其類所以病中国 王氏曰 晉嘗与吳爲會而殊會之者不使中国變於夷狄也此申之會十一国諸侯在會而楚虔實主之晉雖不在會亦許之會矣故淮夷与會累數而不殊之者徧剌天下之諸侯以中国之君而共爲夷狄之行也 家氏曰 宋之盟虢之會晉楚同之猶以察夷夏内外之辨春秋譏焉今楚虔新立逞其狂悖從晉人求諸侯晉之君臣不知爲中国惜輕以許之楚遂合夷夏之君十有三国而爲此會夷主夏盟會盟之一大變也是會也夷主之夷會之是之謂夷會中国諸侯預於夷會者辱也

其意也何楚虔弑麇以立而求諸

侯於晉晉人許之中國從之執徐子圍朱方遷賴於鄢（音偃）城竟（音境）莫校（趙氏曰請築城於外竟諸侯无与争）畏其強盛則曰晉楚唯天所相（息亮反）不可與争滅陳不能救則曰陳亡而楚克有之天道也（九年鄭裨竈云云）滅蔡而又不能救則曰天將棄蔡以壅楚盈而降之罰也（十一年晉叔向謂子皮云云）至使窮凶極惡師潰於訾（子斯反）梁身竄（七乱反）於棘里而縊（一豉反）於申亥（十三年）人不致討而天自討之是責命于天而以人事為無益而弗為也而可乎弑君之賊在春秋時有臣子討之則衛人殺州吁是也（隱四）有四鄰討之則蔡人殺陳佗（徒何反）是也（桓六）臣子不能討之於内四鄰不能討之於外有與之會以定其位

則齊侯及魯宣公會于平州是也(宣元)有受其賂以免
於討則晉侯及諸國會于扈是也(文十五十七)然至此極
矣則未有不以爲賊而又推爲盟主相與朝事之以
聽順其所爲而不敢忤(五故反)者也【注】使人乃以心服而不敢忤
之故申之會不殊淮夷者以在會諸侯皆爲夷狄之
行(下孟反)皆王法之所當斥(音尺黜也)而不使夏變於夷之
意也或曰晉叔向(許丈反)鄭子産宋向戌皆諸侯之良
也謀其國至變於夷而不校何哉聖人以天自處賢
者聽天所命春秋之法以人合天不任於天以義立
命不委於命而宇宙在其手者也故楚麇書卒不葺
其僞赴於前諸侯會申與淮夷累數(所主反)於後此以

恕待人而責備賢者之意其垂訓之義大矣【通旨】問申之會
諸侯從灵王者不敗豈以灵王爲可從乎豈以楚国
天下莫強焉從之者乃不得已其情可恕抑從之
者衆誅之則不可勝誅歟不然聖人之深意安在曰
申之會不殊淮夷者在會諸侯皆狄也其臣弑六王
二公之事其君用齊桓召陵之礼於是天下之政中
国之事制在蛮夷聖人哀人倫之滅傷中夏之衰故
其詞變而楚麋書卒略其弑而不見此變者道之中
惟可与權者其知之矣【張氏曰】春秋不書楚子麋之
弑君者爲會于申而中国諸侯皆宗之故用魯君見
弑之法而楚子麋書卒爲中国諱也然淮夷不殊會
以見其類之同則在會諸侯之胥變於夷亦不可掩
矣志而晦微而顯婉而成章其斯之謂歟【陳氏曰】楚
初專合諸侯也齊桓卒楚宋嘗爭長矣敗于城濮楚
師不出者八年晉志不在諸侯而后楚莊盟于辰陵
以莊王之賢從之者陳鄭焉耳申之會合十有二国
楚之得志於中国未有盛於此時者也【孫氏曰】中国
自宋之會政在大夫諸侯不見者十年楚子得大合
諸侯于此者中国不振幅裂横潰自是天下之政中
国之事皆夷狄制之至于平丘召陵之會諸侯雖再
出尋復叛去事无所救不足道也【高氏曰】楚子始求

合諸侯問於子産曰晉其許我乎又曰諸侯其來乎則固自以為不足服諸侯而懼其未必從矣使晉稍自強其誰敢与争皆強而諸侯從之則楚亦不能肆其志也而晉方且溺於嬖寵故楚偃然得專諸侯諸侯會晉無所附亦不得已而從楚此書云云者夷狄為主而合諸侯也雖然楚之會諸侯也非与国則小国尔魯齊衛曹薛邾杞不會也宋鄭滕小邾雖會而不終与也以是知夷狄必不能主中国也【愚按】楚虔弑君篡国僭王猾夏棄仮不為然大合諸侯不敢用六王之礼而用齊桓井有所畏也盖其羞惡之本心未敢遽擬古聖王之事猶盗賊之不敢比君子也

楚人執徐子【左傳】徐子呉出也以為貳焉故執諸申【高氏曰】執之非道也盖欲效桓文之牽以示威諸侯尔不言以歸者申楚地且因以伐呉故也【陳氏曰】以夷狄執夷狄如文十二年楚執舒子平昭三十年呉執鍾君子皆不書書執徐子危會申之諸侯也自宋之盟中国無大會越九年而十二国之皆受命于楚楚於是執徐子將以威中国也是故夷狄相執不志為中国危之故志之也【僖十九年傳】称人不得為伯討**秋**

七月楚子靈**蔡侯**靈**陳侯**哀**許男**悼**頓子胡子沈子淮**

夷伐吴 夷末 左傳 楚子以諸侯伐吴宋大子鄭伯先帰宋華費遂鄭大夫從 余氏曰 諸侯復序有不与伐者也 通旨 問伐吴之役諸侯從靈王若不貶曰欲見諸侯之善著楚虔之惡也為討弑君之賊故曰欲見諸侯之善書執齊慶封殺之故曰著楚虔之惡其旨微矣

執齊慶封殺之 左傳 使屈申圍朱方克之執齊慶封而盡滅其族將戮慶封椒舉曰無瑕者可以戮人慶封唯逆命是以在此其肯從於戮乎播於諸侯焉用之王弗聽負之斧鉞以徇於諸侯使言曰無或如齊慶封弑其君弱其孤以盟其大夫慶封曰无或如楚共王之庶子圍弑其君兄之子麇而代之以盟諸侯王使速殺之 公羊傳 慶封走之吴吴封之於防不言伐防不与諸侯專封也 穀梁傳 慶封以齊氏為齊討也王以慶封令於軍中曰有若齊慶封弑其君者乎慶封曰子一息我亦且一言曰有若楚公子圍弑其兄之子而代之為君者乎軍人粲然皆笑慶封弑其君而不以弑君之罪罪之者慶封不為靈王服也不与楚討也春秋之義用貴治賤用賢治不肖不以乱治乱也孔子曰懷惡而討雖死不服其斯之謂与 趙氏曰 慶封時已非齊臣夫子以其与弑君之賊所當討故係之齊焉 張氏曰 春秋書殺他国大夫之法有二凡有罪而當誅者曰某人殺某若楚人殺陳夏徵舒是也無罪而不服者書

執而殺之若執蔡世子有以歸用之楚人執陳行人于徵師殺之是也慶封有與弒其君之罪楚子殺之宜也不曰殺齊慶封而曰執齊慶封殺之者楚靈有諸己而非諸人是以慶封不服而春秋亦不得絶以討賊之法書之也【陳氏曰】此執有罪爲不再言楚子不于楚以討齊慶封之辭也稱曰諸侯執之焉耳申之會夷夏之大變也宋人之事猶曰二伯至是楚專合諸侯說于厥慭諸夏無會同者十年而楚執齊慶封放陳招殺蔡般假討賊之義以號于天下由是而滅賴滅陳滅蔡矣【愚按】執宋公而不書楚執分其惡於諸侯也討齊慶封而不書楚討移其善於諸侯也若曰不使楚虔得以竊討賊之名也

遂滅賴

賴【公】【穀】作厲【左傳】遂以諸侯滅賴遷賴於鄢使鬬韋龜與公子棄疾城之而還申無宇曰楚禍之首將在此矣召諸侯而來伐國而克城竟莫校王心不違民其居乎民之不處其誰堪之不堪王命乃禍亂也【穀梁傳】遂繼事也【襄陵許氏曰】惡其因義而爲利以惡終也【家氏曰】遂滅賴著楚之暴也齊桓侵蔡遂伐楚爲中國攘夷狄遂事之正也楚虔怙其強橫劫中國之諸侯而滅無罪之國書遂所以誅也遂之爲義要當隨事以求經意執一例則拘矣【杜氏曰】賴國義陽隨縣【愚按】今峽州路隨州○【啖氏曰】左氏云賴子面縛銜璧楚子焚人按經但言滅是死位也他年賴降

而舍之故誤耳〇**九月取鄫**【左傳】莒乱著丘公立而不撫鄫鄫叛而来【公羊傳】其言取之何滅之也滅之則其言取之何内大惡諱也【家氏曰】前此莒人繼鄫鄫之廟社猶存今為魯所取而鄫於是始滅春秋書取鄫責魯也【王氏曰】鄫立莒公子為後今来歸魯魯能請於天子復立其社稷則為善因而兼之則惡矣故變文書取而從内諱之例【隱二年傳】内滅書取特婉其辭為君隱也〇**冬十有二月乙卯**

叔孫豹卒【左傳】初穆子去叔孫氏及庚宗遇婦人使私為食而宿焉問其行告之故哭而送之適齊娶於国氏生孟丙仲壬及宣伯奔齊魯人召之歸既立所宿庚宗之婦人獻以雉問其姓對曰余子長矣能奉雉而從我矣召而見之名之曰牛遂使為豎有寵長使為政叔孫田於丘蕕遂遇疾焉豎牛欲乱其室殺孟逐仲疾急命召仲牛許而弗召杜洩見告之飢渇授之戈對曰求之而至又何去焉牛曰夫子疾病不欲見人使寘饋于个而退牛弗進則置虛命徹叔孫不食卒牛立昭子而相之五年仲至自齊豎牛攻之死昭子即位朝其家衆曰豎牛殺適立庶必速殺之牛懼奔齊孟仲之子殺諸塞關之外【襄陵許氏曰】豹卒而大中軍則公若寄矣以是知豹之有力於公室所謂剥之無咎若歟

甲子 景王八年 五年 晉平二十一 齊景十一 衛襄七 蔡靈六 鄭簡二十九 曹武十八 陳哀三十二 杞文十三 宋平三十九 秦景四 十李 楚靈四 吳夷末四

春王正月舍中軍舍音捨下同

按左氏舍中軍卑公室也初作三軍三分公室而各有其一季氏盡征之叔孫氏臣其子弟孟氏取其半焉及其舍之也四分公室季氏擇二二子各一皆盡征之而貢于公孔氏正義初作三軍季氏盡征之並不入公室也叔孫氏臣其子弟以一家之內有父子兄弟四品以父兄之稅入公子弟之稅入己大率半屬公半入己孟氏則於子弟中取其半或取子或取弟大率三分歸公一分入己十二分其國民三家得七公得五國民不盡屬公公室已卑矣今舍中軍四分公室三家自取其稅而隨時獻公公室彌卑矣初云作三軍今不云舍三軍者初作時三家各毀其乘足成三軍今此唯舍中軍之衆屬上下二軍季氏因叔孫家禍退之使同孟孫獨取其半爲專已甚又擇取善者是專之極故傳言擇二以見之高氏曰自是公室有貢而已無復有民矣然則三軍作舍皆自三家

公不與（音預）焉公室益卑而魯國之兵權悉歸于季氏矣（【家氏曰】前作三軍者非公作也三家之作也此言舍中軍者非公舍也三家舍之也作之非公舍之又非公國人盡屬於三家公室其貧乎）兵權有國之司命三綱兵政之本原書其作舍而公孫（音遜）于齊（二十五）薨于乾侯（三十二）定公無正必至之理也已則不臣三綱淪替南蒯（苦怪反）叛（十二年季平子不禮於南蒯南蒯以費叛【注】蒯南遺之子季氏費邑宰）陽虎專季斯囚（定五陽虎囚季桓子）而三桓之子孫微矣亦能免乎（【家氏曰】當是時諸侯大夫狂恣犯上未有若季氏之甚者使非家臣內叛有以制其篡弒之肘則因常所爲不在齊而在魯禍不止於乾侯之出也）書曰舍中軍微詞以著其罪也（【張氏曰】季宿自承行父爲政郈城費以保障私家爲竊兵權之計自作三軍之初叔孫豹已知其必改而以盟詛要之今叔孫死未期年而改更前制蔑然公室以歸私家利昭公之猶有童心而穆叔既卒魯遂無人春秋舍中軍

之書殆著堅水之已成也。蜀杜氏曰魯之軍法或作或舍皆出於季氏而淆乱舊制安可謂復古復正乎作與舍其實皆譏 愚按 襄二十九年享范獻子公臣不能其三耦則公室已無民矣今季孫復舍中軍以國民四分之而已取其半非獨欲弱公室亦欲束叔孫婼之未定其位弱仲叔二家而強己也經書舍中軍而不言其故至十年伐莒列書三卿比事以觀而罪自見矣公羊以為復古穀梁以為復正非也荅曰後此不立三卿不設三軍則季孫意如叔弓仲孫貜帥師伐莒及哀二年季孫斯叔孫州仇仲孫何忌帥師伐邾何以三卿並將而三軍並出耶荀悅云春秋之義舍中軍則善之皆惑於公穀之說而未之考也

楚殺其大夫屈申 屈居勿反 左傳 楚子以屈申為貳於吳乃殺之 劉氏曰 稱國以殺大夫者罪累上也屈申之累上柰何楚人仇吳而疑屈申謂屈申貳於吳也而殺之然屈申之為人臣也君弒而不能討國乱而不能去北面而事冦讎足以殺其身而已矣

○**公如晉** 平 左傳 公如晉自郊勞至于贈賄無失禮晉侯謂女叔齊曰魯侯不亦善於禮乎對曰是儀也不可謂禮禮所以守其國行其政令無失其民者也今政令在家不能取也有子家羈不能用也奸大國之盟陵虐小國利人之難不知其私公室四分民食

於他思莫在公不圖其終爲國君難將及身不恤其所礼之本末將於此乎在而屑屑焉習儀以亟言善於礼不亦遠乎【愚按】昭公如晉凡七至晉而見止者一及河而不至者五惟此年得善往返然以莒人之愬幾不免於辱豈昭公習於威儀之節而不知礼之本是以晉平雖称其善於礼猶欲止而討之也

○夏莒著丘牟夷以牟婁及防茲來奔【左傳】莒牟夷以牟婁及防茲來奔牟夷非卿而書尊地也【公羊傳】牟夷莒大夫也莒無大夫此何以書重地也其言及不以私邑累公邑也【穀梁傳】以者不以者也莒無大夫其曰牟夷以其地來重地也及防茲以大及小也【杜氏曰】防茲城陽平昌縣西南有防亭姑幕縣東北有茲亭【張氏曰】地譜密州安丘縣有平昌故城莒縣有姑幕故城【愚按】牟婁即隱四年莒人所取杞邑安丘縣今屬益都路密州莒縣今屬益都路莒州

邾莒之大夫名姓不登於史策微也據邾莒大夫盟會皆書人牟夷莒大夫曷爲以姓氏通重地也以地叛雖賤必書地以名其人終爲不義弗可滅矣見左傳昭三十一其書來

奈其不按我以利而我入其利兩譏之也書以書奔取年夷書來責

愚曰爲國以義不以利如以利則上下交征而國必危矣爲己以義不以利如以利則患得患失亦無所不至矣春秋於三叛人雖賤特書其名以懲不義懼淫人傳曰爲後戒也邑而言及者公羊所謂不以私邑累公邑是也何氏曰公邑君邑也私邑臣邑也義不可使臣邑與君邑相次序故言及襄陵許氏曰叔會虢方盟而伐莒取鄆公如晉未返而受莒牟婁及防茲惡季氏之事也家氏曰庶其牟夷邾莒之盜也季孫宿僭之盜也襄二十一年公如晉庶其以地來奔季孫氏納之今公如晉在行牟夷復以地來奔季氏又納之季氏卑魯君之出邾莒之叛人叛邑以爲己之私有不曰魯之內盜可乎襄公如楚還及方城季孫宿取卞使人以告公懼不敢入幾欲適諸侯今公在晉而宿所爲復爾蓋置其君於陷穽中幾之地將使晉人執之而已得以遂其竊國之計意如逐君之謀實兆於宿矣愚按三叛之受皆非魯君

之意思貺之來乃昭公已薨定公未立之時蓋水流濕火就燥季孫有叛君之心是以納叛人也

秋七月公至自晉【左傳】莒人愬于晉晉侯欲止公范獻子曰不可人朝而執之誘也討不以師而誘以成之惰也爲盟主而犯此二者無乃不可乎請歸之間而以師討焉乃歸公【惠按】歷三時乃得歸書至危之也〇

戊辰叔弓帥師敗莒著𠆤**師于蚡泉**敗必邁反蚡扶粉反【公】作濆【穀】作賁音同【左傳】莒人來討不設備叔弓敗諸蚡泉莒未陳也【杜氏曰】蚡泉魯地【張氏曰】地諸魯東境晉人方欲止公而受年夷敗莒人不顧伯討君辱此書而罪大夫之專可見矣【高氏曰】書敗莒師幸魯之勝乃所以罪之也【孫氏曰】魯既受莒叛人邑又敗莒師于蚡泉其惡可知也〇【劉氏曰】公羊云濆泉者直泉也非地也此地名爾豈謂戰而泉漏乎〇

秦伯卒景公立四十年子哀公嗣〇【劉氏曰】公羊云何以不名秦者夷也匿嫡之名也非也非諸侯卒不名者多矣可以悉謂之夷乎嬖稽書卒又名有名非匿之也公羊又云嫡得之則秦未盡用夷禮安知彼不名者與中國諸侯不名同哉〇

冬楚子靈**蔡侯**靈**陳侯**哀**許男**悼**頓子沈子徐人越人伐吳**夷末【通】姑【見經】【左】【傳】四年冬吳伐楚

入棘櫟麻以報朱方之役楚子以諸侯及東夷伐吳以報櫟麻之役遂射以繁揚之師會於夏汭越大夫常壽過帥師會楚子于瑣聞吳師出薳啓彊帥師從之遽不設備吳人敗諸鵲岸楚子以馹至於羅汭吳子使其弟蹶由犒師楚人執之楚師濟於羅汭沈尹赤會楚子次于萊山薳射帥繁揚之師先入南懷楚師從之及汝清吳不可入楚子遂觀兵于坻箕之山是行也吳早設備楚無功而還以蹶由歸 杜氏曰越國今會稽山陰縣 張氏曰越姒姓其先夏后少康之庶子無餘封於越 愚按越國今紹興路府治

越始見（音現）經而與徐皆得稱人何也吳以朱方處齊慶封而富於其舊崇惡也（襄二十八）楚圍朱方執齊慶封殺之討罪也（去年）吳不顧義入棘櫟麻以報朱方之役狄道也楚於吳以諸侯伐吳則比吳爲善而師亦有名其從之者進而稱人可也 何氏曰越人俱助義兵（越稱人）或者以詞爲主而謂不可云況于徐越伐吳故特稱人誤矣以

不可爲文詞而進人於越一字褒貶義安在乎且吳
楚徐越雖比於夷狄而劉敞以爲其實不同吳大音泰
伯之後也楚祝融之後也徐伯益之後也越大禹之
後也其上世皆爲元德顯功通于周室與中國冠帶
之君無以異徐始稱王史記秦紀顓頊之苗裔曰大費與禹平水土是爲柏翳舜賜
姓嬴氏柏翳二子大廉後爲秦若木爲徐穆天子傳徐夷作亂伐宗周穆王畏其方熾乃分東方諸侯命
徐子主之徐子處潢池東地方五百里行仁義通溝陳蔡之間欲舟行上国得朱弓赤矢以爲天瑞乃稱
偃王楚後稱王楚世家帝高陽之曾孫吳回爲火正祝融生陸終陸終少子季連之苗裔曰鬻
熊封於楚夷王時熊渠甚得江漢間民和乃立三子爲王吳越因遂稱王吳越世家太伯
奔荆蠻荆蠻義而歸之立爲吳太伯至壽夢立始大稱王夏少康之庶子封於越二十餘世至句踐稱王
王非諸侯所當稱也故春秋比諸夷狄雖然猶不欲

絕其類是以上不使與中國等下不使與夷狄均推吐雷反之可遠引之可來此聖人慎絕人亦春秋之意也並【劉氏】意林【黃氏曰】初書越而常壽過得稱人越驟強也【[illegible]】楚屢乃齊吳簒弑之賊其從之者有黨惡之罪春秋於徐越書人所以深責蔡陳許諸君之從夷也

【乙丑】景王九年六年【晉】平二十二【齊】景十二【衛】襄八【蔡】靈七【鄭】簡三十【曹】武十九【陳】哀二十三【杞】文十四卒【宋】平四十【秦】哀公元年【楚】靈五【吳】夷末八春王正月杞伯益姑卒文公也在位十四年弟郁釐立是為平公【杜氏曰】魯怨杞因晉取其田而不廢喪紀禮也○葬秦景公【秦始】【書葬】○夏季孫宿如晉平【左傳】拜莒田也【高氏曰】謝前年取莒牟夷叛邑蓋莒既伐魯則魯有辭是以晉受季孫之聘而不見討也○葬杞文公○宋平華合比出奔衛華戶化反比如字又毗志反

左氏曰宋寺如字又音侍人柳有寵大音泰子佐惡烏故反之

華合比請殺之柳聞坎用牲埋書而告公曰合比將納亡人之族亡人華臣也襄十七年奔陳既盟于北郭矣公使視之有焉遂逐合比於是華亥欲代為右師乃與柳比毗志反從為之徵知陵反公使代之宋公寵信閹音奄寺殺世適丁歷反痤才禾反而父子之恩絕【襄二十六】寺人伊戾為大子內師無寵譖於公曰太子將為亂公囚太子太子縊而死逐華合比而君臣之義睽苦圭反刑人之能敗國亡家亦可畏矣猶有任趙高以亡秦【史】李斯傳始皇出遊會稽宦者趙高為中車府令兼行符璽事始皇至沙丘病甚詔賜長子扶蘇書未授使者崩趙高與丞相李斯及幸宦者五六人秘不發喪高謂公子胡亥曰天下之權存亡在子與高及丞相耳胡亥曰廢兄而立弟是不義也高與李斯謀斯不可強之乃相詐為詔立胡亥為二世皇帝高為郎中令用事數二世嚴法峻刑誅罰日益刻深陳勝等作亂及沛公屠武關高懼弒二世於望夷宮

立子嬰爲王嬰刺殺高遂降漢信恭顯十常侍以亡漢【前】石顯傳宣帝任宦官弘恭爲中書令顯爲僕射元帝時恭死顯代爲中書令委以政事蕭望之以顯專權言罷中書宦官被譖自殺自是姦邪並進卒移漢祚【後】宦者傳明帝以後置中常侍十人和帝時竇憲專權帝與鄭衆謀誅憲遂超宦卿之位其後孫程定立順之功曹騰參建桓之策騰養子嵩位至太尉嵩子操遂遷漢鼎寵王守澄田令孜音茲以亡唐【唐】宦者傳玄宗增宦官衣朱紫千餘人稱旨者輒拜三品肅代庸弱倚爲扞衛李輔國以尚父顯程元振以援立奮魚朝恩以軍容重其後陳弘志劉克明弒憲敬而穆文之立皆王守澄專之文宗欲誅宦官不克遂以憂死武宣懿僖皆宦官所立僖宗童孺政事一委田令孜令孜畏藩鎮之誅劫帝奔竄極於天祐凶悖參會黨類殲滅而王室亡矣而不知鑒覆音腹車之轍者不亦悲夫凡此類直書而義自見音現矣【襄陵許氏曰】經書宋公殺其世子痤宋華合比出奔衛皆著寺人讒慝敗國以爲世戒而秦漢以來庸君衰季溺心嬖習遠去忠良亂亡相尋若出一軌春秋之義愚可一日而不明哉【家氏曰】伊戾与柳所

以激太子与右師皆坎用牲埋書以售其險謀後先如出一轍而華亥之比劉与向戌之比伊戾適以相似而平公不之悟也嗟夫閹官偏人国家必外廷臣与之合而其謀乃信伊戾戎亥之事後出往往有之可不戒哉

秋九月大雩（左傳）旱也　楚（靈）薳罷帥師伐吳薳罷音皮（左傳）徐儀楚聘于楚楚子執之逃歸懼其叛也使薳洩伐徐吳人救之令尹子蕩帥師伐吳師于豫章而次于乾谿吳人敗其師于房鍾獲宮廄尹棄疾子蕩歸罪於薳洩而殺之（襄陵）（謝氏曰）敗楚師者非薳洩也而洩伏其誅故書薳罷伐吳以正之楚冊不競於吳乃移兵有事陳蔡至復伐徐而国乱矣　○冬叔弓如楚（靈）（左傳）聘且弔敗也（張氏曰）楚与吳仇敵之国而昭公婚吳遠楚故申之會魯不与焉今楚復伐吳其勢益遠昭公非能以中国自尊而遠夷狄者今始通好于楚蓋不待薳啓疆之召已服楚而將朝之矣（王氏曰）昭公內見逼於強臣外見絕於盟主區區求附於不信之蠻夷宜其終見逐也　○齊侯（景）伐北燕（左傳）齊侯如晉請伐北燕也晉侯許之齊侯遂伐北燕將納簡公晏子曰不入燕有君矣民不貳吾君賄左右諂諛作大

事不以信未嘗可也七年春齊侯次于虢燕人行成曰敝邑知罪敢不聽命先君之敝器請以謝罪盟于濡上燕人歸燕姬賂以瑤罋玉櫝斝耳不克而還（愚按）晋人納捷菑于邾則書弗克納此不書齊侯納北燕伯弗克納者諸侯失国諸侯納之正也非奉少奪長之比也但齊景受賂而退故止書伐此燕君以強陵弱而非納燕君耳

（丙寅）景王十年

七年（晋）平二十三（齊）景十三（衛）襄九卒（蔡）靈八（鄭）簡三十一（曹）武二十（陳）哀三十四（杞）平公郁釐元年（宋）平四十一（秦）哀二（楚）靈六（吳）夷末九

春王正月暨齊景**平**

（左傳）暨齊平齊求之也（穀梁傳）平者成也暨猶暨〻也暨者不得已也以外及内曰暨

我所欲曰及不得已曰暨（公羊）隱元及我欲之暨不得已也**當是時昭公結昏強吳外附荊楚其與齊平無汲汲之意**（何氏）曰時魯方結昏於吳外慕強楚故不汲汲於齊**乃齊求於魯而許之平也故曰暨**（陸氏）曰爾雅云暨不及也齊及魯平非魯欲之不可言會齊平又不可言齊及我平故書曰暨

以明非魯志也至定公八年魯再侵齊大國之怨見復必矣其與齊平非不得已乃魯求於齊而欲其平也故曰及平者聖人之所貴（周礼詞人掌司万民之難而諧和之）然或以賄賂而結平（隱六鄭人來輸平）或以臣下而擅平（宣十五宋人及楚人平）或以附夷狄而得平（同上）或以侵犯大國而急於平（定十及齊平）則皆罪也孜其事而輕重見（音現）矣（何氏曰不出主名者君相与平国中皆安故以举国言之（刘氏曰）凡平者举国而已故不称其人於時昭公外娶於吴而朝聘於楚深得其威因此以強逼齐为平夫齐大魯小魯为齐弱久矣不自計德之厚薄勢之利害而借人之威以憑諸侯是以遠者不服近者不親昭公棄其国死於外諸侯莫之救也從此生矣（襄陵許氏曰）襄公之世齐數伐魯至齐景公一使慶封來聘而不書魯報至是乃暨齐平（愚按）書及者我汲汲而從他書暨者他人不得已從我而我遂暨之也若宋辰暨佗彄出奔是佗彄不得已也蓋魯倚強夷之勢是以齐不敢軋魯而

反求平於魯也或疑春秋書及齊平及鄭平皆举其国而不言君臣與衛人及狄盟書法不異若狄之者吁是不然凡會盟則用其人凡平但以国言之鄭人來輸平鄭使微者納平於魯及齊平及鄭平魯使微者納成於齊鄭故書及某国平若曰爲平於某国耳下書叔孫婼叔不涖盟會于夾谷所以結成也茍以齊鄭举號爲敗則平莒及郯邢衛許蔡之迋于某諸称国以殺大夫之類皆可謂狄之乎○（劉氏曰）左氏二云齊求之者指齊求與魯爲平也杜云燕從齊求平然下云齊侯次虢燕人行成若齊已暨燕平無緣更進次于虢而燕乃行成也自昭公即位未嘗與魯通好此年三月叔孫婼如齊涖盟此則魯與齊平之驗矣亦猶定十一年及鄭平叔還如鄭涖盟章灼不疑

三月，公如楚。灵（左傳）楚子成章華之臺願與諸侯落之大宰薳啓彊曰臣能得魯侯薳啓彊來召公其辞曰昔先君成公命我先大夫嬰齊曰吾不忘先君之好將使衡父照臨楚国嬰齊受命于蜀我先君共王引領北望日月以冀傳序相授於今四王矣嘉惠未至唯襄公之辱臨我喪今君若步玉趾辱見寡君寵臨楚国以信蜀之役是寡君既受貺矣何蜀之敢望君若不來使臣請問行期寡君將承質幣而見于蜀以請先君之覬公如楚二子享公于新臺（高氏曰）楚靈非強君也數會諸侯皆徵國又且多叛而吳人之闚未艾也亦奚庸必朝哉蓋晉平不能修文公之業使我不能自安而玉帛馳騁歲不遑暇以是知王室不綱而霸主猶有功於諸夏也（愚按）昭公屢朝于晉而不納又迫於強令而朝楚其甲辱亦甚矣（義并見襄二十八年）○叔孫舍如齊（景）涖盟（舍（左）（穀）作婼後同（穀梁傳）涖位也内之前定之辭謂之涖外之前定之辭謂之來（襄陵許氏曰）始暨齊平故盟以結好）○夏四月甲辰朔日有食之（左傳）晉侯問士文伯曰誰將當日食對曰魯衛惡之去衛（）地如魯地於是有災其大咎其衛君乎魯將上卿

秋八月戊辰衛侯惡卒（左傳）衛齊惡告喪于周且請命王使成簡公如衛弔且追命襄公（穀）衛襄公夫人姜氏无子嬖人婤姶生子孟縶足不良于行孔成子夢康叔謂己立元乃立靈公（穀梁傳）鄉曰衛齊惡今曰衛侯惡何為君臣同名也君子不奪人名不奪人親之所名重其所以來也王父名子也○九月公至自楚（自如楚今七越月危公之意可見矣）○冬十有一月癸未季孫宿卒（此季文子之子武子也子紇嗣是為悼子）○十有二月癸亥葬衛襄

公

丁卯 景王十一年 八年 晉平二十四 齊景十四 衛靈公元年 蔡靈九 鄭簡二十二 曹武二十一 陳哀三十五卒 杞平十二 宋平四十二 秦哀二 楚靈七 吳夷末十

春陳侯哀之弟招殺陳世子偃師 招常遥反 左傳 陳哀公元妃鄭姬生悼大子偃師二妃生公子留下妃生公子勝二妃嬖留有寵屬諸司徒招與公子過哀公有廢疾公子招公子過殺悼大子偃師而立公子留書曰陳侯之弟招殺陳世子偃師罪在招也 穀梁傳 鄉曰陳公子招今曰陳侯之弟招何也尽其親所以惡招也兩下相殺不志世子君之貳也云可以重之存焉志之也諸侯之尊弟兄不得以屬通其弟云者親之也親而殺之惡也

公子招特以弟稱者著招憑寵稔惡而陳侯失親親之道也 陸氏曰 称弟以殺世子既罪其逆且言骨肉相殘又譏陳侯失教也 招以公子爲司徒乃貴戚之卿親則介弟尊則叔父號令廢立自已而出莫敢干之者也不能援立嫡冢安靖國

家而逢君之惡哉（在良反）殺偃師以致大寇宗社覆（音腹）沒罪固大矣【孫氏曰】招以叔父之親不顧宗社之重殖家嗣以立庶孽致楚滅陳招之由也其曰陳侯之弟親之者所以甚招之惡也陳侯信愛其弟何以爲失親親乎尊賢者親親之本不能擇親之賢者厚加尊寵以表儀公族而徇其私愛施於不令之人以至亡國敗家豈不失親親之道乎【隱七年傳】書盟書帥師而稱弟者罪其有寵愛之私【愚按】此書殺世子亦罪其寵任之私也其曰陳侯之弟招殺陳世子偃師交賊之也【陳氏曰】哀有世子矣又屬其嬖子於二公子爲是殺世子則譏不但其人也書曰云云斥君之辭也【袁陵許氏曰】陳哀寵其庶子資以強輔而屑之權以軋太子使之失職至於亂作躬受其禍惟其溺愛法不勝私也悲夫【愚按】經書殺世子者三晉獻嬖奚齊卓子而殺申生宋平嬖佐而殺痤陳哀嬖留而殺偃師皆嬖子匹嫡之禍也然申生痤之誅權在於晉宋之君故雖亂國而不至於亡陳哀甚

然造禍勢不兩全遂至寵弟戕其國本而且以憂殞
其身而國亦亡矣其罪得不又甚於晉獻宋平者
歟故申生與痤皆曰君以殺唯偃師之殺目陳侯之
弟招夫以弟招繫之陳侯則陳哀之罪章章明矣不
曰殺其世子而重奪國者偃師非招之世子也下書
楚執陳招放之以見楚之滅陳託於討招而公子
留之奔實亡
陳之本也歟

夏四月辛丑陳侯溺卒溺乃歷反**左傳**哀公縊**杜氏曰**憂恚自殺**高氏曰**楚覩從納公
子比而靈王縊春秋謂比弒其君陳侯之弟招立公子
留而哀公縊不書留弒君何也比之立无君者也灵雖
不縊亦不与比並存是靈王之死由比也招之立留由
君之廢也且君有命哀雖不縊亦不可以君國是哀之
死不以留也君臣之間死生之際善惡之
嫌賞罰之別大矣聖人所以正其名也 ○ **叔弓如晉**
平**左傳**晉侯築虒祁之宮叔弓如晉賀虒祁也游吉相
鄭伯以如晉晉亦賀虒祁也史趙見子大叔曰甚哉其相
蒙也可弔也而又賀之**襄陵許氏曰**財費則國貧役煩
則民叛締搆雕琢輪奐之功盛則恭儉純茂之德衰矣
此之謂可弔而諸侯賀之是以人君安於危亡而不自
知蓋諛之者衆也當楚之隆勢專諸夏而晉弗慮圖唯

宮室之崇以爲安榮乎公可謂卑矣【高氏曰】前年楚成章華之臺召諸侯落之至是晉成虒祁之宮而諸侯皆往賀之晉之效尤如此霸業之不振宜哉

○楚靈人執陳行人干徵師殺之

【左傳】干徵師赴于楚且告有立君公子勝愬之于楚楚人執而殺之公子留奔鄭書曰楚人執陳行人干徵師殺之罪不在行人也【通旨】干徵師稱行人殺非其罪也【劉氏曰】稱人以執者非伯討也此其爲非伯討何楚惡陳公子招而殺干徵師非其罪也古者兵交使在其間可也【家氏曰】楚靈因陳乱以爲利賊殺不辜欲以震怖陳国而墟其宗社殺人以行其詐者也○【愚按】穀梁云稱人以執大夫執有罪也非也書曰行人則非有罪矣苟曰有罪何爲不以殺夏徵舒之例書之乎

陳公子留出奔鄭

【杜氏曰】留爲招所立未成君而出奔【通旨】留既爲君矣而曰公子其意不當也【蘇氏曰】楚將討陳故留出奔留既爲君不曰陳留何也留立於招尔未成爲君也【高氏曰】偃師曰由子留曰公子別嫡庶也

○秋蒐于紅

蒐所求反【書蒐始此】【左傳】大蒐于紅自根牟至于商衛革車千乘【公羊傳】蒐者何簡車徒也【穀梁傳】因蒐狩以習用武事礼之大者也艾蘭以爲防置旃以爲轅門以葛覆質以爲埶流旁握御轚者不得入車軌塵馬候蹄揜禽旅御者不

失其馳然後射者能中過旁弗逐下從奔之道也面傷不獻不成禽不獻禽雖多矢子取三十焉其餘与士衆以習射於射宮射而中田不得禽則得禽田得禽而射不中則不得禽是以知古之貴仁義而賤勇力也杜氏曰紅魯地沛国蕭縣西有紅亭遠疑愚按蕭縣今屬汴梁路徐州

蒐春事也秋興之則違天時有常所矣其于紅則易地利三家專行公不與音預焉而兵權在臣下則悖人理薛氏曰春田而夏行之于紅非常處也非時之狩不于其常地見三家之擅也舍中軍変蒐礼見兵權之移于下且奪民時也此亦直書其事不待貶絕而自見音現者也凡亂臣之欲竊國命必先為非禮以動民而後上及於君父昭公至是民食於他不恤其所肆於履霜之戒甚矣胡氏曰蒐春事也秋興之非正也蒐有常地矣于紅亦非正也曷為不言公公不得與於蒐狩三家專魯而分之政令出焉公寄食焉尓奸臣之將蔽其君而奪之也未嘗不先為非禮而動

民也紅之蒐吾見其反天時矣吾見其易地利矣吾見其悖人倫矣而昭公猶未之悟也至於弃走失其社稷以死豈不哀哉 **通旨** 昭定之蒐皆不言公權在三家也 **陳氏曰** 蒐狩不書必違禮而後書於是舍中軍四分公室季氏擇二二子各一皆盡征之而貢于公蒐于紅也革車千乘皆三家之師也自是而婁蒐三家所以耀武焉尒是故桓莊之狩必言公昭定之蒐不言公矣 **高氏曰** 蒐非秋事也紅非蒐地也况當旱[illegible]乎按傳紅亦大蒐而不曰大者以无君故微之首一見也 **王氏曰** 根牟魯東界商宋地魯西界与宋衛接境則其地亦廣矣凡蒐皆書大而此獨不称大者首著公不得與而帰悪於三家也○ **胡氏曰** 公羊曰以罕書非也穀梁曰正也亦非也盖不考周礼者

陳人殺其大夫公子過

過古禾反 **左傳** 陳公子招帰罪於公子過而殺之 **通旨** 称人以殺而不去其官国乱无政衆人擅殺非討賊之詞也盖殺世子偃師招实主謀孔奐行之而非過之所欲爲尒過不欲爲招於是帰罪於過而殺之故称人以殺而不去其官也春秋坐招殺偃師於前又書楚師殺陳孔奐於後而過称大夫其不與殺世子明矣 **孫氏曰** 其言陳人殺其大夫不与公子招殺也故以陳人殺之爲文

〇大雩胡氏曰雩過也秋〇冬十月壬午楚靈師滅陳執陳公子招放之于越殺陳孔奐奐呼亂反左傳楚公子棄疾帥師奉孫吳圍陳宋戴惡會之楚陳使穿封戌爲陳公穀梁傳惡楚子也胡氏曰孔奐招之黨通旨楚師滅陳曷爲不以君辛而孫師見挾衆恃強肆行暴虐莫之戢也覆人邦國爲至不仁宥人亂賊爲至不義又討其逆黨而礼葬其君是猶斧鉞加人而以手撫之也而惡可掩乎其所執所葬皆繫於陳者深著其滅國之罪也公子招固有罪矣當莊王之殺徵舒也置其君而反焉今以執招而遂滅陳聖人不與夷狄滅中國故雖招有罪而猶以公子書之見楚子虔惡而執招不與其執也故書公子招也孔奐嘗與楚子通謀以滅陳者旅以不忠見戮奐陳之賊臣也蓋殺世子偃師招実主謀而孔奐行之故書曰殺陳孔奐不言大夫非陳之大夫也愚按楚棄疾奉世子偃師之子吳圍陳及棄疾立又封吳於陳則知放招殺奐蓋討其殺偃師也陸氏曰招殺世子之賊也宥而放之奐招之黨也執而殺之楚子滅人之國又爲淫刑此不待貶絕而惡見者也高氏曰春秋書殺他國之大夫者四皆楚人殺之而中國未有書殺之者此見夷狄暴虐之甚葬陳哀公穀梁傳不與楚滅閔之也范氏曰書葬以

存陳【孫氏曰】十月壬午楚師滅陳葬陳哀公如不滅之
辭者楚子葬之也不言楚子葬之者不与楚子滅陳葬
哀公故以陳人自葬爲文所以存陳也【家氏曰】書葬陳
哀公非謂我往會而書蓋陳已滅矣国爲楚師所執魯
豈於其葬而使臣往會之蓋楚入陳自以其君在殯因
取而葬之乎莊四年齊侯葬紀伯姬同彼自齊者蓋上
文无齊滅紀之文故下文云爾今已書楚師滅陳則下
云執公子招殺孔奐葬哀公皆蒙上文云【家氏曰】自春
但冬凡九見皆陳事言之重辭之複閔陳而罪楚也責
中国諸侯不能治陳之亂使夷得以行詐而遷人之国
也○【趙氏曰】左氏云袁克葬之按国已滅矣克又
非大臣何能辨葬死君又何能告諸侯使會葬乎

【周】景王十二年 **九年** 【晉】平二十五【齊】景十五【衛】靈二【蔡】靈十【鄭】簡三十三【曹】武二十五【陳】滅【杞】平二
【宋】平四十二【秦】哀四 **春叔弓會楚子**靈**于陳**【諸侯之大夫始旅見於楚】
【楚】靈八【吳】夷末十一
【左傳】叔弓宋華亥鄭游吉衛趙黶會楚子于陳【杜
氏曰】楚子在陳故四国大夫往不行會礼故不總書【襄
陵許氏曰】楚既滅陳威震諸夏是以無所号召而諸国
之大夫會之【陳氏曰】諸夏之大夫旅見於楚於是始牵
魯以見其餘也【高氏曰】中国諸侯爲夷狄所滅中国既
不能救亦宜同心疾之柰何反使大夫往聘問即書會

于陳与宜十五年會于宋同義觀去年叔弓如晉之事有以使天下之宗楚矣【王氏發義】內朝聘皆言如今楚子在陳不可言如陳故以會爲文春秋不与楚滅陳故上書葬哀公下書陳災今書叔弓會楚子于陳皆以存陳也

○許悼遷于夷【左傳】楚公子棄疾遷許于夷實城父取州來淮北之田以益之【杜氏曰】譙国城父縣許畏鄭欲遷故以自遷爲文【附旨】問許四遷葉夷白羽皆楚遷之而以自遷書何也曰許遷于葉之後專意事楚襄十六年許男請遷于晉其大夫不可諸侯再伐許許男如楚請伐鄭遂卒于楚楚爲之伐鄭而後葬靈公其仇怨深矣至是鄭子產爲政四隣畏之而楚方滅陳故欲遷于夷以遠鄭而楚使棄疾遷之也【高氏曰】陳滅許遷皆中国无伯之故也【愚按】夷一名城父本陳地楚滅陳遂遷許于此今亳州譙縣

○夏四月陳災 災【公穀】作火【左傳】陳災鄭裨竈曰五年陳將復封封五十二年而遂亡【公羊傳】陳已滅矣其言陳火何存陳也曰存陳悕矣【穀梁傳】何以志閔陳而存之也

凡外災告則書 見莊十一年 今楚已滅陳夷於屬縣使穿封戌 音恤 爲公矣必不遣使 疏吏反下同 告於諸侯言亡國

之有天災也何以書於魯國之策乎當是時叔弓與
楚子會于陳則目擊其事矣雖彼不來告此不往弔
叔弓使畢而歸語陳故也魯史遂書之耳或曰國史
所書必承赴告豈有憑使人之言而載之於史者曰
周景王崩有尹單音善猛朝如字之變固無赴告矣叔鞅
至自京師言王室之亂也見左傳二十二年春秋承其言遂
書於策亦此類爾仲尼作經存而弗革者蓋與滅國
繼絕世以堯舜三代公天下之心爲心異於孤秦罷
侯置守欲私一人以自奉者所以歸民心合天德也
穀梁以爲存陳得其旨矣高氏曰陳雖爲楚所滅而土地活民猶在焉聖人不
与楚滅之也故還係之陳如邶鄘二国既爲衛所并
聖人還存邶国鄘国之風亦不与衛人并諸侯而存

天子之建國也家氏曰陳已為楚所縣俾其臣僭爵以君之而猶書陳災者以盛德之後見翦於夷特著義存之耳不与楚得陳也【朱子曰】漢建安二十五年之初漢尚未亡通鑑便作魏黃初元年奪漢太速与魏太遽大非春秋存陳之意○【趙氏曰】左氏作災公穀皆為火按前後未有書外火小事者一書之不可勝記且諸侯亦不當告也災是天火事大故書之

秋仲孫貜如齊 景伯 貜俱縛反 【左傳】孟僖子如齊殷聘【杜氏曰】自叔老聘齊至今二十年礼意久曠今脩盛聘以無忘舊好【高氏曰】此暨齊平之故也齊平而不來聘則者齊輕公非特居鄆時也其來久矣

○冬築郎囿【左傳】季平子欲其速成也叔孫昭子曰詩云經始勿亟庶民子來焉用速成其以勦民也無囿猶可無民其可乎【襄陵許氏曰】公內制於強臣外輕於大國乱亡危辱兆矣是之弗慮而築郎囿知公之志曰以荒也【張氏曰】此見意如逢其君以耳目之娛而竊其權昭公安之而不悟也【家氏曰】桓四年公狩于郎莊三十一年築臺于郎今復築郎以為囿非以為講武之處特以為游觀之地耳是時三家用事魯君擁虛器而猶興築囿之役其為季氏毆民乎

巳 景王十三年 十年 晉平二十六卒 齊景十六 衛靈三 蔡靈十一 鄭簡二十四 曹武二十二 陳滅 杞平四 宋平四十四卒 秦哀五 楚靈九 吳夷末十二 春王正月○夏齊景欒施來奔

齊 公作晉 左傳 齊惠欒高氏皆耆酒信內多怨強於陳鮑氏而惡之有告陳桓子曰子期子良將攻陳鮑亦告鮑氏桓子授甲如鮑氏遭子良醉而騁遂見文子則亦授甲矣使視二子則皆將飲酒桓子曰彼雖不信聞我授甲則必逐我及其飲酒也先伐諸陳鮑方睦遂伐欒高氏子良曰先得公陳鮑焉往遂伐虎門公卜使王黑以靈姑鉟率吉請斷三尺焉而用之戰于稷欒高敗又敗諸莊國人追之又敗諸鹿門欒施高強來奔陳鮑分其室 高氏曰 欒施與高強以兵攻君宮欲伐君以伐陳鮑遂與君戰不勝而來奔此罪大矣不書強非卿故也魯方通聘而受其奔亡之臣非義也○ 王氏曰 公羊以爲晉臣蓋景晉有欒氏而誤爾

○秋七月季孫意如叔弓仲孫貜帥師伐莒

著立○意 公作隱 後同 左傳 平子伐莒取郠獻俘始用人於亳社臧武仲在齊聞之曰周公其不享魯祭乎

前已舍音捨下同中軍矣五年曷爲猶以三卿並將去声下同乎

季氏毀中軍四分公室擇其二三家各有其一至是季孫身爲主將二子各率一軍爲之副〔王氏曰〕經書三卿而傳止書平子則季孫主兵而叔仲副之也〔家氏曰〕叔弓非叔孫氏乃隨事所置之帥〔顧氏曰〕既舍中軍公室无兵每有征役三家各將其兵以行經皆據實並書伐莒之役三家並將獨叔孫氏之兵使叔弓帥之此可見叔孫舍之賢雖曰家徒然猶使公臣帥之也則三軍固在其曰舍之者特欲中分魯國之衆爲己私耳以爲復古〔公穀〕則誤矣襄公以來既作三軍地皆三家之土民皆三家之兵每一軍出各將其所屬而公室無與音預焉是知雖舍中軍而三卿並將舊額固存矣〔王氏義〕二子伐莒皆書者惡其專國而公不得爲政也〔高氏曰〕是時魯聞晉之衰故三卿帥師同伐莒欲一舉滅之而三卿擅以爲己功也〔杜氏曰〕取鄆不書公見討於平丘故諱之〔陳氏曰〕內取邑悉書於是一取鄆不書不足詳也由是定六年取鄭匡不書

哀元年取晉棘蒲不書

戊子晉侯彪卒彪彼虬反平公也在位二十六年子夷嗣是為昭公【左傳】晉平公卒鄭伯如晉

及河晉人辭之游吉遂如晉九月叔孫舍如晉葬晉平公【左傳】叔孫舍齊國弱

宋華定衛北宮喜鄭罕虎許人曹人莒人邾人滕人薛人杞人小邾人如晉葬平公也○十有二

月甲子宋公成卒成【公】作成平公也在位四十四年太子佐嗣是為元公【杜氏曰】无冬闕文

○【愚按】何休謂昭公取吳孟子之年故貶之非也桓公四年七年削秋冬而貶之則皆不書事與月此年書十

二月宋公卒而脫冬一字則傳受承誤而漏之耳況經无取孟子之文安得妄論耶

【庚午】景王十四年十有一年【晉】昭公夷元年【齊】景十八【衛】靈四【蔡】靈十二弒【鄭】簡二十五【曹】武二

十四【陳】哀【杞】平五【宋】元公佐元年【秦】哀六【楚】靈十【吳】夷末十三春王二月叔弓如宋葬

宋平公二月【公】作正月【高氏曰】卿共盟主之葬猶可言也卿共同列之葬非禮甚矣○夏四

月丁巳楚子靈虔誘蔡侯靈般殺之于申虔【穀】或作乾般音班【公羊】

【傳】楚子虔何以名絕也曷爲絕之爲其誘討也此討賊也雖誘之曷爲絕之懷惡而討不義君子不予也【穀梁傳】夷狄之君誘中國之君而殺之故謹而名之也稱時稱月稱日稱地謹之也

楚公子棄疾帥師圍蔡【陳氏曰】戕不言圍此言圍所以病晉也韓起合八國之大夫于厥慭以謀救蔡而蔡卒戕於楚言圍所以病晉也前年棄疾奉孫吳圍陳已而戕陳曷不於此焉病晉今八國于厥慭而不能師其甚矣

左氏曰楚子在申召蔡侯其大夫曰王貪而無信幣重直用反下同言甘誘我也不如無往蔡侯不可楚子伏甲饗般於申執而殺之刑其士七十人此討賊也雖誘殺之疑若無罪春秋深惡烏故反下同楚子虔而稱名何也世子般弒其君諸侯與通會盟十有三年矣襄三十年般弒景公而立昭元年使大夫會虢四年同楚子諸侯會申又會伐吳五年再會伐吳【愚按】曹人請負芻於晉曰若以爲有罪則君列諸會矣雖大逆之罪萬世不貸然楚虔屢寵之以會禮今利其國顧用詭謀詐計醉以

酒而戕之烏在其爲討賊哉楚莊殺徵舒猶曰假討賊之義今此直誘殺蔡侯非討賊也是中國變爲夷狄而莫之覺也楚子若以大義唱天下奉詞致討執般於蔡討其弑父之罪而在官者無赦焉討其弑君之罪而在官者無赦焉【圖註】謂討其與弑君父之人凡聞乎故者皆誅之而不赦非謂在官在官者盡誅之也殘其身豬音諸礼記作豬其宮室謀於蔡衆置君而去雖古之征暴亂者不越此矣又何惡乎今虔本心欲圖其國不爲于僞反討賊舉也而又挾欺毀信重幣甘言詐誘其君執而殺之肆行無道貪得一時流毒於後棄疾以是殺戎蠻昭十六商鞅以是紿徒亥反魏將去聲【史】商君傳秦孝公使鞅將兵伐魏魏公子卬將而擊之軍既相距鞅遺卬書曰吾始与公子驩今俱爲兩国將不忍相攻欲与公子面相見盟樂飲而罷兵以爲然乃与會

盟而飲歃伏甲襲卬虜之大破魏師秦人以是刼懷王【史】楚世家秦昭王遺懷王書曰願与君王會武關面相約結盟而去乃許令將軍伏兵武關號秦王楚王至則閉關遂与西至咸陽傾危成俗天下大亂劉項之際死者十九聖人深惡楚虔而名之也其慮遠矣後世誅討亂臣者或畏其強或幸其弱不以大義興師至用詭謀詐力徼倖勝之若事之捷反側皆懼苟其不捷適足長展两反亂如代宗之圖思明【通鑑】乾元元年史思明既降李光弼以其終當叛亂勸上以烏承恩為范陽節度副使令圖思明承恩至范陽謀誅思明殺承恩及其黨憲宗之給王弁皮彦反【同上】元和十四年沂州役卒王弁作乱朝廷欲因其討之恐青鄆相扇繼變乃用曹華為沂海觀察使除弁開州刺史賜告身中使給之弁即日發所在械其導從遂械繫斬東市華至沂闔所卒千二百尽殺之【司馬公】【曰】楚子虔誘殺蔡侯般彼列国也孔子猶深賤之惡其誘討也況為天子而誘匹夫乎眛於春

秋垂戒之旨矣【陸氏曰】般弑君父之賊也誘而殺之討罪故不許其誘而責其許也夫以大国之力而討小国之逆當声其罪而伐之倡大義於天下今乃誘而殺之雖曰討賊实取其国蔡侯之罪自不容誅楚子之悪亦已甚矣弃疾不能諫止又帥師圍蔡此不待貶絶而悪見者也【高氏曰】蔡般弑逆之罪雖義當討而楚子亦弑逆之賊也以賊討賊何辨曲直况楚子非真治般志在滅蔡也故春秋書楚子虔誘蔡侯般同斥其名以見其罪同【陳氏曰】諸侯之罪非滅同姓不名衛文公用鄫子未嘗名之楚虔何以名以夷狄殺中国甚矣蔡般夫人之所得討也曷為謂之夷狄殺中国楚子假大義以号于天下故陳公子殺蔡侯於是滅陳蔡是之謂討賊欲殺中国之君大夫欲国君見殺者如鄫子戎蛮子恒不名蔡侯何以名自楚商臣而下弑父无討者以若蔡般殺以他故而後見焉亦故名之

五月甲申夫人歸氏薨【公羊傳】昭公之母也【杜氏曰】胡女歸姓【愚按】襄三十一年左傳敬歸之娣齊歸則襄公之妾也妾母稱夫人義見成風薨葬

大蒐于比蒲比音毗【公】【傳】非禮也

叔向曰魯公室於是乎君有大喪國不廢蒐有三年之
喪而無一日之戚國不恤喪不忌君也君無戚容不顧
親也國不忌君君不顧親能無卑乎殆其失國
【公羊傳】簡車徒也【鄭氏曰】比蒲魯南鄙之地
其曰大蒐越禮也【高氏曰】大云者僭天子之制也八年書蒐此書大蒐見三家益強車
徒曰衆也夫蒐雖素定然公以夫人之喪不自備也而大蒐不廢則是三家者以馳騁田獵間君喪也【王
氏纂義】蒐于紅夫子黜三家之盛故不言大今君有大喪三家復大蒐于比蒲故書曰大蒐君有
重喪國不廢蒐不忌君也【劉氏曰】何以書譏何譏爾夫人薨而大蒐非禮也
三綱軍政之本君執此以馭与御同其下臣執此以事
其上政之大本於是乎在君有三年之慼而國不廢
一日之蒐【家氏曰】歸氏雖非嫡母魯君既尊以夫人之禮則當從大喪之制今也蒐不為毀是
強家之不忌君故智者知公室之將卑乾侯之禍不旋踵而作春秋繼夫人薨而書大蒐以其同在此一
月之内也則無本矣然則君有重喪喪不貳事見【穀梁】文十六以

簡車徒爲非禮也乃有身從金革而無避者【曾子問】子夏曰三年之喪卒哭金革之事无辟也者非與孔子曰昔者魯公伯禽有爲爲之也今以三年之喪從其利者吾弗知也獨何歟曰喪不貳事大比毗志反而簡車徒則發其常可也有門庭之寇而宗廟社稷之存亡繫焉必從權制而無避矣伯禽服喪【臨川吳氏曰】服武王之喪徐夷並興至于東郊出戰之師與築城之役同日並舉見費誓度徒洛反緩急輕重蓋有不得已焉者矣晉王克用薨梁兵壓境而莊宗决勝於夾寨豺邁反【五代】唐紀天祐五年克用卒長子存勗即王位梁夾城兵聞晉有大喪頗懈王乃出兵上黨直抵夾寨分兵爲二道鼓譟而入梁軍大敗周太祖殂音徂契欺結反丹入寇而世宗接戰於高平【同上】東漢世家顯德元年太祖崩世宗即位劉旻聞太祖晏駕請兵于契丹契丹以十万助旻旻自將兵三万寇潞

州世宗親征与吴戰于高平崇兵敗績若此者君行爲顯親非不顧也臣行爲愛君非不忌也惟審於緩急輕重之宜斯可矣【愚按】君有喪既葬卒哭而服王事大夫士有喪既葬卒哭弁絰帶從金革之事惡有小君之喪未葬而不廢講武之常事乎

仲孫貜會邾子盟于祲祥祲子鴆反又七林反祲祥【公】作侵羊【左傳】孟僖子會邾莊公盟于祲祥修好【胡氏曰】祲祥地闕【王氏曰】季孫當昭公有喪而講嵬礼仲孫背齊歸之殯而從會盟魯之臣子於君親忍矣【高氏曰】始也眛盟蔑盟趡是魯君親与之盟今公雖以夫人之喪使貜會盟自是何忌盟拔州仇何忌盟句繹是吾大夫与其君盟魯邾之強弱斷可知矣【愚按】自邾倚齊靈屢致兵於魯魯藉晉覇之力湨梁祝柯兩執邾子又取其田既而魯納庶其畀我之奔邾受臧紇之奔仇隙益深至同盟重丘齊晉既輊衰二十八年邾君來朝昭元年曾會悼公之葬是以此盟祲祥以修好也。【趙氏曰】左氏云礼也按春秋盟會是常何獨於有喪之時而称得礼○秋季孫意如會晉昭韓起齊景國弱

宋元華亥衛靈北宮佗鄭簡罕虎曹武人杞平人于厥

慭佗徒河反厥慭公作屈銀慭魚靳反胡氏曰厥慭地闕

按左氏楚師在蔡晉荀吳曰不能救陳又不救蔡物

無以親已為盟王而不恤亡國將焉於虔反用之會于

厥慭謀救蔡也使狐父請蔡于楚弗許胡氏曰不書救蔡不果救

文十五年晉靈公帥八國之諸侯盟于扈春秋畧而

不序者謀伐齊而不克定其亂也商人弒舍襄公三十年

叔孫豹會十二國之大夫于澶淵諸國之大夫皆稱

人魯卿諱而不書者視蔡亂而不能討其賊也般弒固

令楚將滅蔡請于楚而弗許晉之不能亦可知矣荀吳

云云曷為諸國猶序而大夫無貶乎扈之盟晉侯受賂

弗克而還音旋諸侯略而不序亡失也義利之分扶問反下同也澶淵之會謀救宋災而不討蔡罪大夫貶而稱人曾卿諱而不書失重輕之別筆列反下同也亡義利之分爲不仁亡重輕之別爲不智今晉與諸侯心欲救蔡而力弗加焉則無惡也凡此見春秋明義利審重輕以恕待人而不求其備矣襄陵許氏曰蔡能嬰城堅不下楚此易助也弗救合天下之兵畏不敢救遣使請命示之不能使楚益驕有以量中国之力而卒取之此韓起之罪也愚按春秋書八国大夫會厥憖於楚師圍蔡之後滅蔡之前則中国失救患之義雖微傳其事者矣夫恃強并弱春秋之常也故厥憖之大夫不能救蔡不待貶絕而罪惡見臣弑君子弑父非常之变也故于扈之諸侯澶淵之大夫不能討賊必待貶絕以見罪惡

九月己亥葬我小君齊歸左傳公不慼晉士之送葬者歸以語史趙史趙曰必爲魯

郊歸姓也不思親祖不歸也莊氏曰齊謚○冬十有一月丁酉楚靈師滅蔡執蔡世子有以歸用之有穀作友左傳楚子滅蔡用隱大子于岡山申无宇曰不祥五牲不相爲用況用諸侯乎王必悔之

内入國而以其君來外滅國而以其君歸皆服而以之易以豉反詞也既書滅蔡矣又書執蔡世子有者世子無降胡江反下同服之狀強執以歸而虐用之也謝氏曰滅而以歸未有言執者言執弗臣之之辭也是故均之爲滅國也嘗臣之矣書以沈子嘉歸殺之未嘗臣之也書曰執蔡世子有以歸用之或以爲未踰年之君其稱世子者不君靈公故不成其子公羊傳非也楚虔殺蔡般棄疾圍其國凡八月而見滅世子在窮迫危懼之中固未暇立乎其位孫氏曰言世子有者有未立也父殺國圍有窮迫危懼以至于死此未立可知也

安得以爲未踰年之君而稱子也假使立乎其位而般死於楚其喪未至不斂力驗反不葬世子亦不成乎爲君矣然世子繼世有國之稱必以此稱蔡有者父母之仇不與共天下與民守國效死不降至於力屈就擒虐用其身而不顧也則有之爲世子之道得矣

胡氏曰世子猶世世子也靈公弑其君其子非正也曷爲與之繼世春秋之設辭也非其人之謂也蓋其道之謂也楚子虔誘蔡侯般殺之世子友守國楚師圍之八月而克之不能服於是乎虐用之古者父母之仇不與共天下寢苫枕戈終身則友之爲者盡於世子矣高氏曰四月圍而十一月方滅者世子有之力也滅國而用世子者怒其拒師之久也用之者以爲牲也夫蔡本中國之諸侯乃背中國而即夷狄必以夷狄爲可恃也今蔡侯既爲夷狄所誘而殺之又從而滅其國其世子又爲所執而虐用之以絕其世然則夷狄何補於蔡哉此乃世人君之戒也王氏曰

義楚子滅陳蔡皆稱師者言其無道以夷狄之衆強

滅之也【師氏曰】春秋書滅國多矣未有如此其暴者聖人詳其始末而記之書誘書殺書圍書執書用盖以傷中國之微而深惡夷狄之暴也【愚按】申無宇稱用諸侯則世子有已嗣君位矣特以其父誘死於外其國被圍於内狼狽憂虞未能備爲君之禮且書世子者又以著世嫡之正也○【劉氏曰】公羊云其稱世子何不君靈公不成其子也予謂不成其子而稱世子義乃文反鄙忽亦稱世子宜復不成其子哉又曰用之築防此以兒戲未可信也

【辛未】景王十五年

十有二年

【晉】昭二【齊】景十八【衛】靈五【蔡】滅【鄭】簡三十六卒【曹】武二十五【陳】滅【杞】平六【宋】元二【秦】哀七【楚】靈十一【吳】夷末十四

春齊（景）**高偃帥師納北燕伯于陽**【左傳】齊高偃納北燕伯欵于唐因其衆也【穀梁傳】納者内不受也燕伯不名不以高偃挈燕伯也【杜氏曰】三年燕伯出奔齊今因唐衆欲納之故得先入唐不言于燕未得國都也偃高傒玄孫陽即唐燕別邑中山有唐縣【愚按】唐縣今屬保定路【通旨】諸侯失國諸侯納之正也大夫納之非也【張氏曰】燕伯出奔名而納之不名其罪未至如衛朔鄭突【家氏曰】燕伯入陽与衛獻入夷儀皆以乱臣迫逐而出因大國之力以入於其邑皆不

名所以正君臣之分【陳氏曰】于易内弗受也衛侯褫入衛不言納納頓子不言奔奔且言納若北燕伯欵衛世子蒯聵也是内弗受之辭也。【劉氏曰】公羊云伯于陽者公子陽生也非也公羊謂孔子作春秋用百二十国宝書豈悉如此殘缺乎〇三月壬申鄭伯嘉卒簡公也在位三十六年子寧嗣是爲定公【高氏曰】鄭去中国即楚久矣至於簡公乗晋悼之方興以国反正遂息諸侯之争産相之薫然慈仁民蒙其恵蔚爲春秋之賢諸侯〇夏宋公元使華定來聘【左傳】通嗣君也【高氏曰】公始以卿封平公之葬故宋元公嗣位而即使來聘也〇公如晋邵至河乃復【左傳】取郠之役莒人愬于晋晋有平公之喪未之治也故辭公公子慭遂如晋【胡氏曰】穀梁曰季孫氏不使遂乎晋也然公有夫人齐歸之喪未及練祥而出行朝礼已不立矣雖徼季孫氏其能遂乎【家氏曰】魯受邑之叛臣救邑敗其師伐其国又取其地然皆季氏之所爲明年晋人執意如亦知罪之所在而公每至晋輒爲所卻豈晋之諸臣曲爲季氏之地公有辭而不能以自伸歟〇五月葬鄭簡公【張氏曰】三月而葬速〇楚靈殺其大夫成熊【公】作然【穀】作虎【左傳】楚人謂成虎若敖之餘也遂殺之或譖成虎於楚

子成虎知之而不能行書曰云云懷寵也【家氏曰】虔○以請忌信讒殺无罪之大夫誠以累上之辭書之

秋七月○冬十月公子慭出奔齊【傳】慭魚覲反【公】作整【左】季平子立而不礼於南蒯南蒯謂子仲吾出季氏而歸其室於公子更其位我以費為公臣子仲許之叔仲小南蒯公子慭謀季氏慭告公而遂從公如晉南蒯懼不克以費叛如齊子仲還及衛聞乱逃介而先及郊聞費叛遂奔齊【陳氏曰】奔辭有三公孫敖如京師不至而復丙戌奔莒未將命之辭也公孫歸父如晉還自晉至笙遂奔齊復命之辭也慭與南蒯謀季氏告公而遂從公如晉南蒯以費叛慭還及郊未復命聞乱遂奔齊季氏之出其君有以也則慭有奔焉耳

○楚子靈伐徐【左傳】楚子狩于州來次于潁尾使蕩侯潘子司馬督囂尹午陵尹喜帥師圍徐以懼吳楚子次于乾谿以為之援【高氏曰】徐吳之姻国也楚人疾吳故迁怒於徐既挾其君又伐其国也

○晉昭伐鮮虞【左傳】晉荀吳偽會齊師者假道於鮮虞遂入昔陽八月壬午滅肥以肥子緜皋歸冬晉伐鮮虞因肥之役也十二年鮮虞人聞晉師之悉起也而不警邊且不脩備晉荀吳自著雍以上軍侵鮮虞及中人驅衝競大獲而歸【穀梁傳】其曰晉狄之也【程子傳】晉假道於鮮虞而遂伐之見利忘義

夷狄之道也杜氏曰鮮虞白狄別種在中山新市縣張氏曰在戰國爲中山國愚按地在今眞定路中山府新樂縣

左氏曰晉荀吳僞會齊師者假道鮮虞遂入昔陽肥國都

冬書晉伐鮮虞狄之也獻公假道於虞以滅虢因執虞公則以師與人稱之今晉雖爲護許元反呂文三公固可罪也而狄之不亦過乎楚奉孫吳討陳因以滅陳誘蔡般音班殺之因以滅蔡晉人視其殘虐莫能救則亦已矣而效其所爲以伐人國是中國居而夷狄行下孟反也胡氏曰晉獻公假道於虞以滅虢也書晉師其執虞公也書晉人今伐鮮虞書人若師可也特書晉深罪之也楚滅陳蔡而晉不救力誠不能君子不罪也能伐鮮虞而不救陳蔡非力不足也棄諸侯也故以夷書之人之所以爲人中國之所以爲中國信義

而已矣一失則爲夷狄再失則爲禽獸禽獸逼人人將相食自春秋末世至于六國亡秦變詐並興傾危成俗河決魚爛不可壅而收之【史】秦始皇紀河決不可復壅魚爛不可復全皆失信棄義之明驗也春秋謹嚴於此制治去声未亂拔本塞源之意豈曰過乎【劉本曰】爲會齊師而假道因不備而伐之非夷狄而何【薛氏曰】以夷狄之道攻夷狄亦狄道爾【當止】【劉氏曰】夫惇信明義中国之道也懷利尚詐夷狄之道也晋中国也鮮虞夷狄也晋俘中国之道反行夷狄之事故書晋以狄之惡人之所以遠於夷狄者惟夷在於義利誠僞之間耳中国一失則遂入於夷狄可不慎哉【陳氏曰】晋主諸侯之盟春秋之狄秦以晋故也狄鄭亦以晋故也則其狄晋何晋之君卿无中国之志也楚虔弒君之賊也而執齊慶封放陳招殺蔡侯般假討賊之名以盟諸夏而晋連年有事於鮮虞吳入郢於越入吳晋猶圍鮮虞也詳於狄事而不詳於楚則晋无中国之志也於是狄晋是故自成衰之春秋晋雖或競於楚畧之不書也而敗狄于交岡

于大鹵滅赤狄潞氏甲氏及留吁則詳志之而滅肥不書滅鼓不書莫重於狄晉苟狄晉矣餘不足書也

春秋卷第二十四

春秋卷第二十五

胡氏傳　　後學新安汪克寛附録纂疏

昭公中

壬申景王十六年

十有三年晉昭三　齊景十九　衛靈二十八　蔡平公廬元年　鄭定公寧元年　曹武二十六　陳惠公吳元年　杞平七　宋元三　秦哀八　楚靈十二弑　吳夷末十五

春，叔弓帥師圍費。費音祕

左傳：叔弓圍費，弗克，敗焉。平子怒，令見費人執之以為囚俘。治區夫曰：「非也。若見費人，寒者衣之，飢者食之，為之令主，而共其乏困，費來如歸，南氏亡矣。民將叛之，誰與居邑？若憚之以威，懼之以怒，民疾而叛，為之聚也。若諸侯皆然，費人无歸，不親南氏，將焉入矣？」平子從之，費人叛南氏。十四年，南蒯奔齊，司徒老祁、慮癸來歸費，齊鮑文子致之。

費，內邑也。命正卿為主將去聲，舉大衆圍其城，若敵國然者，家臣強，大夫弱也。語不云乎：有一言而可以終身行之者其恕矣夫己所不欲勿施於人所惡烏故反下同於下者無以事上也所惡於上者無以使下也然後家齊而國治去声矣季孫意如以所惡於下者事其上而不忠於其君以所惡於上者使其下而不禮於其臣出乎爾者反乎爾宜南蒯苦怪反南遺子之及此也春秋之法不書內叛反求諸己而已矣其書圍費欲著其實不沒之也

陸氏曰凡家臣以邑叛悉不書叛但書大夫圍之則邑叛可知矣且罪大夫无政而使家臣得專邑以叛也克之不書本非他国之邑也

高氏曰費季氏邑也叔弓帥師圍之見家臣之強季氏之无君也家臣以邑叛不以君命而使大夫討之如是則大夫非魯之大夫也季氏之大夫也師非魯之師也季氏之師也如是而欲討蒯不思之甚也

劉氏曰使周之王以无廢文武之法无過天之道諸侯雖大国孰敢慢諸侯必无僭天子其大夫孰陵大夫必无脅其君其陪臣孰叛故南蒯雖以費

入齊而春秋未以叛誅蒯非寬蒯弗誅也事有本末法有原省季氏未得以叛名蒯其不正相乘非一日之積正己而物正此之謂王者之術【愚按】經書師師圍内邑者五圍棘者復汶陽田而棘不服也圍費圍鄆內圍郈者家臣強而以邑叛也復本国之邑而書之如政他国之邑者譏不能修德以服其民也討本邑之叛而書之如復舊邑者譏不能正己以馭其臣也故曰治人不治反其智其身正而天下歸之

夏四月楚公子比自晉歸于楚弒其君虔于乾谿比如字谿苦兮反【穀】作溪【左傳】楚遠氏之族及遠居許圍蔡洧蔓成然皆王所不礼也因羣喪職之族啓越大夫常壽過作乱圍固城克息舟城而居之觀起之死也其子從在蔡事朝吳曰今不封蔡蔡不封矣我請試之以蔡公之命召子干子晳及郊而告之情強與之盟入襲蔡蔡公將食見之而逃觀從使子干食坎用牲加書而速行已徇於蔡曰蔡公召二子將納之與之盟而遣之矣將師而從之蔡人聚將執之辭曰失賊成軍而殺余何益乃釋之朝吳曰二三子若能死亡則如違之以待所濟若求安定則如與之以濟所欲且違上何適而可衆曰與之乃奉蔡公召二子而盟于鄧依陳蔡人以国楚公子比公子黑肱公子棄疾蔓成然蔡朝吳帥陳蔡不羮許

棄之師因四族之徒以入楚及郊蔡公使須務牟与史猈先入因正僕人殺大子祿及公子罷敵公子比爲王公子黑肱爲令尹次于魚陂公子棄疾爲司馬先除王宫使觀從從師于乾谿而遂告之且曰先歸復所後者劓師及訾梁而潰王聞羣公子之死也自投于車下曰人之愛其子也亦如余乎侍者曰甚焉小人老而无子知擠于溝壑矣王曰余殺人子多矣能无及此乎右尹子革曰請待於郊以聽国人王曰衆怒不可犯也曰若入於大都而乞師於諸侯王曰皆叛矣曰若亡於諸侯以聽大国之圖君也王曰大福不再秖取辱焉然丹乃歸于楚王沿夏將欲入鄢芋尹无宇之子申亥求王遇諸棘闈以歸王縊于芋尹申亥氏申亥以其二女殉而葬之棄疾即位殺囚衣之王衣而流諸漢乃取而葬之以靖国人他年申亥以王柩告乃改葬之【公羊傳】靈王爲无道作乾谿之臺三年不成百姓苦之諸侯怨之楚公子棄疾立方城之外以君陳蔡脅比而立之然後令于乾谿之役曰比已立矣後歸者不得復其田里衆罷而去之靈王經而死【杜氏曰】乾谿在譙国城父縣南【愚按】唐宋屬亳州今在汝寧府之南

楚師伐徐楚子次于乾谿爲之援于眘反　八　公子棄疾

君陳蔡王方城之外有覲從者率群失職以棄疾命召比于晉既至晉比而立之令于乾谿曰先至者復其田里師潰（户内反）而歸楚子經（縊也）而死或曰昭元年楚虔弑立比出奔晉十三年比歸而虔縊于棘圍（當作闈闈棘里名闈門也）則比未嘗一日北面事虔為之臣虔又弑立固非比之君矣而書曰比弑其君虔何也曰凡去國出奔而君不以為臣則晉於欒盈是也（襄二十一年欒盈出奔楚晉會諸侯于商任于沙隨以禁錮之使諸國不得受）臣不以為君則公子鱄於衛是也（襄二十七年鱄奔晉託於木門不鄉衛國而坐）若去國雖久而爵禄有列於朝出入有詔於國（見曲禮注君不絕其祖祀復立其族鄉大夫吉凶往來相赴告）不掃其墳墓不收其田里不繫（纍力追反）其宗

族即君臣之分扶問反猶在也比雖奔晉而晉人以羈待比以國底音旨祿元年子干奔晉叔向使与秦公子同食趙文子曰秦公子冨叔向曰底祿以德德鈞以年年同以尊公子不国不聞以冨使后子与子干齒辭曰臣与羈齒无乃不可乎楚之亡公子也楚又未嘗錮音固之如晉之於欒盈比又未嘗不向楚而坐如子鮮之於衛安得以爲比非楚臣而虔非比之君乎春秋書比弑其君虔明於君臣之義也資中黄氏曰比立時靈王未死使靈王若得復国則比自是首惡无疑或曰虔弑郟敖以立比之獲罪豈其無討賊之心而徒貪夫位歟曰春秋罪比不明乎君臣之義不責其無討賊之心夫比雖當次及之序而棄疾亦居楚國之常以取國言之比具五難而棄疾有五利此事之變也

〔左傳〕子干歸韓宣子問叔向曰子干其濟乎對曰取
国有五難有寵而无人一也有人而无主二也有主
而无謀三也有謀而无民四也有民而无德五也子
干在晋十三年矣晋楚之從不聞達者可謂无人族
盡親叛可謂无主无釁而動可謂无謀為羈終世可
謂无民亡无愛徵可謂无德遊五難以弒旧君誰能
濟之有楚国者其棄疾乎君陳蔡城外屬焉苛慝不
作盜賊伏隱私欲不違民无怨心先神命之国民信
之芊姓有乱必季實立楚之常也獲神一也有民二
也令德三也寵貴四也居常五也有五利以去五難
誰能害之子干之官則右尹也數其貴寵則庶子也
以神所命則又遠之其貴亡矣其寵棄矣无施於民
无援於外去晋而不送
歸楚而不逆何以冀国
為比者宜乎效死不立（本公羊）

若國有所歸爲曹子臧（成十五）魯叔肸（宣十七）不亦善乎
不然身居令尹都（居也）貴戚之卿爲（于偽反）社稷鎮亂不
自已亦可也今乃脅（肸業反）於勢而忘其守怵（雪律反）於
利而忘其義被（皮寄反）之大惡欲辭而不可得矣爲人

臣而不知春秋守經事而不知其宜遭變事而不知其權者本董子若此類是也悲夫聖人垂戒之意明矣

蘇氏曰比將爲君不曰楚比而曰公子比向也比之歸非其謀也乱始於觀從而成於棄疾以比爲名而已比迫於觀從而以身許之以致虔死則比雖不弒而弒君之名比尸之矣比之歸也虔猶在楚其不曰入何也觀從召之蔡人与之楚人不拒則比之歸无難矣孫氏曰先言歸者明比不與謀也後言弒者正比之罪也高氏曰先書比歸者明在外本无弒君之心也及其以棄疾之請遂有得位之心故復言弒者正比之首惡也既曰歸于楚又曰弒于乾谿者非比親弒之也加之罪尒比奔晉十三年矣其能一旦自外歸而弒其君乎然棄疾脅比而立虔自縊而死若比不從棄疾之脅則虔未必死棄疾不得比則无以濟其乱比見利而動遽欲爲君則成虔之縊者比也比效死不立則可矣既立又焉得辭是名哉若使人之受其名也已享其利則後世奸人爲有稽口以濟其私者莫不皆賓力焉故聖人正名比之弒君所以絕後世奸人之禍也家氏曰虔雖篡弒之賊然賊可討而不可代也代之則与之俱爲篡弒之人春秋之

義必有所不容矣始虔之簒有能仗大義而殺之求鄭敫之後而立之則殺者爲義簒者爲賊從討州吁无知之例可也及今而後殺之又代居其位不得謂之討賊矣比雖未嘗事虔然虔兄也比弟也虔君楚国比自外歸爲君而虔死不曰弑君可乎。愚按公羊云歸无恶於弑立夫弑逆大恶聖人不以妄加於人豈以无恶而称弑乎穀梁亦云言歸非弑也弑君者日不日比不弑也然里克商人陳乞之弑皆不日豈告不弑乎穀梁於許買之弑則曰日弑正卒也正卒則止不弑也或日或不日皆曰不弑若何而明之哉今考之經齊連称管至父弑諸兒而立无知爲君則書曰无知弑君晉夷臯州蒲既弑而後公子黑臀公孫周歸于晉以爲君則不書黑臀与周爲弑君也春秋以弑虔之罪歸獄於比者蓋楚共之子長則康王次虔次比次黑肱次棄疾棄疾因虔无道而謀代其位以已次居幼不足以服国人故脅比而君之而虔之殯实在比比立之後叔向謂比涉五難以弑舊君當時蓋亦以比爲首恶矣隋煬无道其臣司馬德戡裴虔通等与宇文智及弑帝推智及之兄化及而立之雖化及聞謀變色流汗迎入朝堂戰栗不能言而邵子經世書朱子綱目皆書化及弑君且不以煬帝爲弑君父之賊而未減也其得春秋書楚比之義矣楚公子棄疾殺公子比殺公作弒左傳觀從謂子干曰不殺棄疾雖得國猶受禍也子干曰余不忍也子玉曰人將忍子吾不忍俟也乃行國每夜駭曰王入矣棄疾使周走而呼曰王至矣國人大驚使蔓成然走告子干子晳曰王至矣國人殺君司馬將來矣君若早自圖也可以無辱衆怒如水火焉不可爲謀又有呼而走至者曰衆至矣二子皆自殺棄疾即位名曰熊居葬子干于訾實訾敖公羊傳比已立矣其稱公子何其意不當也其意不當則曷爲加弒焉爾比之義宜乎效死不立大夫相殺稱人此其稱名氏以弒何言將自是爲君也穀梁傳公子棄疾殺公子比當上之辭也

棄疾立比爲王而已爲司馬固君比矣而又殺之則宜書曰棄疾弒其君比而曰殺公子比何也初子干歸自晉觀從假棄疾命而召之來則來坎牲加書而強其丈反之盟則盟帥四族衆而使之入楚則入殺太子祿而立之爲王則王周走而呼好故反於國中謂衆

怒如水火而逼之自殺則自殺其行止遲速去就死生皆觀從與國人所爲而比未嘗可否之也安得爲棄疾之君乎（比未能君楚故不爲棄疾之君也）然比兄也黑肱弟也棄疾其季弟也立比爲王肱爲令尹疾爲司馬蓋國人以長（展兩反）幼之序立之也則宜書曰楚人殺比而春秋變文歸獄棄疾者誅其本意在於代比而非討之也（比篡立爲君而棄疾不以賊討比則是殺比而奪之位雖微傳其事著矣）所謂輕重之權衡曲直之繩墨而懷惡者亦無所隱其情矣

通旨問棄疾殺比何以皆稱公子曰比殺兄棄疾亦殺兄无骨肉之愛也

趙氏曰棄疾假立爲君国人心亦未服比雖立亦未如君故以兩下相殺之辭言之也不言棄疾之殺其兄比亦殺兄俱无骨肉之愛也

張氏曰公子比已爲王棄疾爲司馬則君臣若已定矣及棄疾殺比乃不以弒君書者君臣之分未定而棄疾

譎殺之也比貪爲君之利不能效死不立不得不伐首惡之罪君夫分未正而以譎殺之於曖昧之中曰之以兩下相殺可矣未可稱弒君也【高氏曰】比復稱公子而不以討賊之辭加之者非討賊也殺而代之也憫比墮棄疾之謀以深罪棄疾也棄疾本圖位而脅立比比既立遂殺而篡之改名曰居蓋弒君之人名在諸侯之策故公子圍改名虔公子棄疾改名居【陳氏曰】比蒙首惡之名則殺之宜稱人其曰楚公子棄疾殺公子比何靈王之弒棄疾爲之也則是以公子殺公子耳非討賊也書弒其君比則比疑於齐舍書楚人殺比則棄疾疑於石碏雍廪不然是兩下之獄勿書可也春秋之修辭謹矣。【愚按】公羊作弒公子比夫弒者下殺上之辭故雖里克弒君之子猶書曰殺安有書公子某弒公子某之文哉

秋公會劉子獻晉侯昭齊侯景宋公元衛侯靈鄭伯定曹伯武莒子著丘邾子莊滕子悼薛伯獻杞伯平小邾子穆于平丘【杜氏曰】刘子獻公王卿士平丘在陳留長垣縣南【張氏曰】今開封府封丘縣在東漢志尚爲平丘縣【愚按】王季子食采於刘子爵卒謚康公獻公名摯蓋康公孫也封丘縣今屬汴梁路

一七三四

按左氏晉成虒（音斯）祁諸侯朝而歸者皆有貳心齊侯往朝于晉燕而投壺曰寡人中（陟仲反）此與君代興（二十年）晉人知其亦將貳也叔向（許丈反）曰諸侯不可以不示威乃並徵會治兵于邾南甲車四千乘（繩證反）遂合諸侯于平丘方是時楚人棊横（去聲）陵蔑中華在宋之盟（襄二十七）爭晉先歃（色洽反）及虢之會（昭九）仍讀舊書遂召諸侯爲申之舉遷賴於鄢縣陳滅蔡此乃敵國外患臨深履薄恐懼省戒之時其君當倚於法家拂（音弼）士以德修國政其臣當急於責難陳善以禮格君心内結夏盟外攘夷狄復悼公之業若弗暇也今乃施（如字）施然安於不競無憤恥自強之志惟宫室臺榭是崇

是飾及諸侯皆貳顧欲示威徵會而以兵甲耀之不亦末乎春秋之法制治（去聲）于未亂保邦于未危貴事之預恥以苟成而不要（於遥反）諸道者也是以深惡（烏故反）此會如下文所貶云（劉書同盟詞繁不殺惡之大者也）明其義者然後知仲尼作經於一臺囿之築一宮室門觀（工喚反）之作必謹而書以重民力其弭亂持危固結人心之慮遠矣【張氏曰】晋平主盟內惑於寵嬖以女色蠱其心外崇建宮室以修麗夸諸侯故楚虔召諸侯而肆爲宗主吞滅親姻坐視不救及平公卒昭公立而楚虔斃乃幸楚乱欲立威以服諸侯而不知大勢已去徒治親暱本末倒置內外離心諸侯益貳此平丘之會所以益隳霸業也【陳氏曰】晋之不自強於主盟自重丘而後皆大夫亦於是復合諸侯叔向請之劉子屈之諸夏猶有屬焉而齊人不可鄭人爭承魯不預盟列國之君大夫旅見於楚晋之合諸侯由是止鄟陵之後參盟復作晋非盟主矣【愚按】晋主

夏盟不競於楚久矣以諸侯皆貳而會平丘然不能修德以感人心而徒示甲兵之威不能辨分以服人心而乃盟天子之老是以雖大合十三国之君而臨之以刘獻公文悼之會盟未有如斯之盛而卒失霸業者无其本而専事其末故也晋昭在位僅六年始會八国之大夫而不能救蔡繼會十三国之諸侯而不能振霸業其亦不足称矣

八月甲戌同盟于平丘【左傳】齊服也【穀梁傳】同者有同也同外楚也【程子傳】楚棄疾立諸侯懼之故同盟

按左氏晋將尋盟齊人不可晋侯使叔向告刘獻公曰抑齊人不盟若之何對曰盟以厎信君苟有信諸侯不貳何患焉告之以文辭董之以武師雖齊不許君庸多矣天子之老請帥王賦元戎十乘以先啓行遲速唯君叔向告于齊曰諸侯求盟已在此矣今君弗利寡君以爲請對曰諸侯討貳則有尋盟若皆用命何盟之尋叔向曰明王之制使諸侯歲聘以志業間朝以講礼再朝而會以示威再會而盟以顯昭明志業於好講礼於等示威於衆昭明於神自古以來未之或失也晋礼主盟

懼有不治奉承齊犧而布諸君求終事也君曰余必廢之何齊之有惟君圖之齊人懼對曰小國言之大
國制之敢不聽從叔向曰諸侯有間居晏反隙也下同矣不可以不
示衆辛未治兵建而不旆建立旌旗不曳其旆旆游也壬申復扶又
反下同旆諸侯畏之軍將戰則旆故曳旆以恐之辭諸魯曰寡君有
甲車四千乘在雖以無道行之猶必可畏牛雖瘠在亦
反僨方問反仆也於豚上其畏不死南蒯苦怪反子仲之憂
去年南蒯以費叛子仲奔齊庸可棄乎若奉晉之衆閒其二憂何
求而弗克請君無勤魯人聽命甲戌同盟于平丘其
書同盟者劉子與音預盟同懼楚也[illegible]首止葵丘王世子宰周公不與
盟故書諸侯盟此不書諸侯而但言同盟則劉子亦與是盟也楚棄疾立復封陳蔡而中國恐諸侯同有
懼楚之心故書同盟會與盟同地再書平丘者書之重直龍反詞

之複其中必有美惡焉見音現行事之深切著明故詞繁而不殺所賣反也是盟蓋或善之而以爲惡何哉附錄刘氏意林謂平丘與戚繼絕推其美殆与葵丘明王禁无以異故皆會盟同地而冊言之今考陳蔡之復国實由於楚而晋昭未嘗有懿德美行超絶卓異非常之迹也謂春秋美平丘過矣盟雖褒世之事然有定人道之大倫者矣僖五首止有備天子之明禁者矣僖九葵丘有束牲不歃色洽反相命而信自喻者矣同上有納斥候禁侵掠誠格而不復叛者矣襄十一會蕭魚其次猶以載書詞命相爭約於大神而不敢越者則未聞主盟中國奉承齊儀而矜其威力恐迫諸侯又信蠻夷之詐絶兄弟之歡求逞私憤間其憂疑如此盟者流及戰國強衆相誇恫徒弄反疑恐喝許曷反戰国策蘇秦云云

恣行陵暴，死者十九，積習所致，有自來矣。春秋禮義之大宗也，曾是以爲善乎？詞繁而不殺，則惡烏故反其競力不道，爲後世鑒也。家氏曰自晉楚爲成，晉之君臣自謂天下无事，偷墮苟安，无復自強之志。楚由是切霸權，虎視中夏，晉君臣畏伏而不敢呧哉二十年。今楚虔罪盈惡稔，自底覆亡，晉昭乃復爲會于平丘，号召諸夏，如病瘵沉痼之人強自支拄，人之見之者知其无能有爲。是會也，齊亦不肯受盟，晉人治兵邾南，大陳戎馬，脅而与之盟，晉亦可鄙甚矣。書同盟，譏王臣不當下同列国之盟，且譏晉人不當以兵脅諸侯而与之同盟，是所謂一書再譏也。高氏曰晉若果能与劉子大合諸侯以討楚平弒逆之罪，亦足以強中国之威矣。今但同盟于此，何所爲哉？

公不與盟。與音預。左傳邾人、莒人愬于晉曰："魯朝夕伐我，幾亡矣。我之不共，魯故之以。"晉侯不見公，使叔向來辭曰："諸侯將以甲戌盟，寡君知不得事君矣，請君无勤。"子服惠伯對曰："君信蠻夷之詞以絕兄弟之国，棄周公之後，亦唯君。寡君聞命矣。"公羊傳公不見與盟也。君子不恥不與焉。程子傳晉罪公，不使與盟，雖欲

辱公然得不與同盟之罪实為幸也

臣子之於君父隱諱其恥禮也十二國會于平丘公獨見辭不得與盟斯亦可恥矣曷爲直書其事而不隱也莊氏曰非国惡故不諱晉主此盟德則不競而矜兵甲之威肆脅持之術以諸侯上要於遥反天子之老而歃血刘献公自称天子之老曲礼五官之長曰伯自称於諸侯曰天子之老反夷狄纂立之主而結盟無禮義忠信誠慤苦角反之心而以威詐涖之具此五不韙韋鬼反者得不與焉幸也聖人筆削春秋凡魯君可恥者必爲于僞反之隱諱至會于沙隨而公不得見成十六盟于平丘而公不得與自衆人常情必深沮在呂反喪息浪反以爲辱矣仲尼

推明其故自反而縮雖晉國之嚴不可及也彼以其威我以其理彼以其勢我以其義夫何慊苦簟反乎哉直書其事示後世立身行己之道也其垂訓之用大矣

通旨 叔向之言北宮黝也魯人之言曾子守約者也魯人能言而不能信故恐而不敢與盟聖人信其義以訓後世故直書其事而不以爲諱也

高氏曰 此晉侯听邾莒之訴而辱公使不得與盟也夫晉侯与公同体當同心同力以攘夷狄而諸侯咸會乃听邾莒之妄訴与衆弃公不以比數

孫氏曰 与公同事而不同盟非所以宗諸侯也天下孰不解体故自是說會召陵諸侯復不出者二十四年如鄟陵之會晉自不出其不足以宗諸侯矣○

劉氏曰 穀梁云可以與而不與譏在公也非也公於晉唯令之從豈其獨能違衆不盟乎推穀梁之意以与爲相与之与推春秋之意以与爲與及之与

愚按 或謂春秋揭公於不與盟之上則是不與盟之意主於魯非也沙隨之不見公不可言公不見而平丘之不與盟不可言諸侯不盟公此屬辭之体也荀曰魯昭不肯與盟則其會諸侯于平丘果何爲乎

昭

晉人執季孫意如以歸【左傳】晉人執季孫意如以幕蒙之使狄人守之司鐸射懷錦奉壺飲冰以蒲伏焉守者御之乃與之錦而入晉人以平子歸子服湫從

稱人以執非伯討也【公羊】僖四自文以來公室微弱三家專魯而季氏罪之首也宿及意如尤爲強逼元年伐莒彊鄆十年伐莒取郠古杏反【左傳】爲取郠故晉將以諸侯來討乃並徵會中分魯國以自封殖而使其君民食於家其不臣甚矣何以爲非伯討乎晉人若按邾莒所訴有無之狀究南蒯子仲奔叛之因告於諸侯以其罪執之請於天子以大義廢之選於魯卿更音庚意如之位收斂私邑爲公室之民使政令在君三家臣順則方伯之職修矣今魯與邾通好呼報反亦不朝夕十一年貜會邾子盟祲祥伐莒

而鄆鄆之救又非昭公意也徒以邾莒之言曰我之不共（音恭謂不供晉貢）魯故之以遂辭魯君而執意如則是意在貨財而不責其無君臣之義也何得爲伯討乎稱人以執罪晉之偷也（【愚按】沙隨不見公則執行父平丘公不得與盟則執意如晉人固知季氏之專魯政矣惜乎汩於私欲但知以覊令威魯而不能以覊政於季氏是以徒能辱魯君而季孫得逭其討由晉之諸卿專權而庇強家故也）

公至自會（【公羊傳】公不見與盟大夫執何以致會不恥也【臨川吳氏曰】公雖不與同盟然已與平丘之會矣故以會致）○蔡侯（平）廬歸于蔡陳侯（惠）吳歸于陳（【公羊傳】此皆滅國也其言歸何不與諸侯專封也【穀梁傳】此未嘗有國也使如失國辭然者不與楚滅也）

楚虔遷六小國（許胡沈道房申）於荊山又滅陳蔡而縣之及棄疾即位復諸遷國封蔡及陳隱太子有之子廬歸

于蔡悼大子偃師之子吳歸于陳（據左傳）曰歸者順詞也陳蔡昔皆滅矣不稱復歸者不與楚虔之得滅也其稱歸于昔國其所宜歸也（【陸氏曰】使若有國自歸者也）廬與吳皆亡世子之子也而棄疾封之可謂有奉矣不言自楚者不與楚子之得封也（【蜀杜氏曰】不言自楚不使夷狄得專之）其稱侯者位其所固有也（【常山劉氏曰】陳蔡者先王之封國非楚可滅非楚可復也故書爵書歸言二國之嗣位其所固有國其所宜歸也一君名者蔡非諸侯至此始立也【高郵孫氏曰】楚靈不道暴滅陳蔡而平王始依陳蔡之國藉以發難今既得立遂復陳蔡以報其功暴靈之惡而歸恩於己以說中國春秋不言歸自楚者見二國之復乃自當復非夷狄得滅而復之也）陳列聖之後蔡王室之親見滅於楚虔而諸侯不能救復（扶又反）封於棄疾而諸侯不能與（音預）是以夷狄制諸夏也聖人至

是懼之甚蓋有不得已焉制春秋為後法大要皆天子之事也其義則以公天下為心興滅國繼絶世異於自私其身欲擅而有之者也據秦始分天下為郡縣不封建故書法如此為天下國家而不封建欲望先王之治去声難矣【孫氏曰】聖王不作諸侯不振二国之命制在夷狄孔子以陳蔡自歸為文所以抑強夷而存中国也【臨川吳氏曰】楚虔滅陳蔡而并其土地廬蔡靈之孫吳陳哀之孫當有其国而為君者也故其復国也書国書爵書名如失国之君歸其国然實亦歸而篡国者也不當有国故不係国○【愚按】齊桓之存亡国春秋雖不予以專封之權猶不沒其救患之美故書城楚丘城緣陵而不書城衛杞也楚虔滅陳蔡而棄疾復其国春秋既不予以擅權而專封亦不予其悔過而繼絶故止書蔡平陳惠之歸其国而不言自楚歸若二国之自能因其復焉爾公穀以為二国之復出於平丘之諸侯夫致憖之大夫欲救蔡而不能救豈以陳蔡之地既入于楚中国諸侯不與兵伐楚而遽能復之耶【資中黄氏曰】二君歸国是以入国未告之詞

則楚之復二君在盟以前矣若以二君歸爲晉昭盟之功則其歸當在九月十月今盟後使書歸未聞盟之功如此神使也

冬十月葬蔡靈公【陸氏曰】國復乃葬凡三十有一月。【劉氏曰】穀梁云不与楚滅且成諸侯之事非也楚本不當滅蔡則蔡雖滅非滅也不爲諸侯而成之也【通旨】夫不与楚滅使蔡侯得以禮葬其祖信矣葬自內錄我有往則書而靈公者即世子般也前葬其父今葬其身於此見恩意之施於般厚矣不以其有罪明矣乃以此爲成諸侯之事殆非春秋之意乎

○公如晉昭至河乃復【左傳】公如晉荀吳謂韓宣子曰諸侯相朝講舊好也執其卿而朝其君有不好焉不如辭之乃使士景伯辭公于河【愚按】公之如晉蓋以請季孫也既不得與平丘之同盟而猶欲託朝之禮以請其臣其失進退之義亦甚矣宜其見辭於晉而不得入也

○吳夷末滅州來【左傳】吳滅州來令尹子期請伐吳王弗許曰吾未撫民民人未事鬼神未脩守備未定國家而用民力敗不可悔州來在吳猶在楚也子姑待之【高氏曰】成六年吳入州來蓋本楚屬也至是取之春秋詳楚伐吳畧吳伐楚而志其甚者滅州來是也吳人以州來封季子

之後又以遷蔡焉【王氏曰】州來本近楚小国楚嘗取以爲附庸及兹楚亂吴遂出其不意而滅之不書帥師不書侵伐以見其滅之之易也

【癸酉】景王十七年 **十有四年**【晉】昭四【齊】景二十【衛】靈七【蔡】平二【鄭】定二【曹】武二十七卒【陳】惠二【杞】平八【宋】元四【秦】哀九【楚】平王居元年【吴】夷末十六 **春意如至自晉** 穀梁傳大夫執則致致則名意如惡然而致見君臣之禮也

按左氏季孫猶在晉子服惠伯私於中行戶剛反穆子曰魯事晉何以不如夷之小國土地猶大所命能具若爲于僞反下同夷棄之使事齊楚何瘳勑留反於晉乃歸季孫其始執之爲之邾莒之供音恭而非有扶弱擊强之義也其終歸之爲土地猶大所命能具而非有不能救蔡爲夷執親之悔也穆子告韓宣子曰楚滅陳蔡不能救而爲夷執親將

(焉用之)然則晉人喜怒皆以利發其勸沮(在呂反)皆以利行達道甚矣故平丘之會深加貶斥自是而後諸侯不合二十餘年至于召陵又以賄敗(定四荀寅求貨於蔡侯弗得乃辭蔡侯)十有八國之諸侯而書侵楚以譏之於是晉日益衰外攜(離也齊鄭魯衛)內叛(趙鞅荀寅士吉射)不復(扶又反)振矣利之能敗人國家乃如此春秋之深戒也(陳氏曰大夫不致必見執也而后致亦危之也孫氏曰至名不稱氏前見也○劉氏曰左氏以舍族爲尊晉罪巳非也一事再見卒名耳魯本无罪何罪巳之有)

三月曹伯勝卒(武公也在位二十七年子須嗣是爲平公)○夏四月○秋葬曹武公○八月莒子去疾卒(去起呂反著丘公在位十四年子郊公嗣)

卒自外錄者也莒人來赴故魯史書其卒葬自內錄

者也魯人不往是以闕其葬自昭公以來雖薛杞微國無不會其葬者（六年葬杞文公，二十四年葬杞平公，三十一年葬薛獻公）何獨於莒則不往乎方是時意如專政而莒嘗訴其疆鄆取鄆（古杳反）之罪於方伯而見執矣為（于僞反）是怨莒故獨不會其葬也夫怨不棄義怒不忘親怒不廢禮在桓公時雖與衛戰而宣公卒則往葬之（襄十八年同圍齊，十九年猶葬靈公）不以私故絕吉凶慶弔往來施（式智反）報之常禮也以此見意如之專恣矣若意如者其傲很修怨敢施於昭公與莒子及其在晉聞除館西河則恐懼逃歸（【左傳】子服惠伯曰合諸侯而執其老若猶有罪死命可也若曰無罪而惠免之請從君惠於會韓宣子患之謂叔向曰子能歸季孫乎曰鮒也能乃使叔魚叔魚見季孫曰昔鮒也得罪於晉君自歸於魯君

微武子之賜不至於今敢不盡情歸子而不歸財也聞諸吾子為子除館於西何其若之何且位平子懼先歸[illegible]陵伯待礼如

一匹夫何也小人無禮喜怒勇怯不中仲反

節皆若是耳苟不遠于萬反**之其能國乎**

冬莒殺其公子意恢

恢苦回反【左傳】著丘公卒郊公不戚国人弗順欲立著丘公之弟庚輿蒲餘侯惡公子意恢而善庚輿郊公惡公子鐸而善於意恢公子鐸因蒲餘侯而与之謀曰尔殺意恢我出君而納庚輿許之蒲餘侯茲夫殺公子意恢郊公奔齊公子鐸逆庚輿於齊齊隰黨公子鉏送之有賂田【穀梁】

【傳】莒无大夫而曰公子意恢意恢賢也【高郵孫氏曰】公穀皆以爲曹莒無大夫蓋曹莒小国其大夫之位才當大国之士春秋諸侯之士皆不書名故曹莒大夫之名不見於經其有事繫懲勸法當書者則雖賤而名之邾婁其黑肱莒牟夷意恢是也【陳氏曰】書殺意恢以非其罪也【王氏曰】意恢之死罪累上也故以国殺為文而不去其族【襄陵許氏曰】公子鐸首乱而无見焉者韓愈曰春秋書王法不誅其人身此類皆所以表見王道若鐸不書者多矣

甲戌景王十八年 十有五年 晉昭五 齊景二十一 衛靈八 蔡平 鄭定三 曹平公須元年 陳惠三 杞平九 宋元五 秦哀十 楚平二 吳夷末十七卒 春王正月吳子夷末卒 公作夷昧在位十七年子僚嗣 ○二月癸酉有事于武宮籥入叔弓卒去樂卒事 籥羊略反去起呂反 左傳將禘于武公戒百官梓慎曰禘之日其有咎乎吾見赤黑之祲非祭祥也喪氛也其在涖事乎癸酉禘叔弓涖事籥入而卒去樂卒事禮也

左氏曰禘于武宮 杜氏曰 武宮魯武公廟成六年復立 叔弓涖 音利 事籥入而卒去樂卒事有事於宗廟聞大夫之喪則去樂而祭可乎按曾子問君在祭不得成禮者夫子語 魚據反 之詳矣 曾子問 諸侯祭社稷俎豆既成聞天子崩后之喪君薨夫人之喪孔子曰廢 而無有及大臣若是知祭而去樂不可也有事於宗廟遭大夫之變則以聞可乎按禮衛有大 音泰 史柳莊寢

疾君曰若疾革居力反急也雖當祭必告見擅弓是知祭而以聞不可也禮莫重於當祭大夫有變而不以聞則內得盡其誠敬之心於宗廟外全隱恤之意於大臣是兩得之也然則有事於宗廟大臣涖事籥入而卒於其所則如之何禮雖未之有可以義起也禮運禮雖先王未之有可以義起有事於宗廟大臣涖事籥入而卒於其所去樂卒事其可也緣先祖之心見大臣之卒必聞樂不樂音洛緣孝子之心視已設之饌必不忍輕徹直列反故去樂而卒事其可也宗廟合禮者常事不書苟以爲可則春秋何書乎此記禮之變而書之者也家氏曰祭者主於誠慤不貳事者也故當祭雖大夫之喪不得以聞衛臣柳莊疾革其君必使以告爲之變其常也

叔弓預於祭猝有疾而死則君爲之撤樂卒事可也若叔弓自歿於其家如柳莊之比則當待祭畢而後告不當以卑而廢尊春秋書之記禮之變其常耳此与襄仲之卒去籥其禮不同不可引以爲證也**高氏**曰成六年立武宮非禮也此有事于武宮則知自立宮之後祭之如親廟方其祭也而叔弓涖事籥入而卒此豈雉鼎之變而已哉○**啖氏曰**穀梁言大夫之卒雖當祭禮皆告于君按宗廟大事大夫卒小事以理言之應待祭畢又禮記稱衛侯曰柳莊若非寡人之臣也社稷之臣也如其卒雖當祭必告攝此足明常礼不告**劉氏曰**公羊云君有事于廟聞大夫之喪去樂卒事非也曾子問君在祭不得成礼者幾仲尼語之詳矣而不及此此所以知其非也**趙氏曰**左氏云禘于武宮僖宮襄宮盖見經中禘于莊公以爲諸朝合行之故妄云尒**愚按**有事武宮乃春祠之祭而不書祭名者以叔弓之卒去樂卒事變礼而書之非時祭之失故止曰有事而不曰祠也左氏以禘爲四時之祭遂誤以爲禘耳

夏蔡平朝吳出奔鄭朝如字**公**作昭无出字**左傳**楚費无極害朝吳之在蔡也欲去之乃謂之曰王唯信子故處子於蔡子亦長矣而在下位辱必求之吾助子請又謂其上之人曰王唯信吳故寘諸

蔡二三子莫之知也而在其上不亦難乎弗圖必及於、難蔡人逐朝吴吴出奔鄭王怒曰余唯信吴故寘諸蔡、且微吴吾不及此女何故去之無極對曰吴在蔡蔡必速飛去吴所以翦其翼也孫氏曰朝吴故蔡大夫公孫声子归生之子

朝吴蔡之忠臣雖不能存蔡而能復蔡其從於棄疾者謂蔡滅而棄疾必能封之也棄疾以其忠於舊君而信之使居舊國可謂知所信矣則曷爲出奔費扶味反無極害其寵也無極楚之讒人去起呂反下同朝吴出蔡侯朱昭二十一年喪息浪反太子建殺連尹奢並昭二十年屏必井反王耳目使不聰明昭二十七年沈尹戌云云平王之温惠共儉有過成莊无不及焉所以不獲諸侯迩无極也卒使吴師入郢辱及宗廟讒人爲亂可不畏乎爲國有九經而尊賢爲上勸賢有四事而

去讒爲首本中肅志朝吳出奔而入郢之師兆矣然朝
吳身居舊國處危疑之地苟有譖之者則王不能無
動也能以忠信自任而杜讒諂之謀則善矣而費無
極皆語魚據反之曰子亦長展兩反矣而在下位辱也欲
爲于僞反之請以名利累劣僞反其心而莫之覺不智亦
甚矣故特書其出奔以罪吾爲後戒也

六月丁巳朔日有食之○秋晉昭荀吳帥師伐鮮虞左傳

荀吳帥師伐鮮虞圍鼓鼓人或請以城叛穆子弗許曰或以吾城叛吾所甚惡也人以城來吾獨何好焉欲城而迩奸所喪滋多使鼓人殺叛人而繕守備圍鼓三月鼓人告食竭力盡而後取之克鼓而反以鼓子載鞮歸

晉滅潞氏甲氏及再伐鮮虞皆用大夫爲主將去声而
或稱人或稱國或稱其名氏何也宣十五荀林父滅潞称晉師宣十六

士會滅甲氏留吁称晉人昭十二荀吴伐鮮虞称晉此年及定四年五年士鞅伐圍鮮虞哀六年趙鞅伐
鮮虞皆称將称帥師以殄滅為期而無矜惻之意則稱人見利
忘義而以狄道欺詐行之則稱國以正兵加敵而不
納其叛臣則稱名氏夫稱其名氏非褒之也纔免於
貶爾而春秋用兵禦狄之略咸見音現矣蜀杜氏曰前既狄之今不
復貶者春秋擇其重者而為之辭陳氏曰嘗狄晉矣則荀吴何以无貶於初伐敍餘實録而已矣

冬公如晉昭左傳平丘之會故也臨川吴氏曰平丘之會公不與盟大夫被執公既往朝而不見納
辱亦甚矣至此又往朝焉蓋畏大国不敢以辱為耻也

乙亥景王十九年

十有六年晉昭六卒齊景二十二衞靈九蔡平四鄭定四曹平二陳惠四杞平十
十宋元六秦哀十一楚平三吳僚元年

春齊侯景伐徐左傳齊侯伐徐師至于蒲隧徐人行
成徐子及郯人莒人會齊侯盟于蒲隧賂以甲父之鼎
叔孫昭子曰諸侯之无伯害哉齊君之无道也興師而

伐遠方會之有成而還莫之亢也无伯也夫(襄陵許氏曰)景公之時吳楚方爭晉既不能遠畧以齊之強務德修政以通天下之志糾合諸侯復霸可也而區區務爭徐伐莒之利志亦卑矣(家氏曰)徐之封在齊南鄙桓公之霸楚成伐徐桓公躬率諸侯盟于牡丘次于匡以救之又出偏師伐厲以攻其所必救非但為徐計亦自為齊計也今齊景聘晉霸而不能志其遠者乃伐徐以為左右望之計視桓公之保徐有愧多矣(愚按)楚虔之立徐嬰從楚伐吳昭十二年楚以為貳於吳而圍之蓋徐實楚之与国也此年盟蒲隧而遂与齊踰十五年吳卒滅徐徐則甲父之鼎固不足以保徐之社稷也○**楚子**平**誘戎蠻子殺之**(公)作戎曼音蠻後同(左傳)楚子聞蠻氏之亂也与蠻子之无質也使然丹誘戎蠻子嘉殺之遂取蠻氏(公羊傳)楚子何以不名夷狄相誘君子不疾也若不疾乃疾之也(杜氏曰)河南新城縣東南有蠻城(張氏曰)今伊闕縣即新城(愚按)今河南府新安縣

楚子之誘一也或名十一年楚子虔誘殺蔡侯書名或不名者虔欲滅中國而棄疾討蠻氏謹華夷之辨也(范氏曰)楚子不名戎蠻子

非中国故蔡侯與孌子之見殺一也或名不名者蔡般音班弒父與君孌氏亂而無質信也其罪之輕重亦差楚宜反矣蘇氏曰楚子誘蔡侯殺之書月書日書名書地以夷狄害中国疾之也誘殺戎蠻皆不書夷狄相殘畧之也家氏曰楚大蠻小皆以子稱以見四夷雖有大小強弱之不同而於周班皆為子不得擅相侵陵況誘而殺之乎

夏公至自晉

左氏曰公如晉平丘之會故也至是始歸者晉人止公其不書諱之也昭公數色角反朝于晉三至于河而不得入十二年莒人愬取郠十三年平丘不與盟執意如士文伯辭公二十一年辭將伐鮮虞推二十三年有疾乃復二年辭弔少姜非朝又兩得見晉侯又欲討其罪而止旃之然反五年如晉莒人愬受牟夷欲止公范獻子諫乃歸公其國辱亦甚矣

在易之困曰困亨者因困窮而致亨也【朱子本義】困者窮而不能自振之義身雖困而道則亨也夫相於心衡衡与横同於慮而後得徵知陵反於色發於聲而後喻此正憤房粉反悱芳匪反自強之時而夏少詩照反康【哀元】少康逃奔有虞有田一成有衆一旅能布其德以收夏衆復禹之績衛文公【閔二】衛文公大布之衣大帛之冠季年革車三百乘越句踐【史】句踐保棲於會稽嘗膽報吳燕於賢反昭王【史】昭王於破燕之後卑身厚幣以招賢者用樂毅敗齊四君子者由此其選息轉反謂在倫等最上也今昭公安於危辱無激昂勉勵之志即所謂自暴自棄不可與有為而人亦莫之告矣不亦悲乎諱而不書深貶之也【愚按】公行一百七十有六惟僖公十七年十二月會淮明年九月書至襄公二十八年十一月如楚明年五月書至昭公去年冬如晉今年夏書至皆受制於大國踰二時而始返雖不書晉人止公考其時則微傳而事著矣

秋八月己亥晉侯夷卒昭公也在位六年子去疾嗣是爲頃公○九月大

雩左傳旱也○季孫意如如晉臨川吳氏曰卿共葬事畏晉也冬十月葬晉

昭公杜氏曰三月而葬速

丙子景王二十年十有七年晉頃公去疾元年齊景二十三衛靈十一蔡平五鄭定五曹平三陳惠五杞平十一宋元七秦哀十二楚平四吳僚二春小邾子穆來朝左傳小邾穆公來朝公与之宴愚按三年小邾穆公來朝至是十有五年再朝于昭公也○夏六月甲戌朔日有

食之左傳祝史請所用幣叔孫昭子曰日有食之天子不舉伐鼓於社諸侯用幣于社伐鼓於朝禮也平子禦之曰止也唯正月朔慝未作日有食之於是乎有伐鼓用幣其餘則否大史曰在此月也平子弗從昭子退曰夫子將有異志不君君矣杜氏曰正月建巳正陽之月於周爲六月於夏爲四月○秋郯子

來朝左傳公与之宴昭子問焉曰少皞氏以鳥名官何故也郯子曰吾祖也我知之昔者黃帝者以雲紀故爲雲師而雲名炎帝氏以火紀故爲火師而火名共工氏以水紀故爲水師而水名大皞氏以龍紀故爲龍

師而龍名我高祖少皞摯之立也鳳鳥適至故紀於鳥師而鳥名自顓頊以來不能紀遠乃紀於近為民師而命以民事則不能故也仲尼聞之見於郯子而學之曰天子失官學在四夷猶信【家氏曰】周魯俱衰典章闕壞而遠方小国之君乃知前古官名之沿革盡録之也【王氏曰】世亂礼廢而博學多識之士猶有存者有王者作皆可用為政故仲尼嘆中国寡陋不若夷狄之有人也

○八月晉（頃）荀吳帥師滅陸渾之戎（渾户門反【左傳】晉侯使屠蒯如周請有事於雒与三塗萇弘謂刘子曰客容猛非祭也其伐戎乎陸渾氏甚睦於楚必是故也君其備之乃警戎備晉荀吳帥師涉自棘津使祭史先用牲于雒陸渾人弗知師從之遂滅陸渾數之以其貳於楚也陸渾子奔楚其衆奔甘鹿周大獲宣子夢文公携荀吳而授之陸渾故使穆子帥師獻俘于文宮）

林父之於潞氏（宣十五）士會之於甲氏（宣十六）荀吳之於陸渾戎皆滅之也而林父士會稱師稱人荀吳舉其名氏何哉夷不亂華陸渾之戎密邇王室而縱之雜

夔則非膺戎狄別筆列反內外之義也與關土服遠以圖強霸則異矣然舉其名氏非褒詞也絕得無貶耳則窮兵於遠虛內事外者可知矣【高氏曰】宣三年楚子伐陸渾之戎自是陸渾睦於楚而爲中国之害至是荀吳㓕之【愚按】戎居諸夏之區區中国之大害也晉武不能徙戎卒至於神州陸沉則中行穆子之㓕陸渾猶可褒矣然陸渾之戎本居秦晉之西北在荒服之外自僖之二十二年晉乃与秦迁之於伊川侵逼王畿則是晉人始謀不臧之過也今也与楚爭強掩其不備而滅之蓋不足以贖前過矣奚可褒之有哉

冬有星孛于大辰孛音佩又音勃【左傳】有星孛于大辰西及漢申須曰彗所以除舊布新也天事恒象今除於火火出必布焉諸侯其有火災乎梓慎曰火出於夏爲三月於商爲四月於周爲五月夏數得天若火作其四国當之在宋衛陳鄭乎宋大辰之虛也陳大皞之虛也鄭祝融之虛也皆火房也星孛及漢漢水祥也衛顓頊之虛也故爲帝丘其星爲大水水火之牡也其以丙子若壬午作乎不過其見之月【公羊傳】

孛者何彗星也大辰者大火也何以書記異也[穀梁傳]濫于大辰也大辰心也[左傳]襄九心爲大火[爾雅]大火謂之大辰[孔氏正義]大火蒼龍宿心以候四時故曰辰

心爲明堂天子之象其前星太子後星庶子[春秋元命包]心三星五度有天子明堂布政之宮[史]天官書心爲明堂大星天王前後星子屬[前]五行志心天子之象也天文志心三星天王正位也中星曰明堂天子位爲大辰前星爲太子後星爲庶子孛星加心象天子適[丁歷反]庶將分爭也[何氏曰]心者天子明堂孛彗者邪乱之气掃故置新之象是後周分爲二天下兩主後五年景王崩王室亂劉子單[音善]子立王猛尹氏召[音邵]伯立子朝歷數[所具反]載而後定[昭二十二年王室乱二十六年敬王入成周王子朝奔楚三十二年城成周王室始寧]至哀十三年有星孛于東方不言宿[夙又反]名者不加宿也當是時吳人僭亂憑陵上國日敝於兵暴[蒲卜反]骨茹

彗芒黨反哀元陳逢滑云云其妖氣所感因將壅吳而降之罰也故氛祲子鴆反所指在於東方假手越人吳國遂滅天之示人顯矣史之有占明矣宋氏曰大辰大火周木德火將出木將焚掃舊布新之象天人之際此其見乎

楚平人及吳僚戰于長岸左傳吳伐楚陽匄爲令尹卜戰不吉司馬子魚曰我得上流何故不吉我請改卜令曰魴也以其屬死之楚師繼之尚大克之吉戰于長岸子魚先死楚師繼之大敗吳師獲其乘舟餘皇使隨人與後至者守之吳公子光請於其衆曰喪先王之乘舟豈唯光之罪衆亦有焉請藉取之以救死使長鬣者三人潛伏於舟側曰我呼餘皇則對師夜從之三呼皆迭對楚人從而殺之楚師亂吳人大敗之取餘皇以歸公羊傳詐戰不言戰其言戰何敵也胡氏曰長岸楚地張氏曰水戰也言戰不言敗勝負敵也楚先勝吳吳後復勝楚楚地五千里帶甲數所具反十萬戰勝諸侯威服天下本非吳敵也惟

不能去（起呂反下同）讒賊貨使費（扶味反）無極以讒勝囊瓦以貨行而策士奇才爲敵國用（如嚭巫伍員之類）故日以侵削至雞父之師七國皆敗（昭二十三）柏舉之戰國破君奔（定四）幾於亡滅吳日益強而楚削矣是故爲國必以得賢爲本勸賢必以去讒賊貨爲先不然雖廣土衆民不足恃也攷其所書本末強弱之由其爲後世戒明矣【陳氏曰】此楚令尹陽匄也書人吳公子光也書國畧之也楚之君大夫不見於春秋者十八年而吳入郢矣五年吳嘗敗楚于鵲岸不書六年敗楚于房鍾不書又伐吳而已於是始書戰則以吳楚敵言之也。【劉氏曰】穀梁云進楚子故曰戰非也戰則云戰敗則云敗豈擇於吳楚哉且楚與中國並久矣豈至此而進之哉

【丁丑】景王二十一年

十有八年（【晉】頃二【齊】景二十四【衞】靈十一【蔡】平六【鄭】定六【曹】平四卒【陳】惠六【杞】）

平十二宋元八秦哀十二楚平五吳僚二春王三月曹伯須卒平公也在位四年子午嗣是爲悼公○夏五月壬午宋元衛靈陳惠鄭定災左傳五月火始昏見丙子風梓慎曰是謂融風火之始也七日其火作乎戊寅風甚壬午大甚宋衛陳鄭皆火數日皆來告火公羊傳記異也異其同日而災也外異不書此爲天下記異也穀梁傳其志以同日也其日亦以同日也

按左氏鄭災子產臨事而備至于書焚室記所焚之户數而寬其賦稅而寬其征與之材三日哭國不市使行人告於諸侯宋衛皆如是陳不救火許不弔災君子以是知陳許之先亡也初裨婢支反竈言於子產宋衛陳鄭將同日火若我用瓘古乱反斝古雅反玉瓚才旦反注服氏曰瓘珪也斝玉爵也瓚勺也欲以禳火鄭必不火子產弗與及鄭既災竈曰不用吾言鄭又將火鄭人請用之子產不可曰天道遠人

道邇非所及也何以知之【穀梁】子産曰天者神子惡知之是人也亦不復扶又反下同火裡竈所言蓋以象推非妄也而鄭不復火者子産當國方有令政此以德消變之驗矣是知吉凶禍福固有可移之理古人所以必先人事而後言命也【胡氏曰】四国同日而災非人所能為也其序宋衛陳鄭春秋之正也同德則尚爵同爵則尚親

六月邾莊人入鄅鄅音禹【左傳】鄅人藉稻邾人襲鄅鄅人將閉門邾人羊羅攝其首焉遂入之盡俘以歸鄅子曰余无歸矣從帑于邾邾莊公反鄅夫人而舍其女【汪氏曰】鄅妘姓国在瑯琊開陽縣【張氏曰】今沂州臨沂縣【愚按】沂州今屬益都路書以惡邾且為宋公伐邾起也【義見明年宋伐邾】○秋葬曹平公○冬許悼遷于白羽【左傳】楚左尹王子勝言於楚子曰許於鄭仇敵也而居楚地以不禮於鄭晉鄭方睦鄭若伐許而晉助之楚喪地矣君盍迁許許不專於楚葉在楚国方城外之蔽

也楚子謚使王子勝迁許於析實白羽【張氏曰】白羽一名析楚邑今鄧州内鄉縣【杜氏曰】自葉迁也畏鄭而樂迁故以自迁為文【通旨】本所以存許非強之也【高氏曰】許至是三迁矣【毘陵】昭九年許迁于夷十三年楚平立復封陳蔡而許亦迁葉故今自葉而迁亦鄧州今屬汴梁路

【戊寅】景王二十二年 十有九年 【晉】頃二【齊】景二十五【衛】靈十二【蔡】平七【鄭】定七【曹】悼公午元年【陳】惠七【杞】平十二【宋】元九【秦】哀十四【楚】平六【吳】僚四 春宋公元伐邾莊

按左氏宋公伐邾圍蟲取之而經不書圍與取何也初鄅人藉稻邾人襲鄅盡俘之鄅子曰余無歸矣從帑音奴於邾邾子反其夫人而舍如字其女夫人宋向舒亮反下同戌音恤之女也故向寧向戌子請師圍蟲取之盡歸鄅俘邾人鄅人徐人會宋公同盟于蟲此所謂聲罪執言之兵歸鄅之俘其善意也故書伐邾而釋其取邑之罪此亦善

去声善長惡烏故反惡短之義公羊君子之善善也長惡惡也短高氏曰天下无霸而宋元於此一正入鄭之亂是以春秋錄而進之家氏曰凡書爵而書侵伐者多貶此繼鄭人入鄭而書宋公伐鄭則与宋公之討有罪也王氏曰因其臣之秋請而與師伐國當時列國之政大夫專之故也

夏五月戊辰許世子止弑其君買公羊傳止進藥而藥殺也曷為加弑譏子道之不盡也樂正子春之視疾也復加一飯則脫然愈復損一飯則脫然愈復加一衣則脫然愈復損一衣則脫然愈止進藥而藥殺是以君子加弑焉尔穀梁傳曰弑正卒也正卒則止不弑也不弑而曰弑責止也止曰我与夫弑者不立乎其位以与其弟虺哭泣歠飦粥嗌不容粒未踰年而死故君子即止自責而責之也愚按悼公在位二十四年世子止之弟斯立是為元公

按左氏許悼公瘧魚畧反戊辰飲世子止之藥卒世子奔晉書曰弑其君者止不嘗藥也文王世子疾之藥必親嘗之古者醫不三世不服其藥見曲礼夫子之所慎者三疾居其一

【朱子注】疾吾身之所以死生存亡者不可以不謹也季康子饋藥曰丘未達不敢嘗【楊氏曰】謹疾也敬慎其身如此也而於君父可忽乎君有疾飲藥臣先嘗之父有疾飲藥子先嘗之曲礼蓋言慎也止不擇醫而輕用其藥藥不先嘗而誤進於君是有忽君父之心而不慎矣【通旨曰】悼公不起是飲非其藥而致卒也止不嘗藥是有忽君父之心而不敬也樂正子下堂傷足而有憂色跬步之間而不敢忘父母況父母之疾而可輕之乎自小人之情度待洛反之世子弒君欲速得其位襄公二十六年宋伊戾譖太子將爲乱公曰爲我子是何求對曰欲速而止無此心故曰我與音預夫弒者不立乎其位哭泣歠昌悅反飦之然反粥嗌音益喉也咽不容粒未逾年而卒無此心故被皮寄反以大惡而不受自君子聽治也之止不嘗藥是忽君父

之尊而不慎也而止有此心忽君父之尊而不慎此篡弑之萌堅冰之漸而春秋之所謹也有此心故加以大惡而不得辭書許世子止弑君乃除惡於微之意也而或者顧以操刃而殺與不躬進藥又進藥而不嘗三者罪當殊科疑於三傳之說則誤矣歐陽公辨三傳論止爲真弑必若此言夫人而能爲春秋矣待於聖筆乎墨翟兼愛豈其無父楊朱爲于僞反我豈其無君孟軻氏辭而闢之以爲禽獸逼人人將相食後世推明其功不在禹下【韓文】未有識其過者知此說則知止不嘗藥春秋以爲弑君之意矣【陸氏曰】世子君之貳也許其進藥則乱臣賊子得容其奸矣故聖人罪止一人以絶萬世之禍也【張氏曰】藥劑所以致人之死者非一端姑以瘧言之今之治

瘧以砒煅而餌之多愈然煅不得法而反殺人者多矣悼公之死以此類也然止以弒書何也孟子曰殺人以挺與刃有以異乎曰無以異也以刃與政有以異乎曰無以異也進藥而藥殺可不謂之弒哉其所以異於商臣蔡般者過與故不同耳心雖不同而春秋之文一施之者以臣子之於君父不可過也**蘇氏**曰今律和御藥誤不如法者死蓋春秋之遺意也**番易萬氏曰**許止之事雖若可恕万一後世臣子幸君父之疾進藥以斃之而自附於不知嘗藥之義是啓之為亂原也**陳氏曰**哀姜慶父弒閔公書曰公薨夫人姜氏孫于邾公子慶父出奔莒則罪人斯得矣許悼公飲世子止之藥而卒世子奔晉世子止誠不嘗藥爾春秋將為後人戒書曰世子止弒其君不言奔可也○**劉氏曰**穀梁云曰弒正卒也非也州吁無知督万商臣趙盾歸生夏徵舒崔杼甯喜弒君皆書日可云皆正卒乎春秋褒貶豈不明待日月而後見之此泥而不通也

己卯地震

愚按經書地震者五昭公之世再見此年及二十三年是也夫地道安靜以震動為反常之異臣道共順以悖逆為犯上之惡是時季孫強僭已甚天之示變欲人君之有所警而以德銷之也昭公漫

不知省邕遁及於難悲夫○秋齊景高發帥師伐莒共【左傳】齊高發伐莒莒子奔紀鄣使孫書伐之初莒有婦人莒子殺其夫已爲嫠婦及老託於紀鄣紡焉以度而去之及師至則投諸外或獻諸子占子占使師夜縋而登登者六十人縋絕師鼓譟城上之人亦譟莒共公懼啓西門而出齊師入紀【高氏】【曰】莒不事齊故【愚按】齊景爭伯之心不下於僖桓而徒計近功汲汲焉有事於徐莒以晏子之賢爲之輔佐而亦不能有所匡正則所謂以其君顯者何足稱哉○冬葬許悼公【公羊傳】賊未討何以書葬不成于弒也曰許世子止弒其君買是君子之听止也葬許悼公是君子之赦止也赦止者免止之罪辭也【程】【子傳】蔡般許止疑同故書葬

何以書葬穀梁子曰不使止爲弒父也其說曰子既生不免乎水火母之罪也羈貫成童【范氏曰】羈貫謂交午剪髮以爲飾成童八歲以上【內則】三月之末剪髮爲鬌男角女羈不就師傅父之罪也就師學問無方心志不通身之罪也心志既通而名譽

不聞友之罪也名譽既聞有司不舉有司之罪也有司舉之王者不用王者之過也許世子止不知嘗藥累劣偽反及許君也【說氏曰】許君不授子以師傅使不識嘗藥之義故累及之觀止自責可謂有過人之質矣乃至以弒君獲罪此為人臣子而不知春秋之義者也【子】本【董】古者太子自其初生固舉以禮桓六以太子生之礼舉之接以太牢卜士負之士妻食之有司端冕見音現之南郊過闕則下過廟則趨前賈誼策為赤子而其教已有齊側皆反肅敬慎之端矣此春秋訓臣子除惡於微積善於早之意也【家氏曰】或問蔡般之弒景許止之弒悼皆書葬同乎否乎曰其弒異其葬烏得而同

【己卯】景王二十三年　二十年　晉頃四　齊景二十六　衛靈十二　蔡平八卒　鄭定八　曹悼二　陳惠八　杞平十

四【宋】元十【秦】哀十 五【楚】平七【吳】僚五

春王正月○夏曹悼公孫會自鄸出奔宋鄸莫公反【穀】作夢【公羊傳】奔未有言自者此其言自何爲公子喜時之後諱也春秋爲賢者諱何賢乎喜時讓国也賢喜時則曷爲爲會諱君子之善善也長惡惡也短惡惡止其身善善及子孫賢者子孫故君子爲之諱也【穀梁傳】自夢專乎夢也曹无大夫其曰公孫何也言其以貴取之而不以叛也【杜氏曰】鄸曹邑【高氏曰】會子臧之子鄸子臧之采邑也【張氏曰】今因只仁府乘氏縣有大鄸城古老云古鄸城【愚按】今屬曹州濟陰縣

奔未有言自者此其言自何【劉氏曰】大夫之奔未有言其自者獨此言自鄸

是変例也劉敞曰待放也【公羊】宣元古者大夫已去三年待放古者大夫有罪待放於其境三年君賜之環則復賜之玦則古穴反去【荀子】大畧篇絕人以玦反絕以環【注】肉好如一謂之環玦如環而缺古者臣有罪待放於境三年不敢去与之環則還与之玦則絕逾境則爲位向國而哭素衣裳冠不說人以無罪此去國之禮並【穀梁傳】曹無大夫其曰公孫

賢之也【劉氏曰】春秋之時臣能專其邑无不叛其國者能使其衆无不要其君若臧武仲之智猶据防以求為後於魯是以孔子譏之公孫會之自鄭奔宋也其賢於臧武仲遠矣待放而後出奔臣子常禮免於貶足矣而何以賢之為于偽反公子喜時之後賢之也喜時者曹之社稷鎮公子能以國讓不取乎為諸侯事見左傳成十五所謂子臧是也春秋之義善去聲下同善也長惡烏故反下同惡也短善善及子孫惡惡止其身以其賢者之後苟可善焉斯進之矣此舜典罰弗及嗣賞延于世之意也【大全】蔡氏傳父子罪不相及而賞則遠延于世其善善長而惡惡短如此後世議者有乞錄用賢者之類功臣之世如漢武帝封姬嘉成帝封孔吉宣帝求高祖功臣子孫失侯者封蕭何子孫之類蓋得春秋之旨矣【孫氏曰】鄭公孫會之邑也言自鄭出奔宋以別從国都而去也○【劉】

氏曰公羊云不言其畔爲公子喜時之後諱也非也所以諱賢者之過也謂小不足以妨大短不足以毀長而可以成人之美者也若乃大惡至叛君專地反臣子之義亂人倫之常矣而猶爲之諱乎愚按春秋書大夫自其叛邑出奔者皆先書叛故宋華亥向寧華定自南里出奔楚先書入南里以叛宋公弟辰自蕭來奔先書入蕭以叛此書自鄸出奔而先不書叛則非叛也蓋鄸乃公孫會繼其父之食邑而得專制之者如穀梁之說亦得罪待放君无赦命是以自其所食之邑而奔他國也

秋盜殺衛侯（靈公）之兄縶（縶張立反公穀作輒左傳衛公孟縶狎齊豹奪之司寇與鄄有）役則反之无則取之公孟惡北宮喜褚師圃欲去之公子朝通于襄夫人宣姜懼而欲以作亂故齊豹北宮喜褚師圃公子朝作亂初齊豹見宗魯於公孟爲驂乘焉將作亂而謂之曰公孟之不善子所知也勿與乘吾將殺之對曰吾由子事公孟子假吾名焉故不吾遠也雖其不善吾亦知之抑以利故不能去是吾過也今聞難而逃是僭子也子行事乎吾將死之以周事子而歸死于公孟其可也衛侯在平壽公孟有事於蓋獲之門外齊子氏帷於門外而伏甲焉使祝鼃寘戈於車薪以當門使一乘從公孟以出使華齊御公孟宗魯驂乘及閎

中齊氏用戈擊公孟宗魯以背蔽之斷肱以中公孟之肩皆殺之公聞亂乘驅自閱門入慶比御公公南楚驂乘使華寅乘貳車及公宮鴻駵魋駟乘于公公載寶以出褚師子申遇公于馬路之衢遂從過齊氏使華寅肉袒執蓋以當其闕齊氏射公中南楚之背公遂出寅閉郭門踰而從公公如死鳥析朱鉏宵從竇出徒行從公齊氏之宰渠子召北宮子北宮氏之宰不與聞謀殺渠子遂伐齊氏滅之公入與北宮喜盟于彭水之上遂盟國人公子朝褚師圃子玉霄子高魴出奔晉【公羊傳】毋兄称兄兄何以不立惡疾也【穀梁傳】盜賊也其曰兄毋兄也目衛侯衛侯累也然則何爲不爲君有天疾者不得入乎宗廟輒者兩足不能相過齊謂之綦楚謂之踂衛謂之輒

左氏以爲齊豹（齊惡子）殺之也齊豹爲衛司寇守嗣大夫其書爲盜所謂求名而不得者也若艱難其身以險危大人而有名章徹攻難（乃旦反）之士將奔走之（昭二十一）臣竊以爲仲尼書斷（都玩反）此獄罪在宗魯宗魯孟

縶之驂乘（繩證反）也於法應書曰盜非求名而不得者也天下豈有欲求險危大人之惡名而聖人又斬（居琰反）此名而不與者哉然則齊豹首謀作亂宗魯雖預聞行事又以身死之矣今乃釋豹不誅而歸獄於宗魯不亦頗（普多反）乎曰豹之不義夫人皆知之也若宗魯欲周事豹而死於公孟蓋未有知其罪者故琴張聞其死將往弔之仲尼曰齊豹之盜孟縶之賊汝何弔焉（君子不食姦不受亂不為利疚於回不以回待人不蓋不義不犯非禮）非聖人發其食姦受亂蓋不義犯非禮之罪書於春秋則齊豹所畜（許六反）養之盜孟縶所見殺之賊其大惡隱矣【或】

【曰】宗魯始因齊豹而事公子孟豹將作乱語宗魯使之先去宗魯不能去亦不以告其主既而乃与公孟俱

死於齊豹之難彼自謂忠於縶信於豹而於二者皆
失之知公孟之悪而事之不能早去耽禄也聞齊豹
将作乱不以告其主不忠也雖与公孟俱死而死不
足録所謂求名而不得者也文定之説有得於聖人
之意陸氏曰称盗者目罪人之賊者也臨川吳氏曰
凡称盗蓋皆賊者但當称人以其所作不義故不称
人而称盗范氏曰諸侯之尊弟兄不得以屬通經不
書衛公子而斥言衛侯之兄者悪其不能保護其兄
乃為盗所殺故称至賤殺至貴孫氏曰以衛侯之母
兄盗得殺之衛侯之无刑政也若此故書以著其悪
張氏曰縶以有疾不得列於宗而發是以灵公得立
則所以事其兄使全其身者必无所不用其至親愛
之而使不得有為於其国此舜所以盡其恩於兄弟
也灵公受国於有疾之兄乃听其无礼於大夫且俾
之預於政而又不能防閑其母以預制其禍乱使盗
賊切發兄死身危幾亡其国故書盗殺衛侯之兄縶
以深罪之也陳氏曰盗賤者也以賤者而殺其君兄
衛之失政甚矣。刘氏曰左氏云齊豹殺之求名而
亡非也豹挾怨餚憤發泄為乱耳本无不畏強禦之
名不畏強禦之名亦非豹所求也意豹作乱不能不
心愧此正欲蓋非求名者又云險危大人而有名章
徹攻難之士将奔走之設春秋書齊豹殺衛侯之兄

黎其貌甚於殺盜矣人亦未肯奔走其名也

冬十月宋元華亥向寧華定出奔陳華户化反向舒亮反寧【公】作甯後同

【左傳】宋元公無信多私而惡華向華定華亥與向寧謀曰亡愈於死先諸華亥僞有疾以誘羣公子殺公子寅公子御戎公子朱公子固公孫援公孫丁公如華氏請焉弗許遂劫之取大子欒母弟辰公子地以爲質公亦取華亥之子無慼向寧之子羅華定之子啓與華氏盟以爲質公子城公孫忌樂舍司馬彊向宜向鄭楚建郳申出奔鄭其徒與華氏戰于鬼閻公請於華費遂將攻華氏曰子死亡有命余不忍其詢殺華向之質而攻之華向奔陳華登奔吳向寧欲殺大子華亥曰干君而出又殺其子其誰納我且歸之有庸使少司寇牼以歸【孫氏曰】三卿並出危之【家氏曰】春秋書三卿同日而奔不惟誅華向其君亦有責焉爾【陳氏曰】於是公子城公孫忌八子奔鄭華亥向寧華定奔陳其但書三子何凡奔罪也衆不可勝罪則罪其甚者入南里以叛乞師於楚爲宋患之日久是以甚三子也

○十有一月辛卯蔡侯盧卒户【左】作廬平公也子朱嗣平公之弟東国逐朱而自立是爲悼公【左傳】蔡太子朱失位位在卑叔孫昭子曰蔡侯其亡乎今始即位

而適甲身
將從之
庚辰景王二十四年二十有一年晉頃五齊景二十七衛靈二十四蔡悼八公東国元年鄭定九曹悼
三陳惠九杞平十五宋元十一秦哀十六楚平八吳僚六春王三月葬蔡平公○夏
晉侯頃使士鞅來聘書聘止此左傳叔孫舍爲政季孫欲惡諸晉使有司以齊鮑国歸費
之礼爲士鞅鞅怒曰鮑国之位下其国小而使鞅從其牢礼是卑敝邑也將復諸寡君魯人恐加四牢焉爲十
一牢杜氏曰晉頃公即位通嗣君襄陵許氏曰礼好不結而財求无度則聘義亡矣蓋自是聘不復志愚按二
十三年晉挹舍蓋原於士鞅之怒也晉之聘魯者十有一始於荀庚而終於士鞅始則伉而要盟終則怒而責
礼覲者之臣所以修聘於望国之害其非邦交之旧亦甚矣○宋元華亥向寧華定
自陳入于宋南里以叛華戶化反向舒亮反叛公作畔左傳宋華費遂生華貙華多僚
華登貙爲少司馬多僚爲御士與貙相惡乃譖諸公曰貙將納亡人公懼使告司馬司馬嘆曰必多僚也吾有
讒子而弗能殺吾又不死抑君有命可若何乃与公謀逐華貙張匃欲殺多僚子皮曰司馬老矣登之謂甚而

一七八三

又重之不如亡也將見司馬而行則遇多僚御司馬而
朝張匄不勝其怒遂与子皮殺多僚劫司馬以叛而召
亡人華向入樂大心豐愆華牼禦諸橫華氏居盧門以
南里叛宋城舊鄘及桑林之門而守之華登以吳師救
華氏齐師宋師敗吳師于鴻口華登帥其餘以敗宋師
公欲出廚人濮請待之齐烏枝鳴曰用少莫如齐致死
請皆用劒從之華氏北復即之遂敗華氏于新里公子
城以晉師至曹翰胡會晉荀吳斉苑何忌衛公子朝救
宋与華氏戰于赭丘大敗華氏圍諸南里華亥搏膺而
呼見華貙曰吾爲欒氏矣華登如楚乞師楚薳越帥師
逆華氏【穀梁傳】自陳陳有奉焉尒入者內弗受
也以者不以者也【杜氏曰】南里宋城內里名

按左氏初宋元公無信多私而惡（烏故反）華向三大夫謀曰亡愈於死先諸乃誘群公子殺之公如華氏請焉弗許遂劫公取太子及其母弟以爲質（音致）公怒攻之華向奔陳至是入于南里以叛凡書叛有入于戚者而不言衛（襄二十六年孫林父）有入于朝（妳字）歌者而不言晉

定十三年荀寅士吉射有入于蕭者而不言宋定十一年宋公弟辰仲佗石彄公子地此獨稱宋南里何也戚與朝歌及蕭皆其所食私邑也若南里則宋國城內之里名也傳稱華氏居盧門宋東城南門南里以叛而宋城舊鄘音容故城也及桑林門宋城門名以守是華氏與宋分國而居矣故其入其出皆以南里繫之宋此深罪叛臣逼脅其君已甚之詞也【孫氏曰】前年出奔當絕復見者以入宋南里叛祀君當誅。【劉氏曰】公羊云南里者何若曰因諸者然非也入宋而居南里也【愚按】穀梁云南里宋之南鄙非也凡書叛不言四鄙必書其邑此不言邑而繫之宋則爲宋城內之里名无疑矣又曰叛直叛也謂直叛而不作亂夫外挾吳楚之援將以覆其宗國其君哉不能自保猶曰不作亂耶其書自陳陳亦有罪矣以奔亡之臣而能入国以爲亂非陳助之兵力則未見其可也晉荀吳會齊衛曹之師以救宋而不書圍宋南里者悼公圍彭城則以五大夫歸荀吳救宋

而逆賊使華向得逭不臣之誅故不以討叛予之也

秋七月壬午朔日有食之【左傳】公問於梓慎曰是何物也禍福何爲對曰二分二至日有食之不爲災日月之行也分同道至相過也其他月則爲災【愚按】日食三十六昭八公之世凡七見比之他公災異最數自即位至是年四書日有食之矣梓慎不能因公之問告以遇災而懼之意乃云不爲災使公怠於修政遂致失国盖黨於季氏而姑爲諂諛以悅君也○八月乙亥叔輒卒輒【公】作痤才何反【杜氏曰】叔弓之子伯張○冬蔡侯朱出奔楚朱【穀】作東【左傳】蔡太子朱失位位在卑大夫送葬者歸見昭子昭子曰是君也必不終費无極取貨於東国而謂蔡人曰朱不用命於楚君王將立東国若不先從王欲楚必圍蔡蔡人懼出朱而立東国朱愬於楚【穀梁傳】王父誘而殺焉父抛而用焉奔而又奔之賊之也。【劉氏曰】穀梁云東者東国也曰東惡而賊之非也如賊之書東国不亦足乎即賊其半名爲法者使蔡侯止名東當復賊去其上下而云蔡侯用乎【愚按】或疑此書朱出奔楚後書東国卒于楚是朱无歸入蔡之文東国无出奔之事疑只是一事東即東国而誤爲朱也然左傳昭二十七年記沈尹戌之言亦曰出蔡侯

朱而史記蔡世家亦曰隱太子東国攻平侯子而代立則朱東国固兩人也豈穀梁經文因後書東国而誤也歟

○公如晉頃至河乃復

左傳公如晉及河鼓叛晉晉將伐鮮虞故辭公

襄陵許氏曰公失其重久矣故晉得輕進退之

愚按晉之伐鮮虞豈妨於邦交之礼如文三年晉將伐楚以救江而公如晉成三年晉將伐廧咎如而公亦如晉晉未聞辭公也況是年晉實未嘗有事於鮮虞蓋托辭以拒公耳

高氏曰魯衰而朝於齊晉晉愈強則其往也愈數及魯之益衰也則往而辭焉春秋蓋傷魯之削也滋甚而不能以義自強耳

春秋卷第二十五

元至正本春秋胡氏傳纂疏

第七册

元 汪克寬撰

中國國家圖書館藏元至正八年建安劉叔簡日新堂刻本

山東人民出版社·濟南

春秋卷第二十六

胡氏傳

昭公下

後學新安汪克寬附録纂疏

辛巳 景王二十五年崩

二十有二年 晉頃六 齊景二十八 衛靈十五 蔡悼二 鄭定十 曹悼四 陳惠十 杞平十六 宋元十二 秦哀十七 楚平九 吳僚七

春齊景侯伐莒 經傳 齊北郭啓帥師伐莒莒子將戰苑羊牧之諫曰齊帥賤其求不多不如下之大國不可怒也弗聽敗齊師于壽餘齊侯伐莒莒子行成司馬竈如莒涖盟莒子如齊涖盟盟于稷門之外莒於是乎大惡其君 高氏曰 齊景辟而自功如此安能及遠哉

○宋華亥去向寧華定自宋南里出奔楚平 左傳 楚薳越使告于宋曰寡君聞君有不令之臣為君憂无寧以為宗羞寡君請受而戮之對曰孤不佞不能媚其父兄以為君憂拜命之辱抑君臣日戰君曰余必臣是助亦唯命人有言曰唯亂門之无過君若惠保敝邑无亢不衷以獎亂人孤之願也唯君圖之楚人患之諸侯之戍謀曰若華氏知困而致死楚耻无功而疾戰非吾利也不如出之以為楚功其亦

無能為也已乃固請出之宋人從之宋華亥向寧華定華貙華登皇奄傷省臧士平出奔楚

華向誘殺羣公子又刼其君取其太子母弟為質音致又求助於吳楚蠻夷入披其國都以叛此必誅不赦之賊也宋宜竭力必討之於內諸侯宜協心必救之於外楚子宜執叛臣之使疏吏反而戮之於境今楚人釋君而臣是助諸侯之戍怠於救患固請逸賊而宋又從之則皆罪也故晉荀吳齊苑於元反何忌衛公子朝如字曹大夫皆略而不書其曰自宋南里者譏宋之縱釋有罪不能致討【劉氏曰】書自宋南里以志宋不能討也出奔楚者不待貶絕而亢苦浪反不衷奬亂人之惡自見音現矣【陳氏曰】齊慶封衛公孟彄再奔皆不書必嘗入叛也而後書晉欒盈鄭良霄猶及殺之矣書奔譏佚賊也書奔

猶可也書歸若晉趙鞅甚矣【家氏曰】晉楚交兵百有餘年宋人爲之餌兵使楚得以切霸權號召天下今宋大夫爲乱於内楚乃從而羽翼之利人之難而欲伐取其國謂楚非夷不可也先書叛繼書奔楚罪楚之納叛臣也

大蒐于昌閒閒【公】作姦【穀梁傳】秋而曰蒐此春也其曰蒐何也以蒐事也【啖氏曰】昌閒魯地

昭公之時凡三書蒐或以非其時八年秋蒐于紅十一年夏大蒐于比蒲或以非其地紅比蒲昌閒皆非蒐田之常所而大意在權臣專行公不與音預也【劉氏曰】何以書譏何譏爾公不与非礼也蓋不得与爾三綱軍政之本。上下【陳旨】三綱軍政之本春秋寓軍政於三綱以辨上下定民志孔子曰我戰則克於春秋見之矣兵家上策先自治凡羣於天地之間者有夫婦然後有父子有父子然後有君臣有君臣然後有上下有上下然後礼義有所錯此㦲乱除殘百戰百勝之拔也古者春蒐夏苗秋獮悉淺反冬狩。皆於農隙以講事而所主者明貴賤辨等列順少詩照反下同長丁丈反下同習威儀則皆納民於軌物隱五臧僖伯云云而非馳射擊刺之末矣仲尼燕居田獵有礼故戎事閑也是故觀于有莘所巾反少長有禮知可用也而文公遂霸僖二十八臨力鴆反哭曰臨衆于洛陽袒音但而發喪為于偽反義帝也而漢祖遂王去声前高祖二年本紀今魯國其君則設兩觀古乱反乘大輅公羊子家駒云云皆天子之礼也其臣則八佾舞於庭旅泰山以雍徹見論語其卒則據大都南蒯侯犯公山不狃執國命陽虎而軍政之本亡矣何以蒐為此春秋所書為後戒之意也襄陵許氏曰八年秋蒐十一年夏蒐以為書不時也今此春蒐時矣而書則凡昭公書蒐主刺大夫盛強公失其政兵戎是講而礼防不興也文王之時人倫既正而後軍旅以律朝廷既治而後田野即功畢以詩歌庶類蕃殖而蒐田以時當僭昭之季朝廷人倫逆乱極矣而惟蒐田之是務是

以宴書
以刺之
夏四月乙丑天王崩【左傳】十五年王太子壽卒王穆后崩二十二年王子朝賓起有寵於
景王王与賓孟說之欲立之劉獻公之庶子伯蚠事單
穆公惡賓孟之為人也願殺之又惡王子朝之言以為
亂願去之賓孟適郊見雄雞自斷其尾問之侍者曰自
憚其犧也遽歸告王且曰雞其憚為人用乎人異於是
犧者實用人人犧實難已犧何害王弗應四月王田北
山使公卿皆從將殺單子劉子王有心疾乙丑崩于榮
錡氏劉子摯卒無子單子立劉蚠五月庚辰
見王遂攻賓起殺之盟羣王子于單氏**六月叔鞅如京**
師【如京師止此】**葬景王**【杜氏曰】三月而葬亂故速【高氏曰】天子崩天下諸侯九夷八蛮莫不奔其
喪故七月而葬者盡天下臣子之心使遠近得會其葬
也今天王崩諸侯無一奔喪者昭公但使叔鞅往會之
又以三月而葬是天子而用大夫之礼也**王室亂**【左傳】王子朝因舊官百工之喪職秩者与靈景之族
以作亂帥郊要餞之甲以逐劉子劉子奔揚單子逆悼
王于莊宮以歸王子還夜取王以如莊宮單子出王子
還與召莊公謀曰不殺單旗不捷与之重盟必來背盟
而克者多矣從之樊頃子曰非言也必不克遂奉王以

追單子及領大盟而復殺摯荒以說劉子如劉單子亡
奔于平畤羣王子追之單子殺還姑發弱鄩延定稠子
朝奔京伐之京人奔山劉子入于王城羣簡公敗績于
京毋平公亦敗焉叔鞅至自京師言王室之乱也【穀梁】
【傳】乱之為言事未有所成也
【杜氏曰】承叔鞅言而書之

何言乎王室亂。王者以天下為家（礼運）則以京師為室

【公羊】京師者天子之君也京師者本也。（唐裴耀卿傳国家大本在京師）周公作立

政曰迪惟有夏乃有室大競。【蔡氏傳】古之人行此道者惟有夏之君當王室

大強之時其作鴟鴞詩以遺（唯季反）成王。亦曰既取我子無

毀我室。【朱氏傳】鴟鴞惡鳥攫鳥子而食室鳥自名其巢也以比武庚既敗管蔡不可更毀我王室

也皆指京師言之也。以京師為室。王畿為堂。諸夏為

庭户。四夷為藩籬。治外者先自内。治遠者先自近。本

亂而末治（去声）者否矣。景王寵愛子朝（如字）使孽子配嫡

以本亂者其言王室譏國本之不正也。本正而天下
定矣適曰易曰正家而天下定矣書王室乱譏景王任情溺愛不明嫡庶之分以致爭乱失正家之
道也不曰京師乱者京師衆大之称呂氏曰言京師則通乎上下言王室則其父子兄弟自乱之耳胡氏
曰言王室乱乱自内作者也唐虞公天下。則相禪音繕為墠告天而傳位而
與賢。三代家天下。則相繼而與子。孔選大道之行天下為公選賢与能
不獨親其親子其子大道既隱天下為家各親其親各子其子大人世及以為礼春秋兼帝
王之道可公也則以達節為權左成十五故季札辭國則
而稱名。襄二十九可家也則以居正為大。公羊隱三故莊公始
生即書于策桓六鄭突歸而不氏以國桓十一陽生入而
得係于齊哀六此皆正本以及天下之義也。其義苟得
無易樹子葵丘五禁初命之辭何氏曰樹立本正辭無易本正當立之子王室豈有

亂離之禍乎春秋書子同生於前而記王室亂於後其為來世法戒明矣陳氏曰春秋記事必指其實下書王猛子朝之事自足見王室之乱聖人乃於此不隱其辞何哉前此者王室衰微猶未至於乱也故聖人每扶而尊之言王則曰天王不混諸於吳楚也言周則曰京師不下同於列国也王敗於鄭而曰蔡衛陳人從王伐鄭以諸侯不可敵王故明君臣之大義也王与戎戰而書王師敗績于茅戎以夷狄不可抗王故以自敗為文也以至襄王出奔而書天王出居于鄭晉侯召王而書天王狩于河陽王臣雖微者亦序諸侯之上則所以嚴其名分者至矣故凡王室可議可貶者皆迁就其辞而為之隱避今景王不能正其家而致諸子之爭立於是劉單立猛尹氏立朝遂以干戈相向迭勝迭負五年之間国无定主王室之乱莫此為甚故特書之子頹子帶之乱不書景王之乱乃自取之是王室自乱有甚於惠襄也陳氏曰周乱不書書王室乱則天下无人紀矣昔者惠襄之世子頹乱鄭虢討之子帯乱晉討之春秋不書猶有臣子焉耳於是景王崩悼王即位既葬矣子朝欲簒悼王而立凡歴悼敬五年而後定而詭於佚賊則天下无人紀矣愚按天子以四海為

家故普天之下天子皆可居之然一家之内自門而堂自堂而室室者所常居之所也故春秋書王猛居于皇天王居于狄泉言天子之所當居也書天王出居于鄭言居于所不當居也書王室乱則著其禍起於所常居之地也惠襄之世不書王室乱者頹帶之乱周有君天下有王未足以言乱也景王崩王猛未能定其位子朝争国故特書王室乱○劉氏曰公羊云言不及外也非也謂王室乱者嫡庶並争乱在宗室者也本不得言京師乱成周乱王城乱

劉子文**單子**穆**以王猛居于皇**單音善後同【左傳】單子欲告急於晉以王如平畤遂如圃車次于皇刘子如刘單子使王子處守于王城盟百工於平宫鄩肸伐皇大敗獲鄩肸焚諸王城之市司徒醜以王師敗績于前城百工叛伐單氏之宫敗焉反伐之伐東圉【公羊傳】其称王猛何當国也【穀梁傳】以者不以者也【杜氏曰】河南鞏縣西南有黄亭【張氏曰】漢志鞏有黄亭西北有湟水【愚按】鞏縣今屬河南府路

凡稱以者不以者也【范氏曰】不以者本非所得制今得以之也**師而曰以能左右之也**宋以齊蔡衛陳人伐鄭公以楚師伐齊蔡以吳子及楚人戰**地而曰**

以能取與之也紀季以酅邾庶其以漆閭丘莒牟夷以牟婁及防茲黑肱以濫人而曰以能死生之也曹以邾子來晉以潞子歸宋以曹伯歸蔡以沈子歸陳以頓子歸鄭以許男歸楚以夔子胡子歸以尊不以乎卑。貴不以乎賤。大不以乎小。劉蚠扶粉反單旗臣也。曷爲能以王猛乎。猛無寵於景王，不能自定其位。制在劉單。其曰以者，能廢立之也孫氏曰言刘單以王猛者猛位未定進退在二子安定胡氏曰奉王正也以王非正臣不宜以君也

劉氏曰大不以乎小貴不以乎賤君顧可以乎臣哉夫臣者治煩去惑以道事君不可則止不挾君之勢而以崇黨者也今刘單之爲天子臣也君昏則不諫国危則不憂禍已成矣然後挾天子以令諸侯此則奸雄之所以冀非望者也上下舛逆是以謂之以王猛居于皇也大夫之以夫人有君命存焉刘單以王猛則專之尔陳氏曰凡以非順辞也以虢公鄭伯晉侯不書以則非乎二子也非乎一二子是單旗刘狄以大夫專廢置君也以大夫專廢置君則曷爲无貶前言王室乱後言二子以王猛居于皇入于王城則二

子有不得已焉者而非其罪也是故殺子朝於楚是僭翩卒子朝之徒以作亂敬王嘗勲于姑蕕逾年克之子朝不書殺天王不書出是予單劉以復辟之義也按左氏景王大音泰子壽以昭十五年卒至是八年矣猛與匄皆其母弟賈逵注子朝景王之長庶子敬王猛母弟杜氏曰太子壽卒王立子猛後復欲立子朝單劉以王子猛次正故立之王子匄猛母弟史記景王愛子朝欲立之會崩国人立長子猛子朝攻殺猛晉人攻朝立匄是為敬王孔氏正義杜說猛為次正蓋太子壽之母弟或穆后姪娣之子愚按傳注皆不明言王猛為太子壽之母弟然春秋於猛直称王而不書立於朝則書立而称王子於匄則直称天王則猛匄与朝嫡庶之分明矣故文定謂猛匄皆太子母弟而安定先生則曰太子有母弟者王猛是也敬王又猛弟也吳氏沈文伯亦云以意推之太子子猛敬王皆后所生子猛嫡子之長子朝庶子之長猛當立而朝不當立也禮無疑於當立然久而未立者王愛庶子朝欲立以為嗣未果而王崩故諸大臣競立君諸王子爭欲立以正則

有猛以寵則有朝猛雖正而無寵其威不足以懾質涉反中心服也羣下朝雖寵而不正其分扶問反不足以服人心二子廢立皆恃大臣強弱而後定者也故特稱曰以而景王之弱其後嗣輕其宗社之罪亦著矣**李氏璉曰**景王立子而不能定寵不正而不能辨賤宗社之本階禍乱之原莫此爲大然則王室之乱非子朝之乱景王自乱之也易曰王居無咎渙九五象**程子傳**王居謂正位人君之尊位也稱居于皇者明其有土當得位之稱也書居例詳見二十**六年****袁陵許氏曰**易曰王居无咎曰居于皇者春秋所正也其称王猛未即位也顧命康王當喪書王而悼王以名繫之者書志事春秋書法也。**胡氏曰**穀梁云王猛嫌也非也若王猛嫌豈得云居乎

秋劉子文單子穆以王猛悼入于王城**左傳**晉籍談荀躒帥九州之戎及焦瑕溫原之師以納王于王城單子劉盆以王師敗績于郊前城人敗陸渾于社**公羊傳**王城者何西周也

穀梁傳 以者不以者也 杜氏曰 王城郟鄏今河南縣 張氏曰 乃周書所謂澗水東瀍水西爲定鼎之地平王東遷即都于此春秋所謂京師者皆指此也 高氏曰 王城天子都而子朝之黨在焉 愚按 地即今河南府

猛未踰年何以稱王亦當立也 陳氏曰 武氏子毛伯不稱使則王在喪雖踰年猶未稱王也此爭立也其篆稱王成猛之爲王也猛宜立者也 既當立矣何以稱名明嗣君也曰王猛者見音現居尊得正又以別筆列反乎諸王子也 通旨 王猛在喪不稱子而稱王明正也書名者別子朝也居于皇入于王城而書猛別嫌也 劉氏曰 王猛乃王矣未踰年是以不可稱天王又不可以諸侯例稱子也獨言子則似嘗之子冠王於子又與他王子相亂故稱王繫猛 張氏曰 以經書嘗之法推之天王之喪未葬當稱王子某既葬當稱王子逾年稱王今王猛當稱王子者也適當子朝爭立之際猛雖正而位未定不可以不名故書王猛焉以別嫌而明其正也 君前臣名 曲禮 劉單不名而王名不嫌

於倒音到置乎曰君前臣名常禮也禮當其變臣有不

名名其君而不嫌者矣。王不當稱未踰年而稱王。名不當稱立爲君而稱猛。【安定胡氏曰】王不當称非王无以定尊位猛不當顯非猛无以明嗣君皆禮之變也。惟可與權者能知其變而不越乎道之中。再書劉子單子之以王。何也。春秋詞繁而不殺所賣反者。必有美惡焉。劉子單子蓋挾天子以令諸侯。而專國柄者也。書而未足。故再書于策。以著上下舛逆爲後世之深戒也。本【刘氏意林】【張氏曰】刘單輔猛苟能如諸葛亮輔後王則必不如是書矣【愚按】刘單當衆難之秋任託孤之寄擁悼立敬其功亦不細矣刘原父及文定公所以責二子者蓋猶霍光驂乘之戒罪其太專无人臣之礼耳【通旨】入者難詞也。【刘氏曰】公羊云其言入何篡乎篡辭也若以入爲篡下有天王入于成周亦可謂篡乎穀梁云入者内弗受也亦非也必以入爲内弗受則天王入于成周亦弗受乎

冬十月王子猛卒

【左傳】不成喪也敬王即位館于子旅氏晉籍談荀躒賈辛司馬督帥師軍于陰于侯氏于谿泉次于社王師軍于氾于解次于任人晉賓遺樂徵右行詭濟師取前城軍其東南王師軍于京楚伐京毀其西南【公羊傳】此未踰年之名也【杜氏曰】未即位故不言崩周人謚曰悼王【通旨】未踰年不崩不葬卒而加子者正名也【孫氏曰】言王所以明當嗣之人也言子所以見未踰年之君也言猛所以別羣王子也不崩不葬降成君也【安定胡氏曰】生則書王明實爲嗣死乃稱子正未踰年未成天子之至尊【臨川吴氏曰】子上加王字者表其爲天王未踰年之子以別於諸侯未踰年之子也【劉氏曰】未踰年則以王繫名通謂之小子王生名之死亦名之明尊未成也前書王猛是生名之也此書王子猛是死亦名之也【王氏曰】其稱卒雖与王子虎同然書居于皇入于王城則見其正而當立矣○【劉氏曰】公羊謂不与當父死子繼兄死弟及之辭非也向言王猛者以文不可繫子今言王子者死當以子礼治之言卒者未踰年之君猶子赤子般皆言卒也言卒則可言薨則不可不必未踰年之諸侯則称卒未踰年之王則當称薨也穀梁云此不卒者也其曰卒失嫌也亦非也謂之小子王卒固當告于諸侯猛未踰年不可言崩又不可言薨是以通言卒耳何嫌之失 ○

十有二月癸酉朔日有食之

【杜】敬王元年二十有三年晉頃七齊景二十九衛靈十六蔡悼三卒鄭定十一曹悼五陳惠十一【杞】平十七【宋】元十二【秦】哀十八【楚】平十【吳】僚八

春王正月叔孫舍如晉頃【左傳】邾人城翼還自離姑武城人塞其前斷其後之木而弗殊邾師過之乃推而蹷之遂取邾師獲徐鉏丘弱茅地邾人愬于晉晉人來討叔孫婼如晉【杜氏曰】謝取邾師也

○癸丑叔鞅卒叔弓之子輒之弟也子諸翩爲大夫

○晉頃人執我行人叔孫舍【左傳】晉人執之書曰行人言使人也晉人使与邾大夫坐叔孫曰列国之卿當小国之君固周制也邾又夷也寡君之命介子服回在請使當之乃不果坐韓宣子使邾人聚其衆將以叔孫与之叔孫聞之去衆与兵而朝士弥牟謂宣子曰子弗良圖而以叔孫与其讎叔孫必死之魯亡叔孫必亡邾邾君亡国將焉歸子雖悔之何及所謂盟主討違命也若皆相執焉用盟主乃弗与使各居一館士伯聽其辭而愬諸宣子乃皆執之士伯御叔孫從者四人過邾館以如吏先歸邾子士伯曰以芻蕘之難從者之病將館子於都叔孫旦而立期焉乃館諸箕舍子服昭伯於他邑范[redacted]子求

貨於叔孫使請冠焉取其冠法而與之兩冠曰盡矣中
豐以貨賂晉叔孫曰見我吾告女所行貨見而不出吏
人之與叔孫居於箕者請其吠狗弗與及將歸殺而與
之食之【高氏曰】晉雖以取邾師為罪而執行人其實則
為士鞅求聘以貨為甲巳故也【文集】晉聽邾人之愬而
執叔孫使與邾大夫坐坐以周禮爭之乃不果坐又欲
以叔孫與邾人婦去衆與兵而朝亦必死之乃不果與
又郤范獻子而拘申豐書執我行人則不以其罪也稱
晉人則非伯討也【家氏曰】叔孫豹會于虢莒人訴取鄆
將戮之樂王鮒求貨於叔孫使請帶焉豹召使者裂裳
帛而與之卒弗與賄婼豹之子也今為晉執范鞅求
貨亦弗與父子所守如此亦可嘉矣魯有賢大夫如此
而昭公不與共圖國事坐視
強臣之脅制以至於亡悲夫
○晉人圍郊【左傳】二師
圍郊郊鄩
潰晉師在平陰王師在澤邑王使告閒晉師還【公羊】
【傳】郊者何天子之邑也【杜氏曰】討子朝也郊周邑
按左氏晉籍談荀躒郎狄反帥師軍于侯氏箕遺樂徵
知陵反濟師渡伊洛也軍其東南正月二師圍郊。郊子朝邑
也【高氏曰】郊王畿之邑不繫之國者天下皆王土也
蓋土無二王所以別異於諸侯也春秋諸侯更相

侵伐未嘗敢及於周其心實无王而不敢犯王室者懼天下諸侯執言而攻已也此圍郊者子朝有焉故也

既不書大夫之名氏又不稱師而曰晉人微之也所謂以其事而微之者也當是時天子蒙塵晉爲方伯不奔問官守（手又反）省視器具。

【左傳】僖二十四年王出適鄭臧文仲曰天子蒙塵于外敢不奔問官守鄭伯与孔將鉏石甲父侯宣多省視官具于氾

徐遣大夫往焉。勤王尊主之義若是乎。書晉人圍郊而罪自見（音現）矣

【通旨】問據傳乃助天王攻子朝也然不書救王又無他褒異之辭与伐天子何別故公羊直以爲伐天子也意者王室危乱之甚晉爲方伯不躬率諸侯以赴其急俾臣子之義徒以微者帥偏師薄爲之援乱不早定戢此之由故不足美歟曰然【薛氏曰】著晉人之不急勤王也【東萊呂氏曰】若因郊潰遂取子朝不至如後日之難也【愚按】明年晉侯使士景伯涖問周故士伯立於乾祭而問於介衆然後辭王子朝不納其使則是時雖遣師圍郊尚未察於嫡庶是非之辨是以助敬王之不力也。【趙氏曰】公羊云不与伐天子

也誆實非伐天子也若實伐周豈為其掩惡哉

夏六月，蔡侯東國卒于楚。悼公也。在位三年，弟申立，是為昭公。〔通旨〕失德不葬，若蔡侯東國是也。王父殺，父見用，又奔之，失德也。〔高氏曰〕因朝于楚而卒。○秋七月，莒子共庚輿來奔。

左氏曰：庚輿虐而好呼報反劍。苟鑄劍，必試諸人。國人患之。又將叛齊。烏存帥國人逐之。庚輿來奔。齊人納郊公。〔杜氏曰〕庚輿，著丘公之弟。郊公，著丘公子，十四年奔齊。三代之得失天下，仁與不仁而已矣。苟無仁心，甚則身弒國亡，不甚則身危國削。庚輿免死道左而出奔，於魯幸耳。入國不書而書其出奔，惡烏故反之也。〔高氏曰〕庚輿不正而立，又不安其國而出奔，與鄭突同。郊公出入皆不書，微之也。所謂以其人而微之者也〔家氏〕曰郊公在喪不慼亂臣持以為過而逐之不能君而可微者也微之為義或以位王朝之下上侯国之士小国大夫之類或以人人之賢否不足紀或以事事之功過不足録春秋書法達王事名氏不登於史策者此類亦衆矣

戊辰吳僚敗頓胡沈蔡昭陳惠許斯之師于雞父胡子髡沈子逞滅獲陳夏齧敗必邁反父音甫〔穀〕作甫髡苦門反逞〔公〕作楹〔穀〕作盈齧五結反

〔左傳〕吳人伐州來楚薳越帥師及諸侯之師奔命救州來吳人禦諸鍾離子瑕卒楚師熸吳公子光曰諸侯從於楚者衆而皆小国也畏楚而不獲已是以來胡沈之君幼而狂陳大夫齧壯而頑頓与許蔡疾楚政楚令尹死其師熸帥賤多寵政令不一七国同役而不同心若分師先以犯胡沈与陳必先奔三国敗諸侯之師乃搖心矣諸侯乖乱楚必大奔請先者去備薄威後者敦陳整旅吳子從之戰于雞父吳子以罪人三千先犯胡沈与陳三国争之吳為三軍以繫於後中軍從王光帥右掩餘帥左吳之罪人或奔或止三国乱吳師擊之三

囯敗獲胡沈之君及陳大夫舍胡沈之囚使奔許与蔡頓曰吾君死矣師譟而從之三囯奔楚師大奔書曰胡子髠沈子逞滅獲陳夏齧君臣之辞也不言戰楚未陳也【公羊傳】此偏戰也曷為以詐戰之辞言之不与夷狄之主中囯也其言滅獲何别君臣也君死于位曰滅生得曰獲大夫生死皆曰獲【穀梁傳】中囯不言敗此言敗何中囯不敗胡子髠沈子盈其滅乎其言敗釋其滅也獲陳夏齧上下之称也【杜氏曰】雞父楚地安豐縣南有雞備亭【張氏曰】今屬壽州安豐路【愚按】安豐縣今屬安豐路

吳伐州來楚令尹帥師及諸侯之師與吳戰曷為不書楚令尹既喪息浪反楚師已熸子潜反【杜氏曰】火滅為熸軍之重主喪亡故其軍人无復氣勢六國先敗楚師遂奔是以不書楚也【劉氏曰】疑楚本与諸侯同救州來既而令尹卒楚軍留而諸侯之師先至吳以詭計勝之楚師实未与吳相接故經不書楚也【愚按】左傳記令尹卒楚師熸吳光設詐先犯胡沈与陳三囯既敗又縱其囚使奔許与蔡頓而許蔡頓之師亦奔六国敗奔之後然後楚師大奔則楚師未嘗与吳師相接明矣諸侯之師

曷爲略而不序頓胡沈則其君自將(去声)蔡陳許則大
夫帥師言戰則未陳(直覲反)也言敗績則或滅或獲其
事亦不同也故總言吳人以詐取勝於前而以君與
大夫序六國於後【高氏曰】頓胡沈其君自將蔡陳許大夫帥師是以其次如此　胡
沈書爵書名書滅者二國之君幼而狂不能以禮自
守役屬于楚悉師以出一敗而身與衆俱亡也其曰
胡子髡沈子逞滅者君曰非有能滅之者咸其自取
焉耳亦猶梁亡自亡也(僖十九)鄭棄其師自棄也(閔二)齊
人殲(子廉反)于遂自殲也(莊十七)或曰滅或曰獲別(筆列反下
同)君臣也【杜氏曰】国君社稷之主与宗廟共其存亡者故称滅大夫輕故曰獲獲得也　君
死曰滅胡子髡沈子逞是也生得曰獲秦晉戰于韓

原獲晉侯（僖十五）是也大夫生死皆曰獲鄭獲宋華元（宣二）生也吳獲陳夏齧死也（汪氏曰）凡戰而死者君曰滅胡子沈子是也言与国滅同也生禽曰獲晉侯是也大夫生死皆曰獲鄭獲華元生也吳獲夏齧死也諸侯滅則書名以其死也（愚按）齊国書亦死獲書其敗不以國分而以君大夫為亭書其死不以事同而以君臣為別皆所以辨上下定民志（易履卦大象）雖顛沛必於是也其義行而亂自熄矣（孫氏曰）春秋之戰書敗者多矣未有諸侯之師畧而不序者此六国之師畧而不序者皆夷狄之也賤其舍中国而与夷狄故皆夷狄之胡子髡沈子逞滅者深惡二国之君不得其死皆以自滅為文也（陳氏曰）夷狄交相敗不書必敗中国而後書吳敗六国自入春秋未之有也是故吳子貶稱国

天王居于狄泉尹氏立王子朝朝如字（左傳）王子朝入于尹尹圉誘劉佗殺之單子從阪道劉子從尹道伐尹單子先至而敗劉子還召伯奐南宮極以成周人戍尹單子劉子樊齊以王如

劉王子朝入于王城次于左巷鄩羅納諸莊宮尹辛敗劉師于唐又敗諸鄩尹辛取西闈攻蒯蒯潰【公羊傳】此未三年其稱天王何著有天子也【穀梁傳】其曰天王因其居而王之也立者不宜立者也【杜氏曰】狄泉洛陽城內大倉西南池水也時在城外【張氏曰】即僖二十九年翟泉

立者不宜立也。王猛當立而未能立。故稱大臣以之而不言立。敬王當立又能立矣。故直稱居于狄泉而不言立。【通旨】春秋与敬王者以其為王猛之母弟得繼正統也称天王者既葬已踰年矣春秋之法未葬未踰年則不称王已葬而未踰年亦不称王已踰年而未葬亦不称王既葬又踰年則称王【高氏曰】敬王始立而遂称天王者景王崩已踰年矣不可曠年无王故称之且明正也著天下已有王而子朝不可以乱之也【陳氏曰】敬王居狄泉在王城之東謂之東王子朝在王城謂之西王書曰天王居于狄泉黜子朝也【薛氏曰】狄泉不書出在王畿之內也

子朝庶孽奪正以賤妨貴基亂周室不當立者也。故特稱立而目尹氏【杜氏曰】尹氏周世卿

也書尹氏立王子朝明非周人所欲立**劉氏曰**衛人立晉衆人所欲立也不曰公子君位定矣尹氏立王子朝猶尹氏所欲立也已僭位猶稱王子言莫之君也**孫氏曰**嗣子有常位不言立立者簒辭**高氏曰**衛人立晉衆人同欲立猶且不可今尹氏一已之私而立之以亂周室罪尹氏也尹氏即尹子此称氏者著其世執國柄也尹氏天子之卿也王朝公卿書爵而變文稱氏者見（音現）世卿之擅權亂國爲後戒也或曰稱氏者時以氏稱之也詩云（常武）王謂尹氏（指尹吉甫）此大雅美宣王詩也亦譏世卿歟爲此說者誤矣詩人主文（**詩**大序主文而譎諫）而不以害意（**孟子**說詩者不以辭害意）有美而或過（如閟宮頌僖公而曰淮夷蠻貊及彼南夷莫不率從）有刺而或深（如節南山刺周用尹氏而曰国既卒斬）以意逆之可也春秋所書或稱爵或稱字或稱名或稱氏或稱子或稱人名分（扶問反）所由立是非所由

定禮義所由出皆斷都玩反自聖心游夏不能與音預也徇時之所稱而稱之豈其然乎**陸氏曰**皆譏世卿也言稱氏則大夫稱氏者世卿之意可見也時世卿既多不可勝譏因尹氏私赴不以名武氏以子代父尹氏立王子朝奔楚皆以出卿亂王室故從而書之譏此數者足以見世卿之惡也○**劉氏曰**公羊意謂未三年不當言天王非也王者雖諒闇三年然踰年之後臣子可以天王稱之矣毛伯求金不称天王明命自上下不合称之也天王居于狄泉臣子称之理自得称天王也穀梁云朝之不名何也別嫌乎尹氏之朝也亦非也春秋豈嫌於尹氏之朝哉**通旨曰**問穀梁曰朝之不名別嫌乎尹氏之朝也釋者謂據衛人立晉不称公子切恐未然衛人既討弑君之賊国無君矣衆奉晉而立之疑其可也不去其公子則無以明其不當立子朝則異乎是既書天王居于狄泉又書尹氏立之則其爲簒可知矣固不待去其王子而後明也書王子乃所以見景王寵庶閒嫡之失爾曰然

八月乙未地震**左傳**南宮極震萇弘謂劉文公曰周之亡也其三川震今西王之大臣亦震天

棄之矣東王必大克杜氏曰經書地震嚮地也南宮極爲屋所壓而死周地亦震也愚按王城地震而有子朝之奔嚮地震而有陽州之孫天之示人顯矣○冬公如晉至河有疾乃復至河下公穀又有公字左傳公爲叔孫故如晉及河有疾乃復公羊傳何言乎公有疾乃復殺恥也穀梁傳疾不志此其志何釋不得入乎晉也

昭公兩朝于晉而一見止五年晉欲止公不果十五年晉人止公五如晉而四不得入焉二年十二年十三年二十一年今此書有疾乃復殺如字恥也殺猶減也何氏曰因有疾以殺畏晉之恥以周公之胄千乘繩證反之君執幣帛修兩君之好呼報反而不見納斯亦可恥矣有恥而後能知憤知憤而後能自強自強而後能爲善爲善而後能立身身立而後能行其政令保其國家矣昭公内則受制於權臣外則見陵於方伯

此正憂患疢（丑刃反）疢有德慧術智保生免死之時也（本孟子）而安於屈辱甘處微弱無憤恥自強之心其失國出奔死於境外其自取之哉〔愚按〕是時叔孫婼拘因於晉未有赦命昭公是行本以請婼而中懼晉之不見納故託疾而返春秋因其託疾而書之以免其不得至晉之恥也人臣將命以修聘雖有疾亦不當復不可違君命也人君修鄰国之好有疾則不可不復既有疾則不得成礼故也

癸未（敬王二年）二十有四年（晉頃八齊景三十衛靈十七蔡昭侯申元年鄭定十二曹悼六陳惠十二杞平十八卒宋元十四秦哀十九楚平十一吳僚九）春王二月丙戌仲孫貜卒（貜俱縛反孟僖子也子何忌嗣爲大夫是爲懿子）○叔孫舍至自晉（公穀無叔孫字左傳）晉士弥牟逆叔孫于箕曰寡君以爲盟主之故是以久子不腆敝邑之礼將致諸從者使弥牟逆吾子叔孫受礼而歸

大夫執而致則名。壎入十四年意如至自晉不書氏此獨書其姓氏何賢之也。叔孫舍以禮立身而不屈於強國，以忠事主而不順於強臣。此社稷之衛、魯之良大夫也。使昭公稍有動心忍性強其丈反於為善之意，舉國以聽，豈其死於乾侯、觀意如之稽顙於昭子，叔孫之以逐君責意如。二十五年平子稽顙曰子若我何昭子曰人誰不死子以逐君成名子孫不忘不亦傷乎其事可見矣。及意如有異志，而昭子使祝宗祈死，所謂知其無可柰何安之若命者。故舍至自晉，特以姓氏書其死也。公雖在外，而特書曰以卒之，所以表其節為後世勸也。

劉氏曰：婼不忍自同於季氏而謀納公，正也；不忍見欺於季氏而反自殺，忠也。故因其可褒而褒之。二傳皆無，叔孫公羊獨有此，似聖人本意，所謂辭繁而不殺者也。

夏五月乙未朔日有食之【左傳】梓慎曰將水昭子曰旱也日過分而陽猶不克克必甚能無旱乎○秋八月大雩【左傳】旱也○丁酉杞伯郁釐卒郁【公】作鬱釐【左】又作斄力之反又音來平公也在位十八年子成嗣是爲悼公○冬吳滅巢【左傳】楚子爲舟師以略吳疆沈尹戌曰此行也楚必亡邑不撫民而勞之吳不動而速之吳踵楚而疆埸無備能無亡乎越大夫胥犴勞王於豫章之汭越公子倉歸王乘舟倉及壽夢帥師從王王及圉陽而還吳人踵楚而邊人不備遂滅巢及鍾離而還沈尹戌曰亡郢之始於此在矣王一動而亡二姓之帥幾如是而不及郢

巢楚之附庸實邑之也【杜氏曰】巢楚邑【劉氏曰】書曰巢伯來朝巢爲諸侯舊矣【王氏曰】巢吳楚間小国楚取之以爲附庸【愚按】文十二年楚人圍巢則巢猶自爲国至襄二十五年吳伐楚門于巢則巢服屬於楚矣書吳入州來著陵楚之漸書吳滅巢著入郢之漸四鄰封境之守既不能制則封境震矣四境國都之守既不能保則國都危矣故沈尹戌音恤莊王

曾孫兼公諸梁父也以此爲亡郢之始也。春秋内失地不書。如曹取濟西齊取汶陽鄆讙龜陰皆不書明此爲有國之大罪。外取滅皆書明見取滅者之不能有其土地人民則不君矣故諸侯之寶三以土地爲首本孟子家氏曰吳之滅巢能復諸樊門矢之仇故録之也

葬杞平公

甲申敬王三年二十有五年晉頃九齊景三十一衛靈十八蔡悼三鄭定十二曹悼七陳惠十二杞悼公成元年宋元十五卒秦哀二十楚平十二吳僚十春叔孫舍如宋左傳季公若之姊爲小邾夫人生宋元夫人生子以妻季平子昭子如宋聘且逆之公若從謂曹氏勿与魯將逐之曹氏告公公告樂祁樂祁曰与之如是魯君必出政在季氏三世矣魯君喪政四公矣無民而能逞其志者未之有也魯君失民矣焉得逞其志靖以待命猶可動必憂愚按季孫行父之如陳公孫玆之如牟嬰齊之如莒皆因聘而娶託公命以濟其私然皆自逆其妻也今意如遣公室之正卿爲己逆婦專恣甚矣昔也討私邑使公室之卿圍之

令也娶巳妻使八公室之卿逆之則名雖爲臣而实行魯君之事尚何待昭公孫齐而後專魯哉〇夏叔詣會晉（項）趙鞅宋（元）樂大心衛（靈）北宮喜鄭（定）游吉曹（悼）人邾（莊）人滕（悼）人薛（獻）人小邾（穆）人于黃父（詣五計反公穀作倪音詣後同大心公作世心後同父音甫張氏曰黃父即黑壤晉地愚按在今平陽路河中府）

按左氏鄭子大（音泰）叔（游吉）如晉范獻子（士鞅）曰若王室何對曰王室之不寧大國之憂晉之耻也吾子其早圖之獻子懼乃徵會於諸侯（傳在去年）會于黃父謀王室也趙簡子（趙鞅）令（如字）諸侯之大夫輸王粟具戍人將納王（宋樂大心曰我不輸粟我於周爲客若之何使客士伯曰自踐土以來宋何役之不會而何盟之不同曰同恤王室子焉得辟之子奉君命以會大事而宋背盟无乃不可乎右師不敢對受牒而退）夫以王猛之無寵單旗（穆公）劉蚠（扶粉反文公也）之屢敗敬王初立

子朝之衆召（音邵）伯奐南宮嚚（魚巾反）甘桓公之黨疑若多助之在朝（字如）也。然會于黃父凡十國，而諸侯之大夫無異議焉，是知邪不勝正久矣。猶有寵愛廢孽（魚列反）配適（音嫡）奪正，至於滅亡而不寤者，不知幽王、晉獻之父子亦何足效哉（幽王愛伯服立爲太子而黜宜臼，晉獻公寵奚齊、卓子而殺申生）。然則黃父之會，王事也，而無美辭何也？王室不靖，亦惟友邦冢君克修厥職，以綏定王都（二十六年子朝云云），非異人任（音壬，襄二十一年鄭成公云云），亦何美之有？免於譏貶足矣。此春秋以正待人之體也。後世以濫賞報臣子所當爲之事，爲臣子者亦受而不辭（如漢以宦官誅外戚而封列侯，唐以藩鎮平亂而進爵爲王之類），失此義矣。高氏曰：自二十二年景王崩，王室亂，天王播越，諸侯皆莫奔救四年之後晉始為此會而諸侯不至但合諸大夫以謀之曰明年將納王夫王室之急如此豈可坐待明年哉有霸者作如齊桓公盟首止以定王世子鄭晉文公誅叔帶以逆襄王豈不美哉桓文不作猛朝相競王室世臣不能明先王一定之制順非而廢適使頃公而為桓文果至是乎是以聖人傷王室之亂而又於此著諸侯之無霸也愚按晉頃承世霸之業昏庸怠惰畧弗克振在位四年僅能兩合大夫而黄父之謀納王既不躬帥三軍以造于京師又待來年遣大夫將兵俟王室之將定而竊其功至于邑之役復納昭公于魯而敗於權臣反卻宋衛之請蓋是時晉之政權全在六卿頃若贅旒而已尚奚責哉

有鸜鵒來巢鸜其俱反本又作鴝公作鸛音權鵒音欲左傳書所无也師己曰異哉吾聞文武之世童謡有之曰鸜之鵒之公出辱之鸜鵒之羽公在外野往饋之馬鸜鵒跦跦公在乾侯徵褰與襦鸜鵒之巢遠哉遥遥稠父喪劳宋父以驕鸜鵒鸜鵒往歌來哭鸜鵒來巢其將及乎公羊傳記異也非中国之禽宜穴又巢也穀梁傳來者來中国也鸜鵒穴者而曰巢

傳林恣反**曰鸜鵒不踰濟**濟子礼反見周禮考工記注不踰濟无妨中国有**濟水**

一八二三

東北會于汶音問、見禹貢蔡氏傳濟水出絳州垣曲縣王屋山東南汶比汶也濟水東北至東平府壽張縣安民亭合汶水至青州博興縣入海魯在汶南其所無也本李氏指掌異同篇故書曰有顏師古曰公羊一云夷狄禽今之鸜鵒中国皆有但不踰濟水耳故左氏以為魯所常无異而書之巢者去穴而巢陰居陽位臣逐君象也劉向曰一六一云象季氏將逐昭公言來者氣所致鸜鵒所謂祥也劉氏曰此權臣欲国自下居上之徵鸜鵒宜穴處於下而巢居於上季孫宜臣順於家而主祭於國三十一年荀躒謂季孫曰子姑歸祭反常為異之兆能以德消則無其應於證反矣或曰此公子宋有國之祥也愚按刘歆云羽蟲之孽其色黑乃視不明听不聰之罰蓋人反德為乱物反常為妖天地之気以類相應譴告人君其微而著高宗有雊雉之異謀於忠賢修德正其事能該其災宋有雀生鸇康王用兵暴虐射天笞地尋至殞滅今昭公昏庸視天戒而不知省奔于陽州尚誰懟哉秋七月上辛大雩季辛又雩【左傳】書再雩旱甚也【穀梁】季者有中之辭也又有繼之辭也【啖趙氏】曰季辛下旬之辛言又重上事季辛不言大承上可知

左氏以再雩爲旱甚聖人書此者以志禦災之非道而區區於禱祠之末也昭公之時雨（于付反）雹地震四見（音現）於經（二年四年大雨雹十九年二十二年地震）旱乾（音干）爲虐相繼而起（三年六年八年十六年二十四年及此年七書雩）有鸜鵒來巢異之甚也季辛又雩災之甚也考諸列位則國有人焉（叔孫婼子家駒）觀諸天時則猶有眷顧之心未終棄也若反身修德信用忠賢災異之來必可禦矣昔高宗肜（音融）日雉升鼎耳異亦甚矣聽於祖己克正厥事故能嘉靖殷邦享國長久（見【書】高宗肜日及无逸篇【劉敞】曰野鳥自外來登於宗廟器是繼嗣將易也高宗恐

駭諫於忠賢脩德正事能禳其妖致百年之壽宣王之時旱魃（蒲末反旱鬼也）蘊隆

災亦甚矣側身修行（下孟反）遇災而懼故能興衰撥亂

王化復（扶又反）行（見大雅雲漢詩及小序）此皆以人勝天以德消

變之驗也昭公至是猶不知畏闇克自省而求於禱

祠之末將能勝乎故特書此以爲後世鑒（啖氏曰公羊云聚徒以攻季氏撥雩但礼官与女巫而已何足攻季氏乎劉氏曰若七月聚衆則何至九月公乃出奔乎）

九月己亥公孫于齊次于陽州（己亥穀作乙亥孫音遜陽公作揚）

左傳初季公鳥娶妻於齊鮑文子生申公鳥死季公亥與公思展與公鳥之臣申夜姑相其室及季姒與饔人檀通而懼乃使其妾抶己以示秦遄之妻曰公若欲使余余不可而抶余又訴於公甫曰展與夜姑將要余秦姬以告公之公之與公甫告平子平子拘展於卞而執夜姑將殺之公若泣而哀之曰殺是是殺余也將爲之請平子使豎勿內日中不得請有司逆命公之使速殺之故公若怨平子季郈之雞鬭季氏介其雞郈氏爲之金距平子怒

益宮於郈氏且讓之故郈昭伯亦怨平子臧昭伯之從弟會為讒於臧氏而逃於季氏臧氏執旃平子怒拘臧氏老將禘於襄公萬者二人其衆萬於季氏臧孫曰此之謂不能庸先君之廟大夫遂怨平子公若獻弓於公為且与之出射於外而謀去季氏公為告公果公賁公果公賁使侍人僚柤告公公寢將以戈擊之乃走公曰執之亦无命也懼而不出數月不見公不怒又使言公執戈以懼之乃走又使言公曰非小人之所及也公果自言公以告臧孫臧孫以難告郈孫郈孫以可勸告子家懿伯懿伯曰讒人以君徼幸事若不克君受其名不可為也舍民數世以求克事不可必也且政在焉其難圖也公退之辭曰臣與聞命矣言若洩臣不獲死乃館於公叔孫昭子如闞公居於長府九月戊戌伐季氏殺公之于門遂入之平子登臺而請曰君不察臣之罪使有司討臣以干戈臣請待於沂上以察罪弗許請囚于費弗許請以五乘亡弗許子家子曰君其許之政自之出久矣隱民多取食焉為之徒者衆矣日入慝作弗可知也衆怒不可蓄也蓄而弗治將薀薀蓄民將生心生心同求將合君必悔之弗聽郈孫曰必殺之公使郈孫逆孟懿子叔孫氏之司馬鬷戾言於其衆曰若之何莫對又曰我家臣也不敢知國凡有季氏与无於我孰利皆曰無季氏是無叔孫氏也鬷戾曰然則救諸帥徒以

往隋西北隅以入公徒釋甲執冰而踞遂逐之孟氏使登西北隅以望季氏見叔孫氏之旌以告孟氏執郈昭伯殺之于南門之西遂伐公徒子家子曰諸臣僞劫君者而負罪以出君止意如之事君也不敢不改公曰余不忍也与臧孫如墓謀遂行已亥公孫于齊次于陽州

【公羊傳】昭公將殺季氏告子家駒曰季氏爲无道僭於公室久矣子家駒曰諸侯僭於天子大夫僭於諸侯久矣公曰吾何僭矣哉子家駒曰設兩觀乘大輅朱干玉戚以舞大夏八佾以舞大武此皆天子之礼也且夫牛馬維婁委已者也而柔焉季氏得民衆久矣君无多辱焉昭公不從其言終殺之而敗焉走之齊【穀梁傳】孫之爲言猶孫也諱奔也次止也【杜氏曰】陽州齊魯竟上邑

內出奔稱孫隱也【杜氏曰】諱奔故曰孫若自遜讓而去位者【家氏曰】季氏逐君而以自孫自次爲文者譏公有以自敢也

次于陽州待齊命也【杜氏曰】未敢直前故次于竟【陳氏曰】公行書次自莊以來未之有也於是再見以昭公之失国不可不詳其所如往也

昭公欲伐季氏子家子曰季氏得民久君無多辱公不從

意如登臺而請待於沂上以察罪弗許請囚于費音祕

弗許請以五乘繩証反亡弗許子家子曰君其許之政
自之出久矣隱民多取食焉爲之徒者衆矣日入慝
他得反作弗可知也弗聽叔孫氏之司馬陷西北隅以
入陷公圍也孟氏殺郈昭伯遂伐公徒公與臧孫如墓謀
辞先君且謀所奔遂行以君伐臣爲不勝曾自東門遂襄仲
居東門殺適音嫡立庶殺子赤立宣公事在文十八年曾君於是乎失政
祿去公室政在季氏於此君也四公宣成襄昭矣晉史墨云云見
三十二年作三軍盡征其一襄十一舍音捨中軍兼有其二昭五
民賦入於其家半矣受命救台也遂入鄆襄十二師師
取下也不以聞襄二十九軍政在其手專矣行父片言而
東門氏逐宣十八南蒯苦怪反一動而公子慭魚靳反奔昭十

二年南蒯謂子仲吾出季氏而歸其室於公子更其位吾以費爲公臣南蒯懼不克以費叛如齊子仲奔齊魯之羣臣亦無敢忠於公室而獻謀者所謂屯難乃旦反之時也在易屯之六五曰屯其膏小貞吉大貞凶程子傳人君之尊雖屯難之世於其名位非有損也惟其施爲有所不行德澤有所不下是屯其膏既膏澤有所不下是威權不在已也威權去已而欲驟正之求凶之道魯昭公高貴鄉公之事是也故小貞則吉小貞則漸正之也若盤庚周宣修德用賢以道馴致爲之不暴也象曰屯其膏施式豉反未光也同上膏澤不下及是其得施未能光大也昭公不明乎消息盈虛之理正身率德擇任忠賢待時馴致不忍一朝之忿求逞其私欲而以羣小謀之其及也宜矣東萊呂氏曰使叔孫昭子而在則昭公必不至孫也愚按秦之趙高專政權者三世廢置其君在其掌握而子嬰庸弱尚能討之而夷其三族昭公若千乘之國二十有五年討一季氏不克而出奔者何哉則位雖久而民

不見德則无德也以叔孫舍子家駒之賢而不能専任以听其言則无人也臧孫及子家子皆以為不可不能脩政蓄備而遷信羣小之言以圖之則无謀也公徒釋甲執水而踞莫有鬪心則無兵也四者无一焉而倉然怒蝗螂之臂以當車轍其不為曹髦之刃出於背者幸而免矣使昭公果能脩德用賢俟其信孚於人而後之者象然後審謀治兵一舉而戮巨奸其誰曰不齊若恬然不為而終於亡亦何足取哉

齊侯唁公于野井

唁音彥【左傳】齊侯將唁公于平陰公先至於野井齊侯曰寡人之罪也使有司待于平陰為近故也齊侯曰自莒疆以西請致千社以待君命寡人將帥敝賦以從執事唯命是听君之憂寡人之憂也公喜子家子曰天祿不再天若胙君不過周公以魯足矣失魯而以千社為臣誰與之立且齊君无信不如早之晉弗從【公羊傳】齊侯唁公曰奈何君去魯國之社稷昭公曰喪人不佞失守魯國之社稷執事以羞再拜顙慶子家駒曰慶子免君於大難矣子家駒曰臣不佞陷君於大難君不忍加之鈇鑕賜之以死再拜顙高子執簞食与四脡脯國子執壺漿曰吾寡君聞君在外餕饔未就敢致糗於從者昭公曰君不忘吾先君延及喪人錫之以大禮再拜稽首以衽受高子曰有夫不祥君无所辱大禮昭公蓋祭而不嘗景公曰寡

人有不腆先君之服未之敢服有不腆先君之器未之敢用敢以請昭公曰喪人不佞失守魯国之社稷執事以羞敢辱大礼敢辞景公曰寡人有不腆先君之服未之敢服有不腆先君之器未之敢用敢固以請昭公曰以吾宗廟之在魯也有先君之服未之能以服有先君之器未之能以出敢固辞景公曰寡人有不腆先君之服未之敢服有不腆先君之器未之敢用請以饗乎從者昭公曰喪人其何称景公曰孰君而无称昭公於是嗷然而哭諸大夫皆哭既哭以人為菑以幦為席以鞌為几以遇礼相見孔子曰其礼与其辞足觀矣【穀梁傳】弔失国曰唁唁公不得入於魯也【范氏曰】野井齊地【杜氏曰】濟南祝阿縣東有野井亭【愚按】今屬東昌路德州

唁者弔也生事曰唁【說文】唁弔生也【胡氏曰】弔生曰唁【詩】歸唁衛侯死事曰弔齊侯唁公于野井【高氏曰】乃唁皆造其所居其曰于野井者齊侯將唁公公自陽州逆之蓋為恭也以遇禮相見【愚按】遇者草次之礼若道路偶相邂逅齊景以昭公失国故簡其礼不以會礼相見孔子曰其禮與其辭足觀矣然則何以失國而不反乎禮有本末正身治人禮之本也威儀

文辭禮之末也昭公喪齊歸無慼容而不顧十一年叔向曰君有大喪元慼容不顧親也殆失其国娶孟子爲夫人而不命【雜記】夫人之不命於天子自昭公始娶同姓不敢告天子【注】政令在家而不能取有子家

子之賢而不能用而屑屑焉習儀以亟能有國乎五年晉司馬侯云云雖齊侯來唁其禮與辭是矣而方伯連帥所類反之職則未修也又豈所以爲禮哉其言曰自莒疆

以西請致千社【杜氏曰】二十五家爲社千社二萬五千家欲以給公將率敝賦

以從而子家子曰失魯而以千社爲臣誰與之立且

齊君無信不如早之晉書曰唁公亦明其無納公之

實譏之也【孫氏曰】唁慰安之辭齊大国也不能討意如于魯国徒能唁昭公于野井此齊侯之惡亦可見也【石氏曰】觀齊侯致餼饔之礼与昭公人之称則其爲礼不誠其辭不哀可見矣【任氏曰】公

孫于齊求齊之援也次于陽州俟齊之命也齊侯唁
公于野井以唁爲名拒公之適巳也昭公微弱季氏
彊迫脅而出欲求救拯以齊大国之力伐季氏至
易也爲君而伐臣至順也行至易以成至順速若發
體措乎齊景不知爲此野井之唁豈弔失国之礼乎
拒公而已　家氏曰　書齊侯唁者再非与其能唁也譏
其无救災恤患之实也
徒行虛礼而誠不在焉

冬十月戊辰叔孫舍卒　左傳　昭子自闞歸見平子平子
稽顙曰子若我何昭子曰人誰
不死子以逐君成名子孫不忘不以傷乎將若子何平
子曰苟使意如得改事君所謂生死而肉骨也昭子從
公于齊与公言子家子命適公館者執之公与昭子言
於幄內曰將安衆而納公公徒將殺昭子伏諸道左師
展告公公使昭子自鑄歸平子有異志昭子齊於其寢
使祝宗祈死戊辰卒　家氏曰　繼公孫而書舍卒言舍之
爲公死也　王氏曰　春秋賢臣憂国而祈死者二晉范文
子以厉公无道慮国難之將作魯叔孫舍以昭公失国
憤意如之見軼皆愛君憂国之至因禱以自裁也是時
昭公在外特書曰以卒之所以録君臣之恩表其節爲
後世勸　傳見二十四年　愚按　舍子
不敢嗣爲大夫是爲叔孫成子

〇十有一月己亥宋

公佐卒于曲棘元公在位十五年太子欒嗣是爲景公公羊傳曲棘宋之邑也諸侯卒於封内不地此何以地憂内也穀梁傳邡公也杜氏曰曲棘宋地陳留外黄縣城中有曲棘里張氏曰在開封府雍丘縣愚按今汴梁路杞縣

按左氏宋元公爲于僞反公故如晉卒于曲棘曲棘宋地也宋元之夫人曹氏生子妻七計反意如或謂曹氏勿與魯將逐之曹氏告元公元公告樂祁祁曰與之如是魯君必出無民而能逞其志者未之有也魯君失民久矣然則宋元意如之外舅也不比之顧而求欲納公是以正倫恤患爲心而不匿其私親之惡者也其賢於當時諸侯遠矣故雖卒于封内而特書其地以別筆列反之也劉氏曰諸侯有方伯連帥分災救患扶傾濟弱誅叛討亂王政之所急仁

義之本也諸侯卒其竟内猶大夫之卒其家未有言其地者而此卒獨見以其有親附鄰国憂諸侯之心也家氏曰斉晋二大国坐視季氏逐君恬不加省而宋元特為此行将以其前日逐華向者而討魯之強家非能視天下之悪猶己之悪豈能及此春秋書其卒于行録之也

十有二月齊景侯取鄆左傳斉侯圍鄆二十六年正月斉侯取鄆公羊傳外取邑不書此何以書為公取之也穀梁傳取易辭也内不言取以其為公取之故易言之也

鄆魯邑也注見文十二年直書齊侯取之何也齊不自取而為于偽反公取鄆使居之也胡氏曰欲取以居公昭公出奔經書次于陽州見音現下同公於魯未絶而季氏逐君為不臣愚按經書諸侯失国出奔皆不言次独昭公之孫特言次于陽州是昭公雖為季氏所逐而未見絶於国人故次止于斉魯之之境而謀獲国也及書齊侯取鄆則見公已絶於魯而逐於季氏為不君愚按晋平公使魏舒逆衛獻公使衛与之夷儀則書衛侯

入于夷儀不言晉取夷儀也齊高偃納北燕伯于陽亦不言齊取陽也今書齊侯取鄆於公至自齊居于鄆之上則是國内之人皆叛无有愛念之者非假鄰国之力以取邑則鄆人不受命而无所於居矣君者有土地人民以奉宗廟之典籍者也已不能有而他人是保則不君矣春秋之義欲爲君盡君道爲臣盡臣道本孟子各守其職而不渝也昭公失君道季氏爲亂臣各渝其職而不守矣其爲後世戒深切著明矣呂氏曰齊侯不能討季氏以正君臣大義而獨取鄆以處公其无意於善而忽遠略可知也陳氏曰外取邑不書雖取諸我不書取鄆以居公則何以書病齊侯也齊侯將納公以梁丘據一言而遂不果鄆陵之盟合諸侯徒曰納公二年而无成則是取鄆而已矣是故取鄆則書齊圍成則書晉公家氏曰是時晉政已衰霸權未有所屬齊景有志修桓公之業當請命天王号召与国納昭公于魯戮意如以示天下而霸政举矣乃以取鄆爲首務姑塞已責賢於義者不亦或謂嘉其取鄆故爵之此目其人以貶之亦奚其

魯【愚按】不書齊侯伐魯以討逐君之臣但志取鄆与外取田邑同文而不異其辭則齊景伐義之功末矣

【乙酉】敬王四年 二十有六年 【晉】頃十【齊】景三十二【衛】靈二十九【蔡】昭三【鄭】定十四【曹】悼八【陳】惠十四【杞】悼二【宋】景公欒元年【秦】哀二十一【楚】平二十一【吳】僚十一

春王正月葬宋元公【杜氏】曰三月而葬速【愚按】昭公在外而魯於宋晉鄭曹滕許無遣大夫會葬不廢喪紀則意如之專魯与君无異矣【愚按】意如既已逐己之君而昭公孫齊居鄆次乾侯不得入其国矣其葬人之君乃羅之輒者何用變文以示貶乎

○三月公至自齊居于鄆【左傳】公至自齊處于鄆言魯地也【穀梁傳】公次于陽州其曰至自齊何以齊侯之見公可以言至自齊也居于鄆者公在外也至自齊道義不外公也【范氏曰】至自齊者臣子喜君父得反致宗廟之辭今君雖在外猶以在国之礼録是崇君之道【胡氏曰】入魯竟故書至猶在外故書地【王氏曰】公自野井來居于鄆初未及齊因都而曰至自齊者野井齊地故也

居者有其土地人民之稱也【穀梁】居者居其所也【愚按】居猶處也處已所有之地也衛侯出居于襄牛楚子入居于申皆在国也此已失国而書居使之如未失国然若曰魯地非意

如之所得有也鄭伯哭失国而取櫟以居之衛侯衎失国而取夷儀以居之皆書曰入此不言入而言居者内辭也爲尊者諱爲親者諱使若適他国而返居于是也昭公失國出奔而稱居于鄆者存一國之防也襄王已出而稱居于鄭僖二十四敬王未入而稱居于狄泉者二十三年愚按悼王未入王城亦称居于皇存天下之防也天子之於天下率土之濱莫非其臣本詩北山非諸侯所敢擅也諸侯之於封國四境之内莫非其土昭二十衛侯如死鳥齊景公曰猶在竟内則衛君也坊記君適其臣升自阼階即位於堂示民不敢有其室也非大夫所得專也故諸侯避舍以待巡守守又反祭義天子巡守諸侯待于竟而大夫專邑是謂叛君[illegible]背君曰叛如衛孫林父晉趙鞅荀寅士吉射之類曰居于鄭其爲防也至矣啖氏曰天子者至尊雖在外皆曰居諸侯奔在境内亦曰居邑皆言猶居其地但不得其所耳劉氏曰有天下者固家天

下有一国者国家一国上雖失之下莫敢有也天子棄天下而不守諸侯失其国而不保是以氏亍有曰出居于鄭諸侯有曰居于鄭高郵孫氏曰凡公行反而告朔則書至在外雖不告而書至所以存公也家氏曰居于鄆志公之失位也失位矣而猶書至書居所以存魯君而抑亂賊也自是每歲書至書居凡五見焉及鄆潰乃書公在乾侯亦所以存公而繫魯国臣民之望也鄆魯境故書居乾侯晉地故書在臨川吳氏曰曰居雖非所宜居然猶吾土也曰在者非吾土矣蜀杜氏曰春秋書王猛居于皇天王居于狄泉志天王之失政而尹氏專之也書公次于陽州居于鄆公圍成志魯君失政而季氏專之也

夏公圍成

成者孟氏之邑也注杜氏左氏曰齊侯將納公命無受魯貨申豐適齊貨梁丘據據受之申豐從女賈以幣錦二兩縛一如瑱適齊師謂子猶之人高齮能貨子猶爲高氏後粟五千庾高齮以錦示子猶子猶欲之齮曰魯人買之百兩一布以道之不通先入幣財子猶受之言於齊侯曰羣臣不盡力于魯

君者非不能事君也據有異焉宋元公爲于僞反魯君如晉卒于曲棘叔孫昭子求納其君無疾而死不知天之棄魯邪抑魯君有罪於鬼神故及此也君使羣臣從魯君以卜師有濟也而繼焉茲無敵矣齊侯從之使公子鉏仕居反齊大夫帥師師從公圍成成大夫公孫朝謂平子曰有都以衛國也請我受師許之請納質弗許曰信女足矣告于齊師曰孟氏魯之敝室也用成已甚弗能忍也請息肩于齊齊師圍成成人伐齊師之飲馬于淄者曰將以厭眾魯成備而後告曰不勝眾師及齊師戰于炊鼻不書齊師者景公怵雪律反於邪說本漢書如淳曰見誘怵也爲義不終故微之也王氏箋義齊侯謀納公苟齊侯自行當書曰公及齊侯圍成善伐叛也反惑辛臣之說使公子鉏帥師圍成公失国之君无師眾亦當書曰公以齊師圍成今直書曰公圍成惡齊受季氏之賂雖得其師不足以也書公圍成則季氏之不臣昭

公之不君齊侯之不能修方伯連帥所類及之職其罪

咸具矣通旨曰書公圍成猶言成非昭公所有矣孫氏曰公圍成書者見国内皆叛也[illegible]書取鄆

圍成以見意如據有魯国之土脅制魯国之民而使
昭公不得入国也取鄆不書公而圍成不言取又以
見昭公無德於国無恩於民而魯人皆不附也既不
書公以齊師圍成又不言公及齊師圍[illegible]故圍成不服
而昭公終居于鄆則齊景救患之功不足乎揚而昭
公之主齊失所因矣春秋凡公出在竟内而返不書
至定公在国而致圍成者所以著公之危弱攻私邑
如敵国也昭公已去国而不致圍成者所以存公
公之在国也然昭公既孫自他国而返必書至唯自
圍成而復居于鄆則不言至亦以示内外之別也或
謂昭公當討意如不當急近利而圍孟氏之成夫當
是時舉魯国之民皆所順於季氏成近於齊故能圍
之猶不能取況能入竟而討季氏邪○劉氏曰穀梁
云言圍大公也非也公失国而圍成此小之甚者不
可謂
大

秋公會齊侯景莒子郊邾子莊杞伯悼盟于鄟陵鄟音專又

市轉反【左傳】謀納公也【孫氏曰】盟于鄟陵謀納公而不能也【高氏曰】公失国而會諸侯者求入也求入不主晉而主齊故齊侯矯爲此盟以莒邾杞皆魯之与国也【王氏曰】齊盟諸侯于鄟陵謀納公也而公止居于鄆晉會諸侯之大夫于扈亦謀納公也而公終羈于乾侯蓋是時諸侯之權不足以制大夫而梁丘據士鞅之奸与季氏表裏故也【陳氏曰】此參盟也參盟自齊桓以來未之有也於是再見其再見何晉不復主盟矣十六年齊徐郯莒嘗盟於蒲隧十九年宋鄒郳徐嘗盟于蟲則諸侯有不待伯主而自盟會久矣於是始書以晉之不復主盟也晉不復主盟而後齊專盟矣【經筌趙氏曰】鄟陵即鄆故墟

公至自會居于鄆

【穀梁傳】居于鄆公在外也至自會道義不外公也【愚按】君行而返返必告廟告廟則書至召誥称王朝步自周至于豐豐去鎬京二十五里而文武廟在焉故告于文武也昭公之居鄆則非宗廟之所在矣而昭公會鄟陵如齊如乾侯無不書至若公之在国春秋大義所以存君而厲臣子忠義之心銷亂賊悖逆之惡也雖然曾子問六君去其国大宰取羣廟之主以從則昭公之去鄆而返亦或告于祖祢矣顧季氏強悖專有魯国當時史官何附必不書公至吾聖人以所見之世而特志之耳五書至必繫以居于鄆不言居鄆則疑於復国

○九月

庚申楚子居卒【左傳】楚平王卒令尹子常欲立子西曰太子壬弱其母非適也王子建實聘之子西怒曰是乱臣而惡君王也我受其名賂吾以天下吾滋不從也楚国何為必殺令尹乃立昭王○冬十月天王敬入于成周【左傳】單子如晉告急刘人敗王城之師于尸氏王城人刘人戰于施谷刘師敗績刘子以王出次于渠王城人焚刘王宿于褚氏次于雈谷入于胥靡次于滑晉知躒趙鞅帥師納王使女寬守闕塞王起師于滑在郊遂次于尸召伯逆王于尸及刘子單子盟遂軍圉澤次于隄上十月癸酉王入于成周盟于襄宮晉師成公般戍周而還十二月王入于莊宮【公羊傳】成周者東周也【穀梁傳】周有入无出也【杜氏曰】成周今洛陽【愚按】今河南府治

左氏曰晉知音智躒音歷趙鞅帥師納王入于成周使成公般音班晉大夫戍周而還還音旋【李氏廉曰】晉人納王之善无一言及之何也罪晉不臣而哀周之衰也晉為同姓大国爵為侯伯主盟於時不能即逐子朝之黨而安定之二十二年一圍郊而亟還坐視成敗踰五年然後與師納王原情責實不忠不臣之甚者也若以納王之功而善之則藏奸

觀釁不忠不臣者勝矣不曰入于京師者京師衆大之稱不可繫之入也。其曰成周云者黍離而次不列于雅降爲國風之意【穀梁】傳二十四年注平王東遷其詩不能復雅而列爲國風【通旨】周王者无外而曰王猛入于王城天王入于成周王城成周孰爲京師豈皆非京師歟何其皆不書京師也曰入者雖詞也王城成周不称京師此黍離降爲国風之意而景王寵愛庶孽魚列反弱其世適音嫡之寵著矣【安定胡氏曰】因狄泉故称入【孫氏】曰子朝之乱甚矣悼王既死敬王即位于外四年始反正于宗廟不言歸而言入者言歸嫌与即位于內者同故变文言入以著即位于外也【陳氏曰】惠王出入皆不書襄王雖書出猶不書入也於是悼王自皇敬王自狄泉則曷爲皆書入幸之也王室乱矣入无足諱焉尔【東萊呂氏曰】漢河南縣即郟鄏周武王迁九鼎周公營以爲都是爲王城洛誥所謂卜澗水東瀍水西惟洛食者也漢洛陽縣周公營下都以迁殷頑民是爲成周洛誥所謂卜瀍水東亦惟洛食者也平王東迁定都于王城子朝之乱其餘黨多在王城敬王畏之徙都成周【臨川吳氏曰】

王城曰東都蓋以鎬京爲周之西都東對西而言也成周曰下都蓋以王城爲洛之上都下對上而言也時子朝據王城故王入于成周而居【愚按】成周在王城之東故公羊以爲東周萇弘謂敬王爲東王子朝爲西王也然左傳記王入于莊宮杜氏注莊宮在王城則敬王亦入王城矣三十二年書城成周蓋敬王畏子朝黨入王城而弗居遂定都成周也天子之都必稱之曰京師故襄二十四年齊人城郟而叔孫豹賀城書曰郟京師三十二年城成周晉人執宋仲幾亦曰城之于京師京師衆大之統會天子之居必以衆大言之也惟王入王城敬王入成周城成周皆不稱京師而以地名書之著其衰弱不能自振與列國之諸侯无以異耳其不稱京師者見天王之失尊也其稱京師者示天下之當尊也○【劉氏曰】公羊云其言入何不嫌也何休云不嫌爲篡然則於王猛何以惜此義

尹氏召伯毛伯以王子朝奔楚【左傳】晉師克鞏召伯盈逐王子朝王子朝及召氏之族毛伯得尹氏固南宮嚚奉周之典籍以奔楚陰忌奔莒以叛王子朝使告于諸侯曰昔武王克殷成王靖四方康王息民並建母弟以蕃屏周亦曰吾无專享文武之功且爲後人之迷敗傾覆而溺入于難則振救

之昔先王之命曰王后无適則擇立長年鈞以德德鈞以卜王不立愛公卿无私古之制也穆后及太子壽早夭即世單旗劉狄贊私立少以閒先王壹行不若謂先王何常之有唯余心所命其誰敢討之帥羣不弔之人以行乱于王室侵欲无厭規求无度貫瀆鬼神慢棄刑法倍奸齊盟傲狠威儀矯誣先王晉爲不道是攝是贊思肆其罔極茲不穀震盪播越竄在荆蛮未有攸厎若我一二兄弟甥舅奬順天法无助狡猾以從先王之命敉圖不穀則所願也敢布腹心而諸侯實深圖之定五年王人殺子朝于楚

取國有五利寵居一焉昭十三叔向云云子朝有寵於景王爲之黨者衆矣卒不能立至於奔楚何也是非有出於人之本心者不可以私愛是亦不可以私惡烏故反非卒歸於公而止矣景王寵愛子朝將蘄於見是而天下不以爲是踈薄子猛將蘄於見非而天下卒不以爲非徒設此心兩棄之也庶孽憑寵爲羣小之所

宗而人心不附適音嫡子恃正人心之所向而羣小不從故伯服雖殺而平王亦不能復宗周之盛注見隱元年申生已死而奚齊卓子亦不能勝里克之兵見僖五年九年十年是兩棄之也景王不鑒覆音腹車王猛子朝之際危亦甚矣春秋詳書爲後世戒可謂深切著明也哉

高氏曰立子朝獨李尹氏出奔并李召毛者明本在尹氏當先誅首惡後治其黨陳氏曰尹氏獨欲立子朝耳兼言召伯毛伯者敬王在外四年而後入則二子爲之也然則曷爲不以二子首惡以二子首惡則有奉子朝者矣皆卿士也單劉奉猛毛召奉朝將又莫知其誰宜立也是故終始尹氏以二卿序尹氏之下則從之者而已王氏箋義子朝謀亂王室兵敗而奔夷狄其罪不容誅矣然由二子所黨助故書曰尹氏召伯毛伯以王子朝奔楚以者不以者也言子朝之罪由三子所致也先書天王入于成周後書子朝奔楚大夫子之能反正然後罪人咸服也愚按尹氏世卿秉政擅權書立朝書以朝奔楚著始終黨惡而不

悛也奔不言出者篡賊逃竄以逭天討无所出也故
比於國滅之君與在竟外之臣但書奔今書曰奔楚
則楚受篡賊之罪亦見矣○劉氏曰左傳云召伯盈
逐王子朝杜云召伯當言召氏經誤非也召伯既逐
子朝而歸敬王矣又何為以子朝奔乎君云召氏則
又不與經合且召伯既自歸周則其族亦必隨之何
故猶奉子
朝為亂乎

丙戌 敬王
五年
二十有七年 晉頃十一齊景二十二衛靈二十
蔡昭四鄭定十五曹悼九卒陳惠
十五杞悼二宋景二秦哀二十
二楚昭王軫元年吳僚十二弒

春公如齊 景杜氏曰公
自鄆行

至自齊居于鄆 左傳處于鄆言在外也高氏曰公至自
齊居于鄆者二至自會居于鄆者一至
自乾侯居于鄆者一書至書居我君故也君
播越于外不得其所而魯國臣子可絕乎 ○夏四月

吳弒其君僚 左傳吳子欲因楚喪而伐之使公子掩餘
公子燭庸帥師圍潛使延州來季子聘于
上國楚莠尹然工尹麇帥師救潛吳師不能退吳公子
光曰此時也弗可失也告鱄設諸曰不索何獲我王嗣
也吾欲求之事若克季子雖至不吾廢也光伏甲於堀
室而享王王使甲坐於道及其門門階戶席皆王親也

夾之以鈹羞者獻體改服於門外執羞者坐行而入執鈹者夾承之及體以相授也光僞足疾入于堀室鱄設諸寘劒於魚中以進抽劒刺王鈹交於胷遂弑王季子至曰弗我生乱立者從之復命哭墓掩餘奔徐燭庸奔鐘吾

此公子先使專諸弑之而稱國何也吳子壽夢有四子長（長丙反）諸樊次餘祭（側界反）次夷末次季札光諸樊之子也僚夷末之子也諸樊兄弟以次相及必欲致國於季子而季子終不受（史 吳世家諸樊兄弟欲以次必致国於季札餘昧卒欲授札札讓逃去於是立餘昧之子僚）則國宜之光者也僚烏得爲君（公羊 襄二十九闔廬曰先君之所以不与子国而与弟者凡為季子故也將從先君之命与則国宜之季子者也如不從先君之命与則我宜立者也僚悪得為君乎）故稱國以弑而不歸獄於光其稱國以弑者吳大臣之罪也（定十二年傳 稱国以弑者

當国大臣之罪也大臣任大事事莫大於置君矣故君存而國本定君終而嗣子立社稷嘉靖人無間去聲言此秉政大臣之任伊召音邵之所以安商周伊尹相太甲召公立康王孔明之所以定劉漢也【白国忠】諸葛亮傳先王病篤召亮曰君才十倍曹丕若嗣子可輔則輔之如其不才君可自取亮涕泣曰臣竭股肱之力效忠貞之節繼之以死若廢立進退出於羣小閹寺如字又音侍而當國大臣不預焉如齊豎刁易牙立武孟秦趙高立胡亥漢中常侍立順帝唐宦官立穆文武宣懿僖昭七君之類則將焉於虔反用彼相息亮反矣此春秋歸罪大臣稱国弒君之意其經世之慮深矣【通旨】問公子光嘗曰事若克季子雖至不吾廢也季子當如何曰光當立罪在僚故猶稱国以弒季子自度其力有不能辦者故歸潔其身而已矣使札有周公之才之美必討弒君之賊正僭竊之名奉周正朔以治吳国為乃邦之憲矣【劉氏曰】僚發兵設而毀義篡也国人莫

説故謂之衆弑其君**陳氏曰**僚越光而代札是自禍也故賊不書主名**臨川吴氏曰**国之大臣及臣民皆欲弑僚而還国於光也故稱国弑**愚按**光若諸樊之冢嗣壽夢之嫡孫也壽夢父子諸樊兄弟欲致国季札而不可則當立光以爲君吴之大臣不立光而立僚故僚之弑不以光首惡而帰罪於吴国之大臣也史記以僚爲夷昧之子而公羊以僚爲札之庶兄公羊傳及史記皆以光爲諸樊子而世本以光爲夷昧之子竊詳事勢史記爲是

楚 昭 **殺其大夫郤宛** 郤去逆反**穀**作郄宛於阮反又於元反**左傳**郤宛直而和国人説之鄢將師爲右領与費无極比而惡之令尹子常賄而信讒无極謂子常曰子惡欲飲子酒又謂子惡令尹欲飲酒於子氏子惡曰我賤人也不足以辱令尹令尹必来辱爲惠巳甚吾无以酬之若何无極曰令尹好甲兵子出之吾擇焉取五甲五兵曰寘諸門令尹至必觀之而從以酬之及饗日帷諸門左无極謂令尹曰吾幾禍子矣子惡將爲子不利甲在門矣且是役也吴可以得志子惡取賂焉而還令尹使視郤氏則有甲焉不往召鄢將師而告之將師退遂令攻郤氏且爇之子惡聞之遂自殺也令尹尽滅郤氏之族黨**劉氏曰**君不明故臣

得專其威殺其大夫而莫之止也不亦甚乎然而郤宛則有以取之有以取之者辟嫌不審也辟嫌不審罪也詩云侈兮哆兮成是南箕**張氏曰**恃国人之悅己而无見幾知人之明以立於无道之朝至於見殺宜矣**僖七年傳**称国以殺其大夫罪累上也

○秋晉（頃）士鞅宋（景）樂祁犂衛（靈）北宮喜曹（悼）人邾（莊）人滕（悼）人會于扈

按左氏扈之會令戍周且謀納公也宋衛皆利納公固請之士鞅取貨於季孫謂樂祁北宮喜曰（季孫未知其罪）而君伐之請囚請亡於是乎不獲君又弗克而自出也夫豈无備而能出君乎季氏之復天救之也休公徒之怒而啓叔孫氏之心不然豈其伐人而說甲執兵以游叔孫氏懼禍之濫而自同於季氏天之道也魯君守齊三年而無成季氏甚得其民淮夷與之有十年之備有齊楚之援（有天之贊有民之助）有堅守之心有列國之權而弗敢宣也事君如在國鞅以爲難二子皆

圖國者也。而欲納魯君，請從二子以圖魯，無成，死之。

二子懼，皆辭。乃辭小國，而以難復。以難納白晉君 文十五年

諸侯盟于扈，將爲于僞反魯討齊，齊侯賂之，而不克討。

故在會諸侯略而不序。今此謀納公，亦以賂故不克

納，而諸國之大夫皆序，何也？曰：利於納公者，宋、衛之

大夫也；受賂而不欲納公者，獨范鞅主之耳。又况成

周之令行乎？所以列序而不略也。以此見聖人取舍

音捨之大情，而輕重審矣。【襄陵許氏曰】士鞅謀納公而以貨賂無厭。許者以令成周

故也。霸圖不説，苟有一善，則爲之匿諸侯而存之。此春秋所以扶衰亂也。【家氏曰】齊景爲鄟陵之盟，而梁

丘據入季氏之錦；晉頃爲扈之會，而士鞅納季氏之貨。二君僭然无知，以爲魯之休戚无關於已，勤知田

常餡禍於齊，六卿伏憂於晉，晋火積薪而不悟。使二君能爲魯討賊，亦足以懲内盗之膽也。【愚按】文十五

年之盟邑謀討齊商人弑舍之罪晉靈受其賂而弗克討此年之會邑本非謀討意如但謀納昭公耳士鞅受意如之賄而弗克納然皆廢天討矣春秋序于邑之大夫而无貶辭蓋以籍秦致諸侯之戍于周猶能戍周之言故也抑亦聖人於所見之世直書見見義主人習其讀而問其傳未知已之有罪焉尔

冬十月曹伯午卒 悼公也在位九年弟野立是為聲公○**邾**莊**快來奔** 【徐邈】曰小国無大夫故但舉名而略其氏【高氏曰】快亦三叛人之黨魯為逋逃淵藪而受之魯之彊臣逐君而邾快來奔從其類也【家氏曰】庶其畀我來奔季孫宿始納之今邾快又來奔意如復納之宿意如世濟其兇不君其君又誘人之臣使之叛其君而已為之逋逃主罪可勝誅之乎快邾之賤者不足錄也春秋所以錄之而無所遺誅季氏之無君也三十一年黑肱以濫來復受之而不辭推其无忌憚之心亦何所不至春秋詳書之非誅叛人実譏季氏也

○**公如齊** 晨【左傳】齊侯請饗之子家子曰朝夕立於其朝又何饗焉其飲酒也乃飲酒使宰獻而請安子仲之子曰重為齊侯夫人曰請使重見子家子乃以君出【杜氏曰】礼君宴大夫使宰為獻主比公於大夫也齊侯請自安不在坐也子仲魯公子憖十二年謀逐季氏不能而奔齊令行飲酒礼而欲使

重見從宴嫁也

公至自齊居于鄆

高氏曰公以齊之甲我也遂帰而明年亦晉據范獻子之言曰季氏有齊楚之援然則齊固助季氏安肯納公

愚按孟懿子陽虎伐鄆公徒敗于且知春秋不書皆所以存公也上之於下有征而無戰而况敗乎以君而伐臣已褻其威而况見伐於其臣乎陽虎陪臣不足責仲孫何忌嘗學於聖人者也何乃昧於君臣之大義亦至于此極乎噫可歎也

丁亥 敬王六年

二十有八年

晉頃十二 齊景三十四 衛靈二十 蔡昭五 鄭定十六卒 曹聲公野元年 陳惠十六 杞悼四 宋景三 秦哀二十三 楚昭二 吳闔廬元年

春王三月葬曹悼公

杜氏曰六月而葬緩

○**公如晉次于乾侯**

左傳 公如晉將如乾侯子家子曰有求於人而即其安人孰矜之其造於竟弗聽使請逆於晉晉人曰天禍魯国君淹恤在外君亦不使一个辱在寡人而即安於甥舅其亦使逆君使公復于竟而後逆之

穀梁傳 公在外也

杜氏曰 乾侯晉竟内邑在魏郡斥丘縣

張氏曰 今大名府成安縣東南有斥丘故城

孫氏曰 公一年如齊者再皆不見礼故如晉也公既不見礼於齊又不得入于晉其窮辱如此

任氏曰 齊晉大国也皆与季氏不恤昭公中国主盟所以在夷秋乎

通旨 昭公孫于齊

次于陽州公如晉次于乾侯礼宜止于遠境乎昭公自不欲進乎抑齊晉之君阻之而不使之前乎筆之之意安在曰次者止而有待之意于陽州者不得入于齊也于乾侯者不得見于晉也人君失國出奔而詳書其所在見臣子不可頃刻忘君父必欲知其所居之安与否也而進退去就之是非亦自見矣季氏逐君不待賂而惡自見聖人至此全罪昭公之不君也愚按昭公之春秋五書如晉至河乃復傷其見拒於晉不得入而徒返也兩書如晉次于乾侯傷其既不得入於晉亦不得返其國也書至書復外雖見辱而内猶不失其國也書次則止於是而已矣無可復之道矣次于陽州猶曰齊魯之竟也次于乾侯進退維谷則羈旅之人耳書次于乾侯而後書在乾侯是僅存昕息而已矣聖人汲〻於存公而屢書不一書然昭公之跡愈遠愈微而愈不能自振亦可見矣公之在齊猶有齊侯取鄆圍成之事晉頃拒而弗受賂無兄弟孔懷同惡相恤之義豈不重可嘆哉○閔氏曰左傳記晉人云魯不告于晉去年謀納公是魯告晉矣豈得誣其不告哉

○夏四月

丙戌鄭伯寧卒

寧公作甯定公也在位十六年子蠆嗣是爲獻公

六月葬鄭定公

莊氏曰三月而葬速

○秋七月癸巳滕子寧卒

寧公作甯悼公也在位二十五

年子紹嗣冬葬滕悼公高氏曰公不在国凡喪葬之礼是為頃公皆季氏專之也汪氏曰諸侯之葬魯往會之則書昭公在外季氏使人會諸侯之葬以紹外援也

戊子敬王七年二十有九年晋頃十三齊景三十五衛靈二十二蔡昭六鄭獻公蠆元年曹声二陳惠十七杞悼五宋景四秦哀二十四楚昭三吳闔廬二春公至自乾侯居于鄆趙氏曰以乾侯至不得見晋侯故何氏曰不致以晋者恭至晋齊侯使高張來唁公左傳斉侯使高張來唁公公稱主君子家子曰斉卑君矣君祇辱焉穀梁傳唁公不得入於魯也胡氏曰張高偃子唁公至晋不見受何氏曰言來者居運從国内辞遣使疏吏反來唁襄陵許氏曰荀躒唁公也高張不地以公居鄆猶以魯志也故稱來焉高氏曰唁于野井斉地也唁于乾侯晋地也今在鄆乃魯地故但書來而已淺事也亦書于經者罪齊侯不能修方伯連帥所類反之職也昔狄人迫逐黎侯黎侯寓于衛衛人弗恤黎之臣子勸其君

以歸而賦式微見邶風小序其一章曰微君之故者以事求人而人不有其事是謂微君之故若昭公見逐出奔而齊莫之討淹恤日久而齊莫之納微君之故矣其二章曰微君之躬者以身下人而人不有其身是謂微君之躬若齊侯設禮以享而使宰獻聘禮在六年冬大、大聘、公、拜送醴宰夫薦籩豆脯醢遣使來唁而稱主君杜氏曰比公於大夫微君之躬矣諸侯失國託於諸侯禮也本孟子諸侯失國諸侯納之正也齊之先世常主夏盟而太公受先王五侯九伯之命矣魯爲鄰境甥舅之國也昭公朝夕立於其朝曾不能陳師境上討意如逐君之罪而遣使唁公豈得禮乎家氏曰唁厲礼也通旨曰歸唁衛侯婦人之事也齊晉大国亦止唁公而不能討意如之罪春秋書唁諱之也【愚按】衛獻公出奔齊臧紇如齊唁衛侯春秋不書以是而不足書也而昭公之孫齊侯野井之唁高張之唁晋荀躒之唁莫不悉書所以譏齊晋之徒能唁公而不能納公也齊侯如親唁猶有恤患之意今使高張來而弔其至晋不見受且比公於大夫適以恥公而已奚益哉

八公如晋次于乾侯【左傳】公如乾侯【襄陵許氏曰】書次于乾侯復不見受也【高氏曰】齊侯比公于大夫故復如晋冀晋見恤也而晋復不受故次于乾侯諸侯出奔狼狽未有如公之甚者○【愚按】左傳云平子每歲賈馬具從者之衣屨而歸之於乾侯公執歸馬者賣之乃不歸馬竊疑意如剔忍兇悖必无是事也昭公居鄆四年始適乾侯鄆猶未潰而曰每歲歸馬於乾侯不亦謬乎脫有是事亦鄭莊射王中肩使祭足勞王且問左右之類耳加刃於人而以手抚之此小人之欲揜其惡者也又云昭公黜公子務人而以公衍為太子是時昭公在外无宗廟胡廷何暇易太子乎

○夏四月庚子叔詣卒詣五計反【穀梁】【傳】季孫意如曰叔倪无病而死此皆无公也是天命也非我罪也【高氏曰】叔詣欲納公而卒○秋七月○冬十月鄆潰【公羊傳】邑不言潰此其言潰何郛之也曷為郛之君存焉爾【穀梁傳】潰之

爲言上下不相得也上下不相得則惡矣亦譏公也昭公出奔民如釋重負

民逃其上曰潰見左傳文三年又成二年左傳上失民也孫氏曰季氏專魯民不輔公故鄆潰自是昭公削迹於魯尺地一民皆非其有矣公之出奔處鄆四年民不見德亡無愛徵知陵反昭十三至於潰散胡氏曰潰散叛公豈非昏迷不反自納於罟音古擭胡化反陷穽才性反之中其從才用反者又皆艾魚刈反与刈同殺其民視如土芥前賈誼傳殺人若艾草菅其下不堪所以潰歟范氏曰公既出奔不能改德脩行居鄆小邑復使潰散德之不建如此之甚然則去宗廟社稷出奔而猶不惕然恐懼斷改過以補前行下孟反之愆也自棄甚矣欲不亡得乎噫故書以爲後世戒通旨鄆本魯邑書齊人取鄆而居昭公言鄆非魯地也又書鄆潰則民之不与昭公可知皆深罪昭公之意愚按或謂意如間

公如乾侯誘其民而使之潰夫苟昭公之德澤足以固結其民而民心不忘昭公則雖誘之使叛其民亦必深思遠念而不忍叛去也燕樂毅以秦魏韓趙之師破齊与楚淖齒共殺齊湣王分其地未期年而王孫賈一呼齊人皆袒右攻賊以季氏之强孰與六国而魯人之思昭公不若齊人之思念其君何也豈非昭公失民既久而若是耶然則鄆民之見誘於季氏實以耳濡目之有素而非一朝一夕之故也

己丑 敬王八年

三十年 晉頃十四卒 齊景三十六 衛靈二十三 蔡昭七 鄭獻二 曹聲二 陳惠十八 杞悼六 宋景五 秦哀二十五 楚昭四 吳闔廬三

春王正月公在乾侯 穀梁傳 存公故也 何氏曰 閔公鄆潰無尺土之居遠在乾侯故以存君

公去社稷于今五年 二十五年孫齊 每歲首月不書公者在魯四封之內則無適而非其所也至是鄆潰寄乾侯非其所矣歲首必書公之所在者蓋以存君不與季氏之專國也 陸氏曰 此時鄆潰公無所容寄在乾侯既非其地不得書居故每歲首皆

書所在【劉氏曰】其言公在乾侯何正月以存公也曷爲存公公在外也公在外久矣曷爲於此乎存公也公居于鄆有魯也在乾侯無魯也公雖無魯魯不可以無公向曰居今曰在向也魯而今也晉一民莫得使焉尺地莫得有焉人固曰乾侯之君耳而春秋則以爲吾君也【薛氏曰】鄆潰而遂不反故書公在乾侯鄆之書居乾侯書在内外之別也【王氏曰】天子所在稱居王者以天下爲家示無外也故襄王奔鄭曰出居于鄭諸侯在其国稱居寄他国稱在示有尊也故昭公於鄆稱居於乾侯稱在而罪臣子譏諸侯之意具矣【常山劉氏曰】君失其居在乾侯而不得歸故因朝王之時而書公所在則存君分罪臣子譏諸侯之意皆可具見也唐武后廢遷中宗革命自立史臣列于本紀欲著其罪【歐陽公新唐書】而君子以爲非春秋之法其言曰天下者唐之天下中宗受之於其父武后安得絶先君之世（復扶又反）繫嗣君之年黜武氏之號自以爲竊取春秋之義信矣【范氏唐鑑】季氏出其君魯無君者八年春

秋每歲必書公之所在不与季氏之專国也唐史列武后于本紀欲不没其實以著其惡竊以為不然中宗之有天下受之於高宗天下者唐之天下也武氏安得而間之復繫嗣聖之君黜武氏之號竊取春秋之義雖獲罪於君子而不辭也○劉氏曰左傳云不先書鄆與乾侯非公且徵過也非也向若公雖去国然猶居鄆古人所謂君在竟内則猶君也是以不歲首書鄆耳去年公如晉以于乾侯但是暫時次止之多猶以鄆為居自然不得書公在乾侯也今鄆又潰散公無所入覊旅他国国非其有故書公在以繫一国之事是聖人至意深淺各有所出豈但徵過哉公雖有過不君季氏之悖也其寧縱釋季氏專攻公身而已愚按杜氏云釋不朝正于廟夫魯之諸君不朝正者多矣惟襄公之留于楚昭公之次乾侯則書公所在若者蓋襄公為季宿攝其国而不得入昭公為意如所逐滅存他竟故特志所在以繫臣民之望也或謂春秋不與季氏以頒朔夫昭公自二十五年奔竄在外不朝正須朔于今五年意如攝祭専国之非不書而自見矣何獨至是始書哉

夏六月庚辰晉侯去疾卒去起呂反頃公也在位十四年子午嗣是為定公

秋

八月葬晉頃公頃晉侯【左傳】鄭游吉弔且送葬魏獻子使士景伯詰之曰悼公之喪子西弔子
蟜送葬今吾子無貳何故對曰先王之制諸侯之喪士
弔大夫送葬唯嘉好聘享三軍之事於是乎使卿晉之
喪事敝邑之閒先君有所助執紼矣若其不閒雖士大
夫有所不獲數矣靈王之喪我先君簡公在楚先大夫
印段實往王吏不討恤所無也晉人不能詰【杜氏曰】三
月而葬速【愚按】是時公在晉地不弔其喪不送其葬者
晉不受公公亦廢恤在外不能備其礼也○冬十有二月吳滅徐徐子章羽
奔楚羽【公】作禹【左傳】吳子使徐人執掩餘使鍾吾人執燭庸二公子奔楚楚子大封而定其徙使監馬尹
大心逆吳公子使居養莠尹然沈尹戍城之將以害吳
也子西諫曰吳光新得国而親其民視民如子辛苦同
之將用之也若好吾邊疆使柔服焉猶懼其至吾又疆
其讎以重怒之無乃不可乎弗聽吳子怒執鍾吾子遂
伐徐防山以水之滅徐徐子章禹斷其髮攜其夫人以
逆吳子吳子唁而送之使其近臣從之遂奔楚楚沈尹
戍救徐弗及遂城夷使徐子處之【莊十七年傳】徐子既已
屈服而後奔豈有與復之志乎書名所以絕之也【啖氏
曰】徐子名者初已服吳吳子唁而送之非能自奔也【常
山刘氏曰】齊滅譚楚滅弦狄滅溫君奔皆不名者強暴

加於小弱力不能勝而奔義未絕也訴於天子方伯則理可伸而国可復豈可遽絕之哉章羽既已服兵而後奔楚則既降矣安有與復之志哉故名之以著其絕也【陳氏曰】奔非其罪莫甚於被兵者也雖不死社稷猶不名也其名徐子臣吳而後奔也滅国有三辭以歸臣之之辭也奔猶弗臣之之辭也不言歸若奔死之之辭也是故奔者不以名以歸而後名之徐子不名則疑於譚子弦子温子矣

【庚寅】敬王九年

三十有一年【晉】定公午元年【齊】景三十七【衛】靈二十四【蔡】昭八【鄭】獻二【曹】声四【陳】惠十九【杞】悼七【宋】景六【秦】哀二十六【楚】昭五【吳】闔庐四

春王正月公在乾侯【左傳】言不能內外也【杜氏曰】公內不容於臣子外不容於齊晉所以久在乾侯【高氏曰】鄆曰居者鄆魯地公所有乾侯曰在者乾侯晉地非公得而專也

季孫意如會晉荀躒于適歷躒力狄反【公穀】作櫟後同適丁歷反【杜氏曰】適歷晉地

左氏曰晉侯將以師納公士鞅范獻子曰若召季孫而不來則信不臣矣然後伐之若何晉人召季孫鞅使

私焉曰子必來我受其無咎意如會荀躒于適歷荀躒曰寡君使躒謂吾子何故出君有君不事周有常刑子其圖之季孫練冠麻衣跣行伏而對曰事君臣之所不得也敢逃刑命君若以臣爲有罪請囚于費以待君之察也亦唯君若以先臣之故不絕季氏而賜之死若弗殺弗亡君之惠也死且不朽若得從君而歸則固臣之願也敢有異心意如出君不事專有魯國晉實主盟不能致討而寵以會禮不亦悖哉或曰季孫事君如在國未知其罪而君伐之二十七年士鞅云云是昭公之過也則非矣行貨齊晉使不納公二十六年申豐貨宋丘據二十七年貨士鞅禱於煬宮求君不入見定元年左傳及其復也猶欲絕其兆域周禮冢人凡死於兵者不入兆域加之惡謚定元葬昭公於墓道而欲爲惡謚樂祁駕諫乃止安在乎事君如在國本季氏指莫異同篇猶曰未知其罪乎齊晉不能誅亂禁姦悖君臣之義

不知其從自及也。陸淳以謂逐君之臣晉不之罪而反與爲會。書曰意如會晉荀躒于適歷。晉侯之爲盟主可見矣。荀躒之爲人臣可知矣。此不待貶絶而罪惡見（音現）者也。（旨）（見穀梁）得春秋所書之意矣。（陳氏曰）季氏出其君而納邾快、黑肱，卒大夫，會葬晉、宋、滕、薛，晏然如二君矣。君在外，雖鄉有事不書，必有諸侯之事而后書。故文公在晉，叔會垂隴；襄公在晉，宿會邢丘，皆伯令也。昭公在乾侯，意如會適歷，非諸侯之事也，則何以書？以晉之釋君而助臣也。士鞅會諸侯之大夫于扈，將以納公，取貨于季孫而遂不果。荀躒復爲此會，昭公所以死于外也。襄、昭之際，大夫无君之禍，晉人爲之也。書公如晉，次于乾侯；公在乾侯；意如會晉荀躒于適歷；公薨于乾侯，皆罪晉之辭也。（永嘉呂氏曰）昭公在外，訴於斉晉而皆不果納，未嘗不嘆世道之薄而亂賊之无所懼也。夫以臣逐君，意如之罪易見也。昭公奔愬二国，其情亦可矜也。苟有人心者，孰不憤意如而感昭公，而况斉晉乎？斉，大国也。鄟陵之會，四国同之，伐季氏以納昭公，何不可之有？而所以不克納公者則以梁丘據之受賂也晉盟主也扈之會六国同之伐季氏以納昭公尤易爲力而所以不克納者以士鞅之取貨也自其爲義之心不勝其貪利之心而其爲義若不勇矣此齊晉納公之謀所以始爲之名而其卒之无功皆抑不但其貨利之行而已也觀晉侯欲以師納公而士鞅使人私於意如則其互爲唇齒久矣當是時晉之六卿猶意如也晉君猶昭公也其肯并心一意以誅其臣而納其君哉

愚按 意如之練冠麻衣跣行卑辞伏罪皆外飾詐僞以欺晉晉定既惑於范鞅之巧言而知躒亦墮其計而不悟非惟奉命与之好會又尊之叛逆而不恤魯君有汲汲求哀之請不亦甚乎千載而下説春秋者如何休杜預猶謂意如負捶謝過以示憂感則其奸僞之志不惟可以欺當年而且可以欺後世也

夏四月丁巳薛伯穀卒 獻公也子定嗣是爲襄公入春秋唯莊三十一年書薛伯卒及此年書名

○**晉侯使荀躒唁公於乾侯** 左傳 季孫從知伯如乾侯子家子曰君与之歸一慙之不忍而終身慙乎公曰諾衆曰在一言矣君必逐之荀躒以晉侯之命唁公且曰寡君使躒以君命討於意如意如不敢逃死君其入也公曰君惠顧先君之好施及亡人將使歸糞除宗祧以事君則不能見

夫人已所能見夫人者有如何荀躒掩耳而走曰寡君其罪之恐敢與知魯國之難臣請復於寡君退而謂季孫君怒未怠子姑歸祭子家子曰君以一乘入于魯師季孫必與公歸公欲從之衆從者脅公不得歸【穀梁傳】唁公不得入於魯也曰既爲君言之矣不可者意如也【陸氏曰】在晋地故不言來【呂氏曰】齊侯唁公于野井晋侯使荀躒唁公于乾侯言大國盟主皆不能討亂无助順向正之意也【高氏曰】荀躒既會季孫于適歷復以晋侯之命唁公于乾侯蓋季孫有不納公之言故荀躒唁公之不得入必使荀躒然後意如之意得通乎君矣夫不恤見逐之見而信不臣者之言陰交其臣陽唁其君空言無實卒使六卿之强遂分晋國而有之則晋侯亦魯侯而已〇秋葬薛獻公〇冬黑肱以濫來奔肱【公】作弓【左傳】邾黑肱以濫來奔賤而書名重地故也以地叛雖賤必書地以名其人終爲不義弗可滅已春秋書三叛人名以懲不義使淫人懼焉【穀梁傳】來奔内不言叛也【杜氏曰】黑肱邾大夫濫東海昌慮縣不書邾史闕文【襄陵許氏曰】邾快黑肱相繼來奔季孫當國以類至也【襄二十一年傳】小國之大夫不書其姓氏以地叛其君而來奔接我以利則特書其名謹之也何以不書叛書名者地而竊邑叛君之罪見矣書來奔而魯受叛臣納其地之罪亦見矣

○【劉氏曰】公羊云通濫非也以叔術爲賢貶賢既不足又懸隔數十世之外而通殺君之黑弓使當有国誰能信之乎【唐陳氏曰】不曰邾史闕文二傳不言其闕互相穿鑿【愚按】濫屬今寧海州二傳皆云邾黑肱而公穀經文不係邾者闕文耳有習於公穀而失其義者或以爲通濫爲国或以爲別乎邾皆妄說也齊楚大国且未嘗分其地以封子弟況最尔之邾乎苟別於邾而自爲国又何爲挾地以歸他国乎惟左氏所引經文則曰邾黑肱故啖趙纂例從之亦加邾字今左傳所附之經則杜預別以經文挾入而亦闕邾字如襄十七年齊高厚圍防左傳經文獨闕齊字不可以爲非齊之高厚也或者又謂濫乃天子之地而黑肱乃天子之命吏此尤穿鑿之聽說夫王吏守土則得自專其地矣何爲奔於諸侯邪豈以二百四十二年之久而天子守土之吏僅一見邪三傳又何以皆称濫爲邾地邪

○十有二月辛亥朔日有食之【左傳】晉史墨曰六年及此月也吳其入郢乎

【辛卯】敬王十年

三十有二年【晉】定二【齊】景三十八【衛】靈二十五【蔡】昭九【鄭】獻四【曹】声五【陳】惠二十【杞】悼八【宋】景七【秦】哀二十七【楚】昭六【吳】闔廬五

春王正月公在乾侯【薛氏曰】公居乾侯而

大夫出會城成周晉侯之令因行於魯也公之不入晉之罪也○劉氏曰左傳云言不能外內又不能用其人也非也公以二十年始居乾侯春秋歲歲書之傳亦歲歲爲說說之盡異此不知春秋本意也設公今歲未死明年正月亦書之復以何事爲解乎

取闞

杜氏曰闞魯地在東平須昌縣東南公居乾侯遣人誘闞而取之張氏曰昭公之難叔孫如闞定元年季孫使役如闞公氏將溝焉此魯地而公取之也蜀杜氏曰志公在外而得邑於季氏猶復得之如取諸外也臨川吳氏曰昭公爲魯國之君四封之內皆其土地今公爲季氏所逐而書取鄆取闞以見季氏據國公无尺土矣雖得魯邑猶取之於外云尒家氏曰闞者魯羣公墓之所在公不得奉宗廟祭祀而先君實墓所在特以取書著賊臣據國拒君之罪屢書特書致討於季氏也○愚按公羊云不繫邾婁諱亟也凡春秋書取地而不繫國公羊皆以爲邾邑而諱亟抑何謬邪○

夏吳伐越

左傳始用師於越也史墨曰不及四十年越其有吳乎越得歲而吳伐之必受其凶薛氏曰越自是屢伐吳一見今年而吳伐之夷狄相攻本不足道見吳越之事始也○

秋七月○冬仲孫何忌會晉（定）韓不信齊（景）高張宋（景）仲幾衛（靈）世叔申鄭（獻）

國参曹吉人莒郊人薛襄人杞悼人小邾人城成周丑叔

【穀】作大叔音泰參七南反莒人下【公】作邾婁人【穀】有邾人【左傳】王使富辛与石張如晉請城成周天子曰天降禍於周俾我兄弟並有乱心以為伯父憂我一二親昵甥舅不皇啓處於今十年勤戍五年余一人无日忘之閔閔焉如農夫之望歲懼以待時伯父若肆大惠復二文之業弛周室之憂徼文武之福以固盟主宣昭令名則余一人有大願矣昔成王合諸侯城成周以為東都崇文德焉今我欲徼福假靈於成王脩成周之城俾戍人无勤諸侯用寧蝥賊遠屏晉之力也其委諸伯父實重圖之俾我一人无徵怨於百姓而伯父有榮施先王庸之范獻子謂魏獻子曰与其戍周不如城之天子實云雖有後事晉勿與知可也從王命以紓諸侯晉国无憂是之不務而又焉從事魏子曰善使伯音對曰天子有命敢不奉承以奔告于諸侯遲速衰序於是焉在魏舒韓不信如京師合諸侯之大夫于狄泉尋盟且令城成周魏子南面士彌牟營成周計丈數揣高卑度厚薄仞溝洫物土方議遠迩量事期計徒庸慮材用書餱糧以令役於諸侯屬役賦文書以授帥韓簡子臨之以為成命【穀梁傳】天子微諸侯不享覲天子之在者惟祭与號故諸侯之大夫相帥以城之此變之正也

天子有道守手又反在四夷見左傳昭二十三年杜氏曰德及遠今至於城王都可以不書乎愚按子常城郢沈尹戌曰天子卑守在諸侯諸侯卑守在四竟今吳是懼而城於郢守已小矣卑之不獲能无亡乎夫諸侯而城其国都其守已小況天子以四海為家而動天下之衆以築千雉之城不務其遠者大者而僅守至近之地亦可嘆也故不耻大夫而但曰城成周正其本也會于狄泉尋盟不書諱之也愚謂諸侯大夫承天子之命而往城焉无所耻也故大夫不称人未有可与者故其辞平而不復呂氏曰周室雖衰諸侯猶勤之如此先王之德澤猶有存者也不曰城京師而曰城成周者。京師衆大之稱成周地名也與列國等矣高郵孫氏曰不書京師所以見王室之衰同於列国黍離降為国風之意臨川吳氏曰王成自平王東遷以来天子世居之故其城完固子朝據王城敬王居狄泉晉師納王然後王入于成周子朝棄王成奔楚王尚子朝余黨尚多故不敢歸王城而留居成周成周乃周公迁殷頑民之地其城圯惡故諸侯以兵戍之至此晉率諸侯城成周之後始徹諸侯之戍陳氏曰諸侯有事于京師如京師六年歸粟宣十五年成二年十六年獻捷皆不書僖十三年十六年戍之亦不書襄二十四年城之猶不書也以是爲常事也書城成周王使請而後城之是非常也魏舒南面韓不信專執于京師宋仲幾不受功齊高張後大夫之无王甚矣【薛氏曰】成周京師之所在也王之所都曰京師其地曰成周諸侯謂之王室其實皆京師也事之大者莫若城京師而諸侯不至大夫于役可見天王之失政諸侯之不臣而大夫之專恣也【陸氏曰】公爲於人何忌不能從季氏逐君何忌不能去罪大矣雖受晉命而城成周亦无補於過也此實覬文知罪不待貶絕而惡見者也

十有二月己未公薨于乾侯【左傳】書曰公薨于乾侯言失其所也趙簡子問於史墨曰季氏出其君而民服焉諸侯與之君死于外而莫之或罪也對曰物生有两有二有五有陪弍王有公諸侯有卿皆有貳也天生季氏以貳魯侯爲日久矣民之服焉不亦宜乎魯君世從其失季氏世脩其勤民忘君矣雖死於外其誰矜之社稷无常奉君臣無常位自古以然三后之姓於今爲庶昔成季友桓之季也文姜之愛子也有大功於魯受費以爲上卿至文子武子世增其業文公薨而東門遂殺適立庶魯君於是乎失國政

在季氏於此君也四公矣民不知君何以得国是以爲君慎器与名不可以假人

諸侯失國出奔者衆矣鄭伯突爲祭側界反仲所逐而出奔入于櫟音歷而復國桓十五衛侯衎苦旦反爲孫甯所逐而出奔襄十四入于夷儀而復國襄二十五昭公在外八年終以客死爲天下笑何也祭仲雖專而世權不重於季氏衛侯失國猶夫人也而有推通回反挽之者所以雖失而復扶又反得也魯自季友受費音秘以爲上卿至于意如專執國命四世矣其臣皆季氏之宇也見公羊僖十五年信也季氏所信任其民皆季氏之獲也而昭公有一子家駒言不見聽計不行也不能復國宜矣故春秋詳録其所因爲後世之戒公雖失國然每歲之首月必

書公在乾侯誅意如也書齊侯取鄆公圍成鄆潰絕昭公也爲人臣者觀每歲必書公所在必不敢萌跋扈（猶強梁也【音義】扈凶横自恣之貌）不臣之心爲人君者觀春秋所書圍成鄆潰知社稷之無常奉也【孟子】諸侯危社稷則變置亦必少警矣嗚呼可謂深切著明者矣【劉本曰】昭公七年於外齊晉不能討意如而納之者豈非諸侯之政柄各授於大夫黨同伐異皆爲季氏之所爲其君畏偪而不敢歟然意如爾祭而不敢篡亦由周公忠義之澤流入人心猶未忘耳【愚按】鄭祭仲逐昭公而昭公奔衛則立突衛公子洩公子職逐惠公而惠公奔齊則立公子黔牟衛孫林父甯殖逐獻公而獻公奔齊則立公孫剽意如逐昭公魯國八年无君意如非推不敢如田和三晉之篡立亦不敢別立君者良以魯秉周禮理義之在人者深是以猶懼公議之或見討而未敢肆无忌憚也然史墨之言謂魯民忘君而君臣无常位專於責昭公而略无一語責意如与師曠之所以論衛獻者无異此可以儆乎人君而非所以告爲臣者也率天下之

強臣而爲簒奪之謀者未必非此言啓之且愼器与名此可以責魯之先君而非所以責昭公也或曰桓公薨于齊昭公薨于乾侯皆没于外或弑或非弑何以辨歟經書公与夫人如齊公薨于齊喪至自齊夫人孫于齊則桓公之弑可知書公在乾侯薨于乾侯喪至自乾侯葬我君昭公則非意如弑公可見矣内弑君則不書葬矣

春秋卷之二十六

春秋卷之二十七

胡氏傳　　後學新安汪克寬附録纂疏

定公上

公名宋襄公庶子昭公弟左傳史記不見其母之姓氏在位十五年

壬辰敬王十一年

元年晉定三年齊景三十九年衛靈二十六年蔡昭十年鄭獻五年曹隱公通元年陳惠二十一年杞悼九年宋景八年秦哀二十八年楚昭七年吳闔廬六年

春王公羊傳定何以無正月正月者正即位也定無正月者即位後也昭公在外得入不得入未可知也曷為未可知在季氏也定哀多微辭主人習其讀而問其傳則未知已之有罪焉尒穀梁傳不言正月定無正也定之无正何也昭公之終非正終也定之始非正始也昭無正終故定無正始不言即位喪在外也

元年必書即位謹始也。穀梁元年雖無事必舉正月謹始也何氏曰本有正月者正諸侯之即位定何以無正月。昭公薨於乾侯，不得正其終。定公制在權臣，不得正其始。陳氏曰春秋諸公即位之歲有書即位者有不書即位者然皆備五始以謹其始唯定公即位第書元年春王而不書正月【劉氏曰】其非正始柰何定公者公子定也昭公之弟也昭薨於乾侯季孫逆其喪廢太子衍及務人而立公子宋焉喪至于壞隤公子宋先入以主社稷蓋受之季氏也非受之先君者也定無正不言正月微辭也魯於是曠年無君【公羊】文九春秋欲謹之而不可也。季氏廢太子衍及務人公爲而立公子宋。宋者昭公之弟。其主社稷非先君所命而專受之於意如者也。故不書正月見音現魯國無君。定公無正。主人習其讀而問其傳株恋反則未知己之有罪焉耳【何氏曰】主人謂定哀讀謂經傳謂訓詁設使定哀習其經而讀之問其傳解詁則不知己之有罪【孫氏曰】不書正月者定公未立不與季氏承其正朔所以黜強臣而存公室也【張氏曰】昭公自去年十二月薨于乾侯魯国之政聽命强臣不書正月見一国之無主而正朔之無所承也【家氏曰】子惡之弑宣公之立襄仲立之也春秋猶書正月今昭薨定立季氏立之而不書正月者正月者天王以頒朔於諸侯諸侯受之而頒之國中者也既弑宜篡是雖爲篡而魯猶有君今昭公之喪未返公子宋未立魯無君也魯無君而季氏自以爲君頒朔於廟如常禮春秋黜之故書王不書正書王明王法以治季氏也不書正月正朔非季氏所得而頒也前此公雖在外而歲首必書公在存公也存公是故頒朔今公已卒於外嗣子爲賊臣所發魯國無君是故不書正月見魯国無正王朔存廟非賊臣所得頒也【蜀杜氏曰】定公元年之正月政無所繫故不書正月然必書王者春秋樹王法不可以不書王以端本也且王者所以正天下天下不可無王故不可以不存焉正者所以繫一國今國之政無所禀故不復出正月之文以見魯國無正而不與季氏之專也【薛氏曰】元年書正以正其始昭公已卒定公未克踐阼是昭公之末世未得爲定公之始年也【沙隨程氏曰】定公未立先書元年春者追書之也【愚按】秦以前皆踰年即位漢惠以後即位於先君即位之年然猶踰年改元自漢府禪即位改元于昭烈崩之次月歟後皆一年二君而兩建元矣然朱子綱目必大書先君之年分注嗣君之改元以爲君臣父子之教所関甚大皆取法於春秋踰年改元之意此年雖定公未即位而追書元年春者以昭公已薨則是年實嗣君

之年不可不書元年春亦猶晉建武元年愍帝既廢元帝始於三月即晉王位而綱目追書建武元年春正月也

三月晉定人執宋景仲幾于京師大夫專執於是始左傳正月晉魏舒合諸侯之大夫于狄泉將以城成周魏子涖政屬役於韓簡子還卒於甯庚寅栽宋仲幾不受功曰滕薛郳吾役也薛宰曰宋為無道絕我小國於周以我適楚故我常從宋晉文公為踐土之盟曰各復舊職若從踐土若從宋亦唯命仲幾曰踐土固然薛宰曰薛之皇祖奚仲為夏車正神虺為湯左相若復舊職將承王官何故以役諸侯仲幾曰三代各異物薛焉得有舊為宋役亦其職也士弥牟曰晉之從政者新子姑受功歸吾視諸故府仲幾曰縱子忘之山川鬼神其忘之乎士伯怒謂韓簡子曰宋罪大矣且已無辭而抑我以神誣我也必以仲幾為戮乃執仲幾以歸三月歸諸京師城三旬而畢乃歸諸侯之戍公羊傳仲幾之罪何不蓑城也其言于京師何伯討也伯討則其稱人何貶曷為貶不與大夫專執也曷為不與實與而文不與文曷為不與大夫之義不得專執也穀梁傳此大夫其曰人何也微之也何為微之不正其執人於尊者之所也不與大夫之伯討也

按左氏。諸侯會城成周。宋仲幾不受功。何氏曰：礼，諸侯為天子治城，各有分丈尺，仲幾不治所主。曰：滕薛郳吾役也。杜氏曰：欲使二国代宋受功役。為于偽反是執之則有罪矣。書晉人執仲幾于京師，則貶詞也。以王事討有罪，何貶乎。按周官司隸掌凡囚執人之事，屬於司寇。周礼司隸乃大司寇刑官之屬。凡諸侯之獄訟，定以邦典。凡卿大夫之獄訟，斷丁亂反以邦法，則大司寇之職也。見大司寇不告諸司寇而執人於天子之側。公羊僖二十八故雖以王事討有罪，猶貶。凡此類皆篡弒之萌，履霜之漸。執而書其地。春秋書執三十有一，皆不書地。謹之也。每謹於初，而禍亂熄矣。孫氏曰：春秋之義，諸侯不得專執，況大夫乎。宋仲幾會城成周，韓不信陪臣也，非天子命，執仲幾于天子之側，甚矣。故曰晉人執于京師，疾之也。高郵孫氏曰：諸国之大夫相率而城天子之郤義也仲幾不受功不義也以義而討不義當也然而在尊者之側請命而後執可也既不請命則歸于王可也諸侯執人而自治之猶以爲不可在尊者之側既不請命又不歸于王其无王甚矣其稱人以爲雖執得其罪不與其專也【愚按】左傳云會城成周而執仲幾是執之于成周也不曰成周而曰京師所以尊王室而正晉大夫无王之罪也城成周不稱京師所以見周室下同於列国无自尊之實也執仲幾于成周特稱京師者所以誅晉人視周室比於小国失當尊之分也地非兩地而或曰成周或曰京師聖人之意蓋有在矣○【胡氏曰】前年冬十月城成周左氏云會于狄泉此年正月又言合諸侯之大夫于狄泉按此說重也一用夏正一用周正以此說也【臨川吳氏曰】左傳有歸于京師四字據經所書但見其執于京師不見其歸于京師也

夏六月癸亥公之喪至自乾侯戊辰公即位【左傳】叔孫成子逆公之喪于乾侯季孫曰子家子亟言於我未嘗不中吾志也吾欲与之從政子必止之且聽命焉子家子不見叔孫易幾而哭叔孫請見子家子子家子辭曰羈未得見而從君以出君不命而羈不敢見叔孫使告之曰公

衎公爲賓使羣臣不得事君君公子宋主社稷則羣臣之願也凡從君出而可以入者將唯子是聽子家氏未有後季孫願与子從政此皆季孫之願也使不敢以告對曰君立君則有卿士大夫與守龜在羈弗敢知若從君者則貌而出者入可也寇而出者行可也若羈也則君知其出也而未知其入也羈將逃也喪及壞隤公子宋先入從公者皆自壞隤反六月癸亥公之喪至自乾侯戊辰公即位

公羊傳 癸亥公之喪至自乾侯則曷爲以戊辰之日然後即位正棺於兩楹之間然後即位子沈子曰定君乎国然後即位即位不日此何以日録乎内也

穀梁傳 殯然後即位也定无正見无以正也踰年不言即位是有故公也言即位是无故公也即位授受之道也先君无正終則後君无正始也先君有正終則後君有正始也戊辰公即位謹之也定之即位不可不察也即位何以日内之大事日即位君之大事也其不日以年决者不以日决也此其日著之也踰年即位厉也於厉之中又有義焉未殯雖有天子之命猶不敢况未殯而臨諸臣乎

范氏曰 諸侯五日而殯今以君始死之礼治之故六日而後即位

趙氏曰 即位皆於朔日故不書日定公待昭公喪至既殯而即位故書日

昭公之薨已越葬期猶未得返至于六月癸亥然後

喪至【愚按】桓公薨于齊二十有二日而喪至昭公薨七月喪始至已踰五月而葬之期故春秋詳書日以誅季氏也而定之即位乃在是月之戊辰蓋遲速進退爲意如所制不得專也【孫氏曰】定公繼奔亡之後制在季氏故昭公之喪至六日而始得即位此制在季氏可知也故書以著其惡【程子曰】定公至六月方即位以見季氏之制也以周書顧命攷之成王之崩在四月乙丑宰臣太保即於是日命仲桓南宮毛俾爰齊侯吕伋以二干戈虎賁音奔百人逆王世子釗音昭于南門之外延入翼室宅憂爲天下主【吕氏曰】成王方崩太保以冢宰命桓毛二臣使齊侯吕伋逆太子釗入自端門延入翼室爲憂居之宗示天下不可一日无統也不待崇朝而後定也今昭公喪至在葬期之後公子宋自壞隤徒回反先入猶未得立是知爲意如所制不得以時定非謂正棺乎兩

楹之間。【檀弓】殷人殯于西楹之間【注】兩楹之間南面鄉明人君聽治正坐之處故定之即位不可不察也。夫即位大事也宗嗣先定則變故不生。蓋代君享国而主其祭。宜戚宜懼【魏志】辛毗女憲英曰太子代君主宗廟社稷者也代君不可以不戚主国不可以不懼宜戚宜懼一失幾會或萌窺伺音笥之心。至於生變則為不孝矣古人所以貴於早定国家之本也。今昭公之薨定公之即位春秋詳書于策非為後法乃見音現諸行事為求鑒耳【張氏曰】意如親逐其君既薨暴露七月而後反国黜適而立不正至於喪歸君立乃欲辨區區之礼文而行之豈非所謂不能三年之喪而緦小功之察乎春秋詳書以見乱臣擅国定公不正三綱淪斁魯之君臣罔不盡傷心之時大本既失而進退失措尚何礼之足言哉此所謂為求鑒者也【高氏曰】国不可一日無君昭公薨至今統紀之絕若是其久也故日以謹之季氏既逐其君君薨又不即以国君喪礼迎之今又廢其嫡嗣而專立其弟宋不擇所歷汚於僞誘於利昭公喪至五日而殯遂自即位此非受之先君而專受之意如者也既爲意如所立故不復討意如之罪家氏曰定公之立不書即位正也今書即位以其篡君之子受位于賊特書即位以正之也定公而能執子臧季札之讓逃而去之夫然後於義爲尽今也受位於賊臣曾不曰先君有嫡子在我不當立偃然自以爲己之所當得是与篡何遠哉春秋書即位從桓宣之例夫豈與之亦以誅之也愚按定公爲遂君者所立受之而不討賊幸於禍而忘其讎訹於利而忘其辱故雖內無所承上不稟命亦如其意而書即位以著其自立之罪比於文成襄昭哀而无貶者美惡不嫌同詞

秋七月癸巳葬我君昭公傳季孫使役如闞公氏將溝焉榮駕鵝曰生不能事死又離之以自旌也縱子忍之後必或恥之乃止季孫問於榮駕鵝曰吾欲爲君謚使子孫知之對曰生弗能事死又惡之以自信也將焉用之乃止癸巳葬昭公於墓道南孔子之爲司寇也溝而合諸墓汪氏曰公在外薨八月乃葬高氏曰昭公薨半載余始以喪歸歸及踰月而遂葬見曾之臣子无恩於先君如此呂氏曰葬必曰我君所以隆君父之恩尽忠愛之義至於此時詳味書法然後有以大警動於其臣下者○**九月大**

雩【許氏曰】有三年之喪而行大雩之礼見三桓之無上也。【沈氏曰】公穀言月雩正秋冬大雩皆非正也毛澤未盡人力未竭未可雩按雩者以祈雨也若待毛澤盡人力竭雖雨何救哉盖傳以日月爲例故有此分别

立煬宮煬羊讓反【左傳】昭公出故季平子禱于煬公九月立煬宮【公羊傳】煬公之宮也立者不宜立也立煬宮非礼也【穀梁傳】不宜立者也

煬公伯禽之子。【杜氏注】其曰立者不宜立也。喪事即遠有進而無退。【引】見【檀弓】宮廟即遠有毀而有立注見成六年【張氏曰】季氏逐禱而踰祀典以立父祧之宮聖人特書必有曾謂煬公不如林放之嘆乎【番易萬氏曰】煬公考公之弟也魯之以弟繼兄而立盖始乎此昭公之在魯已立公爲爲太子及其居鄆又黜公爲而立公衍則国固有適嗣矣季孫舍適嗣不立而立定公定公乃昭公之弟季孫恐人之議已於是而立煬宮其意若曰煬公以弟而繼兄魯一生一及之所自始今定公以弟而繼昭公則亦煬公之以弟而繼考公者也則舍公衍公爲而立定公者非吾之私意盖魯国之舊制尔【愚按】季孫行父立武宮已爲非礼矧煬公至昭

公已二十世審毁巳久而復立意如得罪於魯之先祖擢髪不足數而猶欲諂事煬宫以徼福吾知煬公之不享其祭也

冬十月隕霜殺菽（公羊傳）此災菽也曷爲以異書異大乎災也

穀梁子曰菽菽大豆（何氏曰）舉重也未可以殺而殺舉重（范甯）曰建酉之月隕霜殺菽非常之災舉殺豆則殺草可知可殺而不殺舉輕其象則刑罰不中陟仲反之應於諸反（劉氏曰）周十月今八月陰氣未至君位而殺誅罰不由君出在臣下之象（何氏曰）八月微陽用事未可殺菽定公得位不念先君黜逐之恥故天示以當早誅季氏（蘇氏曰）於其不殺而言草言其廣也於其殺而言菽言其所害也（高氏曰）菽草之難殺者也言殺菽則草皆死矣言不殺草則知菽亦不死也○（愚按）或言春秋用夏正引孔氏正義謂耐霜之菽爲霜所摧是以爲異若十月隕霜不應專殺豆苗不及余穀今考僖三十三年隕霜不殺草亦但舉易殺者而言非霜殺他苗而不殺草也此年殺菽則舉難殺者而言他苗亦傷可知矣苟禾稼已收則耐霜晩熟之菽

爲霜所殺又何足以煩聖人之筆乎王弇也皇
二年秋隕霜殺菽亦謂其獨殺耐霜之菽可乎

癸巳敬王十二年 **二年** 晉定四齊景四十衞靈二十七蔡昭十一鄭獻六曹隱二陳惠二十二杞僖十宋景九秦哀二十九楚昭八吳闔廬七

春王正月○夏五月壬辰雉門及兩觀災

觀工喚反【公羊傳】記災也【杜氏曰】雉門公宮之南門兩觀闕也天火曰災【何氏曰】天子諸侯臺門天子外闕兩觀諸侯外闕一觀【孔氏正義】雉門公宮南門之中門觀謂之闕闕在門兩旁中央闕然爲道也其上縣法象其狀巍巍然高大謂之象魏使之觀之謂之觀兩觀也象魏也闕也一物而三名也觀与雉門俱灾則兩觀在雉門之兩旁矣【崔氏古今注】蓋爲二基於門外作樓觀於上兩觀雙植中不爲門【蜀杜氏曰】魯以周公之故立雉門兩觀僭天子也魯之僭禮聖人譏之必因其事而託義焉此雉門兩觀其僭久矣若不災則不可得而録之今災及而書實譏其僭也○【劉氏曰】公羊云兩觀微也主災者兩觀也災有先後據見而書又云曷不言雉門災及兩觀其意以下新作雉門及兩觀爲比亦非也新作不可序下灾不可序上亦常理尒穀梁云不言雉門災及兩觀何也災自兩觀始也亦非也【愚按】何休云雉門兩觀僭天子不可言雖在春秋中猶

不書令考延廄南門之新作皆書而郊禘僭礼皆不諱則雉門兩觀之作蓋在春秋之前故不見耳抑豈所謂新作南門者即雉門之類歟

○秋楚昭人伐吴闔廬【左傳】桐叛楚吴子使舒鳩氏誘楚人曰以師臨我我伐桐為我使之無忌楚囊瓦伐吴師于豫章吴人見舟于豫章而潛師于巢吴軍楚師于豫章敗之遂圍巢克之獲公子繁【襄陵許氏曰】楚介在南荒夷蛮相攻不可殫録自襄二年書楚伐吴七書楚伐僅能一克于朱方他役皆敗无功積其陵暴首兵之咎將至於禍敗失国也【陳氏曰】此囊瓦也貶人之

○冬十月新作雉門及兩觀【公羊傳】其言新作之何脩大也脩舊不書譏何譏尒不務乎公室也【穀梁傳】言新有舊也作為也有加其度也【何氏曰】譏不務如公室之礼微辭也天災之當滅損如諸侯制而復脩大僭天子之礼故言新作

書新作者譏僭王制而不能革也雉門象魏之門【杜氏曰】象魏門闕【哀三】季桓子御公立於象魏之外【周礼】縣治象之法于象魏其外為庫門而皋門在庫門之外其内為應門而路門在應門之内

是天子之五門也【明堂位】庫門天子皋門雉門天子應門【注】天子五門皋庫雉應路魯有庫雉路庫門制似天子皋門雉門制似天、子應門謂制度高大如天子不必事事皆同僖公嘗修泮宮復閟宮非不用民力也而春秋不書新作南門則獨書者南非一門也必有不當爲者子家駒以設兩觀爲僭天子【公羊】昭二十五是非諸侯之制明矣【何氏本旨】御廩桓宮僖宮西宮新宮亳社災太室屋壞皆不言別葺獨雉門兩觀僭王者法度天災示變宜有所葺而後大其規模故經云新作以見非正也夫撥亂反正者必本諸身身正者物必正春秋於僭君必書者必正之意也使定公遇災而懼革其僭禮三家陪臣雖欲僭諸侯執國命其敢乎習舊而不知以爲非何以禁季氏之脅其主矣故特書新作以譏之也【孫氏曰】公不知僭之惡也書新作後而大之也【劉氏】

曰魯用王礼是以其庫門天子皐門以爲雉門天子應門而設兩觀僭君甚矣習舊而不知以爲非觀天變而不知以爲戒無怪於季氏之脅其主矣此春秋之微辭至意也高氏曰莊二十九年新延廐不言作言作者改舊制而增大之也魯僭天子之礼天示其變以警之遇災而不知以爲戒也乃更作而新之反加其度焉是魯之僭終無已也特書新作非在定公也家氏曰定公受位於賊臣宰国以聽賊臣之所爲君也不能君者也夫示之異災及雉門兩觀諸侯所以臨涖其臣民者一朝化爲煨燼變亦駭矣乃又從而新之有加於其舊是謂天變爲不足畏也○刘氏曰穀梁云其以尊者親之何也雖不正也於美猶可也非也雉門先災不得不曰雉門及兩觀災既災之後魯人修舊理當先門門者出入處也觀者門飾也各順其序而書之耳

甲午 敬王十三年 **十三年** 晉定五 齊景四十一 衛靈二十八 蔡昭 十二 鄭獻七 曹隱三 陳惠二十三 杞悼 十一 宋景十 秦哀三 十 楚昭九 吳闔廬八

春王正月公如晉定**至河乃復** 子 [illegible]

傳 季孫意如上不請於天子下不告於方伯而立定公故晉怒而公往朝焉晉辞公而復故明年因會而請盟

于鼻鼬〇二月辛卯邾子穿卒（莊公也在位三十三年子益嗣是為隱公）〇夏四月〇秋葬邾莊公（莊氏曰六月乃葬緩）〇冬仲孫何忌及邾子盟于拔（拔公作枝左傳盟于郯脩邾好也莊氏曰拔地闕郯即拔高氏曰邾子居喪而以吉禮與魯大夫盟其微弱可知薛氏曰魯大夫而盟諸侯邾喪未朞而為盟魯交失之也襄陵許氏曰公至河乃復晉之輕魯也仲孫及邾子盟魯之輕邾也當昭公時復祥之會猶未尔也愚按魯以大夫而盟邾君紊君臣之分也邾隱公父喪才九月而出會盟薄父子之親也哀二年取漷沂田州仇何忌並書二卿及邾子盟句繹既奪其地而二大夫脅勢以盟其君則又甚矣）

乙未（敬王十四年）四年（晉定六齊景四十二衛靈二十九蔡昭十三鄭獻八曹隱四弒陳惠二十四卒杞悼十二卒宋景十一秦哀三十一楚昭十吳闔廬九）春王二月癸巳陳侯吳卒（惠公也在位二十四年子柳嗣是為懷公）〇三月公會劉子（文）晉侯（定）宋公（景）蔡侯（昭）衛侯（靈）陳子（懷）鄭伯（獻）許男（隱）曹伯（隱）莒子

郳頓子胡子滕子（頃）薛伯（襄）杞伯（悼）小邾子齊（景）國夏于召陵侵楚（昭 召音邵 晉楚與交止此 左傳 蔡昭侯為兩佩與兩裘以如楚獻一佩一裘於昭王
昭王服之以享蔡侯蔡侯亦服其一子常欲之弗与三
年止之唐成公如楚有兩肅爽馬子常欲之弗与亦三
年止之唐人竊馬而獻之子常子常歸唐侯蔡人聞之
固請而獻佩於子常子常朝見蔡侯之徒命有司曰蔡
侯之久也官不共也明日礼不畢將死蔡侯歸及漢執
玉而沈曰余所有濟漢而南者有若大川蔡侯如晉以
其子元与其大夫之子為質焉而請伐楚三月劉文公
合諸侯于召陵謀伐楚也晉荀寅求貨於蔡侯弗得言
於范獻子曰国家方危諸侯方貳將以襲敵不亦難乎
水潦方降疾瘧方起中山不服棄盟取怨无損於楚而
失中山不如辞蔡侯吾自方城以來楚未可以得志祗
取勤焉乃辞蔡侯晉人假羽旄於鄭鄭人与之明日或
旆以會晉於是失諸侯 程子傳 楚恃其強侵陵諸侯晉
上請下天子大合諸侯以伐之而不能明暴其罪以行
大討无功而
還故書侵）

按左氏傳（秣恋反）書伐而經書侵楚者楚為無道遂陵

諸夏爲〔于偽反〕一裘一馬拘唐蔡二君三年而後遣蔡
侯既歸請師于晉晉人請命于周大合諸侯天子之
元老在焉〔杜氏曰劉文公王官伯也〕若能暴〔蒲卜反〕明其罪恭行天
討庶幾哉王者之師齊桓晉文之功褊矣〔據齊桓伐楚晉文戰
楚皆未嘗請命于周〕有荀寅者求貨於蔡侯弗得遂辭蔡人晉
由是失諸侯無功而還〔音旋〕書曰侵楚陋之也〔杜氏曰入楚境〕
故書侵〔孫氏曰〕蔡久病楚使告于晉故晉合諸侯于
此此救蔡伐楚也書會于召陵侵楚者諸侯不振不
能救蔡伐楚也故使救伐之功歸于強吳〔張氏曰〕書
十八國諸侯之衆所以見其勢之足以有爲也而終
之以侵楚深以罪其志卑而義不勝終之以无能爲
也而晉自此微矣〔劉氏曰〕楚之不義甚矣晉以霸主
之勢憑王命之重而不能討顧使吳乘其釁中國不
振旅功近而禍遠矣不亦病乎〔高氏曰〕入春秋來蔡
人首叛中國至是楚人不勝楚之陵虐乃請伐楚晉
爲盟主大合諸侯十八國之衆天子使大夫臨之可

謂盛矣乃不能攘夷狄之患而吳以一國之師敗之吳子主黄池之會自此始也王氏箋義楚爲不道晉率諸侯爲蔡伐楚正也及以不得賄而止故終以無名譏之襄陵許氏曰梁丘據說錦帶而昭公不復囊瓦志於佩裘使蔡侯有絶晉士鞅以賂羅宦之盟荀寅求貨沮召陵之謀故正勝於明時而賄流於衰世此晉霸之所以衰而吳所以横行於上国也永嘉呂氏曰召陵之會晉可以復伯而失其機也失蔡陳鄭許頓胡蓋服役於楚者也而皆与於會則病楚而歸晉也晉自平丘以來不能會諸侯者二年四年矣六而上致刘子下合十七国之君以爲此會斉桓之師不如是之盛也然斉桓之師書曰伐楚盟于召陵晉定之師書曰會于召陵侵楚侵淺事也晉合十七国之君以會于召陵徒能侵楚而已是不足与斉爲也晉自是无復宗諸侯之望矣家氏曰春秋有以書侵書伐見褒貶者兩召陵是也斉桓以八国伐楚而書伐大桓公攘夷之功也晉定以十八国之師伐楚而書侵鄙晉定之无能爲也蓋奉辭伐罪非仗義以往然後称其爲伐師雖衆義雖直而逗撓畏縮无以副衆人之望是雖伐而不足言伐故書侵以微之蔡侯以吳師入郢成攘夷之大功春秋貴之昭侯乃隱太子之子明於復讎之義故爲春秋所与是會也亭之宗

公之次諸侯之上及柏舉之戰書蔡侯以吳子享者知柏舉之爲褒則知召陵之爲貶也

夏四月庚辰蔡昭公孫姓帥師滅沈以沈子嘉歸殺之姓公作歸姓音生後同

沈人不會于召陵晉人使蔡伐之據左傳項氏曰齊桓先侵蔡而後伐楚故小者懷大者畏今此先侵楚而後滅沈故大者不服而小者不懷書滅沈罪公孫姓也呂氏曰公孫姓不能正其君之失而遂滅沈至以沈子歸殺之其罪極矣書以歸罪沈子嘉也書殺之罪蔡侯也啖氏曰書殺言蔡罪甚也陸氏曰書滅罪蔡也書以歸罪沈子不死于位也言殺之又譏蔡侯也奉詞致討而覆音腹其邦家爲敵所執不死于位皆不仁矣所惡烏故反於前無以先去声後出乎爾者反乎爾者也蔡侯視楚猶沈視蔡也昭公拘於郢三年而後反非以國小而弱乎沈雖

不會召陵未有大罪惡也而恃強殺之甚矣能無公孫翩之及哉（哀四）公孫翩射蔡侯卒（高氏曰）沈不与於召陵者与楚故也与楚者不受晉令也故晉因使蔡逞其忿焉夫蔡數爲楚所滅今而舍楚不易矣晉定不能恢弘霸業求所以服楚而保蔡一沈不能容而殺之歸惡於蔡是重楚人怨蔡而易晉尔（薛氏曰）侵楚无功而僅能加誅於沈也（家氏曰）春秋書滅沈於會召陵之後盟皐鼬之前責蔡也亦責晉也晉大合諸侯辭曰伐楚不能損楚之毫毛乃以沈子不會命蔡伐之伐之猶可而蔡爲不道乗其未及設守襲而滅之慘矣哉故書滅書殺以正其罪

宋以曹伯陽歸（哀八）蔡以沈子嘉歸皆殺之也而或書或不書其不書者賤而略之也（愚按）沈子嘉微弱近楚其不會晉勢使之然非其罪也特貶其不能死位耳故書殺以著蔡昭之罪曹伯陽田弋荒淫自取滅亡故賤而略之不書宋人殺之也

五月公及諸侯盟于皐鼬 鼬由又反皐鼬（公）作浩油（左）（傳）及皐鼬將長蔡於衛衛侯

使祝鮀私於萇弘曰晉文公爲踐土之盟衛成公不在夷叔其母弟也猶先蔡其載書云晉重曹申衛武蔡甲午鄭捷齊潘宋王臣莒期藏在周府可覆視也弘說告劉子與范獻子謀之乃長衛侯于盟（穀梁傳）一事而再會公志於後會也（程子傳）公以不獲見於晉故因會而求盟焉則此盟公意也故書公及（杜氏曰）繁昌縣東南有城皋亭（鄭氏曰）皋鼬鄭地城皋也（愚按）屬今汴梁路鄭州

定公之立上不請於天王下不告於方伯而受國於季孫意如故三年朝晉至河而復今會諸侯求爲此盟書公及者內爲志也（宋氏曰）及者汲汲也內爲志也公新即位汲汲求諸侯盟

召陵之會必序不序十有八國之諸侯則無以見音現侵楚之陋皋鼬之盟序與不序非義所繫則以凡舉可矣（陸氏曰）重言諸侯劉子不與盟也（陳氏曰）書公及諸侯盟非晉主盟也自是諸侯無會同有特相盟者矣（愚按）首止葵丘之盟王世子宰周公不與盟則會盟同地而書諸侯柯陵雞澤平丘之盟尹子

單子劉子與盟則不書諸侯此言諸侯則劉文公不盟可知矣溥之盟公不與會盂而與於盟則書公會諸侯盟于薄宋之盟公不與圍宋而與於盟則書公會諸侯盟于宋亳之盟公後至則書公會諸侯晉大夫盟于亳此年公與於召陵之會又與於皐鼬之盟則非後至也會與盟公皆與焉而劉子不與則但當書曰諸侯盟于皐鼬如祝柯重丘會盟殊地之例而又書公及者所以著定公汲汲於後會求爲此盟也蜀之盟春秋不與楚主盟故書公及此書公及亦以著晉之不復能主盟也。〔陸氏曰〕左氏云將長蔡於衛祝鮀私於萇弘言踐土之盟衛先於蔡按踐土先書蔡盟此傳妄也〔劉氏曰〕杜云復称公者會盟異処故非也襄二十五年會于夷儀盟于重丘亦會盟異処矣何不別出公及耶何休註再言公者昭公數如晉不見荅卒爲季氏所逐定公初即位得與諸侯盟故喜録之亦非也春秋諸侯之會常事耳非王道之正也春秋何喜哉

杞伯成卒于會成〔公〕作成悼公也在位十二年世子乞嗣是爲隱公七月其弟過弒隱公自立是爲僖公〔高氏曰〕不言卒于師者以不成乎伐楚也○**六月葬陳惠公**〔高氏曰〕此見陳侯背

殯出會也盖君在殯則辭會可也雖不得已於晉令而齊亦使国夏來亦○**許遷于容城**張氏曰容城地闕任公輔以爲華容縣亦析之近地愚按今許州臨潁縣高氏曰許至是盖四遷矣王氏曰許四迁皆受楚令經悉以自遷爲文盖違害就利而願遷也然不能修德固圉而迁徙无常亦何益乎聖人詳書以爲後鑑○**秋七月公至自會**襄陵許氏曰不致侵楚識无功也高氏曰晉以伐楚召諸侯而以會致者不成乎伐也張氏曰不致以侵楚者公以得盟爲幸危不在侵也○**劉**文**卷卒**卷音權公羊傳劉卷者何天子之大夫也外大夫不卒此何以卒我主之也穀梁傳此寰內諸侯也非列土諸侯何以卒賢之也杜氏曰即劉蚠趙氏曰畿內諸侯不同列国故不言劉子卷卒亦譏来赴故書之劉氏曰王者之制內諸侯祿外諸侯嗣故生稱爵其祿也卒稱名從正也葬稱公主人之事也高氏曰召陵會罷而卒則知皐鼬之盟以疾不与也莊二十三年傳天子內臣不正其外交故劉卷來赴不書其爵秩○劉氏曰穀梁云此不卒而卒者賢也天王崩爲諸侯主也所謂天王崩則卿二十二年景王矣爲諸侯主則劉子單子以王猛居于皇是矣是王猛本正也穀梁謂其篡何哉愚按諸儒之說謂劉子定內難復辟於周有大功於王室故特書卒

葬然單旗不書卒而尹氏專權亦書卒故知其從赴告爾 ○ 葬杞悼公 ○ 楚（昭）人圍蔡（昭）【左傳】楚爲沈故圍蔡【襄陵許氏曰】圍蔡不書卿帥師者見其驕暴而不自反溢而必決將敗之徵是以微之 ○ 晉（定）士鞅衛（靈）孔圉帥師伐鮮虞 圉【公】作圄【襄陵許氏曰】謀楚而不能討盟蔡而不能救唯中山是伐書卿与師著威勝不行於強暴而行於寡弱也【蔡氏曰】昭十二年楚滅陳蔡晉人不救而伐鮮虞於晉以夷之今晉既不爲蔡伐楚楚人圍蔡亦弗之救而於其伐鮮虞也稱晉士鞅衛孔圉何也晉雖有棄諸侯之罪而蔡无国滅之禍輕重之異也【愚按】荀吳首伐鮮虞以其挾詐故狄之此非詐襲故稱將稱師以著其暴耳 ○ 葬劉文公【公羊傳】外大夫不書葬此何以書錄我主也【趙氏曰】劉文公天子畿內諸侯列国不當与行交往之礼今會其葬非礼也【高氏曰】尹氏王子虎皆不書葬此書葬以魯特往會之也 ○ 冬十有一月庚午蔡侯（昭）以吳子（闔廬）及楚（昭）人戰于柏舉楚師績敗楚囊瓦出奔鄭【[illegible]】柏舉【公】作伯莒【穀】作伯舉【吳始書子書戰】【左傳】伍員爲吳行人以謀楚楚之殺郤宛也伯氏之族出伯州犁之孫嚭爲吳大

宰以訹楚楚自昭王即位无歲不有吴師蔡侯因之以其子乾与其大夫之子為質於吴蔡侯吴子唐侯伐楚舍舟於淮汭自豫章与楚夾漢左司馬戌謂子常曰子沿漢而与之上下我悉方城外以毁其舟還塞大隧直轅冥阨子濟漢而伐之我自後擊之必大敗之既謀而行武城黑謂子常曰吴用木也我用革也不可久也不如速戰史皇謂子常楚人惡子而好司馬若司馬毁吴舟于淮塞城口而入是独克吴也子必速戰不然不免乃濟漢而陳自小別至于大別三戰子常知不可欲奔史皇曰安求其事難而逃之將何所入子必死之初罪必盡說二師陳于柏舉闔廬之弟夫槩王晨請於闔廬曰楚瓦不仁其臣莫有死志先伐之其卒必奔而後大師繼之必克弗許夫槩王曰所謂臣義而行不待命者此之謂也今日我死楚可入也以其屬五千先擊子常之卒子常之卒奔楚師乱吴師大敗之子常奔鄭

公羊傳 吴何以稱子夷狄也而憂中国其憂中国柰何蔡昭公朝于楚有美裘焉囊瓦欲之昭公不与為是拘於南郢數年然後歸之於其歸焉用事於河曰天下諸侯苟有能伐楚者寡人請為之前列楚人聞之怒為是興師使囊瓦將而伐蔡蔡請救於吴伍子胥曰蔡非有罪也楚人為无道君如有憂中国之心則若時可矣於是興師而救蔡

穀梁傳 吴其稱子何也以蔡侯之以之舉其

貴者也吳信中國而攘夷狄吳進矣蔡請救于吳子胥曰蔡非有罪楚无道也爲是興師而伐楚何以不言救也救大也【杜氏曰】柏舉楚地

吳何以稱子善伐楚解蔡圍也荆楚暴橫去声盟主不能致其討天王不能達其命長上声惡不悛音痊復扶又反興師而圍蔡王法所當討而不赦也吳能自卑聽蔡侯之義以達天子之命興師救蔡戰于柏舉大敗必邁反楚師成伯討之功善矣晉主夏盟中國所仰若嘉穀之望雨也有請于晉如彼其難吳國天下莫強焉非諸侯所能以也有請于吳如此其易以豉反故召陵之會大合諸侯而書侵楚柏舉之戰蔡用吳師特書曰以者【杜氏曰】師能左右之曰以吳爲蔡討楚從蔡計謀故書蔡侯以吳子言能左右之也

罪晉人。保利棄義難於救蔡也。然則何以不言救乎。救大矣。闔閭子胥宰嚭普鄙反皆懷謀楚之心。蔡人往請會逢其適適猶偶然也謂適逢其偶然之幾會也非有救災恤鄰從簡書憂中國之實也。聖人道大德宏宏音洛與人爲善故因其從蔡特進而書爵。孫氏曰吳稱子大救蔡也自是諸侯大小皆宗于吳王氏曰吳進而書子所以罪中國盟主之不振諸侯之不君也囊瓦貪以敗國又不能死可賤甚矣故記其出奔特貶而稱人杜氏曰囊瓦稱人貪以致敗不能死難罪賤之家氏曰自楚昭繼世宰國事付之囊瓦黷貨无厭殺人不忌以至內外離畔莫有鬭心由是有入郢之禍國破君逃瓦不能死又不能与君俱行奉頭鼠竄以爲偷生之計罪不可勝誅矣春秋紺栢舉之敗書瓦出奔誅大臣之敗國而以身免也春秋之情見音現矣愚按春秋書以師若三桓十四年宋以齊蔡衛陳伐鄭以中國而陵中國也僖二十六年曽以楚師伐齊以夷

狄而憂中國也此年蔡以吳子戰楚以夷狄攘夷狄而救中國也三書以唯柏舉爲善故蔡侯吳子皆書爵以美之

庚辰吳闔廬入郢郢(公)(穀)作楚(左傳)吳從楚師五戰及郢楚子取其妹季芈畀我以出吳入郢以班處宮子山處令尹之宮夫槩王欲攻之懼而去之夫槩王入之楚子涉睢濟江入于雲中盜攻之王奔鄖鄖公鬭辛與其弟巢以王奔隨吳人謂隨人曰周之子孫在漢川者楚實盡之天誘其衷致罰於楚而君又竄之周室何罪隨人辭吳吳人乃退初伍員與申包胥友其亡也謂申包胥曰我必復楚國包胥曰勉之子能復之我必能興之及昭王在隨包胥如秦乞師曰吳爲封豕長蛇荐食上國虐始於楚寡君失守社稷越在草莽使下臣告急曰夷德無厭若鄰於君疆場之患也逮吳之未定君其取分焉若楚之遂亡君之土也若以君靈撫之世以事君立依於庭牆而哭日夜不絶聲勺飲不入口七日秦哀公爲之賦無衣九頓首而坐秦師乃出五年秦子蒲子虎帥車五百乘以救楚子蒲曰吾未知吳道使楚人先與吳戰而自稷會之大敗夫槩王于沂吳人獲薳射于柏舉其子帥奔徒以從子西敗吳師于軍祥子期子蒲滅唐吳師居麇子期焚之又戰吳師

敗又戰于公壻之谿吳師大敗吳子乃歸【公羊傳】吳何
以不稱子反夷狄也其反夷狄柰何君舍于君室大夫
舍于大夫室蓋妻楚王之母也【穀梁傳】曰入易无楚也
壞宗廟徙陳器撻平王之墓君居其君之寢而妻其君
之妻大夫居其大夫之寢而妻其大夫之妻蓋有欲妻
楚王之母者不正其乘敗人之績而深爲利居人之國
故反其狄道也【愚按】郢楚都文王遷郢在今江陵路江
陵縣故郢城平王時囊瓦城郢在今江陵路安陸府

又楚人戰則稱爵入郢則舉其號何也君舍于其君之室大夫舍于大夫之室狄道也聖人誰毀誰譽平声救災恤鄰則進而書爵兆有心於與之順天命也乘約肆淫則黜而舉號兆有心於貶之奉天討也伐國者固將拯民於水火之中而鳩聚也集之耳殺其父兄係其子弟毀其宗廟遷其重器而亂男女之配也如水益深如火益熱則善小而惡大功不足以掩之矣

孫氏曰吳子救蔡伐楚善也乘囊瓦之敗長驅入郢突其宗廟壞其宮室則甚矣故反狄之也聖人心無毀譽如鏡之無妍醜也因事物善惡而施褒貶焉不期公而自公爾明此義然後可以司賞罰之權得春秋之法矣薛氏曰楚不書楚而書郢見楚之大其都猶不能守也陳氏曰入国不言邑入楚也而曰入郢非得国之辭也家氏曰前書吳子褒之也此書吳與之也夫吳乃太伯之裔不与楚同使其入郢之後止兵休掠命蔡昭子胥之徒分定楚地撫輯其民人請命于周明正楚莊共靈以來憑陵諸夏之罪削而奪之以其地封有功諸侯而吳不自以為有則霸業可成雖以継齊桓晉文可也而夷狄之人志不在大驕心易生故敗不旋踵良可惜夫○趙氏曰楚君尋反国国不絕祀故不言滅穀梁妄為義說不足取也劉氏曰穀梁云何以不言滅欲存楚也非也楚実未滅當言入而已矣凡滅国春秋未嘗不存也豈於楚獨存之耶愚按僖二十八年晉侯侵曹丙午入曹文十五年晉郤缺伐蔡戊申入蔡皆書国而不書地獨此年不書吳入楚而以楚之国都地名書之恐因昭三十一年吳入郢之文而誤也左

傳於是後十五年楚滅胡亦称吴之入楚也而不曰入郢當從公穀作入楚於義頗通

丙申 敬王十五年 晉定七 齊景四十三 衛靈三十 蔡昭十四 鄭献九 曹靖公露元年 陳懷公柳元年 杞僖公過元年 宋景十二 秦哀二十一 楚昭十一 吳闔廬十

五年春王三月辛亥朔日有食之三月公作正月○**夏歸粟于蔡**昭

左傳以周亟矜无資汪氏曰蔡爲楚所圍飢乏故歸之粟公羊傳孰歸之諸侯歸之曷爲不言諸侯歸之离离至不可得而序故言我也穀梁傳諸侯无粟諸侯相歸粟正也孰歸之諸侯也不言歸之者專辭也義迩也范氏曰此迩近之事不足具列諸侯通旨二傳皆称諸侯歸蔡粟其略而不序何也蔡爲楚人所困則環視而不能救吳既破楚入郢解蔡圍矣然後相率而歸之粟非救災恤鄰從簡書之道也故特書曾而不序諸侯見其事之末矣愚按昭二十五年輸王粟不書以諸侯歸粟于王常事也襄三十年會澶淵謀更宋之所喪而歸其財則書曰宋災故以宋災歸財非所當急也此年諸侯歸粟于蔡而不書諸侯以不能救蔡之難徒歸粟于蔡耳故略言之与城楚丘戍陳同義或以爲諸侯歸粟合先王之制而春秋書歸以美之過矣苟以書歸皆爲美辭則歸含且賵亦可以爲美乎○**於越**允常

入吳闔廬【左傳】吳在楚也【公羊傳】於越者未能以其名通也越者能以其名通也【杜氏曰】於發声也【趙氏】
曰於越夷言也春秋即其所以自称者書之見其不能
慕中国故以本俗自通【啖氏曰】於越者其自称者也越
者中国称之者也【陳氏曰】向曰越人今曰於越復從其
舊號也吳楚爭而後越入中国昭五年常壽過始見於
經而亟称人後三十年而入吳不復称人矣【高氏曰】吳
之伐楚有安中国之意焉越乃乘其士卒罷敝掩入其
国至十四年又敗吳哀十三年再入吳君爲楚復讎者
是以君子惡之嗟夫闔廬爭入郢之利而於越入吳夫
差取盟晋之功而於越又入吳意有所逐而受有所忘
矣【王氏曰】夷狄相攻俱不以中国之號目之蓋交譏之
【愚按】汲冢周書王會篇有東越
於越則於越或當時之所称歟〇六月丙申季孫意如
卒【左傳】季平子卒陽虎將以玙璠斂仲梁懷弗與曰改
步改玉陽虎欲逐之告公山不狃不狃曰彼爲君也
子何怨焉既葬桓子行東野及費子洩爲費宰逆勞於
郊桓子敬之勞仲梁懷懷弗敬子洩怒謂陽虎子行之
乎陽虎囚季桓子及公父文伯而逐仲梁懷殺公何藐
盟桓子于稷門之内大詛逐公父歜及秦遄皆奔齊
内大夫有罪見討則不書畧卒。公子翬是也。仲遂殺惡及視罪與暈同而書卒者以事之變卒之也因事之變以明卿卒不繹之礼意如何以書卒見音現定公不討逐君之賊以爲大夫全始終之禮也定雖受國於季氏苟有叔孫婼之見不賞私勞昭四年豎牛立叔孫昭子五年昭子朝家衆曰豎牛殺適立庶必速殺之牛懼奔齊致辟音僻意如以明君臣之義則三綱可正公室強矣今苟於利而忘其讎三綱滅公室益侵陪臣執命宜矣故意如書卒主人習其讀而問其傳林恣反則未知已之有罪焉爾劉氏曰意如親逐其君而卒之其異於暈何也曰以定公爲君則不得不以意如爲大夫孰有大夫卒而君不爲之變乎夫意如之逐昭公也盟暈遂之弑君也隱而叔仲惠伯之蔽惡也未形春秋固有不待貶絕而罪惡見此之謂也且夫意如之罪固著矣及其卒也而絕之則其著者不亦弥信乎而春秋弗爲也以謂定不書正月適足以見定之非正而猶未足以見其受

国於季氏故於是復明意如爲定之大夫也使定公誠能明君臣之義不賞私勞討先君之賊致季氏之誅則意如不免矣今一不然苟於利而忘其辱辛於禍而忘其讎謂意如定之大夫也不亦宜乎【家氏曰】春秋卒意如不貶之貶乃所以深貶之也【蜀杜氏曰】於桓公之年書公子翬所以貶桓公也於宣公之年書公子遂所以譏宣公也於此年書季孫意如卒所以疾定公也

秋七月壬子叔孫不敢卒婼之子成子也子州仇嗣爲大夫是爲武叔○冬

晉定士鞅帥師圍鮮虞【左傳】三年秋鮮虞人敗晉師于平中獲晉觀虎五年冬士鞅圍鮮虞報觀虎之役也【襄陵許氏曰】晉以土地之故縱兵横加鮮虞而不能服則又圍之兵益忿義益不勝君子是足以惡晉也

【丁酉】敬王十六年

六年晉定八齊景四十四衛靈三十一蔡昭十五鄭獻十曹靖二陳懷二杞僖二宋景十三秦哀三十三楚昭十二吳闔廬十一

春王正月癸亥鄭獻游速帥師滅許以許男斯歸速【公】作遬後同【左傳】鄭滅許因楚敗也【高氏曰】許恃楚以固其國至于四

迁鄭辟速偏師一出滅其国而俘其君楚雖不能保許而鄭之肆暴亦甚矣故謹而日之【張氏曰】許自隱十一年齊魯鄭之入大抵困於与鄭為鄰至成十五年畏鄭而迁葉昭九年迁夷十八年迁析定四年又自析迁容城以依楚不三年楚困於吳鄭遂滅之然哀元年以後許復見者楚又存之也大岳之後其亡一見害於鄭其存而一時於楚不過百年韓遂滅鄭亦有由矣【王氏曰】伐国而滅之春秋所惡也況以人臣而專兵滅国乎前此晉荀吳帥滅陸渾之戎然以中国而滅夷狄則罪猶可恕蔡公孫姓帥滅沈矣然受晉令而伐沈則事无專命今辟速因楚之敗興兵滅許无晉之命非攘外安内之師是弱晉而間楚耳此皆鄭国君臣之罪也若夫以其君歸則辟速許男均有罪焉

○二月公侵鄭

【左傳】周儋翩率王子朝之徒因鄭人將以作乱鄭於是乎伐馮滑胥靡負黍狐人闕外六月晉閻沒戍周且城胥靡冬天王處于姑蕕辟乱也公侵鄭取匡為晉討鄭之伐胥靡也往不假道於衛及還陽虎使季孟自南門入出自東門衛侯怒使弥子瑕追之公叔文子曰天將多陽虎之罪以斃之君姑待之乃止【愚按】定公親帥師以討鄭之黨乱人固有獎王室之義然不能声罪致武僅為潛師以掠境故不書伐而書侵觀季孫獻俘於晉則实迫於霸令而非有獎王之实矣况是時

陪臣執国命，兵權亦不屬公也。陳氏曰：自宣之季年凡伐不言公，魯无君將者八十年矣，至是而書侵鄭，則以公山不狃、侯犯、陽虎之等也。

公至自侵鄭　高氏曰：公內有強臣不能討，乃爲晉討鄭，內外結怨，厄之道也。張氏曰：陽虎專政，欲徼釁於鄰国，使衛侯不聽公叔發之言，魯師厄矣，故致之。

夏，季孫斯、仲孫何忌如晉　定　左傳：季桓子如晉，獻鄭俘也。陽虎強使孟獻子往報夫人之幣，晉人兼享之。孟孫謂范獻子曰：陽虎若不能居魯而息肩於晉，所不以爲中軍司馬者，有如先君。獻子曰：寡君有官，將使其人，以勤何知焉。獻子謂簡子曰：魯人患陽虎矣，孟孫知其釁，以爲必適晉，故強爲之請，以取入焉。劉氏曰：陽虎陪臣也，而執国命，欲蕩覆公室以自封己，三世矣，事不成，故盜寶玉大弓以逃。春秋本其禍之所構，自二子之使夫，以上二子之力，專国擅君，而陽虎能制之，進云則進，云則止，猶僕隷也。方復爲之請於霸主之国，此其无所忌，必爲乱之效也。子惡之卒，陽虎之盜，皆篡君亡国之禍，故録之，以自其禍之所起矣。高氏曰：一卿將命，可兼他事，豈可每事一卿乎？故累數之，見二卿爲陽虎所制也。嗚呼！天子微，諸侯僭；諸侯微，大夫凌；大夫微，陪臣膂。理勢然尔。（　）

秋，晉　定　**人執宋**　景　**行人樂祁犂**　胡氏曰：稱行人，非其罪。

稱人以執非伯討也【公羊】僖四 祁犂聘于晉【左傳】樂祁言於景公曰諸侯唯我事晉今使不往晉其憾矣樂祁告其宰陳寅寅曰必使子往子立後而行吾室亦不亡唯君亦以我為知難而行也見溷而行主趙簡子飲於鴆反酒焉獻楊楯食允反干櫓也以揚不為之六十范趙方惡如字又烏路反其宰曰昔吾主范氏今子主趙氏是賈音古禍也范獻子果怒言於晉侯曰以君命越疆未致使踈吏反而私飲酒不敬二君不可不討也乃執樂祁並據左傳執非無名何以非伯討也使范趙方睦皆有獻焉則弗執之矣執異國行人出於列卿私意威福之柄移矣三家分晉而靖公廢為家人周安王二十六年【索隱】曰家人居家之人无官職也豈一朝一夕之故哉【張氏曰】諸侯唯宋事晉懼討而遣使善逆以懷之猶懼不來而大夫讀貨賄爭權利卒使來者見執叛者

得志晉之亂政亟行霸統所由絶也

冬城中城【杜氏曰】公爲晉侵鄭故懼而城之【穀梁傳】城中城者三家張也或曰非外民也【高氏曰】三家張公之所有中城而城而已成九年城之矣此復城者外有齊鄭之怨故懼而城焉【愚按】是時政在三家公室无民定公豈能役衆修城以備外患哉蓋陽虎欲去三家故託於懼齊鄭而城中城將挾公以自固耳○季孫斯仲孫忌帥師圍鄆【杜氏曰】鄆貳於齊故圍之何忌不言何闕文【高氏曰】鄆自昭二十五年齊侯取之以居昭公三十年鄆潰遂貳於齊至是二卿圍而欲復取之蓋陽虎欲傾季氏以謀政也季仲圍而曰陽虎者虎專季氏季氏事魯也仲何爲哉【家氏曰】齊之取鄆固非而二子之圍亦非也爲定公者當以善辭告之齊曰我先君失守宗祧君取鄆以居之魯國實受君賜今鄆潰矣寡人欲復舊疆敢以請之執事以景公之賢必將歸之不應遽用師也明年國夏伐西鄙自是連歲交兵蓋始於此役也○【劉氏曰】公羊云仲孫忌譏二名意謂二名雖諱也古者君之名臣不諱父之名子不諱至周臣諱君名子諱父名然猶諱其死不諱其生諱其同不諱其嫌二名則不偏諱也仲尼不能諱二名况其他乎

戊戌敬王十七年 **七年** 晉定九齊景四十五衛靈三十二蔡昭十六鄭獻十一曹靖三陳懷三杞僖三

宋景十四秦哀三十四楚昭十三吳闔廬十二 **春王正月○夏四月○秋齊侯**景**鄭伯**獻**盟于鹹** 諸侯始復特盟左傳齊鄭盟于鹹徵會于衛杜氏曰鹹衛地廬陵李氏曰齊鄭之盟叛晉也霸道隳諸侯散離盟始復志此蓋自是中國無復會矣陳氏曰特相盟自齊桓以來未之有也於是再見諸侯無主盟矣是故石門志諸侯之合也于鹹志諸侯之散也家氏曰于鹹于沙齊景圖霸之始事也是時天王辟儋翩之難出居姑蕕景公不能伸勤王之義乃今日求之鄭盟于鹹明日求之衛盟于沙皆強人之從我非心悅而誠服豈能小大翕然不期而俱至乎

齊景**人執衛**靈**行人北宮結以侵衛** 左傳衛侯欲叛晉諸大夫不可使北宮結如齊而私於齊侯曰執結以侵我齊侯從之杜氏曰稱行人非使人之罪劉氏曰善為國者親近而遠信之附內而外歸之衛侯欺其群臣以紿晉殘其百姓以奉齊齊之執結也固非伯討矣而衛之無良又甚焉從此觀之孟子曰今之諸侯五霸之罪人也不亦信乎張洽曰齊侯執人而又書侵所以重貶之也挾詐以侍力夫豈圖霸之道乎書執結以侵衛与楚成執宋公以

伐宋書法正同聖人之意見矣○劉氏曰穀梁云以重辞也衛人重北宮結非也執其使伐其国文加以乃其理然豈爲重乎**齊侯**景**衛侯**靈**盟于沙**公作沙澤左傳乃盟于瑣趙氏曰結叛晉也瑣即沙陽平元城縣東南有沙亭張氏曰元城縣今屬大名府襄陵許氏曰齊衛之盟叛晉也晉定之季鄭獻衛靈叛而從齊齊可以霸而景不足望也臨川吳氏曰執其行人而与其君結盟以叛晉齊衛之罪均也高氏曰執其使侵其国以求盟焉是劫盟也何有於信哉○**大雩**○**齊**景**國夏帥師伐我西鄙**左傳齊国夏伐我陽虎御季桓子公斂處父御孟懿子將宵軍齊師齊師聞之墮伏而待之處父曰虎不圖禍而必死苫夷曰虎陷二子於難不待有司余必殺女虎懼乃還不敗高氏曰齊叛晉与鄭盟故爲鄭伐我且報一鄉之圍鄆襄陵許氏曰東夏諸侯唯魯事晉故齊伐之景公秉晉之衰不思惟德之務以懷諸侯而欲力征經營以定霸統是知時之或可而不知已之不可者也家氏曰昭公流離顛沛惟齊景是依如是五六年卒不能爲之出偏師向魯鄙問意如之罪今乃與無名之師而加于魯當爲而不爲不必伐而伐失其所以爲方伯之道矣春秋繼鹹沙二盟而書國夏伐我皆貶也○**秋九月大雩**薛氏曰

秋而雨人雩僭瀆之甚也【愚按】左氏以再雩為旱甚經書雩祭二十有一惟昭二十五年及此年書再雩災之甚而變之大者也昭公不克自省而有陽州之孫定公又不知儆而有宝玉之拔世禄之逆陪臣之横其致一也故出事書之以為後鑒○**冬十月**

己亥敬王十八年

八年晉定十齊景四十六衛靈三十三蔡昭十七鄭獻十二曹靖四卒陳懷四卒杞僖四宋景十五秦哀三十五楚昭十四吳闔廬十三**春王正月公侵齊**景【左傳】門于陽州【杜氏曰】報前年伐西鄙【高氏曰】去年齊伐我西鄙今公復加兵于為魯政不復在公而三家者實使公欲歸怨於公故也【張氏曰】陽虎用事無軍政用兵無法故以侵書之**公至自侵齊**【高氏曰】侵齊本出於三家而三家欲歸怨於公故未逾月而致之且為下復侵齊起也**二月公侵齊**【左傳】攻廩丘之郛【杜氏曰】未得志故【孫氏曰】公再侵齊以重其怨甚矣**三月公至自侵齊**【高氏曰】公逾月之間再出侵齊雖三家者之為然往來不得休息見公之進退益不自專矣故兩書侵至以見之○【劉氏曰】穀梁云往時致月危致也往月致時危往也往月致月惡之也非也文公十三年冬公如晉十四年正月公至自

晉是時公一出而三國附最榮矣何以危致宣公十七
年六月同盟于斷道秋公至自會是時諸侯協心而同
外楚中國爲一無有他變何以危往僖公四年正月侵
蔡遂伐楚八月公至自伐楚是時齊桓主諸侯數衆以
爲大伐楚有何○**曹伯露卒**靖公也自聲公立五年其第
以惡之也通弑之代立是爲隱公隱公
立四年其第露又弑之代○**夏齊**景
立凡立四年卒子陽嗣**國夏帥師伐我西**
鄙【左傳】齊国夏高張伐我西鄙【高氏曰】以公不與䣛沙
之盟且報此春之再侵也昭公之孫也齊雖不克納
而有意存之矣定公即位未嘗修好於齊故齊北年伐
我而我亦再侵齊觀春秋書齊伐公侵則其曲直可見
矣【襄陵許氏曰】春秋書内伐十六宣以後七内侵七宣
以後六伐我二十一宣以後十七侵我五宣以後一用
兵則侵多而伐少被兵則伐多而侵少蓋魯自
中出衰矣而欲与齊構怨以侵易伐其能久乎**公會晉**
定**師于瓦**【左傳】晉士鞅趙鞅荀寅救我公會晉師于瓦
范獻子執羔趙簡子中行桓子皆執鴈【杜氏
曰】將未救魯公逆會之救不書齊師已去瓦衛地
東郡燕縣東北有瓦亭【張氏曰】今滑州白馬縣
按左氏晉士鞅荀寅救魯則其書公會晉師何也春

秋大法雖師次于君而與大夫敵至用大衆則君與大夫皆以師爲重而不敢輕也莊八年圍郕慶父請伐齊師公曰不可九年戰乾時公喪戎路則皆公親師師而經皆止書師不書公故棐林之會宣元不言趙盾而言晉師扈之會言晉師而不書士穀僖二年里克荀息滅下陽書晉師宣十五年荀林父滅潞亦書晉師於以見音現人臣不可取民有衆專主兵權之意陳氏厚施式智反於齊以移其国昭二十六年晏子曰陳氏取之公也薄其施之民也厚後世若少惰則国其国也已在礼家施不及国季孫盡征於魯以奪其民昭五年三分公室季氏尽征之皆王法所禁也春秋之義行則不得爲爾矣陳氏曰不曰會士鞅曰會晉師重師也鞍之戰公會晉師于上鄍不書諱之也四卿迹將而以會鄭自師逆公三家之張成於此矣故諱之也於是齊師伐我晉士鞅趙鞅荀寅救我公會晉師勿諱可也劉氏曰晉人以兵師救魯春秋不以救書何哉

夫所謂救者仗大義以拯人之急者也魯昭播遷乾侯之境困亦甚矣晉之諸卿惟賄是徇黨臣而抑君今齊師之來初非危急之會而晉三卿敢以兵赴之此与齊爭霸而非爲魯国宗社計也故春秋不与之以救

公至自乾 高氏曰不以會至者公非出會也 愚按此亦特相會往來称地之例 ○秋七月戊辰陳侯柳卒 懷公也在位四年子越嗣是爲湣公 ○晉 定 士鞅師師侵鄭 獻 遂侵衛 靈○士公作趙 左傳 初晉師將盟衛侯于鄟澤趙簡子曰羣臣誰敢盟衛君者涉佗成何曰我能盟之衛人請執牛耳成何曰衛吾温原也焉得視諸侯將歃涉佗捘衛侯之手及腕衛侯怒王孫賈趨進曰盟以信礼也有如衛君其敢不唯礼是事而受此盟也衛侯欲叛晉而患諸大夫王孫賈使次于郊大夫問故公以晉詬語之曰衛叛晉〻五伐我病何矣皆曰五伐我猶可以能戰乃叛晉〻人請改盟弗許晉士鞅會成桓公侵鄭圍蟲牢報伊闕也遂侵衛 高氏曰鄭伯与齊爲醎之盟衛侯与齊爲沙之盟二国皆爲齊而叛晉〻以是侵鄭侵衛所以絶齊之与国也晉不声其罪不能取服故兩書侵 襄陵許氏曰 招携以礼懷

遠以德鹹沙之盟諸侯以貳晉不思德禮之是務而勝恃力攘服則失霸何日之有陳氏曰其言遂晉始伐與国也襄之二十三年齊始叛晉取朝歌去年鄭衛送叛晉於是侵鄭衛又明年及齊平魯亦叛晉矣故悉書之也愚按齊之始伐盟主則書伐衛遂伐晉々之始討与国則書侵鄭遂侵衛齊書伐而晉書侵於此見晉霸之衰之甚也然成二年楚師鄭師侵衛不書遂侵我十五年楚子侵鄭不書遂侵衛雖十六年知武子以諸侯之師侵陳遂侵蔡亦不書也必君鄭衛叛晉晉以師兩侵之而後書焉以著諸侯之不復從晉也○葬曹靖公○九月葬陳懷公杜氏曰三月而葬速○季孫斯仲孫何忌帥師侵衛靈左傳師侵衛晉故也高氏曰以其爲晉與師故書侵臨川吳氏曰魯於衛无可声之罪故其師之出爲無名愚按成六年菽孫僑如侵宋傳云晉命也今斯何忌侵衛傳亦云晉故也二卿並將以虐婚姻之国袤兄弟之邦兆出已意而迫於霸国之威故春秋皆書侵以譏之○冬衛侯靈鄭伯歃盟于曲濮杜氏曰結叛晉曲濮衛地高氏曰去年公侵鄭今年二卿侵衛皆爲晉故而士鞅又自帥師侵之故二君同爲此盟以固其謀○從祀先公左傳季寤公鉏極公山不狃皆不得志於

季氏叔孫輒无寵於叔孫氏叔仲志不得志於魯故五人因陽虎陽虎欲去三桓以季寤更季氏以叔孫輒更叔孫氏己更孟氏順祀先公而祈焉辛卯禘于僖公**公羊傳**從祀者何順祀也文公逆祀去者三人定公順祀叛者五人**穀梁傳**貴復正也**杜氏曰**從順也先公閔公僖公也將正二公之位次所順非一親盡故通言先公

蜀人馮山曰山字允南普州人著春秋通解十二卷昭公至是始得從祀於太廟其說是也季氏逐君而制其死生之命公薨乾侯不得終於正寢既薨七月又不得以時歸葬既葬絕其兆域又不得同於先君**杜氏曰**溝絕其兆域不使与先君同而在墓道之南至孔子爲司寇然後溝而合諸墓左傳定元則其主雖久未得從昭穆而祔祭宜矣已上並馬氏說

及意如已卒陽虎專季氏將殺季孫斯而亂魯國託於正以售承呪反其不正始以昭公之主從祀太廟蓋欲

著季氏之罪以取媚於國人然其事雖順其情則逆
春秋原情制法故不書禘事與日【王氏箋義】從祀先公大事也不由公
命而由陽虎故不書禘又不書日【劉氏曰】從祀先公
正也所以從祀先公則非正矣其非正奈何季氏專
嘗陽虎專季氏欲去三桓而代之從祀先公以說焉
非能正者也從祀爲祫邪宜曰大事于太廟爲禘邪
宜曰禘于太廟爲時享邪宜曰有事于其宮所以不
正言之者其事可醜出於陽虎故也陽虎將作亂而
惡不得民心故於是爲小正以售其大不正立小義
以遂其大不義從祀先公其事則順矣其情則逆春
秋原情〻誠善而功〻惡弁誅特曰從祀先公於盜竊
也情誠惡而功善弁与也
寶玉大弓之上【李氏廉曰】此二事也間無他文同辭而書之見音現事出陽
虎而不可詳也其亦深切著明矣【薛氏曰】從祀者何順祀也嘗之祭也
躋僖公外昭公從祀之祀始正其礼也【高氏曰】從順
也不曰順者其事則順其意則非故變其辭曰從也
大嘗祀之不順多矣武公煬公在所當祧僖公閔公
在所當正昭公則又當祀而不祀者也今但称先公

則尽從典礼不止為一公設也然不幸所祀之名不指所祀之所者非時妄祀其事可醜出於陽虎之矯幸故雖礼之復正者而聖人実書之在盜竊宝玉大弓之上所以誅陽虎之乱也所謂定哀多微辞者慮在言外也嗚呼千載之下姦偽之迹禍乱之変彼假託以済其私者豈特一陽虎而已哉○愚按三傳皆以從祀為順祀閔僖二公惟馮氏謂祔祭昭公而文定引其説薛氏高氏西用之今考之經昭公之葬亦謚疑已祔祭祖廟而從祀不称昭公与禘于莊公書法不倖則三傳似亦可通或者謂升閔降僖非當時之急務然陽虎雖祔祭昭公而道南之墓猶待孔子為司冦而合乎先君之兆域則又何也刘原父云陽虎悪季氏以臣而凌君猶僖公以子而先入故先正逆祀以微論其意其説亦佳姑記以俟来哲

盜竊寶玉大弓【左傳】陽虎將享季氏於蒲圃而殺之戒都車成宰公斂處父告孟孫曰季氏戒都車何故孟孫曰吾弗聞處父曰然則乱也必及於子先備諸陽虎前驅林楚御桓子虞人以鈹盾夾之陽越殿將如蒲圃桓子咋謂林楚曰而先皆季氏之良也尓以是継之對曰臣聞命後陽虎為政魯国服焉違之徵死死无益於主桓子曰而能以我適孟氏乎孟氏選圉人之壯者三百人以為公期築室於門外林楚怒馬及

衢而騁陽越射之不中築者闔門有自門間射陽越殺之陽虎劫公与武叔以伐孟氏公斂處父帥成人自上東門入与陽氏戰於南門之内弗勝又戰于棘下陽氏敗陽虎説甲如公宮取宝玉大弓以出舍于五父之衢寢而爲食其徒曰追其将至虎曰魯人聞余出喜於徵死何暇追余從者曰嘻速駕公斂陽在公斂陽請追之虎入于讙陽関以叛【公羊傳】盗者孰謂謂陽虎也陽虎者季氏之宰也季氏之宰則微者也悪乎得国宝而竊之陽虎専季氏季氏専魯国宝者何璋判白弓繡質亀青純【穀梁傳】宝玉者封圭也大弓者武王之戎弓也周公受賜藏之魯非其所取而取之謂之盗【杜氏曰】盗謂陽虎也家臣賤名氏不見故曰盗【孫氏曰】盗微賤之称宝玉大弓国之重器也国之重器而盗得竊之則定公爲国可知也【常山劉氏曰】宝玉大弓天子所錫先君之分器藏之於国子孫出〻保之不可失墜而爲盗所竊国慢无政可知矣故書竊以志不恭之大也【謝氏曰】陽虎将殺季孫斯不勝而出取宝玉大弓於公宮以行其称盗陪臣也宝玉大弓魯之分器也是時陽虎以鄆讙亀陰叛奔斉十年侯犯以郈叛及昭十二年南蒯以費叛皆以賤不書其書竊宝玉大弓何也分器重於地也分器重於地者賤貨而貴命也【通旨】先王分器不能謹守而盗得竊諸公宮此无政之験也故失地則諱失宝

玉大弓則書失之書得之書重其事也【陳氏曰】虎陪臣也取周公之分器以出曾莫之禁書曰盗竊宝玉大弓魯无人之辞也是故陪臣皆不書〻陽虎爲盗是治陪臣也君子之作春秋治至於陪臣斯極矣【傳見明年】○【愚按】何休謂季氏逐昭公取宝玉藏於其家陽虎拘季孫奪其宝玉然昭公之經不書失宝玉而此書盗竊則陽虎竊取於公宮而非取之於季氏也

【庚子】敬王十九年

九年【晉】定十一【齊】景四十七【衛】靈三十四【蔡】昭十八【鄭】獻十三卒【曹】伯陽元年【陳】閔公越元年【杞】僖五【宋】景十六【秦】哀三十六卒【楚】昭十五【吳】闔廬十四

春王正月○夏四月

戊申鄭伯蠆卒【蠆敕邁反【公】作蠆獻公也在位十三年子勝嗣是爲声公】○得寶玉大弓【左傳】陽虎帰宝玉大弓六月伐陽關陽虎使焚萊門師驚犯之而出奔齊請師以伐魯曰三加必取之齊侯將許之鮑文子諫曰夫陽虎有寵於季氏將殺季孫以不利魯国而求容焉魯免其疾而君又收之无乃害乎齊侯執陽虎因諸西鄙而逃追而得之又逃奔宋遂奔晉適趙氏仲尼曰趙氏其世有乱乎【公羊傳】何以書国宝也喪之書得之書【穀梁傳】宝玉大弓在家則羞不目羞也悪得之得之堤下或曰陽虎以解衆也

穀梁子曰寶玉封圭大弓武王之戎弓（范氏曰封圭始封之圭戎弓武王征伐之弓）周公受賜藏之魯或曰夏后氏之璜（音黃）封父之繁（扶元反）弱也（據左傳定四年祝鮀云云杜氏曰璜美玉名封父古諸侯繁弱大弓名）子孫世守罔敢失隊（墜）以昭先祖之德存肅敬之心耳古者告終易代弘璧琬（於阮反）琰（以冉反）天球夷玉兊之戈和之弓垂之竹矢（見書顧命蔡氏曰皆先王所寶器物弘璧大璧也琬琰圭名球鳴球也夷常也兊和皆古之巧工垂舜時共工制作精巧中法度故歷代傳寶之）莫不陳列兆直爲美觀也先王所寶傳及其身能全而歸之則可以免矣魯失其政陪臣擅權（陪重也大夫爲諸侯之臣家臣又爲大夫之臣故曰陪臣）雖先公分（扶問反）器猶不能守而盜得竊諸公宮其能國乎故失之書得之書所以譏公與執政

之臣見音現不恭之大也陸氏曰国之重器而為家臣所竊所以譏公而罪執政之臣也

此義行則有天下國家者各知所守之職不敢忽矣蜀杜氏曰魯不能保守国器以致失今得而復書之不正其得之於盜也直書曰得以明其失而復得也孫氏曰不曰盜所宝玉大弓者盜微者不可再見○趙氏曰左氏凡獲器用曰得得用焉曰獲按得者對失也器用皆合言得則宋大鼎何不言得乎穀梁不地羞也按緣未出境而得故但以得為名且書竊猶不羞書地有何羞乎番易萬氏曰宝玉大弓三傳之說不同然聖經之大法不在乎是所以謹其盜竊与得之而已夫先王分宝玉於伯叔之国宜世守勿失而定公見竊於陪臣追夫陽虎以為無益於近用秪以為名而自歸之魯有四封而詰其盜不得其盜以正国之典刑僅得宝玉大弓政刑之失一至於此豈不重可憐邪噫紛昔僕之宝玉昌若不失此分器之宝玉反楚靈之大屈昌若不失此分物之大弓始也貪人之所有今不能保己之所有故春秋譏之愚按杜預謂国之分器得之足以為榮故重而書之按失之固足以為辱然得之於盜不能討其罪未足為榮適以彰其失之之恥耳

六月葬鄭獻公杜氏曰三月而葬速○秋齊侯景衛侯靈次于五
氏左傳齊侯伐晋夷儀晋車千乘在中牟衛侯將如五
氏卜過之龜焦衛侯曰可也衛車當其半寡人當其
半敵矣乃過中牟中牟人欲伐之衛褚師圃亡在中牟
曰衛雖小其君在焉未可勝也齊師克城而驕其師又
賤遇必敗之不如從齊乃伐齊師敗之齊侯致禚媚杏
於衛杜氏曰五氏晋地齊侯往伐五氏衛侯往助之任氏
曰此伐晋也不書伐而書次者晋猶大国未敢輕伐始
盟于沙中次于五氏又次于垂葭又次于蘧蒢至哀元
年而後伐其欲有所逞也久矣○愚按社預二公諱伐盟
主故不書伐然襄二十三年書齊侯遂伐晋何以不諱
乎或謂中国无霸春秋重絶晋故不言伐
然文元年書衛人伐晋何以不重絶晋乎○秦伯卒哀公
也在位三十六年卒
子早卒孫惠公嗣冬葬秦哀公哀侯許氏曰秦自晋
悼以後侵不見於春
秋則知秦益退保西戎軍旅
礼聘之事不交於中国矣

春秋卷之二十七

春秋卷之二十八

胡氏傳　後學新安汪克寛附録纂疏

定公下

辛丑敬王二十年　**十年**晉定十二齊景四十八衛靈三十五蔡昭十九鄭聲公勝元年曹陽二陳閔二杞僖六宋景十七秦惠公元年楚昭十六吳闔廬十五

春王三月，及齊平。胡氏曰平前八年再侵齊之怨

夏，公會齊侯景**于夾谷。公至自夾谷。**夾公穀作頰左傳公會齊侯于祝其實夾谷孔丘相犂弥言於齊侯曰孔丘知礼而无勇若使萊人以兵刼魯侯必得志焉齊侯從之孔丘以公退曰士兵之两君合好而裔夷之俘以兵乱之非齊君所以命諸侯也裔不謀夏夷不乱華俘不干盟兵不偪好於神為不祥於德為愆義於人為失礼君必不然齊侯聞之遽辟之將盟齊人加於載書曰齊師出竟而不以甲車三百乘從我者有如此盟孔丘使兹无还對曰而不反我汶陽之田吾以共命者亦如之齊侯將享公孔丘謂梁丘據曰犧象不出門嘉樂不野合饗而既具是棄礼也若其不具用秕稗也用秕稗君

辱棄礼名悪夫享所以昭德也不昭不如其已也乃不果享【穀梁傳】離會不致何為致也危之也其危奈何頰谷之會孔子相焉兩君就壇兩相相揖齊人鼓譟而起欲以執魯君孔子歷階而上不盡一等而視歸乎齊侯曰兩君合好夷狄之民何為來為命司馬止之齊侯逡巡而謝曰寡人之過也退而屬其二三大夫曰夫人率其君與之行古人之道二三子獨率我而入夷狄之俗何為罷會齊人使優施舞於魯君之幕下孔子曰笑君者罪當死使司馬行法焉首足異門而出齊人來歸鄆讙龜陰之田蓋為此也因是以見雖有文事必有武備孔子於頰谷之會見之矣【何氏曰】致地者頰谷之會齊侯作侏儒之樂欲以執定公孔子曰匹夫而熒惑諸侯者誅於是誅侏儒首足異處齊侯大懼曲節從教得意故致也【張氏曰】夾谷魯地漢東海祝其縣有夾山今海州懷仁縣【愚按】懷仁縣今屬淮安路海寧州

夾谷之會孔子相。息亮反下兩相同 犂彌言於齊侯曰孔丘知禮而無勇若使萊人以兵刧魯侯必得志焉齊侯從之兩君就壇兩相相揖齊人鼓譟素報反而起欲以執魯君孔子歷階而升不盡一等而視歸乎齊侯曰兩君合好（呼報反下同）而裔夷之俘以兵亂之非齊君所以命諸侯也裔不謀夏夷不亂華俘不干盟兵不偪（彼力反）好於神爲不祥於德爲愆義於人爲失禮齊侯遽止之而屬（章欲反）其臣曰夫人率其君與行古人之道（史孔子世家魯以君子之道輔其君）二三子獨率我入夷狄之俗使寡人獲罪於魯侯如之何晏子曰小人之謝過也以文君子之謝過也以質君已知過則謝之以質爾於是歸鄆讙龜陰之田（何氏曰齊侯歸謂晏子曰寡人獲過於魯侯如之何晏子曰君子謝過以質小人謝過以文齊嘗侵魯四邑請皆还之）仲尼一言威重於三軍亦順於理而已矣故天下莫大於理而強衆不與（音預）

焉劉氏曰使魯多其車徒衆其兵革耕怨連禍以攻齊為事未必能得其故土地也厚其幣帛重其使介繁礼巧辞以請齊為事亦未必能得其故土地也仲尼一官亦威重於三軍利加於万乗豈有他哉順於理故也天下之事常服於順而違於逆故齊雖強以其逆而奪魯雖弱以其順而得之失非強弱也在道而已不動而至不言而信不疾而速此之謂也朱子語問夾谷之會孔子數語何以能却萊人之兵曰畢竟齊常常欺魯魯常常不能与之爭却忽然被一箇人來以礼問他他如何不動如蔺相如秦王擊缶亦是秦常欺得趙過忽然被一个人恁地硬振他如何不動家氏曰犁弥之奸萊夷之劫使非吾聖人相礼動容貌出辞氣有以格齊人之強暴則定公幾不獲免而魯之危甚矣其致危之也○劉氏曰穀梁謂以地致危之也非也兩国會盟致皆以地此常例尔

晉定趙鞅帥師圍衛靈左傳報夷儀也反役晉人討衛之叛故曰由涉佗成何執涉佗以求成於衛衛人不許晉人殺涉佗成何奔燕襄陵許氏曰使晉有以報齊則衛可无用兵而服也今圍衛而不能服則徒足以堅齊之從而已矣家氏曰書圍不書伐不与其伐也○

齊景人來歸鄆讙

龜陰田田上穀有之字【公羊傳】齊人曷爲來歸運讙龜陰田孔子行乎季孫三月不違齊人爲是來歸之【程子傳】齊服義而求歸之故書來歸始失不書解在哀八年【杜氏曰】三邑皆汶陽田也泰山博縣北有龜山陰田在其北也【任公輔曰】桓三年讙杜氏以爲魯地濟北蛇丘縣有讙亭而汶水經濟北至東平須昌入濟鄆即昭公時齊取以居公者至是并以還魯二邑与龜陰俱在汶水北【張氏曰】龜山今泗水東北七十里【愚按】龜山今屬東昌路博平縣

齊人前此嘗歸濟子礼反西田矣後此嘗歸讙及闡矣而此獨書來歸何也曰歸者魯請而得之也曰來歸者齊人心服而歸之也【杜氏曰】齊人服義而歸魯田【通旨】言來言歸者彼自來也不言來者請而得之耳【愚按】自來曰來猶來聘來朝之類齊人感夫子之義而歸侵田比綏之斯來之效也

定公齊侯會于夾谷孔子攝相息亮反事具左右司馬以從才用反至于會所以禮相見【史】孔子世家會于夾谷孔子攝相事

曰臣聞有文事者必有武備有武事者必有文備古者諸侯出疆必具官以從請具左右司馬以會遇之礼相見郤裔俘拒兵車之命而罷享禮之設于野由是齊侯歸三邑以謝過故揚子法言曰仲尼用於魯齊人章章歸其侵疆寡見篇云云魯不用真儒故也如用真儒无敵於天下桓公以義責楚而楚人求盟僖四來盟召陵夫子以禮責齊而齊人歸地皆書曰來序績也春秋夫子之筆削自序其績可乎聖人會人物於一身萬象異形而同體通古今於一息百王異世而同神於土皆安而無所避也於我皆真而無所忘音妄也其曰天之將喪息浪反下同斯文也後死者不得與音預於斯文也天之未喪斯文也匡人其如予何是以天自處矣而亦何嫌之有陳氏曰未

有言來歸田者言來歸必自外至如鄆來歸初及齊來歸衛宝是也鄆讙亀陰田言來歸以是爲齊人之願也齊西言取讙闡言取鄆讙亀陰不言取以是爲齊人之願願見猶齊田也故從外來常文与歸衛宝同齊強於天下伐盟主合諸侯于鄭陵矣於是願歸田則以孔子相夾谷之會也謂春秋之諸侯不足用爲善者是不即人心之論也故曰如有用我者期月而已可也**高氏曰**孔子夾谷之事人可能也而使大国失守悔過効順所不可能也此修誠之至崇德之素感于其人之天譬如干羽格有苗非仕智者所能測也**家氏曰**取濟西取汶陽書取不言歸以其付大而得歸故書曰取歸濟西歸讙及闡歸疆也言歸不言來歸以其請之而後得非彼自以歸也惟鄆讙亀陰之歸書齊人來歸言齊人自以故疆來歸非假兵力智計而得之是之謂自歸視其他歸疆有不得用也聖人道化所感強暴爲之革心有莫知其然而然者讀春秋至此可以信聖人之道不爲空言儒者之斈果非无宝用也左氏所載茲無還之對陋矣

叔孫州仇仲孫何忌帥師圍郈 郈音后又下遘反 **左傳**初叔孫成子欲立武叔公若藐固諫曰不可成子立之而卒公南使賊射之不能殺公南爲馬正使公若爲郈宰武叔既定使郈馬正

侯犯殺公若弗能使其圉人殺之侯犯以郈叛武叔懿子圍郈弗克【杜氏曰】犯以不能副武叔之命故叛【任公輔曰】東平無鹽縣東南有郈鄉【張氏曰】在今鄆州須城縣東【愚按】須城縣今屬東平路

秋叔孫州仇仲孫何忌帥師圍郈

【公】郈作費【左傳】二子及齊師復圍郈弗克叔孫謂郈工師駟赤曰郈非唯叔孫氏之憂社稷之患也將若之何赤謂駟侯犯曰居齊魯之際而無事必不可矣子盍求事於齊以臨民不然將叛犯從之齊使至駟赤与郈人為之宣言於郈中曰侯犯將以郈易於齊齊人將遷郈民衆兇懼駟赤謂侯犯曰衆言異矣子不如易於齊与其死也猶是郈也而將紓焉何必此齊人欲以此偪魯必倍与子地盍多施甲於子之門以備不虞犯曰諾乃多舍甲焉而請易於齊齊有司觀郈將至駟赤使周走呼曰齊師至矣郈人大駭介侯犯之門甲以圍侯犯駟赤將射之侯犯止之曰謀免我犯請行許之駟赤先如宿侯犯殿每出一明郈人閉之及郭門止之曰子以叔孫氏之甲出有司若誅之群臣懼死駟赤曰叔孫氏之甲有物吾未敢以出犯曰子止而與之數駟赤止而納魯人侯犯奔齊齊人乃致郈

郈叔孫氏邑也【杜氏注】本侯犯以郈叛不書于策書圍郈

則叛可知矣再書二卿帥師圍郈則強亦可知矣天子失道征伐自諸侯出而後大夫強諸侯失道征伐自大夫出而後家臣強其道彌甚則其失彌速故自諸侯出十世希不失矣自大夫出五世希不失矣陪臣執國命三世希不失矣【論語】孔子曰天下有道則禮樂征伐自天子出天下無道則禮樂征伐自諸侯出云云又曰祿之去公室五世矣政逮於大夫四世矣故夫三桓之子孫微矣【朱子註】二章皆定公時語發三家專魯為日已久至是家臣爭叛亦其理宜矣春秋制法本忠恕施諸己而不願亦勿施諸人故所惡烏故反下同於上不以使下所惡於下不以事上二三子知傾公室以自張如字而不知家隸之擬其後也凡此類皆據事直書其深切著明矣【瞷丹氏】曰大夫

攻拔邑自夏至秋冊圍以兵春秋離其文而書之不
待戰而敗者也【朱子語】春秋之初只是諸侯抗衡後
來諸侯才不柰何便被大夫專權及大夫稍沒柰何
又被陪臣擅命如唐之藩鎮其初是節度抗衡後來
牙將孔目官虞候之屬皆殺了節度亦來握權夫子
說禮樂征伐自天子出一章極分曉【愚按】魯以諸侯
而僭天子三桓以大夫而事魯侯犯以家臣而叛叔
孫皆上行而下效也叔孫不知改過遷善退守臣職
使家隸感化而師重師以圍其邑又不能暴明其罪
討而誅之乃使犯之僚屬駟赤多方為詐謏之謀誘
之出走是教通國之人習為罔上之幸也失政刑矣
恢詭欺誣僞不誠下人執此以叛其上上執此以危
其下雖幸勝之其
可以保有國家乎

宋景樂大心出奔曹陽【左傳】宋公使樂大心盟于晉且逆樂祁之尸辭僞有疾乃使向巢
如晉盟且逆子梁之尸子明謂桐門右師出曰吾猶衰經而子擊鍾何也左師曰喪不在此故也既而告人曰
已衰絰而生子余何故舍鍾子明聞之怒言於公曰右師將不利戴氏不肯適晉將作亂也不然無疾乃逐桐
門右師【高氏曰】辭使非大譴而譖言乘之罪累上矣【王氏曰】宋公信譖而刑罰無章固可罪矣然大心不能任

家国之難而進退无據且挾詐以避事豈能自安乎故經亦直書以志其過○宋景公子地
出奔陳閔○地公作他後同傳見下千氏曰君雖不君臣不可以不臣君地者亦驕伉矣故春秋以自
奔為文○冬齊侯景衛侯靈鄭声游速會于安甫安甫公作襄張
氏曰安甫齐地今屬鄆州平陰縣愚按平陰今屬東平路家氏曰前此齐与鄭衛盟鹹盟沙矣今而三国復為
出會无所借於晋矣前此魯受命於晋而以兵加衛今而盟夾谷棄晋不復顧矣然諸侯雖叛晋而齐亦不能
因諸侯之從而復霸也○叔孫州仇如齊景左傳武叔聘于齐齐侯享之曰子叔孫若使
郈在君之他竟寡人何知焉屬与敝邑際故敢助君憂之對曰非寡君之望也所以事君封疆社稷是以敢以
家隸勤君之執事夫不令之臣天下之所惡也君豈以為寡君賜杜氏曰謝致郈也高氏曰夾谷之會歸我鄆
讙龜陰田侯犯以郈奔齐齐人又致郈是以叔孫如齐謝焉○宋公景之弟辰暨仲
佗石彄出奔陳暨字下公穀有宋字彄苦侯反
按左氏宋公子地地嬖蘧富獵十一分其室而以五与之有白馬四公

以與桓魋。徒回反地怒抶敕乙反魋奪之魋懼將走公泣之母弟辰曰子分室以与獵也而獨卑魋亦有頗焉子為君禮不過出境君必止子地出奔陳公弗止辰為于偽反之請弗聽辰曰是我迋求狂古況二反欺也吾兄也吾以國人出君誰與處書曰宋公之弟辰暨仲佗石彄出奔陳其弟云者罪宋公以嬖魋故以失二弟無親親之恩暨云者與辰以兄故帥其大夫出奔無尊君之義家氏曰辰於君為同母弟而地則衆公子也景公以嬖臣之故而奔其二弟辰以地故而自絕於君兄又率仲佗石彄与之偕行佗彄身為卿佐有君不事而与辰俱奔兄不友弟不悌臣不忠此一書而並貶也夫暨者不得已之詞。公羊隱元又以見音現仲佗石彄見脅脅業反於辰不能自立無大臣之節也孫氏曰佗彄為宋大臣不能以道事君為辰強牽而去故曰暨交譏之也○【劉氏曰】何休云辰言暨者明佗彄強與俱出奔也若然辰罪為輕何故反序上乎又何為入蕭書及乎公羊云暨猶暨暨也不得已也未知謂已不得已乎謂他人不得已乎以吾觀之則暨使他人不得已是也暨之意強也親也故曰暨暨以暨暨之故人不得已從之此可知矣

【周】敬王二十一年

十有一年【晉】定十三【齊】景四十九【衛】靈三十六【蔡】昭二十【鄭】声二【曹】陽三【陳】閔三【杞】僖七【宋】景十八【秦】惠二【楚】昭十七【吳】闔廬十六

春宋公景**之弟辰及仲佗石彄公子地自陳**閔**入于蕭以叛**【穀梁傳】自陳陳有奉焉尒入者内弗受也以者不以者也叛直叛也○【劉氏曰】穀梁云辰未失其弟也非也公子不去國而辰奔親出奔挾黨為乱以謂未失其弟何妄甚也○**夏四月**○**秋宋樂大心自曹**陽**入于蕭**【左傳】宋公母弟辰暨仲佗石彄公子地入于蕭以叛樂大心從之大為宋患寵向魋故也【杜氏曰】蕭宋邑

出奔陳則稱暨入于蕭以叛則稱及及非不得已之詞得已而不已者也夫事君者可貧可賤可殺而不

可使為亂見表記孔氏疏言事君可使之賤可使之貧可使之死但不可使為乱也乱謂廢事君之礼也令不得已而輕於去國猶之可也得已不已而果於叛君則無首從才用反之別筆列反其罪一施之故不稱暨而稱及劉氏曰暨非欲之也有不得已焉不得已非大臣也而況乎得已而不已者乎其出也謂之暨其入也謂之及及非不得已之言也得已而不已之說也事君者可貧可賤可殺而不可使為乱君親无將將而誅焉況據邑以伐其君者乎其罪一施之四卿在蕭以叛而大心自曹從之其叛可知矣故不書叛而曰入于蕭杜氏曰入蕭從叛人叛可知故不書叛入逆詞也書自陳自曹者結鄰國以入叛陳與曹之罪亦著矣范氏曰自陳陳以力助

冬及鄭声平叔還如鄭涖盟還音旋涖公穀作蒞左傳始叛晉也杜氏曰平六年侵鄭取国之怨魯自僖公以來世服於晉至今始叛還叔詣曾孫家氏曰自文公之霸魯常事晉中間雖即楚

即齐而不敢顯然与晉絶去年及齐平今又及鄭平既背晉不得不樹黨以自固焉耳【臨川吳氏曰】及鄭平者我欲之故鄭卿不來盟而我卿往涖盟也【陳氏曰】書輸平以志諸侯之合書及鄭平以志諸侯之散此春秋之所以始終也【襄陵許氏曰】夫晉之爲晉自若也定亦未有他惡而諸侯離心者政在多門貨賂讒慝汩昬其間則无以令天下極於孰樂祁犂也

【癸卯】敬王二十二年

十有二年【晉】定十四【齊】景五十【衛】靈三十七【蔡】昭二十一【鄭】声三【曹】陽四【陳】閔四【杞】僖八【宋】景十九【秦】惠三【楚】昭十八【吳】闔廬十七

春薛伯定卒襄公也在位十三年子比嗣○**叔孫州仇帥**

夏葬薛襄公【高氏曰】春秋書薛卒者三葬者不日不月史文略也

師墮郈墮許規反後同○**衛公**靈**孟彄帥師伐曹**陽【彄】苦侯反【左傳】衛公孟彄伐曹克郊【杜氏曰】彄孟縶子【家氏曰】此及十三年再書衛彄伐曹者著中国之無盟主也○**季孫**

斯仲孫何忌帥師墮費費音秘下同【公羊傳】曷爲帥師墮郈墮費孔子行乎季孫三月不違曰家不藏甲邑無百雉之城於是帥師墮郈帥師墮費雉者何五板而堵五堵而雉百雉而城【何氏曰】八

尺曰板百雉凡一万尺周十里二十三步二尺公侯之制也穀梁傳墮猶取也范氏曰墮毁訓取墮毁訓取言今但毁其城則郈費永屬已若更取邑於他然

按左氏仲由爲季氏宰將墮三都於是叔孫氏墮郈季氏將墮費公山不狃叔孫輒帥費人襲魯公與三子入季氏之宮登武子之臺費人攻之入及公側仲尼命申句音劬須樂頎音祈下伐之費人北國人追之敗諸姑義二子奔齊遂墮費杜氏曰墮毁也毁壞其城禮曰制國不過千乘繩證反下同都城不過百雉家富不過百乘以此坊與防同民諸侯猶有叛者見穀記故家不藏甲邑無百雉之城禮所當謹也郈費成者三家邑政在大夫三卿越禮各固其城公室欲張而不得也三桓既微陪臣擅命憑

倚其城數色角反　有叛者三家亦不能制也常山劉氏曰費也郈也成也三家之邑也政在大夫三家越礼今固其城數有叛者故三家亦不能制也至要圍而不克師師而後墮成強而不服公圍而不克有天下而不謹於礼末流之患可勝言哉　而問於仲尼

遂墮三都何氏曰郈費叔季所食邑一二大夫宰吏數叛患之以問孔子孔子曰陪臣執国命乘長數叛者坐邑有城池之固家有甲兵之藏故也季氏說其言而墮之　是謂以禮爲国

可以爲之兆也推而行諸魯國而準則地方五百里

凡侵小而得者必有興滅國繼絶世之義諸侯大夫

各謹於禮不以所惡烏故反下同　於上者使其下亦不以

所惡於下者事其上上下交相順而王政行矣故曰

苟有用我者期音朞　月而可三年有成朱子語墮邑之事孔子因其機而爲之若斷斷掃除得去其勢亦自削弱可復正也又曰他合下只說得季桓子誘桓子事事信之所以

做得後來被公斂處父一說破了桓子便不信之高氏曰墮邑而至於帥師是邑之力足以抗也王氏曰墮郈以一卿墮費以二卿者費强於郈故也陳氏曰書叔孫墮郈季孫墮費以是為二家之願也三家專魯廿昭公矣於是願墮其都則以孔子之抑魯也謂春秋之大夫不足用為善者是不足人心之論也蘇氏曰此孔子之所以聖也孔子以羈旅之臣得政期月而能以治出之礼律衰出之臣墮名都出藏甲而三桓不疑其害已此有不言而信不怒而威者矣夫孔子之聖見於行事至此此為无疑也張氏曰毀其所恃以為固者所以制陪臣抑私家而復强幹弱枝之勢也仲由之夆此議蓋因南蒯侯犯之叛而為三家忠謀使强臣不敢恃强以叛君强臣不能負固以跋扈而上下皆順然南蒯侯犯皆以叛為季孫叔孫之害故費郈皆墮獨公斂處父恃以強以敗陽虎而孟孫用之故成獨不服雖定公圍之而卒弗克也聖人雖用於魯而季孫受女樂而違孔子孟孫惑於僞不知之說隆与公斂處父比成既方命而聖人去魯豈兆天哉永嘉呂氏曰三家之城其邑若將以自利也而家臣據邑以叛亦豈三家之利哉南蒯侯犯叛公山不狃叛叛者相踵豈惟魯国惡之三家亦惡之矣孔子順天理而言之而適有動乎三家之心故其

墮郈墮費者三家之自墮也成邑不墮而至於圍則孟氏之不欲墮爾夫二家聞夫子之言而墮其邑者是其天理之萌也孟氏聞公斂之言而不肯墮者是其人欲之蔽也天理之萌不足以勝其人欲之蔽然後不肯墮也使聖人得志以行乎魯國則將有不待兵革而自墮者如魯之不終用孔子何胡氏以係圍成之後然後孔子攝相事理或然也○愚按史記家語云孔子言於定公而使季氏宰仲由墮三都公羊云孔子行乎季孫告季孫而墮二邑左氏又云仲由爲季氏宰將墮三都叔孫自墮郈季氏將墮費々人襲魯仲尼命伐之遂墮費竊疑是時定公失政豈能命大夫墮邑盖孔子以礼制感化季孫且使子路爲之宰而後墮之耳所紀雖不同而以爲聖人過化之功則一而已或謂叔季自墮其私邑於聖人无與不然昭十三年南蒯以費叛前此十年侯犯以郈叛曷不以此時墮之而必待聖人之用於魯而後墮之邪

秋大雩○冬十月癸亥公會齊侯盟于黄齊公作晋汪氏曰結叛晋也張氏曰黄齊地公羊作晋侯誤愚按隱六年盟于艾齊魯爲盟之始也継而有厓屋之參盟于幽之同盟而齊霸遂成此盟于黄齊魯爲盟之終也固叛晋之交而晋不復能霸矣○十有一月丙寅

朔日有食之○公至自黄特相會往來称地○十有二月公圍

成公至自圍成穀梁曰何以致危之也

按左氏將墮成公歛力檢反處父謂孟孫曰墮成齊人

必至於北門且成孟氏之保障無成是無孟氏也子

僞不知杜氏曰佯不知我將不墮書公圍成強也髙氏曰天子令行乎

天下諸侯令行乎一国故天子未嘗有伐諸侯者諸

侯亦未嘗有伐其国之邑者以其令之則從也天下

無王而諸侯擅命故有王伐鄭之事陪臣擅国而權

在私家故有公圍成之事叔季既墮郈費矣將墮成

而孟氏之臣不服公親圍之經書三子墮郈

費而獨書公圍成者公之弱不能墮成也其致危

之也何氏曰諸侯不親征叛邑公親圍成不能服不能以一国爲家甚危若從他国來故危錄之襄

陵許氏曰竟內不致致圍成者魯与之如列国矣高氏曰春秋之始天下之乱未甚故隱公雖有會盟侵

伐未嘗致也成襄之間晉楚爭霸諸侯日尋干戈故

盟會侵伐鮮不致焉此雖伐邑亦致可謂危乱之甚

矣仲由爲季氏宰孔子爲魯司寇而不能墮成竹也

按是冬公圍成不克越明年孔子由大司寇攝相（息亮反）事然後誅少（詩照反）正卯與（音預）聞國政三月而商賈（音古）信於市男女別（筆列反）於途及齊人饋女樂孔子遂行（史）孔子世家定公十三年十二月公圍成不克十四年孔子由大司寇行攝相事於是誅魯大夫亂政者少正卯與聞國政三月粥羔豚弗飾賈男女行者別於途道不拾遺齊人聞而懼於是選女子好者八十人皆衣文衣而舞康樂以遺魯君魯君怠於政孔子遂行然則圍成之時仲尼雖用事未能專得魯國之政也而辯言（家語）言僞而辯亂政如少正卯等必肆疑沮（在呂反）於其間矣成雖未墮無與爲比亦不能爲患（蘇氏曰）雖其不從不能爲患使聖人得志行乎魯國以及朞月則不持兵革而自墮矣（陳氏曰）初作三軍也

三分公室而各有其一季氏盡征之叔孫氏臣其子弟孟氏取其半焉三家之強孟氏爲猶有君也莫與鄰於墮郈費成墮易耳而公自將圍成弗克是不足與有爲也【先儒曰】叔孫武叔毀聖人者也孟懿子孝於聖人者也夫子用於魯而叔孫首墮郈孟氏乃不背墮成則聖人之道能行於其所難者未爲善而不得行於其所易者爲可惜耳【五峯胡氏曰】孔子爲魯司寇墮三都及成不墮二家之慮變矣故經文不言三家直書公【江陰陸氏曰】聖人之化既行成雖未墮於魯何有遲之朞年公斂陽情見勢屈墮之易亦定公何乃狃於連克郈費以攻之輕於一出無功而返此一役也吾知其未諮於仲尼抑季路亦未必在此行也。【愚按】穀梁云圍成大公也夫屈千乘之尊而親圍国卝之一邑其小弱甚矣乃反以爲大之乎又云何危乎邊乎齊也是時會夾谷盟黃齊魯交好不足危也其危之者定公沮辱於陪臣以得返爲幸耳

【甲辰】敬王二十三年

十有三年

【晉】定十五【齊】景五十一【衛】靈三十八【蔡】昭二十二【鄭】声四【曹】陽五【陳】閔五【杞】唐九【宋】景二十【秦】惠四【楚】昭十九【吳】闔廬十八

春齊侯〔景〕衛侯〔靈〕次于垂葭

【穀】无衛侯字葭【公】作瑕【左傳】齊侯衛侯次于垂葭使師伐晉將濟河諸大夫皆曰不可邴意茲曰可銳師

一九五六

伐河内傳必數日而後及絳絳不三月不能出河則我既濟水矣乃伐河内齊侯欲与衛侯乘与之宴而駕焉乘廣載甲焉使告曰晉師至矣齊侯曰比君之駕也寡人請攝乃介而与之乘驅之或告曰无晉師乃止杜氏曰二君將使師伐晉次垂葭以爲援垂葭一名郥氏高平鉅野縣西南有郥亭張氏曰今屬濟州愚按在今濟寧路鉅野縣高氏曰書以垂葭与九年次五氏同

○夏築蛇淵囿

杜氏曰書不時也愚按昭九年郎囿之築雖當水星昏正農隙之時且書于策以示戒況盛夏妨農事方殷而役民以興苑囿不待貶絕而罪著矣昔叔孫昭子曰無囿猶可無民可乎于以見魯之無人益甚也襄陵許氏曰魯政不循而非時勤民築囿奉己而已志不及国也夫囿成不克歸而力此何振之有高氏曰魯国之囿一而已成築鹿囿昭築郎囿定築蛇淵囿何囿之多也

○大蒐于比蒲

比音毗高氏曰囿所以養禽獸待畋獵也築囿蛇淵今乃蒐于比蒲則囿何爲哉魯既叛晉而三桓日懼人之圖已啟數蒐焉五峯胡氏曰築囿大蒐絕与陪鄰之意不侔聖人色斯舉矣史汗載孔子言行不得其真若尤多義又見十四年

○衛公孟彄靈帥師伐曹

陽高氏曰衛比伐曹曹不叛晉故也靈公志在軍旅之事而不知以礼爲国故亟戰如此

○秋晉定趙鞅入于晉陽以叛[穀梁傳]以者不以者也叛直叛也[張氏曰]晉陽唐曰太原府今并州[愚按]晉陽即太原別名

按左氏趙鞅謂邯音寒鄲音丹午曰午鞅同族歸我衛貢五百家吾舍舍如字置也諸晉陽午許諾歸告其父兄皆不可趙孟怒遂殺午圍邯鄲午子稷及其家臣涉賓以邯鄲叛上軍司馬籍秦圍之午荀寅之甥荀寅士吉射射食亦反後同之姻也而相與睦遂伐趙氏鞅奔晉陽晉人圍之趙鞅之入拒范中行行戶郎反也而直書曰叛何也[胡氏曰]范氏中行氏伐趙氏之宮趙鞅奔晉陽然則鞅不叛也范中行逼之耳經何以言叛春秋原情定罪固如此人臣專土與君爲市則是篡弒之階堅冰之戒豈無以有己之義乎[家語]無以有己爲人子者无以惡己爲人臣者[趙氏曰]趙鞅之入晉陽拒范中行也而書曰叛人臣不當專土地後

小大臣有困於讒間去声遷延居外不敢釋兵卒以憂

死者唐李光弼傳相州北邙之敗朝恩羞其策謬故深忌光弼以骨而程元振尤疾之二人用事日

譖有以中傷若吐蕃寇京師詔入援光弼畏禍遷延不敢行其在徐州擁兵不朝憂恨成疾而卒亦

未明人臣之義故爾故直書入于晉陽以叛入者不

順之辭叛者不赦之罪高氏曰據土背君曰叛鞅入晉陽以拒范中行而不知投

鼠忌器之義故聖人直名曰叛以著其不由君命而專主與兵之罪陳氏曰鞅兆始禍曷爲皆以叛書之

春秋之季家有藏甲邑皆百雉之城矣鞅必奔晉陽寅吉射必奔朝歌則是皆叛也

冬晉定荀寅士吉射入于朝歌以叛荀寅下公有及字朝如字杜氏曰朝

歌屬汲郡張氏曰晉地衞州衞縣西有朝歌城南有牧野愚按朝歌衞之舊都衞徙楚丘朝歌後屬晉今衞輝

路新鄉縣

按左氏知音智文荀躒韓簡起孫不信魏襄子舒孫曼多與荀寅范

吉射相惡（如字又烏路反）將逐荀范（范臯夷无寵於范吉射而欲爲乱於范氏梁嬰父嬖於知文子文子欲以爲卿韓簡子与中行文子相惡魏襄子亦与范昭子相惡故五子謀將逐荀寅而以梁嬰父代之逐范吉射而以范臯夷代之）言於晉侯曰君命大臣始禍者死載書在河今三臣始禍而獨逐鞅刑不均矣請皆逐之遂奉公以伐二子二子敗奔朝歌（哀三年趙鞅圍朝歌師于其南荀寅伐其郛使其徒自北門入己犯師而出奔邯鄲四年趙鞅圍邯鄲邯鄲降趙稷奔臨齊弦施逆之遂墮臨国夏伐晋取邢任欒鄗逆畤陰人盂壺口會鮮虞納荀寅于柏人五年春晋圍柏人寅吉射奔齊）晉主夏盟威服天下及大夫專政賄賂公行内外離析示威平丘而齊叛（昭十三）辭請召陵而蔡叛（定四）盟于沙鹹而鄭叛（定七）次于五氏而衛叛（定九）涖于鄭（定十一）會于夾谷（定十）歃于黄（定十一）而魯叛諸侯叛于外大

夫叛於內，故奔于晉陽，而趙鞅叛入于朝歌，而荀寅與士吉射叛。以晉國之大，天下莫强焉，邦分崩而不能守也。春秋於晉事，或略而不序，文十五年十七年盟會于扈不序諸侯，襄十六年盟溴梁不序大夫。或賤而稱人，文九年救鄭，十四年納捷菑，十七年伐宋，宣元年伐鄭，二年侵鄭，十年伐鄭，十六年滅甲氏，成十六年執季孫，襄十六年執莒邾子，十八年執石買，十九年執邾子，二十六年執甯喜，三十年會澶淵，昭十三年執意如，二十三年執叔孫，定元年執仲幾，五年執樂祁，哀四年執戎蠻，皆貶稱人。或書侵以陋之，定四年書侵楚，八年書侵鄭侵衛。責亦備矣。至是三卿內叛，直書于策，見音現，下見諸同。其效也。故臧哀伯曰：國家之敗，由官邪也。官之失德，寵賂章也。桓二。晉卿始禍，緣衛貢也。欒祁見執，獻楊楯食允反也。定六。蔡侯從吳，荀吳貨也。定四。昭公弗納，范鞅賂也。昭二十七。

而晉室自是不復（扶又反）能主盟矣故爲國以義不以利春秋之大法在焉凡諸行事亦可謂深切著明矣

王氏曰鞅入晉陽私邑也寅吉射入朝歌公邑也三人之罪若有等差俱書曰叛者臣之邑君所賜也據其私邑則專祿以周旋矣趙鞅貪愎專戮其罪宜逐寅吉射以午之故與安首禍則又爲无君故三臣之奔春秋俱以叛書之

家氏曰人臣不忌其君未有不終於爲乱者也晉大夫不忌其君爲日久矣衛孫林父寗殖君晉大夫從而羽翼之魯季孫意如逐君晉大夫又從而羽翼之羽翼他国之乱臣者皆有欲爲乱之心也而其君宜然无所悟一聽其所爲及是而三卿俱叛夫豈一朝夕之故哉

晉趙鞅歸于晉　定

按左氏荀范奔朝歌韓魏以趙氏爲請鞅入于絳盟于公宮然則書歸者易（以豉反下同）詞也韓魏爲（于僞反）之請晉侯許之復而寅與吉射去國出奔則無有難之

者故其歸爲易矣三子之叛其罪一也鞅以有援於晉反故得復寅吉射以無助故終叛【蘇氏曰】鞅寅吉射之叛其罪均也鞅以有助故得復寅吉射以无援故終叛鞅之言歸寅吉射既出則无難也春秋書鞅歸于晉非與之也以罪晉侯縱失有罪無政刑耳叛逆人臣之大惡始禍晉國之載書既不能致辟音闢於鞅奉行天討以警亂臣又允苦浪反不衷左昭二十二徇韓魏之請而許之復無政刑矣其能國乎【陳氏曰】樂盈魚石循書入至鞅而後書歸則晉无人之辭也叛臣至於書歸則侯賊不足錄矣此韓趙魏分晉之本也【永嘉呂氏曰】乱臣以叛出而其歸也无與於善復以是爲晉国之无政刑也【家氏曰】春秋先書鞅叛繼書鞅歸言已叛之人非所得歸而歸也非謂鞅无罪而歸於晉也先儒或謂言歸者以地正國也【公穀】鞅取晉陽之甲以逐君側之惡人【公羊】則其說誤矣

以地正國而可是人主可得而脅（脅附業反）人臣擅興無罪以兵諫者（鬻拳事見左傳莊十九）直愛其君也使後世賊臣稱兵向闕以誅君側爲名而實欲脅君取國者（後董卓傳卓將兵詣京師上書曰中常侍張讓等竊倖承寵濁亂四海臣聞昔趙鞅興晉陽之甲以逐君側之惡今臣輒鳴鍾鼓如雒陽請收讓等以清姦穢）則此說啓之也大失春秋之意矣（愚按）春秋書趙盾弒君而又書趙盾侵陳書趙鞅叛而又書趙鞅歸皆所以責晉君之不討罪也朱子於通鑑綱目書漢梁冀弒帝帝即位益封梁冀万二千户唐李輔国殺皇后以李輔国爲司空兼中書令皆以譏天子之无政刑也得春秋書鞅叛与歸之意矣○（趙氏曰）公羊云以地正国據礼臣无專土藏兵之義今乃欲以私邑之強而正国即是末大而本小也又云以晉陽之甲以逐君側惡人無君命故書叛若无君命則是君与寅中行同心也君与之同心而輒以兵伐之是逆乱也但以君宥而召之故書歸耳穀梁云貴其以地反也豈有身歸而地不歸乎此至鄗近矣（高氏曰）二子既出晉陽自謂趙鞅保其邑

以違荀范之難實非叛故許之歸先儒以歸為善辭隊謂輒有叛迹而无叛心春秋先正其罪以厉臣節此許其歸以廣君恩是不然脫使輒初入晋陽本拒荀范而非有叛君之心然人臣无君命輒據土興兵此豈可赦乎況衛孫林父父亦書歸何善之有

薛弑其君比比如字比弑惠公夷立

稱國以弑者當國大臣之罪也**傳例**見昭二十七年孫復以為舉國之衆皆可誅非矣三晋有國乎天下若皆可誅刀鋸不亦濫乎潁川常秩曰秩字夷甫宋嘉祐熈寧間人長於春秋孫復之於春秋動輒有罪蓋商鞅之法耳棄灰於道者有誅步過六尺者有罰**說苑新序**孫卿曰衛鞅内刻刀鋸之刑外深鈇鉞之誅步過六尺者有罰棄灰於道者被刑其不即人心遠矣王回見莊十一年注以是尚秩此善議復者**家氏曰**泰山孫氏言率国之人皆可誅此求經之過也儒者辨

畀末淵所論失中將祈秦漢之用法一人爲非流毒一州一道者非獨法家之罪亦李者用意刻深有以齊其爲惡不可不謹也

乙巳 敬王二十四年

十有四年 晉定十六齊景五十二衛靈三十九蔡昭二十三鄭聲五曹陽六陳閔六杞僖十宋景二十一秦惠五楚昭二十吳闔廬十九卒

春衛靈公叔戍來奔 音戍弓式樹反 衛趙陽出奔宋 景〇衛趙陽公作晉趙陽

公叔戍將去 起呂反 南子之黨矣。夫人愬曰。戍將爲亂。故公叔戍來奔 初衛公叔文子朝而請享靈公退見史鰌而告之史鰌曰子必禍矣子富而君貪罪其及子乎文子曰其若之何鰌曰臣可以免富而能臣必免於難戍也驕其亡乎富而不驕者鮮吾唯子之見驕而不亡者未之有也戍必與焉文子卒衛侯始惡於公叔戍以其富也及趙陽。趙黶孫北宮結皆戍黨也故亦出奔。並據左傳而靈公無道不能正家以喪息浪反其大臣之罪著矣戍又以富見惡烏故反於衛侯夫富者怨之府也使戍積而能散（曲）以財發身。（大全）不爲貪人之所怨於以保其爵位倘庶幾乎（家氏曰）衛靈不君南子不婦比而爲惡亦既稔矣公叔戍以宗国之老起而正之乃戍之所得爲而非戍之所能爲也人臣欲正其君者必先自正其身其身既正而後可以格君心之非而措之於善今戍也怙富而驕素無国中之誉乃欲以正君自任事不克而速禍宜也春秋書二大夫之奔所以著衛乱之所從始

二月辛巳楚昭公子結陳閔公孫佗人帥師滅頓以頓子牂歸孫（公）作子佗徒河反牂子郎反（公）作戕七良反

（左傳）頓子牂欲事晋背楚而絕陳好二月楚滅頓（何氏曰）不別以歸何国者明楚陳以滅人爲重頓子以不死位爲重（高氏曰）陳佗人專兵以助夷狄滅諸侯之国又執其国君帰繫或帰于楚其罪等耳（家氏曰）楚爲中国患百有餘年至是始戢諸侯无從楚者而陳之從之不替頓本楚之与国嘗与夏盟召陵之會頓子在焉夫夷而即華正也陳以盛德之後當夷楚既衰猶比而從之滅国是亦夷而已矣春秋書楚結陳佗人連兵滅頓誅楚而罪陳也（薛氏曰）陳不思輔車之勢助強大

而臧鄭国不思將自斃也危哉穀氏曰凡書臧又書以歸及名者罪重於奔者也旣責其不死位又責其无思復之志也○夏衛靈北宮結來奔左傳公叔戍之故也高氏曰衛靈沈耳于闈以奔其世臣又及其所与是以其国聽之也○五月於越勾踐敗吳闔廬于檇李。吳子光卒敗必灉反下並同檇音醉公作醉杜氏曰吳郡嘉興縣南醉李城張氏曰吳地今秀州治所檇李在今嘉興路嘉興縣之南

按左氏。吳伐越。句古侯反踐禦之。陳于檇李。患其整也。使罪人三行戶郎反屬章欲反下同劍于頸而辭曰二君有治臣奸旗鼓不敏於君之行前不敢逃刑敢歸死遂自剄也吳師屬目。因伐之。闔閭傷而卒大敗吳師靈姑浮以戈擊闔廬傷將指取其一屨還卒於陘去檇李七里書敗者詐戰也。定公五年於越入吳。至是敗吳于檇李。會黃池之歲越又入吳。悉書于史以其告也。哀之元年。吳子敗越棲

句踐於會(古外反)稽(古兮反)之上吳王夫差敗越于夫椒報槜李也遂入越〻子以甲楯五千保于會稽使大夫種因吳太宰嚭以行成吳子將許之伍員曰不可臣聞樹德莫如滋去疾莫如盡句踐能親而務施施不失人親不棄勞与我同壤而世為仇讎於是克而弗取將又存之違天而長仇讎後雖悔之不可食已姬之衰也日可俟也介在蠻夷而長仇讎以是求伯必不行矣弗聽退而告人曰越十年生聚十年教訓二十年之外吳其為沼乎越及吳平豈獨不告而史策不書疑仲尼削之也吳子光卒夫(音扶下夫椒同)差(初佳反夫差闔廬嗣子)使人立於庭苟出入必謂己曰而忘越王之殺而父乎則對曰唯(以水反)不敢忘三年乃報越然則夫椒之戰復父讎也非報怨也春秋削而不書以為常事也其旨微矣襄陵許氏曰書檇李之敗用見光玩兵滅身以為殘民伐国之戒家氏曰書於越甲之也吳雖用夷礼而太伯之後且有援拝之功春秋以柏舉之戰固當褒之矣越乃襲吳而入

之吴不能竟援楚之功者越議其後也是故始書越至入吴而書於越賤其援楚也或曰柏举之戦吴因爵矣今其敗而以国書何歟曰勝而驕之而敗敗而遂亡是故夷之耳

公會齊侯景衛侯靈于牽 牽公作堅又作掔齊魯爲會此地左傳晋人圍朝歌公會齊侯衛侯于脾上梁之間謀救范中行氏析成鮒小王桃甲率狄師以襲晋戰于絳中不克而還士鮒奔周小王桃甲入于朝歌杜氏曰脾上梁間即牽魏郡黎陽縣東北有牽城愚按今大名路濬州

公至自會 張氏曰齊景公欲求覇誅晋之乱臣以正其国可也當是時孔子已去魯故會齊衛合謀救范中行氏三国之君同爲會而助不衷故致公以邑之也

〇秋齊侯景宋公景會于洮 左傳范氏故也杜氏曰洮曹地袁陵許氏曰齊宋魯衛崇獎乱逆謀動干戈大義亡矣家氏曰自齊景圖覇衛鄭魯既与之同盟宋猶未忍絶晋至是始及齊爲此會盖始從於齊也傳謂牽洮二會皆謀救范中行君爾四国相率而預於乱也春秋初年諸侯連兵助乱及桓公之覇明分義以示天下此風頽革今齊景欲復祖業而率三国之君往助叛人彼三国之君宜其然与之俱而不知黨叛輔逆之爲不可世道至是一變春秋降爲戰国景公亦有責焉

聯書二會皆貶也○天王敬使石尚來歸脤脤市軫反【周魯王】之交止此【書天王】

【止此】【公羊傳】石尚者天子之士也脤者何俎實也腥曰脤熟曰膰【穀梁傳】脤者何祭肉也生曰脤熟曰膰石尚士也天子之大夫不名【胡氏曰】石尚天子之士不氏尚名脤祭社之肉盛以蜄器以賜同姓諸侯親兄弟之国与之共福【周禮】大宗伯以脤膰之礼親兄弟之国大行人歸脤以交諸侯之福【通旨】祭肉曰脤礼諸侯朝天子助祭於宗廟然後受俎實時魯不助祭而歸脤非礼也【劉氏曰】受脤礼也歸脤非礼也【高氏曰】周自王季子來聘之後王命不復加於諸侯矣今敬王有事於社皆未嘗有敵愾之功而天王特使石尚忽為此舉雖天子損礼之甚而聖人於周眷眷如此蓋曰天子之在唯祭与號而已【愚按】成肅公受脤于社是助祭而受俎實也襄二王使宰孔賜齊侯胙是齊桓有獎王之功而加以殊礼也今定公受国意如即位十有四年既不朝王又不遣使往聘而千里賜宜社之肉非緣助祭於京師曾是以為礼乎春秋之初宰咺歸賵於仲子寵妾勝而瀆三綱春秋之終石尚歸脤於定公輕宗社而褻五礼蓋夫婦為三綱之本祭祀為五礼之首故書以示貶焉然歸賵為礼之変故咺以冢宰而称名歸脤乃礼之常故石尚以天子之士而書名氏直書而義自見也苟以石尚為

敗則刘夏以官師而書名氏盖兆敗矣。孔氏曰穀梁云石尚欲書春秋諫曰久矣周之不行礼於魯也請行脤不知石尚欲書孔子之春秋乎曾国之春秋乎若孔子之春秋是時未作若尚安得書如曾国之春秋王人至則書之何足爲樂邪

○衛靈世子蒯聵出奔宋景。蒯苦怪反聵五怪反

左傳衛侯爲夫人南子召宋朝會于洮大子蒯聵獻盂于齊過宋野野人歌之曰既定尒婁豬盍歸吾艾豭大子羞之謂戲陽速曰從我而朝少君少君見我我顧乃殺之速曰諾乃朝夫人夫人見大子大子三顧速不進夫人見其色啼而走曰蒯聵將殺余公執其手以登臺大子奔宋大子告人曰戲陽速禍余戲陽速告人曰大子則禍余大子无道使余殺其母余不許將戕於余若殺夫人將以余說余是故許而弗爲以紓余死。

世子國本也。以寵南子故。不能保世子而使之去國。以欲殺南子故不能安其身至於出奔。是輕宗廟社稷之所付託而恣行矣。春秋兩著其罪。故特書世子。其義不繫於與蒯聵之世其國也。而靈公無道不能

正家以危其國本。至使父子相殘，毀滅天理之所由著矣。【文集】書衛世子奔宋，則以罪靈公也。書趙鞅納衛世子蒯聵于戚，則以罪蒯聵也。書齊國夏衛石曼姑帥師圍戚，則以罪輒也。【劉氏曰】左傳叙蒯聵事云云。蒯聵雖不善謀，豈有此事哉？且殺夫人，蒯聵獨得全乎？彼所羞者，以夫人名惡也。如殺其母，爲惡愈大，反不知可羞乎？蓋蒯聵聞野人之歌，其心慙焉，則以謂夫人。夫人愬其斥己之淫，則靡而走，言太子將殺余，以誣之。靈公惑於南子，所言必聽，固不難逐蒯聵矣，不當如左氏所記。又宋，南子家也。蒯聵負殺南子之名，又走入其家，敢乎哉？【常山劉氏曰】靈公聽南子之譖，謂蒯聵欲弒母，不爲辨明，以致其出奔，靈公之罪也。【張氏曰】自古讒婦之誣其子多矣，考二劉之言，足以知左氏所記乃南子之讒言，而非當時之實錄也。【愚按】二劉、張氏之說固善，然皆泥於書世子之義，故疑左氏之說。然楚商臣、蔡般殺君而書世子，豈亦寃之乎？竊考蒯聵忘父之喪而致他人使之統，忘子之親，至迫以兵而必奪之位，其於人倫天理泯滅殆盡，則其恥南子之淫行而欲殺之，固有是事。朱子集註於論語二章，皆以蒯聵欲殺母得罪於父，則左傳未可盡廢也。詳觀經文，書趙鞅帥師納衛世

子于戚不曰出于復歸而書納則蒯聵有罪明矣何休乃云子雖見逐无去父之義舍其大而論其細何君

衛靈公孟彄出奔鄭声【左傳】大子奔宋尽逐其黨故公孟彄奔鄭自鄭奔齊【高氏曰】比年志公孟帥師比備国用事之卿靈公疑其為蒯聵之黨而遂之春書大夫之奔著靈公之无道也

○宋公景之弟辰自蕭來奔【高氏曰】宋公不能容一弟既使為奔亡之臣又使為叛逆之臣奔而入叛叛而復奔三書宋公之弟皆以罪宋公也【愚按】鄭莊公之弟段出奔共則書鄭伯克段而不言弟所以責鄭莊公之志殺其弟无親親之恩也宋辰出奔娄書弟者又以責宋景之寵嬖臣而乖兄弟之義也其不曰宋公逐辰者辰勢窮力屈而卒於奔亡非宋公之能逐之也

○大蒐于比蒲比音毗【書】【蒐止也】【發】【氏曰】蒐而邾子來會則公親蒐矣而不書公以軍政不屬公而專於三家則季叔孟孫氏之所為也【高郵孫氏】【曰】春秋田狩之事公行者以書公公觀魚于棠公狩于郎隱桓之時政猶自公出也自昭之蒐紅政在三桓蒐田之礼雖公自行皆曰大蒐而不曰公焉所以見公之不得為政而大夫專国也【愚按】哀二年三卿並將伐邾兵權仍在三家且不念邾子會公來朝奔喪之勤而取漷沂之田則公不得与兵政可知矣【番昜萬氏曰】大蒐

天子之礼也三家始也僭諸侯之礼以爲蒐終也僭天子之礼而爲大蒐是尚忍言之哉

邾子隱**來會公**杜氏曰會公于比蒲来而不用朝礼故曰會何氏曰書者非邾子會人于鄫如入人鄫當修朝礼言公不受于廟高氏曰比蒲之蒐三家之事故特言會公以别之此与莊二十三年蕭叔朝公同蓋未嘗朝終因来朝而偶与公爲會尔薛氏曰大蒐天子所以會諸侯也僭蒐而諸侯來會毋乃大逼乎愚按文十三年衛侯會公于沓鄭伯會公于棐皆書地此不書地則知來會于比蒲无疑也○

城莒父及霄父音甫杜氏曰公叛晉助范氏故懼而城二邑家氏曰譏勞民城諸防城諸鄆同例張氏曰皆魯邑子夏曾爲莒父宰此年无冬二字文薛氏曰不書冬闕文也○家氏曰是歲无冬闕文耳何休云是年孔子以大司寇攝相事齊人饋女樂令聖人去不書冬者貶也此牽合之說夫聖人豈以去位之故而削冬不紀乎愚按蒐比蒲城莒父及霄其事蓋皆在冬但脱冬一字耳

丙午敬王二十五年

十五年晉定十七齊景五十三衛靈四十蔡昭二十四鄭声六曹陽七陳閔七杞僖十一宋景二十二秦惠六楚昭二十一吳夫差元年

春王正月邾子隱**來朝**來朝

【此從】【左傳】邾隱公來朝【愚按】邾子以去年來會葬未成礼故復來朝未幾奔魯之喪其早屈亦甚矣○鼷鼠食郊牛牛死改卜牛【公羊傳】不言其所食漫也【穀梁傳】不敬莫大焉【何氏曰】偏食其身災不敬也【范氏曰】不言所食食非一處以至死【趙氏曰】常怪鼷鼠食郊牛致死上元二年因避地旅於會稽時牛災小鼠嚙牛才傷皮膚無有不死者○二月辛丑楚子昭滅胡以胡子豹歸

按左氏吳之入楚定四胡子盡俘楚邑之近胡者楚既定又不事楚曰存亡有命事楚何爲爲于僞反是楚滅之夫滅人之國其罪大矣然胡子豹乗楚之約盡俘其邑之近胡者所謂國必自滅而後人滅之非滅之者獨有罪也國君造命不可委命者旣以爲有命而又貪生忍辱不死于社稷則是不知命矣書以歸罪

豹之不能死位而與歸也故楚子書爵而胡子豹名

家氏曰召陵之會頓胡之君皆在曰以侵楚也是後楚有吳患不能報去年滅頓今年滅胡所以報召陵之怨蓋不能報之於中国而吞噬小国以快其宿憾也

夏五月辛亥郊

公羊傳曷爲以五月郊三卜之運也何氏曰運轉也已卜春三正不告復轉卜夏三月周五月得二吉故五月郊穀梁傳五月郊不時也高氏曰魯郊當在孟春今以改卜牛在滌三月故至五月乃郊愚按不書卜郊徐彥疏云言郊則知卜吉則知夫正月改卜牛君在滌三月則當以四月郊今郊於五月蓋卜以四月郊而不吉又卜五月必龜從而後郊也故但書改卜牛不書卜郊經於卜郊不從則書之以譏瀆卜卜而從則但書郊之過時以譏其慢耳嘗考史記二公定公十四年魯郊不致膰俎于大夫今春秋不書十四年郊則郊之不見於經者多矣惟因其失禮之中又失礼者則書以示貶而因見魯郊之僭也○

壬申公薨于高寢

穀梁傳高寢非正也杜氏曰高寢宮名不於路寢失其所袁陵許氏曰内卒凡十四公得正而薨者惟莊宣成○

鄭声罕達帥師伐宋

左傳景○罕公作軒鄭罕達敗

宋師于老丘【杜氏曰】老丘，宋地。宋公子地奔鄭，鄭人為之伐宋，欲取地以處之。事見哀十二年。【襄陵許氏曰】宋大国也，至於景公而鄭能困之，則桓魋之為也。无競維人，豈不信哉。【王氏曰】鄭納宋叛人，已可罪矣，又伐大国以居叛人，此不待貶黜而罪惡見。

○**齊侯**景**衛侯**靈**次于渠蒢**渠蒢【公】作蘧蒢，【左】傳又作蘧挐。【左傳】謀救宋也。【杜氏曰】不果救，故書次。【襄陵許氏曰】齊衛新与宋鄭同盟叛晉，故為宋出，請為鄭次，止其不言救，為其不誠於救也。【愚按】伐而後次，其次為善；次而後伐，其次為誠；救而次，亦誠也。然書次書救，則譏其急於救患；書次不書救，則譏無名妄動而非救也。齊衛五氏之次，傳云伐；夷儀垂葭之次，傳云伐河内，皆遣兵伐晉，而二君次止為之援。此云救宋而復不成救，是則書齊衛之三次皆貶。介是蔡次厥貉而後有伐麋之事，齊衛次五氏、垂葭、渠蒢而明年有伐晉之事，皆謀為不善也。比事以觀，而義自見矣。

○**邾子**隱**來奔喪**【諸侯始奔喪】【穀梁傳】喪急，故以奔言之。【公羊傳】其言来奔喪何？奔喪非礼也。【何氏曰】礼，天子崩，諸侯奔喪會葬。【通旨】諸侯為天王服斬衰，崩則奔喪而會其葬。昔諸侯或同盟，或同位，或外姻，告終易代，弔賻贈襚，固不可緩，而奔其喪則非礼也。直書于策，失自明矣。【常山劉氏曰】當周之衰，天子崩葬，諸侯皆無奔

一九七八

喪會葬之事而鄫滕反行於強大之国非礼明矣○秋七月壬申姒氏卒姒【穀】作弋

下同【公羊傳】姒氏哀公之母也不称夫人哀未君也【穀梁傳】妾辟也哀公之母也【啖氏曰】自成風之後妾母皆僭用夫人礼故亦書薨著其非礼也哀公母定姒卒時子未踰年雖行喪礼不可加於子故書卒子既未成君故不称夫人也【微旨】姒氏不称夫人為正名孟子不称夫人為隱惡姒氏定公妾也公羊據魯失礼言之尔論春秋之法哀雖已君豈得称夫人乎來賵仲子會葬成風深貶天王而名冢宰則知哀雖已君亦不得称夫人矣【陳氏曰】自成風訖于宣襄子苟為君則其母為夫人書葬定姒則是哀公以夫人葬其母德宜襄也則何以卒不称夫人葬不称小君從以喪在殯不及尊其母爲耳○【劉氏曰】左氏云不称夫人不赴且不祔也非也安有夫人薨而不書夫人者乎凡夫人始卒則史書之書之固云夫人矣不待赴祔而書其夫人也姒氏要為妾母哀未成君故亦未敢謂其母夫人尔【愚按】成風敬嬴齊歸尚以妾母称夫人小君豈以定公正夫人而反不称夫人小君乎盖傳宣昭即位久遂尊妾母為夫人哀初立未踰年故仍其本號也○八月庚辰

朔日有食之○九月滕子頊來會葬【杜氏曰】諸侯會葬非礼【范氏曰】鄫

滕魯之與国近則來奔喪遠則來會葬同之王者書非禮【薛氏曰】魯至弱也而二君爲非禮之會况強大乎【家氏曰】周衰小国以事王者之禮事大国魯君嘗奔齊晉之喪會楚之葬春秋不書諱之也邾滕二君來奔喪會葬而皆書者非嘉其來志其禮之僭也

丁巳葬我君定公雨不克葬。戊午日下昃乃克葬。

昃【穀】作稷【穀梁傳】葬既有日不爲雨止禮也雨不克葬喪不以制也【胡傳】葬速則不懷踰則僭雨經月不止者有矣及期而遇將止以俟之是僭也【孫氏曰】雨不克葬譏不能葬也【馬氏曰】雨不克葬無備之甚也葬敬藏言日中而克葬此言日下昃乃克葬日中則裕於日昃矣君子之於親不忍一日離也故葬日虞所以寧親也日下昃則失虞之將矣【傳】【義詳見宣八年】○【趙氏曰】【穀梁】云乃急辭也按凡緩辭乃不得已云急詳經意譏臣子緩慢耳

○辛巳葬定姒

公羊傳。有子則廟。廟則書葬。【穀梁】隱五禮庶子爲君爲其母築宫使公子主其祭於子祭於孫止

曾子問並有喪則如之何。子曰。【禮記】妾母不世祭

葬先輕而後重。其奠也。其虞也。先重而後輕。【禮記】曾子問篇

註同時有父母或祖父母之喪葬則先母而後父奠則先父而後母葬是奪情之事故先輕奠是奉養之事故先重虞祭亦奠之類也○胡氏曰左氏云不稱小君不成喪也非也若姒氏實夫人則當書夫人姒氏薨已而曰葬定姒不稱小君明不成喪以責臣子可也今曰姒氏卒非夫人也何足以見不成喪乎欲責不成喪而不稱夫人適足貶小君之尊而不足見臣子之罪也

冬城漆 杜氏曰邾庶其邑 余氏曰前年冬城莒父及霄此年秋葬定公又葬定姒冬城漆其勞民也甚矣 張氏曰城漆謀伐邾也定公之喪邾子來奔事魯謹矣哀公初立不務善鄰而以土地之故勞民力啓民怨二年取其田七年俘其君卒使吳人乘間以伐其國齊人問罪而取讙闡利未得而害隨之謀國如此其不終也宜哉○愚按左氏云書不時告夫他國有事或過時而告於魯豈有魯國城邑過時而告于廟可以掩其罪乎此非人情也

春秋卷第二十八

春秋卷第二十九

胡氏傳

後學新安汪克寬附録纂疏

哀公上

公名蔣，定公子，母定姒。四歲即位，在位二十七年。其十四年春，春秋絶筆。

【丁未】敬王二十六年。元年【晉】定十八年，【齊】景五十四年，【衛】靈四十一年，【蔡】昭二十五年，【鄭】聲七年，【曹】陽八年，【陳】閔八年，【杞】僖十二年，【宋】景二十三年，【秦】惠七年，【楚】昭二十二年，【吳】夫差二年。春王正月。公即位。【傳例】承國於先君則得書即位，以別於内復無所承者，文成襄昭哀是也。○楚子昭、陳侯閔、隨侯許男元圍蔡。昭【杜氏曰】隨，隨國，義陽隨縣。隨世服於楚，不通中國。吳之入楚，昭王奔隨，隨人免之，卒復楚國。楚人德之，列於諸侯，故見經。定六年鄭滅許，此復見者，蓋楚封之。【愚按】隨在今峽州路隨州。楚復封許，春秋不與楚之得封，故但以自復爲文，亦猶蔡平、陳惠之封於楚，而以自歸爲文也。

按左氏曰：報柏舉也。蔡人男女以辨，【杜氏曰】男女各別，係纍而出降。使疆于江汝之間。【杜氏曰】楚欲使蔡徙國於江水之北、汝水之南，求田以自安，蔡聽命。

〔故楚師還〕夫男女以辨。則是降〔戶江反下同〕也。疆于江汝則遷其國也。而獨書圍蔡何也。蔡嘗以吳師入郢。昭王奔隨。壞〔音怪〕宗廟。徙陳器。〔【鄭嗣曰】陳器樂縣也。禮諸侯軒縣。〕撻平王之墓矣。〔【穀梁】定四〕至是楚國復〔扶又反〕寧。帥師圍蔡。降其衆。遷其國。而春秋書之畧者。見〔音現〕蔡宜得報。而楚子復讎之事可恕也。〔【王氏曰】是年吳敗越于夫椒。春秋亦削而不書。猶是意也。〕聖人本無怨。而怨出於不怨。〔【愚按】謂聖人本心無怨。因其事之當怨而怨之。非有心於怨。猶不怨也。語意與程子所言舜之誅四凶也。可怒在彼。己何與焉。語畧相似。非若莊子云出怒不怒。則怒出於不怒。乃異端之說也。〕故讎讎之輕重。有至於不與共戴天者。〔檀弓〕今楚人禍及宗廟。辱逮父母。若包羞忍恥。而不能一洒〔與洗同〕之。則不可以有立。而天理滅矣。故特書圍蔡而稱爵恕楚之罪詞也**襄陵許氏曰**蔡侯怨楚不思務本修德以俟時而輕謀兵革以得志於大國是益禍也故蔡昭之志愧於句踐矣○**家氏曰**入郢者吳也撻平王之墓者亦吳也楚不能報之於強吳而乘中國無霸摟二三小國以繹憾於蔡謂之復讎而讎卒不能復也前年滅頓去年滅胡今又以兵加蔡其志在於蠶食小國以爲利春秋奚取哉**愚按**楚昭圍蔡未足以爲善又定以宋高宗不復金國之讎故拳拳以復讎爲說此朱子所謂以義理穿鑿者也

鼷鼠食郊牛。改卜牛。夏四月辛巳郊。郊牛下穀有角字**書郊止此**

穀梁傳鼷鼠食郊牛角改卜牛志不敬也郊牛日展斛角而知傷展道盡矣郊自正月至于三月郊之時也夏四月郊不時也五月郊不時也

鼷鼠食郊牛。改卜牛志不敬也夏四月郊書不時也四卜非禮五卜強其丈反也全曰牲傷曰牛已牛矣其尚卜免之何也嘗置之上帝矣故卜而後免之。不敢專也（並據穀梁傳范氏曰嘗置之滌宮名之爲上帝牲矣故不敢擅施也）昔者周公郊祀后稷以配天（據孝經）此成王亮陰之時位冢宰攝國政行天子之事也魯何以得郊成王追念周公有大勲勞於天下而欲尊魯故賜以重祭（據明堂位祭統）得郊禘大雩然則可乎孔子曰魯之郊禘非禮也周公其衰矣欲尊魯以人臣不得用之禮樂豈所以康周公也哉（祭統注康周公故以賜魯康猶襃大也）天子祭天地諸侯祭社稷大夫祭五祀庶人祭先祖（見王制）此定理也今魯得郊以爲常事春秋欲削而不書則無以見（音現）其失禮盡書之乎則有不勝（音升）書者故聖人因其失禮之中又有失焉者則書于策所謂由性命而發言也（本邵子）聖人

奚容心哉因事而書以誌其失爲後世戒其垂訓之義大矣高氏曰魯不當郊故天示變以警之而改卜牛是違天也雖改卜牛猶非郊時况公斬然在衰絰之中輒行天子之禮以見上帝可乎愚按定公之薨未及小祥而僭行天子之郊禮釋凶服而從吉則爲不孝於親郊之祭也喪者不敢哭凶服不敢入國門今在喪而蒇事則爲不敬於天一舉而犯三不韙焉春秋書郊之失礼未有甚於此者也宣三年匡王未葬而不郊猶三望雖曰廢郊其罪与哀公等尔

秋齊侯景衛侯靈伐晉定左傳四月齊侯衛侯救邯鄲圍五鹿秋齊侯衛侯會于乾侯救范氏也師及齊師衛孔圉鮮虞人伐晉取棘蒲襄陵許氏曰晉爲霸主而諸侯至於合從以伐之春秋特書以著中國之无霸也王道既盡霸統復亡春秋之變至是而窮矣愚按前此齊衛五氏之次伐夷儀垂葭之次伐河內盖皆遣偏師伐晉而二君次止爲之援春秋皆不書伐諱之也二君實未嘗親師以攻晉但頓兵次止以觀其可攻与否故皆書次以著其无名妄動之罪今此並書齊侯衛侯而以伐晉爲文者著霸統之絶而受

諸侯之兵且誅齊衛之黨叛臣而陵霸国也夫范中行晉之卿也卿叛而不能制豈足爲諸侯盟主乎无或乎齊衛之同伐矣然天下之惡一也不命之臣寔人人之所同惡今乃棄君助臣不亦傎乎書曰齊侯衛侯伐晉交䟦之也自是晉不復能有爲又十二年吳人主會以黃池而春秋終矣○【啖氏曰】左氏云師及齊衛鮮虞人伐晉按經不言魯師故不取○冬仲孫何忌帥師伐邾隱【高氏曰】觀定公之末邾之事魯至矣去歲邾子来奔喪今踰年而遽伐之蓋魯人謀邾利取其田不復知有礼義也【薛氏曰】邾所厚者君也何忌魯之強臣所以伐之也【傳并見盟句繹】

【戊申】敬王二十七年二年【晉】定十九【齊】景五十五【衛】靈四十二卒【蔡】昭二十六【鄭】声八【曹】陽九【陳】閔九【杞】僖十三【宋】景二十四【秦】惠八【楚】昭二十三【吳】夫差三春王二月季孫斯叔孫州仇仲孫何忌帥師伐邾取漷東田及沂西田癸巳叔孫州仇仲孫何忌及邾子隱盟于句繹漷火虢反又音郭句古侯反繹音亦【書盟】【止此】【左傳】伐邾將伐絞邾人愛其上故賂以漷沂之田而受盟【穀梁傳】取漷東田漷東未盡也及沂西田沂西

未盡也三人伐而二人盟各盟其所得也何氏曰漷沂皆水名冉出大夫名氏者季孫不与盟胡氏曰句繹邾地曷為列書三卿哀公得國不張公室三卿並將去声魯衆惡行伐國取地以盟其君而已不與音預焉適越之辱兆矣定公之薨邾子來奔喪事魯恭矣而不免於見伐徒自辱焉不知以禮為國之故也邾在邦域之中不加矜恤而諸卿相繼伐之既取其田而又強其丈與之盟不知以義睦鄰之故也故詳書以著其罪

反

高氏曰定公之薨邾子來奔喪非能行礼也知三家者欲并其地故事魯不敢不恭然卒不免故元年伐邾至是三卿同伐而取漷沂之田入春秋未有伐国取田者也師氏曰前此嘗取邾田自漷水矣今又取其漷東之田猶以為未足故又取沂西之田則其貪欲无厭必至於盡取而後已可知也以區區之邾国而魯兩納其叛人之邑三取其田時无王霸強陵弱之乱至於如此家氏曰俱書三卿帥師著三家覆出

爲惡擅兵權爲己之私有其主不得而制也書取鄆東田及沂西田者魯人之逐利而不知止也

三人伐則曷爲二人盟盟者各盟其所得也陸氏曰季孫不得田故不与盟莫強乎季孫何獨無得。季氏四分公室有其二。昭公伐意如。叔孫氏救意如而昭公孫音遜昭二十五公伐季氏叔孫氏之司馬鬷戾帥徒陷西北隅以入陽虎囚桓子。孟孫氏救桓子而陽虎奔。定八陽虎將享季氏於蒲圃而殺之林楚以桓子適孟氏成宰公斂處父帥成人与陽氏戰今得邾田盖季氏以歸二家而不取也王氏發揮邾近魯魯婁伐之邾人愬於晉晉人來討今晉不能主盟諸侯皆叛故邾子懼比來會來朝來奔喪魯人猶以爲憾三卿師師伐之取其賂田而復盟以要之三子皆書不辛重者政不自公出罪三子也季孫四分公室有其二昭公伐意如叔孫氏救之陽虎欲殺桓子孟氏救之今得邾田故季孫以讓二子不与盟焉愚按內臣並使始於文十八年公子遂叔孫得臣之如齊而未嘗並將也內臣並將始於成二年季孫行父臧孫許叔孫僑如公孫嬰齊之戰鞌而未嘗並會也內臣並會始於襄十四年季孫宿叔老之會吳而未嘗並盟也今此三卿並將以伐國取地二卿又並盟他國之君是魯之諸卿與列国諸侯無異大夫之強僭極於此時矣前此昭十年仲孫貜嘗盟邾子而非魯志也定三年何忌盟拔雖魯之志而一卿獨盟之耳今三卿以兵攻之奪取其地而二卿又脅之以盟凌弱之暴豈不太甚乎盟蔑與句繹為春秋書盟之始終於此可以考世變矣**陳氏曰**自是內外盟皆不書不足書也是故七年鄫衍盟吳不書八年萊門盟吳不書甚者十二年會于鄖雖三国盟亦不書

夏四月丙子衛侯元卒靈公也在位四十二年世子蒯聵之子輒立○**滕子**頃**來朝**

滕朝止此 **諸侯來朝止此** **畧據** 哀公新立故滕頃公來朝自襄六年成公朝魯三十一年會葬定十五年頃公再會葬至是復朝不朝之中七十有三年矣諸国之朝滕杞曹邾居多杞之朝七而止於成十八年曹之朝五而止於襄二十一年小邾之朝亦五而止於昭十七年邾之朝七而止於定十五年滕之朝五而始於隱十一年而止於是年滕與魯皆侯国而自隱至哀栖栖於兩觀之間蓋微弱甚矣○**晉**定**趙**

鞅帥師納衛世子蒯聵于戚【左傳】晉趙鞅納衛大子于戚使大子絻八人衰絰僞自衛逆者告於門哭而入遂居之【公羊傳】戚者衛之邑也不言入于衛父有子子不得有父也【何氏曰】明父得有子而廢之子不得有父之所有故奪其国

世子不言納位其所固有。國其所宜君謂之儲副則無所事乎納矣。凡公子出奔復而得國者其順且易以豉反則曰歸。鄭世子忽以順而書歸鄭突曹赤以易亦書歸有奉焉則曰自如楚公子比書自晉其難也則曰入。如齊小白莒去疾不稱納矣況世子哉。今趙鞅帥師以蒯聵復國。而書納者見音現蒯聵無道爲國人之所不受也。國人不受而稱世子者罪衛人之拒之也。所以然者緣蒯聵出奔靈公未嘗有命廢之本【陸氏】【微旨】而立他子。及公之卒。大臣又未嘗謀於國人數蒯聵之罪選公子之賢者以主其國乃從輒之所欲而君之以子拒父此其所以稱世子也人莫不愛其親而志於殺莫不敬其父而忘其喪（據趙鞅使太子絻）莫不慈其子欲其子之富且貴也而奪其位蒯聵之於天理逆矣何疑於廢黜然父雖不父子不可以不子輒乃據國而與之爭可乎故特繫納衛世子蒯聵于戚於趙鞅師師之下而鞅不知義靈公與衛國大臣不能早正國家之本以致禍亂其罪皆見（音現）矣

通旨 或謂世子世子也君沒而稱世子者正疑乎不正君子與之繼世焉必君此言親可殺父可忘子得国可奪而有之也人之不為禽獸也幾希豈春秋立言垂範之意乎晉獻公之喪秦穆公使人弔公子重耳曰亡国恒於斯得国恒於斯喪亦不可久也時亦不可失也重耳曰身喪父死不得與哭泣之哀父

死之謂何或敢有他志而穆公納之今靈公方卒而蒯聵御鞅因以爲利不太甚乎書趙鞅帥師罪鞅以大夫憂諸侯之事也書曼姑圍戚誅輒未嘗受靈公之命特国人以蒯聵不當得国以輒爲可立而立之爾安得爲受之王父而辭父命哉。**高氏曰**靈公卒衛人以世子在外遂立其子輒使輒知已之得立者以父爲世子故因逆其父而還以位則子道得而亂息矣柰何他人納其父而反拒之耶。**孫氏曰**其言于戚者見蒯聵爲輒所拒而不得入于衛也。**陳氏曰**于戚内弗受也輒拒父也后十二年而蒯聵自戚入于衛衛侯輒來奔則是輒拒父也。**家氏曰**爲輒者能逆其父而君之人情之順也爲蒯聵者能反躬自咎以己得罪於先君無君国之理脱屣千乘而莫之顧天理之正也乃皆不能然父不父子不子更爲爭国之計春秋莫適與也○**劉氏曰**穀梁曰納者内弗受也以輒不受父之命受之王父也信父而辭王父則是不尊王父也非也江熙曰若靈公廢蒯聵立輒則蒯聵不得復稱世子称蒯聵爲世子則靈公不命輒然則從王父之言傳失之其説是矣

秋八月甲戌晉定趙鞅帥師及鄭聲罕達帥師戰于鐵

鄭師敗績鐵【公】作粟又作秩【左傳】齊人輸范氏粟鄭子
姚子般送之士吉射逆之趙鞅禦之遇於戚
簡子誓曰范氏中行氏反易天明斬艾百姓欲擅晉國
而滅其君寡君恃鄭而保焉今鄭為不道棄君助臣二
三子順天明從君命經德義除詬恥在此行也克敵者
上大夫受縣下大夫受郡士田十萬庶人工商遂人臣
隸圉免將戰郵無恤御簡子衛大子為右登鐵上鄭人
擊簡子中肩斃于車中獲其蠭旗大子救之以戈鄭師
北獲溫大夫趙羅大子復伐之鄭師大敗獲齊粟千車
既戰簡子曰吾伏弢嘔血鼓音不衰今日我上也大子
曰吾救主於車退敵於下我右之上也郵良曰我兩靷
將絕吾能止之我御之上也【杜氏曰】鐵衛地在戚城南
【劉氏曰】戰而言及者主之者也猶曰趙鞅為主乎此戰
也云爾【孫氏曰】皆言師師者其衆敵也【愚按】鄭之黨叛
人固罪也然鞅不思所以致亂者已實為之苟能引咎
責躬改過迁善返國權於其君脩明政事復興霸業則
諸侯畏長之范中行將覆亡是懼焉敢怙亂今乃納蒯聵
而見拒於衛遇鄭師而震慄失措既而幸勝且以儁功
相與矜夸不思贖黷武勤民構怨與國以力勝人奚足恃
乎春秋以趙鞅主乎是戰處已息爭之道遠怨之方也
○冬十月葬衛靈公【范氏曰】七月而葬蒯聵之亂故也○十有一月蔡

昭遷于州來蔡殺其大夫公子駟

州來吳所滅也【高氏曰】吳滅州來今壽春府下蔡縣初武王封叔度於汝南上蔡蔡叔以叛被誅成王復以封其子仲及平侯卒徙于新蔡至昭侯乃徙九江下蔡即州來是也蔡雖請遷于吳而中悔吳人如蔡納聘而師畢入蔡侯告大夫殺公子駟以說如字哭而遷墓據【左傳】【杜氏曰】元年蔡請遷於吳中悔故因聘襲之殺駟說吳言不時遷駟之爲如此則實吳人之所遷也而經以自遷爲文何也楚既降戶江反蔡使疆于江汝蔡人聽命而還音旋師矣復扶又反下有復同背音佩下同楚請遷于吳而又自悔也其謀之不臧甚矣【杜氏曰】畏楚而請遷故以自遷爲文夫遷國大事也盤庚五遷利害甚明衆猶胥怨不適有居至于丁寧反復音腹播告之修而後定也見【商書盤庚篇】不適

有居言民不肯往適有居也今蔡介間厠于吴楚二大國之間背楚誑吴。及其事急，又委罪於執政，其誰之咎也。故經以自遷爲文，而殺公子駟，則書大夫而稱國，言君與用事大臣擅殺之也。放公孫獵，則書大夫而稱人，言國亂無政，衆人擅放之也。駟與獵其以請遷于吴爲非者乎。而委之罪以說，誰敢有復盡忠而與謀其國者哉。襄陵許氏曰蔡悔請迁及吴師入而委罪於駟焉称國以殺殺無罪也聖人殺一不辜雖得天下不爲而況於國乎故蔡自殺公子駟上下危疑遂以禍敗

己酉敬王二十八年

三年晋定二十蔡昭二十七齊景五十六鄭聲九衛出公輒元年曹陽十陳閔十杞僖十四宋景二十五秦惠九楚昭二十四吴夫差四

春，齊景國夏、衛出石曼姑帥師圍戚。左傳齊衛圍戚求援于中山者子不有父也[illegible]二、二二[illegible]戚穀梁傳不繫於衛辟子有父

按左氏靈公游于郊公子郢御公曰余無子將立汝對曰郢不足以辱社稷君其改圖君夫人在堂三揖卿大夫士在下君命祇音支辱靈公卒夫人曰命公子郢爲大音泰子君命也對曰郢異於他子且君沒於吾手若有郢必聞且亡人之子輒在乃立輒以拒蒯聵蒯聵前稱世子者所以深罪輒之見立不辭而拒其父也輒若可立則蒯聵爲未絕未絕則是世子尚存而可以拒乎主兵者衛也何以序齊爲首罪齊人與衛之爲惡而黨之也公孫文仲主兵伐鄭而序宋爲首以誅殤公隱四石曼姑主兵圍戚而序齊爲首以誅國夏訓天下後世討亂臣賊子之法也

唐陳氏曰先國夏後曼姑是聖人惡

其不義以齊爲兵首【孫氏曰】襄元年書圍宋彭城此不言圍衛戚者不與国夏助輒圍父也【高氏曰】曼姑爲子圍父逆亂人倫莫甚於此齊国夏帥師助之故爲惡首齊與晋爲仇君蒯聵入則衛從晋矣此齊所以助輒也【薛氏曰】佐人之子攻人之父齊之罪有浮於衛也【襄陵許氏曰】晋以君臣称兵而齊爲臣伐君衛以父子爭国而齊助子圍父以是令於諸侯君子是以知齊之不霸而將有亂也古者孫從祖【劉敞曰】孫居王父之処正昭穆則孫常與祖代【張純曰】父子不並坐而孫從王父又孫氏王父之字。【杜氏曰】諸侯之孫以王父字爲氏考於廟制昭常爲昭穆常爲穆【周礼】小宗伯【注】自始祖之後皆父曰昭子曰穆不以父命辭王父命禮也。據【公】【穀】輒雖由嫡孫得立然非有靈公之命安得云受之王父辭父命哉故冉有謂子貢曰夫子爲去声下同衛君乎子貢曰諾吾將問之。入曰伯夷叔齊何人也曰古之賢人也。曰怨乎曰求仁而得仁又何怨出曰夫子不爲也伯夷以父命爲尊而讓其弟叔齊以天倫爲重而讓其兄仲尼以爲求仁而得仁者也論語朱子曰夷齊皆求合乎天理之正而即乎人心之安視棄其国猶敝蹝尒若衛輒之據国拒父而惟恐失之其不可同年而語明矣然則爲輒者奈何宜辭於國曰若以父爲有罪將從王父之命則有社稷之鎮公子在我焉於虔反得爲君以爲無罪則國乃世子之所有也天下豈有無父之國哉而使我立乎其位如此則言順而事成矣是故輒辭其位以避父則衛之臣子拒蒯聵而輔之可也輒利其位以拒父則衛之臣子舍音捨爵禄而去之可也朱子語蒯聵父子之事其進退可否只看輒之心如何尒若輒有拒父之心則固無可論若有避父之心則衛之臣子以君臣之義當拒蒯聵而輔之若其必辭則請命而更立君

可矣設若輒賢而不聽其去則爲輒者又當權輕重而処之使君臣父子之間道並行而不相悖苟不能然則逃之而已矣但不可有毫髮私意於其間耳

烏有父不慈子不孝爭利其國滅天理而可爲者乎【通旨】意林曰夷齊求仁得仁故無怨不以能有国家爲貴而以能全其志義爲安故孔子称之春秋抑曼姑於齊以明臣之不可侵其君離戚於衛以明子之不可加其父一言而君臣父子之道正矣爲曼姑之義宜明言於其君曰子無討父之道臣不足爲三軍將也爲輒之義亦宜明言於其国曰臣無秉君之礼我不可爲千乘主也若是上讓下競而兵偃不用矣又何其紛紛哉此義精矣其先国夏者誅賊子之黨也。【劉氏曰】杜氏曰曼姑知其不義故推齊爲首非也春秋苟從告爲不義者飾非乎【愚按】公羊以圍戚爲伯討然則邑爲不書圍衛戚與宋彭城比乎又云輒不以父命辭王父命是不以家事辭王事豈可逆父子之倫而可謂之王法乎礼記子弑父凡在宮者殺無赦說之者曰除子以外皆得殺其弑父之人蓋子弑父而其子殺之殺之者之子又將得而殺之是聖人之法教人以父子相殘也豈理也哉唐李存孝以克用養子叛其父而請命於朝廷先儒以爲不可

受盖知春秋貶国夏之義矣

夏四月甲午地震注見九年文○五月辛卯桓宮僖宮災【左傳】辛卯司鐸火火踰公宮桓僖災孔子在陳聞火曰其桓僖乎【公羊傳】不言及敵也何以書記災也【穀梁傳】言及則祖有尊卑由我言之則一也【杜氏曰】桓僖親盡而廟不毀宜為天所災故孔子聞火知其必桓僖

桓僖親盡矣其宮何以存季氏者出於桓立於僖世專魯國之政其諸以是為悦而不毀歟【胡氏曰】桓僖久矣其言曷為不毀三家者出於桓立於僖以是為悦者也【高郵孫氏曰】桓公者哀公之十世祖也僖公者哀公之七世祖也諸侯五霸而十世七世之廟存焉非礼矣【高氏曰】諸侯五廟親盡則毀桓僖不毀三家者存之僭天子也聖人因其災而並録之君子於是乎知有天道也【家氏曰】季氏悖礼僭上罪不勝誅故天災桓僖廟以示警戒【通旨】問遼高廟園殿災董相謂高廟不當居遼東園殿不當居陵旁何所據而言然曰此是推本孔子在陳聞魯災知桓僖之意也哀公至桓九世至僖六世礼所當祧也季氏生而賜氏俾世其卿

不祧桓僖出於季氏私意何以不稱及等也何氏曰親過高祖親疏適遠等范氏曰遠祖一恩無差降如故不言及稱及則祖有尊卑矣或謂祖有功宗有德所以勸也則如之何曰孝子慈孫事其祖考仁也或七廟或五廟自是而衰初危反殺也禮也實閱其功德之有無也必若此言是子孫得選擇其祖宗而尊事之矣本程子豈理也哉朱子曰商之三宗周之世室見於經典皆有明文而功德有無之實天下後世自有公論若必以此爲嫌則秦政之惡子議父臣議君而除謚法者不爲過矣程子晚年嘗論宋朝廟制太祖太宗皆當百世不遷則知前說若非記者之誤則或一時之言而未必終身之定論也愚按家語記孔子對陳侯之言曰礼祖有功而宗有德故不毀其廟焉今桓僖之親盡矣又功德不足以存其廟而魯不毀是以天災加之蓋桓公墓立無功德可言季氏存桓僖初非以其有功德實所以隆私恩焉耳又家語記孔子在齊聞周先王廟災曰此必僖王之廟今考景王之時上距僖王巳八世僖王

在位曰錢亦無功德可稱其廟亦在當毀故天災及之與魯桓僖之廟災無以異也然晉之悼公朝于武宮晉頃公時獻俘于文宮則當時諸侯之祖廟親盡而不毀者無國無之故春秋特書桓僖災以示戒歟

○劉氏曰公羊云復立也不言復立見者不復見也非也古之人省文不若是且必若云作三軍舍中軍曷爲獨言哉

季孫斯叔孫州仇帥師城啓陽啓公作開陸氏曰避漢景帝諱杜氏曰啓陽鄉琊開陽縣魯黨范氏故懼晉比年四城廬陵益都路沂州臨沂縣有故開陽城襄陵許氏曰所城近敵故帥師焉地震廟災變異弗圖而取田城邑兵役相繼可謂不畏天命矣中失而外鑲本亡而未務此魯之季世也

○宋景樂髡帥師伐曹陽薛氏曰討樂大心之亂也高氏曰曹本屬宋既而叛之襄陵許氏曰宋始窺曹曹不量力而奸強國不脩德而圖大功則適足以取亡而已

○秋七月丙子季孫斯卒左傳季孫有疾命正常曰無死南孺子之子男也則以告而立之女也則肥也可季孫卒康子即位既葬康子在朝南氏生男正常載以如朝告曰夫子有遺言命其圉臣曰南氏生男則以告於君與

大夫而立之今生矣男也敢告遂奔衛康子請退
公使視之則或殺之矣乃討之召正常正常不反○蔡
昭人放其大夫公孫獵于吳夫差杜氏曰公子駟之黨
高氏曰放大夫者国也而
称人衆人逐之也其放之于吳召亂之道也○冬十月
殺後蔡亂以公孫氏嘗獵之黨與傳見殺蔡
癸卯秦伯卒惠公也子
悼公嗣○叔孫州仇仲孫何忌帥師圍
邾隱高氏曰邾子已受盟於句繹今二卿踰年而圍之
是自敗其盟也雖邾政不修有以致寇然魯之棄信
亦已甚矣自是盟不
足恃春秋不志也
庚戌敬王二
十九年四年晉定二十一齊景五十七衛出二蔡昭
二十八殺鄭聲十曹陽十一陳閔十一
杞僖十五宋景二十六秦悼公
元年楚昭二十五吳夫差五春王二月作
三月庚戌盜殺蔡
侯昭申殺公穀作弑公羊傳賊者窮諸人其称盜以弑
何賤乎賤者也穀梁傳称盜以弑不以上下道
道也辟中国之正道以襲利謂之盜愚按
昭侯在位二十八年子朔立是為成公
按左氏蔡侯將如吳諸大夫恐其又遷也公孫翩逐

而射食亦反之卒然則翩非微者范氏曰殺蔡侯申非微者其以盜
稱何也蔡侯背音佩楚誑吳又委罪於執政見二年其謀
國如是則信義俱亡禮文並棄無以守身而自衛夫
人得而害之矣故變文書盜以警有國之君也胡氏曰
蔡侯為一國之君不能自正而為賊者所殺其賊可
知也陳氏曰盜疏且賤者也稱盜以殺則凡在宮者
無人也蔡殺其大夫公子駟蔡放其大夫公孫獵于
吳蕞尒蔡也而連年誅放其大夫是貴近無人也是
故殺翩不書以為不足討也葬昭公以為不必不葬
也張氏曰凡弒君稱弒積漸之名也蓋國君之尊其
勢位之崇高非臣下所得輕而危之也故其謀以非
一朝一夕之故而得行焉今蔡昭不道上得罪於大
國下無道於其民忠謀不用無罪見殺人心已離故
翩之事成於一旦春秋以盜殺書之所以見其幾於
獨夫也餘祭稱弒上下之名
猶存也蔡申稱殺君道亡矣翩弒君而略其名氏姓
與霍皆翩之黨稱國以殺而不去起呂反其官者二公

孫蓋嘗謀國不使其君至於是而俾見膚者也。故書法如此。而或者以翩非微者而辨盜，蘇轍以謂求名而不得非矣。天下豈有欲求弒君之名者？春秋又惜此名而不與者哉？【胡氏曰】宣十七年蔡侯申卒，是爲文公。此蔡侯申於文公爲曾孫，周人以諱事神，豈有曾孫與曾祖同名者乎？必有一誤。

蔡公孫辰出奔吴。夫差【左傳】翩以兩矢門之，衆莫敢進。文之鍇後至，曰：如牆而進，多而殺二人。鍇執弓而先，翩射之中肘，鍇遂殺之。故逐公孫辰而殺公孫姓、公孫盱。【陳氏曰】書公薨，夫人姜氏孫于邾，公子慶父出奔莒，則夫人、慶父與聞乎弒矣。書盜殺蔡侯申，蔡公孫辰出奔吴，則辰與聞乎殺矣。○葬秦惠公。○宋景人執小邾子。【襄陵許氏曰】天下無霸，故宋人得以執小邾子，伐鄭入曹，而無所忌。【愚按】稱人以執，非伯討也；不稱名，無罪也。以私怨擅執小國之君，又不歸諸京師，其罪大矣。○

夏，蔡成殺其大夫公孫姓、公孫霍。霍即盱【傳見上】○晉定人執

戎蠻子赤歸于楚昭○蠻公作曼音蠻公羊傳赤者何戎曼子之名也其言歸于楚辟伯晉而京師楚也

楚圍蠻氏蠻子赤奔晉楚人既克夷虎乃謀北方左司馬眅申公壽餘葉公諸梁致蔡於負函致方城之外於繒關襲梁及霍單浮餘圍蠻氏蠻氏潰蠻子奔晉陰地楚謂晉曰晉楚有盟好呼報反惡烏故反下所惡同同之若將不廢則寡人之願也不然將通於少詩照反習以聽命杜氏曰少習商縣武關也將大開武關道以伐晉趙鞅曰晉國未寧安能惡楚林氏曰安能與楚為惡必速與之乃詐執蠻子以畀楚師陰地之大夫士蔑乃致九州之戎將裂田以與蠻子而城之且將為之卜蠻子聽卜遂執之與其五大夫以畀楚師于三户楚司馬誘其遺民盡俘以歸其曰晉人云者罪之也蠻子赤何以名夷狄也無罪見執亦書名外之也文公執曹伯則曰畀

宋人。今此曷云歸于楚歸于楚者猶曰京師楚也。晉主夏盟爲日久矣不競至此春秋所惡【唐陳氏曰】霸主執列国之君歸于京師正也今執而與楚宜書如曹伯畀宋人乃書與歸于京師文無異是責晉不當執不宜歸于楚而歸于楚明矣【孫氏曰】晉執戎蛮子不歸京師而歸于楚其惡可知也【高氏曰】諸侯有罪方伯請命于天子問罪然後執而歸諸京師正也不請王命而執之歸于京師若晉侯執曹伯歸于京師其罪爲輕若晉侯入曹執曹伯畀宋人執諸侯畀諸侯其罪已重今晉爲中国盟主而執戎蛮子歸于楚以君臣言則楚爲君矣以彊弱言則楚爲霸矣【家氏曰】戎蛮雖迩于楚楚亦嘗服屬諸夏昭十六年楚乗其亂誘其君而殺之楚實無道戎之叛之宜也於是自拔歸晉晉人倘畏楚之盛強拒而弗納可也聽其去而適他国亦可也乃許而執之以歸于楚執人而歸之夷狄是以事京師若而事夷狄晉之罪大矣故書人以貶之

城西郭【杜氏曰】郭備晉也　曾西　○六月辛丑亳社災亳步各反　作蒲【公羊傳】【公】

亡国之社也社者封也其言災何亡国之社蓋揜之揜其上而柴其下何以書記災也【穀梁傳】亳亡国也亡国

之社以為廟屏戒也其屋亡国之社不得達上也范氏曰亳即殷立亳社於廟外以為屏蔽程子曰書曰湯既勝夏欲迁其社不可作夏社国既亡則社自當迁湯存之以為後戒故但屋之則與迁之無異既為亡国之社則自王都至国都皆有之使為戒也記曰喪国之社屋之不受天陽也又曰亳社北牖使陰明也魯有亳社災屋之故有災此制討之必始于湯也通旨天子大社必受霜露風雨以達天地之氣亡国之社屋之武王克商班其社于諸侯以為廟屏其災者劉向以為人君縱恣不能警戒之象愚按亡国之社災戒魯之危亡也七年左傳云以邾子來獻于亳社則新作亳社之屋可知矣不書新作亳社者以其當作故不志也○秋八月甲寅滕子結卒頃公也在位二十三年子虞母嗣是為隱公○冬十有二月葬蔡昭公杜氏曰亂故是以緩文集蔡昭昭音韶葬謂殺其大夫公孫姓等為賊尸討則當如衛人殺州吁例書之然後謂之賊今称国以討而不去其官則不以二大夫為賊也若以為討之不以其罪故書大夫則當從里克甯喜之例不書葬矣故知此例不通蔡昭之得書葬自别有義也○葬滕頃公

辛亥 敬王三十年 五年 晉定二十二 齊景五十八卒 衛出三 蔡成侯朔元年 鄭声十一 曹陽十二 陳閔

十二 杞僖十六宋景二十七秦 悼二楚昭二十六吳夫差六 春城比毗頻夷反公作比又作芘杜氏

曰備晉也○夏齊侯景伐宋景高氏曰齊之伐宋所以圖霸也愚按定十四年齊侯宋公會

于洮距此六年未有釁端而景公忽興師以伐宋豈以宋人伐曹執小邾子恃彊凌弱故託是討之以圖霸歟

然景公內不能正其國區區脅制諸侯以爭霸權是以鄭衛魯宋雖從之而不心服也老將衰而耄及之猶不

知省無何身殁子弒卒以國與陳氏公孫丑稱晏子以其君顯抑末矣○晉定趙鞅帥師

伐衛出左傳趙鞅伐衛范氏之故也遂圍中牟家氏曰輒以子拒父齊國夏爲之圍戚逆也蒯聵以父伐

子晉趙鞅爲之伐衛其順矣乎吁齊固失矣晉亦未爲得也晉人倘欲修明霸業陳大義以示天下當請之天

王召諸侯伐衛執輒歸諸京師命公子郢而立之然後於義爲允若私於蒯聵必求其入亦非春秋所許也況

實以范氏之故而納蒯聵以爲名乎○秋九月癸酉齊侯杵臼卒杵公作處左傳

齊燕姬生子不成而死諸子鬻姒之子荼嬖諸大夫恐其爲大子也言於公曰君之齒長矣未有大子若之何

公曰二三子間於憂虞則有疾疢亦姑謀樂何憂於無君公疾使國惠子高昭子立荼寘羣公子於萊公卒公

子嘉公子駒公子黔奔衛公子鉏公子陽生來奔【張氏】曰景公在位五十八年前有晏嬰後有孔子晏嬰告之以陳氏將竊其國孔子告以君君臣臣父父子子公亦知說而從之矣而卒不能用及大臣以未有大子告之反使之姑謀樂而勿憂無君卒致死肉未寒子弒國亂魯未十年陳恒弒簡公而移其社稷真范祖禹所謂治愈久而政愈弊年彌進而德彌退者景公之卒葬書于春秋豈不爲享國日久而曾無遠慮者之戒歟○

冬叔還如齊還音旋【高氏曰】使卿弔且會葬也**閏月葬齊景公**【公羊傳】閏不書此何以書喪以閏數也喪曷爲以閏數喪數略也【穀梁傳】不正其閏也【何氏曰】恩殺故并閏數喪服大功以下閏月爲數【劉氏曰】喪以年斷者不以閏數以月斷者則以閏數【孫氏曰】閏月喪事不數葬齊景公非礼也譏其變常也【襄二十八年傳】齊景葬書閏月明殺恩之非礼也【唐陳氏曰】三年之喪二十五月苟以閏數則三年之內已有二十五月安得謂之三年歟苟以閏數而書則諸書崩薨卒葬皆宜書矣奚獨斯也

【壬子】敬王三十一年 **六年**【晉】定二十三【齊】安孺子荼元年【衛】出四【蔡】成二【鄭】聲十二【曹】陽十三【陳】閔十三【杞】僖十七【宋】景二十八【秦】悼三【楚】昭二十七卒【吳】夫差七

春城邾瑕瑕【公】作葭【書城止此】【杜氏曰】備

晋也任城亢父縣北有邾婁城【張氏曰】今濟州任城縣
地【高氏曰】瑕邾邑魯未嘗取於邾而遽城之見魯之迫
邾也是年冬伐邾明年遂入邾邾益微弱魯以不義强
城之也聖人因其城而繫之邾者不與魯之擅并人土
地【愚按】任城今屬濟寧路濟州邾瑕如魯濟之類魯有
負瑕故稱邾瑕以别之魯取不書恐如杞成之不見於經
耳【襄陵許氏曰】定哀十六年間凡八城邑魯既不得事
晋諸侯方爭是以高城深池務守其國以捍禍亂然使
魯能修其政如治城者則天下歸之豈特自守而已二
年以來歲書城邑以著魯無德政勞民薦數如此後雖
城邑不復志矣

○晋定趙鞅帥師伐鮮鮮虞【左傳】晋伐鮮虞治范氏之亂也【杜氏曰】四
年鮮虞納荀寅于栢人【蘇氏曰】昭十二年楚人伐徐之
歲楚虔方熾而書晋伐鮮虞十五年楚冦少安不能輯
睦中夏而荀吳伐之定四年召陵罷會楚有可乘之機
而士鞅及衛孔圉伐鮮虞五年吳方入郢士鞅又伐鮮
虞於是盡失諸侯又有趙鞅之伐則晋霸業之衰皆由陪臣封殖貪伐鮮虞故也

○吳夫差伐陳
閔【左傳】吳之入楚也使召陳懷公懷公朝國人而問焉
逢滑曰臣聞國之興也視民如傷吳日敝於兵暴骨如
莽而未見德焉禍之適吳其何日之有陳侯從之及夫
差克越脩先君之怨乃侵陳今吳伐陳復脩舊怨也楚

子曰吾先君與陳有盟不可以不救乃救陳師于城父 張氏曰 夫差脩怨黷兵以取滅亡故春秋復狄之 ○

夏齊奈國夏及高張來奔 左傳 齊陳乞偽事高國者又謂諸大夫曰二子恃得君而欲謀二三子曰盡去之而後君定既成謀矣盍及其未作也先諸大夫從之陳乞鮑牧及諸大夫以甲入于公宮昭子聞之與惠子乘如公戰于莊敗國人追之國夏奔莒遂及高張晏圉弦施來奔 襄陵許氏曰 陳乞將立陽生乃先逐國高國高奔而後陳乞弑君之謀得肆矣 陳氏曰 齊殺其大夫高厚齊崔杼弑其君光齊國夏及高張來奔齊陳乞弑其君荼聖人之垂誡深矣 張氏曰 高國爲國世臣從君於昏受其顧命力不足以衛上委君而逃書奔以罪其不忠也 ○

叔還會吳夫差于柤 還音旋柤莊加反 襄陵許氏曰 叔還以吳在柤故往會之始結吳好也夷狄獸心以魯政之不脩務與吳親以資其力君子志柤之會於此知終之將有吳患矣 ○

秋七月庚寅楚子軫卒 左傳 楚子在城父將救陳卜戰不吉卜退不吉將戰王有疾攻大冥卒于城父子閭與子西子期潛師閉塗逆越女之子章立之而還 高氏曰 昭王委政囊瓦寵貴無極使賢人誅戮諸侯怨叛入郢之禍宮汙家發幾不免其身迄得反國而卒于位者國有一申包

胥也○齊陽生（悼）入于齊。齊陳乞弒其君荼（荼音舒，又音徒，又丈加反）

【公】作舍【左傳】陳僖子使召公子陽生逮夜至于齊僖子使子士之母養之与饋者皆入十月丁卯立之將盟鮑子辭而往其臣差車鮑點曰誰之命也陳子曰受命于鮑子遂誣鮑子曰子之命也鮑子曰女忘君之爲孺子牛而折其齒乎而背之也悼公稽首曰吾子奉義而行者也若我可不必亡一大夫若我不可不必亡一公子義則進否則退敢不唯子是從廢與無以亂則所願也鮑子曰誰非君之子乃受盟使胡姬以安孺子如賴去鬻姒殺王甲拘江說因王豹於句竇之丘公使朱毛告於陳子曰微子則不及此然君異於器不可以二器二不匱君二多難敢布諸大夫僖子不對而泣曰君舉不信羣臣乎以齊国之困困又有憂是以求長君不然夫孺子何罪毛復命公悔之毛曰君大訪於陳子而圖其小可也使毛遷孺子於駘不至殺諸野幕之下葬諸殳冒淳【公羊傳】弒而立者不以當国之辭言之其以當国之辭言之何爲諼也【穀梁傳】入者内弗受也荼雖不正已受命矣陽生其以国氏何也取国于荼也【趙】【子傳】孫齊陽生見景公廢長立少以啓亂也

陽生曷爲不稱公子非先君之子也。爲人子者無以有己見家語注身父母所有也則以父母之心爲心者景公命荼世其國己則篡荼而自立是自絕於先君豈復扶又反得爲先君之子也不稱公子誅不子也鄭康成曰陽生篡國故不言公子陽生不子則曷爲繫之齊春秋端本之書也正其本則事理陽生之不子也其誰使之然也不有廢長展兩反立少詩照反以啓亂者乎故齊景問政於孔子孔子對曰君君臣臣父父子子君不君則臣不臣父不父則子不子以陽生繫之齊者亂之所由生也

曰春秋譏景公之廢長立幼而不新公子陽生何也人君立子而不以正者皆徒設此心兩棄之也故凡當然而君父處之不以其道者君子不立乎其位伯夷叔齊寧他人有之而不敢當春秋豈敢遂予之以公子而正名之哉然而弑荼者陽生與朱毛也曷爲書陳乞

杜氏曰弑荼者朱毛与陽生而書陳乞所以明乞立陽生而荼見弑則禍由乞始也楚比劫立陳乞流涕子家憚老皆疑於免罪故春秋明而書之以爲弑主初景公謂陳乞吾欲立荼何如對曰所樂音洛乎爲君者欲立則立之不欲立則不立也君如欲立則臣請立之陽生謂乞曰吾聞子蓋將不欲立我也對曰千乘繩證反之主將廢正而立不正必殺正者吾不立子者所以生子也與之玉節而走之魯景公死荼立陳乞使人迎陽生寘諸家召諸大夫而示之曰此君也諸大夫知乞有備不得已逡巡北面再拜而君之爾並據公羊傳故里克中立不免殺身之刑陳乞獻諫終被皮寄反弑君之罪是皆不明春秋之義陷於大惡而不知者也高郵孫氏曰陽生入齊而陳乞弑君

則是陽生与聞乎故也不以陽生首惡者陽生之入陳乞召之荼之弒陳乞為之加陽生以弒君之罪則乞廢立之迹不明書陽生之入而陳乞弒君則乞之惡著而立陽生与有罪焉陳氏曰衛侯入于夷儀衛甯喜弒其君剽則喜為衛侯弒也齊陽生入于齊齊陳乞弒其君荼則乞為陽生弒也荼之弒得国者陽生也曷為不以罪齊無知者罪陽生於是齊政由陳氏矣彼陽生若亡公子而已乞不有無君之心則陽生為僇矣家氏曰陽生之入与小白書入同然小白之入齊無君也陽生之入齊有君矣荼弒在陽生既入之後然其謀實定於陽生未入之前不與小白同也晉獻公殺世子而立奚齊之子其事与此畧相似荼則卓也陽生則夷吾也陳乞則里克也然夷吾不預殺而陽生實預於殺則陽生又不得与夷吾同也且弒荼立陽生乃乞之本謀故專罪陳乞陽生於諸子為長以序當立景公黜長立幼以是召亂春秋不坐陽生以首惡之罪示人君立子以長不以愛其寓戒之意深矣高氏曰觀從召公子比而虔死陳乞召陽生而荼死乞蒙弒君之惡而從乃委罪公子比何也從陪臣也能始禍而不能定其所立比以衆立而不顧其君是比弒之也乞大臣也齊已有君而又外求陽生陽生雖入而不能自定其位乞以強立之而不

顧其君是乞弑之也從雖召比然公子有三焉比不自立可也乞召陽生固將君之矣陽生爲君則孺子荼何所置哉故春秋別嫌明微不以其迹而同其誅也。劉氏曰穀梁云陽生正荼不正故不以陽生君荼然而荼受命陽生不受命陽生弑先君所命是則弑其君矣何云不以陽生君荼乎假令先君廢陽生爲非義自可聽天子伯主治之耳今躬弑其君春秋猶譏其罪以與陳乞何哉要之陳乞主陽生而弑荼可知也

冬仲孫何忌帥師伐邾隱高氏曰魯人必欲滅邾而後已自公即位以來四用兵於邾積明年入邾之亂

○宋景向巢帥師伐曹陽。向舒亮反高氏曰樂髡伐之猶未服且爲入書起也

癸丑敬王三十二年

七年晉定二十四齊悼公陽生元年衛出五蔡成二十三鄭声十三曹陽十四陳閔十四杞僖十八宋景二十九秦悼四楚惠王章元年吳夫差八

春宋景皇瑗帥師侵鄭。声瑗于眷反後同左傳宋師侵鄭鄭叛晉故也高氏曰不務德而加兵於人故書侵張氏曰老丘之役宋鄭始因

隙地以起兵爭卒致名取其師以逞其殺人之志所以
詳其交爭之實也【愚按】老丘敗在定十五年是後九年
取鄭師于雍丘十三年取宋師于嵒
○**晉**定**魏曼多帥師侵衛**出○曼音萬【左傳】晉
師侵衛衛不服也【杜氏曰】五年晉伐衛至今未服【高氏】
【曰】衛輒拒其父至今六年矣猶未納也晉不以此致討
而以范中行氏加兵于衛故書侵
○**夏公會吳于鄫**鄫【穀】作繒【左傳】公會吳于鄫吳
來徵百牢子服景伯對曰先王未之有也吳人曰宋百
牢我魯不可以後宋且魯牢晉大夫過十吳王百牢不
亦可乎景伯曰晉范鞅貪而棄禮以大國懼敝邑故敝
邑十一牢之君若以禮命於諸侯則有數矣周之王也
制禮上物不過十二以為天之大數也今棄周禮而曰
必百牢亦唯執事吳人弗聽乃與之反自鄫以吳為無
能為也【杜氏曰】鄫瑯琊鄫縣【張氏曰】即舊鄫国比年書
會吳所以著哀公之失謀於始而遺患於後日也【高氏】
【曰】吳欲霸諸侯故嘗先合會之【愚按】邾茅夷鴻祈盟于
鄫衍而經不書盟諱與吳盟也故吳伐我盟于萊門會
于黃池吳爭先歃皆不書隱中国之與夷盟也
○**秋公伐邾八月己酉入邾以**
邾隱**子益來**【左傳】季康子欲伐邾乃饗大夫以謀之子服景伯曰小所以事大信也大所以保小

仁也背大國不信伐小国不仁孟孫曰二三子以爲何如對曰禹合諸侯於塗山執玉帛者萬国今其存者無數十焉唯大不字小小不事大也魯德如邾而以衆加之可乎秋伐邾及范門荸成子請告于吳不許曰魯擊柝聞于邾吳二千里不三月不至何及於我師遂入邾處其公宫衆師晝掠邾衆保于繹師宵掠以邾子益來獻于亳社囚諸負瑕邾茅夷鴻以束帛乘韋自請救於吳曰魯弱晋而遠吳以陵我小國邾非敢自愛也懼君威之不立若夏盟於鄫衍秋而背之四方諸侯其何以事君且魯賦八百乘君之貳也邾賦六百乘君之私也以私奉貳唯君圖之吳子從之**公羊傳**邾婁子益何以名絶之也**穀梁傳**以者不以者也益之名惡也**范氏曰**惡其不能死社稷

春秋隱君之惡故滅國書取婉以成章**傳**而不失其實也恃強陵弱無故伐人而入其國處其宫晝夜掠以其君來獻于亳社囚于負瑕此天下之惡也吳師爲于僞反下爲人爲同是克東陽齊人爲是取吾二邑並在明年辱

國亦甚矣，何以備書于策而不諱乎？聖人道隆而德
大，人之有惡，務去（起呂反，下同）之而不積也，則不念其惡
而進之矣。以邾子益來，惡也；歸邾子益于邾，是知其
爲惡，能去之而不積也。故書以邾子來而不諱者，欲
見（音現，下同）後書歸邾子之爲能去其惡而與之也。聖人
之情見矣。明此，然後可以操（倉刀反）賞罰之權；不明乎
此以操賞罰之權而能濟者，鮮（上声）矣。【薛氏曰】伐邾本
三家而公自爲
之不得已也，公內迫於三家，三家歸過於上也。【劉氏
曰】益何以名？賊之也。賊之奈何？屢服也。【蘇氏曰】魯入
邾，以邾子益來而不書滅，何也？邾大夫茅夷鴻保於
茅，請救於吳，明年吳爲之伐魯，魯復邾子，故不言滅
也。在外曰以歸，在內曰以來，內外之別也。○【劉氏曰】
公羊云入不言伐，其言伐，內辭也，使若他人然，非也。
初秋伐之，八月入之，理當並書，無取於內辭也。入邾
婁使若他人猶可諱，以邾婁子益來，又可云他人乎？

又曰曷爲不言其獲内大惡諱也亦非也諸侯擅入人之國爲大惡矣此自入而以歸不得以獲辭也穀梁云其言來者外曹之辭亦非也直書入邾又言以邾子益來於君親之過而无所隱義已足矣豈以一失之故遂外其君乎且令不外其君當曰以邾子益歸乎夫歸可施於人不可施於我來可施於我不可施於人此春秋之文也 曹陳氏曰 夾陣而獲其君則曰獲入国滅国而以其君歸則曰以書於諸侯則曰歸於魯則曰來

宋景人圍曹陽冬鄭声駟弘帥師救曹 左傳 宋人圍曹鄭桓子思曰宋人有曹鄭之患也不可以不救鄭師救曹侵宋 高氏曰 曹伯好宋是以致討然宋之伐曹數矣今又圍之亦已甚矣故貶而人之苟將卑師少豈能圍之乎鄭与曹疎所以救曹非志於義也欲報皇瑗之師也 家氏曰 中国无盟主諸侯擅侵伐更相吞噬不奪不饜春秋書宋圍曹罪宋也書鄭救曹与鄭也春秋与鄭之能救所以掘齊晉諸大国之不能救也 陳氏曰 書救曹何曹卒滅於宋也自魯救晉凡晉楚之救皆不書六十年矣其再見以中国无霸而諸侯自相救也諸侯自相救猶可也呉救陳諸夏戕於亡矣

春秋卷第二十九

春秋卷第三十

胡氏傳

後學新安汪克寬附録纂疏

哀公下

[甲寅]（敬王三十三年）八年（[晉]定二十五[齊]悼二[衛]出六[蔡]成四[鄭]聲十四[曹]陽十五国亡[陳]閔十五[杞]僖十九卒[宋]景三十[秦]悼五[楚]惠二[吳]夫差九）春王正月宋公（景）入曹以曹伯陽歸（[左傳]宋公伐曹將還褚師子肥殿曹人詬之不行師待之公聞之怒命反之遂滅曹執曹伯及司城彊以歸殺之[公羊傳]曹伯陽何以名絶曷爲絶之滅也）

此滅曹也曷爲不言滅滅者亡國之善辭上下之同力也（[公羊]僖五[注]言滅者臣子與君戮力一心共死之辭也）曹伯陽好（呼報反）田弋鄙人公孫彊獲白鴈獻之且言田弋之說因訪政事大說（音悦）之（有寵使爲司城以聽政）彊言霸說於曹伯因背（音佩）

晉而奸音干宋，宋人伐之，晉人不救。並據左傳書宋公入曹以曹伯陽歸，而削其見滅之實，猶虞之亡書晉人執虞公而不言滅也。蘇氏曰：此滅曹也，其不書滅，言自滅也；猶虞之滅，言晉人執虞公而不言滅也。春秋輕重之權衡，故書法若此。有國者妄聽辯言以亂舊政，自取滅亡之禍，可以鑒矣。定四年傳蔡以沈子嘉歸，宋以曹伯陽歸，皆殺之也。而或書或不書，其不書者賤而畧之也。陳氏曰：檜亡，東周之始也；曹亡，春秋之終也。夫子之刪詩也，繫曹檜於國風之後，於檜之卒篇曰思周道也，傷天下之無王也；於曹之卒篇曰思治也，傷天下之無霸也。夫子嘗喟然於此矣，於是曹不言滅。劉氏曰：公羊云不言其滅，諱同姓之滅，非也。當此時，魯人自救不暇，豈有不救同姓之滅，春秋遂責之乎？且責魯不救而諱曹之滅，縱失宋公之惡，苟責無罪之魯，甚無理也。

吳夫差伐我。書伐我始此左傳吳為邾故伐我，鄫人道之以伐武城，克之。懿子謂景伯：若之何？對曰：召之而至又何求焉吳師克東陽而進舍于五梧明日舍于蠶室公賓庚公甲叔子與戰于夷獲叔子與析朱鉏獻于王王曰此同車必使能國未可望也明日舍于庚宗遂次于泗上微虎欲宵攻王舍吳子聞之一夕三遷吳人行成將盟景伯曰楚人圍宋易子而食析骸而爨猶無城下之盟我未及虧而有城下之盟是棄國也吳輕而遠不能久將歸矣請少待之弗從景伯負載造於萊門乃請釋子服何於吳吳人許之以王子姑曹當之而後止吳人盟而還

吳爲于僞反鄎故興師伐魯兵加國都而盟于城下經書伐我不言四鄙及與吳盟者諱之也孫氏曰直曰伐我者兵加于都城也蘇氏曰不言四鄙而直言伐我兵加來戰于国都也於是爲城下之盟而還不書諱之也于郎直書不諱桓十盟于城下何諱之深也楚人圍宋易子而食析骸而爨亦云急矣欲盟城下則曰有以國斃不能從也宣十五晉師從齊齊侯致賂晉人不可

國佐對曰子若不許請合(如字又音閤)餘燼(似刃反)背(音佩)城借一敝邑之幸亦云從也遂盟于袁婁而春秋與之(成二)今魯未及虧不能少待遂有城下之盟是棄國也夫棄國者其能國乎使有華(戶化反)元國佐之臣則不至此矣故春秋不言四鄙及與吳盟者欲見(音現)其實而深諱之(不言四鄙欲見其實不書盟以深諱之)以為後世謀國之士不能以禮義自強偷生惜死至於侵削陵遲而不知恥者之戒也(家氏曰吳伐我以救邾而書法無褒辭者春秋之貴救貴義也茅成子之請救于吳也動吳子以利吳子怵於利而動是以率師造于魯之城下不責魯以存邾遽受盟而返何救之足言其後吳責賂于邾者不已執其君而擾亂其国存亡国者顧如是乎 愚按 哀公即位七年兼兵於邾者五而且入其国俘其君自入春秋魯恃強陵弱未有若是之甚也此年書吳伐我比事以觀則魯之受伐)

盖有由矣前此書侵伐必言四鄙見魯之国都猶足爲守也至於是年吴兵直抵魯之城下則魯之四竟藩屏蕩然而国不足爲国矣哀公之經兩書伐我若曰我能入邾吴能爲邾而伐我我能會吴伐齊齊能興師而伐我我雖據事直書而詳味書法亦有反已自咎之意焉

夏齊悼**人取讙及闡** 闡尺善反【公】作僤后同【左傳】齊悼公之来也季康子以其妹妻之即位而逆之季魴侯通焉女言其情弗敢與也齊侯怒鮑牧師師伐我取讙及闡【公羊傳】外取邑不書此何以書所以賂齊也曷爲賂齊爲以邾婁子益來也【穀梁傳】惡内也【杜氏曰】闡在東平剛縣北【張氏曰】今兖丘龔蛇縣地【愚按】在今東昌路丘縣【程子傳】内失邑不書君辱當諱也不能保其土地民人是不君也己與之彼以非義而受則書取此與濟西田是也魯入邾而以其君来致齊怒吴伐故賂齊以說之【孫氏曰】邾子益齊甥也故齊取讙闡【襄陵許氏曰】外取邑不書以即歸我故書之也【王氏曰】魯以兵召釁固不容無過齊以私憤取非其有故称人○【家氏曰】公穀以齊爲邾故取讙闡左氏則以季姬未歸故齊人来討觀齊之兵端當從二傳非以女故盖齊取二邑要魯以存邾尓【唐陳氏曰】凡用兵而取先書伐次書取不用兵而取第書取

○**歸邾**

子（僖）益于邾【左傳】文斉侯使如呉請師將以伐我乃歸邾子【穀梁傳】益之名失国也【何氏曰】書者善魯能悔過歸之【張氏曰】凡取邑之類少有復歸之者今魯不遂其惡而歸之故以順辭言之也○秋七月○冬十有二月癸亥杞伯過卒過音戈僖公也在位十九年子維嗣是為閔公○齊（悼）人歸讙及闡【左傳】秋及斉平臧賓如如斉涖盟斉閭丘明来涖盟且逆季姬以歸十二月斉人歸讙及闡季姬嬖故也【程子】【傳】不云我田既歸邾子亦歸其田非以為惠也

按左氏邾子益齊出也見十年魯以益來則齊人取讙及闡又如呉請師而怒猶未怠也以此見國君之造在早反惡不悛音銓則四鄰謀取其國家莫能保矣歸邾子益于邾則齊人歸讙及闡又辭師于呉而德猶未泯也以此見國君去起呂反下同惡而不積則四鄰不侵其封境而自安矣曰以曰取者逆詞也【穀梁】以者不以者也【趙氏】

【曰】取者收奪之名 曰歸者順詞也去逆效順息爭休兵齊無取地之罪魯無失地之辱以此見遷善之優改過之大而春秋不諱入邾以邾子益來者以明歸益于邾之能掩其前惡而美之也【何氏曰】書歸讙及僤善魯能悔過歸邾婁子益所喪之邑不求自得【愚按】不言來者齊本取讙闡脅魯歸邾子今既歸邾子則齊遂所欲故歸讙闡非感於義而心悅誠服故不言來歸

【乙卯】敬王三十四年 九年【晉】定二十六【齊】悼三【衛】出七【蔡】成五【鄭】聲十五【陳】閔十六【杞】閔公維元年【宋】景三十一【秦】悼六【楚】惠三【吳】夫差十 春王二月葬杞僖公【杜氏曰】三月而葬速 ○宋景 皇瑗帥師取鄭聲 師于雍丘【傳】雍於勇反又於用反【左】鄭武子賸之嬖許瑕求邑無以與之請外取許之故圍宋雍丘宋皇瑗圍鄭師每日迁舍壘合鄭師哭子姚救之大敗宋取鄭師于雍丘使有能者無死以郟張與鄭羅歸【公羊傳】其言取之何易也其易奈何詐之也【穀梁傳】取易辭也以師而

易取鄭病矣【杜氏曰】左傳例覆而敗之曰取其師謂威
力兼備若羅網所掩覆一軍皆見禽雍丘縣屬陳留【張
氏曰】今屬開封【愚按】今汴梁路封丘縣【隱二年傳】悉虜
而俘之曰取【襄陵許氏曰】春秋之季日尋干戈詐力相
傾奇變滋起於是始志取人之師甚其譎惡其盡也○
鄭以不義深入敵境而圍其邑此固喪師之道也
夏楚惠人伐陳閔【左傳】陳即吳故也【愚按】陳之爲国娄
滅於楚而僅存者也今而從吳亦以楚
之娄伐而求以自託焉耳楚不思所以自反而憤陳之
背已攻之薦數而不已今年伐陳明年公子結復伐之
十三年公子申又伐之陳之困於楚終春秋之世雖其
力弗克自振而楚之暴横不道其罪盖不可勝誅矣
○秋宋公景伐鄭聲【杜氏曰】報雍丘【愚按】鄭雖不義宋
覆其師而盡取之亦云憯矣而又君
親師師以伐其国明年偏師再伐十二年向巢又伐十
三年鄭人復取宋師然則宋鄭之喪師皆其自取之也
○冬十月
【丙辰】敬王三
十五年
十年
【晉】定二十七【齊】悼四卒【衛】出八【蔡】成六
【鄭】声十六【陳】閔十七【杞】閔二【宋】景三十
二【秦】悼七【楚】惠
四【吳】夫差十一
春王二月邾子隱益來奔【左傳】邾子無
道吳子使大

宰子餘討之因諸樓臺㮄之以棘使諸大夫奉太子革以爲政邾隱公來奔齊甥也故遂奔齊陳氏曰吳人討邾奉太子爲政而后奔則其但書奔何以是爲自失國也春秋之法苟其道足以失國雖有敵國猶以自致之文書之高氏曰先爲魯所俘而又來奔其不知恥甚矣○公會吳夫差伐齊三月戊戌齊侯悼陽生卒左傳九年齊侯使辭師于吳吳子曰昔歲寡人聞命今又革之不知所從將進受命于君冬吳子使來儆師伐齊十年公會吳子邾子郯子伐齊南鄙師于鄎齊人弒悼公赴于師吳子三日哭于軍門之外徐承帥舟師將自海入齊齊人敗之吳師乃還

按左氏公會吳伐齊孫氏曰齊中國吳夷狄會夷伐夏其惡可知齊人弒悼公赴于師史齊世家鮑牧與公有郤因吳伐弒公赴于吳春秋不著齊人弒君之罪而以卒書者亦猶鄭伯髡頑弒而書卒不忍以夷狄之民加中國之君也其存天理之意微矣

魯人入邾以其君來罪也齊侯爲于僞反下同是取讒及

闌如吳請師討之也魯人悔懼歸益于邾是知其罪而能改也齊侯爲是歸讙及闡又辭師于吳是變之正也夫變之正者禮義之所在中國之君也吳人欲遂前言而背音佩違正理狄道也齊之臣子不能將順上及其君此天下大變常理之所無也故没其見弑之禍而以卒書其旨深矣春秋弑君大惡不待貶絶而自見音現也君而見弑豈無不善之積以及其身乎。詳見襄七年若夫悼公變而克正則無不善之積矣故以卒書而没其見弑所謂不忍以夷狄之民加中國之君也而存天理之意微矣

襄陵許氏曰人事之變有幸不幸而春秋之義裁成天地見正命焉。

臨川吳氏曰當時以吳師在齊而公卒遂以爲弑爾

夏宋景人伐鄭聲【襄陵許氏曰】既取其師伐而又伐惡其愔怨不已也○晉定趙
鞅帥師侵齊簡【左傳】趙鞅伐齊取犂及轅毀高堂之郭侵及賴而還【高氏曰】齊率諸侯以讟晉可
以討矣然趙鞅加兵於有喪之國聖人弗與也故書侵異乎士匄矣【臨川吳氏曰】吳猶遭齊喪而去之晉乃乘
齊喪而伐之曾吳之不若也○五月公至自伐齊【師氏曰】公會夷狄以伐強國夷狄之
心不可信而強國之禍不可測其危可知矣【高氏曰】齊魯接境而公會夷狄伐之既聞其喪則遂班師可也所
以久而不歸者公之進退制在吳故也○葬齊悼公【高氏曰】公雖不廢喪紀往會其葬不足以
贖過【愚按】悼公書葬與鄭悼公同不及五月禮略也○衛公孟彄自齊歸于衛【高
氏曰】孟彄蒯聵之黨懼齊歸衛衛人納之世子歸之自也○薛伯夷卒夷【公】作寅以尼反惠公也
在位十二年秋葬薛惠公○冬楚惠公子結帥師伐陳閔吳
夫差救陳【書救止此】【左傳】楚子期伐陳吳延州來季子救陳謂子期曰二君不務德而力爭諸侯民何罪
焉我請退以為子名務德而安民乃還

春秋惡烏故反首亂善解紛自誅亂臣討賊子之外凡書救者未有不善之也胡氏曰救者救其患難凡救患皆爲美也救在王室則罪諸侯子突救衛是也莊六救在遠國則罪四鄰晉陽處父救江是也文三救在夷狄則罪中國楚公子貞救鄭襄十狄救齊僖十八吳救陳是也吳雖蠻夷之國來會于戚則進而書人矣襄五使季札聘則又進而書子矣襄二十九救而果善曷爲獨以號舉而不進之也其以號舉而不進之者深著楚罪而傷中國之衰也陳者有虞之後嘗爲楚滅而僅存耳宣十一年楚縣陳尋復封之昭八年楚滅陳十三年復封陳今又無故興師肆行侵伐而列國諸侯縱其暴橫去聲不能修方伯連帥所類反之職而吳能救

之故獨以號舉深著楚罪而傷中國之衰也子欲居九夷乘桴浮于海而曰夷狄之有君不如諸夏之亡与無同也其書吳救陳之意乎【陳氏曰】自魯救晉凡救皆不書書鄭救曹則中国無霸諸侯自相救也中国無霸諸侯自相救春秋憫焉而特書之吳救陳諸夏戕於亡矣春秋之所甚懼也【張氏曰】春秋辛吳之救而不以人与師書之者宣昭二公之時楚主中国楚猶近於中国也故春秋於楚免其夷狄夲號之称定哀之時吳主中国吳純於夷狄者也故雖有小善而猶以號夲茲足以觀世變而知春秋之嚴矣○【胡氏曰】左氏云延州來季子推驗其年季子近百歲矣必異時事傳附著其說耳

【丁巳】敬王三十六年

十有一年【晉】定二十八【齊】簡公壬元年【衛】出九【蔡】成七【鄭】聲十七【陳】閔十八【杞】閔三【宋】景三十三【秦】悼八【楚】惠五【吳】夫差十二

春齊悼國書帥師伐我【左傳】齊爲郎故国書高無丕帥師伐我及清季孫謂其宰冉求曰齊師在清必魯故也若之何求曰一子守二子從公禦諸竟季孫曰不能求曰居封疆之間季孫告二子二子不可求曰若不可則君無出一子帥師背城而戰不屬者非

魯人也魯之羣室衆於齊之兵車一室敵車優矣子何患焉二子之不欲戰也宜政在季氏當子之身齊人伐魯而不能戰子之恥也大不列於諸侯矣季孫使從於朝武叔呼而問戰焉對曰君子有遠慮小人何知懿子強問之對曰小人慮材而言量力而共者也武叔曰是謂我不成丈夫也退而蒐乘孟孺子帥右師冉求帥左師老幼守宮次于雩門之外師及齊師戰于郊齊師自稷曲師不踰溝樊遲曰請三刻而踰之如之衆從之師入齊軍右師奔齊人從之陳瓘陳莊涉泗孟之側後入以爲殿師獲甲首八十齊人不能師宵諜曰齊人遁冉有請從之三季孫弗許公爲與其嬖僮汪錡乘皆死冉有用矛於齊師故能入其軍

諸侯來伐。無有不書四鄙者。春秋書伐我二十有一唯哀八年吳伐此年齊伐止書伐我餘皆言四鄙今齊師及清涉泗非有城下之盟可諱之辱亦書伐我何也傳說說音悅復荅也于高宗曰惟甲胄起戎惟干戈省厥躬見書說命[illegible]曰干戈所以討有罪必嚴於省躬者戒其有所輕動夫省厥躬者自反之謂也自反而縮則爲壯。自反而不縮則爲老師之老壯一往曲直【左傳】宣十二師直爲壯曲爲老曲直自我而不繫乎人者也邾子齊之甥魯嘗入邾以其君來齊人爲于僞反是取讙及闡請師于吳曲在我也及歸邾益而齊人歸讙及闡又辭吳師直在齊矣魯人何名會吳伐之也故春秋之記斯師特曰伐我者欲省致師之由而躬自厚也垂訓之義大矣【劉氏曰】君子之道不貴其勝人而貴自勝也說命曰干戈省厥躬躬爲善而外物横逆者有之矣君子拒而弗受也躬爲不善而[illegible]物横逆者亦有之矣君子受而弗對也不言鄙者受之也【家氏曰】伐我云者我自有以致冦垂後王臨難省躬之戒所以譏哀公也○【愚按】高郵孫氏謂春秋之始內魯而外諸夏故魯爲他国所侵伐必曰某鄙哀公之經再書伐我同魯於諸侯竊以爲春秋詳內而略外故外之侵伐止書国而魯書四鄙非尊魯而卑諸侯也此書伐我不言地比於兵加国都之例所以恥之也然傳載老幼守宮次于雩

門之外師及齊師戰于郊冉求曰一子帥師背城而
戰則齊師逼迫於魯之國都矣杜謂曰直曰伐我見
其以國言之也然則國
書之伐与他伐異矣
夏陳閔轅頗出奔鄭轅公作袁頗破多反左傳初轅頗
爲司徒賦公田以嫁公女有餘以
爲己大器國人逐之故出襄陵許氏曰春秋書轅頗之
奔所以爲人臣附上以刻下託公以營私者之戒也家
氏曰聚斂媚上者固當有討然國不能自
討致衆怒而逐之是衆爲政也而可哉○五月公會
吴夫差伐齊簡齊魯交兵止此左傳十年秋吴子使來復
徵師十一年爲郊戰故公會吴子伐齊五月
克博至于嬴薛氏曰戰不書伐今書伐何難乎公之會
吴与齊戰也會伐則戰見矣吴自入郢之後困而久不會
能見公之六年稍出而伐陳吾叔還遂會之于柤公又會
之于鄫還而入邾吴以邾故伐我而齊取讙闡由是齊
魯始睽齊歸二邑則固知罪矣我不之責因与吴合前
年會伐齊故有國書之報卒會吴而勝齊吴之威加中
夏多魯之力也春秋書公會伐而不言會戰難言而有
以見之也家氏曰兩年之間書公會吴伐齊者再冉責魯
深矣當闔廬之世春秋嘗進吴書子自夫差之立迨今
十有三年皆以號舉爲其用兵不戢而狄之也狄吴則

魯罪著矣【永嘉呂氏曰】晋既不足以宗諸侯而開門延盜以來被髮文身之吴乃在於周公之子孫秉礼之望国會之伐齐而使之逞其志於中国聖人望魯之意至是絶矣

甲戌齊國書帥師及吴戰于艾陵齊師敗績獲齊國書【左傳】中軍從王胥門巢將上軍王子姑曹將下軍展如將右軍齐国書將中軍高無丕將上軍宗樓將下軍戰于艾陵展如敗高子国子敗胥門巢王卒助之大敗齐師獲国書公孫夏閭丘明陳書東郭書革車八百乘甲首三千以獻于公公使大史固歸国子之元【趙】氏曰艾陵齐地【愚按】即艾在今益都路寧海州牟平縣【通旨】吴伐齐獲国書晋不主盟制在夷狄聖人傷之也【劉氏曰】吴之無道犯間上国涉數千里之地以伐人之邦国求棄疾於人与之俱靡焉耳国書之用齐也内不能安其君外不能交鄰国而輕与之戰其不愛百姓也不亦甚乎故善戰者服上刑所謂爲志乎此戰者也【高】氏曰戰不書公者没公乃所以深貶公也且書及吴我師戰于艾陵不可也書及公吴戰于艾陵不可也先言公會吴伐齐繼書及吴戰則公与貶可知矣書獲国書与宋華元同然華元生獲而国書死獲故公使太史固歸国子之元也○

秋七月辛酉滕子虞毋卒隱公也在位六年

冬十有

一月葬滕隱公○衞出世叔齊出奔宋景【左傳】初疾娶于宋子朝其娣
嬖子朝出孔文子使疾出其妻而妻之疾使侍人誘其
初妻之娣寘諸犂而爲之一宮如二妻文子怒欲攻之
仲尼止之遂奪其妻或淫于外州外州人奪之軒以獻
恥是二者故出【杜氏曰】疾即齊【高氏曰】春秋書內外大
夫奔者凡六十蓋君之股肱故重而書之然春秋之末
何其出奔之多也是時政在大夫各欲自專始則相猜
相忌終乃相
攻相逐也

戊午敬王三十七年

十有二年【晉】定二十九【齊】簡二【衞】出十【蔡】成八【鄭】聲十八【陳】閔十九【杞】閔四【宋】景三十四【秦】悼九【楚】惠六【吳】夫差十三

春用田賦【左傳】季孫欲以田賦使冉有訪諸仲尼仲尼曰
丘不識也三發卒曰子爲國老待子而行若之何子之
不言也仲尼不對而私於冉有曰君子之行也度於礼
施取其厚事舉其中歛取其薄如是則以丘亦足矣若
不度於礼而貪冒無厭則雖以田賦將又不足且子季
孫若欲行而法則周公之典在若欲苟而行又何訪焉
弗聽【公羊傳】何以書譏何譏尔譏始用田賦也【穀梁傳】
古者公田十一
用田賦非正也

哀公問於有若曰年饑用不足如之何有若對曰盍徹乎曰二吾猶不足如之何其徹也曰百姓足君孰與不足百姓不足君孰與足古者公田什一助而不稅魯自宣公初稅畝【朱子注】宣公稅畝什而取二後世遂以爲常而不復矣至是二猶不足故又以田賦也夫先王制土籍田以力而砥諸氏反其遠邇見【國語注】制其把磽之土以爲差等籍田稅也以力者三十受田百畝二十者五十畝砥平也賦里以入而量其有無同上【注】里廛也謂商賈所居之區域【子語】賦其廛者謂收其市地錢【朱】今用田賦軍旅之征【何氏曰】田謂一井之田賦者斂取其財物也言用田賦者若今漢家斂民錢以田爲率矣軍賦十井不過一乘哀公外慕強吳空盡國儲故復用田賦【陸氏曰】以田多少出軍賦也【孫氏曰】言用田以爲財賦之率【通旨】用田賦如科配稅戶出弓弩之類【番易曾氏曰】周制歲時登其夫家之衆寡辨其可任者國中

自七尺以及六十野自六尺以及六十有五皆征之今哀公以計口率泉爲不足於用又計田而使之出泉以爲賦非矣田以出粟爲主而足食賦以出軍爲主而足兵【前】刑法志稅以足食賦以足兵周制宅不毛者有里布無職事者征夫家漆林之稅二十而五見【周禮】載師【註】宅不種桑麻者罰之使出一里二十五家之泉民無常産者罰之使出一夫百晦之稅一家力役之征出士徒車輦給繇役【愚按】漆林之稅十分中稅二分半以其地産漆故重其稅若今之稅茶稅竹木也則弛力薄征當以農民爲急而增賦竭作不使末業者獨幸而免也令二猶不足而用田賦是重困農民而削其本何以爲國書曰用田賦用者不宜用也【范氏曰】言用者非所宜用近世議弛商賈音古之征達於時政者欲先省所景反國用首寬農民後及商賈【宋鑑】慶曆中議弛茶鹽之禁及減商稅范仲淹不可曰茶鹽商稅但

分減商賈之利今国用未減既不知春秋譏田賦之
取之商賈復取之農恐害及農也
意矣【臨川吳氏曰】宣公稅畝首壞井田什一之法則
賦民之財也非古矣成公作丘甲則賦民之力
者非古矣至哀公用田賦而民財民力竭矣○【東萊】
【呂氏曰】陳君舉謂以丘賦一乘為未足又以田賦之
田賦之者家一人以為兵也然九夫為井六十四井
為甸甸出革車一乘則是五百七十六夫而出七十
五人今乃受田者皆出一人為兵比古七倍恐加兵
不至如是之甚賈逵以為周制十六井賦戎馬一匹
牛三頭今使一井之田出十六井之賦是多於常賦
十六倍於理亦未宜然【愚按】杜預范甯皆云丘賦之
法因其田財通出馬一疋牛三頭今別其田及家財
各出此賦然丘甲之法增三之一今別田及家財各
為一賦則是比先王之制而加倍不翅矣亦未可信
要之計田而斂取民財以充軍賦之用而其數之多
寡則不可考尒孔子云丘亦足矣蓋以計丘而出兵
車乃賦之常法安可計田而又賦其財哉觀哀公年
饑用不足及二吾猶不足如之何其
徹也之言則為斂財以足用可知矣

夏五月甲辰孟子卒【左傳】昭夫人孟子卒昭公娶于吳
故不書姓死不赴故不稱夫人不

反哭大故不言葬小君公羊傳孟子者昭公之夫人也其称孟子何諱娶同姓盖吴女也穀梁傳昭公夫人也不言夫人諱取同姓也

孟子吴女昭公之夫人其曰孟子云者諱取音娶後同同姓也陳氏曰同姓不可書曰夫人姬氏薨故曰孟子卒朱子曰諱之使若宋女子姓者然禮取妻不取同姓買妾不知其姓則卜之見曲禮厚男女之別筆列反下同也何氏曰爲同宗共祖亂人倫与禽獸無別同姓從宗合族屬異姓主名治際會名著而男女有別矣四世而緦音思服之窮也五世而袒免音問殺色界反同姓也六世親屬竭矣其庶姓別於上戚單於下戚親也單盡也昬姻可以通乎綴株衛反記作繫音計之以姓而弗別合記作綴之以食音嗣而弗殊雖百世而昬姻不通周道然也記大傳疏同姓父族也從宗從

大小宗也合聚族人使昭穆異列同時食故曰合族屬異姓謂他姓之女來爲已姓之妻主爲母婦之名治昏姻交結會合之事名著則男女尊卑異等各有分别不相淫乱四世同承高祖服緦麻五世共承高祖之父服袒免而無正服减殺同姓也六世共承高祖之祖不服袒免同姓而已其庶姓别異於上不共高祖各爲氏族四從兄弟親盡於下别自爲宗昏姻可以通乎周法雖庶姓别於上而有世繫連繫之以本姓若姬氏姜氏大宗百世不改連合族人以飲食之礼而不殊異雖相去百世而昏姻不得通

昭公不謹於禮欲結好（呼報反）強吳以去（起呂反）三家之權忍取同姓以混男女之别

吕氏曰魯之君豈肯爲無礼以乱男女之别哉迫於強吳之威而欲自固其国也徇目前之急忘長久之慮不知以礼自防遂至流於夷狄禽獸而不辞也

不命於天子以弱其配

雜記夫人之不命於天子自昭公始也　劉氏曰夫人之必命於天子猶諸侯之必命於天子也桓公不受命終身無王孟子亦不受命死不得称夫人其義一也

不見（音現）於廟不書於策以廢其常（據不書逆女不書至也）禮之

大本喪（息浪反）矣其失國也宜故陳司敗問昭公知禮乎孔子曰知禮孔子退揖巫馬期而進之曰吾聞君子不黨君子亦黨乎君娶於吳爲同姓謂之吳孟子君而知禮孰不知禮巫馬期以告子曰丘也幸苟有過人必知之【朱氏曰】孔子不可自謂諱君之惡又不可以娶同姓爲知禮故受以爲過而不辭或問昭公娶同姓之事君天王宰法則如何斷曰此非昭公故爲之當時吳盛強中国無霸昭公藉其勢不得已而然非貪其色也天王宰法則罪固不免亦須原情自有処置況不曰孟姬而曰孟子昭公亦已自知其非矣書孟子卒雖曰爲（于僞反）君隱而實亦不可揜矣【呂氏曰】国人不以爲非而昭公乃知避其名春秋亦因其實而書之曰孟子卒【萬氏曰】知其非礼而異其名雖欲蓋而名彰也【何氏曰】不言薨不書葬者深諱之【胡氏曰】葬當書姓諱故亦不書葬【臨川吳氏曰】固是以同姓而不書夫人薨亦以見魯臣不以夫人之礼喪之也昭公君也尚且遜出之而葬不備礼況其夫人

乎一書卒而二義具焉【王氏曰】是時季氏當国孔子與弔而季孫不絻孔子亦放絰而拜是知當時不以小君待之矣【愚按】或謂舊史因書夫人孟子薨春秋不書夫人而書卒示天下後世娶同姓之必不可也然小君之薨必書夫人其氏當時既諱實稱呼曰孟子則国史必不可書夫人孟子薨春秋因舊史之文而非礼之實已見矣按傳襄二十三年晉嫁女於吴則同姓之婚非自昭公始春秋於孟子以隱辟書之所以深責秉礼之魯敎

公會吴夫差于橐皐 橐章夜反又音託【左傳】會于橐皐吴子使大宰嚭請尋盟公不欲使子貢對曰盟所以周信也故心以制之玉帛以奉之言以結之明神以要之寡君以為苟有盟焉弗可改也已若猶可改日盟何益今吾子曰必尋盟若可尋也亦可寒也乃不尋盟【杜氏曰】橐皐在淮南逡遒縣東南【張氏曰】吴地逡遒故城在廬州慎縣東南【愚按】今訛為拓皐屬廬州路無為州巢縣【家氏曰】會柤會鄫會橐皐吴皆以號舉夷之也闔廬称子以其功也夫差称號以其罪也柏舉有攘夷之功艾陵有猾夏之罪此春秋所為進退也【王氏曰】吴欲尋盟非衛賜之言不可却故曰不有君子其能国乎

○秋公會衛侯出宋

景**皇瑗于鄖**鄖音云【公】作運【左傳】吳徵會于衛衛侯會吳于鄖公及衛侯宋皇瑗盟而卒辭吳盟

吳人藩衛侯之舍子貢見大宰嚭語及衛故大宰曰寡君願事衛君衛君之來也緩寡君懼故將止之子貢曰衛君之來必謀於其衆其衆或欲或否是以緩來其欲來者子之黨也其不欲來者子之讎也若執衛君是墮黨而崇讎也夫墮子者得其志矣且合諸侯而執衛君誰敢不懼墮黨崇讎而懼諸侯或者難以霸乎大宰說乃舍衛侯【杜氏曰】鄖發陽也廣陵海陵縣東南有發繇亭盟不書畏吳竊盟【張氏曰】鄖吳地海陵今泰州城下【愚按】今揚州路泰州海陵縣【王氏曰】初衛人殺吳行人且姚故衛侯畏吳而竊盟魯宋吳怒藩衛侯之舍子貢陳墮黨崇讎之說而衛侯歸然則子貢於父母之邦亦有功矣故孟子曰君子居是邦也其君用之則安富尊榮

○**宋**景**向巢帥師伐鄭**【左傳】宋鄭之間有隙地焉曰弥作頃丘玉暢喦戈錫子產与宋人爲成曰勿有是及宋平元之族自蕭奔鄭鄭人爲之城喦戈錫宋向巢伐鄭取錫殺元公之孫遂圍喦鄭罕達救喦圍宋師

○**冬十有二月螽**【左傳】季孫問諸仲尼仲尼曰丘聞之火伏而後蟄者畢今火猶西流司歷過也【杜氏曰】周十二月今十月是歲應置閏而失不置雖書十二月實今九月九月之初

尚溫故得有螽【公羊傳】何以書記異也何異尔不時也

○【永嘉呂氏曰】左氏以爲失閏之故然明年九月螽又十二月螽恐不專爲失閏【家氏曰】十二月螽氣燠也實十五年冬蝝生与此記同左氏所録疑非聖人之言也

【乙未】敬王三十八年 **十有三年** 晉定三十齊簡三衛出十一蔡成九鄭聲十九陳閔二十杞閔五宋景三十五秦悼十楚惠七吳夫差十四

春鄭聲**罕達師師取宋**景**師于嵒**【左傳】宋向魋救其師鄭子賸使徇曰得桓魋者有賞魋也逃歸遂取宋師于嵒獲成讙郜延以六邑爲虛【公羊傳】其言取之何易也其易奈何詐反也【穀梁傳】取易辭也以師而易取宋病矣【孫氏曰】報雍丘之師也二国覆師以相償報其惡如此【家氏曰】春秋書取師誅取者之不仁以多殺爲功也先書宋取鄭師責宋也今書鄭取宋師亦責鄭也

○**夏許男成卒**成【公】作成元公也国滅後楚立之

○**公會晉侯**定**及吳子**夫差**于黃池**【書會止此】【左傳】公會單平公晉定公吳夫差于黃池秋七月辛丑盟吳晉爭先吳人曰於周室我爲長晉人曰於姬姓我爲伯趙鞅呼司馬寅曰日旰矣大事未成二臣之罪也建鼓整列二臣死之長幼必可知也對曰請姑視之反曰肉食者無墨今吳王有墨国勝乎大子死乎且夷德輕

不忍久請少待之乃先晉人【公羊傳】吳何以稱子吳主會也吳主會則曷為先言晉侯不與夷狄之主中國也其言及吳子何會兩伯之辭也【穀梁傳】黃池之會吳子進乎哉遂子矣吳夷狄之國也祝髮文身欲因魯之禮因晉之權而請冠端而襲其籍于成周以尊天王吳進矣【杜氏曰】陳留封丘縣南有黃亭近濟水【張氏曰】地譜東京開封縣有黃池【王氏曰】黃池或以為在衛或以為在晉或以為在宋在鄭據杜預所釋陳留封丘縣南地近濟水則在鄭衛之境而晉宋嘗有之也【愚按】今在汴梁路封丘縣

黃池衛地其言及者會兩伯之詞也【趙氏曰】經文有及字是兩伯之義分明也故左傳云晉為先敵而外傳吳語中即云吳先敵各自護其主了然可見春秋内中國而外諸夷吳人主會其先晉紀常也春秋四夷雖大皆曰子吳僭王矣其稱子正名也以會兩伯之詞而言及者先吳則拂逆經常也而失序列書則泯實而傳疑矣【何氏曰】不與夷狄主中国又事實當見不可醇奪故張兩伯辭先晉言及吳子使若晉主會為

伯吳亦主會爲伯特書曰及順天地之經著盟會之實又以見音現夷狄之強而抑其横去声下同也定公以來晉失霸業不主夏盟夫差音扶釵暴横勢傾上國自稱周室於己爲長展兩反蓋太伯之後以族屬言則伯父也而黄池之會聖人書法如此者訓後世治中國御四夷之道也明此義則知漢宣帝待單音蟬于位在諸侯王上蕭傳之議非矣注見隠二年唐高祖稱臣於突厥倚以爲助劉文靖之策失矣纂要曰突厥値隋末喪亂中国人多歸之高祖初起太原及竇建德劉武周李軌雖称尊號皆称臣事之唐書突厥傳太宗曰太上皇以百姓故奉突厥詭而臣之朕常痛心范氏曰唐世夷狄之害其原起於太宗脅父臣虜豈有脅父臣虜以得天下而可爲者乎何況於以父事之如石晉者五代史唐廢帝討石敬瑭敬瑭求援於契丹與耶律德光

約爲父子將欲保國而免其侵暴得乎或曰苟不爲此至於亡國則如之何曰存亡者天也得失者人也不可逆者理也以人勝天則事有在我者矣必若顛倒音到冠屨而得天下其能一朝居乎故春秋撥亂反正之書不可以廢焉者也【吳語】吳王昏秣馬食士夜中令服兵擐甲陳士卒百人以爲徹行萬人以爲方陳王中陳而立左右軍亦如之爲帶三萬以勢攻珠明王乃秉枹親鼓三軍皆譁晉師大駭命董褐請事吳王曰天子有命周室卑約貢獻莫入晉貿衆庶不式諸戎狄楚秦將不長弟以力征一二兄弟之国孤欲守先君之班爵進則不敢退則不可孤之事君不得事君在今日董褐還致命告趙鞅曰吳王之色類有大憂將毒不可與戰主其許之先然不可徒許也鞅令褐復命曰君掩王東海以淫名聞天子則何有於周室夫命圭有命固曰吳伯不曰吳王夫諸侯無二君周室無二王君若無卑天子以干其不祥而曰吳公孤敢不順君命長弟吳王許諾乃退就幕而會吳公先歃晉侯亞之【襄陵許氏曰】左

氏曰先晉国語曰先吴此二国史籍之異也顧自宋之盟則晉巳為楚所先陵遲至於黄池之時豈能復與吴争国語信也晉人耻吴先之故諱焉耳 孫氏曰 黄池之會其言公會晉侯及吴子者主在吴子也不主晉侯而主吴子者晉侯不能主諸侯故也吴自柏挙之戰勢横中国諸侯小大皆宗于吴晉侯不見者二十四年此不能主諸侯可知也故黄池之會吴子主焉不言公會吴子晉侯者不与夷狄主中国也 蜀

杜氏曰 凡諸侯及公會吴必曰公會某某會吴于某地此會公往會晉侯吴子耳必先以公會晉侯言之復言及吴子者殊吴於晉也 高氏曰 首止先及而後會所以尊王世子也黄池先會而後及所以外吴子也吴泰伯之後与周同姓狂僭大號擾乱中国夫天無二日民無二王今吴為黄池之會以主盟中国是二王也将置周王於何地耶聖人自十年吴伐齊之後春不書王以見天下之無王此春秋之所以終也

項氏曰 中国変而為吴楚始於昭公四年楚子會諸侯于申而成於黄池此心道之一大変也申之會晉与齊魯皆不與則中国猶未全為夷也至黄池之會魯以吴敗齊于艾陵夫差主會晉魯以伯礼事之春秋為是爵而不狄及而不殊見吴獨為天下主而中国亡也春秋至是雖欲不終得乎 陳氏曰 黄池之盟

不書吳晉之盟春秋終諱之公會晉侯及吳子雖兩伯之辭而終不以吳晉同主盟也單平公不書不忍書也。趙氏曰穀梁云吳子進矣按此為吳同為會主故不人傳不達此理遂妄為義耳公羊又曰吳在是則天下諸侯莫敢不至按此會黃池為魯地故魯獨會之若更有諸侯不當不列序愚按辰陵于蜀于申楚雖主盟而晉不與故春秋皆先楚以紀實也于宋于虢楚同主會且先於晉然晉君猶未同盟故春秋但先晉以正名而不書及焉今黃池之會吳子主盟而晉定公以奕世之霸魯哀公以秉礼之望皆俯伏聽命於壇坫之上故春秋先晉以存中国之名而書及以著两伯之實則内外之分不紊而強弱之勢自見矣春秋於戰紀戰搴書會書及者主客之辨也此黃池之會書會書及者華夷之辨也又按春秋凡三書吳子蓋使札來聘募中国之義戰柏舉救中国之患皆予之也會于黃池恃甲兵之威厭晉侯而長弟春秋抑其強大而止書子貶之也穀梁謂嘉其尊王進而書子使夫差果能尊周則當序單平公於吳晉之上如葵丘宰周公之例矣吳語又謂趙鞅使董褐復命責其僭王而夫差降爵称公夫以齊桓之盛未能責楚僭王之罪豈以晉之衰弱而反能使吳王黜其僭號乎殆不足信也

楚惠公子申帥師伐陳閔高氏曰楚畏吳之強無如之何故乘吳之出會而伐陳也

○於越句踐入吳夫差左傳六月丙子越子伐吳爲二隧疇無餘謳陽自南方先及郊吳大子友王子地王孫弥庸壽於姚自泓上觀之弥庸見姑蔑之旗曰吾父之旗也不可以見讎而弗殺也大子曰戰而不克將亡国請待之弥庸不可屬徒五千王子地助之乙酉戰弥庸獲疇無餘地獲謳陽越子至王子地守丙戌復戰大敗吳師獲大子友王孫弥庸壽於姚丁亥入吳吳人告敗于王王惡其聞也自剄七人於幕下冬吳及越平

吳自柏舉以來憑陵中國黃池之會遂及夏盟可謂強矣而春秋繼書於越入吳所謂因事屬章欲反辭垂戒後世而見音現下同深切著明之義也曾子曰戒之戒之出乎爾者反乎爾見孟子老氏曰佳兵不祥之器其事好呼報反還音旋道德經偃武篇夫佳兵不祥之器物或惡之非君子之器不得已而用之

儉武篇以道佐人主者不以兵強天下其事好還夫以力勝人者人亦以力
勝之矣吳嘗破越哀元吳入越遂有輕楚之心及其破楚
定四吳入郢又有驕齊之志既勝齊師哀十一戰艾陵復扶又反與
晉人爭長展兩反自謂莫之敵也而越已入其國都矣
吳侵中國而越滅之越又不監而楚滅之楚又不監
而秦滅之秦又不監而漢滅之並見邵子皇極經世書老氏曾
子其言豈欺也哉春秋初書於越入吳在柏舉之後
再書於越入吳在黃池之後皆因事屬辭垂戒後世
不待貶絕而見深切著明之義也而可廢乎孫氏曰吳子方
會越乘其無備而入之也薛氏曰吳子不戒爭中国之諸侯而越卒入吳所謂無遠慮有近憂矣吳子忘
不共戴天之耻而求諸侯於外此越之所以霸諸侯乎

秋公至自會【高氏曰】夷狄主會故書至以危之○晉定魏曼多帥師侵衛出○魏下【公】無曼字【霸国侵伐止此】【襄陽許氏曰】晉以范中行之難伐衛伐鮮虞間齊之難而一侵之又再侵衛而諸侯卒莫之宗師雖數出能侵而已【高氏曰】鼬蹟在戚十有二年矣晉人不能以此討衛乃以范中行故而數與師故書侵○葬許元公○九月螽【高氏曰】周之九月夏之七月也其爲農災又非冬十二月之比也○冬十有一月有星孛于東方孛音佩又音勃

【公羊傳】孛者何彗星也其言于東方何見于旦也何以書記異也【杜氏曰】平旦衆星皆没而孛乃見故不言所在之次【孫氏曰】光芒四出曰孛不言所在之次者見于旦可知也【何氏曰】周十一月夏九月日在房心房心天子明堂布政之庭於此曰見与日争明者諸侯代主治典法滅絕之象【愚按】星孛東方乃東方悖乱吴争強而越滅之之徵也【昭十七年傳】星孛東方不言宿名者不加宿也是時吴人僭乱憑陵上国日擻於兵暴骨如莽其突氣所感固將蘊吴而降之罰也故氛祲所指在於東方假手越人吴国遂滅○盜殺陳閔

夏區夫區烏侯反【公】作彄苦侯反【高氏曰】區夫徵舒之後徵舒弑逆楚人殺之而陳人猶使世執国政

春秋因其爲盜所殺而書之，与華孫同意。盜殺蔡侯申，盜殺陳夏區夫，當春秋之季，世變之甚，至於盜與而事殺國君卿大夫，則乱已極矣。〇**十有二月，螽。**呂氏曰：此年九月螽，十二月又螽，又比年十二月螽，陰陽錯乱甚矣。襄陵許氏曰：春秋書魯人事至用田賦，書魯天災至於二年三螽，見其重賦害民傷和致異，民力已窮，天命已去，君子之心於魯已矣。

庚申　敬王三十九年。**十有四年。**晉定三十一，齊簡四，衛出十二，蔡成十，鄭声二十，陳閔二十一，杞閔六，宋景三十六，秦悼十一，楚惠八，吳夫差十五。**春，西狩獲麐。**麟

左傳：西狩於大野，叔孫氏之車子鉏商獲麟，以爲不祥，以賜虞人。仲尼觀之，曰：麟也。然後取之。公羊傳：孰狩之？薪采之微者也。曷爲以狩言之？大之也。曷爲大之？爲獲麟大之也。麟者，仁獸也。有王者則至，無王者則不至。有以告者曰：有麕而角者。孔子曰：孰爲來哉！孰爲來哉！反袂拭面，涕沾袍，曰：吾道窮矣。春秋何以終乎哀十四年？曰：備矣。君子曷爲爲春秋？撥乱世，反諸正，莫近諸春秋。制春秋之義以俟後聖，以君子之爲亦有樂乎此也。穀梁傳：狩地，不地不狩也。非狩而曰狩，大獲麟，故大其適也。杜氏曰：大野在魯西，故言西狩。麟者仁獸，王者之嘉瑞也。孔穎達正義：麟，麕身，牛尾，狼額，馬

蹄有五采腹下黄高丈二一角角而戴肉設武備而不為害合仁懷義音中鍾呂行步中規折旋中矩遊必擇土翔必有處不履生蟲不折生草

河出圖洛出書而八卦畫**程子曰**聖人見河圖洛書而畫八卦簫韶作

春秋成而鳳麟至**孔氏曰**簫韶奏而鳳儀春秋作而麟至事應於證反下同

雖殊其理一也易曰乾文言大人者先悉薦反下同天而天

弗違後胡豆反下同天而奉天時**程子傳**聖人先於天而天同之後於天而能順天者合於道而已

舜孔子先天者也先天而天弗違志壹之

動氣也伏羲氏後天者也後天而奉天時氣壹之動

志也**朱子語**文定借孟子之言形容天地感格之意有見乎此者則曰文成

而麟至**范氏曰**先王之道既弘麟感化而來應因事備而終篇故絕筆於斯年**陳欽曰**麟西方毛

蟲金精孔子立言西方兌為口故麟來**劉歆曰**麟生於火而遊於土春秋礼也修火德而致其子又曰孔

子作書麟爲之至四靈王者之嘉瑞故有素王之說鄭衆賈逵服虔潁容曰自衛反魯修經已成麟感而至取麟爲水物北方玄枵之獸爲修母致子之無見乎應徐彥疏孔子以匹夫制王法是以獲麟此者以爲妖妄而近誣文成致麟既已妖妄又引經杜氏曰先儒以爲制作三年至仲尼卒亦又近誣周南關雎之化王者之風而麟之趾關雎之應也朱氏曰關雎之化王者之風麟之趾關雎之應也然則斯麟之來歸於王德春秋之文廣大悉備義始於隱公道終於獲麟楊士勛疏詩終麟趾春秋終獲麟召音邵南鵲巢之德先公之教而騶虞鵲巢之應也王氏錢詩祈麟趾騶虞爲關雎鵲巢之應故夫子作春秋遂以獲麟終篇明王道之成乃致天瑞之應愚按麟趾騶虞詩人但嘆美公子公族之仁厚與其仁心德澤之廣且盛者此借以喻麟讀者不以辭害意可也世衰道微暴行下孟反交作臣弑其君者有之子弑其父者有之夫子爲于僞反是作春秋明王道正人倫氣志天人交相感

勝之際深矣制作文成而麟至宜矣【何氏曰】人道浹王道備必止於麟者欲見撥亂功成於麟猶堯舜之隆鳳皇來儀故麟於周為異春秋記以為瑞商王恭默思道帝賚良弼得於傅巖見【書】說命周公欲以身代其兄植璧秉珪而武王疾愈啟金縢之策天乃反風並見【書】金縢出罪已之言熒惑退舍【呂氏春秋】宋景公時熒惑在心子韋曰禍當君可移於宰相公曰宰相所與治国家也曰移於民公曰民死寡人將誰為君曰可移於歲公曰歲饑民餓必死誰以我為君乎子韋曰君有至德之言三天必三賞君熒惑果徙三舍至於勇夫志士精誠所格上致日星之應召物産之祥蓋有之矣【淮南子】虞公與夏戰日欲落公以劍指日日還不落魯陽公与韓構難戰酣日暮援戈而撝之日反三舍【戰国策】專諸刺僚彗星襲月聶政刺韓傀白虹貫日【前】黃覇為潁川太守嘉禾生於府【後】張堪為漁陽太守麥秀兩岐【晉】孟宗至孝母冬嗜筍宗入林哀泣筍忽自生刘殷曾祖母冬思堇殷於澤中慟哭視地堇生工王

祥性孝母嘗欲生魚時天寒冰凍祥解衣將剖冰求之忽冰解雙鯉躍出母又思黄雀炙有雀數十飛入其幕祥以供母況聖人之心感物而動見音現下見之同於行事以遺唯季反天下與來世哉簫韶九奏鳳儀于庭魯史成經麟出於野亦常理爾詩以正情書以制事禮以成行樂以養和易以明變【莊子】詩以道志書以道事礼以道行樂以道和易以道陰陽春秋以道名分【文中子】書以辨事詩以正性礼以制行樂以和德春秋以舉往易以知來垂教亦備矣則曷爲作春秋子曰我欲載之空言不如見之於行事之深切著明也知我者其惟春秋乎何以約乎魯安子曰我欲觀夏道是故之杞而不足徵知陵反也我欲觀音館殷道是故之宋而不足徵也我觀周道幽厲傷之吾魯何適矣【運】見【孔】何以始乎隱公三綱淪

九法斁音妬天下無復扶又反有王也何以絕筆於獲麟

其以天道終乎本【文中子】【宋氏曰】易始天道而終人事春秋始人事而終天道一二百四十三年災異妖怪無日無之獨麟為瑞亂臣賊子無国無之獨孔子為聖人天道否極則泰人事乱極則治春秋書極亂之事以求治至獲麟而絕筆天人之際於斯見矣聖人之於天道命也

有性焉君子不謂命也【邵子皇極經世書】春秋盡性之書也又曰由性命而發也

是故春秋天子之事聖人之用撥亂反正之書考諸

三王而不繆音謬建諸天地而不悖質諸鬼神而無疑

百世以俟聖人而不惑本【中】【庸】其於格物脩身齊家治

國施諸天下無所求而不得亦無所處而不當去聲【愚】【按】春秋一經自君臣父子夫婦兄弟以至邦交之常兵交之變人道之始終物異之大小遠而日星細而禽蟲与夫宮室之興革城池之築浚器用之失得土地之予奪無所不紀学是經者辨其理則可以格物而

致其知達其用則可以脩身而復其性推而廣之則可以齊家治国而平天下何莫學夫春秋故君子誠有樂音洛乎此也由仲尼至於孟子百有餘歲若顏曾則見而知之若孟子則聞而知之由孟子而來至于今千有餘歲矣其書未亡其出於人心者猶在蓋有不得已焉耳則亦有不得已焉耳矣

張氏

[illegible]麒麟之於走獸猶聖人之於人出類拔萃為人物之法則者也夫子生於周末而麟見於大野以仁聖之君子天錫仁獸之應乃理之當然韓愈氏曰麟為聖人出也聖人必知麟是以西狩之獲必夫子覩之而知為麟也然氣數之不偶固異於堯舜之盛而王霸之道方窮亦非文王麟趾之時是以麟雖為夫子出然獲於鉏商謂為不祥以賜虞人然後取之其與明王不興而天下不能宗夫子何以異哉程子曰始隱周之衰也終麟感之始也世衰道不行有述作之意舊矣但因麟而發耳麟不出春秋亦必作也春秋之作不過因魯国之史而天地四時之無窮所以察其迁變而紀其差忒者無一晷也中国夷狄之廣莫

所以錄其交際而别其典礼者無一遺也故曰言天
下之至動而不可亂也言天下之至賾而不可惡也
夫子之贊易者即其所以修春秋也以區區一魯国
之史而兼紀周齐晋宋諸国之事其尊卑小大統屬
之序秩然無毫髮之不順盡書治忽失得陵僭乱賊
之變森然一脩于條理而無一之非法故曰非聖人
誰能修之觀西狩之獲而知天瑞之類應聖人先天
後天而天且不違而春秋之終不外乎此也家氏曰
杜元凱以為春秋感麟而作胡文定謂春秋成而麟
至二義皆通宇宙間惟理与氣而已理行氣從固當
有自然之應而况聖心之妙貫乎三極致中和而天
地可位萬物可育此作彼應固其理也然以當時之
事而觀春秋蓋感麟而作以麟而終也夫子嘗曰鳳
鳥不至河不出圖吾已矣夫蓋麟鳳龜龍帝王之瑞
夫子抱帝王之道將以大拯於斯世今也轍環天下
迄無所遇自衛反魯刪詩定書繫易正礼將載其道
以垂之後世而麟應適至獲而傷焉夫子知道之終
不行然後修春秋以明一王之法春秋天子事也春
秋成而聖人不復有用世意矣故春秋之修獨後於
五經蓋感麟而作以麟而終也○趙氏曰公羊云孰
獲之薪采者穀梁云引取之二傳以經文不言狩人之
名故有薪采引取之説不知夲獸獲之義足以爾也

穀梁又云不言來不外麟於中国據鸜鵒來巢言之
又云不言有不使麟不恒於中国據有蜮之類言之
耳夫謂之獲麟則不得言來以言其有為不使恒而有
有年豈使不恒有也愚按說左氏者以春秋感麟而
作作起獲麟而文止於所起李公穀者以謂春秋文
成致麟竊疑聖人作經絕筆於獲麟之一句則非經
成而麟至矣苟曰經成而後麟至則春秋絕筆於哀
十三年十二月螽殊無意義特出儒推尊孔子作經
之效至於如是之盛故曰文成致麟耳子拜子曰春
秋感麟而作然麟不出春秋豈得不作蓋麟為王者
之祥獲於鉏商聖人感而作經以垂法於萬世若聖
人不得用於時而垂世立教儀範百王也前年星孛
東方今年西狩獲麟東主生西主殺而哀氣見於東
仁獸獲於西世衰之甚而天變之極也是故亂臣賊
子接迹於當世孔子懼作春秋哀王道之不行也春
秋成而亂臣賊子懼聖人之道雖不行於當時而大
行於後世矣為人君而法乎春秋則可以命德而討
罪躋斯世於至治為人臣而李乎春秋則可以善善
而惡惡尊主而庇民其義得行則天理流行人欲壅
遏孟子論孔子作春秋之功以為一治豈不信哉

國英曩從環谷先生受讀春秋於郡齋先生手編胡氏傳纂疏雖壹以胡氏爲主而凡三傳註疏之要語暨諸儒傳註之精義悉附著之且胡傳博極羣經子史非博洽者不能知其援據之所自與音讀之所當先生詳究精考一一附註於是讀是經者不惟足以知胡氏作傳之意而且遡流尋源亦可識聖人作經之大旨矣書甫成編國英宦遊四方越十五年始睹同志鈔謄善本而建安劉君狀簡將鋟諸梓以廣其傳則不惟諸生獲春秋經學之階梯而凡

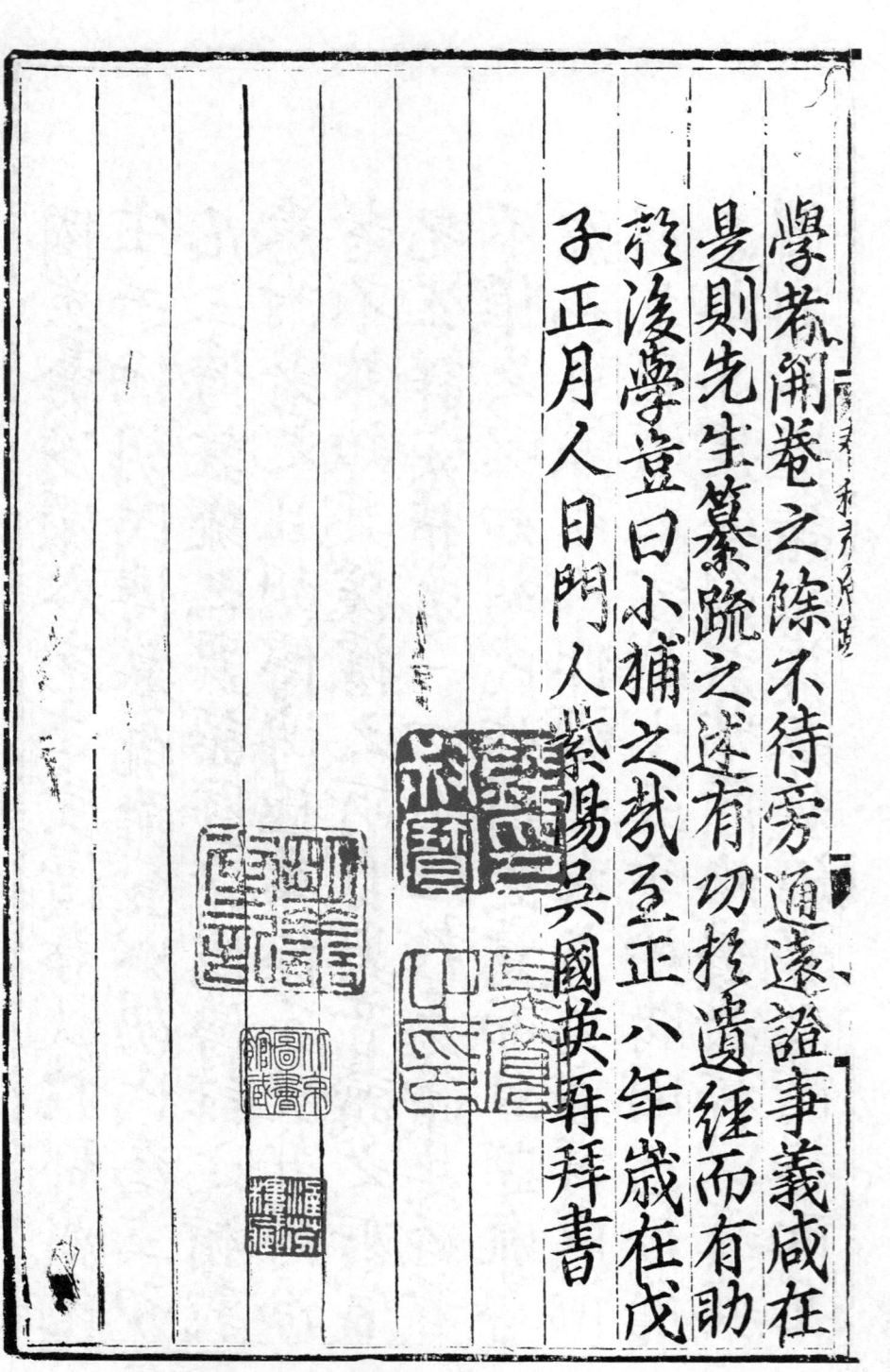

學者開卷之餘不待旁通遠證事義咸在是則先生纂疏之述有切於遺經而有助於後學豈曰小補之哉至正八年歲在戊子正月人日門人紫陽吳國英再拜書